SECCIÓN DE OBRAS DE ANTROPOLOGÍA

MORADA DE DIOSES

ERIK VELÁSQUEZ GARCÍA

Morada de dioses

Los componentes anímicos del cuerpo humano entre los mayas clásicos

FONDO DE CULTURA ECONÓMICA

UNIVERSIDAD NACIONAL AUTÓNOMA DE MÉXICO

Primera edición, 2023

Velásquez García, Erik
Morada de dioses. Los componentes anímicos del cuerpo humano entre los mayas clásicos / Erik Velásquez García. — México : FCE, UNAM, 2023
633 p. : ilus. ; 23 × 17 cm — (Colec. Antropología)
ISBN 978-607-16-7285-8 (FCE)
ISBN 978-607-30-5174-3 (UNAM)

1. Restos humanos (Arqueología) – Mayas 2. Cuerpo humano – Aspectos simbólicos – Mayas 3. Mayas – Costumbres y ritos fúnebres 4. Pueblos indígenas – Mayas – Cosmovisión I. Ser. II. t.

LC F1435.3 M6 Dewey 972.01 V159m

Distribución mundial

Carretera Picacho-Ajusco, 227; 14110 Ciudad de México
www.fondodeculturaeconomica.com
Comentarios: editorial@fondodeculturaeconomica.com
Tel.: 55-5227-4672

Dirección General de Publicaciones y Fomento Editorial
Ciudad Universitaria, Coyoacán, 04510 Ciudad de México
Instituto de Investigaciones Estéticas
Circuito Mtro. Mario de la Cueva s/n
04510 Ciudad de México
www.libros.unam.mx

Diseño de portada: Neri Ugalde

ISBN 978-607-16-7285-8 (FCE)
ISBN 978-607-30-5174-3 (UNAM)

Impreso en México • *Printed in Mexico*

SUMARIO

Para Martha Inés
Para Dante
Para mi madre

A la memoria de
Alfonso Lacadena García-Gallo (1964-2018)
Alfredo López Austin (1936-2021)

INTRODUCCIÓN

Cuando la gente piensa en los mayas, normalmente se imagina un ámbito paradisiaco de cenotes, pirámides, playas y bosque tropical, ubicado en el Petén guatemalteco o en la Península de Yucatán. Las conciencias más atentas acaso pensarán en grandes astrónomos y matemáticos que pintaban códices, escribían en estelas y observaban los compases del cosmos en los arcanos tiempos precortesianos. No faltará quien vea en los mayas una exótica fuente de misticismo y espiritualidad que, pese a no comprender del todo, sirve como refugio ante el desencanto que le produce el cristianismo y las religiones tradicionales. Este último tipo de mirada, si bien desinformada y encauzada por el eclecticismo de la posmodernidad y la globalización, es, pese a todo, la que más veces se ha preguntado sobre lo que el hombre maya pensaba de su propio espíritu, de su ser y de su conciencia.

Si bien hace años, cuando comencé esta investigación, mis intenciones eran solamente intelectuales y universitarias (obtener un grado académico), con el paso del tiempo me fui percatando de que este libro podría brindar una respuesta documentada y argumentada para aquellas personas que tratan de comprender los misterios de la espiritualidad maya. Y sin desviarme nunca de los cauces aceptados por el medio académico, ni de los métodos de las humanidades y de las ciencias sociales, creo que he tenido el honor de producir un texto de largo aliento donde el hombre occidental puede enfrentarse al reto intelectual de tratar de comprender la mirada de personas exóticas y pretéritas que hablaron, amaron, soñaron, escribieron y pensaron muy distinto a nosotros, ubicándose en este mundo de forma diferente. Mi propósito con esta obra no es sólo aumentar el caudal de conocimientos que poseemos sobre los mayas precolombinos, sino también comprender un poco más las escenas del arte prehispánico, abrir nuevas preguntas, discusiones y sendas de investigación. Y en última instancia, también me gustaría que a través de este libro el hombre "occidental" del siglo XXI vislumbre la profunda espiritualidad de aquellas sociedades prebióticas y precapitalistas que, si bien no siempre estaban en "armonía con el cosmos", como popularmente se cree, tampoco habían capitulado ante los embates de la ganancia económica, la compra y el consumo voraz y galopante, que tanto han desvalorado el espíritu del hombre contemporáneo. El lector atento de este libro se enfrentará a un antiguo concepto del cuerpo humano que paso a paso le parecerá más sorprendente, novedoso y apenas con dificultad imaginable. Y al llegar a ese punto espero que nos podamos replantear uno de los imperativos más viejos del hombre "occidental": "conócete a ti mismo", aforismo que Platón le atribuía a Sócrates en su diálogo *Alcibíades* o que, según el diálogo *Protágoras,* estaba inscrito en el pronaos del templo de Apolo en Delfos.[1]

Los documentos que utilizo a manera de fuentes históricas son principalmente las inscripciones jeroglíficas y las escenas silentes del arte maya clásico (250-900 d.C.). Se trata de testimonios de primera mano, que gracias al reciente desciframiento de su sistema de escritura han ampliado la profundidad histórica adonde podemos asomarnos para entender a aquellas sociedades. Casi tan importantes como ellos, fueron para mí las viñetas de los códices mayas (1350-1542), que, si bien son prehispánicas, pertenecen a un periodo histórico posterior al centro de gravedad de este libro. Desde luego, las crónicas españolas y los textos mayas escritos en la época colonial con caracteres latinos fueron de un valor inestimable, aunque los usé como fuentes de tercera mano en virtud de su distancia temporal respecto al periodo Clásico y porque contienen nuevos puntos de vista, enriquecidos por la cultura occidental. Dentro de la documentación producida en tiempos del dominio español en América destacan para mí los calepinos y vocabularios de maya yucateco, pokomchí, choltí, tzeltal, quiché y cakchiquel, que me permitieron comprender mejor las palabras de los arcanos jeroglifos. Finalmente, aunque deben considerarse testimonios de cuarta mano debido a su distancia cronológica, se encuentran los datos etnográficos del siglo XX, que son muy ricos en información sobre los temas de esta obra, si bien contienen puntos de vista muy heterogéneos que en muchas ocasiones se apartan de lo que apreciamos en el arte y la escritura jeroglífica mayas prehispánicos. Muchos diccionarios de lenguas mayances modernas ayudan a completar el panorama, no sólo porque en ese tipo de fuentes lexicográficas quedaron registrados datos únicos que no se encuentran en otro lado, sino porque completan lagunas que no fueron cabalmente cubiertas por los misioneros de la época virreinal, ya que no todos los idiomas mayances recibieron atención en tiempos novohispanos.

Un trabajo como éste requiere una serie de aclaraciones respecto a la ortografía de las palabras indígenas, así como sobre las convenciones de transliteración y transcripción que usa la epigrafía maya. Como se trata de aspectos técnicos, el lector interesado puede encontrar información sobre esos asuntos en la sección "Nota sobre las nomenclaturas y las convenciones ortográficas usadas en este libro". Considero pertinente mencionar que en el aparato crítico de esta obra utilizo como base el estilo de notas humanístico, también conocido como sistema clásico francés, sin todas sus locuciones latinas. Los únicos pasajes donde no empleo dicho sistema son los cuadros en los que muestro las variantes que tiene una palabra en las diversas lenguas mayances.[2] En esos cuadros no resulta práctico, por lo cual cito las referencias

[1] Platón, *Diálogos,* estudio preliminar de Francisco Larroyo, 22ª ed., México, Porrúa, 1991, pp. XI y 129 (Sepan Cuantos..., 13).

[2] A lo largo de este trabajo utilizo dos términos diferentes: *mayance* y *mayense.* Sobre la diferencia que existe entre ambos, véase el glosario.

lexicográficas por medio del sistema parentético de la American Psychological Association (APA), por ejemplo: (Aulie y Aulie, 1978), (Kaufman, 1998), (Laughlin, 1975), etc. Cuando el lector encuentre alguna palabra en lengua indígena encerrada entre corchetes angulares, por ejemplo, *<ixiptla>*, significa que se halla escrita mediante el criterio que habitualmente tiene en los documentos históricos de la época novohispana. Por el contrario, *iixiiptla* representa la misma palabra, pero escrita mediante un criterio modernizado y estandarizado, que intenta reflejar la complejidad de las vocales y no sólo las consonantes. He enriquecido además esta obra con un breve glosario de términos técnicos, que espero puedan ayudar a la mejor comprensión de mis ideas. Las entradas que he seleccionado para el glosario normalmente aparecen a lo largo de las páginas de este libro resaltadas con negritas.

Este libro consta de nueve capítulos y cuatro apéndices. El primer capítulo se titula "Los conceptos del cuerpo humano" y destaca la importancia que para los mayas tenía la idea de "envolver, cubrir, tapar" o "revestir", pues durante la vida ordinaria o terrena los componentes anímicos ("almas" y "espíritus vitales") se encontraban envueltos o encascarados dentro de la parte del cuerpo perceptible a través de los sentidos, mientras que en las personificaciones públicas era el humano quien se revestía de los atributos de los dioses, y aun en el mundo onírico o sobrenatural es probable que algunos componentes hayan servido como envoltura de los seres humanos, quienes usaban esos cuerpos de materia sutil y sagrada para acceder a los ámbitos divinos del cosmos, que estaban vedados para las criaturas terrenales. También expongo mi punto de vista sobre si las entidades anímicas eran dioses o no. Defino, además, varios conceptos que guían mi forma de pensar sobre estos temas, mismos que adopté de otros autores: cuerpo-carne, cuerpo-presencia, posesión inalienable, componente anímico, entidad anímica, centro anímico, fuerza anímica, ecúmeno, anecúmeno y cualidad inefable, así como también "alma" y "espíritu".

En el capítulo "Cuerpo-presencia en el periodo Clásico" analizo los aspectos del cuerpo maya que eran perceptibles a través de los sentidos en estado ordinario (con la conciencia normal o no alterada) y de vigilia, usando como herramienta tentativa el concepto de "cuerpo-presencia", postulado por Pedro Pitarch Ramón para analizar otra realidad cultural: la de los tzeltales contemporáneos. Aunque encuentro de mucha utilidad los conceptos de "cuerpo-carne" y "cuerpo-presencia", también hay obvias diferencias con la situación cultural de los mayas clásicos. De manera que dichos conceptos teóricos no se pueden aplicar literalmente a la interpretación de los mayas del pasado, sino que es preciso adaptarlos un poco, ya que la idea del "núcleo duro" de la tradición mental mesoamericana[3] también implica que la

[3] Véase Alfredo López Austin, *Tamoanchan y Tlalocan,* México, FCE, 1994, p. 11 (Sección de Obras de Antropología).

cosmovisión se transformaba a través del tiempo, aunque sus cambios sólo eran perceptibles desde la óptica de la larga duración. Para analizar si el concepto de cuerpo-presencia es de utilidad o no en el estudio de los mayas clásicos, abordo principalmente la palabra *baahis,* 'frente, cabeza, cuerpo' o 'imagen', que yo considero como el área o aspecto del cuerpo que sirve más que las otras para efecto de la distinción o reconocimiento individual en el plano social y de los sentidos ordinarios.

El capítulo "La entidad anímica *oʼhlis*" es quizá el más importante del libro, debido al tema que analiza: el núcleo o elemento esencial del sistema anímico o espiritual del cuerpo humano, también conocido como "alma" corazón, "alma" esencial, semilla corazón o "coesencia en primer grado", un componente al parecer innato que, desde mi punto de vista, contenía una porción del dios del maíz y del dios o dioses fundadores del linaje: los *oʼhlis k'uh.* El *oʼhlis* parece tener fuertes asociaciones vegetales y no se trata de un componente sencillo ni monolítico, pues conlleva distintas gradaciones, niveles o aspectos.

Luego del fallecimiento, cada parte del cuerpo humano tenía un destino diferente. En el cuarto capítulo analizo tan sólo "El ciclo del *oʼhlis*", pues siendo éste el componente anímico más importante y esencial, merece una atención privilegiada. Nunca hubiera podido escribir este capítulo sin las aportaciones de Oswaldo Chinchilla Mazariegos, Alfredo López Austin y Karl A. Taube, quienes hallaron las directrices que me guiaron y que he procurado documentar hasta donde sea posible en el arte y la escritura maya clásicos, aunque señalando también las lagunas de información que sobre varios aspectos tenemos, lo que produce una reconstrucción limitada de ese proceso de fallecimiento, sufrimiento, purificación, viaje al nivel más profundo del inframundo, ascenso al cielo y reciclaje final en el cuerpo de otra criatura de la misma clase o especie.

El capítulo "Los alientos del éter florido" parte de la premisa de que en el resto de las culturas mesoamericanas el "alma" o "ánima" corazón no era un componente monolítico, sino capaz de fisionarse en dos o más aspectos. Y desde mi punto de vista, los dos aspectos más importantes o partes del *oʼhlis* eran el "espíritu" respiratorio *sak ik'aal,* así como otro aire o viento que circula por el torrente sanguíneo, cuyo nombre aún no conocemos, pero que se encuentra designado por medio del jeroglifo T533 del catálogo de J. Eric S. Thompson.[4] Ambos elementos del *oʼhlis* se pierden o disipan del cuerpo el mismo día en que ocurre el fallecimiento. Mientras el T533 parece estar relacionado con el Dios K o numen de la abundancia, K'awiil, así como con el llamado Dios C o K'uh, el *sak ik'aal* estaba regido por el Dios H del viento o de las flores. Ello no contradice que ambos componentes sean a su

[4] *A Catalog of Maya Hieroglyphs,* Norman, University of Oklahoma Press, 1962 (The Civilization of the American Indian Series).

vez aspectos del *oʔhlis* (la esencia del maíz y de los dioses patronos del linaje *oʔhlis k'uh*), pues así se comportan las deidades del panteón politeísta maya: se combinan, se fusionan, se recombinan, se recomponen, de fisionan, intercambian características y unos son desprendimientos o proyecciones de los otros. Es decir, su lógica es casi inaprensible para nosotros, los hombres "occidentales". Lo que en el nivel iconográfico o de las artes visuales Simon Martin llamó teosíntesis.[5]

El sexto capítulo está consagrado a "La entidad anímica *k'ihn* o *k'ihnil*", 'calor' o 'ira', un ingrediente de origen solar que no es innato, sino que se adquiere al nacer y se va acrecentando con la edad biológica. En el caso de los gobernantes mayas, tenía una enorme importancia debido a que su gran acumulación era un elemento de prestigio, distinción, legitimidad política y jerarquía social; además es probable que el acopio tan grande que de esta fuerza hacían en vida, les alcanzaba para vencer a las potencias de la muerte y subir al cielo sin perder su identidad, nombre y recuerdos. Hablo además de un posible correlato del *k'ihn* o *k'ihnil,* que proviene de la diosa lunar y era propio —quizá privativo— de las mujeres.

El séptimo capítulo se refiere a la "La entidad anímica *wahyis*", que desde 1989 ha sido posiblemente el aspecto del cuerpo más atendido, estudiado y discutido por los epigrafistas o especialistas en escritura jeroglífica maya. En este libro le otorgo la importancia que creo que merece en relación con los otros componentes anímicos. Aunque se trata de un tipo de entidad anímica muy importante, es tan sólo una "coesencia en segundo grado", adquirida posiblemente después del nacimiento, a diferencia del *oʔhlis,* que es la esencia o "coesencia en primer grado", de naturaleza innata.

El octavo capítulo se encuentra dedicado al concepto de "ayuno-noche" o "ayuno-oscuridad", ingrediente del cuerpo de los dioses y de los hombres más poderosos, que circulaba por la sangre y les otorgaba el poder de génesis, es decir, la capacidad ritual para revertir el devenir o tiempo mundano y restaurar el espacio-tiempo a la condición de silencio, armonía y orden que tenía después de la creación. Se trata de una facultad con enormes consecuencias o repercusiones rituales y sanatorias.

Finalmente, en el noveno capítulo analizo el complejo tema de la "Concurrencia o personificación ritual" preguntándome: ¿qué ocurre en el nivel anímico o espiritual cuando los mayas antiguos o modernos son poseídos temporalmente por dioses y éstos se albergan durante el rito dentro del cuerpo humano, compartiendo el habitáculo del pecho, corazón o estómago con los componentes anímicos que ahí residen habitualmente? O sea, ¿qué ocurría cuando durante las actividades rituales o experiencias religiosas el cuerpo humano incorporaba de forma temporal "almas" adicionales? Durante esos

[5] Simon Martin, "The Old Man of the Maya Universe: A Unitary Dimension to Ancient Maya Religion", en Charles Golden, Stephen D. Houston y Joel Skidmore (eds.), *Maya Archaeology 3,* San Francisco, Precolumbia Mesoweb Press, 2015, p. 210.

procesos ceremoniales o ejecuciones rituales, otros componentes anímicos se externan del cuerpo, pues el sujeto se encuentra en estado de trance, mientras que éste se recubre o envuelve de dioses a través de una serie de estrategias, que desde luego incluyen el uso de máscaras, tocados, botargas, trajes, pintura corporal y conductas copiadas directamente de la biografía divina. En otras palabras, el orden de la vida cotidiana (los dioses se cubren de hombres) hasta cierto punto se invierte o subvierte durante el estado ritual (los hombres se cubren de dioses), haciendo perceptible a través de los sentidos ordinarios lo que en otras condiciones es imperceptible: los dioses, ancestros y naguales *wahyis*. Aunque la concurrencia o personificación ritual no es exclusiva de los ritos dramatizados de danza, las representaciones escénicas y farsas teatrales eran sin duda la expresión por excelencia donde se manifestaba ese tipo de fenómenos, de manera que tuve necesidad de enmarcar estos procesos de la psique maya clásica dentro de una serie de reflexiones en torno a la danza. Con ello no es mi deseo redundar en el tema del libro de mi colega Matthew G. Looper, *To Be Like Gods,*[6] que, desde mi punto de vista, es el trabajo monográfico más completo y sistemático que existe sobre el baile entre los mayas clásicos. Por el contrario, lo que pretendo es completar mi panorama sobre los procesos y fenómenos anímicos de los mayas clásicos, analizando los mecanismos que se activaban durante esos momentos y espacios liminares, que suspendían momentáneamente el flujo del tiempo ordinario o cotidiano, de carácter mundano. El tema abordado en este último capítulo es la versión maya del no menos complejo fenómeno del *iixiiptla* o <*ixiptla*> de los nahuas, razón por la que incluyo una reflexión al respecto.

Durante la elaboración de los capítulos a veces surgieron importantes temas derivados o colaterales que, de incluirlos en el texto general, sólo hubieran desviado en demasía la atención del lector. Es por ello que los he remitido a la sección de apéndices.

El origen de este libro se remonta a 2005, cuando estaba trabajando en mi tesis doctoral, cuyo tema gira en torno a las vasijas mayas de los estilos asociados con el señorío de Ik'a',[7] centrados alrededor del sitio arqueológico de Motul de San José, Departamento de Petén, Guatemala. Uno de los tópicos principales que se abordan en esas vasijas atañe al nagualismo —según lo concebían los mayas del Petén en el siglo VIII d.C.— y, por lo tanto, toca aspectos medulares sobre las concepciones del sueño y la conciencia, por lo que desde aquellos años comprendí la importancia de enfocar este asunto a partir de la perspectiva más amplia del cuerpo humano, particularmente sus partes

[6] *To Be Like Gods. Dance in Ancient Maya Civilization*, Austin, University of Texas Press, 2009 (The Linda Schele Series in Maya and Pre-Columbian Studies).

[7] Erik Velásquez García, "Los vasos de la entidad política de 'Ik': una aproximación histórico-artística. Estudio sobre las entidades anímicas y el lenguaje gestual y corporal en el arte maya clásico", tesis de doctorado, México, UNAM-FFYL/IIE-Posgrado en Historia del Arte, 2009.

sutiles o ligeras, conocidas llanamente como "almas" y "espíritus". La tesis doctoral, que finalmente presenté en 2009, incluía también un apartado sobre el tema de las personificaciones o la concurrencia ritual entre los mayas antiguos. Por tal motivo, quiero comenzar por agradecer a los distinguidos académicos que conformaron entonces mi comité tutoral, cuyos consejos, recomendaciones y guía fueron elementales para mí: a mi directora y entrañable amiga, la doctora María Teresa Uriarte Castañeda, y a mis cuatro sinodales y también amigos, los doctores Pablo Escalante Gonzalbo, Alfonso Lacadena García-Gallo (†), y las doctoras Diana Isabel Magaloni Kerpel y Mercedes de la Garza Camino. Es preciso decir que además de recibir mención honorífica en el examen de grado, dicha tesis fue galardonada con un par de distinciones externas: una mención honorífica en el Premio Francisco Javier Clavijero, otorgado en noviembre de 2010 por el Instituto Nacional de Antropología e Historia (INAH) al haber presentado la mejor tesis de doctorado a nivel nacional durante 2009 en el área de Historia y Etnohistoria, y el Premio a la Mejor Tesis de Doctorado en Humanidades 2009-2010, otorgado por la Academia Mexicana de Ciencias en junio de 2011.

En este último año tuve la oportunidad de publicar una síntesis revisada de mis ideas en torno al asunto de los componentes anímicos, como parte del libro *Los mayas: voces de piedra,*[8] razón por la que expreso mi gratitud a las editoras de esa bella obra: María Alejandra Martínez de Velasco Cortina y María Elena Vega Villalobos. Algunos aspectos abordados en mi tesis doctoral fueron corregidos y tratados nuevamente en publicaciones posteriores. Agradezco a los miembros de la Sociedad Española de Estudios Mayas por abrirme las puertas para dar a conocer una versión de mis ideas sobre la concurrencia ritual en un importante simposio celebrado en Granada, Andalucía, España,[9] así como al comité organizador del "XXXIII Coloquio Internacional de Historia del Arte: Estética del mal. Conceptos y representaciones", que tuvo lugar en 2009 en San Cristóbal de las Casas, Chiapas, México, donde presenté algunas ideas sobre el nagualismo en las vasijas mayas.[10] Ciertas

[8] Erik Velásquez García, "Las entidades y las fuerzas anímicas en la cosmovisión maya clásica", en María Alejandra Martínez de Velasco Cortina y María Elena Vega Villalobos (eds.), *Los mayas: voces de piedra,* México, Ámbar Diseño, 2011, pp. 235-253.

[9] Erik Velásquez García, "Naturaleza y papel de las personificaciones en los rituales mayas, según las fuentes epigráficas, etnohistóricas y lexicográficas", en Andrés Ciudad Ruiz, María Josefa Iglesias Ponce de León y Miguel Sorroche Cuerva (eds.), *El ritual en el mundo maya: de lo privado a lo público*; Madrid, Universidad Complutense-Facultad de Geografía e Historia-Departamento de Historia de América II (Antropología de América)-Sociedad Española de Estudios Mayas/Grupo de Investigación Andalucía-América, Patrimonio Cultural y Relaciones Artísticas/UNAM-Centro Peninsular en Humanidades y Ciencias Sociales, 2010 (Publicaciones de la Sociedad Española de Estudios Mayas, 9), pp. 203-233.

[10] Erik Velásquez García, "Nuevas ideas en torno a los espíritus *wahyis* pintados en las vasijas mayas: hechicería, enfermedades y banquetes oníricos en el arte prehispánico", en Erik Velásquez García (ed.), *Estética del mal: conceptos y representaciones. XXXIII Coloquio Internacional de Historia del Arte,* México, UNAM-IIE, 2013, pp. 561-585.

notas en torno a la relación entre los componentes anímicos y la cabeza entre los mayas fueron presentadas para su discusión en coautoría con la doctora Vera Tiesler entre 2014 y 2015,[11] y actualmente se encuentran en proceso de publicación.[12] Deseo agradecer a los organizadores de la "19th European Maya Conference. 'Maya Cosmology: Terrestrial and Celestial Landscapes'", que se celebró en Bratislava, Eslovaquia (2014), así como al comité de selección del simposio de "The 2015 Maya Meetings: 'Body and Sacrifice: New Interpretations in Maya Archaeology and Religion'", que tuvo lugar en Austin, Texas, Estados Unidos (2015), quienes nos abrieron esos importantes foros de discusión.

Como ya he explicado, el origen remoto de este libro fue mi tesis doctoral. Así que me gustaría comenzar diciendo que estoy profundamente agradecido con el Consejo Nacional de Ciencia y Tecnología (Conacyt) por haberme brindado una beca generosa, que durante los 72 meses de su duración (febrero de 2004 a enero de 2010) me sirvió para obtener el grado de doctor. Desde aquellos tiempos comencé a platicar y a reflexionar sobre los temas de este libro con una gran cantidad de personas, tanto del medio profesional como de mi entorno cotidiano. Durante los últimos años las conversaciones más intensas fueron sostenidas con tres distinguidos académicos a los que respeto mucho: Stephen D. Houston, Alfredo López Austin (†) y Vera Tiesler. El primero me hizo rectificar y reacomodar la sección de mi investigación que se refiere al concepto *baahis,* que en las versiones previas a este libro consideraba tanto como "frente" o "cabeza", y al mismo tiempo como el nombre de un "alma" o entidad anímica, razón por la que ahora soy más cauto y la presento como la manifestación por excelencia del *cuerpo-presencia.*[13] Mi querido

[11] Erik Velásquez García y Vera Tiesler, "El anecúmeno dentro del ecúmeno: la cabeza como *locus* anímico en el cosmos maya del Clásico y sus insignias físicas", ponencia presentada en el marco del simposio de la "19th European Maya Conference. 'Maya Cosmology: Terrestrial and Celestial Landscapes'", Bratislava, Eslovaquia, 21 de noviembre de 2014. Vera Tiesler y Erik Velásquez García, "Sacrificial Death and Posthumous Body Processing in Classic Maya Society: Animic Entities and Forces in the Context of Politics", ponencia presentada en el marco del simposio de "The 2015 Maya Meetings: 'Body and Sacrifice: New Interpretations in Maya Archaeology and Religion'", Austin, Estados Unidos de América, 17 de enero de 2015.

[12] Erik Velásquez García y Vera Tiesler, "El anecúmeno dentro del ecúmeno: la cabeza como *locus* anímico en el cosmos maya del Clásico y sus insignias físicas", en Milan Kováč, Harri Kettunen y Guido Krempel (eds.), *Maya Cosmology: Terrestrial and Celestial Landscapes. Proceedings of the 19th European Maya Conference, Bratislava, November 17-22, 2014,* Múnich, Verlag Anton Saurwein, pp. 85-98, 2019 (Acta Mesoamericana, 29). Vera Tiesler y Erik Velásquez García, "Body concepts, ritualized agression, and human sacrifice among the ancient Maya", en Valentino Nizzo (ed.), *Archeologia e antropologia della morte: 1. La regola dell'eccezione, Atti del 3° Incontro Internazionale di Studi di Antropologia e Archeologia a confronto,* celebrado del 20 al 22 de mayo de 2015 en la Française de Rome-Stadio di Domiziano, Roma, E.S.S. Editorial Service System, 2018, pp. 159-174.

[13] Puede notarse ya un cambio de mis puntos de vista en la segunda edición de mi capítulo "Las entidades y las fuerzas anímicas en la cosmovisión maya clásica", en María Alejandra Martínez de Velasco Cortina y María Elena Vega Villalobos (eds.), *Los mayas: voces de piedra,* 2ª ed., Ma-

maestro López Austin, a quien recientemente perdimos, me ayudó mucho desde 2011 en la comprensión de los conceptos teóricos vigentes en torno a la discusión del cuerpo humano mesoamericano y su naturaleza bidimensional, pues está constituido por elementos que —se creía— tienen su origen en dos ámbitos espacio-temporales del cosmos, que él llama *anecúmeno* y *ecúmeno*. El primero es imperceptible por los sentidos humanos en estado ordinario y de vigilia, mientras que el ecúmeno "es la casa de las criaturas", que percibimos y experimentamos en la vida cotidiana.[14] Recuerdo con gratitud cuando el 20 de abril de 2012 me abrió un espacio para hablar sobre estos temas en el taller "Signos de Mesoamérica", foro que durante los 20 años de su existencia se tornó en un punto de referencia obligado para ventilar cualquier problema de investigación en torno a las culturas indígenas de México y Centroamérica. Mientras que la eminente antropóloga física Vera Tiesler me introdujo al apasionante tema de la morfología craneal y las modificaciones cefálicas de los antiguos mayas, que son tan útiles para completar el rompecabezas de los componentes anímicos que se concebían en el pasado. Ambos comenzamos a reconstruir este conglomerado de creencias antiguas de forma independiente, cada uno ignorando el trabajo del otro. Ella a partir de la bioarqueología y yo de la epigrafía y la iconografía, rama esta última de la historia del arte.

Finalmente, quiero agradecer a las doctoras Mercedes de la Garza Camino y Martha Ilia Nájera Coronado, así como a Daniel Moreno Zaragoza, por las útiles charlas que en diversos momentos sostuvieron conmigo sobre estos temas. Daniel, además, tuvo la deferencia de compartir conmigo un ensayo suyo de carácter inédito,[15] lo mismo que la doctora Ana García Barrios, quien me permitió leer y citar sus ideas aún no publicadas sobre el Lagarto Venado Estrellado,[16] además de compartir conmigo sus opiniones sobre varios temas. Agradezco a la doctora María Teresa Uriarte Castañeda su permiso para publicar el texto contenido en el Apéndice A. A los doctores Erik Boot (†), Albert Davletshin, Alfonso Lacadena García-Gallo (†), David S. Stuart y Marc U.

drid, Turner/Ámbar Diseño/UNAM-DGP, 2015, pp. 177-195. No obstante, debo reconocer que existen múltiples datos que sugieren que la cabeza y algunas de sus partes pudieron ser un centro anímico importante para los mayas y no solamente un lugar de tránsito de los componentes espirituales. Si bien muchos de esos datos son etnográficos, su dilatada presencia entre diversos grupos mayenses me hace sospechar que tienen un origen antiguo. Así que no descarto por entero que *baahis* haya aludido a algún tipo de componente anímico, además de ser el nombre de un centro anímico y la parte por excelencia del cuerpo-presencia. Simplemente he adoptado una postura más cauta y menos precipitada.

[14] Alfredo López Austin, "La cosmovisión de la tradición mesoamericana. Primera parte", *Arqueología Mexicana,* ed. especial, núm. 68, México, Raíces, 2016, pp. 79-83.

[15] Daniel Moreno Zaragoza, "Los rostros del nahualismo. Diversos modos de entender el fenómeno de la transformación a través de los tiempos y espacios mayas", ensayo inédito, 24 de enero de 2013.

[16] "Dragones de la inundación en Mesoamérica: la Serpiente Emplumada y el Cocodrilo Venado Estelar maya", manuscrito en posesión de la autora, entregado para publicación en *Anales del Instituto de Investigaciones Estéticas.*

Zender por haberme ayudado a comprender ciertas grafías escriturarias mayas que están implicadas en este tema. Stuart tuvo la amable deferencia y generosidad de compartir conmigo sus ideas o conjeturas sobre la posible lectura del jeroglifo T533 (*saak*[?], 'pepita de calabaza'), en una valiosa carta que me envió el 25 de julio de 2015, cuyos argumentos he encontrado necesario esbozar en el Apéndice C. El 25 de octubre de 2021 Davletshin me explicó también su propuesta de lectura para el mismo signo (*xaak*[?], 'brote, capullo, retoño'), que difiere de la de Stuart. La nueva lectura de Davletshin parte de una observación hecha por Sergei Vepretskii sobre el comportamiento de ese jeroglifo en el vaso de Komkom. A mi colega Guillermo Bernal Romero (†) por haberme compartido sus ideas sobre la creación de los primeros seis hombres, según los mitos plasmados en algunas vasijas mayas. Al etnólogo Pedro Pitarch Ramón por compartirme una versión temprana de sus investigaciones en torno a la díada *cuerpo-carne* y *cuerpo-presencia,* y unos años más tarde enviarme como obsequio la versión definitiva y publicada en su libro *La cara oculta del pliegue.*[17] Del mismo modo, al doctor Javier Hirose López por haberme enviado tan generosamente un ejemplar de su libro,[18] a Diego Ruiz Pérez por dejarme consultar su trabajo sobre los grafitis de Pasión de Cristo,[19] así como al epigrafista Christian M. Prager por enviarme un resumen en inglés de su tesis sobre el concepto maya de *k'uh.*[20] A mis apreciables amigos, los lingüistas Albert Davletshin, Lucero Meléndez Guadarrama y Romelia Mó Isém, por asesorarme en los escollos y laberintos de su disciplina científica, lo mismo que al doctor Rodrigo Martínez Baracs por alentarme tanto, iluminarme con algunas preguntas y hacerme valorar el gran potencial humanístico de la historia cuando se junta con la lingüística, así como a mi brillante alumna Rebeca Leticia Rodríguez Zárate, quien me auxilió en la preparación de las imágenes contenidas en este libro y en la consulta de alguna que otra cita cuando por cuestiones de viaje me encontraba lejos de las bibliotecas. Gracias también a la arqueóloga Sandra Balanzario Granados, directora de los proyectos arqueológicos de Dzibanché, Ichkabal y Kohunlich, por la amistad con la que me ha distinguido a lo largo de varios años, y por permitirme usar los datos del friso o relieve de estuco que se ubica en el lado norte de la

[17] Pedro Pitarch Ramón, *La cara oculta del pliegue. Antropología indígena,* México, Artes de México/Conaculta-DGP, 2013, pp. 37-63.

[18] Javier Hirose López, *Suhuy máak. Las concepciones sobre el cuerpo y la persona entre los mayas de la región de los Chenes, Campeche,* Campeche, Secretaría de Cultura del Estado de Campeche, 2015.

[19] Diego Ruiz Pérez y Ricardo Torres Marzo, "Análisis iconográfico de los grafitos de la Estructura 1 del Grupo 4A1a de Pasión del Cristo, Campeche", ponencia presentada en el "XXXII-Simposio de Investigaciones Arqueológicas en Guatemala", 23 al 27 de julio de 2018.

[20] Christian M. Prager, "A Study of the Classic Maya *k'uh* Concept", en Harri Kettunen *et al.* (eds.), *Tiempo detenido, tiempo suficiente. Ensayos y narraciones mesoamericanistas en homenaje a Alfonso Lacadena García-Gallo,* Couvin, Bélgica, European Association of Mayanist, 2018 (Wayeb Publication 1), pp. 587-611. Consultado en https://www.wayeb.org/wayeb-publication-series/.

Estructura 2 de Dzibanché, así como a Daniel Salazar Lama, por dejarme usar sus dibujos de los frisos de Balamkú, Campeche, México, que he utilizado en la figura IV.18. Muchas otras personas han sido de ayuda a lo largo de la elaboración de esta obra, quienes me enriquecieron de diversas maneras, especialmente con útiles comentarios, entre ellos Dmitri Beliaev, Carl D. Callaway, Liliana González Austria Noguez, Nikolai Grube, Stanley P. Guenter, Felix A. Kupprat, Macarena Soledad López Oliva, María Alejandra Martínez de Velasco Cortina, Tomás Pérez Suárez, Christian M. Prager, Diego Ruiz Pérez, Zoraida Raimúndez Ares, Elena San José Ortigosa, Florencia Scandar, Rogelio Valencia Rivera, María Elena Vega Villalobos y Héctor Xol Choc. Mi gratitud sincera a cada uno de ellos.

Con especial énfasis agradezco al doctor Enrique Florescano Mayet por creer en mi trabajo y ser tan paciente en la espera de la versión final de la obra que el lector tiene en sus manos. Él me entusiasmó, me impulsó, me alentó e incluso me reprendió para que por fin decidiera publicar este discurso de largo aliento. Al doctor José Carreño Carlón, anterior director general del Fondo de Cultura Económica (FCE), y a su director actual, Paco Ignacio Taibo II, les agradezco mucho abrirme las puertas de una de las editoriales más importantes del mundo. A la editora Bárbara Santana Rocha, adscrita a la Secretaría de Cultura, por haber leído con tanta atención esta obra y hacerme correcciones y sugerencias tan sabias. Lo mismo que a Dennis Peña Torres, editor y jefe del Departamento Editorial de Historia y Antropología del FCE.

En el día a día de la vida cotidiana muchas personas fueron generosas conmigo y me estimularon con su amistad y deseo de leer este libro. Pero, sobre todo, quiero agradecer a mi familia, que me apoyó todo el tiempo dándome refugio emocional en los momentos difíciles y padeciendo las muchas horas de afanes y desvelo que invertí en este libro: a Martha, a Dante y a mi madre, quienes me dieron su cariño, sostén y comprensión, y a quienes dedico esta obra con amor y gratitud.

NOTA SOBRE LAS NOMENCLATURAS Y LAS CONVENCIONES ORTOGRÁFICAS USADAS EN ESTE LIBRO

La mayoría de los vasos abordados en este libro fueron sustraídos por saqueo, y lógicamente carecen de contexto arqueológico. En esta obra los identifiqué mediante su número en el catálogo o archivo fotográfico de Justin Kerr,[1] quien desde 1975 ha registrado miles de ellos usando la cámara *rollout,* que despliega sus superficies convexas en un solo plano.[2] En el caso, por ejemplo, del vaso K1534 (figura VIII.14), ‹K› significa 'Kerr', mientras que ‹1534› se refiere a su número de catalogación. Algunos vasos también están identificados con la nomenclatura acuñada en el archivo del Maya Polychrome Ceramics Project del Laboratorio de Conservación Analítica del Instituto Smithsoniano, por ejemplo MS0653 (figura VIII.14), donde ‹MS› significa 'Maya Survey'. Otras vasijas, que pertenecen a la extraordinaria colección del Los Angeles County Museum of Art, tienen su propio sistema interno de clasificación, por ejemplo M.2010.115.21 (figura VIII.14), misma situación que ocurre con el Museo Amparo de Puebla de Zaragoza, Puebla, México, por ejemplo 57 PJ 1382 (figura III.5). Ciertos recipientes célebres llevan nombres propios, por ejemplo el Vaso Regio del Conejo (K3198: figura II.25), el Plato Cósmico (K1609: figura IV.13), el Vaso de Altar de Sacrificios (K3120: figura VII.1) o el Vaso Trípode de Berlín (K6547: figuras IV.6 y VII.19), mientras que otros son conocidos por un nombre vago, que designa el contexto arqueológico donde fueron encontrados, por ejemplo, el vaso de la Tumba 1 de la Estructura 2 del Edificio 2H de Calakmul, Campeche, México (figura V.9).

Tal como sugirió Yuri V. Knorozov en la década de 1950,[3] la escritura maya prehispánica operaba con un sistema logosilábico o morfofonético, compuesto principalmente por logogramas (signos que designan voces de carácter léxico, por ejemplo, sustantivos, adjetivos o verbos) y silabogramas abiertos (jeroglifos que representan secuencias fonéticas de consonante [C] más vocal [V]).

[1] Archivo fotográfico de Justin Kerr. Consultado en http://www.famsi.org/research/kerr/index.html.

[2] Véanse Mary E. Miller, "The History of the Study of Maya Vase Painting", en Justin Kerr (ed.), *The Maya Vase Book: A Corpus of Rollout Photographs of Maya Vases,* vol. 1, Nueva York, Kerr Associates, 1989, pp. 128-145, y Justin Kerr, "A Short History of Rollout Photography", en Foundation for the Advancement of Mesoamerican Studies, Inc. (FAMSI), 2000. Consultado en http://www.famsi.org/research/kerr/articles/rollout/index.html.

[3] Véase, por ejemplo, Yuri V. Knorozov, *La antigua escritura de los pueblos de la América Central,* México, Fondo de Cultura Popular, 1954 (Biblioteca Obrera).

Siguiendo las convenciones recomendadas por George E. Stuart desde 1988,[4] pero con las adaptaciones propuestas en 2004 por Alfonso Lacadena García-Gallo y Søren Wichmann en lo que concierne a la transliteración amplia,[5] el primer paso de todo análisis epigráfico consiste en transliterar los logogramas con letras mayúsculas (por ejemplo **KOJ**, 'puma', **SIBIK**, 'ollín, tizne' o 'tinta', **WINAL**, 'veintena', etc.) y los silabogramas con minúsculas (**pi**, **ne**, **si**, etc.), siempre con negritas e indicando mediante un guión corto la frontera entre jeroglifos. Cuando introduzca un espacio, significa que transliteraré los signos de otro bloque o cartucho jeroglífico. Cuando un signo se encuentre dentro de otro, es decir, cuando esté infijo, lo transliteraré de forma ordinaria, dividiéndolo de sus vecinos por medio de guiones cortos, como si no estuviese escrito dentro de otro, pues si uso la convención de colocarlo dentro de un corchete adjunto al signo que lo contiene, corro el riesgo de hacer una transliteración que no refleje el orden de lectura. Dicha situación es la que tenemos, por ejemplo, en la figura VIII.9, donde el acomodo visual de los signos de un bloque jeroglífico no corresponde al orden en que deben ser leídos, pues están escritos de la siguiente manera: **u-ya-CH'AB[AK'AB]-li**, mientras que el orden de lectura correcto es *uch'ahb yak'b[aa]l*. Ejemplos como éste nos demuestran que nuestras convenciones de análisis filológico de vez en cuando no alcanzan o son eficientes para reflejar la versatilidad y la creatividad de los escribas mayas. Por ello, en vez de transliterarlo como **u-ya-CH'AB[AK'AB]-li** he preferido hacerlo de la manera siguiente, que refleja de forma más transparente para nosotros el orden de lectura correcto: **u-CH'AB-ya-AK'AB-li**.

La transliteración es básicamente la representación de la palabra escrita.[6] Los signos de interrogación /?/ indican que se trata de un jeroglifo erosionado, de identificación dudosa o no descifrado, mientras que la grafía /#/ significa que debió existir un signo que ahora ya no es legible. /##/ equivale a un número indeterminado de grafías ilegibles. Para referirme a jeroglifos bien

[4] George E. Stuart, "A Guide to the Style and Content of the *Research Reports on Ancient Maya Writing*", Washington, Center for Maya Research, 1988 (Research Reports on Ancient Maya Writing, 15), pp. 7-12.

[5] Alfonso Lacadena García-Gallo y Søren Wichmann, "On the Representation of the Glottal Stop in Maya Writing", en Søren Wichmann (ed.), *The Linguistics of Maya Writing*, Salt Lake City, The University of Utah Press, 2004, pp. 132-134. Esta propuesta implica que los logogramas poseen un valor de lectura plano, es decir, que no tienen vocales largas ni otro tipo de complejidad vocálica de forma inherente, rasgos prosódicos que sólo le daba el lector maya antiguo y que, por lo tanto, no deben representarse en la transliteración, sino en la transcripción.

[6] "*Transliteración* es re-escribir un texto en otro sistema de escritura diferente por medio del signario de nuestro propio sistema (si es necesario, aumentado artificialmente) de manera que exista una correspondencia de 'uno a uno' entre los signos o grupos de signos utilizados. Es posible reconstruir la pronunciación original a partir de una transliteración, pero no de una transcripción", Maurice W. M. Pope, *Detectives del pasado. Una historia del desciframiento. De los jeroglíficos egipcios a la escritura maya*, Javier Alonso García (trad.), Madrid, Oberón, 2003, p. 333.

Bloque jeroglífico perteneciente a los estucos fragmentados del Templo XVIII de Palenque, Chiapas, México; tomado de Schele y Mathews, The Bodega of…, op. cit., *frag. 439.*

conocidos, pero que no están descifrados, utilizaré las convenciones del catálogo Thompson.[7] Tan sólo cuando quiera referirme a un signo que no se encuentra en el catálogo de Thompson, luego de poner la indicación ‹Tnn› (Thompson, no numerado), escribiré su clave en el más reciente catálogo de Macri y Looper;[8] por ejemplo: ‹Tnn/AT2›. Un ejemplo de transliteración sería el siguiente, tomado de las inscripciones del Templo XVIII de Palenque: **yu-ku-la-ja-KAB**-#.

El segundo paso es la transcripción, que se realiza con itálicas y tiene el propósito de trasladar a caracteres latinos la lectura fonética original del texto jeroglífico, restituyendo entre corchetes los elementos elididos, desdoblando las abreviaturas o subrepresentaciones y aplicando las reglas ortográficas de los escribas mayas (por ejemplo *u[h]ti, tz'i[h]ba, kal[o?]mte?*, etc.). Se trata de la representación de la palabra hablada.[9] Para alcanzar tal propósito, he adoptado como herramienta de trabajo la propuesta de Lacadena García-Gallo y Wichmann,[10] que a su vez se basa en el modelo de armonía y disarmonía vocálica acuñado inicialmente por Houston, Stuart y Robertson.[11] Cabe aclarar que estoy consciente de que el debate sobre la naturaleza de los núcleos vocálicos del cholano clásico continúa, como lo demuestra una pro-

[7] J. Eric S. Thompson, *A Catalog of Maya Hieroglyps,* Norman, University of Oklahoma Press, 1962 (The Civilization of the American Indian Series).

[8] Martha J. Macri y Matthew G. Looper, *The New Catalog of Maya Hieroglyps, Volume One, The Classic Period,* Norman, University of Oklahoma Press, 2003 (The Civilization of the American Indian Series).

[9] "*Transcripción* es re-escribir un texto en otro sistema de escritura diferente según las convenciones del sistema propio, de manera que se consiga representar de una forma lo más aproximada posible la pronunciación del original", Pope, *op. cit.,* p. 217.

[10] Alfonso Lacadena García-Gallo y Søren Wichmann, "Harmony Rules and the Suffix Domain: A Study of Maya Scribal conventions", *Revista Española de Antropología Americana,* núm. esp. 49, 2019, pp. 183-208.

[11] Stephen D. Houston, David S. Stuart y John Robertson, "Disharmony in Maya Hieroglyphic Writing: Linguistic Change and Continuity in Classic Society", en Andrés Ciudad Ruiz, María Yolanda Fernández Marquínez, José Miguel García Campillo, María Josefa Iglesias Ponce de León, Alfonso Lacadena García-Gallo y Luis Tomás Sanz Castro (eds.), *Anatomía de una civilización. Aproximaciones interdisciplinarias a la cultura maya,* Madrid, Universidad Complutense-Facultad de Geografía e Historia-Departamento de Historia de América II (Antropología de América)-Sociedad Española de Estudios Mayas, 1998, pp. 275-296.

puesta generada por estos últimos estudiosos en coautoría con Zender.[12] En el momento de escribir este libro no existe un consenso universal sobre este tema, de manera que he adoptado el modelo arriba señalado para ser congruente con mis anteriores trabajos de investigación. También sigo a Lacadena García-Gallo[13] en la restitución de consonantes débiles /h, j, l, m, n, ˀ/ que en algunas ocasiones se encuentran sincopadas, abreviadas, suprimidas o elididas en medio de las palabras (por ejemplo *jawa[n]teˀ, xo[l]teˀ,* etc.) o apocopadas al final de las mismas (por ejemplo *ch'ahoˀ[m], Ik'a[ˀ],* etc.), así como a Nikolai Grube[14] en la distinción entre fricativas glotales /h/ y velares /j/. Siguiendo con el ejemplo anterior, a la transliteración ahora podemos añadirle la transcripción:

yu-ku-la-ja-KAB-#
yuklaj kab …

Debido a un proceso morfofonológico, la *-h* preconsonántica se pierde ante un grupo consonántico, como ocurre entre *yuhk,* 'hacer temblar' y *yuklaj,* 'tembló'; o entre *ahk'ab,* 'noche' y *ak'baal,* 'oscuridad'.[15] En raras ocasiones, sólo cuando el argumento lo amerite, aplicaré los pasos de la segmentación y las glosas morfológicas. En la segmentación morfológica los guiones cortos indican la separación entre morfemas (tanto lexemas como gramemas):

yu-ku-la-ja-KAB-#
yuklaj kab …
yuhk-laj-ø kab …

En cuanto a las glosas morfológicas, en el caso de los lexemas se realiza mediante entradas léxicas escritas con minúsculas, mientras que para los gramemas se utilizan abreviaturas morfológicas con mayúsculas.

yu-ku-la-ja-KAB-#
yuklaj kab …

[12] John Robertson, Stephen D. Houston, Marc U. Zender y David S. Stuart, *Universals and the Logic of the Material Implication: A Case Study from Maya Hieroglyphic Writing,* Washington, Center for Maya Research, 2007 (Research Reports on Ancient Maya Writing, 62).

[13] Alfonso Lacadena García-Gallo, "Reference Book for the Maya Hieroglyphic Workshop-The European Maya Conference Series", Londres, Museo Británico, 2001, p. 53.

[14] Nikolai Grube, "The Orthographic Distinction between Velar and Glottal Spirants in Maya Hieroglyphic Writing", en Søren Wichmann (ed.), *The Linguistics of Maya Writing,* Salt Lake City, The University of Utah Press, 2004, pp. 61-81.

[15] Véase David S. Stuart, "Yesterday's Moon: A Decipherment of the Classic Mayan Adverb *ak'biiy*", 2020, en *Maya Decipherment. A Weblog in the Ancient Maya Script.* Consultado en https://mayadecipherment.com/2020/08/01/yesterdays-moon-a-decipherment-of-the-classic-mayan-adverb-akbiiy/.

yuhk-laj-ø kab …
sacudir-AFEC-3sA tierra …

Aunque muy pocas veces tuve necesidad de aplicar en este libro los pasos de la segmentación y glosas morfológicas, conviene decir que para llevar a buen puerto ese fin adopté las siguientes abreviaturas:

A	pronombre absolutivo
ABSTR	abstractivizador
AFEC	afectivo
DER	sufijo derivacional
E	pronombre ergativo
IN	sufijo para partes del cuerpo inalienables
MOV	verbo de movimiento
3sA	pronombre absolutivo, tercera persona del singular
3sE	pronombre ergativo, tercera persona del singular

El último paso del análisis epigráfico es la traducción, que enmarcaré entre comillas simples /'…'/ y donde los signos de interrogación entre paréntesis /(?)/ indican que se trata de traducciones dudosas o tentativas. Vale la pena mencionar que procuraré castellanizar también la sintaxis: de verbo-objeto-sujeto en el *texto de llegada* (cholano clásico), a sujeto-verbo-objeto en el *texto de salida* (castellano), un aspecto de la lengua que a menudo se ignora en las traducciones.

yu-ku-la-ja-KAB-#
yuklaj kab …
yuhk-laj-ø kab …
sacudir-AFEC-3sA tierra …
'la tierra … tembló'

Es preciso advertir que para referirme a las grafías de la escritura jeroglífica maya utilizaré como sinónimos de "glifo" los términos *jeroglifo* o *signo*. Tan sólo en casos bien establecidos, como "glifo emblema" o "glifo introductor de la serie inicial" respetaré el término *glifo*. La razón por la que no me agrada ese término obedece a que no es propio de la *gramatología*, ciencia o teoría de la escritura, sino de la ornamentación arquitectónica,[16] y sólo los mesoamericanistas lo usan como sinónimo de signo de escritura, lo que puede ser un obstáculo para entendernos con los estudiosos de sistemas de escritura de otras partes del mundo y manejar la misma terminología científica. Lo que es peor aún, en casos como el de "glifo emblema" o "glifo C" de la Serie Lunar,

[16] Glifo: "canal vertical que sirve como elemento decorativo", en *Diccionario de la Real Academia de la Lengua Español.* Consultado en http://lema.rae.es/drae/?val=glifo.

la palabra *glifo* ni siquiera se usa con rigor, como sinónimo de signo o "unidad básica y funcional de la escritura de una lengua", pues cada "glifo emblema" se compone de dos, tres o más jeroglifos o signos, mientras que cada ejemplo del llamado "glifo C" de la Serie Lunar contiene por lo menos tres o cuatro jeroglifos o signos. Algunos autores, incluso, llegan a usar el término *glifo* para referirse vagamente a alguna pintura mesoamericana, sin preguntarse si es o no un signo de escritura. Por ello considero que la palabra *glifo* es un fósil que se conserva de la época amateur de la epigrafía maya, cuando todavía no entendíamos la manera en que dicho sistema de escritura funcionaba. En caso de que desee ser más específico, indicando no sólo la presencia de un jeroglifo o signo, sino su función, usaré los términos *logograma* o *silabograma*.

En lo que atañe a la ortografía de los vocablos indígenas, seguiré el criterio de uniformar los signos de la transcripción normalizada, siguiendo los parámetros propuestos en 1987 y 1988 por el gobierno guatemalteco, con base en las convenciones de la Academia de las Lenguas Mayas de Guatemala (ALMG),[17] salvo en el caso de la /b'/, que escribiré sencillamente como /b/ para ser más amable con el lector, y cuando desee respetar alguna ortografía tradicional o de la época colonial, lo cual será indicado entre corchetes (por ejemplo *ihch'aak* <*icħac*>, *kʷaawˀtli* <*cuauhtli*>). La lista de consonantes usadas en este libro es la siguiente:[18]

Descripción del sonido	*Transcripción normalizada según los criterios de la Academia de las Lenguas Mayas de Guatemala* (ALMG)	*Transcripciones más frecuentes en los documentos novohispanos*	*Transcripciones fonéticas según el Alfabeto Fonético Internacional* (AFI)	*Transcripciones fonéticas según el Alfabeto Fonético Estadunidense* (AFA)
oclusiva bilabial implosiva	b	<b>, <u>, <v>	ɓ	b'
oclusiva bilabial sorda	p	<p>	p	p

[17] Harri Kettunen y Christophe Helmke, "Introducción a los Jeroglíficos Mayas", XVI Conferencia Maya Europea Wayeb, trad. de Verónica Amellali Vázquez López y Juan Ignacio Cases Martín, Universidad de Copenhague-Departamento de Lenguas y Culturas Indígenas-Instituto para Estudios Transculturales y Regionales/Museo Nacional de Dinamarca, Copenhague, 2011, p. 5. Consultado en https://www.mesoweb.com/resources/handbook/JM2011.pdf.

[18] Agradezco a mis amigos Albert Davletshin y Lucero Meléndez Guadarrama por ayudarme a perfeccionar esta tabla de equivalencias.

Descripción del sonido	*Transcripción normalizada según los criterios de la Academia de las Lenguas Mayas de Guatemala* (ALMG)	*Transcripciones más frecuentes en los documentos novohispanos*	*Transcripciones fonéticas según el Alfabeto Fonético Internacional* (AFI)	*Transcripciones fonéticas según el Alfabeto Fonético Estadunidense* (AFA)
oclusiva bilabial glotalizada	p’	<p>, <pp>	p’	p’
oclusiva dental sorda	t	<t>	t	t
oclusiva dental glotalizada	t’	<t>, <th>, <tt>	t’	t’
oclusiva dental sorda palatalizada	t^{y}	<t>	t^{j}	t^{y}
oclusiva velar sorda	k	<c>, <qu>	k	k
oclusiva velar glotalizada	k’	<k>, <ꜭ>, <4>, <q>	k’	k’
oclusiva labiovelar sorda	k^{w}	<cu>	k^{w}	k^{w}
uvular oclusiva sorda	q	<c>, <k>	q	q
uvular oclusiva glotalizada	q’	<ɛ>, <3>, <k>	q’	q’
oclusiva glotal (saltillo)	ʔ	<ø>, <h>	ʔ	ʔ
fricativa alveolar sorda	s	<c>, <ç>, <s>, <x>, <z>	s	s
fricativa postalveolar sorda	x	<x>	ʃ	š
fricativa velar sorda	j	<h>, <gh>	x	x
fricativa glotal	h	<h>	h	h
africada alveolar sorda	tz	<ts>, <tz>	ts	c
africada alveolar glotalizada	tz’	<ɔ>, <dz>, <ꜭ>, <4,>	ts’	c’
africada postalveolar sorda	ch	<ch>	tʃ	č
africada palatal sorda glotalizada	ch’	<cħ>, <chh>, <ꜭh>, <4h>	tʃ’	č’
africada lateral sorda	tl	<tl>	t͡ɬ	tɬ
nasal alveolar	n	<n>	n	n
nasal bilabial	m	<m>	m	m

Descripción del sonido	*Transcripción normalizada según los criterios de la Academia de las Lenguas Mayas de Guatemala* (ALMG)	*Transcripciones más frecuentes en los documentos novohispanos*	*Transcripciones fonéticas según el Alfabeto Fonético Internacional* (AFI)	*Transcripciones fonéticas según el Alfabeto Fonético Estadunidense* (AFA)
nasal velar	ŋ	<n>	ŋ	ŋ
vibrante múltiple	rr	<r>	r	r
vibrante simple	r	<r>	ɹ	ɹ
aproximante lateral	l	<l>	l	l
aproximante lateral geminada	ll	<ll>	l:	ʎ
aproximante palatal	y	<i>, <y>	j	y
aproximante labiovelar	w	<u>, <hu>	w	w

En lo que atañe al sistema de vocales de la(s) lengua(s) de las inscripciones jeroglíficas, también me apegaré al modelo de Lacadena García-Gallo y Wichmann,[19] con la única salvedad de que en caso de haber una penúltima o antepenúltima vocal en alguna palabra restituiré la "hache" preconsonantal si su reflejo en maya yucateco es una vocal larga con tono alto (por ejemplo, *bahlam* en cholano clásico → *báalam* en maya yucateco). Cuando modernice vocablos mayas yucatecos seguiré a Juan Ramón Bastarrachea Manzano, Ermilo Yah Pech y Fidencio Briceño Chel,[20] pero usando /tz/ y /tz'/ en lugar de /ts/ y /ts'/. En las palabras quichés me apegaré al diccionario de Allen J. Christenson[21] o a la traducción del *Popol Vuh* hecha por Michela E. Craveri,[22] mientras que en el resto de las lenguas mayances procuraré respetar las grafías de la fuente lexicográfica que consulte. En el caso del náhuatl, respetaré la longitud vocálica de las palabras, contenida en el diccionario de Frances Karttunen,[23] quien desde mi punto de vista —y siguiendo a Horacio Caro-

[19] "On the Representation…", *op. cit.;* "Harmony Rulers and…", *op. cit.*

[20] *Diccionario básico español-maya-español,* 4ª ed., Mérida, Maldonado Editores, 1998. Consultado en http://www.mayas.UADY.mx/diccionario.

[21] "K'iche'-English Dictionary and Guide to Pronunciation of the K'iche'-Maya Alphabet", Foundation for the Advancement of Mesoamerican Studies, Inc., 2003. Consultado en http://www.famsi.org/mayawriting/dictionary/christenson/quidic_complete.pdf.

[22] *Popol Vuh. Herramientas para una lectura crítica del texto k'iche',* México, UNAM-IIFL/Centro de Estudios Mayas, 2013 (Fuentes para el Estudio de la Cultura Maya, 21).

[23] Frances Karttunen, *An Analytical Dictionary of Nahuatl,* Norman/Londres, University of Oklahoma Press, 1983.

chi—[24] marca adecuadamente ese detalle prosódico. Sólo debo aclarar que en vez de escribir las vocales largas con el diacrítico macrón /ā/, /ē/, /ī/, /ō/ o por medio de /a:/, /e:/, /i:/, /o:/, simplemente lo haré como se acostumbra en la epigrafía maya: /aa/, /ee/, /ii/, /oo/. Esta medida tiene la doble finalidad de hacer el libro más accesible para los lectores y de uniformar los criterios ortográficos de las lenguas indígenas lo más posible.

En lo que respecta al nombre de las lenguas mayances, me apartaré de las pautas recomendadas por la Academia de las Lenguas Mayas de Guatemala (por ejemplo, Ch'ortiˀ, Kaqchikel, K'icheˀ, Q'eqchiˀ, Yukateko, etc.) con el fin de respetar sus usos en castellano, donde los nombres de los idiomas se escriben con minúsculas, no existen las glotales y se necesita marcar el acento tónico (por ejemplo, chortí, cakchiquel, quiché, kekchí, yucateco, etcétera).[25]

En este libro adopté a grandes rasgos la cronología de Coe y Houston,[26] aunque en ocasiones puedo apartarme ligeramente de ella, pues sólo se trata de una guía o referencia aproximativa y no de un esquema inflexible: Preclásico Medio (1000-300 a.C.), Preclásico Tardío (300 a.C.-250 d.C.), Clásico Temprano (250-600 d.C.), Clásico Tardío (600-800 d.C.), Clásico Terminal (800-925 d.C.), Posclásico Temprano (925-1200 d.C.) y Posclásico Tardío (1200-1542). Para convertir fechas de la Cuenta Larga maya al calendario cristiano, emplearé la constante *ajaw* 584 285 de la correlación GMT (Goodman-Martínez Hernández-Thompson). Para convertirlas a la variante 584 286 propuesta por Simon Martin y Joel Skidmore, y tan de moda actualmente entre los epigrafistas,[27] el lector sólo tiene que sumarle un día. Todas las conversiones se darán en el sistema juliano.

[24] Horacio Carochi, *Arte de la lengua mexicana: con la declaración de los adverbios della*, Miguel León-Portilla (estudio introductorio), México, UNAM-IIH, 1983 (Facsímiles de Lingüística y Fonología Nahuas, 2).

[25] Agradezco a mi amigo Rodrigo Martínez Baracs por haberme convencido de la necesidad de respetar las ortografías del español; comunicación personal, 27 de abril de 2015.

[26] Michael D. Coe y Stephen D. Houston, *The Maya*, 9ª ed., Nueva York, Thames and Hudson, 2015, p. 10.

[27] Simon Martin y Joel Skidmore, "Exploring the 584 286 Correlation between the Maya and European Calendars", *The PARI Journal*, vol. XIII, núm. 2, otoño de 2012, pp. 3-16. No estoy del todo convencido de usar esta variante de la correlación (si bien ya la he utilizado en otras publicaciones) toda vez que depende excesivamente de un solo documento histórico: la Estela 1 de Santa Elena Poco Uinic.

I. LOS CONCEPTOS DEL CUERPO HUMANO

Los pueblos indígenas de América mantienen concepciones sobre el cuerpo humano que son completamente diferentes a las de nuestras culturas modernas, de tradición judeocristiana y grecolatina. El conjunto de esas ideas en torno al cuerpo y la persona procede, como es de suponer, de los inmemoriales tiempos precolombinos, aunque han experimentado distintos grados de transformación e inflexión desde la llegada de la religión cristiana hasta nuestros días. Los temas y problemas que implica este universo de concepciones amerindias han generado una descomunal bibliografía, especialmente en lo que atañe a los temas del **alma** y el **espíritu**, que comienza desde los mismos tiempos coloniales, con los esfuerzos de los evangelizadores para comprender las creencias y prácticas "idolátricas" que necesitaban perseguir, hasta los más recientes enfoques académicos, entre los que pueden mencionarse —para el caso de los mayas— la arqueología biosocial o bioarqueología,[1] la **epigrafía** y la historia del arte (sobre todo a través de la iconografía),[2] la etnopsicología[3] o la psicología cultural,[4] sin dejar de lado los métodos de la arqueología, la historia, la etnohistoria, la etnología, las semiótica o la sociolingüística.

Como ha señalado Pedro Pitarch Ramón,[5] el enorme interés en los aspectos anímicos del cuerpo indígena por parte de los evangelizadores, etnólogos y otros investigadores modernos contrasta con una pobre atención hacia sus elementos anatómicos, fisiológicos u orgánicos, debido a que estos últimos se conciben *a priori* como elementos obvios, universales y objetivos, en contraste con los componentes cognitivos, espirituales, oníricos o psicológicos. Una idea semejante fue señalada años antes por Alfonso Villa Rojas, al indicar que el escaso interés mostrado por los etnólogos previos a él sobre las concepciones del cuerpo entre los mayas podría deberse "al empeño de los investigadores por encontrar en los grupos indígenas un diseño similar al de

[1] Véase Vera Tiesler, *Transformarse en maya. El modelado cefálico entre los mayas prehispánicos y coloniales,* México, UNAM-IIA/UADY, 2012, p. 26.

[2] Véase Stephen D. Houston, David S. Stuart y Karl A. Taube, *The Memory of Bones. Body, Being, and Experience among the Classic Maya,* Austin, University of Texas Press, 2006.

[3] Véase Robert M. Hill II y Edward F. Fisher, "States of Heart. An Etnohistorical Approach to Kaqchikel Maya Etnopsychology", *Ancient Mesoamerica,* vol. 10, núm. 2, otoño de 1999, pp. 317 y ss.

[4] Véase Gabriel L. Bourdin Rivero, *Las emociones entre los mayas. El léxico de las emociones en el maya yucateco,* México, UNAM-IIA, 2014, p. 21.

[5] Pedro Pitarch Ramón, *La cara oculta del pliegue. Antropología indígena,* México, Artes de México/Conaculta-DGP, 2013, p. 38.

la anatomía moderna".[6] Por tal motivo, la idea que inspira a este libro consiste en destacar que el cuerpo humano en toda su extensión, incluyendo sus ingredientes anímicos y sus enfermedades, no es "uno solo" en todas las culturas del mundo, no es una "realidad" que de antemano se pueda dar por supuesta, sino que se trata de una construcción histórica, cultural y social, que es diferente en cada grupo humano.[7]

Como hemos de advertir a lo largo de esta obra, el cuerpo humano fue concebido entre los pueblos mesoamericanos, y particularmente entre los mayas antiguos, objeto de mi interés, como un conglomerado de ingredientes heterogéneos que coexisten de forma finita o temporal para dar lugar a cada individuo mortal. La muerte no era concebida como un hecho puntual, sino como un largo y tortuoso proceso donde todos esos elementos se separan o disgregan a su ritmo y según sus tiempos para ya nunca unirse más, pues cada individuo es único e irrepetible. Algunos componentes del cuerpo humano cesan de forma definitiva o se integran al ambiente. Otros, en cambio, permanecen después de que se ha disgregado el cuerpo que los contenía, pues eran concebidos como ingredientes eternos, que existían antes del nacimiento del individuo del cual formarían parte y lo seguirían haciendo luego de su muerte. En otras palabras, luego de la muerte cada componente que alguna vez formó parte del cuerpo experimenta un destino diferente.

Por otra parte, el cuerpo indígena no es una maquinaria orgánica como se concibe en la llamada cultura "occidental", ya que al parecer no contenía órganos en el sentido que los entendemos,[8] sino un conglomerado caleidoscópico de ingredientes que pueden estar hechos de carne, hueso o sangre o estar envueltos y contenidos dentro de los tejidos, salir temporalmente de sus continentes carnales (como ocurre durante el sueño) o habitar permanentemente afuera de ellos (como pasa con la ropa, las uñas o el cabello cortado, algunos instrumentos de trabajo y aun los retratos). Las funciones vitales, cognitivas, volitivas o emocionales no se realizan para los indígenas en una sola víscera o lugar, sino en diversos centros separados, tanto dentro como fuera de los tejidos corporales, donde en estado saludable las diversas "almas" y "espíritus" trabajan de forma más o menos armónica y balanceada, aunque en realidad siempre están en contradicción, hasta que se confrontan severamente y se pierde el frágil equilibrio, causando enfermedad.[9] Incluso se sabe que los componentes anímicos del cuerpo pueden ser tan independientes

[6] Alfonso Villa Rojas, "La imagen del cuerpo humano según los mayas de Yucatán", en *Estudios etnológicos. Los mayas,* México, UNAM-IIAV, 1995 [1980] (Serie Antropológica, 38), p. 188.

[7] "[...] ver el cuerpo humano como una expresión de la cultura material, una construcción social que es hecha y re-hecha a través del desempeño y del discurso social" (la traducción es mía), tomado de Andrew K. Scherer, *Mortuary Landscapes of the Classic Maya. Rituals of Body and Soul,* Austin, University of Texas Press, 2015 (The Linda Schele Series in Maya and Pre-Columbian Studies), pp. 6-7.

[8] Pitarch Ramón, *op. cit.,* p. 50.

[9] Alfredo López Austin, comunicación personal, 21 de agosto de 2014.

del ser humano que los contiene hasta el grado de tener una conciencia ajena.[10] Por ello, de algún modo se trata de una conciencia desmembrada, aunque interconectada entre sí. Como ha argumentado Alfredo López Austin,[11] para los hombres mesoamericanos todos y cada uno de los componentes corporales están hechos de materia en sentido estricto, incluso las llamadas "almas" o "espíritus" vitales. Finalmente, el continente "cuerpo" constantemente cambia de contenidos, pues gana o pierde ingredientes de toda clase,[12] así que se trata de una "realidad" inestable, proteica y mutable.

Todas estas afirmaciones sobre el cuerpo mesoamericano nos permiten apreciar que, de entrada, nos enfrentamos a concepciones diferentes o completamente ajenas a las nuestras, razón por la que el léxico del castellano o de cualquier otra lengua indoeuropea carece muchas veces de los términos adecuados para definir las ideas indígenas. Nos enfrentamos, pues, al problema de entender al "otro". Nuestro reto es intentar comprender la "otredad". Pero al intentar resolver este problema al mismo tiempo lidiamos o batallamos con nuestros propios prejuicios y valores culturales, que nos deforman irremediablemente la imagen de esos "otros", a la que no podemos acceder de forma "directa". Por ello, todo estudio de esta naturaleza establece una tríada necesaria: no somos simplemente nosotros tratando de entender al hombre maya, sino nosotros, imbuidos en las concepciones de nuestra propia cultura, intentando comprender la de los pueblos indígenas. El hecho de que yo escriba este libro ya implica una motivación "occidental", ajena a las preocupaciones mesoamericanas: reconstruir un segmento del pensamiento humano de los tiempos pretéritos a través de los vestigios y documentos antiguos y mediante argumentos metódicos, lo que no hubiera sido posible sin someterme a una previa preparación académica o universitaria y retroalimentarme de colegas nacionales y extranjeros que comparten conmigo semejantes preguntas, métodos y preocupaciones. Ello no quiere decir, por supuesto, que estemos condenados a conformarnos con una visión falseada del pensamiento autóctono mesoamericano, sino tan sólo que nos aproximaremos a él lo más que podamos, traduciéndolo a nuestro propio pensamiento, pues no contamos con otros ojos sino con los nuestros. Y para lograr ese cometido algunas veces tendremos la necesidad de acuñar o adoptar conceptos técnicos que nos sirvan como herramienta para orientarnos en ese universo cultural tan ajeno. En otras palabras, entender al "otro" desde nuestra perspectiva, pues no solamente es imposible eliminarnos como espectadores, sino que en el supuesto de tener esa pretensión, nos autoengañaríamos.

[10] Alfredo López Austin, "El dios en el cuerpo", *Dimensión Antropológica,* año 16, núm. 46, mayo-agosto de 2009, p. 12.

[11] Alfredo López Austin, *Tamoanchan y Tlalocan,* México, FCE, 1994 (Sección de Obras de Antropología), pp. 35 y ss.; "La concepción del cuerpo en Mesoamérica", *Elogio del cuerpo mesoamericano, Artes de México,* núm. 69, 2004, p. 33.

[12] Alfredo López Austin, comunicación personal, 21 de agosto de 2014.

Por ello, en este apartado de la obra deseo establecer un puñado de conceptos que usaré como instrumento cartográfico, a fin de no perderme en las complejidades de la cosmovisión maya y tratar de transmitir en castellano dicho universo ideológico de forma organizada y de la manera más cercana posible. Tratar de conocer hasta donde las fuentes nos permitan el punto de vista de los miembros de la cultura estudiada, pero usar ese entendimiento para formular conceptos científicos que mejoren la teoría del investigador, que sirvan como instrumentos de análisis reflexivo, toda vez que los conceptos de la cultura estudiada son por sí mismos parte de un sistema cultural, y no pueden utilizarse directamente, a menos que el investigador acepte y asuma como propia la cosmovisión de la sociedad donde fueron acuñados.[13] El reto que presenta este tipo de temas se asemeja en algo al que enfrentan los traductores. Aun entre idiomas tan cercanos como el español, el catalán, el italiano o el portugués toda traducción es imprecisa y perfectible, ¡cuánto más lo sería entre el castellano actual y el cholano antiguo de la época de las inscripciones jeroglíficas mayas!

Pero antes de entrar de lleno al problema de los conceptos, debo advertir que al tratar de describir las concepciones anímicas de los mayas del periodo Clásico (250-909 d.C.), el lector no debe esperar hallar una correspondencia exacta con las concepciones presentes en otras culturas mesoamericanas más recientes y mejor estudiadas, como es el caso de la tríada *teeyooliaa* *<teyolia>*, *toonalli* *<tonalli>* e *iˀiiyootl* *<ihiyotl>* entre los nahuas,[14] del *ch'ulel, chanul, lab* o *wayjel* e *ik'al* entre los choles y grupos tzeltalanos,[15] del *óol, pixan, iik', k'íinam* y *wáay* entre los mayas yucatecos,[16] o del *k'uˀx, natub* y *uxlaˀ* entre los cakchiqueles.[17] Algunos de esos conceptos sí corresponderán aproximadamente con las ideas de los mayas clásicos, ya sea desde el punto de vista etimológico y léxico o debido a sus propiedades o comportamiento, pero otros no han podido encontrar su equivalente en la lengua de las inscripciones jeroglíficas ni en la imaginería de sus artes visuales. Ello no sólo obedece a que cada cultura mesoamericana mantiene particularidades que

[13] Alfredo López Austin y Erik Velásquez García, "Un concepto de dios aplicable a la tradición maya", *Arqueología Mexicana*, vol. XXVI, núm. 152, julio-agosto de 2018, p. 21.

[14] Véase Alfredo López Austin, *Cuerpo humano e ideología. Las concepciones de los antiguos nahuas*, vol. I, 3ª ed., México, UNAM-IIA, 1989 (Serie Antropológica, 39), pp. 221-283.

[15] Este tema tiene una amplia bibliografía, aunque entre lo más asequible y reciente se encuentra el libro de Pedro Pitarch Ramón, *Ch'ulel: una etnografía de las almas tzeltales*, 1ª reimp., México, FCE, 2006 (Sección de Obras de Antropología), y el ensayo de Óscar Sánchez Carrillo, "Cuerpo, ch'ulel y lab elementos de la configuración de la persona tseltal", *Revista Pueblos y Fronteras. La noción de persona en México y Centroamérica*, núm. 4, diciembre de 2007-mayo de 2008, pp. 1-58. Consultado en http://www.pueblosyfronteras.unam.mx.

[16] Este asunto ha generado una gran producción en años recientes a partir de 2007, año de publicación del libro de Gabriel L. Bourdin Rivero, *El cuerpo humano entre los mayas. Una aproximación lingüística*, Mérida, UADY, 2007 (Tratados, 27).

[17] Hill II y Fisher, *op. cit.*

se ubican en la periferia blanda y mutable del llamado "núcleo duro" de la tradición común mesoamericana,[18] sino a que los datos que poseemos sobre cada cultura de la región fueron recogidos o compilados a través de preguntas diferentes y sobrevivieron hasta nuestros días de forma fortuita o azarosa.[19] En otras palabras, aunque puede decirse que estas concepciones subyacen de forma general en el pensamiento de todas las civilizaciones mesoamericanas, visto con más detalle las ideas que cada una tuvo sobre el "alma" y el "espíritu" no coinciden una a una, ni siquiera dentro de la esfera cultural **mayense**, sino que se entreveran en nombres y funciones de una forma caleidoscópica, yuxtaponiéndose, fusionándose o fisionándose.

Un cosmos bidimensional

Como he mencionado, todos los componentes corporales están hechos de materia. Los tejidos de carne, hueso y sangre, de carácter visible para los sentidos humanos en estado ordinario y de vigilia, están constituidos por un tipo de sustancia densa y pesada que fue creada por los **dioses**, aunque se trata de una materia erosionable, frágil, lábil, finita y mortal, cuyo destino es desorganizarse, envejecer, degradarse, mutar y quizá integrarse de nuevo en el ambiente. Por su parte, los componentes anímicos y espirituales no son estrictamente elementos metafísicos, pues también están hechos de materia, pero se trata de sustancias etéreas, ligeras o sutiles, casi imperceptibles para los sentidos humanos, semejantes al aire, la brisa, el aroma, la luz, las sombras, el sonido, el humo y otros elementos parecidos de consistencia gaseosa,[20]

[18] Roberto Martínez González, *El nahualismo,* México, UNAM-IIH, 2011 (Serie Antropológica, 19), p. 14. Sobre el concepto de "núcleo duro", véase López Austin, *Tamoanchan y Tlalocan, op. cit.,* p. 11.

[19] Pitarch Ramón, *La cara oculta…, op. cit.,* p. 39.

[20] López Austin, *Tamoanchan y Tlalocan, op. cit.,* pp. 23-25, 30-32 y 35 y ss.; "La concepción del…", *op. cit.,* p. 33; "Ecumene Time, Anecumene Time: Proposal of a Paradigm", en Anthony F. Aveni (ed.), *The Measure and Meaning of Time in Mesoamerica and the Andes,* Washington, Dumbarton Oaks Research Library and Collection, 2015, pp. 30 y 33 y ss.; "Tiempo del ecúmeno, tiempo del anecúmeno. Propuesta de un paradigma", en Mercedes de la Garza Camino (coord.), *El tiempo de los dioses-tiempo. Concepciones de Mesoamérica,* México, UNAM-IIFL/Centro de Estudios Mayas, 2015, pp. 13, 17 y ss.; "La cosmovisión de la tradición mesoamericana. Primera parte", ed. especial de *Arqueología Mexicana,* núm. 70, México, Raíces, 2016, pp. 79-80. Sobre la composición airosa del "espíritu", el aroma y el sonido véase Karl A. Taube, "Maws of heaven and hell: the symbolism of the centipede and serpent in classic maya religion", en Andrés Ciudad Ruiz, Mario Humberto Ruz Sosa y María Josefa Iglesias Ponce de León (eds.), *Antropología de la eternidad: la muerte en la cultura maya,* Madrid, Universidad Complutense-Facultad de Geografía e Historia-Departamento de Historia de América II (Antropología de América)/Sociedad Española de Estudios Mayas/UNAM-IIFL/Centro de Estudios Mayas, 2003 (Publicaciones de la Sociedad Española de Estudios Mayas, 7), pp. 419-423 y 429-433; "Flower Mountain. Concepts of life, beauty, and paradise among the Classic Maya", *Res. Anthropology and Aesthetics,* núm. 45, primavera de 2004, pp. 73-74; Houston, Stuart y Taube, *op. cit.,* pp. 34 y 139-163; James

aunque son mucho más resistentes que las materias pesadas, pues no se originaron en el ámbito mundano, sino que tienen un origen que es anterior a la creación. Tal como afirma Mercedes de la Garza Camino, en el cuerpo humano existe una doble materialidad:

> Para los mayas y los nahuas, el ser humano es concebido como un ser compuesto por partes materiales "pesadas", corpóreas, visibles y tangibles, y por partes **también materiales**, pero "livianas", sutiles, etéreas, asociadas al calor, al aire, a los olores, a los sabores, a la luz, a la sombra, que son energía vital, aliento, razón, conocimiento, emociones, irracionalidad [...] el hombre para el nahua y el maya es esencialmente una unidad, al mismo tiempo que es un ser múltiple, compuesto por materias sutiles, las cuales se ubican en distintas partes del cuerpo (materia pesada) [...] lo que nosotros llamamos "espíritu" o "alma" [...] en mi opinión son materias sutiles, invisibles e intangibles [...].[21]

La materialidad del "alma" entre los mayas fue también atisbada por Alberto Ruz Lhuillier, quien en 1968 ya hablaba de la creencia en la supervivencia física del "espíritu" o la continuación de la vida material después de la muerte;[22] mientras que Markus Eberl observa con acierto que entre los mayas —a diferencia de la civilización occidental— el "espíritu" no está diferenciado del cuerpo ni dividido de él, sino que se trata un componente del mismo.[23] Por su parte, Gabriel L. Bourdin Rivero admite que entre los mayas no existe una separación entre psiquis y materia, sino que las realidades del "espíritu" se consideran elementos muy concretos, aunque de orden sutil.[24] Mónica Chávez Guzmán también coincide en que para los mayas los elementos psicológicos y corporales eran fenómenos indistinguibles "de la vivencia, pues pensar, imaginar, sentir y conocer se encontraban íntimamente relacionados".[25]

Fitzsimmons, *Death and the Classic Maya Kings*, Austin, University of Texas Press, 2009 (The Linda Schele Series in Maya and Pre-Columbian Studies), pp. 39-40 y 42.

[21] Mercedes de la Garza Camino, *Sueño y éxtasis. Visión chamánica de los nahuas y los mayas*, México, FCE/UNAM-Coordinación de Humanidades/IIFL/Centro de Estudios Mayas, 2012, pp. 20 y 221. Como observa Javier Hirose López, *Suhuy máak. Las concepciones sobre el cuerpo y la persona entre los mayas de la región de los Chenea, Campeche*, Campeche, Secretaría de Cultura del Estado de Campeche, 2015, p. 141, no parece existir entre los mayas "un límite claro entre materia y 'espíritu'", por ello "lo que conforma el cuerpo físico se manifiesta también como el cuerpo sutil".

[22] Alberto Ruz Lhuillier, *Costumbres funerarias de los antiguos mayas*, 1ª reimp., México, UNAM-IIFL/Centro de Estudios Mayas, [1968] 1991, pp. 183, 263-264 y 266.

[23] Markus Eberl, *Muerte, entierro y ascensión. Ritos funerarios entre los antiguos mayas*, Mérida, UADY, 2005 (Tratados, 21), p. 21.

[24] Bourdin Rivero, *El cuerpo humano...*, *op. cit.*, p. 146.

[25] Mónica Chávez Guzmán, *Cuerpo, enfermedad y medicina en la cosmología maya del Yucatán colonial*, Mérida, UNAM-Centro Peninsular en Humanidades y Ciencias Sociales, 2013 (Monografías, 18), p. 73.

La consistencia aérea o gaseosa de dichos componentes anímicos o espiritosos parece ser análoga a la de otros seres divinos o imperceptibles para el hombre, que por ser de naturaleza material, aunque ligera o sutil, también se desgastan[26] y deben alimentarse o repararse con oraciones, ritos, ofrendas o aromas, como hacen los ancestros deificados,[27] o mediante la fragancia de los alimentos ("espíritu" de la comida), como hacen los muertos.[28] Además, la conducta de dichos seres invisibles o divinos puede ser en gran parte adivinada o pronosticada a través del calendario, a cuyas reglas cíclicas se somete el cosmos. No sólo los dioses toman su turno al ritmo del calendario que impera sobre el ámbito terrestre, sino también los muertos, quienes a pesar de experimentar el flujo del tiempo de una manera diferente a como lo hacen los vivos,[29] participan también del calendario, pues conocen las fechas en las que deben regresar.[30] Ello hace improbable que se trate de entidades sobrenaturales en sentido estricto, toda vez que no están por encima de las normas o leyes que rigen el universo, sino sometidos a ellas;[31] sus acciones, oportunidades y voluntades eran limitadas y estaban constreñidas y sujetas a ciertos ámbitos de dominio, así como a las regularidades del cosmos.[32] Por lo tanto, la particularidad que más los separa y diferencia de las criaturas mundanas acaso resida en que proceden de otro plano espacio-temporal, distinto del que ocupan los humanos.

Ello condujo a Alfredo López Austin y a Leonardo López Luján[33] a sustituir respectivamente los términos **sobrenaturaleza** y *naturaleza* por los de **anecúmeno** (ámbito imperceptible para los humanos) y **ecúmeno** o "casa de las criaturas", en un intento por crear neologismos que ayuden a explicar mejor las antiguas ideas cosmológicas mesoamericanas, si bien reconocen que se trata de términos difícilmente asequibles para el lector común, y por ello

[26] López Austin, "Ecumene Time, Anecumene...", *op. cit.*, p. 35; "Tiempo del ecúmeno...", *op. cit.*, pp. 20-21.

[27] Ruz Lhuillier, *op. cit.*, p. 210; "[...] no tenían comida de maíz/no tenían pastura./Solamente debajo de sus bastones olían", Michela E. Craveri (trad. y ed.), *Popol Vuh. Herramientas para una lectura crítica del texto k'iche'*, México, UNAM-IIFL/Centro de Estudios Mayas, 2013 (Fuentes para el Estudio de la Cultura Maya, 21), p. 157.

[28] Julián López García, "Presencia y significado de la muerte en la cultura maya ch'orti'", en Ciudad Ruiz, Ruz Sosa e Iglesias Ponce de León (eds.), *op. cit.*, pp. 504-505.

[29] López Austin, "Ecumene Time, Anecumene...", *op. cit.*, pp. 37-38; "Tiempo del ecúmeno...", *op. cit.*, pp. 25-26.

[30] Perla Petrich, "La muerte a través de la tradición oral maya actual", en Ciudad Ruiz, Ruz Sosa e Iglesias Ponce de León (eds.), *op. cit.*, pp. 475 y 487.

[31] Alfredo López Austin, comunicación personal, 21 de agosto de 2014; "La cosmovisión de... Primera parte", *op. cit.*, pp. 82-83.

[32] Alfredo López "Los rostros de los dioses mesoamericanos", *Arqueología Mexicana*, vol. IV, núm. 20, julio-agosto de 1996, p. 19.

[33] Alfredo López Austin y Leonardo López Luján, *Monte Sagrado. Templo Mayor*, México, UNAM-IIA, 2009, pp. 43-50 y 163-166; López Austin, "Ecumene Time, Anecumene...", *op. cit.*; "Tiempo del ecúmeno...", *op. cit.*; "La cosmovisión de... Primera parte", *op. cit.*, pp. 79-81.

en ocasiones optan por conservar el sustantivo *sobrenaturaleza* o el adjetivo *sobrenatural,* pues a pesar de sus limitaciones para explicar la cosmovisión mesoamericana, no tenemos otros más apropiados en español.[34] Por ello, pese a sus inconvenientes e imprecisiones, conservaré en este libro los términos *sobrenatural* y *sobrenaturaleza* cuando me vea en la necesidad de utilizarlos en la explicación de los diversos aspectos de la cosmovisión maya. En palabras de López Austin y de López Luján, el anecúmeno es:

> el tiempo-espacio propio de los dioses y los muertos, y ajeno a las criaturas. Su ubicación corresponde a los cielos superiores (el *chicnauhtopan* de los nahuas), los pisos del inframundo (el *chicnauhmictlan* de los nahuas), el *axis mundi* y los extremos del mundo con los árboles cósmicos. El *ecúmeno,* en oposición, es el mundo habitado por las criaturas, aunque también está ocupado definitiva o transitoriamente por seres sobrenaturales. Entre una y otra dimensión se encuentran los umbrales, peligrosos sitios de comunicación, por los cuales los dioses circulan libremente [... el anecúmeno es] un espacio-tiempo ajeno a las criaturas; pero es su origen y la fuente de sus procesos. El otro ámbito es el ecúmeno, el mundo de las criaturas; es el espacio-tiempo de interacción de la totalidad de los entes del universo, incluidas las fuerzas sobrenaturales y los dioses. El ecúmeno es, por tanto, la palestra cósmica.[35]

Los autores de estas definiciones agregan que los seres que habitan el ecúmeno, incluidos los humanos, son una mezcla de componentes mundanos con divinos, incluyendo las **fuerzas sagradas o invisibles del anecúmeno**, al grado de que en el fondo "lo mundano es lo divino cubierto", o bien, es lo imperceptible envuelto por lo perceptible. La diversidad de esas criaturas —continentes de lo divino y de lo etéreo— es resultado de las proporciones de sus componentes binarios duales. Según ellos, el ecúmeno fue creado, existe, funciona y se mantiene gracias al enfrentamiento u oposición de los dos niveles del anecúmeno (el celeste y el inframundano). Además, desarrollan la idea de que los habitantes divinos y portentosos del anecúmeno podían trasladar su divinidad al ámbito del ecúmeno, proyectándose o desdoblándose dentro de cualquier criatura (como las montañas, que son proyecciones de sus arquetípicos dioses pluviales), mientras que algunos sacerdotes podrían fabricar réplicas de esos mismos desdoblamientos sagrados (como las figurillas de amaranto que representan cerros), que también heredaban su santidad, construyendo un mundo de diversas proyecciones jerárquicas.[36] En resumen, la finalidad de ese sistema de proyecciones no era otra que la de

[34] Alfredo López Austin, comunicación personal, 7 de enero de 2015. Véase en el glosario el término "sobrenaturaleza".

[35] López Austin y López Luján, *op. cit.*, pp. 43 y 164-165.

[36] *Ibid.*, pp. 164-165.

ordenar, organizar y sacralizar el territorio.[37] En lo que concierne al cuerpo humano, López Austin señala elocuentemente lo siguiente:

> los mesoamericanos consideraban que el ser humano poseía dos clases de sustancia; pero no podemos afirmar en sentido estricto que imaginaran una parte material y otra espiritual del hombre. Puede hablarse con más propiedad de dos clases de materia: una pesada, densa, opaca, tangible, y otra ligera, sutil, invisible e intangible. La materia pesada corresponde a lo mundano del individuo, a lo perecedero, al recipiente en que se aloja lo sutil; la materia ligera, en cambio, es divina, y por tanto indestructible. La primera está fija al ecúmeno; la segunda, al desprenderse de la materia pesada, puede transitar al mundo de los dioses, incluso en algunos casos en la vida del hombre.[38]

Los términos *anecúmeno* y *ecúmeno* nos permiten apreciar el universo mesoamericano como un mismo cosmos de naturaleza binaria, dual o mixta, que consta de dos ámbitos, calidades, cualidades o dimensiones espacio-temporales, una de seres *k'uyel,* de materia sutil, divina e imperceptible, y la otra de criaturas *baalcah (sic),* de sustancia densa, mundana y perceptible.[39] En otras palabras, bajo esta perspectiva los dioses, muertos, ancestros, "almas", "espíritus" y otros seres semejantes pueden ser entendidos como entidades "trascendentes", pero no en el sentido de opuestos a lo "inmanente", sino por el hecho de que trascienden la temporalidad mundana, pues tienen su origen en las profundidades arcanas del tiempo mítico, anteriores a la creación del ecúmeno, y subsisten luego de la muerte de los efímeros seres mundanos que los contienen en el interior de sus cuerpos, y aún después de las distintas destrucciones que ha sufrido el mundo.[40] Finalmente, es preciso agregar que los límites o fronteras entre el ecúmeno y el anecúmeno en ciertos puntos de la geografía cósmica quizá no eran rígidos ni nítidos; incluso, es probable que algunos humanos puedan acceder accidentalmente al reino del anecúmeno estando vivos, y que su experiencia en el más allá sea de orden no tan intangible,[41] lo cual habla con elocuencia de que no se trata de un ámbito estrictamente metafísico, sino material.

[37] *Ibid.*, pp. 45-48 y 164-165.

[38] López Austin, "La concepción del…", *op. cit.*, p. 33.

[39] Alfredo López Austin (comunicación personal, 26 de septiembre de 2015) ha adoptado esos términos mayas yucatecos a sugerencia del lingüista H. Ramón Arzápalo Marín. En opinión mía, el vocablo *k'uyel* es semejante a la palabra *ch'ulel* de los choles y grupos tzeltalanos; deriva de la raíz *k'uh* o *k'u?*, 'dios', más un posible sufijo abstractivizador o de **abstracción cualitativa** */-el/*, mientras que *baalcah (sic)* se compone de las voces *baal*, 'tapar, resguardar' o 'cubrir', más probablemente *kaaj*, 'pueblo' o 'poblado', dando como resultado un sustantivo compuesto: *baalkaaj*, 'cobertura de pueblo'. Como después veremos, la idea de cubrir, envolver o tapar constituye el meollo de las concepciones corporales mayas, y es la razón por la que se encuentra implícita desde el título de este libro: el cuerpo como "Morada de dioses".

[40] Alfredo López Austin, comunicación personal, 20 de enero de 2015.

[41] Petrich, *op. cit.*, pp. 476 y 478.

Cuerpo-carne: las materias densas

Otra herramienta de gran utilidad para comprender las concepciones corporales mayas es el binomio **cuerpo-carne** y **cuerpo-presencia**, que ha sido acuñado por Pitarch Ramón en su estudio sobre los tzeltales contemporáneos.[42] En términos de lo que vimos antes, la díada de estos dos tipos de cuerpo —que se desenvuelven en el ámbito del ecúmeno o de las criaturas mundanas— nos enfrenta con el hecho de que el cuerpo humano no es una "realidad" obvia que podamos dar por supuesta, sino una construcción histórica, cultural y social. Aunque Pitarch Ramón no desea hacer generalizaciones ni extrapolar estos conceptos a otros pueblos mesoamericanos, ha encontrado que su modelo es válido para otras culturas indígenas de Chiapas y, como veremos, también lo considero útil —aunque con ciertas adaptaciones— para estudiar algunos aspectos del pensamiento maya clásico. De este modo, ese autor afirma que cuerpo-carne es "la unión de fluidos que forman un conjunto segregable en partes, un objeto sensible pero sin capacidad de relación social con los demás seres, y que representa una cualidad sustancialmente homogénea entre humanos y animales".[43]

El meollo del concepto cuerpo-carne reside en que se trata de sustancia densa o pesada, pero sin forma, de la misma materia prima de la que están hechos los habitantes del mundo y por medio de la cual circula la sangre; esto es, la carne y la sangre misma. Para los tzeltales contemporáneos, en este tipo de cuerpo se excluyen los huesos, las uñas, el vello y el cabello, pues consideran que se trata de componentes por donde no circula la sangre, de manera que de su corte o cercenamiento no se experimenta el dolor característico que se asocia con la pérdida del fluido vital. Se trata de un cuerpo que los humanos comparten con los animales, puesto que los árboles y las plantas no contienen sangre en sentido estricto, sino savia. Por otra parte, el cuerpo-carne sólo comienza a existir a partir del momento en que las funciones vitales del recién nacido se separan de las de su madre, convirtiéndose en un ser independiente. Finalmente, algo característico del cuerpo-carne es que sólo constituye la masa, materia o sustancia de la que está hecho el cuerpo, pero sin tomar en cuenta su forma, de manera que no sirve ni ayuda para distinguir a un humano de otro y, por lo tanto, no juega ningún papel en las relaciones sociales. Por tal motivo carece de la capacidad de **agencia**[44] y de voluntad, pues es visto como un objeto que se limita a recibir pasivamente las acciones del cuerpo-presencia o de otros sujetos.

Quizá por esto último, el término más importante asociado con el cuerpo-carne, la carne misma *(bak')*, no se encuentra atestiguado en las inscripciones

[42] Pitarch Ramón, *La cara oculta…*, *op. cit.*, pp. 39-50.

[43] *Ibid.*, p. 37.

[44] Véase el glosario.

FIGURA I.1. *Posible logograma o signo-palabra de 'sangre', acompañado por el sufijo de posesión partitiva* /-el/: **u-CH'ICH'-le**, uch'ich'[e]l. *Plataforma del Templo XIX de Palenque (E5), Chiapas, México; tomado de David S. Stuart, "The Palenque Mythology. Materials to accompany presentations by David Stuart, Peter Mathews, Alfonso Morales, Erik Velásquez García, and Guillermo Bernal Romero", en* Sourcebook for the 30th Maya Meetings, *Austin, The University of Texas at Austin-The Mesoamerican Center-Department of Art and Art History, 2006, p. 175.*

jeroglíficas mayas, importante medio de comunicación en las cortes de los *ajawtaak*.[45] Sin embargo, tenemos la fortuna de contar con ejemplos del **signo**[46] para 'sangre' (figura I.1). Se trata del signo T543 del catálogo de jeroglifos mayas de Thompson,[47] que es probablemente el **logograma CH'ICH'** o **K'IK'**, 'sangre',[48] un sustantivo que suele portar el sufijo de **posesión partitiva** o de **parte-totalidad** /*-el*/,[49] para indicar que forma parte de algo más grande,[50]

[45] Plural del sustantivo *ajaw*, 'noble' o 'señor', en la lengua de las inscripciones jeroglíficas mayas.

[46] Véase el glosario.

[47] *A Catalog of Maya Hieroglyphs*, Norman, University of Oklahoma Press, 1962 (The Civilization of the American Indian Series).

[48] David S. Stuart, "On the Paired Variants of **TZ'AK**", *Mesoweb*, 2003. Consultado en www.mesoweb.com/stuart/notes/tzak.pdf, p. 4. La palabra **logograma** también se encuentra en el glosario.

[49] Véase el glosario.

[50] Romelia Mó Isém, "Fonología y morfología del poqomchi' occidental", tesis de licenciatura en lingüística, Guatemala, Universidad Rafael Landívar-Facultad de Humanidades-Departamento de Letras y Filosofía, 2006, pp. 90 y 92; la autora de esta tesis proporciona justo el siguiente ejemplo en pocomchí: *k'ik'*, 'sangre' → *r(i)k'ik'eel*, 'su sangre'. Mientras que Lucero Meléndez

FIGURA I.2. *Expresión* **u-ba ke-le BALAM-ma**, ubaak[e]l bahlam, *'el hueso del jaguar', donde aparece el sufijo de posesión partitiva. Hueso inciso del área de Naranjo, Petén, Guatemala; dibujo de Stephen D. Houston; tomado de Stephen D. Houston, David S. Stuart y Karl A. Taube,* The Memory of Bones. Body, Being, and Experience among the Classic Maya, *Austin, University of Texas Press, 2006, p. 13.*

que se trata del fragmento de un todo, o más específicamente de una parte del cuerpo:[51] *uch'ich'el,* 'es la sangre de' determinada persona. No la sangre que alguien adquirió por venta, donación u otro medio, sino la sangre de su propio cuerpo.

Aunque según Pitarch Ramón los tzeltales no incluyen a los huesos dentro de esta categoría por considerar que dentro de ellos no fluye sangre, resulta interesante observar que el otro sustantivo para partes del cuerpo que se encuentra documentado en las inscripciones mayas del periodo Clásico en asociación con el sufijo de posesión partitiva */-el/* es justamente *baak,* 'hueso', como por ejemplo en la expresión *ubaakel bahlam,* 'el hueso del jaguar' (figura I.2), que indica que no se trata del hueso de otro animal que el felino está comiendo, sino de un hueso del propio cuerpo del jaguar.

Es por ello que de haber existido algún concepto análogo al de cuerpo-carne entre los mayas del periodo Clásico, me inclino a pensar que dentro

Guadarrama proporciona el siguiente ejemplo en maya yucateco: *inbak'el,* 'mi carne', no la que adquirí por compra o cacería, sino aquella que es parte de mi propio cuerpo, "La posesión lingüística en la lengua de las inscripciones mayas clásicas", tesis de maestría, México, UNAM-FFYL/IIFL-Posgrado en Estudios Mesoamericanos, [2006] 2007, p. 69. Consultado en http://www.wayeb.org/download/theses/melendez_2007.pdf.

[51] Stephen D. Houston, John Robertson y David S. Stuart, *Quality and Quantity in Glyphic Nouns and Adjectives (Calidad y cantidad en sustantivos y adjetivos glíficos),* Washington, Center for Maya Research, 2001 (Research Reports on Ancient Maya Writing, 47), pp. 9, 30-32; estos autores reconocieron en las inscripciones de Yaxchilán otra expresión de estructura semejante: u-K'AL-le HUN *uk'al[e]l huʔn,* 'la envoltura de su papel', lo que sugiere que los mayas clásicos pudieron considerar que los objetos aparentemente inanimados tenían su propio cuerpo-carne. Véase también Houston, Stuart y Taube, *op. cit.*, pp. 12-13; Meléndez Guadarrama, *op. cit.*, pp. 68-71.

de él incluían la carne, la sangre y los huesos, que no eran nada por sí solos para ellos, sino únicamente materia comestible. Sólo significan algo más cuando forman parte de un todo más grande, que es el cuerpo formal, visible socialmente para los demás. Es decir, el cuerpo-carne es una entidad divisible en segmentos que no tienen sentido de forma aislada y por ello se asocian con los sufijos /*-el*/ de parte-totalidad o posesión partitiva. Acaso también esta idea implique que para los mayas clásicos la sangre sí corría dentro de los huesos, razón por la que el sustantivo *baak,* 'hueso', era homófono de *baak,* 'cautivo' de guerra,[52] indicando que los prisioneros destinados al sacrificio eran carne que carecía de agencia, pero contenía sangre. Y ésa quizá debió ser la razón por la que en el arte maya clásico los nombres de los cautivos se encuentran escritos sobre sus muslos y otras partes del cuerpo exceptuando la cabeza, pues esta última, como luego veremos, era el *locus* de la persona y de la agencia.[53] Conviene advertir que los huesos y la sangre se encuentran asociados en un pasaje de la Estela A de Copán (E6-C7), que dice: *balun iplaj baak ch'ich' k'ihn,* 'el calor está fortaleciendo grandemente los huesos y la sangre'. Y mil años después se vuelven a asociar en el paralelismo *<ahen bace / ahen olome>*, '¡despierta hueso / despierta sangre!', que se encuentra en el *Ritual de los Bacabes,*[54] lo que sugiere que para los mayas se encontraban en la misma categoría taxonómica.

Por otra parte, el sufijo /*-el*/ de posesión partitiva o de parte totalidad se aplica también a la piel y al cabello en las lenguas yucatecanas[55] y cholanas,[56] por considerar que se trata de sustancias del cuerpo segregables, semejantes a la sangre y a los huesos, y no de entidades con forma en sentido estricto.[57] Por esta razón considero que el concepto cuerpo-carne acuñado por Pitarch

[52] El lector puede consultar diccionarios de términos que han sido documentados en los textos jeroglíficos mayas en las siguientes obras: Erik Boot, "The Updated Preliminary Classic Maya-English, English-Classic Maya. Vocabulary of Hieroglyphic Readings", *Mesoweb Resources,* 2009. Consultado en http://www.mesoweb.com/resources/vocabulary/index.html; como también en Harri Kettunen y Christophe Helmke, "Introducción a los Jeroglíficos Mayas", XVI Conferencia Maya Europea Wayeb, trad. de Verónica Amellali Vázquez López y Juan Ignacio Cases Martín, Universidad de Copenhague-Departamento de Lenguas y Culturas Indígenas-Instituto para Estudios Transculturales y Regionales / Museo Nacional de Dinamarca, Copenhague, 2011. Consultado en https://www.mesoweb.com/resources/handbook/JM2011.pdf.

[53] Andrew K. Scherer, "El ser, la identidad y la cabeza entre los mayas del Clásico de los reinos del río Usumacinta", en Vera Tiesler y Carlos Serrano Sánchez (eds.), *Modificaciones cefálicas culturales en Mesoamérica. Una perspectiva continental,* t. II, México / Mérida, UNAM-IIA / UADY-Facultad de Ciencias Antropológicas, 2018, p. 535.

[54] Véase Zoraida Raimúndez Ares, "Difrasismos mayas: estudio diacrónico de los textos de tierras bajas desde la época prehispánica hasta el periodo colonial", tesis doctoral, México, UNAM-FFyL / IIFL-Posgrado en Estudios Mesoamericanos, 2021, pp. 480-481, quien asocia la oposición huesos-sangre con la diada blanco / semen / masculino-rojo / menstruación / femenino.

[55] Maya yucateco, itzá, mopán y lacandón moderno.

[56] Choltí, chortí, chontal de Acalan, chol y chontal de Tabasco o chontal yocothán.

[57] Albert Davletshin, comunicación personal, 28 de junio de 2015.

Ramón para explicar un rasgo cultural de los tzeltales modernos es una herramienta útil para comprender otras manifestaciones de las culturas mayas, pero no puede transpolarse literalmente, sino con las debidas adaptaciones, puesto que también hay singularidades específicas, producto de los cambios históricos.

Cuerpo-presencia: las formas densas

Mucho mejor documentadas en los textos jeroglíficos mayas son las partes del cuerpo-presencia. De acuerdo con Pitarch Ramón, cuerpo-presencia es "un sujeto activo de percepción, sentimiento y cognición, comprometido en una relación intersubjetiva con cuerpos de la misma especie".[58]

Al igual que el anterior, se trata de un cuerpo de materia densa o pesada, propio del ecúmeno o ámbito perceptible de las criaturas mundanas, pero lo que se privilegia es la forma sustancial. Se trata de un cuerpo con carácter social, pues es reconocible para los otros seres humanos, pero además dentro de él también se ubican los sentidos mundanos, pues es el cuerpo que sirve para ser mostrado, pero también para ver, para percibir en estado de conciencia ordinaria y de vigilia. Por ello, el cuerpo-presencia incluye cualquier elemento con forma definida, como la cabeza, el tórax, las extremidades, el cabello, las uñas, el vello, la ropa, los ornamentos personales y en general todo lo que tenga forma, anchura, longitud, volumen y profundidad.

Un matiz muy importante es que mientras el cuerpo-carne es la materia pesada de la que están hechos el cuerpo de los humanos y el de los animales, el cuerpo-presencia es algo que los hombres comparten con otros hombres, pues sólo es visto o percibido por los seres de la misma especie. De manera que los gatos tienen cuerpo-presencia tan sólo entre ellos, pero con relación al ser humano tienen cuerpo-carne. Los humanos tienen cuerpo-presencia tan sólo entre ellos, pero con relación a los lagartos tienen cuerpo-carne, y así sucesivamente.

Mientras que el cuerpo-carne comienza a existir tan sólo a partir de que el recién nacido corta sus vínculos vitales con la madre, el cuerpo-presencia remonta su existencia hasta el momento mismo de la concepción, es decir, desde que se encuentra dentro del útero, ámbito oscuro, frío, nocturno y acuoso de carácter sagrado, y que por lo tanto pertenece a los dominios del anecúmeno en el interior del cuerpo.[59]

[58] Pitarch Ramón, *La cara oculta...*, *op. cit.*, p. 37.

[59] *Ibid.*, pp. 42-47. Acaso pueda considerarse que el cuerpo-presencia tiene sus orígenes en la zona liminar del mito (aún húmeda y oscura, igual que el útero), mientras que el cuerpo-carne sólo es propio del ecúmeno; para estos conceptos, véase López Austin, "Ecumene Time, Anecumene...", *op. cit.*; "Tiempo del ecúmeno...", *op. cit.* Tanto el ecúmeno como la zona liminar del anecúmeno ya se encuentran reguladas, según López Austin, por el calendario o tiempo solar.

(a) 
(b) 

FIGURA I.3. *Sustantivos neutros asociados con el cuerpo-presencia:* (**a**) **yo-OK-ki**, yook, *'su pie, su pata'; Dintel 3 del Templo IV de Tikal (C7b), Petén, Guatemala, tomado de Christopher Jones y Linton Satterthwaite,* Tikal Report, No. 33, Part A, The Monuments and Inscriptions of Tikal: The Carved Monument, *Filadelfia, The University of Pennsylvania Museum, 1983, fig. 74;* (**b**) **AT**, aat, *'pene'; Dintel 11 de Yaxchilán (A2), Chiapas, México; tomado de Ian Graham y Eric von Euw,* Corpus of Maya Hieroglyphic Inscriptions, *vol. 3, part. 1, Yaxchilán, Cambridge, Harvard University-Peabody Museum of Archaeology and Ethnology, 1977, p. 32.*

Finalmente, mientras que el cuerpo-carne es una entidad pasiva o inactiva compuesta de partes que sólo adquieren sentido al pertenecer a un todo y se limita a padecer las acciones de otros sobre él, el cuerpo-presencia es una "realidad" integrada que posee las cualidades de la agencia, la función y la **volición**.[60] Es un sujeto que ejecuta actividades voluntarias e intencionales. Y ésa es la razón de por qué para los tzeltales modernos el cuerpo carece de órganos, ya que los órganos implican la idea de partes que realizan funciones. Las partes, como hemos visto, corresponden al cuerpo-carne. Mientras que las funciones tan sólo son atributos del cuerpo-presencia. Se trata, entonces, de una concepción del cuerpo humano completamente ajena a la de la tradición europea, pues no estamos hablando de un organismo, sino de un cuerpo inorgánico.[61]

En las inscripciones mayas cualquier elemento del cuerpo puede entrar, pues, en la categoría de cuerpo-presencia, salvo quizá la sangre (figura I.1) y los huesos (figura I.2). Ejemplos al azar son los pies u *ook* (figura I.3a) o el pene o *aat* (figura I.3b), denominados "sustantivos neutros" en virtud de que no adoptan sufijo alguno ni en su forma absoluta ni cuando están acompañados por pronombres posesivos, salvo en la llamada "posesión íntima".[62]

[60] Véase el glosario.

[61] *Ibid.*, p. 50.

[62] Un ejemplo hipotético podría ser *paat*, 'espalda' (forma absoluta), *upaat*, 'su espalda' (forma poseída) y *upaatil winik*, 'la espalda del hombre' (posesión íntima); véase Alfonso Lacadena García-Gallo, "Gramática maya jeroglífica", material didáctico inédito elaborado con motivo de

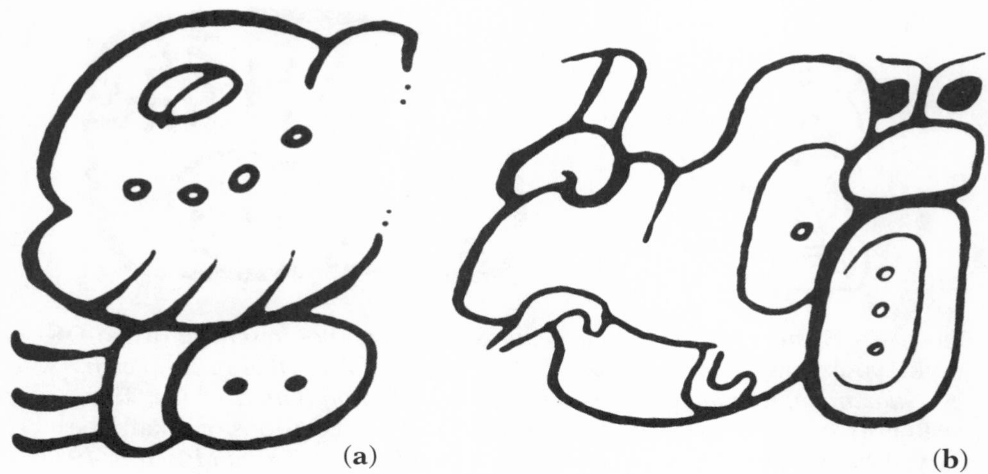

FIGURA I.4. *Sustantivos inalienables asociados con el cuerpo-presencia:* (a) **k'a[ba]-si**, k'ab[i]s, *'brazo' o 'mano'; texto misceláneo 48 del Entierro 116 de Tikal, Petén, Guatemala;* (b) **TIʔ-si**, tiʔ[i]s, *'boca', vaso K1440; tomados de Marc U. Zender, "On the Morphology of Intimate Possession in Maya Languages and Classic Mayan Glyphic Nouns", en Søren Wichmann (ed.),* The Linguistics of Maya Writing, *Salt Lake City, The University of Utah Press, 2004, p. 201.*

No obstante, conviene mencionar que dentro del cuerpo-presencia hay una categoría de sustantivos cuyo estado habitual es estar poseídos o acompañados por pronombres posesivos, por lo cual son de carácter inalienable. Ejemplos de ellos son *k'abis,* 'brazo' o 'mano' (figura I.4a), cuyo estado habitual es *uk'ab,* 'su brazo' o 'su mano', así como *tiʔis,* 'boca' (figura I.4b), cuyo estado habitual es *utiʔ,* 'su boca'.

Si bien en un principio David S. Stuart, Stephen D. Houston y John Robertson consideraron que los sufijos */-is/* en palabras como *k'abis* y *tiʔis* tenían una función adjetival,[63] y más tarde creyeron que aparentemente eran nominalizadores, mientras que los sustantivos asociados con ellos se caracterizan porque se pueden contar o numerar,[64] años después Marc U. Zender los denominó "sufijos absolutivos para partes del cuerpo no poseídas", que

los talleres de escritura jeroglífica maya que tuvieron lugar en el marco de la 15th European Maya Conference, Madrid, Museo de América, del 30 de noviembre al 2 de diciembre de 2010, pp. [3-4].

[63] David S. Stuart, Stephen D. Houston y John Robertson, *The Proceedings of the Maya Hieroglyphic Workshop: Classic Mayan Language and Classic Maya Gods, March 13-14, 1999,* Phil Wanyerka (transcripción y ed.), Austin, University of Texas-Maya Workshop Foundation, 1999, p. 150.

[64] Houston, Robertson y Stuart, *Quality and Quantity…, op. cit.,* pp. 23 y 44.

pertenecen a la categoría de posesión íntima, por lo que su estado habitual es estar acompañados por pronombres posesivos (*uk'ab*, 'su mano', *uti?*, 'su boca').[65] En otras palabras, se trata de partes del cuerpo que, de no estar poseídas por medio de pronombres, adoptan automáticamente el sufijo /*-is*/. Como el propio Zender mencionó, dicho tipo de sufijos de la lengua de las inscripciones tan sólo sobrevivió en los idiomas **mayances** del subgrupo pocomeano: pocomchí y pocomán, por lo que en el siglo XVII fueron descritos por fray Pedro Morán y fray Dionisio de Zúñiga de la siguiente manera: "[...] que muchos miembros del cuerpo, interiores y exteriores, hacen también su indefinidad con esta partícula *-iz* al cabo, y, al variarlos con sus partículas posesivas, pierden el *-iz* [...] Quitándoles a éstos el *-iz*, quedan determinados por posesivos [...] entra en esta regla *biiz*, que significa 'nombre'".[66]

De acuerdo con Lucero Meléndez Guadarrama, este sufijo sirve para marcar una relación de inalienabilidad íntima.[67] Mientras que en su brillante estudio sobre el pocomchí occidental moderno, Romelia Mó Isém denominó a este elemento como "sufijo de partes inalienables", y aclara que en ese idioma los sustantivos inalienables incluyen no sólo ciertas partes del cuerpo, sino la ropa y las enfermedades, así como acciones y sustantivos que se relacionan con las emociones.[68] De ello podría desprenderse que aunque el cuerpo-presencia tiene sus orígenes desde la concepción o gestación del ser humano, no se trata de una entidad fija o inmutable, sino de un conglomerado de ingredientes que pueden transformarse, ganar o perder a lo largo del transcurso de la vida intramundana.

En síntesis, son inalienables ciertas partes del cuerpo, y probablemente ciertas enfermedades, los nombres personales, la ropa y las emociones, todo lo cual forma parte de una concepción del ser humano completamente diferente a la occidental.

Es preciso aclarar que en las inscripciones jeroglíficas la presencia del sufijo absolutivo /*-is*/ para partes inalienables del cuerpo tiene una distribución geográfica general en el territorio donde se practicó la escritura **logosilábica**,[69] aunque en el oeste de las tierras bajas mayas (Petén occidental, re-

[65] Marc U. Zender, "On the Morphology of Intimate Possession in Maya Languages and Classic Mayan Glyphic Nouns", en Søren Wichmann (ed.), *The Linguistics of Maya Writing*, Salt Lake City, The University of Utah Press, 2004, pp. 200-204. A pesar de este genial descubrimiento de Zender, en 2011 Harvey M. Bricker y Victoria R. Bricker siguieron especulando que el sufijo /*-is*/ era un enclítico de alcance en maya yucateco, que frecuentemente aparece al final de expresiones negativas, o que tiene que ver con el sufijo causativo /*-s*/, véase *Astronomy in the Maya Codices*, Filadelfia, American Philosophical Society, 2011, p. 198.

[66] Fray Pedro Morán y fray Dionisio de Zúñiga, *Arte breve y vocabularios de la lengua po3om*, René Acuña Sandoval (ed.), México, UNAM-IIFL, 1991 (Gramáticas y Diccionarios, 5), p. 8.

[67] Comunicación personal, 24 de junio de 2015.

[68] Mó Isém, *op. cit.*, pp. 71-73 y 293.

[69] Véase el glosario.

giones de los ríos Pasión y Usumacinta, Palenque y las llanuras tabasqueñas) el sufijo algunas veces puede ser /*-al*/ en vez de /*-is*/.[70]

Para cerrar este apartado sobre el cuerpo-presencia, conviene decir que los sustantivos *winik,* 'hombre' o 'persona',[71] *baahis,* 'frente, imagen' o 'a sí mismo', *maahk,* 'persona, sujeto' o 'fulano', y *winbaah,* 'imagen' o 'representación', constituyen los términos por excelencia que marcan la idea del cuerpo visible socialmente o cuerpo-presencia,[72] razón por la que serán abordados en el capítulo siguiente.

Dioses y fuerzas

De acuerdo con López Austin, los seres del anecúmeno se caracterizan por estar compuestos de sustancias imperceptibles para los humanos en estado ordinario y de vigilia,[73] ser anteriores a la creación del ecúmeno y poder afectar eficazmente los elementos del ecúmeno o ámbito de las criaturas,[74] mientras que su acción eficaz sobre el mundo puede ser percibida y afectada en diversos grados por los seres humanos.[75]

Debido a sus limitaciones o incapacidades cognitivas y volitivas, algunos elementos del anecúmeno pueden considerarse como "fuerzas" de carácter impersonal, carentes de voluntad y de emociones, mientras que otras poseen

[70] Lacadena García-Gallo, "Gramática maya jeroglífica", *op. cit.,* p. [4]. En esa misma página este autor sugiere que los sustantivos asociados con el sufijo /*-is*/ se refieren a partes del cuerpo sobre las que se tiene control a voluntad, mientras que sobre el resto de los términos anatómicos no se tiene dicho control. Aunque durante un tiempo yo seguí esas ideas, véase Erik Velásquez García, "Las entidades y las fuerzas anímicas en la cosmovisión maya clásica", en María Alejandra Martínez de Velasco Cortina y María Elena Vega Villalobos (eds.), *Los mayas: voces de piedra,* 2ª ed., Madrid, Turner/Editorial Ámbar Diseño/UNAM-DGP, 2015, ya no estoy seguro de ellas y por lo tanto en este libro he abandonado esa dicotomía entre las partes del cuerpo sujetas a voluntad y las que no lo están. Además de esa variación del sufijo /*-is*/, que a veces puede ser /*-al*/ en la zona cholana occidental, Danny Law y David S. Stuart aluden a un sufijo /*-aas*/*:* "algunas palabras adquieren el sufijo *-is* o *-aas,* aunque no queda claro si sólo está determinado léxicamente o si hay una diferencia semántica en los morfemas empleados", "Classic Mayan. An Overview of Language in Ancient Hiroglyphic Script", en Judith Aissen, Nora C. England y Roberto Zavala Maldonado (eds.), *The Mayan Languages,* Londres/Nueva York, Routledge Taylor and Francis Group, 2017 (Routledge Language Family Series), pp. 154-155.

[71] De acuerdo con Houston, Stuart y Taube, *op. cit.,* p. 12, *winik* tiene por sí mismo el significado de 'cuerpo'.

[72] Véase lo que dice Pitarch Ramón, *La cara oculta…, op. cit.,* pp. 42-43, sobre el término tzeltal *winkilel* y el mixe-zoqueano *win.*

[73] López Austin, *Tamoanchan y Tlalocan, op. cit.,* pp. 23-25; "La cosmovisión de… Primera parte", *op. cit.,* p. 83.

[74] Alfredo López Austin, "Herencia de distancias", en Alessandro Lupo y Alfredo López Austin (eds.), *La cultura plural. Reflexiones sobre diálogo y silencios en Mesoamérica (homenaje a Italo Signorini),* México, UNAM-IIA/Universitá di Roma "La Sapienza", 1998, p. 66; "Ecumene Time, Anecumene…", *op. cit.,* pp. 30-31; "Tiempo del ecúmeno…", *op. cit.,* p. 13.

[75] Alfredo López Austin, comunicación personal, 9 de junio de 2011.

una personalidad antropoica, tan semejante a la humana, que pueden comunicarse con los hombres, pues comprenden sus expresiones y son susceptibles de ser afectadas por las acciones humanas, además de que pueden ejercer a voluntad cualquier acción eficaz sobre el mundo perceptible. Es decir, se trata de seres invisibles, pero con pensamiento, personalidad, poder, valores sociales y voluntad.[76]

En aras de acuñar alguna definición del término *dios* o *dioses* que sea de utilidad para explicar las cosmovisiones mesoamericanas, López Austin se inclina por la que acabamos de ver.[77] Es decir, personalidad, poder, voluntad, valores y capacidades intelectuales son atributos que distinguen a los dioses (personas divinas) de las fuerzas impersonales del anecúmeno (energías sagradas que se pueden potenciar por el trabajo). Ello debe ser visto en el contexto de que en la tradición académica mesoamericanista es habitual referirnos de manera laxa a los "dioses", pero existen muy escasos intentos por definir para nosotros, como estudiosos modernos, lo que debemos entender por "deidad", atendiendo siempre a los datos que poseemos sobre la conducta de dichos seres en las mitologías y rituales indígenas. Es decir, se trata de acercarnos lo más posible, desde nuestra perspectiva e idioma, a esa realidad cultural, que es tan ajena o se encuentra tan alejada de las civilizaciones occidentales modernas.[78] De este modo, en el pensamiento maya entidades como la Tierra o el Cielo son dioses, pues tienen personalidad, poder y voluntad, pero también serían dioses todos aquellos interlocutores que responden a la jerga o lenguaje ritual de los hechiceros o magos, ya que se comportan como seres inteligentes. Y en esa misma categoría entran diversos componentes corporales humanos, hechos de materia ligera, pero de origen divino, pues no sólo vivifican el cuerpo y regulan las funciones vitales, sino que piensan, tienen voluntad y experimentan emociones.[79] Se trata de las "almas" o entidades anímicas, concebidas como dioses. En palabras del mismo López Austin:

> Las almas no son meros centros dinámicos, sino entes con voluntad que, al ser plurales en algunas criaturas, pueden tener dentro de ellos conflictos por incompatibilidad de caracteres. Estas cualidades los incluyen en la categoría de dioses [...] identificadas las almas como dioses [... divinidades] interiorizadas en las criaturas como almas [...] los dioses constituyen las diferentes almas de las criaturas,

[76] López Austin, *Tamoanchan y Tlalocan*, *op. cit.*, p. 127; "La cosmovisión de la tradición mesoamericana. Segunda parte", ed. especial de *Arqueologia Mexicana*, núm. 69, México, Raíces, 2016, pp. 13-15 y 19.

[77] Véase también López Austin, "Los rostros de...", *op. cit.*, p. 19.

[78] Alfredo López Austin, comunicación personal, 9 de junio de 2011; sobre el problema de los conceptos y de los términos para referirnos a la cosmovisión mesoamericana, véase López Austin, "La cosmovisión de... Segunda parte", *op. cit.*, pp. 12-13; López Austin y Velásquez García, *op. cit.*, pp. 20-21.

[79] López Austin, "Herencia de distancias", *op. cit.*, pp. 66-67.

dándoles existencia sobre la tierra; pero salen de las criaturas cuando éstas se destruyen o mueren.[80]

Dicho de otro modo, dentro del cuerpo humano de los mayas y otros grupos indígenas mesoamericanos habitan dioses, según lo entiende López Austin: seres imperceptibles con los sentidos en estado ordinario y de vigilia, pero con agencia, **cognición**, volición y valores sociales,[81] que ratifican de algún modo lo dicho hace 25 siglos por el gran filósofo, poeta y teólogo griego Jenófanes de Colofón, en el sentido de que "los mortales creen que los dioses son como ellos",[82] percatándose de "que los dioses que veneraban los distintos pueblos eran formas idealizadas de los propios hombres que constituían a estos pueblos".[83] No obstante, como aclara y puntualiza López Austin, la semejanza entre los hombres y los dioses que existe específicamente en los contextos culturales mesoamericanos, no siempre se manifiesta visualmente a través del antropomorfismo, sino en que ambos tienen personalidad, poder, voluntad y valores sociales,[84] lo cual les permite incluso comunicarse e influirse mutuamente. Y aunque parecería extraño que para definir a un dios se tome en cuenta la capacidad de los seres humanos para comunicarse con él, no debemos perder de vista que estamos hablando siempre de concepciones culturales o imaginarios humanos.[85]

Es preciso aclarar que esta definición de "dios" (personas divinas) deriva del contraste con las fuerzas anecuménicas (energías sagradas que pueden causar efectos adversos o benéficos en las criaturas, y que se potencian mediante el ayuno, la danza, las palabras y otras formas de trabajo, pero que son impersonales).[86] Pero de ningún modo elimina o pretende remplazar otras muchas características de esas personas o dioses, que han sido tan acertadamente señaladas por diversos estudiosos de la religión mesoamericana a lo largo del tiempo. Por ejemplo, que los dioses pueden fusionarse dos o más para formar uno, de fisionarse en dos o más para dar lugar a varios, de proyectarse sobre diferentes criaturas, objetos, edificios o lugares, de actuar o ejercer funciones simultáneas en distintos ámbitos del cosmos, de manifestarse a los hombres en formas humanas, vegetales o animales (epifanías), de ser multívocos, polivalentes o plurivalentes, retando el principio de no con-

[80] López Austin, "La cosmovisión de... Segunda parte", *op. cit.*, pp. 16-18.

[81] López Austin, "Ecumene Time, Anecumene...", *op. cit.*, p. 31; "Tiempo del ecúmeno...", *op. cit.*, p. 14.

[82] Bertrand Russell, *Historia de la filosofía,* Julio Gómez de la Serna Puig y Antonio Dorta Martín (trads.), Barcelona, RBA Coleccionables, 2009 (Grandes Obras de la Cultura), p. 84.

[83] Ramón Xirau Subías, *Introducción a la historia de la filosofía,* 15ª reimp. de la 13ª ed., México, UNAM-Coordinación de Humanidades, 2010 (Textos Universitarios), p. 30.

[84] López Austin, "La cosmovisión de... Segunda parte", *op. cit.,* p. 15.

[85] Alfredo López Austin, comunicación personal, 10 de septiembre de 2018.

[86] Véase en el glosario la entrada **fuerzas (sagradas o anecuménicas)**. El lector podrá encontrar ahí ejemplos más específicos.

tradicción, al ser uno y varios al mismo tiempo, como en los sueños; que los dioses nacen, mueren, se transforman, se fatigan y necesitan descansar y ser alimentados por los hombres, etc.[87] La definición de dios que propone López Austin no toma en cuenta la jerarquía divina que dichas personas sobrenaturales tienen en el panteón indígena,[88] pues se aplica en potencia tanto a los dioses principales y primordiales como a los muy pequeños y con influencia limitada, muy local o regional. Simplemente "¿en qué nivel [de la jerarquía] se haría el corte y con qué criterio?"[89] También fue hecha para ser aplicada tanto a los grandes dioses que reciben culto público y organizado como a los temibles y oscuros seres que causan enfermedades, y cuyos atributos etimológicos o iconográficos evocan los síntomas y las dolencias a través de alusiones al fuego, cuchillos, sangre, garras, colmillos, huesos, mordidas o piedras. Personajes, estos últimos, que algunos estudiosos no se atreverían a llamar "dioses", sino vagamente "seres sobrenaturales" o incluso "demonios".[90] Lo esencial y distintivo que tienen todas esas entidades anecuménicas, tan variadas y divergentes, es que poseen voluntad, valores sociales, poder de acción, cognición y la capacidad de comunicarse con los seres humanos, atributos que también encuentra Christian M. Prager en los dioses mayas del periodo Clásico, a los que define como *"agentes sobrenaturales"* que, según él, no están presentes físicamente, pero que tienen las características básicas de los humanos: poseen intencionalidad, memoria y razonamiento, tienen la habilidad activa para realizar acciones, poseen capacidades cognitivas, comunicativas y sociales, escuchan, disciernen, reaccionan al lenguaje humano, pueden entender lo que los seres humanos dicen, tienen poder de negociación, pueden causar o iniciar procesos, sienten hambre y necesitan alimentarse, nacen y son reconocidos por los humanos como personas con intenciones.[91] En otras

[87] Véase López Austin y Velásquez García, *op. cit.*, pp. 21-23, citando las aportaciones de eminentes mayistas como Mercedes de la Garza Camino, Sylvanus G. Morley, Laura Elena Sotelo Santos y J. Eric S. Thompson.

[88] Véase Elena San José Ortigosa, "La jerarquía entre los dioses mayas del periodo Clásico Tardío (600-950 d.C.)", tesis de maestría, México, UNAM-FFyL/IIFL-Posgrado en Estudios Mesoamericanos, 2018.

[89] López Austin y Velásquez García, *op. cit.*, p. 27.

[90] Véase Simon Martin, *Ancient Maya Politics. A Political Anthropology of the Classic Period 150-900 CE,* Cambridge, Cambridge University Press, 2020, p. 146. "Demonios" en un sentido pagano o precristiano, como entidades espirituales que podían ser conjuradas o controladas. Macarena Soledad López Oliva, comunicación personal, 11 de septiembre de 2018. Daniel Moreno Zaragoza, por ejemplo, reconoce que los llamados *wahyis,* 'coesencias', están hechos de la misma sustancia *k'uh* que los dioses, pero opina que unos y otros se distinguen en la potencia y cantidad de *k'uh,* no en su cualidad. En cambio, sugiere que la creencia llamada nagualismo es lo mismo que tonalismo, sólo es cuestión de grado. Es decir, en el primer caso usa el criterio de potencia, cantidad y grado para afirmar la diferencia, pero en el segundo para afirmar la igualdad, "Transformación onírica: naturaleza, expresiones y funciones de los *wahyis* mayas clásicos", tesis doctoral, México, UNAM-FFyL/IIFL-Posgrado en Estudios Mesoamericanos, 2020, pp. 7-8.

[91] Christian M. Prager, "A Study of Classic Maya *k'uh* Concept", en Harry Kettunen *et al.* (eds.),

palabras, homologa el concepto maya de "dios" con el de "agente", y no parece encontrar objeción para admitir que las coesencias o *wahyis* también eran agentes.[92]

Debido al tema de este libro, es preciso regresar a la idea que identifica las "almas" como agentes o dioses. Pero antes de hacerlo, conviene mencionar que en las inscripciones mayas existe un jeroglifo que por sí solo parece referirse al concepto de 'dios' (figura I.5). Se trata del signo T1016 según el catálogo de Thompson,[93] cuyo desciframiento se debe al trabajo de Thomas S. Barthel en 1952[94] y de William M. Ringle en 1988.[95] Dicho jeroglifo es la cabeza del llamado Dios C, según la clasificación de los dioses elaborada por Paul Schellhas a finales del siglo XIX y principios del XX.[96] Se trata de un signo de tipo logográfico, pues simboliza la palabra o elemento léxico *k'uh,* definido —él o sus **cognados**—[97] generalmente como 'dios' en los diccionarios de las lenguas mayances. Así, por ejemplo, el *Calepino de Motul,* diccionario maya-yucateco que data de finales del siglo XVI, dice simplemente lo siguiente: "**Ku** Dios",[98] por

Tiempo detenido, tiempo suficiente: ensayos y narraciones mesoamericanistas en homenaje a Alfonso Lacadena García-Gallo, Couvin, Bélgica, European Association of Mayanist, 2018 (Wayeb Publication, 1). Consultado en https://www.wayeb.org/wayeb-publication-series/, pp. 565-573.

[92] "*K'uh* gave his power to the co-essence of *K'awiil,* who was named *Sak Baak Naah Chapaht* 'white bone house centipede'. This agent, in turn, was identified as the co-essence of the ruler of Palenque [...] These agents were thus intimately associated with the concept of *way* agents", *ibid.,* pp. 590 y 598. En su gran investigación sobre el concepto de *k'uh,* Prager está lejos de afirmar que solamente las entidades que reciben ese nombre sean dioses. "Su enfoque en este lexema más bien se debe" a cuestiones metodológicas, Felix A. Kupprat, comunicación personal, 1° de octubre de 2018. Macarena Soledad López Oliva considera que son dioses todas aquellas entidades que desempeñan un papel importante en los mitos de creación de las inscripciones jeroglíficas, o cuyo culto se encuentra muy expandido o generalizado en distintas ciudades mayas, aunque no reciban el título de *k'uh,* comunicación verbal, 14 de diciembre de 2018. Por nuestra parte, consideramos "que el término *k'uh* no siempre aparece en seres que son indudablemente de la misma jerarquía de los así nombrados, por lo que el término debe ser considerado indicativo, pero no indispensable", López Austin y Velásquez García, *op. cit.,* p. 27.

[93] *A Catalog of…, op. cit.*

[94] Citado por Ana García Barrios, "Chaahk, el dios de la lluvia, en el período clásico maya: aspectos religiosos y políticos", tesis doctoral, Madrid, Universidad Complutense-Facultad de Geografía e Historia-Departamento de Historia de América II, 2008 (Antropología de América), p. 110. Consultado en http://eprints.ucm.es/8170/; el trabajo al que se refiere esta autora es el de Thomas S. Barthel, "Der Morgensternkult in den Darsterllungen der Dresdener Mayahandscrift", *Ethnos,* vol. 17, 1952, pp. 73-112.

[95] William M. Ringle, *Of Mice and Monkeys: The Value and Meaning of T1016, The God C Hieroglyph,* Washington, Center for Maya Research, 1988 (Research Reports of Ancient Maya Writing, 18).

[96] Véase Paul Schellhas, "Representation of Deities of the Maya Manuscripts", en *Papers of the Peabody Museum of American Archaeology and Ethnology,* vol. 4, núm. 1, Cambridge, Harvard University-Peabody Museum of American Archaeology and Ethnology, 1904, pp. 19-21.

[97] Véase el glosario.

[98] H. Ramón Arzápalo Marín, *Calepino de Motul. Diccionario maya-español,* vol. I, México, UNAM-DGAPA/IIA, 1995, p. 433.

Figura i.5. *Logograma o signo-palabra* **K'UH**, k'uh, *'dios' o 'cosa sagrada'; estuco caído del Templo XVIII de Palenque, Chiapas, México; tomado de Linda Schele y Peter L. Mathews,* The Bodega of Palenque, Chiapas, Mexico, *Washington, Dumbarton Oaks Research Library and Collection, Trustees for Harvard University, 1979, frag. 52.*

lo que para Ringle el signo del Dios C era el símbolo por excelencia de la energía santa o sagrada, si bien reconoce que el término *k'uh* deriva de su ancestro protomaya **k'ux,* que significa *"god, sacred, to believe, soul, heart, cedar"*.[99] Nótese que este término antiquísimo significa tanto "alma" como "dios". Por otra parte, en el idioma mayance llamado kanjobal *k'u* significa 'sol' o 'día', mientras que en otra lengua de la misma familia, el poptí o jacalteco, *k'u* equivale a 'relámpago', razones entre otras que hicieron sospechar a David S. Stuart que la palabra en cuestión tiene asociaciones etimológicas y simbólicas con la luz o brillo que emana del Sol.[100]

En su estudio sobre el concepto de "dios" entre los mayas del periodo Clásico, Stephen D. Houston y David S. Stuart opinan que el jeroglifo de la cabeza del Dios C (figura i.5) se debe leer como **K'UH**, *k'uh,* y traducir como "fuerza sagrada", pues simboliza la fuerza vital de origen divino.[101] Aunque

[99] Ringle, *op. cit.*, pp. 2-3.

[100] David S. Stuart, "The Gods of Heaven and Earth. Evidence of Ancient Maya Categories of Deities", en Eduardo Matos Moctezuma y María Ángela Ochoa Peralta (coords.), *Del saber ha hecho su razón de ser… Homenaje a Alfredo López Austin,* t. I, México, Secretaría de Cultura-INAH/UNAM-Coordinación de Humanidades-IIA, 2017, pp. 251-252. *K'uh* también significa 'radiación', Patricia A. Mcanany, "Soul Proprietors. Durable Ontologies of Maya Deep Time", en Steve Kosiba, John W. Janusek y Thomas B. F. Cummins (eds.), *Sacred Matter: Animacy and Authority in the Americas,* Washington, Dumbarton Oaks Research Library and Collection, 2020, p. 73. Martin nota que en diversas lenguas mayances significa 'sol' y 'resplandor', *Ancient Maya Politics…, op. cit.*, p. 145.

[101] Stephen D. Houston y David S. Stuart, "Of Gods, Glyphs and Kings: Divinity and Rulership among the Classic Maya", *Antiquity,* vol. 70, núm. 268, junio de 1996, p. 291.

estos autores,[102] lo mismo que Nikolai Grube[103] y García Barrios,[104] opinan que otros seres portentosos como los *wahyis,* **coesencias** o naguales, están separados de la noción de *k'uh,* 'dios' o 'entidad sagrada', hasta el grado de que es preferible no mezclarlos, el vínculo que Ringle encuentra entre el concepto de "dios" y el de "alma", o el que Houston y Stuart hallan entre "dios" y "fuerza vital", sugieren que esas partes del cuerpo humano, invisibles para los ojos ordinarios en estado de conciencia normal[105] y de vigilia, y hechas de materia ligera, eran en efecto dioses si seguimos la definición antes explicada de López Austin: entidades con poder, personalidad y voluntad, o la de Prager, quien homologa el concepto maya de "dios" con el de agente sobrenatural. Nuestra confusión probablemente deriva de que la palabra *dios* no existe en sentido estricto, "puro" o de forma exacta al menos en la lengua o lenguas registradas en las inscripciones mayas, pues el sustantivo *k'uh* tiene en realidad el sentido más general de 'cosa sagrada' o '*sacred thing*'.[106] Somos nosotros, como académicos modernos, quienes en aras de la claridad tenemos la necesidad de definir a qué nos referimos cuando hablamos de "deidad", toda vez que *k'uh* abarca tanto a los seres anecuménicos que tienen personalidad, poder y voluntad (los dioses o agentes divinos en sentido estricto) como a las fuerzas anecuménicas de naturaleza impersonal (capacidad o energía sagrada para actuar, potenciada por el trabajo), y aun también, durante el periodo Posclásico, *k'uh* también se refería a los edificios, efigies, esculturas, ídolos o figuraciones materiales (de arcilla, madera o piedra) de esos agentes.[107] Cualquier elemento que caiga dentro de la categoría de '*sacred thing*', pues el significado de la palabra *k'uh* incluye a los dioses, pero es más amplio que el de

[102] *Ibid.*, pp. 291-292.

[103] Nikolai Grube, "Akan-The God of Drinking, Disease and Death", en Daniel Graña-Behrens, Nikolai Grube, Christian M. Prager, Frauke Sachse, Stephanie Tufel y Elizabeth Wagner (eds.), *Continuity and Change: Maya Religious Practices in Temporal Perspective. 5th European Maya Conference. University of Bonn, December 2000,* Markt Schwaben, Verlag Anton Saurwein, 2004 (Acta Mesoamericana, 14), p. 74.

[104] "Chaahk, el dios...", *op. cit.*, p. 112. Martin, *Ancient Maya Politics..., op. cit.*, p. 146, enfatiza que los escribas mayas distinguieron cuidadosamente las palabras *k'uh* y *wahyis,* aunque omite decir que dicha distinción escrita no se aprecia en la iconografía, donde dioses muy reconocidos como Ahkan, Chaahk, Chamiiy o Juˀn Ajaw pueden ser *wahyis*. En mi opinión, el sufijo inalienable /*-is*/ indica que *oˀhlis* y *wahyis* son personas anecuménicas en estado de ser partes del cuerpo. Me parece que así como no hay diferencias tajantes entre tonalismo y nagualismo en el pensamiento mesoamericano, tampoco las había entre *tum* y *oˀhlis,* entre *puksiˀik'al* y *óol,* entre *ch'ulel* y *wayjel,* ni entre *koknoˀm, k'uh, oˀhlis, wahyis* o *winkil.* Si bien dichos conceptos se pueden definir aproximadamente, en la realidad se entremezclan, retando nuestra lógica occidental, que además es proclive a privilegiar el texto escrito sobre la imagen.

[105] No alterada mediante enteógenos, psicotrópicos, bebidas embriagantes, estados de trance u otros medios.

[106] Stuart, "The Gods of...", *op. cit.*, p. 251. Martin, *Ancient Maya Politics..., op. cit.*, p. 145.

[107] Durante el periodo Clásico, el nombre de esos ídolos o figuración de los de agentes sobrenaturales *k'uh* era *k'uhiil,* véase Prager, *op. cit.*, pp. 575-588; y también García Barrios, "Chaahk, el dios...", *op. cit.*, p. 111.

"dios", agente o persona antropoica imperceptible que tiene poder, valores y voluntad,[108] mientras que no todos los dioses reciben el calificativo de *k'uh*. Es decir, ni todos los sustantivos *k'uh* significan "dios", ni todos los dioses se denominan *k'uh*.[109] Así que desde el punto de vista léxico, los dioses mayas parecen comportarse igual que en los mitos o en la iconografía, al tratarse de seres con mutables, caleidoscópicas, plásticas, flexibles, proteicas y hasta cierto punto inasequibles, inasibles e inaprensibles, pues no se pueden encajonar en entidades estables y bien delimitadas. Ello nos despista un poco y nos impide apreciar que seres como los *koknoʔm*,[110] *oʔhlis, wahyis* y *winkil*[111] también se comportan como dioses, pues son agentes que tienen voluntad, conciencia, poder de acción, inteligencia, pensamiento y capacidades de comunicación con los humanos.

Esta idea parece confirmarse cuando analizamos el nombre del décimo octavo mes o veintena del calendario maya, conocido en maya yucateco como *kumk'uh* o <*cumku*>, cuyos jeroglifos antiguos, del periodo Clásico, suelen leerse algunas veces en Toniná como **HUL-OL**, *huloʔhl*, 'llegada de los corazones' (figura i.6a), o más generalmente en el corpus de las inscripciones como **BIX-OL-la**, *bixoʔhl*, 'punto de retorno de los corazones' (figura i.6b), ambos en referencia, quizá, a que se trata de la última veintena o límite hasta donde llegan los dioses patronos, para reiniciar su ciclo cinco días después.[112] Otra traducción para el mes *bixoʔhl* sería posiblemente 'corazones despiertos',

[108] Así lo infiere Alfredo López Austin (comunicación personal, 23 de junio de 2017), luego de haber analizado conmigo los datos concernientes al jeroglifo T1016 K'UH (figura i.5). Su sentido, como afirma Stuart, "The Gods of...", *op. cit.*, p. 251, es '*sacred thing*' o 'cosa sagrada'. Su forma adjetival es *k'uhul*, 'divino' o 'sagrado'.

[109] Véase la nota 92 de este capítulo.

[110] Los dioses denominados *koknoʔm* o "guardianes" son al parecer protectores o patronos tutelares de los gobernantes de Copán, cuyos casos más exitosos fueron reunidos o retomados de nuevo por los descendientes en el trono, Prager, *op. cit.*, pp. 592-594, 598 y 600.

[111] David S. Stuart, "The WIN(I)KIL Sign and its Bearing on the Classification of Mayab Supernatural Beings", conferencia presentada en Düsseldorf, diciembre de 2014. Los "dueños" son protectores o "vigilantes de montes, bosques, manantiales", arroyos, lagos, ríos, árboles; incluso señores de los venados y de la fauna salvaje. En náhuatl se llamaban <*Chane*>, en singular, o <*Chaneque*>, en plural, véase López Austin, "La cosmovisión de... Segunda parte", p. 18. Entre los chortís del siglo xx se llamaban *winkir*, véase Charles Wisdom, *Los chortís de Guatemala*, traducción de Joaquín Noval, Guatemala, Editorial del Ministerio de Educación Pública "José Pineda Ibarra", 1961 (Seminario de Integración Social Guatemalteca, pub. 10), pp. 441-485. Entre los mayas yucatecos actuales son los Yuumtzil, Báalam, Wíinik, Santo Báalam, Santo Wíinik o Yuum Santo Wíinkeʔex, véase Silvia Terán Contreras y Christian H. Rasmussen, *Jinetes del cielo maya. Dioses y diosas de la lluvia*, Mérida, UADY, 2008, pp. 50-52. Nótese que en esos nombres el adjetivo "santo" va antes de los sustantivos *báalam* o *wíinik*, siguiendo el patrón sintáctico maya, donde en tiempos antiguos iba el adjetivo *k'uhul*, 'sagrado, santo' o 'divino'.

[112] Véase Peter Biró, Barbara MacLeod y Michael Grofe, "The Classic Period Reading of T155", *Mexicon. Zeitschrift für Mesoamerikaforschung-Journal of Mesoamerican Studies/Revista sobre Estudios Mesoamericanos*, vol. XXXVI, núm. 6, diciembre de 2014, pp. 173-174.

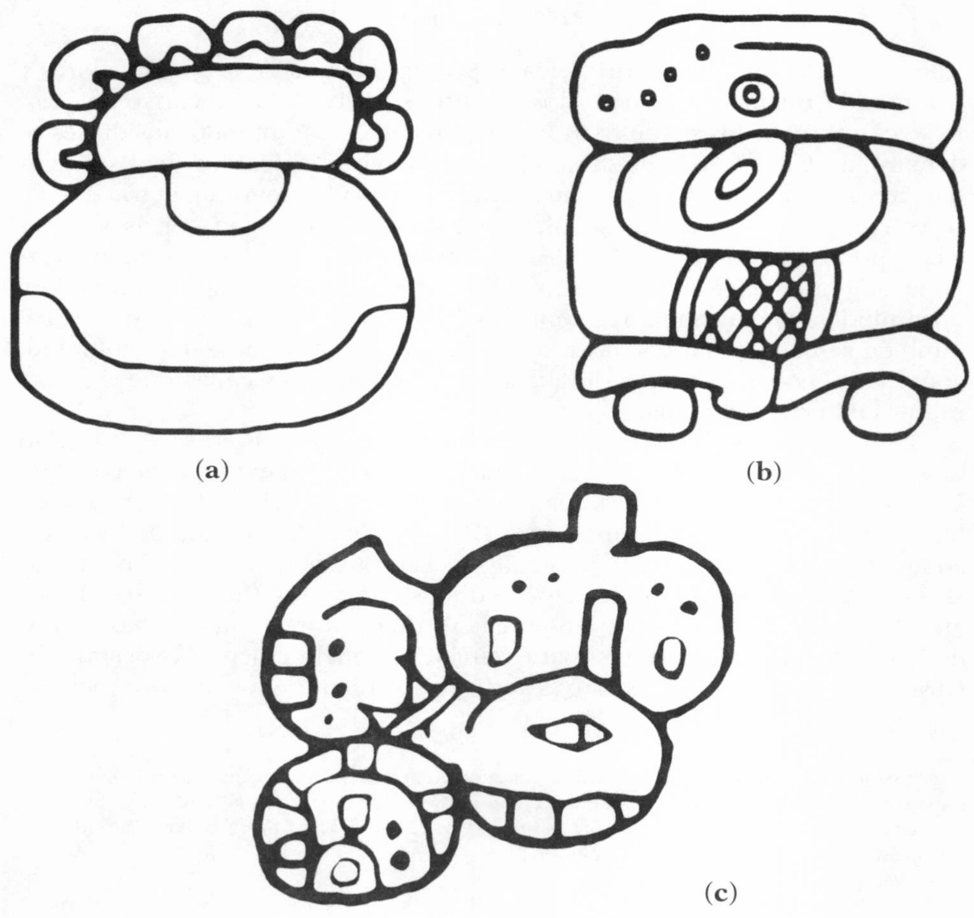

FIGURA I.6. *Ejemplos del cartucho jeroglífico para el mes o veintena* <cumku>: (**a**) **HUL-OL-la**, huloˀhl, *'llegada de los corazones' o '"almas" corazones'; Panel Lexington, procedente de Toniná, Chiapas, México; dibujo de Peter Biró, tomado de Peter Biró, Barbara MacLeod y Michael Grofe, "The Classic Period Reading of T155",* Mexicon. Zeitschrift für Mesoamerikaforschung/Journal of Mesoamerican Studies/Revista sobre Estudios Mesoamericanos, *vol. XXXVI, núm. 6, diciembre de 2014, p. 173;* (**b**) **BIX-OL-la**, bixoˀhl, *'punto de retorno de las "almas" corazones'; Estela 5 de Balakbal (D2), Campeche, México; tomado de J. Eric S. Thompson,* Maya Hieroglyphic Writing. An Introduction, *Norman, University of Oklahoma Press, 1960 (The Civilization of the American Indian Series), fig. 19.1;* (**c**) **ku-K'UH-BIX-OL**, ku[m]k'uh huloˀhl, *'aumento de dioses/punto de retorno de las '"almas" corazones'; tomado de fray Diego de Landa,* Relación de las cosas de Yucatán, *estudio preliminar, cronología y revisión del texto de María del Carmen León Cázares, México, Conaculta, 1994 (Cien de México), p. 163.*

basado en que en itzá y chortí la palabra *bixi* o *bix* significa 'despierto'.[113] Fray Diego de Landa dice que el nombre de ese mes en maya yucateco era <*cumku*>, pero además —y a diferencia de otros cronistas—[114] nos proporciona un ejemplo de cómo lo escribían mediante jeroglifos (figura I.6c).[115] Dicho ejemplo es de enorme utilidad, pues su informante indígena le proporcionó los signos relativos a ese mes en las dos lenguas: la antigua cholana jeroglífica *(bixoʔhl)* y la vernácula yucateca *(kumk'uh)*. El lector puede observar cómo la cabeza del Dios C o **K'UH**, que fue descifrada por Ringle (figura I.5), se encuentra también en el ejemplo de Landa, usada aquí para escribir *ku[m]k'uh* (figura I.6c). Conviene decir que *kumk'uh* es un sustantivo compuesto, que en maya yucateco quiere decir 'llenar de dioses, aumento de dioses, abultamiento de dioses, crecimiento de dioses, hinchada de dioses', o algo por el estilo, al estar compuesto por el verbo posicional *kum,* 'hincharse, aumentarse, inflarse, engordarse, abultarse, crecerse',[116] o el verbo transitivo *kum,* 'llenar en exceso',[117] más el sustantivo *k'uh,* 'cosa sagrada' o 'dios'.

En otras palabras, el nombre maya yucateco usado en el siglo XVI para designar esa veintena, *kumk'uh,* 'aumento de dioses', parece una interpretación local de las palabras mayas clásicas antiguas *huloʔhl,* 'llegada de los corazones', y *bixoʔhl,* 'punto de inflexión de los corazones'. Ello sugiere que los mayas pudieron haber considerado al *oʔhlis,* o "alma" llamada 'corazón',[118]

[113] Terrence S. Kaufman y John S. Justeson, "A Preliminary Mayan Etymological Dictionary", Foundation for the Advancement of Mesoamerican Studies, Inc., 2003, p. 1252. Consultado en http://www.famsi.org/reports/01051/pmed.pdf; véase además Erik Velásquez García, *Códice de Dresde, Parte 2,* ed. facs., *Arqueología Mexicana,* núm. 72, México, Raíces, 2017, p. 81.

[114] En 1613 el doctor Pedro Sánchez de Aguilar y, de manera póstuma, en 1688 fray Diego López Cogolludo, mencionan la existencia del mes o veintena <*cumku*>, aunque sin explicar mucho más y sin proporcionar imágenes de sus jeroglifos. Ambos coinciden con Landa en que durante la época en que ellos escribieron, dicha veintena comenzaba el 21 de junio, aunque ello resulta extraño, pues mientras que Landa escribió antes de la reforma gregoriana, Sánchez de Aguilar y López Cogolludo lo hicieron después de dicha reforma, véase Sánchez de Aguilar, "Informe contra *los idólatras de Yucatán* escrito en 1613 por Pedro Sánchez de Aguilar", en Pilar Máynez Vidal (ed.), *Hechicerías e idolatrías del México antiguo,* México, Conaculta, 2008 (Cien de México), p. 160; fray Diego López Cogolludo, *Historia de Yucatán,* Barcelona, Red Ediciones, 2012 (Linkgua Historia, 206), p. 259.

[115] Fray Diego de Landa, *Relación de las cosas de Yucatán,* estudio preliminar, cronología y revisión del texto de María del Carmen León Cázares, México, Conaculta, 1994 (Cien de México), p. 163; Harri Kettunen y Marc U. Zender, "The 'Month Signs' in Diego de Landa's *Relación de las cosas de Yucatán*", *The Mayanist,* vol. 3, núm. 1, 2021, p. 147.

[116] Victoria R. Bricker, Eleuterio Po'ot Yah y Ofelia Dzul de Po'ot, *A Dictionary of the Maya Language as Spoken in Hocabá, Yucatán,* Salt Lake City, The University of Utah Press, 1998, p. 137.

[117] *Idem.*

[118] Se trata del mismo tipo de elemento que en la época prehispánica se llamaba "semilla" o "corazón" entre diferentes culturas mesoamericanas, mientras que entre los grupos indígenas actuales recibe los nombres de "corazón, espíritu de la semilla, semilla" o "sombra de la semilla", véase Alfredo López Austin, "Modelos a distancia: antiguas concepciones nahuas", en Alfredo López Austin (coord.), *El modelo en la ciencia y la cultura,* México, UNAM/Siglo XXI Editores, 2005 (Cuadernos del Seminario de Problemas Científicos y Filosóficos de la UNAM, 1), p. 80, n. 6.

como un tipo específico de 'cosa sagrada' o 'dios' *(k'uh)*. Sin duda, algo nos dice también el hecho de que en el nombre del mes maya atestiguado en Toniná *(huloʔhl)* se encuentre incorporado el verbo *hul*, 'llegar a', que difiere de otros semejantes en ese mismo idioma, *tal*, 'llegar de', y *k'ot*, 'llegar allí'.[119] En tzeltal moderno el verbo *hul* se utiliza en expresiones que aluden al nacimiento, con la idea de que alguien "llegó a ver la luz del mundo", mientras que *tal* se aplica para referirse al don, destino o cualidades que cada quien trae desde el nacimiento,[120] lo cual también encaja con la segunda posible etimología que propuse para *bixoʔhl*, 'corazones despiertos'.[121] En otras palabras, la variante para el nombre del mes maya clásico que se encuentra en las inscripciones de Toniná, *huloʔhl*, pudo también entenderse como el 'nacimiento de las "almas" corazones'. Otras lenguas mayances, como el chol y el pocomchí, conservaron cognados de la palabra para '"alma" corazón' aplicadas al nombre de este mes: *ohl*.[122] Un idioma de particular pertinencia es el tzotzil, pues a mediados del siglo xx aún se preservaba en esa lengua un mes o veintena con el nombre de *ulol*,[123] evidente descendiente del *huloʔhl* que

En las inscripciones mayas se llamaba *oʔhlis* (véase el capítulo "La entidad anímica *oʔhlis*") y es lo que López Austin llama "alma esencial", véase "La cosmovisión de la tradición mesoamericana. Tercera parte", ed. especial de *Arqueologia Mexicana*, núm. 70, México, Raíces, 2016, pp. 15-18.

119 Término atestiguado en el Altar 5 de La Corona, véase David S. Stuart, "A Possible New **k'o** Sign", manuscrito circulado por su autor el 23 de julio de 2017.

120 Sánchez Carrillo, *op. cit.*, pp. 3-4 y 27.

121 La metáfora de 'despertar' para dar a entender que alguien o algo vio la luz del mundo se encuentra en el Escalón VII de la Escalera Jeroglífica 2 de Yaxchilán, Chiapas, México, como también en el *Chilam Balam de Chumayel*, véase David S. Stuart, "La ideología del sacrificio entre los mayas", *Arqueología Mexicana*, vol. XI, núm. 63, México, Raíces, 2003, p. 27; María Montolíu Villar, *Cuando los dioses despertaron (conceptos cosmológicos de los antiguos mayas de Yucatán estudiados en el Chilam Balam de Chumayel)*, México, UNAM-IIA, 1989.

122 J. Eric S. Thompson, *Maya Hieroglyphic Writing. An Introduction*, Norman, University of Oklahoma Press, 1960 (The Civilization of the American Indian Series), p. 106. En esa misma página este autor afirma que entre los cakchiqueles el décimo octavo mes recibía el nombre de *<rucab mam>*, que de acuerdo con Adrián Recinos Ávila (trad. y ed.), *Memorial de Sololá. Anales de los cakchiqueles. Título de los señores de Totonicapán*, 2ª ed., México, FCE, 2013, p. 36, significa 'el segundo viejo', y es cognado de la correspondiente veintena quiché *<ucab mam>*, 'segundo viejo', véase Adrián Recinos Ávila (trad. y ed.), *Popol Vuh. Las antiguas historias del Quiché*, 3ª ed., con un estudio preliminar de Rodrigo Martínez Baracs, México, FCE, 2012 (Biblioteca Americana), p. 200. Como veremos a lo largo de este libro, para los mayas las ideas de 'dioses' *(k'uh)*, '"almas" corazones' *(oʔhlis)* y 'abuelos/ancestros' *(mam)* se encuentran vinculadas. Esto mismo se advierte, por ejemplo, en la estructura nominal de los Mâmlâb o 'Abuelos Divinos', dioses huastecos de los rayos, cuya etimología proviene del protomaya **maam*, 'abuelo', y de **laab*, 'hechizo' o 'nagual', véase Guy Stresser-Péan y Claude Stresser-Péan, "El reino de Mâmlâb, viejo dios huasteco del trueno y la vegetación", *Espaciotiempo*, año 1, núm. 12, primavera-verano de 2008, pp. 7-18; Terrence S. Kaufman y William M. Norman, "An Outline of Proto-Cholan Phonology, Morphology and Vocabulary", en John S. Justeson y Lyle Campbell (eds.), *Phoneticism in Mayan Hieroglyphic Writing*, Albany, Institute of Mesoamerican Studies, 1984 (Publication, 9), pp. 124-125.

123 Calixta Guiteras Holmes, *Los peligros del alma. Visión del mundo de un tzotzil*, México, FCE, 1965 (Sección de Obras de Antropología), pp. 35-36.

FIGURA I.7. *El futuro gobernante K'ihnich K'an Joy Chitam II de Palenque realizó una ofrenda de sangre a los siete años de edad, en presencia de varias deidades locales, mismas que reciben el epíteto conjunto de* oˀhlis k'uh, *'dioses corazones' o 'entidades sagradas corazones'; Tablero del Palacio de Palenque (F6-F14), Chiapas, México; tomado de Merle Greene Robertson,* The Sculpture of Palenque, vol. III. The Late Buildings of the Palacio, *Princeton, Princeton University Press, 1985, lám. 258.*

aparece en las inscripciones de Toniná. *Ulol* abarcaba del 1° al 20 de mayo y se creía que durante esa veintena iniciaban las lluvias y debía comenzar la siembra,[124] por lo cual, si la traducción del nombre de esta veintena es 'llegada de los corazones', creo que en el caso de los tzotziles podría interpretarse como la llegada del "alma" de las semillas o "alma" genérica del dios del maíz, que la Pareja Divina deposita en el interior del grano en el momento de la siembra.[125] Conviene mencionar que el idioma vernáculo de los antiguos habitantes de Toniná era justamente un antepasado clásico del tzeltal o tzotzil,[126] lo cual refuerza la conexión entre el *huloˀhl* prehispánico y el *ulol* moderno.

Otro contexto donde se homologan los nombres de dioses mayas bien conocidos con el término *oˀhlis,* 'esencia, centro, ánimo' o 'alma corazón', al tiempo que este último término se relaciona con el de *k'uh,* es el que aparece en un pasaje del Tablero del Palacio de Palenque (figura I.7). Dicho pasaje se refiere a la manifestación o presentación de ofrendas de sangre (autosacrificio), efectuadas por el gobernante K'ihnich K'an Joy Chitam II (702-711 d.C.), pero en el año 651 d.C., mucho antes de ascender al poder, cuando sólo era un niño de siete años de edad. De acuerdo con Linda Schele y Peter L. Mathews, el joven aspirante al trono ejecutó dichos ritos dinásticos en frente o en compañía de los dioses de la llamada Tríada de Palenque

[124] López Austin, *Tamoanchan y Tlalocan, op. cit.,* pp. 116-117.

[125] *Idem.* Alfredo López Austin, comunicación escrita, 7 de marzo de 2017.

[126] Alfonso Lacadena García-Gallo y Søren Wichmann, "The Dynamics of Language in the Western Lowland Maya Region", en Andrea Water-Rist, Christine Cluney, Calla McNamee y Larry Steinbrenner (eds.), *Art for Archaeological Sake. Material Culture and Style across the Disciplines. Proceedings of the 33rd Annual Chacmool Conference,* Calgary, Chacmool, The Archaeological Association of the University of Calgary, 2005, pp. 35-38.

(Dios I, Dios II y Dios III), así como con otros tres dioses más, menos conocidos: Chiit Wayib K'uk' Chaahk, Ahkan Yaˀxaj y Juˀn Ajaw,[127] que en un trabajo más antiguo Schele llamó respectivamente como Dios IV, Dios V y Dios VI, e incluso aún habló del Dios VII.[128] Lo relevante para el tema que estamos tratando es que, luego de enunciar los nombres de todos, el texto parece calificarlos por medio de la frase colectiva *oˀhlis k'uh,* 'dioses corazones' o 'entidades sagradas que son almas corazones'. Una especie de designación colectiva.[129] Su carácter de *oˀhlis* o 'almas corazones' probablemente significa que se trata del conjunto de deidades que operan como dioses patronos del o de los linajes que detentaban el mando en Palenque. Situación que, como veremos en los capítulos "La entidad anímica *oˀhlis*" y "El ciclo del *oˀhlis*", los hacía coesenciales en primer grado con cada uno de los seres humanos que pertenecían a esa familia o familias de la nobleza.

Es interesante notar que algunos *wahyis* del periodo Clásico llevan en sus nombres el sustantivo *winik,* 'hombre' o 'persona', como por ejemplo Haˀal Winik, 'Hombre Acuático', Balan Winik, 'Hombre Encubierto', Sitz' Winik, 'Hombre Glotón' o Winik Baˀtz', 'Hombre Saraguato',[130] lo que claramente sugiere que tienen la capacidad de entender el lenguaje humano, pues tanto la palabra maya *winik* como la náhuatl *tlaakatl* se aplica por igual a hombres y a dioses, en virtud de que la capacidad de diálogo entre ellos los homologa y los hace personas.[131] La posibilidad de establecer comunicación con los brujos o hechiceros que tienen los *wahyis,* coesencias o naguales del periodo Clásico (una categoría de "almas"),[132] así como sus fuertes identida-

[127] Linda Schele y Peter L. Mathews, "Part 2. The Dynastic History of Palenque", en *Notebook for the XVIII*[th] *Maya Hieroglyphic Workshop at Texas,* Austin, The University of Texas Press, 1993, p. 124.

[128] Linda Schele, *Maya Glyphs. The Verbs,* Austin, University of Texas Press, 1982, p. 79.

[129] Véase Christian M. Prager, "Übernatürliche Akteure in der Klassischen Maya-Religion", tesis doctoral, Bonn, Universidad de Bonn-Facultad de Filosofía de la Rheinische Friedrich-Wilhelms, 2013, p. 366; López Austin y Velásquez García, *op. cit.,* p. 25.

[130] El catálogo más completo y exhaustivo sobre las almas coesenciales o entidades anímicas *wahyis* del periodo Clásico maya es sin duda la tesis de Moreno Zaragoza, "Transformación onírica: naturaleza...", *op. cit.*

[131] Explicaré detalladamente este asunto al principio del capítulo siguiente.

[132] Dicha capacidad de los *wahyis* de establecer comunicación con algunos seres humanos, en especial durante los conjuros mágicos, como aquellos que se mencionan en el documento colonial conocido como *Ritual de los Bacabes,* ha sido destacada en un ensayo por Christophe Helmke y Jesper Nielsen, "Hidden Identity and Power in Ancient Mesoamerica: Supernatural Alter Egos as Personified Diseases", *Acta Americana: Netindis Conference: American Cosmology, Identity and Power, 8-11 November, 2008, Copenhagen University,* vol. 17, núm. 2 (número especial II), 2009, pp. 49-98. "Los textos sagrados se refieren a las enfermedades como entes personales, y Otto Schumann hablaba constantemente de las oraciones dialogadas que se entablan en la actualidad con las enfermedades y de las ofrendas que se hacen a las enfermedades para que no ataquen un hogar familiar. Son personas, y son imperceptibles", Alfredo López Austin, comunicación personal, 10 de septiembre de 2018.

des y personalidades,[133] los coloca dentro de la definición de "agente" que ha acuñado Prager,[134] o la de "dios" que ha propuesto López Austin: seres imperceptibles mediante los sentidos en estado normal y de vigilia, que tienen personalidad, poder, valores y voluntad.[135] Vale la pena tan sólo recordar que entre los mayas yucatecos actuales los *wáay* son seres "con la conciencia, las emociones y la inteligencia del humano".[136] Es seguramente por ello que algunos de los dioses principales del panteón maya, como Ahkan[137] y Chaahk,[138] desempeñan también funciones de *wahyis*.[139] Además, es probable que varios aspectos de la deidad de la muerte pudiesen actuar como *wahyis* de algunos gobernantes, sin contar casos como el del llamado Mural de las Cuatro Eras, también conocido significativamente como Friso de los Señores del Sueño de Toniná, donde es ambigua la identidad de algunas figuras como dioses *(k'uh)*, coesencias o naguales *(wahyis)*, en especial la del Dios S, Ju^ʔn Ajaw, o Ju^ʔn Pu^ʔ, así como la del Dios A o Chamiiy. Incluso Ju^ʔn Ajaw (el Dios S) y Yahx Balun (el Dios H) se presentan en las vasijas mayas con diversos ele-

[133] Véase Nikolai Grube y Werner Nahm, "A Census of Xibalba: A Complete Inventory of Way Characters on Maya Ceramics", en Justin Kerr (ed.), *The Maya Vase Book,* vol. 4, Nueva York, Kerr Associates, 1994, pp. 686-715.

[134] Prager, *op. cit.*, pp. 565-588.

[135] López Austin, "La cosmovisión de... Segunda parte", *op. cit.*, pp. 13-15 y 19.

[136] Ella F. Quintal Avilés, Martha L. Medina Un, María J. Cen Montuy e Iván Solís Sosa, "El nagualismo maya: los *wáayo'ob*", en Miguel A. Bartolomé Bistoletti y Alicia M. Barabas Reyna (coords.), *Los sueños y los días. Chamanismo y nahualismo en el México actual.* II. *Pueblos mayas,* México, INAH, 2013 (Colección Etnografía de los Pueblos Indígenas de México, Serie Ensayos), p. 133.

[137] Véase Grube, "Akan-The God...", *op. cit.*, pp. 63-66. Pilar Asensio Ramos propone distinguir al Ahkan dios del Ahkan *wahyis,* aunque desde mi punto de vista en las escenas del arte maya no hay nada que autorice distinguirlos, véase "Iconografía y ritual de los *wayoob:* ideas en torno al alma, la regeneración y el poder en ceremonias del Clásico Tardío", en Andrés Ciudad Ruiz, María Josefa Iglesias Ponce de León y Miguel Sorroche Cuerva (eds.), *El ritual en el mundo maya: de lo privado a lo público,* Madrid, Universidad Complutense-Facultad de Geografía e Historia-Departamento de Historia de América II (Antropología de América)-Sociedad Española de Estudios Mayas/Grupo de Investigación. Andalucía-América/Patrimonio Cultural y Relaciones Artísticas/UNAM-Centro Peninsular en Humanidades y Ciencias Sociales, 2010, p. 265. En este mismo sentido, hay autores que piensan que Ahkan era un *wahyis* en el periodo Clásico y que sólo fue considerado como un dios en el Posclásico, véase Roberto Romero Sandoval, *El inframundo de los antiguos mayas,* México, UNAM-IIFL/Centro de Estudios Mayas, 2017, pp. 159 y 162, pero su mención como *o^ʔhlis k'uh* en el Tablero del Palacio de Palenque (figura I.7) y el que fuera personificado en rituales de embriaguez por los gobernantes de Copán, véase Andrea J. Stone y Marc U. Zender, *Reading Maya Art. A Hieroglyphic Guide to Ancient Maya Painting and Sculpture,* Nueva York, Thames and Hudson, 2011, p. 39, sugieren fuertemente que desde aquella época era considerado un dios.

[138] Véase García Barrios, "Chaahk, el dios...", *op. cit.*, pp. 385-388.

[139] Sebastian Matteo y Asier Rodríguez Manjavacas desarrollan esta idea, al mencionar que "algunas divinidades pueden ser también poseídas como *wayob'" (sic),* y sugerir que el traje de algunos personificadores o figurantes mayas, vestidos como dioses en rituales públicos, posee las características y atributos de los seres *wahyis,* véase "La instrumentalización del *way* según las escenas de los vasos pintados", *Península,* vol. IV, núm. 1, primavera de 2009, pp. 24 y ss.

mentos iconográficos que son propios de los *wahyis.*[140] Tal como ha planteado Charles Wisdom[141] para los chortís modernos, en algunas ocasiones las deidades podrían asumir funciones de naguales, en lo que tal vez coincidiría con De la Garza Camino,[142] quien opina que si bien coesencia, dios y nagual no son sinónimos, tampoco se trata de categorías excluyentes entre sí. Los datos con los que se cuenta actualmente permiten concluir que no existe una frontera tajante entre *k'uh* y *wahyis.* Pero más allá de que durante el periodo Clásico los dioses podían ser *wahyis* de otros dioses,[143] considero que los mayas pudieron concebir a los *k'uh,* a los *kokno'n,* a los *winkil,* a los *wahyis* y a otro tipo de seres sobrenaturales del anecúmeno (por ejemplo las "almas" de los vivos o de los muertos) como entidades dotadas de personalidad, inteligencia, voluntad, poder, emociones, valores sociales y agencia, que pueden comprender y comunicarse con los humanos. Por lo tanto, tal vez podríamos englobarlos dentro de un mismo concepto general, y siempre imperfecto en castellano, de "dioses" o "agentes sobrenaturales".

Ya de entrada, el mismo sufijo absolutivo /*-is*/ que se encuentra en la expresión *wahyis* nos proporciona un matiz del que carece *k'uh:* que se trata de una parte inalienable del cuerpo humano.[144] Pero además, lo específico de los dioses Ahkan, Chaahk, Chamiiy y Ju'n Ajaw cuando operan como *wahyis* no es su esencia, sino su estado o "condición en relación con otro ser", ocupando o invadiendo el cuerpo de otro. El cuerpo del dios, del hombre o del muerto se relaciona o vincula con el *wahyis* que habita en su interior haciéndolos coesenciales. "La palabra *wahyis* indica un estado de un dios, y es precisamente un estado de relatividad", uniendo o relacionado a dos entidades o

[140] Asensio Ramos, *op. cit.,* pp. 270, 272-273 y 280.

[141] *Los chortís de..., op. cit.,* p. 442.

[142] Mercedes de la Garza Camino, "Naguales mayas de ayer y de hoy", *Revista Española de Antropología Americana,* XVII, Madrid, Universidad Complutense-Facultad de Geografía e Historia-Departamento de Historia de América II, 1987 (Antropología de América), p. 100.

[143] Un ejemplo típico es el de Sak Baak Naah Chapaht, 'Ciempiés de la Casa de Huesos Blancos', de quien se dice en las inscripciones de Palenque que es el *wahyis* del Dios K o K'awiil; véase Stephen D. Houston y David S. Stuart, *The Way Glyph: Evidence for "Co-Essences" among the Classic Maya,* Washington, Center for Maya Research, 1989 (Research Reports on Ancient Maya Writing, 30), pp. 7-9; Erik Velásquez García, "El pie de serpiente de K'awiil", *Arqueología Mexicana,* vol. XII, núm. 71, enero-febrero de 2005, pp. 38-39; Stephen D. Houston y Takeshi Inomata, *The Classic Maya,* Cambridge/Nueva York, Cambridge University Press, 2009 (Cambridge World Archaeology), p. 209; Rogelio Valencia Rivera, "El rayo, la abundancia y la realeza. Análisis sobre la naturaleza del dios K'awiil en la cultura y la religión mayas", tesis doctoral, Madrid, Universidad Complutense-Facultad de Geografía e Historia-Departamento de Historia de América II, 2015 (Antropología de América), p. 301. Houston e Inomata parecen asumir una postura ambigua respecto al problema de si los *wahyis* son dioses o no, pues aunque reconocen que la distinción entre los términos *k'uh* y *wahyis* es importante, ponen simplemente a los primeros dentro de la categoría de "dioses principales", mientras que identifican a los seres que brotan por las fauces de algunos *wahyis* como deidades, Houston e Inomata, *op. cit.,* pp. 208-209.

[144] Zender, "On the Morphology...", *op. cit.,* pp. 200-204.

chol	*ch'ujlel*	'pulso'/'espíritu' (Aulie y Aulie, 1978: 55, 162)
	ch'ujlel	*ch'ujlel* 'alma'/'espíritu de muerto'/'tona, animal compañero' (Schumann Gálvez, 1973: 46, 55, 71)
prototzeltalano	*č'uh.l.el-al*	'alma, espíritu' (Kaufman, 1998: 101)
tzotzil	*ch'ul*	'sagrado, santo' (Boot, 2003d: 11)
	chulel	'suerte' (Hidalgo, 1989: 218)
	chulelil	'alma' (Hidalgo, 1989: 185)
	jch'ulel	'mi alma' (Delgaty, 1964: 18)
	jch'ulelal	'espíritu de una persona ya muerta' (Delgaty, 1964: 18)
	č'ul/č'ulel/č'ulelal	'spirit' (Dienhart, 1989: 603)
tzeltal	*chulel*	'alma, suerte, dicha, vent/ur/a' (Ara, 1986: 271)
	ch'ulelil	'alma' (Laughlin y Haviland, 1988: 665)[145]

personas diferentes.[146] En otras palabras, la razón por la que estos agentes o personas sobrenaturales no reciben el nombre de *k'uh* cuando operan como *wahyis,* no obedece a que tengan una naturaleza distinta a la de los dioses, sino a que los escribas mayas están enfatizando que en esos contextos o estados forman parte del pecho de otro dios o humano y necesitan usar un término diferente, que sea propio de partes inalienables del cuerpo: *wahyis.*

Quizá por ello en chol y en las lenguas tzeltalanas la palabra para *alma, espíritu* y *pulso* recibe el nombre de *ch'ulel,* 'lo santo', 'lo sagrado' o aquello que es 'lo otro del cuerpo',[147] ya que se cree que el *ch'ulel,* es el aspecto "inmaterial" del "espíritu" *(sic)*[148] que circula por la sangre.[149] Aunque este término no se encuentra atestiguado como tal en las inscripciones mayas, Houston y

[145] En tojolabal *k'ujol* o *k'ujul* es 'corazón', Carlos Lenkersdorf, *B'omak'umal: Tojol ab'al-kastiya = diccionario tojolabal-español: idioma mayance de los altos de Chiapas,* vol. 2, México, Plaza y Valdés, 2004 [1979], p. 183, igual que *k'ul* en jacalteco, Eleanor Franke Hecht, *Diccionario hak'xub'al-kastiya, español-jacalteko: un diccionario de hablantes,* México, Porterillos, 1998, p. 147.

[146] Alfredo López Austin, comunicación personal, 23 de junio de 2017. Este autor piensa que cualquier dios podía cumplir la función de nagual o de *wahyis,* lo mismo que cualquier dios podía cumplir la función de <*chane*> o de *winkil,* cambiando solamente de estado y no de esencia (comunicación personal, 23 de junio de 2017). Sobre este tema, véase López Austin, "La cosmovisión de… Segunda parte", *op. cit.,* pp. 17-18.

[147] Pitarch Ramón, *Ch'ulel: una etnografía…, op. cit.,* p. 32.

[148] William R. Holland, *Medicina maya en los Altos de Chiapas,* Daniel Cazés Menache (trad.), 2ª reimp., México, INI/Conaculta, 1989 (Colección Presencias), p. 100.

[149] Evon Z. Vogt, *Zinacantan. A Maya Community in the Highlands of Chiapas,* Cambridge, The Belknap Press of Harvard University Press, 1969, p. 369; *Ofrendas para los dioses. Análisis simbólico de rituales zinacantecos,* México, FCE, 1979 (Sección de Obras de Antropología), p. 18.

Stuart[150] creen que el concepto de *ch'ulel* pudo haberse expresado con otra palabra durante el periodo Clásico, misma que aún no se ha encontrado. Es de notar que *ch'ulel* se relaciona con el sustantivo *ch'uh*, 'dios' o 'cosa santa'. Dicho sustantivo parece tener aquí un sufijo */-lel/*, que sirve para derivar un concepto más abstracto a partir de uno más concreto. Como afirman los investigadores Stephen D. Houston y Takeshi Inomata,[151] si ciertos sufijos son añadidos al término *ch'uh* o *k'uh*, 'dios', su sentido se expande hasta significar la esencia vital que, a manera de aire, fluye a través de la sangre. El término *ch'uhlel*, 'alma' o 'espíritu', es gramaticalmente análogo al de *ajawlel*, 'reino' o 'señorío', que deriva del sustantivo *ajaw*, 'rey' o 'señor'. Podría pensarse, quizá, que los dioses *(ch'uh)* eran para el 'alma' (*ch'uhlel* o *ch'ulel*) lo que los señores *(ajaw)* eran para el 'señorío' *(ajawlel)*, es decir, que los mayas concebían al "alma" humana como un conglomerado de dioses interiores.

Los grupos mayenses que cuentan con el concepto de *ch'ulel* opinan que es la entidad vital por excelencia, de origen divino, que reside en los rincones del universo y habita en todas las cosas que son importantes desde la perspectiva indígena.[152] Es una energía animadora, indestructible y dinámica que se encuentra en la naturaleza y en cada lugar del cosmos.[153] El corazón del ser humano constituye una fracción pequeña de *ch'ulel*, que se disemina por la sangre,[154] se divide en 13 partes, número que coincide con el de las capas del cielo, y es de naturaleza inmortal;[155] en otras palabras, el "alma" humana reside dentro del cuerpo y simultáneamente fuera de él, distribuida a lo largo del mundo.[156]

Tal como indican Houston y Stuart,[157] el sustantivo *ch'ulel* no se encuentra atestiguado en las inscripciones mayas. Lo que sí tenemos es el adjetivo

[150] Houston y Stuart, "Of Gods, Glyphs...", *op. cit.*, p. 295.

[151] Houston e Inomata, *op. cit.*, p. 196.

[152] Guiteras Holmes, *op. cit.*, p. 249; Vogt, *Zinacantan. A Maya...*, *op. cit.*, p. 371; Evon Z. Vogt *Tortillas for the Gods. A Symbolic Analysis of Zinacanteco Rituals*, Cambridge/Londres, Harvard University Press, 1976, pp. 18-19; Mcanany, *op. cit.*, p. 78.

[153] Guiteras Holmes, *op. cit.*, p. 240; M. Esther Hermitte, *Poder sobrenatural y control social en un pueblo maya contemporáneo*, México, Instituto Indigenista Interamericano, 1970 (Ediciones especiales, 57), p. 96; June Nash, *Bajo la mirada de los antepasados*, México, Instituto Indigenista Interamericano, Sección de Investigaciones Antropológicas, 1975 (Ediciones especiales, 71), p. 12; Holland, *op. cit.*, p. 99; Mario Humberto Ruz Sosa, *Copanaguastla en un espejo: un pueblo tzeltal en el virreinato*, 2ª ed., México, Conaculta-DGP/INI, 1992 (Colección Presencias, 50), p. 160; Eberl, *op. cit.*, p. 53.

[154] Vogt, *Zinacantan. A Maya...*, *op. cit.*, p. 369; Houston y Stuart, "Of Gods, Glyphis...", *op. cit.*, pp. 292 y 294-295; como dato comparativo con la cultura náhuatl véase también Jill Leslie McKeever Furst, *The Natural History of the Soul in Ancient Mexico*, Londres/New Haven, Yale University Press, 1995, p. 182.

[155] Vogt, *Zinacantan. A Maya...*, *op. cit.*, p. 370; *Tortillas for the...*, *op. cit.*, p. 18; Ulrich Köhler, *Chonbilal ch'ulelal-alma vendida. Elementos fundamentales de la cosmología y religión mesoamericanas en una oración en maya-tzotzil*, México, UNAM-IIA, 1995, pp. 21, 62 y 67.

[156] Pitarch Ramón, *Ch'ulel: una etnografía...*, *op. cit.*, p. 9.

[157] Houston y Stuart, "Of Gods, Glyphs...", *op. cit.*, p. 295.

FIGURA I.8. *Ejemplo de un glifo emblema, expresiones que típicamente contienen el adjetivo* k'uhul, *'divino, sagrado' o 'santo'; Estela 8 de Ceibal (A5a), Petén, Guatemala:* **K'UH-HUL**-*T176b*-**AJAW**, k'uhul ... ajaw, *'señor divino de Ceibal'; tomado de Ian Graham,* Corpus of Maya Hieroglyphic Inscriptions, *vol. 7, part. 1. Seibal, Cambridge, Harvard University-Peabody Museum of Archaeology and Ethnology, 1996, p. 27.*

k'uhul, 'divino, sagrado' o 'santo',[158] que no es el nombre de un tipo de "alma" o "espíritu", sino un adjetivo calificativo que se aplica a varios seres, incluyendo los gobernantes mayas, quienes a partir de la segunda mitad del siglo IV d.C. comenzaron a llamarse *k'uhul ajaw* o 'señores divinos' (figura I.8).[159] Cabe mencionar que el concepto moderno de *ch'ulel* también podría derivar del adjetivo *ch'ul,* 'santo, sagrado', cuyo cognado del periodo Clásico era *k'uhul.* Durante la época de las inscripciones jeroglíficas el proceso de cambio de la consonante */k'/* a la */ch'/* enfrente de las vocales */a, o/* y */u/* aún estaba

[158] La idea más aceptada entre los epigrafistas es que el término *k'uhul* se traduce como 'divino' o 'sagrado', por ser un adjetivo derivado del sustantivo *k'uh,* 'dios', mediante el sufijo */-V$_{1}$l/.* No obstante, existen algunos puntos de vista diferentes. Por ejemplo el de Erik Boot, quien argumenta que el significado verdadero de *k'uhul* es 'como un dios' o 'semejante a un dios', véase Erik Boot, *Continuity and Change in Text and Image at Chichén Itzá, Yucatán, Mexico. A Study of the Inscriptions, Iconography, and Architecture at a Late Classic to Early Postclassic Maya Site,* Leiden, CNWS Publications, 2005, pp. 38-39. Otra perspectiva es la de Alfonso Lacadena García-Gallo (comunicación personal, enero de 2016), quien piensa que se trata de un título reverencial semejante a 'respetable, venerable, próspero' o 'excelente', epíteto mucho más profano, tal como recogen diferentes diccionarios.

[159] Alfonso Lacadena García-Gallo y Juan Ignacio Cases Martín, "Nuevas investigaciones epigráficas en Naachtún, Petén, Guatemala", conferencia impartida el 1° de octubre de 2014 en la Coordinación de Humanidades de la UNAM; véase también Houston y Stuart, "Of Gods, Glyphs...", *op. cit.*, p. 295, n. 3.

en vías de efectuarse y está asociado con la separación de las lenguas cholanas (chol, chontal de Acalan, chontal yocothán, choltí y chortí) de las tzeltalanas (tzeltal y tzotzil).[160] Lo importante es comprender y enfatizar que el sustantivo *ch'ulel* aún no se encuentra en el periodo Clásico, sino tan sólo el adjetivo *k'uhul* (figura I.8), 'divino', y los sustantivos *k'uh,* "cosa sagrada'[161] o 'dios', y *k'uhuul,* 'efigie, imagen, ídolo' o 'agente sobrenatural'.[162] No obstante, aunque no exista en las inscripciones un tipo de "alma" que se haya llamado *ch'ulel,* tanto los mayas antiguos como los actuales parecen haber considerado a esas partes del cuerpo ligeras o sutiles —casi inmateriales— como componentes divinos o de origen sagrado.

Regresando al problema sobre la divinidad o no de los *wahyis* mayas del periodo Clásico, es preciso recordar que entre sus sinónimos se encuentra la palabra tzeltalana *lab,* que a su tiempo analizaremos. Óscar Sánchez Carrillo ha encontrado que para los tzeltales actuales de Yajalón, Chiapas, las entidades anímicas *lab* están hechas de viento o de aire, por lo que, al igual que el resto de las "almas", son de orden material.[163] Además tienen un indiscutible carácter sagrado, ya que se cree que han existido "desde mucho antes que los hombres en la Tierra".[164] Los tzeltales creen expresamente que los *lab* son un tipo especial de *ch'ulel* que no tienen todas las personas, pues se usan para hacer brujería y coadyuvan en actos cuyo móvil es la envidia.[165] Como ellos mismos dicen "el que echa algo o hace mal tiene el *ch'ulel* malo, es el *lab*".[166] En otras palabras, al considerar que los *lab* son un tipo de *ch'ulel,* 'lo sagrado, lo santo', los tzeltales implícitamente nos están diciendo que se trata de una categoría de seres divinos.[167]

Aunque, como hemos visto, considero que los componentes humanos llamados *o'hlis* y *wahyis* son un tipo de dioses encerrados en el cuerpo, pues comparto la definición de "dios" que ha acuñado López Austin, los englobaré

[160] Albert Davletshin, comunicación personal, 20 de enero de 2015.

[161] Stuart, "The Gods of...", *op. cit.*, p. 251.

[162] Prager, "A Study of...", *op. cit.*, pp. 580-588.

[163] Sánchez Carrillo, *op. cit.*, p. 46.

[164] *Ibid.*, p. 33.

[165] *Ibid.*, pp. 35 y 43. Aunque este mismo autor aclara que no todos los *lab* se utilizan para provocar el mal, *ibid.*, pp. 44 y 46, idea que coincide con la de Mercedes de la Garza Camino, *Sueño y éxtasis...*, *op. cit.*, pp. 169-175, así como con el punto de vista de Miguel A. Bartolomé Bistoletti y Alicia M. Barabas Reyna, "Introducción. Los sueños y los días. Chamanismo y nahualismo en el México actual", en Bartolomé Bistoletti y Barabas Reyna (coords.), *Los sueños y los días...*, *op. cit.*, pp. 29, 31 y 33-34; "Los mayas de Yucatán y Chiapas", en *ibid.*, p. 53.

[166] Sánchez Carrillo, *op. cit.*, p. 44.

[167] Conviene mencionar que aunque durante el Clásico algunos seres con personalidad y voluntad propia, ampliamente reconocidos como dioses (Ahkan, Chamiiy, Ju'n Ajaw y Yahx Balun), pueden fungir como *wahyis*, Asensio Ramos, *op. cit.*, pp. 280-281, los coloca en la categoría de héroes o semidioses, pues para ella no fue sino hasta el Posclásico cuando algunos antiguos *wahyis* comenzaron a ser considerados dioses.

también bajo el concepto general de "agentes sobrenaturales" propuesto por Prager, a fin de atender al hecho epigráfico de que los propios mayas del periodo Clásico utilizaron palabras diferentes (*k'uh, oˀhlis, wahyis, winkil, kokno'm,* etc.), lo que indica que tuvieron distinciones o matices significativos que, como vimos, no atañen a sus esencias, sino a sus funciones o estados. Quizá por ello una deidad palencana muy conocida, llamada Dios I o God I (GI), era también un *winkil:* Juˀn Yeh Winkil "Dios I" (figura I.7).

Lo imperceptible en el cuerpo

Lo dicho hasta el momento nos conduce a la idea de que las "almas" eran también un tipo de dioses, definidos como seres invisibles y eternos, pero materiales, conformados de sustancias etéreas o ligeras, dotados de voluntad, personalidad, poder, valores sociales, conciencia propia e inteligencia, pero que forman parte del cuerpo de los seres humanos. Una idea que, como he dicho y enfatizado, ha sido desarrollada por López Austin y que hace del hombre un ser coesencial con lo divino, incluyendo su dios creador.[168]

La interpretación de López Austin tiene su origen en una compleja interpretación global de los relatos míticos de tradición mesoamericana, que no es mi deseo explicar aquí,[169] pero que tiene una gran deuda con las observaciones de Hernando Ruiz de Alarcón, quien en 1629 explicó que los nahuas del actual Guerrero pensaban que han existido "dos mundos o dos maneras de gentes", y que los habitantes del primer mundo se transmutaron en las creaturas (animales o astros) que ahora vemos,[170] misma idea que se encuentra, por ejemplo, en las narraciones de los títulos y documentos quichés, donde el incidente que separa ambos mundos o "maneras de gentes" (el anecúmeno y el ecúmeno) fue la primera salida del Sol. Al llegar ésta, las sustancias etéreas, ligeras y maleables de los cuerpos divinos quedaron solidificadas y encapsuladas, encascaradas, enclaustradas o envueltas en el interior de continentes "petrificados", que son los cuerpos de las criaturas mundanas y que, por lo tanto, estaban destinados a llevar a esos dioses dentro de ellas. Las facultades expresivas, sensoriales y los poderes ejecutivos de dichos númenes envueltos dentro del cuerpo de animales, seres humanos, vegetales, piedras y

[168] López Austin, *Tamoanchan y Tlalocan, op. cit.,* p. 127; "La concepción del...", *op. cit.,* p. 34; "La cosmovisión de... Segunda parte", *op. cit.,* pp. 13-19.

[169] El lector interesado en profundizar sobre esto puede consultar Alfredo López Austin, *Los mitos del Tlacuache. Caminos de la mitología mesoamericana,* 2ª ed., México, Alianza Editorial, 1992 (Alianza Estudios/Antropología), pp. 55-106; *Tamoanchan y Tlalocan, op. cit.,* pp. 21-23; "Ecumene Time, Anecumene...", *op. cit.;* "Tiempo del ecúmeno...", *op. cit.;* "La cosmovisión de... Primera parte", *op. cit.,* pp. 79-83.

[170] *Tratado de las supersticiones y costumbres gentilicias que hoy viven entre los indios naturales de esta Nueva España,* s.p.i., 2003 (Biblioteca Virtual Universal), cap. X, párr. 149-150, y cap. XXXII, párr. 507, 514. Consultado en http://biblioteca.org.ar/libros/89972.pdf.

toda clase de criaturas finitas y lábiles estaban condenadas a manifestarse de manera limitada o disminuida[171] al menos hasta el momento en que su continente o recipiente[172] moría o era destruido y los seres divinos eran liberados. Quizá por ello James Fitzsimmons sospecha que una parte del *ch'uhlel, ch'ulel* o 'alma' sería más feliz afuera del cuerpo.[173] Entre los dioses envueltos o encapsulados justamente se encuentra el patrono o creador del ser que lo contiene, que era su **esencia** o "alma" corazón, por lo que cada criatura guardaba a su creador por dentro y ello no sólo la hacía coesencial con la deidad, sino con los otros miembros de la misma clase o especie. En otras palabras, "cada clase mundana [es] la conjunción del creador y la criatura". Además, no sólo el "alma" esencial sino todo el conglomerado de sus entidades anímicas son personas divinas que fueron desterradas del ámbito sobrenatural del anecúmeno, para conformar una proyección del mismo anecúmeno dentro del cuerpo humano, si bien dichas entidades divinas podían salir, liberarse o externarse temporalmente, como por ejemplo durante los sueños, entrando en contacto con la mitad invisible de la naturaleza.[174] En síntesis, "[l]os seres mundanos son la suma de la materia divina y de la cobertura de materia pesada que es característica de una existencia contagiada de muerte, sexo y poder reproductivo".[175] El cuerpo es al mismo tiempo tanto mundano como sagrado.[176] En palabras de Javier Hirose López, el cuerpo

> constituye tan sólo la "envoltura" de su verdadera esencia, el espíritu, contenido en la sangre [...] El cuerpo es concebido como una "envoltura", que contiene el elemento esencial que es el alma [...] vendría siendo la envoltura del componente esencial del ser humano, es decir, su espíritu, que reside en la sangre [...] el cuerpo es tan sólo la envoltura de la verdadera naturaleza humana sutil: *pixan, óol, kinam [sic]* e *íik [sic]*, los cuales constituyen lo verdaderamente esencial y permanente del ser humano,[177]

[171] Ello podría coincidir parcialmente con el punto de vista de Grube, quien observa que, dado que los *wahyis* portaban nombres compuestos, sus poderes o esferas de influencia eran más limitados o específicos que los de los dioses en sí mismos, véase Grube, "Akan-The God...", *op. cit.*, p. 75.

[172] Los curanderos tzeltales de la actualidad consideran al cuerpo como un recipiente, véase Sánchez Carrillo, *op. cit.*, p. 17.

[173] Fitzsimmons, *op. cit.*, p. 39.

[174] López Austin, "La concepción del...", *op. cit.*, pp. 26 y 34; "El dios en...", *op. cit.*, pp. 10-14 y 20; "Los reyes subterráneos", en Nathalie Ragot, Sylvie Peperstraete y Guilhem Olivier (eds.), *La Quête du Serpent à Plumes. Arts et religions de L'amérique Précolombienne. Hommage à Michel Graulich,* París, Brepols, 2011 (Bibliothèque de L'école des Hautes Études Sciences Religieuses, 146), pp. 51-52.

[175] López Austin, *Tamoanchan y Tlalocan, op. cit.*, p. 30.

[176] Sánchez Carrillo, *op. cit.*, p. 23.

[177] Hirose López, *op. cit.*, pp. 21, 103-104 y 144.

Tal como se advierte en el término maya yucateco colonial <*cucutil*>, 'piel, cuerpo' o 'cosa corporal', que implica la idea de estar rodeado o recubierto de piel.[178] Esta idea también ha sido señalada por Daniel Moreno Zaragoza, para quien las concepciones mayas sobre el "alma" "giran alrededor del principio del recubrimiento con el cuerpo de un 'otro ser' [...]; todo se reduce al cuerpo con el que se recubre cada quien".[179] Es por ello que en diversas lenguas mayances el "alma" esencial o primordial recibe el nombre de *pixan,* término que significa literalmente 'lo que está envuelto' o 'cosa que está cubierta',[180] y que procede del verbo transitivo protomaya **pix,* 'envolver',[181] como puede advertirse en los diccionarios:

maya occidental y yucatecano	*pixaan*	'alma'/'*soul*' (Kaufman y Norman, 1984: 129)
lacandón	*pišan/pišán*	'*heart*' (Dienhart, 1989: 324)
yucateco	*cucut pixan cah*	'/cuerpo alma tener/'/'cuerpo y "alma" tener' (Álvarez Lomelí, 1980: 338)
	pixan	*pixan* '/alma/'/'conciencia por el alma. "Espíritu" por alma. Alma, espíritu incorpóreo, bien aventurado. Alma que da vida al cuerpo del hombre' (Álvarez Lomelí, 1980: 348)
	pixan	'alma que da vida'/'espíritu, por alma' (Acuña Sandoval, 1993: 87)
	pixan	'alma que da vida al cuerpo del hombre'/'cosa que está cubierta; y cosa devanada o enredada' (Arzápalo Marín, 1995: 643)
	pixan	'alma que da vida al cuerpo del hombre'/'alma'/'ánima'/'espíritu por alma, conciencia por el alma; alma que da vida'/'espíritu'/'alma del ser humano, ánima por alma' (Barrera Vásquez [dir.], 1980: 659)
	pixan	'alma' (Swadesh, Álvarez Lomelí y Bastarrachea Manzano, 1991: 100)

[178] *Ibid.*, p. 104.

[179] Daniel Moreno Zaragoza, "Los rostros del nahualismo. Diversos modos de entender el fenómeno de la transformación a través de los tiempos y espacios mayas", ensayo inédito, 24 de enero de 2013, pp. [3] y [33].

[180] Bourdin Rivero, *El cuerpo humano*..., *op. cit.*, p. 108.

[181] Kaufman y Norman, *op. cit.*, p. 129.

yucateco	*pixan/pixam*	'ánima'/'alma o espíritu que da vida al cuerpo del hombre' (Bastarrachea Manzano, Yah Pech y Briceño Chel, 1998: 10, 112)
mopán	*pixan*	'espíritu (de un muerto)' (Xoj y Cowoj, 1976: 158)
	pixan/püsüc'al	'espíritu (del hombre)' (Xoj y Cowoj, 1976: 322)
	pixa'an	'despierto' (Xoj y Cowoj, 1976: 159)
itzá	*pišan*	*'spirit'* (Dienhart, 1989: 603)
	pixan	*'spirit'* (Boot, 2003a: 18)
	pixan	'alma, espíritu' (Hofling y Tesucún, 1997: 515)
	pixa'an	'tapado' (Hofling y Tesucún, 1997: 515)
protocholano	**pixan*	'alma'/'soul' (Kaufman y Norman, 1984: 129)
chortí	*bixan*	*'soul* ("alma"), spirit' (Wisdom, 1950: 586)
chontal yocothán	*pišan*	*'spirit'* (Dienhart, 1989: 603)
	pixan	'alma'/'corazón' (Pérez González y Cruz Rodríguez, 1998: 83, 90)
	cʌyo-pišan	*'heart'* (Dienhart, 1989: 324)
tzotzil	*pixanil*	'alma' (Laughlin y Haviland, 1988: 665)
	jpixan	'alma' (Laughlin y Haviland, 1988: 665)
tzeltal	*pixan*	'alma' (Ara, 1986: 364)
tojolabal	*pišan*	*'spirit'* (Dienhart, 1989: 603)
chuj	*pišán*	*'spirit'* (Dienhart, 1989: 603)
	pišan/cu /pišán/col	*'heart'* (Dienhart, 1989: 324)
kanjobal	*pišan/pišán*	*'heart'*/'spirit' (Dienhart, 1989: 325, 603)
acateco	*pišan*	*'heart'*/'spirit' (Dienhart, 1989: 324, 603)
jacalteco	*pišan*	*'spirit'* (Dienhart, 1989: 603)
	pixan	'aliento' (Hecht, 1998: 131)
	pixa¨n(e)	'alma' (Hecht, 1998: 80)
	pixän anma	'espíritu' (Hecht, 1998: 160)

En los documentos mayas yucatecos de la época virreinal, el *pixan* o "alma" individual y personal 'que da vida al cuerpo', además de remitir al principio vital de materia sutil y casi intangible, es un producto de la acción

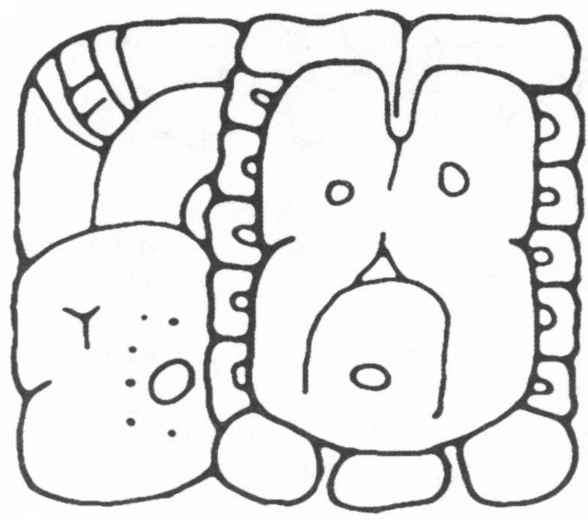

Figura i.9. *Sustantivo* **pi-xo-ma,** pixo'm, *'sombrero, tocado' o 'yelmo' en las inscripciones mayas; Tablero Central del Templo de las Inscripciones de Palenque (M1), Chiapas, México; dibujo de Linda Schele, tomado de Merle Greene Robertson,* The Sculpture of Palenque, vol. I. The Temple of the Inscriptions, *Princeton, Princeton University Press, 1983, lám. 96.*

Figura i.10. *Escena desplegada del vaso K3026, de colección privada; tomada del archivo fotográfico de Justin Kerr. Consultado en http://research.mayavase.com/kerrmaya_hires.php?vase=3026.*

FIGURA I.11. *Texto jeroglífico que describe el retrato de un gobernante maya envuelto con el traje de un ser del anecúmeno:* **u BAH ti-JOY***[***ja***]* *## ##,* ubaah ti joy[a]j ..., *'es su imagen en envoltura de [nombre de la deidad]'; detalle del vaso K3026, tomado del archivo fotográfico de Justin Kerr. Consultado en http://research.mayavase.com/kerrmaya_hires.php?vase=3026.*

divina que también se puede traducir como 'dicha, felicidad' o 'bienaventuranza'. En la época colonial parece haber sido exclusiva de los seres humanos,[182] a diferencia de la actualidad, pues entre los *jmeenes* o curanderos mayas tradicionales se cree que también las plantas y otros seres contienen *pixan,* inclusive los cuerpos celestes.[183] Además de la dicha, los documentos del periodo novohispano atestiguan la creencia de que el *pixan* también regulaba las relaciones sociales, pues era el depositario de la moral, la responsabilidad, la empatía y la culpa.[184] Se trata de una energía vital que se introduce al cuerpo del nonato durante el embarazo, habita por el resto de la vida en todo el cuerpo, aunque se concentra en la mollera.[185] Se cree que en el momento del fallecimiento el *pixan* "se descascara, desteje, desenmaraña o destuerce del cuerpo".[186] Luego de la muerte, el *pixan* sobrevive como un "espíritu" que puede manifestarse y comunicarse con los vivos y se alimenta del sabor de los alimentos que se le ofrendan,[187] especialmente durante la ceremonia del día de muertos.[188]

Es preciso advertir, sin embargo, que en las inscripciones mayas no se ha detectado el término *pixan.* Aunque la raíz morfémica de *pix,* 'cubrir' o 'envolver', sí se encuentra atestiguada, pero sólo como parte de un topónimo de significado oscuro, Hoˀ Pixnal, mencionado en la Estela 13 de Copán (E4),[189] así como en el sustantivo *pixoˀm* o *pixoˀl,* 'sombrero, tocado' o 'yelmo' (figura I.9), probable contracción de *pix-joˀl* o de *pix-jolom,* 'cubrir-cabeza'.[190] No es imposible que esta antigua relación de la raíz *pix* con las nociones de 'sombrero,

[182] Bourdin Rivero, *El cuerpo humano..., op. cit.,* pp. 107-109; *Las emociones entre..., op. cit.,* p. 96.

[183] Hirose López, *op. cit.,* p. 134.

[184] Chávez Guzmán, *op. cit.,* p. 79.

[185] Hirose López, *op. cit.,* pp. 134-135.

[186] Chávez Guzmán, *op. cit.,* p. 79.

[187] Hirose López, *op. cit.,* p. 135.

[188] Chávez Guzmán, *op. cit.,* p. 79.

[189] Boot, "The Updated Preliminary...", *op. cit.,* p. 150, n. 210.

[190] *Idem.*

FIGURA I.12. *Los dos alógrafos principales del jeroglifo* **WAY:** (**a**) *T536, vaso K771; dibujo de David S. Stuart, tomado de Stephen D. Houston y David S. Stuart,* The Way Glyph: Evidence for "Co-Essences" among the Classic Maya, *Washington, Center for Maya Research (Research Reports on Ancient Maya Writing, 30), 1989, p. 6;* (**b**) *Tnn/AT2; tomado del Panel de la Escalera Jeroglífica de La Corona, Petén, Guatemala; dibujo de Matthew G. Looper; tomado de Martha J. Macri y Matthew G. Looper,* The New Catalog of Maya Hieroglyphs, Volume One, The Classic Period, *Norman, University of Oklahoma Press, 2003 (The Civilization of the American Indian Series), p. 80.*

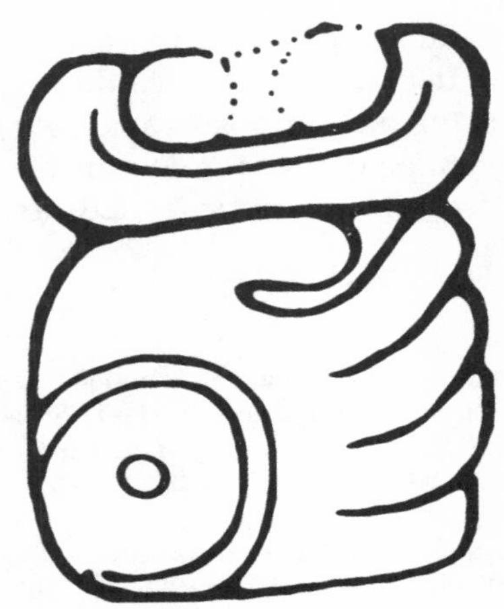

FIGURA I.13. *Verbo transitivo* **K'AL**, k'al, *'atar' o 'amarrar'; Estela 23 de Naranjo (G9), Petén, Guatemala; tomado de Ian Graham y Eric von Euw,* Corpus of Maya Hieroglyphic Inscriptions, *vol. 2, part. 1, Naranjo, Cambridge, Harvard University-Peabody Museum of Archaeology and Ethnology, 1975, p. 60.*

tocado' o 'yelmo' tenga que ver con la creencia ya mencionada, muy posterior en siglos, de que el *pixan* se concentra en la fontanela o mollera.

Sebastian Matteo y Asier Rodríguez Manjavacas identificaron un pasaje jeroglífico en el vaso K3026 (figura I.10), de colección privada, que representa a un personaje disfrazado en guisa de algún ser imperceptible mediante los sentidos humanos ordinarios: un animal de pelo blanco y bufanda roja, cuyo nombre no se puede entender a causa de que los signos escriturarios están erosionados. No obstante, sí es posible aún leer los tres cartuchos jeroglíficos iniciales (figura I.11), que glosan el significado general de la escena: *ubaah ti joyaj…*, 'es la imagen en envoltura de…', seguido por el nombre de la entidad cuyo disfraz porta el personaje principal. La expresión que más nos interesa como parte de la discusión presente deriva del verbo transitivo *joy,* 'envolver', que en este caso está sustantivizado a través de un sufijo */-aj/,*[191] para dar lugar a la palabra *joyaj,* 'envoltura'. Tal como atinadamente sugieren Matteo y Rodríguez Manjavacas,[192] el sentido es que el gobernante maya se envolvió o cubrió con las insignias de esa coesencia o nagual *(wahyis).* Se trata de lo perceptible encubierto.

Como veremos en su momento, no es gratuito que en las inscripciones mayas el signo jeroglífico que alude por excelencia al nagualismo, el logograma **WAY**, tenga una **variante geométrica** (T539) que representa un rostro humano con la mitad de la cara cubierta por la piel de un felino manchado (figura I.12a), mientras que su **alógrafo**[193] zoomorfo o **variante de cabeza** representa al jaguar (Tnn/AT2),[194] pero con el rostro humano que asoma por el ojo (figura I.12b). Ambas variantes del signo tienen el mismo valor de lectura: **WAY**, pero mientras que el alógrafo geométrico (T539) parece sugerir que el nagual está envuelto *(joy* o *pix)* por el cuerpo del humano: "lo imperceptible envuelto", la variante zoomorfa (Tnn/AT2) alude al humano disfrazado o contenido *(joy* o *pix)* por el cuerpo de ese jaguar: "lo perceptible encubierto".

Otra expresión jeroglífica que probablemente se relaciona con estos conceptos de la envoltura es el verbo transitivo *k'al,* 'atar' o 'amarrar' (figura I.13), asociado frecuentemente con ritos de dedicación debido a la práctica de envolver objetos con tela, sogas o papel, misma que tenía el propósito aparente de contener y proteger el tiempo y la esencia divina en el interior de esos recipientes.[195] A este respecto, Vera Tiesler alude a diversas prácticas médicas

[191] Véase Lacadena García-Gallo, "Gramática maya jeroglífica", *op. cit.,* p. [5].

[192] Matteo y Rodríguez Manjavacas, *op. cit.,* p. 23.

[193] Véase el glosario.

[194] Tnn significa que se trata de un jeroglifo maya no incluido o numerado en el catálogo de Thompson, *A Catalog of…, op. cit.,* mientras que AT2 es la clave de ese mismo signo en el más reciente catálogo de Martha J. Macri y Matthew G. Looper, *The New Catalog of Maya Hieroglyphs, Volume One, The Classic Period,* Norman, University of Oklahoma Press, 2003 (The Civilization of the American Indian Series).

[195] David S. Stuart, "Kings of Stone: A Consideration of Stelae in Ancient Maya Ritual and Representation", *Res. Anthropology and Aesthetics,* núms. 29-30, primavera-otoño de 1996, pp. 156-

de los mayas modernos que tienen como fondo la idea de amarrar, enclaustrar o envolver a los niños, a fin de fijar el "ánima" dentro de ellos, protegerlos de la enfermedad o de la pérdida del "espíritu".[196]

Terminología de los componentes anímicos

En consonancia con los conceptos de "cuerpo-carne" y "cuerpo-presencia", Pitarch Ramón propone que los tzeltales contemporáneos creen en la existencia de dos tipos de "almas". Por una parte, "un alma que posee la figura del cuerpo humano", contraparte sutil del cuerpo-presencia a la que dicho autor le da el nombre de "alma-humana" o *ch'ulel* y, por el otro, "un alma asociada con un animal, con un fenómeno atmosférico o con cualquier otro tipo de ser y que responde a una forma no humana", correlato etéreo del cuerpo-carne y que Pitarch Ramón llama "alma-espíritu" o *wayjel*.[197] La creencia en los dos tipos de "almas" se expresa también en la gramática, pues el "alma-humana" recibe el mismo clasificador numérico[198] que las partes del cuerpo-presencia: /*-tul*/, mientras que las "almas-espíritus" usan como clasificador la partícula /*-kun*/. En su conjunto, la existencia de estos dos tipos de "almas" con sus dos tipos de cuerpos da origen a un modelo cuatripartita de la persona humana.[199]

No obstante, como el mismo autor comenta, la diferencia entre almas-humanas antropomorfas y almas-espíritus zoomorfas o meteorológicas no es tan radical como sugiere el modelo pues, por ejemplo, el "ave del corazón" a veces se expresa de forma humana y otras veces como animal, además de que el "alma" esencial de los seres humanos tan sólo adquiere la forma de una sombra antropomorfa cuando sale del continente corporal pesado, como durante el sueño o la muerte. Como aclara Roberto Martínez González, el "alma"-corazón de los nahuas, *teeyooliaa* o <*teyolia*> es por sí misma un elemento múltiple, con aspectos zoomorfos y antropomorfos.[200] Esta dificultad también ha sido percibida por Matteo y Rodríguez Manjavacas en las representaciones pictóricas de los *wahyis* o naguales de las vasijas mayas clásicas,

157. William N. Duncan, "Sellamiento ritual, envoltura y vendaje en la modificación cefálica mesoamericana", en Tiesler y Serrano Sánchez (eds.), *op. cit.*, p. 264; Scherer, "El ser, la…", *op. cit.*, pp. 539 y 541.

196 Tiesler, *op. cit.*, p. 43.

197 Pitarch Ramón, *La cara oculta…*, *op. cit.*, pp. 52-56.

198 Como afirma Lacadena García-Gallo, "Gramática maya jeroglífica", *op. cit.*, p. [13], los clasificadores numéricos "consisten en palabras que se añaden al número, precediendo al sustantivo contado (no pueden ir solos sin el número). Su función es clasificar el sustantivo contado dentro de una categoría general".

199 Pitarch Ramón, *La cara oculta…*, *op. cit.*, pp. 56-60.

200 Martínez González, *op. cit.*, pp. 40-41.

pues como bien observan, en el mismo vaso unos son zoomorfos y los otros antropomorfos.[201]

Sin atender a su forma, sino a otras varias características, entre ellas la capacidad de conciencia, en 1980 López Austin propuso otra manera de clasificar los componentes corporales sutiles de los seres humanos en las cosmovisiones mesoamericanas. De este modo, acuñó el término de **entidad anímica** para referirse a "una unidad estructurada con capacidad de independencia, en ciertas condiciones, del sitio orgánico en el que se ubica". Sus características son muy variadas: "singulares o plurales, divisibles o indivisibles, con funciones específicas, jerarquizables, materiales o 'inmateriales', separables o inseparables del organismo humano, perecederas o inmortales, trascendentes a la vida del ser humano o finitas en la medida de éste, y aun *poseedoras de una conciencia distinta e independiente del ser humano al que pertenecen*".[202]

Según Jill Leslie McKeever Furst, se trata de un *continuum* de fenómenos internos y externos cuya asociación se disuelve tras la muerte.[203] No obstante, este concepto carece de sentido si no se le concibe ligado al de los **centros anímicos**, que de acuerdo con López Austin son

> la parte del organismo humano en la que supone existe una concentración de fuerzas anímicas, de sustancias vitales, y en la que se generan los impulsos básicos de dirección de los procesos que dan vida y movimiento al organismo y permiten la realización de las funciones psíquicas [...] estos centros [...] pueden corresponder o no a un órgano particular, pueden ser singulares o plurales dentro de cada organismo; en este último caso, pueden estar diferenciados por funciones, y aun jerarquizados.[204]

Otra noción que es de gran utilidad para acercarse a estos problemas es la de **fuerza anímica**, acuñada por Martínez González durante la primera década del siglo XXI. Según este autor, se trata de

> aquellos elementos que, no siendo cuantificables ni individualizables, dotan de vida a la persona *sin estar, por ello, directamente ligados a las funciones intelectuales* [... están] vinculadas con fuentes externas que les permiten regenerarse y renovarse durante los ciclos ordinarios de la vida humana [como la respiración y el calor].[205]

[201] Matteo y Rodríguez Manjavacas, *op. cit.*, pp. 22-23.

[202] López Austin, *Cuerpo humano e..., op. cit.*, vol. I, pp. 197-198. El énfasis a través de cursivas es mío. Para los lacandones actuales las entidades anímicas piensan y ven, mientras su poseedor humano duerme, Bartolomé Bistoletti y Barabas Reyna, "Introducción. Los sueños...", *op. cit.*, p. 22.

[203] McKeever Furst, *op. cit.*, p. 182.

[204] López Austin, *Cuerpo humano e..., op. cit.*, vol. I, p. 197.

[205] Roberto Martínez González, "Las entidades anímicas en el pensamiento maya", *Estudios de Cultura Maya*, vol. XXX, 2007, p. 154. Las cursivas son mías.

En otras palabras, las entidades anímicas poseen conciencia y posiblemente diversos grados de autosuficiencia, mientras que las fuerzas anímicas no se ligan con capacidades intelectuales y dependen de fuentes externas. Ambas son componentes vitales que circulan por todo el cuerpo, si bien se concentran con mayor densidad en ciertas partes del cuerpo, conocidas como centros anímicos.

La aplicación en este libro del modelo propuesto mediante estas definiciones no siempre es sencilla. El problema principal radica en que el corpus de las inscripciones y escenas iconográficas mayas del periodo Clásico no nos aclara muchas veces si los componentes anímicos tienen conciencia y capacidades intelectuales o no, de manera que no es fácil pronunciarse sobre su naturaleza como entidades o como fuerzas anímicas. Ante tal ambigüedad, propia de las fuentes que utilizo, resulta de gran ayuda el concepto más vago de **componente anímico**, acuñado también por Martínez González "para designar de manera genérica a los elementos de cualquiera de estas clases".[206]

Es preciso advertir que nos enfrentamos con una realidad cultural compleja y del todo diferente a la occidental, por lo que las ideas del "alma" o "espíritu" no son perfectamente equivalentes a las concepciones indígenas, especialmente en sus acepciones cristianas. Incluso el mismo concepto de entidad anímica resulta una aproximación defectuosa, razón por la que el propio López Austin ha preferido abandonarla y resignarse a las limitaciones de nuestro idioma, con sus palabras *alma* y *espíritu,* aunque siempre aclarando cómo debemos entender estos conceptos, hasta donde nos es posible comprender el pensamiento indígena.[207]

Ante estos problemas, he decidido usar tanto los términos de *entidad, fuerza* y *componente anímico,* como los de *alma* y *espíritu,* toda vez que las acepciones latinas originales de estos últimos conceptos al menos expresan que ambos están hechos de materia sutil: *anĭma,* 'soplo, aire, brisa, viento, aliento, respiración'; *spirĭtus,* 'soplo, aire'.[208] Por tal motivo de aquí en adelante ya no necesitaré escribir las palabras *alma* o *espíritu* entre comillas.

Finalmente, también he incorporado el concepto de **cualidad inefable**, definida por Robert M. Hill II y Edward F. Fisher como una propiedad o virtud que enlazaba a los seres humanos —especialmente los de la élite— con las deidades, "una variación local del concepto de hombre-dios mesoamericano".[209] Aparentemente se trata de un tipo especial de fuerza anímica. La

[206] Martínez González, *El nahualismo, op. cit.,* p. 29.

[207] Alfredo López Austin, comunicación personal, 7 de enero de 2015.

[208] Joan Corominas i Vigneaux, *Diccionario crítico etimológico de la lengua castellana,* 3ª reimp., Madrid, Gredos, 1976 (Biblioteca Románica Hispánica v. Diccionarios, 1), vol. I, p. 138 y vol. II, p. 395; Daniel Moreno Zaragoza, *"Xi'bajoj y wäyob:* 'espíritus' del mundo subterráneo. Permanencia y transformación del nahualismo en la tradición oral ch'ol de Chiapas", tesis de maestría, México, UNAM-FFyL/IIFL-Posgrado en Estudios Mesoamericanos, 2013, p. 38, n. 12.

[209] Hill II y Fischer, *op. cit.,* p. 325. La traducción del pasaje entrecomillado es mía.

cualidad inefable que por el momento he encontrado consiste en las facultades regenerativas del *ch'ahbis-ahk'abis,* un difrasismo que literalmente significa 'ayuno-noche', pero que en conjunto equivale a "génesis" o poder sagrado de reordenar el espacio-tiempo. Con menos seguridad sospecho que otra de esas cualidades inefables era "la gloria, lo intachable, la majestad" o "pureza", aludida mediante el difrasismo[210] *ya'x-k'an,* 'lo verde-lo amarillo'. Por el momento no cuento con los datos necesarios para afirmar que estos elementos son entidades o fuerzas anímicas, aunque probablemente sí constituyen una clase de componentes anímicos, ya que al menos uno de ellos contiene el **sufijo absolutivo** /-is/ para partes inalienables del cuerpo. De este modo, prefiero dejarlos por ahora bajo la categoría de cualidades inefables, en espera de que en el futuro hallemos nuevos datos que nos permitan precisarlos.

Un modelo cuatripartita

Para cerrar lo antes visto, me parece que podríamos considerar de forma tentativa que para los mayas antiguos el cuerpo humano se compone de dos tipos de materia: la sutil, sobrenatural o *k'uyel* del anecúmeno, y la densa, mundana o *baalcah (sic)* del ecúmeno, así como de dos tipos de condición en cuanto a conciencia y voluntad. Estos elementos binarios de materia y condición se combinan para dar lugar a un modelo cuatripartita, un poco diferente del que propone Pitarch Ramón:

a) El cuerpo-carne, que está hecho de materia sensible por medio de la cual fluye la sangre. Comienza a existir a partir del nacimiento. Es un cuerpo de sustancia pesada *(baalcah [sic]),* aunque frágil o perecedera, y por lo tanto del ecúmeno o ámbito mundano de las criaturas, donde no importa

[210] Un difrasismo es la asociación de dos palabras con el fin de denotar un tercer significado, más amplio que el de los dos términos por separado. Como dice Ángel María Garibay Kintana, quien acuñó el término, "este medio de expresión tiene un sentido recóndito a través de las metáforas pareadas", véase *Historia de la literatura náhuatl. Primera parte (etapa autónoma: de c. 1430 a 1521),* 3ª ed. México, Editorial Porrúa, 1987 [1953] (Biblioteca Porrúa, 1), pp. 19 y 67; Munro S. Edmonson identificó este recurso en la literatura maya de la época novohispana, véase *Heaven Born Merida and its Destiny: the Book of Chilam Balam of Chumayel,* Austin, University of Texas Press, 1986, p. 19; mientras que otros autores han detectado el difrasismo en los textos jeroglíficos mayas, véase por ejemplo Alfonso Lacadena García-Gallo, "Apuntes para un estudio sobre literatura maya antigua", en Antje Gunsenheimer, Tsubasa Okoshi y John F. Chuchiak IV (eds.), *Texto y contexto: perspectivas intraculturales en el análisis de la literatura maya yucateca,* Bonn, Shaker Verlag Aachen, 2009 (Estudios Americanistas de la Universidad de Bonn, 47), pp. 39-40; para un acercamiento global al tema de la literatura mesoamericana, véase Pablo Escalante Gonzalbo y Erik Velásquez García, "Orígenes de la literatura mexicana. Oralidad, pictografía y escritura de los pueblos indígenas", en Enrique Florescano Mayet (coord.), *Historia ilustrada de México. Literatura,* México, Debate/Conaculta-DGP, 2014 (Historia Ilustrada de México), pp. 15-64; así como la tesis de Raimúndez Ares, *op. cit.*

la forma. Por lo tanto, no ayuda a distinguir a un humano de otro, y por ende, no juega papel alguno en las relaciones sociales. Es un tipo de cuerpo que los humanos compartimos con los animales. Carece de agencia y de voluntad, simplemente es un agente pasivo que se limita a padecer las acciones de otros. Es un elemento segregable en partes, que siempre forma parte de algo más grande y, por tanto, se asocia con el **sufijo partitivo** */-el/*. Por lo que no tiene sentido por sí mismo, sino tan sólo como parte de una totalidad mayor, que es el cuerpo-presencia, visible socialmente.

b) Fuerzas anímicas, que son energías vitales de carácter impersonal, que emanan de las personas sobrenaturales y tienen la capacidad de actuar físicamente, potenciadas por la acción del trabajo. No se mueven a voluntad del ser humano que las posee. Proceden del espacio-tiempo anecuménico y por lo tanto están hechas de materia etérea, imperceptible, sobrenatural o sutil *(k'uyel),* pero resistente. Habitan tanto en el interior como en el exterior del cuerpo humano, y se vinculan con fuentes externas que les permiten regenerarse y renovarse.

Los dos componentes anteriores, uno imperceptible y el otro mundano, tienen en común que al parecer carecen de agencia, cognición, conciencia, volición y valores sociales. Lo que contrasta con los siguientes dos:

c) El cuerpo-presencia, hecho de sustancia pesada *(baalcah [sic]),* aunque lábil o mortal, y por lo tanto parte del ecúmeno o mitad mundana del cosmos, donde se privilegia la forma perceptible. Comienza a existir desde la concepción o gestación, aunque cambia con el tiempo. Incluye cualquier elemento con forma definida y reconocible: todo lo que tenga forma, anchura, longitud, volumen y profundidad, incluso los ornamentos y herramientas de trabajo personales, los nombres propios, la indumentaria y posiblemente algunas enfermedades. Es un cuerpo que se relaciona socialmente con otros cuerpos de la misma especie. Sirve para ser mostrado, es reconocible por los individuos de la misma especie, pero también sirve para reconocer a los demás. En él se localizan los sentidos ordinarios, activos de forma normal en estado de sobriedad y de vigilia. Por tanto es un cuerpo de carácter social, así como una entidad o sujeto activo de percepción, sentimiento, cognición y volición. Se trata de una realidad integrada que tiene sentido por sí misma y no en virtud de que sea parte de un todo, por lo tanto no necesita el sufijo */-el/,* de parte-totalidad.

d) Entidades anímicas que se esparcen por todo el cuerpo a través del torrente sanguíneo y quizá del sistema nervioso (pueden percibirse a través del pulso), aunque se concentran en un centro anímico, que generalmente es el "pecho" o "corazón", parte del cuerpo con límites poco precisos, que por lo regular incluye el epigastrio y el estómago. Tienen personalidad y voluntad propias, aunque bajo condiciones normales de salud se mueven a voluntad del ser humano que las posee. Y son inmortales, a causa de que están hechas de materia sobrenatural, *k'uyel,* imperceptible o ligera, aunque resistente, cuyo origen se encuentra en la dimensión sagrada o anecuménica del cosmos. Desde la perspectiva de López Austin, se trata de dioses cuyos poderes están disminuidos temporalmente, mientras se encuentren envueltos por la materia mundana de los tejidos corporales. Solamente la entidad anímica esencial, *o'hlis* o alma corazón, parece integrarse al cuerpo desde la concepción o gestación, mientras que el resto de ellas se incorpora a partir del nacimiento o durante algún momento de la vida mundana.

En el caso de las entidades anímicas, podemos afirmar que poseen las capacidades de agencia, cognición, conciencia, volición y capacidad comunicativa, así como valores sociales. Son agentes sobrenaturales en el mismo sentido de lo que ha planteado Prager. Aún no sabemos a ciencia cierta si dichas facultades son también aplicables al cuerpo-presencia, aunque los datos sugieren que en parte así puede ser, pues éste tiene la capacidad de acción. De nueva cuenta puede decirse que nuestro menor conocimiento sobre el cuerpo-presencia obedece a que durante mucho tiempo se desdeñó el estudio del cuerpo visible o perceptible, a causa de que se le concebía erróneamente como una "realidad" objetiva, que era básicamente la misma para todas las culturas.

En los siguientes apartados nos adentraremos de forma más puntual o detallada en estos elementos, como, según creo, eran concebidos por los mayas del periodo Clásico.

II. CUERPO-PRESENCIA EN EL PERIODO CLÁSICO

En las inscripciones jeroglíficas mayas del periodo Clásico, así como en los códices del Posclásico, el término más común para referirse al ser humano es mayormente *winik* (figura II.1a), 'hombre, gente, persona', mismo que procede del protomaya **winaq*[1] y cuyos cognados tienen una amplia distribución en las lenguas de la familia mayance. Stephen D. Houston, David S. Stuart y Karl A. Taube piensan que esta palabra equivale al concepto de "entidad", definida como un ser distinto a los demás, "con ciertos rasgos y conductas"[2] específicas, y además se aplica tanto a los seres humanos como a algunos dioses[3] o entidades sobrenaturales del anecúmeno, como es el caso de los naguales o coesencias Balan Winik, 'Hombre Encubierto', Ha'al Winik, 'Hombre Acuático', Sitz' Winik, 'Hombre Glotón' o Winik Ba'tz', 'Hombre Saraguato'.[4] Entre los mayas yucatecos actuales, *wíinik* remite a la apariencia humana y se puede aplicar "a deidades o seres espirituales a los que se atribuyen cuerpos humanos",[5] como es el caso de Santo Wíinik o Santo Báalam, dueño, protector o vigilante del monte, solar, lagos, ríos, bosques, animales, etc., que se puede fisionar en múltiples Wíinik, uno para cada lugar o paraje.[6] Se trata de la versión moderna de los *winkil* mencionados en los textos

[1] Terrence S. Kaufman y John S. Justeson, "A preliminary Mayan Etymological Dictionary", Foundation for the Advancement of Mesoamerican Studies, Inc., 2003, p. 86. Consultado en http://www.famsi.org/reports/01051/pmed.pdf; Terrence S. Kaufman y William M. Norman, "An Outline of Proto-Cholan Phonology, Morphology and Vocabulary", en John S. Justenton y Lyle Campbell (eds.), *Phoneticism in Mayan Hieroglyphic Writing,* Albany, Institute of Mesoamerican Studies, 1984 (Publication, 9), p. 136.

[2] Stephen D. Houston, David S. Stuart y Karl A. Taube, "Image and Text on the 'Jauncy Vase'", en Justin Kerr (ed.), *The Maya Vase Book,* vol. 3, Nueva York, Kerr Associates, 1992, p. 58; la traducción es mía.

[3] Stephen D. Houston y Takeshi Inomata, *The Classic Maya,* Cambridge/Nueva York, Cambridge University Press, 2009 (Cambridge World Archaeology), p. 57.

[4] Véase Alejandro Sheseña Hernández, "Los nombres de los naguales en la escritura jeroglífica maya: religión y lingüística a través de la onomástica", *Journal of Mesoamerican Languages and Linguistics,* vol. 2, núm. 1, 2010, pp. 5, 9, 22 y 31.

[5] Ella F. Quintal Avilés, Teresa Quiñones Vega, Lourdes Rejón Patrón y Jorge Gómez Izquierdo, "El cuerpo, la sangre y el viento: persona y curación entre los mayas peninsulares", en Miguel A. Bartolomé Bistoletti y Alicia M. Barabas Reyna, *Los sueños y los días. Chamanismo y nahualismo en el México actual.* II. *Pueblos mayas,* México, INAH, 2013 (Colección Etnografía de los Pueblos Indígenas de México, Serie Ensayos), p. 71.

[6] Silvia Terán Contreras y Christian H. Rasmussen, *Jinetes del cielo maya. Dioses y diosas de la lluvia,* Mérida, UADY, 2008, pp. 50-52.

FIGURA II.1. *Términos generales para la idea de 'hombre' o 'ser humano' en las inscripciones mayas:* (**a**) **WINIK-ki**, winik, *'hombre, persona'; Estela 51 de Calakmul, Campeche, México, dibujo de Nikolai Grube; tomado de Grube, "El origen de la dinastía Kaan", en Enrique Nalda Hernández (ed.),* Los cautivos de Dzibanché, *México, Conaculta-INAH, 2004, pp. 117-131 y 121;* (**b**) **ma-ki**, maa[h]k, *'persona'; Marcador 3 del Juego de Pelota de Caracol, Distrito del Cayo, Belice (F3b); dibujo de Grube; tomado de Nikolai Grube y Simon Martin, "Patronage, Betrayal, and Revenge: Diplomacy and Politics in the Eastern Maya Lowlands", en* Notebook for the XXVIIIth Maya Hieroglyphic Forum at Texas, March, 2004, *Austin, University of Texas-Maya Workshop Foundation, pp. II-1-II-95 y II-72.*

jeroglíficos y de los *winkir* de los chortís modernos.[7] Acaso también la palabra *winik* se pueda aplicar a varios de estos entes numinosos, por considerar que tienen personalidades muy semejantes a la humana.[8] Lo anterior se parece a lo que sucede con el sustantivo *tlaakatl* o *<tlácatl>*, que en náhuatl significa 'hombre, señor' o 'persona' y se aplica tanto a los seres humanos como a los dioses, puesto que la capacidad de diálogo con las deidades hace común a los dialogantes y los hace personas.[9]

[7] David S. Stuart, "The WIN(I)KIL Sign and its Bearing on the Classification of Mayab Supernatural Beings", conferencia presentada en Düsseldorf, diciembre de 2014. Véase la nota 111 del capítulo anterior.

[8] Alfredo López Austin, "Los rostros de los dioses mesoamericanos", *Arqueología Mexicana,* vol. IV, núm. 20, México, Raíces, julio-agosto de 1996, p. 19; "Herencia de distancias", en Alessandro Lupo y Alfredo López Austin (eds.), *La cultura plural. Reflexiones sobre diálogo y silencios en Mesoamérica (homenaje a Italo Signorini),* México, UNAM-IIA/Universitá di Roma "La Sapienza", 1998, p. 66.

[9] Alfredo López Austin, "La composición de la persona en la tradición mesoamericana", *Arqueología Mexicana,* vol. XI, núm. 65, México, Raíces, enero-febrero de 2004, p. 31. "En lengua

Aunque en maya yucateco la palabra *wíinik* equivale tanto a 'hombre' como a 'mujer',[10] Houston, Stuart y Taube observan que en las inscripciones este sustantivo sólo parece aplicarse para designar el concepto de 'hombre' o 'varón', puesto que 'mujer' o 'señora' se decía *ixik*. Además, señalan que la palabra *winik* posiblemente está relacionada con las voces *winik* o *winaak*, 'veinte', cuyo sentido es el de "unidad", pues una persona tiene 20 dígitos, mientras que una unidad contiene 20 días. Por ello, opinan que el antiguo término *winik* con el tiempo llegó a ser empleado como una expresión calendárica.[11] Esta hipótesis encuentra confirmación en las opiniones de los *ajq'ij* o especialistas rituales quichés contemporáneos, quienes piensan que los 20 días del calendario "corresponden a los veinte dedos de las extremidades del cuerpo humano; el número veinte k'iche' se denomina *jun winak*, que literalmente quiere decir 'una persona', aludiendo al carácter vigesimal de su sistema de numeración, pero también como sinécdoque del ser humano".[12]

Por otra parte, conviene agregar que el total de los 20 dedos —la suma de los dedos de los pies y las manos— pudo haber simbolizado por sí mismo la capacidad del movimiento y del trabajo, pues en Mesoamérica uno de los rasgos definitorios de los seres humanos es justamente el trabajo.[13] Los tzeltales de Yajalón, Chiapas, también parecen asociar el concepto *winik* con el número 'veinte' y los conjuntos vigesimales,[14] pero añaden una particularidad más que resulta clave para comprender el sentido de plenitud, unidad o totalidad que tiene el concepto, pues sostienen que solamente un hombre adulto que ha sido capaz de constituir una familia, y que por lo tanto ha alcanzado la madurez en el uso del lenguaje, del pensamiento y del control de sus sentimientos, es *winik:* persona completa, padre o madre, cabeza de fa-

náhuatl puede encontrarse que la palabra *tlácatl* tiene dos acepciones: una de ellas es 'ser humano'; otra de ellas es 'persona'. En los textos se aplica tanto a los hombres como a los dioses o al alma de criaturas que no son humanas cuando se entabla con ellas, por medios mágicos, una comunicación", Alfredo López Austin, comunicación personal, 10 de septiembre de 2018. Quizá por ello en 1629 Ruiz de Alarcón, *op. cit.*, cap. X, párr. 150, y cap. XXXII, párr. 507, explicaba que los habitantes del primer mundo, siglo o "maneras de gentes" [el anecúmeno] eran *hombres* que se transmutaron en las creaturas [del ecúmeno] que ahora vemos. "[...] quando fingian en el 1° siglo que los que aora son animales eran hombres [...]".

[10] Kaufman y Justeson, *op. cit.*, p. 86; Gabriel L. Bourdin Rivero, *El cuerpo humano entre los mayas. Una aproximación lingüística*, Mérida, UADY, 2007 (Tratados, 27), p. 96; Quintal Avilés *et al.*, "El cuerpo, la...", *op. cit.*, p. 71.

[11] Houston, Stuart y Taube, *op. cit.*, p. 59.

[12] Iván Canek Estrada Peña, "Tradiciones y novedades en torno al calendario de 260 días entre los k'iche' contemporáneos. El caso del día *Imox*", tesis de maestría, México, UNAM-FFYL/IIFL-Posgrado en Estudios Mesoamericanos, 2014, pp. 48-49.

[13] Pedro Pitarch Ramón, *La cara oculta del pliegue. Antropolgía indígena,* México, Artes de México/Conaculta-DGP, 2013, p. 49.

[14] Óscar Sánchez Carrillo, "Cuerpo, ch'ulel y lab elementos de la configuración de la persona tseltal", *Revista Pueblos y Fronteras. La noción de persona en México y Centroamérica,* núm. 4, diciembre de 2007-mayo de 2008, pp. 1-58. Consultado en http://www.pueblosyfronteras.unam.mx.

milia. Cuando el individuo es un bebé, antes de que logre articular el lenguaje, es simplemente un *alal*. Desde que comienza a hablar y hasta que se casa recibe el nombre de *kerem*, 'niño'. Mientras que los adultos mayores y respetados reciben el término *mamal*.[15] Aunque no lo podemos asegurar, es posible que esta misma idea ya se haya encontrado presente en el periodo Clásico, pues en las inscripciones existen cognados exactos para todas estas palabras: *al*, 'hijo de mujer'; *keleˀm*, 'joven, fuerte' o 'muchacho'; *winik* (figura II.1a), 'hombre', y *mam* (figura VI.8), 'abuelo' o 'antepasado'.

Resulta interesante que la madurez o unidad alcanzada por el ser humano en su etapa de *winik* es presentada por los tzeltales por medio del difrasismo *oˀtan-jol*, 'corazón-cabeza', que equivale a 'emoción-inteligencia' y tiene el significado de plenitud.[16] En cakchiquel de la época colonial existe un difrasismo similar: *wäch-k'uˀx <vach-ˀux>*, 'rostro-corazón' que, de acuerdo con Hill II y Fisher,[17] equivale a la esencia o la condición natural que uno tiene. Dicho difrasismo también existe en maya yucateco colonial: *wich-puksiˀik'al <uich-pucçiikal>*, 'rostro-corazón', que según Raimúndez Ares[18] equivale a "persona", pues en el corazón se originan las emociones, pero se expresan en el rosto. Ello recuerda vivamente el famoso difrasismo de la literatura náhuatl virreinal *in iixtli in yoolootl <in ixtli in yólotl>*, 'rostro-corazón' o 'fruta-semilla', que también incide en el núcleo del concepto mesoamericano de persona, ya que el rostro es lo visible (el cuerpo-presencia) y envuelve al corazón (el alma). De manera que nos remite de nuevo al concepto de cobertura, cáscara o envoltura, pues el corazón-semilla está envuelto por la pulpa del rostro-fruta. El rostro refleja lo que hay adentro del ser humano. En la cara y el corazón se unen de manera conjunta "la sensación, la percepción, la comprensión y el sentimiento para integrar una conciencia plena".[19]

Retornando al mundo maya, es importante mencionar la opinión de Bourdin Rivero, quien ha notado que el término *wíinik* no se aplica tanto para referirse al cuerpo mismo o a sus partes, sino que era usado desde los arcanos tiempos del idioma protomaya (antes de 2000 a.C.: **winaq*) para referirse a la "humanidad" o identidad étnica de los mayas mismos, es decir, que era un etnónimo.[20]

Algunos autores opinan que **winaq*, *wíinik*, *winik* y todos sus cognados pudieron haber derivado del término mixe-zoqueano *win*, 'imagen, figura,

[15] *Ibid.*, pp. 29 y 56, n. 4.

[16] *Ibid.*, p. 30.

[17] *Ibid.*, p. 325.

[18] *Op. cit.*, pp. 328-329.

[19] Mónica Chávez Guzmán, *Cuerpo, enfermedad y medicina en la cosmología maya del Yucatán colonial*, Mérida, UNAM-Centro Peninsular en Humanidades y Ciencias Sociales, 2013 (Monografías, 18), p. 96. Sobre el difrasismo rostro-corazón en la literatura náhuatl, véase Mercedes Montes de Oca Vega, *Los difrasismos en el náhuatl de los siglos XVI y XVII*, México, UNAM-IIFL-Seminario de Lenguas Indígenas, 2013, p. 107.

[20] Bourdin Rivero, *El cuerpo humano…*, *op. cit.*, p. 97.

aparecer' o 'mostrarse',[21] que está asociado con "el poder (capacidad de hacer algo), el rostro, la superficie, el cuerpo, uno mismo (forma reflexiva del pronombre personal), la envoltura y, también, la máscara. Es decir, algo destinado a ser mostrado, pero que también sirve para ver".[22] El cuerpo-presencia por antonomasia. El problema con esta interesante opinión radica en que, como mencioné, la palabra **winaq* ya se encuentra en protomaya, la lengua ancestral de todos los idiomas mayances, cuya desintegración se calcula que comenzó hacia el año 2000 a.C.[23] Por su parte, el ancestro de todas lenguas de la familia mixe-zoqueana, conocido como protomixe-zoque, debió existir durante otros tres siglos más, pues sólo hasta el año 1700 a.C. comenzó a fragmentarse en protomixeano y protozoqueano.[24] De manera que si la palabra **winaq* del protomaya tiene como raíz el **win* protomixe-zoque, el préstamo debió haberse dado en alguna época inmemorial e indeterminada, si es que los fechamientos que proporciona la **glotocronología** o las estimaciones de los lingüistas utilizando otras líneas de evidencia son confiables.

Por último, es importante señalar que, de acuerdo con Pitarch Ramón, el sustantivo tzeltal *winik* posee también el sentido de "corpulencia", lo cual es "un dato esencial, pues, a diferencia del cuerpo-carne, que se define por la sustancia que lo compone, el cuerpo-presencia se caracteriza por ocupar un volumen en el sentido de *res extensa:* la extensión en longitud, anchura y profundidad".[25]

Otro término atestiguado en las inscripciones es el de *maahk* (figura II.1b), 'persona', aunque su distribución es mucho más restringida. De acuerdo con Harri Kettunen y Christophe Helmke,[26] este sustantivo es una "versión ch'olana oriental o yukateka del término más común *winik*". De este modo, mientras que en yucateco colonial *<mac>* significa 'persona' o 'sujeto',[27] en yucateco moderno *máak* equivale a 'fulano, persona' o 'sujeto',[28] en tanto que

[21] Chávez Guzmán, *op. cit.*, pp. 70-71; Pitarch Ramón, *La cara oculta..., op. cit.*, pp. 42-43.

[22] *Ibid.*, p. 43.

[23] Robert J. Sharer y Loa P. Traxler, *The Ancient Maya,* 6ª ed., Stanford, Stanford University Press, 2006, p. 26.

[24] Albert Davletshin y Erik Velásquez García, "Las lenguas de los olmecas y su sistema de escritura", en María Teresa Uriarte Castañeda (ed.), *Olmeca,* México, UNAM/Jaca Book, 2018 (Serie Corpus Precolombino), p. 222.

[25] Pitarch Ramón, *La cara oculta..., op. cit.*, p. 43.

[26] "Introducción a los Jeroglíficos Mayas", XVI Conferencia Maya Mayaweb, trad. de Verónica Amellali Vázquez López y Juan Ignacio Cases Martín, Universidad de Copenhague-Departamento de Lenguas y Culturas Indígenas-Instituto para Estudios Transculturales y Regionales/Museo Nacional de Dinamarca, Copenhague, 2011, p. 109. Consultado en https://www.mesoweb.com/resources/handbook/JM2011.pdf.

[27] Mauricio Swadesh, María Cristina Álvarez Lomelí y Juan Ramón Bastarrachea Manzano, *Diccionario de elementos del maya yucateco colonial,* 1ª reimp., México, UNAM-IIFL/Centro de Estudios Mayas, 1991 (Cuaderno, 3), p. 63.

[28] Ana Patricia Martínez Huchim, *Diccionario maya de bolsillo. Español-maya. Maya-español,* 3ª ed., Mérida, Dante, 2008, p. 200.

los gobernantes prehispánicos de Caracol, Belice, se llamaban a sí mismos *k'uhul K'antu maahk*, 'personas divinas de K'antu'.[29]

Sobre este asunto, Bourdin Rivero ha externado la opinión de que mientras <*pixan*> significa 'cosa cubierta' (alma), <*mac*> sería 'cosa cerrada' o 'habitáculo' (persona). Ambos términos implican la idea ya señalada en el capítulo anterior sobre el ser humano como una envoltura o cáscara. Pero mientras que <*pixan*> implica el punto de vista de un observador interno, <*mac*> alude a la perspectiva que puede tener un observador externo, como un espacio cerrado e individualizado.[30] Esta idea deriva de homologar las palabras yucatecas *máak* <*mac*>, 'persona' y *maak* <*mac*> 'tapa, tapadera' o 'cerradura', que si bien parecerían homófonas en los diccionarios de la época colonial, en realidad no lo son exactamente, pues mientras que *máak* contiene una vocal larga con tono alto, en el caso de *maak* sencillamente es una vocal larga.[31] La duda termina por despejarse cuando consideramos que en las inscripciones jeroglíficas del periodo Clásico ambos términos tienen ortografías particulares que nunca se invaden, pues mientras que *maahk*, 'persona', es un sustantivo con vocal larga, que suele estar escrito por medio de la secuencia silábica **ma-ki** (figura II.1b), *mak*, 'cerradura', contiene una vocal corta o sencilla y se encuentra escrito por medio de dos **silabogramas armónicos**:[32] **ma-ka**, lo mismo que el verbo 'cubrir' o 'cerrar', cuya morfología es la de un verbo transitivo con estructura consonante-vocal-consonante, es decir, *mak*.[33] En otras palabras, si bien la hipótesis de Bourdin Rivero es interesante y encaja con la cosmovisión maya, enfrenta dificultades.

Este mismo autor también sugirió que el término yucateco *máak* <*mac*>, 'persona', pudiera estar relacionado con el pronombre interrogativo *máak* <*mac*>, '¿quién?',[34] idea que al menos cuenta con el apoyo de que en ese idioma las raíces de ambas palabras sí parecen ser homófonas. De hecho, esta posibilidad no puede descartarse, en virtud de que en maya de tierras bajas y en maya occidental, las protolenguas que dieron origen a los idiomas yucatecanos, cholanos, tzeltalanos y kanjobalanos, la palabra para '¿quién?' ha sido reconstruida como **ma-k*.[35]

Un dato que puede esclarecer el verdadero sentido que durante el periodo Clásico tuvo la palabra *maahk* es el que recogieron Ella F. Quintal Avilés y

[29] Simon Martin y Nikolai Grube, *Chronicle of the Maya Kings and Queens. Deciphering the Dynasties of the Ancient Maya*, 2ª ed., Londres, Thames and Hudson, 2008, p. 87.

[30] Bourdin Rivero, *El cuerpo humano…*, *op. cit.*, pp. 101-102 y 110; véase también Chávez Guzmán, *op. cit.*, p. 71, n. 9.

[31] Véase por ejemplo Martínez Huchim, *op. cit.*, pp. 199-200.

[32] Véase el glosario.

[33] Véase Erik Boot, "The Updated Preliminary Classic Maya-English, English-Classic Maya Vocabulary of Hieroglyphic Readings", *Mesoweb Resources*, 2009, p. 125. Consultado en http://www.mesoweb.com/resources/vocabulary/index.html; Kettunen y Helmke, *op. cit.*, pp. 59 y 94.

[34] Bourdin Rivero, *El cuerpo humano…*, *op. cit.*, p. 101; Chávez Guzmán, *op. cit.*, p. 71, n. 9.

[35] Kaufman y Justeson, *op. cit.*, p. 1517.

sus colaboradores entre comunidades mayas de la península de Yucatán. De acuerdo con sus datos, mientras que *wíinik* alude a la forma, imagen, apariencia o aspecto corporal humano, *máak* se refiere al hombre en tanto sujeto pensante, con agencia, capacidad de acción, conciencia y volición.[36] Dicha distinción no puede menos que recordar los conceptos de cuerpo-presencia y de entidad anímica, que parecen adaptarse bien, respectivamente, a estas palabras yucatecas *wíinik* y *máak*.

Cuerpo y cosmos entre los mayas modernos

Villa Rojas fue el primer etnólogo mayista en detectar que para los indígenas yucatecos el cuerpo humano era y es concebido como una réplica o proyección del universo,[37] organizado alrededor de un punto central que se encuentra cercano al ombligo, desde donde se desprenden todas las venas y se dirigen hacia cuatro sectores, que son equivalentes a los cuatro rumbos cardinales.[38] Dichos sectores corresponden al brazo o mano izquierda *(tz'íik k'ab)*, asociada con el sur *(noohol)*, al brazo o mano derechos *(no'oh k'ab)*, vinculada con el norte *(xaman)*, así como al oeste *(chik'in)* y al este *(lak'in)*, asociados respectivamente con las nociones de 'arriba' *(ka'anal)* y 'abajo' *(kaabal)*.[39] Al respecto, conviene mencionar que entre los *jmeenes* o sacerdotes tradicionales yucatecos contemporáneos, la mitad izquierda del cuerpo está regida por el principio cósmico femenino, mientras que la sección derecha por el masculino, integrándose en el centro como una unidad, que puede ser un hombre o una mujer.[40] La situación que se presenta entre los mayas yucatecos es congruente con la que se encuentra entre los tzotziles de Chiapas, quienes asocian el concepto de la mano izquierda con lo femenino, con lo menor, con el sur y con el poniente, mientras que la mano derecha se encuentra equiparada con lo masculino, lo mayor, el norte y el oriente.[41]

[36] Quintal Avilés *et al.*, "El cuerpo, la...", *op. cit.*, pp. 70-71; también lo repiten Miguel A. Bartolomé Bistoletti y Alicia M. Barabas Reyna, "Los mayas de Yucatán y Chiapas", en Bartolomé Bistoletti y Barabas Reyna (coords.), *Los sueños y los días...*, *op. cit.*, p. 53.

[37] Alfonso Villa Rojas, "La imagen del cuerpo humano según los mayas de Yucatán", en *Estudios etnológicos. Los mayas*, México, UNAM-IIA, [1980] 1995 (Serie Antropológica, 38), pp. 187-188.

[38] *Ibid.*, pp. 191-194.

[39] *Ibid.*, p. 191.

[40] Javier Hirose López, *Suhuy máak. Las concepciones sobre el cuerpo y la persona entre los mayas de la región de los Chenes, Campeche*, Campeche, Secretaría de Cultura del Estado de Campeche, 2015, pp. 124-126, 141-142 y 145.

[41] Kazuyasu Ochiai, "Bajo la mirada del Sol portátil. Representación social y material de la cosmología tzotzil", en Johanna Broda, Stanislaw Iwaniszewski y Lucrecia Maupomé (eds.), *Arqueoastronomía y etnoastronomía en Mesoamérica*, México, UNAM-IIH, 1991 (Serie de Historia de la Ciencia y la Tecnología, 4), pp. 204, 206 y 213.

Mientras que el ámbito de acción femenina tiene lugar alrededor del hogar o fogón de la cocina *(k'óoben)*, con sus tres piedras, el área de trabajo de los hombres es la milpa *(kool)* con sus cuatro esquinas. Ello conduce a que en el lenguaje ritual de los *jmeenes* el número tres se asocie con lo femenino, con la figura del círculo y con la mitad izquierda del cuerpo humano, mientras que la mitad masculina se ubica en la zona lateral derecha y se identifica con la figura del cuadrado y con el número cuatro,[42] asociaciones a las que habría que agregar la dicotomía entre lo rojo (la sangre y el inframundo) y lo blanco (el semen y el cielo), entre lo frío (♀) y lo caliente (♂), entre el poniente (♀) y el oriente (♂).[43] Volveremos al punto del círculo y el cuadrado más adelante.

La idea es que el cuerpo humano es un microcosmos o *axis mundi*, cuyo ombligo o punto central debe estar en correspondencia con los ombligos del cielo, de la tierra y del inframundo, pero también de la casa, del solar, del pueblo y de la milpa, a fin de conservar el frágil equilibrio de la salud.[44] Villa Rojas sugiere que para los mayas yucatecos al parecer era importante la circulación de la sangre, que se bombea o "patea" desde el corazón *(puksiˀik'al)* hacia el resto del cuerpo, mientras que el *tipteˀ* —un órgano que se encuentra debajo del ombligo— la regresa o empuja nuevamente hacia su punto de partida.[45] De forma semejante, los tzeltales creen que el corazón está en el centro del cuerpo y se compone de ocho venas; desde ahí emana la sangre y se distribuye a todas partes, nutriendo la cabeza; a través de la sangre viaja la entidad anímica principal, llamada *ch'ulel*.[46] Algo semejante piensan los mayas yucatecos, quienes opinan que el alma, el espíritu, la energía o fuerza vital está en la sangre, en las venas y en el corazón de cada ser humano.[47]

Una de las ideas centrales entre los *jmeenes* o curanderos yucatecos es la de la cruz, punto liminar o umbral que comunica los diferentes planos cósmicos, de las cuales existen tres principales en el cuerpo humano. Una cruz, la principal, se ubica en el vientre *(nak')* u ombligo *(tuuch)*, con el cual se asocia el *tipteˀ*, elemento que norma la actividad de las diversas partes del cuerpo. Cabe remarcar que los diversos sectores o rumbos cósmicos del cuerpo parecen desdoblarse a partir de este punto central. Otra de las cruces se ubica en el pecho *(tzeem)* y la tercera en la frente *(táan)* o en la mollera *(yaˀal)*,[48] que, como veremos, se considera un portal permanentemente abierto, a pesar de que desde el punto de vista anatómico la fontanela se cierra por completo cuando los huesos de la bóveda craneal se fusionan a los tres años de edad.[49]

[42] Hirose López, *op. cit.*, p. 147.
[43] *Ibid.*, pp. 159, 168-169, 191 y 205.
[44] *Ibid.*, pp. 99-100.
[45] Villa Rojas, *op. cit.*, pp. 193-194.
[46] Sánchez Carrillo, *op. cit.*, p. 27.
[47] Quintal Avilés *et al.*, "El cuerpo, la...", *op. cit.*, pp. 73-74.
[48] Hirose López, *op. cit.*, pp. 100, 127 y 206.
[49] Vera Tiesler, *The Bioarchaeology of Artificial Cranial Modifications. New Approarches to Head*

Los mayas yucatecos creen que en la coronilla (parte más alta de la cabeza) se ubica el *suuy* o 'remolino', puerta a través de la cual el hombre recibe la fuerza solar, de carácter divino, para conducirla hasta el ombligo a través de la columna vertebral,[50] mientras que el ombligo se conecta con el inframundo mediante los pies.[51] El flujo de esa fuerza o energía, al parecer, se realiza en forma de giros circulares o en espiral.[52] También creen que las personas que nacen con dos remolinos tienen sangre "pesada" e *ikim* o 'viento malo', mientras que las de tres remolinos pueden enfermar a los bebés, causándoles mal de ojo.[53] Tal vez porque se piensa que esas personas tienen un exceso de energía solar o *k'íinam*.

Por otra parte, las coyunturas o articulaciones se consideran otro tipo de cruces o puntos vulnerables para la salud, pues a través de ellas el cuerpo se relaciona con los vientos de las cuatro direcciones del mundo, de manera que puede entrar o salir la enfermedad.[54] Como dato comparativo, es interesante observar que lejos de la zona yucateca, entre los quichés de las tierras altas de Guatemala, se considera que en el cuerpo existen 13 articulaciones móviles principales, número de las capas del cielo: las de los tobillos, las de las rodillas, las de las muñecas, las de los codos, las de los hombros, las de la cadera y la del cuello.[55]

Los números del cosmos y del calendario mesoamericano también se manifiestan en el cuerpo humano mediante la imagen de una montaña sagrada con siete cuevas, semejante al <Chicomóztoc> de los nahuas: "dos cuencas oculares, dos fosas nasales, la boca, el ano y el ombligo", a los cuales se podrían sumar "los meatos auditivos externos, las dos axilas, el meato urinario y la fontanela o mollera", para dar lugar a 13 cuevas.[56] Una versión diferente, hallada entre los mayas yucatecos, utiliza el número nueve como patrón: dos ojos, dos oídos, dos fosas nasales, una boca, una uretra y un ano, si bien otros *jmeenes* manejaron la versión de 10 orificios corporales: dos ojos, dos fosas nasales, una boca, dos orificios auditivos, la mollera, el corazón y el ombligo.[57] Es preciso observar que, salvo por el número 10, que debe ser una innovación moderna, las cifras 7, 9 y 13 se encuentran ampliamente documen-

Shaping and its Meanings in Pre-Columbian Mesoamerican and Beyond, Nueva York/Londres, Springer, 2014 (Interdisciplinary Contributions to Archaeology), p. 36.

[50] Hirose López, *op. cit.*, pp. 126-127.

[51] *Ibid.*, p. 231.

[52] *Ibid.*, p. 130.

[53] Quintal Avilés *et al.*, "El cuerpo, la...", *op. cit.*, p. 75.

[54] Hirose López, *op. cit.*, pp. 82, 100-101 y 221.

[55] Estrada Peña, *op. cit.*, p. 49.

[56] Alfredo López Austin, "La concepción del cuerpo en Mesoamérica", *Elogio del cuerpo mesoamericano, Artes de México,* núm. 69, enero-febrero de 2004, p. 34; Roberto Romero Sandoval, *El inframundo de los antiguos mayas,* México, UNAM-IIFL/Centro de Estudios Mayas, 2017, p. 72, n. 3.

[57] Hirose López, *op. cit.*, pp. 157-158 y n. 72.

tadas en el calendario maya del periodo Clásico,[58] y aún se preservan restos de ellos en la ritualidad indígena yucateca.[59]

Cuerpo y cosmos entre los mayas clásicos

Hasta aquí he descrito algunas de las ideas principales sobre el cuerpo humano que pueden encontrarse entre las comunidades mayas actuales, principalmente yucatecas, uno de los grupos étnicos mejor estudiados. En ellas puede apreciarse el afán por homologar el cuerpo con las cualidades, propiedades y dimensiones espacio-temporales del universo, convirtiéndolo en un **cosmograma**.[60] Pero eso no quiere decir que todos estos elementos estén documentados en las inscripciones, en los restos esqueléticos o en la imaginería de los mayas prehispánicos, ni tampoco que hayan permanecido inalterados. Por lo tanto, conviene preguntarse ¿cuáles de todos estos elementos están atestiguados?

Por principio de cuentas, conviene recordar que ya Villa Rojas se refería a una posible representación del ombligo cósmico que unía el cielo con la tierra, identificado por Arthur G. Miller en una pintura mural del Posclásico Tardío perteneciente a la Estructura 5 de Tulúm, Quintana Roo (figura II.2a). Si bien Miller tan sólo lo interpretó como el nudo que en tiempos míticos sirvió para restaurar la unión entre los planos cósmicos,[61] Villa Rojas notó su semejanza con otros rosetones parecidos, que en la escritura jeroglífica náhuatl representan el logograma **XIK**, *xiiktli* <*xictli*>, 'ombligo' (figura II.2b). La identificación correcta del presunto "nudo" u "ombligo" que aparece en el mural de Tulúm (figura II.2a), sin embargo, fue realizada por Karl A. Taube, quien mostró que se trata de una flor con pétalos a lo largo de su perímetro y

[58] Mientras que el número 13 es uno de los múltiplos del calendario adivinatorio de 260 días (20 × 13), véase J. Eric S. Thompson, *Maya Hieroglyphic Writing. An Introduction*, Norman, University of Oklahoma Press, 1960 (The Civilization of the American Indian Series), pp. 10-66, el ciclo novenario fue descubierto en 1929 por J. Eric S. Thompson, "Maya Chronology: Glyph G of the Lunar Series", *American Anthropology*, vol. 31, 1929, pp. 223-231; y el mismo autor descubrió años después un ciclo de 819 días, que es resultado de la multiplicación de los factores 7 × 9 × 13, J. Eric S. Thompson, *Maya Epigraphy: A Cycle of 819 Days*, Cambridge, Carnegie Institution of Washington-Division of Historical Research, 1943 (Notes of Middle American Archaeology and Ethnology, núm. 22); finalmente, un ciclo calendárico de siete días fue dado a conocer en 1991, véase Yoshiho Yasugi y Kenji Saito, "Glyph Y of the Maya Supplementary Series", Washington, Center for Maya Research, 1991 (Research Reports of Ancient Maya Writing, 34 y 35), pp. 1-12.

[59] Quintal Avilés *et al.*, "El cuerpo, la...", *op. cit.*, p. 65, n. 16.

[60] Es decir, la proyección o representación "de una parte o la totalidad de la estructura física del cosmos", Daniel Salazar Lama, "Formas de sacralizar a la figura real entre los mayas", *Journal de la Société des Américanistes*, vol. 101, núms. 1 y 2, 2015, p. 22, n. 13.

[61] Arthur G. Miller, *On the Edge of the Sea. Mural Painting at Tancah-Tulum, Quintana Roo, Mexico*, Washington, Dumbarton Oaks Research Library and Collection, Trustees for Harvard University, 1982, p. 94.

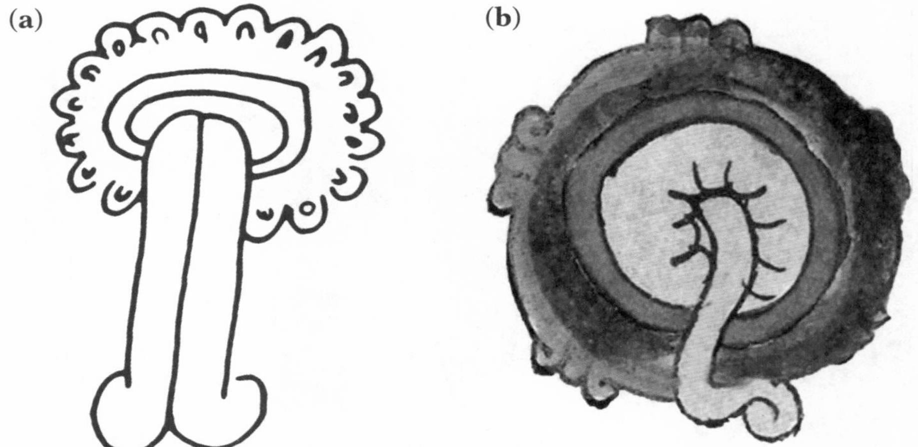

Figura II.2. *Representaciones de presuntos ombligos en el estilo internacional "Mixteca-Puebla" del Posclásico Tardío:* (**a**) *flor representada en el Mural 1 de la Estructura 5 de Tulúm, Quintana Roo, México, tomado de Alfonso Villa Rojas, "La imagen del cuerpo humano según los mayas de Yucatán", en* Estudios etnológicos. Los mayas, *México,* UNAM-IIA, *1995 [1980] (Serie Antropológica, 38), p. 198;* (**b**) *logograma* **XIK**, *que forma parte del topónimo de Xiik[o] <Xico>; folio 20v del* Códice Mendoza; *tomado de Alfonso Lacadena García-Gallo y Søren Wichmann, "Introduction to Nahuatl Hieroglyphic Writing", material didáctico utilizado en los talleres de la* 16th European Maya Conference Wayeb, *Copenhague, del 5 al 8 de diciembre de 2011, p. 11.*

un gran brote bifurcado que sale de su centro,[62] acaso emulando la lengua bífida de una serpiente. Por lo tanto, no se trata de un ombligo, sino de una flor.

No obstante, un objeto semejante al de Tulúm es sostenido en las manos de los dioses que aparecen en la página 2, sección "a", del *Códice de Dresde* (figura II.3). La imagen de la izquierda representa al Dios S, también llamado Juʔn Ajaw o Juʔn Puʔw,[63] al cual se le ha cercenado la cabeza, pero lleva un enorme rosetón a la altura del abdomen, semejante al que vimos en el caso de la flor de Tulúm (figura II.2a). El texto jeroglífico que está encima de él

[62] Karl A. Taube, "At Dawn's Edge: Tulum, Santa Rita, and the Floral Symbolism in the International Style of Late Postclassic Mesoamerica", en Gabrielle Vail y Christine Hernández (eds.), *Astronomers, Scribes, and Priests. Intellectual Interchange between the Northern Maya Lowlands and Higland Mexico in the Late Posclassic Period,* Washington, Dumbarton Oaks Research Library and Collection, Trustees for Harvard University, 2010 (Dumbarton Oaks Pre-Columbian Symposia and Colloquia), p. 156.

[63] Véase Oswaldo Chinchilla Mazariegos, "Pus, Pustules, and Ancient Maya Gods: Notes on the Names of God S and Hunahpu", *The PARI Journal,* vol. XXI, núm. 1, 2020, pp. 5-8.

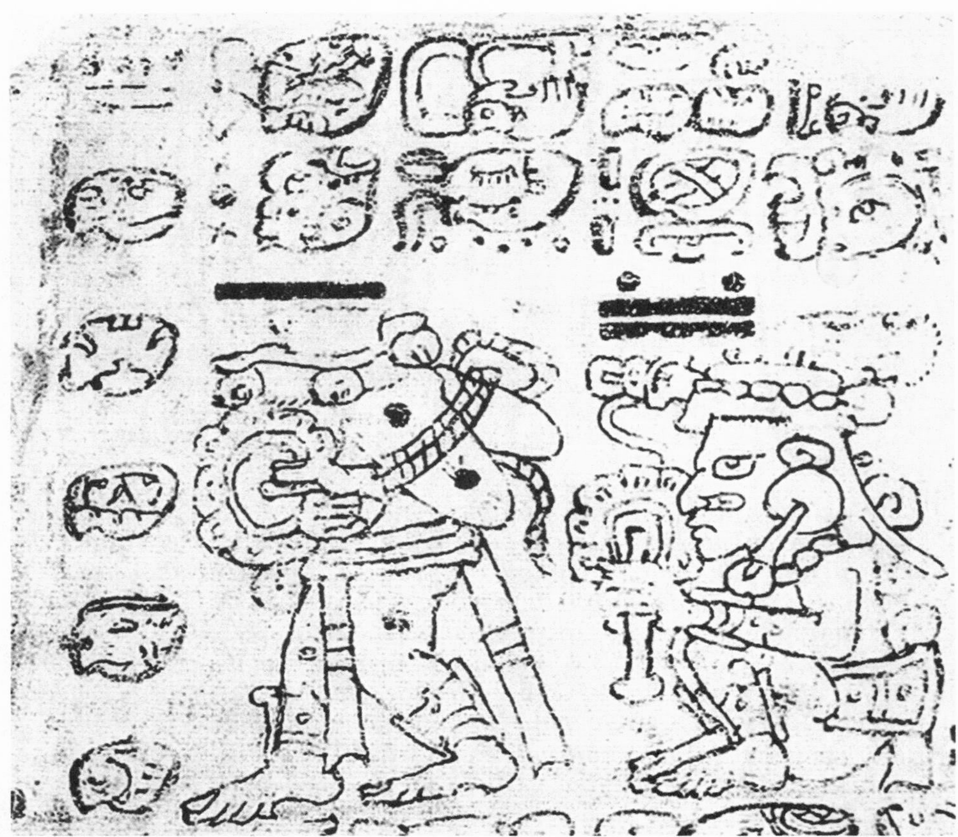

FIGURA II.3. *Pasajes ubicados en la página 2ª del* Códice de Dresde: (izquierda) ch'akba utuuch Ju'n Ajaw, cham[a]l, *'el ombligo de Ju'n Ajaw fue decapitado, [el pronóstico es] mortandad';* (derecha) o'och(?) utuuch yatan Ajan, *'alimento(?) es el ombligo de la esposa de Ajan'; tomados de Erik Velásquez García,* Códice de Dresde. Parte 1, *ed. facs.,* Arqueología Mexicana, *ed. especial, 67, México, Raíces, 2016, p. 17.*

dice: "el ombligo de Ju'n Ajaw fue decapitado, [el pronóstico es] mortandad".[64] Por su parte, en la viñeta del lado derecho observamos una imagen del Dios E

[64] Puesto que el Dios S está decapitado (figura II.3, izquierda) y el verbo "decapitar" *(ch'akba)* es impropio para referirse a un ombligo *(tuuch),* he propuesto que en este pasaje nos encontramos ante un caso de oxímoron: figura retórica de pensamiento que conlleva un choque léxico imposible, o al menos impropio, como cuando decimos, por ejemplo, "el agua seca" o "la pelota cuadrada", Erik Velásquez García, "Intermedialidad y retórica en los códices mayas", conferencia magistral en el marco del "VI Encuentro Internacional de Bibliología. Los códices mayas a

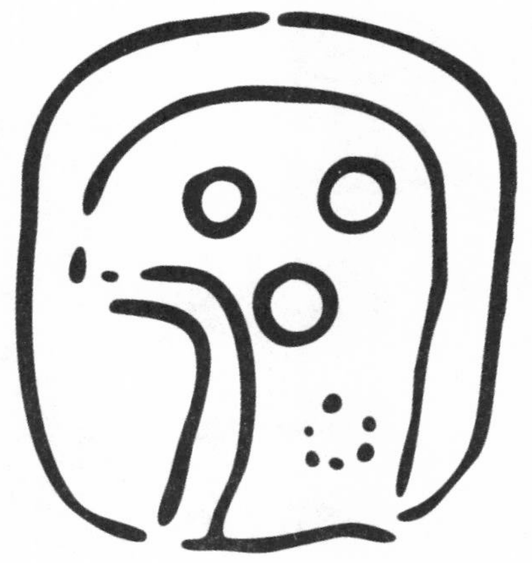

Figura ii.4. *Logograma o signo-palabra que designa lo que posiblemente haya sido concebido como el centro anímico principal:* **TAN**, tahn, *'pecho, en, en el centro de'; Estela 1 de La Rejoya (C9a), Distrito del Cayo, Belice; dibujo preliminar de Ian Graham; tomado de Grube y Martin,* op. cit., *pp. II-37.*

o Ajan, dios del maíz, pero con un objeto de nuevo semejante al del Mural 1 de la Estructura 5 de Tulúm (figura ii.2a) asido en la mano izquierda. El texto jeroglífico que explica esta escena dice como sigue: "alimento(?) es el ombligo de la esposa de Ajan".[65] Aunque la palabra *tuuch* (**tu-chi**), 'ombligo', aparece escrita en estos dos pasajes, el género augural de los textos escritos y de las imágenes no verbales hacen que para nosotros se trate de contextos oscuros, crípticos y equívocos que no podemos entender completamente. Tal como argumenta Arthur G. Miller, en las pinturas murales de Tulúm esos "nudos" o más bien "flores" (figura ii.2a) se encuentran en puntos estratégicos de articulación de cuerdas o serpientes retorcidas, que representan grandes cordones umbilicales conectando los niveles del cosmos.[66] El hecho de que los dioses del *Códice de Dresde* sostengan flores semejantes en sus manos (figura ii.3), mientras que el texto jeroglífico que los acompaña habla de ombligos, me inclina a pensar que Villa Rojas intuyó correctamente que dichos objetos (figura ii.2a) o flores aludían de forma simbólica a ombligos del universo. No obstante, debemos tener extrema precaución con esta idea, pues si bien parece factible, la interpretación de dichos objetos sostenidos en las manos como flores quizá sea incorrecta. Cassandra R. Bill ha notado la semejanza de objetos similares que aparecen el *Códice de Madrid* con sahumadores arqueológicos.[67] Así que el tema del ombligo en el arte maya

debate: estudios sobre escritura, imagen y materialidad", Auditorio José María Vigil del iib de la unam, 5 de septiembre de 2018.

[65] Véase Erik Velásquez García, *Códice de Dresde. Parte 1,* ed. facs., *Arqueología Mexicana,* ed. especial, núm. 67, México, Raíces, 2016, pp. 16-17.

[66] Miller, *op. cit.,* pp. 93-95.

[67] Cassandra R. Bill, "The Roles and Relationships of God M and other Black Gods in the Codices, with Specific Reference to Pages 50-56 of the Madrid Codex", en Victoria R. Bricker y Gabrielle Vail (eds.), *Papers on the Madrid Codex,* Tulane, Tulane University-Middle American Research Institute, 1997 (Publication, 64), p. 116.

FIGURA II.5. *Coesencia, nagual o* wahyis *de un señor de Calakmul, denominado K'ihn Tahnal K'ewe[l], 'Piel de Pecho Caliente, Airado' o 'Iracundo'; vaso estilo códice K531 o M.2006.41,* ca. *672-751 d.C., Los Angeles County Museum of Art; tomado de Nikolai Grube y Werner Nahm, "A Census of Xibalba: A Complete Inventory of Way Characters on Maya Ceramics", en Justin Kerr (ed.),* The Maya Vase Book, *vol. 4, Nueva York, Kerr Associates, 1994, p. 687.*

prehispánico parece ser todavía tentativo y un tanto elusivo, inducido en buena parte por la presencia de textos jeroglíficos que hablan de *tuuch,* 'ombligos'.

Un logograma con el valor de **TAN** (figura II.4), 'en, en el centro de' o 'pecho', pudiera aludir al centro anímico donde se creía que residían las principales almas o entidades anímicas durante el periodo Clásico. El signo representa el plexo solar con los dos pezones y el ombligo.[68]

La relación entre imagen no verbal y texto escrito que se encuentra en el vaso estilo códice K531 (figura II.5) nos ayuda a comprender dónde pensaban los mayas del periodo Clásico que se encontraba esa parte del cuerpo. Un *wahyis,* coesencia o nagual con forma de felino, denominado K'ihn Tahnal K'ewel, 'Piel de Pecho Caliente, Airado' o 'Iracundo',[69] utiliza entre sus elementos nominales el sustantivo *tahn,* 'pecho, en el centro de', mientras que la ima-

[68] Houston, Stuart y Taube, *op. cit.,* p. 36.

[69] Aunque en este caso se encuentra un jeroglifo con forma de vasija invertida (Tnn/ZV3), Marc U. Zender, Dmitri Beliaev y Albert Davletshin llaman a la cautela, mencionando que el ejemplo del vaso estilo códice K531 o M.2006.41 (según la catalogación del Los Angeles County Museum of Art), al ser un caso único que contraviene los otros nombres conocidos de ese nagual o coesencia en el corpus de las inscripciones mayas, debe ser producto de un repinte o modificación moderna, "The Syllabic Sign **we** an Apologia for Delayed Decipherment", *The PARI Journal,* vol. XVII, núm. 2, otoño de 2016, pp. 48-50. No obstante, difiero de ellos al leer *K'in* en ese ejemplo y traducirlo como 'Sol', y más bien concuerdo en ese detalle con la lectura de Sheseña Hernández, *op. cit.,* p. 28, quien lo lee *k'ihn,* 'calor' o 'ira'. Chávez Guzmán trae a colación un pasaje del *Códice Pérez,* que dice que "[e]l Sol rige sobre el corazón y el vientre", véase Ermilo Solís Alcalá (ed. y trad.), *Códice Pérez,* Mérida, Imprenta Oriente, 1949, p. 55. No obstante, el contexto de ese pasaje, relacionado con las concepciones astronómicas europeas, lo hace poco viable para interpretar directamente una escena maya prehispánica, Mónica Chávez Guzmán, "Modificaciones craneales como posibles medidas de cuidado y potencialización de las energías anímicas en el análisis de textos coloniales en maya yucateco", en Vera Tiesler y Carlos Serrano Sánchez (eds.), *Modificaciones cefálicas culturales en Mesoamérica. Una perspectiva continental,* t. I, México/Mérida, UNAM-IIA/UADY-Facultad de Ciencias Antropológicas, 2018, p. 243.

FIGURA II.6. *Coesencia, nagual o* wahyis *de un señor de Río Azul, denominado K'ahk' Yo?hl May Chamiiy, 'el Corazón de la Ofrenda de la Muerte es Fuego'; vaso K3924; tomado de Grube y Nahm,* op. cit., *p. 706.*

gen del félido contiene en su tórax un enorme jeroglifo **K'IN**, *k'ihn* o *k'ihn[il]*, 'calor' o 'ira'. Podemos apreciar, entonces, que el concepto de *tahn* no remite a nuestra idea occidental de 'pecho', sino a una gran área del cuerpo que abarca del pecho propiamente dicho hasta la región inferior del vientre. El parecido entre la palabra maya yucateca *táan,* 'pecho, frente, parte delantera del estómago' y *táaman* o *táamnel,* 'hígado', ha hecho suponer a Bourdin Rivero[70] que el hígado está en esa región denominada *táan.* Puede conjeturarse que sólo una región del cuerpo tan amplia como la que cubre el jeroglifo **K'IN** en el caso del *wahyis* K'ihn Tahn K'ewel, puede abarcar el espacio de esa enorme glándula, como desde luego otras vísceras.

Como han observado Nikolai Grube y Werner Nahm,[71] espirales o flamas rojas de fuego salen del vientre del *wahyis* K'ahk' Yo?hl May Chamiiy, 'el Corazón de la Ofrenda de la Muerte es Fuego' (figura II.6), lo que sugiere que los mayas del Clásico ubicaban el sustantivo *o?hlis,* 'ánimo, centro, corazón' o 'entrada', en el epigastrio. Ello coincide con las ideas de los chortís[72] y tojolabales[73] contemporáneos, quienes creen que el corazón se ubica en algún lugar impreciso de la parte media del cuerpo, la zona donde realmente se encuentra el estómago. Por su parte, los mayas yucatecos llaman a la región

[70] *El cuerpo humano..., op. cit.,* p. 169.

[71] Nikolai Grube y Werner Nahm, "A Cencus of Xilalba: A complete Inventory of Way Characters on Maya Ceramics", en Justin Kerr (ed.), *The Maya Vase Book,* vol. 4, Nueva York, Kerr Associates, 1994, p. 706.

[72] Charles Wisdom, *Los chortís de Guatemala,* traducción de Joaquín Noval, Guatemala, Editorial del Ministerio de Educación Pública "José de Pineda Ibarra", 1961 (Seminario de Integración Social Guatemalteca, Pub. 10), p. 352.

[73] Mario Humberto Ruz Sosa, "La cosmovisión indígena", en Mario Humberto Ruz Sosa (ed.), *Los legítimos hombres. Aproximación antropológica al grupo tojolabal,* México, UNAM-IIFL/Centro de Estudios Mayas, 1982, pp. 49-66, 54, n. 10; *Copanaguastla en un espejo: un pueblo tzeltal en el virreinato,* 2ª ed., México, Conaculta-DGP/INI, 1992 (Colección Presencias, 50), p. 160.

(a) (b)

FIGURA II.7. *Expresiones jeroglíficas para* (**a**) **NOH-K'AB**, noh k'ab, *'mano derecha' o norte, y* (**b**) **TZ'EH**?**-K'AB**, tz'eh(?) k'ab, *'mano izquierda' o sur; Marcador del Juego de Pelota de Tikal (D3-C4), Petén, Guatemala; tomado de David S. Stuart, "Glyphs for 'Right' and 'Left'?",* Mesoweb, *2002, p. 1. Consultado en https://www.mesoweb.com/stuart/notes/RightLeft.pdf.*

del epigastrio *uwich puksiˀik'al,* 'frente al corazón'[74] o 'el frente del corazón',[75] por lo que posiblemente creen que en esa zona se concentra su entidad anímica principal, el *óol* u *oˀhlis* del periodo Clásico, alma corazón que será abordada con detalle en el siguiente capítulo.

Las analogías corporales, al parecer, podrían extenderse al terreno de la geografía sagrada, como ocurre en el conocido pasaje del Tablero del Palacio de Palenque (A1-D17), que consigna el nacimiento del gobernante K'ihnich K'an Joy Chitam II el 2 de noviembre de 644 d.C. Como han notado Schele y Mathews, de forma retrospectiva el tablero ubica el lugar del nacimiento del mandatario en una especie de cavidad o portal que conduce al centro del mar primordial,[76] misma que recibe el nombre de Yoˀhl Tahn Nah ? Tahnlam(?) K'ahk'naahb (D4-D5), 'Corazón del Pecho del Primer… en el Hundimiento del Mar'. El jeroglifo que en ese pasaje se utiliza para decir 'pecho' o *tahn,* es el mismo de la figura II.4, con su plexo solar, ombligo y pezones.

Aunque es preciso reconocer que las inscripciones jeroglíficas del periodo Clásico no son tan detalladas como nos gustaría en lo que concierne a las ideas sobre el cuerpo humano, algunos indicios sobre la dualidad derecha

[74] Villa Rojas, *op. cit.,* p. 192. *Puksiˀik'al* incluía el vientre y el tórax, Chávez Guzmán, "Modificaciones craneales como…", *op. cit.,* 241.

[75] Bourdin Rivero, *El cuerpo humano…, op. cit.,* p. 140.

[76] Linda Schele y Peter L. Mathews, "Part 2. The Dynastic History of Palenque", en *Notebook for the XVIII*th *Maya Hieroglyphic Workshop at Texas,* Austin, The University of Texas Press, 1993, p. 124.

(♂)-izquierda (♀) pueden atisbarse en las expresiones *noh k'ab* (figura II.7a) y *tz'eh(?) k'ab* (figura II.7b) descifradas por Stuart en 2002.[77] Como ese mismo autor menciona, se trata en realidad de frases relacionadas con un sintagma más grande: *noh k'ab K'inich, tz'eh(?) k'ab K'inich,* 'mano derecha del dios solar, mano izquierda del dios solar', remitiendo otra vez a dimensiones del cuerpo humano que tienen que ver con el cosmos. En este caso, el curso del Sol en el cielo o firmamento como referente espacial, aunque las asociaciones direccionales o cardinales que tienen estas frases parecen haber cambiado o adaptarse con el tiempo, de acuerdo con las necesidades. De este modo, Stuart[78] sugiere una vinculación de la mano derecha *(noh k'ab)* con el norte *(xaman)* y de la mano izquierda *(tz'eh[?] k'ab)* con el sur *(nohoʔl),* misma que sustentan autores como Villa Rojas e Hirose López, quienes trabajaron con datos modernos y contemporáneos. Es la visión que tendría cualquier observador humano orientando su mirada hacia el oriente.

Una pista que nos permite profundizar algo más en el simbolismo cosmológico de la mano derecha y de la izquierda entre los mayas antiguos quizá proviene del ajuar mortuorio de K'ihnich Janaab Pakal I, el famoso gobernante del siglo VII sepultado en el interior del Templo de las Inscripciones de Palenque (figura II.8). Karl A. Taube piensa[79] que las cinco cuentas de jade que fueron halladas sobre los huesos de sus manos, de sus pies y en el área de la ingle identifican el cuerpo del monarca palencano como una réplica del quincunce cósmico, con sus cuatro esquinas y el centro, donde se hallaba el *axis mundi.* Mientras que este último se encuentra representado por medio de una estatuilla que en la parte superior es el dios del maíz y en la inferior es un lagarto (el árbol-cocodrilo o planta de maíz: *ixiimteʔ*),[80] y semejante interpretación le otorga a la estatuilla del llamado árbol-*paax* hallada en el área de los pies. No obstante, el autor no ofrece explicación alguna para la esfera y el cubo de piedra verde que fueron depositados respectivamente en las manos izquierda y derecha del mandatario muerto. El descubridor de esta tumba, Alberto Ruz Lhuillier, tampoco fue capaz de formular una explicación para este par de elementos, pues simplemente se limitó a señalar la hipótesis de que tuvieron "una función mágica" de "protección o ayuda para el otro mundo",[81] mientras que Linda Schele y Peter L. Mathews se restringieron a indicar que se trata de una oposición natural de formas geomé-

[77] David S. Stuart, "Glyphs for 'Right' and 'Left'?", *Mesoweb,* 2002. Consultado en https://www.mesoweb.com/stuart/notes/RightLeft.pdf.

[78] *Ibid.,* p. 4.

[79] Karl A. Taube, "The Symbolism of Jade in Classic Maya Religion", *Ancient Mesoamerica,* vol. 16, 2005, pp. 25-28.

[80] Véase Alfredo Barrera Vásquez, "La ceiba-cocodrilo", *Anales del Museo Nacional de México (1974-1975),* vol. 5, núm. 53, 1976, pp. 187-208.

[81] Alberto Ruz Lhuillier, *El Templo de las Inscripciones de Palenque,* México, INAH, 1973 (Colección Científica, 7), pp. 156 y 195.

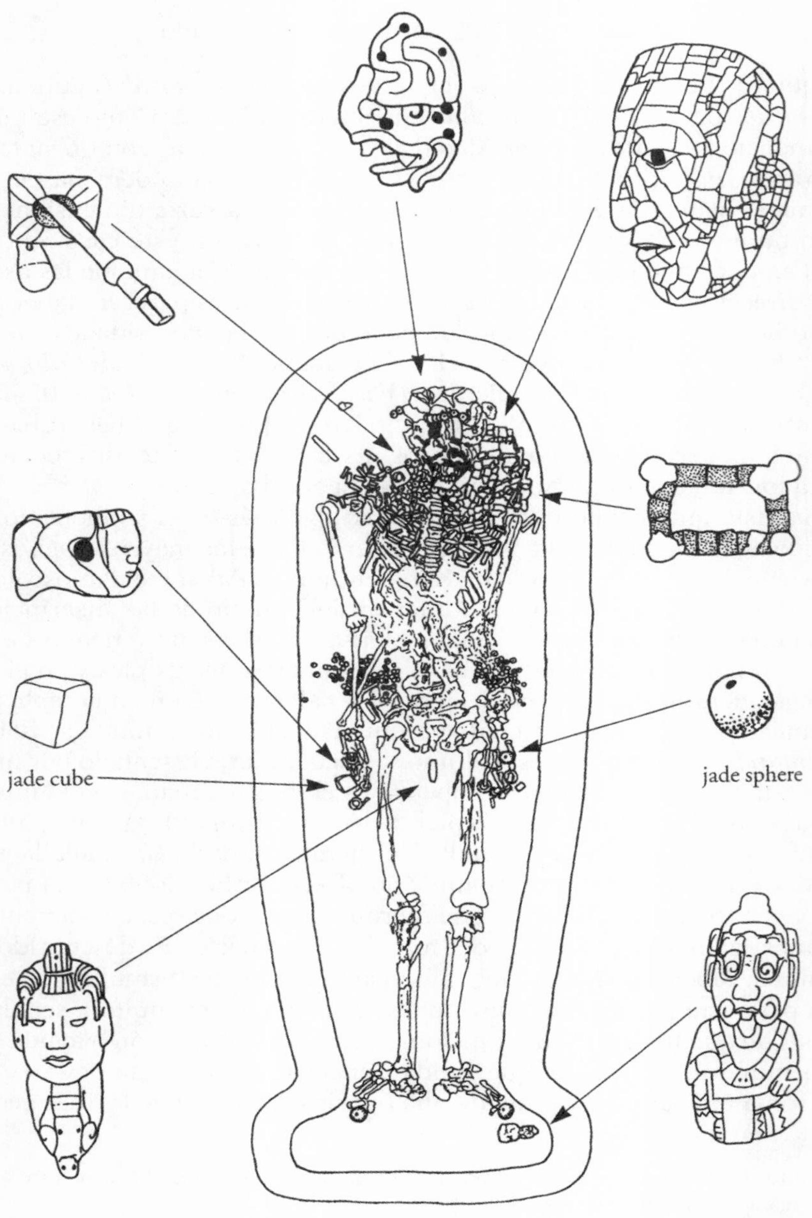

Figura ii.8. *Los restos óseos de K'ihnich Janaab Pakal I y sus avíos; Templo de las Inscripciones de Palenque, Chiapas, México; imagen tomada de Linda Schele y Peter L. Mathews,* The Code of Kings. The Language of Seven Sacred Maya Temples and Tombs, *Justin Kerr y Macduff Everton (fotografías), Nueva York, Touchstone, 1998, p. 126.*

tricas.[82] La clave parece encontrarse en el simbolismo del círculo y el cuadrado, que Hirose López fue capaz de detectar entre los *jmeenes* o curanderos mayas yucatecos quienes, como ya noté, asocian estas figuras respectivamente con la mano izquierda y lo femenino (♀), y con la mano derecha y lo masculino (♂), lo que coincide perfectamente con la ubicación de la esfera y el cubo en las manos de Pakal (figura II.8).[83] Gracias a este descubrimiento etnográfico podemos atisbar no solamente que la bipolaridad del cuerpo humano encontrada entre algunos grupos mayenses actuales pudo ya estar presente en el pasado Clásico, sino probablemente también podremos entender mejor un pasaje de la obra de fray Bernardo de Lizana, que data de 1633:

> [...] antiguamente, dezían al oriente *[Dzedz] e[m]al* y, al puniente, *No[h] emal. [Dzedz em]al* quiere dezir 'la pequeña baxada' y *Noh emal,* 'la grande baxada'. Y es el caso que dizen que, por la parte de oriente, baxó a esta tierra poca gente y, por la de puniente, mucha. Y, con aquella sílava, entendían 'poco' o 'mucho' al oriente y puniente, y la poca gente de una parte y la mucha de otra.[84]

De este modo, la referencia a la 'mano izquierda' (♀) o *tz'eh(?) k'ab* (figura II.7b) probablemente no sólo se aplicaría para referirse a la dirección sur *(nohoʔl),* sino en un contexto diferente también al oriente *(elk'in),* como puede notarse en la semejanza entre las palabras *tz'eh,* 'izquierda', y <*dzedz*>, 'pequeña', rumbo asociado con el origen y nacimiento, pues es la dirección por donde surge el Sol en el horizonte. Mientras que la 'mano derecha' (♂) o *noh k'ab* (figura II.7a), además de aludir al norte *(xaman),* en un contexto como el de la tumba de Pakal[85] pudo haber hecho referencia al poniente *(ochk'in),* como también puede apreciarse en la semejanza existente entre la palabra maya clásica *noh,* 'derecha', y la yucateca colonial <*noh*>, 'grande', lo cual nos recuerda no solamente que los símbolos de la religión maya son **polisemánticos**, sino que carecen de un simbolismo fijo, pues obedecen al contexto.[86] Esta misma idea es sostenida por Sánchez Carrillo, de acuerdo con su experiencia entre los curanderos tzeltales de Yajalón, Chiapas, pues aunque en sus rituales terapéuticos es habitual alinear el cuerpo de los

[82] Linda Schele y Peter L. Mathews, *The Code of Kings. The Language of Seven Sacred Maya Temples and Tombs,* Justin Kerr y Macduff Everton (fotografías), Nueva York, Touchstone, 1998, pp. 127-128.

[83] Hirose López, *op. cit.,* pp. 146-148.

[84] Fray Bernardo de Lizana, *Devocionario de Nuestra Señora de Izamal y conquista espiritual de Yucatán,* editado por René Acuña Sandoval, México, UNAM-IIFL/Centro de Estudios Mayas, 1995 [1633] (Fuentes para el Estudio de la Cultura Maya, 12), p. 61.

[85] Con el cuerpo del cadáver en posición extendida y la cabeza orientada hacia el norte, véase Ruz Lhuillier, *El Templo de..., op. cit.,* p. 201.

[86] Además de ello, el caso que nos ocupa levanta serias dudas sobre la exactitud de las crónicas mayas, al poner de manifiesto que en ellas pueden existir importantes elementos simbólicos que los historiadores debemos tomar en cuenta.

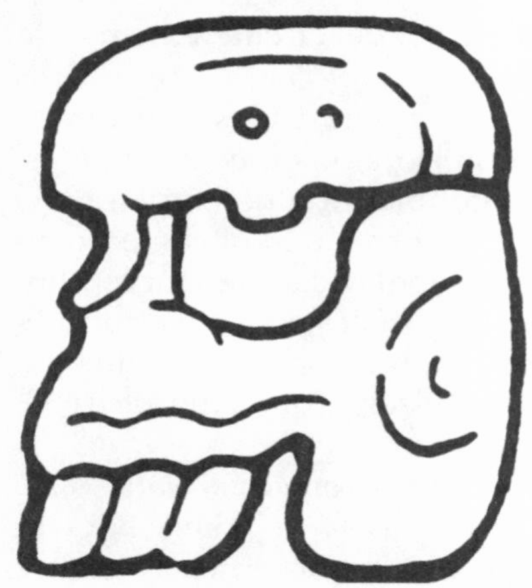

FIGURA II.9. *Logograma o signo-palabra* **JOL**, joʔl, *'cabeza' o 'cráneo', Escalón 3 de la Escalera Jeroglífica 4 de Dos Pilas (C2), Petén, Guatemala; dibujo de Stephen D. Houston, tomado de Stephen D. Houston,* Hieroglyphs and History at Dos Pilas. Dynastic Politics of the Classical Maya, *Austin, University of Texas Press, 1993, p. 109.*

pacientes con los rumbos cardinales, todo es relativo, ya que constantemente los cambian de postura por considerar que el cuerpo es una materia dúctil y en movimiento, cuya naturaleza es vivir experiencias nuevas.[87]

La unión de las dos potencias cósmicas en el cuerpo del mandatario maya clásico, lo masculino y lo femenino, se ve ratificada por los jeroglifos que señalan una parte del cuerpo llamada *ch'ahbis-ahk'abis,* 'ayuno (♂)-noche (♀)' misma que analizaré más adelante, en el capítulo "La creación y la noche", cuando hablemos de los atributos inefables de los gobernantes.

Lo visto hasta el momento, si bien aún nos proporciona una visión incompleta y limitada sobre las concepción del cuerpo humano en el periodo Clásico, permite ya apreciar el valor concedido por los antiguos mayas a los principios de centralidad, equilibro, complementación, simetría y proyección del cosmos. Mucho de ello ha sido también encontrado por la antropóloga física Vera Tiesler en su exhaustivo y novedoso estudio sobre la modelación cefálica o modificación craneal artificial maya,[88] una práctica cultural de enorme importancia en la época prehispánica.

El jeroglifo maya que designa la palabra 'cabeza' o 'cráneo' es el T1040 y recibe la lectura de **JOL**, *jol* o *joʔl* (figura II.9). Dado que su diseño responde a las necesidades gráficas de la escritura maya, con sus bloques caligráficos de esquinas redondeadas, su aspecto visual no nos dice nada sobre el tema del modelado de la bóveda craneana. Tiesler ha descubierto que dicha práctica

[87] Sánchez Carrillo, *op. cit.,* pp. 17, 19 y 49-50.

[88] Vera Tiesler, *Transformarse en maya. El modelado cefálico entre los mayas prehispánicos y coloniales,* México, UNAM-IIA/UADY, 2012; *The Bioarchaeology of..., op. cit.;* puede verse también la breve exposición que sobre este tema se encuentra en el libro de Andrew K. Scherer, *Mortuary Landscapes of the Classic Maya. Rituals of Body and Soul,* Austin, University of Texas Press, 2015 (Linda Schele Series in Maya and Pre-Columbian Studies), pp. 26-29.

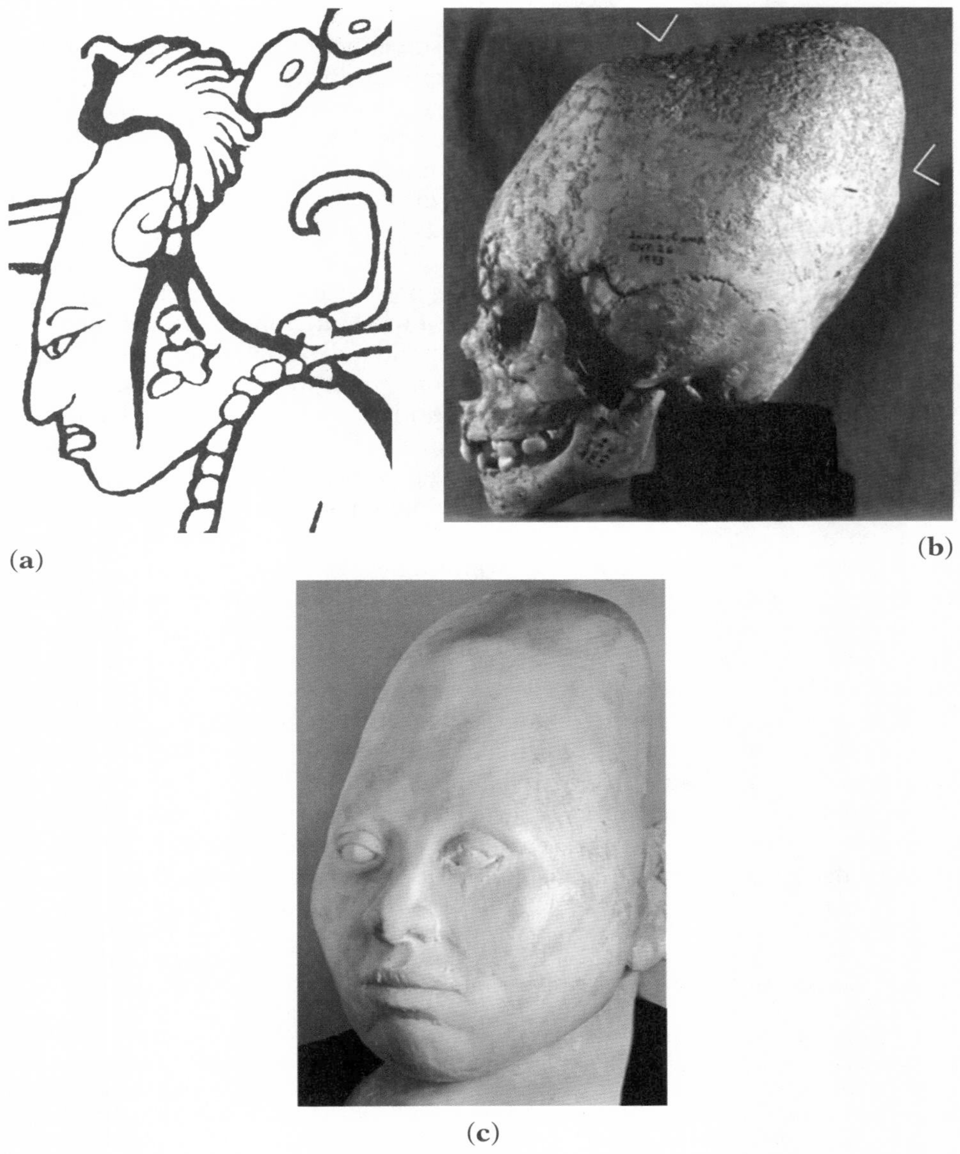

(a) (b) (c)

Figura ii.10. *Modificación artificial tabular oblicua practicada por los mayas clásicos;* (**a**) *cabeza del dios del maíz, según un vaso maya del Clásico Tardío sin procedencia arqueológica conocida;* (**b**) *cráneo infantil severamente elongado, procedente de Jaina, Campeche, México;* (**c**) *modelo de silicón hecho con base en un cráneo hallado en Yaxuná. Yucatán, México; tomados de Vera Tiesler,* The Bioarchaeology of..., op. cit., *pp. 227, 44 y 212.*

biocultural hunde sus raíces al menos desde el periodo Preclásico o Formativo y que no desapareció del todo ni siquiera durante las épocas colonial y moderna, formando parte de las prácticas cotidianas de las diversas sociedades mayas. Gracias al estudio emprendido por ella a lo largo de varios años, analizando científica y metódicamente cráneos de todas las épocas y regiones de la geografía maya, fue capaz de trazar la evolución histórica y espacial de esta práctica, mostrando que no se trata de un fenómeno monolítico, sino mutable, emprendido por 80 o 90% de la población en general[89] y que no estaba restringido a las élites, de manera que no se trata de una práctica asociada con la distinción jerárquica,[90] aunque sí tuvo funciones sociales sustantivas, ya que la cabeza era el *locus* de la identidad individual, de la personalidad moral y del ser humano en general,[91] así como un importante centro anímico por el que confluyen diversas fuerzas y entidades sobrenaturales del anecúmeno. En otras palabras, la cabeza en su totalidad es uno de los meollos primordiales del cuerpo-presencia y sede de la mayoría de los sentidos, a tal grado que, al ser decapitado, el cuerpo humano pasa a convertirse en simple carne para comer.[92] En mero cuerpo-carne.

En la mayoría de las escenas figurativas del arte maya podemos apreciar cabezas oblicuas, reclinadas y elongadas con las frentes alargadas y el occipucio cóncavo, sumido o remetido, a la vez que una depresión ubicada entre la frente y el punto donde se inicia el cabello, llamada "surco poscoronal" (figura II.10). En palabras de Tiesler: "La mayoría de las bóvedas craneanas están dibujadas con la frente reclinada y la línea de inserción capilar artificialmente retraída; de perfil, se observan alternadamente cónicas o tubulares, cuboides o alongadas hacia arriba o hacia atrás".[93]

Además, normalmente buena parte de la cabeza se encuentra rasurada o tonsurada, dejando mechones de cabello sobre el área de la mollera o fontanela. Cabe decir que, aunque desde el punto de vista anatómico moderno, los es-

[89] Tiesler, *Transformarse en maya…*, *op. cit.*, pp. 65 y 171-172.

[90] *Ibid.*, pp. 61, 68 y 170; Ana García Barrios y Vera Tiesler, "El aspecto físico de los dioses mayas. Modelado cefálico y otras marcas corporales", *Arqueología Mexicana*, vol. XIX, núm. 112, noviembre-diciembre de 2011, p. 62.

[91] Roberto Martínez González y Luis Fernando Núñez Enríquez, "La cabeza en la imagen corporal mesoamericana: una primera aproximación a partir de algunos ejemplos", en Tiesler y Serrano Sánchez (eds.), *op. cit.*, p. 222; Andrew K. Scherer, "El ser, la identidad y la cabeza entre los mayas del Clásico de los reinos del río Usumacinta", en Tiesler y Serrano Sánchez (eds.), *op. cit.*, pp. 536 y 552. Aunque Quintal Avilés *et al.*, "El cuerpo, la…", *op. cit.*, pp. 72 y 77, aceptan que los mayas yucatecos modernos creen que en la cabeza se concentra la actividad racional, comparte con el *puksiʔik'al* (parte del cuerpo que abarca desde el cuello hasta el ombligo) las funciones emotivas (emociones), los pensamientos y la inteligencia. Es por ello que en el capítulo anterior hablé de que en Mesoamérica se creía en una conciencia desmembrada, aunque interconectada entre sí.

[92] Martínez González y Núñez Enríquez, *op. cit.*, pp. 219 y 222.

[93] García Barrios y Tiesler, *op. cit.*, p. 64; Vera Tiesler, "Cara a cara con los antiguos mexicanos. Bioarqueología del cuerpo humano", *Arqueología Mexicana*, vol. XXIV, núm. 143, México, Raíces, enero-febrero de 2017, pp. 44-46.

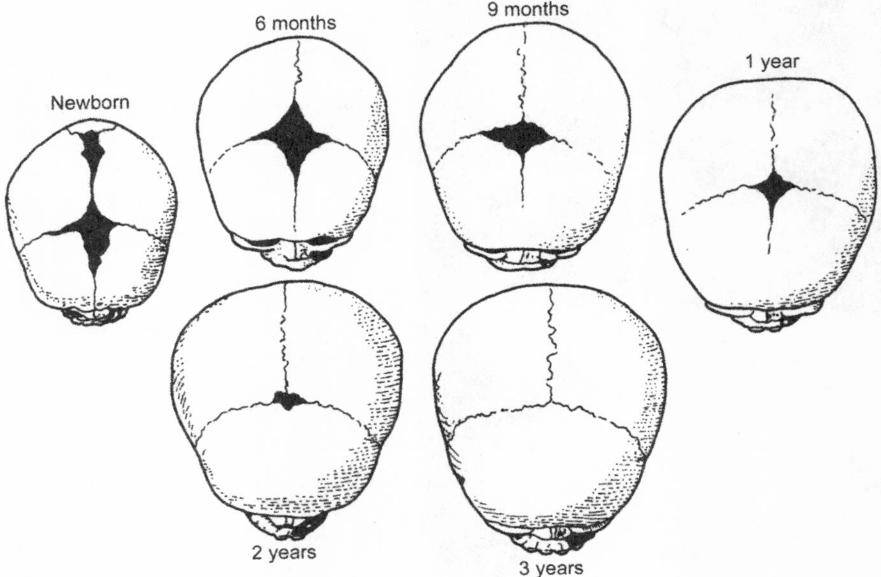

FIGURA II.11. *Evolución de la fontanela anterior en el infante; tomada de Tiesler,* The Bioarchaeology of..., op. cit., *p. 36.*

pacios membranosos de las fontanelas se cierran o quedan clausurados cuando el cráneo se osifica completamente al alcanzar el infante la edad de dos a tres años (figura II.11), los datos iconográficos del arte maya clásico y las referencias halladas en los documentos de la época novohispana, así como en la etnografía, sugieren que para los mayas se trataba de un portal que estaba abierto durante toda la vida, por donde podían externarse voluntaria o involuntariamente los componentes anímicos o podría ingresar la enfermedad.

Parece obvio que uno de los modelos primordiales de la modificación cefálica en los recién nacidos, usando tablillas que se colocaban sobre la parte frontal o posterior del cráneo, vendajes, amarres, prensas o cunas compresoras (figura II.12), era la imagen misma de la mazorca elongada, con los cabellos característicos del elote *(ajan)*, según los cánones figurativos de Juˀn Ixiim o Dios Tonsurado del Maíz.[94] De hecho, entre las funciones de esta práctica biocultural se encuentra la de identificar a los seres humanos con

[94] García Barrios y Tiesler, *op. cit.*, pp. 62-63; Tiesler, *op. cit.*, pp. 43 y 46; Scherer, "El ser, la...", *op. cit.*, pp. 539 y 552; sobre el Dios Tonsurado del Maíz, véase Karl A. Taube, "The Classic Maya Maize God: A Reappraisal", en Merle Greene Robertson (ed.), *Fifth Palenque Round Table, 1983*, San Francisco, Pre-Columbian Art Research Institute, 1985, pp. 171-181; *The Major Gods of Ancient Yucatan*, Washington, Dumbarton Oaks Research Library and Collection, 1992 (Studies in Pre-Columbian Art and Archaeology, 32), pp. 46-50.

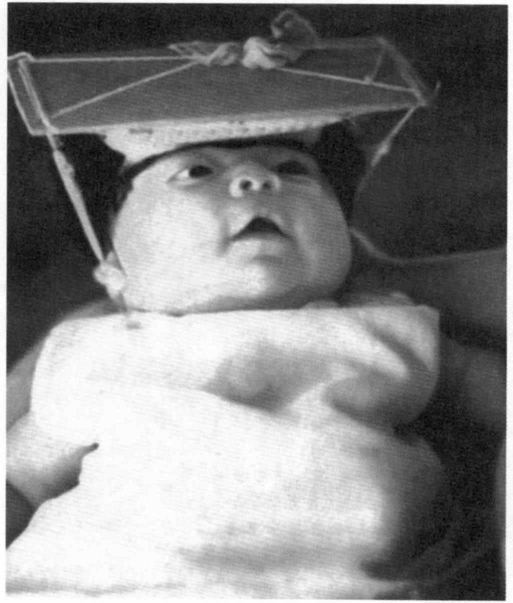

FIGURA II.12. *Imagen de un niño de la región cultural amazónica con la cabeza envuelta por medio de tablillas, sogas y vendas; cortesía de Ana García Barrios; tomada de http://blogs.privet.ru/community/trubka_mira/60765674.*

determinados dioses, tales como el dios del maíz o la diosa lunar en Copán y Palenque durante el Clásico Tardío, aplicando modulaciones tabulares oblicuas extremas en su modalidad pseudocircular; el Dios L o del comercio en las zonas costeras en vísperas del Posclásico, mediante modelaciones tabulares erectas paralelepípedas; o los dioses B (Chaahk), G (K'ihnich Ajaw) o K (K'awiil), que presentan una bóveda tabular erecta, es decir, con el cráneo alto y achatado.[95]

En estas prácticas bioarqueológicas pueden observarse los mismos elementos que hemos analizado respecto a la naturaleza blanda o dúctil de los seres míticos, sagrados o sobrenaturales del anecúmeno, el continente duro o rígido que suelen habitar en el ámbito mundano (ecúmeno) y el principio básico de la envoltura o cobertura. La modificación de la bóveda craneal está basada en la creencia de que el recién nacido acaba de salir del útero, una proyección del tiempo-espacio mítico, frío, húmedo y oscuro, y entra en un estado liminar que tiene como fin convertirlo en persona y habitante del mundo. Dicho estado de transición, al parecer, no se restringe al momento puntual del nacimiento, sino que se extiende a lo largo de todo el proceso de osificación o endurecimiento de la cabeza, periodo de profundo peligro para la vida, pues las fuerzas vitales básicas pueden escapar por los orificios de la cabeza,

[95] Tiesler, *Transformarse en maya…*, *op. cit.*, pp. 63 y 65-67; García Barrios y Tiesler, *op. cit.*, pp. 60-63. De forma interesante, los dioses A (Chamiiy) y N (Itzam), asociados respectivamente con la muerte y con los ancianos de las cuatro esquinas del Cielo, carecen en el arte maya de modificación craneal alguna, véase *ibid.*, p. 60, y Tiesler, *The Bioarchaeology of…*, *op. cit.*, pp. 226-228, subvirtiendo de algún modo un rasgo físico de la identidad cultural maya. Otra forma en la que el dios de la muerte constituye la antítesis de las aspiraciones civilizatorias mayas tiene que ver con que carece de todo tipo de modificación o incrustación dentaria artificial, véase Scherer, "El ser, la…", *op. cit.*, p. 547.

FIGURA II.13. *Detalle del vaso K7727, donde puede observarse que el cabello cubre las tres áreas vulnerables de la cabeza del bebé: la fontanela anterior, la fontanela posterior y el colodrillo, nuca u occipucio; tomado de Tiesler,* The Bioarchaeology of..., op. cit., *p. 139.*

principalmente las fontanelas y probablemente el occipucio. Como dice Chávez Guzmán, en los niños pequeños las almas aún no se encontraban habituadas al cuerpo.[96] Es la razón que existe para enrollar el cráneo por medio de vendas, ya que, como argumenta Stuart, la práctica de envolver objetos con tela, sogas o papel tenía el propósito aparente de contener el tiempo y la esencia divina en el interior de esos continentes.[97]

Como ha mostrado Tiesler, tres ideas principales subyacen en la modificación cefálica. La primera consiste en proteger la cabeza dúctil y blanda para que las entidades y fuerzas anímicas, fijadas frágilmente al cuerpo del infante, no se pierdan y se ponga en riesgo la vida del niño. Se trata de un esfuerzo para fijar o sellar en el infante los diversos componentes anímicos, toda vez que los dioses que rigen sobre dichos componentes tardan en acostumbrarse al cuerpo del recién nacido.[98] En ese intento el cabello cumplía una función básica, pues no solamente era portador de un componente anímico calorífico y energético llamado *k'ihn* o *k'ihnil,* sino que constituía un perfecto cobertor para que éste no abandonara el cuerpo a través de la mollera, de las fontanelas o del occipucio.[99] Además, por la coronilla aún sin osificar podrían entrar vientos fríos causantes de enfermedad.[100]

[96] Chávez Guzmán, "Modificaciones craneales como...", *op. cit.,* p. 245; William M. Duncan, "Sellamiento ritual, envoltura y vendaje en la modificación cefálica mesoamericana", en Tiesler y Serrano Sánchez (eds.), *op. cit.,* p. 263.

[97] David S. Stuart, "Kings of Stone: A Consideration of Stelae in Ancient Maya Ritual and Representation", *Res. Anthropology and Aesthetics,* núms. 29-30, primavera-otoño de 1996, pp. 156-157; Duncan, *op. cit.,* p. 264; David S. Stuart, *The Order of Days. Unlocking the Secrets of the Ancient Maya,* Nueva York, Three Rivers Press, 2011, p. 264; Megan O'Neil, *Engaging Ancient Maya Sculpture at Piedras Negras, Guatemala,* Norman, University of Oklahoma Press, 2012, pp. 55-56; Scherer, "El ser, la...", *op. cit.,* pp. 539 y 541. Véase también Tiesler, *Transformarse en maya..., op. cit.,* pp. 43 y 58-59; "Cara a cara...", *op. cit.,* p. 46: envolver para evitar la salida del alma.

[98] Duncan, *op. cit.,* pp. 269, 271, 273 y 275.

[99] Chávez Guzmán, "Modificaciones craneales como...", *op. cit.,* p. 246; Duncan, *op. cit.,* p. 265.

[100] Tiesler, *Transformarse en maya..., op. cit.,* pp. 43 y 50.

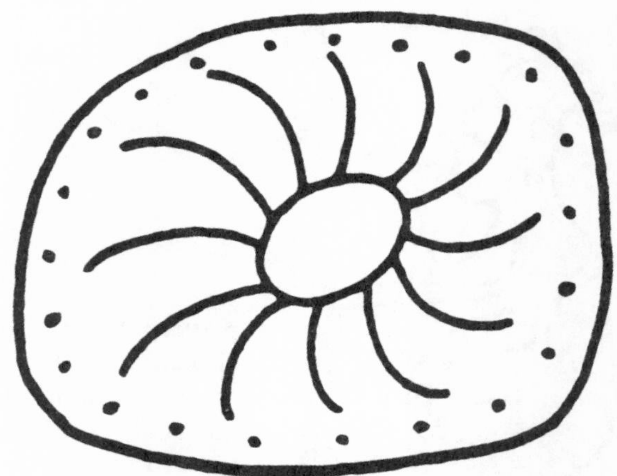

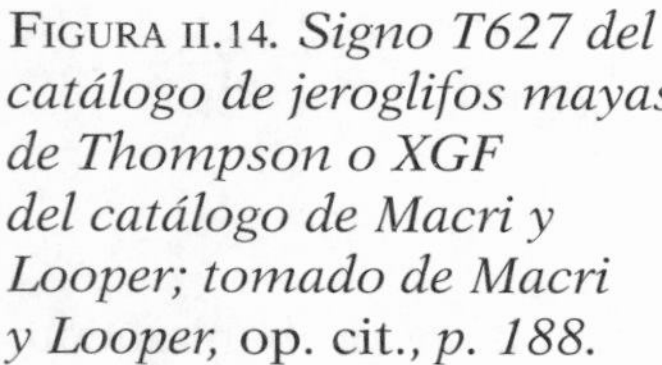

Figura II.14. *Signo T627 del catálogo de jeroglifos mayas de Thompson o XGF del catálogo de Macri y Looper; tomado de Macri y Looper,* op. cit., *p. 188.*

Es la razón de que en esas áreas de la cabeza se dejara crecer el pelo (figuras II.10a y II.13).

Tomando en cuenta lo anterior, y realizando una analogía con los datos de épocas más recientes de la historia mesoamericana, que contemplan el cuerpo humano como un gran contenedor con diversas cuevas, proyección del Monte Sagrado en el ecúmeno,[101] es posible que los mayas del Clásico hayan concebido la cavidad craneal y la cabeza en general como un cerro de nueve cavernas o "portales que canalizaban la comunicación del hombre con el ámbito mundano y telúrico":[102] las dos cuencas oculares, las dos fosas nasales, la boca, los dos meatos auditivos externos, la fontanela anterior y la fontanela posterior. Esta última parece encontrarse asociada con el remolino de cabello que tenemos en la cabeza.[103] De ser el occipucio, nuca o colodrillo una cueva más, sumarían la cantidad de 10. Es preciso agregar que en la escritura jeroglífica maya el signo T627 (figura II.14) ha sido leído por Guillermo Bernal Romero como **SUY**, *suuy,* 'remolino' o 'vórtice'.[104] Aunque hasta donde sé nadie lo ha planteado, el aspecto gráfico del jeroglifo T627 quizá revele que su diseño fue inspirado en el remolino del cabello. Luego, entonces, gracias a todas estas cuevas o portales, la cabeza se convertía en un in-

[101] Alfredo López Austin y Leonardo López Luján, *Monte sagrado. Templo Mayor,* México, UNAM-IIA, 2009, pp. 45-50.

[102] Tiesler, "Cara a cara…", *op. cit.,* p. 44.

[103] "[E]n el recién nacido [el remolino] está directamente por encima o al lado izquierdo de la fontanela posterior. En el adulto se ubica normalmente del lado izquierdo de los gonión, inmediatamente por encima del punto lambda que une el occipucio con los parietales", Vera Tiesler, comunicación personal, 20 de junio de 2015.

[104] "El trono de K'inich Ahkal Mo' Nahb': una inscripción glífica del Templo XXI de Palenque", tesis de maestría, México, UNAM-FFyL-Posgrado en Estudios Mesoamericanos, 2006, pp. 89, 93-94, 121, 124, 146 y 222-223.

termediario entre el mundo interior sobrenatural del cuerpo humano (anecúmeno), y el mundo exterior sensible de las criaturas (ecúmeno).[105]

La segunda razón que tenían para modificar el cráneo era dotar a la cabeza de una forma final "humana", de un aspecto o apariencia socialmente reconocible y aceptada, de un cuerpo-presencia en el sentido pleno del término. Modificar la cabeza preparaba al niño para la fijación del alma mediante la asignación de un nombre,[106] lo cual era un acto decisivo para formarlo como persona. Tal como aún hoy se hace en comunidades cakchiqueles de los Altos de Guatemala, donde

> todavía enderezan las cabecitas de sus bebés (porque son "aguados" y no debe salir el calor de ahí). Usan para ello unas gorras muy apretadas enfrente y atrás que cambian cada mes para proteger a los pequeños y para que la calota adquiera una forma final "humana". Como está en manos de mujeres que usualmente no hablan mucho de eso, nadie se ha dado cuenta, hasta ahora.[107]

Como puede apreciarse en el estudio de Tiesler, las tierras bajas noroccidentales, ubicadas alrededor el río Usumacinta, y las tierras bajas orientales de la región Motagua son las áreas donde predomina la modificación tabular oblicua, llegando a las formas más extremas.[108] Ello pudo reflejar el intento de los mayas por reforzar sus identidades étnicas frente a las poblaciones mixe-zoqueanas de Chiapas (al occidente) y lencas del actual Honduras (al oriente).

El tercer principio rector de la modelación craneal tiene que ver con "alinear, componer" o "enderezar la cabeza" hacia atrás, a fin de que el occipucio no interrumpa la circulación armónica entre la cabeza y el torso, y que los componentes anímicos fluyan libre, equilibrada y balanceadamente, evitando que se genere un desfase entre la cabeza y el corazón.[109] Para ello era necesario suprimir o aplanar el colodrillo, dejándolo cóncavo, ya que el occipucio o nuca se consideraba una zona vulnerable, vergonzosa o negativa,[110] cuya sola presencia era capaz de interrumpir el paso armonioso de las fuerzas vitales, ya que al parecer contenía energía perniciosa que era imperioso neutralizar.[111]

[105] La idea de la cabeza como intermediaria entre el corazón y el mundo exterior ha sido postulada por Scherer, "El ser, la…", *op. cit.*, pp. 532 y 542.

[106] Tiesler, *Transformarse en maya…*, *op. cit.*, p. 58.

[107] Vera Tiesler, comunicación personal, 17 de junio de 2015; dato etnográfico recogido por Shintaro Suzuki.

[108] Véase Tiesler, *Transformarse en maya…*, *op. cit.*, pp. 121-153; *The Bioarchaeology of…*, *op. cit.*, pp. 185-207; García Barrios y Tiesler, *op. cit.*, p. 62.

[109] Tiesler, *Transformarse en maya…*, *op. cit.*, pp. 42 y 47; "Cara a cara…", *op. cit.*, pp. 45-46.

[110] Tiesler, *Transformarse en maya…*, *op. cit.*, pp. 38-39. Según Gabriel Bourdin Rivero, *Las emociones entre los mayas. El léxico de las emociones en el maya yucateco*, México, UNAM-IIA, 2014, p. 69, las regiones posteriores del cuerpo se asociaban entre los mayas yucatecos novohispanos con las ideas de traicionar, difamar y culpar.

[111] Tiesler, *Transformarse en maya…*, *op. cit.*, p. 47. Chávez Guzmán, "Modificaciones craneales como…", *op. cit.*, p. 253, ha propuesto tres ideas sobre por qué el occipucio es una zona peligrosa o vulnerable, así como tres remedios para contrarrestarlo: mediante la modificación

Por tal motivo, una de las metas que se buscaban era dejar la nuca plana, anulando o reduciendo a su mínima expresión la protuberancia occipital, al suprimir la porción suprainiana de la cabeza presionando, frotando o raspando el occipucio con instrumentos abrasivos,[112] tal como se muestra en diversas escenas del arte maya (figura II.10a), y se puede observar también en los restos osteológicos (figura II.10b). Del mismo modo, al suprimir la parte trasera de la cabeza se gana en volumen facial, sobre todo en el tamaño de la frente *(baahis)*,[113] que simboliza por excelencia el cuerpo-presencia, y por lo tanto se potencia el reconocimiento social.

Andrew K. Scherer ha cuestionado la idea de que el proceso de modificación craneal y envoltura de la cabeza de los bebés tenga que ver con la preservación de sus componentes anímicos, ya que los datos etnográficos del área maya claramente indican que la sede o centro anímico donde se concentran los mismos no es la cabeza, sino el corazón. Según Scherer, esta idea se encuentra influenciada o prejuiciada por lo datos de los nahuas del centro de México, entre los cuales sí se cree que la entidad *toonalli* o *<tonalli>* reside en la cabeza.[114] En efecto, aunque en la documentación escrita maya no parecen existir datos que apoyen la concentración anímica en la cabeza,[115] Scherer olvida que aun no siendo la cabeza un centro anímico propiamente dicho, sí es indudablemente un importante espacio de tránsito y el área por donde más se externan o introducen los componentes espirituales. Como después veremos, el hálito respiratorio *sak ik'aal* fluye por la nariz y la boca, mientras que los alientos *k'ihn* o *k'ihnal,* así como el *saak(?)* o *xaak(?)* (jeroglifo T533), usan como puerta principal las fontanelas.[116] De manera que, teniendo la cabeza tantas cuevas o puertas de salida y entrada naturales (fosas nasales, boca, dos fontanelas, occipucio, etc.), resulta lógico el planteamiento de que una de las principales metas que se buscaba al envolver la cabeza de los niños era preservar sus diferentes almas, así como protegerlos del ingreso de enfermedades.

craneal artificial, a través del mantenimiento del cabello y por medio de "la aplicación de masajes que envuelven, cubren y aprietan el cráneo de los bebés para ayudar a cerrar las aperturas por donde se puede presentar la salida anímica y la entrada de males". Duncan, *op. cit.*, p. 275, opina que aplanar el occipucio también era, entre los mayas, símbolo de atractivo y valentía.

[112] *Ibid.*, pp. 44-45; García Barrios y Tiesler, *op. cit.*, p. 61.

[113] Tiesler, "Cara a cara...", *op. cit.*, p. 46; Scherer, "El ser, la...", *op. cit.*, p. 539.

[114] *Ibid.*, p. 542.

[115] Chávez Guzmán, "Modificaciones craneales como...", *op. cit.*, p. 249.

[116] Erik Velásquez García y Vera Tiesler, "El anecúmeno dentro del ecúmeno: la cabeza como *locus* anímico en el cosmos maya del Clásico y sus insignias físicas", en Milan Kováč (ed.), *Memoirs of the 19th European Maya Conference. "Maya Cosmology: Terrestrial and Celestial Landscapes"*, Bratislava, Commenius University, entregado para publicación. La lectura del signo T533 como **SAK**?, *saak(?)*, 'semilla de calabaza', es obra de David S. Stuart (comunicación personal, 25 de julio de 2015). Albert Davletshin difiere de él, pues argumenta que el jeroglifo T533 debe leerse **XAK**?, *xaak(?)*, 'brote, capullo, cogollo, hoja, retoño' (comunicación personal, 25 de octubre de 2021).

La idea de centrar o alinear al ser humano a fin de facilitar el flujo de los componentes anímicos y vitales, preservar la salud a través del orden, el balance y el equilibrio y convertir al cuerpo en un microcosmos o cosmograma ordenado que sea un eje efectivo entre el cielo, la tierra y el inframundo, así como las cuatro direcciones cardinales, es un principio que no sólo podemos advertir en los vestigios arqueológicos, osteológicos, artísticos y escritos de los mayas clásicos, sino también en los documentos de la época novohispana[117] y en la etnografía moderna.[118] Es probable que en este intento por alinear el cuerpo haya tenido primacía la cabeza en tanto componente principal del reconocimiento social, de los rasgos identitarios más relevantes[119] y del cuerpo-presencia, tal como sugiere Óscar Sánchez Carrillo al afirmar que "la imagen corporal es simetría y reflejo del rostro, cabeza, cuello y nuca".[120]

El principio de que el cuerpo es una réplica de la geografía cósmica, con la cabeza, frente o mollera vinculadas con el cielo o supramundo (♂), el corazón o pecho con la tierra (⚥), el hígado, ombligo o vientre con el inframundo (♀) —región esta última a la que se pueden suscribir las piernas y los pies—,[121] puede apreciarse de manera más o menos explícita en diversos retratos de los gobernantes mayas. Un par de buenos ejemplos son las figuras de los mandatarios Bajlaj Chan K'awiil (*ca.* 648-692 d.C.) e Itzam Kokaaj K'awiil (*ca.* 698-726 d.C.), plasmadas respectivamente en las estelas 9 (figura II.15a) y 1 (figura II.15b) de Dos Pilas.[122]

En ambas estelas los gobernantes usan sendos delantales con la personificación de una gran celta o hachuela de jade pulida,[123] símbolo sagrado y precioso del brillo *(lem)*, cuyos ojos grandes, cuadrados y con pupilas estrábicas se ubican a la altura de las piernas, mientras que largas cabezas estilizadas de serpientes con los hocicos curvados en ángulos rectos descienden hasta la altura de las rodillas. Dichos ofidios simbolizan el hálito vital del Astro Rey.[124]

[117] Chávez Guzmán, *Cuerpo, enfermedad y..., op. cit.*, p. 344.

[118] Hirose López, *op. cit.*, p. 234.

[119] Martínez González y Núñez Enríquez, *op. cit.*, p. 222.

[120] Sánchez Carrillo, *op. cit.*, p. 22.

[121] Hirose López, *op. cit.*, pp. 206 y 230-231; Sánchez Carrillo, *op. cit.*, pp. 18 y 49.

[122] Véase María Elena Vega Villalobos, *Los señores de Dos Pilas. El linaje Mutu'l en la historia maya antigua*, México/Guatemala, UNAM-IIH/Universidad Francisco Marroquín/Museo Popol Vuh, 2021, pp. 137-192.

[123] Andrea J. Stone y Marc U. Zender, *Reading Maya Art. A Hieroglyphic Guide to Ancient Maya Painting and Sculpture*, Nueva York, Thames and Hudson, 2011, pp. 70-71.

[124] Karl A. Taube, "Maws of heaven and hell: the symbolism of the centipede and serpent in classic Maya religion", en Andrés Ciudad Ruiz, Mario Humberto Ruz Sosa y María Josefa Iglesias Ponce de León (eds.), *Antropología de la eternidad: la muerte en la cultura maya*, Madrid, Universidad Complutense-Facultad de Geografía e Historia-Departamento de Historia de América II (Antropología de América)-Sociedad Española de Estudios Mayas/UNAM-IIFL/Centro de Estudios Mayas, 2003 (Publicaciones de la Sociedad Española de Estudios Mayas, 7), pp. 427-428, 431 y 438. Una elocuente representación de tal hálito surge del rostro del ancestro fallecido y que recibe culto funerario en la imagen de la Estela 40 de Piedras Negras, Guatemala (figura B.3). Carl D.

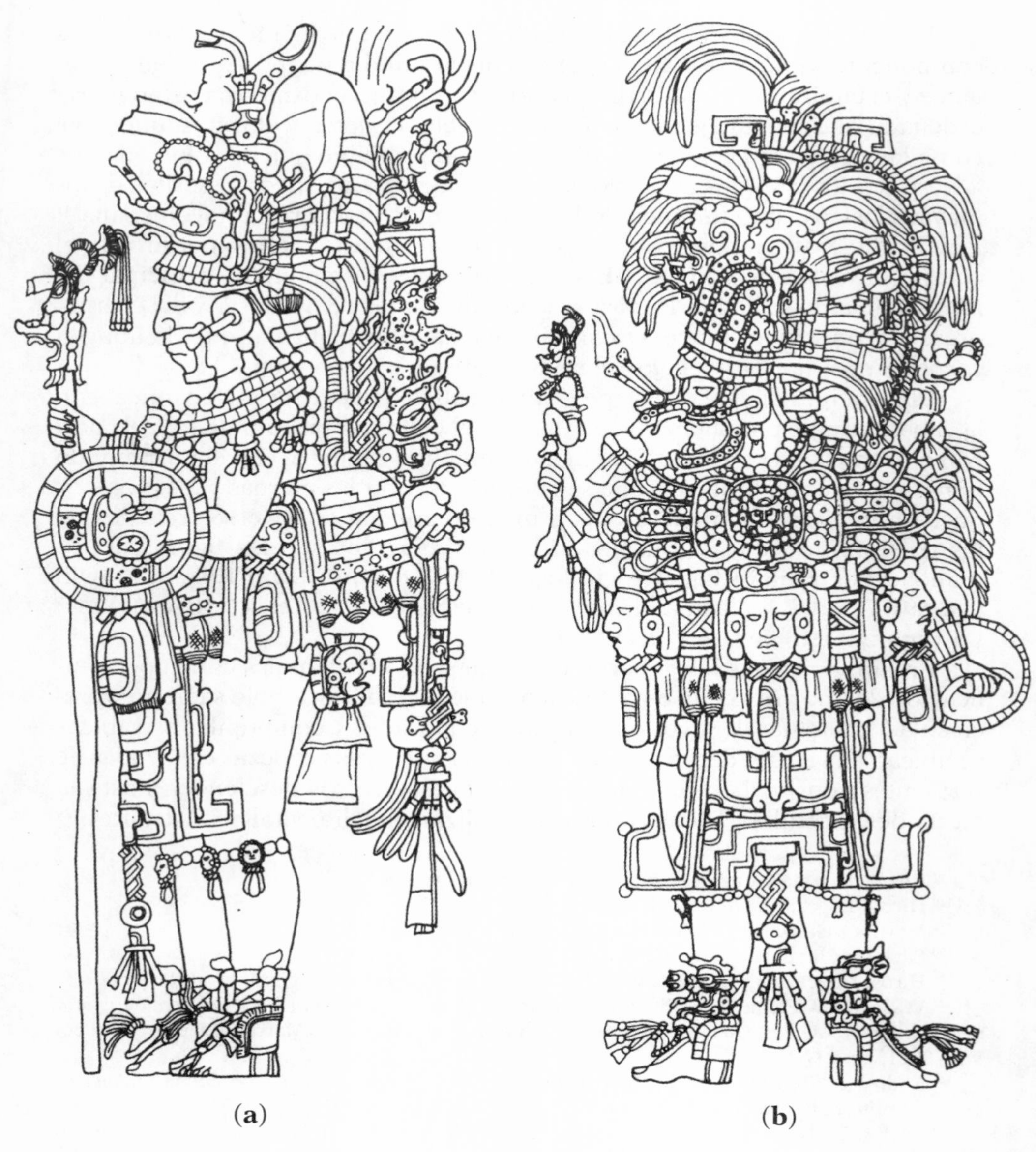

(**a**) (**b**)

FIGURA II.15. *Retratos de dos señores de Dos Pilas, Petén, Guatemala:* (**a**) *Estela 9 (682 d.C.);* (**b**) *Estela 1 (706 d.C.); tomados de Linda Schele y Mary E. Miller,* The Blood of Kings, Dynasty and Ritual in Maya Art, *Nueva York/Fort Worth, George Braziller, Inc./Kimbell Art Museum, 1986, p. 77.*

En los dos retratos los beligerantes reyes de Dos Pilas portan símbolos castrenses: un escudo y el cetro maniquí[125] o de K'awiil, arma ofensiva del dios de la lluvia que probablemente simboliza un hacha[126] y el rayo.[127] Además, es probable que los altos tocados de plumas en estos monumentos simbolicen el follaje celeste del árbol cósmico.

Sobre la cabeza de Bajlaj Chan K'awiil, en la Estela 9 (figura II.15a), se ubica el tocado del dios del relámpago Yopaat, provisto con dos grandes espirales que simbolizan las chispas del resplandor celeste. Usa alrededor de la boca un "adorno rectangular, formado de plaquitas de pirita o hematites, y discos de concha en las esquinas, elementos que cubría y a los que daba cierta resistencia (muy reducida) una delgada capa de estuco pintado de rojo".[128] Un pectoral de placas de jade, jadeíta o nefrita, símbolo verdoso del maíz y de todo tipo de aliento vital, cubre la sección del pecho, mientras que un pesado cinturón con máscaras y placas pulidas de piedra verde enmarca la caja principal del cuerpo, sede de las fuerzas terrestres y fértiles. Los pies usan sandalias que están decoradas por medio de un diseño cónico. Pero lo más importante es el gran andamio que Bajlaj Chan K'awiil carga sobre la espalda, mismo que de arriba hacia abajo contiene la manifestación ornitológica del dios Itzamnaah, posado sobre una banda con símbolos celestes que baja hacia el nivel terrestre por medio de una columna vertical de tejidos de estera, símbolo del poder político. Debajo del pabellón celeste observamos la figura de un jaguar, animal sagrado vinculado con la dinastía Mutu'l (Dos Pilas/Tikal), sentado sobre la gran deidad nariguda de las aguas dulces (Witz'), quien se distingue por medio de una ninfea sobre la frente.[129] Entre la deidad ninfea y

Callaway identifica ese tipo de ofidios con hocicos curvados en ángulos rectos, apodadas "serpientes de nariz cuadrada", como representaciones del alma, comunicación personal, 7 de septiembre de 2018. Entre los nahuas del centro de México, los componentes vitales de la sangre y del corazón también se identifican con flores, Eric R. Wolf, *Figurar el poder. Ideologías de dominación y crisis,* México, CIESAS, 2001 (Antropología), p. 199.

125 Véase Herbert J. Spinden, *A Study of Maya Art. Its Subject Matter and Historical Development,* Nueva York, Dover Publications, Inc., 1975 [1913], pp. 50-53.

126 Ana García Barrios, "Chaahk, el dios de la lluvia, en el periodo clásico maya: aspectos religiosos y políticos", tesis doctoral, Madrid, Universidad Complutense-Facultad de Geografía e Historia-Departamento de Historia de América II, 2008 (Antropología de América), pp. 69-81. Consultado en http://eprints.ucm.es/8170/.

127 Erik Velásquez García, "El pie de serpiente de K'awiil", *Arqueología Mexicana,* vol. XII, núm. 71, México, Raíces, enero-febrero de 2005, pp. 36-38; Rogelio Valencia Rivera, "El rayo, la abundancia, la realeza. Análisis sobre la naturaleza del dios K'awiil en la cultura y la religión mayas", tesis doctoral, Madrid, Universidad Complutense-Facultad de Geografía e Historia-Departamento de Historia de América II, 2015 (Antropología de América), pp. 404-415.

128 Descripción tomada de un ornamento bucal semejante hallado en la tumba del Templo de las Inscripciones de Palenque, Chiapas, México, véase Ruz Lhuillier, *El Templo de..., op. cit.,* p. 198.

129 El dios de las aguas dulces es también la personificación del número 13 y probablemente simboliza un río o arroyo: *witz',* véase Merle Greene Robertson, "The Celestial God of Number 13", *The PARI Journal,* vol. XII, núm. 1, verano de 2011, pp. 1-6. Consultado en http://www.precolumbia.org/pari/journal/archive/PARI1201.pdf.

el cinturón de mascarones y hachuelas pulidas de jade observamos un trono acojinado, forrado con piel de jaguar, debajo del cual se ubican caracolas olivas, símbolo del mar. Del mismo modo, bajo la mandíbula del dios narigudo de las aguas dulces observamos una concha recortada y un complejo diseño de elementos verticales colgantes, que repiten los elementos arbóreos y solares del dios patrono del mes *paax,* símbolo del viaje del Astro Rey por las regiones inferiores del universo. En su conjunto, este complejo andamio simboliza los tres niveles verticales del cosmos, y en los mitos mayas del Clásico era usado por el dios del maíz (Juˀn Ixiim) en sus danzas de renacimiento,[130] de manera que, casi con toda certeza, Bajlaj Chan K'awiil simboliza el cuerpo del numen de esa planta.

El andamio cósmico del dios del maíz cargado en la espalda por Bajlaj Chan K'awiil probablemente también es empleado por su descendiente Itzam Kokaaj K'awiil en la Estela 1 de Dos Pilas (figura II.15b), sólo que en este caso el escultor quiso representar a su señor con el cuerpo de frente, quedando oculto casi todo el andamiaje, con su pabellón hecho de bandas celestes. En la parte más elevada de la Estela 1, justo sobre el tocado de plumas flamboyantes, podemos observar un par de serpientes estilizadas con hocicos enroscados en ángulo recto que, como ya indiqué, aluden al aliento del dios solar, lo que refuerza la sospecha de que estamos en el nivel celeste. Itzam Kokaaj K'awiil usa un complejo yelmo con máscara y barboquejo, que simboliza la llamada Mariposa Jaguar, parte o aspecto a su vez de la Serpiente de la Guerra,[131] ofidio híbrido con segmentos de lepidóptero que en su conjunto

[130] Véase Michael D. Coe, *Lords of the Underworld. Masterpieces of Classic Maya Ceramics,* Princeton, Princeton University, The Art Museum, 1978, pp. 94-99; Stephen D. Houston, David S. Stuart y Karl A. Taube, "Image and Text on the 'Jauncy Vase'", en Justin Kerr (ed.), *The Maya Vase Book,* vol. 3, Nueva York, Kerr Associates, 1992, pp. 499-512; Alexandre Tokovinine, *Place and Identity in Classic Maya Narratives,* Washington, Dumbarton Oaks Research Library and Collections, 2013 (Studies in Pre-Columbian Art and Archaeology, 37), pp. 115-123; Christophe Helmke y Jesper Nielsen, "The Defeat of the Great Bird in Myth and Royal Pageantry: A Mesoamerican Myth in a Comparative Perspective", *Comparative Mythology,* vol. 1, núm. 1, mayo de 2015, p. 39; Christophe Helmke, "An Analysis of the Imagery and Text of the Cuychen Vase", en Christophe Helmke (ed.), *The Realm Below: Speleoarchaelogical Investigations in the Macal River Valley, Belize,* San Francisco, Precolumbia Mesoweb Press, 2019; Martin, *Ancient Maya Politics…, op. cit.,* pp. 164-166.

[131] Esta entidad ofídica e ígnea, con su piel escamosa de placas de valva, combina los rasgos anatómicos de la serpiente y la mariposa, aunque en menor medida también de la oruga, el quetzal y el jaguar. Durante el periodo Clásico constituía un poderoso símbolo de la guerra y la realeza, acaso precursor de la serpiente de fuego o *xiwkooaatl* <*xiuhcóatl*> del Posclásico. Aunque la Serpiente de la Guerra se encuentra ampliamente distribuida en el Altiplano Central de México, Área Maya, Costa del Golfo, Oaxaca y Occidente (véase olla policroma de Jiquilpan), sólo conocemos su nombre maya: Waxaklajuˀn Ubaah Chan, 'Dieciocho son las Cabezas de Serpiente', probablemente una alusión a las 18 representaciones de ese ser que se ubicaban a cada lado de la escalinata oeste del Templo de la Serpiente Emplumada de Teotihuacan, que constituye su aparición más temprana conocida, véase Ignacio Marquina Barredo, *Arquitectura Prehispánica,* México, SEP-INAH, 1951 (Memorias del INAH, 1), p. 85, lám. 19. Sobre este tema véase Karl A. Taube, "The Temple

tal vez simbolice las almas de los guerreros muertos que viajan al paraíso del Sol. De acuerdo con Taube,[132] algunos ejemplos de la Serpiente de la Guerra emiten sobre el hocico esos mismos elementos largos que se ven en la escena, aunque borlados. Él los interpreta como las antenas de una mariposa. Justo sobre la frente del tocado hecho de placas, apreciamos una pequeña imagen del dios Sak Huˀn, señor de los códices y de las fibras de amate, una de las insignias del poder político entre los mayas.[133] Más adelante abundaré sobre la relación entre la frente y el poder. En adición a los elementos antes descritos, Itzam Kokaaj K'awiil usa en esta estela el pectoral o collar de nudo que lleva sobre su pecho y que lo vincula con el numen de la lluvia, además de ser un potente símbolo de transformación y renacimiento.[134] Justo por debajo del collar de nudo apreciamos, a la altura del epigastrio, una curiosa barra horizontal que contiene la imagen de un cráneo en su parte media, quizá señalando que ya estamos en un nivel telúrico. Taube piensa que ese tipo de barras son una sustitución de la más conocida barra ceremonial bicéfala[135] y nota que en sus extremos termina con elementos semejantes a orejeras o flores, de las que surge aliento precioso,[136] aquí tal vez simbolizado por los tres tubos alargados que finalizan en pequeñas cuentas. Es probable que este elemento simbolice el "cordón umbilical" que conectaba a los gobernantes con el ámbito inefable y sagrado del anecúmeno,[137] lo que explica que de sus extremos surjan entidades airosas de carácter espiritual. Inmediatamente por debajo de esta pequeña barra encontramos el enorme cinturón del mandatario, con sus tres cabezas y hachuelas pulidas de piedra verde, que alternan con los caracoles olivas, símbolo del mar. En el cinturón encontramos las llamadas bandas cruzadas o cruz de San Andrés. Se ha dicho que tanto la barra ceremonial bicéfala como las bandas cruzadas simbolizan el cielo.[138] Pero en este

of Quetzalcoatl and the Cult of Sacred War at Teotihuacan", *Res 21. Anthropology and Aesthetics*, primavera de 1992, pp. 59-68 y 74; "The Turquoise Hearth: Fire, Self-Sacrifice, and the Central Mexican Cult of War", en David Carrasco, Lindsay Jones, Scott Sessions (eds.), *Mesoamerica's Classic Heritage from Teotihuacan to the Aztecs*, Niwot, University Press of Colorado, 2000, pp. 282-285; Mary E. Miller y Karl A. Taube, *An Illustrated Dictionary of the Gods and Symbols of Ancient Mexico and the Maya*, 1ª ed. rústica, Londres, Thames and Hudson, 1997, pp. 182-183; Arturo Pascual Soto, *El Tajín. Arte y poder*, México, Conaculta-INAH/UNAM-IIE, 2009, pp. 57-59, n. 11, fig. 22.

132 "The Turquoise Hearth...", *op. cit.*, p. 282.

133 Diego Ruiz Pérez, comunicación personal, 8 de octubre de 2018. El estudio más amplio, crítico y detallado sobre el llamado Dios Bufón es justamente el de Diego Ruiz Pérez, "Los tres rostros del 'Dios Bufón'. Iconografía de un símbolo de poder de los gobernantes mayas durante el periodo Clásico (250-950 d.C.)", tesis de maestría, México, UNAM-FFYL/IIFL-Posgrado en Estudios Mesoamericanos, 2018. Él propone que los mayistas han confundido tres entidades diferentes bajo la misma etiqueta de "Dios Bufón": la Flor Antropomorfa, el dios Sak Huˀn y la deidad Ux Yop Huˀn.

134 García Barrios, "Chaahk, el dios...", *op. cit.*, pp. 96-98.

135 Véase Spinden, *op. cit.*, pp. 49-50.

136 Taube, "The Symbolism of...", *op. cit.*, pp. 38-40.

137 Véase Schele y Mathews, *The Code of...*, *op. cit.*, p. 416.

138 *Idem.*

caso, de ser así, la posición que ocupan en el cuerpo del gobernante y su vinculación con un cráneo y los caracoles, sugiere que se trata probablemente del cielo nocturno. Como ya describí el delantal con la personificación del jade, que lo califica de brillante o luminoso, sólo resta decir que en los tobillos tiene sendas efigies del dios ninfea de las aguas dulces, lo que remarca las connotaciones inframundanas y acuáticas de esa parte del cuerpo.

Tal es el carácter general de este estilo de figuración naturalista, que ante todo preserva las proporciones del cuerpo humano. Algunos estudiosos piensan que el motor del naturalismo maya clásico subyace en la glorificación del gobernante divino *(k'uhul ajaw)* como centro de cohesión social y encarnación de los valores sociales,[139] aunque Houston y Stuart[140] han aventurado la sospecha de que el arte maya también buscaba una identidad entre modelo e imagen que asegurara la pervivencia del mandatario en espacios que van más allá del cuerpo.[141] Beatriz de la Fuente[142] observa que cuando los atuendos o tocados son tan fastuosos que disimulan u opacan el cuerpo humano, la figuración del gobernante no enfatiza su individualidad, sino su sentido simbólico en tanto encarnación de los valores comunales.[143] En otras palabras, toda vez que el gobernante personifica las aspiraciones y valores de sus súbditos, los habitantes comunes y corrientes de la sociedad maya —el pueblo campesino y los artesanos— se encuentran representados simbólica o implícitamente en retratos como los que acabamos de ver. Aunque este tipo de representaciones persistieron a lo largo del periodo Clásico, fueron particularmente vigorosas en la escultura del Petén durante el Clásico Temprano,[144] donde, en opinión de De la Garza Camino,[145] el hombre se presenta idealizado, estereotipado y fundido con lo divino y la naturaleza. De manera que es probable que la idea del cuerpo-presencia reflejada en los retratos de los go-

[139] Beatriz de la Fuente, "El arte del retrato entre los mayas", *Reseña del retrato mexicano, Artes de México,* núm. 132, año XVII, 1970, p. 8; "Reflexiones en torno al concepto de estilo", en Verónica Hernández Díaz (ed.), *Obras,* t. I. *El arte, la historia y el hombre. Arte prehispánico de México: estudios y ensayos,* México, El Colegio Nacional, 2003 p. 41; "El cuerpo humano: gozo y transformación", en *Cuerpo y cosmos. Arte escultórico del México precolombino,* Barcelona, Lunwerg Editores, 2004, p. 40; Mercedes de la Garza Camino, *La conciencia histórica de los antiguos mayas,* México, UNAM/Centro de Estudios Mayas, 1975 (Cuaderno, 11), p. 19.

[140] Stephen D. Houston y David S. Stuart, "Of Gods, Glyphs and Kings: Divinity and Ruleship among the Classic Maya", *Antiquity,* vol. 70, núm. 268, junio de 1996, p. 304; "The Ancient Maya Self: Personhood and Portraiture in the Classic Period", *Res 33. Anthropology and Aesthetics,* primavera de 1998, pp. 91 y 95; Stuart, "Kings of Stone...", *op. cit.,* pp. 159-160, 164-165 y 168.

[141] Usando los métodos de la historia del arte, De la Fuente llegó a semejantes conclusiones desde 1970, cuando señaló el afán de los gobernantes mayas por "inmortalizarse en la piedra, en el estuco, en el barro y en la pintura", véase "El arte del...", *op. cit.,* p. 9.

[142] De la Fuente, "Reflexiones en torno...", *op. cit.,* p. 33.

[143] Véase también De la Garza Camino, *La conciencia histórica..., op. cit.,* pp. 19 y 34.

[144] Véase Tatiana A. Proskouriakoff, *A Study of Classic Maya Sculpture,* Washington, Carnegie Institution of Washington, 1950 (Publication, 593), pp. 102-112.

[145] *La conciencia histórica..., op. cit.,* pp. 85-86.

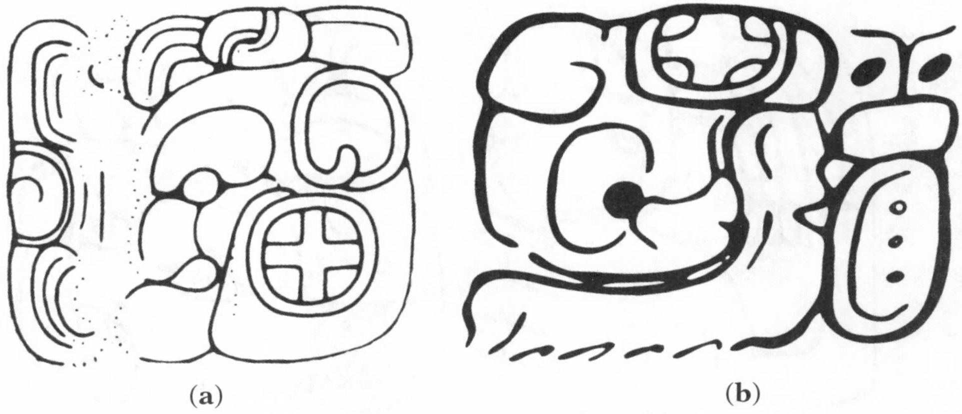

(**a**) (**b**)

Figura ii.16. *Formas poseídas y absolutas del morfema* baah, *'frente, rostro, cabeza' o 'cuerpo':* (**a**) *Estela 5 de Tikal (D4), Petén, Guatemala:* **u-BAH-hi**, ubaah, *'su frente'; tomada de Jones y Satterthwaite,* op. cit., *1982, fig. 8;* (**b**) *vaso K1440:* **BAH-si**, baah[i]s, *'frente'; dibujo de Marc U. Zender; tomado de Zender,* op. cit., *p. 201.*

bernantes mayas clásicos identificara al mandatario como una proyección de la sociedad entera, del universo y de los dos ámbitos que lo conforman: el ecúmeno mundano y el anecúmeno sagrado.

No obstante, como ha manifestado Pitarch Ramón,[146] de todas las implicaciones del cuerpo-presencia la más elocuente y la que mejor expresa el sentido de persona individual y agente social es la de *win,* 'aparición, aparecer, mostrarse, ser expuesto, ser visto, ser escuchado, ser distinguido' o 'darse a conocer', que en el periodo Clásico encuentra su más plena manifestación en los sustantivos *baahis* y *winbaah,* que analizaremos a continuación.

Frente, cabeza y cuerpo

Entre los morfemas que en las inscripciones mayas portan el sufijo absolutivo /*-is*/ para partes inalienables del cuerpo cuando no están acompañadas por pronombres posesivos se encuentra *baah* (figura ii.16), lexema que se refiere a la frente, al rostro o al semblante y, por extensión, a toda la región frontal de la cabeza humana,[147] un área del cuerpo que facilita el reconocimiento individual y donde se encuentran la mayor parte de los sentidos. Por lo tan-

[146] *La cara oculta…, op. cit.,* pp. 42-43, n. 6 y 9.

[147] Stuart, "Kings of Stone…", *op. cit.,* p. 162; Zender, *op. cit.,* p. 202; Stephen D. Houston *et al., The Memory of Bones. Body, being, and Experience among the Classic Maya,* Austin, University of Texas Press, 2006, p. 60.

(**a**)

(**b**)

FIGURA II.17. *Morfema* baah *funcionando en contextos de ascenso al mando y en frases de decapitación:* (**a**) *Tablero del Templo de la Cruz de Palenque (I16-J16), Chiapas, México:* **i-K'AL-SAK-HUN tu-u-BAH**, i k'alsakhu'n tubaah, *'entonces [hubo] atadura de banda blanca en su frente'; dibujo de Linda Schele; tomado de Stuart, "The Palenque Mythology…",* op. cit., *p. 117;* (**b**) *Estela F de Quiriguá (C17b), Izabal, Guatemala:* **CH'AK-ka-u-BAH**, ch'ahka[j] ubaah, *'su cabeza fue cortada'; dibujo tomado de Matthew G. Looper,* Lightning Warrior: Maya Art and Kingship at Quiriguá, *Austin, University of Texas Press, 2003 (The Linda Schele Series in Maya and Pre-Columbian Studies), p. 125.*

to, cumple a cabalidad todas las expectativas del cuerpo-presencia, según fue definido por Pitarch Ramón,[148] al grado que Danny Law y David S. Stuart traducen *baah* como 'persona'.[149]

148 *La cara oculta…, op. cit.*, pp. 42-47.

149 "Classic Mayan. An Overview of Language in Ancient Hiroglyphic Script", en Judith Aissen, Nora C. England y Roberto Zavala Maldonado (eds.), *The Mayan Languages*, Londres/Nueva York, Routledge Taylor and Francis Group, 2017 (Rotledge Language Family Series), p. 148.

La raíz de ese término se encuentra distribuida en distintas lenguas mayances, todas con el sentido de 'frente, cara' o 'cabeza':

prototzeltalano	**ti(')b'ah-il*	'frente' (Kaufman, 1998: 118)
tzotzil	*Ba*	'cara' (Boot, 2003d: 6)
	ba-il	'frente, cara, cima, superior' (Boot, 2003d: 6)
	jba	'mi frente' (Boot, 2003d: 6)
	bail	'cara o rostro'/'gesto, la cara'/'haz, la cara'/'presencia'/'rostro o cara' (Laughlin y Haviland, 1988: 161)
	ti'-ba	'frente' (Delgaty, 1964: 47, 69)
tzeltal	*bahil çitil*	'cara, el rostro' (Ara, 1986: 445)
mam	*witzb'aj*	'cara' (Maldonado Andrés, Ordóñez Domingo y Ortiz Domingo, 1986: 426)
ixil	*Ban*	'head' (Dienhart, 1989: 322)
kekchí	*ba:*	'cabeza' (Haeserijn V., 1979: 48)
uspaneco	*ba>>a/ba>a(h)/ba*	'head' (Dienhart, 1989: 321)

Dos de los contextos más comunes donde podemos observar el morfema *ba* o *baah* con el sentido de 'frente' o 'cabeza' se encuentran en las frases de "coronación" (figura II.17a) y de decapitación (figura II.17b).[150] En las primeras —muy frecuentes en los textos palencanos— la parte superior de la cabeza es el asiento donde se coloca el símbolo máximo de poder político, una diadema o banda blanca con la efigie del dios Sak Huʔn.[151] Por su parte, el sustantivo 'decapitación' parece conformarse por la asociación del vocablo 'cortar con golpe' *(ch'ak)* y el lexema *baah* o *ba,* si bien es posible que *ch'akba* haya sido reanalizado como un verbo transitivo derivado que tenía el significado de 'decapitar'. En otras ocasiones, *ch'ak* parece intervenir en la conformación de una frase intransitiva, tal vez un pasivo abreviado: *ch'ahkaj,* donde *ubaah,* 'su cabeza', es el sujeto (figura II.17b).

En diversos diccionarios de lenguas mayances el significado de *baah* se extiende a todo el cuerpo, con el sentido opcional de 'ser humano' o de 'persona', lo que parece implicar que en la cabeza, rostro, frente o parte superior del cráneo reside la identidad esencial de un individuo,[152] incluyendo sus más

[150] Véase Zender, *op. cit.*, p. 200.

[151] Véase Martin y Grube, *op. cit.*, p. 14; Ruiz Pérez, *op. cit.*

[152] Stuart, "Kings of Stone...", *op. cit.*, p. 162; Houston y Stuart, "The Ancient Maya...", *op. cit.*, pp. 79, 83 y 95; Houston, Stuart y Taube, *The Memory of..., op. cit.*, pp. 12, 60 y 64; Salazar Lama, *op. cit.*, p. 20. En chortí *eroj* significa 'imagen, rostro' o 'cara', mientras que *erojach* es el 'carácter personal', Kerry M. Hull, "An Abbreviated Dictionary of Ch'orti' Maya", Foundation for the Advancement of Mesoamerican Studies, Inc., 2005, p. 37. Consultado en http://www.famsi.org/reports/03031/03031.pdf.

(**a**) (**b**)

FIGURA II.18. *Morfema* baah *en contextos de títulos de autoridad política:* (**a**) *Estela 12 de Yaxchilán (D6), Chiapas, México:* **ba-ka-ba**, baa[h] kab, *'primero de la tierra'; dibujo de Linda Schele; tomado de Carolyn E. Tate,* Yaxchilan. The Design of a Maya Ceremony City, *Austin, University of Texas Press, 1992, p. 238;* (**b**) *escalón X de la Escalera Jeroglífica 2 de Yaxchilán (C1), Chiapas, México:* **BAH-hi-sa-ja-la**, baah sajal, *'primer* sajal*'; dibujo tomado de Marc U. Zender, "Glyphs for 'Handspan' and 'Strike' in Classic Maya Ballgame Texts",* The PARI Journal, *vol. IV, núm. 4, primavera de 2004, p. 2.*

íntimos instrumentos de trabajo. Es por ello que Christina T. Halperin[153] ha observado que los artistas mayas representaban sobre el tocado de los personajes diversos instrumentos vinculados con sus oficios, como la fibra enrollada en el huso en el caso de las tejedoras, o los pinceles, códices o tinteros en el de los escribas, debido a que semejantes implementos enfatizaban sus identidades personales, lo cual nos remite de nuevo a la importancia de la cabeza:

yucateco	*bail*	'disposición, esencia y ser de cualquier cosa' (Barrera Vásquez [dir.], 1980: 26)
	bail paskab	'disposición que uno tiene de cuerpo y de vida' (Barrera Vásquez [dir.], 1980: 26)
chortí	*bah/p'ah*	*'body, self, a being, a spirit'* (Wisdom, 1950: 577)

[153] "Classic Maya Textile Production: Insights from Motul de San José, Petén, Guatemala", *Ancient Mesoamerica,* vol. 19, núm. 1, 2008, p. 114.

chortí	*-b'a*	'cuerpo; se[r]' (Hull, 2005: 6)
	baker	'cuerpo' (Schumann Gálvez, s. f.: 6)
	nibah	*'myself, my body'* (Wisdom, 1950: 577)
	ubah	*'himself, oneself,* one's body' (Wisdom, 1950: 577)
cakchiquel	*abah*	'ser; ya es ese su ser, su naturaleza o costumbre' (Coto, 1983: 519)

En contextos de rango político, el morfema *baah* (figura II.18) adquiere también la acepción de 'primero', encarnando con ello una idea de autoridad jerárquica, donde la cabeza sirve como medio de exaltación.[154] Así tenemos, por ejemplo, *baah ajaw,* 'primer noble', *baah al,* 'primer hijo', *baah kab,* el 'primero del pueblo' o 'príncipe de la tierra' (figura II.18a), *baah ch'ok,* 'primer joven', *baah sajal,* 'primer *sajal*' (figura II.18b) o *baah uxul,* 'primer escultor'.[155]

Baahis y parentesco

Además de lo anterior, la palabra *baahis* es empleada en las inscripciones algunas veces en el contexto de relacionadores de parentesco.[156] Una de las expresiones más significativas es la de *ubaah uch'ahb,* que puede traducirse como 'es su ser,[157] es su creación' o 'es su imagen, es su generación' (figura II.19a y b). En primera instancia, esta frase constituye un **paralelismo**,[158] donde los pronombres posesivos */u-...*/ y */u-...*/ operan de forma **anafórica**,[159]

[154] Véase Martínez González y Núñez Enríquez, *op. cit.,* p. 212.

[155] Véase Houston y Stuart, "The Ancient Maya...", *op. cit.,* p. 79.

[156] Véase *ibid.,* p. 82.

[157] No utilizo la palabra *ser* en un sentido filosófico (metafísico, ontológico o esencialista). Lo hago en una acepción mucho más elemental: la persona humana, un animal en particular, un dios específico, un objeto concreto. En este caso *baahis* como 'persona'.

[158] Figura retórica de las literaturas mesoamericanas que se basa "en la distribución de un mensaje lingüístico en dos constituyentes compuestos [cada uno] por dos elementos, los primeros en relación anafórica y los segundos en relación semántica", Alfonso Lacadena García-Gallo, "Naturaleza, tipología y usos del paralelismo en la literatura jeroglífica", en Aurore Monod Becquelin, Alain Breton y Mario Humberto Ruz Sosa (eds.), *Figuras mayas de la diversidad,* Mérida, UNAM-Centro Peninsular en Humanidades y Ciencias Sociales / Laboratoire D'ethnologie et de Sociologie Comparative, Laboratoire D'archeologie des Ameriques (Monografías, 10), 2010, p. 58. Como otros elementos de las literaturas mesoamericanas, fue identificado por vez primera en la obra de Ángel María Garibay Kintana, *Historia de la literatura náhuatl. Primera parte (etapa autónoma: de* c. *1430 a 1521),* 3ª ed., México, Porrúa, 1987 [1953] (Biblioteca Porrúa, 1), pp. 65-67, quien lo definió de la siguiente manera: "[c]onsiste en armonizar la expresión de un mismo pensamiento en dos frases que, o repiten con diversa palabra la misma idea *(sinonímico),* o contraponen dos pensamientos *(antitético),* o complementan el pensamiento, agregando una expresión variante, que no es pura repetición *(sintético)*".

[159] La *anáfora* "consiste en la repetición intermitente de una idea, ya sea con las mismas o con otras palabras, normalmente al principio de las frases y en secuencia continua", véase José Antonio Mayoral Ramírez, *Figuras retóricas,* Madrid, Síntesis, 1994, p. 113; Helena Beristáin

mientras que *baah* y *ch'ahb* se encuentran en relación semántica. Como ha sostenido Stuart,[160] *ch'ahb,* 'ayunar, ayuno, creación, crear, generación' o 'hacer penitencia', constituye un rasgo esencial del estatus divino de los gobernantes mayas, mismo que empleaban particularmente en los ritos destinados a reproducir la renovación y renacimiento del cosmos. En este sentido, la mención de un individuo como hijo del rey supremo implica que se trata de la encarnación o transferencia de los poderes creadores del padre, como también de un reflejo o extensión corporal de la esencia del progenitor. Es posible, sin embargo, que *baah-ch'ahb,* 'ser humano-generación' ('hijo de varón'), constituya un difrasismo semejante a *ch'ahbis-ahk'abis,* 'ayuno-noche' ('poder de creación'), en cuyo caso el sintagma *ubaah uch'ahb* sería un ejemplo más de la combinación de paralelismo con difrasismo, la máxima expresión del repertorio poético mesoamericano.[161] No obstante, esta posibilidad requiere de un estudio literario pormenorizado que se aparta de la temática abordada en este libro.

El morfema *baah* se emplea también como relacionador de parentesco para indicar la idea del 'hijo de una mujer' (figura II.19c y d): *ubaah ujuntan.* De nueva cuenta, parece tratarse de un paralelismo donde */u-...*/ y */u-...*/ se relacionan anafóricamente, mientras que *baah,* 'imagen' o 'ser humano', y *juntan,* 'cosa querida', lo hacen de forma semántica. Aquí también podemos apreciar la idea de que el hijo de una madre es un reflejo o reproducción de su progenitora, aunque es posible que el sistema **patrilocal** de las dinastías mayas haya excluido parcial o totalmente a las mujeres del poder de creación o generación *(ch'ahbis).* Este último pudo haber sido prerrogativa de los varones, quienes simbolizaban la fuerza engendradora del cielo, mientras que las madres pudieron encarnar a la oscuridad ctónica *(ahk'abis).*[162]

Un ejemplo problemático que incluyo intencionalmente es el que se encuentra en la Escalera Jeroglífica 3 de Tamarindito (figura II.19d): *baahaj ujuntan.* Zender[163] opina que el sufijo */-aj/* que tiene en este caso el morfema

Díaz, *Diccionario de retórica y poética,* 8ª ed., México, Porrúa, 1997, p. 40; Lacadena García-Gallo, "Apuntes para un...", *op. cit.,* p. 35.

[160] David S. Stuart, "Los antiguos mayas en guerra", *Arqueología Mexicana,* vol. XIV, núm. 84, México, Raíces, 2007, p. 45.

[161] Lacadena García-Gallo, "Naturaleza, tipología y...", *op. cit.,* pp. 76 y 81.

[162] Lo anterior halla cierto sustento en otras figuras retóricas que aparecen en el manuscrito maya de la época novohispana conocido como *Ritual de los Bacabes,* en estrecha relación con *<cħab> (ch'áab)* y *<akab> (áak'ab).* Por ejemplo, <4 Ahau> (4 Ajaw) y <1 Ahau> (1 Ajaw), que simbolizan respectivamente la creación (♂) y la oscuridad terrestre o crepuscular (♀), véase J. Eric S., Thompson, *Historia y religión de los mayas,* Félix Blanco Sasueta (trad.), México, Siglo XXI Editores, 1975 (Colección América Nuestra, 7), p. 244, así como *<u sacal kabalil>* (*usakal k'aabalil,* 'la sustancia blanca') y *<uchacal kabalil>* (*uchakal k'aabalil,* 'la sustancia roja'), que parecen aludir al semen y a la sangre.

[163] "On the Morphology of Intimate Possession in Maya Languages and Classic Mayan Glyphic Nouns", en Søren Wichmann (ed.), *The Linguistics of Maya Writing,* Salt Lake City, The University of Utah Press, 2004, pp. 200 y 209.

baah, indica que los retratos (*baah* o *winbaah*) pintados o esculpidos de los gobernantes eran importantes posesiones personales de ellos, más que sus reflejos o encarnaciones. Esta idea constituye un desarrollo del sufijo de abstracción cualitativa propuesto originalmente por Robertson.[164] De acuerdo con el punto de vista de Zender, este **gramema**[165] /*-aj*/ cumple la función de señalar que un sustantivo es un artículo de posesión personal en estado absoluto (no poseído): *baah-aj*, 'imagen', *sih-aj*, 'ofrenda', *tuˀp-aj*, 'orejera' y *uˀh-aj*, 'collar', etc. No obstante, Alfonso Lacadena García-Gallo[166] se ha percatado de que los contextos donde aparecen la mayoría de estos ejemplos exigen sintácticamente que se trate de una expresión predicativa, de tal suerte que una mejor forma de interpretar este sufijo es como un verbalizador /*-aj*/:[167] *baah-aj*, 'hacerse imagen', *sih-aj*, 'hacerse ofrenda', *tuˀp-aj*, 'adornarse con orejeras', *uˀ-aj*, 'adornarse con collares'. El ejemplo ilustrado en la figura II.19d podría traducirse literalmente como 'él se hizo imagen, la [cosa] querida de'.

Esta relación entre el concepto *baah*, 'frente, cabeza' o 'imagen' y los descendientes o hijos acaso pueda aun documentarse en la literatura quiché del siglo XVI, pues en el *Popol Vuh* encontramos el siguiente pasaje:

> no hay quien borre
> no hay quien destruya, tampoco, la imagen del señor
> del guerrero
> del orador
> solamente se queda su hija
> su hijo[168]

El texto original quiché usa la frase *uwäch ajaw* <*u vach ahau*>, 'la imagen del señor', en virtud de que en esa lengua mayance *wäch*, 'cara', y *wächibal*,

[164] Citado por Stephen D. Houston, John Robertson y David S. Stuart, *Quality and Quantity in Glyphic Nouns and adjetives (Calidad y cantidad en sustantivos y adjetivos glíficos)*, Washington, Center for Maya Research, 2001 (Research Reports on Ancient Maya Writing, 47), pp. 42-46. Véase el glosario.

[165] Véase el glosario.

[166] Alfonso Lacadena García-Gallo, "El origen prehispánico de las profecías katúnicas mayas coloniales: antecedentes clásicos de las profecías de 12 Ajaw y 10 Ajaw", en Rogelio Valencia Rivera y Geneviève Le Fort (eds.), *Sacred Books, Sacred Languages: Two Thousand Years of Ritual and Religious Maya Literature. Proceedings of the 8th European Maya Conference. Madrid, November 25-30, 2003*, Markt Schwaben, Verlag Anton Saurwein, 2006 (Acta Mesoamericana, 18), p. 208; Alfonso Lacadena García-Gallo, comunicación personal, 4 de abril de 2008.

[167] Véase Alfonso Lacadena García-Gallo, "El sufijo verbalizador *-Vj* (*-aj* ~ *-iij*) en la escritura jeroglífica maya", en Antonio González Blanco, Juan Pablo Vita Barra y José Ángel Zamora López (eds.), *De la tablilla a la inteligencia artificial*, Zaragoza, Instituto de Estudios Islámicos y del Oriente Próximo, 2003, pp. 847-865.

[168] Michela E. Craveri (trad. y ed.), *Popol Vuh. Herramientas para una lectura crítica del texto k'iche*, México, UNAM-IIFL/Centro de Estudios Mayas, 2013 (Fuentes para el Estudio de la Cultura Maya, 21), p. 69.

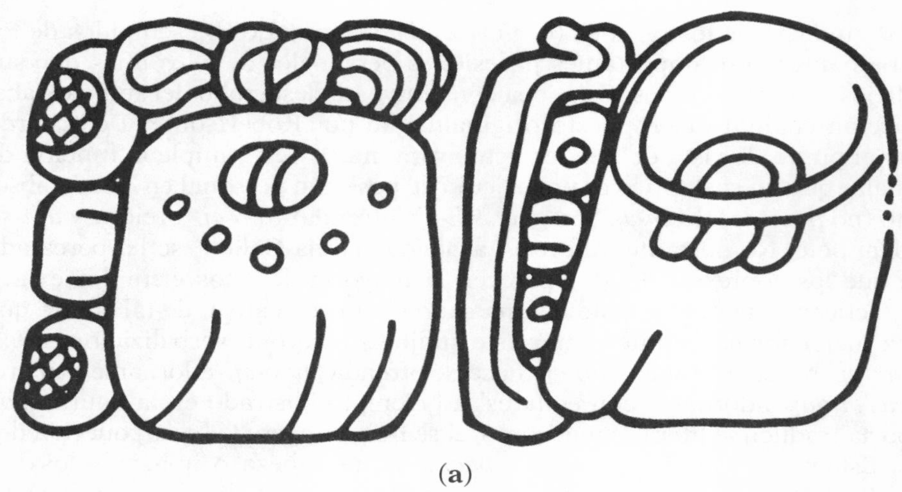

(**a**)

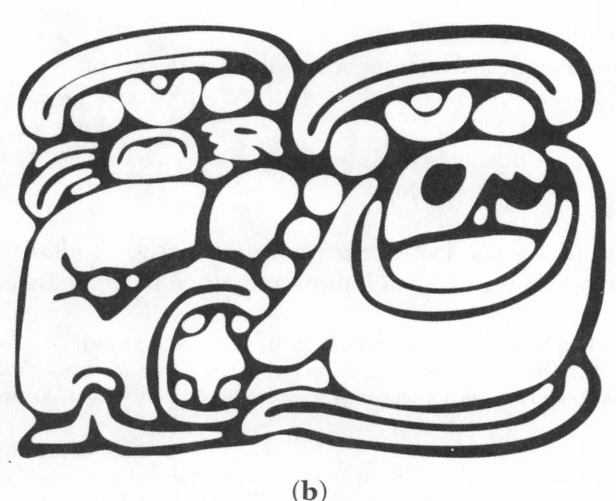

(**b**)

FIGURA II.19. *Relacionadores de parentesco donde interviene el morfema* baah, *'imagen':* (**a**) *Altar U de Copán (K3-L3), Copán, Honduras:* **u-ba-hi u-CH'AB**, ubaah uch'ahb, *'es su imagen, es su creación'; dibujo de Linda Schele; consultado en http://www.ancientamericas.org/es/collection/aa010026;* (**b**) *Estela 7 de Yaxchilán (pC6), Chiapas, México:* **u-BAH-hi u-CH'AB**, ubaah uch'ahb, *'es su imagen, es su creación', tomado de Tate,* op. cit., *p. 194);*

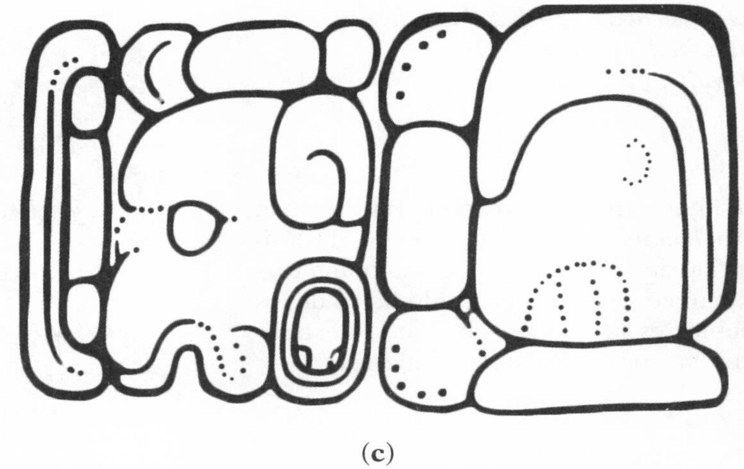

(**c**)

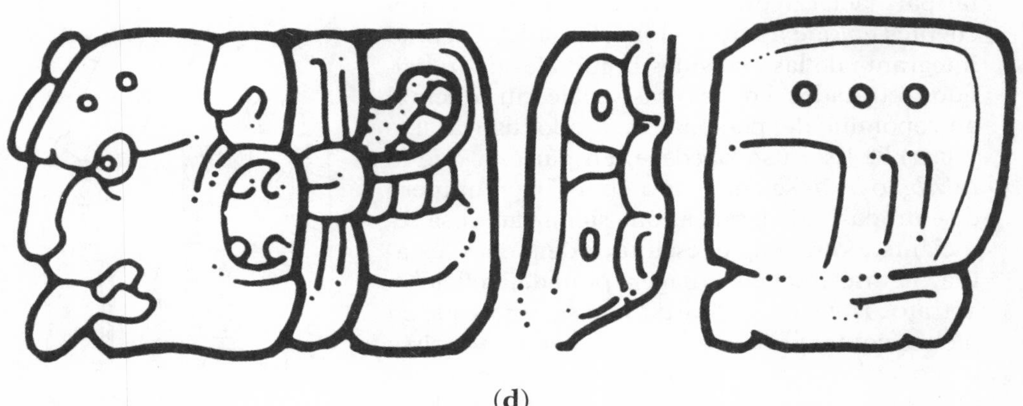

(**d**)

(**c**) *Estela 13 de Naranjo (G1-H1), Petén, Guatemala;* **u-BAH-hi** 1-**TAN-na**, ubaah [u]juntan, *'es su imagen, es su [objeto] querido'; tomado de Graham y Von Euw,* Corpus of Maya…, op. cit., *1975, p. 38;* (**d**) *escalones III (5) y IV (1) de la Escalera Jeroglífica 3 de Tamarindito, Petén, Guatemala:* **BAH-hi-ja u**-[1]-**TAN-na**, baah[a]j ujuntan, *'él se hizo imagen, el [objeto] querido de'; tomado de Houston,* Hieroglyphs and History…, op. cit., *figs. 4-17.*

FIGURA II.20. *Estela 31 de Tikal (lado derecho), Petén, Guatemala; tomada de Jones y Satterthwaite,* op. cit., *fig. 52.*

'estampa, figura, imagen, rostro' o 'retrato', son análogos al *baahis* de las inscripciones del Clásico. El sentido de este pasaje, tal como opina Ruz Lhuillier, parece ser que el parecido físico de los descendientes es lo que se salva de la destrucción definitiva que ocurre tras la muerte.[169]

BAAHIS COMO RETRATO

La discusión lingüística anterior es fundamental para aclarar otro de los contextos más frecuentes en que aparece el morfema *baah:* como integrante de las cláusulas nominales de individuos retratados, en cuyo caso suele introducir al antropónimo del personaje figurado (figuras II.20 y II.21).[170] Este uso obedece, en parte, a que la raíz *ba* o *baah* se encuentra en un buen número de entradas lexicográficas que significan 'cosa semejante a otra, efigie, escultura de piedra, estatua, figura, imagen, imagen pintada, reflejo' o 'retrato'. Houston y Stuart[171] han sugerido que en dichos contextos la frase *ubaah* debe traducirse como 'es su cuerpo' o 'es su ser'. Así, por ejemplo, el texto que se encuentra en el costado derecho de la Estela 31 de Tikal (figura II.20) puede traducirse como 'es la imagen', 'es el cuerpo' o

[169] Alberto Ruz Lhuillier, *Costumbres funerarias de los antiguos mayas,* 1ª reimp., México, UNAM-IIFL/Centro de Estudios Mayas, 1991 [1968], pp. 263 y 265-266.

[170] Tatiana A. Proskouriakoff fue la primera investigadora en asociar el logograma de la tuza (T757/T788), que ahora leemos **BAH**, *baah,* con las nociones de retrato o representación, véase "The Jog and the Jaguar Signs in Maya Writing", *American Antiquity,* vol. 33, núm. 2, 1968, p. 247. Durante algún momento aún no determinado del Clásico Tardío parece haber evolucionado por **acrofonía** en un fonograma **ba**. Para entender el concepto de acrofonía, véase el glosario.

[171] "The Ancient Maya...", *op. cit.,* pp. 77 y 89; Houston, Stuart y Taube, *The Memory of..., op. cit.,* p. 64.

FIGURA II.21. *Panel 12 de Piedras Negras, Petén, Guatemala; dibujo modificado a partir de John Montgomery,* The Monuments of Piedras Negras, Guatemala, *Albuquerque, University of New Mexico-Department of Art and History, 1998.*

'es el ser del antepasado Tay[al][172] Chan K'inich, Nu'n Ya'x Ahiin, el hijo de Jaatz'o'm Kuy...'

Otros de los muchos ejemplos que podrían citarse se encuentran grabados en el Panel 12 de Piedras Negras (figura II.21), donde tres cautivos arrodillados, que procedían de Yaxchilán, Santa Elena y un sitio no identificado, se presentan delante del Gobernante C (*ca.* 514-518 d.C.) acompañados de sus nombres propios.[173] Los antropónimos —incluyendo el del propio soberano— son introducidos por el mismo cartucho jeroglífico: *ubaah,* 'es la imagen', 'es el cuerpo' o 'es el ser de...'

Esto mismo los impulsó a sugerir que las representaciones pictóricas o escultóricas constituyen una transferencia visual de la persona retratada, implicando que de algún modo funcionan como una extensión del cuerpo que les sirve de modelo. De esta forma, el concepto de *baahis,* 'frente' o 'cabeza', como *locus* de la individualidad, fue ampliado al del 'cuerpo' completo, así como al de su 'imagen' tallada en piedra.[174] En otras palabras, el cuerpo-pre-

[172] Para la lectura de *tayal,* 'brillante', véase Albert Davletshin, "La lengua de los así llamados teotihuacanos e interpretaciones protonahuas para sus glosas en las inscripciones jeroglíficas mayas", en María Elena Vega Villalobos y Erik Velásquez García (eds.), *Las escrituras de Mesoamérica,* México, UNAM-DGAPA-IIE, s. f.

[173] Véase Martin y Grube, *op. cit.,* p. 141; Sara Isabel García Juárez, "La historia de Piedras Negras a través de sus inscripciones jeroglíficas: auge y ocaso del linaje de las tortugas", tesis de licenciatura, México, UNAM-FFyL-Colegio de Historia, 2016, pp. 115-116.

[174] Houston, Stuart y Taube, *The Memory of..., op. cit.,* p. 60. O'Neil, *op. cit.,* pp. 3-6, 15, 26 y

sencia de los personajes figurados se encuentra congelado en el tiempo mediante la escultura y la pintura, artes que constituían una extensión duradera de la identidad personal en espacios que trascienden las limitaciones biológicas del cuerpo. Así que las artes visuales, como medios de comunicación, cumplen a cabalidad las funciones del cuerpo-presencia señaladas por Pitarch Ramón, en el sentido de que están hechas para ser vistas y mostradas, pero también para relacionarse socialmente.[175] Ello también implica que para los mayas las imágenes no representan un modelo, sino que se identifican con él.[176] Esta idea sugiere que los mayas concebían las artes gráficas como una encarnación del poder, identidad y esencia de los temas figurados; una especie de transferencia que contrasta radicalmente con la noción objetiva de la tradición "occidental", donde la imagen es sólo una representación de la realidad.[177]

A la luz de lo anterior, resulta obvio que si aceptamos la existencia del sufijo absolutivo /*-aj*/ que proponen Robertson[178] y Zender[179] se niega esta función de las imágenes artísticas como extensiones del cuerpo-presencia, reduciéndolas a meros objetos de posesión personal.

Volviendo a esta cualidad corporal de las representaciones, Houston, Stuart y Taube[180] observaron un detalle importante que subyace bajo el mecanismo maya de figuración: la esencia de algo se transfiere a través de su semejanza física.[181] Pruebas de ello pueden encontrarse en las creencias mági-

58-61, ha desarrollado más la idea de que una parte del alma de los gobernantes mayas se proyectaba o transfería a sus retratos, de manera que las esculturas eran dobles de sus cuerpos sagrados.

[175] Pitarch Ramón, *La cara oculta…*, *op. cit.*, pp. 43-44.

[176] Véase Stuart, "Kings of Stone…", *op. cit.*, pp. 159-160 y 164-165; Houston y Stuart, "The Ancient Maya…", *op. cit.*, pp. 87, 90-91 y 95.

[177] Como en la famosa frase que inspira el libro de Michel Foucault: "esto no es una pipa", *Esto no es una pipa. Ensayo sobre Magritte,* traducción de Francisco Monge, Barcelona, Anagrama, 1981, en oposición a 'es el cuerpo de…', véase Houston y Stuart, "The Ancient Maya…", *op. cit.*, p. 86; véase O'Neil, *op. cit.*, pp. 3-6, 15, 26 y 58-61.

[178] Citado por Houston, Robertson y Stuart, *op. cit.*, pp. 42-46.

[179] "On the Morphology…", *op. cit.*, pp. 200 y 209.

[180] *The Memory of…*, *op. cit.*, p. 61.

[181] Este principio de pensamiento pudo haber impulsado con el tiempo la confección de verdaderos retratos en el arte maya, que extraían las singularidades físicas de sus modelos reales (véase De la Fuente, "El arte del…", *op. cit.*), aunque dichos retratos se restringen a una época específica del Clásico Tardío (siglo VIII) y a las regiones del Usumacinta, Palenque y centro del Petén, véase Erik Velásquez García, "Los vasos de la entidad política de 'Ik' una aproximación histórico-artística. Estudio sobre las entidades anímicas y el lenguaje gestual y corporal en el arte maya clásico", tesis de doctorado, México, UNAM-FFyL/IIE-Posgrado en Historia del Arte, 2009, pp. 234-237. Como quiera que sea, la idea de que algo o mucho de la esencia del modelo se encuentra en los retratos, es un sentimiento humano universal y con raíces muy profundas, véase Ernest H. Gombrich, *La historia del arte,* 17ª ed., Barcelona, Phaidon, [1949] 2006, pp. 40 y 50 y ss.; O'Neil, *op. cit.*, pp. 60-61.

cas de los mayas contemporáneos. Por ejemplo, Wisdom[182] afirma que en el proceso chortí de elaboración de los fetiches que sirven para dañar o matar a un enemigo rige el principio simpatético de que la imagen de la víctima (un muñeco) debe hacerse "tan semejante a ésta como sea posible, y por lo general evoca una o dos de sus características [físicas] sobresalientes", además de recibir el mismo nombre. Prácticas idénticas han sido reportadas entre otros grupos mayenses, como por ejemplo los mayas yucatecos de Chan Kom.[183] De igual forma, las efigies de arcilla, madera o piedra que los extirpadores de idolatrías incautaron a los indios durante el periodo colonial retrataban el rostro de los númenes, puesto que no había separación obvia entre la imagen y la deidad: "los 'ídolos' fueron sus dioses".[184] Estos datos sugieren que la lógica imitativa tiene raíces profundas en el pensamiento indígena.

Por otra parte, y puesto que las estelas mayas eran monumentos conmemorativos de los *k'atuunes* y sus fracciones,[185] también es posible que las representaciones de los gobernantes fueran de algún modo encarnaciones del tiempo,[186] lo cual se suma al hecho mencionado antes de que son personificaciones de los ideales colectivos de la comunidad y, quizá, seres dotados de vitalidad. Esta concepción de la escultura maya como un arte vital o animado ha sido resaltada también por Claude F. Baudez en el caso de los cautivos de guerra grabados en los peraltes de algunas escaleras del periodo Clásico, cuya humillación se perpetuaba cada vez que alguien ascendía al edificio y

[182] *Los chortís de…, op. cit.*, p. 388.

[183] Robert Redfield y Alfonso Villa Rojas, *Chan Kom. A Maya Village,* Washington, Carnegie Institution of Washington, 1934, p. 178.

[184] John F. Chuchiak IV, "The Indian Inquisition and the Extirpation of Idolatry: The Process of Punishment in the Provisorato de Indios in Colonial Yucatan, 1563-1821", tesis doctoral, Nueva Orleans, Tulane University, 2000, pp. 46-47. La traducción es mía. De acuerdo con Christian M. Prager, "A Study of the Classic Maya *k'uh* Concept", en Harri Kettunen *et al.* (eds.), *Tiempo detenido, tiempo suficiente: ensayos y narraciones mesoamericanistas en homenaje a Alfonso Lacadena García-Gallo,* Couvin, Bélgica, European Association of Mayanist, 2018 (Wayeb Publication, 1), pp. 575-588. Consultado en https://www.wayeb.org/wayeb-publication-series/, los mayas del periodo Clásico (300-900 d.C.) hacían distinción entre *k'uh,* 'dios' o 'agente sobrenatural', y *k'uhuul,* 'imagen, ídolo' o 'figuración material del agente en cuestión' (aunque admite que dichas figuraciones en sí mismas también eran agentes). Mientras que en el *Códice de Madrid,* que data del Posclásico Tardío (1350-1541), *k'uh* se aplica a varios dioses o agentes, como también a las estatuas o representaciones figurativas de tales personas sobrehumanas.

[185] Durante mucho tiempo se ha creído que la etimología de la palabra *k'atuun* deriva de *k'al,* 'veinte', y *tuun,* 'año', véase Thompson, *Maya Hieroglyphic Writing…, op. cit.*, p. 145. No obstante, el propio Stuart ha señalado que en los diversos diccionarios coloniales de lenguas mayances no existen entradas lexicográficas que apoyen la acepción de *tuun* como 'año'; en lugar de ello, propone que la palabra *k'atuun* procede del sustantivo compuesto *k'altuun,* 'atadura de piedra', término que era muy empleado en las inscripciones del periodo Clásico para describir un rito asociado con la terminación de esos ciclos de 20 años, conocidos antiguamente como *winikhaab'(?)*, véase "Kings of Stone…", *op. cit.*, pp. 149-150 y 155-156.

[186] *Ibid.*, pp. 167-168; Stuart, *The Order of…, op. cit.*, pp. 252-282; Martin, *Ancient Maya Politics…, op. cit.*, pp. 147-149.

los hollaba con los pies.[187] Mientras esas imágenes perduren, los desventurados cautivos permanecerán por siempre en un estado infeliz.[188] Si ello es así, los escultores, grabadores y pintores precolombinos eran "creadores" en el sentido más amplio de la palabra, puesto que transferían a sus soportes una suerte de existencia animada e individualizada.[189] Luego entonces, plasmar imágenes equivalía para los mayas a transmitirles un cuerpo prefigurado, un cuerpo-presencia, tanto en la pintura como en la escultura,[190] lo cual pudo acentuarse al teñirlas de rojo con cinabrio,[191] o directamente untarlas con sangre[192] para cargarlas de energía,[193] pues este líquido precioso, o su simple semejanza, reforzaba la idea de que estaban vivas.[194] Esta perspectiva sobre las artes visuales de estilo figurativo nos otorga una nueva visión sobre la pintura y la escultura de aquellas sociedades pretéritas en la que, como señala Stephen D. Houston, asistimos a "una visión del cuerpo humano vivo, ejemplificado por la frente, la cabeza, que se extiende a sus representaciones, otorgando al artista, de una manera implícita, un poder taumatúrgico".[195]

Es preciso agregar que las cláusulas nominales que designan a los personajes figurados de vez en cuando están introducidas por la expresión **u-wi-ni-BAH**, *uwinbaah*, 'es su figura' o 'retrato' (figura II.22).[196] *Winbaˀ* <*uinba*> es definida en el *Calepino de Motul* como 'imagen, figura y retrato en

[187] Claude F. Baudez, "Los cautivos mayas y su destino", en Enrique Nalda Hernández (ed.), *Los cautivos de Dzibanché*, México, INAH, 2004, p. 60.

[188] Houston y Stuart, "The Ancient Maya...", *op. cit.*, p. 91. Este tema forma a su vez parte de otro aspecto más amplio de la cosmovisión maya, que es colateral al tema de este libro: el de la animicidad de los "objetos", mencionado en un conocido pasaje del *Popol Vuh*, Craveri, *op. cit.*, pp. 26-29, pero recientemente estudiado en el arte maya clásico, véanse Stephen D. Houston, *The Life Within. Classic Maya and the Matter of Performance*, New Heaven/Londres, Yale University Press, 2014; María Alejandra Martínez de Velasco Cortina, "Cerámica funeraria maya: las vasijas matadas", tesis de maestría, México, UNAM-FFyL-Posgrado en Estudios Mesoamericanos, 2014, pp. 40-44.

[189] Véase Houston y Stuart, "The Ancient Maya...", *op. cit.*, p. 86.

[190] Houston, Stuart y Taube, *The Memory of...*, *op. cit.*, pp. 61 y 64.

[191] Barbara Fash, *The Copan Sculpture Museum: Ancient Maya Artistry in Stucco and Stone*, Cambridge, Peabody Museum Press/David Rockefeller Center for Latin American Studies, Harvard University, 2011, p. 50.

[192] Fray Diego de Landa, *Relación de las cosas de Yucatán*, María del Carmen León Cázares (estudio preliminar, cronología y revisión del texto), México, Conaculta, 1994 (Cien de México), p. 182.

[193] Alfredo López Austin, *Tamoanchan y Tlalocan*, México, FCE, 1994 (Sección de Obras de Antropología), p. 128.

[194] María Teresa Uriarte Castañeda, "Integración plástica en Mesoamérica", manuscrito. Una idea semejante sostiene Scherer, *Mortuary Landscapes of...*, *op. cit.*, p. 79, pero sobre los edificios, cuyas fachadas según él se pintaban de rojo, para mostrar que tienen carne, sangre y vida.

[195] Stephen D. Houston, comunicación personal, 17 de abril de 2015.

[196] Houston y Stuart, "Of Gods, Glyphs...", *op. cit.*, p. 302; "The Ancient Maya...", *op. cit.*, pp. 77, 79 y 82; Stuart, "Kings of Stone...", *op. cit.*, p. 62; Houston, Stuart y Taube, *The Memory of...*, *op. cit.*, pp. 57-101

FIGURA II.22. *Expresión jeroglífica* **u-wi-ni-BAH**, uwinbaah, *'es su imagen, es su retrato, es su escultura' o 'es su talla'; fragmento de estuco del Templo XVIII de Palenque, Chiapas, México, tomado de Schele y Mathews,* The Bodega of..., op. cit., *frag. 431.*

general'.[197] De acuerdo con Stuart,[198] esta palabra proviene de los términos *winik,* 'hombre' o 'persona', y *baah,* 'ser [humano], cuerpo, rostro' o 'persona'. Una interpretación opuesta es la de Chávez Guzmán, quien piensa que el sustantivo maya yucateco *wíinik* más bien procede de *win,* 'imagen, figura', y se refiere al orden, cuenta y medida del tiempo agrícola (*winales* o veintenas).[199] Idea semejante a la de Pitarch Ramón, quien hace descender la palabra tzeltal *winik* de la raíz —presuntamente de origen mixe-zoqueano— *win,* 'aparecer, mostrarse, ser visto'.[200] Ya hemos visto al principio de este capítulo las dificultades cronológicas que existen para argumentar que la palabra proto-maya **winaq* proceda de la familia mixe-zoqueana, aunque ello no significa que ese escenario no sea imposible. Por su parte, Bourdin Rivero opina que el término maya yucateco *winbaˀ* puede descomponerse en el morfema *win,* 'figura' o 'imagen humana', al que se suma *baˀ*—cognado del cholano clásico *baah,* con el significado de 'apariencia'—, dando como resultado el concepto 'apariencia humana', "en tanto reflejo o 'autorreflejo'".[201] Pitarch Ramón opina, como vimos, que la raíz lexémica *win* no procede de la familia lingüística mayance, sino de la mixe-zoqueana, donde ya poseía desde el origen los atributos del cuerpo-presencia por excelencia:

> sospecho que el término *win* fue tomado de las lenguas mixe-zoques, donde está asociado con cosas como el poder (capacidad de hacer algo), el rostro, la superficie,

[197] H. Ramón Arzápalo Marín, *Calepino de Motul. Diccionario maya-español,* vol. I, México, UNAM-DGAPA/IIA, 1995, p. 760.

[198] "Kings of Stone...", *op. cit.,* p. 162. El signo T600 era probablemente el logograma **WIN** en la escritura maya, véase Francisco Estrada-Belli y Alexandre Tokovinine, "A King's Apotheosis: Iconography, Text, and Politics from a Classic Maya Temple at Holmul", *Latin American Antiquity* 27 (2), 2016, pp. 160-161.

[199] Chávez Guzmán, *Cuerpo, enfermedad y..., op. cit.,* pp. 70-71.

[200] Pitarch Ramón, *La cara oculta..., op. cit.,* pp. 42-43.

[201] Bourdin Rivero, *El cuerpo humano..., op. cit.,* p. 98.

el cuerpo, uno mismo (forma reflexiva del pronombre personal), la envoltura y, también, la máscara. Es decir, algo destinado a ser mostrado, pero que también sirve para ver.[202]

Otro de los usos del morfema *baˀ* o *baah* es como un pronombre 'reflexivo',[203] implicando posiblemente la idea de que los retratos mayas tuvieron un carácter autorreferencial.[204] Este principio de autoafirmación adquiere mayor sentido en escenas de carácter narrativo (figura II.21), donde intervienen al menos dos personajes, ya que la idea de un ser individual sólo adquiere sentido dentro de un contexto social, donde cada persona se define en relación con las demás.[205] Por otra parte, siendo la cabeza *(baahis)* el centro de la individualidad, es ahí donde se concentran los actos reflexivos.[206] Si bien ha caído en desuso interpretar como reflexivas la frases *ubaah* que introducen los nombres de los personajes representados en el arte maya (figuras II.20 y II.21), subsiste la idea de que se trata de escenas autorreferenciales, de tal suerte que este sentido pudo subyacer también bajo el concepto de 'imagen, cuerpo-presencia, ser humano' o 'persona'. A este respecto, conviene traer a colación que el gobernante que mandó erigir la Estela 7 de Machaquilá dice haberse visto a sí mismo (**IL-BAH**, *il[a] baah*), sólo 35 días después de que el monolito fue colocado en su sitio.[207] De ello puede deducirse que esa cantidad de días es lo que los escultores necesitaron para grabar el retrato de su soberano en la piedra y quizá para realizar los ritos necesarios a fin de que su cuerpo-presencia *(baahis)* se traslade a ese soporte plástico. Pero este pasaje muestra también que el concepto *baahis* alude a un objeto cuya expectativa es la de ser visto o mostrado. La naturaleza autorreferencial del morfema *baah* es algo que se encuentra extendido principalmente en las lenguas de los subgrupos yucatecano, cholano y tzeltalano, como puede advertirse en este cuadro:

lacandón	*'a bäh*	'(a) ti mismo' (Boot, 2003c: 6)
	'a bäh-o'	'tu(s) compañero(s)' (Boot, 2003c: 6)
	Bäh	refl. 'mismo, persona de uno (referencia reflexivo)' (Boot, 2003c: 6)
	'im bäh	'(a) mí mismo' (Boot, 2003c: 6)

[202] Pitarch Ramón, *La cara oculta…, op. cit.*, p. 43.

[203] Véase Victoria R. Bricker, *A Grammar of Mayan Hieroglyphs,* Nueva Orleans, Tulane University-Middle American Research Institute, 1986 (Publication, 56), pp. 112-113.

[204] Stuart, "Kings of Stone…", *op. cit.*, p. 158.

[205] Houston y Stuart, "The Ancient Maya…", *op. cit.*, pp. 92 y 94.

[206] Houston, Stuart y Taube, *The Memory of…, op. cit.*, p. 60.

[207] David S. Stuart y Stephen D. Houston, *Classic Maya Place Names,* Washington, Dumbarton Oaks Research Library and Collection, 1994 (Studies in Pre-Columbian Art and Archaeology, 33), p. 33, n. 10.

lacandón	*'im bäh-o'*	'mi(s) compañero(s)' (Boot, 2003c: 6)
	-ub'äh	'así mismo (sufijo reflexivo)' (Boot, 2003c: 27)
	'u bäh	'(a) sí mismo' (Boot, 2003c: 6)
	'u bäh-o'	'su(s) compañero(s), sus semejantes' (Boot, 2003c: 6)
yucateco	*-ba*	'sufijo reflexivo' (Swadesh, Álvarez Lomelí y Bastarrachea Manzano, 1991: 35)
mopán	*Bajil*	'sí mismo' (Xoj y Cowoj, 1976: 25)
itzá	*b'ah*	refl. pron. *'self'* (Boot, 2003a: 5)
	b'aj	'uno mismo, sí mismo' (Hofling y Tesucún, 1997: 162)
	b'ajil	'uno mismo, uno a otro' (Hofling y Tesucún, 1997: 162)
	ki-b'ah	*'ourselves'* (Boot, 2003a: 5)
	u-b'ah-i'ih	*'itself'* (Boot, 2003a: 5)
prototzeltalano	**bä*	*'reflexive pronoun base'* (Kaufman y Norman, 1984: 138)
chortí	*Ba*	'marca reflexivo, de hecho es un sustantivo relacional que va siempre poseído, y se presenta después de verbo transitivo' (Schumann Gálvez, s. f.: 6)
	b'a	'a sí mismo' (reflexivo)' (Pérez Martínez *et al.*, 1996: 15)
	Bahan	*'solitude, aloneness, alone, by itself'* (Wisdom, 1950: 577)
	Bahaner	*'alone'* (Wisdom, 1950: 577)
	Bajner	'último, solo, solito; se trata de un sustantivo relacional' (Schumann Gálvez, s. f.: 6)
	Ubahaner	*'by himself, by oneself'* (Wisdom, 1950: 577)
protocholano	**-b'ah*	'pronombre reflexivo' (Kaufman, 1998: 95)
tzotzil	*Ba*	'solo, único, primero, sí mismo' (Delgaty, 1964: 3)
	-ba	'pronombre reflexivo: sí mismo' (Boot, 2003d: 6)
	-bail	'sufijo reflexivo con radical[es] verbales' (Boot, 2003d: 6)
jacalteco	*b'a*	'mismo' (Hecht, 1998: 13)

El propio significado de *baah,* como 'cuerpo' o 'ser [humano]', derivado de su acepción primaria de 'frente' o 'cabeza', sugiere que la parte superior de la testa era considerada como el *locus* de la individualidad o identidad personal.[208] Así parece sugerirlo un número de indicios arqueológicos, epigráficos e iconográficos, que se suman a la evidencia bioarqueológica antes vista relativa a la modificación artificial del cráneo. Por ejemplo, la región de la cabeza o de los ojos era la que recibía mayor daño en el caso de esculturas o pinturas que fueron mutiladas intencionalmente, revirtiendo el proceso de trascendencia que tales retratos tenían respecto al cuerpo biológico.[209] Eberl[210]

[208] Houston y Stuart, "The Ancient Maya...", *op. cit.,* pp. 76-77, 83 y 95.

[209] *Ibid.,* pp. 88, 91 y 95.

[210] *Ibid.,* pp. 56-57.

interpreta este fenómeno cultural como una prueba de que las imágenes eran concebidas como entidades vivas, pues estaban sometidas a los mismos procesos de muerte y sacrificio que los seres humanos. Por su parte, Harri Kettunen nota que la agresión que sufrían estos retratos se concentraba especialmente sobre la nariz, de lo que deduce que los vándalos prehispánicos buscaban acabar con su aliento o hálito vital.[211] Tal como afirma Pitarch Ramón, el cuerpo-presencia —al cual se suscribe el concepto de *winbaah*, 'imagen, figura' o 'retrato'— no sólo implica la idea de algo para ser visto o percibido, sino también de un cuerpo que sirve para ver y percibir.[212] Si ello es así, puede conjeturarse que el proceso de creación artística no se reducía a plasmar la representación perceptible de un modelo, sino que pretendía trasponer un duplicado sutil o espiritual de su materia pesada.[213] De acuerdo con Grube, "los objetos, tales como las estelas, fueron percibidos como seres animados que contenían una esencia vital que hace posible que las piedras hablen".[214] Según López Austin, en la cosmovisión mesoamericana todos los seres mundanos, incluyendo los hechos por el hombre, tienen alma, si bien "hay algunos que se caracterizan por su viveza y por la frecuencia con que se trata de entablar comunicación con ellos".[215] Los complejos ritos, ayunos, abstinencia y autosacrificios que en el siglo XVI describió Landa como parte del proceso creativo de labrar imágenes de dioses, sugieren que para los mayas las actividades de esculpir o pintar iban mucho más allá de la destreza técnica, artística o artesanal.[216] El uso de la sangre como vehículo para transmitir el aliento y lograr la animación de las efigies y relieves es una práctica que todavía subsiste entre algunos especialistas rituales mayas.[217] Tal como afirma Calixta Guiteras Holmes,[218] el éxito de las actividades humanas no obedecía tan sólo al dominio de ciertas técnicas de trabajo, sino a la capacidad

[211] Harri Kettunen, *Nasal Motifs in Maya Iconography. A Methodological Approach to the Study of Ancient Maya Art,* Helsinki, Academia Scientiarum Fennicia, 2006, pp. 300-302.

[212] Pitarch Ramón, *La cara oculta..., op. cit.*, p. 43.

[213] Entre los nahuas del periodo virreinal, un curandero podía escudriñar la entidad anímica *toonalli* (la suerte o destino <*tonalli*>) de un paciente con sólo observar su imagen reflejada en el agua o en un espejo, probablemente porque esa alma era un reflejo o doble de materia sutil del individuo, Jill Leslie McKeever Furst, *The Natural History of the Soul in Ancient Mexico,* Londres/New Haven, Yale University Press, 1995, pp. 88 y 93-95.

[214] Nikolai Grube, "Speaking through Stones: A Quotative Particle in Maya Hieroglyphic Inscriptions", en Sabine Dedenbach-Salazar Sáenz, Carmen Arellano Hoffmann, Eva Köning y Heiko Prümers (eds.), *50 Years of Americanist Studies at the University of Bonn,* Markt Schwaben, Verlag Anton Saurwein, 1998 (Bonner Amerikanistische Studien), p. 543. La traducción es mía.

[215] Alfredo López Austin, comunicación personal, 1° de septiembre de 2014.

[216] Landa, *op. cit.*, pp. 181-182.

[217] Michel Boccara, "Los *aluxes:* mitología de la fabricación de los dioses", en *Los laberintos sonoros. Enciclopedia de mitología yucateca,* t. 7, París, Ductos, 2004 (Psychanalyse et Practiques Sociales), pp. 66 y 74.

[218] *Los peligros del alma. Visión del mundo de un tzotzil,* México, FCE, 1965 (Sección de Obras de Antropología), p. 249.

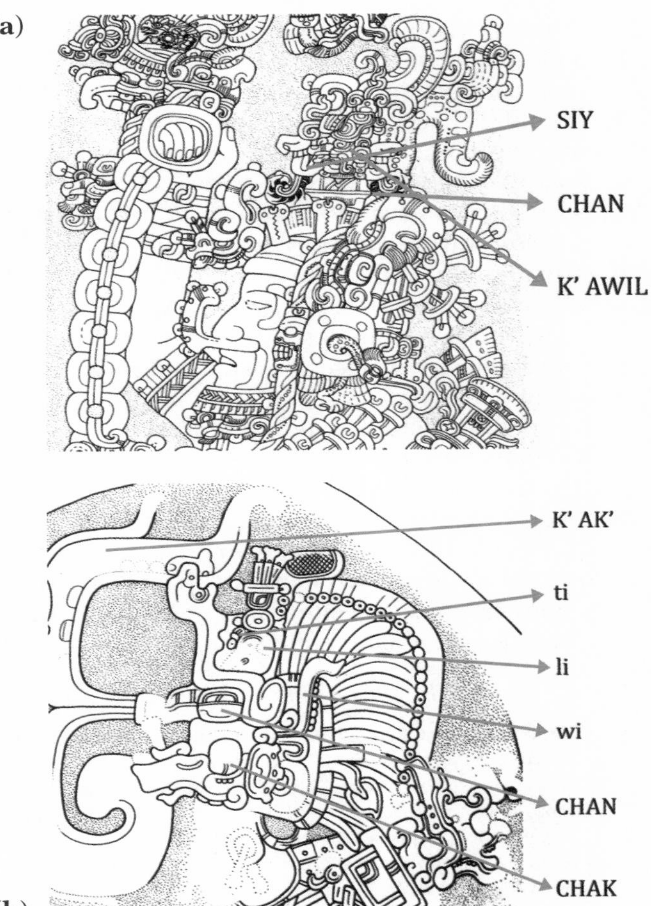

FIGURA II.23. *Antropónimos escritos en el tocado de algunos gobernantes mayas:* (**a**) *Estela 31 de Tikal (lado frontal), Petén, Guatemala; modificada a partir de Jones y Satterthwaite,* op. cit., *fig. 51), representa el nombre de Siyaj Chan K'awiil II (411-456 d.C.);* (**b**) *Estela 22 de Naranjo, Petén, Guatemala; modificada a partir de Graham y Von Euw,* Corpus of Maya…, op. cit., *1975, p. 55, representa el nombre de K'ahk' Tiliw Chan Chaahk (693-728 d.C.).*

ritual del artista o artesano, que mediante conjuros, ayunos y oraciones trataba de granjearse la voluntad anímica de los materiales y los instrumentos de trabajo.

Baahis y *winbaah,* desde luego, no son los únicos sustantivos de las inscripciones mayas que aluden al cuerpo-presencia, pero sí, quizá, los que lo expresan en su plenitud. Tal como argumenta Pitarch Ramón[219] en el caso de los tzeltales contemporáneos, es probable que esas partes pesadas del cuerpo humano —criaturas del ecúmeno— tengan un correlato de materia ligera o espiritual, originado en el ámbito sobrenatural.[220]

[219] *La cara oculta…, op. cit.,* pp. 52-56.

[220] Entre los nahuas antiguos, para quienes el *toonalli* o <*tonalli*> se manifestaba también

Por otra parte, el tocado o zona superior de la cabeza (figura II.23) era el sitio predilecto para integrar los jeroglifos antroponímicos en representaciones con estilo emblemático que entremezclan imágenes y textos en un mismo plano,[221] hecho que refuerza de forma iconográfica esa asociación del nombre propio con el morfema *baah* (figuras II.20 y II.21). Es, pues, probable que para los mayas clásicos, además de los hijos[222] y de los retratos, los nombres personales hayan formado parte del cuerpo-presencia, si bien, como veremos, los antropónimos posiblemente estaban ligados con un componente o entidad anímica llamada *k'ihn* o *k'ihnil.* Un indicio de que el cuerpo-presencia *baahis,* 'frente', se encuentra estrechamente ligado con los nombres propios, reside en que los cautivos de guerra, quienes son degradados a la categoría de cuerpo-carne, no suelen llevar los jeroglifos nominales en la cabeza, sino en los muslos y en otros lugares del cuerpo.[223] *Ubaah,* 'es su cuerpo', entendido como cuerpo-presencia o 'a sí mismo', no es más que la extensión semántica de *baahis:* 'frente, cabeza, rostro, semblante' e 'imagen'.

La asociación de la cabeza con el antropónimo hizo que en un principio Houston y Stuart[224] sugirieran la existencia de un posible componente anímico maya semejante al *toonalli* o *<tonalli>,* que se alojaba en la cavidad craneal y conllevaba el nombre y la reputación del individuo.[225] Fitzsimmons[226] y yo[227] acogimos esta idea con entusiasmo y llegamos a sugerir que *baahis* correspondía a un tipo de alma o entidad anímica. No obstante, gracias al intercambio

como un aliento vital, las imágenes de los dioses y nobles contenían una porción de esa entidad anímica, McKeever Furst, *op. cit.,* pp. 66 y 95.

[221] Véase Houston y Stuart, "The Ancient Maya...", *op. cit.,* p. 83; Martínez González y Núñez Enríquez, *op. cit.,* p. 219; Scherer, "El ser, la...", *op. cit.,* p. 534. "Se considerará como emblema a una imagen u objeto que se usa para representar una noción o idea sobre una persona, y que muchas veces sirve como un icono para identificarla. Al ser un nombre-emblema, esta imagen puede ser, además, la representación gráfica de su antropónimo", Salazar Lama, *op. cit.,* p. 24. Estos jeroglifos nominales sobre los tocados caen en la categoría de textos incrustados en las escenas, de la que habló Janet Catherine Berlo, "Conceptual Categories for the Study of Texts and Images in Mesoamerica", en Janet Catherine Berlo (ed.), *Text and Image in Pre-Columbian Art. Essays on the Interrelationship of the Verbal and Visual Arts,* Oxford, British Archaeological Series, 1983, pp. 2 y 11-17.

[222] Véase la figura II.19.

[223] Scherer, "El ser, la...", *op. cit.,* p. 535.

[224] "The Ancient Maya...", *op. cit.,* pp. 91-92 y 95.

[225] No hay que olvidar que para los nahuas antiguos el *toonalli* se concentraba en la cabeza, era una imagen o reflejo del individuo y se asociaba con el destino y el nombre propio, López Austin, *Cuerpo humano e..., op. cit.,* vol. I, pp. 228-243; McKeever Furst, *op. cit.,* p. 95. En una brillante observación, Christina T. Halperin ha señalado que muchas figuras representadas en el arte maya llevaban los instrumentos de sus oficios en el tocado; por ejemplo, pinceles y tinteros en el caso de los escribas, o husos con fibra enrollada en el caso de las tejedoras, pues dichos implementos colocados sobre la cabeza enfatizaban sus identidades personales, *op. cit.,* p. 114.

[226] *Death and the Classic Maya Kings,* Austin, University of Texas Press, 2009 (The Linda Schele Series in Maya and Pre-Columbian Studies), pp. 42 y 47.

[227] "Los vasos de...", *op. cit.,* pp. 523-570; "Las entidades y...", *op. cit.,* pp. 242-244.

académico que he sostenido con Houston[228] he cambiado mi punto de vista,[229] razón por la que en este libro tan sólo considero que *baahis* es un aspecto corporal de materia pesada, demasiado cercano al concepto de cuerpo-presencia que fue acuñado por Pitarch Ramón.[230] No obstante, conviene apuntar que todos los rincones del cuerpo están impregnados por sustancias etéreas y vitales de carácter espiritual, de manera que si bien *baahis* no puede interpretarse

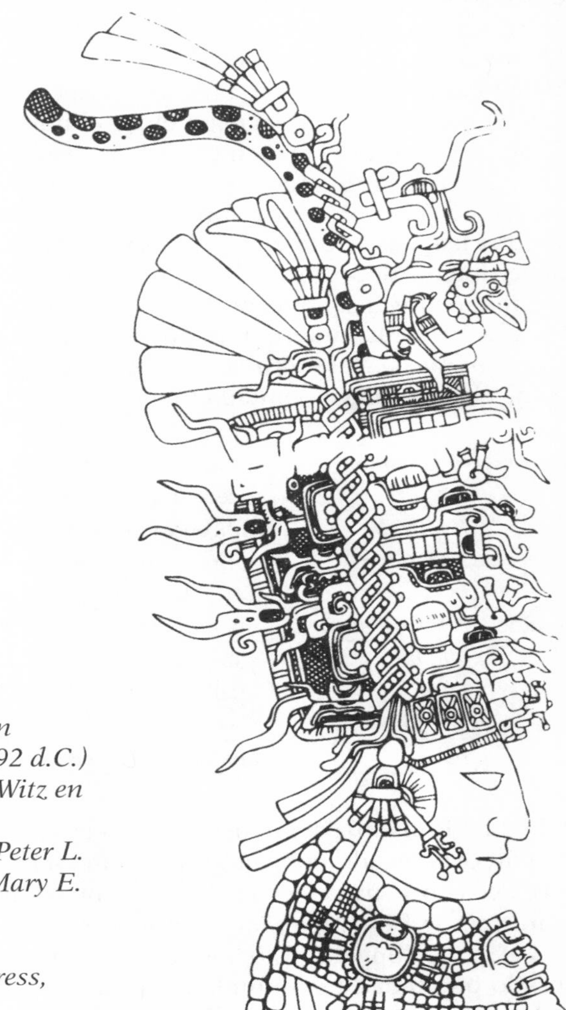

FIGURA II.24. *Detalle del gobernante Yajaw Chan Muwaan II (776-*ca. *792 d.C.) con el topónimo Usiij Witz en el tocado; Estela 2 de Bonampak; dibujo de Peter L. Mathews, tomado de Mary E. Miller,* The Murals of Bonampak, *Princeton, Princeton University Press, 1986, fig. 20.*

[228] Comunicación personal, 16 de abril de 2015.
[229] Véase Velásquez García, "Las entidades y…", *op. cit.*, pp. 179-180.
[230] *La cara oculta…, op. cit.*, pp. 42-47.

como una entidad anímica, sí parece constituir al menos un lugar de tránsito anímico de gran importancia, razón por la que no se puede proyectar sobre ningún soporte sin estar acompañado por su(s) contraparte(s) sutil(es). Por otra parte, ya veremos con más detalle cómo el nombre personal podría estar ligado con el componente anímico calorífico, energético y luminoso llamado *k'ihn* o *k'ihnil,* y que este último podría salir o ingresar en el cuerpo por una de las fontanelas, si bien se distribuía por todo el cuerpo a través de la sangre. En los capítulos siguientes trataré de explicar la naturaleza del *k'ihn* o *k'ihnil* y de los otros componentes anímicos o ligeros.

A raíz de lo anterior creo que, tal como sospechaban Houston y Stuart, es innegable que existe una asociación entre el nombre propio y la cabeza. Algunas lenguas mayances parecen conservar restos de esta remota asociación, especialmente en relación con el "sobrenombre" o "apellido". Mientras que en kekchí, por ejemplo, existe una conexión directa con la palabra *ba: (baah),* en otras lenguas se utiliza la expresión *joˀol k'aabaˀ,* 'cabeza del nombre.' De acuerdo con Bourdin Rivero, en este caso el morfema *joˀol* <*hool*> "alude principalmente al significado 'sobre', relacionado con la superioridad de la 'cabeza'".[231] Un caso interesante podría esconderse detrás del ejemplo lacandón, puesto que la frase *uk'abah,* 'su nombre', parece tener algo que ver con la idea de efigie o imagen pintada *(winbaah):*

lacandón	*'u k'abah*	'su nombre (referencia a ciertas pinturas de los incensarios ceremoniales)' (Boot, 2003c: 15)
yucateco	*hool kaba*	'sobrenombre' (Arzápalo Marín, 1995: 321)
	ho'l kab-a	'sobrenombre' (Swadesh, Álvarez Lomelí y Bastarrachea Manzano, 1991: 54)
prototzeltalano	**(s-)xol bih(il)-il*	'apellido' (Kaufman, 1998: 123)
tzotzil	*gholbil*	'sobrenombre' (Hidalgo, 1989: 217)
	jol-bi	'apellido' (Boot, 2003d: 15)
	sjol jbi	'mi apellido' (Boot, 2003d: 15)
kekchí	*ba:*	'apellido' (Haeserijn V., 1979: 49)

En la Estela 2 de Bonampak el gobernante Yajaw Chan Muwaan II (776-*ca.* 792 d.C.) aparece ataviado con un gran nombre-emblema sobre la cabeza (figura II.24). Pero no se trata de su nombre o antropónimo personal, sino del topónimo mismo de Bonampak, que durante el periodo Clásico se llamaba Usiij Witz, 'Cerro del Zopilote'. Ello nos hace recordar que los mayas pudieron haber pensado que toda la comunidad estaba representada en los retratos oficiales del gobernante, toda vez que él era la encarnación de las aspiraciones

[231] Bourdin Rivero, *El cuerpo humano…, op. cit.,* p. 196.

FIGURA II.25. *Detalle del Vaso Regio del Conejo o K1398; fotografía de Justin Kerr, tomada del archivo fotográfico de Kerr, consultado en http://research.mayavase.com/kerrmaya_hires.php?vase=1398.*

y valores del pueblo.[232] Y por ello el topónimo Usiij Witz se encuentra en un lugar privilegiado para ser visto y mostrado: sobre la cabeza del mandatario mismo y en medio de la plaza. Siendo un poco más audaces, podríamos especular que la ciudad misma era una extensión o proyección agrandada del cuerpo-presencia del gobernante, aunque este asunto requiere mayor argumentación y reflexión.

LA INDUMENTARIA COMO PARTE DEL CUERPO-PRESENCIA

Otro contexto interesante de la expresión *baahis* se encuentra en el Vaso Regio del Conejo (K1398) (figura II.25), que procede de la zona oriental del Petén. De acuerdo con la interpretación de Dmitri Beliaev y Albert Davletshin,[233] el Dios L (Itzamaat) desnudo pregunta respetuosamente al conejo por sus pertenencias: **i-li-ki ta**? **ni-MAM ba-ya ni-bu-ku**?**-ja ta-**? **ni-BAH**, *ilik ta... niman bay*

[232] Como afirma John M. D. Pohl, la indumentaria no siempre sirve para identificar a un individuo, sino a una colectividad de personas involucradas en actividades conjuntas, lazos étnicos o políticos, John M. D. Pohl, *Codex Zouche-Nuttall: Notebook for the Third Mixtec Pictographic Writing Workshop,* Austin, University of Texas at Austin-Department of Art History and the Maya Meetings at Austin, 14-19 de marzo de 1994, p. 16.

[233] Dmitri Beliaev y Albert Davletshin, "Los sujetos novelísticos y las palabras obscenas: los mitos, los cuentos y las anécdotas en los textos mayas sobre cerámica del periodo Clásico", en Rogelio Valencia Rivera y Genèvieve Le Fort (eds.), *op. cit.,* p. 25.

nibu[h]k ...j ta... nibaah, '¿y si vea mi nieto..., dónde está mi traje y... mi imagen?' Efectivamente, *buhk* significa 'ropa', mientras que *baahis,* 'imagen', en este caso se encuentra poseído en primera persona del singular: *nibaah.* Podría pensarse que este pasaje simplemente se refiere a que el atuendo del Dios L equivale a su propia impronta o personalidad. No obstante, la idea que se oculta detrás de este uso del morfema *baah* puede ser un poco más profunda. De acuerdo con las creencias mágicas de varios grupos mayenses contemporáneos, es necesario que los fetiches de brujería —expresiones modernas de *baahis* o *winbaah*— sean elaborados con trozos de la ropa que usó la víctima,[234] o bien, el daño puede ejecutarse sepultando bajo tierra una prenda de su vestido.[235] De este modo, si tomáramos en cuenta estos datos comparativos etnográficos, puede conjeturarse o sospecharse que el Dios L pregunta por su ropa, al mismo tiempo que por la fracción de una parte de su cuerpo y de su identidad *(baahis),* que podría ser usada por el conejo para infligirle hechicería. Desde luego, esta interpretación es sólo tentativa, pues no podemos afirmar que en este caso la analogía etnográfica refleje ideas del pasado clásico, pero nos deja con la inquietud de que así haya sido, al tiempo que abre una nueva ruta de investigación futura. De hecho, Pitarch Ramón[236] ha encontrado que la ropa y los adornos forman parte del cuerpo-presencia entre los tzeltales contemporáneos, razón por la que dichos elementos podrían sumarse a los hijos, a los retratos y a los nombres personales como parte del cuerpo perceptible socialmente.[237] Y no olvidemos que en pocomchí occidental moderno la ropa forma parte de los sustantivos inalienables del cuerpo.[238]

Antes de cerrar este capítulo, es preciso agregar que en las inscripciones mayas existe otro término para "cabeza", que puede estar escrito mediante un logograma **JOL** (figura II.9) o por medio de la secuencia silábica **jo-lo**;[239] algunas veces suele tener la acepción de 'cráneo'[240] y sin duda procede del

[234] Redfield y Villa Rojas, *op. cit.,* p. 178; Wisdom, *op. cit.,* pp. 386 y 388; véase también Pedro Pitarch Ramón, *Ch'ulel: una etnografía de las almas tzeltales,* 1ª reimp., México, FCE, 2006 (Sección de Obras de Antropología), p. 45.

[235] William R. Holland, *Medicina maya en los Altos de Chiapas,* Daniel Caséz Menache (trad.), 2ª reimp., México, INI/Conaculta, 1989 (Colección Presencias), p. 148.

[236] *La cara oculta..., op. cit.,* p. 42.

[237] De acuerdo con López Austin, uno de los significados principales de la palabra *toonalli* o <*tonalli*> es el de "cosa que está destinada o es propiedad de determinada persona", idea que marca un derecho de exclusividad sobre ciertos bienes de lujo (joyas, plumas, mantas ricas, pintura facial, etc.), que eran privilegio sólo de los nobles y los dioses, *Cuerpo humano e..., op. cit.,* vol. I, pp. 237-238; véase también McKeever Furst, *op. cit.,* pp. 95, 137 y 176.

[238] Romelia Mó Isém, "Fonología y morfología del poqomchi' occidental", tesis de licenciatura en lingüística, Guatemala, Universidad Rafael Landívar-Facultad de Humanidades-Departamento de Letras y Filosofía, 2006, pp. 71-73 y 293.

[239] Boot, "The Updated Preliminary...", *op. cit.,* p. 86.

[240] Véase Lacadena García-Gallo, "Naturaleza, tipología y...", *op. cit.,* p. 61.

protomaya *jo'l,[241] cuyo descendiente yucateco es jo'ol.[242] Por alguna razón, esta palabra no admite el sufijo de posesión inalienable /-is/ descubierto por Zender,[243] y nunca invade los contextos donde aparece *baah* o *baahis,* pues de hecho se trata de un sustantivo neutro, en virtud —como dije antes— de que no adoptan sufijo alguno ni en su forma absoluta ni cuando está acompañado por pronombres posesivos, salvo en la llamada "posesión íntima".[244] Ello me hace suponer que *jol* o *jo'l* designaba tan sólo al cráneo o región anatómica de la cabeza de forma general, mientras que la acepción primaria *baahis* era la frente y tenía amplias connotaciones identitarias y personales.

La frente, cabeza o rostro *(baahis)* constituye una manifestación de la esencia individual y por extensión alude a toda la persona. De esta forma, la semántica de la frente *(baahis)* como *locus* de la personalidad fue extendida al cuerpo entero *(baahis),* a su imagen tallada en piedra *(baahis),*[245] a los hijos (*ubaah uch'ahb* y *ubaah ujuntan*), a su reflejo o duplicado artístico *(baahis)* en su acepción de 'cosa semejante a otra' o *winbaah,* al nombre personal y probablemente también a la ropa y los adornos personales. Menos probablemente, aunque posible en el caso exclusivo del gobernante, *baahis* puede proyectarse al pueblo o ciudad donde gobernaba, pues los mandatarios encarnaban las aspiraciones e ideales del pueblo. Todos ellos pudieron haber formado parte del cuerpo-presencia, objeto o conjunto de objetos que sirven para ser mostrados, pero también para percibir el mundo, por lo que en maya yucateco del siglo XVI la frase <*ucucutil ubah*>, 'el cuerpo de la imagen', alude al conjunto de los sentidos corporales.[246]

[241] Terrence S. Kaufman y William M. Norman, "An Outline of Proto-Cholan Phonology, Morphology and Vocabulary", en John S. Justenson y Lyle Campbell (eds.), *Phoneticism in Mayan Hieroglyphic Writing,* Albany, Institute of Mesoamerican Studies, 1984 (Publication, 9), p. 122.

[242] Juan Ramón Bastarrachea Manzano, Ermilo Yah Pech y Fidencio Briceño Chel, *Diccionario básico español-maya-español,* 4ª ed., Mérida, Maldonado Editores, 1998, p. 19. Consultado en http://www.mayas.UADY.mx/diccionario.

[243] "On the Morphology...", *op. cit.,* pp. 200-204.

[244] Por ejemplo, *jo'l,* 'cráneo' (forma absoluta), *ujo'l,* 'su cráneo' (forma poseída) y *ujo'lil winik,* 'el cráneo del hombre' (posesión íntima), véase Alfonso Lacadena García-Gallo, "Gramática maya jeroglífica", material didáctico inédito elaborado con motivo de los talleres de escritura jeroglífica maya que tuvieron lugar en el marco de la 15th European Maya Conference, Madrid, Museo de América, del 30 de noviembre al 2 de diciembre de 2010, pp. [3-4].

[245] Houston, Stuart y Taube, *The Memory of..., op. cit.,* p. 64.

[246] Bourdin Rivero, *Las emociones entre..., op. cit.,* p. 78.

III. LA ENTIDAD ANÍMICA *O'HLIS*

DIVERSOS autores han notado que entre los grupos mesoamericanos suele considerarse que los principales componentes anímicos se concentran en el corazón y fluyen por la sangre. Los signos vitales y las diversas funciones psíquicas son responsabilidad conjunta y compartida de los distintos elementos anímicos, que en su mayor parte se ubican en el interior del cuerpo, aunque pueden salir de él de forma temporal o definitiva. Las almas o entidades anímicas no son componentes singulares e indivisibles, sino un continuo de fenómenos internos y externos cuya asociación se disuelve tras la muerte,[1] ganan o pierden características a lo largo de la vida, se interconectan o incluso se confunden o invaden entre sí.[2] En el fondo pienso que se comportan igual que los dioses mejor conocidos o estudiados del panteón mesoamericano, pues parecen tener la capacidad de fisionarse y fusionarse siguiendo el patrón de los números sagrados,[3] lo cual se refleja en la iconografía maya clásica a través del fenómeno de la **teosíntesis**, "convergencia pictórica de una deidad, criatura, objeto o material".[4] Estas características caleidoscópicas, mutables y proteicas son en parte lo que dificulta la comprensión y la descripción de sus atributos.

ESENCIA DE MAÍZ

Los datos etnográficos son extremadamente consistentes en el sentido de que el músculo cardiaco, el pericardio y lo que lo rodea, incluyendo algunas veces los pulmones, el hígado y el epigastrio, constituyen el centro anímico más importante en que creen los mayas,[5] situación que es aplicable también

[1] Jill Leslie McKeever Furst, *The Natural History of the Soul in Ancient Mexico,* Londres/New Haven, Yale University Press, 1995, p. 182.

[2] Roberto Martínez González, *El nahualismo,* México, UNAM-IIH, 2011 (Serie Antropología, 19), p. 501.

[3] Alfredo López Austin, "Nota sobre la fusión y la fisión de los dioses en el panteón mexica", *Anales de Antropología,* vol. 20, núm. 2, 1983, pp. 75-87; "Modelos a distancia: antiguas concepciones nahuas", en Alfredo López Austin (coord.), *El modelo en la ciencia y la cultura,* México, UNAM/Siglo XXI Editores, 2005 (Cuaderno del Seminario de Problemas Científicos y Filosóficos de la UNAM, 1), p. 74.

[4] Esta definición es obra de Simon Martin y la traducción es mía, véase "The Old Man of the Maya Universe: A Unitary Dimension to Ancient Maya Religion", en Charles Golden, Stephen D. Houston y Joel Skidmore (eds.), *Maya Archaeology 3,* San Francisco, Precolumbia Mesoweb Press, 2015, p. 210.

[5] Véase Roberto Martínez González, "Las entidades anímicas en el pensamiento maya", *Estudios de Cultura Maya,* vol. XXX, 2007; Javier Hirose López, *Suhuy máak. Las concepciones sobre el*

para el periodo novohispano, como lo han mostrado algunos investigadores.[6] Si estas creencias fueran extendidas hasta el remoto periodo Clásico serían capaces de explicar diversos problemas. Como primer punto, en el sistema de escritura jeroglífica existe un componente anímico que se representa por medio de la secuencia silábica **o-la** (figura III.1c) o del signo T506 del catálogo de jeroglifos mayas de Thompson (figura III.1a y b),[7] una grafía o signo-palabra **polivalente**[8] que tiene los valores logográficos de **OL**, *oʔhl,* 'corazón, centro' o 'ánimo',[9] y de **WAJ**, *waaj,* 'tamal' o 'tortilla', dependiendo de su contexto y de los **complementos fonéticos**[10] con los que interactúe. Taube[11] sugirió que el origen icónico de ese signo procede de la representación pictórica de un tamal *(waaj),* alimento que probablemente constituía la modalidad principal en que los mayas del periodo Clásico consumían el maíz.[12] Zender halló sustento adicional para esa interpretación de Taube al descifrar un logograma o signo-palabra con el valor de **WE**ʔ, *weʔ,* 'comer', en el vaso K6080 (figura III.2);[13] el aspecto icónico de ese signo no es otro que el de un rostro humano con un tamal en la boca. Houston, Stuart y Taube[14] opinan que el corazón entre los mayas clásicos fue representado por medio de un tamal simbólico, a causa

cuerpo y la persona entre los mayas de la región de los Chenes, Campeche, Campeche, Secretaría de Cultura del Estado de Campeche, 2015, pp. 103-104 y 135-136.

[6] Véase Robert M. Hill II y Edward F. Fisher, "States of Heart. An Etnohistorical Approach to Kaqchikel Maya Etnopsychology", *Ancient Mesoamerica,* vol. 10, núm. 2, otoño de 1999; Gabriel L. Bourdin Rivero, *El cuerpo humano entre los mayas. Una aproximación lingüística,* Mérida, UADY, 2007 (Tratados, 27), pp. 129-149; Mónica Chávez Guzmán, *Cuerpo, enfermedad y medicina en la cosmología maya del Yucatán colonial,* Mérida, UNAM-Centro Peninsular en Humanidades y Ciencias Sociales, 2013 (Monografías, 18), pp. 69-122.

[7] J. Eric S. Thompson, *A Catalog of Maya Hieroglyph,* Norman, University of Oklahoma Press, 1962 (The Civilization of American Indian Series).

[8] Véase el glosario.

[9] De acuerdo con David Freidel, Linda Schele y Joy Parker, *Maya Cosmos. Three Thousand Years on the Shaman's Path,* Nueva York, Quill William Morrow, 1993, p. 441, n. 23, fue Nikolai Grube el epigrafista que descifró el signo T506 como un logograma **OL**, *oʔhl,* aunque según Dmitri Beliaev y Stephen D. Houston, "A Sacrificial Sign in Maya Writing", *Decipherment Blog. Mesoweb,* 2020. Consultado en https://mayadecipherment.com/2020/06/20/a-sacrificial-sign-in-maya-writing/, tal desciframiento es obra de Houston en 1989. Andrea J. Stone y Marc U. Zender, *Reading Maya Art. A Hieroglyphic Guide to Ancient Maya Painting and Sculpture,* Nueva York, Thames and Hudson, 2011, p. 229, opinan que existe una homofonía entre la palabra *ohl (sic),* 'corazón' y *ohl,* 'masa de maíz'.

[10] Véase el glosario.

[11] Karl A. Taube, "The Maize Tamale in Classic Maya Diet, Epigraphy, and Art", *American Antiquity,* vol. 54, núm. 1, 1989, pp. 31-51.

[12] Nikolai Grube, "Tortillas y tamales: el alimento de los hombres de maíz y de sus dioses", en Nikolai Grube (ed.), *Los mayas. Una civilización milenaria,* Colonia, Könemann, 2001, p. 81.

[13] Marc U. Zender, "A Study of two Uaxactun-Style Tamale-Serving Vessels", en Justin Kerr (ed.), *The Maya Vase Book: A Corpus of Rollout Photographs of Maya Vases,* vol. 6, Nueva York, Kerr Associates, 2000, pp. 1042-1044.

[14] Stephen D. Houston, David S. Stuart y Karl A. Taube, *The Memory of Bones: Body, Being, and Experiencie among the Classic Mayas,* Austin, University of Texas Press, 2006, p. 123.

FIGURA III.1. *Formas poseídas y absolutas del morfema* oˀhl, *'corazón, centro' o 'ánimo':* (**a**) *Altar no numerado de El Perú, Petén, Guatemala:* **yo-OL-la**, yoˀhl, *'su corazón'; dibujo de Linda Schele, consultado en http://www.ancientamericas.org/es/node/10645;* (**b**) *Tablero del Palacio de Palenque (E14), Chiapas, México:* **OL-si**, oˀhl[i]s, *'corazón'; tomado de Merle Greene Robertson,* The Sculpture of Palenque, *vol. III:* The Late Buildings of the Palacio, *Princeton, Princeton University Press, 1985, lám. 258;* (**c**) *ornamento de concha de la Galería de Arte de la Universidad de Yale:* **o-la-si**, o[ˀh]l[i]s, *'corazón'; dibujo de David S. Stuart; tomado de Zender, "On the Morphology…",* op. cit., *p. 201.*

FIGURA III.2. *Logograma* **WE?**, we?, *'comer'; plato K6080: I; dibujo tomado de Marc U. Zender, "A Study of two Uaxactun-Style Tamale-Serving Vessels", en Justin Kerr (ed.),* The Maya Vase Book: A Corpus of Rollout Photographs of Maya Vases, *vol. 6, Nueva York, Kerr Associates, 2000, p. 1043.*

de que constituía el alimento principal de los númenes, especialmente del dios solar.[15] Otra razón pudiera residir en que sólo los alimentos hechos de maíz son capaces de generar tejidos y líquidos vitales, opinión que sostienen los tojolabales modernos.[16] Y aunque se trata de un hecho ampliamente conocido, conviene recordar que, de acuerdo con el *Popol Vuh,* los hombres de la creación vigente están hechos de maíz,[17] idea que ratifican los *Anales de los cakchiqueles,* agregando que la masa de maíz con la cual se formó la carne del hombre fue amasada con la sangre del tapir y de la culebra,[18] probables símbolos respectivos del Dios Padre y de la Diosa Madre (la Pareja Divina).[19] Además,

[15] Daniel Moreno Zaragoza opina que el jeroglifo de *o'hlis* tiene forma de tamal debido a que el corazón anímico era el alimento anecuménico o sobrenatural de los *wahyis,* "Transformación onírica: naturaleza, expresiones y funciones de los wahyis mayas clásicos", tesis doctoral, México, UNAM-FFYL/IIFL-Posgrado en Estudios Mesoamericanos, 2020, p. 176. Según los datos reportados por López García, entre los chortís contemporáneos, soñar que uno come tamales proporciona información sobre el alma y el corazón, Julián López García, "Presencia y significado de la muerte en la cultura maya ch'orti", en Andrés Ciudad Ruiz *et al.* (eds.), *Antropología de la eternidad: la muerte en la cultura maya,* Madrid, Universidad Complutense-Facultad de Geografía e Historia-Departamento de Historia de América II (Antropología de América)-Sociedad Española de Estudios Mayas/UNAM-IIFL/Centro de Estudios Mayas, 2003 (Publicaciones de la Sociedad Española de Estudios Mayas, 7), p. 510.

[16] Mario Humberto Ruz Sosa, *Copanaguastla en un espejo: un pueblo tzeltal en el virreinato,* 2ª ed., México, Conaculta-DGP/INI, 1992 (Colección Presencias, 50), p. 159, n. 34.

[17] Michela E. Craveri (trad. y ed.), *Popol Vuh. Herramientas para una lectura crítica del texto k'iche',* México, UNAM-IIFL/Centro de Estudios Mayas, 2013 (Fuentes para el Estudio de la Cultura Maya, 21), pp. 132-134.

[18] Adrián Recinos Ávila, *Memorial de Sololá. Anales de los cakchiqueles. Título de los Señores de Totonocapán,* 2ª ed., México, FCE, 2013, pp. 53-54.

[19] López Austin, "Modelos a distancia...", *op. cit.,* p. 74; con relación a este mito Mercedes de la Garza Camino dice que el tapir es el amante de la Diosa Madre, mientras que la serpiente es el principio vital cósmico por excelencia, *El universo sagrado de la serpiente entre los mayas,* México, UNAM-IIFL/Centro de Estudios Mayas, 1984, p. 74.

como hemos visto, la modificación craneal tabular oblicua practicada por los mayas durante el periodo Clásico tenía entre sus propósitos que el cuerpo-presencia emulara la forma del maíz, arquetipo de vida y de conducta de los seres humanos, que se acentuaba al amarrar y tonsurar el cabello "para replicar la panoja de la punta de la mazorca del maíz maduro".[20] En consonancia con la idea de encubrir o envolver, que constituye uno de los meollos del pensamiento maya relacionado con las concepciones del cuerpo humano, no creo que sea casualidad que el aspecto figurativo del jeroglifo T506 (figura III.1a y b) represente una bola de masa de maíz envuelta en una gran hoja verde,[21] situación que alude al alma esencial *o'hlis* (espíritu del maíz) envuelta dentro del cuerpo humano, que a su vez está hecho de maíz. Tal como observa Chávez Guzmán, el hecho de que en el *Popol Vuh* sólo los hombres hechos de maíz eran poseedores de la palabra, la conciencia y la capacidad de adorar a sus creadores, revela que esa sustancia no sólo era energía vital, sino también voluntad y esencia.[22] Con ella coinciden Gabrielle Vail y Christine Hernández, quienes sostienen que la gente sin corazón que se menciona en el *Chilam Balam de Chumayel* puede ser equiparada a los hombres de madera del *Popol Vuh,* quienes carecían de conocimiento y por ello eran incapaces de sustentar a los dioses que los habían creado.[23] Sólo los humanos de maíz poseen realmente un corazón y por ello tienen entendimiento y capacidad de mantener a sus creadores.

Diversos mayistas han externado la idea de que el ciclo del maíz simbolizaba el perpetuo resurgimiento y muerte de la vegetación en general, así como el del hombre mismo, quien tenía la esperanza de renacer y participar del mismo proceso que experimentaba la planta,[24] incluyendo todas las etapas de la vida y de la muerte.[25] Para algunas culturas mesoamericanas el maíz

[20] Andrew K. Scherer, "El ser, la identidad y la cabeza entre los mayas del Clásico de los reinos del río Usumacinta", en Vera Tiesler y Carlos Serrano Sánchez (eds.), *Modificaciones cefálicas culturales en Mesoamérica. Una perspectiva continental,* t. II, México/Mérida, UNAM-IIA/UADY-Facultad de Ciencias Antropológicas, 2018, pp. 539 y 552.

[21] Stone y Zender, *op. cit.,* p. 229.

[22] Chávez Guzmán, *Cuerpo, enfermedad y..., op. cit.,* p. 43; "El cuerpo humano y la enfermedad entre los mayas yucatecos", *Arqueología Mexicana,* vol. XI, núm. 65, México, Raíces, enero-febrero de 2004, p. 28.

[23] Gabrielle Vail y Christine Hernández, *Re-Creating Primordial Time. Foundation Rituals and Mythology in the Postclassic Maya Codices,* Boulder, University Press of Colorado, 2013, pp. 54-55.

[24] Véase, por ejemplo Alberto Ruz Lhuillier, *Costumbres funerarias de los antiguos mayas,* 1ª reimp., México, UNAM-IIFL/Centro de Estudios Mayas, 1991 [1968], pp. 187 y 265.

[25] Simon Martin y Nikolai Grube, *Chronicle of the Maya Kings and Queens. Deciphering the Dynasties of the Ancient Maya,* 2ª ed., Londres, Thames and Hudson, 2008, p. 14; James Fitzsimmons, *Death and the Classic Maya Kings,* Austin, University of Texas Press, 2009 (The Linda Schele Series in Maya and Pre-Columbian Studies), pp. 22-24; Andrew I. Scherer, *Mortuary Landscapes of the Classic Maya. Rituals of Body and Soul,* Austin, University of Texas Press, 2015 (The Linda Schele Series in Maya and Pre-Columbian Studies), p. 53.

es claramente el corazón, la sangre y la vida del ser humano.[26] Además conviene recordar que uno de los nombres del dios del maíz en los textos mayas yucatecos del periodo colonial fue justamente Waxak Yóol K'awiil, 'Ocho Corazón de Alimento',[27] o 'El Corazón de K'awiil es el Ocho', siendo el número "ocho" la personificación misma del dios del maíz al menos desde el periodo Clásico,[28] mientras que K'awiil es la deidad de la abundancia y la riqueza.[29] Este conjunto de indicios se suman al que ya expliqué en el capítulo "Los conceptos del cuerpo humano", respecto a que el morfema *o'hl* (figura III.1a y b), 'corazón', puede aludir al espíritu de las semillas o alma genérica del maíz en el caso de las veintenas *hulo'hl* (en las inscripciones de Toniná) y *ulol* (en tzotzil del siglo XX).

De acuerdo con las investigaciones de López Austin, las criaturas o habitantes mortales del ecúmeno guardan un fragmento de su creador dentro de la cáscara de sus propios cuerpos; por eso el corazón no es más que el dios formador de la clase o especie, aunque encapsulado o encubierto. Cada criatura es la conjunción del creador y de su obra. El corazón o semilla es la esencia del humano, pero también es su mismo dios creador.[30] Según ese mismo autor, "esencia" debe entenderse como el "conjunto de cualidades originarias, invariables y necesarias de un ser, o sea, sin las cuales pierde su naturaleza".[31] Y en el caso específico de las tradiciones míticas mesoamericanas, la esencia de una especie está constituida por el conjunto de cualidades "que identifican a todos los individuos que la componen a partir de las generaciones, y que por lo tanto sirven para distinguirlos de los individuos de especies diferentes".[32] Desde este punto de vista, ¿qué dios habrá sido el creador del ser humano en la cosmovisión de los mayas clásicos? Las asociaciones antes mencionadas entre el corazón *o'hlis,* los tamales y el maíz sugieren que los humanos no sólo estaban hechos de la masa de esa gramínea, sino que la esencia que guardaban en su interior, su entidad anímica principal, era un fragmento del dios mismo de la planta, quien pudo haber participado en la crea-

[26] Martínez González, *El nahualismo, op. cit.,* p. 31.

[27] J. Eric S. Thompson, *Historia y religión de los mayas,* Félix Blanco Sasueta (trad.), México, Siglo XXI Editores, 1975 (Colección América Nuestra, 7), p. 350; Juan Ramón Bastarrachea Manzano, "Catálogo de deidades encontradas entre los mayas peninsulares, desde la época prehispánica hasta nuestros días", México, UNAM-Coordinación de Humanidades-Seminario para el Estudio de la Escritura Maya (mecanoescrito inédito), 1970, p. 59.

[28] J. Eric S. Thompson, *Maya Hieroglyphic Writing. An Introduction,* Norman, University of Oklahoma Press (The Civilization of the American Indian Series), 1960, pp. 134-135.

[29] Véase Rogelio Valencia Rivera, "El rayo, la abundancia y la realeza. Análisis sobre la naturaleza del dios K'awiil en la cultura y la religión mayas", tesis doctoral, Madrid, Universidad Complutense-Facultad de Geografía e Historia-Departamento de Historia de América II, 2015 (Antropología de América).

[30] Véase el capítulo "Los conceptos del cuerpo humano", nota 118; Alfredo López Austin, "El dios en el cuerpo", *Dimensión Antropológica,* año 16, núm. 46, mayo-agosto de 2009, pp. 10-13.

[31] Alfredo López Austin, comunicación personal, 16 de diciembre de 2016.

[32] *Idem.*

ción del hombre. De hecho, entre diversos grupos mesoamericanos actuales el alma misma del maíz —capaz de renacer— es la carne, sangre e impulso vital del ser humano.[33] El maíz es el corazón, vida o sangre del hombre.[34] Por eso también vale la pena preguntarse: ¿hasta qué grado la identificación a la que constantemente apelaban los gobernantes mayas del Clásico con el maíz[35] obedecía a que sus almas esenciales eran fragmentos del dios mismo de la planta, o sólo se trataba de un arquetipo, modelo o paralelo metafórico?

A principios de la década de 1980 Taube mostró que en el arte maya del Clásico existía cierto tipo de relación entre el Dios Tonsurado del Maíz (Juʔn Ixiim), la sangre y la descendencia dinástica, de lo que dedujo que ese dios habría sido considerado el ancestro mítico fundador de la élite maya.[36] Por ello, buscando mitos sobre el origen del hombre en el corpus artístico maya encontramos que algunos han sido identificados por los mayistas en las vasijas del periodo Clásico. Uno de ellos, plausiblemente, se encuentra representado en el vaso K501 (figura III.3) y según Houston representa el origen del primer hombre y la primera mujer, quienes surgieron del interior de una cueva primigenia y fueron creados por la Pareja Divina (los ancianos Dios N y Diosa O); además, parecen haberles otorgado las actividades sociales propias de sus géneros.[37] Sobre la cueva o altar de piedra marcado con bandas cruzadas, de donde surge la pareja primigenia, se encuentra un incensario, del que a su vez crece un árbol o gran planta; dichos árboles-incensarios representan el eje del mundo o centro del cosmos, que en la religión maya es a menudo una ceiba o pochote, por donde transita la deidad solar y se elevan las ofrendas.[38] Es importante mencionar que los cuerpos del hombre y la mujer primordiales son blancos, pero tienen los rostros y hombros pintados de rojo,[39] lo que aunado a su aspecto juvenil y a su modelación cefálica tabular oblicua los convierte probablemente en criaturas coesenciales con el dios del maíz.[40]

[33] Alfredo López Austin, *Tamoanchan y Tlalocan,* México, FCE, 1994 (Sección de Obras de Antropología), p. 119.

[34] Martínez González, *El nahualismo, op. cit.,* p. 31.

[35] Martin y Grube, *op. cit.,* p. 14.

[36] Karl A. Taube, "The Classic Maya Maize God: A Reappraisal", en Merle Greene Robertson (ed.), *Fifth Palenque Round Table, 1983,* San Francisco, Pre-Columbian Art Research Institute, 1985, pp. 180-181.

[37] Houston, Stuart y Taube, *The Memory of…, op. cit.,* p. 53; Martin, *op. cit.,* p. 220.

[38] Martha Cuevas García, *Los incensarios efigie de Palenque. Deidades y rituales mayas,* México, UNAM-IIFL/Centro de Estudios Mayas/Conaculta-INAH, 2007 (Serie Testimonios y Materiales Arqueológicos para el Estudio de la Cultura Maya, 1), pp. 334-337.

[39] Dmitri Beliaev y Albert Davletshin, "'It Was Then That That Which Had Been Clay Turned into a Man': Reconstructing Maya Anthropogonic Myths", *Slovak Journal of the Study of Religion,* vol. 9, núm. 2, 2014, p. 10.

[40] Vera Tiesler ha identificado la pintura roja sobre el escote, cuello y nuca como un rasgo diagnóstico del dios del maíz, que se suma a la modificación craneal tabular oblicua, a las hojas tiernas sobre la cabeza y al aspecto lozano del personaje, véase "Cara a cara con los antiguos mexicanos.

FIGURA III.3. *Detalle del vaso K501, donde se aprecia cómo la Pareja Divina de ancianos (los dioses N y O) preside el surgimiento del primer hombre y la primera mujer, del interior de una cueva que se ubica en el inframundo, debajo del árbol-incensario cósmico; fotografía de Justin Kerr, tomada del archivo fotográfico de Kerr. Consultado en http://research.mayavase.com/kerrmaya_hires.php?vase=501.*

Vail y Hernández interpretan también como un mito antropogónico la imagen central que se encuentra en las páginas 75 y 76 del *Códice de Madrid,* donde la Pareja Divina, conformada por los dioses ancianos N (Itzamna') y O (Chak Chel), se sienta a los pies de la gran ceiba del mundo.[41] Y desde luego no les falta razón, pues en 1692 el obispo de Chiapa, Francisco Núñez de la Vega, escribió:

Bioarqueología del cuerpo humano", *Arqueología Mexicana,* vol. XXIV, núm. 143, México, Raíces, enero-febrero de 2017, pp. 43 y 46.

[41] Vail y Hernández, *op. cit.,* p. 73.

> Imos [día *imox*], pero colocado siempre en primer lugar, y su adoración alude a la ceiba, que es un árbol que tienen en todas las plazas de sus pueblos a vista de la casa del cabildo, y debajo de ella hacen sus elecciones de alcaldes, y las sahúman con braseros y tienen por muy asentado que en las raíces de aquella ceiba es por donde viene su linaje.[42]

Simon Martin argumenta que el mito maya representado en el vaso K501 (figura III.3) tiene correlato con el origen de los primeros humanos en los mitos nahuas, quienes fueron creados por la Pareja Divina: los ancianos <Oxomoco> y <Cipactonal>.[43] Este par de mitos paralelos servían al parecer para explicar la división sexual del trabajo y los roles sociales de género, elementos más específicos que los de especie, pero que también se alojan en el alma corazón.[44]

Otro importante relato sobre el origen del hombre fue plasmado en imágenes y textos de vasijas estilo códice (*ca.* 672-731/751 d.C.) y se ubica en el pasado mítico profundo, en los tiempos de la "gente venado", cuando la humanidad aún no existía; en este mito los Héroes Gemelos Juʔn Ajaw y Yahx Balun raptaron a la esposa del Dios Viejo de los Venados y con ella concibieron "a la humanidad de hoy".[45] La existencia de diversos mitos sobre el origen de la humanidad obedece a una lógica que "admite la contradicción y la plurivalencia",[46] pues cada uno sirve para explicar un aspecto diferente de los seres humanos y por ello no existe una secuencia lineal ni mucho menos histórica en los relatos míticos. Cada uno es autónomo de los otros, "como la barra de un peine que sostiene una pluralidad de dientes paralelos, independientes unos de otros",[47] fenómeno que Martin llama "teologías concurrentes".[48]

Además del mito de creación de la pareja primigenia con atributos físicos del dios del maíz (figura III.3), existen otros vasos que confirman las sos-

[42] Francisco Núñez de la Vega, *Constituciones Diocesanas del Obispado de Chiapa,* María del Carmen León Cázares y Mario Humberto Ruz Sosa (eds.), México, UNAM-IIFL/Centro de Estudios Mayas, 1988 [1702] (Fuentes para el Estudio de la Cultura Maya, 6), p. 275.

[43] Martin, *op. cit.,* p. 221.

[44] Alfredo López Austin, "La composición de la persona en la tradición mesoamericana", *Arqueología Mexicana,* vol. XI, núm. 65, México, Raíces, 2004, p. 32.

[45] Beliaev y Davletshin, "'It Was then…", *op. cit.,* pp. 29-33.

[46] Frase tomada de Mercedes de la Garza Camino, *Rostros de lo sagrado en el mundo maya,* México/Buenos Aires/Barcelona, Paidós/UNAM-FFyL, 1998, p. 72. Aunque esta autora se refiere a que en la religión maya era posible pensar que cada ciudad era el centro del mundo, su frase me parece aplicable también en el caso que nos ocupa.

[47] Alfredo López Austin, "Ecumene Time, Anecumene Time: Proposal of a Paradigm", en Anthony F. Aveni (ed.), *The Measure and Meaning of Time in Mesoamerica and the Andes,* Washington, Dumbarton Oaks Research Library and Collection, 2015, p. 32; "Tiempo del ecúmeno, tiempo del anecúmeno. Propuesta de un paradigma", en Mercedes de la Garza Camino (coord.), *El tiempo de los dioses-tiempo. Concepciones de Mesoamérica,* México, UNAM-IIFL/Centro de Estudios Mayas, 2015, pp. 14-15.

[48] Martin, *op. cit.,* p. 223.

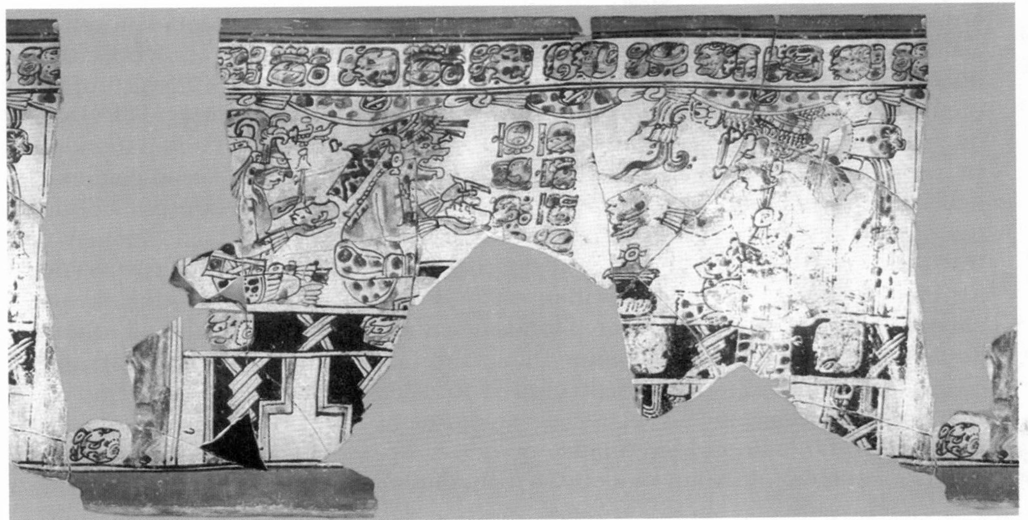

FIGURA III.4. *Escena donde los dioses fabrican los rostros de los* wak yahx lem(?) winik *o 'seis primeros hombres brillantes(?)'. De izquierda a derecha el dios del maíz, el llamado escriba-mono e Itzamnaah. Vaso estilo códice K8457, ca. 672-731/751 d.C.; tomado del archivo fotográfico de Justin Kerr. Consultado en http://research.mayavase.com/kerrmaya_hires.php?vase=8457.*

pechas de Taube sobre el papel de esa deidad como ancestro fundador de los humanos, o al menos de una porción de ellos. Se trata de un tercer mito antropogónico que se encuentra documentado en los vasos K717, K1522, K7447, K1836, K8457 (figura III.4), K8479, K8940, K9096 y K9115.[49] El pasaje tuvo lugar en una rueda calendárica 7 *chij* 5 *ihk'at,* que es <7 *manik* 5 *uo*> en maya yucateco, y en un sitio acuático e inframundano —quizá una cueva subterránea— denominado Hoʔ Janal, 'Lugar de Cinco Flores de Maíz'.[50] El meollo del asunto es la formación o modelación de rostros antropomorfos por un selecto puñado de dioses artífices, entre los cuales se encuentran el Dios D (Itzamnaah), un escriba mono, un artista zopilote y un artesano

[49] El lector puede consultar libremente las imágenes de todos estos vasos del catálogo fotográfico de Justin Kerr en research.mayavase.com/kerrmaya.html.

[50] Véase Erik Boot, "What Happened on the Date 7 Manik' 5 Woh? An Analysis of Text and Image on Kerr Nos. 0717, 7447, and 8457", *Wayeb Notes,* núm. 21, 2006. Consultado en http://www.wayeb.org/notes/wayeb_notes0021.pdf. Hoʔ Janal representa el ámbito acuático y subterráneo del inframundo en el Plato Cósmico o K1609 (figura IV.13), véase James Doyle y Stephen D. Houston, "The Universe in a Maya Plate", *Maya Decipherment. Ideas on Ancient Maya Writing and Iconography,* 4 de marzo de 2017. Consultado en https://decipherment.wordpress.com/2017/03/04/the-universe-in-a-maya-plate/.

antropomorfo,[51] que tiene las características físicas del dios del maíz: modificación craneal tabular oblicua, aspecto juvenil, pintura roja en el escote, cuello y nuca,[52] así como hojas tiernas sobre la cabeza (figura III.4). Erik Boot[53] piensa que el nombre de *wak yahx lem(?) winik* (6-**YAX-LEM**(?)-**WINIK**), que siempre aparece escrito en esas escenas, corresponde a la deidad creadora de esos rostros. Pero en el vaso K7447 dicho nombre propio es el paciente del verbo pasivo *pa[h]k'aj*, 'fue formado' o 'fue modelado', razón por la que me parece más factible la interpretación de Bernal Romero,[54] y de Beliaev y Davletshin,[55] en el sentido de que se trata de la manufactura de los rostros de los 'Seis Primeros Hombres Brillantes(?)' *(Wak Yahx Lem[?] Winik),* cuyas cabezas algunas veces tienen mechones de cabello que se asemejan al follaje de las mazorcas. Si bien Beliaev y Davletshin aseguran que el mito narrado en esas vasijas no alude a la formación de los seres humanos de maíz, sino de barro, me parece que las entradas lexicográficas que presentan para argumentar eso tan sólo dejan en claro que el verbo asociado con esas escenas es *pak'*, 'construir, formar, modelar' o 'trabajar sobre materia plástica',[56] y no son concluyentes respecto a que esa materia debe ser por fuerza arcilla, de manera que no descarto que se trate de masa de maíz.[57] Además, como observa Scherer, las cabezas de esos "Seis Primeros Hombres Brillantes" están siendo trabajadas para lograr su característica forma tabular oblicua, que emula la panoja de maíz.[58] De manera que este relato representa también la institución mítica de la modelación craneal. Una versión tardía de este mismo mito parece encontrarse en las páginas 65a y 99d del *Códice de Madrid,* donde Itzamna' y otros dioses de identidad incierta están esculpiendo los rostros. Incluso usan el mismo verbo: *pak'.* Aunque el propósito de los códices es la adivinación y la pronosticación, estos pasajes abonan a favor de la tesis de Vail y Hernández, en el sentido de que el fundamento de los augurios son los mitos cosmogónicos.[59]

[51] Beliaev y Davletshin, "'It Was Then…", *op. cit.*, p. 8.

[52] Tiesler, "Cara a cara…", *op. cit.*, pp. 43 y 46.

[53] Boot, "What Happened on…", *op. cit.*, pp. 10-11 y 16.

[54] Comunicación personal, octubre de 2008.

[55] Beliaev y Davletshin, "It Was Then…", *op. cit.*

[56] *Ibid.*, p. 6.

[57] Ana García Barrios (comunicación personal, 24 de febrero de 2017) coincide conmigo, toda vez que para ella el mito de la creación de los hombres de barro es una introducción colonial que en realidad procede de Mesopotamia y llegó hasta los mayas a través de la Biblia. Incluso las entradas léxicas que conservamos pudieran estar afectadas por esta situación, pues todos los diccionarios de lenguas mayances que poseemos fueron elaborados después de la conquista española. Fitzsimmons, *op. cit.*, pp. 22-24, sostiene que la creencia en los hombres de maíz es aplicable también al periodo Clásico.

[58] Scherer, "El ser, la…", *op. cit.*, p. 540.

[59] Vail y Hernández, *op. cit.*, pp. 71 y ss. En las páginas 95d y 96d del mismo *Códice de Madrid* Itzamna', Chaak, el dios del maíz (Ajan), y el dios de la tierra se encuentran tallando máscaras

En la mitología local de Palenque, el Dios Progenitor de las deidades patronas del linaje era al parecer un aspecto del dios mismo del maíz, llamado Aknal(?) Ixiim Muwaan Mat.[60] Como afirma Enrique Florescano Mayet, "el dios del maíz es considerado [...] uno de los creadores del mundo, de los seres humanos y sus alimentos".[61]

Ana García Barrios y Vera Tiesler han notado que, si bien el paradigma visual de las cabezas en el arte maya adopta justamente la forma tabular oblicua de las mazorcas de maíz, esa idealización visual no necesariamente se refleja en los restos osteológicos procedentes del periodo Clásico:

> Ahora bien, nos preguntamos, por qué la estética del Clásico solía representar a los personajes de la élite con cabezas alargadas y reclinadas, al estilo del dios del maíz, si en realidad la variedad de modelados era independiente del estatus social en esa época, y una parte de los cráneos recuperados de tumbas dinásticas no presenta modificación alguna o sólo aplanamientos tenues [...] una relevancia no tangible del dios pero sí visual; por eso en el arte y de manera constante todos los personajes sin excepción se presentan con la cabeza modelada como el dios del maíz. Es probable que este diseño fuera la forma elegida para vincularse a un dios que era de vital importancia en la cotidianidad del pueblo maya, pues el maíz era y es la base de su alimento. La cabeza tabular oblicua reproducida por los artistas del Clásico convertía a cada uno de esos individuos en potenciales dioses del maíz, con el correspondiente don de la fertilidad y la abundancia.[62]

Ello sugiere que la entidad anímica *o'hlis* (figura III.1) pudo efectivamente representar el espíritu del dios del maíz, pues la pareja primordial ya se vinculaba con esa deidad a través de su aspecto físico (figura III.3), mientras que el numen de la planta fue uno de los formadores principales de la especie humana (figura III.4). Por otra parte, la doble presencia del maíz, en el rostro (*baahis* tabular oblicuo) y en el corazón *(o'hlis)* de los seres humanos, nos remite nuevamente al difrasismo que vimos en el capítulo anterior: "corazón-

de madera, lo que posiblemente tiene como fundamento algún mito semejante a la creación de los hombres de palo del *Popol Vuh.*

[60] David S. Stuart, *The Inscriptions from Temple XIX at Palenque. A Commentary,* Jorge Pérez de Lara Elías (fotografías), San Francisco, The Pre-Columbian Art Research Institute, 2005, pp. 181-182. Consultado en http://www.mesoweb.com/publications/stuart/TXIX-spreads.pdf; "The Palenque Mythology. Materials to accompany presentations by David Stuart, Peter Mathews, Alfonso Morales, Erik Velásquez García, and Guillermo Bernal Romero", en *Sourcebook for the 30th Maya Meetings,* Austin, The University of Texas at Austin-The Mesoamerican Center-Department of Art and Art History, 2006, p. 90.

[61] Enrique Florescano Mayet, *¿Cómo se hace un dios? Creación y recreación de los dioses en Mesoamérica,* México, Taurus, 2016, p. 42.

[62] Ana García Barrios y Vera Tiesler, "El aspecto físico de los dioses mayas. Modelado cefálico y otras marcas corporales", *Arqueología Mexicana,* vol. XIX, núm. 12, noviembre-diciembre de 2011, pp. 62-63.

cabeza" o "rostro-corazón", sugiriendo la idea de que si el maíz se encuentra tanto en la cabeza como en el alma, el ser humano es una criatura plena, pues tiene la capacidad de percibir, de comprender y de sentir.

Queda por ahora sin resolver el misterio del papel que juegan los otros dioses que modelan los rostros de los 'Seis Primeros Hombres Brillantes(?)' en los vasos mayas del periodo Clásico. Es probable que el dios del maíz, Itzamnaah, el artista mono y el zopilote se encuentren elaborando diferentes aspectos de la identidad humana o, lo que parece más probable, que cada uno de esos dioses se encuentra formando distintas gradaciones o niveles identitarios del hombre, y por lo tanto de su *oʔhlis* o alma esencial: el espíritu del dios creador de toda la humanidad, el del dios patrono de la etnia, de la ciudad, de la casa dinástica, de la familia, etc.[63] Como también es probable que estos mitos aludan a los ancestros fundadores de seis grupos étnicos, de forma semejante al mito nahua de las siete naciones que salieron de igual número de cuevas en <Chicomóztoc>;[64] pues aunque todos eran hombres de maíz, con corazón de maíz, sus almas esenciales también albergaban al dios patrono de sus grupos, quien los había extraído de las profundidades de la tierra, justo de cuevas o fuentes de agua como el Hoʔ Janal mencionado en esos vasos.[65] Fenómenos semejantes ocurren entre los nahuas del centro de México, entre los cuales se creía que el creador de la humanidad era <Quetzalcóatl>, pero se iba dividiendo, fisionando o particularizando en los diversos dioses patronos: su clado étnico, su clado dinástico o su clado familiar, que fungían como sus derivaciones o proyecciones.[66] Debido a que en este apartado del capítulo es mi deseo concentrarme tan sólo en la relación del *oʔhlis* con el dios del maíz, al final del mismo hablaré de otros dioses que también participan de la composición del mismo. Dioses particulares del linaje, llamados *oʔhlis k'uh,* también eran parte del *oʔhlis,* puesto que se trata de una entidad anímica compleja que tiene distintas identidades o gradaciones.

[63] Véase Alfredo López Austin, "Los rostros de los dioses mesoamericanos", *Arqueología Mexicana,* vol. IV, núm. 20, México, Raíces, julio-agosto de 1996, p. 18; López Austin piensa que el alma corazón no sólo constituye la esencia del dios formador de la especie humana, sino que incluye también las derivaciones patronales de dicho dios en un orden jerárquico: el patrono de la etnia, el de la población, el de la comunidad, el de la familia, etc. (comunicación personal, 16 de diciembre de 2016).

[64] Ana García Barrios, "Cuevas y montañas sagradas: espacios de legitimación y ritual del dios maya de la lluvia", en Roberto Romero Sandoval (ed.), *Cuevas y cenotes mayas. Una mirada multidisciplinaria,* México, UNAM-IIFL/Centro de Estudios Mayas, 2016, pp. 20-23.

[65] Véase Alejandro Sheseña Hernández, "Apelativos y nociones relacionados con las cuevas en las inscripciones mayas", en Romero Sandoval, *op. cit.*, pp. 59, 62 y 65-68. En esta misma obra el lector puede consultar los bloques jeroglíficos correspondientes a cada cueva o cuerpo de agua, que cada uno de los diferentes grupos habitacionales de Copán reclamaba como lugar de origen.

[66] López Austin, "La composición de...", *op. cit.,* pp. 32-34; "Modelos a distancia...", *op. cit.,* p. 82; "La cosmovisión de la tradición mesoamericana. Tercera parte", ed. especial de *Arqueología Mexicana,* núm. 70, México, Raíces, 2016, p. 18.

Conviene agregar que probablemente la idea maya clásica de que la humanidad desciende del dios del maíz no es del todo incompatible con las creencias mexicas, que otorgan ese privilegio a <Quetzalcóatl>, pues este último dios parece relacionarse con el del maíz al rastrear la historia de los mitos mesoamericanos. Como no es mi intención desviarme a este tema, basta con decir que Henry B. Nicholson fue el primer autor en señalar que en los códices mixtecos una manifestación de <Ehécatl-Quetzalcóatl> es el antiquísimo dios 9 Viento.[67] En su estudio sobre la historia del dios 9 Viento en las mitologías de Mesoamérica, Florescano Mayet concluye "que desde el Preclásico 9 Viento está asociado con la planta que más tarde representará al dios del maíz".[68]

Debo mencionar que el morfema *o'hl* y sus cognados parecen tener una vinculación más profunda y general con el reino vegetal que no se limita al maíz. De acuerdo con Bourdin Rivero el *óol* maya yucateco no sólo alude al ánima de los seres humanos, sino al corazón orgánico, brote, cogollo tierno o meollo de las verduras, plantas, árboles y flores,[69] de manera que el significado de *óol* como 'ánimo, gana, voluntad' o 'interioridad psíquica' parece haber derivado de sus acepciones primarias vegetales, que aluden a fenómenos internos, de localización medular o central. Así como las hojas y tallos crecen a partir del cogollo, la voluntad, el pensamiento y las emociones surgen del corazón.[70] Este mismo autor piensa que, debido a ello, para los mayas el hombre es una creatura consustancial con el maíz,[71] careciendo de una visión humanista o antropocéntrica, pues su visión del mundo —al igual que la de otras culturas premodernas— se suscribe al principio de participación, semejanza o identidad con el cosmos.[72]

[67] Henry B. Nicholson, "The Deity 9 Wind Ehécatl-Quetzalcóatl in the Mixteca Pictorials", *Journal of Latin America Lore,* vol. 4, núm. 1, 1978, pp. 61-92.

[68] Florescano Mayet, *op. cit.,* p. 51.

[69] Gabriel L. Bourdin Rivero, *Las emociones entre los mayas. El léxico de las emociones en el maya yucateco,* México, UNAM-IIA, 2014, pp. 22 y 92.

[70] Bourdin Rivero, *El cuerpo humano…, op. cit.,* pp. 130, 132 y 135. Estas alusiones al cogollo parecen encajar con la propuesta de Davletshin (comunicación personal, 25 de octubre de 2021), quien piensa que el logograma T533 (nombre de un componente anímico que se pierde en el fallecimiento y se externa por la fontanela durante los estados liminares de trance) se leía **XAK**?, *xaak(?),* 'brote, capullo, cogollo, hoja' o 'retoño'.

[71] El grado en el que el cuerpo humano posee la misma sustancia que el maíz puede apreciarse más si observamos que el nombre de los fluidos vitales, seminales y regenerativos también se suscribe dentro del campo semántico de esa planta. Los mayas yucatecos, por ejemplo, llaman, *sa',* 'atole', a los líquidos vaginales, mientras que al semen lo denominan *k'oy,* 'pozol' (Chávez Guzmán, *Cuerpo, enfermedad y…, op. cit.,* p. 70).

[72] *Ibid.,* pp. 136 y 160, n. 2.

Coesencia en primer grado

López Austin contempla el asunto de la consustancialidad como un tema de coesencialidad,[73] pues además de enlazar a cada creatura con su dios patrono tribal *(o'hlis k'uh)* y formador —en este caso a los seres humanos posiblemente con el dios del maíz—, liga o relaciona a todos los individuos de la misma especie. Esto se puede ejemplificar en uno de los vasos del Museo Amparo de la ciudad de Puebla (figura III.5), donde el gobernante está sentado en su trono interactuando con tres nobles. Todos ellos muestran la misma pintura roja del dios del maíz, que cubre ojos y mejillas y se prolonga hasta el cuello y los hombros, dejando boca y nariz sin decorar.[74] La sintonía que se aprecia en las decoraciones corporales de estos cuatro personajes los relaciona entre sí y los engloba dentro de un mismo grupo social. Incluso yendo más allá podría tratarse de miembros con algún nivel de parentesco. Acaso el parentesco que tienen los personajes de ese vaso es el más básico y profundo que pueda existir: une a todos los seres humanos, pues son de maíz, coesenciales con el dios del cereal y por lo tanto coesenciales entre ellos. Si bien es preciso aclarar que no todos los seres humanos contienen en su interior la misma cantidad de esa fuerza o materia coesencial, pues regularmente los gobernantes y funcionarios rituales tienen más proporción, lo que prácticamente los convierte en depósitos vivientes del dios creador o formador. Como después veremos, la palabra *coesencia* ha sido empleada también para referirse a los fenómenos del tonalismo y del nagualismo,[75] por lo que López Austin ha acuñado el término de "coesencia en primer grado" o "alma-esencial",[76] para hablar exclusivamente de la entidad anímica principal, llamada "semilla" o "corazón". *O'hlis* en el caso de los mayas del periodo Clásico. Por el contrario, para las *tonas* o naguales propone el término de "coesencias en segundo grado" o "almas complementarias".[77] Conviene aclarar que el *o'hlis* conservó su carácter de entidad anímica esencial del ser humano entre los mayas yucatecos de la época novohispana, contexto histórico donde se llamaba *óol,* pues en ese tiempo aún se le consideraba sede de la voluntad, el pensamiento, las emociones, el juicio, la memoria y las funciones psíquicas.[78] Mientras

[73] López Austin, "Los rostros de...", *op. cit.*, p. 18.

[74] Tiesler, "Cara a cara...", *op. cit.*, pp. 43 y 46.

[75] El término *coesencia* fue acuñado a finales de los años sesenta por M. Esther Hermitte, *Poder sobrenatural y control social en un pueblo maya contemporáneo*, México, Instituto Indigenista Interamericano, 1970 (Ediciones especiales, 57), pp. 77 y ss.

[76] López Austin, "La cosmovisión de... Tercera parte", *op. cit.*, pp. 15-18.

[77] Alfredo López Austin, comunicación personal, 16 de diciembre de 2016.

[78] Bourdin Rivero, *El cuerpo humano...*, *op. cit.*, pp. 133 y 148; Chávez Guzmán, *Cuerpo, enfermedad y...*, *op. cit.*, pp. 74-77. Según López Austin, los corazones o almas corazones de las culturas mesoamericanas son seres invisibles con pensamiento, poder y voluntad, *Tamoanchan y Tlalocan, op. cit.*, p. 127.

FIGURA III.5. *Vaso 57 PJ 1382, Museo Amparo de Puebla de Zaragoza, Puebla, México; tomado de http://museoamparo.com/colecciones/pieza/534/vaso-tripode-con-escena-de-corte.*

que *óol* de la época moderna tan sólo constituye una fuerza anímica, toda vez que ha limitado sus funciones a los impulsos y energías vitales de carácter impersonal,[79] salvo quizá en el pueblo de Nunkiní, Campeche, donde aún se le considera una entidad anímica.[80]

Corazón del cielo y corazón del cuerpo

En un orden más general, podría explorarse la posibilidad de que el tema del corazón se proyecte en todos los niveles y criaturas del cosmos, pues en la literatura maya de la época novohispana se habla del 'Corazón del Cielo' (Uk'u'x Kaj en quiché),[81] sede de la vida, la voluntad, la esencia y el movi-

[79] Hirose López, *op. cit.*, pp. 21, 103-104, 129, 135-136 y 150; Ella F. Quintal Avilés *et at.*, "El cuerpo, la sangre y el viento: persona y curación entre los mayas peninsulares", en Miguel A. Bartolomé Bistoletti y Alicia M. Barabas Reyna (coords.), *Los sueños y los días. Chamanismo y nahualismo en el México actual,* II. *Pueblos mayas,* México, INAH, 2013 (Colección Etnografía de los Pueblos Indígenas de México, Serie Ensayos), p. 76.

[80] *Idem.*

[81] Un posible desdoblamiento del eje central del mundo se encuentra en diversos conjuros del *Ritual de los Bacabes,* compendio de conjuros médicos en maya yucateco, que habla tanto de las 'cavernas del cielo' *(jóom ka'anal),* como de las 'cavernas de la tierra' *(jóom kaabal)* y de las

miento.[82] Martha Ilia Nájera Coronado[83] consideró que el corazón —centro de la sangre— era para los mayas un microcosmos del que brota el eje del mundo y se asocia con el Sol, pues este astro era el 'Corazón del Cielo'. De forma semejante, Taube asocia el concepto mesoamericano de "corazón" con la idea de *axis mundi* o centralidad,[84] idea con la que coincide Judith M. Maxwell,[85] mientras que Bourdin Rivero ha llegado a considerar que la entidad anímica *óol* servía también para vincular el núcleo de la persona con el centro del mundo o Corazón del Cielo.[86]

O'HLIS EN EL ÁRBOL LINGÜÍSTICO

Regresando al signo **OL** o T506 del catálogo de Thompson (figura III.1a y b), conviene recordar que Zender[87] encontró que ese logograma o signo-palabra pertenece a una categoría de sustantivos que se refieren a partes inalienables del cuerpo, cuya condición habitual es aparecer en estado poseído, por ejemplo *yo'hl,* 'su corazón, su centro' o 'su ánimo' (figura III.1a). Para poder presentarse sin pronombres posesivos necesitan de un sufijo absolutivo */-is/*, que indica que se trata de un objeto de posesión íntima, y más específicamente de una parte del cuerpo inalienable, en este caso *o'hlis,* 'corazón,

'cavernas del inframundo' *(jóom metnal),* véase Erik Velásquez García, "Los escalones jeroglíficos de Dzibanché", en Enrique Nalda Hernández (ed.), *Los cautivos de Dzibanché,* México, INAH, 2004, p. 84, n. 14. El uso de la palabra *jóom,* 'zanja, sima, hoyo' o 'barranca oscura', se encuentra documentado en el *Calepino de Motul* en contextos anímicos y del interior del cuerpo, por ejemplo, *jóom óol,* 'el que está de priessa', *jóom táanil,* 'estómago, entrañas, y lo hueco de cualquier animal', H. Ramón Arzápalo Marín, *Calepino de Motul. Diccionario maya-español,* México, UNAM-DGAPA/IIA, 1995, pp. 322-324.

[82] Chávez Guzmán, *Cuerpo, enfermedad y..., op. cit.,* p. 43. En un ensayo previo he explorado una de las múltiples y más ilustrativas proyecciones del corazón *(o'hlis):* las pelotas de hule *(woohl),* véase Erik Velásquez García, "El juego de pelota entre los mayas del periodo Clásico (250-900 d.C.). Algunas reflexiones", en María Teresa Uriarte Castañeda (ed.), *El juego de pelota mesoamericano. Temas eternos, nuevas aproximaciones,* México, UNAM-IIE-Dirección General de Publicaciones y Fomento Editorial, 2015, pp. 271-278; para comodidad del lector he incluido algunas partes del mismo en el Apéndice A.

[83] Martha Ilia Nájera Coronado, *El don de la sangre en el equilibrio cósmico,* 1ª reimp. México, UNAM-IIFL/Centro de Estudios Mayas, 2003, p. 145.

[84] Karl A. Taube, "The Womb of the World: The *Cuauhxicalli* and Other Offering Bowls of Ancient and Contemporary Mesoamerica", en Charles Golden, Stephen D. Houston y Joel Skidmore (eds.), *Maya Archaeology,* núm. 1, San Francisco, Precolumbia Mesoweb Press, 2009, pp. 86-106, 16 y 21.

[85] *"Säq, räx, qän,* blanco, verde, amarillo: metáforas kaqchiqueles de los siglos XVI y XX", en Mercedes Montes de Oca Vega (ed.), *La metáfora en Mesoamérica,* UNAM-IIFL, 2004, p. 41.

[86] Bourdin Rivero, *Las emociones entre..., op. cit.,* p. 22.

[87] Marc U. Zender, "On the Morphology of intimate Possession in Maya Languages and Classic Mayan Glyphic Nouns", en Søren Wichmann (ed.), *The Linguistic of Maya Writing,* Salt Lake City, The University of Utah Press, 2004, pp. 200-204.

centro' o 'ánimo' (figura III.1b y c). Este sufijo todavía existe en pocomán y pocomchí y, como el propio Zender[88] observa, su utilización sistemática con el morfema *o'hl* sugiere que los mayas clásicos concibieron al alma y a las emociones como partes reales del organismo. Aunque en otras lenguas de la familia mayance no existe propiamente ese sufijo */-is/*, al menos en las del subgrupo yucatecano (maya yucateco, lacandón, itzá y mopán), el sustantivo *óol, ool* u *ol*, cognado del cholano clásico *o'hlis*, va generalmente acompañado por pronombres posesivos.[89]

Existe también una discusión lingüística en el sentido de que el morfema *o'hl* pudo ser un préstamo utoazteca incorporado en algunas lenguas mayances. Los principales promotores de esta tesis son Martha J. Macri y Matthew G. Looper,[90] quienes sostienen que *o'hl* sólo tiene cognados en las lenguas yucatecanas y posiblemente en las tzeltalanas, donde denota la idea de 'vida, energía' o 'espíritu', mientras que en náhuatl el sustantivo *yoollootl* <*yollotl*>[91] se refiere al órgano físico y su significado se extiende a la 'vitalidad, espíritu, conciencia' y 'sentimiento'. Macri y Looper[92] sostienen que este préstamo utoazteca fue introducido a las lenguas mayances a mediados del siglo VI o del VII, aunque ello implicaría que la *y-* inicial de *yoollootl* fue reanalizada por los mayas, quienes la interpretaron como un pronombre posesivo de tercera persona en singular: *y-o'hl* (cholano clásico) o *y-óol* (maya yucateco). No obstante, otros autores han considerado que debemos tener más prudencia sobre esto, ya que el parecido entre los morfemas mayances *o'hl, óol, ool* y *ol* y el náhuatl *yoolloo-tl* puede ser simplemente un caso de homofonía.[93] Extrañamente, el único cognado de *o'hl* que los investigadores citan con relación a este asunto, fuera de las lenguas yucatecanas, es el adverbio chol *ojlil*, 'la mitad', aunque reconocen que los términos prototzeltalano **o'ntʌnil* y tzotzil colonial *olontonil* pueden estar relacionados semánticamente. Este último vocablo se asemeja al yucateco *olom*, usado para decir 'entrañas' o 'sangre coagulada'. En realidad, la misma raíz de *ol* u *ool* puede encontrarse en otras lenguas como tojolabal *(k'ujol)*, kekchí *(ch'ool)* y uspaneco *(yol)*, lo

[88] *Ibid.*, p. 202.

[89] Otto Schumann Gálvez, *Introducción al maya mopán*, México, UNAM-IIA, 1997, p. 194.

[90] Martha J. Macri y Matthew G. Looper, "Nahua in Ancient Mesoamerica", *Ancient Mesoamerica*, vol. 14, núm. 2, 2003, pp. 288-289; Erik Boot, "Loanwords, 'Foreign Words,' and Foreign Signs in Maya Writing", ponencia presentada en el simposio "The Idea of Writing III: Loanwords in Writing Systems", Leiden, Research School CNWS, Leiden University, 7 al 9 de junio de 2006, p. 15, n. 29.

[91] Macri y Looper, *op. cit.*, p. 289, proponen la siguiente historia evolutiva para este término náhuatl: **yo* (proto-utoazteca) → **yoli* (proto-utoazteca meridional) → **yooƚ* (proto-náhuatl) → *yoollootl* (náhuatl).

[92] *Idem.*

[93] Carlos Pallán Gayol y Lucero Meléndez Guadarrama, "Foreing Influences on the Maya Script", en Laura van Broekhoven, Rogelio Valencia Rivera, Benjamin Vis y Frauke Sachse (eds.), *The Maya and their Neighbours. 10th European Maya Conference. December 2005*, Verlag, Anton Sauwrein, 2010 (Acta Mesoamericana, 22), p. 16.

que sugiere que tiene un origen muy remoto en la familia mayance, debilitando en mi opinión la hipótesis del préstamo utoazteca, aunque es probable que los mismos hablantes pudieran creer tardíamente que el término náhuatl y los mayances estaban de algún modo vinculados, dado el contacto tan intenso que tuvieron las sociedades mesoamericanas.

lacandón	*'ol*	'corazón'/'ánimo' (Boot, 2003c: 20-21)
yucateco	*ol*	'/interior(?)/'/'corazón formal y no el material. Voluntad y gana, condición, intención' (Álvarez Lomelí, 1980: 366)
	ol	'[coraçón del animal...] si es racional capaz' (Acuña Sandoval [ed.], 1993: 203)
	ol	'espíritu, esencia, lo medular o lo central de algo'/'corazón formal, y no el material' (Barrera Vásquez [dir.], 1980: 603, 659)
	Ol	'condición o propiedad, voluntad y gana, intento, intención'/'condición natural'/'voluntad'/'condición'/'intención'/'intento'/'deseo'/'corazón por voluntad'/propósito'/'gana'/'ánimo'/'conato, resolución'/'albedrío, gusto' (Barrera Vásquez [dir.], 1980: 604)
	ol	'corazón inmaterial' (Swadesh, Álvarez Lomelí y Bastarrachea Manzano, 1991: 107)
	Olah	'voluntad, gana, propósito y querer que uno tiene'/'propósito'/'voluntad'/'querer'/'gana o deseo' (Barrera Vásquez [dir.], 1980: 604)
	Ool	'corazón formal y no el material'/'voluntad y gana'/'intento o intención'/'condición o propiedad' (Arzápalo Marín, 1995: 595-596)
	Óol	'voluntad, estado de ánimo, intención, ganas, intento, energía moral'/'alma'/ánima'/'espíritu'/'vigor' (Bastarrachea Manzano, Yah Pech y Briceño Chel, 1998: 10-11, 33, 72, 109)
	ub-ah ol-al	'/sentir corazón/'/'sentimientos del corazón' (Álvarez Lomelí, 1980: 347)
	wolah	'voluntad, albedrío o libertad; tener voluntad o albedrío' (Barrera Vásquez [dir.], 1980: 926)
	wolilio	'asentimiento; voluntad, espíritu' (Barrera Vásquez [dir.], 1980: 926)
mopán	*Ool*	'alma' (Xoj y Cowoj, 1976: 147)
	'Ool	*'spirit'* (Dienhart, 1989: 602)
	Olal	'espíritu, sentimiento' (Hofling, 2011: 336)

itzá	*-'ol/#ol*	*'formal heart, intention'* (Boot, 2003a: 18)
	ool	'sensación del cuerpo, espíritu, fe, actitud, salud, aliento, saber' (Hofling y Tesucún, 1997: 492)
	ool	*'spirit, breath, mind, sense'* (Boot, 2003a: 18)
	oolal	'espíritu' (Hofling y Tesucún, 2000: 463)
chol	*ojlil*	adv. 'la mitad' (Aulie y Aulie, 1978: 90)
	olmal	'hígado' (Aulie y Aulie, 1978: 90)
prototzeltalano	**'o'ntʌn-il*	'corazón' (Kaufman, 1998: 113)
tzotzil	*olondonil*	'corazón' (Hidalgo, 1989: 101, 191)
	o'on(il)/o'on	*'heart'* (Dienhart, 1989: 324)
	'o'on-il	'corazón' (Boot, 2003d: 24)
	o'onil	'corazón'/'corazón, estómago' (Delgaty, 1964: 37, 65)
	kolonton/'olal/'olil/olontonil	'corazón' (Laughlin y Haviland, 1988: 679)
tzeltal	*otanil*	'mente'/'corazón'/'tener secreto' (Ara, 1986: 353-354)
tojolabal	*alt-zil/k'ujol/k'ujul*	'corazón' (Lenkersdorf, 1979-2: 183)
	k'ujol	'ánima' (Lenkersdorf, 1979-2: 52)
	k'ujol	'corazón, juicio' (Lenkersdorf, 1994: 267)
	kaltzil-tik/jk'ujoltik	'alma' (Lenkersdorf, 1979-2: 41)
kekchí	*ch'ol*	'corazón' (Sedat S., 1955: 70, 199)
	ch'olej	'corazón' (Sedat S., 1955: 70, 199)
	ch'ool	'corazón' (Haeserijn V., 1979: 148-149, 418)
uspaneco	*yol*	*'live'* (Dienhart, 1989: 391)

O'HLIS Y *TUM*

Diversos diccionarios de lenguas cholanas y yucatecanas distinguen entre *óol,* 'corazón anímico', y *puksi'ik'al,* el miocardio. No obstante, la palabra *puksi'ik'al* algunas veces significa 'voluntad, corazón, ánimo para obrar, espíritu' y 'alma', mientras que *óol* también significa 'centro' o 'región ventral interna del cuerpo', desdibujando la frontera entre la entidad anímica y el centro que la contiene. Este fenómeno ya se daba desde el periodo Clásico, como lo han demostrado Boot, Beliaev y Houston, al identificar respectivamente el título *ch'ako'hl,* 'cortador de corazones', en las inscripciones de Yucatán, o las frases de cardectomía en algunas vasijas de las tierras bajas centrales: *kup yo'hl,* 'aserró el corazón de', o *kupo'hl,* 'aserramiento de corazón', donde el logograma **KUP**, 'aserrar' o 'sacrificar hombres', tiene la forma de una mano que sujeta un cuchillo de obsidiana.[94] De acuerdo con Bourdin Rivero, los ámbitos de competencia del corazón anímico *óol* y del centro anatómico *puksiˀik'al* se influyen, asimilan o yuxtaponen mutuamente, extendiendo entre sí sus dominios semánticos.[95] Chávez Guzmán también nota que en los rezos u oraciones con frecuencia no hay una diferencia nítida entre *óol* y *puksiˀik'al.*[96] La situación es más extrema en otras lenguas mayances, como el cakchiquel, donde *k'uˀx* <*ꜭux*> alude tanto al centro como a la entidad anímica.[97] Es necesario señalar que el vocablo *puksiˀik'al* no se encuentra atestiguado en las inscripciones, lo que sugeriría débilmente que se trata de un término de acuñación relativamente reciente en algunas lenguas mayances. Así parecen concebirlo Terrency S. Kaufman y William M. Norman,[98] quienes piensan que es un préstamo de origen totonaco.

En el capítulo anterior me referí a dos lugares centrales del cuerpo humano que son candidatos para funcionar como centros o receptáculos anímicos de la entidad anímica *oˀhlis:* el pecho (figura II.4) y el epigastrio (figuras II.5 y II.6). Los mayas yucatecos de la época novohispana parecen haber ubicado a la entidad anímica *óol* en un lugar vago, aunque cercano al corazón. Bourdin Rivero[99] cree que el concepto maya yucateco colonial de *puksiˀik'al* no sólo incluía la válvula cardiaca, sino la gran región torácica e interna que lo rodea, incluyendo el pericardio, el vientre, la boca del estómago y los pulmones, que se relacionan directamente con el aliento. Casi lo mismo piensan Quintal Avilés y sus colaboradores, para quienes *puksiˀik'al* es una parte del cuerpo que abarca del cuello hasta el ombligo, aunque incluye el músculo cardiaco y se asocia con los sentimientos y las emociones.[100] Esto se nota, por ejemplo, en maya yucateco, donde la palabra para 'bofes' o 'pulmones', *sak óol,* significa literalmente 'ánima-corazón blanca'.[101] Del mismo modo, la frase

[94] Erik Boot, *Continuity and Change in Text and Image at Chichén Itzá, Yucatán, Mexico. A Study of the Inscriptions, Iconography, and Architecture at a Late Classic to Early Postclassic Maya Site,* Leiden, CNWS Publications, 2005, p. 310; Beliaev y Houston, *op. cit.*

[95] Bourdin Rivero, *El cuerpo humano…, op. cit.,* pp. 130-133; *Las emociones entre…, op. cit.,* p. 92.

[96] Chávez Guzmán, *Cuerpo, enfermedad y…, op. cit.,* p. 74.

[97] Hill II y Fisher, *op. cit.,* p. 321.

[98] "An Outline of Proto-Cholan Phonology, Morphology and Vocabulary", en John S. Justeson y Lyle Campbell (eds.), *Phoneticism in Mayan Hieroglyphic Writing,* Albany, Institute of Mesoamerican Studies, 1984 (Publication, 9), p. 129.

[99] Bourdin Rivero, *El cuerpo humano…, op. cit.,* pp. 139-140.

[100] Quintal Avilés *et al.,* "El cuerpo, la…", *op. cit.,* p. 72.

[101]

<*zacol*>	'bofes del hombre o animal cuadrúpedo o la asadura' (Arzápalo Marín, 1995: 154)
<*zacol*>	'bofes' (Beltrán de Santa Rosa María, 2002 [1746]: 276)
sak ol	'bofes del hombre o animal cuadrúpedo o la asadura; pulmones' (Barrera Vásquez [dir.], 1980: 713)
sak óol	'pulmón' (Bastarrachea Manzano, Yah Pech y Briceño Chel, 1998: 59)
sak óol	'bofe, pulmones' (Martínez Huchim, 2008: 221)
sak óol	'pulmón' (Máas Collí, 2013: 36)

uwich puksiʔik'al, 'el frente del corazón', puede traducirse también como 'la cara del corazón', zona que alude a la boca del estómago, de donde surgen las llamas del *wahyis* K'ahk' Yoʔhl May Chamiiy, 'El Corazón de la Ofrenda de la Muerte es Fuego' (figura II.6), lo que probablemente significa que el epigastrio era la cara frontal del centro anímico corazón. La siguiente lista permite hacernos una idea de la distribución del término *puksiʔik'al* en el árbol lingüístico maya, que prácticamente se restringe a los idiomas yucatecanos y cholanos:

yucateco	*pucçikal*	'coraçón del animal' (Acuña Sandoval, 1993: 203)
	puczikal	'/corazón/'/'el corazón material de cualquier animal racional o irracional. Se toma por el formal. Corazón de animal, voluntad, corazón, ánimo para obrar' (Álvarez Lomelí, 1980: 366)
	puczikal	'el corazón material de cualquier animal racional o irracional' (Swadesh, Álvarez Lomelí y Bastarrachea Manzano, 1991: 652)
	puc-z-ik-al	'corazón material' (Swadesh, Álvarez Lomelí y Bastarrachea Manzano, 1991: 107)
	puksik'al	'el corazón material de cualquier animal racional o irracional'/'[el corazón del hombre, pájaro, cerdo, etc.]'/'el brío que uno tiene; *idem:* se toma por el formal [juicio, memoria]' (Barrera Vásquez [dir.], 1980: 673)
	puksi'ik'al	'corazón' (Bastarrachea Manzano, Yah Pech y Briceño Chel, 1998: 24, 113)
mopán	*püsüc'al*	'corazón, espíritu'/'alma'/'corazón' (Xoj y Cowoj, 1976: 166, 281, 305)
	päsäk'al	'corazón' (Hofling, 2011: 345)
itzá	*pucsic'al*	'*heart*' (Dienhart, 1989: 324)
	pus-ik'al	'corazón, estómago, órganos internos' (Hofling y Tesucún, 1997: 526)
protocholano	**puksik'al*	'corazón'/'*heart*' (Kaufman y Norman, 1984: 129)
choltí	*tuum puczical*	'corazón' (Morán, 1935 [1625]: 13)
	tum	
chol	*pusical/lac'-pu-sic'al/pusic-al*	'*heart*' (Dienhart, 1989: 324)

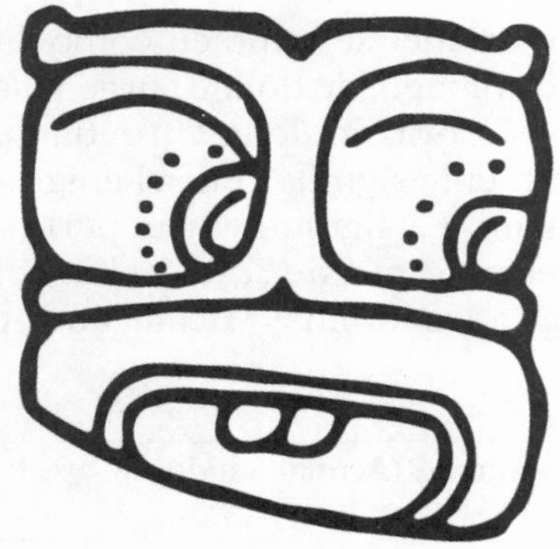

FIGURA III.6. *Posible logograma o signo-palabra* **TUM**, tum, *'corazón', según Stephen D. Houston; Altar 2 de Naranjo (B6), Petén, Guatemala; tomado de Nikolai Grube, "La historia dinástica de Naranjo, Petén",* Beiträge zur Allgemeinenund Vergleichenden Archäologie, band 24, *Mainz am Rhein, Verlag Philipp von Zabern, 2004, p. 208.*

chol	*pusic'al*	'corazón' (Aulie y Aulie, 1978: 96, 157)[102]
	pusk'al	'corazón' (Schumann Gálvez, 1973: 51)
chontal yocothán	*pusica*	*'heart'* (Dienhart, 1989: 324)
	pusic'a	'corazón' (Keller y Luciano Gerónimo, 1997: 198)

Cuando me refiero al centro anímico donde se alojaba la entidad anímica *o'hlis* o sus cognados en idiomas mayances más tardíos, de modo alguno quiero decir que tenga un lugar exclusivo de residencia, pues si volvemos a la definición básica de centro anímico acuñada por López Austin,[103] seremos capaces de apreciar que las almas o entidades anímicas tan sólo se concentran con mayor densidad o intensidad en esos lugares, ya que en realidad se distribuyen y fluyen por todo el cuerpo a través de la sangre. De acuerdo con Hirose López, *óol* no se suscribe al pecho o corazón, sino que es el soplo de vida, aliento o espíritu que circula por la sangre; se obtiene a través de la respiración, entrando a los pulmones y desde allí al corazón, donde se concentra para ser bombeado a través de la sangre.[104] El hecho de que el ánima-corazón se localice simultáneamente en el pecho y en la sangre es lo que permite determinar su presencia tomando el pulso.[105] Por ello los tzotziles creen que la sangre es capaz de hablar desde el corazón, a través del pulso.[106] A este

[102] Diversas entradas en el diccionario de H. Wilbur Aulie y Evelyn W. de Aulie, *Diccionario ch'ol,* México, Instituto Lingüístico de Verano/SEP-Dirección General de Servicios Educativos, 1978 (Vocabularios Indígenas, 21), p. 96, asocian la palabra *pusic'al (sic)* con comprensión, valentía, hipocresía, tristeza, fidelidad, rectitud, intenciones, preocupación, felicidad y carácter y amabilidad.

[103] Véase el capítulo "Los conceptos del cuerpo humano".

[104] Hirose López, *op. cit.,* pp. 21, 103 y 135-136.

[105] Martínez González, *El nahualismo, op. cit.,* p. 37.

[106] Miguel Hernández Díaz, "El *j-ilol* y el *j-ak' chamel* en los Altos de Chiapas", en Bartolomé Bistoletti y Barabas Reyna (coords.), *Los sueños y los días..., op. cit.,* pp. 231 y 240.

respecto, Chávez Guzmán señala con acierto que el "*ol* no parece haber tenido como límite de concentración el órgano del corazón, sino las entrañas y la sangre en general, pues *olom* ['entrañas, sangre'], que deriva de *ol*, se refiere a ambas".[107]

Recordamos que el término *puksi'k'al* no se encuentra atestiguado con certeza en el corpus de las inscripciones mayas, por lo que su equivalente cholano clásico pudo ser *tum* (figura III.6), vocablo que en cholti colonial significaba 'corazón' y que era aparentemente sinónimo de <*puczical*>.[108] Durante el periodo Clásico, la palabra *tum* se encuentra en el nombre de los gobernantes Tum Yo'hl K'inich I (531-534 d.C.), Tum Yo'hl K'inich II (618-658 d.C.), Tum Yo'hl K'inich III (*ca.* 793 d.C.) y Tum Yo'hl K'inich IV (835-849 d.C.) de Caracol, Belice, no casualmente asociado con el morfema *o'hl*, 'corazón, centro' o 'ánimo'. Por otra parte, *tum* también aparece en las expresiones *noho'l tum, xaman tum*, 'corazón del sur, corazón del norte', que se encuentran en el Altar 2 (A5-B6) y en la Estela 23 (H4-G6) de Naranjo, Guatemala.[109] En los manuscritos del Posclásico Tardío *tum* funcionaba como un verbo transitivo que tenía el significado de 'considerar' o 'contemplar',[110] como en la página 4c del *Códice de Dresde*, donde aparece la expresión *utum* o *utumu['w]*, 'él/ella (lo) consideró' o 'él/ella (lo) contempló' (figura III.7a). Esta última acepción de *tum* sin duda remite a las funciones cognitivas atribuidas al corazón entre los pueblos mesoamericanos.[111]

[107] Chávez Guzmán, *Cuerpo, enfermedad y…*, *op. cit.*, p. 75. Otra palabra interesante es *olmal* 'hígado', sustantivo registrado en chol (Aulie y Aulie, *op. cit.*, p. 67) que aparentemente contiene la raíz *ol*, 'fuerza vital'.

[108] Fray Pedro Morán, *Arte y diccionario en lengua choltí, a manuscript copied from the Libro Grande of fr. Pedro Morán of about 1625, in facsímile*, edición de William Gates, Baltimore, The Maya Society, 1935 (Publication, 9), p. 13; véase también John Robertson, Danny Law y Robbie A. Haertel, *Colonial Ch'olti'. The Seventeenth-Century Morán Manuscript*, Norman, University of Oklahoma Press, 2010, p. 304.

[109] Stephen D. Houston, comunicación personal, 19 de diciembre de 2007; ese contexto cardinal y la estructura del nombre Tum Yo'hl K'inich, 'Miocardio del Ánimo del Dios Solar' o 'la Esencia del Dios Solar es el Miocardio', en Caracol, condujeron a Houston a la sospecha de que el cartucho jeroglífico "*kawak* doble" con silabograma **-na** (figura III.6) es realmente en su totalidad un logograma TUM, comunicación personal, 18 de junio de 2015. La sustitución silábica de dicho signo se encuentra en el Dibujo 82 de la Cueva de Naj Tunich: **tu-mu-yo-OL K'IN-chi** (Stephen D. Houston, comunicación personal, 23 de julio de 2019).

[110] Erik Boot, "The Updated Preliminary Classic Maya-English, English-Maya. Vocabulary of Hieroglyphic Readings", *Mesoweb Resources*, 2009, p. 171. Consultado en http://www.mesoweb.com/resources/vocabulary/index.html.

[111] "Es el corazón el que dialoga con la persona cuando está pensando, debatiendo un plan de acción", Maxwell, *op. cit.*, p. 41.

(a) 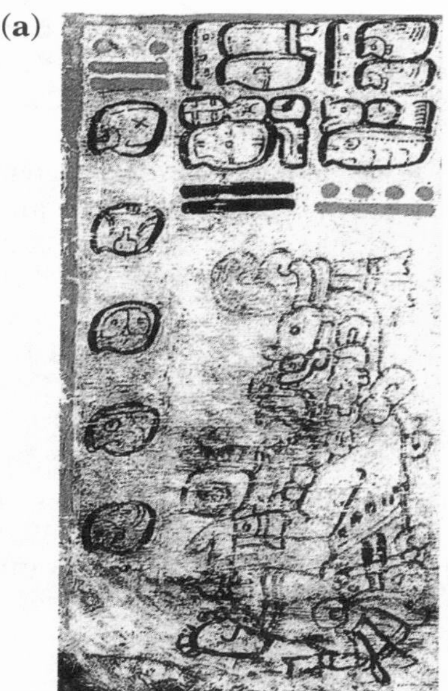

 (b)

FIGURA III.7. (**a**) *Augurio de la página 4c del* Códice de Dresde, *donde se utiliza la expresión* utum, *'él considera'*; (**b**) *augurio de la página 12a del* Códice de Dresde, *donde se emplea la expresión* tukba[l], *'pensamiento'; tomados de Velásquez García,* Códice de Dresde. Parte 1..., op. cit., *pp. 21 y 37.*

FUNCIONES DEL "CORAZÓN FORMAL" O ALMA CORAZÓN

En la tardía lengua yucateca de los tiempos novohispanos la palabra *tum* parece haber adquirido una connotación verbal, pues significaba 'considerar, probar, experimentar, arbitrar, deliberar, ordenar, trazar' o 'dar orden',[112] acepciones que, sin embargo, no se apartan del dominio anímico o psicológico. De hecho, Chávez Guzmán observa que en maya yucateco colonial los vocablos <*tumut, tumtah*> y <*tumte*> se vinculan con el gusto y con la acción de catar.[113] Estos significados están atestiguados también en los manuscritos del Posclásico Tardío, como en el almanaque que se extiende de la página 4c a la 5c del *Códice de Dresde,* donde los dioses consideran o meditan *(tum)* sus

[112] Alfredo Barrera Vásquez (dir.), *Diccionario maya Cordemex. Maya-español. Español-maya,* Juan Ramón Bastarrachea Manzano y William Brito Sansores (redactores); Refugio Vermont Salas, David Dzul Góngora y Domingo Dzul Poot (colaboradores), Mérida, Cordemex, 1980, p. 820.

[113] Chávez Guzmán, *Cuerpo, enfermedad y..., op. cit.,* p. 97.

palabras *(chich)* antes de emitir un pronóstico, por ejemplo *utum uchich K'in Ajaw k'as,* 'K'in Ajaw considera sus palabras, [su augurio es] ruin' (figura III.7a).

Otra expresión que se encuentra en los códices mayas asociada con las facultades intelectuales es *tukbal,* 'pensamiento', misma que fue identificada por Linda Schele y Nikolai Grube en 1997[114] y que se encuentra en el almanaque que va de la página 10a a la 12a del *Códice de Dresde,* por ejemplo en *och[i] tukba[l] Ajan(?), oˀoch(?), saak[i]l(?),* '[el augurio] entró en el pensamiento de Ajan(?), [el pronóstico es] alimento(?) [y] pepitas(?)' (figura III.7b).[115] La palabra itzá o mopán *tukbal* parece contener la misma raíz que la maya yucateca *tuukul,* 'emociones' o 'pensamientos'. De acuerdo con Quintal Avilés y sus colaboradores,[116] entre los mayas yucatecos modernos las facultades del *tuukul* se llevan a cabo conjuntamente entre la cabeza *(pool)* y el corazón *(puksiˀik'al),* lo que nos recuerda nuevamente el principio de la conciencia o psique desmembrada de la que ya hablé anteriormente, si bien no es claro que durante el periodo Clásico los mayas hayan creído que la cabeza fuera un centro donde se albergara una entidad pensante, aunque sí era indudablemente una importante región de paso, entrada y salida de componentes anímicos. De todas formas, la creencia en una comunión fluida entre la testa y el pecho debió estar mucho más acentuada en tiempos antiguos, cuando se suprimía artificialmente el occipucio o nuca de los bebés para que esa parte del cuerpo no impidiera "la circulación armónica entre la cabeza y el torso".[117]

Es preciso hacer notar que el *Calepino de Motul,* diccionario maya yucateco del siglo XVI, define <*ool*> como 'corazón formal y no el material; voluntad y gana'.[118] Bourdin Rivero nota acertadamente que esta definición se basa en una concepción aristotélica-tomista, según la cual el cuerpo es "sustancia", mientras que el alma es "forma", de tal suerte que la manera correcta de entender el concepto de 'corazón formal' es como equivalente a alma.[119] Los diccionarios de las diversas lenguas mayances se encuentran llenos de entradas lexicográficas que contienen morfemas para 'corazón' y hacen referencia a conceptos tan variados como la vida, el pensamiento impulsivo que impele a la acción, el carácter, la memoria, la fe, la confianza, el juicio, la amabilidad, los sentimientos, el interés, el enamoramiento, la duda, la iniciativa, la envidia, la preocupación, la dedicación, la aceptación, la estupefacción, el genio, la felicidad, la tristeza, la voz interior, la pasión, la pereza, la satisfacción, el consuelo, el engaño, la hipo-

[114] Linda Schele y Nikolai Grube, "Part 2. The Dresden Codex", en *Notebook for the XXIst Maya Hieroglyphic Forum at Texas,* Austin, The University of Texas at Austin, 1997, p. 109.

[115] Velásquez García, *Códice de Dresde. Parte 1,* ed. facs., *Arqueología Mexicana,* ed. especial, núm. 67, México, Raíces, 2016, p. 36. No olvidemos que el jeroglifo T533 podría leerse **SAK**?, *saak(?),* 'pepita' o **XAK**?, *xaak(?),* 'brote', por lo que el augurio podría ser *xaak[i]l(?),* 'retoño(?)'.

[116] Quintal Avilés *et al.*, "El cuerpo, la…", *op. cit.*, pp. 72 y 77.

[117] Tiesler, "Cara a cara…", *op. cit.*, pp. 45-46.

[118] Arzápalo Marín, *op. cit.*, pp. 595-596.

[119] Bourdin Rivero, *El cuerpo humano…, op. cit.*, p. 129.

cresía, la prudencia, la resolución, el ánimo, los deseos, los apetitos, la sabiduría y el conocimiento, entre otros muchos.[120] En su conjunto, el 'corazón formal' *oʔhlis* parece haber concentrado la individualidad y la personalidad de cada hombre,[121] si bien no parece haber tenido la facultad del libre albedrío ni haber alojado el sentimiento de culpa, al estilo cristiano.[122]

La raíz morfémica *óol* y todos sus cognados son extremadamente productivos en los diccionarios de las lenguas mayances, pues se encuentran en la etimología de una cantidad casi innumerable de emociones y estados psíquicos. Tan sólo en el *Calepino de Motul,* Bourdin Rivero ha contabilizado un número mayor a 700 entradas, cifra que se duplica si se consideran los términos cuya raíz es *olal,* 'ánimo'.[123] En un trabajo posterior, este autor detectó 26 partes del cuerpo vinculadas con las emociones en el léxico yucateco del periodo novohispano, predominando los términos *óol, puksiʔik'al* y *olal* (cerca de 60% de las entradas), pero seguidas por la garganta y las distintas áreas de la cara, quedando muy rezagados el hígado y el vientre.[124] De forma análoga, Hill II y Fisher hallaron aproximadamente 650 entradas léxicas en el diccionario de cakchiquel virreinal de fray Thomás de Coto (1656), relacionadas con las emociones, y que tienen como base el sustantivo *k'uʔx,* 'corazón'.[125] Tal como opina Chávez Guzmán, *óol* era para los mayas yucatecos la esencia o personalidad del ser humano, el centro de su equilibrio físico o mental; de él dependían la salud, el brío, el carácter, las condiciones momentáneas, los estados de ánimo, la voluntad, la imaginación, la especulación, el juicio, la memoria, el apetito, el

[120] Véase Guillermo Sedat S., *Nuevo diccionario de las lenguas k'ekchi' y española. En dos partes,* Chamelco, Instituto Lingüístico de Verano, 1955, p. 70; Calixta Guiteras Holmes, *Los peligros del alma. Visión del mundo de un tzotzil,* México, FCE, 1965 (Sección de Obras de Antropología), pp. 246-247; Aulie y Aulie, *op. cit.,* p. 96; Esteban, Haeserijn V., *Diccionario k'ekchi' español,* Guatemala, Piedra Santa, 1979, p. 149; Barrera Vásquez (dir.), *op. cit.,* p. 604; fray Pantaleón de Guzmán, *Compendio de nombres en lengua cakchiquel,* René Acuña Sandoval (ed.), México, UNAM-IIFL, 1984 (Gramáticas y Diccionarios, 1), pp. 62 y 65; fray Domingo de Ara, *Vocabulario en lengua tzeltal según el orden de Copanabastla,* Mario Humberto Ruz Sosa (ed.), México, UNAM-IIFL/Centro de Estudios Mayas, 1986 (Fuentes para el Estudio de la Cultura Maya, 4), pp. 280-281, 340, 342-344; Ruz Sosa, *Copanaguastla en un…, op. cit.,* pp. 164-168.

[121] Mercedes de la Garza Camino, *El hombre en el pensamiento religioso náhuatl y maya,* México, UNAM-IIFL/Centro de Estudios Mayas, 1978 (Cuaderno, 14), p. 90.

[122] De acuerdo con John F. Chuchiak IV, "The Indian Inquisition and the Extirpation of Idolatry: The Process of Punishment in the Provisorato in Colonial Yucatan, 1563-1821", tesis doctoral, Nueva Orleans, Tulane University, 2000, p. 452, los mayas yucatecos de la época novohispana atribuían las trasgresiones de los individuos a agentes externos sobrenaturales, tales como dioses y espíritus. Una opinión opuesta tiene Chávez Guzmán, *Cuerpo, enfermedad y…, op. cit.,* p. 77, para quien el *óol* era entre los mayas yucatecos el componente de la persona afectada por el sentimiento de culpa.

[123] Bourdin Rivero, *El cuerpo humano…, op. cit.,* p. 148. El autor ofrece un análisis etimológico de algunas de estas entradas en las pp. 149-159 de ese libro, pero les dedica una obra completa posterior, *Las emociones entre…, op. cit.*

[124] *Ibid.,* pp. 69 y 72.

[125] Hill II y Fisher, *op. cit.,* p. 322.

antojo y un sinfín de condiciones más, aun de carácter social,[126] pues regía sobre la mayor parte de la psique y de la mente.[127] Por ello, lo homologa no sólo con el *teeyoolia* de los nahuas, sino con el *o'tanil* de los tzeltales, con el *k'u'x* de los cakchiqueles y con el *altz'il* de los tojolabales. Mientras que este último comprende la vida, el epigastrio,[128] el pensamiento, el carácter, la memoria, la fe, el juicio, el ingenio, la felicidad, la tristeza y la voz interior, el *k'u'x* conlleva la esencia, el juicio, la razón, la memoria, el entendimiento, la voluntad, las emociones y la propiedad o condición de una persona.[129] Aunque obviamente todos estos elementos o ingredientes de la psique se transforman a lo largo de la vida, el *o'hlis* o alma esencial del ser humano probablemente se comportaba igual que las semillas o corazones anímicos de otras culturas mesoamericanas, que se injertan en el cuerpo humano desde el momento mismo de la gestación, aún en el vientre materno.[130] Aunque esto último sólo se puede intuir mediante la analogía con otras sociedades indígenas, toda vez que no existen datos sobre este asunto en las imágenes y textos jeroglíficos del periodo Clásico, salvo el llamado Calco de Pasadena (figura III.18), cuya información —como veremos— es ambigua y equívoca.[131] Si dichas conjeturas son correctas, el cuerpo-presencia comienza a existir desde la gestación humana,[132] mientras que el corazón anímico o alma esencial es eterna, toda vez que pertenece al ámbito imperceptible del anecúmeno, aunque pasa a formar parte del cuerpo humano desde el momento en el que existe el cuerpo-presencia.

El *óol* era concebido como la sede primordial de la vida, los sentimientos, las pasiones, el entendimiento, la voluntad y las ganas. El corazón era el centro del pensamiento.[133] Se le atribuían al *óol* funciones casi universales,

[126] *Ibid.*, p. 96; Bourdin Rivero, *El cuerpo humano…*, *op. cit.*, p. 107; Martínez González, *El nahualismo*, *op. cit.*, p. 35, sospecha incluso que el ánima-corazón pudo ser considerada por algunos grupos mesoamericanos como la sede de la identidad étnica.

[127] Chávez Guzmán, *Cuerpo, enfermedad y…*, *op. cit.*, pp. 74-75 y 77.

[128] El *óol* de los mayas yucatecos también alude a la región ventral interna del cuerpo, Bourdin Rivero, *El cuerpo humano…*, *op. cit.*, p. 130.

[129] *Ibid.*, pp. 75-76.

[130] López Austin, "La composición de…", *op. cit.*, p. 32; los tzotziles creen que los dioses colocan el *ch'ulel* en el cuerpo de un embrión, Patricia A. Mcanany, "Soul Proprietors. Durable Ontologies of Maya Deep Time", en Steve Kosiba, John W. Janusek y Thomas B. F. Cummins (eds.), *Sacred Matter: Animacy and Authority in the Americas*, Washington, Dumbarton Oaks Research Library and Collection, 2020, pp. 74-75.

[131] Véase Christian M. Prager, "Übernatürliche Akteure in der Klassischen Maya-Religion", tesis doctoral, Bonn, Universidad de Bonn-Facultad de Filosofía de la Rheinische Friedrich-Wilhelms, 2013, p. 572; "A Study of the Classic Maya *k'uh* Concept", en Harri Kettunen *et al.* (eds.), *Tiempo detenido, tiempo suficiente: ensayos y narraciones mesoamericanistas en homenaje a Alfonso Lacadena García-Gallo*, Couvin, Bélgica, European Association of Mayanist, 2018 (Wayeb Publication 1), pp. 597-598. Consultado en https://www.wayeb.org/wayeb-publication-series/.

[132] Pedro Pitarch Ramón, *La cara oculta del pliegue. Antropología indígena*, México, Artes de México/Conaculta-DGP, 2013, pp. 42-47.

[133] López Austin, "La concepción del cuerpo en Mesoamérica", *Elogio del cuerpo mesoamericano, Artes de México*, núm. 69, 2004, p. 33.

únicamente añadiéndole otros elementos morfológicos cuya función es modular, modificar o cualificar dichos significados volitivos generales.[134] Por ejemplo, *kiʔ óol <cii ool>* significa 'alegría, contento' o 'regocijo', pues su etimología deriva de *óol* más el sustantivo *kiʔ*, que equivale a 'cosa rica, sabrosa, deleitable, gustosa' o 'agradable',[135] mientras que la construcción *kaʔ yej óolal <caa ye olal>* significa 'duda' o 'indecisión', pues en su composición interviene la frase *kaʔ yej*, 'dos filos'.[136] Bourdin Rivero ha logrado mostrar que en el lenguaje emocional maya yucateco de la época colonial también juegan un papel importante las metáforas y las metonimias.[137]

Otra lengua mayance, el cakchiquel, genera una extensa gama de términos para denotar sentimientos tomando como base el sustantivo *k'uʔx*, 'corazón', pero contraponiendo principios contrastantes o complementarios: calor *versus* frío equivale a la dicotomía de ira *versus* miedo; mordaz *versus* dulce alude al par binario amargura/arrepentimiento *versus* dulzura/felicidad; salado *versus* meloso remite a la dualidad odio *versus* amor; lo grueso *versus* lo delgado alude respectivamente a las condiciones abiertas y honestas del corazón *versus* la debilidad y el temor, etcétera.[138]

Según Bourdin Rivero, el léxico maya yucateco vinculado con la raíz *óol* puede agruparse en dos grandes campos semánticos: el de las emociones y sentimientos, por un lado, y el del antojo, el deseo, las ganas, la volición o la voluntad, por el otro.[139] El primer ámbito corresponde a la idea de "sentir algo, alguna cosa", mientras que el segundo alude a la capacidad de "querer moverse,[140] querer hacer",[141] si bien el aspecto emocional tiene muchas más entradas léxicas que el volitivo,[142] y la separación entre ambos no es tajante ni del todo nítida.[143]

Como hemos visto, Chávez Guzmán observa que en el *Popol Vuh* sólo los hombres hechos de maíz eran poseedores de la palabra y la conciencia.[144] De acuerdo con Bourdin Rivero, un tercer ámbito semántico vinculado con el

[134] Bourdin Rivero, *El cuerpo humano…*, *op. cit.*, pp. 141 y 148-149.

[135] *Ibid.*, p. 150.

[136] *Ibid.*, p. 154.

[137] Bourdin Rivero, *Las emociones entre…*, *op. cit.*, pp. 137-190. De acuerdo con Helena Beristáin Díaz, *Diccionario de retórica y poética*, 8ª ed., México, Porrúa, 1997, p. 327, la metonimia consiste en la "sustitución de un término por otro cuya referencia habitual con el primero se funda en una relación" del todo por la parte *(pars pro toto)*.

[138] Véase Hill II y Fisher, *op. cit.*, pp. 322-324.

[139] Bourdin Rivero, *Las emociones entre…*, *op. cit.*, p. 84.

[140] En mi trabajo sobre el juego de pelota analicé una de las aplicaciones más sobresalientes de la metáfora del movimiento, al destacar las concurrencias entre los conceptos de *oʔhlis*, 'corazón formal', y *woohl*, 'pelota de hule', véase Apéndice A.

[141] Bourdin Rivero, *Las emociones entre…*, *op. cit.*, p. 87.

[142] *Ibid.*, p. 89.

[143] *Ibid.*, p. 88.

[144] Chávez Guzmán, *Cuerpo, enfermedad y…*, *op. cit.*, p. 43.

lexema *óol* justamente atañe al saber y al conocer,[145] lo que sugiere que los mayas yucatecos coloniales lo consideraban como la sede principal de la mente. Diversos datos etnográficos de culturas mesoamericanas sugieren que algunas entidades y fuerzas anímicas salen del continente corporal de forma momentánea, ya sea de manera voluntaria o involuntaria, viviendo experiencias nocturnas lejos del cuerpo, y este fenómeno incluye con especial interés el ánima-corazón.[146] Julián López García observa que, al menos desde los tiempos novohispanos —o aun antes—, los mayas creían que lo que el alma vivía en sueños constituía una valiosa fuente de saber y era para ellos un tipo de experiencia válida y objetiva que proporciona datos sobre el ámbito onírico o sobrenatural del anecúmeno.[147] Según Sánchez Carrillo, cualquier persona tzeltal de la comunidad de Yajalón, Chiapas, puede utilizar el sueño como medio de aprendizaje y venero de conocimiento.[148] De este modo, para el hombre mesoamericano no todo el conocimiento deriva de la experiencia sensorial del estado de vigilia, sino que la revelación y las vivencias del componente anímico liberado del cuerpo temporalmente para entrar en contacto con lo invisible constituyen fuentes de saber tan válidas o más que las de la percepción ordinaria.[149] Esta consideración del sueño como algo real, verdaderamente vivido por el hombre, donde incluso se puede recibir preparación, educación o instrucción ritual, tanto entre los mayas antiguos como entre los modernos, fue perfectamente destacada también por De la Garza Camino,[150] así como por Bartolomé Bistoletti y Barabas Reyna.[151] Al parecer, es de ese modo como el alma corazón o corazón formal adquiere los datos que usa en su pensamiento.[152]

Pero la entidad anímica *o'hlis* del periodo Clásico y los corazones formales de culturas mayenses posteriores parecen haber sido también uno de los "órganos" principales del habla y del lenguaje. Esta última función del ánima-corazón fue encontrada por Martínez González en varios grupos mesoamericanos, tanto mayances como de otras familias lingüísticas.[153] Los tzel-

[145] Bourdin Rivero, *Las emociones entre…*, *op. cit.*, p. 96.

[146] Martínez González, *El nahualismo*, *op. cit.*, p. 40.

[147] López García, *op. cit.*, p. 508, n. 7.

[148] Óscar Sánchez Carrillo, "Cuerpo, ch'ulel y lab elementos de la configuración de la persona tseltal", *Revista Pueblos y Fronteras. La noción de persona en México y Centroamérica*, núm. 4, diciembre de 2007-mayo de 2008, pp. 47-48. Consultado en http://www.pueblosyfronteras.unam.mx.

[149] López Austin, "El dios en…", *op. cit.*, p. 14.

[150] Mercedes de la Garza Camino, *Sueño y éxtasis. Visión chamánica de los nahuas y los mayas*, México, FCE/UNAM-Coordinación de Humanidades/IIFL/Centro de Estudios Mayas, 2012 pp. 175-179 y 251-259

[151] Bartolomé Bistoletti y Barabas Reyna, "Introducción. Los sueños…", *op. cit.*, pp. 17-20; "Los mayas de Yucatán y Chiapas", en *ibid.*, p. 54.

[152] Sobre el aprendizaje del corazón durante el sueño, véase también Hernández Díaz, *op. cit.*, pp. 231-233 y 235.

[153] Martínez González, *El nahualismo*, *op. cit.*, p. 34.

tales de Cancuc creen que el *ch'ulel* se aloja en el corazón y que en él se origina el lenguaje,[154] opinión que coincide con sus vecinos de Yajalón, quienes piensan que las palabras brotan del corazón del hombre, aunque se expresan por la cabeza.[155] Esta última parte del cuerpo, y en especial el cerebro y la boca, se vinculan claramente con la facultad del habla en maya yucateco de la época novohispana,[156] de manera que por el momento la interacción entre la testa y el pecho en el complejo fenómeno de la articulación del habla es un problema difícil de dilucidar y no existen datos directos sobre ese tema en las inscripciones o imaginería del periodo Clásico.

Pitarch Ramón ha encontrado también entre los tzeltales un interesante ciclo de la enfermedad y de la muerte, mismas que se originan en el inframundo y se introducen en el corazón del ser humano, sede de las emociones. Las fuerzas destructivas brotan del corazón a través del lenguaje, pues las maldiciones o palabras de rencor enunciadas pueden brotar desde ahí e invadir el torrente sanguíneo de los enemigos, manifestándose en enfermedades.[157]

Como centro de origen, dispersión y llegada de la sangre,[158] el músculo cardiaco constituía el núcleo del microcosmos anatómico, analogía o proyección que ya hemos visto y que se extendió al terreno espiritual, ya que los mayas lo consideraron como la sede del movimiento[159] y de las motivaciones humanas, encerrando funciones cognitivas, racionales y emotivas, como también las fuerzas esenciales para mantener la vida.[160] Esta última propiedad puede advertirse en el morfema quicheano *k'u'x*, 'corazón', cuyos cognados en las otras lenguas mayances son 'vida, vivo, vivir, alma' y 'existencia', mien-

[154] Pedro Pitarch Ramón, *Ch'ulel: una etnografía de las almas tzeltales*, 1ª reimp., México, FCE, 2006 (Sección de Obras de Antropología), p. 35.

[155] Sánchez Carrillo, *op. cit.*, p. 24.

[156] Bourdin Rivero, *El cuerpo humano…*, *op. cit.*, pp. 200 y 230-244; *Las emociones entre…*, *op. cit.*, p. 97.

[157] Pedro Pitarch Ramón, "El lenguaje de la muerte (en un texto médico tzeltal)", en Ciudad Ruiz *et al.* (eds.), *Antropología de la eternidad…*, *op. cit.*, pp. 527-528.

[158] Los tzotziles de San Pedro Chenalhó consideran que el corazón es "fuego y 'madre de la sangre'", Guiteras Holmes, *op. cit.*, p. 246.

[159] Véase Velásquez García, "El juego de…", *op. cit.*, pp. 271-278, donde analicé una analogía relacionada con el movimiento.

[160] Véase Alfredo López Austin, *Hombre-dios. Religión y política en el mundo náhuatl*, 2ª ed., México, UNAM-IIH, 1989 (Monografías, 15), p. 124; Nájera Coronado, *op. cit.*, pp. 144-146. A este respecto, conviene recordar que la etimología del término náhuatl *yoollotl* parece haber sido 'su movimiento' o 'la razón de su movimiento', McKeever Furst, *op. cit.*, p. 17. Cabe señalar que los cognados mopán, itzá, chol y chontal yocothán del término yucateco *puksi'ik'al* tienen la forma *pusik'al*, dejando abierta la posibilidad de que esta palabra no sea un préstamo totonaco, como han sugerido Terrence S. Kaufman y William M. Norman, "An Outline of Proto-Cholan Phonology, Morphology and Vocabulary", en John S. Justeson y Lyle Campbell (eds.), *Phoneticism in Mayan Hieroglyphic Writing*, Albany, Institute of Mesoamerican Studies, 1984 (Publication, 9), p. 129, sino una elaboración maya donde intervienen los morfemas *puus* ('sacudir, limpiar') e *iik'aal* ('respiración'). Si esto fuera así, una posible etimología para *puksi'ik'al (puusik'aal)* sería 'sacudidor de respiración'.

tras que en yucateco *k'uxaʔan* vale por 'experiencia'.[161] Tanto en cakchiquel como en quiché, el corazón *k'uʔx* tiene propiedades análogas al *oʔhlis* y al *óol* de las tierras bajas, pues se le atribuye la facultad de la memoria, el entendimiento, el intelecto, el pensamiento, la imaginación, el juicio, la razón y la voluntad, así como las fuerzas básicas de la vida.[162] Es la esencia que anima o fuerza espiritual ubicada en el centro o en el núcleo y, a semejanza del *oʔhlis* y del *óol,* remite también al ciclo regenerativo de las plantas.[163] No obstante, debemos advertir que el *óol* yucateco virreinal y etnográfico tiene aun mayores semejanzas con el *altz'il* tojolabal, pues, como él, es una entidad exclusivamente humana[164] que también puede atribuírsele a los dioses,[165] en tanto que el *k'uʔx* parece aplicarse al 'corazón de todo viviente' o al 'espíritu de cualquier cosa':

protomaya	**qux* (o **kux*)	'vivo'/'*alive*' (Kaufman y Norman, 1984: 123)
lacandón	*kux*	'vivo' (Boot, 2003c: 15)
yucateco	*ah cux-tal*	'/viviente/'/'cosa animada que tiene alma vegetativa o sensitiva' (Álvarez Lomelí, 1980: 347)
	cux	'/vida/'/'cosa viva' (Álvarez Lomelí, 1980: 347)
	cuxtal	'vida' (Acuña Sandoval [ed.], 1993: 633)
	cux-tal	'/vivir/'/'vida, viviente, vivo, vivir' (Álvarez Lomelí, 1980: 347)
	cux-ul cucut	'/vida-de cuerpo/'/'cuerpo vivo' (Álvarez Lomelí, 1980: 338)
	cux-ul uim-bal	'/vida-de figura/'/'figura o retrato al vivo' (Álvarez Lomelí, 1980: 338)
	kux	'vida' (Barrera Vásquez [dir.], 1980: 357)

[161] María Cristina Álvarez Lomelí, *Diccionario etnolingüístico del idioma maya yucateco colonial,* vol. III: *aprovechamiento de los recursos naturales,* México, UNAM-IIA, 1997, p. 37.

[162] Hill II y Fisher, *op. cit.,* p. 321. En el diccionario de tzeltal colonial de Ara, *op. cit.,* pp. 280-281, pueden encontrarse diversas entradas lexicográficas que contienen la raíz <*kux*> *(k'uʔx)* y se relacionan con amar, arrepentimiento, dolor, benignidad, misericordia, tener duelo, compadecerse, cuitar y resurrección, lo que sugiere que el morfema *k'uʔx* es, de algún modo, semejante al de *oʔhl, ool, ol* u *óol.* En el diccionario de cakchiquel colonial de fray Pantaleón de Guzmán, *op. cit.,* pp. 61-65, aparecen diversos términos que incluyen el morfema <*4ux*> *(k'uʔx)* y se relacionan con la discreción, la memoria, la benignidad y la envidia.

[163] Hill II y Fisher, *op. cit.*

[164] Nájera Coronado, *op. cit.,* p. 146.

[165] Mario Humberto Ruz Sosa, "La cosmovisión indígena", en Mario Humberto Ruz Sosa (ed.), *Los legítimos hombres. Aproximación antropológica al grupo tojolabal,* UNAM-IIFL/Centro de Estudios Mayas, 1982, p. 54.

yucateco	*kuxtal*	'alma y cosa dichosa'/'alma'/'ánima, alma' (Barrera Vásquez [dir.], 1980: 357, 659)
	kuxtal	'vida, existencia' (Bastarrachea Manzano, Yah Pech y Briceño Chel, 1998: 72, 97)
	ub-ahil cux-tal	'/sentir vida/'/'vida sensitiva' (Álvarez Lomelí, 1980: 347)
	yikal cuxtal	'espíritus vitales' (Acuña Sandoval [ed.], 1993: 336)
mopán	*cuxtal*	'vida' (Xoj y Cowoj, 1976: 52, 390)
itzá	*cuštal*	*'spirit'* (Dienhart, 1989: 603)
	kux	'vivir' (Hofling y Tesucún, 1997: 368)
	kux	*'(re)live'* (Boot, 2003a: 13)
	kuxa'an	'vivo' (Hofling y Tesucún, 1997: 368)
	kuxtal	'vida'/'vivir, existir, estar vivo' (Hofling y Tesucún, 1997: 368)
	kuxtalil	'existencia' (Hofling y Tesucún, 1997: 368)
protocholano	**kux*	'vivo'/*'alive'* (Kaufman y Norman, 1984: 123)
choltí	*cuxpez*	'dar vida' (Morán, 1935 [1625]: 23)
	cuxtal	'vida' (Morán, 1935 [1625]: 68)
	cuxul	'vivo' (Morán, 1935 [1625]: 68)
chortí	*kuxu*	'dar a luz' (Pérez Martínez *et al.*, 1996: 106)
chontal yocothán	*cuxlec*	'vivir' (Keller y Luciano Gerónimo, 1997: 63)
	kuxle	'vivir' (Pérez González y Cruz Rodríguez, 1998: 120)
chol	*cuxtʌlel*	'vida' (Aulie y Aulie, 1978: 39, 182)
prototzeltalano	**kuš.lex*	'vida' (Kaufman, 1998: 106)
tzotzil	*cuxel/cuxelal*	'vida' (Hidalgo, 1989: 222)
	cušul	*'live'* (Dienhart, 1989: 391)
	cuxul	'está vivo, viviente' (Delgaty, 1964: 8)
	kuxul	'vivo, sobrio' (Boot, 2003d: 17)
	cuxlejal	'vida' (Delgaty, 1964: 8)
tzeltal	*cuxayon*	'vivir' (Ara, 1986: 281)
	cuxul	'cosa viva' (Ara: 1986: 281)
cakchiquel	*4ux*	'el corazón' (Guzmán, 1984: 60)
	qux	'corazón de todo viviente'/'atribúyenle todos los efectos de las potençias: memoria, entendim[iento] y voluntad' (Coto, 1983: 113)

(**a**)

(**b**)

FIGURA III.8. *Pasajes jeroglíficos que contienen el morfema* o'hl *empleado en su contexto:* (**a**) *Panel Oeste del Templo de las Inscripciones de Palenque (A7-A8), Chiapas, México:* **u-ti-mi-wa yo-OL-la u-K'UH-li**, utimi'w yo'hl uk'uh[uu]l, *'él satisfizo el corazón de las efigies de los dioses'; dibujo de Linda Schele, tomado de Robertson,* The Sculpture of…, op. cit., *lám. 97;* (**b**) *Panel Oeste del Templo de las Inscripciones de Palenque (B8-B12), Chiapas, México:* 10-**AJAW** 8-**YAX-K'IN CHUM-mu-*TUN-ni i-chi na-i-ki, u ti-mi je-la a-OL-la**, 10 ajaw 8 yahxk'in chumtuun, ich[kil] na'ik utimje'l a[w]o'hl, *'[en] 10* ajaw *8* yáaxk'iin *hubo asiento de piedra, ojalá haya bañado de satisfacción su corazón'; dibujo de Linda Schele, tomado de Robertson,* op. cit.

cakchiquel	*qux/qazlibal/qazbay kichin*	'alma o ánima' (Coto, 1983: 25)
tzutuhil	*akush/ak'u'x*	'alma'/'espíritu de cualquier cosa'/'la sangre contiene *ak'u'x*' (Martínez González, 2007: 155-156)
quiché	*cux*	'corazón' (Basseta, 2005: 110)[166]
	k'u'x<aj>	*'soul; being; heart; chest; womb; bottom (u-k'ux ja'); intellect'* (Christenson, 2003: 57)
	k'u'xilal	*'intelligence'* (Christenson, 2003: 57)
	uxlanibal k'uxaj	*'peace of the soul; peace of mind'* (Christenson, 2003: 135)

Las facultades cognitivas, racionales y emotivas del *oʔhlis* se encuentran atestiguadas en las inscripciones clásicas, como por ejemplo en el Tablero Oeste del Templo de las Inscripciones de Palenque (figuras III.8 y III.9a), donde el gobernante K'ihnich Janaab Pakal I (*ca.* 615-683 d.C.) intenta granjearse la voluntad de los dioses durante las complejas ceremonias de los finales de *k'atuun*. El verbo que se utiliza en estos textos es *tim*, 'apaciguar' o 'satisfacer', lo que nos habla con elocuencia del mudable corazón de las deidades.

El largo pasaje correspondiente al *k'atuun* 10 *ajaw* (9.12.0.0.0, 10 *ajaw* 8 *yáaxk'iin*, 28 de junio de 672 d.C.), cuya narración comienza en el Tablero Central (G1-N10), está lleno de referencias sobre diversos objetos (*ahk'oʔl*, 'cargas', *huʔn*, 'diademas' o 'bandas para atar en la frente', *koʔhaw*, 'yelmos', *pixoʔm*, 'sombreros', *tuʔp*, 'orejeras', *uʔh*, 'collares', etc.) que Pakal entregó *(yahk'aw)* a los dioses o a las efigies de los mismos *(k'uhuul)*,[167] probablemente como ofrendas propiciatorias, puesto que el pronóstico para este periodo es de muerte y de sequía.[168] La narración de estas ceremonias concluye en el

[166] "*K'ux* se refiere al corazón como la fuente del 'espíritu vital' de una cosa o lo que le da vida. De acuerdo con el diccionario de Coto, también se cree que es el centro del pensamiento y la imaginación. Esta deidad, por lo tanto, combina los poderes de la vida y la creatividad, y se cree que existe en medio de los cielos. Durante cada periodo creativo, Corazón del Cielo es la deidad que primero concibe la idea de lo que se va a formar. Otros dioses llevan después a cabo su voluntad, dándole expresión material", Allen J. Christenson, *Popol Vuh. The Sacred Book of the Maya,* Winchester/Nueva York, Books, 2003, p. 69, n. 56.

[167] Véase la nota 184 del capítulo anterior.

[168] Véase Alfonso Lacadena García-Gallo, "El origen prehispánico de las profecías katúnicas mayas coloniales: antecedentes clásicos de las profecías de 12 Ajaw y 10 Ajaw", en Rogelio Valencia Rivera y Geneviève Le Fort (eds.), *Sacred Books, Sacred Languages: Two Thousand Years of Ritual and Religious Maya Literature. Proceedings of the 8th European Maya Conference. Madrid, November 25-30, 2003,* Markt Schwaben, Verlag Anton Saurwein, 2006 (Acta Mesoamericana, 18), pp. 210-211; Guillermo Bernal Romero y Erik Velásquez García, "El antiguo futuro del *k'atun:* imagen, texto y contexto de las profecías mayas", en Alberto Dallal Castillo (ed.), *El futuro. XXXI Coloquio Internacional de Historia del Arte,* México, UNAM-IIE, 2010, p. 215.

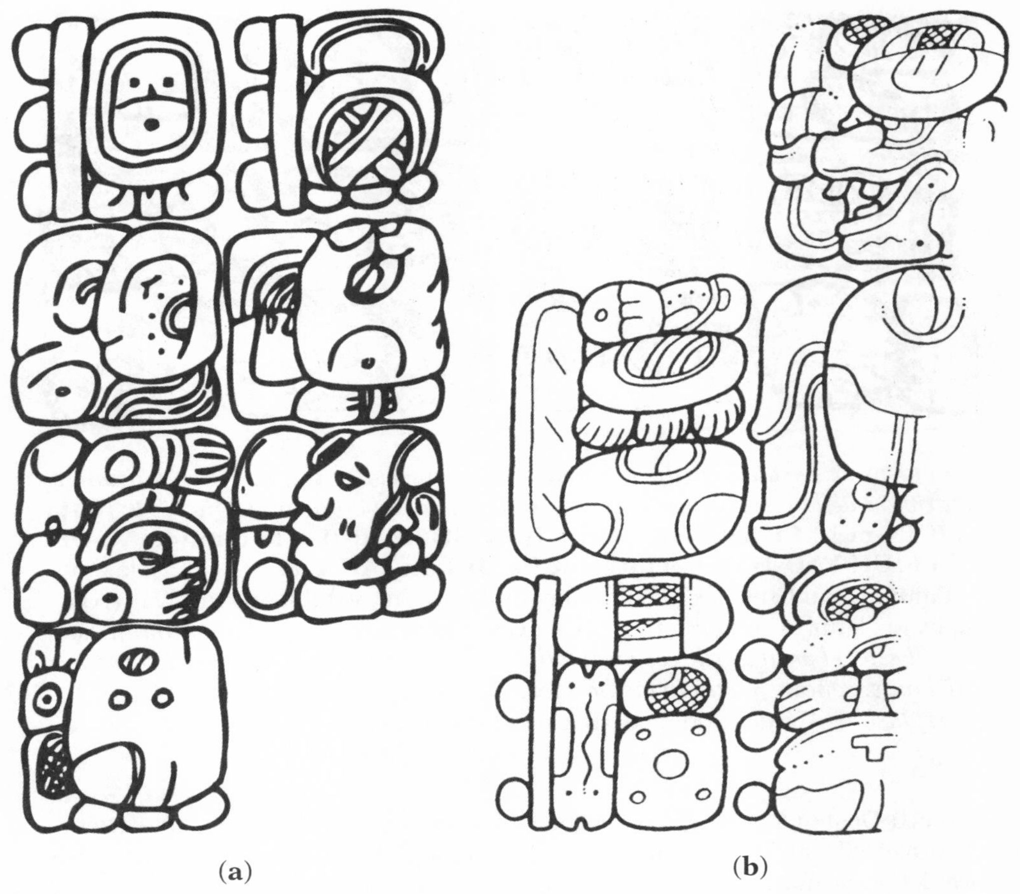

FIGURA III.9. *Pasajes jeroglíficos que contienen el morfema* oˀhl *empleado en su contexto:* (**a**) *Panel Oeste del Templo de las Inscripciones de Palenque (C1-C4), Chiapas, México:* 8-**AJAW** 8-**IK'-AT-ma CHUM-mu-TUN-ni i-chi-ki u-ti-mi u-OL-la ch'a-ho-ma**, 8 ajaw 8 ihk't[a]m chumtuun, ichki[l] utim u[y]oˀhl ch'ahoˀm, *'[en] 8* ajaw *8* woˀ *[hubo] asiento de piedra, se bañó de satisfacción el corazón del varón'; dibujo de Linda Schele, tomado de Robertson,* idem; (**b**) *Monumento 6 de Tortuguero (H8-H10), Tabasco, México:* **ha-i xa-a-je-se yo-OL-la** 8-**ko-BAK-li**?-**bi** 4-**EM-ma-cha**, haaˀ xaˀajes yoˀhl Waxak Ko[hk](?) Baaklib(?) Chan Ehmach, *'él es quien también despertó los corazones de las Ocho Kohk(?) Baaklib(?), de los Cuatro Ehmach'; tomado de Marc U. Zender, "The Raccoon Glyph in Classic Maya Writing",* The PARI Journal, *vol. V, núm. 4, primavera de 2005, p. 7.*

FIGURA III.10. *Pasaje jeroglífico donde se dice que el destino que trae la primera aparición de la estrella matutina "es el anuncio del corazón del dios":* **K'AL-ja la-K'IN-ni** 10-**CHAN CHAK-EK' CHAK-BOLAY u-JUL-lu u-mu-ka yo-OL-la K'UH YAH-WAY-si-AJAW** 3-**K'UH-JUL-lu YAH-PAT**(?), k'al[a]j lak'in Laju'n Chan Chak Ek'; chak bolay ujul, umu'uk yo'hl k'uh, yah wahy[i]s ajaw, ox k'uh[ul] jul, yah paat(?), *'la Gran Estrella Laju'n Chan se manifestó en el este; el gran tigrillo es su [víctima] flechada, es el anuncio del corazón del dios, señores nagualistas heridos, muchos dardos sagrados, tortugas(?) heridas', p. 47b del* Códice de Dresde, *tomado de Velásquez García,* Códice de Dresde. Parte 1..., op. cit., *p. 65.*

Tablero Oeste (A7-B12), expresando que a través de sus dones 'él satisfizo el corazón de sus dioses' (figura III.8a), aunque todavía expresa la incertidumbre del gobernante palencano, al manifestar su deseo de que 'ojalá haya bañado de satisfacción su corazón' (figura III.8b).[169] En estos pasajes la entidad anímica *o'hlis* claramente pertenece a los númenes sagrados.

Los rituales del siguiente *k'atuun,* el 8 *ajaw* (9.13.0.0.0, 8 *ajaw* 8 *wo',* 15 de marzo de 692 d.C.), se encuentran registrados en el Tablero Oeste (figura III.9a), y en ellos la entidad anímica *o'hlis* parece referirse al corazón del gobernante Pakal, quien 'se bañó de satisfacción' con el señor del lugar mitológico *Matwiil* y con otro señor de la muerte de nombre parcialmente descifra-

[169] La figura retórica que se utiliza en este pasaje recibe el nombre de "optación"; ella cumple una función apelativa dentro del texto, expresando los sentimientos del autor, Alfonso Lacadena García-Gallo, "Apuntes para un estudio sobre literatura maya antigua", en Antje Gunsenheimer *et al., Texto y contexto: perspectivas intraculturales en el análisis de la literatura maya yucateca,* Bonn, Shaker Verlag Aachen, 2009 (Estudios Americanistas de la Universidad de Bonn, 47), pp. 44-45.

Figura iii.11. *Pasaje jeroglífico que contiene el morfema* o'hl *empleado en su contexto: estuco caído del Templo XVIII de Palenque (G1-G3), Chiapas, México:* **ti-ma-ja a-wo-la**, ti[h]maj awo['h]l, *'tu corazón fue satisfecho'; tomado de Schele y Mathews,* The Bodega of..., op. cit., *fig. 539.*

do (Ak'no'm A...l). Zender[170] ha traído a colación otro opaco pasaje, contenido en el Monumento 6 de Tortuguero (figura iii.9b), donde la entidad *o'hlis* parece referirse al corazón de Ocho Tortugas de Hueso(?) (Waxak Ko[hk] Baaklib[?])[171] y de Cuatro Mapaches (Chan Ehmach), al parecer considerados como deidades patronas de la ciudad. Si realmente es así, se confirmaría que durante el periodo Clásico, al igual que entre los mayas coloniales, la entidad anímica *o'hlis* era por lo menos aplicable a los humanos y a los dioses. La raíz verbal utilizada en este pasaje de Tortuguero no es *tim,* sino *aj,* 'despertarse' o 'levantarse', lo que nos habla de que el corazón estaba sometido al proceso de sueño y de vigilia.

Otro interesante pasaje, aunque siglos posterior, es el que aparece en la "Tabla de Venus" del *Códice de Dresde,* asociado con la primera aparición de la estrella matutina, que se creía era aciaga. El texto se ubica en la sección b de la página 47 y documenta que durante el Posclásico Tardío aún se creía que la entidad anímica *o'hlis* era también atributo de los dioses, al mencionar la frase *umu'uk yo'hl k'uh,* 'es el anuncio del corazón del dios' (figura iii.10).[172]

El verbo *tim,* 'satisfacer, apaciguar', en relación con la entidad anímica *o'hlis,* también se encuentra en los estucos desarmados del Templo XVIII

[170] Marc U. Zender, "The Raccoon Glyph in Classic Maya Writing", *The PARI Journal,* vol. V, núm. 4, primavera de 2005, p. 7, n. 5.

[171] Un dios de nombre muy semejante se encuentra escrito y representado en la página 37b del *Códice de Dresde:* Kohk Baak K'uh, 'Dios Tortugas de Hueso' o 'Dios de los Huesos y Tortugas', Velásquez García, *Códice de Dresde. Parte 2,* ed. facs., ed. especial de *Arqueología Mexicana,* núm. 72, México, Raíces, 2017, p. 71.

[172] Velásquez García, *Códice de Dresde. Parte 1..., op. cit.,* p. 65.

FIGURA III.12. **MIH-OL-la CHAN-na-NAL-K'UH, MIH-OL-la KAB'-la-K'UH, MIH-OL-la** 1-**TAY**(?)-**CHAN** [***TAK**], mih [y]o'hl chanal k'uh, mih [y]o'hl kab'al k'uh, mih [y]o'hl Ju'n Tay]al] Chan Ajawtaak, *Estela B de Copán (A9-A14), dibujo de L. Schele; tomado de Elizabeth A. Newsome,* Tree of Paradise and Pillars of the World. The Serial Stela Cycle of "18-Rabbit-God K", King of Copán, *Austin, University of Texas Press, 2001, p. 181 (The Linda Schele Series in Maya and Pre-Columbian Studies).*

de Palenque (figura III.11), aunque lamentablemente la frase 'tu corazón fue satisfecho' se encuentra descontextualizada y no sabemos a quién se refiere.[173]

Otro ejemplo interesante procede de la Estela B (A9-A14) de Copán (figura III.12) y es complicado de entender: *mih [y]o'hl chanal k'uh, mih [y]o'hl kab'al k'uh, mih [y]o'hl Ju'n Tay[al] Chan Ajawtaak,* cuya traducción tal vez podría ser, siguiendo a Tokovinine:[174] 'el corazón de los dioses celestes es satisfecho, el corazón de los dioses terrestres es satisfecho, el corazón de los Señores Brillantes del Cielo[175] es satisfecho'. Tokovinine sustenta esta idea en el hecho de que en chortí *mijmijres* significa 'avivar, animar, poner más activo o vivo', y *mijmijran* quiere decir 'crecer', mientras que en tzeltal *mihij* significa 'aumentar' o 'incrementar algo'.[176]

[173] Véase Zender, "On the Morphology...", *op. cit.*, p. 202, n. 134; Stuart, *The Inscriptions from..., op. cit.*, p. 153.

[174] *Place and Identity in Classic Maya Narratives,* Washington, Dumbarton Oaks Research Library and Collections, 2013 (Studies in Pre-Columbian Art and Archaeology, 37), p. 39.

[175] Tayal Chan Ajawtaak, 'los Señores Brillantes del Cielo', es un nombre colectivo de los dioses de Venus que fue propuesto por Albert Davletshin, "La lengua de los así llamados teotihuacanos e interpretaciones protonahuas para sus glosas en las inscripciones jeroglíficas mayas", en Erik Velásquez García y María Elena Vega Villalobos (eds.), *Imágenes figurativas verbales. Aproximaciones a los sistemas de escritura de Mesoamérica,* México, UNAM-DGAPA-IIE, entregado para publicación. He desarrollado más estas ideas en Erik Velásquez García, "'Los Señores Brillantes del Cielo'. Venus y los eclipses en el *Códice de Dresde*", en Nikolai Grube (ed.), *Recent research on the Dresden Codex,* Bonn, Universität Bonn, entregado para publicación.

[176] Existen, sin embargo, otras opciones para traducir este pasaje, que le darían un sentido opuesto. Por ejemplo: 'no hay ánimo en los dioses celestes, falta el ánimo en los dioses terres-

La atribución de una entidad anímica esencial *oʔhlis* a colectividades de dioses se expresa también en los bloques 378 y 379 de la gran Escalera Jeroglífica del Templo 26 de Copán, un pasaje analizado también por Tokovinine,[177] y que responde a la siguiente lectura: *mihaj yoʔhl juʔn pik k'uh,* 'el corazón de los ocho mil dioses fue animado' o 'incrementado'.

El Cielo y la Tierra también poseían un alma esencial *oʔhlis,* misma que se encuentra atestiguada en el Altar S de Copán (F1-G1), inscripción que también fue discutida por Tokovinine,[178] y cuyo pasaje versa como sigue: *umih yoʔhl uchan [u]kab [u]ch'eʔn hoʔ winikhaab,* 'él satisfizo el corazón del Cielo, de la Tierra y de la Montaña[179] de cinco *k'atuunes*'. El pasaje en cuestión comprueba lo que afirma López Austin, en el sentido de que el Cielo y la Tierra son personas divinas o agentes sobrenaturales, como diría Prager:

> La Tierra, por ejemplo, es un ser con características humanas: se ofende cuando se le clavan los postes de una casa; se duele ante el fuego de la roza; se enfurece por la impiedad de los hombres; se conduele ante sus peticiones; se beneficia de sus ofrendas; expresa sus sentimientos por medio del temblor. Es un ser que tiene poderes benéficos y terribles sobre la vida humana. En el Formativo se lo representa como un ser fantástico con características felinas. Atributos semejantes pueden señalarse del Cielo.[180]

tres, escasea el ánimo de los Señores Brillantes del Cielo que son Uno'. Quizá por esto Houston, Stuart y Taube, *The Memory of..., op. cit.,* p. 188, dicen que se trata de dioses "sin corazón". Descorazonados, diría yo, sin ánimo ni brío. Esta interpretación se basa en que en maya yucateco *mix* significa 'ni, negativo, tampoco, ni siquiera', mientras que *mixb'aʔal* quiere decir 'cero' y *mix b'aʔal* equivale a 'nada, ninguna cosa, cero, ningún, ninguna, ninguno, no le hace', Barrera Vásquez (ed.), *op. cit.,* p. 524; Ana Patricia Martínez Huchim, *Diccionario maya de bolsillo. Español-maya. Maya-español,* 3ª ed., Mérida, Dante, 2008, p. 203. Incluso en chortí, *mix* significa 'no hay', Kerry M. Hull, "An Abbreviated Dictionary of Ch'orti' Maya", en Fundation for the Advancement of Mesoamerican Studies, Inc., 2005, p. 83. Consultado en http://www.famsi.org/reports/03031/03031.pdf.

177 *Op. cit.,* pp. 39-40 (fig. 23e).

178 *Ibid.,* pp. 39-40 (fig. 23d) y 132, n. 25.

179 El significado de *ch'eʔn* como 'montaña' se basa en que Albert Davletshin ha reconstruido la palabra protomaya * *k'eʔng* como 'cerro', y esa misma acepción sigue conservando *ch'eʔn* en una vasija del Clásico Temprano que menciona la Montaña Florida de los ancestros como Hoʔ Janal Ch'eʔn, véase Erik Velásquez García, Albert Davletshin, María Elena Vega Villalobos y Florencia Scandar, "Panorama histórico del difrasismo *chan ch'e'n* y otras expresiones asociadas en los textos mayas: desde el protomaya hasta principios del siglo XIX", ponencia presentada en la Octava Mesa Redonda Palenque 2017. Chan ch'e'en, "El cielo y el pozo": sustentabilidad de las ciudades mayas, 6 de noviembre de 2017. Consultado en https://www.youtube.com/watch?v=74-Rm16Veok. La vasija del Clásico Temprano mencionada se encuentra publicada por David S. Stuart y Stephen D. Houston, *Classic Maya Place Names,* Washington, Dumbarton Oaks Research Library and Collection, 1994 (Studies in Pre-Columbian Art and Archaeology, 33), p. 79, fig. 93.

180 Alfredo López Austin, "Herencia de distancias", en Alessandro Lupo y Alfredo López Austin (eds.), *La cultura plural. Reflexiones sobre diálogo y silencios en Mesoamérica (homenaje a Italo Signorini),* México, UNAM-IIA/Universitá di Roma "La Sapienza", 1998, p. 66.

Siguiendo con el mismo orden de ideas, relativo al corazón de los dioses, conviene mencionar que en el corpus jeroglífico del periodo Clásico existen expresiones como K'ahk' Yoˀhl K'inich, 'el Corazón' o 'Esencia del Dios Solar es Fuego' (figura III.13a), o Chak Yoˀhl K'inich, 'el Corazón' o 'Esencia del Dios Solar es Rojo' (figura III.13b), que describen cualidades íntimas o inalienables del *oˀhlis* del dios K'inich, llegando a usar para ello la metáfora del color rojo, pues la esencia de esa deidad es calor y fuego.[181] Un caso análogo es el nombre de Yaˀx Yoˀhl Chaahk, 'el Corazón' o 'Esencia del Dios de la Lluvia es Verde' (figura III.13c),[182] dadas las asociaciones simbólicas del color verde con el jade, el agua, la humedad, el aliento y el vapor.[183] Otro caso que puede mencionarse es el de Tum Yoˀhl K'inich, 'el Corazón' o 'Esencia del Dios Solar es el Miocardio' que, como vimos, se encuentra en el nombre de varios gobernantes de Caracol. Pienso que este nombre remite a las asociaciones simbólicas del corazón con el Astro Rey ya estudiadas por Nájera Coronado, pues el Sol es el Corazón del Cielo que parece proyectarse sobre el cuerpo humano, toda vez que el miocardio es el centro de la sangre.[184] Además, como veremos, el alma corazón parece recorrer el camino del Sol después de la muerte. Existe también el caso del *wahyis* o nagual K'ahk' Yoˀhl May Chamiiy, 'el Corazón' o 'Esencia de la Ofrenda del Dios de la Muerte es Fuego' (figura II.6), donde, como bien argumenta Sheseña Hernández, el fuego simboliza la ira o el ánimo iracundo.[185] Este tipo de construcciones sintácticas en el nombre de los dioses no son exclusivas de los mayas prehispánicos, pues también se encuentran en los textos yucatecos de la época colonial, como en el caso del ya mencionado Waxak Yóol K'awiil o <Uaxac Yol Kauil>,[186] 'el Corazón' o 'Esencia del Dios de la Riqueza es Ocho', siendo el "ocho", como vimos, una personificación del dios del maíz. Otro caso es el de Ajwuuk Yóol Siˀip o <Ah

[181] Alexandre Tokovinine, "Writing color. Words and images of colors in Classic Maya inscriptions", *Res: Anthropology and Aesthetics,* núms. 61-62, primavera-otoño de 2012, pp. 286 y 289.

[182] Véase Ana García Barrios, "Chaahk, el dios de la lluvia, en el período clásico maya: aspectos religiosos y políticos", tesis doctoral, Madrid, Universidad Complutense-Facultad de Geografía e Historia-Departamento de Historia de América II, 2008 (Antropología de América), pp. 214-215. Consultado en http://eprints.ucm.es/8170/.

[183] Tokovinine, "Writing color. Words…", *op. cit.,* pp. 291-292; Karl A. Taube, "The Symbolism of Jade in Classic Maya Religion", *Ancient Mesoamerica,* vol. 16, 2005.

[184] Nájera Coronado, *op. cit.,* p. 145; véase también Chávez Guzmán, *Cuerpo, enfermedad y…",* *op. cit.,* p. 90.

[185] Alejandro Sheseña Hernández, "Los nombres de los naguales en la escritura jeroglífica maya: religión y lingüística a través de la onomástica", *Journal of Mesoamerican Languages and Linguistics,* vol. 2, núm. 1, 2010, p. 19. Una posible forma de referirse a un ánimo asesino se encuentra en el nombre del noveno gobernante Kanuˀl de las vasijas estilo códice quien, de acuerdo con Sergei Vepretskii, se llamaba Taaj Oˀhl Bahlam, 'Jaguar Corazón de Obsidiana' (taller intitulado "The Force Awakens: History and Politics of Early Kanu'l", en el marco de la 26th European Maya Conference Wayeb, Bratislava, 9 de diciembre de 2021).

[186] Bastarrachea Manzano, *op. cit.,* 59.

(a)

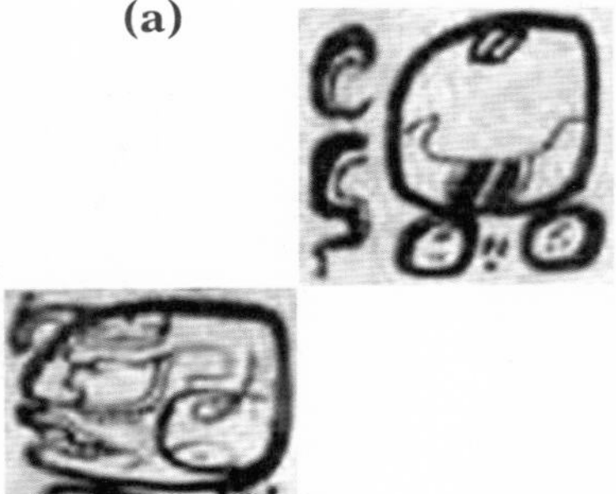

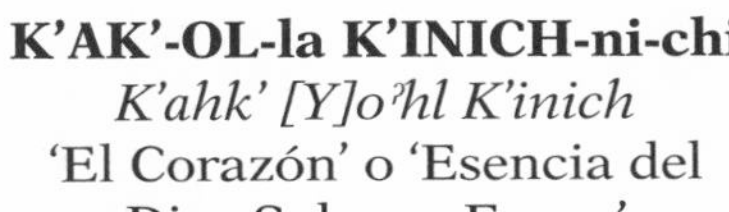

K'AK'-OL-la K'INICH-ni-chi
K'ahk' [Y]oˀhl K'inich
'El Corazón' o 'Esencia del Dios Solar es Fuego'

(b)

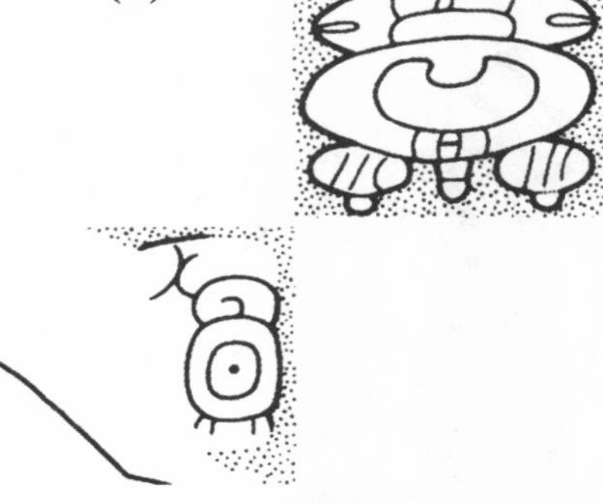

CHAK-OL-la K'INICH
Chak [Y]oˀhl K'inich
'El Corazón' o 'Esencia del Dios Solar es Rojo'

(c)

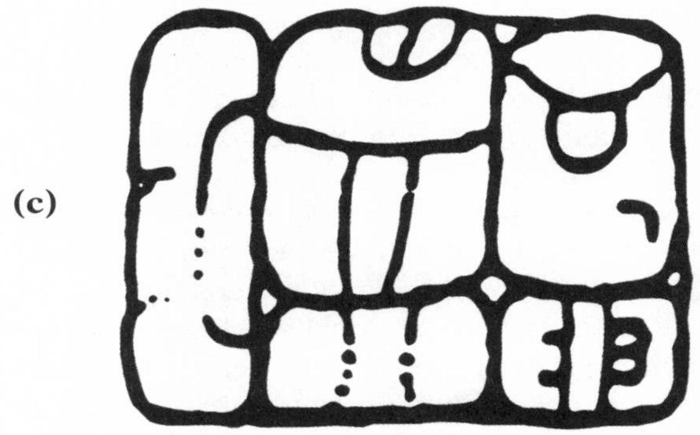

YAX-OL-la cha-ki
Yaˀx [Y]oˀhl Chaa[h]k
'El Corazón' o 'Esencia del Dios de la Lluvia es Verde'

Figura iii.13. *Sustantivo* oˀhlis *integrado en el nombre de los dioses solar y de la lluvia,* (**a**) *detalle del plato K4669; tomado del archivo fotográfico de Justin Kerr, consultado en http://research.mayavase.com/kerrmaya_hires.php?vase=4669;* (**b**) *detalle del Dintel 34 (B1-A2) de Yaxchilán, Chiapas; dibujo tomado de Graham,* Corpus of Maya…, op. cit., *1979, p. 77;* (**c**) *detalle Estela 9 de Dzibilchaltún (A3), Yucatán, México; modificado a partir de un dibujo de Alexander Voss, tomado de Nikolai Grube, Alfonso Lacadena García-Gallo y Simon Martin, "Chichen Itza and Ek Balam: Terminal Classic Inscriptions from Yucatan", en* Notebook for the XXVIIth Maya Hieroglyphic Forum at Texas, March 2003, *Austin, The University of Texas at Austin, Maya Workshop Foundation, 2003, p. II-35.*

FIGURA III.14. *Posible alusión jeroglífica a un cigarro que es concebido como parte del cuerpo humano, al llevar el sufijo de posesión inalienable o íntima* /-is/; *Dintel 47 de Yaxchilán (C5), Chiapas, México; tomado de Ian Graham,* Corpus of Maya Hieroglyphic Inscriptions, *vol. 3, part. 2. Yaxchilán, Cambridge, Harvard University-Peabody Museum of Archaeology and Ethnology, 1979, p. 103.*

Uuc Yol Ziip>,[187] 'el Corazón' o 'Esencia del Dios de los Venados es el Siete', siendo el "siete" un símbolo de la deidad jaguar o solar nocturna del inframundo,[188] que probablemente se homologaba con el ámbito agreste del interior del bosque y con la cacería.

Entre diversos grupos mayenses contemporáneos el corazón es la sede de un complejo sistema de fuerzas vitales, entre las que posiblemente se encuentra la *'ora* ('hora') o el "reloj de la vida". Los grupos tzeltalanos[189] creen que el consumo de un candelero, candela o vela encendida, vagamente asociada con el corazón y prendida simultáneamente por el dios solar en el Cielo en el preciso instante del nacimiento, determina la duración y destino de la vida. La más antigua referencia que tenemos sobre este componente anímico data de 1571 y se encuentra en el diccionario tzeltal de fray Domingo de Ara:[190] *<caghtaghib i catzilen>,* 'alma', cuya etimología aparentemente significa 'candelero de nuestro corazón'.[191] Puesto que los mayas precolombinos no fabricaban velas ni candeleros, la analogía pudo haberse hecho con un cigarro (figura III.14). El logograma no descifrado de un hombre fumando lleva en ocasiones el sufijo */-is/,* que lo clasifica como una parte inalienable del

[187] *Ibid.,* p. 43.

[188] Thompson, *Maya Hieroglyphic Writing..., op. cit.,* p. 134.

[189] Guiteras Holmes, *op. cit.,* p. 248; Gary H. Gossen, *Los chamulas en el mundo del Sol. Tiempo y espacio en una tradición oral maya,* 1ª reimp. en español, México, Conaculta-DGP/INI, 1989 (Colección Presencias, 17), pp. 36-37; Ruz Sosa, *Copanaguastla en un..., op. cit.,* p. 160; Inga E. Calvin, "Where the Wayob Live?: A Further Examination of Classic Maya Supernaturals", en Justin Kerr (ed.), *The Maya Vase Book,* vol. 5, Nueva York, Kerr Associates, 1997, p. 869; Pitarch Ramón, *Ch'ulel: una etnografía..., op. cit.,* pp. 82-84.

[190] *Op. cit.,* p. 255.

[191] Véase Ruz Sosa, *Copanaguastla en un..., op. cit.,* p. 160.

cuerpo. No obstante, por el momento no existen otros datos que ayuden a clarificar la naturaleza exacta de este elemento corporal y Zender[192] opina que simplemente se refiere a que el cigarro que cualquier persona fuma es considerado como una extensión del cuerpo. Nuestro conocimiento sobre las partes del cuerpo en la cultura maya clásica es limitado todavía, pues en las inscripciones existen otras expresiones para posibles partes inalienables que estamos lejos de entender, como es el caso del sustantivo que se usa en el llamado "glifo" X-ix de la serie lunar,[193] cuya lectura y traducción aún es un misterio.

Posibles componentes del *o?hlis*

Según Martínez González, las ánimas-corazones de las culturas mesoamericanas no son entidades monolíticas de una sola pieza, sino que están compuestas al menos de tres elementos diversos: *a)* un componente frágil y vulnerable, posiblemente imaginado en forma de ave, que puede ser comido por los *wahyis* o naguales de algún hechicero o por otros depredadores sobrenaturales, mismo que para que no se disipe ni sea devorado era encapsulado o absorbido dentro de una piedra verde colocada en la boca del difunto, conservada bajo el piso de la casa o en un altar familiar; *b)* un componente netamente airoso, que podía salir del cuerpo temporalmente por una de las fontanelas durante diversos momentos o circunstancias de la vida, pero se perdía definitivamente a través de la boca tras el fallecimiento, y *c)* una parte de naturaleza eterna, que adoptaba la figura de una sombra o silueta humana o conservaba abiertamente la forma del cuerpo; esta última realizaba un viaje al inframundo antes de ascender al Cielo.[194] Dichos componentes son los que de forma general pueden encontrarse en las entidades anímicas corazones de las diferentes culturas mesoamericanas, atendiendo a documentos escritos o a datos etnográficos muy posteriores al año 900 d.C.

La creencia en un corazón tripartita o con tres aspectos no se restringe al cuerpo humano. Recordemos que en el texto colonial temprano conocido como *Popol Vuh* el dios solar recibe el nombre de Uk'u?x Kaj, 'Corazón del Cielo', principio fecundador uranio, cuyo complemento es Uk'u?x Ulew, 'Corazón de la Tierra". A su vez, Uk'u?x Kaj es un principio tripartita compuesto por Kaqulja? Juraqan, 'Rayo de Una Pierna', Chi?pi? Kaqulja?, 'Rayo Hijo Menor Pequeño', y Räxa? Kaqulja?, 'Rayo Verde'.[195]

[192] "On the Morphology…", *op. cit.*, p. 204.

[193] Nikolai Grube, "The Forms of Glyph X of the Lunar Series", *Textdatenbank und Wörterbuch des Klassischen Maya* (Research Note 9), 2018, pp. 9-10. Consultado en https://mayawoerterbuch.de/the-forms-of-glyph-x-of-the-lunar-series/.

[194] Martínez González, *El nahualismo, op. cit.*, pp. 37, 39-41 y 500.

[195] Adrián Recinos Ávila, *Popol Vuh. Las antiguas historias del Quiché,* 3ª ed., con un estudio

En mi opinión, la situación que se deriva de los textos jeroglíficos y las artes visuales del periodo Clásico (250-900 d.C.) es la de un alma corazón bipartita o con al menos dos aspectos (*sak ik'aal* y T533), mismos que veremos a continuación. Mientras que el tercer elemento, de aspecto antropomorfo, no era quizá un elemento del *o'hlis,* sino el *o'hlis* mismo emancipado o liberado del cuerpo. Además, es probable que el fenómeno al que alude Martínez González pueda interpretarse no como el de una entidad anímica compuesta de dos o tres partes, sino como un alma que tiene la capacidad de fisionarse, igual que lo hacen el resto de los dioses que no forman parte del cuerpo humano.[196]

El primer aspecto del ánima-corazón está plena y repetidamente atestiguado a través de los restos arqueológicos mayas, desde el Preclásico o Formativo Medio hasta el Posclásico: una cuenta de jade o piedra verde colocada dentro de la boca del difunto, presuntamente para capturar y almacenar en los restos el aliento vital.[197] En raras ocasiones podría ser una piedra de calcita[198] y hasta puede ser sustituida por medallones de concha.[199] Entre 1555 y 1559 fray Bartolomé de las Casas describió y explicó esta práctica cultural que observó todavía entre los grupos mayenses de Verapaz, Guatemala:[200]

> [c]uando quiera, pues, que algún señor moría, tenían aparejada una piedra preciosa que le ponían a la boca cuando quería expirar, en la cual creían que le tomaban el ánima, y en expirando, con ella muy livianamente le refregaban el rostro. El tomalle aquel resuello, ánima o espíritu, y hacer aquella ceremonia y guardar la dicha piedra, era por sí un principal oficio, y no lo tenía sino una persona de las más principales del pueblo o de la casa del rey, al cual tenían todos en gran reverencia, porque la piedra era estimada por cosa divina, y así lo nombraban hombre de Dios, como si dijeran que aquel hombre se había trasladado a los

preliminar de Rodrigo Martínez Baracs, México, FCE, 2012 (Biblioteca Americana), pp. 170-171, n. 7; Craveri, *op. cit.*, p. 10.

[196] Véase antes la nota 3 de este capítulo. La fisión de los dioses en dos partes alude al principio de dualidad o de pares complementarios día/noche, masculino/femenino, calor/frío, etc. Mientras que cuando los dioses se dividían en tres partes, se evocan por lo general los tres niveles del cosmos: Cielo, Tierra e Inframundo, López Austin, "Modelos a distancia...", *op. cit.*, pp. 74-75; véase también David S. Stuart, "On the Paired Variants of **TZ'AK**", *Mesoweb*, 2003. Consultado en www.mesoweb.com/stuart/notes/tzak.pdf.

[197] Ruz Lhuillier, *Costumbres funerarias de..., op. cit.*, pp. 85, 97, 104, 111, 116-117, 129, 135, 162 y 166; *El Templo de las Inscripciones de Palenque,* México, INAH, 1973 (Colección Científica, 7), pp. 201-202; Alfredo López Austin, *Cuerpo humano e ideología. Las concepciones de los antiguos nahuas,* vol. I, 3ª ed., México, UNAM-IIA, 1989 (Serie Antropológica, 39), pp. 373-375; Rafael Cobos Palma, "Prácticas funerarias en las Tierras Bajas mayas del Norte", en Ciudad Ruiz *et al.* (eds.), *Antropología de la eternidad..., op. cit.,* p. 42; Ciudad Ruiz, "La tradición funeraria de las Tierras Altas de Guatemala durante la etapa prehispánica", *ibid.*, pp. 86 y 96; Houston *et al.*, "Classic Maya Death at Piedras Negras, Guatemala", p. 136; Mcanany, *op. cit.*, p. 81.

[198] Ruz Lhuillier, *Costumbres funerarias de..., op. cit.*, pp. 118 y 180-181.

[199] *Ibid.*, p. 135.

[200] Según Scherer, *Mortuary Landscapes of..., op. cit.*, p. 75, se trata de los pocomanes.

dioses hecho ya divino, y por esta errada consideración ofrecían a estas piedras en ciertos tiempos sacrificios.[201]

Poco tiempo después, hacia 1566, Landa hacía lo propio con referencia a los mayas yucatecos, dejándonos la siguiente descripción: "[m]uertos, los amortajaban, llenándoles la boca de maíz molido, que es su comida y bebida que llaman *koyem,* y con ello algunas piedras de las que tienen por moneda, para que en la otra vida no les faltase de comer".[202]

Esta función de la piedra verde, como símbolo de los víveres en el más allá, fue resaltada por Michael D. Coe,[203] en tanto que Ruz Lhuillier no descartó la posibilidad de que se trate de un amuleto.[204] Sobre la misma región de Verapaz donde trabajó Las Casas, pero a finales del siglo XVII o principios del XVIII, fray Francisco Ximénez menciona que la piedra verde se colocaba en la boca del individuo en el momento de expirar, a fin de que "recibiese su ánima", luego de lo cual la sacaban de la boca, le refregaban con ella el rostro ligeramente y la conservaban para rendirle veneración.[205] Tomando en cuenta estas opiniones, Taube ha destacado el papel del jade como símbolo de las fuerzas vitales del espíritu y señala las facultades físicas de dichas piedras pulidas para humear, inhalar y exhalar humedad y vapor,[206] por lo cual se les atribuyó el poder de encapsular un aspecto del alma. Sin embargo, es Martha Cuevas García quien ha intuido de forma más clara la analogía que existe entre las cuentas de piedra verde y las almas que renacen o se reciclan en el cuerpo de nuevos seres vivos de la misma especie, al estudiar el ciclo de vida, muerte y sepultura de los braseros palencanos y la piedra-corazón que les

[201] Fray Bartolomé de las Casas, *Apologética historia sumaria cuanto a las cualidades, disposiciones naturales, policías, repúblicas, manera de vivir e costumbres de las gentes destas Indias Occidentales y Meridionales cuyo imperio soberano pertenece a los reyes de Castilla,* vol. II, Edmundo O'Gorman (ed.), México, UNAM-IIH, 1967 (Serie de Historiadores y Cronistas de Indias, 1), vol. II, Lib. III, cap. CCXL, pp. 325-526.

[202] Fray Diego de Landa, *Relación de las cosas de Yucatán,* María del Carmen León Cázares (estudio preliminar, cronología y revisión del texto), México, Conaculta, 1994 (Cien de México), p. 136.

[203] Michael D. Coe, "Death and the Ancient Maya", en Elizabeth P. Benson (ed.), *Death and the Afterlife in Pre-Columbian America,* Washington, Harvard University-Trustees for Harvard University-Dumbarton Oaks Research Library and Collections, 1975, p. 87. La idea de que dicha piedra les permitía hablar en el más allá, y que las palabras que emitían les servían como divisa o moneda para comprar alimento, fue ampliamente difundida en un documental del INAH y Canal 22, intitulado "Palenque, la moneda de jade. Piedras que hablan", 2012. Consultado en https://www.youtube.com/watch?v=HN4LgPk7ovs.

[204] Ruz Lhuillier, *Costumbres funerarias de..., op. cit.,* p. 225.

[205] Fray Francisco Ximénez, *Historia de la Provincia de San Vicente de Chiapa y Guatemala de la Orden de Predicadores,* vol. I, Guatemala, Departamento Editorial y de Producción de Material Didáctico "José de Pineda Ibarra", Ministerio de Educación, 1965 (Biblioteca Guatemalteca de Cultura Popular "15 de Septiembre", 81), pp. 114-115.

[206] Taube, "The Symbolism of...", *op. cit.,* pp. 31-32.

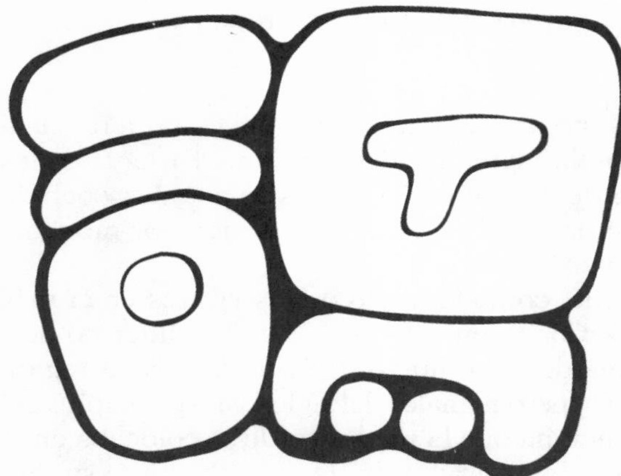

FIGURA III.15. *Bloque jeroglífico que representa la fuerza respiratoria* sak ik'aal *o 'hálito blanco'* (**SAK-IK'-li**)*, aspecto del* oˀhlis *que era regido por el dios del viento; disco de Toniná, Chiapas, México, que se encuentra en la Sala Maya del Museo Nacional de Antropología de la Ciudad de México; dibujo de Peter L. Mathews.*

extraían antes de enterrarlos, para colocarla en un nuevo incensario.[207] Al menos entre algunos grupos nahuas se esperaba que esa piedra capturara una parte del *yoolia,*[208] nombre del corazón entre ellos.

Sobre este tema, Taube ha ido un poco más lejos, proponiendo que las máscaras mortuorias de piedra verde halladas en las tumbas de gobernantes de Calakmul, Dzibanché, Oxkintok o Palenque[209] son una extensión más elaborada de este concepto de la cuenta de jade o jadeíta, material relacionado con el viento y el espíritu vital.[210] Basado en estas ideas, Andrew K. Scherer se percató de que dichas máscaras representan siempre al mandatario no como debió haber lucido antes de morir, sino lozano y mancebo, otro intento por equiparar al gobernante con el dios del maíz, que en el arte maya todo el tiempo es joven.[211]

Como podrá notarse en el capítulo "Los alientos del éter florido", pienso que este aspecto del *oˀhlis,* identificado con las piedras metamórficas verdes, no es otro que el hálito respiratorio o *sak ik'aal* (figura III.15), fuerza vital que tiene la enorme propensión de dispersarse tras la muerte, puesto que su fuente

[207] Martha Cuevas García, "Ritos funerarios de los dioses-incensarios de Palenque", en Ciudad Ruiz *et al.* (eds.), *Antropología de la eternidad…, op. cit.,* p. 319. Como punto de comparación, entre los mexicas la piedra hacía las veces de miocardio y su propósito, al parecer, era dársela a un jaguar que amenazaba a los difuntos con comerles el corazón durante el viaje al Inframundo, por lo cual Ruz Lhuillier la comparó con la moneda de cobre (óbolo) que los griegos le pagaban al barquero Caronte para poder cruzar el río de las almas, *Costumbres funerarias de…, op. cit.,* pp. 70, 211 y 247; véase también Roberto Romero Sandoval, *El inframundo de los antiguos mayas,* México, UNAM-IIFL/Centro de Estudios Mayas, 2017, p. 13.

[208] Martínez González, *El nahualismo, op. cit.,* p. 39.

[209] Véase Sofía Martínez del Campo Lanz, *Rostros de la divinidad. Los mosaicos mayas de piedra verde,* México, INAH, 2010.

[210] Taube, "The Symbolism of…", *op. cit.,* p. 32.

[211] Scherer, *Mortuary Landscapes of…, op. cit.,* p. 76.

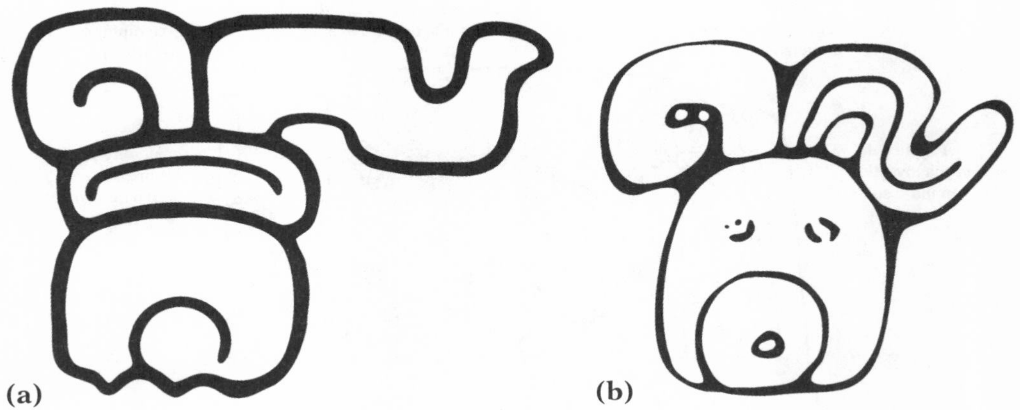

FIGURA III.16. *Dos ejemplos del signo T533, de lectura aún no descifrada (tal vez* saak[?], *'pepita[?]') o* xaak[?], *'retoño[?]') con espirales o volutas que representan aliento u hojas verdes de maíz;* (**a**) *Estela 6 de Naranjo, Petén, Guatemala; tomado de Graham y Von Euw,* Corpus of Maya..., op. cit., *p. 23;* (**b**) *Estela 33 de Naranjo, Petén, Guatemala; tomado de Ian Graham,* Corpus of Maya Hieroglyphic Inscriptions, *vol. 2, part. 2, Naranjo, Chunhuitz, Xunantunich, Cambridge, Harvard University-Peabody Museum of Archaeology and Ethnology, 1978, p. 87.*

de regeneración externa es la atmósfera misma, aunque aparentemente una parte de ella viajaba al mundo de los muertos, mientras que otra porción quedaba en la cuenta de piedra verde. Se trata de un aspecto del *o'hlis* que durante la vida del sujeto circula por la sangre, y aparentemente era regido por el Dios H del viento y de las flores, señor del número "tres".

Respecto al segundo ingrediente, aspecto o elemento del ánima corazón *o'hlis,* el aire que salía temporalmente a través de una de las fontanelas o de forma definitiva por la boca, pienso que puede corresponder al jeroglifo T533 del catálogo de Thompson,[212] que en contextos iconográficos suele incluir volutas de aliento u hojas tiernas de maíz (figura III.16); estas últimas lo hermanan con los otros componentes del alma corazón, si es que estoy en lo correcto al interpretar el *o'hlis* como la esencia misma de la gramínea. Como afirma Hirose López al referirse al *óol* de los mayas yucatecos modernos, una parte de él puede salir del cuerpo momentáneamente durante el sueño y al fallecer se disipa como un aire caliente; reside en el corazón, pero al morir sale por la boca "y es como un 'humo' que se dispersa por todos lados".[213] Veremos que durante el periodo Clásico pudo existir la expectativa de que una

[212] *A Catalog of..., op. cit.*

[213] Hirose López, *op. cit.,* pp. 135-136; De la Garza Camino, *Sueño y éxtasis..., op. cit.,* pp. 21-22.

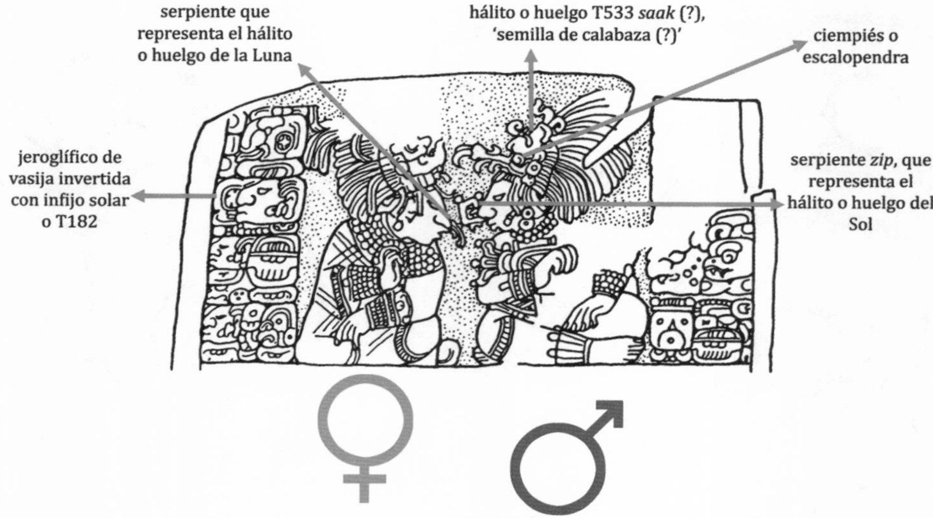

FIGURA III.17. *Padres fallecidos de Yaxuun Bahlam IV (752-768 d.C.), gobernante de Yaxchilán, grabados en la parte superior de la Estela 11 de Yaxchilán, Chiapas, México. Dibujo de Linda Schele, tomado de Tate,* op. cit., *p. 237.*

parte de él siguiera el mismo camino que los otros componentes del *o'hlis*. O acaso este fenómeno deba verse de otra manera: creían que el T533 se dividía a sí mismo, para permitir que una porción de él se separara del *o'hlis*, escapando definitivamente por la boca, mientras que otro fragmento viajaba simultáneamente al más allá, pues era un aspecto o componente del *o'hlis*. También creo que existen indicios para sospechar que una tercera porción del hálito T533 se quedaba dentro de los huesos, aunque sobre este asunto hablaré un poco más en el capítulo "Los alientos del éter florido". Aquí sólo es pertinente decir que se trata de la misma lógica mitológica que "admite la contradicción y la plurivalencia",[214] pues en el ámbito sobrenatural del anecúmeno la concepción del tiempo y del espacio es diferente, y la unidad puede proyectarse o desdoblarse en la diversidad.[215] También veremos que, aunque se trata de un componente del *o'hlis* o espíritu del dios del maíz, hay algunos indicios en el sentido de que parece haberse llamado *saak(?)*, 'semilla de calabaza(?)', o *xaak*(?), 'brote, cogollo' o 'retoño', y quizá mantenía un vínculo con el Dios K de la abundancia, K'awiil, así como con el llamado Dios C o K'uh. A veces, sin embargo, tomaba la forma de una pequeña ave, situación que entre culturas mesoamericanas más recientes tendía a ocurrir con el hálito

[214] Véase la nota 46 de este capítulo.

[215] Alfredo López Austin, comunicación escrita, 7 de marzo de 2017; véase también López Austin, "Ecumene Time, Anecumene...", *op. cit.;* "Tiempo del ecúmeno...", *op. cit.*

respiratorio *sak ik'aal*. No obstante, por razones de exposición desarrollaré el análisis de este componente airoso en el ya mencionado capítulo "Los alientos del éter florido".

En lo que concierne al tercer elemento que menciona Martínez González, la silueta antropomorfa y eterna, no he podido detectarla como un componente discreto o separable en el corpus de las inscripciones e imaginería maya. Ciertamente existen diversas escenas que representan al gobernante fallecido, y algunas veces también a su esposa, vestidos o ataviados como el dios del maíz e incorporando elementos de otras deidades, particularmente de K'awiil, del dios solar y de la diosa lunar (figura III.17). También es verdad que esas representaciones tienen un innegable carácter antropomorfo. Pero no creo que se trate de un tercer elemento del *oʔhlis,* sino del *oʔhlis* mismo personificado[216] que, si mi intuición es correcta, puede ser un fragmento o lasca fisionada del dios mismo del maíz. Y así como el *oʔhlis* se puede fisionar en los hálitos vitales *sak ik'aal* (figura III.15) y *saak(?)/xaak(?)* (figura III.16), que fluyen por la sangre, también podía incorporar rasgos de otros dioses (los *oʔhlis k'uh*) en sus representaciones figurativas, que se manifiestan iconográficamente a través del fenómeno ya mencionado de la teosíntesis. Cuando el *oʔhlis* se desprende del cuerpo, tras el fallecimiento, ya no necesita llamarse *oʔhlis,* 'corazón', ni llevar el sufijo */-is/,* que designa partes inalienables del cuerpo, toda vez que ya no forma parte de cuerpo alguno. Los componentes del cuerpo se han disgregado y el *oʔhlis,* en consecuencia, se encuentra en un estado diferente, emancipado de su cáscara de materia densa o pesada del ecúmeno. Y ésa es la razón por la que ninguna de las imágenes de los gobernantes muertos, vestidos como el dios del maíz —incorporando o no atributos de otros dioses (los *oʔhlis k'uh*)—, se llama como tal *oʔhlis.* Por el contrario, esas imágenes antropomorfas de los mandatarios mayas entrando al camino acuático de la muerte pueden llegar a asociarse con nombres del dios del maíz, tal como ocurre en los huesos esgrafiados del Entierro 116 de Tikal (figura IV.11), donde el alma esencial *oʔhlis* del rey Jasaw Chan K'awiil I (682-734 d.C.) parece llamarse Wak Ixiim Ajaw[217] y Wak Hiix Nal.[218] Es probable que esta forma antropomor-

216 Para los tzotziles de Chenalhó el *ch'ulel,* alma que, entre otras cosas, se relaciona con la milpa, es un aire que reside en la sangre y en el corazón y tiene la imagen del cuerpo, Karl A. Taube, "Flower Mountain. Concepts of life, beauty, and paradise among the Classic Maya", *Res. Anthropology and Aesthetics,* núm. 45, primavera de 2004, pp. 71-72.

217 Wak Ixiim Ajaw significa 'Señor Seis Maíz'. En maya yucateco Sak Wak Nal, 'Seis Maíz Blanco Nuevo' o 'Maíz Blanco y Nuevo que Revienta' es uno de los nombres del dios del maíz, patrono del *k'atuun* 9 *ajaw,* Barrera Vásquez (dir.), *op. cit.,* p. 713.

218 Wak Hiix Nal significa 'Seis Jaguar Mazorca'. Es uno de los nombres del dios del maíz en los vasos de estilo Holmul (noreste del Petén); dicha advocación del dios se asocia con la dinastía gobernante de Mutuʔl asentada en Dos Pilas y en Tikal, véase Michael D. Coe, *Lords of the Underworld. Masterpieces of Classic Maya Ceramics,* Princeton, Princeton University/The Art Museum, 1978, p. 96; Stephen D. Houston, David S. Stuart y Karl A. Taube, "Image and Text on the 'Jauncy Vase'", en Kerr (ed.), *The Maya Vase..., op. cit.,* pp. 500-501; Erik Velásquez García, "Los Dioses

fa de imaginar al *oʔhlis* libre del cuerpo humano haya evolucionado con el tiempo hasta convertirse en algunas sociedades indígenas en el tercer elemento discreto y segregable que menciona Martínez González.

Los *oʔhlis k'uh*

Como mencioné en el capítulo sobre "Los conceptos del cuerpo humano", la entidad anímica *oʔhlis* puede manifestarse en los textos jeroglíficos a través de la frase *oʔhlis k'uh* (figura I.7), 'dioses corazones'. Podría tratarse, como sugiere López Austin en el caso de los nahuas del centro de México, de las diversas particularizaciones, clados o divisiones de la esencia del dios creador de la especie humana, que fungen como sus derivaciones o proyecciones.[219] No obstante, aunque ciertamente es difícil comprobar que todos los *oʔhlis k'uh* mencionados en las inscripciones sean particularizaciones del dios del maíz, quien, como hemos visto, era el dios creador de los seres humanos que está más estrechamente ligado con el *oʔhlis,* lo que sí me parece que se puede argumentar, basándonos en los testimonios jeroglíficos, es que la entidad anímica *oʔhlis,* esencia del dios del maíz, también albergaba dentro de sí a los dioses patronos de la etnia, de la comunidad, de la casa dinástica, de la familia, etc. Razón por la que en principio todos los humanos eran coesenciales entre sí, al guardar dentro de sus pechos el espíritu del dios del maíz *(oʔhlis)*, el creador general. Pero en un nivel más bajo y particular de identidad o gradación, los miembros de un mismo linaje, familia, ciudad o casa dinástica también eran coesenciales entre sí, al albergar dentro de su *oʔhlis* a un mismo ancestro o dios patrono *oʔhlis k'uh.*

Conviene por último aclarar que, de la misma forma que el dios del maíz tiene distintas advocaciones, funciones o estados, y una de muchas era fungir como la esencia *oʔhlis* de todos los humanos, el resto de los dioses que participaban del *oʔhlis* de un individuo no se especializaban exclusivamente en cumplir con el papel de *oʔhlis k'uh.* Eran dioses también de diversos aspectos del mundo social o natural, como ocurre con los dioses de la llamada Tríada de Palenque, con Chiit Wayib K'uk' Chaahk, Ahkan Yaʔxaj y Juʔn Ajaw (figura I.7), que tenían múltiples funciones por separado y no solamente eran *oʔhlis k'uh* de los miembros del linaje gobernante local.

Remeros mayas y sus posibles contrapartes nahuas", en Laura van Broekhoven, Rogelio Valencia Rivera, Benjamin Vis y Frauke Sachse (eds.), *The Maya and their Neighbours. Internal and External Contacts Through Time. Proceedings of the 10th European Maya Conference. Leiden, December 9-10, 2005,* Markt Schwaben/Verlag Anton Saurwein, 2010 (Acta Mesoamericana, 22), pp. 115-116 y 124, n. 2.

[219] López Austin, "La composición de...", *op. cit.,* pp. 32-34; "Modelos a distancia...", *op. cit.,* p. 82; "La cosmovisión de... Tercera parte", *op. cit.,* p. 18.

Uno de los primeros epigrafistas en hablar del *oˀhlis k'uh* fue Zender,[220] quien se concentró en el ajuar mortuorio de Ajpakal Tahn, un sacerdote-guerrero encumbrado (*yajaw k'ahk'*, 'señor del fuego', y *baah ajaw*, 'primer señor') del antiguo Comalcalco, cuya urna funeraria fue encontrada por el equipo arqueológico de Ricardo Armijo Torres en la Tumba 4, situada en la primera plataforma que existe entre los Templos II y II-A de ese sitio de Tabasco. Las inscripciones incisas en una serie de espinas de raya, tablillas y pendientes de concha y hueso, halladas en dicha urna (figuras III.19-III.21), testifican que entre los años 763 y 777 d.C. Ajpakal Tahn ejecutó una serie de ofrendas y actos de adoración, penitencia y propiciación frente a distintas deidades tutelares, ritos asociados con los equinoccios de primavera y la petición de lluvias. Entre dichos dioses, señala Zender, se encontraban Chaahk y Oˀhlis K'uh (figura III.20).[221] De todo lo cual intuye que los Templos II y II-A hospedaban a las deidades patronas o tutelares de Comalcalco.

Poco después, Houston, Stuart y Taube comprendieron que *oˀhlis k'uh* es un título honorífico que se aplica a una colectividad de dioses, semejante a otros colectivos como *chanal k'uh, kabal k'uh,* 'dioses celestes, dioses terrestres', o a *juˀn pik k'uh,* 'los ocho mil dioses'. No obstante, no entendieron en aquel tiempo la morfología del sufijo de posesión inalienable */-is/,* razón por la que tradujeron incorrectamente *oˀhlis k'uh* como 'los dioses deseosos'.[222] En su gran diccionario de jeroglifos mayas, Boot también registró la entrada léxica Olis K'uh *(sic),* que escribe con mayúsculas por considerar que se trata de un teónimo o nombre propio de un dios, aunque no proporciona mayores argumentos.[223] Otra opinión es la de García Barrios, quien, desde mi punto de vista, percibió correctamente que la frase *oˀhlis k'uh* es, en la Tablilla IIIa de la Urna 26 de Comalcalco (figura III.19), el título del dios Yahx Bul Chaahk ('Chaahk de la Primera Inundación'); si bien no acertó en la traducción, toda vez que propuso que significaba 'corazón del dios', en vez de 'dios corazón'.[224]

En su tesis doctoral, Prager desarrolló la idea de que *oˀhlis k'uh* era un epíteto o título bajo el que pueden englobarse distintos dioses, como ocurre en la inscripción del Tablero del Palacio de Palenque (figura I.7), e incluso puede llegar a formar parte del nombre propio de diversos agentes o actores sobrenaturales (figuras III.19-III.21), incluyendo quizá antepasados deificados, ante cuyos retratos, esculturas o imágenes los mandatarios mayas realizaban determinadas acciones. No obstante, reconoce que "el significado y la función de este título tampoco se pueden deducir del contexto".[225]

[220] "A Study of...", *op. cit.,* pp. 246-263.

[221] *Ibid.,* p. 255.

[222] Houston, Stuart y Taube, *The Memory of..., op. cit.,* p. 188.

[223] Boot, "The Updated Preliminary...", *op. cit.,* p. 142.

[224] García Barrios, "Chaahk, el dios...", *op. cit.,* p. 161.

[225] Prager, "Übernatürliche Akteure in...", *op. cit.,* pp. 572-576. La traducción es mía.

Años más tarde, Prager seguía observando que "el análisis de todas las ocurrencias [presentes en las inscripciones mayas] produce una imagen bastante difusa de la función y el significado de este grupo de agentes", si bien tuvo ya la intuición de que los *o'hlis k'uh* se encontraban vinculados "con agentes sobrenaturales *k'uh* que estaban asociados con el *o'hl-*, el corazón, la razón o el interior (de un humano y su esencia de vida)". Del mismo modo, aunque acepta que en los textos de Palenque *o'hlis k'uh* era un término que englobaba a una serie de agentes sobrenaturales, delante de los cuales el mandatario realizaba sus ritos de juventud (figura I.7), también intuye que los *o'hlis k'uh* actuaban como deidades tutelares personales, que acompañaban al gobernante a lo largo de su vida. Prager agrega, además, algo muy importante: que los *o'hlis k'uh* eran una fuente de poder personal del mandatario, y que eran transferidos a él desde el mismo momento de nacer. A cambio del poder que le otorgaban, el dignatario les retribuía con ofrendas de sangre, ejecutadas en presencia de las esculturas o imágenes de los propios *o'hlis k'uh*. Finalmente, Prager observa que, al menos en un caso (figura III.22), una de esas deidades *o'hlis k'uh* era femenina.[226]

Abordando este mismo tema, López Austin y yo relacionamos el término *o'hlis k'uh* con la idea de deidades ancestrales, patronas o tutelares, que por lo mismo formaban parte de las almas corazones de los seres humanos individuales, mostrando cómo las entidades anímicas esenciales u *o'hlis* también eran dioses.[227] Si ello es así, eran estos *o'hlis k'uh* la fuente de santidad de la realeza y del adjetivo *k'uhul* de los señores mayas; dichas deidades tutelares atestiguaban las entronizaciones, eran patronos de la guerra y recibían sacrificios.[228]

Tal como dice Prager, el texto jeroglífico más temprano que contiene el concepto de *o'hlis k'uh* es el Dintel 37 de Yaxchilán (C6-D8), consagrado en enero de 537 d.C. De forma retrospectiva, dice que el noveno gobernante, llamado Joy Bahlam, capturó en 508 d.C. a un vasallo del rey de Tikal Chak Tok Ihch'aak II, y que dicho cautivo se llamaba Ajbalam … O'hlis K'uh. La captura de este personaje, sin embargo, tuvo lugar 13 días después de la muerte del gobernante de Tikal.[229] En este caso, un alma corazón *(o'hlis k'uh)* se encuentra integrada en la cláusula nominal de un ser humano.

Una inscripción de gran interés es el llamado Calco de Pasadena (figura III.18), puesto que podría aclarar si los mayas clásicos creían que la entidad

[226] Prager, "A Study of…", *op. cit.*, pp. 598-599. Todas las traducciones de los pasajes literales de Prager son mías.

[227] Alfredo López Austin y Erik Velásquez García, "Un concepto de dios aplicable a la tradición maya", *Arqueología Mexicana*, vol. XXVI, núm. 152, julio-agosto de 2018, p. 25.

[228] Simon Martin, "Ideology and the Early Maya Polity", en Loa P. Traxler y Robert J. Sharer (eds.), *The Origins of Maya States*, Filadelfia, University of Pennsylvania Museum of Archaeology and Anthropology, 2016, p. 539.

[229] Martin y Grube, *op. cit.*, p. 120; Prager, "Übernatürliche Akteure in…", *op. cit.*, pp. 566 y 571.

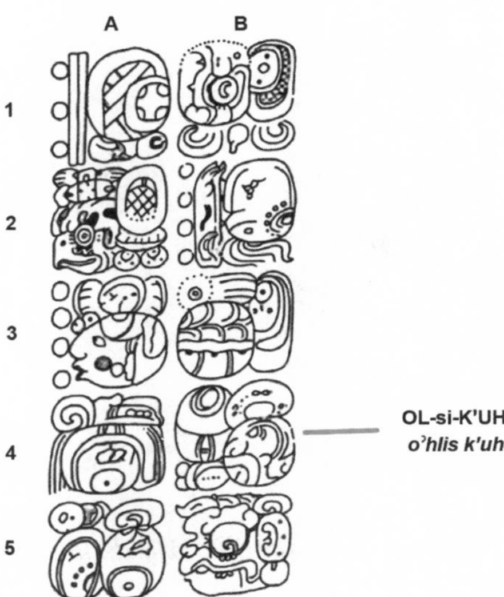

FIGURA III.18. *Calco de Pasadena, inscripción de procedencia desconocida, aunque de la región de Palenque, Chiapas, México. Dibujo de Linda Schele, publicado en Karl Herbert Mayer,* Maya Monuments: Sculptures of Unknown Provenance in the United States, *Ramona, Acoma Books, 1980, lám. 50, y reproducido también en Prager, "Übernatürliche Akteure in...",* op. cit., *p. 573. El texto dice que "K'ihnich Janaab Pakal nació, cuatro son los asientos de piedra del señor de cuatro* k'atuunes. *Él lo construyó en presencia del* o'hlis k'uh, *Ahku'l Muuch y Chaahk'.*

anímica *o'hlis* era innata o se adquiría con el nacimiento. Esta última interpretación es la que prefiere Prager, pues, según él, el pasaje sugiere que K'ihnich Janaab Pakal I nació en presencia *(yichnal)* de un *o'hlis k'uh.*[230] Pero la situación no es tan clara, pues si bien en la inscripción se menciona que Janaab Pakal I nació, también dice que era "señor de cuatro *k'atuunes*" (es decir, que tenía entre 60 y 80 años de vida), por lo cual en un trabajo más temprano Prager supuso que este pasaje es retrospectivo y que en realidad debe referirse a una fecha que oscila entre 652 y 683 d.C., en la que Pakal mandó construir *(patlaj)* un objeto no especificado, en presencia *(yichnal)* del *o'hlis k'uh* y de los dioses Ahku'l Muuch y Chaahk.[231] De manera que, desde mi punto de vista, este texto jeroglífico es ambiguo y no nos ayuda a saber de manera concluyente en qué momento los mayas palencanos creían que el *o'hlis* se integraba al cuerpo humano. Por otra parte, estas expresiones de ritos efec-

[230] Prager, "A Study of...", *op. cit.*, pp. 596-599.

[231] Prager, "Übernatürliche Akteure in...", *op. cit.*, pp. 566 y 573-574.

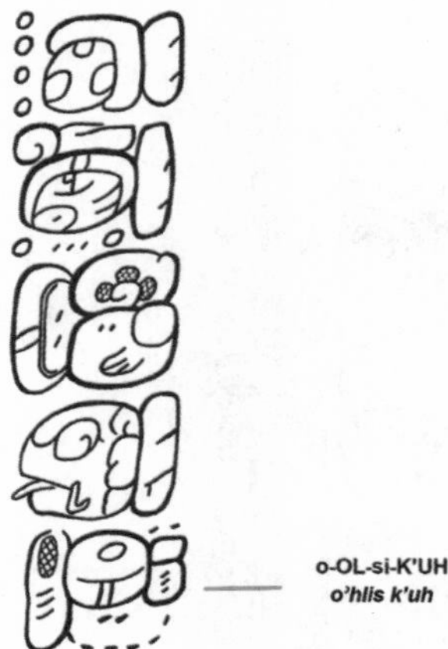

FIGURA III.19. *Texto procedente de la Tablilla IIIa de la Urna 26 de Comalcalco, Tabasco, México. Dibujo de Marc U. Zender, tomado de Nikolai Grube, Simon Martin y Marc U. Zender, "Part II. Palenque and its Neighbours", en* Notebook for the XXVIth Maya Hieroglyphic Forum at Texas, *Austin, The University of Texas at Austin, p. II-22; reproducido también en García Barrios, "Chaahk, el dios…",* op. cit., *pp. 161 y 215; Prager, "Übernatürliche Akteure in…",* op. cit., *p. 575; López Austin y Velásquez García,* op. cit., *p. 25. El texto dice que un personaje llamado Chan Chuwe'en realizó un rito "en presencia de Yahx Bul Chaahk,* o'hlis k'uh".

tuados en presencia *(yichnal)* del *o'hlis k'uh* parecen efectuarse delante de las estatuas, efigies o imágenes de esas deidades,[232] de manera que el texto tampoco aborda directamente el tema de la incorporación del *o'hlis* al interior del pecho humano.

Un contexto que no deja lugar a dudas sobre la naturaleza de los dioses patronos de Palenque como almas corazones u *o'hlis k'uh* es el que ya comenté en el capítulo titulado "Los conceptos del cuerpo humano" (figura I.7). No considero necesario volver sobre el asunto, toda vez que también tuve la oportunidad de hablar de él en otra publicación, escrita en coautoría con López Austin.[233] En esta última también abordé el caso de la Tablilla IIIa de la Urna 26 de Comalcalco (figura III.19), donde el dios Yahx Bul Chaahk es el *o'hlis k'uh* de un personaje llamado Chan Chuwe'en, quien ejecuta un ritual frente *(yichnal)* a su efigie.[234]

[232] Prager, "A Study of…", *op. cit.,* pp. 583-584.

[233] López Austin y Velásquez García, *op. cit.,* p. 25.

[234] García Barrios, "Chaahk, el dios…", *op. cit.,* p. 161; Prager, "Übernatürliche Akteure in…", *op. cit.,* pp. 566 y 575; López Austin y Velásquez García, *op. cit.*

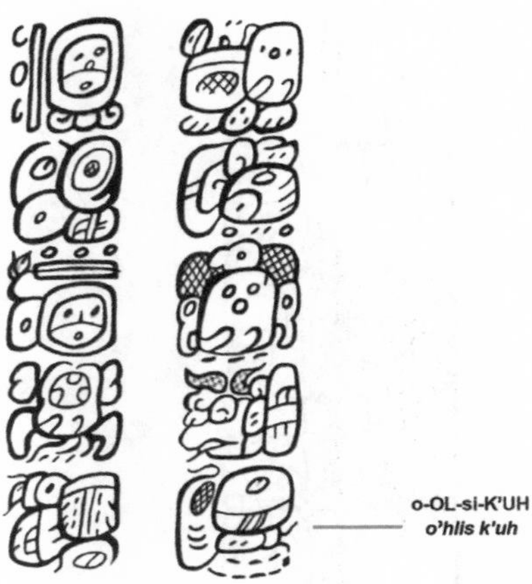

FIGURA III.20. *Pendiente de concha 7A y 7B de la Urna 26 de Comalcalco, Tabasco, México; enero de 771 d.C. Dibujo de Marc U. Zender, tomado de Zender, "A Study of Classic Maya Priesthood", tesis doctoral, Calgary, University of Calgary-Department of Archaeology, 2004, p. 539, fig. 69; reproducido también en García Barrios, "Chaahk, el dios…",* op. cit., *p. 115; Prager, "Übernatürliche Akteure in…",* op. cit., *p. 575. El texto dice que 'Ajpakal Tahn puso de pie un objeto ritual* sutz'il *en frente del dios Tziho'm Chaahk, quien era un* o'hlis k'uh'.

FIGURA III.21. *Espina de raya 7 de la Urna 26 de Comalcalco; enero de 771; dibujo de Marc U. Zender, reproducido en Prager, "Übernatürliche Akteure in…",* op. cit., *p. 575. La inscripción dice que "fue arrojado ¿sobre? la pirámide de Ju'n Chak Ajaw,* o'hlis k'uh.

FIGURA III.22. *Inscripción del panel 1 de la Estela 4 de Dumbarton Oaks, agosto de 800 d.C.; dibujo de David Stuart, publicado en Mary E. Miller y David S. Stuart, "Dumbarton Oaks Relief Panel 4",* Estudios de Cultura Maya, *vol. XIII, 1981, p. 200, fig. 2; reproducido también en Prager, "Übernatürliche Akteure in…",* op. cit., *p. 576. El texto dice que el gobernante K'ahk' Polaw Ahk, vestido del dios Chak K'uh Ajaw, ató la piedra en presencia de Ix Tzak Kote' e Ix Balun Ookte' K'uh* o'hlis k'uh.

Otro texto de interés es el Pendiente 7B de Comalcalco (figura III.20), que menciona que en junio de 771 el sacerdote Ajpakal Tahn erigió un objeto ritual *(sutz'il)* en frente *(yichnal)* del dios llamado Tziho'm Chaahk, quien llevaba el título de *o'hlis k'uh.* Evidentemente se trata del patrono o uno de los señores fundadores de su linaje.[235]

En el texto inciso sobre la espina de raya de la Urna 26 de Comalcalco (figura III.21) se menciona que un objeto no especificado fue tirado o arrojado *(ya[h]laj)* ¿sobre? la pirámide de un dios llamado Ju'n Chak Ajaw, quien era un *o'hlis k'uh.*[236] Es de suponer que dicha pirámide fue el santuario del dios patrono.

[235] Véase Zender, "A Study of…", *op. cit.*, p. 255; García Barrios, "Chaahk, el dios…", *op. cit.*, p. 114; Prager, "Übernatürliche Akteure in…", *op. cit.*, pp. 566 y 575. Este último autor piensa que el objeto ritual *sutz'il* tiene forma de bolsa; mientras que Zender, "A Study of…", *op. cit.*, p. 256, n. 90, opinaba que *sutz'il* era una especie de faja o parte del atuendo sacerdotal.

[236] Prager, "Übernatürliche Akteure in…", *op. cit.*, pp. 566 y 575.

Otro ejemplo notable procede de la Estela 4 de Dumbarton Oaks (figura III.22), misma que dice que el final de periodo 9.18.10.0.0 10 *ajaw* 8 *sak,* 16 de agosto de 800 d.C., fue celebrado por el gobernante K'ahk' Polaw Ahk personificando al dios Chak K'uh Ajaw. El rito fue ejecutado frente *(yichnal)* a las imágenes de Ix Tzak Koteʔ e Ix Balun Ookteʔ K'uh, quienes eran diosas corazones u *oʔhlis k'uh.*[237]

Otros cuantos casos de la frase *oʔhlis k'uh* aparecen en las inscripciones. Uno de los que vale la pena mencionar se encuentra escrito en el Dintel 2 del edificio de Las Monjas de Chichén Itzá (5 de febrero de 880 d.C.), una obra arquitectónica relacionada con el gobernante K'ahk' Upakal K'inich K'awiil (869-890 d.C.).[238] Los grabados del dintel le pertenecían al dios Yahx Pech Kan Ajaw y fueron inaugurados en compañía de otro dios llamado Baah Sabak Ajaw *oʔhlis k'uh.* Es decir, que ese *oʔhlis k'uh* era el Primer Señor de Sabak. Sabaknaʔil fue uno de los lugares por donde los itzáes supuestamente pasaron durante su migración,[239] mientras que Baah Sabak Ajaw *oʔhlis k'uh* fue probablemente un antepasado deificado.[240]

Como hemos visto, *oʔhlis k'uh,* 'dios corazón', es el nombre o título que reciben los númenes fundadores del linaje y patronos de la dinastía, que habitan simultáneamente en sus templos, en sus efigies y en el corazón de sus descendientes humanos o miembros de la estirpe. Forman por lo tanto parte de los componentes de la entidad anímica esencial *oʔhlis,* por lo que habitan en el cuerpo humano, pero simultáneamente también fuera de él, en sus imágenes de piedra o madera, así como en los santuarios donde recibían culto y veneración. Es posible que el concepto maya clásico de *oʔhlis k'uh* pueda equipararse con el de *iyoollo aaltepeetl* (<*iyollo altépetl*>), 'corazón de la ciudad',[241] o *aaltepeetl iyoolloo* (<*altépetl iyollo*>), dios protector corazón del pueblo,[242] que se mencionan en los textos nahuas centromexicanos del siglo XVI. No obstante, el entendimiento cabal de estos conceptos apenas comienza a despuntar, sobre todo en el caso de los mayas.

[237] *Ibid.,* pp. 566 y 576.

[238] Eduardo Pérez de Heredia y Peter Biró, "K'ak' Upakal K'inich K'awil and the Lords of the Fire. Chichen Itza during the Ninth Century", en Linnea Wren, Cynthia Kristan-Graham, Travis Nygard y Kaylee Spencer (eds.), *Landscapes of the Itza. Archaeology and Art History at Chichen Itza and Neighbours Sites,* Gainesville/Tallahasse/Tampa/Boca Ratón/Pansacola/Orlando-Miami/Jacksonville/Ft. Myers/Sarasota, University Press of Florida, 2018, p. 82.

[239] Boot, *Continuity and Change..., op. cit.,* p. 326.

[240] Prager, "Übernatürliche Akteure in...", *op. cit.,* pp. 566 y 576.

[241] Eric R. Wolf, *Figurar el poder. Ideologías de dominación y crisis,* México, CIESAS, 2001 (Antropología), pp. 193-194.

[242] Serge Gruzinski, *El poder sin límites. Cuatro respuestas indígenas a la dominación española,* traducción de Phillippe Cheron, México, INAH/Instituto Francés de América Latina, 1988 (Colección Biblioteca del INAH; Serie: Historia), p. 33.

IV. EL CICLO DEL *OˀHLIS*

La muerte para los mayas no era un fenómeno puntual que tuviera lugar en un instante dado, sino un proceso largo y complejo, donde componentes heterogéneos se desprendían los unos de los otros para seguir destinos diferentes, propios de su diversa naturaleza. Y nunca más volvían a juntarse, pues cada individuo era único e irrepetible. Tan es así que, según Fitzsimmons y Pitarch Ramón, se puede considerar que este proceso ya comienza con la enfermedad,[1] pues se cree que ésta procede del inframundo,[2] convicción que no se restringe a los pueblos mayenses contemporáneos, sino que está plenamente documentada en la época virreinal. Como argumenta John F. Chuchiak IV, en los documentos del Provisorato de Indios de Yucatán queda de manifiesto que los mayas de la época colonial opinaban que los dioses de la muerte enviaban las enfermedades.[3] Del mismo modo, Bartolomé José del Granado Baeza, cura de Yaxcabá, informaba hacia 1813 que los mayas de su parroquia aún colgaban "ciertas comidas y bebidas alrededor de la casa de algún enfermo, para el *yuncimil,* que quiere decir para la muerte, o señor de la muerte, con lo que piensan rescatar la vida del enfermo".[4] Yuum Kíimil era uno de los nombres del dios de la muerte, y con él efectuaban este canje o trueque.

La muerte definitiva no tiene lugar cuando el individuo pierde la conciencia y terminan sus funciones fisiológicas; lo único que ocurre es el fallecimiento.[5] Y según parece, durante los primeros días de haber acaecido este

[1] Pedro Pitarch Ramón, "El lenguaje de la muerte (en un texto médico tzeltal)", en Andrés Ciudad Ruiz *et al.* (eds.), *Antropología de la eternidad: la muerte en la cultura maya,* Madrid, Universidad Complutense-Facultad de Geografía e Historia-Departamento de Historia de América II (Antropología de América)-Sociedad Española de Estudios Mayas/UNAM-IIFL/Centro de Estudios Mayas, 2003 (Publicaciones de la Sociedad Española de Estudios Mayas, 7), p. 519; James Fitzsimmons, *Death and the Classic Maya Kings,* Austin, University of Texas Press, 2009 (The Linda Schele Series in Maya and Pre-Columbian Studies), p. 26.

[2] Pedro Pitarch Ramón, "La montaña sagrada: dos puntos de vista", documento inédito, s. f., p. 16. Agradezco la generosidad con la que el autor de este ensayo compartió su información conmigo.

[3] John F. Chuchiak IV, "The Indian Inquisition and the Extirpation of Idolatry: The Process of Punishment in the Provisorato de Indios in Colonial Yucatan, 1563-1821", tesis doctoral, Nueva Orleans, Tulane University, 2000, pp. 289-295.

[4] Bartolomé José del Granado Baeza, *Informe del cura de Yaxcabá, Yucatán 1813 (costumbres, hechicería, etc.),* México, Editor Vargas Rea, 1946 (Biblioteca Aportación Histórica), p. 15.

[5] Olivier Le Guen, "*Ubèel pixan:* el camino de las almas. Ancestros familiares y colectivos entre los mayas yucatecos", *Península,* vol. III, núm. 1, primavera de 2008, p. 85. Fallecer es iniciar

último las personas no están ausentes ni muertas del todo.[6] Se trata de un estado liminar de duración variable según la época o la región, donde el alma vaga por la tierra antes de irse.[7]

En una escala más general, Eberl compara el proceso de la muerte con la estructura de los ritos de paso que fue propuesta por Arnold van Gennep en 1909, la cual incluye tres fases: *a)* la *preliminar:* que implica la separación de los tejidos, de los hálitos y el cese de las funciones vitales, *b)* la *liminar:* básicamente es el enterramiento o sepultura, que se hace con el fin de que el alma descanse y no vague por el mundo; y *c)* la *post-liminar:* que comprende el ascenso del muerto a un estado que puede ser final o definitivo, o simplemente un punto extremo de inflexión desde donde puede renacer el ánima-corazón.[8]

En este apartado me concentraré tan sólo en lo que le ocurre, después del fallecimiento del individuo, a la entidad anímica *o'hlis* o 'corazón'. El resto de los componentes del cuerpo, tanto los de materia pesada y mundana ecuménica como los de materia sutil y sobrenatural anecuménica, tienen destinos diferentes. Es preciso decir que no hubiera podido plantear lo que sigue sin los modelos previamente propuestos por López Austin[9] y Taube,[10] así como por Oswaldo Chinchilla Mazariegos,[11] que en mi opinión son muy concordantes y complementarios, aunque parten de datos diferentes y se sustentan en argumentaciones y métodos también muy distintos. Es necesario aclarar que el corpus de la imaginería y la escritura jeroglífica maya prehis-

el viaje, pero aún no es morir, véase Roberto Romero Sandoval, *El inframundo de los antiguos mayas,* México, UNAM-IIFL/Centro de Estudios Mayas, 2017, p. 31.

[6] Mario Humberto Ruz Sosa, "'Cada uno con su costumbra'. Memoria y olvido en los cultos funerarios contemporáneos", en Ciudad Ruiz *et al.* (eds.), *op. cit.,* p. 533.

[7] Alberto Ruz Lhuillier, *Costumbres funerarias de los antiguos mayas,* 1ª reimp., México, UNAM-IIFL/Centro de Estudios Mayas, 1991 [1968], pp. 19, 22, 28, 32 y 207.

[8] Markus Eberl, *Muerte, entierro y ascensión. Ritos funerarios entre los antiguos mayas,* Mérida, UADY, 2005 (Tratados, 21), pp. 17 y 19.

[9] Véase, por ejemplo, López Austin, *Tamoanchan y Tlalocan,* México, FCE, 1994 (Sección de Obras de Antropología), pp. 220-221; "De la racionalidad, de la vida y de la muerte", en Elsa Malvido Miranda, Grégory Pereira y Vera Tiesler (coords.), *El cuerpo humano y su tratamiento mortuorio,* México, Conaculta-INAH, 1997 (Colección Científica), pp. 13-16; "Modelos a distancia: antiguas concepciones nahuas", en Alfredo López Austin (coord.), *El modelo en la ciencia y la cultura,* México, UNAM/Siglo XXI Editores, 2005 (Cuadernos del Seminario de Problemas Científicos y Filosóficos de la UNAM, 1), pp. 80-81; "La cosmovisión de la tradición mesoamericana. Tercera parte", *Arqueología Mexicana,* ed. especial, núm. 70, México, Raíces, 2016, pp. 22-23.

[10] Véase Karl A. Taube, "Maws of Heaven and Hell: The Symbolism of the Centipede and Serpent in Classic Maya Religion", en Ciudad Ruiz *et al.* (eds.), *op. cit.,* pp. 411-413 y 435-438; "Flower Mountain. Concepts of life, beauty, and paradise among the Classic Maya", *Res. Antropology and Aesthetics,* núm. 45, primavera de 2004; "The Symbolism of Jade in Classic Maya Religion", *Ancient Mesoamerica,* vol. 16, 2005, pp. 42-43 y 46-47.

[11] Oswaldo Chinchilla Mazariegos, "Los soberanos: la apoteosis solar", en María Alejandra Martínez de Velasco Cortina y María Elena Vega Villalobos (eds.), *Los mayas: voces de piedra,* México, Ámbar Diseño, 2011, pp. 265-275.

pánica es un acervo muy acotado o limitado, por lo que en muchas ocasiones no tenemos pasajes que documenten cada detalle de este sistema de creencias, razón por la que —lo que ahora voy a presentar— debe entenderse como una aproximación tentativa y a veces hipotética, que puede mejorarse o corregirse a través de nuevos datos. Además, existen en las inscripciones, imaginería y registro arqueológico de los mayas un considerable número de ritos o ceremonias que giraban alrededor de este proceso de la muerte y el posterior culto funerario. He decidido no detenerme en cada uno de ellos para no desviar o distraer la atención de los lectores de lo que realmente me interesa, que es el destino del *o'hlis.* Tan sólo me referiré a dichos ritos o ceremonias cuando juzgue que su mención es pertinente, y remito al lector interesado a los trabajos de Eberl, Fitzsimmons y Scherer,[12] que sintetizan muy bien esos datos, así como al Apéndice B de este libro.

Entra al camino

En las inscripciones mayas el verbo de fallecimiento por excelencia es *cham,* 'morir', que casi siempre incluye un sufijo /*-i*/ para verbos intransitivos (figura IV.1a),[13] con lo cual se lee *chami,* 'él' o 'ella murió'. Otra expresión frecuente es *k'a'ayi,* 'se perdió' (figura V.1), **verbo de cambio de estado o movimiento**[14] que alude a la exhalación de un par de alientos o hálitos vitales que analizaré en el siguiente capítulo: el *sak ik'aal* (figura III.15) y el *saak(?)* o *xaak(?)* (figura III.16) que, como adelanté, creo que forman parte del *o'hlis,* o son aspectos de él.

Durante el Clásico Tardío se volvió relativamente habitual la frase *ochbih,* 'es la entrada al camino' (figura IV.1b), u *ochbihaj,* 'él' o 'ella entró al camino', expresión que incluye el verbo intransitivo *och,* 'entrar'. Desde el punto de vista semántico, *ochbih* es equivalente a las frases de fallecimiento anteriores, puesto que al parecer se pueden intercambiar mutuamente, designando la expiración de determinado individuo.

Parece evidente que el camino al que se refieren estas palabras a grandes rasgos es la senda de la muerte, aunque algunos mayistas han deseado ser más explícitos e identificarlo concretamente con la Vía Láctea cuando se extiende de norte a sur,[15] dado que en quiché recibe el nombre de Saq Bey, 'Ca-

[12] Eberl, *op. cit.,* pp. 77-163; Fitzsimmons, *op. cit.,* pp. 61-182; Andrew K. Scherer, *Mortuary Landscapes of the Classic Maya. Rituals of Body and Soul,* Austin, University of Texas Press, 2015 (The Linda Schele Series in Maya and Pre-Columbian Studies), pp. 51-169.

[13] Alfonso Lacadena García-Gallo, "Gramática maya jeroglífica", material didáctico inédito, elaborado con motivo de los talleres de escritura jeroglífica maya que tuvieron lugar en el marco de la "15th European Maya Conference", Madrid, Museo de América, del 30 de noviembre al 2 de diciembre de 2010, p. [16].

[14] Véase el glosario.

[15] David Freidel, Linda Schele y Joy Parker, *Maya Cosmos. Three Thousand Years on the Shaman's Path,* Nueva York, Quill William Morrow, 1993, pp. 73 y 76-78.

FIGURA IV.1. *Frases asociadas con el fallecimiento en las inscripciones mayas:* (**a**) *Panel de Emiliano Zapata (A5), Chiapas, México:* **CHAM-mi**, chami, *'él murió'; dibujo de David S. Stuart; tomado de Looper,* Lightning Warrior: Maya..., op. cit., *p. 18;* (**b**) *tapa del sarcófago del Templo de las Inscripciones de Palenque (canto oeste, bloque 39), Chiapas, México:* **OCH-bi**, ochbi[h], *'es la entrada al camino'; tomado de Robertson,* The Sculpture of..., op. cit., *lám. 170.*

mino Blanco', cuando aparece en verano, o Xibal Bey, 'Camino Espantoso', cuando hace su aparición en invierno, en cuya época luce bifurcada, rasgo morfológico que Coe ha identificado como la entrada al inframundo.[16]

Como ha mostrado Søren Wichmann, en un número considerable de lenguas mayances no solamente la Vía Láctea, sino el cielo entero, y más particularmente las trayectorias del Sol, la Luna y Venus, eran consideradas como "caminos".[17] Es en parte debido a esto que Taube propuso que el camino al que se refieren las inscripciones mayas es la senda celeste del Sol, pues, al igual que el Astro Rey, el alma de los gobernantes ingresa al inframundo y abandona después las regiones subterráneas del cosmos para enfilarse hacia el paraíso solar o florido de los ancestros, de ubicación urania. En otras palabras, se trata de un camino de descenso al inframundo y de ulterior ascenso del alma al cielo.[18] Taube ha llevado esta reflexión un poco más lejos,

[16] Michael D. Coe, "Native Astronomy in Mesoamerica", en Anthony F. Aveni (ed.), *Archaeoastronomy in Pre-Columbian America,* Austin, University of Texas Press, 1975, pp. 27-28; Scherer, *Mortuary Landscapes of..., op. cit.,* 54-55; Romero Sandoval, *El inframundo de..., op. cit.*, p. 42.

[17] Søren Wichmann, "El concepto de camino entre los mayas a partir de las fuentes epigráficas, iconográficas y etnográficas", en Mercedes Montes de Oca Vega (ed.), *La metáfora en Mesoamérica,* México, UNAM-IIFL, 2004, pp. 14-15.

[18] Taube, "Maws of heaven...", *op. cit.,* pp. 435-436; "Flower Mountain. Concepts...", *op. cit.;*

al observar que el verbo *och,* 'entrar', forma parte de la palabra maya clásica *ochk'in,* 'oeste' (figura IV.2a), cuya etimología es 'entrada del Sol', aludiendo obviamente a la puesta vespertina del Astro Rey y su ingreso al inframundo.[19] Su contraparte sería *elk'in,* 'este' (figura IV.2b), que literalmente significa 'salida del Sol'. Conviene mencionar que Stuart ha encontrado una interesante sustitución jeroglífica para *elk'in,* 'oriente' (figura IV.2c), donde la cabeza del dios solar surge o emerge de las fauces del Cocodrilo Venado Estrellado,[20] símbolo del cielo nocturno que devora al Sol todas las noches y lo excreta, pare o expulsa cada mañana. Es decir, ese cocodrilo es un símbolo tanto del camino del Sol como del interior de la tierra.[21] Esta interpretación, que homologa

"At Dawn's Edge: Tulúm, Santa Rita, and the Floral Symbolism in the International Style of Late Postclassic Mesoamerica", en Gabrielle Vail y Christine Hernández (eds.), *Astronomers, Scribes, and Priests. Intellectual Interchange between the Northern Maya Lowlands and Higland Mexico in the Late Posclassic Period,* Washington, Dumbarton Oaks Research Library and Collection, Trustees for Harvard University, 2010 (Dumbarton Oaks Pre-Columbian Symposia and Colloquia), pp. 146-147; Romero Sandoval, *El inframundo de..., op. cit.,* p. 49.

[19] Eberl, *op. cit.,* p. 132, ha observado que los fundadores y ancestros dinásticos de varias ciudades mayas suelen asociarse con el título solar *yook k'in.* Alexandre Tokovinine y Marc U. Zender creen que Balun Yook K'in y Wakaju'n Ook K'in son nombres de deidades asociadas con finales de periodo, "Lords of Windy Water: The Royal Court of Motul de San José in Classic Maya Inscriptions", en Antonia E. Foias y Kitty F. Emery (eds.), *Motul de San José. Politics, History, and Economy in a Classic Maya Polity,* Gainesville, University Press of Florida, 2012, p. 41. *Ook k'in* u *okol k'iin* (en yucateco), en mi opinión, remite al ocaso del Astro Rey, ya que en su etimología se encuentra la raíz *ok,* 'entrar', cognado de *och,* por lo que J. Eric S. Thompson señaló que *okol k'iin,* en yucateco, significa la 'entrada del Sol' o puesta de ese astro, véase *Maya Hieroglyphic Writing. An Introduction,* Norman, University of Oklahoma Press, 1960 (The Civilization of the American Indian Series), p. 79. *Ook k'in,* en efecto, significa 'atardecer, puesta, crepúsculo vespertino' o 'momento en que se pone el Sol' (Albert Davletshin, comunicación personal, 30 de diciembre de 2016). También puede citarse el término Ajoksaj K'iin <Ah Ocçah Kin>, que en maya yucateco del siglo XVI significaba 'Lucero de la Noche', es decir, aquel que introduce al Sol por el poniente. La analogía entre los ciclos del Sol y de las plantas se encuentra también en el núcleo de ese término, pues el vocablo yucateco *oksaj <ocçah>* no sólo significa 'entrar, penetrar, meter, introducir' o 'hacer entrar', sino 'siembra' o 'sementera', véase Erik Velásquez García, "El planeta Venus entre los mayas", tesis de licenciatura en historia, México, UNAM-FFyL-Colegio de Historia, 2000, pp. 77-79 y 167-168.

[20] David S. Stuart, "Preliminary Notes on Two Recently Discovered Inscriptions from La Corona, Guatemala", *Maya Decipherment. Ideas on Ancient Maya Writing and Iconography,* 17 de julio de 2015. Consultado en https://decipherment.wordpress.com/2015/07/17/preliminary-notes-on-two-recently-discovered-inscriptions-from-la-corona-guatemala/.

[21] David S. Stuart, *The Inscriptions from Temple XIX at Palenque. A Commentary,* Jorge Pérez de Lara Elías (fotografías), San Francisco, The Pre-Columbian Art Research Institute, 2005. Consultado en http://www.mesoweb.com/publications/stuart/TXIX-spreads.pdf, pp. 72-75; sobre ese cocodrilo, véase también Erik Velásquez García, "The Maya Flood Myth and the Decapitation of Cosmic Caiman", *The PARI Journal,* vol. VII, núm. 1, verano de 2006, p. 2; Ana García Barrios, "El mito del diluvio en las ceremonias de entronización de los gobernantes mayas. Agentes responsables de la decapitación del saurio y nuevas fundaciones", *Estudios de Cultura Maya,* vol. XLV, primavera-verano de 2015, p. 15. Consultado en http://www.iifilologicas.unam.mx/estculmaya/uploads/volumenes/xlv/pdf/3-mito-del-diluvio.pdf; Ana García Barrios, "Dragones de la inundación en Mesoamérica: la Serpiente Emplumada y el Cocodrilo Venado Estelar maya", manuscrito

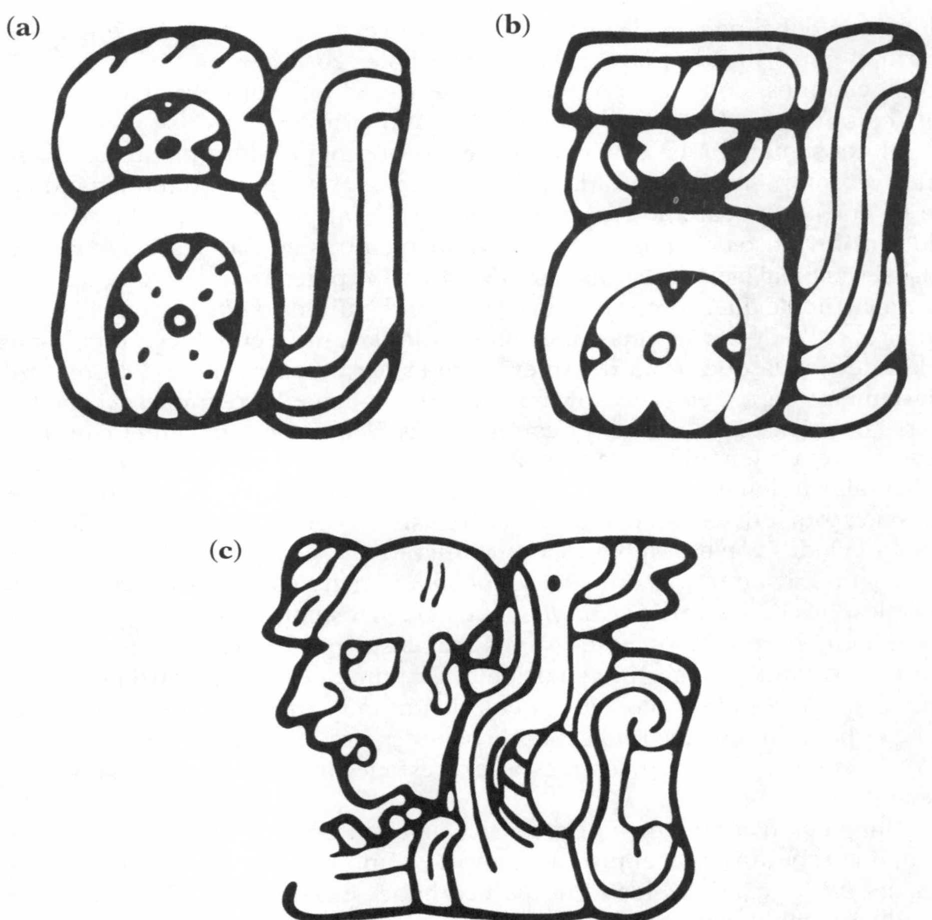

FIGURA IV.2. (**a**) *Bloque jeroglífico que designa la palabra* ochk'in, *'poniente':* **OCH-K'IN-ni**, *Panel Central del Templo de las Inscripciones de Palenque (H8), Chiapas, México, dibujo de Linda Schele, tomado de Robertson,* The Sculpture of…, op. cit., *1983, lám. 96;* (**b**) *bloque jeroglífico que designa la palabra* elk'in, *'oriente':* **EL-K'IN-ni**, *Panel Central del Templo de las Inscripciones de Palenque (H7), Chiapas, México, dibujo de Linda Schele,* idem; (**c**) *probable sustitución logográfica de la palabra* elk'in, *'oriente':* **ELK'IN**?, *Elemento 55 de La Corona (D4), Petén, Guatemala, tomado de David S. Suart, "Preliminary Notes…",* op. cit.

el camino del alma con el del Sol, ha recibido el apoyo de Scherer, quien enfatiza el papel jugado por el árbol o los árboles cósmicos en forma de cruz como caminos, conductos o portales que usa el Sol para elevarse al cielo, misma senda que transitan las almas de los muertos.[22]

No obstante, Taube deslindó otra expresión para fallecimiento que después veremos, *ochhaʔ*, 'entrada al agua' (figuras IV.4 y IV.10), diferenciándola de la 'entrada al camino', *ochbih* (figura IV.1b), al proponer que la primera alude al descenso del ánima al inframundo, mientras que la segunda se refiere a la elevación al cielo de la misma.[23] Esta idea me parece parcialmente correcta, en virtud de que, como veremos, la entidad anímica *oʔhlis* sí parece reproducir el ciclo de las semillas que son sepultadas, mueren y luego dan lugar a la nueva vida que brota del interior de la tierra, así como el del Sol, que diariamente perece en el ocaso y renace cada mañana. Pero implicaría que las frases *ochbih,* 'es la entrada al camino', u *ochbihaj,* 'él entró en el camino', designarían un fenómeno claramente posterior —en tiempo indeterminado— al del fallecimiento *ochhaʔ*, lo cual no es el caso o cuando menos es difícil de sostener, tomando en cuenta las fechas registradas en la inscripciones que están vinculadas con ese tipo de acontecimientos.

Según Fitzsimmons[24] los sucesos *ochbih* tienen lugar tan sólo seis o siete días después de los verbos *chami,* 'él falleció', lapso que coincide más con el breve tiempo en que —según grupos mayenses posteriores— el alma vaga por la tierra antes de partir a su destino. Su punto de vista consiste, pues, en que los acontecimientos *ochbih* no aluden al fallecimiento, sino al entierro del cuerpo luego de seis o siete días de haber expirado. Bajo tal perspectiva, el *bih* o 'camino' al que se refieren estas expresiones no sería otro que la tumba o sepultura.[25]

Una opción complementaria consistiría en interpretar los conductos que "unían la sepultura con el piso del templo" como proyecciones arquitectónicas del *bih* o 'camino', idea que parece haber estado en la mente de Ruz Lhuillier cuando denominó dichos aditamentos con el nombre de "psicoductos". Su "función mágica era" —según él— "la de permitir el paso del espíritu del personaje enterrado desde el mundo de los muertos hasta el de los vivos, por el intermediario del templo", un conducto diseñado "para el escape

en posesión de la autora, entregado para publicación en *Anales del Instituto de Investigaciones Estéticas;* Simon Martin, "The Old Man of the Maya Universe: A Unitary Dimension to Ancient Maya Religion", en Charles Golden, Stephen D. Houston y Joel Skidmore (eds.), *Maya Archaeology 3,* San Francisco, Precolumbia Mesoweb Press, 2015, pp. 192-197.

[22] Scherer, *Mortuary Landscapes of…, op. cit.,* pp. 54-55; Romero Sandoval, *El inframundo de…, op cit.,* p. 48, 136-137 y 207, ha hablado también del periplo solar del alma de los gobernantes, observando, además, que Miguel Rivera Dorado y Claude F. Baudez fueron precursores de esta idea en 1986 y 1996, respectivamente.

[23] Taube, "The Symbolism of…", *op. cit.,* pp. 42 y 46.

[24] Fitzsimmons, *op. cit.,* p. 33.

[25] *Ibid.,* pp. 33-34.

del alma".[26] Además del famoso psicoducto del Templo de las Inscripciones de Palenque,[27] otros casos semejantes han sido encontrados en el Templo XVIII del mismo Palenque, en la Tumba 88B-11 de Buenavista del Cayo, Belice, y en la imagen labrada en la Estela 40 de Piedras Negras (figura B.3), donde el conducto anímico aparece representado como una oquedad en el piso, así como en la escena del vaso K1377, donde un ancestro se une mediante una cuerda a un personaje que se ubica afuera de la tumba.[28]

Conviene apuntar que entre los mayas yucatecos contemporáneos aún existe el concepto *ubeel pixan,* 'camino de las almas', mismo que se refiere también a una senda florida, cuya parte final se alumbraba con velas. Es la ruta que deben seguir las ánimas para reunirse con sus descendientes vivos durante los rituales domésticos o los colectivos del día de muertos, misma que comienza en el paraíso celeste, pasa necesariamente por el lugar donde fue inhumado el cuerpo y aún reposan los huesos, y termina en el altar familiar, ubicado en el oriente de la casa. Dicho camino es vuelto a transitar por las almas, pero de regreso a su lugar paradisiaco de descanso.[29]

Cueva, agua y montaña

Una mirada diferente, aunque al mismo tiempo complementaria, es la de Eberl, quien opina que el camino era simplemente el umbral al inframundo que los señores cruzaban plausiblemente a través de una cueva, conclusión a la que llega analizando la frase que aparece en el Zoomorfo G de Quiriguá (K'1-P'1) (figura IV.3): *11 ik' 5 yaˀxsijoˀm ochbi[jii]y saak(?) usak ik'[aa]l ti akuul tuunil K'ahk' Til[iw] Chan Yopaat,* '[en el día] 11 *iik'* 5 *yaˀax* la pepita de calabaza(?),[30] la respiración blanca, ya había entrado al camino en la cueva de K'ahk' Tiliw Chan Yopaat'. Los protagonistas de este pasaje no son otros que el jeroglifo no descifrado T533 (probablemente 'pepita de calabaza[?]' o 'retoño[?]') (figura III.16) y la 'respiración blanca' (figura III.15) que, como he adelantado, son expresiones o manifestaciones de la entidad anímica *oˀhlis,* en este caso el alma del gobernante de Quiriguá, K'ahk' Tiliw Chan Yopaat (724-

[26] Ruz Lhuillier, *Costumbres funerarias de..., op. cit.,* pp. 184 y 263-264.

[27] Véase Alberto Ruz Lhuillier, *El Templo de las Inscripciones de Palenque,* México, INAH, 1973 (Colección Científica, 7), pp. 209-210.

[28] Eberl, *op. cit.,* pp. 65 y 153-154. En la tradición cultural de los mayas las sogas tenían el sentido de caminos, cordones umbilicales que remiten a lugares de origen y a los ancestros, como también venas o arterias por donde circulaba la sangre, véase Wichmann, *op. cit.,* pp. 21-22.

[29] Le Guen, *op. cit.,* pp. 85, 95, 97-98, 103, 108-110 y 113-114.

[30] Aunque en este libro privilegio la interpretación del jeroglifo T533 como *saak(?),* 'semilla de calabaza', que fue planteada por David S. Stuart, reitero que se trata de un signo no descifrado que podría leerse *xaak(?),* 'cogollo' o 'retoño', como sugiere Albert Davletshin, o tener algún otro valor logográfico aún desconocido. En aras de la brevedad no insistiré sobre ello, más que cuando lo considere pertinente.

FIGURA IV.3. *Frase de muerte escrita en el Zoomorfo G de Quiriguá, Petén, Guatemala, lado este, bloques Y1 a B'2; dibujo de Matthew G. Looper, tomado de* Lightning Warrior: Maya Art and Kingship at Quiriguá, *Austin, University of Texas Press, 2003 (The Linda Schele Series in Maya and Pre-Columbian Studies), p. 187.*

785 d.C.). Puesto que el verbo asociado con el signo no descifrado T533 ('pepita[?]/cogollo') y la 'respiración blanca' nunca es *ochbijiiy,* 'ya había entrado al camino', salvo en este pasaje, sino *k'a'ayi,* 'se perdió' o 'se perdieron' (figura V.1), Eberl piensa que las expresiones asociadas con la idea de "entrar al camino" son semánticamente equivalentes a la expiración o pérdida de los alientos vitales.[31] Basado en este mismo pasaje, Alexander W. Voss sostiene una idea semejante a la de Eberl, aunque no idéntica: que el camino no se realizaba a través de una cueva *(akuul tuun),* sino que desembocaba en ella.[32]

La idea de que tras el fallecimiento el alma esencial del ser humano entra en una cueva, cuenta con al menos otro pasaje que la confirma (figura IV.4). Se trata del muro oriente de la Tumba 7 de Río Azul, Guatemala, que afirma que un gobernante de nombre aún no descifrado entró al agua *(ochha'),* en la

[31] Analizaremos la expresión *k'a'ayi* y los temas de la 'respiración blanca' y el jeroglifo no descifrado T533 (¿semilla de calabaza?, ¿cogollo?) en el siguiente capítulo.

[32] Alexander W. Voss, "El viaje al inframundo en el periodo Clásico maya: el caso de K'inich Janab Pakal de los *Bak* de Palenque, Chiapas, México", en Alejandro Sheseña Hernández (coord.), *Religión maya: rasgos y desarrollo histórico,* Tuxtla Gutiérrez, Universidad de Ciencias y Artes de Chiapas/Gobierno del Estado de Chiapas-Consejo de Ciencia y Tecnología, 2013, p. 181; Roberto Romero Sandoval, "El transcurrir del tiempo en el inframundo maya", en Mercedes de la Garza Camino (coord.), *El tiempo de los dioses tiempo. Concepciones de Mesoamérica,* México, UNAM-IIFL/Centro de Estudios Mayas, 2015, p. 97; *El inframundo de..., op. cit.,* pp. 32, 49, 72, 75, 105 y 207, ha destacado el papel de la cueva como umbral o lugar por donde se accede al inframundo, que es parte del camino del alma después del fallecimiento.

FIGURA IV.4. *Frase de muerte que se encuentra pintada en el muro este de la Tumba 7 de Río Azul, Petén, Guatemala; dibujo de Mary Jane Acuña, tomado de su ensayo "Royal Death, Tombs, and Cosmic Landscapes: Early Classic Maya Tomb Murals from Río Azul, Guatemala", en Charles Golden, Stephen D. Houston y Joel Skidmore (eds.),* Maya Archaeology 3, *San Francisco, Precolumbia Mesoweb Press, 2015, p. 173.*

"Cueva de la Lluvia y la Concha".[33] En el caso que nos ocupa, el jeroglifo de "cueva" tiene la forma de una especie de medallón cuadrifolio, con una cruz en su interior y otros pequeños diseños que identifican iconográficamente a las "piedras": una mancha oscura en la esquina superior izquierda y tres líneas curvas paralelas en la esquina inferior derecha. Dicho jeroglifo de "cueva" aún no se encuentra descifrado fonéticamente, por lo que simplemente los parafraseamos como "cueva". Conviene observar que, tanto en el texto de Quiriguá (figura IV.3) como en el de Río Azul (figura IV.4), la mención a las cuevas es inmediata a la fecha del fallecimiento de los gobernantes respectivos.

Según el punto de vista de López Austin, la entidad anímica corazón, alma principal y esencial de los seres vivientes, se dirige justo a una cueva luego que su poseedor terrenal ha fallecido. Dicha cueva no es otra que el lugar de origen mismo de las almas corazones, lo que él llama "la bodega o vientre del Monte Sagrado", lugar mítico, sobrenatural o anecuménico que se ubica en el interior de la tierra y tiene agua tanto en el interior como en la base. Dicho monte es el centro del universo o *axis mundi,* que no obstante se identifica con todas sus proyecciones, réplicas o desdoblamientos cardinales,

[33] Mary Jane Acuña, "Royal Death, Tombs, and Cosmic Landscapes: Early Classic Maya Tomb Murals from Río Azul, Guatemala", en Charles Golden, Stephen D. Houston y Joel Skidmore (eds.), *Maya Archaeology 3,* San Francisco, Precolumbia Mesoweb Press, 2015, pp. 173-174.

FIGURA IV.5. *Enigmática frase de la Estela 31 de Tikal (C26), Petén, Guatemala:* **OCH-WITZ-ja**, ochwitz[a]j, *'él entró a la montaña'; tomado de Jones y Satterthwaite,* op. cit., *fig. 52.*

incluyendo una montaña occidental para las criaturas que mueren y una montaña oriental para las que nacen.[34] Otra forma en la que podían desdoblarse o proyectarse tanto la cueva como el monte que la contiene era seguramente en las múltiples cavernas y fuentes de agua específicas donde los mayas creían que se habían fundado sus ciudades, linajes, grupos étnicos, familiares o clánicos,[35] pues al igual que ocurre en el caso de los centros cívico-ceremoniales de cada ciudad maya, donde cada uno funge como eje o centro del mundo,[36] cada una de las cuevas y montañas sagradas donde se habían originado los grupos sociales y adonde iban las almas corazones de sus muertos estaban también en el ombligo del cosmos o *axis mundi.*

La idea de que se trata de la cueva de una montaña halla fiel confirmación en otra expresión asociada con el verbo intransitivo *och,* 'entrar': *ochwitz,* 'entrada a la montaña', u *ochwitzaj,* 'él entró en la montaña' (figura IV.5), si bien para los epigrafistas el significado de esta expresión aún es enigmático. Eberl supuso que se trata de una frase que alude al ingreso del cuerpo a la tumba, es decir, que se trata de una alusión al entierro.[37] Por su parte, Fitzsimmons apoya la idea de que se refiere al viaje del alma por los pasajes

[34] López Austin, "La cosmovisión de... Tercera parte", *op. cit.,* p. 22; Alfredo López Austin, comunicación escrita, 7 de marzo de 2017. En el vientre de esa montaña se resguardan los corazones-semillas-espíritus del maíz y del resto de las plantas, en analogía con el vientre femenino, donde germina la semilla humana, Romero Sandoval, *El inframundo de..., op. cit.,* pp. 74, 102, 139-140 y 143.

[35] Alejandro Sheseña Hernández, "Apelativos y nociones relacionados con las cuevas en las inscripciones mayas", en Roberto Romero Sandoval (ed.), *Cuevas y cenotes mayas. Una mirada multidisciplinaria,* México, UNAM-IIFL/Centro de Estudios Mayas, 2016, pp. 62 y 65-68.

[36] Véase la nota 46 del capítulo "La entidad anímica *o'hlis*".

[37] Eberl, *op. cit.,* p. 101. Romero Sandoval, *El inframundo de..., op. cit.,* p. 45, piensa que *ochwitz* alude a un "ritual mortuorio".

FIGURA IV.6. *Detalle del Vaso Trípode de Berlín o K6547,* ca. *400-450 d.C. Museum für Völkerkunde de Berlín, Alemania. Detrás del cuerpo amortajado del difunto se observa la Montaña Florida o Nikte' Witznal, de cuya cima asciende el dios solar; dibujo de Stephen D. Houston; tomado de Justin Kerr,* The Maya Vase Book, *vol. 6, Nueva York, Kerr Associates, 2000, p. 972.*

montañosos oscuros del interior de la tierra.[38] No obstante, Stuart opina que no existen suficientes datos para estar seguros de que la expresión *ochwitz* sea un eufemismo para "muerte", en virtud de que se trata de una locución exigua en las inscripciones jeroglíficas, sin equivalente conocido entre grupos mayenses más recientes.[39]

La anterior afirmación de Stuart parece olvidar la insistencia de Taube[40] por mostrar que el alma de los muertos desciende al interior de un cerro, al que denomina Montaña Florida, mismo que se encuentra en la ruta por la que también transita el Sol. Apreciamos esta asociación entre muerto, montaña, flores, maíz y Sol en la escena grabada sobre el Vaso Trípode de Berlín (figura IV.6), una de las imágenes más contundentes y expresivas del arte maya.

[38] Fitzsimmons, *op. cit.,* p. 38.

[39] David S. Stuart, "Some Working Notes on the Text of Tikal Stela 31", *Mesoweb,* 2011, p. 5. Consultado en http://www.mesoweb.com/stuart/notes/Tikal.html.

[40] Véase la nota 10 de este capítulo.

FIGURA IV.7. *Nombre maya clásico de la Montaña Florida: huesos grabados del Entierro 116 de Tikal, Petén, Guatemala:* **NIKTE?-WITZ-NAL**, Nikte? Witznal; *tomado de Karl A. Taube, "Flower Mountain. Concepts of life, beauty, and paradise among the Classic Maya"*, Res. Anthropology and Aesthetics, *núm. 45, primavera de 2004, p. 91, fig. 17d.*

En un primer plano observamos el cadáver recostado del dios del maíz,[41] que yace sobre una gran banqueta y está enrollado con un fardo de nueve nudos, situación que recuerda la importancia misma de cubrir o envolver, que ya expliqué en el capítulo "Los conceptos del cuerpo humano". Sólo hay que recordar que la práctica de enrollar objetos con tela, sogas o papel tenía el propósito de contener el tiempo y la esencia divina en el interior de esos recipientes.[42] Como es de esperar, la banqueta se ubica sobre una corriente de líquido, que simboliza el agua inframundana o subterránea que corre por la base del Monte Florido. Bernal Romero[43] ha asociado dicha corriente o banda acuática con el canal construido debajo del Templo de las Inscripciones de Palenque.

En un segundo plano apreciamos justo una imagen de la gran Montaña Florida, cuyas flores se encuentran en los extremos, aunque luce algunos

[41] Guillermo Bernal Romero observa que el nombre del difunto es Siyaj Ahk, 'Nacido de Tortuga', cuya etimología alude a un pasaje de la vida del dios del maíz, "Árboles frutales y antepasados dinásticos. Visiones de ancestros en el sarcófago de K'inich Janaahb Pakal", en Mercedes de la Garza Camino (coord.), *El poder de las plantas sagradas en el universo maya,* México, UNAM-Coordinación de Humanidades/Dirección General de Divulgación de las Humanidades/IIFL, 2019, p. 163.

[42] David S. Stuart, "Kings of Stone: A Consideration of Stelae in Ancient Maya Ritual and Representation", *Res. Anthropology and Aesthetics,* núms. 29-30, primavera-otoño de 1996, pp. 156-157; David S. Stuart, *The Order of Days. Unlocking the Secrets of the Ancient Maya,* Nueva York, Three Rivers Press, 2011, p. 264; Megan O'Neil, *Engaging Ancient Maya Sculpture at Piedras Negras, Guatemala,* Norman, University of Oklahoma Press, 2012, pp. 55-56; William M. Duncan, "Sellamiento ritual, envoltura y vendaje en la modificación cefálica mesoamericana", en Vera Tiesler y Carlos Serrano Sánchez (eds.), *Modificaciones cefálicas culturales en Mesoamérica. Una perspectiva continental,* t. I, México/Mérida, UNAM-IIA/UADY-Facultad de Ciencias Antropológicas, 2018, p. 264; Scherer, "El ser, la identidad y la cabeza entre los mayas del Clásico de los reinos del río Usumacinta", *ibid.,* t. II, pp. 539 y 541.

[43] "Árboles frutales y…", *op. cit.,* p. 167.

FIGURA IV.8. *Imagen de la Montaña Florida o Nikte' Witznal exhalando al dios solar; vasija pintada sobre estuco del periodo Clásico Temprano; Kaminaljuyú, Guatemala; tomado de Taube,* op. cit., *p. 82, fig. 10d.*

medallones con granos de maíz, símbolo de su relación con los poderes regenerativos de las semillas. Finalmente, en la cúspide de la composición encontramos la cabeza del dios solar externando sobre la coronilla el hálito vital T533 (véase figura III.16), del que ya adelanté brevemente que se trata de un aspecto del *o'hlis,* aunque será abordado cabalmente en el capítulo "Los alientos del éter florido". Un medallón mitad blanco, mitad negro, provisto con cuatro fauces alargadas de serpiente, sirve para transportar al cielo la cabeza del dios solar.[44] El cerro por donde nace el Sol es la Montaña Florida, "lugar de abundancia y belleza",[45] destino del Sol y de las almas corazones tras la muerte, morada de los dioses y ancestros y uno de los medios para ascender al cielo.[46]

El nombre de Montaña Florida no es algún neologismo inventado por los académicos modernos, sino la traducción del topónimo sagrado Nikte' Witznal, 'Lugar de la Montaña Florida' (figura IV.7), sitio al que no solamente llegan las almas corazones u *o'hlis* de los seres humanos y las demás criaturas fenecidas, sino también parada obligatoria del Sol en su tránsito nocturno por el inframundo. Es por ello que en una vasija del Kaminaljuyú, elaborada durante el Clásico Temprano (figura IV.8), podemos admirar la imagen sedente del dios solar en las fauces desdobladas de aquella montaña.

En el imaginario del hombre mesoamericano, el tiempo-espacio anecuménico se percibe de forma diferente al de la experiencia mundana. Por un

[44] Véase el análisis completo que sobre la Montaña Florida presenta Taube en "Flower Mountain. Concepts...", *op. cit.,* pp. 79-86, como también el estudio detallado del Vaso Trípode de Berlín en Bernal Romero, "Árboles frutales y...", *op. cit.,* pp. 162-167; además de Romero Sandoval, "El transcurrir del...", *op. cit.,* pp. 102-104; *El inframundo de..., op. cit.,* pp. 45 y 199.

[45] Chinchilla Mazariegos, *op. cit.,* p. 269.

[46] *Ibid.,* pp. 81 y 93; "Maws of heaven...", *op. cit.,* pp. 435 y 437.

lado, el pasado y el futuro son contemporáneos[47] y, por el otro, cada elemento se identifica con sus proyecciones o réplicas.[48] Es así, por ejemplo, que la Montaña Florida desdoblada en los muros de las tumbas de Río Azul, parece llamarse *Ch'ich' Ehb Witznal,* 'Lugar del Cerro de la Escalera de Sangre', cuando se proyecta en el oeste.[49] También se llama *Sak ... Witznal,* 'Lugar del Cerro de la "Concha" Blanca', si se desdobla hacia el oriente. O simplemente *Lem(?) Witznal,* 'Lugar del Cerro Brillante(?)' si se proyecta hacia el sur o norte.[50] Es seguro que los nombres de estas montañas sobrenaturales o anecuménicas variaban de ciudad a ciudad maya. Incluso dentro de la misma ciudad pudieron coexistir distintas tradiciones o versiones sincrónicas o a lo largo del tiempo.

Entre esas variaciones o proyecciones de la arquetípica Montaña Florida debemos contar, sin duda, el Templo de los Cormoranes o Estructura 2 de Dzibanché, importante edificio funerario del periodo Clásico Temprano. Los arqueólogos Enrique Nalda Hernández (†) y Sandra Balanzario Granados excavaron ahí cuatro tumbas de la élite más encumbrada, al menos algunas con abundante mineral rojo de cinabrio o hematita. Las inhumaciones per-

[47] Alfredo López Austin, "Ecumene Time, Anecumene Time: Proposal of a Paradigm", en Anthony F. Aveni (ed.), *The Measure and Meaning of Time in Mesoamerica and the Andes,* Washington, Dumbarton Oaks Research Library and Collection, 2015, pp. 37-38; "Tiempo del ecúmeno, tiempo del anecúmeno. Propuesta de un paradigma", en Mercedes de la Garza Camino (coord.), *El tiempo de los dioses-tiempo. Concepciones de Mesoamérica,* México, UNAM-IIFL/Centro de Estudios Mayas, 2015, pp. 24-26.

[48] Alfredo López Austin, comunicación escrita, 7 de marzo de 2017.

[49] El nombre de esta montaña del poniente recuerda vivamente un pasaje del *Popol Vuh,* véase Michela E. Craveri (trad. y ed.), *Popol Vuh. Herramientas para una lectura crítica del texto k'iche',* México, UNAM-IIFL/Centro de Estudios Mayas, 2013 (Fuentes para el Estudio de la Cultura Maya, 21), p. 101, cuando los Héroes Mellizos Junajpu' y Xbalanke' emprendieron su marcha hacia el Xibalba':

> bajaron a Xib'alb'a.
> En seguida bajaron por unas gradas
> pasaron, pues, por barrancos de aguas violentas
> solamente entre pájaros pasaron
> así, los pájaros Molay, este es su nombre
> pasaron, pues, sobre un río de pus
> sobre un río de sangre

Esas escaleras inclinadas que se encuentran en la bajada occidental al inframundo, en las inscripciones jeroglíficas parecen llamarse también Huk Ihk' K'ahnal, 'Lugar de las Siete Escaleras Negras', según Alejandro Sheseña Hernández, *apud* Romero Sandoval, "El transcurrir del...", *op. cit.,* p. 96; *El inframundo de..., op. cit.,* pp. 32-33, 37 y 216.

[50] Acuña, *op. cit.,* pp. 173-175. La presencia de estos cerros como parte de los programas iconográficos de las tumbas de Río Azul condujo a esta autora a la idea de que el gobernante muerto en su tumba es el dios del maíz como *axis mundi,* rodeado por montañas (*ibid.,* p. 171). Sobre la montaña del oriente, *Sak ... Witznal,* 'Lugar del Cerro de la "Concha" Blanca', véase también Christophe Helmke, Stanley P. Guenter y Phillip J. Wanyerka, "Kings of the East: Altun Ha and the Water Scroll Emblem Glyph", *Ancient Mesoamerica,* vol. 29, 2018, pp. 115-116, fig. 2f.

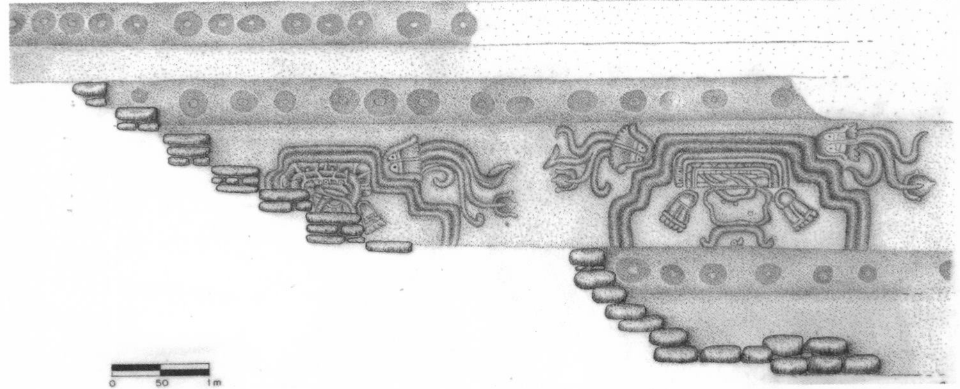

FIGURA IV.9. *Relieves de estuco que se encuentran en el flanco norte de la Estructura 2 de Dzibanché, Quintana Roo, México; periodo Clásico Temprano. Representan una manifestación o proyección del concepto de la Montaña Florida de los ancestros. Cortesía del Proyecto Arqueológico Dzibanché y de la arqueóloga Sandra Balanzario Granados.*

tenecen al sexo masculino, estaban cubiertas con suntuosas pieles de jaguar, provistas de máscaras de jade, ornamentos de coral y piedra verde, así como cerámica policromada.[51] Una de las cámaras mortuorias pertenece al famoso gobernante Testigo Cielo (*ca.* 561-572 d.C.), señor sagrado de la casa dinástica de Kaanu'l, cuya identidad sabemos gracias a un punzón de hueso con inscripciones jeroglíficas que fue hallado sobre su pelvis.[52] Durante algunos años los epigrafistas han creído que Testigo Cielo se alió con el gobernante de Caracol, Belice, para derrotar al poderoso rey de Tikal en el año 562 d.C.,[53] aunque esta idea ha cambiado recientemente.

En el flanco norte de ese importante edificio funerario fueron descubiertos los restos de un relieve de estuco, cuyo tema central es la Montaña Florida de los ancestros (figura IV.9). El estilo de esa obra es una extraña combinación

[51] Sandra Balanzario Granados, comunicación personal, 7 de marzo de 2016.

[52] Erik Velásquez García, "En busca de Testigo Cielo: el punzón de hueso del Edificio de los Cormoranes de Dzibanché", ponencia presentada en el marco de la "Sexta Mesa Redonda de Palenque. Arqueología, imagen y texto: homenaje a Ian Graham", 16 al 21 de noviembre de 2008.

[53] Véase Simon Martin y Nikolai Grube, *Chronicle of the Maya Kings and Queens. Deciphering the Dynasties of the Ancient Maya,* 2ª ed., Londres, Thames and Hudson, 2008, pp. 39, 89-90 y 104. En años recientes Dimitri Beliaev y Simon Martin han propuesto que el verdadero gobernante de la dinastía Kanu'l (Dzibanché) que derrotó a Tikal en 562 d.C. fue K'ahk' Ti' Ch'ich' (*ca.* 550-556) y no Testigo Cielo, "'Serpent Emperor': The Reign of K'ahk' Ti' Ch'ich' and the Origins of Dzibanché Hegemony", ponencia presentada el 15 de abril de 2021 en el "Symposium New Light on Dzibanché and on the rise of the Snake Kingsom's Hegemony in the Maya Lowlands", que se celebró en el marco del Society for American Archaeology 86th Annual Meeting de San Francisco, California.

FIGURA IV.10. *Estela 31 de Tikal (D23), Petén, Guatemala:* **OCH-HA'-ja**, ocha'[a]j, *'él entró en el agua'; tomado de Jones y Satterthwaite,* op. cit., *fig. 52.*

de jeroglifos mayas con imaginería que imita las convenciones teotihuacanas. Aunque Christophe Helmke y Jesper Nielsen estiman por su estilo que dicho relieve fue elaborado entre 450 y 550 d.C.,[54] la técnicas de datación de estucos aplicadas por la restauradora Luisa Straulino Mainou arrojan que fue creado entre 274 y 314 d.C.[55] Como puede apreciarse en la imagen (figura IV.9), se trata de un par de montañas en estilo teotihuacano, decoradas con grandes flores en sus esquinas superiores. No obstante, en el interior de al menos una de esas montañas se encuentra el jeroglifo maya para 'cerro' o *witz*, flanqueado por dos huellas de pies humanos en actitud de descender. En la parte inferior de la montaña teotihuacana apreciamos el signo maya *ek'* o 'estrella'. Helmke y Nielsen se aventuran a proponer, con base en estos elementos, que el nombre de esa proyección de la Montaña Florida y, por ende, de la Estructura 2 de Dzibanché en su totalidad, era Yehmal Ek' Witz, 'Cerro de la Estrella que Desciende'.[56] Con independencia de que esta hipotética lectura sea correcta o no, los elementos figurativos presentes en esta manifestación particular de la Montaña Florida sugieren que los grandes mandatarios de Dzibanché homologaron su camino de descenso al inframundo no solamente con la senda del Sol, sino con la de las estrellas, que también se ocultan al caer bajo el horizonte poniente. Esto último no deja de ser interesante, pues usando datos completamente diferentes Chinchilla Mazariegos propuso que las almas de los gobernantes mayas clásicos y de sus esposas lograban su apoteosis final al ascender al cielo transfiguradas en el Sol y en la Luna,

[54] "Los orónimos en la escritura teotihuacana y su vinculación con la toponimia nahua", en María Elena Vega Villalobos y Erik Velásquez García (eds.), *Los sistemas de escritura de Mesoamérica*, México, UNAM-IIE-DGAPA, entregado a publicación.

[55] Sandra Balanzario Granados, información personal, 9 de septiembre de 2015.

[56] Helmke y Nielsen, "Los orónimos en…", *op. cit.*

FIGURA IV.11. *Uno de los huesos grabados del Entierro 116 de Tikal, la tumba de Jasaw Chan K'awiil I* (ca. *734 d.C.); texto misceláneo 38A:* 6-**AK'AB** 16-**SAK-SIJOM-ma HAY**?-**KAB** 6-**IXIM-AJAW** 6-**HIX-NAL NAH-na**?-?-?-**ji**? **MUT-la,** 6 Ahk'ab 16 Saksijo'm *haykab(?)* Wak Ixiim Ajaw, Wak Hiixnal Nah Na…j, Mut[u']l, *'[en el día] 6 Áak'bal 16 Sak es la destrucción del mundo del Señor Wak Ixiim, Wak Hiixnal, primer na…j de Tikal'; tomado de Schele y Miller 1986,* op. cit., *p. 270.*

mientras que las de los funcionarios más altos de la corte se transformaban en estrellas.[57]

Para referirse al fallecimiento o expiración de un individuo, durante el periodo Clásico Temprano de vez en cuando se empleaba la expresión *ocha'*, 'es la entrada al agua' (figura IV.4), u *ochha'aj*, 'él' o 'ella entró al agua' (figura IV.10), una evidente alusión a que el mundo subterráneo de la muerte era de naturaleza acuática. De acuerdo con López Austin, ello obedece a que tanto en el interior como en la base del Monte Sagrado había agua, aspecto que se ve reflejado en múltiples escenas de las artes visuales, como en el caso de la banda acuática labrada en la base de la Montaña Florida representada en el Vaso Trípode de Berlín (figura IV.6),[58] o en el ya mencionado de las canoas que transportan el alma (figura IV.11) en los huesos grabados del Entierro 116 de Tikal, cuyo sino es hundirse o naufragar.[59] Como ya mencioné, el alma corazón del mandatario Jasaw Chan K'awiil se identifica en esos

[57] Chinchilla Mazariegos, *op. cit.*, p. 274.

[58] *Ibid.*, pp. 269-271. Bernal Romero, "Árboles frutales y…", *op. cit.*, p. 167, piensa que esa banda acuática tiene el mismo significado que los canales hallados debajo del Templo de las Inscripciones de Palenque, el famoso mausoleo de K'ihnich Janaab Pakal.

[59] Véase Eberl, *op. cit.*, pp. 47-51, 68-68 y 73; Fitzsimmons, *op. cit.*, pp. 35-36. Marc U. Zender, con base en el análisis de un vaso que se encuentra en la Fundación Kislak de Miami Lakes, Florida, piensa que estas escenas aluden a un mito donde el dios del maíz fue derrotado por un diluvio que procedía de una estrella, inundación que a su vez fue enviada por el dios Balun Yookte' y otras deidades de la guerra, "Disaster, Deluge, and Destruction on the Star War Vase", *The Mayanist*, vol. 2, núm. 1, otoño de 2020, pp. 57-75.

huesos esgrafiados con el dios mismo del maíz,[60] aquí llamado Wak Ixiim Ajaw, Wak Hiix Nal.[61] Este personaje navega rumbo al inframundo en una canoa conducida por los llamados Dioses Remeros, señores de los crepúsculos,[62] acompañado por una iguana, un mono araña, un loro y un perro peludo.[63] Para realizar su viaje a las profundidades acuosas o subterráneas deberá hundirse o naufragar, hecho que se encuentra representado o escrito en otros huesos esgrafiados de la misma colección,[64] entre ellos las porciones verticales de los huesos MT-38A y MT-38B, que aparentemente dicen que Jasaw Chan K'awiil se transportó con sus ancestros (*tumam,* 'con sus abuelos').[65] Scherer asoció la escena con el concepto de "entrada al agua" *(ochha'),* hermanado para él con la moderna tradición tzotzil del cruce del alma por un río, ayudada por un perro.[66]

Los tormentos del alma

De acuerdo con López Austin, el alma corazón no se queda en la cueva antes mencionada del Monte Sagrado o Montaña Florida, sino que continúa un largo y penoso viaje por los nueve pisos del inframundo, donde experimenta penas, tormentos y sufrimiento. Este viaje o tránsito doloroso del alma, lleno

[60] Eberl, *op. cit.,* p. 60; véase también Fitzsimmons, *op. cit.,* pp. 35-36. Scherer, *Mortuary Landscapes of…, op. cit.,* p. 90, ha observado que el cuerpo de Jasaw Chan K'awiil fue colocado en la tumba adoptando la misma postura de danza que ejecuta el dios del maíz en las escenas del mito de su renacimiento.

[61] Véanse las notas 217 y 218 del capítulo "La entidad anímica *o'hlis*".

[62] Véase Erik Velásquez García, "Los Dioses Remeros mayas y sus posibles contrapartes nahuas", en Laura van Broekhoven *et al., The Maya and their Neighbours. Internal and External Contacts Through Time. Proceedings of the 10th European Maya Conference. Leiden, December 9-10, 2005,* Markt Schwaben/Verlag Anton Saurwein, 2010 (Acta Mesoamericana, 22); en la Estela 2 de Copán, Honduras, los Dioses Remeros reciben el nombre conjunto de Mam K'uh, 'Dioses Ancestrales', Martin, *op. cit.,* p. 210, n. 36. Andrea J. Stone y Marc U. Zender, *Reading Maya Art. A Hieroglyphic Guide to Ancient Maya Painting and Sculpture,* Nueva York, Thames and Hudson, 2011, p. 51, piensan que este pasaje de la muerte del dios del maíz es una alegoría del último viaje de Jasaw Chan K'awiil I (682-734 d.C.) y que aquí los Dioses Remeros son la versión maya del barquero Caronte, quien en la mitología griega ayudaba a pasar las almas sobre el río Aqueronte.

[63] David H. Kelley relacionó a estos animales con el gato montés, el coyote, el loro y el cuervo, que participan en el mito de la adquisición del maíz en el *Popol Vuh,* véase *Deciphering the Maya Script,* Austin, University of Texas Press, 1976, p. 236. Mercedes de la Garza Camino sugiere que esos animales son los posibles equivalentes estructurales de los que aparecen en los huesos incisos del Entierro 116 de Tikal, *El universo sagrado…, op. cit.,* pp. 72-76. Una posibilidad que no podemos descartar es que se trate de los naguales o *wahyis* del dios del maíz, idea que sugiere Scherer, *Mortuary Landscapes of…, op. cit.,* p. 53; véase también Romero Sandoval, *El inframundo de…, op. cit.,* pp. 191, 209-213, 211 y 220.

[64] Véase Aubrey S. Trik, "The Splendid Tomb of Temple I at Tikal, Guatemala", *Expedition,* vol. 6, núm. 1, otoño de 1963, pp. 3-18.

[65] Eberl, *op. cit.,* p. 136.

[66] Scherer, *Mortuary Landscapes of…, op. cit.,* p. 54.

FIGURA IV.12. *Bloque jeroglífico que representa la palabra* loba[l], *'maldición' o 'ruindad', escrita mediante la secuencia* **LOB-ba**. *El signo de* **LOB** *es la mano que se lleva justo al área de la frente de la tuza. Esta tuza es un jeroglifo que representa la sílaba* **ba**; *p. 8a del* Códice de Dresde, *tomada de Velásquez García,* Códice de Dresde. Parte 1..., op. cit., *p. 29.*

de pesar, consignado a su manera por los cronistas, informantes y lexicógrafos de los siglos XVI y XVII, aunque siempre cabe la duda de hasta dónde fueron influenciados por las concepciones del infierno cristiano.[67] Las penas y casas de tormento también se hallan en los relatos del *Popol Vuh* y el viaje ultraterreno de dolor se encuentra aún atestiguado entre los chortís, en el oriente del mundo maya, así como entre los tzotziles de San Juan Chamula y de San Pedro Chenalhó, en el poniente de la región maya.[68] Pero es en este punto del modelo donde carecemos de más datos procedentes del periodo Clásico (250-900 d.C.), toda vez que este viaje de tormentos del alma corazón hacia el piso más profundo del Mihnal, Mitnal o Xibalba'[69] no ha sido plenamente confirmado ni sólidamente identificado en el corpus documental de aquella época. Es posible, sin embargo, que el viaje de sufrimientos y prue-

[67] Romero Sandoval, "El transcurrir del...", *op. cit.*, p. 96; *El inframundo de..., op. cit.*, pp. 20-21, 26-29, 34-35 y 48.

[68] Chinchilla Mazariegos, *op. cit.*, pp. 266-267.

[69] Mitnal y Xibalba' no son nombres genéricos del inframundo en las inscripciones mayas del Clásico, sino los nombres que respectivamente les daban los mayas yucatecos y los quichés en la época colonial, véase Romero Sandoval, *El inframundo de..., op. cit.*, pp. 18, 37-42, 47-51 y 216. Diversos nombres de lugares aparecen en las inscripciones asociados con el inframundo, aunque es probable que el nombre genérico haya sido Wak Mihnal, 'Seis Lugar de la Nada', que aparece por ejemplo en el Escalón VII (G6) de la Escalera Jeroglífica 2 de Yaxchilán o en el Panel 1 de La Corona (D1, R2a, R3a, T2, S4a, S5a), de donde pudo venir el nombre maya yucateco de Mitnal y el del dios de la muerte Wak Mitun Ajaw, 'Señor del Seis Infierno'.

bas que experimenta el *oʔhlis* en el más allá se encuentre documentado simbólicamente en las vasijas mayas mediante los relatos iconotextuales del Dios S (Juʔn Ajaw o Ajpuʔ) y el Dios Ch (Yahx Balun), que constituirían sus probables arquetipos mitológicos. La idea de que los mitos de este par de númenes (los Dioses con Diadema, antecedentes clásicos de los Héroes Gemelos) simbolizan el triunfo del alma en el más allá, y que las vasijas mayas operaron a manera de una especie de *Libro de los muertos,* sirviendo a los gobernantes como modelo de transformación en dioses, fue sugerida desde hace mucho por Michael D. Coe,[70] pero se trata de una vieja propuesta que es preciso repensar a la luz del desciframiento moderno de los jeroglifos.

Durante el periodo Clásico, Juʔn Ajaw fue el patrono del vigésimo día del calendario, llamado *ajaw,* 'señor'. Su nombre puede ser interpretado como "Primer Señor", y era el dios que por excelencia conllevaba la esencia del gobernante o *ajaw,* por lo que era un modelo de conducta para los mandatarios y nobles en su papel de proveedores y sacrificadores.[71] Este dios también ha sido estudiado por Florescano Mayet, quien luego de un análisis pormenorizado concluyó que el relato de los mitos de Juʔn Ajaw era la metáfora por excelencia "del descenso de la primera semilla al interior de la tierra".[72] Ello sugiere que entre las tareas pendientes para ser investigadas en el futuro no debe descartarse indagar si uno de los niveles identitarios del *oʔhlis* pudo haber sido Juʔn Ajaw, una de las derivaciones patronales de la deidad creadora, en este caso como fundadora o regente del grupo dominante.[73]

[70] *The Maya Scribe and His World,* Nueva York, Club Grolier, 1973, pp. 11-22. Romero Sandoval, *El inframundo de…, op, cit.,* pp. 124-125, ha sugerido la interesante propuesta de que los subterráneos del Palacio de Palenque, el laberinto Satunsat de Oxkintok, el Palacio del Inframundo de Toniná y otros edificios oscuros, entreverados, asfixiantes y lóbregos semejantes, fueron mapas del inframundo, cuya función era entrenar al gobernante en su futuro viaje y triunfo sobre la muerte.

[71] Stone y Zender, *op. cit.,* pp. 37 y 45; David S. Stuart, "The Name of Paper: The Mythology of Crowing and Royal Nomenclature on Palenque's Palace Tablet", en Charles Golden, Stephen D. Houston y Joel Skidmore (eds.), *Maya Archaeology 2,* San Francisco, Precolumbia Mesoweb Press, 2012, pp. 121 y 139.

[72] Enrique Florescano Mayet, *¿Cómo se hace un dios? Creación y recreación de los dioses en Mesoamérica,* México, Taurus, 2016, p. 176. Algunos mayistas asocian el viaje al inframundo de Junajpuʔ y Xbalankeʔ con la fuerza vital de unas cañas de maíz que, según el *Popol Vuh,* los hermanos plantaron en el centro del patio de su abuela, véase, por ejemplo, Allen J. Christenson, "K'iche'-English Dictionary and Guide to Pronunciation of the K'iche'-Maya Alphabet", Foundation for the Advancement of Mesoamerican Studies, Inc., 2003, pp. 160 y 187-189. Consultado en http://www.famsi.org/mayawriting/dictionary/christenson/quidic_complete.pdf. Chinchilla Mazariegos, *op. cit.,* p. 269, de hecho cree que Junajpuʔ y Xbalankeʔ eran dioses del maíz que, luego de morir quemados, alcanzaron su apoteosis como el Sol y la Luna. Existe una idea más o menos consensuada en el sentido de que el dios Juʔn Ajaw del periodo Clásico corresponde al Junajpuʔ de los quichés coloniales, Stuart, "The Name of…", *op. cit.,* p. 120; véase también Oswaldo Chinchilla Mazariegos, "Pus, Pustules, and Ancient Maya Gods: Notes on the Names of God S and Hunahpu", *The PARI Journal,* vol. XXI, núm. 1, 2020, pp. 5-8.

[73] Véase la nota 63 del capítulo "La entidad anímica *oʔhlis*". Ya vimos en el capítulo anterior que, de acuerdo con Beliaev y Davletshin, Juʔn Ajaw intervino en la creación de los humanos

A reserva de lo anterior, por el momento no tenemos información directa y confiable del periodo Clásico que apoye o desmienta esta creencia sobre el viaje de sufrimientos, tan firmemente arraigada entre culturas mesoamericanas más tardías y mejor documentadas. No obstante, conviene observar que los pasajeros de la canoa (figura IV.11) realizan el ademán de pesar, tristeza o dolor, el cual consiste en llevar una de las manos hacia la frente.[74] Este ademán trascendió el ámbito de la iconografía maya, para convertirse en un signo de escritura: un logograma o signo-palabra que según Stephen D. Houston tiene el valor de lectura de **LOB**, 'cosa mala o ruin' (figura IV.12).

Sobre este aspecto del viaje de sufrimientos, padecimientos y tormentos, contamos con datos etnohistóricos entre grupos mayenses posteriores. Sobre los mayas yucatecos, hacia 1566 Landa escribió: "Las penas de la mala vida que decían habrían de tener los malos, eran ir a un lugar más bajo que el otro que llaman *mitnal,* que quiere decir infierno, y en él ser atormentados por los demonios, y de grandes necesidades de hambre y frío y cansancio y tristeza".[75] Pero el ejemplo más elocuente se encuentra sin duda en el *Popol Vuh,* texto escrito en el siglo XVI entre los quichés de las Tierras Altas de Guatemala. Me refiero concretamente al relato del viaje inframundano de dos parejas de hermanos: Jun Junajpuʔ y Wuqub Junajpuʔ, así como de los hijos del primero de ellos, llamados Junajpuʔ y Xbalankeʔ. Aunque se trata de un mito quiché de la época colonial, conceptos generales y contenidos estructurales de esa saga mitológica probablemente se encuentran presentes de diversas maneras y en distinto grado en las vasijas y otros soportes visuales de los mayas de los periodos Preclásico Tardío (400 a.C.-250 d.C.), Clásico (250-900 d.C.) y Posclásico (900-1542 d.C.).[76]

en algunos mitos antropogónicos, "Los sujetos novelísticos y las palabras obscenas: los mitos, los cuentos y las anécdotas en los textos mayas sobre cerámica del periodo Clásico", en Rogelio Valencia Rivera y Geneviève Le Fort (eds.), *Sacred Books, Sacred Languages. Two Thousand Years of Ritual and Religious Maya Literatura. Proceedings of the 8th European Maya Conference. Madrid, November 25-30, 2003,* Markt Schwaben, Verlag Anton Saurwein, 2006 (Acta Mesoamericana, 18), pp. 29-33. Existen, sin embargo, otros pasajes de la vida de Juʔn Ajaw, donde éste forma parte de un grupo de seis dioses (entre ellos se encuentra el del maíz) que se perforan el pene y derraman su sangre sobre un lebrillo, véase Michael D. Coe, "The Heroe Twins: Myth and Image", en Justin Kerr (ed.), *The Maya Vase Book,* vol. 1, Nueva York, Kerr Associates, 1989, p. 173; Chinchilla Mazariegos, "Pus, Pustules, and...", *op. cit.,* p. 4. Dicho pasaje recuerda que, para los nahuas del centro de México, <Quetzalcóatl> fue el creador de la humanidad, pues derramó la sangre de su pene sobre los huesos molidos de las antiguas generaciones, colocados en el lebrillo de la diosa <Quilaztli>, véase Alfonso Caso Andrade, *El pueblo del Sol,* 6ª reimp., México, FCE, 1993, p. 38.

[74] Erik Velásquez García, "Los vasos de la entidad política de 'Ik': una aproximación histórico-artística. Estudio sobre las entidades anímicas y el lenguaje gestual y corporal en el arte maya clásico", tesis de doctorado, México, UNAM-FFYL/IIE-Posgrado en Historia del Arte, 2009, pp. 305 y 340-342.

[75] Fray Diego de Landa, *Relación de las cosas de Yucatán,* María del Carmen León Cázares (estudio preliminar, cronología y revisión del texto), México, Conaculta, 1994 (Cien de México), p. 137.

[76] Existe una copiosa y controversial bibliografía sobre este tema, que comienza con la obra de

Ambas parejas de personajes emprenden el viaje a las oquedades más profundas de Xibalba' bajando cuestas y gradas inclinadas, atravesando barrancos de aguas turbulentas, cruzando ríos indomables de sangre, agua y pus, pasando cauces con estacas, enfrentando encrucijadas y bancos de piedra ardientes, padeciendo múltiples sinsabores en las casas de la Oscuridad, de las Navajas, del Frío, de los Jaguares, del Fuego y de los Murciélagos que cortan cabezas para, finalmente, enfrentar a los dioses de la muerte, la enfermedad y la decadencia en una lid del juego de pelota.[77] El relato correspondiente a la primera pareja que viaja, los hermanos Jun Junajpu' y Wuqub Junajpu', constituye probablemente el arquetipo de lo que les sucede a las almas corazones de los seres humanos comunes u ordinarios, quienes paulatinamente van languideciendo, derrotados por tanto sufrimiento, hasta ser olvidados y perder toda su fuerza.[78] Roberto Romero Sandoval ha notado[79] que en algunos diccionarios y crónicas de la época colonial *xibilba'* significa 'desaparecer' o 'el que desaparece o desvanece', semejante significado que desde el siglo XVI tenía el llamado laberinto de Oxkintok: *satunsaat,* 'perdedero', "lugar donde se desvanece o se acaba la vida", mismo sentido que para mí tiene el nombre de Mihnal, 'Lugar de la Nada', mencionado en las inscripciones jeroglíficas, probablemente el nivel más profundo del inframundo. El verbo maya clásico *sat,* 'desaparecer, destruir' o 'morir', se encuentra en el Tablero Este del Templo de las Inscripciones de Palenque (O8-P9) en un contexto de crisis y debacle militar: *satayi k'uh[ul] ixik, satayi ajaw,* 'la señora sagrada se perdió, el señor se perdió', figura retórica que alude a la muerte de los nobles. Y su cognada yucateca, *saat,* forma parte del nombre del dios del inframundo Wuk Saatay, 'Siete Desapariciones'.[80] Como afirma López Austin, el propósito de este sinfín de tormentos es dolar, limpiar, lustrar, pulir o purificar el alma esencial de las criaturas, desprendiendo de ellas sus lazos familiares y todo recuerdo o memoria de vida, hasta ser depositadas como una fracción prístina de su dios creador o patrono en lo más hondo de los pisos

Michael D. Coe, *The Maya Scribe and His World,* Nueva York, Club Grolier, 1973, y llega a nuestros días. Una extraordinaria síntesis se encuentra en el libro de Florescano Mayet, *op. cit.,* pp. 157-207.

[77] Véase Romero Sandoval, "El transcurrir del...", *op. cit.,* pp. 96 y 99; *El inframundo de..., op. cit.,* pp. 32-35, 158 y 216. El ocaso, aniquilamiento o muerte definitiva del individuo en la cancha del juego de pelota deja como resultado un alma o semilla corazón elemental, limpia de toda experiencia mundana, que regresa a la morada subterránea de los dioses ancestrales, pues forma parte de ellos. Durante la época prehispánica los mayas parecen haber encontrado fuertes analogías entre el alma corazón de las criaturas *(o'hlis)* y la pelota de tiras enrolladas de hule *(woohl)* usadas para jugar a la pelota; véase el Apéndice A de este libro.

[78] Adrián Recinos Ávila (trad. y ed.), *Popol Vuh. Las antiguas historias del Quiché,* 3ª ed., Rodrigo Martínez Baracs (estudio preliminar), México, FCE, 2012 (Biblioteca Americana), pp. 206-211; Craveri, *op. cit.,* pp. 61-67.

[79] *El inframundo de..., op. cit.,* pp. 25, 29-30, 47, 50-51, 115-116 y 220.

[80] Velásquez García, "El planeta Venus...", *op. cit.,* pp. 436-437.

subterráneos.[81] La llegada del alma corazón pura a lo más profundo del vientre de la Montaña Sagrada representa la muerte definitiva del individuo. La fuerza de las almas corazones aparentemente se debilita poco a poco a lo largo de este camino o viaje lustral[82] de pesadillas y sufrimientos, aunque pueden recibir auxilio de los muertos más recientes, de sus deudos vivos cada vez que se aparecen a ellos en sueños, o cuando reciben los frutos de las ofrendas o ritos de veneración que les consagran.[83] Ésta sin duda es una de las razones más poderosas del complejo y elaborado culto funerario que los vivos rinden a los muertos, mismo que no debo describir con detalle en este apartado para no desviar al lector del hilo conductor que me propongo.[84] Basta decir en este punto que buena parte de los ritos realizados alrededor de la tumba son ceremonias de fuego,[85] elemento cuya fuente última es el Sol, lo que enfatiza el carácter solar de este camino o senda, que se realiza por tiempo indefinido a través de los parajes oscuros y llenos de agua de los pisos inframundanos. Por otra parte, según Chinchilla Mazariegos, el fuego es un ingrediente básico en el proceso de muerte y apoteosis solar-lunar de los gobernantes mayas clásicos y de sus esposas, quienes acaban por ascender al cielo mediante un incensario (figura IV.2b), que no es sino el lugar del nacimiento del Sol.[86] Un detalle que me gustaría adelantar, y que en su momento desarrollaré un poco más, es la costumbre de teñir los cadáveres o restos óseos con cinabrio (HgS), hematita u óxido de hierro (Fe_2O_3), minerales de color rojo que, además de evocar el paraíso solar celeste, bermejo y oriental del amanecer,[87] Scherer ha asociado también con la infusión de calor solar y de vitalidad sanguínea.[88] Como después veremos, se creía que los seres humanos contaban con una entidad anímica de carácter solar, que les dotaba de fuerza, brío, carácter y personalidad, misma que es mucho más intensa entre los gobernantes y líderes rituales que entre los individuos del pueblo llano. La

[81] López Austin, *Tamoanchan y Tlalocan*, *op. cit.*, pp. 220-222; "De la racionalidad...", *op. cit.*, p. 16; "Modelos a distancia...", *op. cit.*, p. 81.

[82] López Austin, "La cosmovisión de... Segunda parte", *op. cit.*, pp. 17 y 19.

[83] López Austin, "La cosmovisión de... Tercera parte", *op. cit.*, p. 22.

[84] Remito, como dije, a las obras de Eberl, *op. cit.*, pp. 77-163; Fitzsimmons, *op. cit.*, pp. 61-182; y Scherer, *Mortuary Landscapes of...*, *op. cit.*, pp. 51-169, así como al Apéndice B de este libro.

[85] Véase el Apéndice B de este libro.

[86] Chinchilla Mazariegos, *op. cit.*, pp. 267-269. Este mismo autor encuentra analogías de la época colonial en la apoteosis solar-lunar de parejas de héroes mitológicos que antes mueren incinerados, no sólo en el *Popol Vuh*, sino en el *Códice Florentino*, en la *Leyenda de los Soles* y en otros relatos etnográficos de diversas partes de México.

[87] Taube, "At Dawn's Edge...", *op. cit.*, 147.

[88] Scherer, *Mortuary Landscapes of...*, *op. cit.*, p. 78. Véase también María Luisa Vázquez de Ágredos Pascual, "Painting the Skin in Ancient Mesoamérica", en Élodie Dupey García y María Luisa Vázquez de Ágredos Pascual (eds.), *Painting the Skin: Pigments of Bodies and Codices in Pre-Columbian Mesoamerica*, Tucson / México, University of Arizona Press / UNAM-IIH, 2018, pp. 11-23.

acumulación intensa de dicho componente o entidad anímica solar, llamada *k'ihn* o *k'ihnil* en el periodo Clásico, era sin duda lo que les permitía triunfar en este viaje de sufrimiento (cuyo rasgo distintivo era el frío y el cansancio) y conservar sus identidades. Además, la veneración de los difuntos y la comunicación con ellos a través de santuarios eran ingredientes básicos en esta lucha del alma corazón por conservar su memoria, en virtud de que mediante los rituales implicados los muertos se convertían en seres memorables para la comunidad, transformándose en ancestros.[89]

Entre los quichés del siglo XVI el arquetipo de la victoria en esta lid contra las fuerzas necrológicas del olvido es la pareja de Junajpu' y Xbalanke', quienes no sólo triunfan sobre cada prueba y sufrimiento, sino que logran conservar su identidad y memoria, para posteriormente emerger por el oriente como el Sol y la Luna,[90] apoteosis que confirma esta confluencia entre el ciclo de la semilla de maíz y el camino subterráneo del Astro Rey.

De acuerdo con Estella Weiss-Krejci, este proceso gradual de muerte tuvo entre los mayas del periodo Clásico al menos dos momentos rituales importantes: el entierro primario y, meses o años después, la remoción de los contenidos de la tumba a fin de realizar una segunda ceremonia funeraria. Esta última consistía en un complejo rito de reingreso a la sepultura, que idealmente tenía lugar cuando la carne se desprendía del cadáver, pues sólo la ausencia de materia corruptible o degradable permitía la liberación definitiva del alma, el ascenso al cielo y el fin del duelo.[91] No obstante, Eberl nos invita a guardar cautela sobre esto, pues sólo 12.3% de los entierros recibían este trato secundario.[92] Martínez González también ha postulado un correlato entre la descomposición de la carne (descarnamiento) y la pérdida de la historia personal del sujeto en el alma corazón (lustración).[93] Aunque se trata de una idea interesante y que tiene toda lógica, no existen datos para confirmar que los mayas del periodo Clásico hubieran creído en la simultaneidad de ambos procesos.

[89] Le Guen, *op. cit.*, p. 84; Perla Petrich, "La muerte a través de la tradición oral maya actual", en Ciudad Ruiz *et al.* (eds.), *op. cit.*, p. 484. Patricia A. Mcanany, "Soul Proprietors. Durable Ontologies of Maya Deep Time", en Steve Kosiba, John W. Janusek y Thomas B. F. Cummins (eds.), *Sacred Matter: Animacy and Authority in the Americas*, Washington, Dumbarton Oaks Research Library and Collection, 2020, pp. 73-74, 77, 79, 81, 87 y 99, ha enfatizado que algunas comunidades mayenses consideran tener derechos inalienables sobre los huesos de los difuntos, sus entierros y fuerzas vitales; por ello creen que es esencial alimentar, fortalecer, nutrir y revitalizar el alma de sus parientes mediante el culto funerario, protegiéndola así de su posible dispersión y de las agresiones que pueda sufrir en el inframundo.

[90] Recinos Ávila, *Popol Vuh. Las…*, *op. cit.*, pp. 233-248; Craveri, *op. cit.*, pp. 101-116.

[91] Estella Weiss-Krejci, "Victims of Human Sacrifice in Multiple Tombs of the Ancient Maya: A Critical Review", en Ciudad Ruiz *et al.* (eds.), *op. cit.*, pp. 370-372.

[92] Eberl, *op. cit.*, p. 116.

[93] Roberto Martínez González, *El nahualismo*, México, UNAM-IIH, 2011 (Serie Antropológica, 19), pp. 501-502.

Vera Tiesler y Andrea Cuccina han documentado prácticas culturales que tenían como fin remover los huesos y desprender artificialmente de ellos los tejidos blandos de los sacrificados.[94] Así que no sería imposible que los ritos de reingreso a las tumbas, exhumación de los cadáveres y el acto de limpiar los huesos y teñirlos de rojo[95] hayan sido realizados cuando calculaban que la carne se había descompuesto, aplicando técnicas semejantes a las que Tiesler y Cuccina se refieren, en el caso de los tejidos aún no desprendidos. La escritura e imaginería maya del periodo Clásico no ayuda mucho a aclarar este punto. El caso ampliamente conocido del Altar 5 de Tikal (figura B.4), donde el gobernante local, junto con un señor de Masu'l, porta cuchillos y exhuma *(pas)* el cráneo y los huesos probablemente de la mujer fallecida ocho años antes,[96] hace un poco difícil de creer que consideraran que la carne tardara esa cantidad de tiempo en desprenderse, dadas las condiciones húmedas y tropicales del medio ambiente. Mucho menos útil es el caso documentado en la Estela A de Copán, pues el verbo de 'rasurar, pelar' o 'limpiar' *(sus)* los huesos, mencionado ahí (figura B.6), tuvo lugar 103 o 104 años después de muerto el gobernante.[97]

Regresando al periplo de las almas corazones a través de la senda del Sol, el célebre Plato Cósmico o K1609 (figura IV.13), que fue elaborado en la cuenca de El Mirador o en el extremo sur de Campeche entre los años 672 y 751 d.C., ilustra el ambiente inframundano y acuático de aquel camino de las semillas corazones. Una banda horizontal de corrientes de agua negra, provista de conchas, espuma, estelas y burbujas, contiene tres ejemplos de un bloque jeroglífico que dice *naahbnal,* 'lugar marino'. Debajo de esas aguas oscuras y subterráneas hallamos tres siluetas antropomorfas y fantasmagóricas, que tienen la cabeza modificada artificialmente, tal como el dios mismo del maíz. De acuerdo con el análisis de Doyle y Houston, la figura invertida de la izquierda representa la batata o mandioca (*wi',* 'raíz, tubérculo), mientras que el personaje central es el maíz *(ixiim)* y el del extremo derecho, de nuevo representado de cabeza, es la planta del tabaco *(may).*[98] En el plato original existe un texto jeroglífico que parece referirse de varias maneras a este lugar acuático. Se le llama *Ihk' Waynal,* 'Lugar de la Poza Negra', *Ihk'*

[94] Vera Tiesler y Andrea Cuccina, "Sacrificio, tratamiento y ofrenda del cuerpo humano entre los mayas del Clásico. Una mirada bioarqueológica", en Ciudad Ruiz *et al.* (coords.), *op. cit.*, pp. 346-347.

[95] James Fitzsimmons y William L. Fash, "*Susaj B'aak:* muerte y ceremonia mortuoria en la Plaza Mayor de Copán", *ibid.*, pp. 309-310.

[96] Martin y Grube, *op. cit.*, p. 46; Eberl, *op. cit.*, pp. 98-99; Fitzsimmons y Fash, *op. cit.*, p. 308; Fitzsimmons, *op. cit.*, pp. 164-165; Scherer, *Mortuary Landscapes of…, op. cit.*, pp. 96-97.

[97] Eberl, *op. cit.*, pp. 156-158; Fitzsimmons y Fash, *op. cit.*, pp. 304-306.

[98] James Doyle y Stephen D. Houston, "The Universe in a Maya Plate", *Maya Decipherment. Ideas on Ancient Maya Writing and Iconography,* 4 de marzo de 2017. Consultado en https://decipherment.wordpress.com/2017/03/04/the-universe-in-a-maya-plate/.

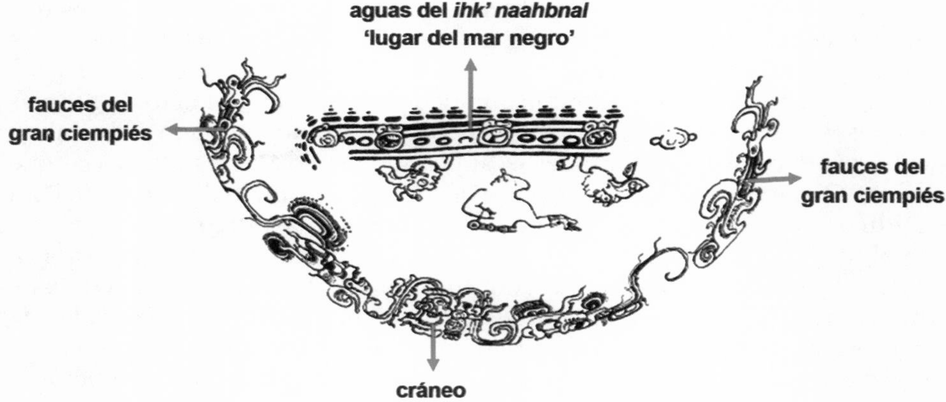

FIGURA IV.13. *Almas corazones de las criaturas, con aspecto vegetal, en el interior acuático del Inframundo. Detalle del Plato Cósmico estilo códice o K1609,* ca. *672-751 d.C.; dibujo de Linda Schele; tomado de Schele y Miller,* op. cit., *p. 310, lám. 122b.*

Naahbnal, 'Lugar del Mar' o 'Laguna Negra',[99] *Ho' Janal,* 'Lugar de las Cinco Flores de Maíz', *Chan Ch'e'n,* 'Cielo Cueva',[100] y probablemente también *Matwiil,*[101] paraíso acuático subterráneo y lugar de origen, semejante a <Aztlán> o a <Chicomóztoc>, donde habitan varios dioses, entre ellos, el de la lluvia o Chaahk.[102] A este respecto, conviene recordar que Ho' Janal, 'Lugar de las

[99] Sheseña Hernández, "Apelativos y nociones…", *op. cit.*, pp. 58-59.

[100] La frase *chan ch'e'n* fue interpretada por David S. Stuart como un **difrasismo** 'cielo-cueva' (véase el glosario), que alude a un lugar ritual o eje cosmológico donde se intersectan o comunican los planos verticales del universo (cielo, centro del mundo e inframundo), véase "Earth-caves and Sky-caves: Intersections of Lanscape, Territory and Cosmology among the Ancient Maya", diciembre de 2015. Consultado en https://www.academia.edu/35070038/Earth-caves_and_Sky-caves_Intersections_of_Landscape_Territory_and_Cosmology_among_the_Ancient_Maya. Más recientemente, el autor de este libro, junto con otros tres colegas, propusimos que *chan ch'e'n* no es propiamente un difrasismo, sino un sustantivo con un adjetivo que se traduce como 'ciudad alta', y alude a la parte más elevada de las ciudades construidas, o sea, a la acrópolis de las ciudades mayas, donde obviamente también se invocaba a los dioses, toda vez que ahí se encuentran los templos y plazas principales, Velásquez García *et al.*, "Panorama histórico del difrasismo *chan ch'e'n* y otras expresiones asociadas en los textos mayas: desde el protomaya hasta principios del siglo XIX", ponencia presentada en la Octava Mesa Redonda Palenque 2017. Chan ch'e'en, "El cielo y el pozo": sustentabilidad de las ciudades mayas, 6 de noviembre de 2017. Consultado en https://www.youtube.com/watch?v=74-Rm16Veok.

[101] Doyle y Houston, *op. cit.*

[102] David S. Stuart, "The Palenque Mythology. Materials to accompany presentations by David Stuart, Peter Mathews, Alfonso Morales, Erik Velásquez García, and Guillermo Bernal Romero", en *Sourcebook for the 30th Maya Meetings,* Austin, The University of Texas at Austin-The Mesoamerican Center-Department of Art and Art History, 2006, p. 94; David S. Stuart y George E. Stuart, *Palenque. Eternal City of the Maya,* Londres, Thames and Hudson, 2008, pp. 211-215.

Cinco Flores de Maíz', es también el sitio mítico donde fueron formados los 'Seis Primeros Hombres Brillantes(?)' (figura III.4), mito que ya expliqué.

Hoˀ Janal es también un lugar sagrado y florido donde el gobernante de Piedras Negras K'ihnich Yo'nal Ahk II (687-729 d.C.) dice haber presenciado por medios clarividentes los acontecimientos cumbres de la creación, ubicados por los mayas en los arcanos tiempos míticos de la fecha era 4 *ajaw* 8 *bixoˀhl* o <4 *ahau* 8 *cumku*>, 8 de septiembre de 3114 a.C. en el calendario juliano, según la inscripción labrada en el Altar 1 (K1-P2) de aquella ciudad maya del Usumacinta.[103] En esa misma inscripción (Altar 1: C'2-F'2), el gobernante de Piedras Negras afirma de forma retrospectiva que un antepasado suyo celebró un rito de final de periodo en el mismo lugar sagrado Hoˀ Janal, pero en el año 514 d.C. Además, Hoˀ Jan Witz, 'Montaña de las Cinco Flores de Maíz', es también el nombre propio que reciben algunas tumbas de gobernantes en los sitios arqueológicos de Cancuén y Piedras Negras.[104] Albert Davletshin ha identificado el nombre de esa montaña, escrito de la siguiente manera en la superficie de una vasija tallada del Clásico Temprano: Hoˀ Janal Ch'eˀn, 'Montaña del Lugar de las Cinco Flores de Maíz'.[105] Lo interesante de ese nombre, nos dice Davletshin, es que homologa la palabra *ch'eˀn,* 'cueva', con una montaña, puesto que en protomaya el antepasado de la palabra *ch'eˀn* era **k'eˀng,* sustantivo que significaba 'cerro' o 'montaña'.[106] Este dato es muy importante, toda vez que sugiere que las ideas mesoamericanas concernientes a una cueva mítica que se ubica en el interior de la Montaña Florida de los ancestros, destino de las almas corazones, pudieron tener raíces antiquísimas, incluso muy anteriores al periodo Clásico, pues se ha estimado que el protomaya se habló hacia 2200 a.C.

Todo lo anterior enfatiza la metáfora vegetal de las almas corazones y su comportamiento como semillas que mueren y se dirigen a los parajes subterráneos y acuáticos de los ancestros. El hecho de que dos de las almas antropomorfas se encuentren invertidas (figura IV.13) recuerda que se trata de un ámbito del cosmos que se cree es inverso al de las criaturas perceptibles,[107] si

[103] Carl D. Callaway, "A Catalogue of Maya Era Day Inscriptions", tesis doctoral, Bundoora, La Trobe University, 2011, pp. 107-110.

[104] Eberl, *op. cit.*, p. 96. Es probable que las pirámides con tumbas de gobernantes en su interior hayan sido concebidas como proyecciones o réplicas del Monte Sagrado o Montaña Florida de los ancestros, y su bodega subterránea o depósito de las semillas corazones, Acuña, *op. cit.*, p. 172.

[105] Véase la imagen de esta vasija en David S. Stuart y Stephen D. Houston, *Classic Maya Place Names,* Washington, Dumbarton Oaks Research Library and Collection, 1994 (Studies in Pre-Columbian Art and Archaeology, 33), p. 79.

[106] Las ideas de Davletshin se encuentran incluidas en Velásquez García *et al.*, "Panorama histórico del...", *op. cit.*

[107] En las tradiciones orales de diversos grupos mayas actuales se conservan descripciones de ese mundo "al revés", donde la gente vive de cabeza y se invierten las experiencias del tiempo-espacio terreno, véase Maldonado Cano, *op. cit.*, pp. 466 y 471; Julián López García, "Presencia y significado de la muerte en la cultura maya ch'orti'", en Ciudad Ruiz *et al.*, *op. cit.*, p. 513; Pitarch

FIGURA IV.14. *Tablero del Templo XIV de Palenque, Chiapas, México (705 d.C.); dibujo de Linda Schele, tomado de* Linda Schele Drawings Collection. *Consulado en http://research.famsi.org/schele_list.php?_allSearch=Temple +XIV&hold_search=Temple+XIV&tab=schele&title=Schele+Drawing +Collection&x=15&y=14.*

bien el duplicado no es exacto, pues también se le concibe con grandes diferencias. Por ejemplo, los que ahí transitan conviven simultáneamente con el tiempo ido y con el porvenir, dando como resultado que su experiencia cronológica sea completamente diferente a la mundana.[108] Quizá pueda decirse que esta imagen del plato se desarrolla en medio o en el fondo de un gran lago, sitio donde algunos grupos mayenses contemporáneos sitúan el mundo de

Ramón, "El lenguaje de...", *op. cit.*, p. 527; Romero Sandoval, *El inframundo de..., op. cit.*, pp. 117, 142 y 195.

[108] López Austin, "Ecumene Time, Anecumene...", *op. cit.*, pp. 37-38; "Tiempo del ecúmeno...", *op. cit.*, pp. 24-26. Aunque en el inframundo el tiempo no transcurre, pues impera una noche eterna, no se trata de un tiempo sobrenatural en sentido estricto, pues está "sujeto a las leyes naturales y al ciclo de la vida", Romero Sandoval, "El transcurrir del...", *op. cit.*, p. 105.

los muertos.[109] En la parte inferior de la composición hallamos la imagen de un gran cráneo, que representa la sima más profunda del inframundo, lugar de descomposición total, pero también la gran semilla, semen o germen por excelencia, de donde surge la vida.[110] Es por ello que de ese cráneo emanan complejas ramificaciones de tallos, serpientes y cabezas de seres hechos de piedra, líquidos y plantas. En los extremos izquierdo y derecho de ese gran borde cóncavo o curvado apreciamos las fauces descarnadas, los colmillos y las forcípulas ponzoñosas del gran ciempiés del inframundo, cuyo sino es matar y devorar a todo ser viviente.[111]

La cueva o corazón de la tortuga

El viaje de purificación y sufrimiento de las semillas corazones hasta el Mihnal o 'Lugar de la Nada', del desvanecimiento y desaparición, tiene una duración variable entre las culturas mesoamericanas. Los mexicas, por ejemplo, estimaban que cuatro años era el tiempo necesario para destruir toda individualidad de las almas corazones y llegar hasta el noveno piso del inframundo.[112] Quizá, en efecto, era el tiempo en que calculaban la desintegración total de la carne y demás tejidos blandos del cuerpo. Fitzsimmons ha llamado la atención sobre la inscripción del Tablero del Templo XIV de Palenque (figura IV.14), según la cual el gobernante K'ihnich Kan Bahlam II (684-702 d.C.) 'entró a la cueva del Lugar del Centro Negro' *(och[i] uch'e'n Ihk' Tahnal)* "por el trabajo" de cinco divinidades, que dicen ser los dioses de Palenque. Dicho acontecimiento tuvo lugar en 705 d.C., tres años después del fallecimiento del gobernante.[113] Éste se encuentra danzando —probablemente como prefiguración de su apoteosis— y recibiendo de manos de su madre una efigie del dios K'awiil. Para entonces ella ya llevaba 33 años de muerta. Fitzsimmons sugiere que Kan Bahlam personifica al dios del maíz antes de su apoteosis e investidura con joyas,[114] aunque también usa el pectoral de tres nudos en cada flanco,

[109] Petrich, *op. cit.*, p. 476; Romero Sandoval, *El inframundo de...*, *op. cit.*, p. 95.

[110] Maricela Ayala Falcón, "El origen de la escritura jeroglífica maya", en Lorenzo Ochoa Salas y Thomas A. Lee (eds.), *Antropología e historia de los mixe-zoques y mayas (homenaje a Franz Blom)*, México, UNAM-IIFL/Centro de Estudios Mayas/Brigham Young University, 1983, p. 192; Stuart y Stuart, *op. cit.*, p. 198; Scherer, *Mortuary Landscapes of...*, *op. cit.*, pp. 89 y 94.

[111] El nombre de esa gran escolopendra es Sak Baak Naah Chapaht, 'Ciempiés de la Casa de los Huesos Blancos', véase Taube, "Maws of heaven...", *op. cit.* En el corpus documental de los mayas clásicos existen otros ejemplos de la asociación entre ese ciempiés y el lugar acuático, primordial y de origen Matwiil, véase Stuart, "The Palenque Mythology...", *op. cit.*, p. 94.

[112] López Austin, "De la racionalidad...", *op. cit.*, p. 16; "Modelos a distancia...", *op. cit.*, p. 87.

[113] Fitzsimmons, *op. cit.*, pp. 53-54.

[114] Sobre ese pasaje de los mitos, véase Michel Quenon y Geneviève Le Fort, "Rebirth and Resurrection in Maize God Iconography", en Justin Kerr (ed.), *The Maya Vase Book: A Corpus of Rollout Photographs of Maya Vases*, vol. 5, Nueva York, Kerr Associates, 1997, p. 892.

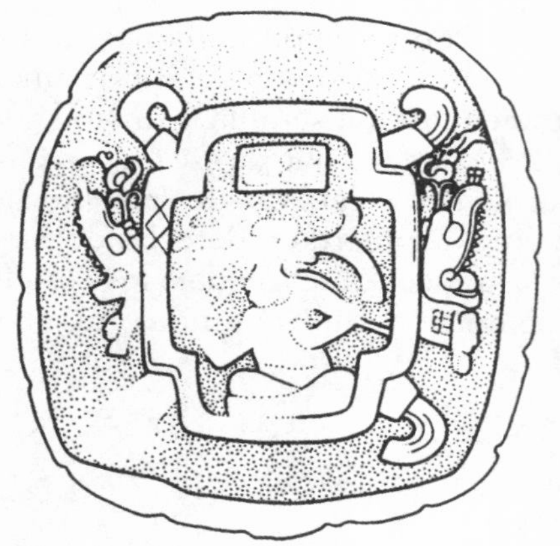

FIGURA IV.15. *Altar de El Perú, Petén, Guatemala:* 2-**IMOX** 4-[**K'AN**]**JAL-wa TZUTZ-yi u**-12-3-**WINIKHAB**-? **tu-yo-OL-la a-ku**, chaʔ imox chan k'anjal[a]w tzutz[u]yi ulahchaʔ uhx winikhaab tuyoʔhl ahk, *'[en]* 2 imix 4 póop *el septuagésimo segundo año se completó en el Corazón de la Tortuga'; dibujo de Stephen Houston, basado en Ian Graham; tomado de Houston, Stuart y Taube,* The Memory of..., op. cit., *p. 186.*

propio de Chaahk;[115] mientras que su madre se encuentra en guisa de la diosa lunar. Ambos llevan en la parte superior de sus tocados sendos símbolos del hálito solar, lo que obedece a que tienen una fuerte concentración del componente anímico y calorífico *k'ihn* o *k'ihnil,* y ello puede aclarar por qué no perdieron sus identidades individuales. La escena se desarrolla sobre las mismas aguas del océano que hemos visto en el Plato Cósmico estilo códice o K1609 (figura IV.13). Una serie de topónimos de la geografía inframundana se encuentran colocados en la banda central de esas corrientes acuáticas. De izquierda a derecha: *Hoʔ Nikteʔ Ak,* 'Pasto de Cinco Flores', *Tiʔ K'ahk'nahb,* 'Boca del Mar', y *Sak Asulnal,* 'Lugar de las Langostas Blancas',[116] mientras que en la banda acuática inferior alternan los signos silábicos **na** y **ba**, que dan lugar a la palabra *na[h]b,* 'lago, mar' o 'estanque'.[117] Como afirman De la Garza Camino y sus colaboradores, en este tablero Kan Bahlam y su madre no sólo están muertos, sino que se enlazan con acontecimientos míticos acaecidos

[115] Ana García Barrios, "Chaahk, el dios de la lluvia, en el periodo Clásico maya: aspectos religiosos y políticos", tesis doctoral, Madrid, Universidad Complutense-Facultad de Geografía e Historia-Departamento de Historia de América II, 2008 (Antropología de América), pp. 96-98. Consultado en http://eprints.ucm.es/8170/.

[116] Este último fue descifrado por Christian M. Prager, correspondencia enviada el 19 de octubre de 2011.

[117] Normalmente, esta palabra se escribe con vocal larga en el corpus de las inscripciones mayas: *naahb.* Lo más probable es que ya estemos ante un caso relativamente temprano del fenómeno conocido como pérdida de la longitud vocálica, véase Alfonso Lacadena García-Gallo y Søren Wichmann, "The Orthographic Distinction between Velar and Glottal Spirants in Maya Hieroglyphic Writing", en Søren Wichmann (ed.), *The Linguistics of Maya Writing,* Salt Lake City, The University of Utah Press, 2004, pp. 115-116.

FIGURA IV.16. *Detalle del mural poniente de la Estructura Sub-1A de San Bartolo, Petén, Guatemala (ca. 100 a.C.), que muestra la cueva o depósito subterráneo de las riquezas y semillas; se trata del Yoʔhl Ahk, 'Corazón' o 'Centro de la Tortuga', que equivale a la gran cueva del Monte Sagrado; en su interior apreciamos, de izquierda a derecha, al dios Chaahk de la lluvia, al dios del maíz tocando instrumentos musicales y al dios de las aguas dulces; imagen tomada del desplegado hecho por George E. Stuart y Heather Hurst, basado en el diseño de Joe Kowan; tomado de Karl A. Taube* et al., The Murals of San Bartolo, El Petén, Guatemala. Part 2: The West Wall, *Asheville, Boundary End Archaeology Research Center, 2010 (Ancient America, 10).*

932 154 años hacia el pasado, pues en el ámbito sobrenatural o anecuménico del inframundo "el pasado y el futuro coexisten con el presente".[118]

López Austin opina que cuando el alma corazón se limpia o lustra de toda identidad y recuerdo mundano y llega hasta el noveno piso del inframundo está lista para ser depositada por los dioses en la cueva o gran bodega del Monte Sagrado, lugar donde permanecerá inactiva o latente todo el tiempo que los dioses lo juzguen necesario.[119] Es así como interpreto de forma tentativa la idea transmitida en el Tablero del Templo XIV (figura IV.14), en el sentido de que Kan Bahlam 'entró a la cueva del Lugar del Centro Negro' tres años después de su fallecimiento. Dicha cueva puede recibir distintos nombres y en ella permanecerá la semilla corazón por tiempo indefinido, junto a los ancestros, hasta que la Pareja Creadora decida sacarla de ahí. Un altar del sitio arqueológico de El Perú dice que "el septuagésimo segundo año se terminó en el *Yoʔhl Ahk*' (figura IV.15), una posible referencia al tiempo que ha pasado desde que el difunto fue sepultado,[120] o más probablemente

[118] Mercedes de la Garza Camino, Guillermo Bernal Romero y Martha Cuevas García, *Palenque-Lakamha'. Una presencia inmortal del pasado indígena,* México, FCE/El Colegio de México/Fideicomiso Historia de las Américas, 2012 (Sección de Obras de Historia, Serie Ciudades), pp. 189-191.

[119] Alfredo López Austin, comunicación escrita, 7 de marzo de 2017.

[120] Scherer, *Mortuary Landscapes of…, op. cit.,* p. 116.

desde que su entidad anímica *oʔhlis* fue conducida desde el noveno piso inframundano hasta la gran cueva *Yoʔhl Ahk* (**yo-OL-la a-ku**). Este último nombre puede traducirse como 'Corazón' o 'Centro de la Tortuga'. En la escena apreciamos un personaje antropomorfo, quien seguramente es el gobernante, sentando en el interior de un cartucho o medallón cuadrifolio, que en el arte mesoamericano y maya en particular sirve para representar una cueva. En los flancos izquierdo y derecho de esa cueva observamos unas cabezas de reptiles o anfibios, mientras que en sus cuatro esquinas hallamos unos elementos en forma de gancho, que evocan las cabezas de los ciempiés que conducen al Sol desde el inframundo al cielo.[121]

Medallones cuadrifolios de este tipo se asocian también con canchas de juego de pelota, en virtud de que se trata de portales al inframundo.[122] De hecho, en la mitología maya clásica el juego de pelota se asocia con el ya mencionado *Ihk' Waynal*, 'Lugar de la Poza Negra',[123] y al parecer canchas para el juego y tumbas importantes se configuraban al unísono en diferentes ciudades mayas.[124] Fue justamente ahí, en el sacrificadero del juego de pelota, donde fueron sepultados los restos de Jun Junajpuʔ y Wuqub Junajpuʔ en el *Popol Vuh*. Cuando sus descendientes Junajpuʔ y Xbalankeʔ triunfaron sobre las fuerzas del caos, la muerte y la enfermedad, acudieron al encuentro con su padre y su tío, pero no pudieron hacer mucho a favor de ellos, pues sus nombres se habían perdido y sus almas corazones ya habían quedado ahí, inertes, en estado de hibernación o inactividad. Tan sólo pudieron consolar sus corazones y prometer que sus nombres no serían olvidados.[125] Por el contrario, cuando Junajpuʔ y Xbalankeʔ triunfaron sobre todas las pruebas y tormentos de Xibalbaʔ, los dioses del inframundo no pudieron lograr "que murieran, pues, en sus corazones".[126] Por lo tanto, es probable que lo que dice López Austin sobre las almas corazones eternas que se limpian o purifican de toda vivencia terrenal, dando muerte al individuo, es una situación ordinaria

[121] Véase Taube, "Maws of heaven...", *op. cit.*, pp. 411-413; "Flower Mountain. Concepts...", *op. cit.*, pp. 79. Stephen D. Houston y Takeshi Inomata, *The Classic Maya,* Cambridge/Nueva York, Cambridge University Press, 2009 (Cambridge World Archaeology), p. 210, opinan que las cabezas de ciempiés también pueden representar los haces de luz que emiten el Sol o la Luna.

[122] Erik Velásquez García, "El juego de pelota entre los mayas del periodo Clásico (250-900 d.C.). Algunas reflexiones", en María Teresa Uriarte Castañeda (ed.), *El juego de pelota mesoamericano. Temas eternos, nuevas aproximaciones,* México, UNAM-IIE-Dirección General de Publicaciones y Fomento Editorial, 2015, p. 262.

[123] David S. Stuart, "La ideología del sacrificio entre los mayas", *Arqueología Mexicana,* vol. XI, núm. 63, México, Raíces, 2003, pp. 26-28.

[124] Stephen D. Houston, "Deathly Sport", *Maya Decipherment. Ideas on Ancient Writing and Iconography,* 2014. Consultado en https://decipherment.wordpress.com/.

[125] Recinos Ávila, *Popol Vuh. Las..., op. cit.*, p. 258; Craveri, *op. cit.*, p. 130. Oswaldo Chinchilla Mazariegos ha explicado bien este episodio a la luz de mitos semejantes en otras culturas mesoamericanas, *Imágenes de la mitología maya,* Guatemala, Universidad Francisco Marroquín/Museo Popol Vuh, 2011, pp. 160-164.

[126] Craveri, *op. cit.*, p. 108.

FIGURA IV.17. *Ascenso del Sol al Cielo a partir del Inframundo. Estela 4 de Takalik Abaj, Retalhuleu, Guatemala; dibujo de James Porter; tomado de Taube, "Flower Mountain. Concepts...",* op. cit., *p. 83, fig. 11b.*

que se aplica en general a todas las criaturas, menos a los gobernantes y hombres poderosos, cuya fuerza calorífica, sabiduría y culto funerario que recibían les permitía sobreponerse a los tormentos y evitar perder sus nombres, identidad y memoria.[127] Como afirman Houston y sus colaboradores, los gobernantes mayas fenecidos no eran simples muertos, sino ancestros que seguían existiendo en algún estado del ser, incluso prosiguiendo en sus actividades rituales.[128] Al estar en el ámbito sobrenatural del anecúmeno, incluso podían actuar o incidir en el pasado mítico profundo,[129] como ya vimos que sucede en el Tablero del Templo XIV de Palenque (figura IV.14).

La 'cueva del Lugar del Centro Negro' *(uch'e'n Ihk' Tahnal)* que se menciona en Palenque (figura IV.14) o el 'Corazón de la Tortuga' *(Yo'hl Ahk)* al que se alude en El Perú (figura IV.15) pueden corresponder al gran recipiente subterráneo, que López Austin identifica entre los nahuas con el paraíso pluvial del dios Tlaalok o <Tlalocan>, con el <Tepeyolo> o 'Corazón del Cerro', y con el <Yolotlalmanic> o 'Donde se Extiende la Tierra de Corazones', lugar donde se encuentran los "seres pequeñitos, los hombres y los animales que nacerán".[130] García Barrios ha identificado también ese tipo de cuevas cuadrifolias con la morada del dios pluvial maya, Chaahk, así como con el lugar de origen de los ancestros.[131] Una representación temprana de esta cueva cuadrilobular en el

[127] Como dato comparativo, los otomíes también creen que el dios del inframundo, a quien identifican con el diablo, es el devorador del nombre, produciendo una comunidad de muertos purgados de personalidad, y por lo tanto indiferenciados, véase Jacques Galinier, *Una noche de espanto. Los otomíes en la oscuridad,* Mario A. Zamudio Vega (trad.), Tenango de Doria, Universidad Intercultural del Estado de Hidalgo/Universidad de París Oeste Nanterre-Société d'Ethnologie/Centro de Estudios Mexicanos y Centroamericanos, 2016, pp. 20 y 31.

[128] Stephen D. Houston *et al.*, "Classic Maya Death at Piedras Negras, Guatemala", en Ciudad Ruiz *et al.* (eds.), *op. cit.*, p. 122.

[129] Martha Cuevas García, "Ritos funerarios de los dioses-incensarios de Palenque", en *ibid.*, p. 330.

[130] López Austin, *Tamoanchan y Tlalocan, op. cit.*, pp. 129 y 132; "De la racionalidad...", *op. cit.*, p. 15; "Modelos a distancia...", *op. cit.*, p. 81.

[131] García Barrios, "Chaahk, el dios...", *op. cit.*, pp. 233-236; "Cuevas y montañas sagradas: espacios de legitimación y ritual del dios maya de la lluvia", en Roberto Romero Sandoval (ed.),

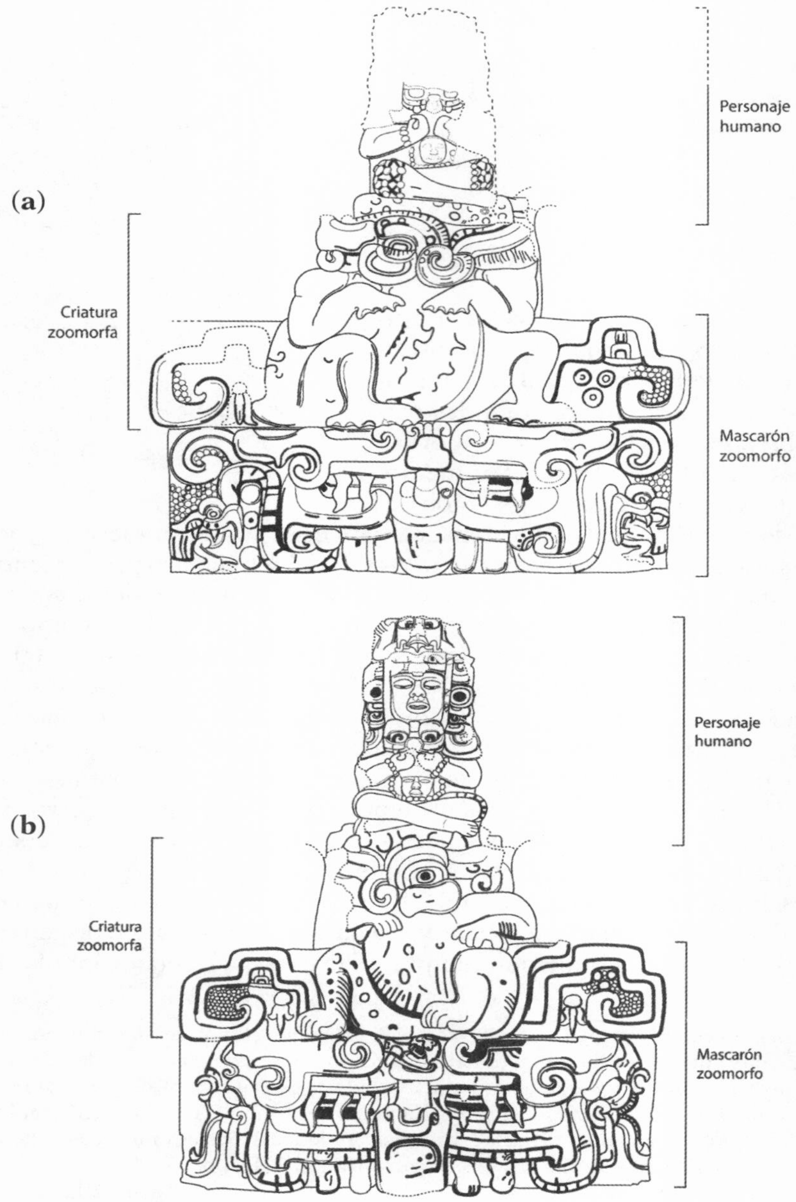

FIGURA IV.18. (**a**) *Segmento 2 de friso de Balamkú, Campeche, México;* (**b**) *Segmento 3 de friso de Balamkú, Campeche, México; dibujos de Daniel Salazar Lama, tomado de su artículo "Los señores mayas y la recreación de episodios míticos en los programas escultóricos integrados en la arquitectura",* Estudios de Cultura Maya, *vol. XLIX, 2017, pp. 170 y 175.*

arte maya es la que se encuentra pintada en el muro poniente de la Estructura Sub-1A de San Bartolo (figura IV.16), donde el dios del maíz tañe instrumentos musicales para pedir lluvia[132] y es flanqueado a su izquierda por Chaahk y a su derecha por el dios de las aguas dulces o terrestres.[133] Ellos se sientan sobre bancos, situación que ya ha señalado Alejandro Sheseña Hernández, quien observa que los mayas creen que dentro de las cuevas puede haber sillas o tronos para las divinidades.[134] A la izquierda de esta caverna cuadrifolia apreciamos la cabeza de la gran tortuga, quien nada sobre las aguas del océano. Muchos autores han notado que la tortuga es uno de los símbolos principales de la tierra en la cosmovisión maya, de cuyo carapacho hendido nace la primera planta de maíz.[135]

El ascenso al Cielo

Según el modelo reconstruido por López Austin, las almas corazones limpias y puras, ya sin memoria de las criaturas a las que pertenecieron, permanecerán en esa bodega, cavidad o cueva del inframundo por tiempo indefinido, pero desde ahí se elevarán o ascenderán al cielo, cuando los dioses lo juzguen necesario.[136] Mientras residan en el Yo'hl Ahk simplemente se reintegran a las deidades creadoras, pues al fin y al cabo son fragmentos o porciones de ellas. Como es natural, el ascenso al cielo sigue la senda diaria del Sol, que en el arte maya puede ser representada mediante el Cocodrilo Venado Estrellado (figura IV.2c), por el cuerpo sinuoso de una serpiente (figura IV.17) o

Cuevas y cenotes mayas. Una mirada multidisciplinaria, México, UNAM-IIFL/Centro de Estudios Mayas, 2016.

[132] García Barrios, "Chaahk, el dios...", *op. cit.*, p. 229.

[133] Véase Taube *et al., The Murals of San Bartolo, El Petén, Guatemala. Part 2: The West Wall,* Asheville, Boundary End Archaeology Research Center, 2010 (Ancient America, 10), pp. 71-76.

[134] Sheseña Hernández, "Apelativos y nociones...", *op. cit.*, p. 64. Existe un profundo simbolismo de los asientos o bancos asociado con los ancestros, que ha sido detalladamente estudiado por Martha Cuevas García, Sabrina García Castillo y Canek Estrada Peña, "El Trono del Templo XIX y el culto a los antepasados", en Alfonso Morales Cleveland y Martha Cuevas García (coords.), *Excavaciones en el Templo XIX de Palenque, Chiapas, México,* San Francisco, Precolumbia Mesoweb Press, 2017, pp. 181-245.

[135] Taube, "The Classic Maya...", *op. cit.*, pp. 171-178; *The Legendary Past. Aztec and Maya Myths,* Londres, British Museum Press, 1993, pp. 66-67; Quenon y Le Fort, *op. cit.*, pp. 893-898; Marc U. Zender, "Teasing the Turtle from its Shell: AHK and MAHK in Maya Writing", *The PARI Journal,* vol. VI, núm. 3, invierno de 2006, pp. 8-10; Chinchilla Mazariegos, *Imágenes de la..., op. cit.*, pp. 50, 84-86, 99 y 102; Florescano Mayet, *op. cit.*, pp. 150-151. Esta interpretación, así como la enuncié, constituye una descripción y un análisis de diversas escenas del arte maya clásico y es independiente de la polémica que existe sobre la identidad puntual de esos mitos o personajes con el relato del *Popol Vuh,* véase por ejemplo H. Edwin M. Braakhuis, "The Tonsured Maize God and Chicome-Xóchitl as Maize Bringers and Culture Heroes: A Gulf Coast Perpective", *Wayeb Notes,* núm. 32, 2009. Consultado en http://wwww.wayeb.org/notes/wayeb_notes0032.pdf.

[136] Alfredo López Austin, comunicación escrita, 7 de marzo de 2017.

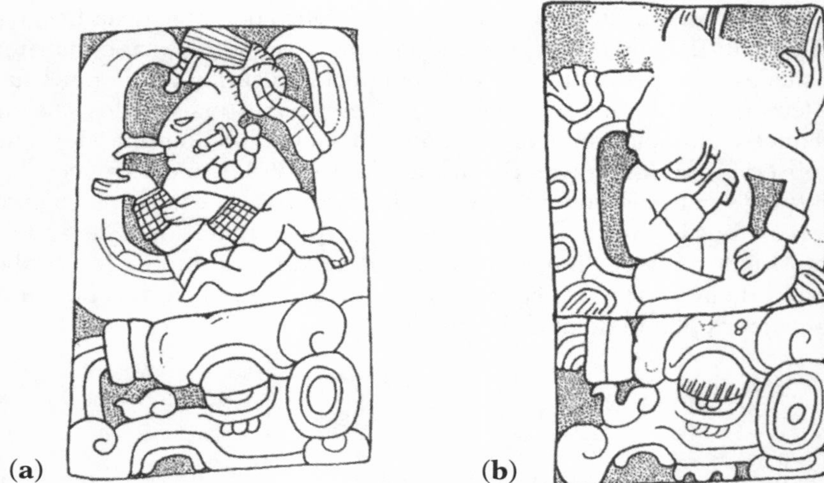

FIGURA IV.19. *Dinteles 1 y 2 de El Chicozapote, Chiapas, México; tomados de Taube, "Flower Mountain. Concepts…",* op. cit., *p. 82, fig. 10b-c.*

de un batracio con atributos de reptil (figura IV.18), por el Árbol Cósmico (figuras IV.20 y IV.23) o directamente a través de la Montaña Florida (figuras IV.6 y IV.19).

Aunque no se sabe con certeza si los escultores de Takalik Abaj eran mayas o pueblos de filiación mixe-zoqueana, la Estela 4 de ese sitio arqueológico (figura IV.17) data del periodo Preclásico Tardío (400 a.C.-250 d.C.) y ya sirve para ilustrar el ascenso del Sol y de los ancestros a través del cuerpo ondulante de una serpiente, que representa el camino diario del Astro Rey. Tal vez lo que nosotros llamaríamos eclíptica. El disco solar claramente se ubica a la mitad del cuerpo del ofidio, mientras que de sus fauces surge la cabeza de un personaje antropomorfo, virado hacia arriba, que Taube piensa es un dios o ancestro. La serpiente entera surge de la gran aguada subterránea que en el Clásico Tardío (600-900 d.C.) se llamaría *Ihk' Waynal,* 'Lugar de la Poza Negra', *Ihk' Naahbnal,* 'Lugar de la Laguna Negra', *Ho' Janal,* 'Lugar de Cinco Flores de Maíz', y probablemente *Matwiil.* Igual que ocurre en el célebre Plato Cósmico (figura IV.13), donde se hayan escritos esos topónimos anecuménicos, las aguas oscuras se encuentran encerradas entre las fauces del ciempiés del inframundo, que conforman un espacio cóncavo en forma de "U". Sobre ambos extremos de la "U" se ubican montañas personificadas que tienen una flor arriba del morro u hocico. Como afirma Taube, parece tratarse de la Montaña Florida.[137]

[137] Taube, "Flower Mountain. Concepts…", *op. cit.,* p. 82.

Un caso que pertenece ya de lleno a la cultura maya y que data del periodo Clásico Temprano (250-600 d.C.) es el que ha estudiado Daniel Salazar Lama en el friso de estuco de Balamkú, en el sur de Campeche (figura IV.18).[138] En el segundo segmento de ese friso (figura IV.18a) apreciamos un gran mascarón zoomorfo que representa la Montaña Florida, así identificada gracias a una pequeña flor que se ubica arriba del extremo izquierdo de su escama supraocular, junto a la cola de una gran criatura zoomorfa, en la que predominan rasgos anatómicos de sapo. Justo arriba de la nariz o morro de la montaña, en el entrecejo, apreciamos el jeroglifo T533 con pequeñas volutas. Siguiendo la sugerencia hipotética de Stuart, quien opina que dicho signo no descifrado puede leerse *saak(?)*, 'semilla de calabaza(?)',[139] uno de los aspectos ventosos o airosos del *o'hlis* (figura III.16), pienso que se trata de una proyección o réplica oriental de la Montaña Florida, llamada posiblemente *Saak(?) Witz,* 'Montaña de las Pepitas(?)' o *Xaak(?) Witz,* 'Montaña de los Retoños', si seguimos la propuesta de lectura de Davletshin.[140] De las fauces del gran anfibio emerge un personaje humano, que yo interpreto como el *o'hlis* antropomorfo del mandatario, contraparte sutil de su cuerpo-presencia. Salazar Lama piensa que debe tratarse del gobernante renacido en postura corporal de transfiguración. Observa, además, que usa una falda de cuentas de jade con diseño de red,[141] misma que se asocia con el tema del renacimiento del dios del maíz.[142]

Nuevamente encontramos un enorme mascarón zoomorfo en el tercer segmento del friso de Balamkú (figura IV.18b), que representa la Montaña Florida. Esta vez contiene flores pequeñas sobre ambas escamas supraoculares. Sobre el entrecejo tiene un bloque jeroglífico, que Salazar Lama identifica como "la cabeza de un pecarí con un signo **K'IN** infijo y una media luna debajo de las fauces", razón por la opina que este desdoblamiento o proyección de la Montaña Florida puede leerse *K'ihn Keken* o *K'ihn Ahku'l Witz,* 'Montaña del Pecarí Caliente'.[143] La criatura zoomorfa con atributos de sapo, que se sienta sobre esta montaña, vomita por sus fauces un personaje humano con postura corporal de transfiguración (el *o'hlis* antropomorfo). Lleva en el tocado un gran bloque jeroglífico con formato de emblema,[144] que Salazar Lama interpreta como su nombre personal, mismo que parafrasea como "Sol

[138] Daniel Salazar Lama, "Los señores mayas y la recreación de episodios míticos en los programas escultóricos integrados en la arquitectura", *Estudios de Cultura Maya,* vol. XLIX, 2017, pp. 170-181.

[139] David S. Stuart, comunicación escrita, 24 de julio de 2015; véase el Apéndice C.

[140] Comunicación personal, 25 de octubre de 2021.

[141] Salazar Lama, "Los señores mayas...", *op. cit.*, pp. 170-174.

[142] Quenon y Le Fort, *op. cit.*, pp. 894-898.

[143] Salazar Lama, "Los señores mayas...", *op. cit.*, p. 176. Según López Austin, el pecarí se asocia con los símbolos de la Diosa Madre, el frío, el inframundo, la humedad, etc., "Modelos a distancia...", *op. cit.*, p. 74,

[144] Véase el capítulo "Cuerpo-presencia en el periodo clásico", n. 218.

Cargador", que él cree alude al levantamiento del Astro Rey por el levante. De este modo, interpreta la escena entera como una imagen del antepasado que surge y asciende, igual que el Sol.[145]

La Montaña Florida misma también puede ser un vehículo directo para el ascenso del *o'hlis* al cielo, tal como se aprecia en el Vaso Trípode de Berlín (figura IV.6) y en la crestería-montaña del templo funerario Rosalila (*ca.* 520-655 d.C.) de Copán, Honduras, caso que ha sido señalado por Chinchilla Mazariegos, quien además observa que sobre ese cerro se encuentra representado un incensario, conducto solar por donde se incinera el alma y al mismo tiempo por donde surge y se eleva al cielo en el oriente (figura IV.2b).[146] Otro ejemplo paradigmático fue identificado por Taube en los dinteles 1 y 2 de El Chicozapote (figura IV.19), que se adscriben al Clásico Tardío (600-900 d.C.).[147] En el Dintel 2 (figura IV.19a) el *o'hlis* antropomorfo de la esposa del gobernante se sienta vestido como diosa lunar en la cúspide de la Montaña Florida, misma que luce una gran flor en la frente. La dama sostiene entre los brazos el conejo que los hombres mesoamericanos imaginaban ver en la Luna; de su nariz surge el hálito lunar y tiene como respaldo un par de crecientes selenitas. De forma semejante, el *o'hlis* o sombra antropomorfa del mandatario se sienta sobre la cima de la Montaña Florida (figura IV.19b), que otra vez tiene una gran flor en la frente. Para remarcar su condición de hombre encumbrado o elevado, el artista maya aplicó un sencillo pero elocuente recurso, que consiste en representar ambos hombros a alturas diferentes, enfatizando que tiene la necesidad de inclinarse para admirar su entorno.[148] Finalmente, usa a manera de respaldo el gran medallón con elementos de ciempiés, que en el arte maya sirve para representar el ascenso del Sol al cielo.

Tal vez la imagen más famosa y paradigmática del ascenso del alma al cielo es la que se encuentra esculpida en la tapa del sarcófago del Templo de las Inscripciones de Palenque (figura IV.20). Igual que pasa en la Estela 4 de Takalik Abaj (figura IV.17) y en la escena del Plato Cósmico (figura IV.13), la cueva o bodega subterránea del agua y de las riquezas se encuentra representada en la parte inferior de la composición mediante las fauces del gran ciempiés-serpiente, que adopta forma de "U". En el interior de esa oquedad en forma de "U" se encuentra un gran cráneo descarnado, que tiene como tocado la llamada insignia cuatripartita: un incensario o plato con el jeroglifo solar infijo y, encima de él, de izquierda a derecha, una concha *Spondylus,* una espina de raya achatada y un elemento que se asemeja a una flor de lis, con el signo de la muerte infijo, en forma de %. De acuerdo con David S. Stuart y George E. Stuart, la insignia cuatripartita representa el útero del Cocodrilo Venado Estrellado, entidad que representa la superficie de la tierra y el cielo

[145] Salazar Lama, "Los señores mayas…", *op. cit.,* pp. 175-181.
[146] Chinchilla Mazariegos, "Los soberanos: la…", *op. cit.,* pp. 267-268.
[147] Taube, "Flower Mountain. Concepts…", *op. cit.,* p. 81.
[148] Velásquez García, "Los vasos de…", *op. cit.,* p. 270.

nocturno,[149] mientras que el cráneo que está debajo de la insignia evoca el viejo tema de la vida latente de las semillas, que dan origen a los árboles y al maíz.[150] Ya vimos como el jeroglifo de Cocodrilo Venado Estrellado parece leerse **ELK'IN**?, 'oriente' o 'salida del Sol' (figura IV.2c), cuando sustituye en su totalidad al bloque jeroglífico de **EL-K'IN-ni**, 'oriente' o 'salida del Sol' (figura IV.2b). En esos contextos, el signo T183 o logograma **EL** tiene la forma visual de un plato o incensario con el Sol infijo o en su interior, y conlleva el sentido de *el,* 'salir, subir, ascender' o 'levantarse'.[151] El mismo plato o incensario tapado con el Sol en su interior, que forma parte de la insignia cuatripartita en la escena de la tapa del sarcófago (figura IV.20), es una manifestación iconográfica del jeroglifo T183 o **EL**, 'quemar' o 'salir'.[152] El ascenso del alma de Pakal usando como vía ese incensario o insignia cuatripartita encaja con la hipótesis de Chinchilla Mazariegos ya señalada, sobre la apoteosis solar del alma del gobernante luego de ser quemada en una hoguera.

El alma corazón *(o'hlis)* antropomorfa de K'ihnich Janaab Pakal I (*ca.* 615-683 d.C.) se encuentra en posición supina[153] sobre ese gran incensario, útero o insignia cuatripartita, una posición corporal que se asocia tanto con muerte como con renacimiento y que he llamado "giro liminar".[154] El dios mismo del maíz adopta idéntica postura cuando renace de una semilla (posiblemente de calabaza) asociada con las aguas primordiales, en algunas vasijas estilo códice (figuras V.9 y CA1). Chinchilla Mazariegos añade además la observación de que dicha posición supina evoca el movimiento corporal de un bebé, y puesto que Pakal está vestido como dios del maíz y se encuentra sobre el incensario ya descrito, se trata, según él, de la representación iconográfica de un ciclo mítico según el cual el maíz bebé muere incinerado como paso previo a su transfiguración solar.[155]

[149] Las implicaciones cósmicas del cielo nocturno podrían ir bastante más allá de ser la mitad del universo pues, de acuerdo con el trabajo de Jacques Galinier, entre otro grupo mesoamericano, los otomíes, la noche es también la envoltura del día (Galinier, *op. cit.*, p. 23). Es probablemente el anecúmeno o la dimensión espacio-temporal mítica del cosmos, que envuelve al ecúmeno mundano.

[150] Stuart y Stuart, *op. cit.*, p. 198; los huesos son las semillas de las generaciones futuras, Stone y Zender, *op. cit.*, p. 55; véase también la nota 110 de este capítulo.

[151] La palabra *el* también significa 'quemar'. Razón por la cual yo pienso que se trata de la lectura correcta y original del jeroglifo del plato con el Sol infijo o en su interior (**EL** o T183 del catálogo de Thompson), que es un incensario. Tan sólo derivó a la lectura de *el,* 'salir, subir, ascender, levantarse', de manera secundaria, a través del principio conocido como **rebus**. Sobre este principio, véase el glosario.

[152] *Ibid.*, p. 175.

[153] Scherer, *Mortuary Landscapes of...*, *op. cit.*, p. 84, interpreta esa posición supina como un símbolo de renacimiento.

[154] Velásquez García, "Los vasos de...", *op. cit.*, pp. 342-344.

[155] Chinchilla Mazariegos, "Los soberanos: la...", *op. cit.*, p. 272. Simon Martin ha explorado también este tema del infanticidio ritual por fuego en otros contextos de la imaginería maya, en su ensayo "The Baby Jaguar: An Exploration of its Identity and Origins in Maya Art and

Pero Pakal en esta escena reúne en realidad los atributos de dos dioses, en un ejemplo claro de teosíntesis. Por una parte, su misma postura corporal y la hachuela flamígera que lleva sobre la frente lo identifican con Unen K'awiil ('K'awiil Bebé'),[156] uno de los miembros de la Tríada de Palenque (el llamado Dios II), númenes patronos del linaje local *(o'hlis k'uh)*. Unen K'awiil es una entidad relacionada con el maíz y la agricultura,[157] quien en la mitología vernácula palencana nació 14 días después del Sol Jaguar del Inframundo.[158] Mientras, su falda de cuentas de jade con diseño de red, así como su pectoral con forma de tortuga de fango *(Staurotypus triporcatus)*, lo identifican con el dios del maíz.[159] De manera que en esta representación antropomorfa, el *o'hlis* antropomorfo de Pakal, contraparte sutil de su cuerpo-presencia, manifiesta su doble coesencialidad: es coesencial con todos los seres humanos, pues se trata de un fragmento del dios del maíz, y es coesencial con los miembros de la familia gobernante de Palenque, toda vez que constituye una porción de los dioses de la Tríada *(o'hlis k'uh)*.[160] Acaso, como sugiere López Austin, su clado dinástico.[161] En su aspecto de Unen K'awiil, se trata de uno de los

Writing", en Vera Tiesler, Rafael Cobos Palma y Merle Greene Robertson (eds.), *La organización social entre los mayas. Memoria de la Tercera Mesa Redonda de Palenque*, vol. I, México, Conaculta-INAH/UADY, 2002, pp. 50-78.

[156] De la Garza Camino, Bernal Romero y Cuevas García, *op. cit.*, p. 111; Stone y Zender, *op. cit.*, p. 31.

[157] Stuart, "The Name of...", *op. cit.*, p. 136.

[158] Los tres númenes fundadores del linaje palencano constituyen la llamada Tríada de Palenque: *a)* el Dios I (Ju'n Yeh Winkil ... o GI en inglés), deidad acuática con atributos solares, que nació en el reino subterráneo de Matwiil; *b)* el Dios III (K'ihnich ...w o GIII), dios solar del inframundo, quien nació cuatro días después del anterior; y *c)* el Dios II (Unen K'awiil o GII), deidad asociada con la vegetación, quien es el menor de estos tres hermanos (su templo se ubica en el oriente de la llamada Plaza de las Cruces), véase Stuart, *The Inscriptions from...*, *op. cit.*, pp. 158-185; Stuart y Stuart, *op. cit.*, pp. 189-190. Yo pienso que los mitos de la Tríada de Palenque también se relacionan con el camino inframundano del alma corazón *o'hlis*, toda vez que dicha entidad anímica alberga el espíritu del dios o dioses creadores, fundadores o patronos del linaje (los *o'hlis k'uh*). De este modo, el Dios I podría simbolizar el viaje del *o'hlis* a través del agua; el Dios III podría identificarse con el *o'hlis* cuando se encuentra en el noveno piso del inframundo; mientras que el Dios II o Unen K'awiil evoca el ascenso o apoteosis del *o'hlis*, cuando sale del inframundo por el oriente y se eleva al paraíso solar celeste, razón por la que Pakal añade atributos de Unen K'awiil en esa famosa representación de la tapa del sarcófago.

[159] Quenon y Le Fort, *op. cit.*, p. 897.

[160] Véase lo que expliqué en el capítulo "Los conceptos del cuerpo humano", en relación con la figura I.7.

[161] Véase Alfredo López Austin, "La composición de la persona en la tradición mesoamericana", *Arqueología Mexicana*, vol. XI, núm. 65, México, Raíces, 2004, pp. 32-34; "Modelos a distancia...", *op. cit.*, p. 82; "La cosmovisión de... Tercera parte", *op. cit.*, p. 18. Lo que hemos visto hasta aquí sugiere que en el corazón *o'hlis* de los gobernantes mayas clásicos operaban al menos tres niveles o derivaciones identitarias: la del dios del maíz (**coesencia en primer grado** de todos los humanos), la de Ju'n Ajaw (coesencia en primer grado de todos los gobernantes y nobles) y la del dios patrono del linaje u *o'hlis k'uh* (coesencia en primer grado de los miembros de su familia dinástica). En el caso específico de Palenque, Ju'n Ajaw pudo haberse manifestado a través

o'hlis k'uh o 'dioses corazones' de los dignatarios y nobles de Palenque, tal como afirma el Tablero del Palacio (F6-F14) (figura I.7).

Desde hace varios años los mayistas mantienen un consenso, en el sentido de que el tema de la imagen de la tapa del sarcófago es el renacimiento o resurrección de Pakal, quien se eleva al cielo a través del Árbol Cósmico.[162] Algunos incluso agregan que el ascenso del gobernante sigue el camino del Sol a través de ese árbol,[163] o que el mandatario se levanta como un nuevo Sol en el oriente.[164] Como acertadamente han observado algunos autores, el árbol representado aquí es un árbol brillante o lustroso adornado con joyas, piedras pulidas y cuentas tubulares de jade,[165] medio por excelencia que utilizan el Sol y las almas corazones para ascender al cielo.[166] Las dos materialidades de ese árbol, denominado en las inscripciones como Lem(?) Uh Te', 'Árbol del Collar Brillante' o 'del Collar de Jadeíta',[167] son madera y jade,[168] y este último

del mítico Uhx Yop Hu'n, espíritu de la corteza o árbol de amate y protogobernante de los tiempos legendarios, que se fusiona con la identidad de los mandatarios mismos, véase Stuart, "The Name of...", *op. cit.*, pp. 128, 135-136 y 139-140; Penny Steinbach, "Aligning the Jester God: The Implications of Horizontality and Verticality in the Iconography of a Classic Maya Emblema", en Maline D. Werness-Rude y Baylee R. Spencer (eds.), *Maya Imagery, Architecture, and Activity. Space and Spatial Analysis in Art History,* Albuquerque, University of New Mexico Press, 2015, pp. 106-139; Diego Ruiz Pérez, "Los tres rostros del 'Dios Bufón'. Iconografía de un símbolo de poder de los gobernantes mayas durante el periodo Clásico (250-950 d.C.)", tesis de maestría, México, UNAM-Programa de Maestría y Doctorado en Estudios Mesoamericanos, 2017. Erik Boot (†) descifró el nombre completo de ese dios o héroe cultural como K'ihnich Yajawte' Uhx Yop Hu'n (comunicación personal, 18 de octubre de 2016). Al respecto de todo esto, podemos observar que entre las ramas de ese Árbol Cósmico (figura IV.20) se encuentra el cuerpo sinuoso de una gran serpiente bicéfala, de cuyas fauces surgen no solamente el mismo K'awiil o Unen K'awiil (uno de los patronos del linaje palencano), sino Sak Hu'n, símbolo de la realeza y una de las manifestaciones de K'ihnich Yajawte' Uhx Yop Hu'n. No creo que sea gratuito que justo ese par de dioses se encuentren en este gran árbol de los ancestros.

[162] Por ejemplo, Martin y Grube, *op. cit.*, p. 165; Stuart y Stuart, *op. cit.*, pp. 174-175; Fitzsimmons, *op. cit.*, p. 57; Mcanany, *op. cit.*, p. 95.

[163] De la Garza Camino, Bernal Romero y Cuevas García, *op. cit.*, p. 111.

[164] Scherer, *Mortuary Landscapes of...*, *op. cit.*, pp. 56 y 78. El periplo del alma corazón después de la muerte, hasta ascender al cielo por el Árbol Florido y nacer nuevamente sobre la superficie terrestre, sigue en efecto la misma senda del Sol (Alfredo López Austin, comunicación escrita, 7 de marzo de 2017). Según Mcanany, *op. cit.*, p. 95, en esta escena Pakal se convierte en maíz y luego en el Sol.

[165] Stuart y Stuart, *op. cit.*, p. 198; De la Garza Camino, Bernal Romero y Cuevas García, *op. cit.*, pp. 111-112; Christophe Helmke y Jesper Nielsen, "The Defeat of the Great Bird in Myth and Royal Pageantry: A Mesoamerican Myth in a Comparative Perspective", *Comparative Mythology,* vol. 1, núm. 1, mayo de 2015, p. 25.

[166] Taube, "Maws of heaven...", *op. cit.*, p. 437.

[167] María Elena Vega Villalobos, *El gobernante maya. Historia documental de cuatro señores del periodo Clásico,* México, UNAM-IIH/Fideicomiso Felipe Teixidor y Monserrat Alfau de Teixidor, 2017 (Serie Culturas Mesoamericanas, 8), p. 59.

[168] Carl D. Callaway, "The Maya Cross at Palenque: A Reappraisal", tesis de maestría, Austin, The University of Texas at Austin-Faculty of the Graduate School, 2006, p. 29.

material es un símbolo del viento y del espíritu.[169] Además, en las puntas o extremos de sus ramas tiene flores que adoptan la forma de "serpientes de nariz cuadrada" o napia con forma de greca, ofidios que también simbolizan el alma.[170]

López Austin dice que entre los nahuas el nombre de ese árbol era *Xoochik*^{w}*awitl* o *<Xochicuáhuitl>*, 'Árbol Florido', y que se trata del árbol del mítico lugar <Tamoanchan>, cuyo tronco se erguía desde el corazón mismo del <Tlalocan>.[171] Su tronco era el camino del Sol,[172] y por medio de él viajan las almas y las divinidades; en él reside la sacralidad, y algunos grupos mesoamericanos creen que se asocia con la energía vital situada en el estómago o centro del cuerpo, razón por la que el árbol surge del abdomen abierto de un sacrificado en la página 3 del *Códice de Dresde.*[173] Es un árbol que da flores de diversos colores y por sus ramas las almas rondan "como aves, nieblas, nubes y joyas".[174]

Dicha descripción del Árbol Florido encaja en el caso que nos ocupa, en especial por la presencia de brotes personificados de flores en los extremos de las ramas cruciformes de ese árbol (figura IV.20),[175] que indudablemente lo identifican como un árbol florido. Lo mismo puede decirse sobre la referencia a que hunde sus raíces en el corazón de los lugares míticos <Tamoanchan> y <Tlalocan>, paraísos subterráneos de origen, semejantes a Matwiil o al Yoˀhl Ahk o 'Corazón de la Tortuga' (figuras IV.15 y IV.16) que hemos visto. Todo ello contribuye a entender mejor el pasaje del obispo Núñez de la Vega que cité al principio del capítulo "La entidad anímica *oˀhlis*", en el sentido de que la ceiba "es un árbol que tienen en todas las plazas de sus pueblos [...] y debajo de ella hacen sus elecciones de alcaldes [...] y tienen por muy asentado que en las raíces de aquella ceiba es por donde viene su linaje".[176] Además agrega

[169] Taube, "The Symbolism of...", *op. cit.*, p. 32.

[170] Véanse Callaway, "The Maya Cross...", *op. cit.*, p. 36, y la n. 121 del capítulo "Cuerpo-presencia en el periodo Clásico".

[171] O en el corazón mismo de <Tamoanchan>, Alfredo López Austin y Leonardo López Luján, *Monte Sagrado. Templo Mayor,* México, UNAM-IIA, 2009, pp. 45-50, p. 39; García Barrios, "Cuevas y montañas...", *op. cit.*, p. 21.

[172] Alfredo López Austin, comunicación personal, 7 de marzo de 2017.

[173] Véase Erik Velásquez García, *Códice de Dresde. Parte 1,* ed. facs., en *Arqueología Mexicana,* ed. especial, núm. 67, México, Raíces, 2016, pp. 18-19.

[174] López Austin, *Tamoanchan y Tlalocan, op. cit.*, pp. 129 y 220. Chinchilla Mazariegos ha identificado un lugar paradisiaco semejante en la imagen del Monumento 21 de Bilbao (*ca.* 650-950 d.C.), Escuintla, Guatemala, donde las almas de los muertos se representan como aves preciosas e incluso pelotas de tiras de hule enrolladas (véase la figura A.3), un tema iconográfico que él denomina el "mundo florido", *Cotzumalhuapa: la ciudad arqueológica. El Baúl-Bilbao-El Castillo,* Guatemala, F y G Editores, 2012 (Colección Are u Xe, 1), p. 83.

[175] Helmke y Nielsen, "The Defeat of...", *op. cit.*, p. 25.

[176] Francisco Núñez de la Vega, *Constituciones Diocesanas del Obispado de Chiapa,* María del Carmen León Cázares y Mario Humberto Ruz Sosa (eds.), México, UNAM-IIFL/Centro de Estudios Mayas, 1988 [1702] (Fuentes para el Estudio de la Cultura Maya, 6), p. 275.

FIGURA IV.20. *K'ihnich Janaab Pakal I como manifestación del maíz y de Unen K'awiil (dos de los dioses que conforman su* o'hlis*) asciende del Inframundo al cielo a través del Árbol Florido. Tapa del sarcófago del Templo de las Inscripciones de Palenque, Chiapas, México; tomado de Robertson,* The Sculpture of…, op. cit., *1983, lám. 99.*

que "las sahúman con braseros", situación que recuerda que el plato de la insignia cuatripartita, sobre la que se posa el cuerpo de Pakal, es en realidad un incensario.[177]

El carácter solar de este camino arbóreo con destino al cielo sugiere que el Pájaro Celeste, Gran Ave o Deidad Ave Principal, llamado Muut Itzamnaah, puede ser una manifestación del Sol, además de ser la personificación ornitológica del dios supremo Itzamnaah.[178] De hecho, es un lugar común entre diversos mayistas estadunidenses identificar esa criatura con el arrogante y falso Sol de la mitología quiché Wuqub Kaqix o 'Siete Guacamayo',[179] ser de carácter antagónico o negativo[180] en el relato del *Popol Vuh,* cuya existencia hacía imposible la aparición de la humanidad.[181] El problema radica en que, durante el periodo Clásico, parecen haber sido representados diferentes tipos de aves mayas asociadas con árboles, que han sido confundidas o consideradas como variantes de una misma criatura ornitológica.[182] En mi opinión, el tema del ave que cae de un cielo que se raja, o que es derrumbada desde la cima de algún árbol, tal vez sí podría asociarse algunas veces con la derrota de un falso Sol en los tiempos míticos, que era incompatible con la existencia humana.[183] Pero existen otras representaciones, como la de la tapa del sarcófago (figura IV.20), o la de los tableros de la Cruz y de la Cruz Foliada de Palenque, donde aparece como un pájaro encumbrado, glorificado y quizá respetado y venerado, que corona el ascenso del alma al cielo, por lo que sospecho que se trata de manifestaciones de un Sol verdadero, coadyuvante en el ciclo de la vida.[184] Dicho de otro modo, el mismo carácter de pre-Sol o falso Sol que tiene Wuqub Kaquix en la mitología quiché del siglo XVI, permite sospechar que algunas representaciones del Ave Celeste del periodo Clásico sí se relacionaban con el Sol verdadero. Así lo cree De la Garza Camino, quien

[177] Linda Schele y Peter L. Mathews, *The Code of Kings. The Language of Seven Sacred Maya Temples and Tombs,* Justin Kerr y Macduff Everton (fotografías), Nueva York, Touchstone, 1998, pp. 51 y 415.

[178] Véase la descripción que de esta ave hacen De la Garza Camino, Bernal Romero y Cuevas García, *op. cit.,* pp. 112-113. El carácter teosintético de esa ave ya había sido intuido por la propia De la Garza Camino, al notar que "tiene cabezas de serpiente sobre las alas, cabeza del dios K, que es el dios serpentino del cetro maniquí, y larga cola de quetzal" (*Rostros de lo sagrado en el mundo maya,* México/Buenos Aires/Barcelona, Paidós/UNAM-FFYL, 1998 p. 66, n. 10). Callaway, por su parte, apoya la idea de que se trata de una combinación de guacamaya y halcón, "The Maya Cross...", *op. cit.,* p. 41.

[179] Véase Coe, "The Heroe Twins...", *op. cit.,* pp. 169-173.

[180] Así lo caracteriza Mercedes de la Garza Camino, *Aves sagradas de los mayas,* México, UNAM-FFYL/IIFL/Centro de Estudios Mayas, 1995, p. 56.

[181] Helmke y Nielsen, "The Defeat of...", *op. cit.,* p. 30.

[182] *Ibid.,* p. 24, n. 1.

[183] *Idem.*

[184] Aunque Helmke y Nielsen (*ibid.,* p. 32) intentan demostrar que el tema de la caída de la Gran Ave está presente en el arte de Palenque, sus argumentos no son del todo convincentes y yo no lo veo, al menos en el corpus iconográfico conocido de esa ciudad maya.

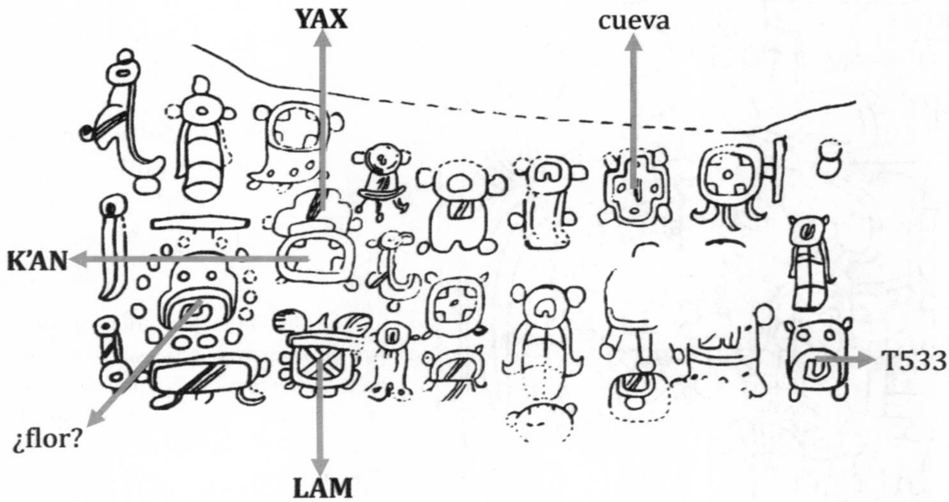

FIGURA IV.21. *Tema conocido como "joyas y flores flotantes" en el mural del Entierro 48 de Tikal, Petén, Guatemala (457 d.C.); dibujo de Mary Jane Acuña, tomado de Acuña,* op. cit., *p. 171.*

concluye que dicho pájaro en el arte palencano "pudiera simbolizar al Sol en el cenit, que corresponde a la deidad llamada por los mayas yucatecos Itzamná Kinich Ahau [...] el Sol de la época actual del cosmos".[185] Los propios Helmke y Nielsen reconocen las asociaciones solares que siempre o casi siempre tiene el tema de la Gran Ave posada sobre el Árbol Cósmico.[186]

Árboles o plantas de la geografía regional, con portentosas aves en su cima, fueron representados a lo largo y ancho de las imaginerías mesoamericanas. Entre los mexicas, sin ir más lejos, el nopal que nace entre las piedras o del corazón abierto del dios <Copil> constituye una especie de equivalente local de la Ceiba o Árbol Cósmico maya. Sobre aquel nopal que da frutos en forma de tunas-corazones se posa el águila real o dorada, que devora serpientes o aves más pequeñas. En palabras de Florescano Mayet, esa águila

> es una imagen del sol [...] es el doble del sol: encarna su faz diurna y el movimiento ascendente hacia el cenit. Es el ave solar por excelencia, un depredador, un cazador. La imagen que representa el águila devorando pájaros o una serpiente

[185] Mercedes de la Garza Camino, "Origen, estructura y temporalidad del cosmos", en Mercedes de la Garza Camino y Martha Ilia Nájera Coronado (eds.), *Religión maya,* Madrid, Trota, 2002 (Enciclopedia Iberoamericana de Religiones, 2), p. 71.

[186] Helmke y Nielsen, "The Defeat of...", *op. cit.,* pp. 23, 28-29, 45 y 51.

FIGURA IV.22. *Estela 11 de Copán, Departamento de Copán, Honduras; dibujo de Barbara Fash, tomado de William L. Fash,* Scribes, Warriors and Kings..., op. cit., *p. 176.*

[...] alude a la victoria del sol sobre sus enemigos y expresa el triunfo de los guerreros sobre los antiguos pueblos agrícolas [...] El águila era un símbolo solar [...] y aludía a la fuerza violenta [...] el águila asumió la representación del pueblo mexica y de los guerreros.[187]

De manera que la cita comparativa anterior, lejos de debilitar la sospecha de De la Garza Camino, en el sentido de que el Ave Celeste de la iconografía maya "puede simbolizar al Sol en el cenit", parece reforzarla, usando para ello la cosmovisión de otra cultura mesoamericana más tardía.[188] La conexión de todo esto con el

[187] Enrique Florescano Mayet, *La bandera mexicana: breve historia de su formación y simbolismo,* México, FCE/Taurus, 1998, pp. 29 y 31. La conexión del ave con la identidad de todo un pueblo quizá consista en que el animal reside en el paraíso solar celeste de los ancestros. Pero también existe una vinculación entre el ave y los guerreros, toda vez que, como se sabe, las almas de éstos entre los mexicas acompañaban "al Sol en jardines llenos de flores", Caso Andrade, *op. cit.,* p. 78; Taube, "At Dawn's Edge...", *op. cit.,* pp. 146-147. Una manifestación del fuego (esencia del Sol, véase figura III.13a) y del alma de los guerreros es la mariposa, Mary E. Miller y Karl A. Taube, *An Illustrated Dictionary of the Gods and Symbols of Ancient Mexico and the Maya,* 1ª ed. rústica, Londres, Thames and Hudson, 1997, p. 48. Quizá por ello en algunos vasos mayas del estilo Altún Há, como el K3034, aparece la imagen de una gran mariposa que se eleva al cielo desde la cima del Monte Florido, véase Dorie J. Reents-Budet, Joseph W. Ball, Ronald L. Bishop, Virginia M. Fields y Barbara MacLeod, *Painting the Maya Universe: Royal Ceramics of the Classic Period,* Durham/Londres, Duke University Press, 1994, pp. 200-201.

[188] De la Garza Camino, "Origen, estructura y...", *op. cit.,* p. 71.

FIGURA IV.23. *Representación del Árbol Florido en el Clásico Terminal. Lado este del pilar oeste del Castillo Viejo de Chichén Itzá, Yucatán, México: la inscripción dice:* [***u**-***ba**-***hi** **u**-***NIKTEˀ u**] **ma-ma** 12-[***AK'AB**… **ch'a**-***jo**] **AJAW**, ubaah unikteˀ umam Lahchan Ahk'ab … ch'ajo[ˀm], ajaw, *'es la imagen de las flores del ancestro Lahchan Ahk'ab …, varón, señor'; tomado de Guillermo Couoh Cen, modificado y entintado por Bruce Love, tomado de Peter Schmidt, David S. Stuart y Bruce Love, "Inscriptions and Iconography of Castillo Viejo, Chichen Itza",* The PARI Journal, *vol. IX, núm. 2, otoño de 2008, p. 12.*

cielo y con el Cocodrilo Venado Estrellado maya, que también simboliza el camino del Sol a través del firmamento nocturno del inframundo, queda de manifiesto en las bandas celestes que sirven como borde u orla para la escena (figura IV.20), a ambos lados de la misma. De hecho, De la Garza Camino y sus colaboradores plantean que dichas bandas astrales son en realidad el cuerpo del Monstruo Cuatripartita[189] que, como dije antes, es el útero del Cocodrilo Venado Estrellado. Pero hay algo más: en el fondo de la escena apreciamos cuentitas redondas en grupos de tres, máscaras con la frente brillante, flores de cuatro pétalos (que es el jeroglifo del número "cero": **MIH**), hachuelas pulidas y otros elementos semejantes a diminutas epífisis y conchas recortadas. Se trata de un tema de la iconografía maya que Taube ha denominado "lluvia de flores y joyas" o "flores y joyas flotantes", una evocación del paraíso solar celeste, Mundo Florido o reino de los espíritus venerados,[190] un lugar sobrenatural o anecuménico

[189] De la Garza Camino, Bernal Romero y Cuevas García, *op. cit.*, p. 113. Se llama Monstruo Cuatripartita cuando, además de la insignia cuatripartita (el incensario, la concha, la espina de raya y el signo de la muerte), se incluye también el gran cráneo o mascarón descarnado que la lleva como si fuese un tocado.

[190] Taube, "Flower Mountain. Concepts…", *op. cit.*, pp. 78-79.

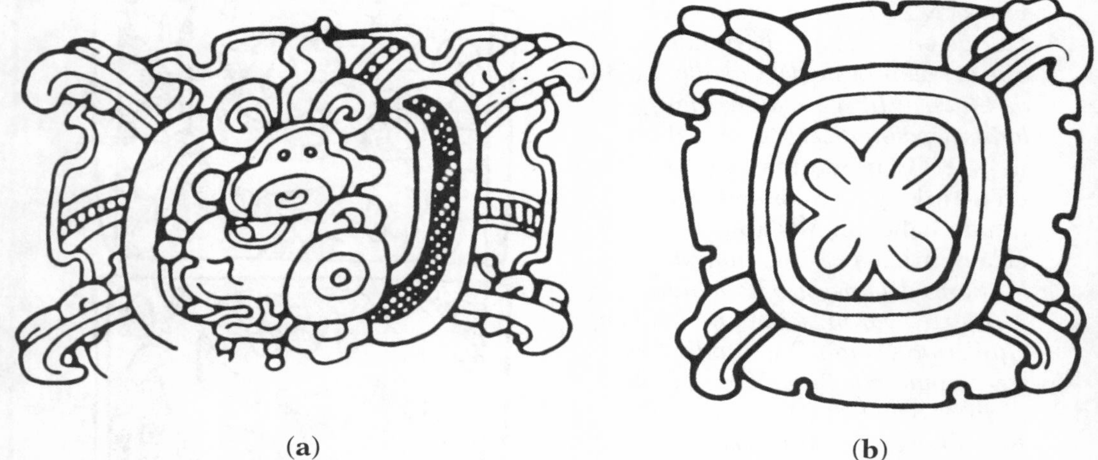

(**a**) (**b**)

FIGURA IV.24. *Dos ejemplos de medallones solares:* (**a**) *Vaso Trípode de Berlín o K6547,* ca. *400-450 d.C. Museum für Völkerkunde de Berlín, Alemania; dibujo de Stephen D. Houston; tomado de Kerr,* The Maya Vase..., op. cit., *p. 972;* (**b**) *Estela 1 de Tikal; tomada de Jones y Satterthwaite,* op. cit., *fig. 1.*

hecho de sustancia sagrada[191] o materia sutil, divina e imperceptible, que los mayas yucatecos llamarían *k'uyel,* mientras que los choles y grupos tzeltalanos denominan *ch'ulel.*[192] Es más, de acuerdo con Prager, los componentes visuales silentes (no lingüísticos) del tema de las flores y joyas flotantes funcionan como marcadores semánticos que enfatizan el valor precioso excepcional de la sangre de los gobernantes, sustancia vital por excelencia.[193]

Una clara representación de aquel "éter sanguíneo" del "espacio florido",[194] lleno de hálitos vitales o sustancia *k'uyel-ch'ulel,* se encuentra pintada en el mural del Entierro 48 de Tikal (figura IV.21),[195] donde hallamos una mayor riqueza de elementos iconográficos, incluyendo jeroglifos de los colores verde

[191] Schele y Mathews, *The Code of..., op. cit.,* p. 413.

[192] Véase la nota 39 del capítulo "Los conceptos del cuerpo humano".

[193] Christian M. Prager, "A Study of the Classic Maya *k'uh* Concept", en Harri Kettunen *et al.* (eds.), *Tiempo detenido, tiempo suficiente. Ensayos y narraciones mesoamericanistas en homenaje a Alfonso Lacadena García-Gallo,* París, European Association of Mayanist, 2018 (Wayeb Publication 1), pp. 551 y 561-562.

[194] Martin y Grube, *op. cit.,* p. 35.

[195] Véase *ibid.,* pp. 35-36; Acuña, *op. cit.,* pp. 171-172. Puede admirarse una fantástica reconstrucción a colores de este éter florido de joyas y flores flotantes, que procede de la pared occidental de la Casa E del Palacio de Palenque, en Merle Greene Robertson, *The Sculpture of Palenque,* vol. II. *The Early Buildings of the Palace and the Wall Paintings,* Princeton, Princeton University Press, 1985, lám. 30.

Figura iv.25. *Representación conceptual de Paraíso Floral celeste en la p. 56a del* Códice de Dresde; *tomada de Velásquez García,* Códice de Dresde. Parte 1..., op. cit., *p. 83.*

(**YAX**) y amarillo (**K'AN**), de los que después hablaremos, el T533 (de lectura incierta, aunque tal vez represente la palabra 'pepita de calabaza' o 'retoño') (véase la figura iii.16), el símbolo cuadrifolio de la cueva, así como el signo **LAM**, que significa 'disminuir' o 'caducar', sin faltar una versión temprana del topónimo primordial 'Cinco Flores' (Ho' Jan). Este tipo de representaciones son altamente conceptuales y contrastan con el estilo figurativo o naturalista de la mayor parte del arte maya clásico. Sin duda, así lo amerita ese tema numinoso y sagrado, que alude a lo más profundo, inefable, inescrutable y sublime del anecúmeno. El espacio divino o sobrenatural por excelencia.

Otro célebre retrato póstumo es el del gobernante Yahx Pasaj Chan Yopaat (763-810 d.C.) en la Estela 11 de Copán (figura iv.22).[196] Se trata de otro caso de teosíntesis, donde el *o'hlis* antropomorfo del gobernante fallecido (contraparte sutil de su cuerpo-presencia ecuménico) conjunta atributos diagnósticos de los dioses K'awiil y del maíz.[197] De este último resalta la modificación cefálica tabular oblicua muy pronunciada, así como las hojas tiernas de maíz, mientras que de K'awiil apreciamos la gran antorcha humeante que sale de su frente. Yahx Pasaj se encuentra de pie sobre la cavidad subterránea del *Ihk' Way Nal,* 'Lugar de la Poza Negra', conformada por las fauces estilizadas del centípedo del inframundo, con forma de "U". Es posible que esta imagen en la que el *o'hlis* antropomorfo renace y se eleva desde las profundidades oscuras, sugiera que la aguada del *Ihk' Way Nal* es por sí misma otro medio para ascender al cielo.[198] De hecho, como veremos un poco más adelante, las fauces y forcípulas del gran ciempiés cósmico que conforman las paredes de esta aguada estaban asociadas con el ascenso del Sol al cielo.

[196] Véase William L. Fash, *Scribes, Warriors and Kings. The City of Copán and the Ancient Maya,* edición revisada, Londres, Thames and Hudson, 2001, pp. 176-179.

[197] Martin y Grube, *op. cit.*, p. 206.

[198] Igual que ocurre en la p. 36c del *Códice de Dresde,* donde Chaak se encuentra sumergido hasta las rodillas en esa gran aguada, al tiempo que vira la cabeza hacia arriba, un posible gesto corporal de salir o subir, véase Erik Velásquez García, *Códice de Dresde. Parte 2...*, ed. facs., ed. especial, *Arqueología Mexicana,* núm. 72, México, Raíces, 2017, p. 69.

Sheseña Hernández nota que la frase *ti way,* 'en la poza', hallada entre los tzeltales de Bachajón, Chiapas, tiene el sentido de pertenecer al grupo o *<calpulli>*, de manera que el propósito político de esta imagen pudo ser enfatizar que Yahx Pasaj era miembro del linaje dirigente, "agrupación de parentesco" o corporación.[199] La analogía con la lápida del sarcófago de Pakal (figura IV.20) es obvia. El *oʔhlis* de Yahx Pasaj contiene las dos esencias: la del dios del maíz (Juʔn Ixiim), que lo hace coesencial con todos los seres humanos, y la de Balun K'awiil, una de las divinidades patronas de Copán,[200] un *oʔhlis k'uh* que lo convierte en coesencial con los miembros de su linaje. Tanto en la escena del sarcófago de Pakal como en la de la Estela 11 de Copán el *oʔhlis* antropomorfo del mandatario se relaciona con el maíz antes de su transfiguración solar, una idea ya enfatizada por Chinchilla Mazariegos mediante el estudio del *Popol Vuh* y de otros mitos mesoamericanos, donde el héroe, o héroes del maíz, alcanzan su apoteosis solar-lunar luego de fenecer incinerados.[201]

Durante el Clásico Terminal (800-1000 d.C.) el antiguo árbol brillante adornado con joyas que aparece, por ejemplo, en la lápida de Pakal (figura IV.20), comienza a adquirir características que lo asocian de forma más decidida con el Árbol Florido de las culturas del centro de México. Así se aprecia en las jambas y pilares que ornamentan el Castillo Viejo de Chichén Itzá (figura IV.23), donde un árbol con tronco y ramas sinuosos se encuentra lleno de flores y rodeado por pájaros y mariposas. Debajo de estas imágenes paradisiacas hallamos un texto jeroglífico repetitivo, que siempre dice *ubaah unikteʔ umam Lahchan Ahk'ab..., ch'ahoʔm, ajaw,* 'es la imagen de las flores del ancestro Lahchan Ahk'ab, "hueso en la nariz", varón, señor'. Peter Schmidt (†) y sus colaboradores proponen que se trata de representaciones del Paraíso Florido de carácter solar, donde los mayas creían que habitaban sus ancestros *(mam)* y abuelos *(mam),* incluido el gobernante Lahchan Ahk'ab.[202] Conviene reparar en que este mandatario fenecido lleva un nombre calendárico, situación más que atípica entre los mayas clásicos, pero habitual entre los chontales o putunes del oriente de Tabasco y del suroeste de Campeche, quienes transmitieron entre los mayas de aquella época diversos elementos culturales asociados con los nahuas y otras culturas de la Costa del Golfo. Ésa pudo ser una de las razones por la que el concepto del Árbol Florido ocupa el lugar del anterior árbol brillante adornado con joyas o Lem(?) Uh Teʔ.[203]

[199] Sheseña Hernández, "Apelativos y nociones...", *op. cit.,* pp. 68-69.

[200] Martin y Grube, *op. cit.,* p. 203; Felix A. Kupprat, "La memoria cultural y la identidad maya en el periodo Clásico: una propuesta de método y su aplicación a los casos de Copán y Palenque en el siglo VII d.C.", tesis doctoral, México, UNAM-FFyL-Posgrado en Estudios Mesoamericanos, 2015, pp. 123, 162-163 y 304. Véase antes la nota 161 de este capítulo.

[201] Chinchilla Mazariegos, "Los soberanos: la...", *op. cit.,* pp. 269-272.

[202] Peter Schmidt, David S. Stuart y Bruce Love, "Inscriptions and Iconography of Castillo Viejo, Chichen Itza", *The PARI Journal,* vol. IX, núm. 2, otoño de 2008, p. 7.

[203] No se trata del único ejemplo de yuxtaposición en el caso de este árbol, pues como observan Schmidt, Stuart y Love, *ibid.,* p. 9, durante la época novohispana el Árbol Florido de los ancestros

Como ya hemos visto, una entidad que aparece insistentemente en todas estas imágenes es el centípedo-serpiente descarnada, conocido en las inscripciones como Sak Baak Naah Chapaht, 'Ciempiés de la Casa de los Huesos Blancos'. La vimos aparecer no sólo conformando las fauces cóncavas de la cavidad o poza subterránea *way,* en forma de "U" (figuras IV.13, IV.17, IV.20 y IV.22), sino en las esquinas de la cueva de los ancestros y riqueza subterránea Yoʔhl Ahk, corazón de la Montaña Florida (figura IV.15). Es momento de ocuparnos un poco más de este ciempiés híbrido con serpiente, cuyas cabezas aparecen en las esquinas de unos medallones o cartuchos y que tienen la función de conducir el Sol al cielo (figura IV.24).[204] Las asociaciones solares e inframundanas de los ciempiés en la religión maya se reiteran en otra entidad que aparece muy frecuentemente en la escritura y la iconografía del periodo Clásico: Huk Chapaht Tz'ikiin K'inich, 'el Dios Solar que es Siete Escolopendra Ave Predadora', una deidad o epíteto del Astro Rey cuando emerge del inframundo al cielo;[205] atributos que se reiteran mediante la inclusión del número "siete" *(huk)* como parte de su nombre, que en tiempos antiguos se asociaba con el dios solar nocturno del inframundo.[206] Muchos siglos después, los mayas yucatecos de la época colonial creían en una pareja de ciempiés sobrenaturales, llamados K'áak' Neh Chapat ('Escolopendra Cola de Fuego') y Wuk Neh Chapat ('Siete Cola de Escolopendra'), identificados en el *Ritual de los Bacabes* con una enfermedad de fuego, viruela *(k'áak'),* erupción o úlceras, creada por el dios solar.[207]

Scherer nota que el medallón solar representado en el Vaso Trípode de Berlín (figuras IV.6 y IV.24a) se conforma en su mitad derecha por un creciente lunar, lo que interpreta como una evocación de la dualidad Sol-Luna, masculino-femenino.[208] Puesto que el cadáver amortajado que se representa en esa escena (figura IV.6) es el del dios mismo del maíz, supongo que dicho medallón solar que se eleva del interior de la Montaña Florida representa la naturaleza hermafrodita de la gramínea, pues las plantas que producen ese cereal tienen órganos reproductivos de ambos sexos. Una imagen tardía del

pudo haberse fusionado con el bíblico árbol de Jacob o Jesé, como se observa en el famoso árbol genealógico de la familia Xiu, véase Sergio Quezada y Tsubasa Okoshi, *Papeles de los Xiu de Yaxá, Yucatán: introducción, transcripción, traducción y notas,* México, UNAM-IIFL/Centro de Estudios Mayas/Plaza y Valdés Editores, 2001 (Fuentes para el Estudio de la Cultura Maya, 15), p. 51.

[204] Taube, "Maws of heaven...", *op. cit.*, pp. 411-413; "Flower Mountain. Concepts...", *op. cit.*, p. 79; Scherer, *Mortuary Landscapes of..., op. cit.*, p. 132; Stone y Zender, *op. cit.*, p. 153, destacan la asociación del ciempiés, el Sol y la guerra.

[205] Taube, "Maws of heaven...", *op. cit.*, pp. 409-413; Alexandre Tokovinine, "Reporte preliminar del análisis epigráfico e iconográfico de algunas vasijas del Proyecto Atlas Arqueológico de Guatemala, Dolores, Petén", *Reporte 20, Atlas Arqueológico de Guatemala,* Guatemala, Dirección General del Patrimonio Cultural y Natural, Ministerio de Cultura y Deportes, 2006, p. 370.

[206] Thompson, *Maya Hieroglyphic Writing..., op. cit.*, p. 134.

[207] Ralph L. Roys, *Ritual of the Bacabs,* Norman, University of Oklahoma Press, 1965, pp. 37-38, 154 y 160.

[208] Scherer, *Mortuary Landscapes of..., op. cit.*, pp. 61-62.

FIGURA IV.26. *Parte superior del reverso de la Estela 1 de Yaxchilán, Chiapas, México; dibujo de Alexandre Tokovinine, tomado de "Gifts to the Gods: Sacred and Sacrifice at Yaxchilan", cuaderno de trabajo para los talleres de escritura jeroglífica maya, en el marco de los Maya Meetings de la Universidad de Texas celebrados en Austin del 13 al 17 de enero de 2015, p. 2.*

mismo cartucho o medallón solar mitad blanco, mitad negro, que puede verse en el Vaso Trípode de Berlín (figura IV.24a), puede apreciarse en la llamada "Tabla de Eclipses" del *Códice de Dresde* (figura IV.25).[209] Contrario a otros ejemplos del llamado cartucho solar, el medallón no tiene en este caso cabezas del ciempiés o escolopendra *chapaht,* sino cuatro flores, sin duda para aludir al concepto del Mundo o Paraíso Florido de los ancestros, pero sobre todo al camino del Sol a través del cielo, concebido como una senda cubierta de flores.[210]

En los monumentos de Yaxchilán es relativamente frecuente encontrar retratos póstumos de los padres del gobernante en turno, en la parte superior de las escenas, que presumiblemente corresponde al área del cielo (figuras III.17 y IV.26). En la Estela 1 de Yaxchilán (figura IV.26) hallamos una barra ceremonial bicéfala cuyo cuerpo es una banda celeste que representa el cielo nocturno. En los extremos de la barra un par de deidades surgen de las fauces

[209] Véase Velásquez García, *Códice de Dresde. Parte 1…, op. cit.,* pp. 82-83.
[210] Véase Taube, "Maws of heaven…", *op. cit.,* p. 70.

abiertas de serpientes barbadas, que tienen estrellas en los ojos. Dichas deidades no son otras que los dioses patronos del linaje gobernante local: de la cabeza de ofidio izquierda emerge Tajal Wayaab (una advocación del dios solar), mientras que de la cabeza derecha surge Ajk'ahk' O' Chaahk (un aspecto bélico del dios de la lluvia).[211] Debajo de la banda celeste encontramos unos cartuchos ajedrezados que representan lluvia, así como un par de cabezas de ancestros o dioses ancianos con lágrimas bajo los ojos.

No obstante, la parte que más nos interesa se encuentra arriba de la banda celeste: en medio hallamos la imagen de Yajawte' Too'k' Ajaw, 'Señor Capitán de Pedernales',[212] cuyo rostro corresponde al dios solar, aunque usa el pectoral o collar de nudos de Chaahk.[213] Yajawte' Too'k' Ajaw se encuentra flanqueado a la izquierda por el *o'hlis* antropomorfo de la madre muerta del gobernante (contraparte sutil de su cuerpo-presencia), quien se halla dentro de un cartucho conformado por crecientes lunares, de cuyas cuatro esquinas emergen los colmillos y forcípulas del ciempiés cósmico. Sobre la cabeza de la señora se ubica una personificación del jeroglifo **EL** (figura IV.2b), que significa 'subir' o 'levantarse', en alusión tanto al oriente *(elk'in)* como seguramente a la fuerza calorífica que emana del Sol, pues el mismo logograma **EL** tiene la forma de un plato o incensario con el Astro Rey en su interior. La señora invoca a un par de dioses ancianos, quienes surgen de una barra bicéfala decorada con esteras, símbolo del poder. Ambas cabezas de la barra son de nueva cuenta las serpientes descarnadas con tenazas de ciempiés, que constituyen la entrada al inframundo, pero también son un medio para conducir al Sol al cielo.[214] A la derecha del dios Yajawte' Too'k' Ajaw podemos apreciar otro medallón con forcípulas de ciempiés en las cuatro esquinas; las paredes del medallón están decoradas con hachuelas pulidas, que son un símbolo de brillantez, probablemente para indicar que se trata de un cartucho solar. En el interior del cartucho o medallón se encuentra la imagen del padre fallecido del gobernante (su *o'hlis* antropomorfo), quien invoca a los mismos dioses ancianos conjurados por su esposa, númenes que salen de una barra ceremonial bicéfala idéntica a la de ella. El tocado del padre consiste en el mismo ciempiés solar, pero con tres nudos que simbolizan el sacrificio. Conviene reparar en que la posición corporal que adoptan tanto el padre como la madre fallecidos corresponden a lo que Salazar Lama denomina "postura de

[211] Véase García Barrios, "Chaahk, el dios...", *op. cit.*, pp. 320-332.

[212] La descripción iconográfica de la zona superior de esta estela fue formulada y discutida en el taller intitulado "Gifts to the Gods: Sacred and Sacrifice at Yaxchilan", impartido por Alexandre Tokovinine en el marco de "The 2015 Maya Meetings: 'Body and Sacrifice: New Interpretations in Maya Archaeology and Religion'", que tuvo lugar del 13 al 15 de enero de 2015 en el Thompson Conference Center de la University of Texas, en Austin.

[213] Véase García Barrios, "Chaahk, el dios...", *op. cit.*, pp. 96-98.

[214] Taube, "Maws of heaven...", *op. cit.*, pp. 411-413; "Flower Mountain. Concepts...", *op. cit.*, p. 79.

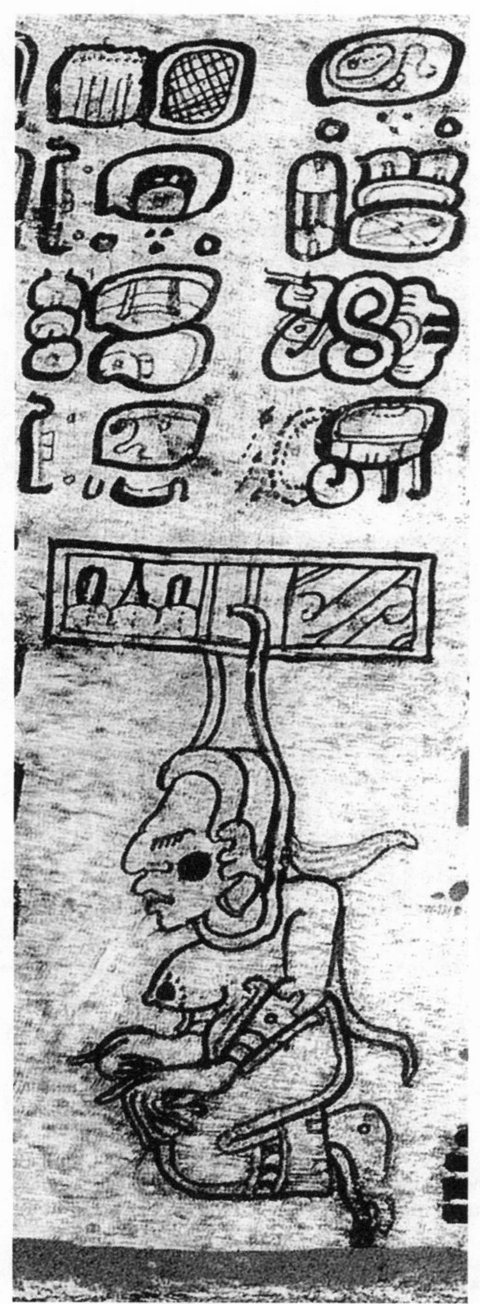

FIGURA IV.27. *Tabaay como diosa de los ahorcados, en la p. 53b del* Códice de Dresde; *tomada de Velásquez García,* Códice de Dresde. Parte 1…, op. cit., *p. 83.*

transfiguración",[215] sólo que en el caso de Yaxchilán los padres del mandatario sostienen entre sus brazos y manos la barra ceremonial bicéfala, mientras que en el caso de los gobernantes renacidos de Balamkú (figura IV.18), las extremidades superiores sólo adoptan la posición de sujetar la barra.

De acuerdo con Taube, dichos medallones o cartuchos solares sirven para conducir al Sol, cada amanecer, desde el inframundo hasta el cielo.[216] Aunque si somos muy atentos, podremos apreciar que existen dos tipos de medallones: los solares y los lunares. Ambos se asocian con el gran centípedo Sak Baak Naah Chapaht. Pero mientras que los cartuchos lunares se conforman por dos crecientes complementarias cuyas paredes pueden estar decoradas con una hilera de cuentas redondas (figuras IV.19a y IV.26), en los medallones solares la circunferencia del anillo no tiene interrupciones y puede estar ornamentada con hachuelas pulidas que representan luz o brillo (figuras IV.6, IV.19b, IV.24 y IV.26).

Como hemos visto ya, el habitáculo subterráneo donde reside el dios de la lluvia, depósito, centro o corazón de la Montaña Florida y bodega de las semillas corazones *o'hlis,* el Yo'hl Ahk (figura IV.15), es una cueva cuadrifolia con cuatro cabezas de ciempiés en sus esquinas. Pienso que dichas cabezas no sólo representan las fauces o tenazas de la escolopendra subterránea, en cuyo interior hay agua (figuras IV.13, IV.17, IV.20 y IV.22), sino que, en el caso del Yo'hl Ahk representado en el Altar de El Perú (figura IV.15), son una especie de prefiguración del ascenso del *o'hlis* al cielo oriental del amanecer. De hecho, Stuart[217] ha notado que en el cartucho solar de ancestro, representado en la parte superior de la Estela 3 de Yaxchilán, en el cielo, un pequeño texto jeroglífico señala que el alma antropomorfa del personaje fallecido lleva el título de *ajho' Jan Witz,* 'el de la Montaña de las Cinco Flores de Maíz', sitio mítico que, como vimos, se encuentra en el inframundo y es uno de los nombres de la cueva o lugar de origen de la humanidad. Ello puede significar que el *o'hlis* recién ascendido al cielo procede de ese lugar subterráneo.

Existen casos en donde los artistas mayas no tuvieron necesidad de plasmar los cartuchos o medallones solares con ciempiés para representar el tema de la apoteosis solar o lunar de los padres fallecidos (figura III.17). La convención que se sigue consiste simplemente en representar a los padres en la parte superior del monumento, para sugerir que están en el cielo; la madre ocupa el lugar de la izquierda, vestida con el *huipil* de cuentas tubulares de jade con diseño de red, propio de la diosa lunar,[218] y exhalando también por la nariz el hálito de la diosa selenita, con forma de serpiente. Por el contrario, el padre se representa a la derecha, obedeciendo al canon artístico

[215] Salazar Lama, "Los señores mayas...", *op. cit.,* pp. 177-178.

[216] Taube, "Maws of heaven...", *op. cit.,* pp. 411-413; "Flower Mountain. Concepts...", *op. cit.,* p. 79; Scherer, *Mortuary Landscapes of..., op. cit.,* p. 132.

[217] Citado por Taube, "Flower Mountain. Concepts...", *op. cit.,* pp. 80-81.

[218] Véase Dicey Taylor, "Painting Ladies: Costume for Women on Tepeu Ceramics", en Justin Kerr (ed.), *The Maya Vase Book,* vol. 3, Nueva York, Kerr Associates, 1992, pp. 513-525.

Figura iv.28. *El descenso de la semilla; p. 20b del* Códice de Dresde; *tomada de Velásquez García,* Códice de Dresde. Parte 1..., op. cit., *p. 53.*

de ubicar en ese lado de la composición las figuras principales.[219] El varón exhala por la nariz un ofidio con hocico doblado hacia arriba, en forma de greca o ángulo de 90° ("serpiente de nariz cuadrada") que, como veremos, representa la entidad anímica *k'ihn, k'ihnil* o hálito del dios solar.[220] Sus atributos quedan de manifiesto al usar el tocado de ciempiés o escolopendra, artrópodo que en la religión maya, como ya vimos, tiene fuertes conexiones con el fuego y el Sol del inframundo que asciende al cielo.

De acuerdo con López Austin, las semillas corazones puras que pertenecieron a los individuos o criaturas ascienden al cielo por tiempo indefinido, hasta que los dioses primordiales deciden injertarlas en el embrión de un nuevo individuo perteneciente a la misma especie, para recomenzar el ciclo.[221] El problema es que en el arte y la escritura maya no se habla del destino del *o'hlis* de las personas comunes y corrientes, sino tan sólo de los mandatarios, quienes ascienden al cielo por el oriente.[222] Este problema ya ha sido señalado por Chinchilla Mazariegos, quien nota que en los documentos de la época colonial y en las creencias mesoamericanas modernas el destino del alma de las personas dependía de la forma en que fallecían, pero que en el arte y las inscripciones mayas clásicas lo que predomina es el destino solar de los gobernantes, mientras que sus esposas se transfiguraban en la Luna y los

[219] Stephen D. Houston, "Classic Maya Depictions of the Built Environment", en Stephen D. Houston (ed.), *Function and Meaning in Classic Maya Architecture. A Simposium at Dumbarton Oaks, 7th and 8th October 1994,* Washington, Dumbarton Oaks Research Library and Collection, 1998, pp. 341-342; Velásquez García, "Los vasos de...", *op. cit.,* pp. 266-268.

[220] Véase Taube, "Maws of heaven...", *op. cit.,* pp. 427-428, 431, 433 y 438; "The Symbolism of...", *op. cit.,* p. 37.

[221] López Austin, "Modelos a distancia...", *op. cit.,* p. 81; Alfredo López Austin, comunicación escrita, 7 de marzo de 2017. Como dice Scherer, *Mortuary Landscapes of..., op. cit.,* p. 13, el alma viaja a una piscina subterránea, pero luego es reutilizada por otra persona.

[222] Taube, "Flower Mountain. Concepts...", *op. cit.,* pp. 72, 83 y 93. El Cielo es el lugar adonde iban los ancestros, luego de triunfar sobre las fuerzas del Inframundo y del olvido. Por ello, según Landa, p. 178, entre los mayas yucatecos del siglo xvi aún se conservaba la idea de que el gobernante y héroe cultural K'uk'ulkaan "se había ido al cielo con los dioses". Los ancestros deificados se van al cielo, véase Romero Sandoval, *El inframundo de..., op. cit.,* p. 56.

miembros más encumbrados de la jerarquía cortesana acompañaban a estos astros convertidos en estrellas. No se señalan otros destinos para el alma.[223] Ya he sugerido que en el mito quiché colonial del *Popol Vuh* el destino de Jun Junajpu' y de Wuqub Junajpu', quienes perdieron su vitalidad y sus nombres, pudiera ser el paradigma de lo que les espera a las criaturas ordinarias. En cambio, el triunfo y apoteosis de Junajpu' y Xbalanke' parece coincidir con lo que se creía que les pasaba a los gobernantes y otros hombres sabios y poderosos, quienes subían al Paraíso Florido del dios solar conservando sus identidades y sus nombres, gracias a que en vida habían acumulado tanta densidad del componente calorífico *k'ihn* o *k'ihnil,* que les bastaba para enfrentar los sufrimientos del helado inframundo. Macarena Soledad López Oliva cree que los gobernantes y sus esposas ya muertos mantenían aún en el cielo (figuras III.17 y IV.26) sus facultades de ancestros tutelares y consejeros, en virtud de que durante sus vidas mundanas fueron hombres-dioses.[224] Además, los ritos póstumos de fuego, así como el cinabrio o hematita rojos que les ofrendaban sus deudos vivos, entre otros elementos del culto funerario, parecen aumentar esa fuerza calorífica de los ancestros en caso de que se vaya debilitando.

De acuerdo con el *Popol Vuh,* luego de su triunfo sobre los tormentos del inframundo, Junajpu' y Xbalanke' "subieron en medio de la luz y al instante se elevaron al cielo. Al uno le tocó el sol y al otro la luna. Entonces se iluminó la bóveda del cielo y la faz de la tierra".[225] El *Título de Totonicapán* además agrega: "y llamaron 'un joven' al sol, y a la luna, 'una doncella'. Junajpú llamaron al sol, Xbalanquej a la luna".[226] Como ha observado tan acertadamente Florescano Mayet, la apoteosis de Junajpu' y Xbalanke' representa el origen de la vida terrestre organizada alrededor del cultivo del maíz, toda vez que fueron derrotadas las fuerzas de la oscuridad y comenzó el tiempo ordenado por los movimientos del Sol.[227]

Probablemente se creía que existían algunos seres que se liberan o toman un atajo en este proceso cíclico del alma corazón tras el fallecimiento por muerte natural. Son aquellos que se suicidan o expiran con violencia, pues su sufrimiento compensa los tormentos que tendría que sufrir su *o'hlis* en el más allá, alcanzando la gloria o apoteosis de forma directa.[228] Por ello, afirma

[223] Chinchilla Mazariegos, "Los soberanos: la...", *op. cit.*

[224] Macarena Soledad López Oliva, "Las personificaciones *('ub'aahil 'a'n)* de seres sobrenaturales entre los mayas de tierras bajas del Clásico", tesis doctoral, Madrid, Universidad Complutense de Madrid-Facultad de Geografía e Historia/Departamento de Historia de América y Medieval y Ciencias Historiográficas, 2018, p. 917.

[225] Recinos Ávila, *Popol Vuh. Las..., op. cit.*, pp. 258-259; véase también Craveri, *op. cit.*, p. 131.

[226] Robert M. Carmack y James L. Mondloch, *El Título de Totonicapán,* México, UNAM-IIFL/Centro de Estudios Mayas, 1983 (Fuentes para el Estudio de la Cultura Maya, 3), p. 174.

[227] Enrique Florescano Mayet, *¿Cómo se hace un dios? Creación y recreación de los dioses en Mesoamérica,* México, Taurus, 2016, pp. 165-166 y 176.

[228] López Austin, "De la racionalidad...", *op. cit.*, p. 16; "La concepción del cuerpo en Me-

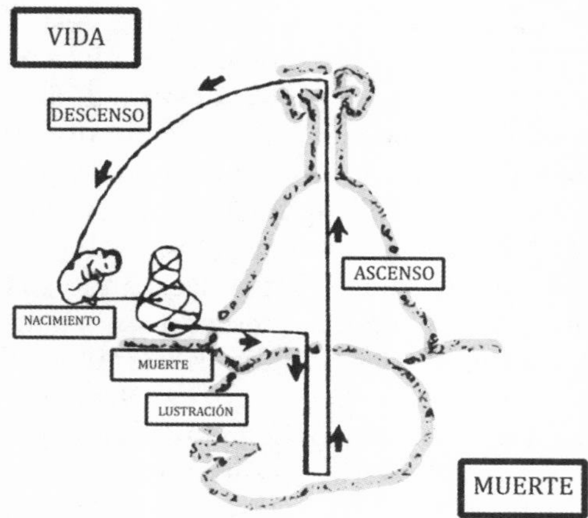

Figura iv.29. *Esquema que explica el ciclo de la vida humana, según Alfredo López Austin, "El dios en el cuerpo",* Dimensión Antropológica, *año 16, núm. 46, mayo-agosto de 2009, p. 22, fig. 4.*

Landa: "Decían también, y lo tenían por muy cierto, [que] iban a esta su gloria los que se ahorcaban; y así había muchos que con pequeñas ocasiones de tristeza, trabajos o enfermedades se ahorcaban para salir de ellas e ir a descansar a su gloria donde, decían, los venía a llevar la diosa de la horca que llaman Ixtab".[229] Una representación de aquella diosa de los ahorcados se encuentra en la página 53b del *Códice de Dresde,* donde recibe el nombre de Tabaay (figura iv.27).[230]

Indicios sobre su retorno a la tierra

El regreso de las almas corazones que por voluntad divina bajan del cielo y se reinjertan en el embrión de un nueva criatura perteneciente a la misma clase o especie es un proceso planteado con base en documentos del periodo colonial y en datos etnográficos modernos.[231] No obstante, los textos jeroglí-

soamérica", *Elogio del cuerpo mesoamericano, Artes de México,* núm. 69, 2004, p. 35. El dolor supremo del sacrificio, de la muerte en el parto o del suicidio, al parecer, podría haber sido una forma directa de ascender al cielo, logrando la apoteosis, sin pasar por los sufrimientos del inframundo, véase Romero Sandoval, *El inframundo de..., op. cit.,* p. 49; Vera Tiesler y Erik Velásquez García, "El dolor supremo purificante: conceptos del cuerpo y violencia ritualizada entre los antiguos mayas", *Estudios de Cultura Maya,* vol. XXXIV, de próxima aparición.

[229] Landa, *op. cit.,* p. 137.

[230] El texto jeroglífico que está sobre ella es aciago, pues en ese contexto parece referirse a un eclipse lunar, fenómenos temidos por los mayas: *sap k'al u[y]ik'[a]l kotz'at ti' U[h] lob Tab[aa]y ukabjiiy Ha'al Ka'an K'uh,* 'el lazo se estiró, la oscuridad se enrolló en la Luna, Tabaay mala, el Dios de la Lluvia del Cielo lo había supervisado', véase Velásquez García, *Códice de Dresde. Parte 1..., op. cit.,* pp. 76-77.

[231] Véase, por ejemplo, López Austin, "Modelos a distancia...", *op. cit.,* p. 81; Alfredo López

FIGURA IV.30. *Renacimiento de los antepasados del gobernante palencano K'ihnich Janaab Pakal I* (ca. *615-683). Izquierda: Ix Sak K'uk' (612-615 d.C.), como planta de cacao. Derecha: K'an Mo' Hiix (¿?), como árbol de nance. Lado norte del sarcófago del Templo de las Inscripciones de Palenque, Chiapas, México; dibujo de Merle Greene Robertson, tomado de Robertson,* The Sculpture of…, op. cit., *1983, lám. 174.*

FIGURA IV.31. *Detalle del Vaso Trípode de Berlín o K6547,* ca. *400-450 d.C. Museum für Völkerkunde de Berlín, Alemania. La nueva vida renace desde el inframundo de agua y huesos; los árboles o plantas de maíz se elevan hasta el Paraíso Florido; dibujo de Stephen D. Houston; tomado de Justin Kerr,* The Maya Vase Book, *vol. 6, Nueva York, Kerr Associates, 2000, p. 972.*

ficos y la imaginería de los mayas precolombinos no parecen ser muy elocuentes al respecto, sino por el contrario, equívocos o ambiguos,[232] aunque de momento tampoco pueden usarse para negar esta creencia. De tal forma que lo que diré a continuación sobre este tema debe tomarse como un acercamiento tentativo, que espera ser verificado mediante nuevos datos o argumentos, pues nos encontramos justo en el límite de nuestros conocimientos.

En la página 20b del *Códice de Dresde* se encuentra lo que tal vez es la única alusión conocida del descenso del *o'hlis,* que baja desde el cielo florido del dios solar para reiniciar el ciclo de la vida. En la imagen (figura IV.28) se encuentra el poco conocido Dios U, quien se sienta de cuclillas sobre una estera. El verbo jeroglífico no está descifrado, pero Nikolai Grube sospecha que se refiere al nacimiento (tal vez se lea *sih,* 'nacer').[233] El jeroglifo que Stuart lee hipotéticamente como *saak(?),* 'pepita de calabaza(?)', y Davletshin como *xaak(?),* 'retoño', pudiera aludir en este caso a uno de los aspectos o componentes del *o'hlis* (figura III.16). El texto ubicado sobre el Dios U podría leerse *sih(?) usak saak[i]l(?)/xaak[i]l(?) kele'm ch'ok ajaw,* 'la pepita(?)/retoño(?) blanco del príncipe fuerte nació(?)'.

Los otros dos enunciados carecen de viñeta acompañante, pero aluden a la bajada de dos dioses niños *(ch'ok):* Itzamna' y el señor de la muerte. En otro lugar me he preguntado si serán sus descensos desde el cielo, antes de nacer.[234] Una de las columnas de cuatro bloques jeroglíficos se lee *em[i] ch'ok Itzamna['] Kokaaj, saak[i]l(?)/xaak[i]l(?),* 'Itzamna' Kokaaj niño descendió, [el augurio son] pepitas(?)/retoños(?)', mientras que la otra columna dice lo siguiente: *em[i] ch'ok Kiimil[a]l, cham[a]l,* 'Kiimil niño descendió, [el augurio es] mortandad'. Resulta muy probable, por lo tanto, que este críptico pasaje aluda a la creencia en el descenso del alma corazón, que baja desde el cielo y se inserta dentro del pecho, pericardio o epigastrio de una criatura nonata, perteneciente a la misma clase o especie.

López Austin ha resumido este largo periplo del alma corazón en diferentes diagramas, semejantes al que muestro en la figura IV.29. El individuo expira o fallece. Cada uno de los componentes de su cuerpo tiene un destino diferente. Su esencia o entidad anímica corazón antropomorfa entra en un camino, que puede ser equiparado con la senda diaria del Sol[235] o anual de las

Austin, comunicación escrita, 7 de marzo de 2017. Según un pasaje del *Códice Florentino,* Libro IV, cap. XXXII, fol. 148v, López Austin (trad.): "nuestra madre, nuestro padre, Ometecuhtli, Omecíhuatl, [envían a los seres humanos] desde el lugar de los nueve pisos, desde el Lugar de la Dualidad", Alfredo López Austin, "La verticalidad del cosmos", *Estudios de Cultura Náhuatl,* vol. 52, julio-diciembre de 2016, p. 122, nota 6. Consultado en https://www.historicas.unam.mx/publicaciones/revistas/nahuatl/pdf/ecn52/1029.pdf.

[232] Véase lo que escribí en el capítulo anterior sobre el llamado Calco de Pasadena (figura III.18).

[233] Nikolai Grube, *Der Dresdner Maya-Kalender. Der vollständige Codex,* Friburgo de Brisgovia, Herder GmbH, 2012, p. 108.

[234] Velásquez García, *Códice de Dresde. Parte 1…, op. cit.,* p. 52.

[235] Taube, "Maws of heaven…", *op. cit.,* pp. 411-413 y 435-438; "Flower Mountain. Con-

semillas de maíz.[236] En las inscripciones mayas tal camino se denomina *bih*. El *oʔhlis* entra a la Montaña Florida a través de la cueva donde residen los ancestros de su linaje. A partir de ahí todo es agua. El alma, al parecer, experimenta una serie de sufrimientos que tienen como fin limpiarse de toda vivencia, personalidad y recuerdo terrenal. Son pesadillas o tormentos espirituales de ultratumba que pudieron obedecer —al menos en el caso del *oʔhlis* de los gobernantes— a paradigmas míticos que se ocultan detrás de algunas imágenes que hallamos pintadas en las vasijas, tema que no es nuevo, pero amerita ser reexaminado. Entre los quichés del siglo XVI tales paradigmas míticos se encuentran en el *Popol Vuh*. Cuando la entidad anímica esencial llega al noveno piso del inframundo lo habitual es que suceda la muerte definitiva del individuo, si bien el alma corazón sigue existiendo, pues es eterna y constituye una fracción de los dioses. Por ello, los corazones se identifican con los "padres-madres" de las criaturas.[237] Las semillas corazones son trasladadas del noveno piso inframundano a la cueva del Yoʔhl Ahk (figura IV.15), que probablemente es equiparable al <Tlalocan>. Desde ahí ascienden al cielo o paraíso solar a través de la montaña o del árbol cósmico o florido, usando la ruta del oriente. Permanecerán en ese éter celeste de flores y joyas flotantes (figura IV.21), hasta que por voluntad divina regresen a la tierra, para formar parte del cuerpo de otro individuo de la misma especie,[238] si bien el caso de los gobernantes parece haber sido algo diferente, pues su identidad sobrevive y cuando ascienden al cielo logran su apoteosis, equiparándose con el Sol y la Luna. Los que fallecieron por un dolor supremo (en el sacrificio, parto o suicidio) quizá ascendían al cielo sin pasar por ese periplo inframundano.

Es posible que los mayas hayan creído que también las almas que han experimentado la apoteosis regresen a la tierra a través de sus nietos *(mam)* que lleven el mismo nombre dentro de la línea dinástica. Martin y Grube opinan que las famosas imágenes labradas en los costados del gran sarcófago de Pakal (figura IV.30) simbolizan la creencia en "la resurrección y la vida después de la muerte", usando la metáfora de los árboles frutales.[239] Es probable que se trate de un lenguaje simbólico o figurativo, donde las almas corazones *oʔhlis* de los antepasados se homologan con los gérmenes de las

cepts...", *op. cit.;* "The Symbolism of...", *op. cit.*, pp. 42-43, 46-47; "At Dawn's Edge...", *op. cit.*, pp. 146-147.

236 López Austin, "De la racionalidad...", *op. cit.*, pp. 15-16; "El dios en el cuerpo", *Dimensión Antropológica*, año 16, núm. 46, mayo-agosto de 2009, p. 13.

237 Alfredo López Austin, "Los reyes subterráneos", en Nathalie Ragot *et al.*, *La Quête du Serpent à Plumes. Arts et religions de L'amérique Précolombienne. Hommage à Michel Graulich,* París, Brepols, 2011 (Bibliothèque de L'école des Hautes Études Sciences Religieuses, 146), p. 52.

238 López Austin, "La concepción del...", *op. cit.*, p. 39; "El dios en...", *op. cit.*, p. 21.

239 Martin y Grube, *op. cit.*, p. 160. Bernal Romero, "Árboles frutales y...", *op. cit.*, pp. 152, 162, 166 y 170, opina que no se trata de un fenómeno metafórico o simbólico, sino que los mayas efectivamente creían que los ancestros de los gobernantes renacían literalmente como árboles frutales en el mundo de los vivos, prodigando alimentos a la comunidad.

plantas que brotan o eclosionan de la tierra, tropo que al fin y al cabo compara la belleza y fragilidad de la vida humana con el ciclo de las plantas.[240] El tema de la regeneración vegetal seguro también se relaciona con la metáfora del cuerpo de Pakal, sepultado como una semilla, nutriendo a la tierra a través de su sacrificio final.[241] La identidad fitomorfa de cada una de estas plantas fue determinada por Alberto Ruz Lhuillier[242] y refinada años después por Linda Schele, Peter L. Mathews y Guillermo Bernal Romero: aguacate, cacao, guayaba, nance y zapote, entre otras especies propuestas.[243] Ello también puede enlazarse con el tema de los ancestros que siguen alimentando su descendencia,[244] quizá porque las almas de los muertos siguen coadyuvando de alguna manera en el crecimiento vegetal, además de que las osamentas son como semillas que sirven para regenerar las milpas,[245] idea que se aprecia en el Vaso Trípode de Berlín (figura IV.31), donde un vergel de plantas de maíz y hojas frondosas hunde sus raíces en el mundo de los muertos, región de agua y esqueletos. Chinchilla Mazariegos sostiene, sin embargo, una interpretación ligeramente diferente, pues afirma que mientras el alma de los gobernantes y sus esposas se homologa con el maíz y asciende al cielo transfigurada respectivamente como Sol y Luna, el destino de los huesos es dar origen a una progenie de gobernantes renacidos como árboles frutales.[246] Al fin de cuentas, los nutrientes que provienen de los huesos y de la descomposición de los cuerpos acaban por reciclarse en las plantas, alimento de los vivientes.

Ruz Lhuillier ya había detectado este proceso vital del alma humana desde la década de 1970 y lo llamó "metempsicosis" ("paso de las almas").[247] No obstante, este término resulta problemático, pues puede confundirse con la creencia en la "reencarnación", según el *karma* o los méritos alcanzados en una vida mundana previa. Pero tal como la he descrito, basado en López Austin, la idea mesoamericana difiere de la reencarnación en virtud de que lo que se incorpora en el cuerpo de un nuevo ser vivo es el alma prístina de su dios

[240] Scherer, *Mortuary Landscapes of…*, *op. cit.*, p. 56.

[241] Interpretación formulada por Simon Martin, citado por Stuart y Stuart, *op. cit.*, pp. 177 y 179.

[242] Ruz Lhuillier, *El Templo de…*, *op. cit.*, pp. 107-108.

[243] Schele y Mathews, *The Code of…*, *op. cit.*, pp. 119-122 y 124; Voss, *op. cit.*, p. 184. Bernal Romero, "Árboles frutales y…", *op. cit.*, p. 162, añade la novedad de que dichas especies comestibles se presentan en estado de hibridez con el amate, fibra vegetal de la que estaba hecha la banda de poder *huʔn* o *sak huʔn,* dando a entender que el alimento iba de la mano con el poder dinástico de los ancestros.

[244] Houston e Inomata, *op. cit.*, p. 211; De la Garza Camino, Bernal Romero y Cuevas García, *op. cit.*, p. 111.

[245] López Austin, *Tamoanchan y Tlalocan*, *op. cit.*, p. 132.

[246] Chinchilla Mazariegos, "Los soberanos: la…", *op. cit.*, p. 271.

[247] Ruz Lhuillier, *Costumbres funerarias de…*, *op. cit.*, pp. 19, 22, 26 y 31-32; la metempsicosis o transmigración implica la idea de que el alma reencarna en una serie sucesiva de cuerpos hasta alcanzar su liberación definitiva.

creador, sin experiencia o recuerdo alguno de la vida anterior.[248] Además, es importante destacar que la semilla corazón siempre se deposita en el pecho de otro individuo de la misma clase,[249] garantizando la continuidad e invariabilidad de cada especie,[250] otra característica que distingue a este creencia mesoamericana de la reencarnación, que supone la transmigración del ánima en otro animal superior o inferior, por lo cual un término más apropiado podría ser renacimiento o reciclamiento. Según esa concepción del cosmos, de orden creacionista, el mundo ha permanecido invariable desde que se materializó la forma de los primeros habitantes terrenales, de manera que "las especies prolongan sus cualidades esenciales pese a la sucesión de las generaciones".[251] Por ello, el aspecto primordial del ecúmeno en el momento del primer orto solar era idéntico que el actual. Una visión del devenir no sólo conservadora y ajena a cualquier tipo de evolucionismo, sino ahistórica en sentido estricto. Las ánimas corazones de cada especie otorgan una naturaleza que se concibe inmutable a lo largo del tiempo. Y aunque el pasado tiene una gran importancia para este tipo de culturas, el uso de su memoria es de tipo ahistórico, pues no tienen como propósito mostrar el devenir o la transformación, sino todo lo contrario: apelar a los ancestros y a sus tradiciones para asegurar la supervivencia del grupo y resistir al cambio.[252]

[248] López Austin cree que solamente pueden reencarnar en sentido estricto las almas corazones de los bebés que fallecieron antes de probar alimentos de maíz, pues desde el momento de probar los frutos de la tierra el hombre se convierte en un ser deudor, *Tamoanchan y Tlalocan*, *op. cit.*, p. 222.

[249] Uso "clase" en un sentido taxonómico general; no me refiero a clase social.

[250] *Ibid.*, p. 127; "El dios en...", *op. cit.*, pp. 13; "Los reyes subterráneos...", *op. cit.*, p. 52.

[251] López Austin, "La concepción del...", *op. cit.*, p. 28.

[252] Florescano Mayet, *¿Cómo se hace...*, *op. cit.*, pp. 21, 124 y 133.

V. LOS ALIENTOS DEL ÉTER FLORIDO

Los textos jeroglíficos que registran la muerte de los gobernantes mayas algunas veces revelan conceptos importantes sobre las concepciones anímicas prehispánicas. Una de las expresiones funerarias más recurrentes (figura v.1) fue identificada en 1963 por Tatiana A. Proskouriakoff,[1] quien desde entonces se percató de que hacía "referencia a la partida del espíritu". El verbo con el que se inician estas sentencias de fallecimiento consta de un signo con forma de ala (T76 del catálogo de Thompson) sobre otro con aspecto de concha (T575). Muchos años después Barbara MacLeod[2] encontraría la **sustitución fonética**[3] para descifrar el jeroglifo del ala en un bloque de la Escalera Jeroglífica de Copán: **k'a-a-yi**, *k'aʔayi,* lo que sugería que cuenta con el valor logográfico de **K'Aʔ**, palabra que adopta la estructura habitual de los **lexemas**[4] en los idiomas mayances: CVC (consonante-vocal-consonante). El hallazgo de MacLeod sería aprovechado por Stuart para conectar esta expresión con el **sintagma**[5] tzotzil colonial *ch'ay ik',* 'morir'.[6] No obstante, desde hace tiempo[7] se sabe que el jeroglifo del ala (T76) es un signo polivalente, pues además de tener el valor logográfico de **K'Aʔ** puede comportarse como un silabograma **ch'i** o **k'i**, cuyo origen acrofónico e icónico se encuentra en un ave desplegando sus alas para el vuelo: *k'iy,* 'desplegar, extender'.[8] Esta idea es consistente con las nociones mesoamericanas sobre la partida del espíritu, que

[1] Tatiana A. Proskouriakoff, "Historical Data in the Inscriptions of Yaxchilán, Part I", *Estudios de Cultura Maya,* vol. III, p. 163.

[2] Citado por Linda Schele y Matthew G. Looper, "Part 2. The Inscriptions of Quirigua and Copan", en *Notebook for the XXIth Maya Hieroglyphic Workshop at Texas,* Austin, The University of Texas Press, 1996, p. 41.

[3] Véase el glosario.

[4] *Idem.*

[5] *Idem.*

[6] Robert M. Laughlin y John B. Haviland, *The Great Tzotzil Dictionary of Santo Domingo Zinacantán. With Grammatical Analysis and Historical Commentary. Volume I: Tzotzil-English. Volume II: English-Tzotzil. Volume III: Spanish-Tzotzil,* Washington, Smithsonian Institution Press, 1988 (Smithsonian Contributions to Anthropology, 31), p. 197; véase David Freidel, Linda Schele y Joe Parker, *Maya Cosmos. Three Thousand Years on the Shaman's Path,* Nueva York, Quill William Morrow, 1993, p. 440, n. 16; Harri Kettunen, *Nasal Motifs in Maya Iconography. A Methodological Approach to the Study of Ancient Maya Art,* Helsinki, Academia Scientiarum Fennicia, 2006, p. 285.

[7] David Mora-Marín, *The Syllabic Value of Sign T77 as* **k'i**, Washington, Center for Maya Research, 2000 (Research Reports on Ancient Maya Writing, 46).

[8] David S. Stuart, "Spreading Wings: A Possible Origin of the **k'i** Syllable", *Mesoweb,* 2002. Consultado en https://www.mesoweb.com/stuart/notes/Wings.pdf.

FIGURA V.1. *Expresiones típicas de fallecimiento en las inscripciones mayas:* (**a**) *Estela 5 de Balakbal (C3), Campeche; dibujo de Nikolai Grube, cortesía del autor:* **K'Aˀ-yi**, k'aˀ[a]yi, *'se perdió';* (**b**) *Panel 5 de La Corona (C7-D7); dibujo de David S. Stuart:* **K'Aˀ-yi u-IK'-li**, k'aˀ[a]yi usak ik'[aa]l, *'su aliento blanco se perdió';* (**c**) *Dintel 27 de Yaxchilán (A2-B2), Chiapas. tomado de Graham y Von Euw,* Corpus of Maya…, op. cit., *p. 59:* **K'Aˀ-yi u**-T533-**SAK-IK'-li**, k'aˀ[a]yi u…k, [u]ik'[aa]l, *'su…, su aliento blanco se perdió'.*

algunas veces era concebida como un pájaro que abandonaba el pecho humano en medio de un dolor intenso.[9] De acuerdo con el epigrafista español Lacadena García-Gallo, el logograma de **K'Aˀ**, 'perderse' o 'acabarse', pudo originarse a finales del siglo IV (figura V.1a),[10] quizá como un reanálisis del ala extendida del ave, usada en este nuevo contexto especial de las expresiones de fallecimiento.

Lacadena García-Gallo[11] ha mostrado que a finales del siglo VI estas expresiones de fallecimiento incorporaron la novedad de un sujeto que acompaña al verbo *k'aˀ,* un componente anímico llamado *sak ik'aal,* 'espíritu blanco' o 'espíritu puro' (figura V.1b). En su conjunto, estos elementos forman una frase verbal de cambio de estado o movimiento *k'aˀayi*[12] *usak ik'aal,* 'el espíritu puro se perdió', que tiene cognados interesantes en tzotzil colonial y en chortí moderno,[13] donde *ch'ay ik'*[14] y *k'aˀpa musik'*[15] literalmente significan 'el aliento se terminó', 'su respiración se acabó' o 'su espíritu se perdió'.[16] No obstante, el verbo *k'aˀ* o su cognado *ch'ay* se encuentran muy extendidos en las lenguas mayances, llegando en raras ocasiones a adoptar sentidos como los de 'asolarse, destruirse, marchitarse, menguarse' o 'perecer':

[9] Jill Leslie McKeever Furst, *The Natural History of the Soul in Ancient Mexico,* Londres/New Haven, Yale University Press, 1995, p. 47.

[10] Lacadena García-Gallo, "Naturaleza, tipología y usos del paralelismo en la literatura jeroglífica", en Aurore Monod Becquelin *et al., Figuras mayas de la diversidad,* Mérida, UNAM-Centro Peninsular en Humanidades y Ciencias Sociales/Laboratoire D'ethnologie et de Sociologie Comparative, Laboratoire D'archeologie des Ameriques, 2010 (Monografías, 10), p. 74.

[11] *Ibid.,* p. 75.

[12] El verbo de cambio de estado o movimiento *k'aˀayi* podría analizarse como sigue: *k'aˀ-ay-i-ø,* perderse-MOV-TEM-3sA, 'él se perdió', véase Stephen D. Houston, "The Shifting Now: Aspect, Deixis, and Narrative in Classic Maya Texts", *American Anthropologist,* vol. 99, núm. 2, 1997, p. 296; Alfonso Lacadena García-Gallo y Søren Wichmann, "Harmony Rules and the Suffix Domain: A Study of Maya Scribal Conventions", *Revista Española de Antropología Americana,* núm. esp. 49, 2019, p. 204, tabla 3. Zender (citado por Kettunen, *op. cit.,* p. 286) opina que la vocal /*-i*/ del fonograma **-yi** (la concha T575) que normalmente acompaña a estas construcciones *(k'aˀayi)* fue reanalizada por los escribas mayas como su sufijo temático para verbos intransitivos de raíz (véase el glosario), abreviado TEM. El significado de todas estas abreviaturas usadas en las glosas morfológicas puede consultarse en el apartado "Nota sobre las nomenclaturas y las convenciones ortográficas usadas en este libro".

[13] Markus Eberl, *Muerte, entierro y ascensión. Ritos funerarios entre los antiguos mayas,* Mérida, UADY, 2005 (Tratados, 21), p. 43, opina que la continuidad temporal que se observa en otras expresiones jeroglíficas de muerte, como *chami,* 'él falleció', desde el periodo Clásico hasta los inicios de la época colonial, no se observa en los verbos *k'aˀayi,* 'se perdió'. No obstante, los ejemplos aducidos arriba de tzotzil colonial y chortí moderno desmienten esta afirmación.

[14] Laughlin y Haviland, *op. cit.,* p. 197.

[15] Kerry M. Hull, "Verbal Art and Performance in Ch'orti' and Maya Hieroglyphic Writing", tesis doctoral, Austin, The University of Texas at Austin, 2003, pp. 512-513; "An Abbreviated Dictionary of Ch'orti' Maya", Foundation for the Advancement of Mesoamerican Studies, Inc., 2005, p. 71. Consultado en http://www.famsi.org/reports/03031/03031.pdf.

[16] Véase también Kettunen, *op. cit.,* p. 286.

yucateco	*k'ahmal*	'marchitarse' (Barrera Vásquez, 1980: 363)
chortí	*k'a'*	*'finish, end'* (Wisdom, 1950: 612)
	k'aba'ar	*'finish, end, culmination, finished, ended'* (Wisdom, 1950: 612)
	k'abes	*'finish anything, bring to an end, complete'* (Wisdom, 1950: 612)
	k'abes takar	*'finish with, give up doing, cease with'* (Wisdom, 1950: 612)
	k'abix	*'finished, c????? [sic], stopped, worn-out, used up'* (Wisdom, 1950: 612)
	xichay/chayez	'perderse' (Hidalgo, 1989: 210)
	k'a'pa	'acabarse, terminarse' (Hull, 2005: 71)
	k'a'pa/k'api'x/k'apa	'terminarse, acabarse de' (Schumann Gálvez, s. f.: 23)
	k'a'pa musik'	'morirse' (Hull, 2005: 71)
	k'a'pa'r	'destino' (Hull, 2005: 71)
	k'a'pes	'terminar, acabar, arrasar' (Pérez Martínez *et al.*, 1996: 107)
tzotzil	*chay/lagh*	'perecer' (Hidalgo, 1989: 210)
	chayel	'pérdida o perdimiento' (Hidalgo, 1989: 210)
	ch'ay	'perder, echar' (Boot, basado en Haviland, 1997a: 11)
	ch'ay (vt)	'asolarse'/'desperdiciar'/'destruirse, disipar, menguar, perder algo' (Laughlin, 1988: 196)
	ch'ay (vi)	'acabarse o destruirse'/'asolarse'/'caer de alto'/'despoblarse'/'acabándose en guerra'/'destruirse'/'disfrazarse'/'faltar el que había venido a trabajar'/'perderse'/'perecer'/'rebotarse el color o tez'/'disiparse'/'perdida cosa'/'perecido'/'olvidar' (Laughlin, 1988: 196)
	ch'ay 'ik'	'morir'/'muerto del todo' (Laughlin, 1988: 197)
	ch'ayel	'perder, perderse' (Delgaty, 1964: 16)
	ch'ayem	'inconsciente' (Boot, basado en Haviland, 1997a: 11)
tzeltal	*chay*	'perderse' (Ara, 1986: 263)
	chabon	'acabarse' (Ara, 1986: 263)
tojolabal	*ch'aka*	'acabar, terminar, derrochar, despilfarrar' (Lenkersdorf, 1979-1: 105)
	ch'aka	'acabar, terminar' (Lenkersdorf, 1994: 263)
	ch'aki	'acabar, acabarse, terminar, consumarse' (Lenkersdorf, 1979-1: 106)

tojolabal	*ch'aki*	'acabarse, terminarse' (Lenkersdorf, 1994: 263)
	ch'aya	'perder, disipar, destruir' (Lenkersdorf, 1979-1: 107)
	ch'ayi	'perderse, quemarse, quebrar, perdido, morir' (Lenkersdorf, 1979-1: 108)
	ch'ayi	'perderse' (Lenkersdorf, 1994: 263)
	lom ch'aya	'disipar' (Lenkersdorf, 1979-2: 244)
jacalteco	*k'ay*	'perder' (Hecht, 1998: 52)
	k'ayni	'perder, gastar' (Hecht, 1998: 53)
	k'aynikanto	'perderse' (Hecht, 1998: 196)
	k'aytoj	'perder algo' (Hecht, 1998: 53)
mam	*k'at*	'momento de terminarse algo' (Maldonado Andrés, Ordóñez Domingo y Ortiz Domingo, 1986: 140)
	k'atpaj	'acabarse, terminarse' (Maldonado Andrés, Ordóñez Domingo y Ortiz Domingo, 1986: 141)
kekchí	*camsiinc*	'extinguir (la vida)' (Haeserijn, 1979: 431)

Con el paso del tiempo, los escribas del periodo Clásico añadieron otro sujeto (figura V.1c), que consta del signo T533. Este jeroglifo o signo no está cabalmente descifrado, aunque han existido algunos intentos de lectura, todos ellos tomando en consideración su habitual complemento fonético -**ki** (figura V.18a).[17] En mi opinión, la propuesta más viable por ahora es la de David S. Stuart, cuyos argumentos tuvo la gentileza de compartir conmigo[18] y el lector puede encontrar en el Apéndice C de este libro. Él opina que el jeroglifo T533 es un logograma o signo palabra que pudo haber tenido la lectura de *saak(?)*, 'semilla o pepita de calabaza(?)', elemento léxico que procede desde los arcanos tiempos del protomaya y que se encuentra ampliamente distribuido en varias lenguas de la familia lingüística mayance, como puede advertirse en la siguiente lista:

protomaya	**sakiil*	'pepita de ayote' (Kaufman y Norman, 1984: 130)
	**saki:l*	*'squash (seed)'* (Campbell, 1988: 8)
	**sakiil*	'pepita de ayote' (Kaufman y Justeson, 2003: 1125)
huasteco	*dhakpen*	'pepita de calabaza' (Quirós, 2013 [1711]: 219, n. 9)
	zacpen	'pepita de calabaza' (Tapia Zenteno, 1985 [1767]: 91)
yucateco	*çiicil*	'pepitas de calabazas' (Acuña Sandoval, 1993: 514)
	zicil	'pepitas de calabaza' (Pérez Bermón, 1877: 418)
	sik	'tripa de calabaza' (Barrera Vásquez, 1980: 728)

[17] Véase el Apéndice C de este libro.

[18] Correspondencia enviada el 24 de julio de 2015.

yucateco	*siik*	'la tripa y semilla de la calabaza, melonete' (Barrera Vásquez, 1980: 728)
	sikil	'pepitas de calabaza' (Barrera Vásquez, 1980: 728)
	zicil	'pepitas de calabaza' (Arzápalo Marín, 1995: 169)
	zic-il	'pepitas de calabaza' (Swadesh, Álvarez Lomelí y Bastarrachea Manzano, 1991: 124)
	sikil	'semilla de calabaza, pepita' (Bastarrachea Manzano, Yah Pech y Briceño Chel, 1998: 117)
	sìikil/sikil	*'pie-pan squash sedes. Curcubita moschata'* (Bricker, Po'ot Yah y Dzul de Po'ot, 1998: 245)
	sikil	'semilla de calabaza, pepita' (Martínez Huchim, 2008: 222)
	sikil	'semilla de calabaza' (Pérez Navarrete, 2009: 168)
	sikil	'pepita' (Máas Collí, 2013: 37)
itzá	*sikil*	'pepitoria. *Curcubitaceae. Curcubita pepo,* C. Hofling y Tesucún, 2000: 529)
mopán	*sikil*	'pepita de ayote' (Kaufman y Justeson, 2003: 1125)
	sikil	'pepita de ayote, semilla de ayote, pepitoria' (Hofling, 2011: 385)
protocholano	**säkil*	'pepita de ayote' (Kaufman y Norman, 1984: 130)
	**säkil*	*'squash seed'* (Kaufman y Justeson, 2003: 1125)
chontal de Acalan	*çacil*	'pepitas' (Smailus, 1975: 165)
	säkil	'pepita de ayote' (Kaufman y Norman, 1984: 130)
choltí	*çaquil*	'pepita de ayote' (Morán, 1935 [1625]: 49)
	sakil	'pepita de ayote' (Kaufman y Norman, 1984: 130)
chortí	*sakir*	*'white seed or kernels, any kind of small white objects'* (Wisdom, 1950: 625)
	usakirir e ch'um	*'pumpkin seeds'* (Wisdom, 1950: 625)
	sakir	'pepita de ayote' (Pérez Martínez *et al.,* 1996: 179)
	sakir	'pepita de ayote' (Kaufman y Justeson, 2003: 1125)
	sakir	'pepita, semilla de ayote' (Hull, 2005: 99)
	sakir	'semilla de calabaza' (Schumann Gálvez, s. f.: 38)
tzotzil	*sakil*	*'unattested lowland squash'* (Laughlin, 1975: 304)
	saquil	'semillas de calabaza' (Hurley Vda. de Delgaty y Ruiz Sánchez, 1978: 109)
motozintleco	*saki:l*	*'squash (seed)'* (Campbell, 1988: 8)
	saqi:l	'pepita de ayote' (Kaufman y Justeson, 2003: 1125)
tuzanteco	*saqi:l*	'pepita de ayote' (Kaufman y Justeson, 2003: 1125)
acateco	*sachil*	'pepita de ayote' (Kaufman y Justeson, 2003: 1125)

kanjobal	*sachil*	'pepita de ayote' (Kaufman y Justeson, 2003: 1125)
tojolabal	*sakil*	'semilla de cum' (Lenkersdorf, 2004 [1979]: 609)
chuj	*sakil*	*'squash (seed)'* (Campbell, 1988: 8)
	sakil	'pepita de ayote' (Kaufman y Justeson, 2003: 1125)
mam	*xhchil*	'pepita de ayote' (Kaufman y Justeson, 2003: 1125)
teco	*schil*	'pepita de ayote' (Kaufman y Justeson, 2003: 1125)
aguacateco	*xhchil*/ *skil*	'pepita de ayote' (Kaufman y Justeson, 2003: 1125)
ixil	*sachil*	'pepita de ayote' (Kaufman y Justeson, 2003: 1125)
kekchí	*saquil*	'pepita de ayote' (Sedat, 1955: 137, 247)
	sakil	'pepita de ayote' (Kaufman y Justeson, 2003: 1125)
uspaneco	*skil*	'pepita de ayote' (Kaufman y Justeson, 2003: 1125)
pocomam	*sikiil*	'pepita de ayote' (Kaufman y Justeson, 2003: 1125)
protoquicheano	**sakil*	*'squash (seed)'* (Campbell, 1988: 8)
quiché	*zaquil*	'pepitas de ayote o calabaza' (Basseta, 2005: 540)
quiché	*zaquil*	'pepitas de calabaza o melón' (Ximénez, 1985: 639)
	zaqil	*'ayote seeds'* (Edmonson, 1965: 159)
	sakil	'pepita de ayote' (Kaufman y Justeson, 2003: 1125)
sipacapa	*skil*	'pepita de ayote' (Kaufman y Justeson, 2003: 1125)
cakchiquel	*çaquil*	'pepita del melón, ayote, calabaza' (Coto, 1983: 409)
	zaquil	'pepitas de calabaza o melón' (Ximénez, 1985: 639)
	sakil	'pepita de ayote' (Kaufman y Justeson, 2003: 1125)
tzutuhil	*zaquil*	'pepitas de calabaza o melón' (Ximénez, 1985: 639)
	sakiil	'pepita de ayote' (Kaufman y Justeson, 2003: 1125)

Conviene remarcar que el jeroglifo T533 (figura III.16) no está descifrado, y que la lectura de *saak(?)*, 'pepita(?)', es sólo una hipótesis que podría descartarse si en el futuro se descubre algún ejemplo que nos indique con qué sonido silábico comenzaba ese logograma. Por esa razón, Albert Davletshin ha propuesto más recientemente otra lectura hipotética, que no se puede descartar: **XAK**?, *xaak(?)*, 'brote, capullo' o 'retoño'.[19] Pese a carecer de una lectura confirmada, se puede averiguar algo más sobre la naturaleza del T533 si analizamos los contextos iconográficos donde suele aparecer, que aunque no nos brindan la lectura fonética que tuvo en el pasado, sí nos aclaran bastante sobre los atributos del componente anímico que representaba. No obstante, antes de continuar con ello, es preciso recordar que en el Zoomorfo G de Quiriguá (figura IV.3) ambos componentes anímicos, el *sak ik'aal* (figuras III.15 y V.1b) y el T533 o probable *saak(?)/xaak(?)* (figuras III.16 y V.1c), no se pierden, sino entran en una cueva *(akuul tuun)*, la cual constituye la primera

[19] Comunicación personal, 25 de octubre de 2021.

parada del *oʔhlis* antropomorfo y emancipado del cuerpo en su periplo de reciclamiento, siguiendo la senda solar. Ello sugiere que una parte de estos componentes o hálitos se disipa o pierde *(k'aʔ)* tras el fallecimiento, mientras que otra viaja al inframundo (*ochbih,* 'entrada al camino'), aunque seguramente también había una porción que se quedaba con o en los huesos. Otra posibilidad es que la expresión *k'aʔayi,* 'se perdió' o 'se acabó' (figura v.1a), tal vez no signifique que el T533 se disipe en la atmósfera al salir por la boca tras el fallecimiento, sino simplemente que sale del continente carnal para viajar a la cueva de la Montaña Florida y al mundo acuático subterráneo, por ser un aspecto del *oʔhlis.*

Por otra parte, Eberl[20] ha observado un pasaje jeroglífico interesante, que procede de uno de los escalones del edificio 9N-82 de Copán, apodado Las Sepulturas. En él se registra la muerte del 12° gobernante local (K'ahk' Uti? Witz' K'awiil, 628-695 d.C.) de la siguiente manera: **K'A?** **u-SAK**-T533 **sa-ta-ja IK'**, *k'aʔ[ay]i usak ..., sa[h]taj ik'[aal],* 'el "T533" blanco se acabó, el espíritu fue perdido'. Si aceptáramos que el signo T533 efectivamente se lee *saak(?),* 'pepita de calabaza(?)', la traducción de este ejemplo al castellano quedaría más clara y fluida: 'la pepita(?) blanca se disipó, el espíritu fue perdido'. La cadencia que se observa en esta frase obedece a que el escriba empleó la repetición de estructuras gramaticalmente equivalentes. Lo que a mí me parece relevante de este ejemplo de Copán es que equipara el verbo de cambio de estado o movimiento *k'aʔ[ay]i* con el pasivo *sa[h]taj,*[21] comprobando que son semánticamente parecidos, pues mientras que *k'aʔ* significa 'perderse, acabarse' o 'terminarse', *sat* vale simplemente por 'perder'.

[20] Eberl, *op. cit.,* p. 58.

[21] El uso de dos formas verbales gramaticalmente discordantes, en este caso un pasivo *(sahtaj)* antecedido de una expresión de cambio de estado o movimiento *(k'aʔayi),* es otra figura retórica que recibe el nombre de enálage o translación, véase Lacadena García-Gallo, "Naturaleza, tipología y...", *op. cit.,* p. 62. Por otra parte, yo pienso que en esa frase de Copán también existe un caso de hipérbaton, recurso literario que consiste en la modificación intencional de algunos elementos sintácticos, con fines ornamentales y para imprimir énfasis, véase Alfonso Lacadena García-Gallo, "Syntactic Inversion (Hyperbaton) as a Literary Device in Maya Hieroglyphic Texts", en Kerry M. Hull y Michael D. Carrasco (eds.), *Parallel Worlds. Genre, Discourse, and Poetics in Contemporary, Colonial, and Classic Period Maya Literature,* Boulder, University Press of Colorado, 2012, pp. 45-71. Veo este recurso en el hecho de que en esa frase de Copán el adjetivo *sak,* 'blanco', antecede al jeroglifo T533 ("pepita[?])", y no como es habitual, al sustantivo *ik'aal,* 'espíritu'. La relación gráfica tan íntima que existe entre ambos jeroglifos (el T58 de "blanco" y el T533 de la supuesta "pepita(?)" o "brote(?)", véase el Apéndice C de este libro), ha conducido a varios mayistas; por ejemplo, Eberl, *op. cit.,* pp. 57-60; James Fitzsimmons, *Death and the Classic Maya Kings,* Austin, University of Texas Press, 2009 (The Linda Schele Series in Maya and Pre-Columbian Studies), pp. 28-30; Andrew K. Scherer, *Mortuary Landscapes of the Classic Maya. Rituals of Body and Soul,* Austin, University of Texas Press, 2015 (The Linda Schele Series in Maya and Pre-Columbian Studies), pp. 57 y 60, incluyéndome a mí mismo en el pasado, a considerar erróneamente que el jeroglifo T533 también adquiere en esos contextos el adjetivo de *sak,* 'blanco'.

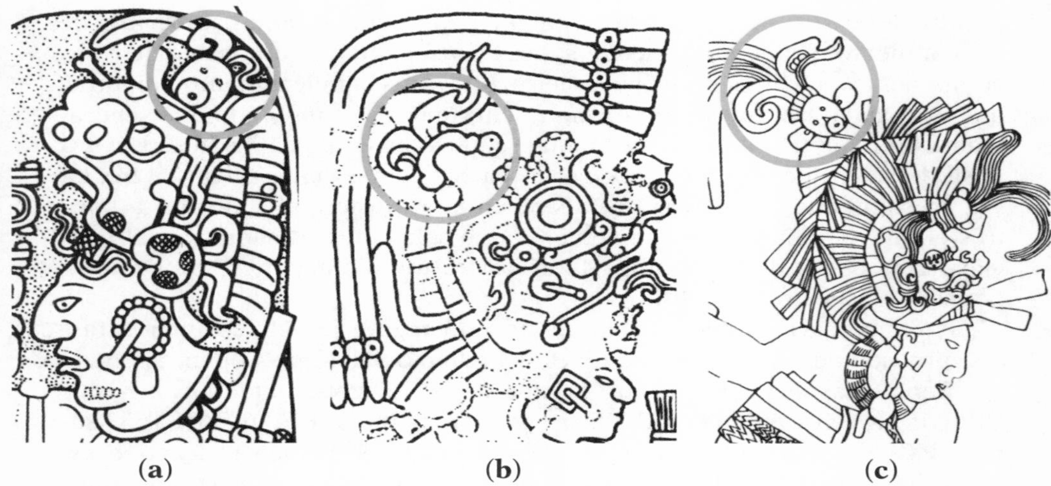

FIGURA V.2. *Signo de la "pepita(?)" o "brote(?)", o T533 con volutas, emitido de las cabezas de personificadores:* (**a**) *Estela 33 de Naranjo, Petén, Guatemala, tomada de Graham,* Corpus of Maya..., *1978, p. 87;* (**b**) *Estela 1 de Ixkún, Petén, Guatemala, tomada de Ian Graham,* Corpus of Maya Hieroglyphic Inscriptions, *vol. 2, part. 3. Ixkun, Ucanal, Ixtutz, Naranjo, Cambridge, Harvard University-Peabody Museum of Archaeology and Ethnology, 1980, p. 139;* (**c**) *Panel de Jugador de Pelota 2 de La Corona, Petén, Guatemala; dibujo de autor desconocido.*

EL SIGNO T533 Y SUS CONTEXTOS ICONOGRÁFICOS

Dejando por un momento la epigrafía y entrando al terreno de las imágenes, podemos apreciar que el logograma T533 (probable "pepita de calabaza"[?] o "brote"[?]) suele aparecer sobre las cabezas (figura V.2) de varios gobernantes mayas cuando están personificando a dioses u otros seres sobrenaturales. En tales ocasiones se encuentra acompañado por dos volutas divergentes, que Taube[22] ha identificado como exhalaciones de sustancias etéreas, tales como aire, aliento o aroma. Algunas veces una de las volutas se asemeja a una hoja

[22] Karl A. Taube, "Maws of heaven and hell: the symbolism of the centipede and serpent in classic Maya religion", en Andrés Ciudad Ruiz, Mario Humberto Ruz Sosa y María Josefa Iglesias Ponce de León (eds.), *Antropología de la eternidad: la muerte en la cultura maya,* Madrid, Universidad Complutense-Facultad de Geografía e Historia-Departamento de Historia de América II (Antropología de América)-Sociedad Española de Estudios Mayas/UNAM-IIFL/Centro de Estudios Mayas, 2003 (Publicaciones de la Sociedad Española de Estudios Mayas, 7), p. 419.

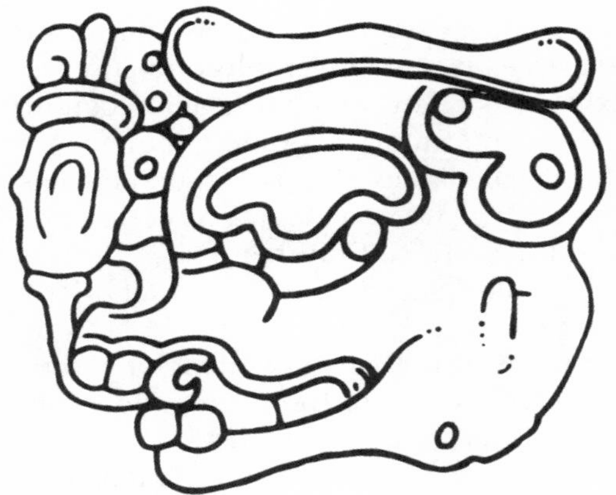

FIGURA V.3. *Ornamento de concha grabado con la imagen de un cráneo exhalando el signo T533 con volutas; dibujo basado en el catálogo de Sotheby's New York; sale 7321, "Pre-Columbian Art" Lot 384; 1999. 141, tomado de Houston, Stuart y Taube,* The Memory of..., op. cit., *p. 146.*

tierna de maíz, elemento que suele incluir una fila de tres puntos encapsulados e infijos.[23]

Un ornamento de concha sin procedencia conocida (figura V.3) contiene la imagen de un cráneo zoomorfo —al parecer de perro— de cuya boca surge nuevamente el signo T533 con volutas,[24] como si fuera humo o vapor de agua, lo que sugiere la misma relación con la muerte que se encuentra atestiguada en los textos jeroglíficos. El hecho de que este objeto sea de concha quizá no es fortuito, pues Houston contempla "la posibilidad de que las conchas hubiesen personificado el aliento vital de los ancestros, quizá porque el agua de donde proceden constituye un espacio liminar",[25] inframundano o anecuménico.

Otra interesante aunque mal comprendida frase de fallecimiento aparece escrita en el vaso de ónix K4692 (figura V.4). Los sujetos de esta expresión de muerte son el T533 (**SAK**?, *saak[?],* 'pepita[?]' o **XAK**?, *xaak[?],* 'brote') y el hálito de la respiración *sak ik'aal,* pero también se encuentra un cartucho jeroglífico de transliteración **u-ti-si**, que ha sido objeto de múltiples especulaciones. Por ejemplo, Eberl[26] sugiere que se refiere a una exhalación *tis,* 'flatulencia', misma que está poseída en tercera persona del singular: *utis,* 'su flatulencia'. También sugiere que puede ser el equivalente maya clásico de la entidad anímica *iʔiiyootl* o *<ihíyotl>,* estudiada por López Austin.[27] Semejante

[23] Véase Herbert J. Spinden, *A Study of Maya Art. Its Subject Matter and Historical Development,* Nueva York, Dover Publications, Inc., 1975 [1913], p. 89.

[24] Véase Stephen D. Houston, David S. Stuart y Karl A. Taube, *The Memory of Bones. Body, Being, and Experience among the Classic Maya,* Austin, University of Texas Press, 2006, p. 145.

[25] La traducción es mía, Stephen D. Houston, "Living waters and wondrous beast", en Daniel Finamore y Stephen D. Houston (eds.), *Fiery Pool. The Maya and the Mythic Sea,* Salem, Peabody Essex Museum, 2010, p. 78.

[26] Eberl, *op. cit.,* p. 54.

[27] Véase Alfredo López Austin, *Cuerpo humano e ideología. Las concepciones de los antiguos nahuas,* vol. I, 3ª ed., México, UNAM-IIA, 1989 (Serie Antropológica, 39), pp. 257-262; McKeever

postura adopta Fitzsimmons.[28] No obstante, considero que faltan más datos para sustentar esa conjetura, ya que éste es el único ejemplo que conozco donde *tis* se encontraría en un contexto que sugiere su identificación con un componente anímico. Por su parte, Houston, Stuart y Taube[29] contemplan este pasaje como el contraste entre dos exhalaciones corporales, una enlazada con el cielo (de aroma dulce y origen oral) y otra con el inframundo (fétida y de procedencia anal). Una idea semejante sostiene Kettunen.[30]

Un poco después, Lacadena García-Gallo[31] sugirió que el cartucho jeroglífico **u-ti-si** debe ser interpretado como un lexema *ut,* 'rostro', el cual requiere del sufijo de posesión inalienable /*-is*/ que ya hemos mencionado en este libro, puesto que se encuentra en estado absoluto (no acompañado por pronombres posesivos).[32] Si ello es así, la interpretación correcta de este pasaje no apoya la hipótesis de que las flatulencias hayan sido concebidas como manifestaciones de una fuerza anímica, pero sí que las exhalaciones vitales T533 *(saak[?]/xaak[?])* y *sak ik'aal* se asociaban con la cara o que pudieron haberse liberado tras la muerte a través de una abertura que se encuentra en el rostro, posiblemente la boca. Ello las convertiría en dos vahos que pueden ser manifestaciones del aliento vital.[33] Debido a lo anterior, propongo el siguiente análisis epigráfico completo de este pasaje escrito en el vaso de ónix K4692:

K'A$^{?}$-yi u-T533-**SAK-IK' u-ti-si CHAN-AK HIX-WITZ-AJAW-wa ba-ka-ba**
k'a$^{?}$[a]yi usaak(?)/xaak(?) [u]sak ik'[aal] utis Chan Ahk, Hiix Witz ajaw, ba[ah] kab k'a$^{?}$-ay-i-ø u-saak(?)/xaak(?) u-sak ik'-aal ut-is Chan Ahk, Hiix Witz ajaw, baah kab perderse-MOV-TEM-3sA 3sE-pepita(?)/brote(?) 3sE-blanco viento-DER rostro-IN Chan Ahk, Hiix Witz señor primero tierra[34]

'la pepita(?)/brote(?), el aliento blanco del rostro de Chan Ahk, señor de Hiix Witz, príncipe de la tierra, se perdió'

Furst, *op. cit.,* pp. 139-183; Roberto Martínez González, "El *ihiyotl,* la sombra y las almas-aliento en Mesoamérica", *Cuicuilco,* vol. 13, núm. 38, 2006, pp. 180-185.

[28] Fitzsimmons, *op. cit.,* pp. 30-31, 37 y 43-44.

[29] Houston, Stuart y Taube, *The Memory of…, op. cit.,* p. 143.

[30] Lacadena García-Gallo, *op. cit.,* p. 292.

[31] Comunicación personal, 26 de noviembre de 2008.

[32] Véase Marc U. Zender, "On the Morphology of Intimate Possession in Maya Languages and Classic Mayan Glyphic Nouns", en Søren Wichmann (ed.), *The Linguistics of Maya Writing,* Salt Lake City, The University of Utah Press, 2004, p. 202.

[33] McKeever Furst, *op. cit.,* p. 180.

[34] El significado de todas estas abreviaturas usadas en las glosas morfológicas puede consultarse en el apartado "Nota sobre las nomenclaturas y las convenciones ortográficas usadas en este libro".

Figura v.4. *Expresión de muerte que se encuentra en el vaso de ónix K4692. Dibujo de David Matsuda, tomado del archivo fotográfico de Kerr. Consultado en http://research.mayavase.com/kerrmaya_hires.php?vase=4692.*

Pero además de ser emitido por la boca *(tiˀis)* o por el rostro *(utis)*, el mismo jeroglifo T533 con volutas surge también de la coronilla de entidades sobrehumanas, como en los casos de los llamados Dioses Remeros (figura v.5a), de la deidad del relámpago Yopaat (figura v.5b) y del Jaguar del Inframundo (figura v.5c). De la mano izquierda de este último pende una combinación del signo del 'aliento blanco' *(sak ik'aal)* con el T533, más las volutas divergentes que aluden al aire, aliento o aroma. Cabe advertir que muchos de los ejemplos del T533 asociados con la cabeza de los dioses tienen lugar en el contexto liminar de finales de periodo, donde los númenes son conjurados y nacen de las barras de serpientes bicéfalas.[35] En el caso de los Dioses Remeros, ellos en sí mismos son señores de los crepúsculos y de otros momentos de paso.[36]

El signo T533 con volutas o espirales de aliento también puede ser emitido del extremo de la cola en el caso de felinos (figura v.6a-c) y de serpientes sobrenaturales (figura v.6d) que se encuentran representados en escenas del inframundo maya. Un caso extremo es el que se muestra en la vasija K4118 (figura v.6c), donde una advocación especial del Jaguar del Inframundo (Uxteˀ Haˀ) es arrollada por una piedra,[37] al tiempo que externa tanto de la cabeza como de la cola el signo T533 con volutas, en probable señal de muerte

[35] Véase Spinden, *op. cit.*, pp. 49-50; Mercedes de la Garza Camino, *El universo sagrado de la serpiente entre los mayas*, México, UNAM-IIFL/Centro de Estudios Mayas, 1984, pp. 294-301; Linda Schele y Mary E. Miller, *The Blood of Kings, Dynasty and Ritual in Maya Art*, Nueva York/Fort Worth, George Braziller, Inc./Kimbell Art Museum, 1986, pp. 183-184; Flora S. Clancy, "The Classic Maya Ceremonial Bar", *Anales del Instituto de Investigaciones Estéticas*, núm. 65, 1994, pp. 7-45.

[36] Véase Erik Velásquez García, "Los Dioses Remeros mayas y sus posibles contrapartes nahuas", en Laura van Broekhoven *et al.*, *The Maya and their Neighbours. Internal and External Contacts Through Time. Proceedings of the 10th European Maya Conference. Leiden, December 9-10, 2005*, Markt Schwaben/Verlag Anton Saurwein, 2010 (Acta Mesoamericana, 22).

[37] Véase Linda Schele y Peter L. Mathews, *The Code of Kings. The Language of Seven Sacred Maya Temples and Tombs*, Justin Kerr y Macduff Everton (fotografías), Nueva York, Touchstone, 1998, pp. 148-149.

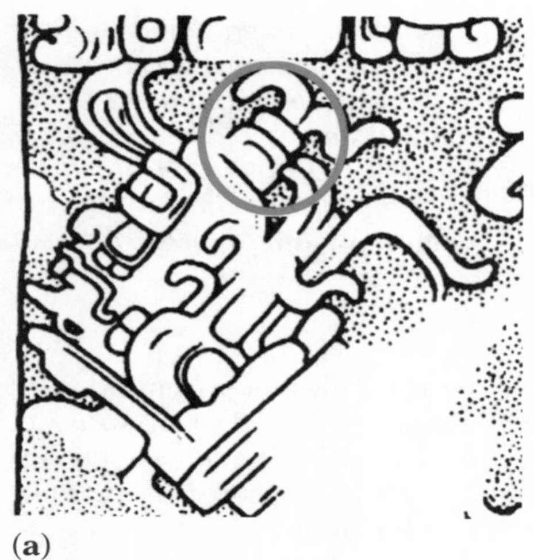

(**a**)

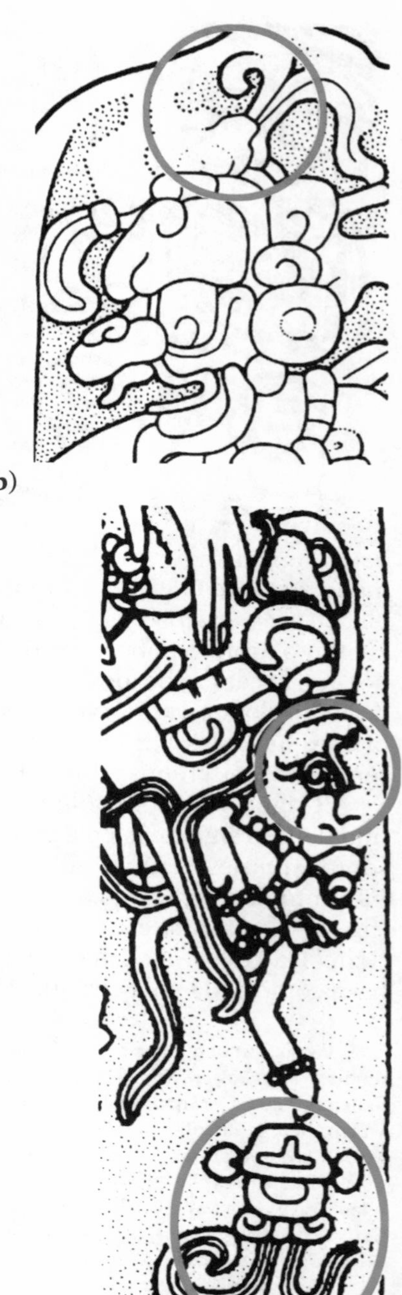

(**b**)

(**c**)

FIGURA V.5. *Signo T533 con volutas o espirales, emitido de las cabezas de deidades:* (**a**) *Estela 20 de Cobá, Quintana Roo, México, tomada de Ian Graham y Eric von Euw,* Corpus of Maya Hieroglyphic Inscriptions, *vol. 8, part. 1. Cobá, Cambridge, Harvard University-Peabody Museum of Archaeology and Ethnology, 1997, p. 60;* (**b**) *Estela 9 de Oxpemul, Campeche, México; dibujo de Nikolai Grube, cortesía del autor;* (**c**) *Estela 1 de Caracol, Belice, tomada de Carl P. Beetz y Linton Satterthwaite,* The Monuments and Inscriptions of Caracol, Belize, *Filadelfia, University of Pennsylvania-The University Museum, 1981 (University Museum Monograph, 45), fig. 1.*

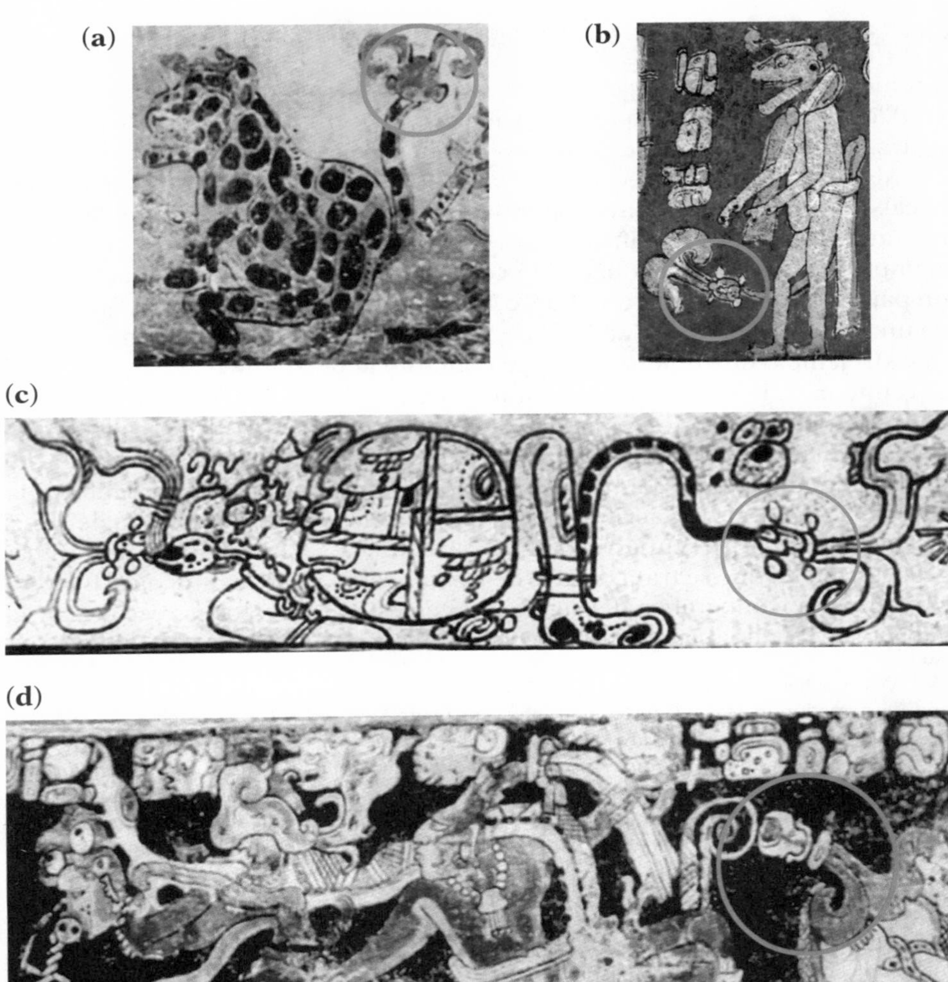

FIGURA V.6. *Signo T533 con volutas o espirales, en el extremo de la cola de dioses y naguales* wahyis: (**a**) *detalle del vaso K681; fotografía de Justin Kerr, tomada del archivo fotográfico de Kerr, consultado en http://research.mayavase.com/kerrmaya_hires.php?vase=681;* (**b**) *detalle del vaso K3831; fotografía de Justin Kerr, tomada del archivo fotográfico de Kerr, consultado en http://research.mayavase.com/kerrmaya_hires.php?vase=3831;* (**c**) *detalle del vaso K4118; fotografía de Justin Kerr, tomada del archivo fotográfico de Justin Kerr, consultado en http://research.mayavase.com/kerrmaya_hires.php?vase=4118;* (**d**) *detalle del vaso K1873; fotografía de Justin Kerr, tomada del archivo fotográfico de Kerr, consultado en http://research.mayavase.com/kerrmaya_hires.php?vase=1873.*

inminente. Por lo que respecta a las escenas de serpientes o dragones (figura V.6d), es bastante común que se asocien con el nacimiento de ancestros o deidades,[38] quienes surgen de las fauces uterinas de esos reptiles.[39]

Algunas veces, el T533 con volutas o espirales puede intercambiarse por la cabeza pequeña de un ave (figura V.7) que reposa sobre la coronilla de seres humanos que personifican deidades. Zender[40] asegura haber observado ejemplos donde el tradicional T533 con volutas de aroma se intercambia por un pájaro que eclosiona de su huevo, tal vez semejante a la avecilla que surge de un signo T533 partido en la Serie Inicial de la Estela 1 de Sacchaná (figura V.8), ejemplo que representa en su conjunto la palabra *winal* o *winik*, 'mes' o 'veintena'.[41] *Winik*, además, significa 'hombre' o 'persona', lo que tal vez puede tener relación con el hecho de que el ave del corazón de los tzeltales, aspecto ornitológico del corazón humano, algunas veces se manifiesta de forma humana.[42] Erik Boot[43] ha notado otros ejemplos de este jeroglifo en la Estela 12 del Altar de Sacrificios (C4), en un bloque de estuco caído de Toniná y en la vasija 1 del entierro A-31 de Uaxactún (F). En el caso del de Toniná, Stuart[44] señaló que se trata del ave de Itzamnaah o Muut Itzamnaah. El comportamiento iconográfico del signo T533 en estos contextos parece evocar la capacidad germinativa de un huevo o semilla.[45]

[38] Véase Schele y Miller, *op. cit.*, pp. 177-179; Michel Quenon y Geneviève Le Fort, "Rebirth and Resurrection in Maize God Iconography", en Justin Kerr (ed.), *The Maya Vase Book: A Corpus of Rollout Photographs of Maya Vases*, vol. 5, Nueva York, Kerr Associates, 1997, pp. 885-891.

[39] De la Garza Camino, *El universo sagrado…*, *op. cit.*, pp. 302-304; *Rostros de lo sagrado en el mundo maya*, México/Buenos Aires/Barcelona, Paidós/UNAM-FFyL, 1998, p. 176, ha insistido, con base en documentos coloniales y fuentes etnográficas, que ese tipo de escenas también pueden asociarse con ciertos ritos de preparación chamánica, que requieren de una muerte y renacimiento ritual, expresados mediante el engullimiento y excreción del aprendiz por parte de una boa llamada *ochkaan*, que funge como "maestra de iniciaciones". En estos casos, resulta obvio que se trata de un viaje al inframundo con dos momentos liminares que pasan por las fauces o anos de los ofidios. El aprendiz renacido emerge de la serpiente dotado con todos los conocimientos del brujo y curandero. El carácter ctónico de este reptil puede vislumbrarse por el mismo hecho de que su nombre maya yucateco (*ochkaan*, 'entrada en la serpiente') guarda analogías con dos de las expresiones de muerte que podemos encontrar en las inscripciones: *ochbih*, 'entrada en el camino' (figura IV.1b), y *ochha?*, 'entrada en el agua' (figuras IV.4 y IV.10), que analizamos en el capítulo anterior.

[40] Comunicación personal, 1° de marzo de 2008.

[41] J. Eric S. Thompson, *Maya Hieroglyphic Writing. An Introduction*, Norman, University of Oklahoma, 1960 (The Civilization of the American Indian Series), fig. 27(52).

[42] Véase Pedro Pitarch Ramón, *La cara oculta del pliegue. Antropología indígena*, México, Artes de México/Conaculta-DGP, 2013, p. 52, n. 18.

[43] Erik Boot, "Portaits of Four Kings of the Early Classic? An Inscribed Bowl Excaved at Uaxactún and Seven Vessels of Unknown Provenance", *Mesoweb*, 2005, pp. 1-2 y 21, n. 4. Consultado en http://www.mesoweb.com/articles/boot/UaxactunBowl.pdf.

[44] Citado por *idem*.

[45] Alexandre Tokovinine, "Writing color. Words and images of colors in Classic Maya inscriptions", *Res: Anthropology and Aesthetics*, núms. 61-62, primavera-otoño de 2012, pp. 286-288, 294; David S. Stuart, comunicación personal, 25 de julio de 2005; véase el Apéndice C de este

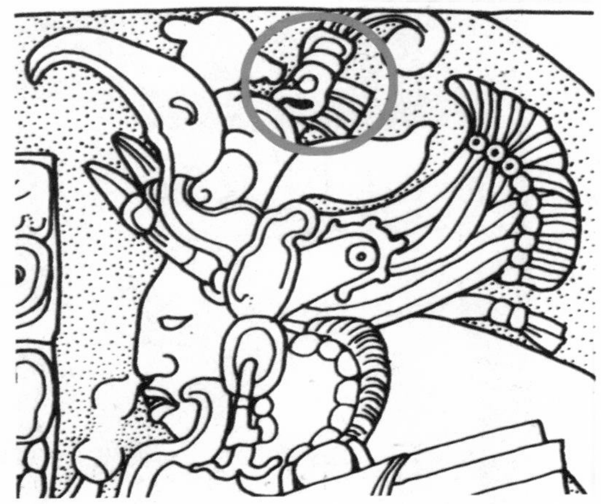

Figura v.7. *Signo T533 con volutas en variante de ave, emitido de la cabeza de un personificador ritual; Panel de Jugador de Pelota 2 de La Corona, Petén, Guatemala; dibujo de Linda Schele, tomado de Schele y Miller,* op. cit., *p. 258.*

Figura v.8. *Signo T533 comportándose como si fuese un huevo que eclosiona, Estela 1 de Sacchaná (B4), Chiapas, México; dibujo de Peter L. Mathews.*

El comportamiento del signo T533 como un germen de vida, ya fuese huevo o semilla, claramente se aprecia en un par de vasos estilo códice, uno de los cuales procede de Calakmul (figuras v.9 y c.1). Se trata de un conocido pasaje, perteneciente a la saga mítica del dios del maíz, mismo que renació del interior de las aguas marinas.[46] Lo relevante en estos contextos es que la

libro. Cabe observar que en los idiomas yucatecanos la raíz morfológica de 'pepita de calabaza' es *sik* o *siik* y que en otras lenguas mayances ese vocablo significa 'nido':

chortí	*sijk*	'nido' (Boot, 2003b: 26)
	sijk	'nido' (Schumann Gálvez, s. f. [38])
	sijk	'nido, *nest*' (Hull, 2005: 100)
kekchí	*sik*	'nido' (Kaufman y Justeson, 2003: 603)

[46] Quenon y Le Fort, *op. cit.*, pp. 884-891; Enrique Florescano Mayet, *¿Cómo se hace un dios? Creación y recreación de los dioses en Mesoamérica,* México, Taurus, 2016, pp. 176-177. Véase el

FIGURA V.9. *Vaso de la Tumba 1 de la Estructura 2, Edificio 2H de Calakmul, Campeche, México; fotografía de Michel Zabé, tomada de Peter Schmidt, Mercedes de la Garza Camino y Enrique Nalda Hernández,* Los mayas, *Milán, Conaculta-INAH/Américo Arte Editores, 1998, p. 294.*

"carita" del T533 forma parte de un símbolo mucho más elaborado, que consiste en un cráneo zoomorfo narigudo, con pupilas en forma de rizo y mandíbula inferior descarnada. Volveremos a analizar este cráneo más adelante.

Los códices mayas del periodo Posclásico (900-1524 d.C.) también nos brindan información relevante sobre el comportamiento del jeroglifo de la "pepita(?)" o "brote(?)" T533, en asociación especial con el dios del maíz. En algunas páginas del *Códice de Dresde* (figura V.10a), el T533 con volutas u hojas tiernas de maíz se encuentra sobre una carga de agua *(haʔ)* y tamales *(waaj),* portada sobre la espalda de la diosa joven Ixik Uh. Dichos símbolos del agua y los tamales constituyen una evidente alusión a la comida, que cuando no se encuentran en contexto iconográfico, sino escriturario, conforman un solo logograma fusionado que probablemente se lee **OCH**?, *oʔoch(?),* 'alimento'.[47] Más reveladora todavía es una escena pintada en la página 42c del *Dresde* (figura V.10b), donde el dios de la lluvia (Chaahk) se encuentra asesinando al del maíz (Ajan[?]) golpeándolo con su hacha; el augurio asociado con esta imagen es de sequía *(k'intuun haabil),* pero lo más importante es que el signo T533 con volutas surge del pecho agonizante del dios del maíz y se eleva arrastrando una especie de cordón umbilical. En ambas escenas del *Códice de Dresde,* la "carita" del signo de la supuesta "pepita(?)", "brote(?)" o T533 tiene en la parte superior el jeroglifo de *oʔhlis,* y sobre éste las hojas tiernas de la planta de maíz, lo que sugiere una relación íntima entre todos

texto jeroglífico del vaso K2723 en la figura C.1.

[47] Propuesta de lectura hecha por Albert Davletshin, citado por Erik Velásquez García, *Códice de Dresde. Parte 1,* ed. facs., ed. especial de *Arqueología Mexicana,* núm. 72, México, Raíces, 2016, p. 23.

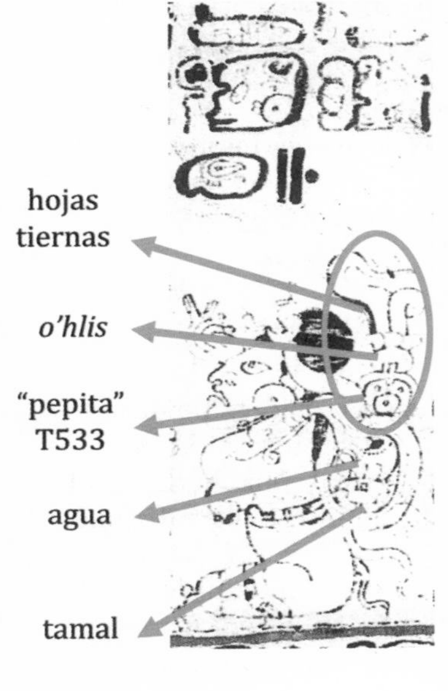

(a)

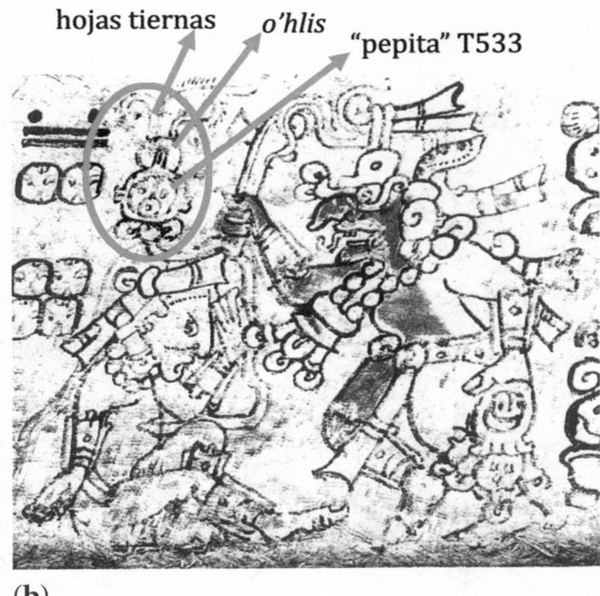

(b)

(c)

FIGURA V.10. *Signo T533 asociado con el alimento, con el alma corazón* oˀhlis *y con el dios del maíz:* (**a**) *página 16a del* Códice de Dresde, *tomada de Velásquez García,* Códice de Dresde. Parte 1…, op. cit., *p. 45;* (**b**) *página 42c del* Códice de Dresde, *tomada de Velásquez García,* Códice de Dresde. Parte 2…, op. cit., *p. 83;* (**c**) *página 19 del* Códice de París, *de Thomas A. Lee,* Los códices mayas, *Tuxtla Gutiérrez, Universidad Autónoma de Chiapas, 1985, p. 155.*

FIGURA V.11. *Detalle de la Estela 13 de Yaxhá, Petén, Guatemala; dibujo de Andrew K. Scherer, tomado de* Mortuary Landscapes of…, op. cit., *p. 61.*

estos elementos. El mismo cordón sale del pecho o epigastrio del dios del maíz en otra escena de su muerte (figura V.10c), plasmada en el *Códice de París.*[48] En su conjunto, la información que procede de los códices sugiere que el T533 era concebido como el espíritu del maíz y el alimento, que habitaba en la región del pecho o del abdomen y que en algunas ocasiones se comportaba como pájaro.

Un ejemplo del periodo Clásico (250-900 d.C.) que corrobora esta asociación de la presunta "pepita(?)/brote(?)" T533 con el abdomen, epigastrio o pecho se encuentra en la Estela 13 de Yaxhá (figura V.11), donde apreciamos la imagen de un infante, colocado sobre un brasero o plato ritual, a punto de ser incinerado. Simon Martin ha argumentado que este tipo de occisión ritual se relacionaba con el complejo religioso del llamado Bebé Jaguar y que pudo haber tenido la función de propiciar las lluvias.[49] La ofrenda es acompañada por una porción de gránulos de incienso, que caen sobre el plato asperjados por una mano humana. En su conjunto, esta escena es un ejemplo de las facultades rituales del fuego como agente de transformación, al convertir las materias ecuménicas densas en materias anecumé-

[48] Spinden, *op. cit.,* p. 89; Karl A. Taube, *The Major Gods of Ancient Yucatan,* Washington, Dumbarton Oaks Research Library and Collection, 1992 (Studies in Pre-Columbian Art and Archaeology, 32), p. 44.

[49] Simon Martin, "The Baby Jaguar: An Exploration of its Identity and Origins in Maya Art and Writing", en Vera Tiesler, Rafael Cobos Palma y Merle Greene Robertson (eds.), *La organización social entre los mayas. Memoria de la Tercera Mesa Redonda de Palenque,* vol. I, México, Conaculta-INAH/UADY, 2002, pp. 50-78.

FIGURA V.12. (**a**) *grafito 31 de la Estructura 1 del Grupo 4A1a de Pasión de Cristo, Campeche, México;* (**b**) *signo jeroglífico del grafito 31;* (**c**) *jeroglifo T533,* saak(?), *'pepita de calabaza(?)'* o xaak(?), *'brote(?)', tomado de la Estela 2 de Bonampak, Chiapas, México;* (**d**) *jeroglifo T533,* saak(?), *'pepita de calabaza(?)'* o xaak(?), *'brote(?)', tomado de la página 36a del* Códice de Madrid; *dibujos de Diego Ruiz Pérez, cortesía de su autor. Nótese que el jeroglifo T533 se ubica en el abdomen, epigastrio o pecho.*

nicas ligeras, para que puedan transitar al ámbito sobrenatural de los dioses.[50] Pero lo que más importa en este contexto es señalar cómo, al igual que ocurre en la escena de la página 42c del *Códice de Dresde* (figura V.10b), la "carita" de la "pepita(?)/brote(?)" T533 con volutas de aliento se eleva al cielo a partir del pecho. Como ya expliqué en capítulos anteriores, dicha región del cuerpo constituye el centro anímico principal donde residen las entidades anímicas, incluyendo el *o'hlis* o alma corazón (figuras II.4-II.6 y III.6).

Una nueva razón para pensar que el centro anímico donde los mayas creían que se albergaba o concentraba el componente T533, de probable lectura *saak(?)*, 'pepita de calabaza', o *xaak(?)*, 'brote', era el pecho, abdomen o epigastrio, ha salido a la luz en un grafito inciso sobre estuco, ubicado en el muro oeste del cuarto central de la Estructura 1 del Grupo 4A1a de Pasión de Cristo (figura V.12a y b), sitio arqueológico del sur de Campeche. Los autores del hallazgo y de su registro son Diego Ruiz Pérez y Ricardo Torres Marzo, quienes opinan que este grafito fue elaborado hacia finales del periodo Clásico Terminal (800-1000 d.C.) o definitivamente en el Posclásico (900-1541 d.C.),[51] lo que explica su estilo crudo y descuidado, que no guarda las proporciones naturalistas del cuerpo humano.

Antes de continuar, considero que es muy importante comentar que esta asociación de la supuesta "pepita(?)/brote(?)" T533 con el dios del maíz, que ya hemos señalado, se encuentra contundentemente documentada en la iconografía de la Estela H de Copán, que constituye un magno retrato del gobernante Waxaklaju'n Ubaah K'awiil (695-738 d.C.) vestido como el dios del maíz, presuntamente involucrado en el tema mítico de su danza ritual.[52] Por ahora lo que más nos interesa es concentrarnos en sus costados (figura V.13), pues en medio de las exuberantes hojas de maíz aparecen sendas imágenes del numen de la planta, que parecen escalar esa selva de foliaciones verdes, usando para ello una senda helicoidal, compuesta por dos cuerdas retorcidas o trenzadas en torzal. En la parte inferior de la composición, dentro de medallones, aparece lo que yo interpreto como la versión personificada de los huesos en su función de semillas que dan vida, símbolo, como veremos, del semen y

[50] Silvia Limón Olvera, *El fuego sagrado. Simbolismo y ritualidad entre los nahuas,* 2ª ed., México, UNAM-Centro de Investigaciones sobre América Latina y el Caribe, 2012, pp. 39-40.

[51] Diego Ruiz Pérez y Ricardo Torres Marzo, "Análisis iconográfico de los grafitos de la Estructura 1 del Grupo 4A1a de Pasión del Cristo, Campeche", ponencia presentada en el "XXXII Simposio de Investigaciones Arqueológicas en Guatemala", 23 al 27 de julio de 2018, pp. 6 y 10.

[52] Véase Claude F. Baudez, *Maya Sculpture of Copán. The Iconography,* Norman/Londres, University of Oklahoma Press, 1994, pp. 59-64; Elizabeth H. Newsome, *Tree of Paradise and Pillars of the World. The Serial Stela Cycle of "18-Rabbit-God K", King of Copán,* Austin, University of Texas Press, 2001 (The Linda Schele Series in Maya and Pre-Columbian Studies), pp. 127-132; James Fitzsimmons y William L. Fash, "*Susaj B'aak:* muerte y ceremonia mortuoria en la Plaza Mayor de Copán", en Ciudad Ruiz *et al.* (eds.), *op. cit.,* pp. 301-303; Fitzsimmons, *op. cit.,* pp. 22-24; Florescano Mayet, *¿Cómo se hace..., op. cit.,* pp. 61-63.

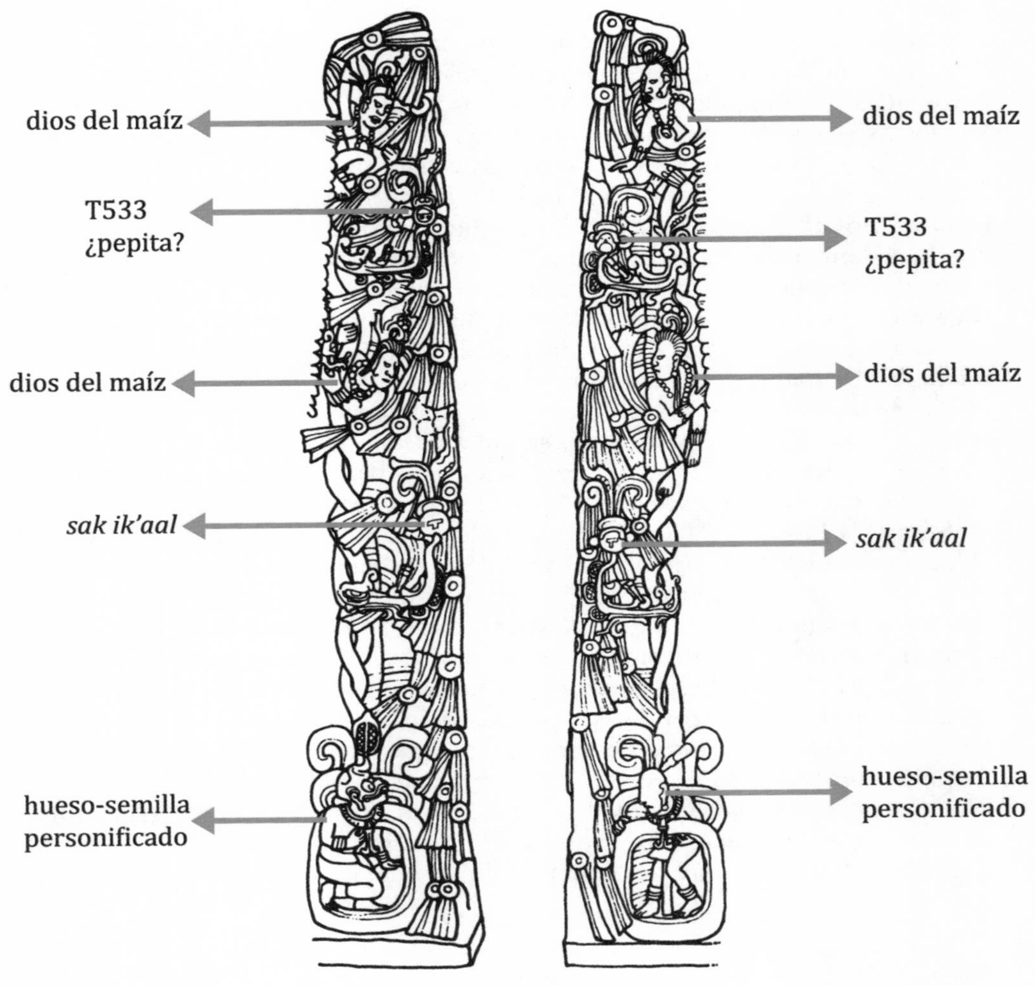

FIGURA V.13. *Costados sur y norte de la Estela H de Copán, Departamento de Copán, Honduras; dibujo de Linda Schele, tomado de* Linda Schele Drawings Collection: *http://research.famsi.org/schele_list.php?_allSearch=Stela+H&hold_search=Stela+H&tab=schele&title=Schele+Drawing+Collection&x=39&y=6.*

de las fuerzas generativas. Las cuerdas o sogas helicoidales por donde trepa el dios del maíz parecen provenir justo de ese medallón de los huesos-semillas. Pero hay mucho más. Parece que las cuerdas son en sí dos largas serpientes enroscadas, y en la punta o extremo de sus hocicos dentados se encuentran los dos aspectos del *o'his* que ya vimos en el capítulo "La entidad anímica *o'hlis*" y que se pierden tras el fallecimiento (figura v.1b y c): la presunta "pepita de calabaza(?)" o "brote" T533 *(saak[?]/xaak[?])* (figura III.16) y el hálito respiratorio *sak ik'aal* o 'espíritu blanco' (figura III.15). De acuerdo con López Austin, el tema mesoamericano de las dos bandas en torzal representa la oposición de los opuestos complementarios, que se mueven en forma helicoidal.[53] Nájera Coronado agrega que el movimiento helicoidal simboliza el dinamismo "perpetuo, el ir y venir de la vida, y apela al sinfín del continuo engendramiento".[54] De manera que estas imágenes de la Estela H de Copán nos revelan que los hálitos T533 y *sak ik'aal* pueden ser efectivamente dos elementos diferentes y contrastantes, pero complementarios, del alma del dios del maíz.

Otro aspecto del T533 es que sustituye a la cabeza del llamado Dios C (figura v.14), símbolo por excelencia de la energía sagrada.[55] Como han mostrado Stuart[56] y Prager[57] el elemento punteado o grupo acuático que acompaña al logograma del Dios C (figuras I.5 y v.15a) alude casi seguramente al líquido divino de la sangre, caracterizado en el arte maya como una sustancia provista de conchas, epífisis y una serie de signos como **YAX**, 'verde' o 'azul', o **LAM**, 'expirar, hundirse' o 'menguar', que son emitidos de las fauces del cocodrilo celeste (figura v.15b), de los sangradores ceremoniales (figura v.15c) y de las manos de los gobernantes mayas (figura v.15d), donde probablemente se combinan con gránulos de incienso *(ch'aaj)*. En otras palabras, el jeroglifo de la "pepita(?)/brote(?)" T533 puede intercambiarse por la cabeza del llamado Dios C, símbolo de la sacralidad por excelencia *(k'uh)* y de la materia sutil que los mayas yucatecos llamaban *k'uyel,* mientras que los choles y grupos tzeltalanos llaman *ch'ulel.* El ámbito del éter sanguíneo, florido y de joyas

[53] Alfredo López Austin, "La verticalidad del cosmos", *Estudios de Cultura Náhuatl,* vol. 52, julio-diciembre de 2016, p. 122, nota 6. Consultado en https://www.historicas.unam.mx/publicaciones/revistas/nahuatl/pdf/ecn52/1029.pdf.

[54] Martha Ilia Nájera Coronado, "¿Tenían los mayas un dios del viento?", *Arqueología Mexicana,* vol. XXVI, núm. 152, julio-agosto de 2018, p. 61.

[55] Véase William M. Ringle, *Of Mice and Monkeys: The Value and Meaning of T1016, The God C Hieroglyph,* Washington, Center for Maya Research, 1988 (Research Reports of Ancient Maya Writing, 18).

[56] David S. Stuart, "Blood Symbolism in Maya Iconography", en Elizabeth P. Benson y Gillett G. Griffin (eds.), *Maya Iconography,* Nueva Jersey, Princeton University Press, 1988, pp. 181-182 y 194.

[57] "A Study of the Classic Maya *k'uh* Concept", en Harri Kettunen *et al.* (eds.), *Tiempo detenido, tiempo suficiente. Ensayos y narraciones mesoamericanistas en homenaje a Alfonso Lacadena García-Gallo,* París, European Association of Mayanist, 2018 (Wayeb Publication 1), pp. 561-562.

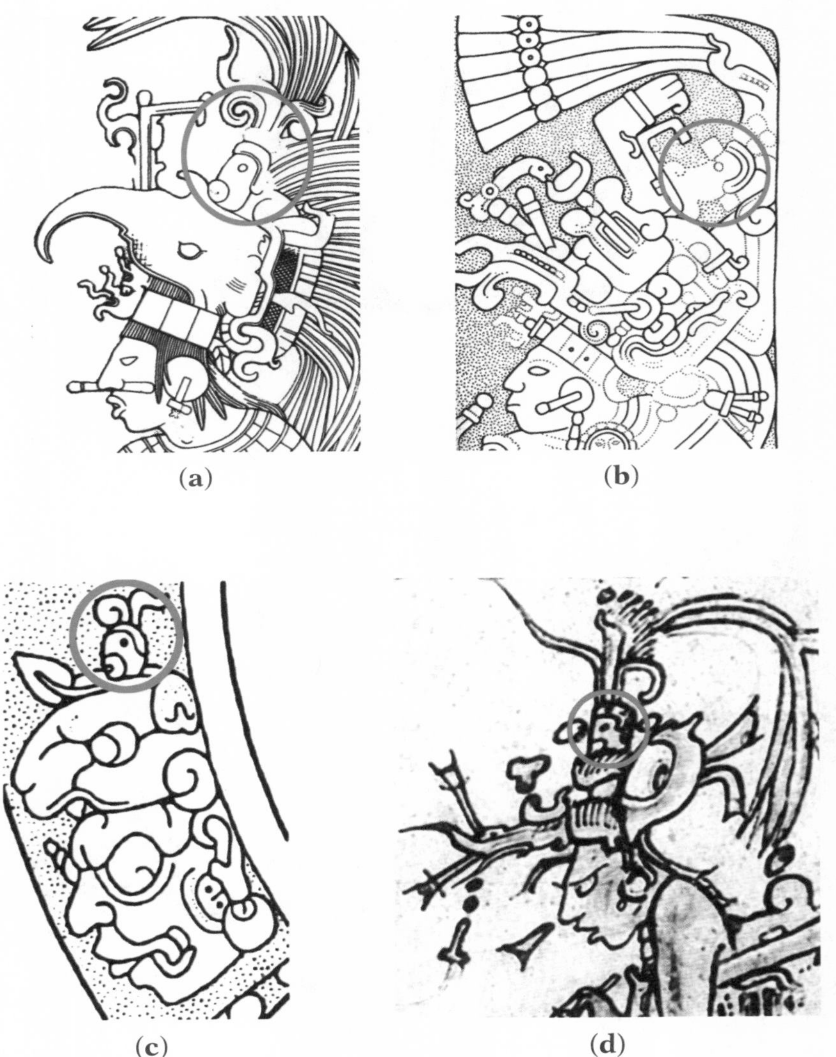

FIGURA V.14. *Signo T533 con volutas o espirales, sustituido por el jeroglifo* **K'UH**, *'cosa sagrada', emitido de las cabezas de personificadores rituales* (**a**, **b**) *y de dioses* (**c**, **d**): (**a**) *Estela 5 de Machaquilá, Petén, Guatemala, tomada de Ian Graham,* Archaeology Explorations in El Peten, Guatemala, *Nueva Orleans-Tulane University-Middle American Research Institute, 1967 (Publication, 33), p. 73;* (**b**) *Estela 1 de Ixkun, Petén, Guatemala, tomada de Graham,* Corpus of Maya…, op. cit., *p. 139;* (**c**) *detalle del Monumento 167 de Toniná, Chiapas; dibujo de David S. Stuart;* (**d**) *detalle del vaso K1523, fotografía de Justin Kerr, tomada del archivo fotográfico de Kerr. Consultado en http://research.mayavase.com/kerrmaya_hires.php?vase=1523.*

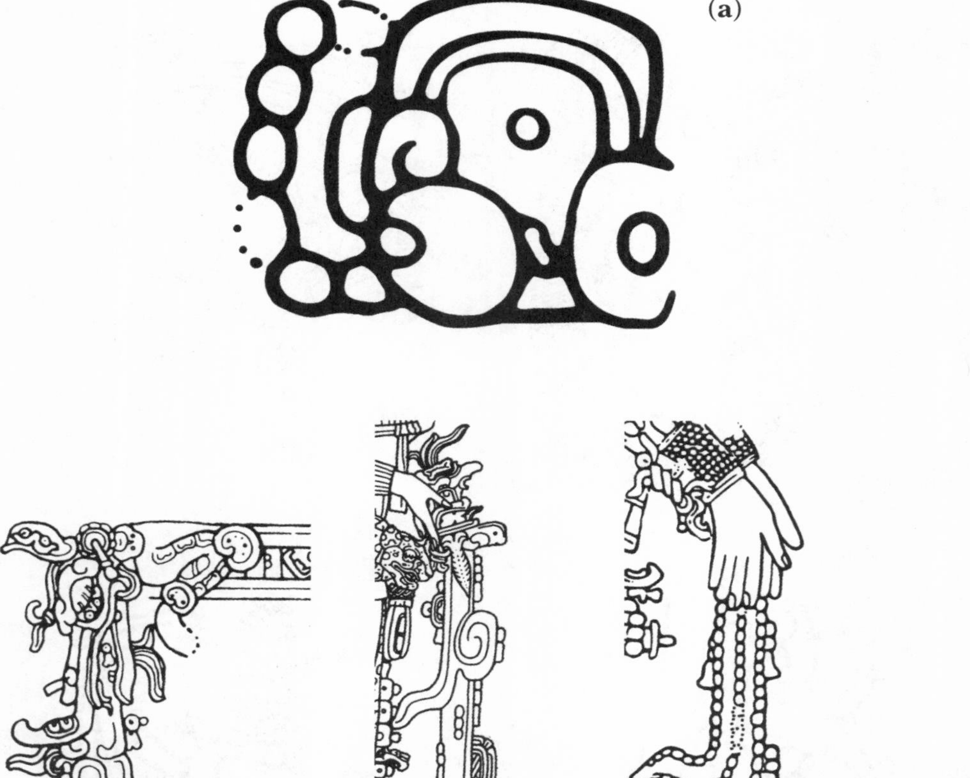

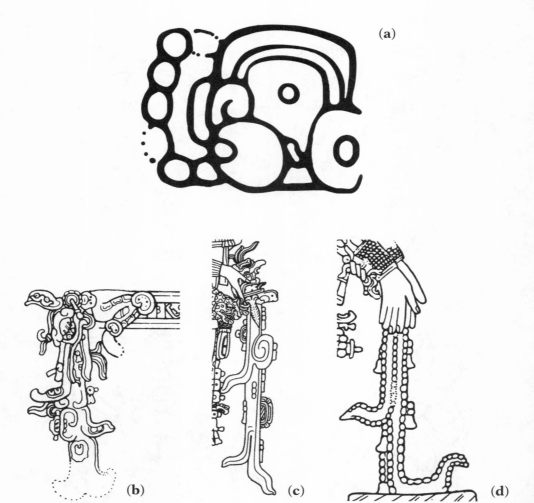

FIGURA V.15. *Logograma* **K'UH**, k'uh, *'dios', y torrentes de sustancia sagrada emanando del cosmos, así como del cuerpo de los gobernantes:* (**a**) *Dintel 25 de Yaxchilán, Chiapas, México (E1), tomado de Ian Graham,* Corpus of Maya Hieroglyphic Inscriptions, *vol. 3, part. 1. Yaxchilán, Cambridge, Harvard University-Peabody Museum of Archaeology and Ethnology, 1977;* (**b**) *flujo que vomita el Lagarto Venado Estelar representado en el relieve de estuco de la Casa E del Palacio de Palenque, Chiapas, México; dibujo de Linda Schele, tomado de Schele y Miller,* op. cit., *p. 45;* (**c**) *perforador personificado del tablero oeste del santuario del Templo de la Cruz de Palenque, Chiapas, México; dibujo de Linda Schele, tomado de Stuart, "The Palenque Mythology…",* op. cit., *p. 112;* (**d**) *flujo que cae de las manos de Yaxuun Bahlam IV en el Dintel 1 de La Pasadita, Petén, Guatemala; dibujo de Ian Graham, tomado de Peter L. Mathews,* La escultura de Yaxchilán, *México, INAH, 1997 (Colección Científica, 368), p. 228.*

flotantes (figura IV.21) que ha descrito Taube[58] y que corresponde al anecúmeno sobrenatural de los dioses, de las almas y del sueño. Se trata del reino sagrado que se encuentra envuelto por la carne y los demás tejidos perceptibles, un mundo divino encapsulado en el interior del cuerpo, por donde circulan todos los hálitos anímicos, imaginados como aires o vientos que vagan por la sangre, son bombeados por el corazón y se sienten a través del pulso.

Para averiguar algo más sobre aquel reino airoso de las almas y los espíritus, ese océano sobrenatural de materia anecuménica *k'uyel,* conviene que nos fijemos en algunas otras escenas del rito de asperjar incienso o líquido, representadas en el arte maya (figura V.16). Dichas ceremonias generalmente se realizaban en finales de periodo[59] y eran momentos rituales de gran relevancia, que en las inscripciones generalmente se designaban mediante la frase *ucho'w ch'aaj,* 'él tiró incienso' o 'él tiró gotas', probablemente una combinación de ambas cosas. La sustancia vital que se vertía era derramada sobre un bracero u otra clase de contenedor ritual. Además de Stuart en aquel trabajo temprano de 1988,[60] autores más recientes admiten que dicho líquido efectivamente podría ser sangre,[61] fluido vital que entre los nahuas del centro de México era conocido también como "agua de flores".[62] Lo relevante es lo que dichos torrentes o exudaciones son capaces de decirnos acerca del paraíso de joyas y flores, por donde circulaban los hálitos vitales.

Pero antes conviene mencionar que este tipo de ceremonias también se encuentran representadas en la pintura mural teotihuacana, donde las manos están asperjando una combinación de líquido, semillas y probablemente granos de incienso, así como corazones, flores, manos, ojos y valvas, que se cree representan ofrendas de sangre que emulan el acto de sembrar, con el fin de propiciar buenas cosechas.[63] Una reminiscencia de esto probablemente se

[58] Taube, "Flower Mountain. Concepts of life, beauty, and paradise among the Classic Maya", *Res. Antropology and Aesthetics,* núm. 45, primavera de 2004, pp. 78-79.

[59] Linda Schele, *Maya Glyphs. The Verbs,* Austin, University of Texas Press, 1982, p. 145.

[60] Stuart, "Blood Symbolism in...", *op. cit.*

[61] Simon Martin, "La gran potencia occidental: los mayas y Teotihuacán", en Nikolai Grube (ed.), *Los mayas: una civilización milenaria,* Colonia, Könemann, 2001, pp. 104-105; *Ancient Maya Politics. A Political Anthropology of the Classic Period 150-900 CE,* Cambridge, Cambridge University Press, 2020, p. 146; Stephen D. Houston *et al., Veiled Brightness. A History of Ancient Maya Color,* Austin, University of Texas Press, 2009 (The William and Bettye Nowling Series in Art, History and Culture of the Western Hemisphere), p. 29; Alexandre Tokovinine, "Writing color. Words and images of colors in Classic Maya inscriptions", *Res. Anthropology and Aesthetics,* núms. 61-62, primavera-otoño de 2012, p. 294; Prager, "A Study of...", *op. cit.*, pp. 561-562. Como bien afirman Stephen D. Houston y Takeshi Inomata, *The Classic Maya,* Cambridge/Nueva York, Cambridge University Press, 2009 (Cambridge World Archaeology), p. 197, esas sustancias que se derraman de las manos son más que simple sangre: son un elemento o energía vital.

[62] Eric R. Wolf, *Figurar el poder. Ideologías de dominación y crisis,* México, CIESAS, 2001 (Antropología), p. 199.

[63] Martin, "La gran potencia...", *op. cit.;* María Teresa Uriarte Castañeda, "De lo privado a lo público. El sacrificio en Teotihuacan y Bonampak", en Andrés Ciudad Ruiz, María Josefa Iglesias Pon-

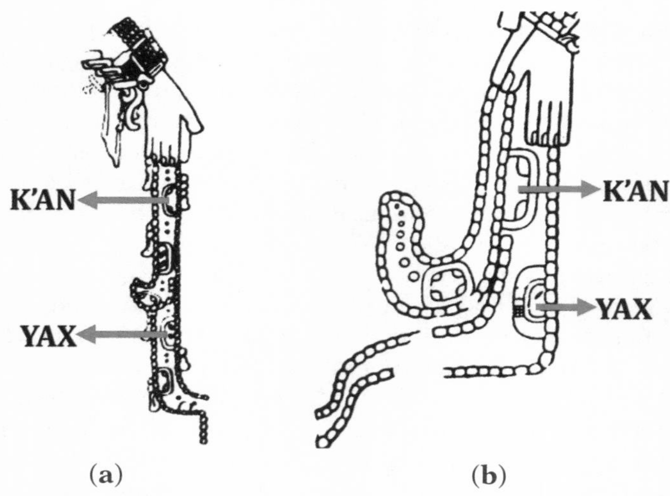

Figura v.16. *Signos de los colores verde y amarillo en la exudación de sangre vertida por las manos asperjadoras de los gobernantes:* (**a**) *detalle de la Estela 1 de Yaxchilán, Chiapas, México; dibujo de Alexandre Tokovinine, tomado de Houston* et al., Veiled Brightness. A History of Ancient Maya Color, *Austin, University of Texas Press, 2009 (The William and Bettye Nowling Series in Art, History and Culture of the Western Hemisphere), p. 29;* (**b**) *detalle de la Estela 6 de Yaxchilán, Chiapas, México; dibujo de Alexandre Tokovinine, tomado de "Gifts to the Gods: Sacred and Sacrifice at Yaxchilan", cuaderno de trabajo para los talleres de escritura jeroglífica maya, en el marco de los Maya Meetings de la Universidad de Texas, celebrados en Austin del 13 al 17 de enero de 2015, p. 6.*

encuentre aún hoy en la ceremonia del "lavamiento de manos", donde los totonacos asperjan con sangre las semillas destinadas a la siembra, como parte de la preparación del terreno.[64] Martin abre la posibilidad de que aquello representado en el arte teotihuacano se trate de chorros de sangre combinados con incienso, y agrega que el contenido de esos chorros es el que también llevan las vírgulas de la palabra, canto, oración y poesía lírica en las pinturas murales de aquella urbe centromexicana, todo lo cual considera

ce de León y Miguel Sorroche Cuerva (eds.), *El ritual en el mundo maya: de lo privado a lo público,* Madrid, Universidad Complutense-Facultad de Geografía e Historia-Departamento de Historia de América II (Antropología de América)-Sociedad Española de Estudios Mayas, Grupo de Investigación Andalucía-América, Patrimonio Cultural y Relaciones Artísticas/unam/Centro Peninsular en Humanidades y Ciencias Sociales, 2010 (Publicaciones de la Sociedad Española de Estudios Mayas, 9), pp. 297, 300-303 y 308-311.

[64] Alfredo López Austin, *Tamoanchan y Tlalocan,* México, fce, 1994 (Sección de Obras de Antropología), p. 134.

"sustancia sagrada".[65] Desde mi punto de vista no le falta razón, toda vez que el lenguaje oral, compuesto de aire y sonido, está constituido por materia sutil de origen anecuménico o sobrenatural. Martin también sugiere que los mayas copiaron de los teotihuacanos las convenciones figurativas para representar estos chorros, ríos o emanaciones de materia divina, que él cree se denominaban *k'uhul,* 'sustancia sagrada',[66] evidente cognado de la palabra maya yucateca *k'uyel,* así como del vocablo chol y tzeltalano *ch'ulel.* Quizá —como sugiere Houston— simplemente se llamaban *k'uh, 'sacred thing'*[67] o 'sagrado',[68] atendiendo a que constituyen representaciones ampliadas, desarrolladas o extendidas del llamado "grupo acuático" de cuentitas o gotas de sangre, que forma parte del jeroglifo **K'UH** (figura I.5 y V.15a). Los ejemplos mostrados en la figura V.16 proceden de Yaxchilán. Dentro de los chorros que se vierten podemos apreciar los símbolos de los colores 'verde' (**YAX**, *yaˀx*) y 'amarillo' (**K'AN**, *k'an*); este último fácilmente reconocible por tener la forma de una cruz.

Como han mostrado Houston y sus colaboradores, la asociación de los jeroglifos de 'verde/azul' o 'inmaduro' (**YAX**) y 'amarillo' o 'maduro' (**K'AN**) es recurrente en muchos ejemplos de la iconografía maya en contextos de alimento, abundancia, lluvia, ofrendas y riquezas.[69] Además de encontrarse en el tema numinoso de las joyas y de las flores flotantes (figura IV.21), los colores 'verde/azul' y 'amarillo' suelen aparecer conjuntamente en diversos temas rituales, como por ejemplo en el humo que se eleva al cielo como producto de una occisión ritual (figura V.17a), exactamente el mismo contexto iconográfico donde podemos encontrar la presunta "pepita(?)/cogollo(?)" T533 (figura V.11). También hallamos esa asociación entre ambos colores en la escena pintada en una tapa de bóveda de Dzibilnocac, Campeche (figura V.17b). En esta última apreciamos justo al dios de la abundancia, K'awiil, como portador de sacos de semillas o almendras de cacao. Otro ejemplo que se podría aducir

[65] Martin, "La gran potencia...", *op. cit.,* pp. 104-105.

[66] *Ibid.,* p. 105.

[67] Stephen D. Houston, *The Life Within. Classic Maya and the Matter of Permanence,* New Haven-Londres, Yale University Press, 2014, pp. 81-87; David S. Stuart, "The Gods of Heaven and Earth. Evidence of Ancient Maya Categories of Deities", en Eduardo Matos Moctezuma y María Ángela Ochoa Peralta (coords.), *Del saber ha hecho su razón de ser... Homenaje a Alfredo López Austin,* México, Secretaría de Cultura-INAH/UNAM-Coordinación de Humanidades-IIA, 2017, p. 251.

[68] Alfredo López Austin, comunicación personal, 23 de junio de 2017. El concepto de *k'uh,* 'cosa sagrada', que implica esa idea de López Austin, es que se refiere a un sustantivo que abarca mucho más que a los dioses (seres con personalidad, poder, valores y voluntad), pues también incluye las fuerzas anecuménicas, de carácter impersonal.

[69] Houston *et al., Veiled Brightness. A..., op. cit.,* pp. 28-30 y 38-39; Dennis Tedlock, *2000 Years of Mayan Literature,* Berkeley/Los Ángeles/Londres, University of California Press, 2010, pp. 97, 153 y 193-194; Tokovinine, "Writing color. Words...", *op. cit.,* p. 294. Stuart sugiere que "lo verde o inmaduro", más "lo amarillo o maduro", alude en su conjunto al ciclo vital de las plantas, *The Inscriptions from Temple XIX at Palenque. A Commentary,* Jorge Pérez de Lara Elías (fotografías), San Francisco, The Pre Columbian Art Research Institute, 2005, p. 100. Consultado en http://www.mesoweb.com/publications/stuart/TXIX-spreads.pdf.

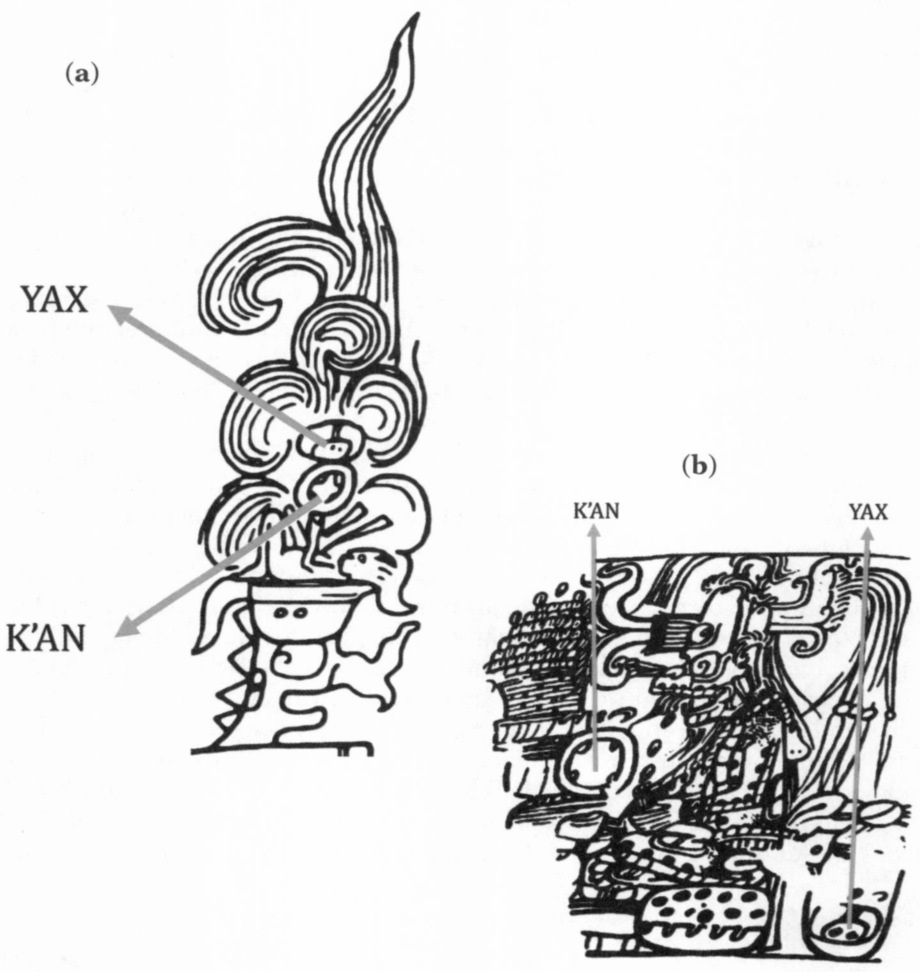

FIGURA V.17. *Jeroglifos de los colores verde/azul (***YAX***) y amarillo (***K'AN***) en algunos contextos iconográficos:* (**a**) *ascendiendo al cielo como parte de una occisión ritual ofrendada en un incensario; detalle del vaso K3844; dibujo de Alexandre Tokovinine; tomado de "Gifts to the Gods: Sacred and Sacrifice at Yaxchilan", cuaderno de trabajo para los talleres de escritura jeroglífica maya, en el marco de los Maya Meetings de la Universidad de Texas celebrados en Austin del 13 al 17 de enero de 2015, p. 7;* (**b**) *pintados en una cerradura de bóveda de Dzibilnocac, Campeche; dibujo de Simon Martin; tomado de Houston* et al., Veiled Brightness. A…, op. cit., *p. 29;* (**c**) *como carga de la Diosa I o Ixik Uh (2-***YAX-K'AN***); página 18c del* Códice de Dresde; *tomado de Velásquez García,* Códice de Dresde. Parte 1…, op. cit., *p. 49.*

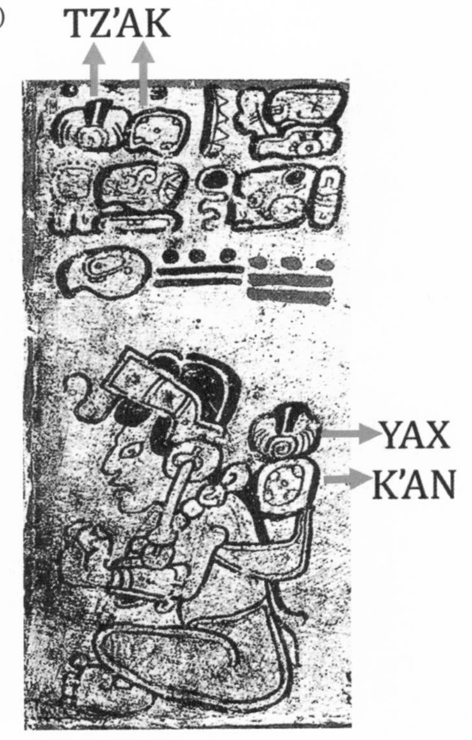

es el que encontramos en la página 18c del *Códice de Dresde* (figura v.17c), donde la diosa joven carga sobre la espalda la misma combinación de los colores 'verde/azul' (**YAX**) y 'amarillo' (**K'AN**). Los mismos jeroglifos se repiten como parte del texto escrito sobre la cabeza de la diosa aunque, de acuerdo con Stuart,[70] cuando ambos signos se conjuntan en un contexto escriturario (no iconográfico) no deben leerse de forma separada (*ya*ˀ*x* y *k'an*), sino como un solo logograma o digrafismo que tiene el valor de **TZ'AK**, 'contar, completar' o 'poner en orden', sugerido mediante este par contrastante, dual o complementario de lo "verde/azul/inmaduro" y lo "amarillo/maduro".[71]

Como ha observado Alexandre Tokovinine,[72] fray Pedro Morán utiliza frecuentemente ese par de palabras en su *Arte y vocabulario de la lengua choltí,* como sucede en el ejemplo siguiente: <*Canal yaxal misterio*>, 'Misterios Gozosos, los Misterios Gloriosos'.[73]

[70] "On the Paired...", *op. cit.;* según Stuart, la dupla complementaria y al mismo tiempo contrastante de "lo verde y lo amarillo" comunican el concepto de que algo está entero, completo, íntegro o terminado, *The Inscriptions from...*, *op. cit.*, pp. 99-100.

[71] Otra acepción de la palabra *tz'ak,* quizá más adecuada en estos contextos de abundancia, ofrenda y riquezas, es quizá la que se encuentra en tzotzil, donde *sts'akiel (sic)* significa 'don', implicando "el saber que los hombres y las mujeres tienen para curar el cuerpo y el alma de las personas enfermas" (don de clarividencia), mismo que procede del dios celeste y de la luz (Jch'oltotik), así como el *lab* o poder para embrujar, el cual es otorgado por el dios del inframundo y la oscuridad (Pukuj), véase Hernández Díaz, *op. cit.*, pp. 231, 241 y 248. Zoraida Raimúndez Ares ("Difrasismos mayas: estudio diacrónico de los textos de tierras bajas desde la época prehispánica hasta el periodo colonial", tesis doctoral, México, UNAM-FFyL/IIFL-Posgrado en Estudios Mesoamericanos, 2021, pp. 112-113 y 210-221) piensa que el digrafismo **TZ'AK** sólo opera como signo introductor de números de distancia, pero fuera de esos contextos calendáricos deben leerse los dos logogramas por separado: **K'AN-YAX**. La carga que lleva la diosa lunar en la página 18c del *Códice de Dresde* (2-**YAX-K'AN**) (figura v.17c) ha sido interpretada por Tedlock, *op. cit.*, pp. 153 y 193-194, como la alusión a dos mazorcas o a las estrellas Castor y Polux que, según él, eran para los mayas la morada celeste del dios del maíz. Lo verde podría aludir también al jade, a las hojas de maíz o a las plumas de quetzal, mientras lo amarillo al ámbar y a los granos de las mazorcas.

[72] "Writing color. Words...", *op. cit.*, p. 294.

[73] Robertson, Law y Haertel, *op. cit.*, f. 70, pp. 71, 132-133 y 210.

A juzgar por ese documento colonial, 'gloria, gozo' o 'majestad' serían traducciones aproximadas para la dupla *yaˀx-k'an,* 'verde/azul-amarillo', que hallamos en los documentos mayas prehispánicos. La forma en que se comportan este par de vocablos corresponde a lo que comúnmente se llama difrasismo, figura retórica que consiste en la asociación de dos palabras con significado diferente, para denotar un tercer significado, más rico que los dos por separado.[74] El difrasismo maya *yaˀx-k'an* hallado en las Tierras Bajas cuenta con correlatos en cakchiquel del siglo XVII, pues de acuerdo con fray Thomás de Coto (1656) *"para significar prosperidad, vsan deste nombre,* 3anal, *y* raxal, *q[ue] es verde"*,[75] situación que se confirma en algunos pasajes de los *Anales de los cakchiqueles,* como por ejemplo *"Raxa Xib'alb'ay Q'ana Xib'alb'ay"*,[76] "por el hermoso Xibalbay, por el precioso Xibalbay". De acuerdo con Adrián Recinos Ávila, *raxa* o <*raxá*>, 'verde/azul', y *q'anaˀ* o <*3ana*>, 'amarillo', "tienen un mismo significado: hermoso, magnífico, rico, cosa preciosa".[77] El difrasismo verde/azul-amarillo al parecer también se encuentra en kekchí, donde tiene el sentido de "abundancia, follaje fresco y su ulterior cosecha".[78] Lo mismo que en el *Calendario de los indios de Guatemala,* documento quiché de 1722, donde tiene el sentido de "muy bueno": <*ꜭanalah ꜭuih, raxalaj ꜭih, vtzilaj ꜭih*>, 'día muy amarillo, día muy verde, día muy bueno'. Y también se usa, al parecer, para referirse al pronóstico precioso emitido de la boca de los dioses: <*hun ꜭan hun rax pa vchij*>, 'un amarillo y un verde de su boca'; <*quel ꜭan quel rax pa vchij*>, 'sale amarillo y sale verde de su boca'.[79] De acuerdo con el análisis de Kerry M. Hull, la asociación de los colores "verde" y "amarillo", que por sí

[74] Véase la n. 210 del capítulo "Los conceptos del cuerpo humano". Raimúndez Ares, *op. cit.,* pp. 112-113 y 210-221, ha estudiado con detalle el difrasismo **K'AN-YAX**, concluyendo que su significado *grosso modo* es el de "precioso".

[75] Fray Thomás de Coto, *[Thesavrvs verborū] Vocabulario de la lengua cakchiquel v[el] guatemalteca, nueuamente hecho y recopilado con summo estudio, trauajo y erudición,* editado por René Acuña Sandoval, México, UNAM-IIFL, 1983 [1656], p. 29. Si como dice Martin, "La gran potencia...", *op. cit.,* p. 105, los chorros que se derraman de las manos asperjadoras (figuras V.15 y V.16) se llaman *k'uhul,* y dichos chorros contienen en su interior los jeroglifos de 'azul/verde' y 'amarillo', la idea de Coto en el sentido de que ese binomio de colores significa 'prosperidad' encaja con el significado que Lacadena García-Gallo le atribuye a la palabra *k'uhul:* 'respetable, venerable, próspero' o 'excelente' (véase la nota 158 del capítulo "Los conceptos del cuerpo humano") y con el que les atribuye Tedlock, *op. cit.,* p. 97, a la sustancia asperjada por las manos: 'abundancia'.

[76] Judith M. Maxwell y Robert M. Hill II (eds. y trad.), *Kaqchikel Chronicles. The Definitive Edition,* Austin, University of Texas Press, 2006, p. 8.

[77] Adrián Recinos Ávila (trad. y ed.), *Memorial de Sololá. Anales de los cakchiqueles. Título de los señores de Totonicapán,* 2ª ed., México, FCE, 2013, p. 53, n. 10; véase también Houston *et al., Veiled Brightness. A..., op. cit.,* p. 30; Tokovinine, "Writing color. Words...", *op. cit.,* p. 294.

[78] Houston *et al., Veiled Brightness. A..., op. cit.,* pp. 28-29.

[79] John M. Weeks, Frauke Sachse y Christian M. Prager (eds.), *Maya. Three Calendars from Highland Guatemala,* Boulder, University Press of Colorado, 2009 (Mesoamerican Worlds: from the Olmecs to the Danzantes), pp. 104, 114 y 131. Hull ha compilado y analizado una buena cantidad de ejemplos de este difrasismo en cakchiquel, kekchí, pocomán y quiché de la época colonial,

solos significan "precioso", equivale al epítome de la belleza, algo que es excelso y esplendoroso en extremo, en grado supremo o superlativo.[80] Como bien ha observado Mercedes Montes de Oca Vega,[81] dicho difrasismo también existe en náhuatl, por ejemplo en la *Crónica mexicáyotl,* donde hay al menos un par de ejemplos: <*yn matlatatl yn tozpallan*>, 'en el agua azul, en el agua amarilla', e <*itoca Matlallatl ihuan itoca Tozpallatl*>, 'de nombre Agua Verde y de nombre Agua Amarilla'.[82] De acuerdo con López Austin, el difrasismo *maatlaal-tospal* o <*matlal-tozpal*>, 'verde/azul-amarillo', "pudiera referirse a la instauración, transmisión o fuente de *una realidad sagrada que significa poder y otorga protección,* en un sentido de origen de las cosas *a partir de la confluencia de los opuestos complementarios...*", como ocurría en tiempos antiguos en el ritual del "bautismo", donde se dice "que el niño se encuentra en la corriente verdiazul, en la corriente amarilla".[83]

Una clave para comprender todo esto reside, en mi opinión, en el sintagma *k'analaj juyub, raxalaj juyub,* 'cerro amarillo, cerro verde', hallado por Robert M. Carmack y James L. Mondloch en el folio 7v de *El Título de Totonicapán.* Los quichés lo usaban para referirse a la mítica y arquetípica ciudad de Tulán, de donde fue tomada por los padres dominicos para aludir al Paraíso Terrenal.[84] Según los relatos quichés, de Tulán, ciudad fértil y llena de riquezas, vinieron sus ancestros. Es por ello que la dupla "verde-amarillo" pudo haber evocado la creencia prehispánica en un paraíso sagrado de flores y joyas flotantes (figura IV.21), lleno de riquezas vegetales (figuras IV.23 y IV.31), éter sobrenatural donde habitan los dioses y las almas de los ancestros, que a su vez se proyectaba dentro del torrente sanguíneo.

La digresión anterior sobre el difrasismo verde/azul-amarillo nos sirve para comprender un poco más el sentido de esa sustancia airosa de materia sagrada, habitáculo de las almas y los espíritus, que emana de las manos sangrantes de los gobernantes (figuras V.15d y V.16), que procede del cielo (figura V.15b), que es naturaleza divina (figuras I.5 y V.15a), que se encuentra en el fondo de la lápida funeraria de Janaab Pakal (figura IV.20), que decora los muros de algunas tumbas mayas (figura IV.21) y que circula dentro de la sangre, éter

donde se combina con la óptica cristiana y adquiere los matices de "gracia, gloria, fertilidad, riqueza celestial y paraíso, "Poetic Tenacity: A...", *op. cit.,* pp. 100-103.

[80] "Poetic Tenacity: A Diachronic Study of Kennings in Maya Languages", en Kerry M. Hull y Michael D. Carrasco (eds.), *Parallel Worlds. Genre, Discourse, and Poetics in Contemporary, Colonial, and Classic Period Maya Literature,* Boulder, University Press of Colorado, 2012, p. 113, n. 24.

[81] *Los difrasismos en el náhuatl de los siglos XVI y XVII,* México, UNAM-IIFL-Seminario de Lenguas Indígenas, 2013, pp. 59, 228 y 609.

[82] Véase Fernando Alvarado Tezozómoc, *Crónica mexicáyotl,* 2ª ed., México, UNAM-IIH, 1992 (Primera Serie Prehispánica, 3), pp. 3 y 63.

[83] Alfredo López Austin, comunicación personal, 20 de enero de 2015. Las cursivas son mías.

[84] Robert M. Carmack y James L. Mondloch, *El Título de Totonicapán,* México, UNAM-IIFL/Centro de Estudios Mayas (Fuentes para el Estudio de la Cultura Maya, 3), 1983, p. 213, n. 71; Hull, "Poetic Tenacity: A...", *op. cit.,* pp. 102-103.

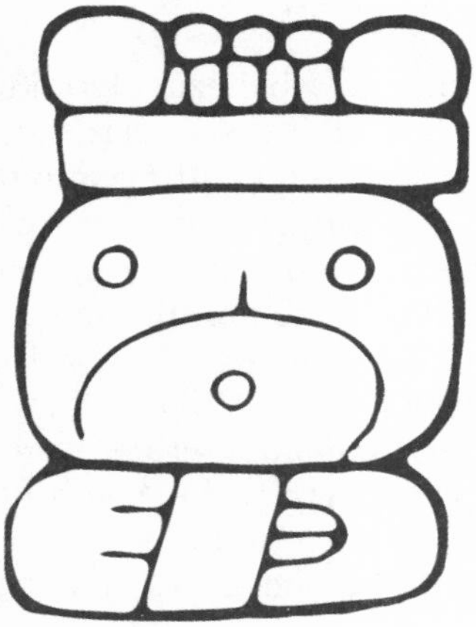

(**a**) 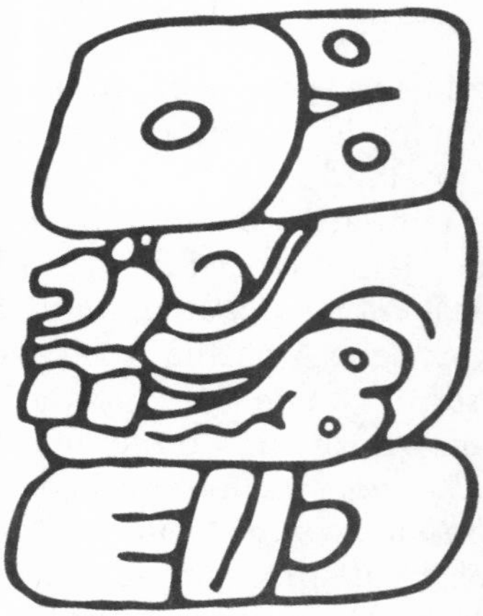 (**b**)

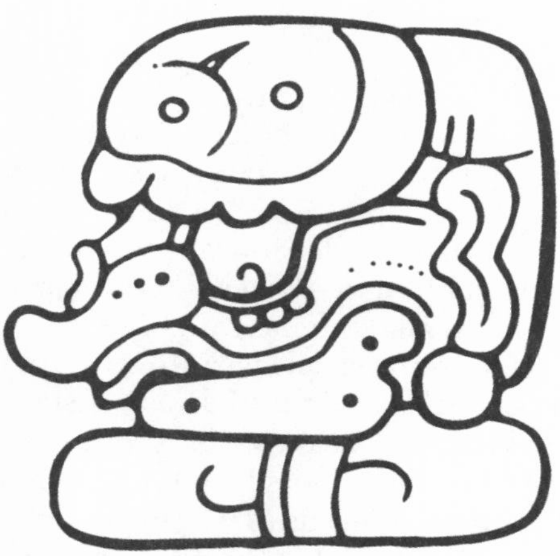

(**c**)

(**d**)

(e)

(f)

Figura v.18. *Sustitución gráfica del T533 por su variante personificada de cráneo, e intercambio iconográfico de ese signo con el llamado dragón de nariz cuadrada, asociado con la sangre y con el Dios C:* (**a**) *Dintel 27 de Yaxchilán (H1b), Chiapas, México, tomado de Graham y Von Euw,* Corpus of Maya…, op. cit., *p. 59;* (**b**) *Estela 12 de Yaxchilán (A5), Chiapas, México; dibujo de Linda Schele, tomado de Tate,* op. cit., *p. 238;* (**c**) *Dintel 45 de Yaxchilán (C1), Chiapas, México, tomado de Graham,* Corpus of Maya…, op. cit., *p. 99;* (**d**) *vaso K1299; fotografía de Justin Kerr, tomada del archivo fotográfico de Kerr, consultado en http://research.mayavase.com/kerrmaya_hires.php?vase=1299;* (**e**) *vaso K3150; fotografía de Justin Kerr, tomada del archivo fotográfico de Kerr, consultado en http://research.mayavase.com/kerrmaya_hires.php?vase=3150;* (**f**) *Dintel 3 del Templo IV de Tikal, Petén, Guatemala, tomado de Schele y Miller,* op. cit., *p. 48.*

corporal por donde fluyen el hálito designado mediante el jeroglifo T533 (de lectura incierta, tal vez *saak[?],* 'pepita[?]' o *xaak[?],* retoño[?]') (figura III.16), y el huelgo respiratorio *sak ik'aal* (figura III.15).

Algo por destacar del logograma de la supuesta "pepita(?)" o "cogollo(?)" T533 (figura V.18a) es que su variante de cabeza adquiere la forma de un cráneo zoomorfo (figura V.18b y c). En imágenes pictóricas ese cráneo lleva una nariz larga, a manera de dragón, y se encuentra provisto de volutas divergentes de aliento (figura V.18d-f).[85] Algunos estudiosos han considerado que ese dragón descarnado con espirales punteados es la personificación iconográfica de la sangre,[86] especialmente quizá por la presencia ocasional de la cabeza del Dios C (figura V.18f), que simboliza la fuerza vital de origen divino y tenía el valor logográfico de **K'UH**, *k'uh,* 'entidad sagrada'.[87] De acuerdo con Nájera Coronado,[88] la sangre era concebida como el elemento vital primordial, un líquido sagrado que a la vez que constituía la esencia del ser humano, le otorgaba la razón y el entendimiento, tenía el poder de la creación y funcionaba como el alimento principal de los dioses. Por ello, se trata del principio vital por excelencia, que vincula a los hombres con las deidades.[89] En las inscripciones del periodo Clásico el signo T543 es probablemente el logograma **CH'ICH'**, 'sangre' (figura I.1), cuya forma parece estar inspirada en una gota de ese líquido precioso.

Cabe remarcar que algunos grupos mayenses contemporáneos consideran que la sangre se identifica con el espíritu, y que el pulso constituye su manifestación tangible.[90] Quizá por ello en chol y las lenguas tzeltalanas la palabra para 'alma, espíritu' y 'pulso' recibe el nombre de *ch'ulel,* 'lo santo', 'lo sagrado', o aquello que es 'lo otro del cuerpo',[91] ya que el *ch'ulel* es el aspecto sutil del espíritu[92] que circula por la sangre.[93] Aunque ya vimos en el capítulo "Los conceptos del cuerpo humano" que este término no se encuentra atestiguado como tal en las inscripciones mayas, cabe volver a tomar en

[85] Véase, por ejemplo, el elemento que lleva sobre la coronilla el dios del maíz en la figura IV.11 de este libro.

[86] Schele y Miller, *op. cit.,* p. 48; Stuart, "Blood Symbolism in...", *op. cit.,* p. 209; Prager, "A Study of...", *op. cit.,* pp. 551 y 561.

[87] Stephen D. Houston y David S. Stuart, "Of Gods, Glyphs and Kings: Divinity and Rulership among the Classic Maya", *Antiquity,* vol. 70, núm. 268, junio de 1996, p. 291; Stuart, "The Gods of...", *op. cit.,* p. 251.

[88] Martha Ilia Nájera Coronado, *El don de la sangre en el equilibrio cósmico,* 1ª reimp., México, UNAM-IIFL/Centro de Estudios Mayas, 2003, p. 47.

[89] De la Garza Camino, *El universo sagrado..., op. cit.,* p. 122.

[90] William R. Holland, *Medicina maya en los Altos de Chiapas,* Daniel Cazés Menache (trad.), 2ª reimp., México, INI/Conaculta, 1989 (Colección Presencias), p. 100.

[91] Pedro Pitarch Ramón, *Ch'ulel: una etnografía de las almas tzeltales,* 1ª reimp., México, FCE, 2006 (Sección de Obras de Antropología), p. 32.

[92] Holland, *op. cit.,* p. 100.

[93] Evon Z. Vogt, *Zinacantan. A Maya Community in the Highlands of Chiapas,* Cambridge, The Belknap Press of Harvard University Press, 1969, p. 369; *Ofrendas para los dioses. Análisis simbólico de rituales zinacantecos,* México, FCE, 1979 (Sección de Obras de Antropología), p. 18.

cuenta que *ch'ulel* se deriva del adjetivo *ch'ul,* 'santo, sagrado',[94] cuyo cognado del periodo Clásico era el *k'uhul.* Este último término se escribía con la ayuda del mismo logograma del Dios C (figuras I.5 y V.15a), que se puede intercambiar en contextos iconográficos por el signo T533, de lectura incierta (tal vez 'semilla de calabaza[?]' o 'retoño[?]') (figura V.14), lo que sugiere que este último, con sus volutas airosas (figura III.16), hojas de maíz (figura V.13) o espirales de sangre (figura V.18e y f), guardaba ciertas analogías con el *ch'ulel.* Es preciso mencionar que los choles consideran que el *ch'ujlel* es viento,[95] mientras que los tzotziles de San Pedro Chenalhó opinan que el *ch'ulel* "es como aire";[96] una idea semejante parecen haber tenido los tzeltales del siglo XVI que vivían en Copanaguastla, para quienes el *ch'ulel* hacía referencia al aliento vital,[97] lo mismo que para los tzeltales de Pinola.[98] Por otra parte, era justamente el *ch'ulel* la fuerza anímica que se externaba del cuerpo voluntaria o involuntariamente a través de la boca o de la coronilla en circunstancias tales como el sueño, el susto, la ebriedad, la inconsciencia, el coito, el trance extático o la muerte.[99] Como hemos visto, el signo T533 también parece externarse por la boca a raíz del fallecimiento (figuras V.3 y V.4), por la coronilla durante los ritos de personificación ritual o finales de periodo (figuras V.2, V.5, V.7, V.14), que implican una experiencia de trance, o bien simultáneamente por la cabeza y la cola de entidades zoomorfas, ante el nacimiento o muerte inminente (figuras V.6, V.18d) que conlleva un estado transitorio, liminar o de paso.

No obstante, es necesario aclarar que los datos epigráficos e iconográficos no permiten hacer una equiparación exacta entre el signo T533 y el *ch'ulel* colonial o etnográfico, puesto que, aunque ambas entidades comparten algunas características como el ser un tipo de viento, manifestarse a través de la sangre (y por lo tanto del pulso), ser de origen divino, concentrarse mayormente en el corazón y externarse durante la muerte, trance o momentos liminares, no existen datos directos para afirmar que el T533 tuviera algo que ver con el *alter ego* animal ni con la suerte, dicha o ventura del individuo, atributos que se encuentran mencionados en las fuentes etnográficas y lexicográficas en asociación con el *ch'ulel.* Dos razones parecen explicar este fenómeno: primero que nada, desde mi perspectiva, la presunta "pepita(?), brote(?)"

[94] En tzeltal, tzotzil y chontal *ch'ul* es 'gota' o 'goteo', mientras que *ch'ur* en chortí significa 'sangre' o 'sangrar', Prager, "A Study of…", *op. cit.,* p. 561.

[95] Eberl, *op. cit.,* p. 37; Roberto Martínez González, "Las entidades anímicas en el pensamiento maya", *Estudios de Cultura Maya,* vol. XXX, 2007, p. 61.

[96] Guiteras Holmes, *op. cit.,* p. 240.

[97] Mario Humberto Ruz Sosa, *Copanaguastla en un espejo: un pueblo tzeltal en el virreinato,* 2ª ed., México, Conaculta-DGP/INI, 1992 (Colección Presencias, 50), p. 160.

[98] M. Esther Hermitte, *Poder sobrenatural y control social en un pueblo maya contemporáneo,* México, Instituto Indigenista Interamericano, 1970 (Ediciones especiales, 57), p. 95.

[99] Guiteras Holmes, *op. cit.,* 241; Vogt, *Zinacantan. A Maya…, op. cit.,* p. 370; *Ofrendas para los…, op. cit.,* p. 18; Hermitte, *op. cit.,* pp. 96 y 102; De la Garza Camino, *El universo sagrado…, op. cit.,* p. 106.

o "cogollo(?)" T533 no constituye una entidad anímica por sí misma, sino un mero aspecto de la entidad anímica *oʔhlis* o corazón. Y segundo, que la palabra chol y tzeltalana *ch'ulel,* 'lo santo, lo sagrado', es muy poco explícita, toda vez que engloba a cualquier componente anímico, menos a la **coesencia en segundo grado** *wayjel,* aunque en ocasiones incluso puede abarcar a esta última.[100]

Esto nos ilustra sobre la especificidad o singularidad de las creencias que las distintas sociedades mesoamericanas han tenido sobre los componentes anímicos del cuerpo, pues a pesar de que comparten un trasfondo más o menos común, lo que en un grupo o época era una entidad anímica, en otra comunidad tan sólo es una fuerza o aspecto de alguna entidad anímica, mientras que las características o atributos de determinado componente anímico pueden hallarse para otra cultura en dos componentes separados, o simplemente algunos carecen de correlato en otro rincón de la geografía o de la historia mesoamericana. Es por ello que, aunque las analogías etnográficas o históricas nos ilustran mucho, es preciso tratar de buscar las creencias específicas de la época o grupo social que estudiamos. Aun dentro del ámbito de los mayas clásicos debieron existir considerables variantes, sólo que en un estudio pionero como éste, y dado lo limitado de nuestras fuentes y conocimientos, por ahora sólo pretendo esbozar el sistema general de creencias que se deriva del estudio de las imágenes e inscripciones, a riesgo de cometer generalizaciones.

Los principios vitales sobre los que rige el signo no descifrado T533 (quizá "pepita de calabaza[?]" o "retoño[?]") con volutas de aliento u hojas tiernas de maíz no se restringen al microcosmos del cuerpo humano. De hecho, el T533 puede encontrarse, por ejemplo, como uno de los alientos vitales de la cuerda viviente *(kuxaʔan suum)* cielo (figura v.19a),[101] del lagarto terrestre

[100] Según Óscar Sánchez Carrillo, "Cuerpo, ch'ulel y lab elementos de la configuración de la persona tseltal", *Revista Pueblos y Fronteras. La noción de persona en México y Centroamérica,* núm. 4, diciembre de 2007-mayo de 2008, pp. 35 y 43. Consultado en http://www.pueblosyfronteras.unam.mx. Los tzeltales creen expresamente que los *lab* (otro nombre del *wayjel*) son un tipo especial de *ch'ulel.*

[101] En el Banco de la Estructura 9N-82 de Copán (figura v.19a) esa cuerda constituye el cuerpo del Monstruo Celeste o Cocodrilo Venado Estrellado, cuya decapitación mítica ocasionó un diluvio de sangre que puso fin a la creación anterior, véase David S. Stuart, "Las nuevas inscripciones del Templo XIX, Palenque", *Arqueología Mexicana,* vol. VIII, núm. 45, México, Raíces, 2000, p. 29; *The Inscriptions from..., op. cit.*, pp. 176-180; Erik Velásquez García, "Una nueva interpretación del Monstruo Cósmico maya", en Peter Krieger (ed.), *Arte y Ciencia: XXIV Coloquio Internacional de Historia del Arte,* México, UNAM-IIE, 2002, pp. 445-448; "The Maya Flood Myth and the Decapitation of Cosmic Caiman", *The PARI Journal,* vol. VII, núm. 1, verano de 2006, pp. 1-10. Ecos tardíos de este mito, atestiguado en Palenque durante el siglo VIII, fueron recogidos por Alfred M. Tozzer, en una aldea cercana a Valladolid, Yucatán: durante los primeros tiempos de la creación "había un camino suspendido en el cielo… el cual se llamaba *kusansum [kuxaʔan suum]* o *sabke [sak b'eh]* (camino blanco). Estaba en la naturaleza de una cuerda larga *(sum)* que se suponía viva *(kusan)* y de cuyo centro manaba sangre. Por esta cuerda se enviaba alimento a los dirigentes, quienes vivían en las estructuras hoy en ruinas. Por alguna razón la

bicéfalo (figura v.19b) y de las fauces descarnadas del inframundo (figura v.19c), en este caso expelido de las fosas nasales.[102] Dichos contextos iconográficos pueden caracterizarse como umbrales que comunican al hombre con los dioses o que unen los estratos verticales del cosmos. Los humanos sólo podían acceder a estas puertas liminares mediante la muerte, el sueño o el estado transitorio de trance, momentos, estos últimos, donde parece haberse externado el componente anímico expresado mediante el signo T533, que emerge del cuerpo humano a través de las fontanelas (figuras v.2, v.7 y v.14). La imagen labrada en el llamado Trono de los Subterráneos de Palenque representa justo el Cocodrilo Venado Estrellado, símbolo del cielo nocturno. Su texto jeroglífico claramente dice que el hálito vital designado mediante el jeroglifo T533 (*saak[?],* 'pepita' o *xaak[?],* 'retoño'), así como la fuerza respiratoria *sak ik'aal* 'pasan por el cielo, pasan por la tierra' *(numuul ta chan, numuul ta kab),*[103] prueba de que se trata de componentes vitales del cosmos (alientos etéreos) que se proyectan en el interior del cuerpo humano, fluyendo por la sangre.

Escenas como las que se aprecian en la Estela 11 de Copán (figura iv.22) y en la lápida del sarcófago del Templo de las Inscripciones de Palenque (figura iv.20) sugieren que los finados Yahx Pasaj Chan Yopaat (763-810 d.C.) y K'ihnich Janaab Pakal I (615-683 d.C.) se encuentran suspendidos en un estado intermedio entre la muerte y el renacimiento, ya que ambos externan por la coronilla el signo T533 (*saak[?],* 'pepita[?]' o *xaak[?],* 'cogollo') o el T1016 (*k'uh,* 'entidad sagrada') con volutas u hojas de maíz, se visten en guisa del dios del cereal[104] y se posan sobre símbolos del inframundo. Un caso análogo es el de los padres de Yaxuun Bahlam IV (752-768 d.C.), quien después de fallecidos parecen observar las acciones de su hijo en el registro superior de las estelas 11 y 40 de Yaxchilán (figura iii.17); ellos toman los atributos de la

cuerda se rompió, la sangre se derramó y desapareció para siempre... por una inundación", *Mayas y lacandones. Un estudio comparativo,* 1ª ed. en español, México, INI, 1982 (Clásicos de la Antropología, Colección INI, 13), p. 179. Estos mitos nos confirman la idea de que la sangre se identifica con el espíritu vital que habita en los diversos estratos del cosmos. Su pérdida implica la destrucción del universo.

[102] Véase Houston, Stuart y Taube, *The Memory of..., op. cit.,* p. 145. Kettunen, *op. cit.,* p. 296, nota que el signo T533 (al que denomina "flor blanca *ajaw*") casi nunca se encuentra en contextos nasales, a excepción de los ciempiés y dragones descarnados del inframundo que se encuentran en la escultura de Copán.

[103] Véase David S. Stuart, "A Cosmological Throne at Palenque", *Mesoweb,* 2003, consultado en www.mesoweb.com/stuart/notes/Throne.pdf; María Elena Vega Villalobos, *El gobernante maya. Historia documental de cuatro señores del periodo Clásico,* México, UNAM-IIH/Fideicomiso Felipe Teixidor y Monserrat Alfau de Teixidor, 2017 (Serie Culturas Mesoamericanas, 8), p. 70.

[104] Cuyo ciclo de muerte y renacimiento —como vimos en el capítulo anterior— constituyó un modelo de apoteosis para los gobernantes mayas fallecidos del periodo Clásico, Martin y Grube, *op. cit.,* p. 16. De hecho, Houston y Stuart, "Of Gods, Glyphs...", *op. cit.,* p. 297, observan que una de las características de los retratos póstumos de los reyes reside en que son presentados en transformación o metamorfosis, adoptando los atributos del dios del maíz o de otras plantas.

(**a**)

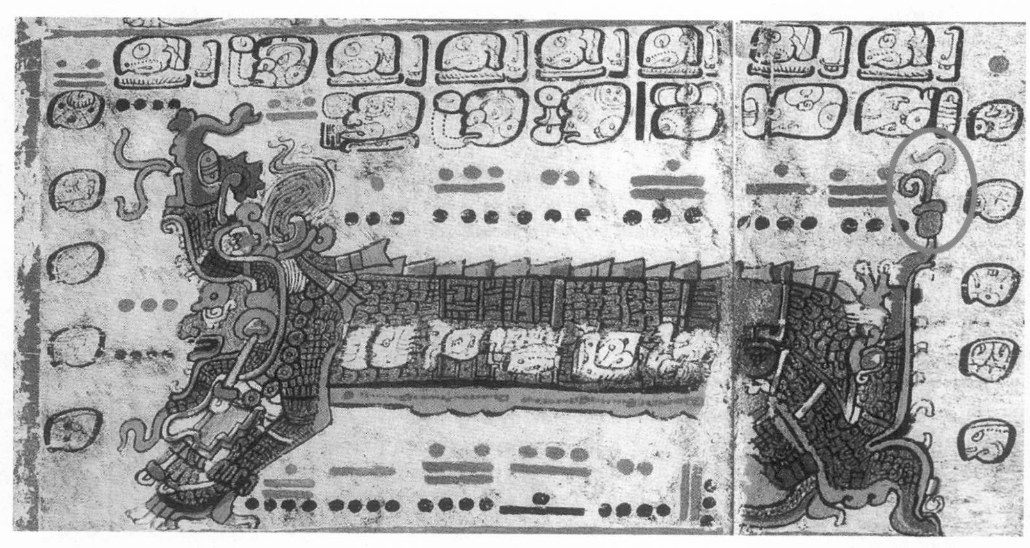

(**b**)

FIGURA V.19. *Ejemplos del signo "pepita(?)" o "retoño(?)" T533 con volutas, asociado con la cuerda viviente* (kuxa'an suum) *del cosmos, con el lagarto Itzam Kaab Áayin y operando como aliento vital de las fauces centípedas del inframundo:* (**a**) *Banco de la Estructura 9N-82 de Copán, Honduras, dibujo de Linda Schele, tomado de* Linda Schele Drawings Collection, *consultado en http://research.famsi.org/schele_list.php?_allSearch=9N-82&hold_search=9N-82&tab=schele&title=Schele+Drawing+Collection&x=18&y=9;* (**b**) *páginas 4b-5b del* Códice de Dresde, *tomado de Velásquez García,* Códice de Dresde…, op. cit., *pp. 21, 23;* (**c**) *fachada norte de la Casa de los Bacabes de Copán, Honduras, tomada de Taube, "Maws of heaven…",* op. cit., *p. 414.*

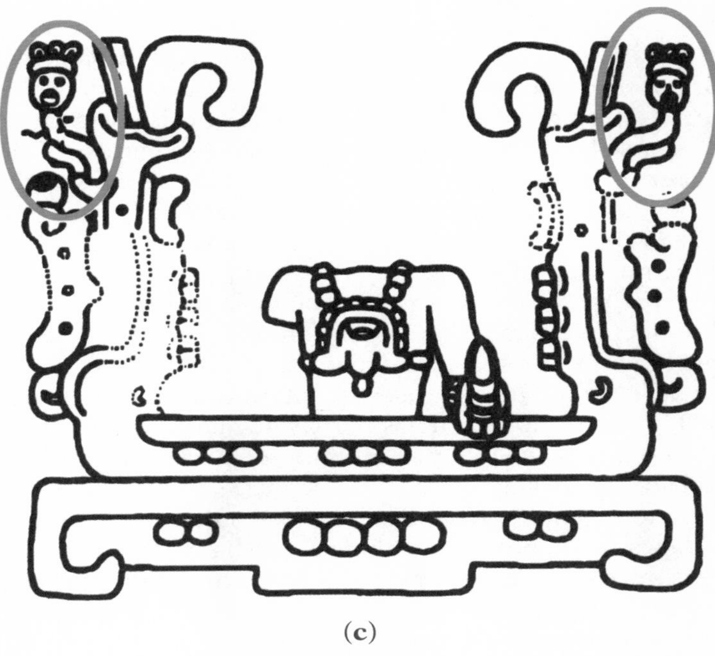

(c)

diosa lunar y del dios solar, al tiempo que parecen externar por la cabeza el signo T533 (probable "pepita[?]" o "retool[?]") con volutas de aliento y hojas de maíz. Estas imágenes sugieren además que el T533 constituye una fuerza o aliento inmortal que, quizá, si mi interpretación es correcta, estaba íntimamente ligado con la entidad anímica *oˀhlis,* se asociaba iconográficamente con hojas de maíz y viajaba con el alma corazón al mundo de los muertos. Como afirma De la Garza Camino: "es el aliento que reside en el corazón la parte inmortal del hombre... Corazón y maíz están... estrechamente ligados".[105]

Por otra parte, diversos grupos mesoamericanos creen que tras la muerte la entidad anímica "corazón" *(teeyoolia)* se torna en un ave, luciérnaga o mariposa que se separa del cuerpo en medio de un dolor intenso que se siente en la parte superior de la espalda.[106] En algunos grupos mayenses existe incluso la creencia en una entidad denominada "ave de nuestro corazón" o "alma-pájaro", cuya función es otorgar vida al organismo, aunque no tiene injerencia en la personalidad y la conciencia. Entre los tzeltales de Cancuc, por ejemplo, recibe el nombre de *mutil koˀtantik* o *motil oˀtan,* es un aliento que habita en el miocardio y puede escaparse momentáneamente por la boca o por la coronilla de la cabeza, pero si permanece fuera del cuerpo por

[105] De la Garza Camino, *El hombre en..., op. cit.,* p. 91.

[106] McKeever Furst, *op. cit.,* pp. 23-25, 47 y 53.

algunas horas su portador fallece; es preciso decir que se trata de una entidad que existe aparte del *ch'ulel* y del *alter ego* animal.[107] Una creencia semejante pudo haber estado presente también entre los tzotziles de San Pedro Chenalhó.[108] Asimismo, los huastecos conciben la existencia de dos entidades aladas, una de las cuales se aloja en el corazón, mientras que la otra reside en la cabeza.[109] Por su parte, la palabra chortí *mut*, 'espíritu',[110] sugiere algún tipo de relación con un ave, ya que *mut* significa 'pájaro'.[111] Como hemos visto, esto tiene mucho sentido a la luz del jeroglifo **K'A**?, 'perderse' o 'acabarse' (figura v.1a), que tiene la forma de un ala de ave y constituye la expresión verbal más constante para denotar la salida definitiva del T533 tras el fallecimiento. Además, ya vimos cómo de vez en cuando el T533 se intercambia (figura v.7) o se asocia con un pájaro (figura v.8).

A la luz de los argumentos expuestos anteriormente, puede sugerirse que el jeroglifo T533 con volutas u hojas tiernas de maíz era algún tipo de aliento, hálito, vaho o componente gaseoso que se concentraba en el corazón y que probablemente se llamaba *saak(?)*, 'pepita(?)' o 'semilla de calabaza(?)', o *xaak(?)*, 'brote, cogollo' o 'retoño'. No corresponde con exactitud a ninguna de las entidades o componentes anímicos atestiguados en los documentos coloniales o etnografías, aunque parece guardar más analogías con el *ch'ulel* y, en menor medida también, con el "ave del corazón" (figuras v.7 y v.8). La evidencia iconográfica sugiere que puede tratarse de un componente o aspecto de la entidad anímica corazón. También parece cierto que se entendía como un componente inmortal que acompañaba a la entidad *oˀhlis* tras el deceso (figuras III.17, IV.20, IV.22). No se trata de un atributo exclusivamente humano, sino de una energía de origen divino que se encuentra en los dioses (figuras IV.24a, v.5),[112] en los habitantes del inframundo (figura v.6a, b y d) y en cada región del universo (figura v.19), como quizá también en los animales (figura v.3). Parece haber consistido en algún tipo de aliento que fluía o se identificaba con la sangre (figuras v.14, v.15, v.16 y v.18f); tras el fallecimiento escapaba por la boca (figuras v.3 y v.4), mientras que durante el trance —quizá también en el sueño— y otros momentos liminares se externaba a través de la coronilla o fontanela (figuras v.2, v.5 y v.14). Algunos indicios (figuras v.2b-c, v.10 y v.13) apuntan a que este componente anímico se relacionaba con el espíritu o esencia del maíz *(xch'ulel ixim)*, quizá porque dicho cereal formaba

[107] Pitarch Ramón, *Ch'ulel: una etnografía…*, *op. cit.*, pp. 32-35; véase también Sánchez Carrillo, *op. cit.*, p. 16.

[108] Guiteras Holmes, *op. cit.*, p. 244.

[109] Martínez González, "Las entidades anímicas…", *op. cit.*, p. 164.

[110] Hull, "An Abbreviated Dictionary…", *op. cit.*, p. 83.

[111] Vitalino Pérez Martínez *et al.*, *Diccionario ch'orti'*, Antigua Guatemala, Proyecto Lingüístico Francisco Marroquín, 1996, p. 148.

[112] La interpretación de Taube, "Maws of heaven…", *op. cit.*, p. 422, sobre el signo T533 es que se trata de un tipo de aliento que denota muerte, así como una marca de condición sobrenatural asociada con barras ceremoniales bicéfalas.

a)

b)

c)

Figura v.20. *Mito de la invocación del Señor de los Venados realizada por K'ihnich Yajawte' Uhx Yop Hu'n en el lugar primordial Chijcha':* (**a**) *vaso K1882, fotografía de Justin Kerr, tomada del archivo fotográfico de Kerr, consultado en http://research.mayavase.com/kerrmaya_hires.php?vase=1882;* (**b**) *vaso K1384, fotografía de Justin Kerr, tomada del archivo fotográfico de Kerr, consultado en http://research.mayavase.com/kerrmaya_hires.php?vase=1384;* (**c**) *nagual o* wahyis *Chijchan, 'Serpiente Venado', vaso K531, fotografía de Justin Kerr, tomada del archivo fotográfico de Kerr, consultado en http://research.mayavase.com/kerrmaya_hires.php?vase=531.*

parte del cuerpo y de la vida humana. No obstante, el jeroglifo T533 ("pepita[?], brote[?]" o como quiera que se haya leído) nunca lleva el sufijo absolutivo /*-is*/ de partes inalienables del cuerpo,[113] lo que puede explicarse por el hecho de que se encuentra distribuido por todo el universo y no sólo dentro del continente humano, además de que parece tratarse de un mero componente o aspecto de la entidad anímica *oˀhlis* y no de una unidad independiente.

Como hemos visto, el jeroglifo de la presunta "pepita(?)" o "cogollo(?)" T533 (figuras III.16 y V.18a) tiene una variante o alógrafo personificado con forma de cráneo zoomorfo o narigudo (figura V.18b y c), que algunos mayistas apodan "dragón de nariz cuadrada". Ya hemos visto que dicha entidad descarnada parece tener una vinculación con el hálito vital que circula por la sangre. Y no solamente se intercambia con la variante geométrica más convencional del signo T533 en el sistema de escritura, sino también en la iconografía. Por ejemplo, uno u otro pueden ser emitidos del extremo de la cola en el caso de animales sobrenaturales representados en las vasijas mayas (figuras V.6 y V.18d).

No obstante, como han observado Rogelio Valencia Rivera y Ana García Barrios, una de las aristas que tiene el T533 y su variante de cráneo zoomorfo narigudo es la que lo conecta con el dios K'awiil, señor de la abundancia y de la riqueza. Por ejemplo, en el mito donde el héroe cultural Ajaw Foliado o K'ihnich Yajawteˀ Uhx Yop Huˀn[114] invoca al dios anciano de los venados en el legendario lugar Chijchaˀ (figura V.20a y b),[115] el conducto por donde emerge dicha deidad senil son las fauces de una serpiente mazacuata *(chijchan),* que no es sino la prolongación de la pierna de K'awiil y además es su mismísimo nagual, *wahyis* o **coesencia en segundo grado** (figura V.20).[116] Tal como Valencia Rivera y García Barrios han apuntado, al observar las distintas escenas de estos vasos resulta evidente que "la imagen de K'awiil se va simplificando, pasando a ser sustituida sólo por su cabeza, y finalmente llega a ser representado por una especie de voluta de la que sale fuego".[117] Algunos de los ejemplos aducidos en el ensayo escrito por esos autores claramente acaban

[113] Zender, "On the Morphology...", *op. cit.*, pp. 200-204.

[114] Véase la nota 161 del capítulo "El ciclo del *oˀhlis*".

[115] Para una explicación detallada de este mito, véase Nikolai Grube, "El origen de la dinastía Kaan", en Enrique Nalda Hernández (ed.), *Los cautivos de Dzibanché,* México, Conaculta-INAH, 2004, pp. 127-128; David S. Stuart ha descifrado el topónimo donde tienen lugar estos acontecimientos míticos como Chijchaˀ, 'Metate Venado', "A Possible Sign for Metate", *Maya Decipherment. Ideas on Ancient Maya Writing and Iconography,* 2014. Consultado en https://decipherment.wordpress.com/?s=metate.

[116] Véase Velásquez García, "El pie de...", *op. cit.*, pp. 38-39.

[117] Rogelio Valencia Rivera y Ana García Barrios, "Rituales de invocación al dios K'awii", en Andrés Ciudad Ruiz, María Josefa Iglesias Ponce de León y Miguel Sorroche Cuerva (eds.), *El ritual en el mundo maya: de lo privado a lo público,* Madrid, Universidad Complutense-Facultad de Geografía e Historia-Departamento de Historia de América II (Antropología de América)-Sociedad Española de Estudios Mayas, Grupo de Investigación Andalucía-América, Patrimonio Cultural y Relaciones Artísticas/UNAM-Centro Peninsular en Humanidades y Ciencias Sociales, 2010 (Publicaciones de la Sociedad Española de Estudios Mayas, 9), pp. 250-254.

siendo las mismas colas zoomorfas que terminan en la punta con el jeroglifo T533 flamígero (figuras V.6 y V.18d).

La veta encontrada por este par de colegas induce a pensar que el hálito vital T533 (signo sin descifrar que tal vez se leía *saak[?]*, 'pepita[?]' o *xaak[?]*, 'retoño[?]'), además de relacionarse con todo lo ya expuesto, tiene en ocasiones una conexión con el dios de la abundancia K'awiil, manifestada gráficamente mediante el recurso de la teosíntesis o convergencia pictórica entre dos o más entidades.[118] Una pista sobre esta posible conexión entre K'awiil y uno de los componentes del cuerpo ha sido encontrada por Hirose López entre los *jmeenes* o especialistas rituales mayas yucatecos, quienes llaman K'awil *(sic)* a una sustancia, energía o fuerza espiritual que procede de los ancestros, se encuentra en la sangre e infunde vitalidad al cuerpo.[119]

Aunque no existe mucha información sobre esta conexión entre el dios K'awiil y una fuerza vital del cuerpo humano, cabe recordar que Stuart cree que la lectura más viable para el jeroglifo T533 es *saak(?)* o *sik(?)*, raíz morfémica de la palabra usada en distintas lenguas mayances para denotar la semilla de calabaza. Aunque tal vez se trate de una coincidencia, es preciso mencionar que en idioma mam la palabra *si'k* es una parte del cuerpo que significa 'energía',[120] y la persona que la pierde experimenta gran fatiga, como se aprecia por ejemplo en la frase *ma' si'kti*, 'se cansó'.[121] Del mismo modo, en las lenguas yucatecanas la palabra para semilla de calabaza es *siikil* o *sikil*, mientras que *sikte'* significa 'chicle' o 'resina de chicozapote', así como probablemente "sangre o fluido vital".[122] Cabe advertir que aunque estas entradas léxicas son interesantes, debemos tomarlas con mucha reserva, toda vez que en distintas lenguas mayances existe una palabra denominada *sik*, *siik*, *si'k* o *si'ik*, que se traduce como 'frío' y cuya pérdida, al parecer, se asocia con la fatiga o el cansancio. Mas dicho vocablo no procede del protomaya **sakiil*, 'pepita de calabaza', sino de **si'k*, 'frío'.[123] Además el signo T533 no está desci-

[118] Véase Simon Martin, "The Old Man of the Maya Universe: A Unitary Dimension to Ancient Maya Religion", en Charles Golden, Stephen D. Houston y Joel Skidmore (eds.), *Maya Archaeology 3*, San Francisco, Precolumbia Mesoweb Press, 2015, p. 210.

[119] Javier Hirose López, *Suhuy máak. Las concepciones sobre el cuerpo y la persona entre los mayas de la región de los Chenes, Campeche*, Campeche, Secretaría de Cultura del Estado de Campeche, 2015, pp. 42 y 138-139.

[120] Francisca Quintana Hernández y Cecilio Luis Rosales, *Las partes del cuerpo en mam*, ilustraciones de Taoli Ramírez Téllez, México, INAH/Inali, 2011, pp. 71 y 85.

[121] Literalmente "no hay frío" o "sin frío", véase Kaufman y Justeson, *op. cit.*, p. 1268.

[122] Alfonso Larqué-Saavedra, "Biotecnología prehispánica en Mesoamérica", *Revista Fitotecnia Mexicana*, vol. 39, núm. 2, abril-junio de 2016, p. 113.

[123] Lyle Campbell, *The Linguistics of Southeast Chiapas*, Provo, Brigham Young University-New World Archaeological Foundation, 1988 (Papers of New World Archaeological Foundation, 50), p. 15. La probable creencia en un componente frío que circula por la sangre y se asocia con la vitalidad y la energía no sería una circunstancia rara o inesperada de encontrar, toda vez que, según lo que sabemos sobre otras culturas mesoamericanas, existen aires fríos y calientes en el torrente sanguíneo, siguiendo el patrón de los pares opuestos y complementarios, véase, por ejemplo,

FIGURA V.21. *Patrones de combinación del signo T533 en variante de cráneo con los símbolos de la sangre, de la entidad sagrada (***K'UH***) y los cabellos del elote:* (**a**) *logograma de* **CH'ICH'**, *'sangre', Plataforma del Templo XIX de Palenque (E5), Chiapas, México; tomado de Stuart, "The Palenque Mythology…",* op. cit., *p. 175;* (**b**) *variante personificada del T533, Dintel 45 de Yaxchilán (C1), Chiapas, México, tomado de Graham,* Corpus of Maya…, op. cit., *p. 99;* (**c**) *variante personificada del signo T533, funcionando como semilla de la que renace el dios del maíz, detalle del vaso códice K2723, dibujo tomado de Quenon y Le Fort,* op. cit., *p. 891;* (**d**) *signo de* **K'UH** *sustituyendo al T533,*

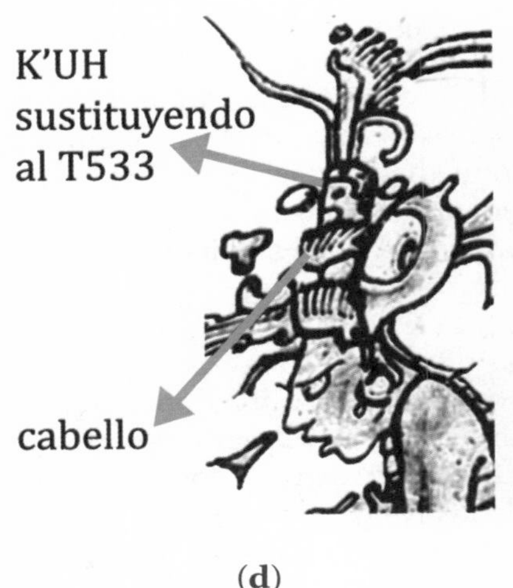

(**d**)

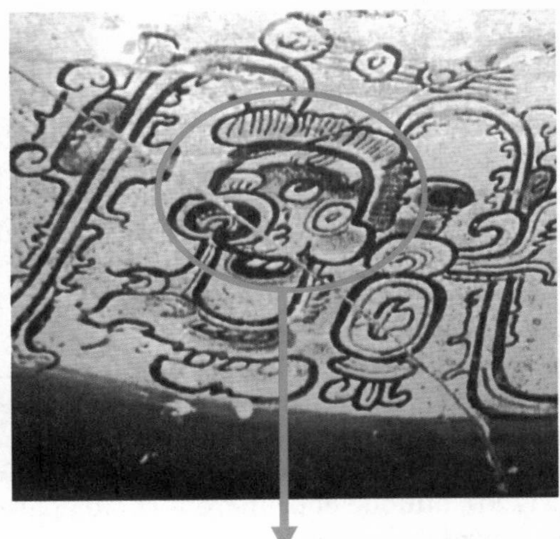

(**e**)

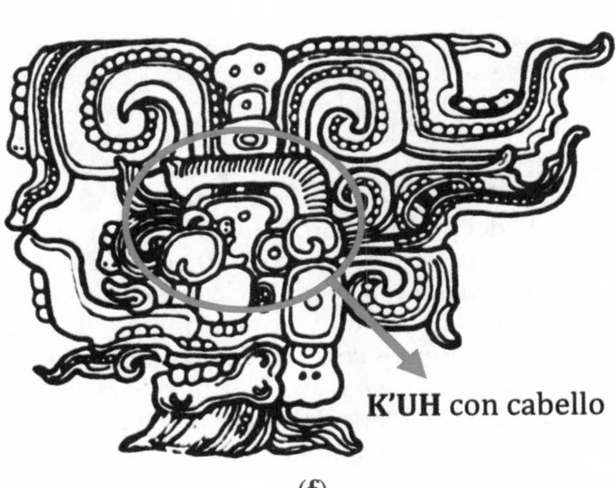

(**f**)

emitido de la coronilla del dios tonsurado del maíz, detalle del vaso K1523, fotografía de Justin Kerr, tomada del archivo fotográfico de Kerr, consultado en http://research.mayavase.com/kerrmaya_hires.php?vase=1523; (**e**) *variante personificada del signo T533, combinado con* **K'UH** *y con los cabellos del elote, detalle del Plato Cósmico o K1609, tomado de Schele y Miller,* op. cit., *p. 315;* (**f**) *variante personificada del signo T533, combinado con* **K'UH** *y con los cabellos del elote, Dintel 3 del Templo IV de Tikal, Petén, Guatemala, tomado de Schele y Miller,* op. cit., *p. 48.*

frado y podría haberse leído de otro modo, como por ejemplo *xaak(?)*, 'retoño', idea defendida por Davletshin. Por estas últimas razones creo que es poco probable que el componente designado mediante el jeroglifo T533 (figura III.16), de lectura incierta, haya operado como el aspecto frío del componente anímico caliente *k'ihn* o *k'ihnil,* que analizaré en el siguiente capítulo, aunque dicha posibilidad no se puede descartar del todo. Como bien afirman Martínez González y Núñez Enríquez, algunos grupos nahuas opinan que existe un componente frío llamado <*ecahuil*> o sombra, que se encontraba ligado con el <*tonalli*> o 'calor', formando entre ambos un alma doble, binaria y compleja, que tenía cierto vínculo con la cabeza.[124] Si éste llegara a ser el caso, podría explicar por qué tanto el componente anímico *saak(?)* como el *k'ihnil* o *k'ihn* eran emitidos del cuerpo a través de las fontanelas (figuras V.2, IV.14 y VI.2d), aunque el primero formaba parte del *o'hlis,* mientras que el segundo se vinculaba con el Sol.

Una vertiente más del signo T533 atañe a su relación con las fuerzas seminales del cosmos, sobre todo considerando su comportamiento iconográfico como semilla, huevo o brote que eclosiona (figuras V.8, V.9 y C.1)[125] y como personificación de los huesos a través de su variante en forma de cráneo (figura V.18b y c). Como puede apreciarse en la figura V.21, el signo de la presunta "pepita(?)" o "cogollo" T533 en su variante completa no es más que un cráneo zoomorfo narigudo, tanto en el sistema de escritura (figura V.21b) como en la iconografía (figura V.21c); en esta última funciona como una semilla que revienta o germina. En el Plato Cósmico estilo códice o K1609 (figuras IV.13 y V.21e) opera como un símbolo del piso más profundo del inframundo, lugar sagrado de muerte, pero también de origen de la vida. Diversos autores han notado que es relativamente habitual en el arte maya clásico representar cráneos que eclosionan o revientan en el inframundo, como símbolo de una gran semilla.[126] Cráneos hendidos y sumergidos son a menudo una forma de representar las semillas de donde surge el dios del maíz;[127] incluso es probable que ese tipo de cráneos puedan sustituir al conocido caparazón de la tortuga, de cuyo lomo nace el numen de la planta en algunas escenas del periodo Clásico. Existen distintos contextos donde el cráneo zoomorfo o dragón de

Roberto Martínez González, *El nahualismo,* México, UNAM-IIH, 2011 (Serie Antropológica, 19), pp. 44 y ss. Cualquier alteración en el equilibrio de estas fuerzas vitales puede modificar la salud.

[124] Roberto Martínez González y Luis Fernando Núñez Enríquez, "La cabeza en la imagen corporal mesoamericana: una primera aproximación a partir de algunos ejemplos", en Vera Tiesler y Carlos Serrano Sánchez (eds.), *Modificaciones cefálicas culturales en Mesoamérica. Una perspectiva continental,* t. I, México/Mérida, UNAM-IIA/UADY-Facultad de Ciencias Antropológicas, 2018, pp. 217-218.

[125] Tokovinine, "Writing color. Words...", *op. cit.,* pp. 286-289, y las ideas de Stuart, expuestas en el Apéndice C.

[126] Véase la nota 110 del capítulo "El ciclo del *o'hlis*".

[127] Oswaldo Chinchilla Mazariegos, *Imágenes de la mitología maya,* Guatemala, Universidad Francisco Marroquín/Museo Popol Vuh, 2011, pp. 78-82, figs. 25-27.

nariz cuadrada, sustituto del T533 (probable "pepita[?]" o "retoño[?]"), lleva sobre el tocado el jeroglifo de la esencia sagrada o divina **K'UH**, y sobre el mismo **K'UH** surgen brotes vegetales, hojas de maíz, volutas, espirales o elementos flamígeros (figuras V.18e-f y V.21e-f). Variantes más simplificadas de dicho cráneo narigudo se encuentran sobre la coronilla o fontanela de diversos personajes (figura IV.11) o del extremo de serpientes u otros animales (figuras V.18d), asemejándose o convirtiéndose de vez en cuando, como vimos, en la cabeza flamígera del dios K'awiil (figura V.20). Algo por demás interesante es que cuando el T533 en variante de cráneo lleva el signo de **K'UH** sobre la cabeza, a veces se combina con la forma del jeroglifo para 'sangre' (figura V.21a y e), así como con los mechones de cabello del elote, que forman parte de la cabeza del dios tonsurado del maíz (figura V.21d-f). Ello no es extraño porque bien sabemos que el hálito del T533 puede intercambiarse con el jeroglifo **K'UH** sobre la coronilla de varios personajes (figuras V.14 y V.21d) y que existen fuertes indicios que vinculan al T533 con el maíz (figuras V.10 y V.13), que es una de las razones por las que sospecho que se trata de un aspecto del *oˀhlis* o alma corazón.

Este conjunto de patrones, sustituciones, asociaciones y combinaciones iconográficas no sólo nos recuerdan la analogía que los pueblos mesoamericanos creían ver entre los huesos de las generaciones pasadas y las semillas de las generaciones venideras. También nos recuerda que se creía que una parte de los componentes anímicos se quedaba en el entierro, junto con el esqueleto,[128] para fungir como protectores de la familia, de la comunidad o del grupo social que seguía venerando al ancestro.[129] El poder fecundador y generativo de los huesos tal vez en buena parte obedezca a la creencia de que el semen (semilla humana) era producido en el tuétano, dentro de los huesos,[130] idea que no sólo ha sido documentada en fuentes del centro de México, pues también existen datos sobre ello entre grupos mayenses.[131] Además, varios autores han notado que en los idiomas mayances muchas veces la palabra para hueso (*baak* o *baq*) tiene una sospechosa semejanza con los vocablos para carne, semilla, pepita o testículos (*bak'* o *baq'*).[132]

[128] Alberto Ruz Lhuillier, *Costumbres funerarias de los antiguos mayas*, 1ª reimp., México, UNAM-IIFL/Centro de Estudios Mayas, 1991 [1968], pp. 217-218 y 260; Alfredo López Austin, "La composición de la persona en la tradición mesoamericana", *Arqueología Mexicana*, vol. XI, núm. 65, México, Raíces, 2004, p. 35.

[129] Alfredo López Austin, "La cosmovisión de la tradición mesoamericana. Tercera parte", ed. especial de *Arqueología Mexicana*, núm. 70, México, Raíces, 2016, p. 22; Patricia A. Mcanany, "Soul Proprietors. Durable Ontologies of Maya Deep Time", en Steve Kosiba, John W. Janusek y Thomas B. F. Cummins (eds.), *Sacred Matter: Animacy and Authority in the Americas*, Washington, Dumbarton Oaks Research Library and Collection, 2020, pp. 73-74, 77, 81 y 99.

[130] López Austin, "La composición de...", *op. cit.*, p. 34; "La concepción del cuerpo en Mesoamérica", *Elogio del cuerpo mesoamericano, Artes de México*, núm. 69, enero-febrero de 2004, p. 37.

[131] Scherer, *Mortuary Landscapes of...*, *op. cit.*, p. 94.

[132] Véase Ruz Sosa, *Copanaguastla en un...*, *op. cit.*, p. 159; Kaufman y Justeson, *op. cit.*, p. 1052; Martínez González, *El nahualismo*, *op. cit.*, p. 31.

Estos datos, en su conjunto, permiten al menos sospechar que uno de los componentes anímicos que quedan en los huesos es justamente el que los mayas designaban a través del jeroglifo T533, lo hayan leído o no como *saak(?)*, 'semilla' o 'pepita de calabaza(?)'.[133] Desde luego, otra porción del T533 viaja al inframundo y atraviesa por todo el proceso de reciclaje del *o'hlis* que se analizó en el capítulo anterior, ya que al parecer no se trata de un elemento separado o discreto, sino de un componente del alma corazón.

Sak ik'aal: el 'espíritu blanco'

El segundo componente anímico que se perdía tras el fallecimiento (figuras III.15 y V.1b-c), y que en mi opinión era otro aspecto del *o'hlis* (figura V.13), era el *sak ik'aal*, 'espíritu puro' o 'aliento blanco'.[134] En el ámbito del sistema de escritura jeroglífico lo más común es que se represente mediante un bloque donde se conjuntan tres signos, que en el catálogo de Thompson corresponden al T58 (**SAK**, 'blanco'), al T503 (**IK'**, 'aire' o 'viento') y al T24 (que representa la sílaba **li**), lo que en su conjunto produce la transcripción de *sak ik'[aa]l*. Observen que el sustantivo *ik'*, 'viento' o 'aire', tiene en ese contexto un sufijo /*-aal*/. De acuerdo con el epigrafista español Lacadena García-Gallo, dicho elemento morfológico sirve para derivar sustantivos específicos a partir de otros más generales, fenómeno que se conoce como "instantación".[135] De este modo, *ik'aal* significa 'espíritu' o 'aliento vital'. Se trata de una energía vivificante de límites muy imprecisos, aunque parece fluir por todo el cuerpo y probablemente se concentra en el corazón, como lo sugieren una serie de pendientes de jadeíta con el jeroglifo de **IK'**, 'viento', que eran usados siempre sobre el pecho (figura V.22). Estos ornamentos no sólo evocan el espíritu mediante el logograma de **IK'** que tienen horadado en el centro, sino por el material mismo del que están hechos, pues la jadeíta llegó a ser un símbolo precioso del aliento, del viento y de la esencia de la vida.[136] Contrario a la

[133] Recomiendo leer el Apéndice D de este libro, donde expongo algunas implicaciones interesantes en el caso de que la hipótesis de lectura *saak(?)*, 'semilla de calabaza(?)', propuesta por Stuart (Apéndice C), sea correcta.

[134] El *sak ik'aal*, como veremos, es en sí mismo la fuerza de la respiración. Su relación con el corazón *(tum)* y con la esencia espiritual *(o'hlis)* fue expresada elocuentemente por Scherer en "El ser, la identidad y la cabeza entre los mayas del Clásico de los reinos del río Usumacinta", en Tiesler y Serrano Sánchez (eds.), *Modificaciones cefálicas culturales…*, *op. cit.*, t. II, p. 532: "Se tienen conceptos similares a lo largo del mundo maya, en donde la esencia espiritual de uno está estrechamente ligada al sistema circulatorio, incluyendo el corazón, la sangre y también los pulmones, los cuales indican vitalidad a través de la respiración".

[135] Lacadena García-Gallo, "Gramática maya jeroglífica", material didáctico inédito elaborado con motivo de los talleres de escritura jeroglífica maya que tuvieron lugar en el marco de la 15th European Maya Conference, Madrid, Museo de América, del 30 de noviembre al 2 de diciembre de 2010, p. 4.

[136] Taube, "Maws of heaven…", *op. cit.*, p. 419; "The Symbolism of in Classic Maya Religion",

yucateco	*ox*	'aire, aliento' (Barrera Vásquez, 1980: 611)
	ouox	'/vaho/'/'vapor o vaho humano, tierra, olla, agua de pozos' (Álvarez Lomelí, 1980: 355)
	owox ni'	'avaha así echando el soplo caliente por las narices' (Barrera Vásquez, 1980: 610)
	wox yik'al chi'	'el vapor del aliento' (Barrera Vásquez, 1980: 266)
	yooxol chi'	'aliento' (Bastarrachea Manzano, Yah Pech y Briceño Chel, 1998: 10)
	yowox chi'	'aliento, vaho y resuello que echa por la boca cualquier animal y vahear y resollar así' (Barrera Vásquez, 1980: 610)
itzá	*oox*	'vapor' (Hofling y Tesucún, 2000: 465)
mopán	*oox*	'vapor, radiación' (Xoj y Cowoj, 1976: 148)
	oox	'vapor, radiación' (Hofling, 2011: 340)
chortí	*uxner*	'corazón' (Schumann Gálvez, s. f.: 52)
mam	*uux*	'acción de aspirar el aire por cansancio' (Maldonado Andrés, Ordóñez Domingo y Ortiz Domingo, 1986: 416)
cakchiquel	*vxla*	'aliento, huelgo o resuello'/'tómese también por el olor o vaho q[ue] sale de alg[un]a cosa'/ 'huelgo, aliento' (Coto, 1983: 24-25, 279)
	ab, vxla de *ab, ti u'abah*	'espíritu' (Coto, 1983: 213)
tzutuhil	*u'x*	'corazón de una persona' (Martínez González, 2007: 156)
	ušla	*'breathe'* (Dienhart, 1989: 86)
quiché	*uxlab*	'aliento, resuello'/'respiración' (Basseta, 2005: 60 y 528)
	ux	*'breeze'* (Christenson, 2003a: 135)
	uxlab<aj>	*'breath'* (Christenson, 2003a: 135)
	uxlab<al>	*'scent'* (Christenson, 2003a: 135)
	uxlabal	*'spirit; soul; breath'* (Christenson, 2003a: 135)
	uxlabik	*'to sigh'* (Christenson, 2003a: 135)
	uxlabinik	*'to breathe'* (Christenson, 2003a: 135)
	uxlanibal k'uxaj	*'peace of the soul; peace of mind'* (Christenson, 2003a: 135)
	uxlanik	*'to rest'* (Christenson, 2003a: 135)
pocomchí	*uxla*	'aliento, espíritu' (Martínez González, 2007: 160)
uspaneco	*ušleb*	*'breathe'* (Dienhart, 1989: 86)

(a)

(b)

FIGURA V.22. *Pectorales de aliento* ik'aal: (**a**) *collar con pectoral de jadeíta encontrado en la Tumba I de Calakmul, Campeche, México, tomado de Schmidt, De la Garza Camino y Nalda Hernández,* op. cit., *p. 555;* (**b**) *personaje grabado en la Estela 15 de Nim Li Punit, Distrito de Toledo, Belice, tomado de Looper,* op. cit., *p. 17;* (**c**) *vaso K5850, perteneciente a Los Angeles County Museum; fotografía de Justin Kerr, tomada del archivo fotográfico de Kerr, consultado en http://research.mayavase.com/kerrmaya_hires.php?vase=5850.*

turquesa, que representaba las potencias celestes y calientes de la sequía, la jadeíta, el jade y quizá otras piedras metamórficas de tonalidades verdes[137] simbolizaron el agua, las hojas tiernas de maíz, la humedad y las potencias frías de la lluvia. Como bien observa Taube, los hombres mesoamericanos estaban conscientes de un extraño fenómeno físico que ocurre con el jade, pues ese mineral en ocasiones exuda humedad y vapor, semejante a un vaho o rocío fresco,[138] situación que contribuyó a relacionar ese tipo de piedras con el aliento vivificante. Ésa es la razón por la que buscaban encapsular parte del *sak ik'aal* exhalado por los moribundos dentro de cuentas o máscaras de piedra verde, práctica cultural ampliamente documentada mediante los vestigios arqueológicos y los documentos escritos en la época novohispana, de la que ya tuve ocasión de ocuparme en el capítulo "La entidad anímica *o'hlis*". Conviene recordar aquí que dicho componente airoso que se encapsulaba en

Ancient Mesoamerica, vol. 16, 2005, pp. 30-32; "Los significados del jade", *Arqueología Mexicana,* vol. XXIII, núm. 133, México, Raíces, mayo-junio de 2015, pp. 51-55; Eberl, *op. cit.*, p. 55; Houston, Stuart y Taube, *The Memory of…*, *op. cit.*, pp. 141-142 y 152; Kettunen, *op. cit.*, p. 295.

[137] Como las serpentinas, filitas, cuarzos verdes y esquistos, véase Emiliano Melgar Tísoc y Reina Solís Ciriaco, "Objetos mayas de jadeíta en el Templo Mayor de Tenochtitlan", *Arqueología Mexicana,* núm. 140, julio-agosto de 2016, p. 81.

[138] Taube, "The Symbolism of…", *op. cit.*, p. 31; "Los significados del…", *op. cit.*, pp. 54-55.

la piedra verde era un aspecto o parte del *oʔhlis,* y que en culturas mesoamericanas más tardías a veces se asociaba con un pájaro. Aunque, como ya he explicado en este mismo capítulo, entre los mayas del periodo Clásico la figura del ave se vincula con el hálito del jeroglifo no descifrado T533 (la probable "pepita de calabaza[?]" o "retoño[?]") (figuras v.7 y v.8), más que con el *sak ik'aal.* Se trata de un ejemplo del tipo de especificidades culturales que es preciso definir o delinear poco a poco, toda vez que, como ya expliqué, los atributos de los componentes anímicos difieren o se recomponen de forma distinta de un lugar a otro y de una época a otra.

Esta asociación entre el viento y el vapor fue expresada dentro del sistema de escritura logosilábica, toda vez que el jeroglifo de la misma deidad del viento o Dios H se utilizaba a veces para escribir el número 'tres',[139] que en la lengua de las inscripciones pudo haberse pronunciado *ux, uhx, hux* o *huhx.* Esta palabra es de filiación lingüística cholana, aunque en la página 9b del *Códice de Dresde* el número 'tres' fue escrito mediante los signos silábicos **o-xo**, lo que da lugar a la transcripción *ox,* que es la palabra para dicho dígito en los idiomas yucatecanos conocidos como itzá y mopán, mientras que en maya yucateco era *óox.*[140] Como podrá apreciarse en la lista siguiente, las palabras antes mencionadas para referirse al número 'tres' tienen una semejanza con los términos para 'vapor, aire, viento, aliento, vaho, resuello, huelgo, espíritu, brisa, respiración' y 'radiación', aunque también con 'alma' en quiché y con 'corazón' en chortí y tzutuhil, situación perfectamente esperada, toda vez que desde el periodo Clásico el hálito respiratorio *sak ik'aal* (figura III.15) parece ser un aspecto del *oʔhlis* (figura III.1). De hecho, los cakchiqueles de la época colonial no llamaban *ik'* al espíritu, sino *uxlaˀ,* vocablo que se traduce como 'aliento, huelgo' o 'resuello'.[141]

Considerando este tipo de evidencia léxica, Boot[142] ha sugerido que el logograma T503 posiblemente no tenía el valor de **IK'** durante el periodo Clásico, sino de **HUX**, debido a que hay uno que otro ejemplo de la composición T285:503 que, según él, podría leerse *hux* (**hu**?-**HUX**?), 'aliento' o 'vapor'. En efecto, la propuesta de **HUX** encaja bien con la información antes vista de varias lenguas mayances, que cuentan con cognados que tienen el sentido de 'espíritu, aliento, vaho, resuello, soplo, respirar', etc., e incluso 'corazón'. Pero aunque la evidencia lexicográfica es abundante, las pruebas epigráficas por el momento son escasas y dudosas. Bien puede ser, como señala Grube,[143] que

[139] Thompson, *Maya Hieroglyphic Writing..., op. cit.,* pp. 132-133. Como afirman Houston, Stuart y Taube, *The Memory of..., op. cit.,* pp. 151-152, la cabeza del Dios H o numen del viento se utilizaba como variante personificada o animada del número 'tres': *uhx.*

[140] Velásquez García, *Códice de Dresde. Parte 1..., op. cit.,* pp. 30-31.

[141] Robert M. Hill II y Edward F. Fisher, "States of Heart. An Etnohistorical Approach to Kaqchikel Maya etnopsychology", *Ancient Mesoamerica,* vol. 10, núm. 2, otoño de 1999, pp. 320-321.

[142] *"T503 as 'Wind, Breath, Air', but *not* IK'",* correspondencia distribuida el 20 de julio de 2007 entre diversos epigrafistas.

[143] Comunicación personal, 15 de noviembre de 2007.

la composición T285:503 a la que se refiere Boot sea simplemente un **dígrafo**[144] para escribir el logograma **IK'**.

De acuerdo con Mario Humberto Ruz Sosa,[145] entre los tzeltales del siglo XVI el sustantivo *ik'* probablemente no constituía una entidad anímica, sino que aludía al proceso respiratorio en sí mismo, como lo sugiere el hecho de que los diccionarios coloniales lo traducen como 'espíritu, viento, aire' y 'huelgo'.[146] Pero esta situación es seguro que no era la misma para todos los grupos mayenses. Según Bourdin Rivero, del análisis del *Calepino de Motul* puede desprenderse que los mayas yucatecos del siglo XVI creían en un componente anímico llamado *iik'* o *<ik>*, 'espíritu', que se identificaba con el soplo de vida o aliento vital, con las deidades del viento y con ciertas facultades personales, como el ingenio, el aprendizaje, el manejo del lenguaje y las habilidades musicales; estos dos últimos son ámbitos semánticos relacionados con la emisión del viento. También encuentra una conexión entre el *<ik>* y lo sagrado, toda vez que se trataba de un componente considerado "opuesto a lo carnal", aunque dicha relación parece, según él, estar más cercana a la cosmovisión cristiana que a la maya.[147] Chávez Guzmán coincide con esta visión, en el sentido de que el *<ik>* de los mayas yucatecos coloniales es mucho más que una fuerza anímica asociada con el principio básico de la respiración, pues se comporta como una entidad al involucrarse con el centro del hombre o alma esencial *<ol>*,[148] en sintagmas como *<ik tan ol>* o *<ik tan puczikal>*, 'viento en medio del corazón', que se relacionan con la "habilidad que pronto se aprende", con la destreza, el ingenio y la agudeza mental. En frases como éstas se puede encontrar un vínculo funcional entre el componente *iik'* y la entidad *óol,* que produce capacidades psíquicas y poder de acción sobre el mundo perceptible, lo que no es algo inesperado, ya que, según mi punto de vista, durante el periodo Clásico el *sak ik'aal* era un aspecto del *oʔhlis*.[149] Tanto Bourdin Rivero como Chávez Guzmán insisten en que dentro de la cosmovisión maya el ser humano participa del cosmos de una manera integral, razón por la que no existe una separación nítida entre el componente anímico *iik'* o *<ik>* y el viento que circula libremente por la atmósfera, que en última

[144] Véase el glosario.

[145] *Copanaguastla en un...*, *op. cit.*, p. 310.

[146] María Cristina Álvarez Lomelí, *Diccionario etnolingüístico del idioma maya yucateco colonial,* vol. III, *Aprovechamiento de los recursos naturales,* México, UNAM-IIA, 1997, p. 37.

[147] Gabriel L. Bourdin Rivero, *El cuerpo humano entre los mayas. Una aproximación lingüística,* Mérida, UADY, 2007 (Tratados, 27), pp. 107 y 110-114.

[148] Cognado del maya clásico *oʔhlis.*

[149] Chávez Guzmán, "El cuerpo humano...", *op. cit.*, p. 28; *Cuerpo, enfermedad y medicina en la cosmología maya del Yucatán colonial,* Mérida, UNAM-Centro Peninsular en Humanidades y Ciencias Sociales, 2013 (Monografías, 18), p. 78. Según esta autora, el *iik'* o *<ik>* se asocia con diversas expresiones relacionadas con la falta de conciencia y el desmayo, lo que también abona en favor de que se trata de un elemento relacionado con capacidades mentales y no sólo con funciones vitales.

instancia es su fuente de origen mediante el proceso de la respiración.[150] No parece que estos atributos del <*ik*> entre los mayas peninsulares de la época novohispana se hayan preservado incólumes en los tiempos modernos, aunque en la actualidad aún se preserva la creencia en el *iik'*, 'espíritu, vida y aliento', principio vital de carácter inmortal que habita en los montes y cenotes "y se incorpora de manera temporal a distintas cubiertas o coberturas (*pix*, en maya)".[151] Tal vez por eso la función vital del "espíritu" hoy parece atribuirse al *pixan* (el *iik'* encubierto),[152] mientras que las capacidades mentales o conciencia del *iik'* se adjudican a un conjunto de deidades menores que están en el ambiente y causan enfermedades.[153] La creencia en estos vientos personificados que son agentes de padecimientos ya existía al menos desde la época colonial.[154] Como ya indiqué en el capítulo "Los conceptos del cuerpo humano", entre los mayas del periodo Clásico no se han encontrado registros sobre la existencia de un componente anímico llamado *pixan*, mientras que sobre la creencia en vientos personificados que no sean parte del cuerpo humano y causen enfermedades, no veo por ahora en las inscripciones evidencia concluyente ni a favor ni en contra. Cabe decir que el *uxla*ˀ, equivalente cakchiquel aproximado del *sak ik'aal* maya clásico, del *ik'* tzeltal y del *iik'* yucateco, además de tener funciones meramente respiratorias, también implicaba un componente de temor, reverencia y respeto,[155] atributos que desde mi punto de vista eran en el periodo Clásico competencia de otro elemento corporal que analizaré en el capítulo siguiente. Entre los chortís contemporáneos, *ik'ar* es el aspecto benéfico del aire que hace vivir a los recién nacidos, permite respirar a la gente y mantiene la vida.[156] Estas ideas encuentran respaldo en diversas entradas lexicográficas, donde el morfema *ik'* y sus cognados, así como el sustantivo *ik'aal*, se relacionan directamente con la respiración y la vida:

chicomuselteco	*iq*	'*breathe*' (Dienhart, 1989: 86)
yucateco	*ah ik'al*	'espíritu'/'hálito, resuello y soplo que uno echa por la boca' (Barrera Vásquez, 1980: 266)

[150] Bourdin Rivero, *El cuerpo humano…*, *op. cit.*, pp. 110-111; Chávez Guzmán, *Cuerpo, enfermedad y…*, *op. cit.*, p. 78.

[151] Quintal Avilés *et al.*, "El cuerpo, la…", *op. cit.*, p. 77.

[152] *Ibid.*, pp. 77-78.

[153] Hirose López, *op. cit.*, p. 139; Bartolomé Bistoletti y Barabas Reyna, "Los mayas de…", *op. cit.*, p. 52; Quintal Avilés *et al.*, "El cuerpo, la…", *op. cit.*, pp. 66-68.

[154] Bourdin Rivero, *El cuerpo humano…*, *op. cit.*, p. 112; Chávez Guzmán, "El cuerpo humano…", *op. cit.*, p. 28; *Cuerpo, enfermedad y…*, *op. cit.*, p. 78.

[155] Hill II y Fisher, *op. cit.*, pp. 320-321.

[156] Wisdom, *Los chortís de…*, *op. cit.*, p. 362.

yucateco	*ch'a' iik'*	'respiración, respirar'/'resuello' (Bastarrachea Manzano, Yah Pech y Briceño Chel, 1998: 62, 85)
	hahak' ik'	'resollar y resuello' (Barrera Vásquez, 1980: 170)
	iik'	'aire, viento, aliento, respiración, hálito, espíritu' (Bastarrachea Manzano, Yah Pech y Briceño Chel, 1998: 89)
	ik	'/viento/'/'espíritu, vida y aliento. Anhélito, resuello y soplo que uno echa por la boca. Espíritu y soplo. Espíritu por viento y vida. Viento, aire, respiración, aliento, espíritu, vida' (Álvarez Lomelí, 1980: 347-348)
	ik	'aliento'/'espíritu' (Swadesh, Álvarez Lomelí y Bastarrachea Manzano, 1991: 100, 113)
	ik	'anhélito, resuello y soplo que uno echa por la boca'/'el espíritu, vida y aliento' (Arzápalo Marín, 1995: 384)
	ik	'espíritu, por biento y vida'/'vida que uno vive [y] que le alienta' (Acuña Sandoval, 1993: 336, 634)
	ik [.l.] muz ik	'aliento y resuello' (Acuña Sandoval, 1993: 84)
	ik/uz tah	'espíritu, y soplar con soplo' (Acuña Sandoval, 1993: 335)
	ik'	'el espíritu, vida y aliento'/'espíritu y aliento; aire y aliento, huelgo'/'aliento y resuello; espíritu y soplo; espíritu por viento y vida; vida que le alimenta'/'huelgo; aire y aliento; espíritu y aliento; viento y espíritu vital'/'aliento; huelgo, aire; espíritu, vida, viento'/'aliento, espíritu; aire, viento, espíritu, vida'/'ánimo, fuerza y vida'/'huelgo; espíritu; efluvio'/'aliento, viento' (Barrera Vásquez, 1980: 266)
	ik' ch'a ik'al	'la respiración, aliento, el vapor del aliento' (Barrera Vásquez, 1980: 266)
	ikal	'espíritu' (Arzápalo Marín, 1995: 384)
	manan ik'	'aliento'/'el vapor del aliento' (Barrera Vásquez, 1980: 266)
	u yik'a chi'	'huelgo' (Barrera Vásquez, 1980: 266)
	u yik'al chi'	'hálito' (Barrera Vásquez, 1980: 977)
	yikal cuxtal	'espíritus vitales' (Acuña Sandoval, 1993: 336)

yucateco	*y-ik-al cux-tal*	'/su-viento-de vida/'/'espíritus vitales' (Álvarez Lomelí, 1980: 348)
	yik'al	'huelgo, anhélito, resuello' (Barrera Vásquez, 1980: 977)
	yik'al chii'	'huelgo, anhélito, resuello de la boca' (Barrera Vásquez, 1980: 977)
	yik'al kuxtal	'espíritus vitales, huelgo' (Barrera Vásquez, 1980: 977)
	yik'al nii'	'huelgo de las narices' (Barrera Vásquez, 1980: 977)
itzá	*ik'*	'viento, aire, respiración, resistencia' (Hofling y Tesucún, 2000: 240)
mopán	*ic'*	'respirar' (Xoj y Cowoj, 1976: 90)
	ch'aa' ic'	'aliento' (Xoj y Cowoj, 1976: 281)
	ik'	'respiración' (Hofling, 2011: 181)
chontal yocothán	*ic*	*'breathe'* (Dienhart, 1989: 86)
	sap'önik'/söp ik'	'respiración' (Pérez González y Cruz Rodríguez, 1998: 113, 126)
chol	*jap ic'*	*'breathe'* (Dienhart, 1989: 86)
	jap ik'/japö ik'	'respirar' (Schumann Gálvez, 1973: 67)
	yik'al/ti'	'aliento' (Schumann Gálvez, 1973: 46)
tzotzil	*ik'al*	'huelgo aliento' (Laughlin, 1988: 708)
	kik'	'huelgo aliento' (Laughlin, 1988: 708)
	ta šič ic'	*'breathe'* (Dienhart, 1989: 86)
tzeltal	*yhc*	'huelgo' (Ara, 1986: 309)
tojolabal	*ik' asòn, altzil*	'espíritu' (Lenkersdorf, 1979-2: 288)
	sab', tab', ik'	'vaho' (Lenkersdorf, 1979-2: 777)

Es preciso decir que Tokovinine[157] trajo a colación una interesante entrada léxica, tomada del *Calepino de Motul,* que versa como sigue: "*zacik,* viento fresco suave y delicado, viento de donde sale el sol",[158] lo que coincide con lo visto en el capítulo anterior sobre el oriente o levante como rumbo de donde renacen el Sol y las almas corazones de los ancestros. Si el *sak ik'aal* era un aspecto del *o'hlis,* y éste renace por el oriente, siguiendo la senda del Sol, la entrada del *Calepino* tiene mucho sentido.

En algunas lenguas, *ik'* o *iik'* se encuentra acompañado por el verbo *muus* (itzá) o *múus* (maya yucateco), que parece constituir la raíz de 'sacudir', tal

[157] Tokovinine, "Writing color. Words...", *op. cit.,* p. 294.

[158] H. Ramón Arzápalo Marín, *Calepino de Motul. Diccionario maya-español,* México, UNAM-DGAPA/IIA, 1995, p. 153.

como ocurre en itzá: *mustik,* 'sacudirlo', y *muus,* 'sacudida' o 'sacudir'.[159] Si éste fuera el caso, el término *múus iik'* aludiría quizá a la dinámica asociada con la respiración, concepto que recuerda al de *yoollotl,* 'su movimiento' o 'la razón de su movimiento', y probablemente también al de *puksiˀik'al,* '¿sacudidor de respiración?'[160] Otra posibilidad es que *múus iik'* describa a la respiración como 'algo fino, casi imperceptible', interpretación que se apoya en el vocablo kekchí *mus.*[161] No obstante, sea cual fuere la etimología de *muus ik'* o de *múus iik',* se trata de un concepto bastante extendido en kekchí y los subgrupos yucatecano y cholano, asociado estrechamente con el proceso de respiración:

yucateco	*mus ik'*	'alentar, respirar por las narices'/'resollar o respirar; espirar y echar el huelgo o anhélito; anhelar y echar el viento'/'huelgo o aliento o resuello que uno echa por la boca'/'resuello'/'aliento'/'huelgo'/'el respiro, resuello, aliento o respiración' (Barrera Vásquez, 1980: 541)
	múus iik'	'huelgo, aliento o resuello que uno echa por la boca' (Bastarrachea Manzano, Yah Pech y Briceño Chel, 1998: 10, 106)
	muz ik	'huelgo o aliento o resuello q[ue] uno echa p[or la] boca o nariçes' (Acuña Sandoval, 1993: 408)
	muzik than	'lo que uno habla o responde' (Arzápalo Marín, 1995: 530)
itzá	*mus-'ik'*	'suspirar, respirar, resollar'/'respiración, suspiro, aliento' (Hofling y Tesucún, 1997: 457)
	mus-'iik'	'respiración, suspiro, aliento' (Hofling y Tesucún, 1997: 457)
choltí	*music*	'alma' (Morán, 1935 [1625]: 1)
chortí	*ayan umusik'*	*'have breath, be alive'* (Wisdom, 1950: 455)
	huhta umusik'	*'blow one's breath'* (Wisdom, 1950: 472)
	intran umusihk	*'his difficult breathing, his breathing is difficult'* (Wisdom, 1950: 534)
	music [? mus-sihk]	*'one's breathing, breathing noise'* (Wisdom, 1950: 534)

159 Charles A. Hofling y Félix F. Tesucún, *Itzáj maya-Spanish-English/Diccionario maya itzáj-español-inglés,* Salt Lake City, The University of Utah Press, 1997, p. 457.

160 Véase la nota 160 del capítulo "La entidad anímica *oˀhlis*".

161 Haeserijn, *op. cit.,* p. 231.

chortí	*musihkah*	*'breathe'* (Wisdom, 1950: 534)
	musijk'i	'respirar, resollar' (Hull, 2005: 85)
	musik [? mus-ik]	*'breath'* (Wisdom, 1950: 534)
	musik'	'resuello, respiración, aliento' (Pérez Martínez *et al.*, 1996: 148)
	umusihk	*'his breathing'* (Wisdom, 1950: 534)
chontal yocothán	*musik'*	'inhalar' (Pérez González y Cruz Rodríguez, 1998: 59)
kekchí	*musik'*	'respiración, espíritu' (Sedat, 1955: 109)
	musik'	'respiración, espíritu'/'aliento' (Haeserijn V., 1979: 231, 402)
	musik', mu	'espíritu de las personas' (Haeserijn V., 1979: 228, 430)
	musik'ej	'espíritu' (Sedat, 1955: 109)
	/x/musik': musik'ej/ musik'bej	'espíritu, aliento de vida' (Sedat, 1955: 283)

Contrario a la frecuencia del concepto *ik'* en las fuentes jeroglíficas y lexicográficas, contamos con pocas representaciones de él en la imaginería del periodo Clásico (figura V.23). En algunas ocasiones el logograma de **IK'**, 'viento' o 'aire', se aprecia en la nariz o boca de cabezas humanas o de dioses.[162] En tales circunstancias el signo puede estar enmarcado por epífisis (figura V.23c) o acompañado por volutas divergentes (figura V.23a) que simbolizan aire o aliento, exhalaciones que también pueden representarse por medio de una cabeza de serpiente de cuyas fauces se origina el signo T533 (la presunta "pepita[?]" o "brote[?]") con volutas bifurcadas (figura V.23b). De acuerdo con Taube,[163] estas espirales divergentes o bifurcadas aluden al movimiento del aire, en tanto que los remolinos y ofidios denotan el espíritu o aliento vivificante,[164] tal vez en parte porque la serpiente simboliza el principio vital del cielo.[165] Es posible, como sugiere Kettunen,[166] que la presencia de estos logogramas de **IK'** asociados con epífisis y cuentas de jadeíta no aludan al último suspiro de la muerte, sino a algún tipo de estatus o cualidad del individuo. Cabe advertir que, al igual que el elemento vaporoso expresado por el logograma T533 (**SAK**?, 'pepita de calabaza[?]' o **XAK**?, 'cogollo[?]'), el aliento *sak ik'aal* carece del sufijo absolutivo /*-is*/ que denota partes inalienables del cuerpo.[167] Ello obedece, en mi opinión, a que se trata de la respiración que se inhala y

[162] Véase Kettunen, *op. cit.* 277.
[163] "Maws of heaven...", *op. cit.*, p. 423.
[164] Houston, Stuart y Taube, *The Memory of...*, *op. cit.*, p. 142.
[165] De la Garza Camino, *El universo sagrado...*, *op. cit.*, pp. 194-195.
[166] Kettunen, *op. cit.*, p. 297.
[167] Véase Zender, "On the Morphology...", *op. cit.*, pp. 200-204.

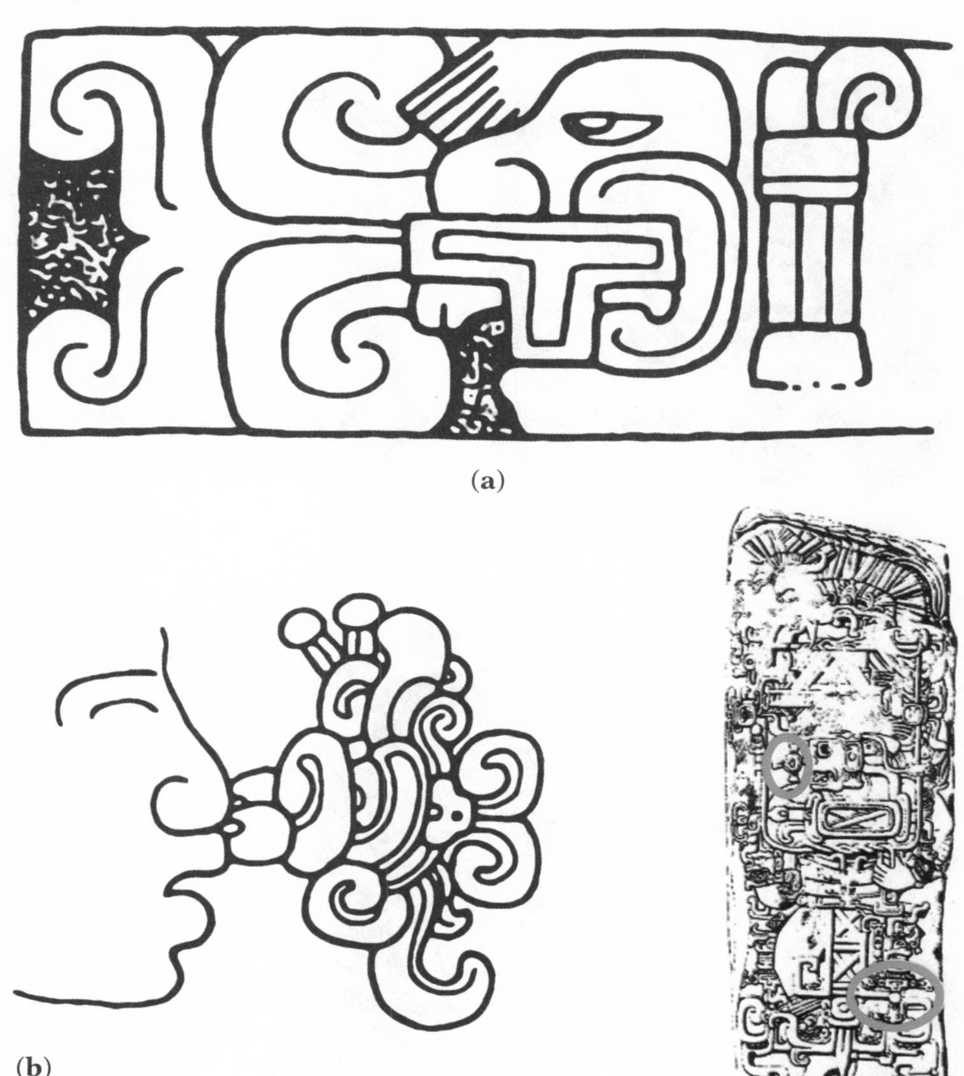

FIGURA V.23. *Hálito bucal y nasal, exhalados mediante volutas bifurcadas y el signo de* **IK'**, *así como de las fauces de la serpiente del aliento:* (**a**) *detalle de un monumento de Kaminaljuyú, Guatemala, tomado de Taube, "Maws of heaven…",* op. cit., *p. 420;* (**b**) *Estela 5 de El Zapote, Petén, Guatemala, tomada de Taube,* op. cit., *p. 425;* (**c**) *Estela C de Quiriguá (lado norte), Izabal, Guatemala; dibujo de Alfred P. Maudslay, tomado de Robert J. Scharer,* Centers of Civilization. Quirigua: A Classic Maya Center and its Sculptures, *Durham, Carolina Academic Press, 1990, p. 32.*

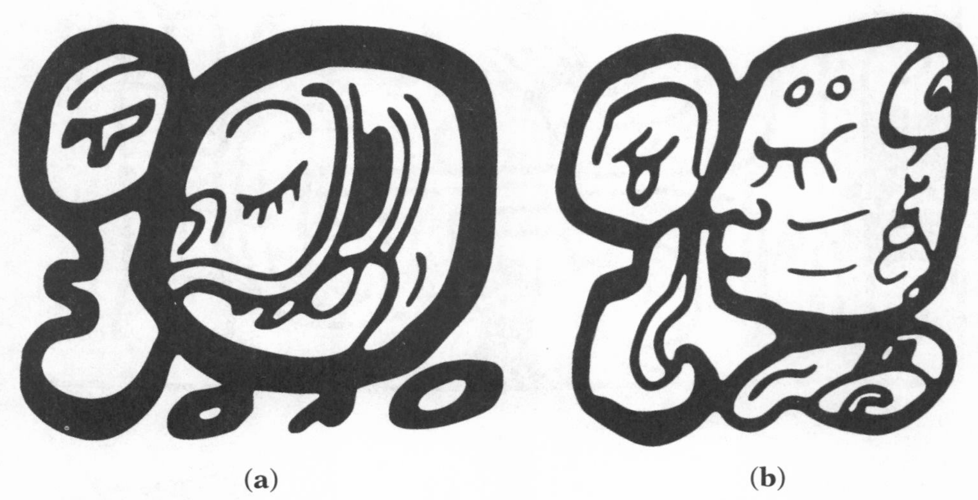

(**a**) (**b**)

(**c**)

Figura v.24. *Hálito respiratorio* sak ik'aal *expirado de la boca de un muerto:* (**a**) *vaso K1728,* (**b**) *vaso K4387, tomados de Reents-Budet* et al., op. cit., *pp. 135 y 175;* (**c**) *y* (**d**) *página 10a del* Códice de Dresde, *tomados de Velásquez García,* Códice de Dresde. Parte 1…, op. cit., *p. 33.*

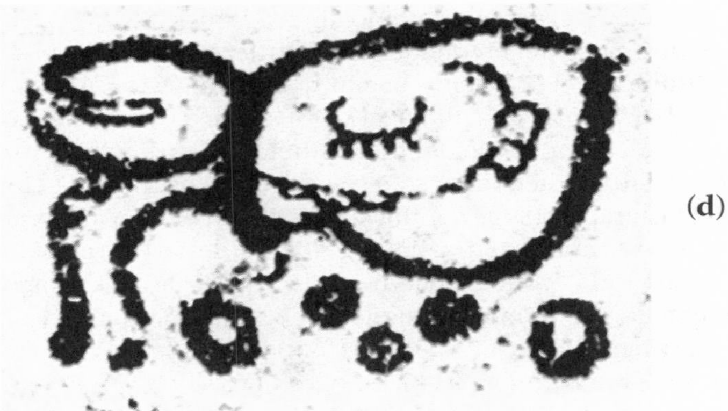

(d)

exhala por la nariz[168] y se esparce por el cuerpo a través de la sangre, fenómeno que probablemente no fue considerado por los mayas como una cualidad inalienable del organismo, ya que se encuentra esparcida por toda la atmósfera. Además, tampoco constituye una entidad anímica discreta o por sí misma, sino un mero aspecto del *oʔhlis.* El hecho de circular por la sangre y ser representado en el arte maya en asociación con pequeñas epífisis y cuentas de jade, nos hace recordar que el *sak ik'aal,* lo mismo que el hálito de la presunta "pepita(?)" o "retoño(?)" T533, proceden del paraíso anecuménico celeste de joyas y flores flotantes (figura IV.21), que habita dentro del torrente sanguíneo (figuras V.15 y V.16). El mismo reino mítico de las almas que en maya yucateco se llama *k'uyel* y algunos grupos mayenses de Chiapas denominan *ch'ulel:* 'lo sagrado, lo santo'.

Como es sabido, algunas personas en el mundo maya clásico se sometían a la tortura de limar los incisivos laterales, reduciendo su altura, con el fin de que los centrales sobresalgan, y lograr mediante ello la forma de *ik',* 'viento'. Como si fuera una "T" mayúscula. De acuerdo con la interpretación de Scherer, ello no se hacía tan sólo porque de la boca sale el aliento, sino para indicar brío, juventud, lozanía y vitalidad, entre otras razones porque los incisivos son los primeros dientes que salen en la infancia. Semejante significado cree que pudo tener el realizar incrustaciones dentales de piedras verdes, pues ya vimos cómo las piedras de ese color simbolizan el huelgo respiratorio.[169]

Si bien el *sak ik'aal* se emite por la boca o por los orificios nasales de forma cotidiana durante la respiración, el habla y el canto (figura V.23), ya vimos que de forma definitiva se disipa del cuerpo tras el fallecimiento, como ocurre en las frases *k'aʔayi sak ik'aal,* 'el espíritu blanco se perdió' (figura V.1b). De ahí la necesidad de conservar al menos parte de él encapsulado dentro de

[168] Kettunen, *op. cit.,* p. 299, opina que la nariz fue percibida por los mayas clásicos como el conducto de algún tipo de fuerza vital.

[169] Scherer, "El ser, la...", *op. cit.,* pp. 243, 247 y 251.

una cuenta de piedra verde, pues, como afirma López Austin, una parte de los componentes anímicos deben quedar en el entierro para fungir como protectores de la familia o del segmento social que lo venera.[170] Así como el hálito T533 (la probable "pepita de calabaza[?]" o "brote[?]") sale del cuerpo por la boca de forma definitiva, luego del fallecimiento (figura V.3), lo mismo ocurre con el *sak ik'aal,* situación que no sólo se encuentra escrita en el texto del vaso de ónix K4692 (figura V.4): 'la pepita(?)/retoño(?), el espíritu blanco del rostro de Chan Ahk, señor de Hiix Witz, príncipe de la tierra, se perdió', sino también representada iconográficamente a través de un cráneo u hombre muerto que exhala por la boca el signo de *ik',* 'viento' (figura V.24), elemento que parece elevarse al cielo.

La lectura o desciframiento correcto del jeroglifo de ese muerto que parece externar el último suspiro *ik'aal* aún es materia de controversia. En el contexto maya clásico de la fórmula dedicatoria de las vasijas mayas (figura V.24a-b), Stuart opina que la opción que por el momento parece más viable es la de *t'ab,* 'subir' o 'trepar',[171] que, dicho sea de paso, describe la dirección que toma el hálito respiratorio *sak ik'aal* tras su exhalación final. No obstante, siglos más tarde el tema de la fórmula dedicatoria o frase de consagración de las vasijas, monumentos y otros bienes muebles parece haber caído en desuso. En el caso de los códices mayas del Posclásico Tardío (1200-1524 d.C.) aparece un bloque jeroglífico muy semejante (figura V.24d), pero asociado con pasajes cuyo tema es el augurio o pronosticación del destino. Lacadena García-Gallo ha encontrado un ejemplo de esa misma expresión en la página 97a del *Códice de Madrid,* que puede leerse del siguiente modo: **ki-KIMIL-la**, *kiimil[a]l,* 'mortandad'. Por tales motivos, yo pienso que una lectura viable de ese tipo de expresiones en los códices (figura V.24d) puede ser *kiimilal* (en itzá o mopán) o *chamal,* su cognado en la lengua cholana, que es el idioma tradicional de los jeroglifos. En ambos casos significa 'mortandad' y encaja perfectamente con los augurios de los códices.[172] Dichos bloques jeroglíficos habitualmente están acompañados por imágenes del dios de la muerte, que exhala por la boca una posible evolución tardía del resuello o espíritu *sak ik'aal* (figura V.24c). Y tal proceso podía ser descrito también en maya yucateco colonial mediante la frase *<ben-el ik>,* que significa 'irse el alma',[173] al que se le puede agregar la expresión tzeltal de la época novohispana *<xbat quihc>,* que literalmente se traduce como 'írsele el aire, cesarle, acabársele el aire' o 'dejar de resollar'.[174]

[170] López Austin, "La cosmovisión de... Tercera parte", *op. cit.,* p. 22. Mcanany, *op. cit.,* pp. 73-74, 77, 81 y 99.

[171] David S. Stuart, *Sourcebook for the 29th Maya Hieroglyphic Forum. March 11-16, 2005,* con contribuciones de Barbara Macleod, Simon Martin y Yuriy Polyukhovich, 2005, pp. 151-152.

[172] Véase Velásquez García, *Códice de Dresde. Parte 1..., op. cit.,* p. 16.

[173] Álvarez Lomelí, *Diccionario etnolingüístico del...,* vol. III, *op. cit.,* p. 261.

[174] Ruz Sosa, *Copanaguastla en un..., op. cit.,* p. 310.

Al menos desde los tiempos del virreinato existía entre los mayas yucatecos la creencia de que los dioses Baˀ Kaab de las cuatro esquinas del cosmos pueden transmitir enfermedades a través de los malos vientos que mandan.[175] Se trata de <*ik*> o anhélitos de seres muertos, vientos personificados y malignos que pueden ocasionar enfermedades, y varios de ellos se asocian con los cuatro rumbos cardinales,[176] lo que encaja con el hecho de ser enviados por los Baˀ Kaab. Gracias el trabajo de López Austin, hoy sabemos que en la época colonial los Baˀ Kaab eran considerados las semillas corazones de los protohombres o ancestros míticos de la humanidad que vivieron antes del diluvio,[177] lo que nos arroja más luces para investigar el origen de esos malos vientos que causan males.

Un último contexto del periodo Clásico donde aparece la expresión *sak ik'aal,* 'aliento puro' o 'espíritu blanco', es el de las expresiones jeroglíficas que sirven para relacionar el nombre de un gobernante con el de su padre (figura V.25). Aunque muy poco frecuentes, la mera existencia de estos ejemplos sugiere que la descendencia patrilineal era concebida por los mayas como una línea de vida, donde los hijos perpetuaban la respiración de su padre.[178] En el Tablero del Palacio de Palenque (figura V.25a) encontramos un pasaje que menciona que K'ihnich K'an Joy Chitam II (702-711 d.C.) era hijo de K'ihnich Janaab Pakal I (615-683 d.C.), pero el relacionador de parentesco que se usa es **u**?-T533-**SAK-IK'-li YAX-CHIT**, *usaak(?)/xaak(?) [u]sak ik'[aa]l yahx chit,* 'es la pepita(?)/retoño(?), es el espíritu puro del primer *chit(?)*'.[179] Un caso análogo fue descubierto por Bernal Romero[180] en la plataforma del Templo XXI de Palenque (figura V.25b), donde la frase **u-YAX-CHIT SAK-IK'-li**, *uyahx chit sak ik'[aa]l,* 'es el primer *chit(?)* del aliento puro', conecta el nombre de K'ihnich Ahkuˀl Mo' Naahb III (721-736 d.C.) con el de su padre, Tiwol Chan Mat.

[175] Bourdin Rivero, *El cuerpo humano…, op. cit.,* p. 112.

[176] Chávez Guzmán, *Cuerpo, enfermedad y…, op. cit.,* p. 78.

[177] Alfredo López Austin, "El dios en el cuerpo", *Dimensión Antropológica,* año 16, núm. 46, mayo-agosto de 2009, pp. 33-37. Por eso afirma fray Diego de Landa, *Relación de las cosas de Yucatán,* estudio preliminar, cronología y revisión del texto de María del Carmen León Cázares, México, Conaculta, 1994 (Cien de México), p. 139: "decían también de estos *bacabes* que escaparon cuando el mundo fue destruido por el diluvio". El lector encontrará más información sobre este tema en el Apéndice D.

[178] Kettunen, *op. cit.,* p. 285.

[179] *Chit* es un sustantivo de significado desconocido, aunque se ha sugerido que es cognado de *kit* y puede significar 'padre' o 'patrón', véase Erik Boot, "The Updated Preliminary Classic Maya-English, English-Classic Maya. Vocabulary of Hieroglyphic Readings", *Mesoweb Resources,* 2009, p. 53. Consultado en http://www.mesoweb.com/resources/vocabulary/index.html. Su desciframiento logográfico fue dado a conocer en 1999 por Stuart, Houston y Robertson, *The Proceedings of…, op. cit.,* pp. II-56.

[180] Guillermo Bernal Romero, *El trono de Ahkal Mo' Nahb' III. Un hallazgo trascendental en Palenque, Chiapas,* México, Conaculta-INAH/Nestlé México/Sedesol, 2003, pp. 25-27.

FIGURA V.25. *Relacionadores de parentesco que contienen el sintagma* sak ik'aal: (**a**) *Tablero del Palacio de Palenque (D9-C10a), Chiapas, México; tomado de Robertson,* The Sculpture of…, op. cit., *lám. 258;* (**b**) *Plataforma del Templo XXI de Palenque (B7-A8), Chiapas, México; dibujo de David S. Stuart, tomado de Stuart, "The Palenque Mythology…",* op. cit., *p. 188.*

Como vimos en el capítulo "Cuerpo-presencia en el periodo Clásico", al hablar de la figura II.19, durante el periodo Clásico se llegó a considerar que el *baahis,* 'imagen', cuerpo-presencia o parecido físico de los padres se conservaba en los hijos. Pero en este nuevo tipo de relacionadores de parentesco (figura V.25) apreciamos que el alma corazón, a través de una porción de los hálitos T533 (la presunta "pepita de calabaza[?]" o "cogollo[?]") y *sak ik'aal,* también se transmitía de los padres a los hijos. Como vimos en el capítulo anterior, el *oˀhlis* o alma corazón es una materia o sustancia eterna, pero se introduce en el individuo desde el útero, antes de nacer,[181] de forma análoga a como el cuerpo-presencia comienza a existir desde la concepción o gestación.[182] Alma esencial y cuerpo-presencia son, pues, atributos innatos del individuo, lo mismo que probablemente se cree ocurría con el apellido, toda vez que *sak ik'aal,* el antiguo 'espíritu blanco' del periodo Clásico, llegó a convertirse simplemente en *ik'aal,* 'apellido', entre los mayas mopanes de Belice.[183]

Todo esto nos remite nuevamente a la extraordinaria escena de la Estela H de Copán (figura V.13), que sintetiza todo esto entre el exuberante e iridiscente follaje de la planta misma de maíz, amalgamado con el verdor de las plumas del quetzal, símbolos de la humedad y del espíritu. Las semillas personificadas en forma de cráneos son los gérmenes del *oˀhlis* sagrado, espíritu del dios mismo del maíz, con sus dos hálitos distinguibles de resuello o soplo vital: el T533, la posible "pepita de ayote[?]" o "cogollo[?]" conectada con el Dios K o K'awiil, y el espíritu blanco *sak ik'aal,* asociado con el Dios H del viento y de las flores, ambos con hojas tiernas de maíz, símbolo de las semillas del Monte Sagrado o Montaña Florida. Es importante aclarar que, como bien dice Nájera Coronado, el viento que se encuentra regido por el Dios H no es en sí mismo el aire meteorológico que mueve las lluvias y trae la lluvia, sino un viento "más sutil, que se incluiría dentro de la urdimbre simbólica del aliento vital, el aroma que emana de una flor, que puede considerarse como el 'alma'".[184] Si mi interpretación es correcta, se trata de dos aspectos o desdoblamientos de la entidad anímica *oˀhlis,* un hálito regido por el Dios K y el otro por el Dios H. No tienen funciones vitales, emocionales, mentales, intelectuales o psicológicas por ser ellos en sí mismos entidades anímicas, sino en virtud de que son los dos aspectos distinguibles y con facultades diferentes de una misma entidad anímica: el *oˀhlis.*

[181] López Austin, "La composición de…", *op. cit.,* pp. 32-34; "Modelos a distancia: antiguas concepciones nahuas", en Alfredo López Austin (coord.), *El modelo en la ciencia y la cultura,* México, UNAM/Siglo XXI Editores, 2005 (Cuadernos del Seminario de Problemas Científicos y Filosóficos de la UNAM, 1), p. 81.

[182] Pitarch Ramón, *La cara oculta…, op. cit.,* pp. 42-47.

[183] Charles A. Hofling, *Mopan Maya-Spanish-English. Diccionario maya mopán-español-inglés,* Salt Lake City, The University of Utah Press, 2011, p. 181.

[184] Nájera Coronado, "¿Tenían los mayas…", *op. cit.,* p. 67.

VI. LA ENTIDAD ANÍMICA *K'IHN* O *K'IHNIL*

Entre los nahuas del centro de México la cabeza era el lugar donde se concentraba una entidad anímica calorífica llamada *toonalli* o <*tonalli*>,[1] que era responsable del destino y de la vitalidad humanos.[2] Aunque al parecer una porción de dicho componente era sembrada en el cuerpo humano desde la gestación, siendo innata,[3] su presencia era muy débil y frágil en el recién nacido y había que fijarla en las personas mediante un rito después del nacimiento. Era probablemente el primer elemento anecuménico del cuerpo que contribuía a diferenciar a un individuo de otro, toda vez que predisponía el carácter, el temperamento y la propensión de cada persona de acuerdo con el día de su nacimiento o de la fecha en la cual era fijado.[4] En este capítulo analizaremos un componente anímico maya clásico que guarda semejanzas con el <*tonalli*>, aunque seguramente también tiene diferencias con él. Martínez González dice que el <*tonalli*> náhuatl tiene el estatus de entidad anímica (con personalidad y conciencia), mientras que el elemento calorífico en el que creen la mayoría de las otras sociedades mesoamericanas solamente es una fuerza anímica,[5] es decir, una energía vital impersonal. En las inscripciones mayas el nombre de este componente anímico era *k'ihn* o *k'ihnil*, 'calor'

[1] *Toonalli* se traduce como 'calor del sol o tiempo de estío', véase fray Alonso de Molina, *Vocabulario en lengua castellana y mexicana y mexicana y castellana*, Miguel León-Portilla (estudio preliminar), México, Porrúa, 1992 (Biblioteca Porrúa, 44), p. 149; Frances Karttunen, *An Analytical Dictionary of Nahuatl*, Norman/Londres, University of Oklahoma Press, 1983, p. 246, y también como 'ardor, calor del sol, verano'/'alma, espíritu, signo de natividad', véase Rémi Siméon, *Diccionario de la lengua náhuatl o mexicana*, 9ª ed. en español, México, Siglo XXI Editores, 1992 (Colección América Nuestra, 1), p. 716.

[2] Alfredo López Austin, *Cuerpo humano e ideología. Las concepciones de los antiguos nahuas*, vol. 2, 3ª ed., México, UNAM-IIA, 1989 (Serie Antropológica, 39), pp. 233 y 236; Jill Leslie McKeever Furst, *The Natural History of the Soul in Ancient Mexico*, Londres/New Haven, Yale University Press, 1995, pp. 15 y 75-81.

[3] Véase Roberto Martínez González, *El nahualismo*, México, UNAM-IIH, 2011 (Serie Antropológica, 19), p. 50, n. 38; para los nahuas era una chispa de vida sembrada en el útero por la Pareja Creadora desde el tercer mes de gestación.

[4] Alfredo López Austin, "Modelos a distancia: antiguas concepciones nahuas", en Alfredo López Austin (coord.), *El modelo en la ciencia y la cultura*, México, UNAM/Siglo XXI Editores, 2005 (Cuadernos del Seminario de Problemas Científicos y Filosóficos de la UNAM, 1), pp. 84-87; "La composición de la persona en la tradición mesoamericana", *Arqueología Mexicana*, vol. XI, núm. 65, México, Raíces, 2004, pp. 33-35.

[5] Martínez González, *El nahualismo*, *op. cit.*, p. 74.

o 'ira'.[6] Y ya veremos que existe al menos un contexto jeroglífico en Tikal donde claramente se comporta como un dios, razón por la que pienso que durante el periodo Clásico los mayas le concedieron el valor de agente anecuménico, es decir, de alma o entidad anímica. Además, su probable fijación en el día del nacimiento o del baño ritual de los niños indicaría, quizá, una predisposición en la personalidad de cada quien, que, por estar regida a través de los destinos del calendario adivinatorio o ritual de 260 días, conllevaría la manifestación de la personalidad, el poder y la voluntad divinos.[7]

Un pasaje de la Estela A de Copán (E6-C7) dice: *balun iplaj baak ch'ich' k'ihn,* 'el calor está fortaleciendo' o 'fortaleció grandemente los huesos y la sangre'. Boot destacó la presencia del sustantivo *ip,* 'fuerza', justo en este pasaje de Copán y en el Tablero del Templo XIV de Palenque (A6), mientras que López Oliva observó que *ip* es una fuerza vital. Tanto en el pasaje de Copán como en el de Palenque parece comportarse como verbo (*iplaj,* 'fortaleció', o *ipnaj,* 'fue fortalecido'), acompañado en ambos casos por el superlativo *balun.* Aunque es muy poco lo que sabemos sobre el lexema *ip* en la lengua de las inscripciones mayas, sospecho que se trata de la fuerza impersonal o de trabajo, ejecutora de la entidad anímica *k'ihn.* Como ya se explicó en el primer capítulo de este libro, dicha fuerza *ip* parece actuar especialmente sobre los huesos y la sangre, mientras que su conexión con el color rojo sugiere una asociación con el calor.[8] Luego entonces, es probable que *k'ihn* o *k'ihnil* haya sido para los mayas clásicos una entidad anímica, mientras que *ip* era tan sólo una fuerza impersonal, aunque asociada con la anterior.

[6] La consonante denominada fricativa glotal: */-h-/,* que está presente en la palabra *k'ihn* o *k'ihnil,* se encuentra atestiguada mediante el jeroglifo silábico *hi* en la Estela 11 de Copán (A6), de la siguiente manera: **K'IN-ni-hi-chi**, *k'ihnich,* 'airado, bravo' o 'colérico', véase Søren Wichmann, "The Names of Some Major Classic Maya Gods", en Daniel Graña Behrens, Nikolai Grube, Christian M. Prager, Frauke Sachse, Stephanie Teufel y Elizabeth Wagner (eds.), *Continuity and Change-Mayan Religious Practices in Temporal Perpective. 5th European Maya Conference, University of Bonn, December 2000,* Markt Schwaben, Verlag Anton Saurwein, 2004 (Acta Mesoamericana, 14), pp. 79-82. Mientras que el sufijo */-il/* de la palabra *k'ihnil* procede de la escultura conocida como Hombre de Tikal, véase Macarena Soledad López Oliva, "Las personificaciones *(ˀub'aahil ˀaˀn)* de seres sobrenaturales entre los mayas de tierras bajas del Clásico", tesis doctoral, Madrid, Universidad Complutense de Madrid-Facultad de Geografía e Historia / Departamento de Historia de América y Medieval y Ciencias Historiográficas, 2018, pp. 52 y 56-57, donde está escrito **u-K'IN-li**. No obstante, esta frase también puede interpretarse como un ejemplo de posesión íntima: *u-k'ihn-il,* lo que sugeriría que el nombre de este componente anímico no era *k'ihnil,* sino simplemente *k'ihn,* véase la nota 62 del capítulo "Los conceptos del cuerpo humano".

[7] Alfredo López Austin, comunicación personal, 20 de junio de 2017.

[8] Véase Erik Boot, "The Updated Preliminary Classic Maya-English, English-Classic Maya. Vocabulary of Hieroglyphic Writing, *Mesoweb Resources,* 2008, p. 77, consultado en http://mesoweb.com/ resources/updated-vocabulary/index.html; López Oliva, "Las personificaciones *(ˀub'aahil ˀaˀn)* de seres sobrenaturales entre los mayas de tierras bajas del Clásico", *op. cit.,* pp. 547 y 551-552; Markus Eberl observó que la raíz lexémica *ip* podría relacionarse con el verbo *hip,* 'enrojecer', *Muerte, entierro y ascensión. Ritos funerarios entre los antiguos mayas,* Mérida, UADY, 2005 (Tratados, 21), p. 157.

El componente anímico calorífico entre algunos grupos mayenses

Antes de abordar el tema de ese ingrediente corporal y calorífico entre los mayas clásicos, conviene sintetizar lo que sabemos sobre él en otras sociedades mayenses más tardías. Por ejemplo, entre los mayas yucatecos de la época colonial se creía en el *<kinam>*, vocablo que, según Bourdin Rivero, significa 'fuerza del Sol';[9] se asociaba con las ideas de "fama" y de "reinar", toda vez que implicaba tener un carácter recio y fuerte que impeliera a la acción.[10] Otras opciones para traducir la palabra *<kinam>* son 'calor intenso',[11] 'fuerza, reciura' o 'fortaleza'.[12] Este componente anímico incluso podía convertirse en una potencia de ferocidad, valor o bravura que producía autoridad, miedo o respeto entre los demás.[13] En otras palabras, "se relaciona con la fortaleza" y era un marcador de jerarquía social, si bien los hombres comunes poseían una cantidad moderada de *<kinam>*,[14] pues cada persona absorbía la cantidad de esa fuerza que su cuerpo necesitaba en función de su edad, su prestigio ritual o sus cargos públicos.[15] Según parece, la fuente del *<kinam>* era el Sol mismo y no sólo lo podían tener los seres humanos, sino también los animales, las plantas y las piedras,[16] como posiblemente también los venenos y dolores, donde se manifestaba en forma de intensidad, así como los alimentos y las bebidas, en los cuales —según Bourdin Rivero— se expresaba como calor y virtud.[17] Si bien todos los humanos tenían este componente vital, se iba

[9] Esta traducción es posible siempre y cuando la palabra maya yucateca *<kinam>* provenga de la raíz *k'iin*, 'Sol'.

[10] Gabriel L. Bourdin Rivero, *El cuerpo humano entre los mayas. Una aproximación lingüística*, Mérida, UADY, 2007 (Tratados, 27), p. 115.

[11] *Idem.*

[12] Mónica Chávez Guzmán, *Cuerpo, enfermedad y medicina en la cosmología maya del Yucatán colonial*, Mérida, UNAM-Centro Peninsular en Humanidades y Ciencias Sociales, 2013, p. 88 (Monografías, 18).

[13] Bourdin Rivero, *El cuerpo humano...*, *op. cit.*, p. 115; Chávez Guzmán, *Cuerpo, enfermedad y...*, *op. cit.*, p. 88.

[14] Chávez Guzmán, "El cuerpo humano...", *op. cit.*, p. 28; *Cuerpo, enfermedad y...*, *op. cit.*, pp. 89 y 91.

[15] María Cristina Álvarez Lomelí, *Diccionario etnolingüístico del idioma maya yucateco colonial*, vol. III, *Aprovechamiento de los recursos naturales*, México, UNAM-IIA, 1997, p. 37.

[16] Chávez Guzmán, "El cuerpo humano...", *op. cit.*, p. 28; *Cuerpo, enfermedad y...*, *op. cit.*, pp. 88 y 361.

[17] Es seguro que las plantas, los humanos, los animales y las piedras albergan *<kinam>*, aunque Bourdin Rivero (*El cuerpo humano...*, *op. cit.*, pp. 115-116) agrega a esta lista los alimentos, bebidas, venenos y dolores. En apoyo de sus ideas, podemos apreciar que un conjunto de tres tamales que aparecen en la página 42a del *Códice de Dresde* tienen adjunta la llamada serpiente de "nariz cuadrada" o *sip* que, como veremos más adelante, constituye el aliento caliente del dios solar. En la página 38c del mismo códice también se menciona que los frijoles tienen *k'inam*, véase Erik Velásquez García, *Códice de Dresde. Parte 2*, ed. facs., ed. especial de *Arqueología*

acumulando con la edad y con el estatus social, de tal forma que los ancianos, dirigentes, líderes y sabios necesitaban y acumulaban más <*kinam*>, mientras que los niños y las mujeres eran los que tenían menos proporción de él. También las personas que estaban en contacto con las deidades acumulaban gran cantidad de <*kinam*>, que además de producir temor y respeto originaba sabiduría.[18]

Aunque, según Villa Rojas, a mediados del siglo XX se pensaba que el <*kinam*> ya "se trae al nacer",[19] Chávez Guzmán considera que en la época colonial se creía que la gente lo recibía durante el nacimiento.[20] De cualquier modo, su grado de concentración en el recién nacido alcanzaba límites muy peligrosos, pues era tan débil o frágil que podía salirse por el occipucio o alguna de las fontanelas abiertas, debido a lo cual el cráneo del bebé debía ser enrollado con tablillas y vendas compresoras, modelando la forma de la cabeza durante la etapa de osificación, a fin de impedir la salida de los componentes anímicos y permitir su flujo adecuado.[21] Sólo después de sobrevivir

Mexicana, núm. 72, México, Raíces, 2017, pp. 73 y 82-83. En maya yucateco moderno existe una palabra llamada *k'iʔinam,* que significa 'dolor continuo, dolor físico, dolor moral' y 'ponzoña de víbora' (Ana Patricia Martínez Huchim, *Diccionario maya de bolsillo. Español-maya. Maya-español,* 3ª ed., Mérida, Dante, 2008, p. 193), por lo que uno esperaría que en la ortografía de los documentos coloniales dicha palabra se encuentre escrita como <*kiinam*>, siendo un concepto diferente al de <*kinam*>. No obstante, la situación no es del todo clara, pues las fuentes de la época novohispana no siempre representan las vocales rearticuladas por medio de vocales largas, además de que en mopán existe la palabra *k'inam,* 'veneno, ponzoña' (Charles A. Hofling, *Mopan Maya-Spanish-English. Diccionario maya mopán-español-inglés,* Salt Lake City, The University of Utah Press, 2011, p. 270), cuando lo que uno podría esperar es *k'iʔinam.*

[18] Chávez Guzmán, "El cuerpo humano...", *op. cit.*, p. 28. Idea que al parecer es análoga a la de los tzotziles, *ibid.*, p. 88-89. Así lo cree también Andrew K. Scherer, "El ser, la identidad y la cabeza entre los mayas del Clásico de los reinos del río Usumacinta", en Vera Tiesler y Carlos Serrano Sánchez (eds.), *Modificaciones cefálicas culturales en Mesoamérica. Una perspectiva continental,* México/Mérida, UNAM-IIA/UADY-Facultad de Ciencias Antropológicas, 2018, tomo II, p. 542, quien plantea que el tocado cilíndrico portado por los sacerdotes mayas del periodo Clásico servía para envolver y proteger la cabeza, toda vez que esos adoradores guardaban mucho *k'ihn* o *k'ihnil* en el cuerpo. Y aunque ya aclaramos que no es del todo claro que la cabeza haya sido un centro anímico entre los mayas del Clásico, sí pienso que era una zona esencial y fundamental de tránsito, de entrada y de salida.

[19] Alfonso Villa Rojas, "La imagen del cuerpo humano según los mayas de Yucatán", en *Estudios etnológicos. Los mayas,* México, UNAM-IIA, [1980] 1995 (Serie Antropológica, 38), p. 188.

[20] Chávez Guzmán, *Cuerpo, enfermedad y..., op. cit.*, p. 89.

[21] Vera Tiesler, *Transformarse en maya. El modelado cefálico entre los mayas prehispánicos y coloniales,* México, UNAM-IIA/UADY, 2012, pp. 43 y 58-59; "Cara a cara con los antiguos mexicanos. Bioarqueología del cuerpo humano", *Arqueología Mexicana,* vol. XXIV, núm. 143, México, Raíces, enero-febrero de 2017, p. 46; William M. Duncan, "Sellamiento ritual, envoltura y vendaje en la modificación cefálica mesoamericana", en Tiesler y Serrano Sánchez (eds.), *op. cit.* Chávez Guzmán ha elaborado una serie de argumentos para explicar por qué la nuca y el occipucio eran peligrosos o vulnerables, y qué hacían las madres mayas para contrarrestarlo, "Modificaciones craneales como posibles medidas de cuidado y potencialización de las energías anímicas en el análisis de textos coloniales en maya yucateco", en *ibid.*, pp. 239-240, 248 y 253.

estas primeras y peligrosas etapas de la vida, los mayas estaban en condiciones de convertirse en personas o habitantes del mundo, situación que expresa Landa de la siguiente manera: "cuando ya los habían quitado del tormento de allanarles las frentes y cabezas, iban con ellos al sacerdote para que les viese en hado y dijese el oficio que había de tener y pusiese el nombre que había de llevar el tiempo de su niñez".[22] Las menciones al hado, al oficio y al nombre recuerdan vivamente la función del <*tonalli*> entre los nahuas, como primer causante de la diferenciación individual, a través del día del calendario y su concomitante destino o predisposición.[23]

Del mismo modo, se creía que existía un <*kinam*> bueno, identificado con la fuerza curativa de las plantas medicinales,[24] el calor, la virtud y el respeto, así como uno negativo o no deseado, vinculado con el dolor, el veneno y las quemaduras. La sangre de la mujer que estaba menstruando, así como las secreciones que producían algunos enfermos y difuntos, eran fluidos muy temidos, pues se creía que esparcían <*kinam*> malo.[25] Villa Rojas también observa que el <*kinam*> no se asociaba con la temperatura corporal, sino con la cualidad del temperamento, el cual es mucho mayor en las personas que han ejercido cargos públicos o puestos de mando, toda vez que sus almas se "han calentado" mucho.[26] Aunque tener <*kinam*> es óptimo para la salud, el exceso del mismo que emana del cuerpo puede ahuyentar a las abejas y causar enfermedades a los demás,[27] especialmente a los individuos débiles, como los niños.[28]

Chávez Guzmán analizó una frase del siglo XVI muy esclarecedora, contenida en el *Calepino de Motul,* que versa como sigue: <*maa a uaalcunic a uol tu tan kinam a tepal, a unicil*>, 'no confíes en el calor solar intenso del *ol [sic]*

[22] Fray Diego de Landa, *Relación de las cosas de Yucatán,* María del Carmen León Cázares (estudio preliminar, cronología y revisión del texto), México, Conaculta, 1994 (Cien de México), p. 135.

[23] Véase antes la nota 4 de este capítulo. Una interesante escultura que se resguarda en el Museo Amparo de Puebla contiene un par de sujetos humanos con días del calendario grabados en la frente, situación que ha sido interpretada como el hado o destino calendárico personal de dichos personajes, véase Stephen D. Houston, David S. Stuart y Karl A. Taube, *The Memory of Bones. Body, Being, and Experience among the Classic Maya,* Austin, University of Texas Press, 2006, p. 19; Stephen D. Houston y Takeshi Inomata, *The Classic Maya,* Cambridge/Nueva York, Cambridge University Press, 2009, p. 59 (Cambridge World Archaeology). Yo interpreto eso como una posible marca de carácter anímico, calorífico o lumínico (la radiación del Sol-destino), que se distribuye por todo el cuerpo a través del torrente sanguíneo, pero que se concentra en el corazón, en la frente (cuerpo-presencia) y en la coronilla.

[24] Chávez Guzmán, *Cuerpo, enfermedad y…, op. cit.,* p. 89, n. 86.

[25] Bourdin Rivero, *El cuerpo humano…, op. cit.,* p. 116. Los huastecos creen que cuando una mujer está menstruando se le calienta el cuerpo (Martínez Hernández, *El nahualismo, op. cit.,* p. 46).

[26] Villa Rojas, *op. cit.,* pp. 188-190.

[27] Martínez González, *El nahualismo, op. cit.,* p. 43, n. 30.

[28] Chávez Guzmán, "El cuerpo humano…", *op. cit.,* p. 28.

de tu pecho, de tu reinado, de tu humanidad, en la fortaleza de tu persona, de tu majestad'.[29] En primer lugar, dicha frase revela la creencia de que el calor anímico de origen solar se albergaba en el pecho *(táan),* en el mismo lugar donde habitaba el *óol,* lo cual recuerda que justamente ese lugar, el pecho o *tahn,* era el centro anímico tanto del *oˀhlis* como del calor (*k'ihn* o *k'ihnil*) o fuego *(k'ahk')* durante el periodo Clásico, temas que vimos en los capítulos "Cuerpo-presencia en el periodo Clásico" y "La entidad anímica *oˀhlis*" de este libro (véanse las figuras II.4, II.5, II.6 y III.13a).[30] Como dice Chávez Guzmán, la frase del *Calepino* también revela un perfeccionamiento de la persona a través del <*kinam*>, al hacerla acreedora del término 'humanidad' *(wíinikil).*[31] Pero lo mismo podría decirse del 'reinado' o 'majestad' <*tepal*>, que se encuentra íntimamente asociado con esa potencia calorífica que otorga poder, respeto y prestigio.

Como vimos en el capítulo "Cuerpo-presencia en el periodo Clásico", el centro anímico que los mayas clásicos llamaban *tahn,* 'pecho' (figura II.4), en realidad parece abarcar una amplia zona del cuerpo que se extendía hasta el epigastrio y la parte inferior del vientre (figura II.5). Ello parece seguir vigente en la época novohispana, toda vez que en el *Códice Pérez* se vincula al Sol con el conjunto corazón-vientre, como parte de las concepciones coloniales de origen europeo, que relacionan los astros con diversas partes del cuerpo.[32] Aunque con independencia de esas ideas exógenas, que los mayas del virreinato adoptaron por coincidir bien con sus preconcepciones, la asociación del <*kinam*> con el <*ol*> o esencia del hombre[33] tenía sentido porque ambos se alojaban en el pecho, pero fluían por la sangre en forma de aires, éteres o vientos vitales.

Por lo que se refiere al <*kinam*> de los mayas yucatecos actuales, Hirose López considera que al usar una ortografía moderna debe escribirse *k'íinam,*[34] lo cual hace derivar esta palabra no de *k'iin,* 'Sol', sino de *k'íin,* 'calor'. Se tra-

[29] Chávez Guzmán, *Cuerpo, enfermedad y…, op. cit.,* p. 90.

[30] A este respecto, es muy ilustrativo el nombre y la imagen del *wahyis* o nagual *K'ihn Tahnal K'ewel,* 'Piel de Pecho Caliente', que aparece en el vaso K531 de Los Angeles County Museum (figura II.5), no sólo porque muestra uno de los centros anímicos principales del componente calorífico de origen solar, sino porque incide en el meollo de este tema en el pensamiento maya: la cáscara, envoltura o cobertura de los ingredientes divinos, que es el cuerpo ecuménico de materia densa, perceptible y mundana.

[31] Como vimos en el capítulo "Cuerpo-presencia en el periodo Clásico", el concepto de *winik* o de *wíinik,* 'hombre, persona', parece aplicarse también a los dioses, en virtud de que unos y otros son capaces de mantener un diálogo. Así que esta relación entre <*uinic*> y <*kinam*> probablemente obedezca a que las personas que se comunican con lo sagrado poseen una gran cantidad o intensidad de ese componente calorífico.

[32] Chávez Guzmán, *Cuerpo, enfermedad y…, op. cit.,* p. 90.

[33] *Idem.*

[34] Javier Hirose López, *Suhuy máak. Las concepciones sobre el cuerpo y la persona entre los mayas de la región de los Chenes, Campeche,* Campeche, Secretaría de Cultura del Estado de Campeche, 2015, p. 142.

ta, para él, de un elemento energético con el que nacen los seres humanos, pero que se va desarrollando o acumulando a lo largo de la vida. Según el punto de vista de ese autor, el *k'íinam* procede del Sol y penetra al cuerpo a través de la coronilla o mollera, desde donde baja por la columna vertebral y se distribuye al corazón, el ombligo y las manos.[35] Mientras que los bebés son "fríos", y por lo tanto frágiles y enfermizos, la salud de los adultos suele ser más estable, pues han alcanzado un nivel equilibrado de *k'íinam;* del mismo modo, las mujeres poseen menos *k'íinam* que los varones,[36] probablemente porque tienen menos autoridad. Los seres humanos en los que se manifiesta con más fuerza son los curanderos, las personas de complexión robusta y aquellas de carácter enérgico o autoritario.[37] Hirose López insiste mucho en que los curanderos transmiten el *k'íinam* al paciente a través de las manos,[38] situación que nos hace recordar los jeroglifos de *noh k'ab K'inich, tz'eh(?) k'ab K'inich,* 'mano derecha del dios solar, mano izquierda del dios solar' (figura II.7), que fueron descifrados por Stuart en 2002.[39] Tal vez estas expresiones del periodo Clásico remitan no sólo a orientaciones cardinales, sino a los poderes taumatúrgicos calientes asociados con el Sol, acaso semejantes a los de la mano sanadora y resucitadora que, según Lizana (1633), se veneraba en el templo izamaleño de K'abul o <Kabul>,[40] que justamente procede de la raíz *k'ab,* 'mano'. Quintal Avilés y sus colaboradores se inclinan por transcribir esta palabra como *k'iˀinam* y agregan que no sólo los humanos, plantas y animales podían tener este componente, sino también los cuerpos de los muertos y algunos sitios sagrados, como pozos y cuevas. Según ellos, las personas con "sangre caliente" son groseras, iracundas y tercas, pudiendo causar dolor con su presencia; las mujeres embarazadas o menstruantes están en esta condición temible de tener *k'iˀinam* o 'sangre caliente', por lo que deben permanecer lejos de las personas débiles, como los bebés, para no causarles daño.[41]

[35] *Ibid.*, pp. 138 y 230-233. Entre los nahuas del centro de México se creía que el <*tonalli*> ingresaba por la chimenea coronilla y los dioses lo insuflaban en forma de giro o remolino, véase López Austin, *Cuerpo humano e…, op. cit.*, vol. 2, p. 228; Martínez González, *El nahualismo, op. cit.*, p. 49.

[36] Hirose López, *op. cit.*, p. 142.

[37] *Ibid.*, p. 137.

[38] *Ibid.*, pp. 138, 174-175 y 217.

[39] David S. Stuart, "Glyphs for 'Right' and 'Left'?, *Mesoweb*, 2002. Consultado en https://www.mesoweb.com/stuart/notes/RightLeft.pdf.

[40] Fray Bernardo de Lizana, *Devocionario de Nuestra Señora de Izamal y conquista espiritual de Yucatán*, René Acuña Sandoval (ed.), México, UNAM-IIFL/Centro de Estudios Mayas, 1995 [1633] (Fuentes para el Estudio de la Cultura Maya, 12), p. 62.

[41] Ella F. Quintal Avilés *et al.*, "El cuerpo, la sangre y el viento: persona y curación entre los mayas peninsulares", en Miguel A. Bartolomé Bistoletti y Alicia A. Barabas Reyna (coords.), *Los sueños y los días. Chamanismo y nahualismo en el México actual.* II. *Pueblos mayas*, México, INAH, 2013 (Colección Etnografía de los Pueblos Indígenas de México, Serie Ensayos), pp. 84-86.

Como podrá apreciarse en la lista léxica que viene a continuación, en tzeltal y jacalteco sobreviven algunas palabras que pudieran ser cognados del componente calorífico <*kinam*>, 'calor' o 'ira'. La vinculación de las palabras de esa lista con las ideas de 'vida, suerte, fortaleza, vigor, fuerza, reciura' y 'braveza' casi no dejan duda de que tienen relación con los conceptos que hemos visto antes. Al igual que los mayas yucatecos, los tzeltales de San Juan Chamula pensaban que la fuente última de esta energía calorífica se encuentra en el Sol.[42] Lo mismo pensaban los cakchiqueles de la época colonial, para quienes el componente anímico *natub* procedía del Sol y otorgaba la individualidad a las personas a través del día de su nacimiento. Al parecer no era innato, pues se recibía durante el mismo nacimiento. El *natub,* igual que el <*tonalli*> de los nahuas, puede externarse del cuerpo por periodos cortos sin causar daño a la salud, aunque a diferencia de lo que hemos visto, los cakchiqueles atribuían las cualidades de miedo, reverencia y respeto no al *natub,* sino al *uxlaʔ*.[43]

En términos generales, los diversos grupos mayenses consideran o han considerado que la acumulación de años trae como consecuencia natural un aumento de ese componente calorífico, de tal suerte que los ancianos son las personas más calientes; aunque debe aclararse que este calor es una cualidad y no necesariamente se manifiesta en el aumento de la temperatura corporal.[44] Cabe agregar que entre los tzeltales de Bachajón y Oxchuc, así como entre los pocomanes, la idea de calor estaba siempre ligada con los señores y con el dios solar, además de tener la connotación de inaccesibilidad.[45] Entre estos últimos, <Kak Tepeu> puede traducirse como 'Majestad Ardiente', mientras que entre los tzotziles *k'ak'al ik'* significa literalmente 'espíritu caliente', pero tiene el sentido de "majestad". En ese mismo grupo mayense, el calor se asocia con las almas fuertes y los espíritus poderosos. Y a través de él los hombres pueden hacerse semejantes a los dioses.[46]

yucateco	*kinam*	'/fuerza/'/'braveza, ferocidad que traen consigo los animales bravos y fieros y los hombres así con que ponen espanto. Temor, respeto que uno causa. Cosa venerable y

[42] Gari H. Gossen, *Los chamulas en el mundo del Sol. Tiempo y espacio en una tradición oral maya,* 1ª reimp. en español, México, Conaculta-DGP/INI, 1989 (Colección Presencias, 17), p. 60.

[43] Robert M. Hill II y Edward F. Fisher, "States of Heart. An Etnohistorical Approach to Kaqchikel Maya etnopsychology", *Ancient Mesoamerica,* vol. 10, núm. 2, otoño de 1999, pp. 320-321.

[44] Calixta Guiteras Holmes, *Los peligros del alma. Visión del mundo de un tzotzil,* México, FCE, 1965 (Sección de Obras de Antropología), p. 248.

[45] Alfonso Villa Rojas, "El nagualismo como recurso de control social entre los grupos mayances de Chiapas", en *Estudios etnológicos. Los mayas,* México, UNAM-IIA, 1995 (Serie Antropológica, 38), p. 550.

[46] David S. Stuart, "A Study of Maya Inscriptions", tesis doctoral, Nashville, Vanderbilt University, Faculty of the Graduate School, 1995, pp. 195-196.

yucateco	*kinam*	respetable. Fuerza, recietura, vigor, fortaleza [...]' (Álvarez Lomelí, 1980: 348)
	kinam	'fuerza, reciura, rigor y fortaleza' (Arzápalo Marín, 1995: 425)
	kin-am	'vigor' (Swadesh, Álvarez Lomelí y Bastarrachea Manzano, 1991: 132)
	k'inam	'fuerza, rezura, reciedumbre, vigor y fortaleza' (Barrera Vásquez, 1980: 402)
	k'inam	'el temor y respeto que uno causa'/'cosa venerable y respetable' (Barrera Vásquez, 1980: 402)
tzeltal	*quin*	'suerte' (Ara, 1986: 373)
jacalteco	*k'inal, q'inal*	'vida' (Hecht, 1998: 222)

EL *K'IHN* O *K'IHNIL* COMO MARCADOR DE EDAD Y JERARQUÍA

En lo que respecta al periodo Clásico, las inscripciones atestiguan la existencia del adjetivo *k'ihnich,* 'airado' (figura VI.1), que forma parte de los nombres de muchos gobernantes mayas del periodo Clásico. Ese vocablo deriva a su vez del sustantivo *k'ihn,* que significa 'calor' o 'ira'.[47] Como ya vimos en los párrafos anteriores, Søren Wichmann[48] observó que en varias comunidades mayas modernas el calor es una cualidad vital que deriva del Sol, pero que se acumula e intensifica con el avance de la edad, así como con los cargos públicos o rituales que una persona adquiere a lo largo de su vida, lo cual lo condujo a proponer que ésa puede ser la razón que subyace al uso del adjetivo *k'ihnich* en los antropónimos de los gobernantes mayas del periodo Clásico.

Diversos datos epigráficos e iconográficos apoyan la idea de que la llamada serpiente de "nariz cuadrada" o *sip* (figura VI.2), un ofidio con hocico doblado hacia arriba en ángulo de 90°, constituye la representación del aliento caliente y radiante del dios solar (figura VI.2b), un componente anímico que podemos apreciar externado por la nariz (figura VI.2a-c) o coronilla de algunos soberanos mayas (figuras IV.14 y VI.2d). De acuerdo con Taube,[49] ese tipo

[47] La partícula /*-ich*/ es un adjetivizador o nominalizador que convierte el sustantivo *k'ihn,* 'calor' o 'ira', en el adjetivo *k'ihnich,* 'caliente, colérico, incandescente' o 'airado' (Alfonso Lacadena García-Gallo, comunicación personal, 4 de julio de 2007).

[48] Wichmann, *op. cit.,* pp. 80-81.

[49] Karl A. Taube, "Maws of heaven and hell: the symbolism of the centipede and serpent in classic Maya religion", en Andrés Ciudad Ruiz *et al.* (eds.), *Antropología de la eternidad: la muerte en la cultura maya,* Madrid, Universidad Complutense-Facultad de Geografía e Historia-Departamento de Historia de América II (Antropología de América)-Sociedad Española de Estudios Mayas/UNAM-IIFL/Centro de Estudios Mayas, 2003 (Publicaciones de la Sociedad Española de Estudios Mayas, 7), pp. 428 y 431; Houston, Stuart y Taube, *The Memory of..., op. cit.,* p. 156;

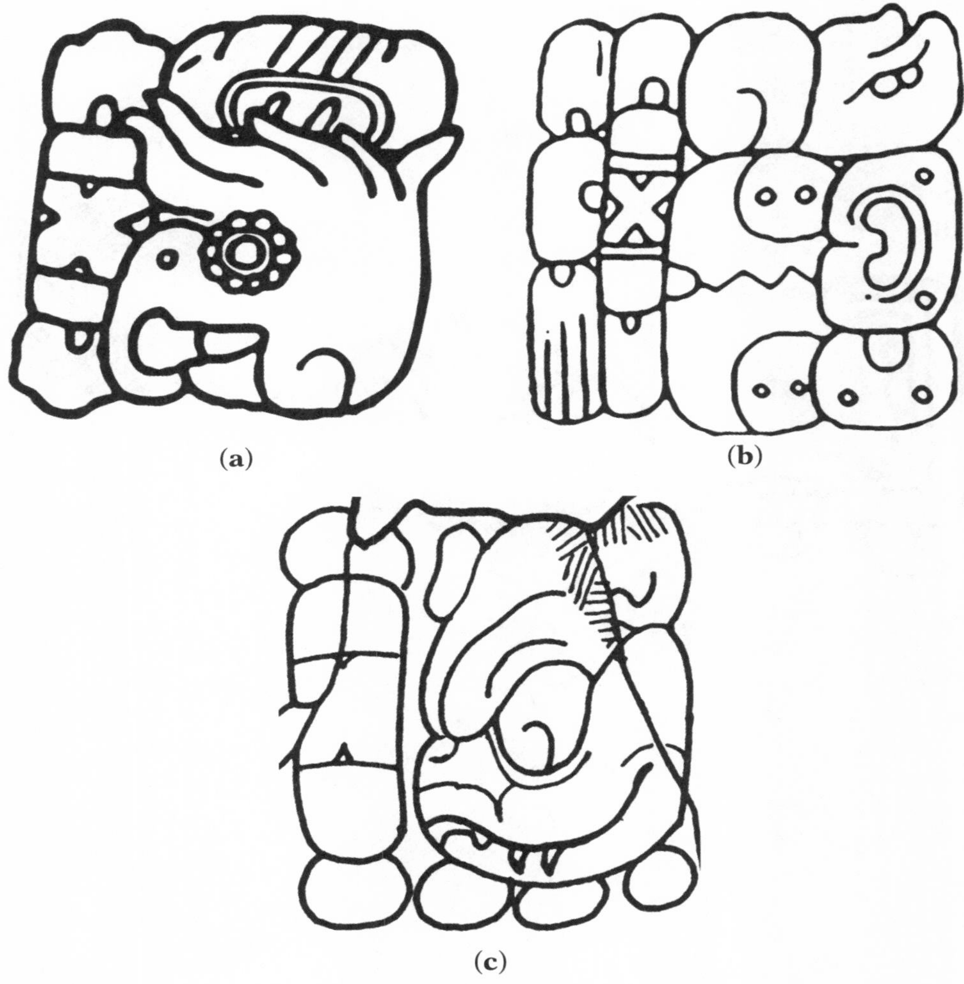

(**a**) (**b**) (**c**)

Figura vi.1. *Ejemplos de antropónimos mayas que comienzan con el adjetivo* k'ihnich, *'caliente, airado, bravo, colérico' o 'furioso':* (**a**) *K'ihnich Yahx K'uk' Mo'; Altar Q de Copán (B5), Copán, Honduras; dibujo de Linda Schele, consultado en http://www.ancientamericas.org/es/collection/aa010344;* (**b**) *K'ihnich Baaknal Chaahk; Monumento 171 de Toniná (A3), Chiapas, México; dibujo de Ian Graham; tomado de David S. Stuart, "Tonina's Curious Ballgame", en* Maya Decipherment. Ideas on Ancient Maya Writing and Iconography, *11 de junio de 2013, consultado en https://decipherment.wordpress.com/2013/06/11/report-toninas-curious ballgame/;* (**c**) *K'ihnich Kan Bahlam II; alfarda este del Templo de la Cruz de Palenque (I1), Chiapas, México; tomada de Schele y Mathews,* The Bodega of…, op. cit., *fig. 272.*

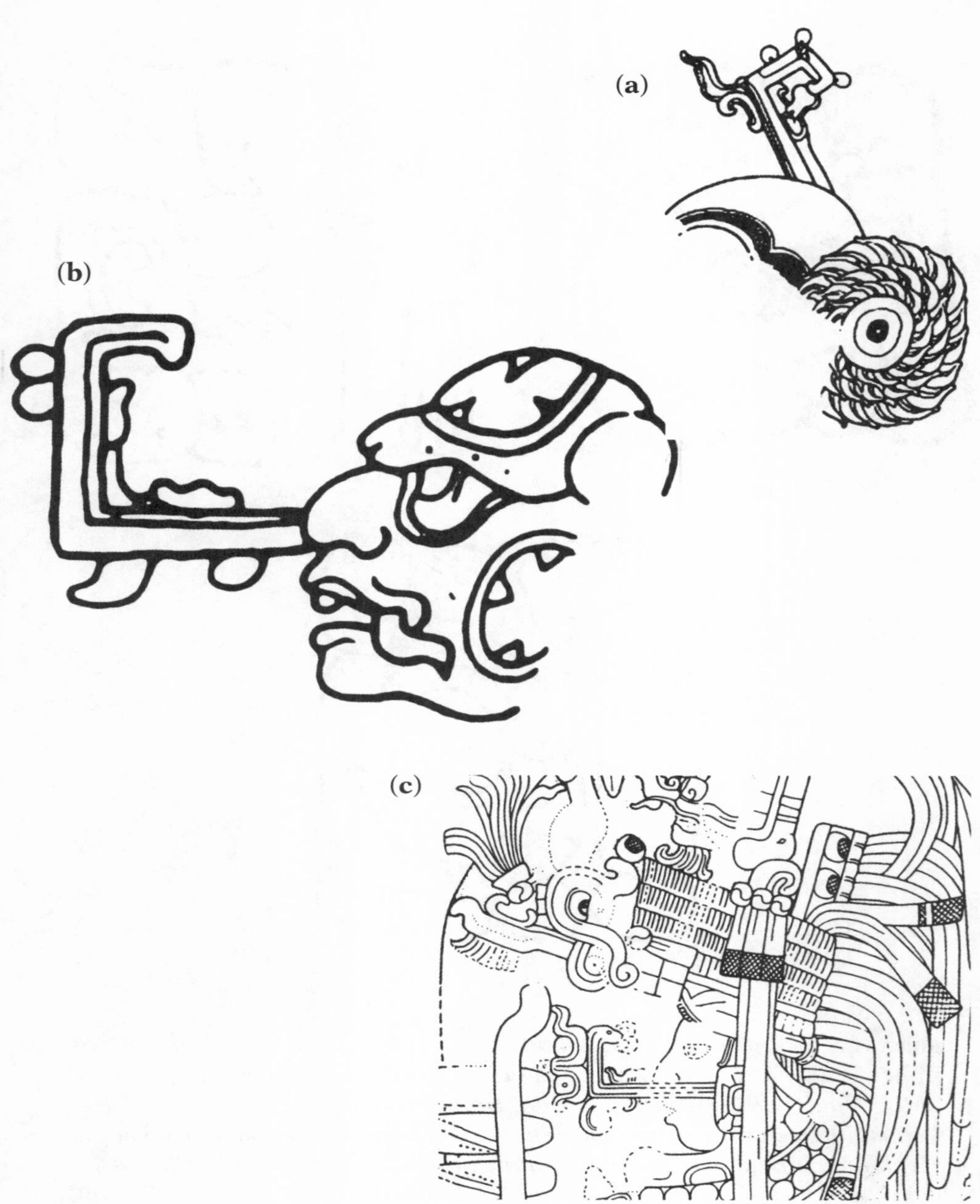

FIGURA VI.2. *La serpiente de "nariz cuadrada" en probable alusión al aliento vital o calor solar;* (**a**) *tocado jeroglífico de K'ihnich Ahku'l Mo' Naahb III representado en el panel de piedra del Templo XIX de Palenque, Chiapas, México; tomado de Stuart,* The Inscriptions from…, op. cit., *p. 23;* (**b**) *dios*

(**d**)

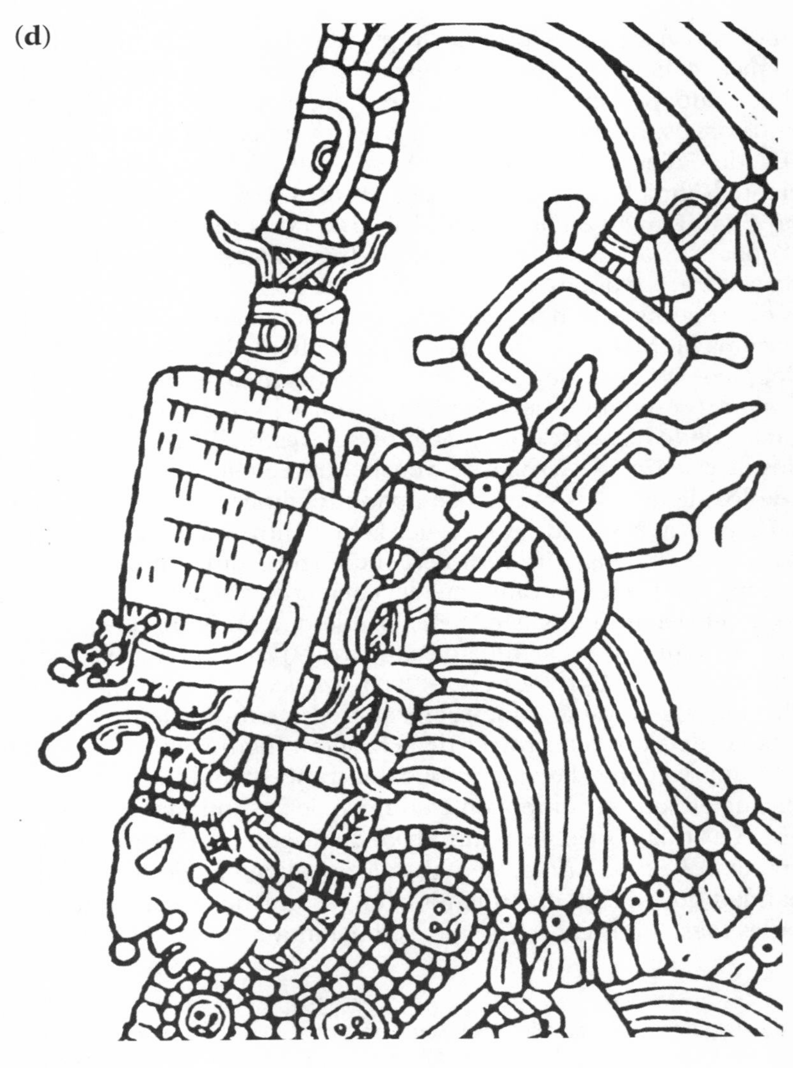

solar con aliento vital; tomado de Taube, "Maws of heaven…", op. cit., *p. 432;* (**c**) *detalle de la Estela 22 de Tikal, Petén, Guatemala; tomado de Jones y Satterthwaite,* op. cit., *fig. 29;* (**d**) *detalle del Dintel 1 de Yaxchilán, Chiapas, México; tomado de Graham y Von Euw,* Corpus of Maya…, op. cit., *p. 13.*

de símbolos o narigueras podrían representar el aliento vital o solar, una fuerza ígnea, caliente y fuerte, más específicamente cuando adquieren la forma del llamado monstruo o serpiente de "nariz cuadrada" *sip*. Un buen indicio de que así es, fue encontrado por Stuart[50] en el panel de piedra del Templo XIX de Palenque (figura VI.2a); se trata del nombre-emblema[51] del gobernante K'ihnich Ahkuˀl Moˀ Naahb III (721-736 d.C.), quien, a semejanza de Siyaj Chan K'awiil en la Estela 31 de Tikal (figura II.23a) y de K'ahk' Tiliw Chan Yopaat en la Estela 22 de Naranjo (figura II.23b), lleva el antropónimo sobre la cabeza, a manera de tocado. Aunque no todos los componentes jeroglíficos de su nombre se han preservado, claramente se conserva la cabeza de una guacamaya (**MOˀ**), que emite el aliento caliente (**K'IN**) de los orificios nasales del pico. Desde el punto de vista de Scherer, la serpiente de "nariz cuadrada" *sip* representa el fuego o viento calorífico que procede del Sol y por ello emana de los reyes, seres y objetos solares.[52] El hecho de que muchos ejemplos de este tipo de serpiente se encuentren en la parte superior de los tocados de los dignatarios mayas, en aparente alineación con una de las fontanelas (figuras IV.14 y VI.2d), nos recuerda que entre los nahuas la entidad anímica calorífica se concentra tanto en el corazón como en la coronilla y que puede desprenderse temporalmente del cuerpo en situaciones como el sueño, el coito, la ebriedad o el susto.[53] Es posible que, al igual que ocurre con el hálito T533 (la presunta "semilla de calabaza[?]" o "cogollo[?]") y sus variantes (figuras III.16, IV.8, IV.11, IV.20, IV.22, IV.24, V.2, V.5, V.6C, V.7 y V.14), la serpiente *sip* o de "nariz cuadrada" (que representa el aliento caliente *k'ihn*) se haya creído capaz de externar a través de la mollera (figuras IV.14 y VI.2d) en situaciones liminares como las que implica el trance ritual. Dicha circunstancia también sugiere que el componente anímico de la supuesta "pepita(?)" o "brote(?)" T533 es una corriente de aire fría, de origen terrestre y vegetal, que se contrapone al *k'ihn* o *k'ihnil*, de naturaleza caliente, celeste, luminosa y solar; dualidad que sí está documentada en las creencias espirituales de otras sociedades mesoamericanas[54] y que, ya adelantamos, quizá no sería del todo

Alexandre Tokovinine, "Writing color. Words and images of colors in Classic Maya inscriptions", *Res. Anthropology and Aesthetics*, núms. 61-62, primavera-otoño de 2012, pp. 494-495; Andrea J. Stone y Marc U. Zender, *Reading Maya Art. A Hieroglyphic Guide to Ancient Maya Painting and Sculpture*, Nueva York, Thames and Hudson, 2011, p. 225.

[50] David S. Stuart, *The Inscriptions from Temple XIX at Palenque. A Commentary*, Jorge Pérez de Lara Elías (fotografías), San Francisco, The Pre-Columbian Art Research Institute, 2005, pp. 22-23. Consultado en http://www.mesoweb.com/publications/stuart/TXIX-spreads.pdf.

[51] Véase la nota 221 del capítulo "Cuerpo-presencia en el periodo Clásico".

[52] Andrew K. Scherer, *Mortuary Landscapes of the Classic Maya. Rituals of Body and Soul*, Austin, University of Texas Press, 2015 (The Linda Schele Series in Maya and Pre-Columbian Studies), p. 77.

[53] Martínez González, *El nahualismo*, *op. cit.*, p. 500.

[54] *Ibid.*, pp. 44 y ss.

imposible o remota de encontrar entre los mayas clásicos,[55] aunque esta conjetura requiere una indagación más detenida.

En interpretaciones anteriores sobre la serpiente de "nariz cuadrada" o monstruo *zip,* Stuart[56] había planteado la idea de que esos ofidios sustituyen a las caídas de sangre, de lo que dedujo que se relacionaban conceptualmente con ese líquido precioso o lo representaban. A la luz de los datos etnográficos, pienso que existen buenas posibilidades de que ambas interpretaciones se complementen, ya que la sangre es la responsable de conservar el calor corporal y difundir la fuerza, el vigor y la salud a todas las partes del cuerpo,[57] si bien existen algunos individuos que tienen la sangre más fuerte,[58] justo porque ese componente calorífico circula con profusión por sus venas.[59] Además, el núcleo del sistema sanguíneo es el miocardio, y ese órgano se homologaba con el Sol,[60] fuente al fin y al cabo del componente anímico *k'ihn* o *k'ihnil.* En la sangre reside el fuego del corazón,[61] por lo tanto, el *k'ihn* o *k'ihnil,* 'calor' o 'ira', también forma parte de los hálitos o aires que circulan por la sangre (figuras V.15b-d y V.16), pues pertenecen al mundo o paraíso florido verde-amarillo de flores y joyas flotantes (figura IV.21), que está hecho de materia *k'uh, k'uyel* o *ch'ulel.*

Desde el punto de vista formal, ese tipo de serpientes con el hocico en ángulo recto son análogas al <*xiuhcóatl*> de los nahuas o al <*yahui*> de los mixtecos. La primera es un ofidio cuyo cuerpo está conformado por flamas y constituye una manifestación de los rayos solares, arma por excelencia del dios <Huitzilopochtli>.[62] El <*yahui*>, por su parte, es una serpiente de fuego que se encuentra en el tocado de los sacerdotes mixtecos del mismo nombre, o zapotecos, llamados <*xicani*>.[63] La asociación de este tipo de serpientes con los sacerdotes recuerda que entre los mayas yucatecos y tzotziles, aquellos

[55] Véanse las notas 123 y 124 del capítulo "Los alientos del éter florido".

[56] David S. Stuart, "Blood Symbolism in Maya Iconography", en Elizabeth P. Benson y Gillett G. Griffin (eds.), *Maya Iconography,* Nueva Jersey, Princeton University Press, 1988, p. 198.

[57] Charles Wisdom, *Los chortís de Guatemala,* traducción de Joaquín Noval, Guatemala, Editorial del Ministerio de Educación Pública "José Pineda Ibarra", 1961 (Seminario de Integración Social Guatemalteca, pub. 10), p. 352.

[58] *Ibid.,* pp. 353-354, 359 y 368, n. 421.

[59] Los nahuas del centro de México pensaban que la entidad anímica calorífica *toonalli* o <*tonalli*> era portada en la sangre, véase McKeever Furst, *op. cit.,* p. 106.

[60] Martha Ilia Nájera Coronado, *El don de la sangre en el equilibrio cósmico,* 1ª reimp., México, UNAM-IIFL/Centro de Estudios Mayas, 2003, p. 145.

[61] Martha Ilia Nájera Coronado, *El umbral de la vida. El nacimiento entre los mayas contemporáneos,* México, UNAM-FFyL-Programa de Maestría y Doctorado en Estudios Mesoamericanos, 2000, p. 217.

[62] Eduardo Matos Moctezuma y Leonardo López Luján, *Escultura monumental mexica,* México, FCE/Fundación Conmemoraciones, 2012 (Tezontle), pp. 274 y 279.

[63] John M. D. Pohl, *Codex Zouche-Nuttall: Notebook for the Third Mixtec Pictographic Writing Workshop,* Austin, University of Texas at Austin-Department of Art History and the Maya Meetings at Austin, 14-19 de marzo de 1994, pp. 16-17.

(a)

(b)

(c)

(**d**)

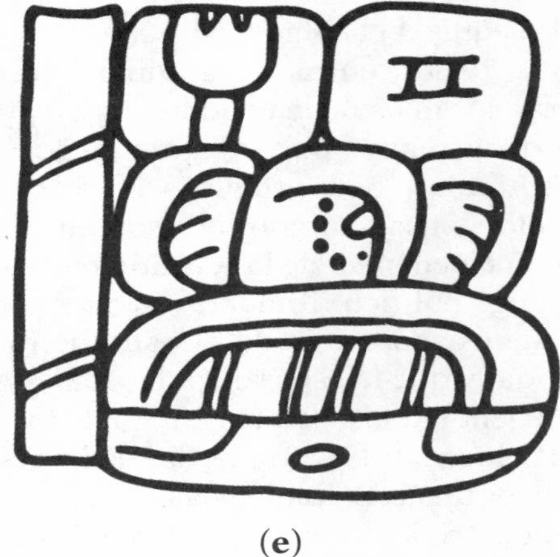

(**e**)

FIGURA VI.3. *La cuenta de los* k'atuunes *en las cláusulas nominales de los nobles mayas:* (**a**) *Altar 1, fragmento C de Piedras Negras (X2), Petén, Guatemala:* **ch'o-ko** *1*-**WINIKHAB**, ch'ok juʔn winikhaab, *'joven de un* k'atuun' *(entre el nacimiento y los 20 años); dibujo tomado de Montgomery,* op. cit.*;* (**b**) *Tableritos de los llamados subterráneos del Palacio de Palenque (E3-F3a), Chiapas, México: 2*-**WINIKHAB AJAW**, chaʔ winikhaab ajaw, *'señor de dos* k'atuunes' *(entre los 21 y los 40 años); tomados de Schele y Mathews,* The Bodega of…, op. cit., *fig. 36;* (**c**) *Estela 1 de Altar de los Reyes (A4-B4), Campeche, México: 3*-**WINIKHAB ch'a-ho-ma**, huhx winikhaab ch'ahoʔm, *'varón de tres* k'atuunes' *(entre los 41 y los 60 años); tomado de Nikolai Grube, "Monumentos esculpidos: epigrafía e iconografía", en Ivan Šprajc (ed.),* Reconocimiento arqueológico en el sureste del estado de Campeche, México: 1996-2005, *Oxford, British Archaeological Reports International Series 1724, 2008 (Paris Monograph in American Archaeology, 19), p. 180, fig. 8.4;* (**d**) *escalón IV de la Escalera Jeroglífica 3 de Yaxchilán (A6b), Chiapas, México: 4*-**WINIKHAB-AJAW**, chan winikhaab ajaw, *'señor de cuatro* k'atuunes' *(entre los 61 y los 80 años); tomado de Ian Graham,* Corpus of Maya Hieroglyphic Inscriptions, *vol. 3, part. 3. Yaxchilán, Cambridge, Harvard University-Peabody Museum of Archaeology and Ethnology, 1982, p. 170;* (**e**) *Estela 12 de Yaxchilán (B3), Chiapas, México: 5*-**WINIKHAB-AJAW**, hoʔ winikhaab ajaw, *'señor de cinco* k'atuunes' *(entre los 81 y los 100 años); dibujo de Linda Schele, tomado de Tate,* op. cit., *p. 238.*

que estaban en contacto frecuente con lo sagrado acumulaban una gran cantidad de <*kinam*> o calor en sus corazones. Un mito mixteco recogido por fray Gregorio García contrapone ese ofidio de fuego <*yahui*> a la serpiente emplumada.[64] Si esta última simboliza el jade y el agua a través de sus plumas verdes y azules, el <*yahui*> probablemente se asociaba con la turquesa, la sequía y el fuego.

La concentración gradual de este poder solar en la medida en que avanzan los años de la edad biológica puede ser la causa de la obsesión de los escribas mayas por integrar en los títulos de sus soberanos el número de *k'atuunes* vividos (figura VI.3). Como Houston ha notado, dichas anotaciones sólo se asocian con los individuos de la más alta jerarquía,[65] lo que habla con elocuencia de la relación entre el componente anímico solar, la edad y el rango político. Tomando en cuenta que en un sitio maya clásico como Palenque existía un grado elevado de mortandad en los primeros cinco años de vida, y que la esperanza de vida al nacimiento rondaba los 21.8 años, sobreviviendo a los 40 años 15.5% de los adultos, porcentaje que se reducía a sólo 1% luego de los 50 años de edad,[66] resulta aún más entendible lo que significaba tener una edad biológica elevada en sociedades campesinas, prebióticas y preindustriales como ésas, donde los grupos de la élite tenían una esperanza de vida mayor hasta por una década que el resto de la población, a causa de sus mejores condiciones de alimentación y de vida. Volveremos a hablar de esta relación entre el *k'ihn* o *k'ihnil* y la edad cuando analicemos un poco más adelante el tema del cabello y del jeroglifo **MAM** o 'abuelo' (figura VI.8).

Otra correlación con la edad biológica fue detectada por María Alejandra Martínez de Velasco Cortina, quien a través de un exhaustivo y cuidadoso análisis de los casos de vasijas "matadas" u horadadas ritualmente, asociadas con la cabeza de los difuntos mayas del periodo Clásico, notó que

> los personajes inhumados [en compañía de ese tipo de vasijas] son principalmente adultos, varios de ellos ancianos y pocos jóvenes. Es importante precisar que no hay ningún registro de infante inhumado con estas características. Conociendo la alta mortandad infantil durante el Clásico [...], pensamos que este hecho obedece más bien a una cuestión ideológica que tiene que ver con que un niño no ha ganado una reputación dentro de la sociedad pues no participa dentro de la vida ceremonial. Este hecho lo podemos sustentar a través de las ins-

[64] Citado por Maarten Jansen y Gabina Aurora Pérez Jiménez, "Paisajes sagrados: códices y arqueología de Ñuu Dzaui", *Revista Itinerarios,* núm. 8, 2008, p. 91.

[65] Stephen D. Houston, "Cantantes y danzantes en Bonampak", *Arqueología Mexicana,* vol. X, núm. 55, México, Raíces, mayo-junio de 2002, p. 55.

[66] Lourdes Márquez Morfín, Patricia O. Hernández Espinoza y Carlos Serrano Sánchez, "La edad de Pakal en el contexto demográfico de la sociedad de Palenque durante el Clásico Tardío", en Vera Tiesler y Andrea Cucina (eds.), *Janaab' Pakal de Palenque. Vida y muerte de un gobernante maya,* México-Mérida, UNAM-Dirección General de Publicaciones y Fomento Editorial/UADY-Facultad de Ciencias Antropológicas, 2004, pp. 162 y 168-169.

cripciones jeroglíficas mayas, donde no aparece la mención de los gobernantes o miembros de la corte durante su vida infantil, pero sí existe un registro a partir de que obtienen el título de *ch'ok* 'joven', o *b'aah ch'ok* 'príncipe heredero', momento en el cual comienzan a celebrar rituales solos o junto a su padre.[67]

A este respecto, ya hemos visto que los niños no alcanzaban entre los mayas la categoría de personas o habitantes del mundo hasta que concluía el proceso de modelación del cráneo y su concomitante osificación, convirtiéndose en seres menos vulnerables a las enfermedades que inciden en la mortandad infantil. Aunque, según Martínez de Velasco Cortina, las vasijas horadadas podrían colocarse sobre, debajo o cerca del cráneo, obedeciendo a tradiciones locales o regionales, también encontró el patrón común de que dicho fenómeno no se encuentra atestiguado en los contextos mortuorios de la gente corriente,[68] lo que en mi opinión remarca esta correlación entre la vasija "matada" y la concentración de calor solar, *k'ihnil* o *k'ihn,* que se asocia tanto con la edad como con la jerarquía social.

El tema de las vasijas matadas en contexto funerario y su obvia relación con la edad y la jerarquía recuerda la perspicaz observación de Scherer en el sentido de que los pigmentos rojos adheridos a los cadáveres de algunos personajes mayas de la élite[69] servían para fijar el calor solar y combatir "el frío terroso de la decadencia".[70] De acuerdo con ese autor, el polvo de cinabrio es brillante y por ello simboliza el surgimiento del Sol por el oriente, a fin de coadyuvar o propiciar el renacimiento del ancestro, mientras que la hematita es más oscura y opaca, y por ello servía para contrarrestar la palidez, evo-

[67] María Alejandra Martínez de Velasco Cortina, "Cerámica funeraria maya: las vasijas matadas", tesis de maestría, México, UNAM-FFyL-Posgrado en Estudios Mesoamericanos, 2014, p. 140; Asier Rodríguez Manjavacas, "El señor sagrado: los gobernantes", en María Alejandra Martínez de Velasco Cortina y María Elena Vega Villalobos (eds.), *Los mayas. Voces de piedra,* México, Ámbar Diseño, 2011, p. 293.

[68] Martínez de Velasco, *op. cit.,* pp. 138-139.

[69] Según De la Garza Camino, el polvo de cinabrio se podía aplicar en los entierros primarios, depositándose posteriormente en los huesos cuando la carne se descomponía, o en los entierros secundarios, directamente sobre los huesos, y se asociaba con la idea de nacimiento por el este, rumbo de la salida del Sol, *Rostros de lo sagrado en el mundo maya,* México/Buenos Aires/Barcelona, Paidós/UNAM-FFyL, 1998, p. 190. Análisis más recientes sugieren que no existe evidencia para el uso de esos pigmentos rojos en el cuerpo descarnado, sólo para el entierro primario, véase Vera Tiesler, Kadwin Pérez López y Patricia Quintana Owen, "Painting the Dead in the Northern Maya Lowland", en Élodie Dupey García y María Luisa Vázquez de Ágredos Pascual (eds.), *Painting the Skin: Pigments of Bodies and Codices in Pre-Columbian Mesoamerica,* Tucson/México, University of Arizona Press/UNAM-IIH, 2018, pp. 43-55.

[70] Práctica por demás análoga a la de untar con sangre los objetos para cargarlos de energía vital, véase Alfredo López Austin, *Tamoanchan y Tlalocan,* México, FCE, 1994 (Sección de Obras de Antropología), p. 128.

cando los colores de la carne y la sangre.[71] Tokovinine también apoya la idea de que el color rojo de esas sustancias simboliza la sangre, el fuego y el calor solar,[72] mientras que Nájera Coronado dice que entre sociedades mayenses contemporáneas se cree que el color rojo combate y contrarresta el frío.[73] Como ya expliqué en el capítulo "El ciclo del *o'hlis*", fijar el *k'ihn* en los huesos obedece a una función mucho más compleja que la de proporcionar calor al muerto para combatir el frío del inframundo. Significa, desde mi punto de vista, reforzar el componente anímico *k'ihn* o *k'ihnil* que el gobernante o noble acumuló durante la vida, a fin de restaurar su brío[74] y resistir los tormentos purificadores del camino lustral del inframundo, salvaguardando con ello su identidad y su nombre individual. En otras palabras, significa evitar que su *o'hlis* se purgue de recuerdos o experiencias mundanas, destino que les esperaba a los hombres comunes, lo cual a su vez equivale a que el mandatario o sacerdote no morirá, sino que ascenderá al paraíso celeste del dios solar, y probablemente renacerá sobre la tierra, conservando al menos su nombre y las potencias individualizantes de su *k'ihn*. Es lo que distingue a un muerto de un ancestro.[75] En este orden de ideas, adquiere más sentido el enigmático pasaje ritual de la Estela A de Copán, donde el procesamiento de los huesos de un ancestro (su completa descarnación o raspado) implicó que el *k'ihn* fortaleció *(iplaj)* los huesos y la sangre en grado superlativo, y más aún, como sugiere Eberl, que la raíz *ip* se puede relacionar con el vocablo *hip*, 'enrojecer'.[76]

Todo esto se aprecia en el texto jeroglífico de una famosa escultura, conocida como el Hombre de Tikal (figura VI.4). Un pasaje del mismo dice que

[71] Scherer, *Mortuary Landscapes of…*, *op. cit.*, p. 78. Élodie Dupey García nota que los colores brillantes son considerados por los nahuas como procedentes del ámbito celeste y, por lo tanto, estaban cargados de <*tonalli*>, "Making and Using Colors in the Manufacture of Nahua Codices", en Dupey García y Vázquez de Ágredos Pascual (eds.), *op. cit.*, pp. 203-204.

[72] Tokovinine, "Writing color. Words…", *op. cit.*, pp. 287-288 y 290.

[73] Martha Ilia Nájera Coronado, "El temor a los eclipses entre comunidades mayas contemporáneas", en Carmen Varela Torrecilla, Juan Luis Bonor Villarejo y María Yolanda Fernández Marquínez (coords.), *Religión y sociedad en el área maya*, Madrid, Sociedad Española de Estudios Mayas, p. 325.

[74] Como dato comparativo, los otomíes opinan que la energía humana se origina en los huesos, Jacques Galinier, *Una noche de espanto. Los otomíes en la oscuridad*, Mario A. Zamudio (trad.), Tenango de Doria, Universidad Intercultural del Estado de Hidalgo/Universidad de París Nanterre-Société d'Ethnologie/Centro de Estudios Mexicanos y Centroamericanos, 2016, p. 83. Patricia A. Mcanany explora este tema de fortalecer, nutrir y revitalizar el alma a través de los ajuares mortuorios, para proteger al ancestro de los peligros, dispersión y ataques en el más allá, "Soul Proprietors. Durable Ontologies of Maya Deep Time", en Steve Kosiba, John W. Janusek y Thomas B. F. Cummins (eds.), *Sacred Matter: Animacy and Authority in the Americas*, Washington, Dumbarton Oaks Research Library and Collection, 2020, pp. 79, 81, 87 y 99.

[75] López Austin cita otras prácticas mesoamericanas que tenían como finalidad evitar que el <*tonalli*> se perdiera o muriera, como por ejemplo revitalizarlo mediante el nombre del antepasado (nahuas) o conmemorar las honras fúnebres, no en el aniversario del fallecimiento, sino en el natalicio del antepasado (mixtecos), *Cuerpo humano e…*, *op. cit.*, vol. I, p. 232.

[76] Eberl, *op. cit.*, p. 157; López Oliva, *op. cit.*, pp. 547 y 551-552.

FIGURA VI.4. *Pasaje del Hombre de Tikal (C2-C6), Petén, Guatemala, donde el gobernante Yaʔx Nuʔn Ayiin I (379-404? d.C.) personifica en el más allá a la entidad anímica* k'ihn *o* k'ihnil. **u-BAH-AN u-K'IN-li TAY-la CHAN-na-K'IN-ni YAX-NUN-AYIN** 13-## **K'UH-MUT-AJAW**, ubaah[il] aʔn uk'ihn[i]l Tay[a]l Chan K'in Yaʔx Nuʔn Ayiin, Huhxlajuʔn ..., k'uh[ul] Mut[uʔl] ajaw, *'el Sol Brillante del Cielo Yaʔx Nuʔn Ayiin es la personificación del K'ihn'. Dibujo de René Ozaeta, Rafael Pinelo y Rolando Caal, tomado de Dmitri Beliaev y Mónica de León Antillón, "Informe final núm. 1. Temporada abril-mayo 2013. Proyecto Atlas Epigráfico de Petén, Fase I", presentado a la Dirección General de Patrimonio Cultural y Natural y al Departamento de Monumentos Prehispánicos y Coloniales, Guatemala, Centro de Estudios Mayas Yuri Knórosov, 2013, p. 145.*

en noviembre de 406 d.C. el gobernante Yaʔx Nuʔn Ahiin I (379-404? d.C.) personificó a su entidad anímica *k'ihn* o *k'ihnil.*[77] Dicho pasaje es interesante por dos razones: la primera es que demuestra que *k'ihn* o *k'ihnil* no era concebida por los mayas de Tikal del siglo v como una fuerza anímica impersonal, sino como una genuina y legítima entidad anímica, persona, dios o agente sobrenatural, toda vez que, como veremos en el capítulo final de este libro, sobre la "Concurrencia o personificación ritual", los gobernantes se vestían como los dioses y estos últimos entraban temporalmente a sus cuerpos, estableciendo un diálogo con el corazón del ser humano. Pero la segunda razón por la que este pasaje del Hombre de Tikal es único y revelador tiene que ver con las ideas antes expuestas, en el sentido de que la preservación de la entidad anímica calorífica era razón indispensable para triunfar sobre la muerte.

[77] *Ibid.*, pp. 52 y 56-57.

Como afirman Dmitri Beliaev y Mónica de León Antillón, Ya'x Nu'n Ahiin personificó o se vistió como *k'ihn* o *k'ihnil* en una fecha en la que ya estaba muerto.[78] Además, el mandatario porta en este texto el título o sobrenombre de Tayal Chan K'inich, 'Sol Brillante del Cielo',[79] razón por la que pienso que el autor de esta inscripción creía que ya había ascendido al paraíso celeste del dios solar y logrado su apoteosis, convirtiéndose en Sol. Otro contexto donde Ya'x Nu'n Ahiin porta el sobrenombre solar de Tayal Chan K'inich es en uno de los costados de la Estela 31 de Tikal (M2), monumento que fue erigido en 445 d.C. (cuando ya estaba muerto) por su descendiente Siyaj Chan K'awiil II. El nombre propio Tayal Chan K'inich era portado también por gobernantes de Motul de San José[80] y de Tres Islas, razón por la que pienso que se relacionaba con la idea de que el *o'hlis* antropomorfo de los mandatarios sobrevivía a la muerte (contraparte sutil de sus *baahis* o cuerpo-presencia), lleno de *k'ihn* o *k'ihnil,* y ascendía al paraíso solar de los ancestros. En otros monumentos mayas de Palenque (figura IV.14) o de Yaxchilán (figura III.17) apreciamos ideas semejantes, al representar a los ancestros muertos con el hálito caliente del dios solar surgiendo de sus fontanelas o narices: la serpiente *sip* de "nariz cuadrada".

Por otra parte, ya he mencionado que la razón para fijar o retener una porción de los componentes anímicos dentro de la tumba o en los huesos reside también en servir como protectores para sus descendientes o deudos vivos.[81] Si interpreto correctamente los datos, una pequeña porción del *o'hlis*

[78] Dmitri Beliaev y Mónica de León Antillón, "Informe final núm. 1. Temporada abril-mayo 2013. Proyecto Atlas Epigráfico de Petén, Fase I", presentado a la Dirección General de Patrimonio Cultural y Natural y al Departamento de Monumentos Prehispánicos y Coloniales, Guatemala, Centro de Estudios Mayas Yuri Knórosov, 2013, p. 147. Como para ese tiempo Ya'x Nu'n Ayiin ya estaba muerto, Beliaev y León Antillón piensan que el ritual de personificación debió ser realizado por otro señor. No obstante, prefiero atenerme a lo que dice la inscripción, en el sentido de que fue Ya'x Nu'n Ahiin mismo el que personificó a su *k'ihn* o *k'ihnil.*

[79] Para el desciframiento del logograma **TAY**, 'brillar' o 'lucir' y sus implicaciones en el nombre propio del gobernante Ya'x Nu'n Ahiin, véase Albert Davletshin, "La lengua de los así llamados teotihuacanos e interpretaciones protonahuas para sus glosas en las inscripciones jeroglíficas mayas", en Erik Velásquez García y María Elena Vega Villalobos (eds.), *Imágenes figurativas verbales. Aproximaciones a los sistemas de escritura de Mesoamérica,* México, UNAM-DGAPA/IIE, entregado para publicación. Este último autor consigna la frase Tayal Chan K'inich en los nombres de Ya'x Nu'n Ahiin, así como en la Estela 2 de Tres Islas (C3-D3). Véase también Erik Velásquez García, "'Los Señores Brillantes del Cielo'. Venus y los eclipses en el *Códice de Dresde*", en Nikolai Grube (ed.), *Recent Research on the Dresden Codex,* Bonn, Universität Bonn, entregado para publicación.

[80] Véase Erik Velásquez García, "Los señores de la entidad política de 'Ik'", *Estudios de Cultura Maya,* vol. XXXIV, 2009, pp. 55-59 y 66-69; Bryan R. Just, *Dancing into Dreams. Maya Vase Painting of the Ik' Kindom,* con contribuciones de Christina T. Halperin, Antonia E. Foias y Sarah Nunberg, New Haven/Londres, Yale University Press, 2012, pp. 92-123; Tokovinine y Zender, *op. cit.*, pp. 41-43.

[81] Alfredo López Austin, "La cosmovisión de la tradición mesoamericana. Tercera parte", ed. especial de *Arqueología Mexicana,* núm. 70, México, Raíces, 2016, p. 22. Mcanany, *op. cit.* Como

FIGURA VI.5. *Nombre de la señora Pakal, esposa de Yaxuun Bahlam III (629-669 d.C.); detalle del Dintel 27 de la Estructura 24 de Yaxchilán (C1-D2), Chiapas, México; dibujo de Ian Graham, tomado de Graham y Von Euw,* Corpus of Maya..., op. cit., *p. 59.*

se queda en los huesos bajo sus dos aspectos: el componente T533 (léase "pepita[?]" o "retoño[?]"), en tanto germen o semilla-cráneo de vida, y el espíritu *sak ik'aal,* a través de la cuenta o la máscara de piedra verde. A esos elementos ahora podemos agregar una porción del *k'ihn* o *k'ihnil,* que ya de por sí se hallaba en los huesos a causa de que estuvieron en contacto con el gobernante durante toda la vida, pero ahora su presencia se refuerza mediante la adición de cinabrio o hematita. Como afirma Martínez González, entre los nahuas del centro de México existen indicios de que, tras el fallecimiento, al menos una parte de la entidad calorífica <*tonalli*> "se quedaba en el cuerpo, integrándose a la tierra o conservándose como reliquia familiar en los restos cremados de los ancestros que se depositaban en las urnas".[82] A la luz de todas estas reflexiones, es probable que los ajuares mortuorios que cuentan con una vasija perforada o "matada" ritualmente indiquen de algún modo que el difunto contiene tanta cantidad de ese componente caliente *k'ihn,* como para aspirar a sobrevivir y no morir, evitando que su alma corazón *o'hlis* se lustre, dole o limpie de la individualidad que adquirió sobre la tierra.

dicen Miguel A. Bartolomé Bistoletti y Alicia M. Barabas Reyna, refiriéndose a las creencias de los chatinos, una parte del alma del difunto "queda en el panteón, mientras que la otra viaja al país de los muertos", citado por Martínez González, *El nahualismo, op. cit.,* p. 58.

[82] *Ibid.,* p. 66.

Otra correlación con la edad, pero en el caso de las mujeres, es la que podemos encontrar en un jeroglifo aún sin descifrar, que consiste en una vasija invertida, pero con el signo solar infijo o en el interior (figuras VI.5 y VI.6c). Los contextos sintácticos donde aparece dicha vasija con el Sol adentro parecen ser del todo análogos a los del adjetivo *k'ihnich,* 'airado, caliente' o 'colérico', que se encuentra al principio de los nombres de diversos gobernantes mayas (véase figura VI.1),[83] toda vez que además de ser una expresión usada por personas de alta élite, introducir el resto del nombre personal y contener una referencia al 'Sol' *(k'in)* o al 'calor' *(k'ihn),* parece vincularse con mujeres de edad avanzada,[84] quizá ancianas temibles y respetables que han dejado de ser fértiles. De hecho es común que el jeroglifo de la vasija invertida con el Sol adentro se encuentre precediendo a la expresión Ixik K'uh, 'Diosa' (figura VI.5), lo que hizo suponer a López Oliva que el conjunto entero hace referencia a una diosa "vasija invertida".[85]

Un ejemplo es el de la Señora Pakal (figura VI.5), esposa del gobernante de Yaxchilán Yaxuun Bahlam III (629-669 d.C.). Además de portar algunos de los títulos más encumbrados de la nobleza maya, como los de *kalo'mte', ajaw* y *baah kab,*[86] esta mujer dice ser una señora de 'seis *k'atuunes*', es decir, supuestamente de entre 101 y 120 años, edad extraordinaria o portentosa aún en nuestros días, mucho más en el periodo Clásico. Por ello, comentan Martin y Grube que esta dama "es descrita como una mujer de gran fortaleza que

[83] Si la palabra *k'ihnich* en esos contextos, o el jeroglifo de la vasija invertida con el infijo solar, pudieran considerarse como títulos, se trataría de una clase de títulos distintos a los de cargo y rango, que fueron estudiados por Alfonso Lacadena García-Gallo, "Nominal Syntax and the Linguistic Affiliation of Classic Mayan Texts", en Pierre R. Colas, Kai Delvendahk, Marcus Kuhnert y Annette Schubart (eds.), *The Sacred and the Profane. Architecture and Identity in the Maya Lowlands,* Markt Schwaben, Verlag Anton Saurwein, 2000 (Acta Mesoamericana, 10), pp. 111-128. En los textos cholanos estos últimos suelen colocarse después de los nombres propios, mientras que en los yucatecanos van antes. Tanto el *k'ihnich* como la vasija invertida con el infijo solar se comportan sintácticamente como adjetivos que califican los nombres propios de hombres y mujeres, respectivamente, toda vez que el patrón imperante en la lengua de las inscripciones es adjetivo-sustantivo, véase Alfonso Lacadena García-Gallo, "Gramática maya jeroglífica", *op. cit.,* p. [11]. Por eso cuando el logograma **K'INICH** va después de nombres propios, como ocurre por ejemplo en los antropónimos de los reyes Yajawte' K'inich o Tum Yo'hl K'inich, no creo que funcione como adjetivo *k'ihnich,* 'bravo, caliente, airado, colérico' o 'furioso' (que procede de *k'ihn,* 'calor' o 'ira'), sino que se trata probablemente del nombre del dios solar K'inich (que proviene de la raíz *k'in,* 'Sol').

[84] Nikolai Grube, comunicación personal a María Elena Vega Villalobos (julio de 2013).

[85] López Oliva, *op. cit.,* p. 875.

[86] *Kalo'mte'* es un título cuya traducción correcta aún se discute, si bien se trata de un término que se relaciona con una posición de hegemonía sobre otros nobles o gobernantes. *Ajaw* significa 'señor', mientras que *baah kab* vale por 'primero de la tierra, príncipe de la tierra' o 'principal de la tierra'.

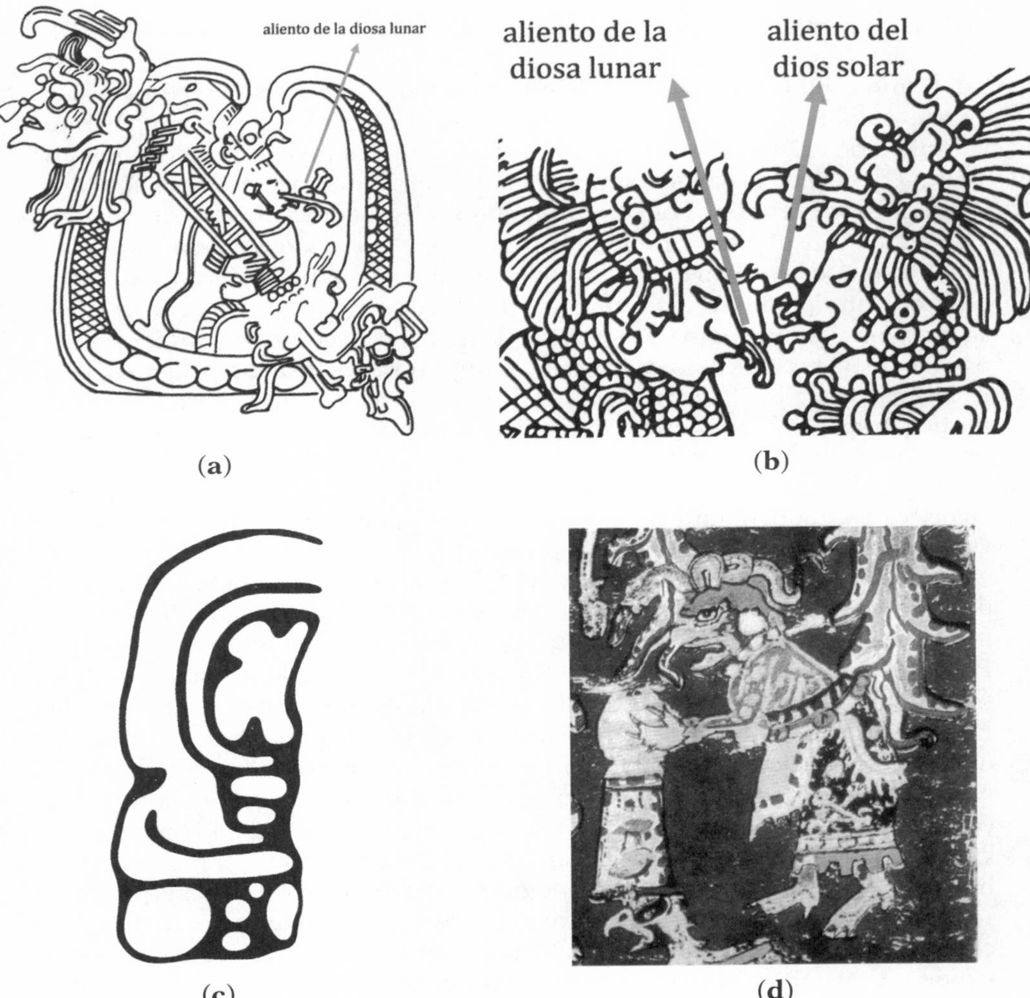

FIGURA VI.6. *El aliento de la diosa lunar.* (**a**) *Madre fallecida de un gobernante; detalle de la Estela 4 de Yaxchilán, Chiapas, México; dibujo de Carolyn E. Tate, tomado de Tate,* op. cit., *p. 192;* (**b**) *padres fallecidos de Yaxuun Bahlam IV (752-768 d.C.), gobernante de Yaxchilán, grabados en la parte superior de la Estela 11 de Yaxchilán, Chiapas, México; dibujo de Linda Schele, tomado de Tate,* op. cit., *p. 237;* (**c**) *bloque jeroglífico T182:140, la vasija invertida con el Sol infijo y el complemento fonético* **-la**; *Estela 11 de Yaxchilán, Chiapas, México,* idem; (**d**) *la Diosa O o Chak Chel, derramando el cántaro de la gran inundación; detalle de la p. 74 del* Códice de Dresde, *tomado de Velásquez García,* Códice de Dresde. Parte 2…, op. cit., *p. 41.*

vivió para presenciar su sexto K'atun, y murió en 705 a los 98 años de edad, por lo menos".[87]

Como expliqué al principio de este capítulo, los grupos mayenses de las épocas colonial o moderna que preservaron la creencia en ese componente calorífico de origen solar no niegan que las mujeres tuvieran esa cualidad o energía dentro de la sangre, simplemente dicen que lo tienen en menor cantidad que los hombres,[88] quizá porque no suelen ocupar puestos de mando. La fuentes consultadas también expresan una valoración negativa sobre las mujeres que están menstruando, toda vez que se cree que durante la regla esparcen un tipo de <*kinam*> malo.[89] Ello hace suponer que las señoras añosas, además del prestigio y el respeto que les concede su edad y sabiduría, ya no tienen en sus cuerpos esa especie de impureza o sustancia peligrosa, que es la menstruación,[90] razón por la cual pueden ser parteras, curanderas[91] o participar en otros ritos, que probablemente estaban vedados para ellas cuando eran fértiles, como por ejemplo ser maestras de iniciación.[92]

Como hemos visto, el adjetivo o posible título *k'ihnich,* 'bravo, caliente, colérico' o 'airado' (figura VI.1), se asociaba con la cuenta los *k'atunes* (figura VI.3) y con la llamada serpiente *sip* de nariz en forma de greca, que es el aliento del dios solar (figuras III.17, VI.2 y VI.6b). Pero el jeroglifo femenino de vasija invertida con infijo solar (figuras VI.5 y VI.6c) también podía relacionarse con la cuenta de los *k'atuunes,* según vimos en el nombre de la Señora Pakal, de seis *k'atuunes* (figura VI.5), y con el aliento de la diosa lunar, ilustrado a través de otro tipo de serpiente que también se asocia o emite de la nariz (figura VI.6a y b). A diferencia de la serpiente *zip* o de "nariz cuadrada", que tiene el hocico enrollado hacia arriba en ángulos de 90°, el ofidio que representa el aliento de la diosa lunar es una víbora sin mandíbula inferior, colmillos de aspecto feroz y hocico ligeramente curvo hacia abajo (figura VI.6a y b). Dichos hálitos se encuentran en escenas del *o'hlis* antropomorfo del gobernante y de su esposa fallecidos (contrapartes sutiles de sus cuerpos-presencia), quienes al renacer de la Montaña Florida ascienden al paraíso solar celeste. Uno exhala el huelgo respiratorio del dios solar y viaja por el cielo dentro de un medallón brillante con ciempiés en sus cuatro esquinas, mientras

[87] Simon Martin y Nikolai Grube, *Chronicle of the Maya Kings and Queens. Deciphering the Dynasties of the Ancient Maya,* 2ª ed., Londres, Thames and Hudson, 2008, p. 122.

[88] Nájera Coronado, *El umbral hacia..., op. cit.,* p. 218.

[89] *Idem.*

[90] Quintal Avilés *et al.,* "El cuerpo, la...", *op. cit.,* pp. 84-86, proporcionan una serie de razonamientos para explicar por qué las mujeres en edad fértil eran y siguen siendo seres temibles para los mayas.

[91] Nájera Coronado, *El umbral hacia..., op. cit.,* pp. 125-126.

[92] Martha Ilia Nájera Coronado, *Los Cantares de Dzitbalché en la tradición religiosa mesoamericana,* México, UNAM-Coordinación de Humanidades/Unidad Académica de Ciencias Sociales y Humanidades/IIFL/Centro de Estudios Mayas, 2007, p. 51.

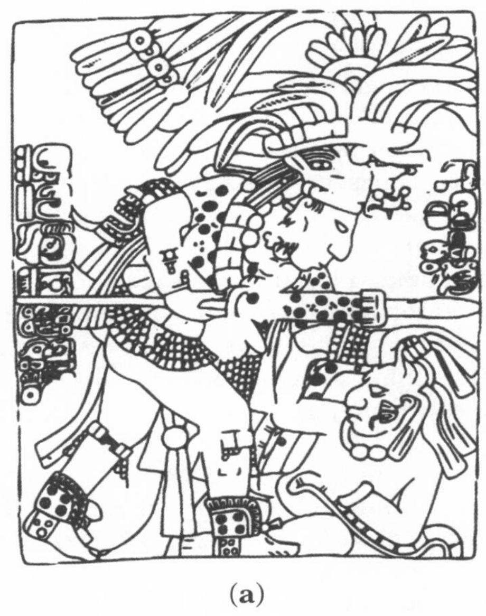

(**a**)

(**b**)

FIGURA VI.7. *Escenas de combate en el acto de sujetar el cabello de un enemigo vencido:* (**a**) *Dintel 1 de Bonampak, Chiapas, México; dibujo de Peter L. Mathews; tomado de Miller,* The Murals of…, op. cit., *fig. 11;* (**b**) *Dintel 8 de Yaxchilán, Chiapas, México; tomado de Graham y Von Euw,* Corpus of Maya…, op. cit., *p. 27.*

FIGURA VI.8. *Logograma* **MAM**, *'ancestro, nieto' o 'abuelo materno'; Estela 31 de Tikal (N1), Petén, Guatemala, tomado de Jones y Satterthwaite,* op. cit., *fig. 52.*

que su consorte femenina exhala el vaho respiratorio de la diosa lunar y viaja por el cielo dentro de un medallón hecho de crecientes selenitas.

Es altamente plausible que el adjetivo femenino de la vasija invertida con el Sol en su interior (figura VI.6c) se relacione de algún modo con el mito del diluvio representado en la página 74 del *Códice de Dresde,* donde la vieja Diosa O o Chak Chel, prototipo de todas las ancianas, derrama el agua destructiva de una vasija o cántaro invertido (figura VI.6d).[93] Si de verdad la vasija invertida con el Sol infijo se relaciona con el nombre de una diosa, como sugiere López Oliva, es posible que se trate de la deidad lunar que suele encontrarse en la parte superior de algunos monumentos mayas o, menos probablemente, de la diosa anciana del diluvio, lo cual no se contrapone con mi idea de que alude a un componente calorífico femenino relacionado con la edad biológica, adjunto a los nombres personales y semejante al más conocido *k'ihn* o *k'ihnil* de los varones.

El signo no descifrado de la vasija invertida (figuras VI.5 y VI.6c) tiene la clave T182 en el catálogo de jeroglifos de Thompson, mientras que en el más reciente catálogo de Macri y Looper lleva la clave ZV1. A veces, sin embargo, aparece asociado con un silabograma o signo silábico **la**, que parece operar como complemento fonético, sugiriendo que la palabra implicada en este jeroglifo de la vasija termina con la consonante *-l.* Todos los intentos por descifrar el signo de vasija invertida con Sol infijo han fallado, aunque algunas propuestas son sugerentes. Por lo tanto, es en este punto donde acaba el terreno más o menos sólido o firme. Ir un paso más allá en la interpretación de este jeroglifo femenino de la vasija invertida con el signo solar infijo (figuras VI.5 y VI.6c) es, por el momento, muy especulativo, toda vez que no se encuentra descifrado fonéticamente.

EL *K'IHN* O *K'IHNIL*, EL CABELLO Y LAS UÑAS

La costumbre de sujetar del cabello a los cautivos de guerra (figura VI.7), que ha sido explicada entre los nahuas por el hecho de que en el pelo se concentra la entidad calorífica de bravía,[94] creo que podría ser explicada de semejante forma entre los mayas, quienes se encuentran representados en los monumentos usando el cabello largo hasta media espalda —aunque recogido—, costumbre que siguieron practicando los manché choles (choltíes) e itzáes rebeldes durante la época colonial.[95] El mismo logograma **MAM** (figura VI.8),

[93] Véase Velásquez García, *Códice de Dresde. Parte 2..., op. cit.*, pp. 40-41.

[94] López Austin, *Cuerpo humano e..., op. cit.*, vol. I, pp. 225 y 242; McKeever Furst, *op. cit.*, pp. 105 y 126-128.

[95] Véase Jan de Vos, *No queremos ser cristianos. Historia de la resistencia de los lacandones, 1530-1695, a través de los testimonios españoles e indígenas,* México, Conaculta-DGP/INI, 1990 (Colección Presencias, 37), p. 134; John F. Chuchiak IV, "The Indian Inquisition and the Extirpation

FIGURA VI.9. *Vaso K1453 del Australian National Museum, fotografía de Justin Kerr; tomada del archivo fotográfico de Kerr. Consultado en http://research.mayavase.com/kerrmaya_hires.php?vase=1453.*

'abuelo', se caracteriza por un mechón de cabello sobre la frente, indicio cierto de la concentración de fuerza calorífica a través de los años. Ya vimos en el capítulo "Cuerpo-presencia en el periodo Clásico" cómo el cabello juega un papel fundamental al cubrir los puntos vulnerables de la cabeza del bebé, como son el occipucio y ambas fontanelas (figura II.13), a fin de impedir que por ahí ingresen malos vientos (enfermedades) o se escapen los componentes anímicos.[96] Un dato interesante es que entre los tzotziles de San Andrés Larráinzar se practica un tipo de magia simpatética, que consiste en asfixiar a su enemigo sepultando bajo tierra un mechón de su cabello; Holland[97] explica esta creencia por el hecho de que el pelo es algo muy apegado al espíritu y a la vida, pero sobre todo a la cabeza. Es por ello que los tzotziles de San Pedro Chenalhó piensan que el cabello, aun cortado del cuerpo, sigue formando parte del alma.[98] Además, de acuerdo con fray Toribio de Benavente "Motolinía", en el cabello de los muertos se conservaba "la memoria de su ánima y el día de su nacimiento o muerte".[99] Según Eric R. Wolf, los nahuas del

of Idolatry: The Process of Punishment in the Provisorato de Indios in Colonial Yucatan", tesis doctoral, Nueva Orleans, Tulane University, 2000, pp. 301 y 469.

[96] Tiesler, *Transformarse en maya...*, *op. cit.*, pp. 43 y 50.

[97] *Medicina maya en los Altos de Chiapas,* Daniel Cazés Menache (trad.), 2ª reimp., México, INI/Conaculta, 1989 (Colección Presencias), p. 148.

[98] Guiteras Holmes, *op. cit.*, p. 242.

[99] Fray Toribio de Benavente "Motolinía", *Memoriales o libro de las cosas de la Nueva España y de los naturales de ella,* México, UNAM-IIH, 1971 (Serie Historiadores y Cronistas de Indias 2), p. 304. Esta idea se encuentra también repetida en las obras de fray Jerónimo de Mendieta y fray Juan de Torquemada, véase Roberto Martínez González y Luis Fernando Núñez Enríquez, "La cabeza

centro de México creían que un guerrero adquiría una porción de la entidad calorífica <*tonalli*> de sus cautivos con sólo cortar y conservar el mechón superior de sus víctimas antes de ser sacrificadas; y a través de ese <*tonalli*> robado del cabello de sus prisioneros acrecentaba su renombre, valentía y vitalidad.[100] Mediante un cuidadoso análisis filológico del diccionario tzeltal de fray Domingo de Ara,[101] Ruz Sosa[102] ha demostrado que en ese grupo indígena del siglo XVI la cabeza era considerada como el centro anímico donde se concentraba el coraje, el valor y la autoridad.

Conviene advertir que entre los chortís[103] y los mayas yucatecos[104] se considera necesario que los muñecos usados en la hechicería contengan fragmentos de uñas de la víctima. Este dato nos recuerda que entre los tzotziles de San Pedro Chenalhó las uñas —aun separadas del cuerpo— están impregnadas de *ch'ulel,*[105] mientras que entre los antiguos nahuas las uñas tenían una elevada concentración de <*tonalli*>,[106] al tiempo que los funcionarios del gobierno, sacerdotes y comerciantes necesitaban robustecer esta entidad anímica para desempeñar su cargo sin peligro de padecer hechicerías.[107] Traigo a colación esto último pensando en la escena del vaso K1453 (figura VI.9), donde el soberano del señorío de Ik'a$^{?}$, Siyaj K'awiil Ajuhx Haab, luce unas uñas muy largas y cuidadas. Sospecho que la explicación para el tamaño de estas uñas va más allá de la ausencia de labor manual por parte de los miembros de la élite, como han afirmado Houston, Stuart y Taube.[108]

EL *K'IHN* O *K'IHNIL* Y EL NOMBRE PERSONAL

La asociación que ya hemos visto entre los adjetivos *k'ihnich* (figura VI.1) y el de la vasija invertida con el infijo solar (figuras VI.5 y VI.6C) con los nombres

en la imagen corporal mesoamericana: una primera aproximación a partir de algunos ejemplos", en Tiesler y Serrano Sánchez (eds.), *op. cit.*, p. 219; Chávez Guzmán, "Modificaciones craneales como...", *op. cit.*, p. 246.

[100] Eric R. Wolf, *Figurar el poder. Ideologías de dominación y crisis,* México, CIESAS, 2001 (Antropología), pp. 202 y 231.

[101] Fray Domingo de Ara, *Vocabulario en lengua tzeltal según el orden de Copanabastla,* Mario Humberto Ruz Sosa (ed.), México, UNAM-IIFL/Centro de Estudios Mayas, 1986 (Fuentes para el Estudio de la Cultura Maya, 4).

[102] *Copanaguastla en un espejo: un pueblo tzeltal en el virreinato,* 2ª ed., México, Conaculta-DGP/INI, 1992 (Colección Presencias, 50), p. 161.

[103] Wisdom, *Los chortís de..., op. cit.*

[104] Robert Redfield y Alfonso Villa Rojas, *Chan Kom. A Maya Village,* Washington, Carnegie Institution of Washington, 1934.

[105] Guiteras Holmes, *op. cit.*, p. 242.

[106] McKeever Furst, *op. cit.*, pp. 127-128.

[107] López Austin, *Cuerpo humano e..., op. cit.*, vol. I, p. 243.

[108] *The Memory of..., op. cit.*, p. 25.

propios de hombres y mujeres sugiere que la entidad anímica *k'ihn* o *k'ihnil* estaba vinculada directamente con el antropónimo. Al menos entre los nahuas del centro de México sabemos que una parte del <*tonalli*> se heredaba mediante el nombre,[109] y que la reutilización del nombre de un abuelo en un nieto tiene como fin "levantar" o continuar la "fortuna o suerte" del antepasado,[110] es decir, revitalizar o transmitir el <*tonalli*>.[111]

Por lo que respecta a las inscripciones mayas, es bien sabido que en las dinastías del periodo Clásico existían ciertos patrones de repetición en los nombres de ascensión. En el linaje de Mutuˀl (Tikal), por ejemplo, existieron al menos tres gobernantes que portaron el nombre de Yaˀx Nuˀn Ahiin, dos que se llamaron Siyaj Chan K'awiil, dos que recibieron el nombre de Chak Tok Ihch'aak y dos con el antropónimo de Jasaw Chan K'awiil. El caso se repite en la secuencia genealógica de Kaanuˀl (Dzibanché/Calakmul), donde al menos seis mandatarios portaron el nombre de Yuknoˀm, así como entre los señores de Popoˀ (Toniná), donde conocemos cuatro soberanos Chapaat. Casos como éstos pueden hallarse en la mayor parte de las listas dinásticas de los reinos mayas.[112]

Los datos etnográficos pueden arrojar una pista que ayuda a comprender mejor este fenómeno. Por ejemplo, entre los tzutuhiles de Santiago Atitlán existe la costumbre de que un nieto puede heredar el nombre de su abuelo, transmitiendo con ello un alma o esencia personal (ambos son considerados como equivalentes); esta fuerza que se transfiere con el antropónimo recibe el nombre de *jalol-k'exoj*, 'cambio-sustituto', un difrasismo que evoca el poder de fertilidad dentro de la línea genealógica de una familia.[113] Una práctica semejante ha sido documentada entre los quichés, y su finalidad tiene que ver con perpetuar la existencia terrena de una parte de la persona.[114] Entre los tzotziles la entidad anímica asociada con el destino y con el animal compañero también se hereda de abuelos a nietos en el marco del linaje patrilineal; el medio de transmisión es precisamente el nombre de "pila", y la razón por la que no se puede perpetuar directamente de los padres a los hijos tiene que ver con el hecho de que un muerto necesita permanecer en el inframundo durante determinado tiempo antes de renacer en un descendiente.[115] Semejantes prácticas han sido reportadas entre los tzeltales de Cancuc.[116] Como

[109] Martínez González, *El nahualismo, op. cit.*, pp. 66 y 502.

[110] López Austin, *Cuerpo humano e…, op. cit.*, vol. I, p. 232.

[111] Chávez Guzmán, "Modificaciones craneales como…", *op. cit.*, p. 246.

[112] Véase Martin y Grube, *op. cit.*

[113] Véase McKeever Furst, *op. cit.*, pp. 86-87.

[114] James L. Mondloch, "K'eš: Quiche Naming", *Journal of Mayan Linguistics*, vol. 1, núm. 2, 1980, p. 9.

[115] Guiteras Holmes, *op. cit.*, pp. 131 y 133; Vogt, *Zinacantan. A Maya…, op. cit.*, pp. 372-373; Chuchiak IV, *op. cit.*, p. 294; Martínez González, "Las entidades anímicas…", *op. cit.*, p. 156.

[116] Pedro Pitarch Ramón, *Ch'ulel: una etnografía de las almas tzeltales*, 1ª reimp., México, FCE, 2006 (Sección de Obras de Antropología), p. 77.

observa McKeever Furst,[117] estos datos coinciden con la práctica náhuatl prehispánica de transmitir la vitalidad del <*tonalli*> de los abuelos a los nietos a través de un antropónimo, mejorando de este modo la suerte o el destino del recién nacido; por otra parte, esa práctica contribuyó a enlazar a los miembros de una familia a través de las generaciones. Podríamos concluir, pues, que posiblemente para los mayas clásicos el nombre personal era un centro anímico importante, donde se concentraba el componente o entidad calorífica *k'ihn* o *k'ihnil*.

La práctica de reciclar el nombre parece haber variado de ciudad a ciudad, ya desde los tiempos del Clásico. Lamentablemente no siempre contamos con información detallada sobre las relaciones familiares entre los mandatarios. Un ejemplo ilustrativo es el de Yaʔx Nuʔn Ahiin I (379-404? d.C.), quien es nombrado *mam*, 'antepasado', en el texto de la Estela 31 de Tikal (figura VI.8). En las inscripciones jeroglíficas *mam* tiene el sentido alternativo de 'abuelo' o 'nieto', lo que por sí mismo parece muy significativo. No obstante, el señor que comisionó la Estela 31 (Siyaj Chan K'awiil II) no era nieto sino hijo de Yaʔx Nuʔn Ahiin I, por lo que en algunas dinastías mayas pudo haber bastado con heredar el trono para adquirir el antropónimo o parte del nombre del antecesor en el mando, quien era considerado un *mam* o 'antepasado'. Por cierto, Martha Cuevas García, Sabrina García Castillo y Canek Estrada Peña han mostrado que los asientos, sitiales o tronos de los funcionarios y gobernantes mayas contenían el alma de sus usuarios.[118]

Una reflexión final que se deriva de los datos antes expuestos es que, aunque el componente anímico *k'ihn* o *k'ihnil*, 'calor' o 'ira' (de origen solar), se comporta como un agente, dios o persona sobrenatural (entidad anímica, y no simplemente una fuerza anímica), en la inscripción del llamado Hombre de Tikal (figura VI.4), de 406 d.C., no acaba de ser del todo claro si en las fuentes jeroglíficas del periodo Clásico Tardío (600-900 d.C.) conllevaba conciencia, voluntad, poder y personalidad. Si bien comparte diversas características con el *toonalli* o <*tonalli*> de los nahuas, su ámbito de competencia y sus atributos no parecen incluir de forma clara, nítida o inobjetable funciones psicológicas o cognitivas desarrolladas, aunque es verdad que los datos mayas yucatecos de la época colonial asocian el componente <*kinam*> con la noción

[117] *Op. cit.*, pp. 81-84.

[118] El término que utilizan esos autores para referirse al alma que se impregnaba en los tronos es el vocablo quiché *muj*, 'sombra'. No obstante, los atributos que describen del *muj* cuando lo vincula con los tronos (fuerza vital que da protección, transmisión de los abuelos a los nietos, autoridad y poder, relación con el cabello, etc.), encajan perfectamente con las características del *k'ihn* o *k'ihnil* de los mayas clásicos, Martha Cuevas García, Sabrina García Castillo y Canek Estrada Peña, "El Trono del Templo XIX y el culto a los antepasados", en Alfonso Morales Cleveland y Martha Cuevas García (coords.), *Excavaciones en el Templo XIX de Palenque, Chiapas, México,* San Francisco, Precolumbia Mesoweb Press, 2017, pp. 196 y 198. Sobre el tema de la "sombra" como una fuerza fría y nocturna, asociada entre grupos mesoamericanos tardíos con el componente anímico calorífico, véase Martínez González, *El nahualismo, op. cit.*, pp. 59-64.

general y poco específica de "sabiduría". También es cierto que los mayas yucatecos del periodo novohispano concebían los procesos mentales como funciones coordinadas del corazón <*ol*> y el <*kinam*>, pero ello se debía a que en el *óol* u <*ol*> residía la voluntad, mientras que el *k'íinam* o <*kinam*> era el centro de fuerza y autoridad lumínica que procedía del Sol, y por lo tanto era una potencia que moderaba los impulsos del alma corazón.[119]

Como ya dije al principio de este capítulo, es muy probable que si el componente anímico *k'ihn* o *k'ihnil* se vinculaba con el destino o inclinación personal de cada quien, asociado a su vez con el día del nacimiento o del baño ritual, debamos considerarlo una entidad anímica en toda forma,[120] un tipo o clase de alma y no sólo una manifestación o fuerza vital del dios solar. Pero sobre este asunto no encuentro aún datos concluyentes en las inscripciones, siendo el más fuerte de todos la relación entre el nombre personal y el adjetivo *k'ihnich,* toda vez que el antropónimo contiene fuertes implicaciones identitarias, pues rescata la persona, el destino, la fortuna o la suerte de algún ancestro. Estos últimos se asocian, como vimos, con el paraíso celeste del dios solar. Quizá en ello resida una razón de peso para considerar que el *k'ihn* o *k'ihnil* es una porción del alma del dios solar, o sea, una entidad anímica, y no simplemente una fuerza impersonal. Otra vía de reflexión para determinar si el *k'ihn* es una entidad anímica tal vez radique en el hecho de que se trata del mismo hálito respiratorio del dios solar o de la diosa lunar (figuras VI.2b y VI.6a-b), que si fuese de algún modo equiparable al *sak ik'aal* de los seres humanos (figura III.15), podría pensarse que en efecto es una parte del *oʔhlis,* 'esencia' o 'alma corazón' de dichos dioses celestes. Al menos en lo que al dios solar se refiere, el *oʔhlis* estaba hecho de fuego y era de color rojo (figura III.13a y b). Pero volviendo al tema del nombre personal, conviene reflexionar en que el *k'ihn* o *k'ihnil* se encuentra plenamente ligado al antropónimo a través del adjetivo *k'ihnich,* que también parece encontrarse en el teónimo mismo del dios solar: K'ihnich Ajaw o K'inich Ajaw.[121] Y ello obviamente sugiere que ambos —dios y gobernante—, al compartir el mismo nombre, están relacionados entre sí. Sencillamente, una parte del dios solar habita dentro del corazón del hombre. En el caso específico de los mandatarios, la liga con el dios solar les pudo venir en calidad reforzada a través del ancestro común de todos los gobernantes mayas: el llamado Ajaw Foliado o K'ihnich Yajawteʔ Huhx Yop Huʔn, héroe cultural que se menciona de forma retrospec-

[119] Álvarez Lomelí, *Diccionario etnolingüístico del...,* vol. III, *op. cit.,* p. 36.

[120] Alfredo López Austin, comunicación personal, 20 de junio de 2017.

[121] El nombre de este dios puede tener dos posibles transcripciones, que a su vez admiten dos traducciones distintas: *a) K'ihnich Ajaw,* 'Señor Caliente' o 'Furioso', y *b) K'inich Ajaw,* 'Señor Solar'. Ambas son igualmente posibles (véase la nota 83 de este capítulo), pues en las inscripciones casi nunca aparecen escritas las fricativas glotales *-h* antes de otras consonantes, rasgo prosódico que a menudo tenemos que reconstruir por métodos filológicos o lingüísticos, externos a la escritura jeroglífica. Salvo cuando esa *-h* sí se encuentra escrita en los textos jeroglíficos, como ocurre en la Estela 11 de Copán (A6), véase la nota 6 de este capítulo.

tiva en las inscripciones de varias ciudades mayas como fundador de algunas de las instituciones políticas y rituales. Los antiguos le adjudicaron una vida intramundana de al menos 295 años,[122] y no conformes con esa sublimación de sus capacidades, en sentido estricto era considerado inmortal, toda vez que una porción de su alma renació al menos en algunos reyes o señores.[123] Tales son las razones por las que me inclino a pensar que el componente anímico *k'ihn* o *k'ihnil* es mucho más que una fuerza vital: es un alma o entidad anímica, mientras que el escasamente atestiguado *ip* es una fuerza impersonal, asociada con la energía caliente y/o roja de los huesos y la sangre.

Pero si la interpretación anterior es correcta, ¿por qué la entidad anímica *k'ihn* o *k'ihnil* pertenece a la clase de **sustantivos neutros** para partes del cuerpo (véase figura I.3), mientras que las entidades anímicas *o'hlis* y *wahyis* se comportan como **sustantivos inalienables** (véase figura I.4)? No existe, desde luego, una explicación satisfactoria para este fenómeno, aunque podríamos pensar en varias alternativas, que son en sí mismas hipótesis posibles a investigar en lo porvenir. Una consiste en que mientras el *o'hlis* y el *wahyis* se refieren a la condición de un dios que se relaciona con otro ser, entrando a formar parte de su cuerpo, la situación del *k'ihn* o *k'ihnil* es la de un componente corporal frágil o inestable, toda vez que se fija con dificultad en el niño, y aunque suele incrementarse o acentuarse con la edad y los cargos públicos, también es muy proclive a menguar, de manera que no es inalienable como los otros dos. Aunque esta explicación es la que más me convence, existen otras posibilidades que no se pueden descartar. Por ejemplo, que si bien el *k'ihn* o *k'ihnil* es una porción o aspecto del alma del dios solar, una entidad anímica, está incompleta de algún modo, pues se limita a ser el aliento respiratorio de esa deidad. Finalmente, tampoco puede descartarse el hecho de que durante el periodo Clásico estas tres palabras, *k'ihn* o *k'ihnil, o'hlis* y *wahyis,* se encontraban en estados diferentes de su evolución histórica, o bien, simplemente, que *k'ihn* o *k'ihnil* siguió un derrotero evolutivo diferente a las otras dos expresiones, en el marco global de los idiomas mayances. Cualquiera de estas tres explicaciones, o incluso alguna otra que por el momento no sospecho, pudieran ser la explicación de este fenómeno.

[122] Erik Velásquez García, "La Casa de la Raíz del Linaje y el origen sagrado de las dinastías mayas", en Peter Krieger (ed.), *La imagen sagrada y sacralizada. XXVIII Coloquio Internacional de Historia del Arte,* vol. II, México, UNAM-IIE, 2011, pp. 409-410.

[123] Véase la nota 161 del capítulo "El ciclo del *o'hlis*". Como el lector podrá apreciar en esa nota del capítulo IV, no solamente el dios solar K'ihnich, sino Ju'n Ajaw y quizá otros dioses, como Sak Hu'n, cambian o adquieren una nueva esencia, al entrar a formar parte del ancestro o protogobernante K'ihnich Yajawte' Huhx Yop Hu'n (*ca.* 81-376 d.C.), donde se combinan o fusionan dos o más deidades. Agradezco una vez más a Alfredo López Austin por haberme ayudado a comprender este tema del cambio de esencia en los dioses (14 de julio de 2014).

VII. LA ENTIDAD ANÍMICA *WAHYIS*

Tras el descubrimiento del famoso Vaso de Altar de Sacrificios (figura vii.1), hallado en 1961 por Richard E. W. Adams y su equipo en el entierro 96 de ese sitio arqueológico,[1] se abrieron puertas insospechadas para comprender las concepciones espirituales de los mayas del periodo Clásico.

En un principio, las opiniones en torno a la imagen pintada en esa vasija se vieron influidas por los propios comentarios de Adams,[2] quien la interpretó como un ritual funerario celebrado en honor de la mujer sepultada en la tumba, al que asistieron diversos mandatarios, tal vez parientes de la occisa, incluyendo el gobernante de Yaxchilán. Así lo hizo suponer la presencia de distintos glifos emblema en las glosas jeroglíficas que mencionan el nombre de cada personaje pintado. De acuerdo con esas opiniones tempranas, esta ceremonia ritual incluía un suicidio por decapitación, y uno de los señores danzaba personificando al dios del inframundo.[3]

No obstante, poco tiempo después comenzaría una nueva era en la interpretación de este vaso. Su detonante sería un jeroglifo semejante al del día *ajaw*, cuya mitad está cubierta por la piel manchada de un jaguar (figura vii.2a). Dicho signo, conocido en el catálogo de Thompson como T539, aparece en las cláusulas nominales de todos los personajes del Vaso de Altar de Sacrificios. Puesto que también se encuentra ocasionalmente en las inscripciones públicas de piedra, ya era conocido desde los tiempos de Spinden, quien lo interpretó como una expresión asociada con el cambio de las estaciones,[4] mientras que David H. Kelley[5] lo contempló como una referencia al equinoccio.

[1] Richard E. W. Adams, "A Polychrome Vessel from Altar de Sacrificios, Peten, Guatemala", *Archaeology,* vol. 16, núm. 2, 1963, pp. 90-92; *The Ceramics of Altar de Sacrificios,* Cambridge, Harvard University/The Peabody Museum, 1971 (Papers of the Peabody Museum of Archaeology and Ethnology, vol. 63, núm. 1), pp. 68-78; George E. Stuart, "Riddle of the Glyphs", *National Geographic Magazine,* vol. 148, núm. 6, 1975, pp. 774-776; Marta Foncerrada de Molina y Sonia Lombardo de Ruiz, *Vasijas pintadas mayas en contexto arqueológico,* México, unam-iie, 1979 (Estudios y Fuentes del Arte en México, XXXIX), p. 35; Linda Schele, "The Xibalba Shuffle: A Dance after Death", en Elizabeth P. Benson y Gillett G. Griffin (eds.), *Maya Iconography,* Nueva Jersey, Princeton University Press, 1988, pp. 295-299; Bryan R. Just, *Dancing into Dreams. Maya Vase Painting of the Ik' Kindom,* con contribuciones de Christina T. Halperin *et al.,* New Haven/Londres, Yale University Press, 2012, pp. 142-149.

[2] Adams, "A Polychrome Vessel...", *op. cit.; The Ceramics of..., op. cit.*

[3] Stuart, "Riddle of the...", *op. cit.,* pp. 774-776; Foncerrada de Molina y Lombardo de Ruiz, *op. cit.,* p. 35.

[4] Citado por David H. Kelley, "A History of the Decipherment of Maya Script", *Anthropological Linguistics,* vol. 4, núm. 8, 1962, pp. 13 y 36, lám. XIV.

[5] *Idem.*

FIGURA VII.1. *Vaso de Altar de Sacrificios, Petén, Guatemala, o K3120, encontrado en 1961 por Richard E. W. Adams en el entierro 96 de ese sitio arqueológico; Museo Nacional de Arqueología y Etnología de Guatemala; atribuido al pintor Mo…n Buluch Laj y activado ritualmente el 19 de abril de 754 d.C.; fotografía de Justin Kerr, tomada de Stuart, "Riddle of the…"*, op. cit., *pp. 774-776.*

Años después Adams[6] vería en este enigmático jeroglifo una alusión a la existencia de un presunto sistema de gobierno basado en un linaje de jaguar, al que supuestamente pertenecerían todos los señores pintados en el Vaso de Altar de Sacrificios. Otra especulación fue la de Jacinto Quirarte,[7] quien observó que el signo también se encontraba escrito en otros vasos funerarios, lo que lo hizo pensar que hacía referencia a los muertos, quienes eran anunciados o personificados por los personajes pintados en las escenas. Durante la década de 1980, Schele[8] contemplaría las escenas del Vaso de Altar de Sacrificios (figura VII.1) y de su hermano, el vaso K791 (figura VII.3), como imágenes de danzas ejecutadas por los gobernantes mayas después de la muerte, que a semejanza de Junajpu' e Xbalanke' en el *Popol Vuh,*[9] alcanzaban su apoteosis

[6] Richard E. W. Adams, "Comments on the Glyphs Texts of the 'Altar Vase'", *Social Process in Maya Prehistory,* 1977, pp. 412-420.

[7] Jacinto Quirarte, "The Representation of Underworld Processions in Maya Vase Painting: An Iconographic Study", en Norman Hammond y Gordon R. Willey (eds.), *Maya Archaeology and Ethnohistory,* Austin-Londres, University of Texas Press, 1979, p. 133.

[8] Linda Schele, "Balan-Ahau: A Possible Reading of the Tikal Emblem Glyph and a Title at Palenque", en Elizabeth P. Benson (ed.), *Fourth Round Table of Palenque, 1980,* vol. 6, San Francisco, Pre-Columbian Art Research Institute, 1985, pp. 59-65; "The Xibalba Shuffle…", *op. cit.,* pp. 294-299.

[9] Adrián Recinos Ávila (trad. y ed.), *Popol Vuh. Las antiguas historias del Quiché,* 3ª ed., Rodrigo Martínez Baracs (estudio preliminar), México, FCE, 2012 (Biblioteca Americana), pp. 250-251; Allen J. Christenson, *Popol Vuh. The Sacred Book of the Maya,* Winchester/Nueva York, Books,

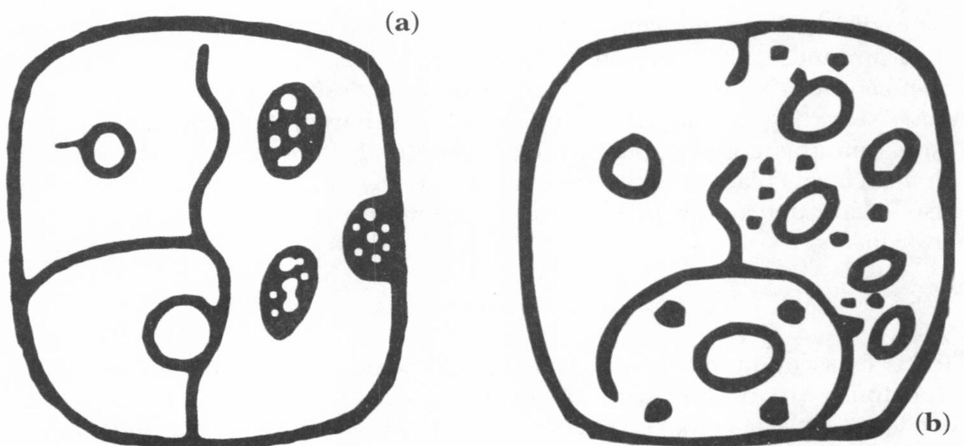

FIGURA VII.2. *Logograma T539 o* **WAY**, wahy*:* (**a**) *Dintel 15 de Yaxchilán (F1), Chiapas, tomado de Graham y Von Euw,* Corpus of Maya…, op. cit., *p. 39;* (**b**) *Tablero del Sol de Palenque (F5), Chiapas; en este caso interviene en la formación de la palabra* way[i]b, *'dormitorio', o* way[aa]b, *'soñador' (***WAY-bi***); dibujo de Merle Greene Robertson, tomado de* The Sculpture of Palenque, Vol. IV: The Cross Group, the North Group, the Olvidado, and Other Pieces, *Princeton, Princeton University Press, 1991, lám. 95.*

FIGURA VII.3. *Vaso K791 o MS1769, del Princeton Art Museum; es obra del pintor Mo…n Buluch Laj y fue presentado el 18 de enero de 755 d.C., fotografía de Justin Kerr, tomada de Reents-Budet* et al., op. cit., *p. 174.*

como dioses. De esta forma, estas escenas representarían un rito de paso en el inframundo, asociado con la derrota de las fuerzas necrológicas. Schele planteó que el jeroglifo T539 se leía *balan ajaw,* 'señor escondido', o *bahlam ajaw,* 'señor jaguar'; la primera de estas frases haría referencia al estatus de estas criaturas como habitantes del otro mundo, mientras que la segunda aludía a la vinculación simbólica entre los nobles y los grandes felinos. Es preciso aclarar que ambos intentos de lectura no son aceptados hoy por los epigrafistas.

Dilema entre el tonalismo y el nagualismo

Todas estas opiniones cambiarían radicalmente en 1989, cuando Grube,[10] Houston y Stuart[11] tomaron en consideración los complementos fonéticos que aparecen asociados con el enigmático T539 (**wa**-T539-**ya**), llegando de forma independiente al mismo desciframiento epigráfico: un logograma con el valor de **WAY**.[12] Houston y Stuart[13] señalaron que el término *way* o *wahy* se asocia en distintos diccionarios de lenguas mayances con las ideas de "animal compañero, brujería, dormir, nagual, soñar" y "sueño", términos asociados con los conceptos de <*nahualli*> o <*tona*>, aunque rechazaron utilizar dichas palabras, debido en parte a que esos términos no son de origen maya, sino náhuatl. Para ellos, la mejor interpretación de *way* era la de *coesencia,*[14] defi-

2003, pp. 180-184, consultado en http://www.famsi.org/mayawriting/dictionary/christenson/quidic_complete.pdf; Michela E. Craveri (trad. y ed.), *Popol Vuh. Herramientas para una lectura crítica del texto k'iche',* México, UNAM-IIFL/Centro de Estudios Mayas, 2013 (Fuentes para el Estudio de la Cultura Maya, 21), p. 120.

[10] Citado por David Freidel, Linda Schele y Joy Parker, *Maya Cosmos. Three Thousand Years on the Shaman's Path,* Nueva York, Quill William Morrow, 1993, p. 442, n. 33.

[11] Stephen D. Houston y David S. Stuart, *The Way Glyph: Evidence for "Co-Essences" among the Classic Maya,* Washington, Center for Maya Research, 1989 (Research Reports on Ancient Maya Writing, 30).

[12] Tres años antes, Victoria R. Bricker, *A Grammar of Mayan Hieroglyphs,* Nueva Orleans, Tulane University-Middle American Research Institute, 1986 (Publication, 56), pp. 90-91, había llegado a la conclusión de que el cartucho jeroglífico T130:572.47, que aparece en las páginas de año nuevo del *Códice de Dresde* (pp. 25-28), se leía **wa-WAY-ya**, *way,* aunque nunca asoció ese término con ideas concernientes a las entidades anímicas, sino simplemente con los dioses <Uayeyab> mencionados en el siglo XVI por fray Diego de Landa, *Relación de las cosas de Yucatán,* María del Carmen León Cázares (estudio preliminar, cronología y revisión del texto), México, Conaculta, 1994 (Cien de México), pp. 140-145.

[13] *The Way Glyph..., op. cit.*

[14] Según Houston y Stuart (*op. cit.*, p. 1), fue John Monaghan quien en 1982 introdujo el término *coesencia.* Sin embargo, 12 años antes, M. Esther Hermitte, *Poder sobrenatural y control social en un pueblo maya contemporáneo,* México, Instituto Indigenista Interamericano, 1970 (Ediciones especiales, 57), p. 77, ya había manejado la idea de que los animales, el espíritu y el ser físico de los tzeltales de Pinola eran coesenciales. Quintal Avilés *et al.*, "El nagualismo maya: los *wáayo'ob*", en Miguel A. Bartolomé Bistoletti y Alicia M. Barabas Reyna (coords.), *Los sueños y los días. Chamanismo y nahualismo en el México actual.* II. *Pueblos mayas,* México, INAH, 2013

nida como "un animal o fenómeno celeste (por ejemplo lluvia, rayo, viento) que se cree comparte la conciencia de la persona que 'la posee' [...] El enlace es tan cercano que cuando la coesencia es herida o destruida, el poseedor enferma o muere".[15] Aunque admitieron que las coesencias pueden adoptar comportamientos depredadores y mágicos, como las que Villa Rojas[16] asoció con el nagualismo, terminaron por establecer que se trata de un concepto "relativamente cercano al sentido de *tonal,* aunque es preferible evitar la trampa de usar términos nahuas para conceptos mayas".[17] En su publicación de 1989, Houston y Stuart reconocieron que en el arte y la escritura mayas la presencia de coesencias *way* constituían una marca de estatus personal por parte de los gobernantes, pero que dichas entidades también podían ser portadas por los dioses.

Para comprender mejor el dilema que plantearon Houston y Stuart, conviene hacer una breve digresión para explicar sucintamente el tema del "tonalismo" y el "nagualismo". Se trata de un asunto de gran complejidad, pues como afirman Bartolomé Bistoletti y Barabas Reyna,[18] estas concepciones varían en cada sociedad mesoamericana. Aunque adelanto que concuerdo con George M. Foster[19] y con Gustavo Correa[20] en el sentido de que se trata de dos conceptos diferentes que en muchas áreas de Guatemala y del sur de México se han confundido con el mismo nombre, o bien, de un par de acepciones distintas para el mismo término, toda vez que ambos reciben el nombre náhuatl de *naawalli* o *<nahualli>* y a veces conservan el nombre maya de *way* o sus cognados: *wáay, wahy,* etcétera.

Desde mi punto de vista, el tonalismo consiste en la adquisición de un alma o entidad anímica individualizante, que diferencia a un hombre de los otros, dada por los dioses al niño el día del nacimiento. Dicha alma se comparte con algún animal casi siempre silvestre, que durante el día vive en el interior de un corral ubicado en una montaña sagrada, resguardada por los dioses patronos del linaje, pudiendo salir del corral durante la noche, exponiéndose a todo tipo de peligros, entre ellos, ser cazado, recibir heridas o ser ingerido. "Es la unión que se forma entre dos seres al compartir el alma esencial de uno de ellos [el animal], que pasa a ser en el otro [el humano] una de

(Colección Etnografía de los Pueblos Indígenas de México, Serie Ensayos), p. 130, n. 80, también notaron esta extraña atribución de la palabra *coesencia* a Monaghan, por parte de Houston y Stuart.

[15] Houston y Stuart, *The Way Glyph..., op. cit.,* pp. 1-2; la traducción es mía.

[16] "Kinship and Nagualism in a Tzeltal Community, Southeastern Mexico", en *Estudios etnológicos. Los mayas,* 2ª ed., México, UNAM-IIA, 1995 (Serie Antropológica, 38), pp. 523-534.

[17] La traducción es mía.

[18] "Introducción. Los sueños y los días", *op. cit.,* p. 32.

[19] George M. Foster, "Nagualism in Mexico and Guatemala", *Acta Americana,* vol. 2, núms. 1 y 2, enero-junio de 1944, p. 85.

[20] Gustavo Correa, "El espíritu del mal en Guatemala", en *Nativism and Syncretism,* Nueva Orleans, Tulane University-Middle American Research Institute, 1960 (Publication, 19), p. 42.

las almas complementarias (no esenciales)."[21] El mal que le ocurra al animal se manifiesta idéntico en el humano que comparte una de sus almas con él y viceversa, pues tanto el hombre como la criatura montés conllevan el mismo destino, carácter, temperamento y propensión. El tonalismo es también un reflejo del orden social, toda vez que de acuerdo con la importancia o jerarquía del individuo humano es el rango de su animal en el bosque: por ejemplo, los gobernantes y sacerdotes principales tienen tonas de jaguares, pumas, águilas o coyotes, mientras que los campesinos ordinarios pueden compartir su alma con un ratón, sapo o lagartija. Dicho cuadro es el que a grandes rasgos puede reconstruirse gracias a la etnografía en comunidades indígenas modernas,[22] aunque durante el virreinato sólo existe testimonio de algunos de estos elementos: relación entre el niño y un animal designado por su día de nacimiento, así como el destino común a ambos.[23] Los datos etnográficos tienden a sugerir que los hombres comunes ignoran la identidad del animal del cual son coesenciales o que solamente pueden encontrarse con él en sueños,[24] situación que contrasta con los documentos coloniales, que parecen referirse a ese animal como una especie de ángel guardián, que todo humano recibe "para que tenga fortuna, le favorezca, socorra y acompañe, y así ha de invocarle en todos los casos, negocios, y ocasiones que necesitare de su ayuda".[25]

Por lo que respecta al nagualismo, las crónicas novohispanas parecen sugerir que, al menos en el área maya, se trata de la capacidad o habilidad mágica que tienen algunos hombres o mujeres poderosos para transformarse en el

[21] Alfredo López Austin, comunicación personal, 16 de diciembre de 2016.

[22] Véase por ejemplo Alfredo López Austin, "La concepción del cuerpo en Mesoamérica", *Elogio del cuerpo mesoamericano, Artes de México,* núm. 69, enero-febrero de 2004, p. 35; "Modelos a distancia: antiguas concepciones nahuas", en Alfredo López Austin (coord.), *El modelo en la ciencia y la cultura,* México, UNAM/Siglo XXI Editores, 2005 (Cuadernos del Seminario de Problemas Científicos y Filosóficos de la UNAM, 1), pp. 85-86.

[23] Francisco Núñez de la Vega, *Constituciones Diocesanas del Obispado de Chiapa,* María del Carmen León Cázares y Mario Humberto Ruz Sosa (eds.), México, UNAM-IIFL/Centro de Estudios Mayas, 1988 [1702] (Fuentes para el Estudio de la Cultura Maya, 6), pp. 428 y 753-754, entre los grupos tzeltalanos de Chiapas; Francisco Antonio de Fuentes y Guzmán, *Recordación florida. Discurso historial y demostración natural, material, militar y política del reyno de Guatemala,* t. I, J. Antonio Villacorta Calderón (pról.), Guatemala, Tipografía Nacional/Sociedad de Geografía e Historia, 1932 (Biblioteca "Goathemala", vol. VI), p. 294, para los quichés de Totonicapán, Guatemala.

[24] Calixta Guiteras Holmes, *Los peligros del alma. Visión del mundo de un tzotzil,* México, FCE, 1965 (Sección de Obras de Antropología), pp. 241 y 243; Evon Z. Vogt, *Zinacantan. A Maya Community in the Highlands of Chiapas,* Cambridge, The Belknap Press of Harvard University Press, 1969, p. 372; Hermitte, *op. cit.,* p. 85.

[25] Núñez de la Vega, *op. cit.,* p. 754. Es difícil decir si esta función del animal compañero, como "ángel guardián" que era invocado en el auxilio de los problemas de la vida, corresponde al nagualismo o a alguna variante antigua del tonalismo. Los datos de las crónicas españolas parecen mezclar ambos fenómenos, tal vez porque nunca llegaron a entender la diferencia o porque los religiosos católicos consideraron que todo era demoniaco por igual. Aunque tampoco es imposible que ya desde la época colonial los propios indígenas mezclaran ambas concepciones.

nagual que recibieron el día de su nacimiento, casi siempre para causar daño a sus enemigos, enfermarlos o quitarles la vida,[26] con el fin de hacerse respetar.[27] Además de animal, su nagual también podría tener forma de rayo, cometa, meteoro o globo de fuego;[28] incluso de piedra, escoba, palo o algún otro objeto de apariencia insensible, con el fin de no ser reconocidos ni recibir daño de sus enemigos.[29] Al igual que en el caso del tonalismo, el daño o herida física sufrida por el animal nagual también es padecida en la misma parte del cuerpo del ser humano que lo utiliza o controla.[30] Los datos etnográficos sugieren que los hombres más poderosos podían acumular más de uno de esos naguales a lo largo de su vida, llegando hasta el número de 13, si bien sólo uno de ellos es el principal o más potente.[31]

Se trata, en rigor, de dos creencias distintas, pero que tienen elementos de contacto en común. Según el punto de vista de Martínez González, la creencia mesoamericana consiste en que todos los humanos poseen una coesencia animal, que comparte con ellos su destino, pero sólo unos pocos tienen el poder de controlarla y dirigirla, además que sus naguales son de una "naturaleza particular".[32] De acuerdo con Federico Navarrete Linares

> si bien es correcto distinguir entre nahualismo y tonalismo, me parece igualmente importante insistir en que no es por azar, o por "confusión", que estas dos ideas se han combinado, pues ambas derivan de una misma concepción cultural:

[26] Thomas Gage, *Nueva relación que contiene los viajes de Tomas Gage a la Nueva España, parte tercera de dicha obra que se refiere íntegramente a Guatemala,* Guatemala, Ministerio de Educación Pública/Editorial José de Pineda Ibarra, 1967 [1648] (Biblioteca de Cultura Popular 20 de Octubre, 7), pp. 105 y 108-113; Núñez de la Vega, *op. cit.,* p. 757.

[27] Fray Francisco Ximénez, *Historia de la provincia de San Vicente de Chiapa y Guatemala de la Orden de Predicadores,* vol. I, Guatemala, Ministerio de Educación-Departamento Editorial y de Producción de Material Didáctico "José de Pineda Ibarra", 1965 (Biblioteca Guatemalteca de Cultura Popular "15 de Septiembre", 81), p. 57.

[28] Núñez de la Vega, *op. cit.,* p. 757.

[29] Fuentes y Guzmán, *op. cit.,* p. 294.

[30] Núñez de la Vega, *op. cit.,* p. 757; Ximénez, *op. cit.,* p. 58.

[31] William R. Holland, "El tonalismo y el nagualismo entre los tzotziles", *Estudios de Cultura Maya,* vol. I, 1961, p. 171; *Medicina maya en los Altos de Chiapas,* Daniel Cazés Menache (trad.), 2ª reimp., México, INI/Conaculta, 1989 (Colección Presencias), p. 113; Hermitte, *op. cit.,* pp. 82 y 86; Mario Humberto Ruz Sosa, "La cosmovisión indígena", en Mario Humberto Ruz Sosa (ed.), *Los legítimos hombres. Aproximación antropológica al grupo tojolabal,* México, UNAM-IIFL/Centro de Estudios Mayas, 1982, pp. 58-59 y 61; Pedro Pitarch Ramón, *Ch'ulel: una etnografía de las almas tzeltales,* 1ª reimp., México, FCE, 2006 (Sección de Obras de Antropología), pp. 69 y 71-73.

[32] Roberto Martínez González, *El nahualismo,* México, UNAM-IIA, 2011 (Serie Antropológica, 19), pp. 502-503. Este punto de vista es semejante al que sostienen María Cristina Álvarez Lomelí, *Diccionario etnolingüístico del idioma maya yucateco colonial,* vol. III, *Aprovechamiento de los recursos naturales,* México, UNAM-IIA, 1997, p. 34, así como Quintal Avilés *et al.,* "El nagualismo maya…", *op. cit.,* pp. 103 y 134. Por esa misma razón, estos últimos autores afirman que todo mundo podía ejercer el nagualismo, siempre y cuando algún brujo se los enseñara, *ibid.,* pp. 124, 130 y 133.

la de la existencia de relaciones privilegiadas entre ciertos hombres y ciertos animales [...] se puede afirmar que el tonalismo establece una matriz simbólica que sirve de fundamento al nahualismo.[33]

Aunque indudablemente se trata de un tema que sigue siendo polémico, en virtud de que los datos manejados por otros antropólogos, como Gonzalo Aguirre Beltrán y Miguel Hernández Díaz, claramente apuntan a que entre algunos grupos tzeltalanos la tona recibe el nombre de *chanul,* mientras que el nagual se llama *wayjel* o *lab,* tratándose de fenómenos completamente diferentes, que no se invaden entre sí. Mientras que este último (*wayjel* o *lab*) es un componente corporal reservado para unos cuantos brujos o hechiceros, el *chanul* es un fenómeno común a todo ser humano.[34]

Regresando a la historia de las interpretaciones sobre el jeroglifo **WAY**, es preciso decir que durante 16 años todos los mayistas parecen haber aceptado sin reparos la propuesta de Houston y Stuart en el sentido de que el término *way,* escrito mediante el logograma T539 (figura VII.2a), significaba 'coesencia, espíritu' o 'animal compañero', en su acepción de tonalismo. Construyendo sobre ese fundamento, Freidel, Schele y Parker[35] observaron que los antropónimos de los poseedores de *way* nunca son mencionados en las vasijas, tan sólo aparecen sus glifos emblema o los nombres de sus reinos; de ello dedujeron que todos los miembros del mismo linaje pudieron haber heredado de sus padres la misma coesencia *way.* También propusieron que la acepción de *wahy* como un acto de transformación mágica para causar desgracias (nagualismo) era una derivación tardía, producto de la condena de los evangelizadores españoles, quienes interpretaron la creencia en animales compañeros como superstición o hechicería.

En ese mismo año de 1993, Mary E. Miller y Karl A. Taube[36] intuyeron que los dioses y "demonios" *wahy* de las vasijas mayas pudieron haber sido enfermedades personificadas, semejantes a las que se mencionan en el *Popol Vuh* o en el *Ritual de los Bacabes,* una idea que se adelantaría 12 años a la época en que por fin fue aceptada por la mayoría de los mayistas.

Un estudio iconográfico exhaustivo y sistemático de los seres *way* o *wahy* fue publicado en 1994 por Nikolai Grube y Werner Nahm.[37] Más de 50

[33] Federico Navarrete Linares, "Nahualismo y poder: un viejo binomio mesoamericano", en Federico Navarrete Linares y Guilhem Olivier (eds.), *El héroe entre el mito y la historia,* México, Centre d'Études Mexicains et Centre Américains/UNAM-IIH, 2000, p. 159.

[34] Véase Miguel Hernández Díaz, "El *j-ilol* y el *j-ak' chamel* en los Altos de Chiapas", en Bartolomé Bistoletti y Barabas Reyna (coords.), *op. cit.,* p. 245.

[35] Freidel, Schele y Parker, *op. cit.,* pp. 190-192.

[36] *An Illustrated Dictionary of the Gods and Symbols of Ancient Mexico and the Maya,* 1ª ed. rústica, Londres, Thames and Hudson, 1997, p. 78; la edición original de este libro es de 1993.

[37] Nikolai Grube y Werner Nahm, "A Census of Xibalba: A Complete Inventory of Way Characters on Maya Ceramics", en Justin Kerr (ed.), *The Maya Vase Book,* vol. 4, Nueva York, Kerr Associates, 1994.

espíritus o agentes sobrenaturales de ese tipo fueron reunidos, descritos y comentados pormenorizadamente a partir de diversas vasijas, con la lectura epigráfica y la traducción de los nombres de cada *way* o *wahy*, así como la identidad política de los topónimos y glifos emblemas que se asociaban con cada uno. Constituye, por lo tanto, una herramienta necesaria e insustituible para comprender la imaginería y creencias religiosas de los mayas del periodo Clásico, aunque su enfoque no se apartó de la línea interpretativa inaugurada por Houston y Stuart, toda vez que seguían interpretando el término *coesencia* con el significado de <*tona*> y no de <*nahualli*>, es decir, preferían ver este fenómeno como tonalismo y no como nagualismo.

Una voz de precaución provino del trabajo de Inga Calvin,[38] quien luego de una extensa discusión etnográfica sobre las concepciones anímicas de los mayas, encontró varios problemas para interpretar el logograma **WAY** (figura VII.2a) como "coesencia" en el sentido simplemente de <*tona*>. Entre ellas, que la relación que se establece en los textos jeroglíficos entre los *way* y sus poseedores no tiene lugar de uno a uno, sino del espíritu zoomorfo con entidades o locaciones políticas. Por otra parte, el aspecto icónico de los *way* representados en las vasijas es claramente sobre-animal, sus actividades no parecen restringirse al mundo físico o real y sus atributos los asocian con víctimas de sacrificio, lo que no encaja muy bien dentro del esquema de los animales compañeros concebidos por los mayas modernos.[39] No obstante, Calvin se oponía a la idea de que las criaturas *way* de las vasijas tuvieran algo que ver con el fenómeno del nagualismo. Para ella simplemente expresaban la unión entre seres sobrenaturales, linajes humanos e individuos muertos.[40]

Las objeciones de Calvin no parecen haber tenido repercusiones importantes en la opinión académica de su tiempo, y durante los siguientes ocho años hubo pocas sugerencias novedosas sobre este tema. Ente ellas puede mencionarse la observación de Grube,[41] en el sentido de que algunos seres *way* o *wahy* que aparecen en las vasijas, como Mok Chih, Sitz' Winik y Ahkan con jeringas de enema, podían asociarse con cuerpos hinchados, enfermedad y muerte, atributos que ciertamente se apartan de las nociones típicas sobre el tonalismo. En este mismo sentido, Zender[42] señaló que el morfema *way* formaba parte de un conjunto de sustantivos que servían para designar partes

[38] Inga E. Calvin, "Where the Wayob Live?: A Further Examination of Classic Maya Supernaturals", en Kerr, *op. cit.*

[39] *Ibid.*, p. 879.

[40] *Ibid.*, p. 868.

[41] "Akan-The God of Drinking, Disease and Death", en Daniel Graña-Behrens *et al.* (eds.), *Continuity and Change: Maya Religious Practices in Temporal Perspective. 5th European Maya Conference. University of Bonn, December 2000,* Markt Schwaben, Verlag Anton Saurwein, 2004 (Acta Mesoamericana, 14), pp. 67-71 y 75-76.

[42] "On the Morphology of Intimate Possession in Maya Languages and Classic Mayan Glyphic Nouns", en Søren Wichmann (ed.), The Linguistics of Maya Writing, Salt Lake City, The University of Utah Press, 2004, pp. 200-204.

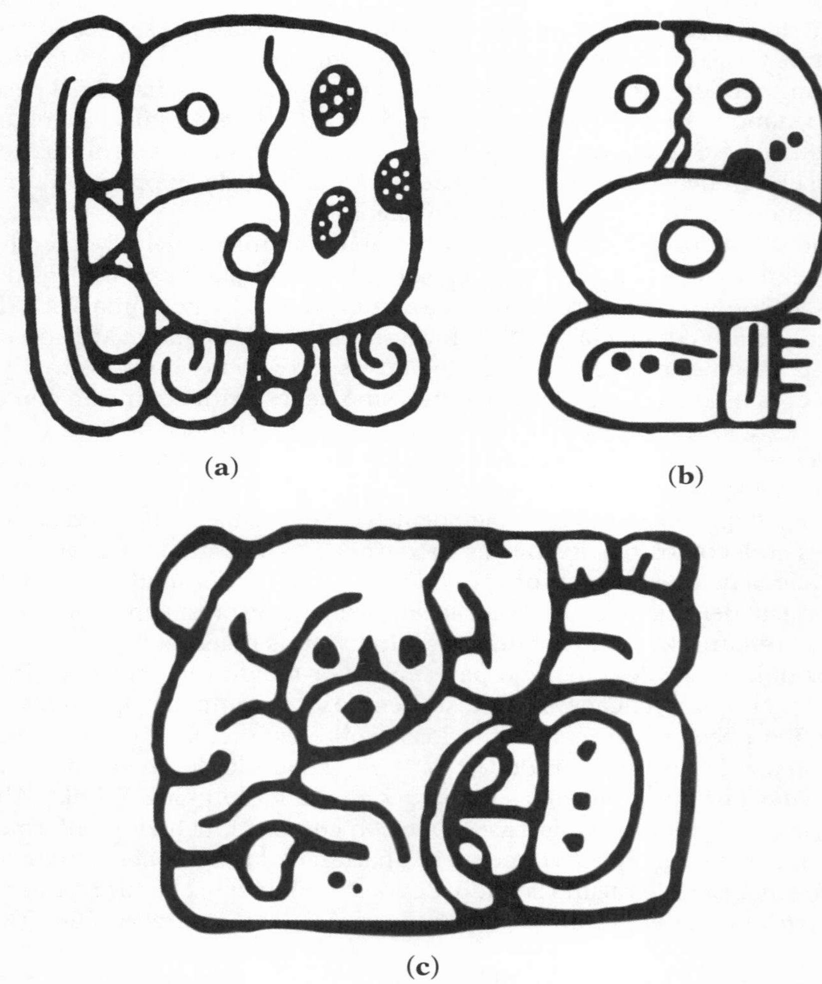

(**a**) (**b**) (**c**)

FIGURA VII.4. *Formas poseídas y absolutas del morfema* wahy: (**a**) uwahy, *Dintel 15 de Yaxchilán (F1), Chiapas, tomado de Graham y Von Euw,* Corpus of Maya…, op. cit., *p. 39;* (**b**) wahy[i]s, *Estela 16 de Uxul (A2), Campeche; dibujo de Nikolai Grube, cortesía del autor;* (**c**) wahy[i]s, *Altar 5 de Tikal, tomado de Freidel, Schele y Parker,* op. cit., *p. 263.*

íntimas o inalienables del cuerpo humano, ya que cuando no estaba asociado con pronombres posesivos siempre iba acompañado por el sufijo absolutivo /*-is*/, esto es: *wayis* o *wahyis* (figura VII.4). Finalmente, Eberl[43] señaló que las coesencias *way* designaban entidades anímicas inmortales que se transmitían de un gobernante a otro dentro de la misma línea dinástica. En mi opinión, estas observaciones hubieran sido suficientes para cuestionar la identidad de los seres *wayis* o *wahyis* de las vasijas mayas como coesencias, compañeros o *alter egos* zoomorfos del espíritu humano en su acepción de tonalismo,[44] ya que, de acuerdo con los datos etnográficos, ese tipo de animales no residen exclusiva o inalienablemente en el cuerpo humano, no son inmortales y rara vez actúan como agentes que causan enfermedades.

El asunto dio un vuelco sustancial en marzo de 2005, cuando David S. Stuart[45] propuso un nuevo paradigma en la comprensión del logograma **WAY**, teniendo como marco la celebración del "29th Maya Hieroglyphic Forum" de la Universidad de Texas. La nueva interpretación destacaba los atributos "siniestros" de la iconografía de los *wahyis:* esqueletos, murciélagos, serpientes, jaguares y seres "antinaturales" conectados con sangre, muerte y sacrificio, reevaluándolos a la luz de la información etnográfica mayista que documenta la práctica de la hechicería, particularmente bajo su modalidad de nagualismo. Stuart afirma que "la idea del 'animal compañero' es válida hasta cierto punto, pero no es suficiente para explicar el significado subyacente de tales criaturas y sus poderes en asociación con ciertos individuos. Una palabra ampliamente conocida en tzotzil para 'coesencia animal' es *vayihel,* que en la vecina lengua tojolabal puede tener un significado mucho más siniestro",[46] aquél asociado con la brujería, la enfermedad y las desgracias enviadas mediante maleficios o maldiciones.

Apoyándose en estas ideas de Stuart, James Fitzsimmons fue uno de los primeros autores en deslindar del tonalismo a los seres *way, wahy* o *wahyis* de las vasijas. De acuerdo con su punto de vista, las tonas son animales naturales que no suelen adoptar conductas diferentes a las que se espera de su especie, situación que contrasta con las escenas de las vasijas mayas, pues

[43] *Ibid.*, p. 62.

[44] Claude F. Baudez dudó también de que los seres *wahyis* tengan que ver con el fenómeno del tonalismo; citado por Cecilia F. Klein *et al.*, "The Role of Shamanism in Mesoamerican Art. A Reassessment", *Current Anthropology,* vol. 43, núm. 3, 2002, p. 401.

[45] *Sourcebook for the 29th Maya Hieroglyph Forum. March 11-16, 2005,* con contribuciones de Barbara MacLeod, Simon Martin y Yuriy Polyukhovich, Austin, University of Texas-The Maya Meetings, 2005, pp. 160-166. De acuerdo con Alejandro Sheseña Hernández, "Ira, enfermedades y naguales entre los mayas clásicos", en Galina Ershova (ed.), Dmitri Beliaev (comp.), *IX Knorozovskiye chteniya. Drevniye tsivilizatsii Starogo i Novogo Sveta Sbornik trudov mezhdunarodnoy nauchnoy konferentsii,* Moscú, Rossiyskiy Gosudarstvennyy Gumanitarnyy Universitet, 2019, p. 187, nota 1, David S. Stuart ya había propuesto en 2002 que los *wahy* o *wahyis* eran más que inofensivas coesencias animales: eran enfermedades.

[46] La traducción es mía.

los *wahy* son seres sobrenaturales e híbridos que se componen de atributos de dos o más animales con características antropomorfas "temibles", involucrados con danzas y sacrificios que se realizan en el inframundo.[47]

Al mismo tiempo Fitzsimmons, Houston e Inomata argumentaban que los *wahy* eran coesencias o espíritus compañeros que expresaban el lado nocturno y salvaje de la existencia humana; seres extraños, esqueléticos y siniestros, unidos a los humanos mediante lazos invisibles e inquebrantables, pues el daño que sufría uno también lo padecía el otro. Según ellos, aunque los gobernantes mayas los usaban para causar enfermedades mediante brujería, en realidad vivían en el bosque, en las cimas de las montañas y en las cuevas, idea que parece pasar por alto el descubrimiento ya mencionado de Zender, en el sentido de que portan el sufijo /*-is*/ para partes inalienables del cuerpo. Además, este punto de vista manifestado por Houston e Inomata parece ser un retroceso respecto a la idea publicada tres años antes por Houston, Stuart y Taube, en el sentido de que el *wahy* es "un aspecto del alma que puede salir del cuerpo por la noche".[48] Houston e Inomata piensan que los nombres de esos seres en realidad son nombres de enfermedades y afecciones, notando, por ejemplo, que varios de ellos incluyen la palabra *k'ahk'*, 'fuego', relacionada con procesos inflamatorios. Ellos creen que las personas que bebían cacao en vasos donde dichos seres estaban pintados (figuras VII.1 y VII.3), automáticamente adquirían control sobre ellos, los invocaban, se protegían de sus daños, desviaban sus malas influencias y hasta se curaban de alguna enfermedad. Mencionan que, además de los gobernantes, también los dioses tenían *wahy*, y vuelven al lugar común que muchos autores han señalado, en el sentido de que como los antropónimos de sus poseedores estaban ausentes de las cláusulas nominales de estos seres en las vasijas y sólo se mencionan sus títulos de cargo o rango, se trataba de componentes anímicos institucionales o hereditarios.[49]

Por esa misma época, Christophe Helmke y Jesper Nielsen publicaron un análisis concienzudo sobre el tema,[50] identificando a los *wahyis* de las vasijas mayas con enfermedades personificadas y enviadas a través de hechicería: úlceras (fuego), calambres (monos), convulsiones (guacamayas), asma (murciélagos), dolores musculares (venados), etc. Creen además que las enfermedades *wahyis* formaban parte de la identidad y personalidad extendida de los gobernantes mayas que las controlaban, y que se trataba de poderes

[47] James Fitzsimmons, *Death and the Classic Maya Kings*, Austin, University of Texas Press, 2009 (The Linda Schele Series in Maya and Pre-Columbian Studies), pp. 44-47.

[48] *The Memory of Bones. Body, Being, and Experience among the Classic Maya*, Austin, University of Texas Press, 2006, p. 35. La traducción es mía.

[49] Stephen D. Houston y Takeshi Inomata, *The Classic Maya*, Cambridge/Nueva York, Cambridge University Press, 2009 (Cambridge World Archaeology), pp. 208-209.

[50] Christophe Helmke y Jesper Nielsen, "Hidden Identity and Power in Ancient Mesoamerica: Supernatural Alter Egos as Personified Diseases", *Acta Americana: Netindis Conference: American Cosmology, Identity and Power, 8-11 November, 2008*, Copenhagen University, vol. 17, núm. 2, 2009.

que se heredaban entre los miembros de un mismo linaje de la nobleza. La posesión de estos espíritus malignos no se revelaba a los demás, pues vivían en un mundo donde los otros nobles o mandatarios eran enemigos potenciales. Helmke y Nielsen no solamente realizaron comparaciones entre los *wahyis* de las vasijas del periodo Clásico y los encantamientos médicos mayas coloniales del libro conocido como *Ritual de los Bacabes,* así como del *Chilam Balam de Kaua,* sino que también citaron analogías con otras culturas mesoamericanas, como los otomíes, tepehuas, totonacos y nahuas, encontrando que para estos últimos dichas enfermedades personificadas habitaban en el estómago de sus aliados humanos.

Paralelamente, Sebastian Matteo y Asier Rodríguez Manjavacas externaron que para ellos el nagualismo era un mero aspecto especializado del fenómeno más amplio conocido como tonalismo, en virtud de que en una de sus modalidades el humano podía revestirse de su <*tona*>. A este respecto, propusieron de forma clara la idea de que muchas de las escenas donde los gobernantes danzaban y se vestían con atuendos complejos de jaguares, aves raptoras, ciempiés, etc., constituyen imágenes de los gobernantes envueltos o revestidos de sus *wahy* o *wahyis* (figuras I.10 y I.11), con el propósito de mostrar su poder y producir miedo. Del mismo modo, argumentaron que algunos de los dioses más conocidos del panteón maya podrían funcionar o ser poseídos como *wahy,* que no eran de uso individual, sino hereditarios dentro de la misma línea dinástica y que expresan un tipo de voracidad que emula la cadena alimenticia del reino animal. Además, contemplan la posibilidad de que, igual que ocurría en la época de la Conquista española, el nagualismo pudo usarse desde el periodo Clásico para combatir en batalla.[51]

Pilar Asensio Ramos emprendió también un estudio pormenorizado de los *wahy,* con énfasis en la descripción e interpretación de sus elementos iconográficos.[52] Para ella los *wahy* eran almas coesenciales de los gobernantes,

[51] Matteo y Rodríguez Manjavacas, *op. cit.* Es ampliamente conocido el tema del prócer quiché Tecum Umam, quien utilizó el nagualismo para enfrentar a las huestes de Pedro de Alvarado en los llanos del Pinar, junto a Quetzaltenango. El asunto tuvo lugar el 12 de febrero de 1524 y se encuentra mencionado en diversas crónicas indígenas y españolas: "El capitán Tecum [Tekum] alzó el vuelo, que venía hecho águila, lleno de plumas que nacían de sí mismo, no eran postizas; traía alas que también nacían de su cuerpo y traía tres coronas puestas, una era de oro, otra de perlas y otra de diamantes y esmeraldas. El cual capitán Tecum [Tekum] venía de intento a matar al Tunadiú que venía a caballo…", Robert M. Carmack (ed.), "Título Nijaib' I", *Crónicas mesoamericanas II,* Guatemala, Universidad Mesoamericana-Publicaciones Mesoamericanas, 2009, p. 109. Cabe advertir que existe un fuerte debate sobre la historicidad de ese hecho, véase Erik Velásquez García, "Los mayas en vísperas del contacto y su proceso de conquista", en Hipólito Rodríguez Herrero (coord.), *La Conquista de México y su uso en la historia,* Xalapa, Universidad Veracruzana-Dirección Editorial, 2021 (Colección Biblioteca), p. 168.

[52] Pilar Asensio Ramos, "Iconografía y ritual de los *wayoob:* ideas en torno al alma, la regeneración y el poder en ceremonias del Clásico Tardío", en Andrés Ciudad Ruiz *et al.* (eds.), *El ritual en el mundo maya: de lo privado a lo público,* Madrid, Universidad Complutense-Facultad de Geografía e Historia-Departamento de Historia de América II (Antropología de América)-Sociedad

que les permitían involucrarse en ceremonias o rituales públicos cuyo tema es la muerte y renovación de la vida vegetal y animal. Se inclina por distinguir a estos seres de los dioses, aunque acepta que las deidades podían portar tocados o atributos de *wahyis* y opina que durante el Posclásico algunos *way* o *wahy* comenzaron a funcionar como deidades. También dice que durante el periodo Clásico casi nunca se asociaban con personajes humanos en concreto, sino que se trataba de un tipo particular de almas vinculadas con cargos políticos, linajes, sitios o territorios concretos. La tesis doctoral de esta autora es un amplio y meritorio tratado de todos y cada uno de los atributos iconográficos de esos seres, que considera como metáforas visuales.[53] Ella cree que los gobernantes mayas no se transformaban en esos seres, sino que se trata de representaciones mismas de los mandatarios en rituales ejecutados en estado onírico o de alteración de conciencia mediante psicotrópicos, autosacrificio, ayuno, privación del sueño, movimiento continuo o música cadenciosa monocorde. Una entidad anímica cuya posesión permitía controlar algunos aspectos de la enfermedad y la muerte, que fluía por el cuerpo de los reyes y procedía de los tiempos primigenios anteriores a la creación. Finalmente, considera que se trata de una concepción cultural propia del periodo Clásico y que desapareció como tal tras el colapso de los señoríos mayas que tuvo lugar en el siglo IX d.C., aunque dejó residuos o remanentes hasta nuestros días.

Otro trabajo destacable sobre el tema es el de Alejandro Sheseña Hernández,[54] quien analizó una lista de estos seres pintados en las vasijas, desmenuzando sus características iconográficas a la luz de las etimologías de sus nombres jeroglíficos, encontrando que siguen ciertas directrices o patrones generales que consisten en sustantivos de animales, hombres, enfermedades, fuego o seres descarnados, acompañados por adjetivos que aluden a colores, materia de que están hechos (fuego, nube, neblina, hueso), apariencia, ubicación, acciones que realizan, enfermedades que originan, temperamento que poseen (casi siempre fiero o ígneo), etc. Según este autor, los nombres de varios de estos seres aluden a determinados estados de ánimo, que incluyen las raíces para 'corazón' y 'estómago' (figuras II.5 y II.6). Se trata de un estudio onomástico que analiza diversos aspectos etimológicos y lingüísticos, y que se suscribe dentro de la línea general del nagualismo y no del tonalismo, tendiendo fuertes lazos con los datos etnográficos de las culturas de Chiapas.

Española de Estudios Mayas / Grupo de Investigación Andalucía-América / Patrimonio Cultural y Relaciones Artísticas / UNAM-Centro Peninsular en Humanidades y Ciencias Sociales, 2010.

[53] Pilar Asencio Ramos, "El *way* en la cerámica polícroma del Clásico Tardío maya", tesis doctoral, Madrid, Universidad Complutense-Facultad de Geografía e Historia-Departamento de Historia de América II, 2014 (Antropología de América). Consultado en http://eprints.ucm.es/30067/.

[54] Alejandro Sheseña Hernández, "Los nombres de los naguales en la escritura jeroglífica maya: religión y lingüística a través de la onomástica", *Journal of Mesoamerican Languages and Linguistics,* vol. 2, núm. 1, 2010.

Uno de los trabajos más ambiciosos sobre el tema del nagualismo es el de Roberto Martínez González,[55] pues reúne una cantidad ingente de fuentes y datos sobre el tema, no sólo de Mesoamérica, sino de las culturas del norte de México. El autor no domina los datos que proceden de las inscripciones mayas del Clásico, por lo que su tratamiento sobre la región maya en esa época es muy general y poco especializado. No obstante, sostiene la línea general que he indicado, en el sentido de que el nagualismo es la habilidad que tienen muy pocas personas de controlar a sus tonas, lo que convierte este tema en un apéndice del tonalismo. No cae en el error de repetir lo que dicen los epigrafistas, en el sentido de que había entidades anímicas coesenciales de las ciudades o territorios, pues sostiene —basado en las fuentes— que solamente los humanos y los dioses, así como algunas colectividades y los muertos, podían tener naguales. Un detalle muy importante es que este autor considera que durante la noche el alma corazón se transfiere al *<nahualli>,* quien así revestido transita libremente de la tierra al inframundo. Además, y contrario a la mayoría de los mayistas de nuestra época, quienes enfatizan las funciones depredadoras del *wahyis,* Martínez González ve en esta entidad anímica funciones tanto maléficas como benéficas, de las que más adelante me ocuparé con más detalle.

Tal como indiqué en el texto donde expliqué el origen de este libro, yo mismo me he ocupado varias veces del tema de las entidades anímicas *wahyis* del periodo Clásico.[56] No creo oportuno describir las ideas que he dado a conocer sobre este tema, toda vez que en este mismo capítulo presento una actualización de las mismas. Sólo considero importante mencionar aquí que desde un principio me pareció asimétrica la atención que este aspecto de la mentalidad maya clásica ha recibido, en detrimento del estudio del *o'hlis,* del signo T533 (posiblemente *saak[?],* 'pepita[?]' o *xaak[?],* 'brote'), del *sak ik'aal,* del *k'ihn* o *k'ihnil* y de otros problemas que suscita el estudio del cuerpo humano entre los mayas clásicos, razón que me animó a escribir esta obra. En otras palabras, siempre he considerado que los epigrafistas tienen una inclinación por estudiar el problema del *way, wahy* o *wahyis* de forma aislada, sin considerar que tiene poco sentido por sí mismo, ya que forma parte de un tema

[55] *El nahualismo, op. cit.*

[56] Erik Velásquez García, "Los vasos de la entidad política de 'Ik': una aproximación histórico-artística. Estudio sobre las entidades anímicas y el lenguaje gestual y corporal en el arte maya clásico", tesis de doctorado, México, UNAM-FFYL/IIE-Posgrado en Historia del Arte, 2009, pp. 570-634; "Nuevas ideas en torno a los espíritus *wahyis* pintados en las vasijas mayas: hechicería, enfermedades y banquetes oníricos en el arte prehispánico", en Erik Velásquez García (ed.), *Estética del mal: conceptos y representaciones. XXXIII Coloquio Internacional de Historia del Arte, México,* UNAM-IIE, 2013, pp. 561-585; "Las entidades y las fuerzas anímicas en la cosmovisión maya clásica", en María Alejandra Martínez de Velasco Cortina y María Elena Vega Villalobos (eds.), *Los mayas: voces de piedra,* 2ª ed., Madrid, Turner/Ámbar Diseño/UNAM-DGP, 2015, pp. 177-195; "New Ideas about the Wahyis Spirits Painted on Maya Vessels: Sorcery, Maladies, and Dream Feast in Prehispanic Art", *The PARI Journal,* vol. XX, núm. 4, primavera de 2020, pp. 15-28.

más amplio y general, que atañe al sistema de los componentes anímicos y otras partes del cuerpo.

Mi ex alumno y hoy colega Daniel Moreno Zaragoza ha profundizado en diversos detalles sobre el tema de los seres *wahyis* de las vasijas, partiendo de los mismos análisis que yo hice. Entre sus diversos logros quisiera citar que pudo encontrar datos etnohistóricos y etnográficos que podrían ayudar a comprender el centro anímico que durante el Clásico albergó a estos seres *wahyis:* el corazón, así como distintas modalidades por medio de las cuales los especialistas rituales heredaban esta entidad anímica de origen ctónico o inframundano. En su tesis de 2011 los denominó "espíritus auxiliares" o "espíritus del sueño", en virtud de que se trata de componentes oníricos que ayudaban a los gobernantes en distintos aspectos relacionados con el ejercicio del poder, haciéndose respetar mediante el temor del envío de enfermedades.[57] Tiempo después completó su investigación realizando un profundo trabajo de campo entre magos, curanderos y nagualistas que aún existen entre los choles de Chiapas,[58] y en su tesis doctoral[59] regresó al tema de los *wahyis* del periodo Clásico, intentando comprender las especificidades geográficas de este tema con base en los diferentes estilos regionales de las vasijas mayas, incluyendo un nuevo censo o catálogo de este tipo de seres en el arte del periodo Clásico, que es más exhaustivo que el de Grube y Nahm. Incluye también algunas interpretaciones iconográficas novedosas y sostiene que hombre y *wahyis* son la misma persona (son coesenciales), pero con dos apariencias o cuerpos distintos: uno terrenal (ecuménico) y el otro sobrenatural (anecuménico). Mientras que en el mundo perceptible con los sentidos ordinarios de la vigilia los *wahyis* se revisten de hombres, en el más allá perceptible en sueños los hombres se revisten de *wahyis* y controlan a esas "bestias".

En su libro *Sueño y éxtasis. Visión chamánica de los nahuas y mayas,* Mercedes de la Garza Camino[60] reaccionó contra la visión predominante entre los epigrafistas, en el sentido de que los *wahyis* eran entidades oscuras y siniestras relacionadas exclusivamente con el envío de enfermedades. Me ocuparé de sus justas críticas hacia esa visión un poco más adelante. Basta decir por el momento que desde su punto de vista la transmutación nagualística no era en la época prehispánica un poder bueno ni malo, sino que se podía emplear en ambos sentidos. Por lo demás, la visión presentada en ese libro de De la Garza Camino enfatiza la cercanía entre las creencias que llamamos

[57] Daniel Moreno Zaragoza, "Los espíritus del sueño. *Wahyis* y enfermedad entre los mayas del periodo Clásico", tesis de licenciatura en arqueología, México, INAH/ENAH, 2011.

[58] Daniel Moreno Zaragoza, *"Xi'bajoj y wäyob:* 'espíritus' del mundo subterráneo. Permanencia y transformación del nahualismo en la tradición oral ch'ol de Chiapas", tesis de maestría, México, UNAM-FFyL/IIFL-Posgrado en Estudios Mesoamericanos, 2013.

[59] "Transformación onírica: naturaleza, expresiones y funciones de los *wahyis* mayas clásicos", tesis doctoral, México, UNAM-FFyL/IIFL-Posgrado en Estudios Mesoamericanos, 2020.

[60] De la Garza Camino, *op. cit.*

tonalismo y nagualismo e interpreta las escenas de las vasijas mayas como retratos de los gobernantes transformados en sus propias coesencias o tonas, concepción cultural que interpreta como una manifestación mesoamericana de chamanismo, empleando enfoques derivados de la historia comparada de las religiones. Un aspecto novedoso que contiene dicho libro es que trata de explicar esas experiencias místicas u oníricas de transmutación no sólo a la luz de los documentos históricos y etnográficos, sino de los estudios fisiológicos y neurológicos del sueño.

Casi al mismo tiempo, Bryan R. Just publicó una descripción detallada de los atributos iconográficos de los seres *wahyis* que fueron pintados por Mo…n Buluch Laj, el llamado "Pintor de Altar", quien trabajó a mediados del siglo VIII para el gobernante Yajawte' K'inich de Motul de San José, y posteriormente para el señor K'ihnich Lamaw Ek' (figuras VII.1 y VII.3). Sus descripciones e interpretaciones se encuentran acompañadas por fotografías de extraordinaria calidad.[61] Just asocia a los *wahyis* con los poderes espirituales salvajes y silvestres que procedían de los arcanos tiempos míticos o caos primordial que antecedió a la creación del mundo, y se soltaban o liberaban por la noche, amenazando con muerte y enfermedades. Propuso además una analogía entre los vasos mayas clásicos con escenas de *wahyis* y los conjuros médicos del libro colonial conocido como *Ritual de los Bacabes*. Según Just, la función que conllevaba el uso y posesión de ese tipo de vasos era equivalente al dominio de los encantamientos y ensalmos del *Ritual de los Bacabes*, al proteger a sus respectivos usuarios de las amenazas que conllevaban esas enfermedades personificadas, curarlos y coadyuvar para mantener o restablecer el orden cósmico y social.[62]

Más recientemente, Michael D. Coe y Stephen D. Houston[63] publicaron la idea de que los *wahy* de las vasijas del Clásico respondían a una forma de brujería de la nobleza, que consistía en el envío de maleficios o enfermedades, una categoría de espíritus que posiblemente se heredaban dentro de las dinastías mayas y que esconde tras de sí la evidencia de un autoconocimiento humano, sin duda más profundo que el que tenían los hombres comunes. Además de señalar que se trataba de aspectos oníricos del alma, sugirieron que estaban conectados con las cuevas.

Aquí deseo indicar que este último punto de vista coincide en cierto modo con el mío, pues yo considero que se trata de dioses (en el sentido en que los define López Austin) o de agentes (como los define Prager) que habitan en el bosque, en el monte, en las cuevas o en el inframundo, muchos de los cuales eran deidades de las enfermedades, pero que, cuando pasan a formar parte del cuerpo humano, reciben el nombre de *wahyis* y adquieren un nuevo estado:

[61] Just, *op. cit.*, pp. 126-155.

[62] *Ibid.*, p. 132.

[63] *The Maya*, 9ª ed., Nueva York, Thames and Hudson, 2015, pp. 256-258.

el de entidades anímicas coesenciales que habitan en el pecho durante el día y se externan en sueños durante la noche. El de seres sobrenaturales o anecuménicos que durante el día estaban envueltos por los tejidos corporales, pero que salen "de cacería" por las noches y viven experiencias oníricas separados del cuerpo. Como acertadamente observa Simon Martin,[64] los escribas mayas fueron muy cuidadosos en distinguir el estatus de *k'uh* del de *wahyis*, pero no pienso que se deba a que se trataba de seres excluyentes, tajantemente diferentes o con otra esencia, sino a que se encuentran en distinto estado, desempeñando otras funciones. Los *k'uh* son dioses en estado exento —por decirlo de algún modo—, mientras que los *wahyis* son dioses en estado de relación inalienable con una criatura temporal u otro dios que los alberga dentro de su cuerpo.

Como hemos visto, Hermitte acuñó en 1970 el término *coesencia*,[65] pero cada autor ha manejado esa palabra de una manera diferente, a veces para describir el nagualismo, aunque más a menudo para referirse al tonalismo o a ambas creencias por igual, expresando con ello que no tienen límites precisos o que sus diferencias se desdibujan. Como hemos visto detenidamente a lo largo del capítulo "La entidad anímica *o'hlis*", basado en la terminología propuesta por López Austin, esta última es el alma esencial o coesencia en primer grado que cada criatura tiene con su dios creador o patrono y que hermana o uniforma a todos los individuos de la misma clase, especie o grupo social. Mas el conjunto de las tonas o naguales que el ser humano recibe durante el nacimiento o va adquiriendo a lo largo de su vida son elementos que lo distinguen del resto de los hombres y contribuyen a singularizar su carácter, destino, condición o inclinaciones en la vida,[66] razón por la que López Austin les llama sin distinción "almas complementarias" o "coesencias en segundo grado". De acuerdo con el punto de vista de ese autor, el animal, criatura o fenómeno celeste comparte su alma esencial o coesencia en primer grado con un ser humano, mas para éste, dicho componente no pasa de ser un alma complementaria o coesencia en segundo grado, situación que se aplica tanto al nagualismo en sentido estricto como al nagualismo en un sentido muy amplio (que incluye el tonalismo).[67]

En las siguientes páginas trataré de aportar algunos datos que, adelanto, refuerzan las ideas de Stuart, contemplando a los seres *wahyis* de las vasijas mayas clásicas (figuras VII.1 y VII.2) como expresiones antiguas y regionales de nagualismo y no de tonalismo.

[64] *Ancient Maya Politics. A Political Anthropology of the Classic Period 150-900 CE*, Cambridge, Cambridge University Press, 2020, p. 146.

[65] *Op. cit.*, p. 77.

[66] Alfredo López Austin, "La composición de la persona en la tradición mesoamericana", *Arqueología Mexicana*, vol. XI, núm. 65, México, Raíces, 2004, pp. 33-35; "La concepción del...", *op. cit.*, pp. 34-35; "Modelos a distancia...", *op. cit.*, pp. 84-87.

[67] Alfredo López Austin, comunicación personal, 16 de diciembre de 2016.

La ambivalencia del nagualismo

El punto de vista que predomina actualmente en la comunidad internacional de mayistas, sobre todo entre los epigrafistas, es que el nagualismo maya clásico era un complejo sistema de creencias asociado con el envío de maleficios, desgracias, enfermedades, hechicerías, dolencias y muerte, mismo que era empleado por los antiguos gobernantes indígenas para atacar a sus enemigos. Casi todos los especialistas del mundo que podemos leer jeroglifos mayas hemos defendido variantes de esta idea, derivada de la propuesta formulada por Stuart en 2005.[68]

Como ya adelanté, De la Garza Camino ha cuestionado ese punto de vista, sugiriendo que el nagualismo era una práctica admirada, respetada y considerada símbolo de sabiduría en el mundo precolombino, que fue satanizada y resignificada a partir de la Conquista, pues los evangelizadores cristianos lo consideraron una práctica reprobable, demoniaca y de suprema maldad.[69] Esta visión es semejante a la de Martínez González, quien ha destacado la función social de los hombres-naguales como sabios, consejeros, adivinos que encuentran los objetos perdidos o las causas de las enfermedades, curanderos que buscan los componentes anímicos de los enfermos y los defienden de la agresión de otros naguales, controlan la caída de las lluvias, organizan las ofrendas propiciatorias para los dioses, averiguan si las deidades están satisfechas, defienden a sus comunidades contra los enemigos extranjeros y vigilan la conducta moral de sus habitantes a fin de evitar la cólera divina, además de que median entre los seres humanos y las deidades que intentan mandar enfermedades, anegación, sequía y rayos con el fin de acelerar la retribución de los hombres por los favores recibidos de la tierra.[70] Bartolomé Bistoletti y Barabas Reyna también han notado esta ambivalencia de los poderes nagualísticos, pues el gobernante investido con tales poderes "para los defendidos era un benefactor pero para sus enemigos, un temible predador".[71] Lo mismo sucede con el trabajo de Quintal Avilés y sus colaboradores, quienes a pesar de que destacan frecuentemente que el nagualismo explota el lado malo o negativo del espíritu humano,[72] también admiten que podría servir para ejercer el bien, introducir mejoras en la comunidad y preservar el orden normativo de la misma.[73] Y entre los tzotziles de Chiapas, Hernández Díaz documenta la

[68] Stuart, *Sourcebook for the...*, *op. cit.*, pp. 160-165.

[69] De la Garza Camino, *Sueño y éxtasis...*, *op. cit.*, pp. 169-175.

[70] Martínez González, *El nahualismo*, *op. cit.*, pp. 505-507.

[71] Bartolomé Bistoletti y Barabas Reyna, "Introducción. Los sueños...", *op. cit.*, p. 31.

[72] Quintal Avilés *et al.*, "El nagualismo maya...", *op. cit.*, pp. 102-103 y 107.

[73] *Ibid.*, pp. 98, 113, 127-128 y 134.

existencia de un *lab* o *wayjel* "que envía lluvia de temporada, permite que la tierra florezca, y hace crecer las milpas y las plantas del campo".[74]

Aunque en las fuentes etnográficas predomina la creencia de que los funcionarios públicos o rituales podían utilizar esta alma complementaria para castigar la conducta de sus gobernados, dañar, enfermar o matar a sus enemigos,[75] también se piensa que la empleaban para curar,[76] proteger a los hombres de conducta recta,[77] expulsar a naguales intrusos[78] y enviar la lluvia o el buen tiempo.[79] Entre los tojolabales, por ejemplo, existen *wayjeles* benéficos y maléficos. Entre los tzeltales de Amatenango se piensa que los magos benéficos poseen *swayojeles* herbívoros, mientras que los perjudiciales los tienen carnívoros o de fenómenos meteorológicos.[80] Esta circunstancia ambivalente quizá también era válida para los gobernantes del periodo Clásico, pues por una parte eran jefes y protectores de sus comunidades, y por la otra eran hechiceros maléficos, poderosos y mortales.[81] Diversas referencias

[74] Hernández Díaz, *op. cit.*, p. 246.

[75] Hermitte, *op. cit.*, p. 84; Mercedes de la Garza Camino, "Éxtasis de sueño y muerte en iniciaciones mayas", en *Memorias del Primer Coloquio Internacional de Mayistas*, México, UNAM-IIFL/Centro de Estudios Mayas, 1987, p. 248; "Naguales mayas de ayer y de hoy", *Revista Española de Antropología Americana*, XVII, Madrid, Universidad Complutense-Facultad de Geografía e Historia-Departamento de Historia de América II (Antropología de América), 1987, pp. 98 y 101; Holland, *Medicina maya en…*, *op. cit.*, p. 105; Alfonso Villa Rojas, *Etnografía tzeltal de Chiapas. Modalidades de una cosmovisión prehispánica*, México, Gobierno del Estado de Chiapas-Consejo Estatal para el Fomento a la Investigación y Difusión de la Cultura/Miguel Ángel Porrúa, 1990, pp. 342 y ss.; "El nagualismo como recurso de control social entre los grupos mayances de Chiapas", en *Estudios etnológicos. Los mayas*, México, UNAM-IIA, 1995 (Serie Antropológica, 38), p. 540; "Kinship and Nagualism…", *op. cit.*, pp. 527 y 530-532; Ulrich Köhler, *Chonbilal ch'ulelal-alma vendida. Elementos fundamentales de la cosmología y religión mesoamericanas en una oración en maya-tzotzil*, México, UNAM-IIA, 1995, pp. 22-23 y 64; Pitarch Ramón, *Ch'ulel: una etnografía…*, *op. cit.*, p. 67.

[76] June Nash, *Bajo la mirada de los antepasados*, México, Instituto Indigenista Interamericano-Sección de Investigaciones Antropológicas, 1975 (Ediciones Especiales, 71), p. 150; Mercedes de la Garza Camino, "Jaguar y nagual en el mundo maya", en *Studia Humanitatis. Homenaje a Rubén Bonifaz Nuño*, México, UNAM-IIFL, 1987, pp. 197 y 203.

[77] Mercedes de la Garza Camino, *El universo sagrado de la serpiente entre los mayas*, México, UNAM-IIFL/Centro de Estudios Mayas, 1984, p. 118.

[78] Villa Rojas, "El nagualismo como…", *op. cit.*, p. 540; "Kinship and Nagualism…", *op. cit.*, p. 532.

[79] Nash, *op. cit.*, p. 154; De la Garza Camino, "Jaguar y nagual…", *op. cit.*, pp. 197 y 203.

[80] Nash, *op. cit.*, p. 151; De la Garza Camino, "Éxtasis de sueño…", *op. cit.*, p. 250; "Jaguar y nagual…", *op. cit.*, p. 204; *Sueño y alucinación en el mundo náhuatl y maya*, México, UNAM-IIFL/Centro de Estudios Mayas, 1990, pp. 32-33 y 200.

[81] De la Garza Camino, "Naguales mayas de…", *op. cit.*, p. 102. El peso de la magia nagualística sobre la guerra y la política exterior de los mayas precolombinos está ampliamente registrado, aunque no suficientemente estudiado en el *Popul Vuh*, los *Anales de los cakchiqueles* y los diversos títulos de tierras quichés, pero aún menos atendido en las inscripciones del periodo Clásico. A este respecto, cabe mencionar una serie de huesos esgrafiados que fueron encontrados en la tumba 116 de Tikal, véase Trik, *op. cit.*, pp. 16-17, el famoso entierro de Jasaw Chan K'awiil I (682-734 d.C.). Sus textos jeroglíficos contienen una lista de fallecimientos cuidadosamente

etnohistóricas y etnográficas sugieren que este poder sobrenatural o mágico podía ser usado movido por el odio, la envidia o la venganza;[82] incluso alguien podía solicitar los servicios de un brujo en el contexto de una riña personal.[83]

En consecuencia, tomando en consideración todo lo anterior, mi punto de vista es que De la Garza Camino tiene razón en que los humanistas y científicos sociales con preparación en epigrafía hemos soslayado el papel del nagualismo entre los mayas clásicos como un instrumento que podía emplearse para el ejercicio del buen gobierno y acarrear otros beneficios a ojos de la gente. Pero sigo pensando que la evidencia etimológica y contextual de los jeroglifos, así como las escenas representadas en algunas vasijas, sustentan la idea de que por lo menos algunas veces el nagualismo fue utilizado para hacer daño a los enemigos enviándoles enfermedades y desgracias.[84] Como reconoce la misma De la Garza Camino, a pesar del hecho inobjetable de que las ideas morales de los hombres precortesianos eran distintas a las de los occidentales, las fuentes documentales sustentan el hecho objetivo de que "los poderes extraordinarios del chamán pueden ser dirigidos hacia el bien y la salud de los otros o hacia su destrucción [...] [y] en el pensamiento maya los chamanes tenían la posibilidad de ser benéficos y maléficos".[85]

Es probable, sin embargo, que los epigrafistas y otros estudiosos de la cultura maya clásica no hayan sabido apreciar las bondades que la gente veía en el nagualismo, por la simple razón de que tales beneficios se expresan en el ejercicio cotidiano del poder por parte de los gobernantes, poseedores de almas complementarias *wahyis*. Por el contrario, los aspectos temibles o siniestros son más obvios o evidentes, en virtud de la espectacularidad de las vasijas (figuras VII.1 y VII.3), lo que en años recientes ha contrastado con la idealización que en términos generales siempre hemos sentido hacia los mayas antiguos y, por lo tanto, ha llamado demasiado la atención de los mayistas.

fechados. Todos los muertos mencionados pertenecen a entidades políticas que tenían rivalidad con Tikal, sus enemigos, de lo que Stanley P. Guenter (comunicación personal, 14 de noviembre de 2007) deduce que se trata de una enumeración de triunfos nagualísticos.

[82] Vogt, *Zinacantan. A Maya...*, *op. cit.*, p. 407; Nash, *op. cit.*, p. 151; De la Garza Camino, *Sueño y alucinación...*, *op. cit.*, p. 177; Pitarch Ramón, *Ch'ulel: una etnografía...*, *op. cit.*, p. 75; Quintal Avilés *et al.*, "El nagualismo maya...", *op. cit.*, pp. 129-130 y 134; Hernández Díaz, *op. cit.*, pp. 242-244.

[83] Villa Rojas, *Etnografía tzeltal de...*, *op. cit.*, p. 355; "Kinship and Nagualism...", *op. cit.*, p. 532; Chuchiak IV, *op. cit.*, p. 411.

[84] Helmke y Nielsen, "Hidden Identity and...", *op. cit.;* Sebastian Matteo y Asier Rodríguez Manjavacas, "La instrumentalización del *way* según las escenas de los vasos pintados", *Península*, vol. IV, núm. 1, primavera de 2009, pp. 27-28; Sheseña Hernández, "Los nombres de...", *op. cit.;* Moreno Zaragoza, "Los espíritus del...", *op. cit.*

[85] De la Garza Camino, *Sueño y éxtasis...*, *op. cit.*, pp. 46 y 157.

El jeroglifo WAY y los lexemas 'dormir' o 'soñar'

Bien poco conocíamos sobre los antecedentes prehispánicos de este sistema de creencias entre los pueblos de habla maya, hasta que en 1989 los epigrafistas Grube,[86] Houston y Stuart[87] tomaron en consideración los complementos fonéticos que aparecen asociados con el jeroglifo T539 (figura VII.1a), llegando de forma independiente al mismo desciframiento: un logograma con el valor de lectura **WAY**, que representa el morfema 'dormir, soñar' o 'sueño' en diversas lenguas mayances:

protomaya	**war*	'dormir'/'*sleep*' (Kaufman y Norman, 1984: 135)
huasteco	*huayal*	'dormir' (Tapia Zenteno, 1985: 106)
	huaytal	'sueño que se duerme' (Tapia Zenteno, 1985: 107)
	huachib	'sueño que se sueña' (Tapia Zenteno, 1985: 107)
	huachibil	'soñar' (Tapia Zenteno, 1985: 107)
lacandón	*wen-en*	'dormir' (Boot, basado en Bruce, 1997b: 29)
yucateco	*uay*	'sueño' (Swadesh, Álvarez Lomelí y Bastarrachea Manzano, 1991: 88)
	uayak	'soñar y sueño' (Arzápalo Marín, 1995: 746)
	wayak'	'soñar, visión entre sueños, imaginar y creer cosas que no son reales' (Bastarrachea Manzano, Yah Pech y Briceño Chel, 1998: 129)
	wenel	'dormir' (Bastarrachea Manzano, Yah Pech y Briceño Chel, 1998: 129)
mopán	*tan u wüyül*	'dormir; duerme' (Xoj y Cowoj, 1976: 316)
protocholano	**way*	'dormir'/'*sleep*' (Kaufman y Norman, 1984: 135)
cholti	*vaiac/vanel*	'sueño, soñar' (Morán, 1935 [1625]: 58)
chortí	*wayka/waykix*	'soñar' (Schumann Gálvez, s. f.: 53)
	wayk'a'r	'soñar' (Pérez Martínez *et al.*, 1996: 249)
	wayk'e'n	'soñar' (Pérez Martínez *et al.*, 1996: 249)
	waynen	'acción de dormir; sueño, dormir' (Pérez Martínez *et al.*, 1996: 250)
	waynij	'sueño, el sueño' (Schumann Gálvez, s. f.: 53)
chontal yocothán	*wöye*	'dormir' (Pérez González y Cruz Rodríguez, 1998: 78)

[86] Citado por Freidel, Schele y Parker, *op. cit.*, p. 442, n. 33.
[87] Houston y Stuart, *The Way Glyph…*, *op. cit.*

chol	*wʌyel*	'dormir' (Aulie y Aulie, 1978: 133, 160)
	wöyel/wöyö	'dormir' (Schumann Gálvez, 1973: 54)
prototzeltalano	**way*	'dormir' (Kaufman, 1998: 121)
tzotzil	*buay*	'dormir' (Hidalgo, 1989: 193)
	vay	'dormir' (Boot, basado en Haviland, 1997a: 33)
	vayal	'dormido, durmiendo' (Delgaty, 1964: 54)
	vayel	'sueño' (Laughlin, 1988: 327)
	vayichin	'soñar' (Laughlin, 1988: 327)
	vaychin	'sueño' (Delgaty, 1964: 54)
	vuayel	'sueño' (Hidalgo, 1989: 193, 218)
tzeltal	*uaych*	'sueño' (Ara, 1986: 402)
	uaychighon	'soñar' (Ara, 1986: 403)
	uaychil	'sueño que soñamos' (Ara, 1986: 403)
	uayel	'dormidor'/'sueño' (Ara, 1986: 402-403)
	uayich	'visión en sueños' (Ara, 1986: 403)
	uayon	'dormir' (Ara, 1986: 402)
	yoluayel	'sueño p/ro/fundo' (Ara, 1986: 311)
tojolabal	*wayel*	'sueño' (Lenkersdorf, 1994: 276)
	wayi	'dormir' (Lenkersdorf, 1979-1: 395)
	wayi	'dormir' (Lenkersdorf, 1994: 276)
	wayni	'dormir' (Lenkersdorf, 1979-1: 396)
jacalteco	*okway*	'dormido' (Hecht, 1998: 155)
	ok wayoj	'dormirse' (Hecht, 1998: 156)
	waya¨n	'sueño' (Hecht, 1998: 110)
	way(i)/wayoj	'dormir' (Hecht, 1998: 110, 155)
	wayyik	'soñar' (Hecht, 1998: 111)
cakchiquel	*qui vachiq*	'soñar' (Coto, 1983: 530)
	qui var	'dormir' (Coto, 1983: 171)
quiché	*q<ui> uachic*	'soñar' (Basseta, 2005: 296)
	q<ui> uaric	'dormir' (Basseta, 2005: 137)

La variante más frecuente del mencionado logograma **WAY** es un rostro humano *ajaw* geometrizado, cuya mitad está cubierta por la piel manchada de un jaguar (figuras I.12a; VII.4a-b), lo que pudiera indicar que la mitad del *ajaw* o 'señor' es de naturaleza felina o que un depredador vive de día en su interior. Su variante de cabeza (figuras I.12b y VII.4c), en cambio, es el propio felino con el signo *ajaw* T533 *(saak[?]/xaak[?])* a manera de ojo, lo que puede indicar que durante la noche el jaguar se externa y ve como un ser humano. La asociación de este concepto con el animal parece obedecer a que el jaguar se desenvuelve en los ámbitos nocturnos, oscuros y fríos del mundo salvaje, que se asemejan a la experiencia misteriosa y desconocida de los sueños.[88] Cabe observar que los hábitos nocturnos atribuidos por los mayas a algunas entidades anímicas, asociadas con el proceso del sueño, se asemejan a la etología de los felinos, lo que pudo ser otro motivo que explica la iconografía del jeroglifo.[89] De la Garza Camino ha notado que el jaguar simboliza "el otro" del ser humano: "el otro yo" en el bosque y "el otro yo" en el interior del hombre, por lo que el jaguar se asociaba con la fuerza destructiva, pulsional e irracional de la psique, como también con la oscuridad y el mal, el lado nocturno de la vida y el reino del misterio, además de ser un símbolo de las fuerzas del caos.[90] Por otra parte, los especialistas rituales mesoamericanos tenían predilección por transformarse en jaguares, pues esos animales se asociaban con los poderes de transformación y externamiento del espíritu a lo largo de toda la región de América que constituyó su hábitat natural. Quizá por ello el morfema *wahy* se asocia con el mundo salvaje y montaraz en el diccionario de tzeltal colonial de fray Domingo de Ara.[91]

tzeltal	*uayumal*	'cosa de montañas' (Ara, 1986: 402)
	uayumal uinic	'salvaje' (Ara, 1986: 403)

Y tal vez por ello, el logograma **WAY** (figuras I.12, VII.2 y VII.4) alude con frecuencia a unos seres misteriosos y de apariencia grotesca, sangrienta o violenta para los ojos occidentales, plasmados en las vasijas mayas (figuras VII.1 y VII.3). Se trata de composiciones que recrean ambientes sobrenaturales donde los personajes están flotando. Por regla general, la única sugerencia de espacio es la distancia que existe entre una figura y la otra. Hoy sabemos que estas imágenes representan naguales de los gobernantes mayas en un medio anecuménico o etéreo, posiblemente una evocación onírica del inframundo o de alguna montaña sagrada. Para sugerir ambientes de ensueño, los artistas mayas prefirieron elaborar composiciones continuas[92] con un fondo vacío, ne-

[88] Véase María del Carmen Valverde Valdés, *Balam. El jaguar a través de los tiempos y los espacios del universo maya,* México, UNAM-IIFL/Centro de Estudios Mayas, 2004, pp. 264-265.

[89] Como dato comparativo, los otomíes creen que cuando el especialista ritual está despierto, durante el día, su *alter ego* subterráneo está dormido (Jacques Galinier, *Una noche de espanto. Los otomíes en la oscuridad,* Mario A. Zamudio Vega (trad.), Tenango de Doria, Universidad Intercultural del Estado de Hidalgo/Universidad de París Oeste Nanterre-Société d'Ethnologie/Centro de Estudios Mexicanos y Centroamericanos, 2016, p. 74).

[90] De la Garza Camino, "Jaguar y nagual…", *op. cit.,* pp. 192, 199, 200 y 207; "Naguales mayas de…", *op. cit.; Sueño y éxtasis…, op. cit.,* pp. 149 y 151.

[91] Fray Domingo de Ara, *Vocabulario en lengua tzeltal según el orden de Copanabastla,* editado por Mario Humberto Ruz Sosa, México, UNAM-IIFL/Centro de Estudios Mayas, 1986 (Fuentes para el Estudio de la Cultura Maya, 4), pp. 402-403.

[92] Contrario a las **composiciones cerradas** que se encuentran en diversas vasijas y bajorrelieves mayas, donde el gobernante sentado en su trono suele ser el centro de interés o el *locus* de la composición hacia el que todos se dirigen, las llamadas **composiciones abiertas**, secuenciales

gativo, neutro o inarticulado donde los personajes pueden estar suspendidos en el aire, sin ninguna representación del medio ambiente.[93] En resumidas cuentas, estas escenas expresan un concepto de depredación o carnicería que se desenvuelve en los ámbitos oscuros y anecuménicos del sueño.[94]

Un componente anímico de élite

Como ya expliqué, en 1989 Houston y Stuart reconocieron en el arte y la escritura maya la presencia de seres *wahy* (figuras VII.1 y VII.3), que ahora conocemos como *wahyis* (figura VII.4) o *lab*. Desde mi punto de vista, se trata de un componente anímico o corporal que era propio del estatus personal de los gobernantes y de los dioses.[95] Pertenece plenamente al terreno de lo anecuménico o sobrenatural, y su ejercicio voluntario, al servicio de las necesidades políticas, estaba reservado para unos cuantos hombres. Por lo tanto, no creo que el fenómeno del *wahyis* pueda ser interpretado como una simple manifestación del tonalismo, creencia que parte del supuesto de que todos los seres humanos comparten una de sus almas con algún animal del bosque, con el que rara vez, o nunca, tenían contacto físico o visual. Como decía el obispo Núñez de la Vega, ver "con ojos corporales como miráis vosotros los animales que sois vuestros naguales".[96]

Por lo tanto, el nagualismo se relaciona con las habilidades y artes mágicas de aquellos que lo controlan, mientras que el tonalismo no, pues en teoría lo tienen todos los hombres, incluso los más ordinarios.[97] Entre los tojolabales, por ejemplo, no todos tienen ese espíritu, nagual o alma especial, sino que se encuentra reservado para los "vivos", un pequeño grupo de personas con poderes sobrenaturales o una gracia singular que han recibido de Dios.[98] Un

o continuas son típicas de vasos y columnas cilíndricos, donde no existe un área que de forma lógica sea la principal, toda vez que los personajes avanzan uno detrás de otro y la imagen puede comenzar en cualquier punto donde el observador ponga su mirada, véase Mary E. Miller, *Maya Art and Architecture,* Londres, Thames and Hudson, 1999, p. 142.

[93] Véase Meyer Schapiro, "Style", en *Anthropology Today. An Encyclopedic Inventory,* preparado bajo la presidencia de Alfred L. Kroeber, Chicago, The University of Chicago Press, 1953, pp. 308-309.

[94] Ideas muy semejantes ha encontrado Galinier (*op. cit.,* pp. 48 y 59) entre los otomíes de la sierra de Hidalgo, para quienes los naguales o *alter egos* tiene conductas jaguarescas de depredación y canibalismo onírico.

[95] Houston y Stuart, *The Way Glyph…, op. cit.,* p. 13.

[96] Núñez de la Vega, *op. cit.,* p. 754.

[97] De la Garza Camino, *El universo sagrado…, op. cit.,* p. 112; "Jaguar y nagual…", *op. cit.,* pp. 191 y 204; "Naguales mayas de…", *op. cit.,* p. 99; Valverde Valdés, *op. cit.,* pp. 260 y 263.

[98] Ruz Sosa, "La cosmovisión indígena", *op. cit.,* pp. 56 y 58 n. 15; "Aproximación a la cosmología tojolabal", en Lorenzo Ochoa Salas y Thomas A. Lee (eds.), *Antropología e historia de los mixe-zoques y mayas. Homenaje a Frans Blom,* México, UNAM-IIFL/Centro de Estudios Mayas, Brigham Young University, 1983, p. 427.

"don" o *sts'akiel (sic),* como dirían los tzotziles.[99] Los tzutuhiles de Santiago Atitlán consideran que el nagual es "una cosa que separa a un hombre de los demás hombres".[100] Entre los tzeltales de Oxchuc, los hombres más viejos y de prestigio son los únicos que poseen poderes nagualísticos, que los capacitan para afrontar las responsabilidades de su cargo público o ritual; sólo los hombres que han alcanzado cierta jerarquía en la estructura política o religiosa eran capaces de adquirir esta entidad anímica.[101] Finalmente, algunos mayas yucatecos creen que se encuentra reservado para individuos con anomalías físicas, enfermedades extrañas o hábitos excéntricos,[102] aunque otros piensan que cualquier ser humano podría ejercer el nagualismo, siempre y cuando lo aprenda de un brujo o hechicero,[103] lo solicite de forma libre o lo adquiera con el tiempo.[104] En ello reside otra de las diferencias importantes entre tonalismo y nagualismo, pues mientras que este último es de carácter elitista, el primero es parte de la naturaleza de todo hombre. A este respecto, conviene observar que los *wahyis* pintados en las vasijas mayas del periodo Clásico (figuras VII.1 y VII.3) operan como importantes marcadores de estatus social.[105]

Es en este punto donde podemos encontrar una confluencia entre el nagualismo y la bravura, ya que en varias comunidades indígenas modernas existe la creencia de que entre más vieja se hace una persona, es más sospechosa de poseer un *wahy,*[106] tanto más si tiene una personalidad imperiosa o enérgica.[107] Por otra parte, la ancianidad que acompaña a la adquisición de una entidad anímica de ese tipo también se asocia con la acumulación de calor.[108] No olvidemos que en las inscripciones mayas sólo los gobernantes poseían el adjetivo *k'ihnich,* 'airado' o 'caliente' (figura VI.1), y los miembros de la más alta nobleza registraban en sus nombres el número de *k'atuunes* vividos (figura VI.3).

[99] Hernández Díaz, *op. cit.,* pp. 231, 241 y 248.

[100] Citado por De la Garza Camino, "Jaguar y nagual…", *op. cit.,* p. 203. Aunque aquí interpreto esta frase como una afirmación de élite, en el sentido de que sólo unos cuantos hombres practican el nagualismo, existe otra posibilidad interpretativa, a saber: que el nagual que todo mundo recibe el día del nacimiento distingue a un ser humano del otro, véase López Austin, "La composición del…", *op. cit.,* p. 35.

[101] Evon Z. Vogt, *Zinacantan. A Maya Community in the Highlands of Chiapas,* Cambridge, The Belknap Press of Harvard University Press, 1969, p. 412; Hermitte, *op. cit.,* p. 81; Villa Rojas, "El nagualismo como…", *op. cit.,* pp. 537 y 539; "Kinship and Nagualism in a Tzeltal Community Southeastern Mexico", en *op. cit.,* pp. 526-527.

[102] Robert Redfield y Alfonso Villa Rojas, *Chan Kom. A Maya Village,* Washington, Carnegie Institution of Washington, 1934, pp. 178-179; De la Garza Camino, *El universo sagrado…, op. cit.,* p. 114.

[103] Quintal Avilés *et al.,* "El nagualismo maya…", *op. cit.,* pp. 124, 130 y 133.

[104] *Ibid.,* pp. 98, 101 y 127.

[105] Houston y Stuart, *The Way Glyph…, op. cit.,* p. 13; Calvin, *op. cit.,* pp. 868 y 876.

[106] Villa Rojas, "El nagualismo como…", *op. cit.,* p. 541.

[107] Villa Rojas, "Kinship and Nagualism…", *op. cit.,* p. 531.

[108] Villa Rojas, "El nagualismo como…", *op. cit.,* p. 543.

Conviene advertir y subrayar que el conjunto de características aquí enunciadas son las que, desde mi punto de vista, explican mejor la función del *wahyis* en el arte y la escritura mayas del periodo Clásico pues, como ya he indicado, este sistema de creencias varía notablemente de una comunidad a otra en la época moderna. Nuestra comprensión sobre este fenómeno en tiempos de la Antigüedad clásica tiene también límites o alcances muy precisos, toda vez que las inscripciones jeroglíficas y las imágenes de las vasijas mayas abordan este tema tan sólo desde la perspectiva de las élites políticas y de los gobernantes. De modo que muy poco o nada podemos decir sobre estos temas en lo que concierne al pueblo común o llano. En las fuentes que poseemos, el tema del *wahyis* se presenta como un ingrediente cultural de la nobleza. Pero ignoramos a ciencia cierta si se creía que, de algún modo, todos los seres humanos tenían *wahyis,* o si existía ya alguna creencia precursora del tonalismo. Como este último es, en teoría, un elemento común a toda la población, creo que es obvio pensar que resaltarlo en las vasijas o en los monumentos mayas poco ayudaba para los propósitos de la distinción social.

El ocultamiento del nombre

Los funcionarios que poseían un alma de este tipo nunca revelaban que tenían un espíritu *wahyis,* pues, como afirma López Austin, eran hombres sin piedad para con sus enemigos, que se escudaban en el anonimato.[109] Tampoco proporcionaban su nombre, a fin de protegerse contra la brujería, llegando a ocultar su antropónimo o a ponerse uno falso.[110] Finalmente, existe la precaución de no mencionar a un hechicero nagualista por su nombre, debido al temor de retribución, aunque todos los encantadores saben quién posee un alma nagual.[111] Por ello, la práctica del nagualismo se asocia estrechamente con la costumbre de evadir el nombre directo de todo aquel que posee ese "don" o poder, usando algún tipo de sobrenombre, mientras que aquellos que ejercen el nagualismo procuran guardar el secreto.[112]

Esto coincide con el hecho, descubierto por Freidel, Schele y Parker, de que los gobernantes nunca registraban su nombre en las glosas explicativas de los *wahyis* (figuras VII.1 y VII.3), simplemente eran aludidos mediante sus títulos o los topónimos sobre los que regían.[113] Aunque este dato se ha interpretado como una prueba de que los *wahyis* eran espíritus institucionales y

[109] Alfredo López Austin, *Textos de medicina náhuatl*, 5ª ed., México, UNAM-IIH, 2000 (Serie de Cultura Náhuatl, Monografías, 19), p. 33.

[110] Köhler, *Chonbilal ch'ulelal-alma…, op. cit.*, p. 6.

[111] Dennis Stratmeyer y Jean Stratmeyer, *The Jacaltec Nawal and the Soul Bearer,* Dallas, Sil Museum of Antropology, 1977 (Publication, 3), p. 137.

[112] Quintal Avilés *et al.*, "El nagualismo maya…", *op. cit.*, pp. 107 y 116.

[113] Freidel, Schele y Parker, *op. cit.*, pp. 191-192.

hereditarios asociados con reinos o linajes, más que con individuos concretos,[114] es más lógico suponer que los poseedores de almas *wahyis* buscaban ocultar su nombre personal o al menos no mencionarlo directamente, pues su sola pronunciación implicaba que el mago o brujo se hiciera presente. Sólo se permitían aludirlo de una forma indirecta o eufemística, a través de sus títulos de cargo y rango, como una manera de protegerse contra la brujería de otros hechiceros.[115]

De acuerdo con Quintal Avilés y sus colaboradores, solamente los hombres y los dioses podrían ejercer el nagualismo.[116] Pero según Navarrete Linares, además de los hombres y los dioses, los muertos también podían practicar el nagualismo: los hombres "transformándose en fuerzas naturales", los dioses "en otros dioses y también en hombres, y los muertos pueden tomar posesión de criaturas vivientes".[117] Ya vimos que, luego de un análisis enciclopédico hecho con fuentes históricas y etnográficas de diversas partes de Mesoamérica, Martínez González llegó a semejantes conclusiones, con la salvedad de que acepta que algunas colectividades podrían practicar el nahualismo.[118] Por lo tanto, aunque considero más probable que los gobernantes mayas clásicos ocultaran sus nombres por miedo a ser descubiertos o para guardar el anonimato cuando enviaban encantamientos a sus enemigos, no descarto lo que otros autores han planteado, en el sentido de que los *wahyis* de las vasijas eran propios de determinados grupos o familias de élite y que se heredaban o transmitían al gobernante en turno a través de la línea dinástica. Sin embargo, como dice Moreno Zaragoza, ello no está en contradicción con el hecho de que el poder que otorgaban se ejercía de forma individual por el gobernante,[119] en virtud de que él encarnaba los valores colectivos. Houston y Scherer incluso han agregado que el hecho de que los *wahyis* de las vasijas eviten mencionar el nombre personal del gobernante y sólo aludan de manera general a títulos políticos indica que dichos seres no existen en el tiempo profano y contemporáneo de los humanos, sino en un tiempo-espacio mítico, alternativo o paralelo,[120] algo que me parece aceptable, dado que justo así

[114] Calvin, *op. cit.*, pp. 868 y 876; Markus Eberl, *Muerte, entierro y ascensión. Ritos funerarios entre los antiguos mayas*, Mérida, UADY, 2005 (Tratados, 21), p. 62; Moreno Zaragoza, "Los espíritus del...", *op. cit.*, pp. 47-50; Sheseña Hernández, "Ira, enfermedades y...", *op. cit.*, p. 192.

[115] Velásquez García, "Los vasos de...", *op. cit.*, pp. 631-632; "Las entidades y...", *op. cit.*, p. 246.

[116] Quintal Avilés *et al.*, "El nagualismo maya...", *op. cit.*, p. 131.

[117] Navarrete Linares, *op. cit.*, p. 164. Elizabeth Chávez Guzmán, "Un acercamiento a la función simbólica del cuerpo, el dolor y las entidades anímicas en el autosacrificio en Yaxchilán", tesis de licenciatura en arqueología, México, INAH/ENAH, 2021, pp. 130 y 135, señala que los ancestros podían adoptar el estado de *wahyis*.

[118] Martínez González, *El nahualismo, op. cit.*, p. 503.

[119] "Transformación onírica: naturaleza...", *op. cit.*, 2020, pp. 37-40.

[120] Stephen D. Houston y Andrew K. Scherer, "Maya Animalia, or Why Do Dogs Dress Up?", *Maya Decipherment. Ideas on Ancient Maya Writing and Iconography,* 7 de julio de 2020. Consultado en https://mayadecipherment.com/2020/07/07/maya-animalia-or-why-do-dogs-dress-up/.

se comporta la experiencia onírica. Lo que sí me parece totalmente descartable —al menos a la luz de la información que poseo— es que los lugares, sitios o regiones geográficas tuviesen *wahyis* o coesencias en segundo grado, pues dicha situación, que yo sepa, no está documentada en el caso mesoamericano, de tal modo que verlo de esa manera es equivocar la interpretación de los datos.

El aspecto de los *wahyis*

Tal como observa Pitarch Ramón, entre los tzeltales de Chiapas el alma complementaria o coesencia en segundo grado, por medio de la cual se practica el nagualismo, carece de forma cuando habita en el interior del corazón humano, porque sólo es aire. Tan sólo al salir del cuerpo humano a través de la boca por cualquier causa adquiere forma animal o de meteoro,[121] aunque en muchas ocasiones dicha forma es imperceptible mediante los sentidos ordinarios en estado de conciencia normal y de vigilia. Entre los mayas yucatecos también se piensa, al parecer, que los *wáay* "son de viento".[122]

Calvin observó que el aspecto icónico de los *wahyis* representados en las vasijas es claramente sobre-animal, sus actividades no parecen restringirse al mundo físico o real y sus atributos los asocian con víctimas de sacrificio (figuras VII.1 y VII.3).[123] Años después Stuart resaltó los atributos siniestros o amenazantes de la iconografía de los *wahyis:* esqueletos, murciélagos, ciempiés, serpientes, jaguares y seres de aspecto poco natural conectados con sangre, muerte y sacrificio, como también quimeras que combinan los atributos de diversas especies biológicas, especialmente de águilas, halcones o artrópodos cuya mordedura se parece al fuego (figura VII.5), de búhos o lechuzas, cuyo canto anunciaba mal agüero, así como jaguares, coyotes y otros depredadores de ojos brillantes, colmillos grandes y tamaño prominente.[124] Un buen ejemplo es el de Ahkan (figura VII.6), importante *wahyis* asociado con la oscuridad, que en otros estados era dios de la muerte violenta, la enfermedad, el suicidio, los enemas y el vómito.[125] La etimología de su nombre —*ahkan*— alude al último lamento o gemido que es emitido por los moribundos en el instante preciso en el que dan el último respiro. De forma por demás brillante, Quintal Avilés y sus colaboradores asociaron la imagen del *wahyis* Ahkan con el acto de quitarse o zafarse la testa, toda vez que en la

[121] Pedro Pitarch Ramón, *La cara oculta del pliegue. Antropología indígena,* México, Artes de México/Conaculta-DGP, 2013, p. 53.

[122] Quintal Avilés *et al.,* "El nagualismo maya...", *op. cit.,* p. 107.

[123] Calvin, *op. cit.,* p. 879.

[124] Stuart, *op. cit.,* pp. 160-165.

[125] Karl A. Taube, *The Major Gods of Ancient Yucatan,* Washington, Dumbarton Oaks Research Library and Collection, 1992 (Studies in Pre-Columbian Art and Archaeology, 32), pp. 14-17; Grube y Nahm, *op. cit.,* pp. 708-709; Grube, "Akan-The God...", *op. cit.;* Sheseña Hernández, "Los nombres de...", *op. cit.,* pp. 20-21.

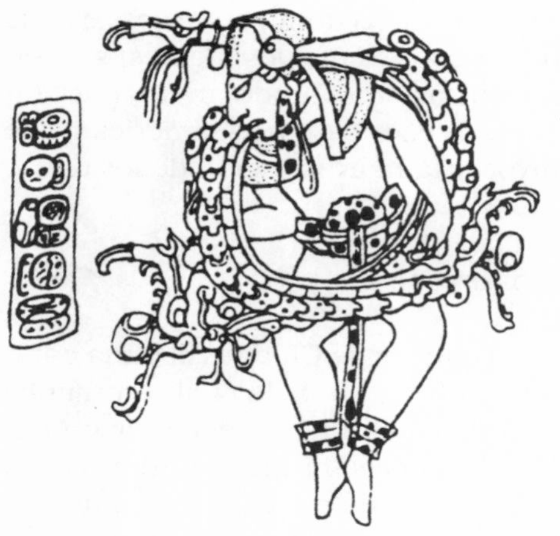

Figura vii.5. Wahyis *denominado Sak Baak Naah Chapaht o 'Ciempiés de la Casa de Huesos Blancos', nagual, coesencia en segundo grado o "espíritu auxiliar" del señor de Baakle[l]; dibujo que procede del vaso K1256, de colección privada; tomado de Stuart,* Sourcebook for the…, op. cit., *p. 162.*

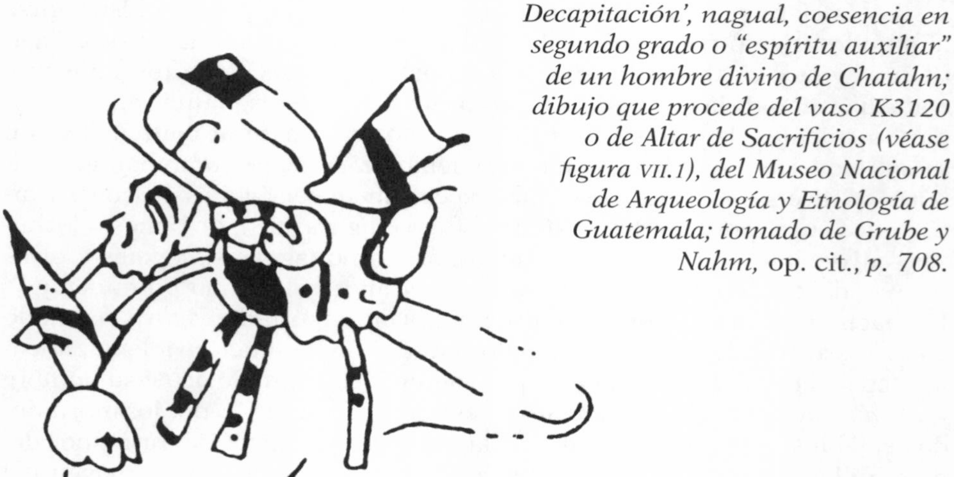

Figura vii.6. Wahyis *llamado Ch'akba Ahkan o 'Gemido de la Decapitación', nagual, coesencia en segundo grado o "espíritu auxiliar" de un hombre divino de Chatahn; dibujo que procede del vaso K3120 o de Altar de Sacrificios (véase figura* vii.1*), del Museo Nacional de Arqueología y Etnología de Guatemala; tomado de Grube y Nahm,* op. cit., *p. 708.*

iconografía de las vasijas mayas suele aparecer autodecapitándose (figura VII.6), mientras que una de las técnicas de transformación nagualística más comúnmente reportadas en los relatos indígenas consiste en desprenderse la cabeza. Otro caso es el espíritu tojolabal conocido como K'ak' Choj, que es un felino con una bola de fuego en la frente, aunque según otros informes lo que lleva es un brasero; este felino ígneo goza espantando o haciendo perder el rumbo a los caminantes rezagados.[126] Cabe destacar que el nombre de este K'ak' Choj o 'Puma de Fuego' tiene interesantes analogías con el del *wahyis* denominado K'ahk' Hiix, 'Jaguar de Fuego' (figura VII.7);[127] se trata de un felino envuelto en flamas, que lleva una ninfea sobre la cabeza y una bufanda roja, quizá asociada con el sacrificio;[128] ese *wahyis* al parecer operó como nagual del señor de Ucanal, sitio arqueológico ubicado en el Petén guatemalteco.[129] Seres semejantes se encuentran vívidamente descritos en el *Popol Vuh,* formando el séquito "macabro" de los dioses de Xibalba': Xik'iri' Pat ('Angarilla Voladora') y Kuchuma' K'ik' ('Sangre Junta'), cuya función era causar los derrames de sangre. Ajal Puh ('El que Fabrica Pus') y Ajal Q'ana' ('El que Causa Hidropesía'), cuyo trabajo era hinchar a los hombres, hacerles brotar pus de las piernas y teñirles de amarillo la cara. Ch'ami'abaq ('El que Lleva una Vara Hecha de Hueso') y Ch'ami'ajolom ('El que Lleva una Vara con una Calavera'), cuyo encargo era enflaquecer a los hombres hasta que morían. Xik ('Gavilán') y Patan ('Mecapal'), cuya especialidad era oprimir la garganta y el pecho de los hombres hasta que vomitaran sangre y murieran en el camino. Ajal Mes ('El que Hacía Basura') y Ajal Toq'ob ('El que Causaba Miseria'), cuyo oficio era hacer que a los hombres les sucediera alguna desgracia en el camino.[130] Función que recuerda al *wahyis* Tahn Bihil Chamiiy (figura VII.8) o 'Muerte en Medio del Camino', que era un ave de rapiña aparentemente

[126] Ruz Sosa, "La cosmovisión indígena...", *op. cit.,* p. 57; "Aproximación a la...", *op. cit.,* p. 428.

[127] Véase Grube y Nahm, *op. cit.,* p. 687; Stuart, *op. cit.,* p. 164.

[128] Michael D. Coe, *Lords of the Underworld. Masterpieces of Classic Maya Ceramics,* Princeton, Princeton University, The Art Museum, 1978, p. 28. Moreno Zaragoza, "Transformación onírica: naturaleza...", *op. cit.,* pp. 137 y 197-198, nota que esas bufandas rojas algunas veces pueden ser negras y suelen tener las puntas blancas, pero no cree que se relacionen con el sacrificio, sino con la capacidad de transformación. De hecho, propone que se trata de una prenda inherente a la condición de ser brujo, *wahyaw* o *wahywal* (parte de su traje o parafernalia), y por ello las llevan en el cuello los *wahyis* oníricos mismos, con el fin de señalar que *wahyaw* (el humano) y *wahyis* (el dios o agente sobrenatural) son la misma persona: uno en el ecúmeno y otro en el anecúmeno.

[129] Grube y Nahm, *op. cit.,* p. 687; Stuart, *Sourcebook for the..., op. cit.,* p. 164; Sheseña Hernández, "Los nombres de...", *op. cit.,* pp. 7, 21 y 30.

[130] Véase Recinos Ávila, *Popol Vuh. Las..., op. cit.,* pp. 202-204; Craveri, *op. cit.,* pp. 55-57. Del mismo modo la deidad 1 Tox 13 Tox producía enfermedades en el centro de los caminos, de acuerdo con un ensalmo tzeltal de 1725, descubierto por Alejandro Sheseña Hernández, véase Moreno Zaragoza, "Transformación onírica: naturaleza...", *op. cit.,* p. 301.

FIGURA VII.7. Wahyis *llamado K'ahk' Hiix o 'Jaguar de Fuego', nagual, coesencia en segundo grado o "espíritu auxiliar" del señor de una entidad política desconocida; dibujo tomado de Grube y Nahm,* op. cit., *p. 687.*

estrangulada por una serpiente feroz.[131] El aspecto terrorífico que nos evocan las etimologías de los nombres de estos seres, citados en los documentos escritos de la época colonial, concuerda perfectamente con la iconografía de los seres *wahyis* pintados en las vasijas mayas prehispánicas: animales o humanoides híbridos y quiméricos. Muchos de ellos aparecen en actos de decapitación (figura VII.6), autosacrificio y derramamiento de sangre, incluso portan cuchillos y tiras de papel o tela salpicadas de líquido rojo. Estas mortificaciones seguramente no eran actos de piedad religiosa, sino hechos maléficos para matar a los enemigos, práctica reportada entre los hechiceros indígenas posteriores a la Conquista, que pretendían derramar su energía vital y destructiva sobre las víctimas.[132]

Creencias semejantes encontramos entre los tzotziles de San Andrés Larráinzar, quienes atribuyen todos sus males, accidentes, enfermedades y desgracias a los númenes del Olontik o inframundo, que tienen forma antropomorfa. Estos extraños seres atacan de noche y durante el día descansan en las profundidades de la tierra, de donde salen y entran a través de las aperturas de las cuevas. Todos ellos están al servicio del dios del inframundo, llamado Pukuj.[133] Pukuj mismo es la deidad que, de acuerdo con los tzotziles, otorga el "don" especial del nagualismo.[134] Y entre sus mensajeros se encuentra Tzajal Chahuk o Tzajal Chaʔuk, 'Rayo Rojo', quien podía manifestarse como un dios del inframundo o como un *wayjel* o *lab,* en su calidad de alma o entidad anímica, que pasaba a formar parte del cuerpo de los brujos.[135] Ya vimos

[131] Grube y Nahm, *op. cit.,* p. 704: Sheseña Hernández, "Los nombres de...", *op. cit.,* pp. 17-18.

[132] Véase De la Garza Camino, *Sueño y alucinación..., op. cit.,* p. 34; *Sueño y éxtasis..., op. cit.,* p. 48.

[133] Holland, *Medicina maya en..., op. cit.,* pp. 96-98 y 124-130.

[134] Hernández Díaz, *op. cit.,* p. 250.

[135] *Ibid.,* pp. 236 y 246-248.

Figura vii.8. Wahyis *conocido como Than Bihil Chamiiy o 'Muerte en Medio del Camino', nagual, coesencia en segundo grado o "espíritu auxiliar" del señor de Caracol, Distrito del Cayo, Belice; dibujo que procede del vaso K791, del Princeton Art Museum; tomado de Grube y Nahm,* op. cit., *p. 704.*

en el capítulo "Los conceptos del cuerpo humano" que ese fenómeno no es extraño, sino bastante habitual en la tradición religiosa mesoamericana, toda vez que su calidad de coesencia en segundo grado no cambiaba su condición básica de ser dioses o agentes (seres imperceptibles dotados de personalidad, poder y voluntad), sino simplemente pasaban a relacionarse temporalmente con otro ser, quien los albergaría por un tiempo hasta la disolución de su cuerpo, tras la muerte. Se trata de un simple cambio de estado, no de esencia.[136]

Retornando al aspecto visual de los *wahyis,* tal como fueron plasmados en las vasijas mayas, ya mencioné que Grube observó que algunos seres *wahyis* con jeringas de enema se podían asociar con cuerpos hinchados, enfermedad y muerte.[137] En 2005 Stuart reevaluó estos seres a la luz de la información etnográfica que documenta la práctica de la hechicería, particularmente bajo su modalidad de nagualismo. Observó, por ejemplo, que el vocablo <*vayihel*> en tojolabal puede tener un significado asociado con brujería, enfermedad y las desgracias enviadas mediante maleficios o maldiciones,[138] apreciaciones que contribuyeron a apartar del tonalismo las ideas de los epigrafistas, predominando actualmente un punto de vista que favorece el nagualismo.

El concepto de *lab*

Conviene advertir que los tzotziles llaman a los naguales *lab,* "término que se refiere a los animales que deambulan por la noche".[139] De acuerdo con Villa

[136] Alfredo López Austin, comunicación personal, 14 de julio de 2017.
[137] Grube, "Akan-The God...", *op. cit.,* pp. 67-71 y 75-76.
[138] Stuart, *Sourcebook for the..., op. cit.,* pp. 160-161.
[139] De la Garza Camino, *El universo sagrado..., op. cit.,* p. 116.

FIGURA VII.9. Wahyis *que recibe el nombre de Labte? Hiix o 'Jaguar de Hechizo del Árbol', nagual, coesencia en segundo grado o "espíritu auxiliar" del señor de Huhxte?; dibujo que procede del vaso K3395 o MS739, Museo Popol Vuh de la Universidad Francisco Marroquín de Guatemala; tomado de Stuart,* Sourcebook for the..., op. cit., *p. 165.*

Rojas, *lab* también significa 'nagual' en tzeltal de Bachajón, mientras que entre los tzeltales de Oxchuc el *labil* es el animal sobrenatural que posee cada brujo.[140] Los tzotziles de San Pedro Chenalhó llaman *labtawanej* a un poder espiritual que sirve para dañar el alma de otros hombres.[141] Las fuentes lexicográficas revelan que el morfema *lab* probablemente siempre tuvo que ver con la magia, puesto que en protomaya **laab* tenía la acepción de 'hechizo'.[142]

protomaya	**laab'*	'hechizo'/'*witching*' (Kaufman y Norman, 1984: 124)
huasteco	*ejattalaab/ labaš/¢i¢inlaab*	'*spirit*' (Dienhart, 1989: 602)
protocholano	**lab'*	'hechizo'/'*witching*' (Kaufman y Norman, 1984: 124)
choltí	*alab*	'hechisero' (Morán, 1935 [1625]: 34)
	lab	'echisso'/'hechiso' (Morán, 1935 [1625]: 30, 34)

140 Villa Rojas, *Etnografía tzeltal de..., op. cit.*, pp. 337-338 y 342; "El nagualismo como...", *op. cit.*, p. 540.

141 Guiteras Holmes, *op. cit.*, p. 242. Patricia A. Mcanany, "Soul Proprietors. Durable Ontologies of Maya Deep Time", en Steve Kosiba, John W. Janusek y Thomas B. F. Cummins (eds.), *Sacred Matter: Animacy and Authority in the Americas*, Washington, Dumbarton Oaks Research Library and Collection, 2020, p. 74, también aborda este aspecto de los *lab* como agentes de enfermedades.

142 Kaufman y Norman, *op. cit.*, p. 124.

choltí	*laba*	'hechisar' (Morán, 1935 [1625]: 34)
prototzeltalano	**lab'*	'nagual' (Kaufman, 1998: 108)
tzeltal	*lab*	'visión'/'monstruo in nat/ur/a' (Ara, 1986: 315)

Dentro de la propia comunidad de Cancuc encontramos ideas ambivalentes sobre los *lab,* pues algunas creencias relativas a ellos los aproximan al nagualismo *stricto sensu.* Por ejemplo, Pitarch Ramón[143] nos dice que "no pueden ser *lab* los animales que son propiedad de los señores de la montaña", los cuales viven en corrales en el interior de los cerros y a veces son soltados. También afirma que algunos hombres pueden encontrarse físicamente con su *lab,* estableciendo una relación de diálogo y amistad con él, lo cual indica que probablemente no tiene que ver con el tonalismo, pues un humano común raramente puede hallarse de frente con su coesencia en segundo grado,[144] a menos que sea durante el sueño. Finalmente, agrega que en las oraciones rituales el paralelo semántico de *lab* es *way,* que constituye la raíz morfémica de 'sueño'. No obstante, en la misma comunidad parecen habitar personas que tienen otras opiniones, pues aproximan a los *lab* con el concepto antropológico clásico de tonalismo. Por ejemplo, se dice que el *lab* "es el *alter ego* animal de todos los seres humanos, no un poder especial de los brujos".[145]

Es preciso mencionar que uno de los naguales más interesantes del periodo Clásico es Labteʔ Hiix (figura VII.9), 'Jaguar de Hechizo del Árbol', que se encuentra pintado en la vasija K3395 y cuya glosa dice que es el *wahyis* del señor de un lugar denominado Huhxteʔ.[146] Se trata del único ejemplo que conozco en el arte maya precolombino donde se relacionan juntos los morfemas *lab* y *wahy.* El hecho de que se trate de un jaguar nos recuerda que entre los tzeltales de Cancuc la mayoría de los *lab* son felinos.[147] Estamos aparentemente ante un alma o entidad anímica especial que se puede adquirir de forma mágica en algún momento de la vida,[148] o bien, en caso de que haya sido otorgado por los dioses en el momento del nacimiento, se trataría de la <*tona*> de un miembro de la élite más encumbrada, toda vez que se trata de un alma complementaria muy poderosa e indicaría sin duda una predesti-

[143] *Ch'ulel: una etnografía..., op. cit.,* pp. 55, n. 12, 58-59 y 70.

[144] Alfredo López Austin (comunicación personal, 16 de diciembre de 2016) aplica el término *coesencia en segundo grado* para denotar el fenómeno del nagualismo en un sentido muy amplio o laxo, que incluye tanto al nagualismo en sentido estricto como al tonalismo. En oposición a *coesencia en primer grado,* que es el alma innata, corazón o entidad anímica esencial (*oʔhlis,* entre los mayas clásicos).

[145] De la Garza Camino, *Sueño y éxtasis..., op. cit.,* p. 236.

[146] Stuart, *Sourcebook for the..., op. cit.,* p. 165; Moreno Zaragoza, "Transformación onírica: naturaleza...", *op. cit.,* p. 245.

[147] Pitarch Ramón, *Ch'ulel: una etnografía..., op. cit.,* pp. 56 y 71.

[148] Velásquez García, "Los vasos de...", *op. cit.,* pp. 595-596; "Las entidades y...", *op. cit.,* pp. 191 y 249-250; Moreno Zaragoza, "Los espíritus del...", *op. cit.,* pp. 54-72.

nación o elección previa de origen divino, para que el bebé se dedique al nagualismo en caso de alcanzar la vida adulta. Entre los tzeltales de Cancuc también existe la creencia de que el *lab* se puede transmitir de una persona moribunda a un niño en estado prenatal.[149] Aquí es preciso repetir que los datos de las inscripciones solamente nos proporcionan información sobre los gobernantes y los nobles asociados con ellos, de tal manera que es muy difícil saber si durante el periodo Clásico ya existía el tonalismo como una creencia distinguible del nagualismo. Como hemos visto, Navarrete Linares opina que el tonalismo sirvió de fundamento para el nagualismo,[150] pero en mi opinión es algo probable que haya sucedido al revés, pues los datos de las inscripciones atestiguan que en el periodo Clásico existía el nagualismo, pero poco o nada nos dicen sobre el tonalismo.

De la cueva al cuerpo; del cuerpo a la cueva

Como he mencionado repetidamente a lo largo de este libro, Zender señaló que el morfema *wahy* formaba parte de un conjunto de sustantivos que servían para designar partes íntimas del cuerpo humano, de carácter inalienable, ya que su estado habitual era estar prefijado por pronombres posesivos, y cuando no lo hacía siempre iba acompañado por el sufijo absolutivo /*-is*/; esto es: *wahyis* (figura VII.4b y c).[151] Según Lacadena García-Gallo, ese sufijo /*-is*/ contaba con un alomorfo /*-al*/ en las tierras bajas occidentales, de tal suerte que en sitios como Palenque o Yaxchilán el sustantivo en estado absoluto —no poseído— podría ser indistintamente *wahyal* o *wahyis*. Lo relevante de este asunto es que los seres *wahyis* o *wahyal* eran partes del cuerpo humano cuyo estado habitual era estar poseídas (*uwahy,* 'su nagual' [figura VII.4a]), y más importante todavía es que los sufijos /*-is*/ o /*-al*/ denotan, en la lengua de las inscripciones mayas, secciones del cuerpo sobre las que habitualmente, bajo condiciones de salud, se tiene control a voluntad.[152]

Eberl señaló que los seres *wahyis* designaban entidades anímicas inmortales que se transmitían de un gobernante a otro dentro de la misma línea dinástica.[153] Ya vimos que la creencia en que se trataba de componentes anímicos institucionales y hereditarios se ha vuelto un lugar común entre los epigrafistas. Pero la aseveración en el sentido de que son inmortales se confirma

[149] Pitarch Ramón, *Ch'ulel: una etnografía..., op. cit.*, p. 76; Mcanany, *op. cit.*, p. 74.

[150] Navarrete Linares, *op. cit.*, p. 159.

[151] Zender, "On the Morphology...", *op. cit.*, pp. 200-204.

[152] Alfonso Lacadena García-Gallo, "Gramática maya jeroglífica básica", en *Introducción a la escritura jeroglífica maya. Cuaderno de trabajo,* material didáctico preparado para los talleres de escritura jeroglífica maya celebrados en el marco de la 15th European Maya Conference, Madrid, 30 de noviembre al 2 de diciembre de 2010 (no publicado), p. 4.

[153] Eberl, *op. cit.*, p. 62.

por el hecho de que entre los grupos mayas contemporáneos los rayos, torbellinos o meteoros que operan como *wahyis* sobreviven a la muerte del ser físico y continúan su vida dentro de cuevas. Al morir el brujo, su otrora *wahyis* o nagual pudo haber abandonado el cuerpo por la boca[154] y pasaba a residir en alguna cueva, a la espera de otro dueño.[155] De acuerdo con Coe y Houston, un texto pintado a carbón sobre los rugosos muros de la cueva de Naj Tunich menciona que alguien "ve un *wahy*", lo que interpretan como una prueba no sólo de que en tales espacios tenían lugar experiencias visionarias, sino que dichos espíritus estaban conectados con esos lugares. No es desdeñable considerar que en el *Popol Vuh* de los quichés del siglo XVI, la corte real de los señores de la muerte consistía en seres temibles que personificaban enfermedades,[156] situación no muy lejana a la que se describe en el manuscrito yucateco conocido como *Ritual de los Bacabes,* donde los curanderos tiraban o regresaban las enfermedades a la entrada al inframundo,[157] razón que me permite sospechar que su residencia habitual eran efectivamente las cuevas y otras oquedades del interior de la tierra, pero que a veces pasaban a vivir temporalmente dentro del pecho o el estómago de algunos seres humanos, enriqueciendo la personalidad de tales hombres mediante la adquisición de esas almas complementarias o coesencias en segundo grado. Puesto que las palabras con sufijo inalienable /*-is*/ son necesariamente partes del cuerpo,[158] yo sospecho que dichos dioses, agentes o seres sobrenaturales exentos sólo se llamaban en rigor y con propiedad *wahyis* cuando abandonaban la cueva y elegían el pecho de algún ser humano como habitáculo. Por otra parte, esto también es una pista a favor de que el fenómeno de los *wahy* o *wahyis* se relaciona con el nagualismo y no con el tonalismo, pues, de acuerdo con esta última creencia, el componente anímico que el hombre comparte con una criatura del bosque es el alma corazón o coesencia en primer grado del animal[159] que, dicho sea de paso, es un ser mortal que puede ser cazado o matado.

El problema del "familiar"

El vocablo maya clásico *wahyis* tiene cognados en los idiomas mayances modernos. Los mayas yucatecos lo denominan *wáay,* término definido en el *Calepino de Motul* (diccionario del siglo XVI) como "familiar que tienen los ni-

[154] Chávez Guzmán, "Un acercamiento a…", *op. cit.,* p. 128.

[155] Hermitte, *op. cit.,* pp. 82-83.

[156] Véase Recinos Ávila, *Popol Vuh. Las…, op. cit.,* pp. 202-204; Craveri, *op. cit.,* pp. 55-57.

[157] Véase, por ejemplo, Ralph Roys, *Ritual of the Bacabs,* Norman, University of Oklahoma Press, 1965, p. 9; Arzápalo Marín, *El ritual de…, op. cit.,* p. 36. La versión de Roys dice: "Caería,/ poderoso Kauil, en el lugar de Uaxac-yol-kauil, el guardián de la abertura en la tierra, casi, sería, de Ix Hun Ahau". La traducción del inglés al español es mía.

[158] Zender, "On the Morphology…", *op. cit.,* pp. 200-204.

[159] Alfredo López Austin, comunicación personal, 16 de diciembre de 2016.

grománticos, brujos o hechiceros, que es algún animal, que por pacto que hacen con el demonio se convierten fantásticamente en él; y el mal que le sucede al tal animal, le sucede también al brujo, del cual es familiar".[160] Hacia 1635, el capitán don Martín Alonso Tovilla escribió que los naguales de jaguares, pumas, osos o venados en los que se convertían los gobernantes quichés eran "como familiares".[161] Del mismo modo, en 1648 Thomas Gage también usó el término *familiar* para referirse a una perra o demonio que siempre acompañaba a Matea de Carrillo, temible mujer tzeltal que hechizaba y enfermaba a las personas de Pinola, aunque nadie podía verla, salvo la víctima.[162] Casi al mismo tiempo, en 1656, fray Thomás de Coto se refería "a vnos demoñuelos o familiares q[ue] se les apareçían [a los cakchiqueles] junto a los ríos".[163] Según Robert Redfield y Alfonso Villa Rojas, todavía en el siglo XX los habitantes de Chan Kom, Yucatán, traducían la palabra *wáay* como 'familiar' y creían que era un poder de transformación voluntaria que se adquiría mediante un pacto con el diablo.[164] Este tipo de fuentes son las que debieron motivar a mi colega Erik Boot (†) a traducir la palabra *way* como "familiar, *spirit companion*" en su diccionario de jeroglifos mayas,[165] misma forma en la que Bourdin Rivero interpreta la palabra *<uaay>*: 'familiar'.[166]

En castellano esta acepción de "familiar' parece estar en desuso, y posiblemente es de origen medieval, a juzgar por su utilización en el *Calepino de Motul,* compuesto durante la segunda mitad del siglo XVI, así como por otros autores que en la época colonial y durante el siglo XIX se refirieron al nagualismo.[167] El diccionario de la Real Academia Española aún la define del siguiente modo: "demonio que se supone tiene trato con una persona, y a la que acompaña y sirve".[168] Esta descripción corresponde al concepto de la magia

[160] H. Ramón Arzápalo Marín, *Calepino de Motul. Diccionario maya-español,* México, UNAM-DGAPA/IIA, 1995, pp. 745-746.

[161] Martín Alonso Tovilla, *Relaciones histórico-descriptivas de la Verapaz, El Manché y Lacandón, en Guatemala,* France V. Scholes y Eleanor B. Adamas (eds.), Guatemala, Editorial Universitaria, 1960 (Ediciones del Tercer Centenario de la Introducción de la Imprenta en Centroamérica), p. 222.

[162] Gage, *op. cit.*, p. 105.

[163] Fray Thomás de Coto, *[Thesavrvs verborū] Vocabulario de la lengua cakchiquel v[el] guatemalteca, nueuamente hecho y recopilado con summo estudio, trauajo y erudición,* René Acuña Sandoval (ed.), México, UNAM-IIFL, 1983 [1656], p. 140.

[164] Redfield y Villa Rojas, *op. cit.*, p. 178.

[165] Boot, "The Updated Preliminary..., *op. cit.*, pp. 127, n. 181, 198, 200 y 220.

[166] Bourdin Rivero, *El cuerpo humano…, op. cit.,* pp. 119-122. Otros autores modernos que han llegado a utilizar el término de "familiar" son Matthew G. Looper, *To Be Like Gods. Dance in Ancient Maya Civilization,* Austin, University of Texas Press, 2009 (The Linda Schele Series in Maya and Pre-Columbian Studies), p. 192, y Zender, "Glyphs for 'Handspan' and 'Strike' in Classic Maya Ballgame Texts", *The PARI Journal,* vol. IV, núm. 4, primavera de 2004, p. 2, n. 2.

[167] Véase Moreno Zaragoza, "Los espíritus del…", *op. cit.*, p. 11, n. 8.

[168] Autores varios, *Diccionario de la lengua española,* 22ª ed., Madrid, Real Academia Española, 2001, p. 703.

negra europea y claramente denota su trasfondo religioso católico, razón por la que su aplicación en el tema de las creencias prehispánicas ha sido cuestionada recientemente por De la Garza Camino.[169] Desde mi punto de vista, el término de *espíritus auxiliares,* acuñado por Moreno Zaragoza, constituye una buena opción para traducir al castellano la palabra *wahyis* o *wahyal,*[170] como también podría ser el de "alma complementaria" o "coesencia en segundo grado" que propone López Austin, si bien este último término tiene la desventaja de que se refiere a cualquier entidad anímica individualizante, adquirida después del nacimiento en el marco del nagualismo en un sentido muy amplio, es decir, incluyendo el tonalismo.[171] Tomando en cuenta las justas críticas de De la Garza Camino, cuando emplee el término "familiar" aparecerá entre comillas.

Los espíritus *wahyis* del periodo Clásico (figuras VII.1 y VII.3), los *wáay* de los mayas yucatecos coloniales y modernos, los *swayojel* de los tzeltales de Amatenango o los *wayjel* tojolabales[172] constituyen los nombres de una entidad anímica especial, así como de un animal, criatura, objeto, fenómeno meteorológico o astronómico en el que esa entidad se externaba a voluntad del ser humano, mediante métodos que podríamos calificar de mágicos (brujería o hechicería).[173]

yucateco	*uaay*	'familiar que tienen los nigrománticos, brujos o hechiceros, que es algún animal, que por pacto que hacen con el demonio se convierten fantásticamente en él; y el mal que le sucede al tal animal, le sucede
yucateco	*uaay*	también al brujo, del cual es familiar' (Arzápalo Marín, 1995: 745-746)
	uaay	'familiar nahual' (Swadesh, Álvarez Lomelí y Bastarrachea Manzano, 1991: 89)

[169] Véase De la Garza Camino, *Sueño y éxtasis…, op. cit.*, p. 170.

[170] Moreno Zaragoza, "Los espíritus del…", *op. cit.*, pp. 41-47; Velásquez García, "Las entidades y…", *op. cit.*, p. 247.

[171] Alfredo López Austin, comunicación personal, 16 de diciembre de 2016.

[172] Moreno Zaragoza, "Transformación onírica: naturaleza…", *op. cit.*, p. 225, habla también de los *waynis,* "ayudantes del señor de la muerte que se aparecen en sueños" según las creencias de los chortís modernos. Es interesante que este vocablo chortí de la actualidad contenga aun un sufijo /*-is*/.

[173] Reconozco que los términos de *brujería* o *hechicería* son bastante problemáticos, pues constituyen casi juicios de valor emitidos desde una óptica monoteísta cristiana, y admiten perfectamente la crítica que formuló De la Garza Camino, *Sueño y éxtasis…, op. cit.*, pp. 169-175, en el sentido de que responden a una perspectiva colonial que satanizó o condenó el nagualismo mesoamericano. No obstante, no encuentro la forma de prescindir de ellos, lo mismo que de *alma, espíritu, magia, mago* o *sobrenatural,* sin tener que acuñar palabras complejas o neologismos difíciles de entender para el lector común.

prototzeltalano	**way.ix.el/*way.ox.el*	'nagual' (Kaufman, 1998: 121)
tojolabal	*wayjel*	'nagual'/'se dice que el *swayjel* es mandado por el brujo para enfermar a la gente' (Lenkersdorf, 1979-1: 395-396)
jacalteco	*ilom pixa¨n*	'nagual' (Hecht, 1998: 38, 188)

Entre los cakchiqueles y quichés se le conoce como *nagual,*[174] término que procede del vocablo náhuatl *naawalli* o *<nahualli>,* que significa 'brujo' o 'mago',[175] y del que a su vez provine el concepto de nagualismo.

náhuatl	*naualli*	'bruja' (Molina, 1992: 63)
	naualli	'brujo, bruja, mago, hechicero, nigromante' (Siméon, 1992: 304)
	nãhual-li	*'sourcerer, one who uses spells and incantantions'*/'brujo, nagual' (Karttunen, 1983: 157)

La adquisición del *wahyis*

Desde mi punto de vista, para los mayas del periodo Clásico el *oʔhlis* (u *oʔhlis k'uh*) era la entidad anímica esencial o coesencia en primer grado, que se podía desdoblar en al menos dos aspectos (aunque seguramente más), los cuales son aires o alientos que circulan por la sangre: el T533 (de lectura incierta, aunque posiblemente *saak[?],* 'pepita de ayote[?]' o *xaak[?],* 'brote, cogollo') y el *sak ik'aal* o fuerza respiratoria blanca. En su camino al más allá el *oʔhlis* era una imagen o sombra antropomorfa, contraparte sutil del *baahis* o cuerpo-presencia. Por lo que respecta al *k'ihn* o *k'ihnil,* luego de reflexionar mucho, creo que sí existen indicios para pensar que se trataba de un alma o entidad anímica y no solamente de una fuerza anímica de bravura y origen solar (su fuerza anímica asociada era quizá el *ip,* 'brío, energía, vigor'). También circulaba por la sangre. Y posiblemente contribuía a la individualización, toda vez que pudo haber conllevado el carácter, predisposición o destino que marcaba el día del nacimiento de cada quien. En otras palabras, aunque tengo la inclinación de concordar con el punto de vista de Martínez González, quien observa que el *<tonalli>* de los nahuas era una entidad anímica, pero que en la mayoría de los grupos mesoamericanos el componente calorífico tan sólo se trata de una fuerza anímica,[176] no creo que sea el caso de los mayas clásicos. Luego entonces, si el modelo que propongo es correcto,

[174] Véase De la Garza Camino, *Sueño y alucinación..., op. cit.,* p. 134.

[175] De la Garza Camino, *El universo sagrado..., op. cit.,* p. 112; Valverde Valdés, *op. cit.,* p. 260.

[176] Martínez González, *El nahualismo, op. cit.,* p. 74.

el *wahyis* sería una tercera alma o entidad anímica, no de origen innato, sino adquirida después del nacimiento, aunque algunos seres humanos muy poderosos probablemente podían tener dos, tres, cuatro o hasta 13 *wahyis* diferentes. Los datos que yo veo sugieren que durante el periodo Clásico el tema del *wahyis* se englobaba dentro de lo que ahora conocemos como nagualismo, siendo un atributo de los miembros de la élite. No sabemos, por lo tanto, si existió el tonalismo en aquella época tan distante, o si los seres humanos comunes contaban con esa alma complementaria. Tampoco tenemos datos epigráficos o iconográficos directos que nos indiquen cómo se adquirían las entidades anímicas *wahyis,* aunque algunas ideas o conjeturas pueden obtenerse de la etnografía y de los documentos coloniales.

Entre los quichés contemporáneos esa entidad anímica puede ser innata,[177] puede adquirirse al nacer[178] o durante el transcurso de la vida, por medio de ritos de petición a los señores del inframundo, quienes suelen concederla en un sueño.[179] En este punto reside otra de sus diferencias con el tonalismo, pues mientras que la <*tona*> es un aspecto inherente y básico para la sobrevivencia humana, el "familiar", "espíritu auxiliar", coesencia en segundo grado o nagual (*way, wáay, wahy* o *wahyis*), es algo que se puede adquirir de forma sobrenatural en algún momento de la vida.[180]

Los tzeltales de Amatenango llaman a esta alma *swayojel* ('transformación durante el sueño'), y piensan que una forma de adquirirla es capturar el alma de un muerto dentro de los 20 días posteriores a su deceso.[181] Por su parte, los tzeltales de Pinola opinan que se puede adquirir el poder de dañar a otros hombres exhalando el último suspiro de un mago o ingiriendo algo de su saliva.[182] La mera posesión de esta tercera entidad anímica no implica

[177] Stratmeyer y Stratmeyer, *op. cit.,* p. 136.

[178] Condicionada por el día de nacimiento en el almanaque adivinatorio de 260 días; entre los quichés, por ejemplo, se cree que todos los nigrománticos nacen en un día Tijax, *ibid.,* p. 138. Alfredo López Austin, *Cuerpo humano e ideología. Las concepciones de los antiguos nahuas,* vol. I, 3ª ed., México, UNAM-IIA, 1989 (Serie Antropológica, 39), p. 430, nota que en este detalle vuelven a confluir las creencias del tonalismo y el nagualismo.

[179] Hermitte, *op. cit.,* p. 61; Nash, *op. cit.,* p. 150; De la Garza Camino, "Éxtasis de sueño...", *op. cit.,* p. 250; *Sueño y alucinación..., op. cit.,* p. 200; Holland, *Medicina maya en..., op. cit.,* p. 132. López Austin, *Cuerpo humano e..., op. cit.,* vol. I, p. 428, enumera los siguientes factores que intervienen en la determinación de quién era digno entre los nahuas de tener poderes nagualísticos: la predestinación, la influencia calendárica, los conocimientos rituales, los ejercicios penitenciales, los poderes adquiridos desde el nacimiento, la herencia paterna, el uso de drogas, las súplicas a los dioses celestes, el ayuno y la abstinencia sexual.

[180] De la Garza Camino, "Jaguar y nagual...", *op. cit.,* p. 191. Es posible que en este aspecto resida también la diferencia más importante entre el nagualismo maya y el náhuatl, pues mientras que el *wahyis* parece ser adquirido en algunas o en todas las ocasiones como consecuencia del ejercicio del poder, el *iˀiiyootl* o <*ihíyotl*> forma parte de las entidades anímicas básicas del ser humano y la única prerrogativa de los magos es que pueden externarlo a voluntad, véase López Austin, *Cuerpo humano e..., op. cit.,* vol. I, p. 431.

[181] Nash, *op. cit.,* p. 150.

[182] Hermitte, *op. cit.,* p. 61.

necesariamente que un hechicero la utilice en contra de otra persona, ya que para ello necesita haber pasado por un aleccionamiento sobrenatural. Algunos brujos podían recibir su llamado o entrenamiento en sueños, pues ese tipo de aprendizaje mágico sólo se lograba con el espíritu separado del cuerpo.[183] Aquellos magos que ya contaban con un nagual o "espíritu auxiliar" podían adquirir uno más poderoso mediante un pacto con el Niwan Pukuj o Niwan Winik, dios tzotzil del inframundo, o con el Mukul Ajaw o Ch'ul Ajaw, que es su equivalente tzeltal. En el *Popol Vuh* los señores Jun Kameˀ y Wuqub Kameˀ presiden la corte de los seres terroríficos responsables de causar enfermedades.[184] Ello sugiere que, como entre los tojolabales, el dios del inframundo era el que concedía a los hechiceros esa alma o coesencia complementaria, "familiar" o "auxiliar", como también el que les ayuda para hacer daño. Era una enfermedad de las muchas que "adornaban" la corte de los dioses de la muerte, y puesto que tenía personalidad, poder, valores sociales y voluntad, dicha enfermedad se comportaba como un dios o agente sobrenatural,[185] quien, además, tenía la capacidad de comunicarse con los humanos, pues entendía su lenguaje.[186] Entre los mayas yucatecos coloniales se creía que el dios de la muerte era el culpable de enviar y expandir las enfermedades.[187] La necesidad de contar con un nagual más potente parece obedecer —al menos en parte— a un deseo ferviente de ejercer el poder sobre los otros hombres,[188] dañar o vengarse del prójimo,[189] preservar el orden normativo,[190] castigar la conducta de sus gobernados[191] y la desobediencia a las deidades,[192] enfermar, torturar o asesinar a sus enemigos, cuyos contextos estaban motivados por el odio, la envidia, el rencor o la revancha,[193] con independencia de que las ideas morales de esas culturas se hayan mezclado o no con el cristianismo. Se sabe que incluso alguien podría solicitar los servicios de un brujo que poseyera un alma *wahyis,* en el contexto de una riña personal.[194]

[183] De la Garza Camino, *Sueño y alucinación…, op. cit.,* pp. 113 y 149.

[184] Véase Recinos Ávila, *Popol Vuh. Las…, op. cit.,* pp. 202-204; Craveri, *op. cit.,* pp. 55-57.

[185] Véase el capítulo "Los conceptos del cuerpo humano".

[186] Véase lo que expliqué en los dos primeros capítulos de este libro, sobre las implicaciones del sustantivo *winik,* 'persona', en el nombre de los *wahyis* Balan Winik, Haˀal Winik, Sitz' Winik y Winik Baˀtz'.

[187] Chuchiak IV, *op. cit.,* pp. 291-293.

[188] Quintal Avilés *et al.,* "El nagualismo maya…", *op. cit.,* pp. 130 y 134.

[189] Ruz Sosa, "La cosmovisión indígena…", *op. cit.,* p. 57; "Aproximaciones a la…", *op. cit.,* p. 428; Holland, *Medicina maya en…, op. cit.,* p. 132.

[190] Quintal Avilés *et al.,* "El nagualismo maya…", *op. cit.,* p. 134.

[191] Villa Rojas, "El nagualismo como…", *op. cit.*

[192] Hernández Díaz, *op. cit.,* p. 247.

[193] Vogt, *Zinacantan. A Maya…, op. cit.,* p. 407; Nash, *op. cit.,* p. 151; Pitarch Ramón, *Ch'ulel: una etnografía…, op. cit.,* p. 75.

[194] Villa Rojas, *Etnografía tzeltal de…, op. cit.,* p. 355; "Kinship and Nahualismo…", *op. cit.,* p. 532; Chuchiak IV, *op. cit.,* p. 411.

Su posible centro anímico

Como ya fue mencionado, el sufijo /*-is*/ o su alomorfo cholano occidental /*-al*/ señalan que el lexema *wahy* era una parte íntima e inalienable del cuerpo, pues en su estado absoluto o no poseído ese sustantivo era *wahyis* o *wahyal* (figura VII.4b y c). No obstante, conviene decir que no existen datos epigráficos o iconográficos que aclaren de forma inequívoca o contundente cuál es la región precisa del cuerpo donde los mayas clásicos creían que se albergaba esa alma. Es bastante conocido el hecho de que la entidad *iˀiiyootl o <ihíyotl>*, que López Austin ha asociado con el nagualismo, parece concentrarse en el estómago o en el hígado.[195] No obstante, Martínez González argumenta que este tipo de aliento no se asocia con la región hepática entre todos los pueblos mesoamericanos.[196] Los datos etnográficos sugieren que entre los mayas clásicos la entidad *wahyis* pudo haberse alojado en lo más profundo del corazón o el estómago,[197] si bien entre los tojolabales esta alma parece haberse mantenido vigorosa ingiriendo periódicamente un complemento del que quizá carecía: el hígado de un muerto o enemigo asesinado, comida ritual que fungía también como ceremonia de iniciación.[198] Como expliqué en el capítulo "Cuerpo-presencia en el periodo Clásico", cuando las fuentes mayas se refieren al corazón o al estómago en el contexto de centros anímicos, normalmente aluden a un área de límites muy imprecisos, que incluye no sólo el pecho, sino el epigastrio y de vez en cuando hasta la parte inferior del estómago. Hemos visto ya cómo es ahí donde se concentraban la entidad anímica *oˀhlis* y el componente anímico *k'ihn* o *k'ihnil,* por lo que no es imposible que también los *wahyis* hallaran ahí su habitáculo. Aunque es necesario recordar que si bien los componentes anímicos se concentran en algún lugar del cuerpo (centro anímico), suelen transitar por todos lados, pues son aires que circulan por la sangre. Ciertas glosas jeroglíficas que se encuentran en algunos vasos sugieren, aunque no de forma totalmente inequívoca, que la entidad anímica *wahyis* (coesencia) se alojaba dentro de la entidad anímica *oˀhlis* (esencia). Por ejemplo, tanto el vaso K2023 como el K3061 afirman que K'an Baah Ch'oj, 'Rata Tuza Amarilla', es el *wahyis* del corazón de un gobernante cuyo nombre no es claro: *K'an Baah Ch'oj uwahy [y]oˀhl…* Y un poco más claro es lo que dice una vasija publicada en la lámina 110 del libro de Francis

195 López Austin, *Cuerpo humano e…*, *op. cit.*, vol. I, p. 424.

196 Roberto Martínez González, "El *ihíyotl,* la sombra y las almas-aliento en Mesoamérica", *Cuicuilco*, vol. 13, núm. 38, 2006, pp. 181-182.

197 Hermitte, *op. cit.*, p. 78; Stratmeyer y Stratmeyer, *op. cit.*, p. 131; Villa Rojas, "Kinship and Nagualism…", *op. cit.*, p. 530; Pitarch Ramón, *Ch'ulel: una etnografía…*, *op. cit.*, p. 74; Moreno Zaragoza, "Los espíritus del…", *op. cit.*, pp. 31, 33 y 43; Quintal Avilés *et al.*, *op. cit.*, p. 130.

198 Ruz Sosa, "La cosmovisión indígena…", *op. cit.*, pp. 57-58; "Aproximaciones a la…", *op. cit.*, p. 428.

Robicsek intitulado *The Smoking Gods:*[199] *K'an Baah Ch'oj uwahy [y]oʔhl ... baah tuun,* 'Rata Tuza Amarilla es el *wahyis* del corazón del sacrificador'.[200] Esta interpretación mía contrasta con lo que Grube y Nahm indicaron en 1994, en el sentido de que K'an Baah Ch'oj era el *wahyis* de un lugar llamado *Oʔhl,*[201] toda vez que, como expliqué, solamente los dioses, muertos, seres humanos y algunas colectividades pueden poseer *wahyis* y practicar el nagualismo, no los lugares, sitios o regiones.

Lo público-exotérico y lo privado-esotérico

En su obra seminal *Cuerpo humano e ideología,* López Austin formuló una útil distinción entre dos puntos de vista sobre el nagualismo que pueden encontrarse en las comunidades indígenas. Al primero lo llama "exotérico" y lo califica como de carácter "simplista", ya que implica la aceptación ingenua de que un mago se transforma corporalmente, transmutando su materia física para, posteriormente, volver a la normalidad. Ello implica una conversión temporal en animal, fenómeno meteorológico, astronómico u otra criatura, de lo que hay copiosas referencias en la documentación del área maya. El segundo punto de vista es el "esotérico", que significa que una persona puede externar o separarse de su entidad anímica *iʔiiyootl* y cubrirla con otro cuerpo, o bien, alude a un ser que recibe dentro de sí el *iʔiiyootl* de otro.[202] Se trata del punto de vista que tiene el especialista ritual.

Una reevaluación personal de este fenómeno sugiere que no se trata quizá de un punto de vista "simplista" y de otro "especializado", sino que ambos tipos de nagualismo coexistían entre los mayas del periodo Clásico, pero tenían funciones y destinatarios distintos. Si bien es necesario aclarar que no debemos entender el aspecto exotérico de forma literal, como una transmutación o "transustanciación" en sentido estricto, pues, como observa Zender, no parece haber evidencia real, epigráfica o iconográfica de que los gobernantes mayas del periodo Clásico se transformaran como tal en sus *wahyis.*[203]

[199] Francis Robicsek, *The Smoking Gods. Tobacco in Maya Art, History, and Religion,* Norman, University of Oklahoma Press, 1978, lámina 110.

[200] Estos ejemplos del *wahyis* K'an Baah Ch'oj fueron notados por Moreno Zaragoza, "Transformación onírica: naturaleza...", *op. cit.,* pp. 286-287.

[201] Grube y Nahm, *op. cit.,* p. 700.

[202] López Austin, *Cuerpo humano e..., op. cit.,* vol. I, p. 422, vol. II, p. 294.

[203] Marc U. Zender, "A Study of Classic Maya Priesthood", tesis doctoral, Calgary, University of Calgary-Department of Archaeology, 2004, p. 75. Más recientemente, Moreno Zaragoza, "Transformación onírica: naturaleza...", *op. cit.,* pp. 199-200, ha analizado la escena de una vasija maya del Clásico Tardío que deja en qué pensar. Se trata del vaso K4605, donde un anciano entrega un tipo de bebida embriagante o alucinógena a un personaje que porta sobre la cabeza un yelmo de felino. Pero en el lado opuesto del vaso apreciamos que este último ya ingirió la bebida y se ha transformado en un gran jaguar que vomita como producto de la ingesta. Moreno Zaragoza

Componente T533 en variante de cráneo y en variante geométrica,
que es externado por la coronilla de los figurantes rituales.

FIGURA VII.10. *Escena de un rito de carácter exotérico, donde miembros de la corte real se disfrazan o personifican a sus* wahyis, *naguales, coesencias en segundo grado, "espíritus auxiliares" o "familiares"; obsérvese el componente anímico T533 flamígero y en variante de cráneo, la presunta "pepita(?)" o* saak(?), *o "brote"(?)* xaak(?), *que se externa de la coronilla de los personificadores rituales, en señal de que se encuentran en trance, momento liminar o estado modificado de conciencia; vaso K8719; fotografía de Justin Kerr, tomada del archivo fotográfico de Kerr. Consultado en http://research.mayavase.com/kerrmaya_hires.php?vase=8719.*

Desde mi punto de vista, el aspecto exotérico del nagualismo se manifestaba en rituales o exhibiciones públicas de personificación,[204] casi siempre de naturaleza dancística o teatral (figura VII.10), que involucran máscaras, tocados

favorece la idea de la transformación, pero al parecer tan sólo en el plano onírico. Puesto que los *wahyis* eran parte del cuerpo de los *k'uhul ajaw* o gobernantes, opina que en las escenas de las vasijas el humano y su *wahyis* son la misma persona, *ibid.*, p. 204, idea con la que comulgo totalmente. Todas las vasijas del corpus fotográfico de Justin Kerr pueden consultarse en research.mayavase.com/kerrmaya.html.

204 Analizaré el fenómeno de la personificación ritual en el capítulo "Concurrencia o personificación ritual".

y disfraces, así como sacrificios humanos.[205] Quintal Avilés y sus colaboradores han hallado que en la obra de Jacinto de la Serna (1656) el verbo <*nahualtia*> se traduce como "enmascarar, cubrir y enmascararse a sí mismo",[206] mientras que, según Kazuyasu Ochiai, los disfraces usados por los tzotziles en el Carnaval les permiten visualizar el pasado mítico de desorden, cuando aún los "demonios" y las tinieblas dominaban el mundo.[207] La constante en este tipo de representaciones de nagualismo público o exotérico es que los ejecutantes humanos se disfrazan, visten o envuelven *(joy)* de sus *wahyis,* naguales, coesencias en segundo grado, "familiares" o "espíritus auxiliares", personificándolos (figuras I.10 y I.11), pero los textos jeroglíficos siempre omiten decir expresamente que se trata de seres *wahyis,* toda vez que esas deidades no fungen en tales contextos como partes inalienables del cuerpo, sino que se encuentran en otro estado, cumpliendo una función diferente. Pertenecen exactamente al género de escenas que Matteo y Rodríguez Manjavacas han llamado "los 'otros' *wayob*'" *(sic).*[208] Según estos autores, la función de tales rituales públicos o de carácter exotérico, donde intervienen máscaras[209] y disfraces, es demostrar "de modo teatral su poder ofensivo y destructor, a la vez como control social interno y como advertencia para los sistemas políticos enemigos".[210] Matthew G. Looper ha llegado a conclusiones no muy alejadas, analizando imágenes del periodo Clásico donde los gobernantes se visten como *wahy* o *wahyis* en medio de danzas o rituales de carácter público.[211] Quizá por ello uno de los títulos más comunes que llevan los gobernantes mayas en las vasijas, en su calidad de *wahyaw* o poseedores de un alma *wahyis,* es el de *baah tuun* o 'primera piedra', que conllevaba prerrogativas sacrificia-

[205] Moreno Zaragoza, "Transformación onírica: naturaleza...", *op. cit.,* pp. 161-169, ha analizado con detenimiento el tema de la personificación de los gobernantes cubiertos con las botargas de sus *wahyis,* con el propósito de danzar y sacrificar a sus cautivos.

[206] Quintal Avilés *et al.,* "El nagualismo maya...", *op. cit.,* p. 97.

[207] Kazuyasu Ochiai, "Bajo la mirada del Sol portátil. Representación social y material de la cosmología tzotzil", en Johanna Broda, Stanislaw Iwaniszewski y Lucrecia Maupomé (eds.), *Arqueoastronomía y etnoastronomía en Mesoamérica,* México, UNAM-IIH, 1991 (Serie de Historia de la Ciencia y la Tecnología, 4), p. 213. Como dato comparativo, los atuendos usados en los ritos teatrales de personificación otomíes representan trajes de una potencia cósmica que se equipara con el pasado, la noche y la oscuridad, Galinier, *op. cit.,* pp. 31 y 62.

[208] Matteo y Rodríguez Manjavacas, *op. cit.,* pp. 21-28.

[209] Véase Velásquez García, "Los vasos de...", *op. cit.,* pp. 352-404; Erik Velásquez García, "La máscara de 'rayos X'. Historia de un artilugio iconográfico en el arte maya", *Anales del Instituto de Investigaciones Estéticas,* núm. 90, México, UNAM-IIE, 2007, pp. 7-36.

[210] Matteo y Rodríguez Manjavacas, *op. cit.,* p. 28. De la Garza Camino también ha interpretado las escenas de los vasos mayas como rituales nagualísticos de transformación, pero ella no hace distinción entre representaciones exotéricas (que implican el uso de disfraces) y esotéricas (donde lo importante no es la transformación, sino la experiencia onírica), véase, *Sueño y éxtasis..., op. cit.* En el trabajo de Matteo y Rodríguez Manjavacas ya se insinúa esa diferencia y yo la reafirmo, con base en una distinción entre convenciones pictóricas de composición y el uso de diferentes expresiones jeroglíficas.

[211] Looper, *op. cit.,* pp. 138 y 224.

les tanto en el anecúmeno (depredador onírico en el ámbito privado: aspecto esotérico) como en el ecúmeno (ejecutando sangrientas occisiones rituales en danzas públicas con tema nagualístico: aspecto exotérico).[212] Un pasaje tomado de la crónica de Tovilla (1635) expresa con exactitud este tipo de manifestaciones culturales, aunque ejecutadas por los gobernantes quichés del periodo Posclásico Tardío:

> El día que se hacía esta fiesta, que era muy grande para ellos, tomaba el rey la forma de su nagual, que era de águila, y los otros veinticuatro tomaban también las de los suyos [... "como familiares"] que eran de leones, tigres, osos y venados, y en esta forma alrededor de esta piedra [de los sacrificios] bailaban desde la mañana hasta la tarde, y el remate del baile era degollar al miserable que había estado aguardando la muerte viendo toda aquella fiesta atado sobre la piedra.[213]

Desde mi punto de vista, el aspecto esotérico o privado del nagualismo entre los mayas del periodo Clásico es el que se encuentra representado en vasijas que guardan las convenciones antes aludidas (figuras VII.1 y VII.3), de personajes fantásticos que se desenvuelven inconexos en distintos niveles del espacio plástico, sin apoyarse en una sola línea horizontal que les sirva de piso, como suspendidos en el aire, pintados sobre un fondo neutro y plano, carente de toda sugerencia de entorno, flotando y girando de forma autónoma, desarticulada o independiente, sin intento de vinculación narrativa entre ellos y donde se enfatizan las frases jeroglíficas *uwahy,* 'es el nagual' o 'espíritu auxiliar de' (figura VII.4a). En algunas regiones del mundo maya, los artistas prefirieron presentar las figuras de forma abierta o secuencial, formadas a lo largo de una sola línea, aunque da la sensación de que se trata de una fila o galería de figuras independientes formadas una detrás de otra, con poca o nula interacción entre ellas (figura VII.11). En el caso de este tipo de escenas coincido parcialmente con la opinión de Zender, en el sentido de que no existe evidencia directa para identificar a esos personajes *wahyis* pintados con los gobernantes mayas mismos, y menos para sugerir que se trata de seres humanos en estado de transformación en este o en el otro mundo.[214] No obstante, Moreno Zaragoza ha encontrado y analizado algunos casos que indirectamente pueden interpretarse como espíritus *wahyis* con fuertes rasgos antropomorfos concurrentes, pues del otro lado son hombres del mundo perceptible o de cuyos cuerpos oníricos surgen cabezas o extremidades humanas, lo que lo condujo a la novedosa interpretación de que así como en la vigilia los cuerpos ecuménicos envolvían *wahyis* (se concentraban en el pecho), durante el sueño los cuerpos anecuménicos envolvían seres humanos. Y que ello remarca el hecho de que los *wahyis* y los humanos que los poseían eran

[212] Véase Moreno Zaragoza, "Transformación onírica: naturaleza...", *op. cit.*, pp. 141-143.

[213] Tovilla, *op. cit.*, p. 222.

[214] Zender, "A Study of Classic...", *op. cit.*, pp. 74-76.

coesenciales, pues ambos eran concebidos como la misma persona, aunque en lados opuestos del mundo, con distinta apariencia y ocupando dos cuerpos de materia diferente (pesada en la vigilia y ligera en el sueño), que se desenvuelven en espacios distintos: "en el mundo terrenal los hombres pueden tener espíritu de *wahyis* y en el sobrenatural los *wahyis* pueden tener interior de hombre".[215] En el caso de las escenas con tema anecuménico o sobrenatural, como es el caso de las que conciernen al aspecto esotérico del nagualismo (figuras VII.1, VII.3, VII.5-VII.9 y VII.11), las imágenes retratan aspectos de la experiencia privada o íntima del sueño, imágenes del anecúmeno o ámbito sobrenatural, aunque, como han argumentado diversos colegas, se trata de sueños que involucran enfermedades o ponzoñas personificadas. A este respecto, en maya yucateco colonial se conservaban interesantes vocablos para 'enfermar, emponzoñar' o 'hechizar', que derivan del mismo morfema para 'dormir, soñar' o 'sueño' *(way):*

yucateco	*uaayah, -ab*	'emponzoñar y hacer llagas' (Arzápalo Marín, 1995: 745)
	uay-ah uay-ah	'emponzoñar, llagar, dañar' (Swadesh, Álvarez Lomelí y Bastarrachea Manzano, 1991: 89)
	way	'hacer llagar [...] emponzoñar, hechizar' (Barrera Vásquez, 1980: 915)

Se pensaba que esa alma especial tenía hábitos nocturnos, ya que se alojaba durante el día en el interior del cuerpo —casi seguramente el pecho, *tahn* (figura II.4), o en el miocardio, *tum* (figura III.6)—, donde reposaba, mientras que de noche era enviada a voluntad de su dueño para vigilar la conducta de sus coterráneos o causarles daño; así que trabajaba mientras su receptáculo temporal humano dormía.[216]

Los poseedores de esta entidad anímica especial o coesencia en segundo grado entraban en un sueño profundo, quizá de carácter extático, mientras externaban su espíritu "familiar" o "auxiliar" por medio de la boca, creencia que ha sido registrada entre varios grupos mayenses, incluyendo los pocomanes.[217] Cabe remarcar que ello encaja a la perfección con el sufijo /*-is*/ (figura VII.4b y c) para partes inalienables del cuerpo, que en las inscripciones acompaña al morfema *wahy* en su estado absoluto (no acompañado por pronombres posesivos) y que tiene descendientes lingüísticos justo en pocomchí y

[215] Moreno Zaragoza, "Transformación onírica: naturaleza...", *op. cit.*, pp. 144-160 y 195-208.

[216] Hermitte, *op. cit.*, p. 78; Stratmeyer y Stratmeyer, *op. cit.*, p. 137; Villa Rojas, *Etnografía tzeltal de...*, *op. cit.*, pp. 337-338 y 342; "El nagualismo como...", *op. cit.*, pp. 536 y 541; "Kinship and Nagualism...", *op. cit.*, p. 530.

[217] De la Garza Camino, "Jaguar y nagual...", *op. cit.*, p. 205; "Naguales mayas de...", *op. cit.*, p. 100.

FIGURA VII.11. *Vasija maya con escena de* wahyis, *naguales, coesencias en segundo grado o "espíritus auxiliares", donde la composición o distribución de las figuras es abierta o secuencial. Vaso K2023, fotografía de Justin Kerr, tomada del archivo fotográfico de Kerr. Consultado en http://research.mayavase.com/kerrmaya_hires.php?vase=2023.*

pocoman.[218] Bien afirman Dennis y Jean Stratmeyer que el nagual, familiar o espíritu auxiliar vive dentro del cuerpo,[219] misma situación que es verdad en el caso del *wayjel* de los tzotziles.[220] Houston, Stuart y Taube claramente sugieren que el *wahyis* era un aspecto del alma capaz de abandonar el cuerpo durante la noche, además de ser muy peligroso, pues está relacionado con las enfermedades.[221] Diversas referencias etnográficas sugieren que esta alma complementaria o "familiar" entraba al cuerpo de un brujo por medio de la boca,[222] momento en el que se convertía en su aliado y al mismo tiempo en una parte adicional de su cuerpo. Una vez que el mago contaba con el "mal adentro", era capaz de externarlo por la noche y reingerirlo al amanecer. El orificio de salida y llegada siempre era la boca. De acuerdo con Guiteras Holmes, es durante el sueño cuando los brujos provocan desgracias,

[218] Morán, "Arte breve y...", *op. cit.*, f. 3v., p. 8; Romelia Mó Isém, "Fonología y morfología del poqomchi' occidental", tesis de licenciatura en lingüística, Guatemala, Universidad Rafael Landívar-Facultad de Humanidades-Departamento de Letras y Filosofía, 2006, pp. 71-73 y 293.

[219] Stratmeyer y Stratmeyer, *op. cit.*, p. 152.

[220] Hernández Díaz, *op. cit.*, p. 246.

[221] Houston, Stuart y Taube, *The Memory of...*, *op. cit.*, p. 35.

[222] Ruz Sosa, "La cosmovisión indígena...", *op. cit.*, pp. 59-60.

Figura vii.12. Wahyis *que recibe el nombre de Saw Hiix o 'Jaguar…', nagual, coesencia en segundo grado o "espíritu auxiliar" del señor de Ux; obsérvese que externa sobre la coronilla el componente anímico T533 (la presunta ¿'pepita'?) o ¿'brote'?) con volutas o flamas, tal vez porque se encuentra en un estado liminar o de trance; dibujo que procede del vaso K3395 o MS739, Museo Popol Vuh de la Universidad Francisco Marroquín de Guatemala; tomado de Grube y Nahm,* op. cit., *p. 691.*

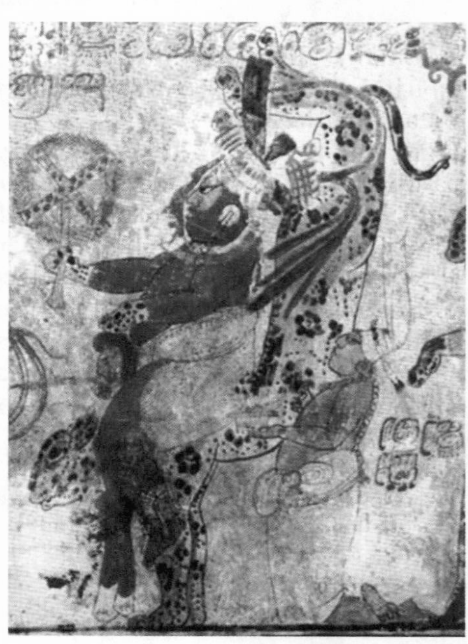

Figura vii.13. *Detalle del vaso K1439, que representa al llamado Cacique Gordo de Motul de San José o Yajawte' K'inich, montado sobre un contorsionista transformado en jaguar, en una danza que se llama* t'olol bahlam, *'jaguar en ringlera'; fotografía de Justin Kerr, tomada del archivo fotográfico de Kerr. Consultado en http://research.mayavase.com/kerrmaya_hires.php?vase=1439.*

enfermedades y males.[223] Esta alma que se externa, sin embargo, es concebida como "puro aire", ya que es incorpórea e invisible.[224]

Otro punto de vital importancia para comprender las escenas de las vasijas mayas con imágenes de *wahyis* (figuras VII.1, VII.3, VII.5-VII.9 y VII.11) radica en que los especialistas rituales mayas externaban sus naguales dando saltos o piruetas en el aire, acrobacias que ejecutaban esas mismas coesencias para retornar al interior del pecho de su dueño. Varios estudiosos han notado que los *wahyis* pintados en las vasijas mayas danzan, se contorsionan o flotan en el aire.[225] Entre los zoques de Chiapas, vecinos de los mayas, las piruetas nagualísticas incluyen saltos mortales y contorsiones que ponen a los brujos de cabeza, "convirtiéndose" en jaguares.[226] El tema de estos saltos, brincos, revolcones, vueltas, giros o piruetas en números de tres, siete, nueve y 13, ha sido documentado entre diversas culturas mesoamericanas, incluyendo varias mayenses.[227] Este dato recuerda ejemplos pintados en las vasijas, como el de Saw Hiix (figura VII.12),[228] un felino manchado que se contorsiona sobre fardos de fémures atados. Otro ejemplo famoso es el del jaguar contorsionista que interviene en la danza pintada en el vaso K1439[229] y recibe el nombre de *t'olo[l] bahlam*, 'jaguar de ringlera' (figura VII.13).[230] También Looper ha destacado la importancia de las contorsiones y los actos acrobáticos como un medio que utilizaban los mayas clásicos para entrar, a través del rito, en un estado de divinidad.[231] Entre los nahuas prehispánicos, el rito para externar el *iʔiiyootl* incluía giros del cuerpo sobre cenizas,[232] lo que sugiere que se trata de una práctica de profunda antigüedad en Mesoamérica, pues ambas tradiciones nagualísticas parecen derivar de una fuente común, más antigua. Indudablemente se trata en estos casos de técnicas para entrar en trance. De

[223] Guiteras Holmes, *op. cit.*, p. 123.

[224] De la Garza Camino, *El universo sagrado…*, *op. cit.*, p. 115; Villa Rojas, *Etnografía tzeltal de…*, *op. cit.*, p. 355; "El nagualismo como…", *op. cit.*, p. 536; "Kinship and Nagualism…", *op. cit.*, p. 530.

[225] Véase Freidel, Schele y Parker, *op. cit.*, p. 191.

[226] Valverde Valdés, *op. cit.*, pp. 271-272; véase Tomás Pérez Suárez, "Acróbatas y contorsionistas en la plástica olmeca", *Los Investigadores de la Cultura Maya*, núm. 13, t. II, Campeche, Universidad Autónoma de Campeche, 2005, pp. 537-544.

[227] Uno de los trabajos que más datos contienen sobre este tema es el de Quintal Avilés *et al.*, "El nagualismo maya…", *op. cit.*, pp. 99-101, 104-105 y 121; véase también Hernández Díaz, *op. cit.*, p. 246.

[228] Véase Grube y Nahm, *op. cit.*, pp. 691-692.

[229] Véase Dorie J. Reents-Budet *et al.*, *Painting the Maya Universe: Royal Ceramics of the Classic Period*, Durham/Londres, Duke University Press, 1994, p. 166, fig. 5.2. Bryan R. Just, *Dancing into Dreams. Maya Vase Painting of the Ik' Kindom*, con contribuciones de Christina T. Halperin, Antonia E. Foias y Sarah Nunberg, New Haven/Londres, Yale University Press, 2012, pp. 180-183.

[230] Velásquez García, "Los vasos de…", *op. cit.*, p. 612.

[231] Looper, *op. cit.*, p. 224.

[232] López Austin, *Cuerpo humano e…*, *op. cit.*, vol. I, p. 428.

acuerdo con Miguel A. Bartolomé Bistoletti y Alicia M. Barabas Reyna, el trance consiste en alcanzar estados modificados de conciencia a través de la movilidad y otras manifestaciones físicas, y el que experimentaba el trance lo vivía como si fuera un sueño. Nos dicen esos autores que

> La palabra trance proviene del latín *transire,* que se traduce como: transitar, transportarse, cruzar, y los múltiples significados de su parónimo "entrada", relacionado con umbral, conducto, portal. Las experiencias conocidas como "caer o entrar en trance" se refieren a un mecanismo psicológico en el que la persona se abandona a ciertas condiciones externas o internas y experimenta un estado de conciencia diferente. Los estados de trance son acompañados siempre por modificaciones cenestésicas y neurovegetativas y están relacionados con el concepto de iluminación espiritual.[233]

Una vez externada la entidad anímica *wahyis,* podía ubicarse a voluntad en el organismo de animales, cometas, piedras, troncos secos, charcos de sangre o fenómenos meteorológicos como el viento, rayos, torbellinos, arcoíris o bolas de fuego, mientras que el cuerpo de su poseedor reposa dormido.[234] Aunque posiblemente también podía actuar sin introducirse en el cuerpo de alguna criatura, simplemente como un aire invisible externado, que sólo puede ser visto en sueños por su poseedor dormido, quien lo controla a voluntad y a gran distancia, o se puede aparecer a la víctima sin que los demás la vean, como, según Gage, sucedía con los indios atormentados de Pinola, a quienes doña Matea de Carrillo se les manifestaba en forma de perro, estando al borde de la muerte.[235]

Antes de abandonar este punto, quisiera mencionar una idea acuñada por Jacques Galinier, que me parece interesante. Este autor francés no estudia comunidades mayenses, sino otomíes. No obstante, ha observado que en los grupos sociales que él trabaja, las danzas practicadas durante el Carnaval, provistas de trajes, disfraces y máscaras, hacen las veces de un "sueño en acción", mientras que, "a la inversa, el hecho de dormir y el sueño hacen las veces de Carnaval onírico o alucinatorio".[236] Resulta tentador, por lo tanto, interpretar las escenas mayas de danzas públicas o nagualismo exotérico como representaciones coreográficas de los sueños (figuras VII.10 y VII.13), mientras que, a la inversa, las escenas de saltos, brincos, giros, bailes, procesiones o piruetas esotéricas de los *wahyis* en sueños podrían interpretarse como

[233] Bartolomé Bistoletti y Barabas Reyna, "Introducción. Los sueños...", *op. cit.*, p. 18, n. 3.

[234] Nos dice Hernández Díaz, *op. cit.*, p. 246: "con el rezo el brujo envía su animal y se queda dormido", situación que aplica para tratar de explicar por qué la raíz de la palabra *wayjel* es *way,* 'dormir'. Quintal Avilés *et al.* ("El nagualismo maya...", *op. cit.*, pp. 126 y 131-132) proporcionan algunos datos más sobre este daño a gran distancia que causan los brujos cuando están dormidos.

[235] Gage, *op. cit.*, p. 105.

[236] Galinier, *op. cit.*, p. 72.

proyecciones oníricas de aquellas danzas públicas de personificación o concurrencia ritual (figuras VII.1, VII.3, VII.5-VII.9 y VII.11).

ESCUDILLAS Y PLATOS DEL ECÚMENO Y EL ANECÚMENO

Todo indica que la práctica más temible de los gobernantes mayas en cuestiones anímicas era enviar a su nagual o *wahyis* para comer lentamente el alma de algún enemigo, produciéndole la muerte. Ya Quintal Avilés y sus colegas nos dicen que en la zona ex henequenera de Yucatán aún se cree que el *wáay* puede atacar al *óol* de un ser humano, produciendo "dolor de cabeza, pérdida de apetito, y a la larga se pierde el peso [...] se quitan las ganas de hacer las cosas".[237] Conocemos más acerca de esto a través de la etnografía, pues, según Guiteras Holmes, los hechiceros dormidos experimentan este devoramiento de almas como un simple sueño donde saborean alimentos deliciosos.[238] Otro punto de reflexión es el que suscitó López Austin, en el sentido de que en el nagualismo existe la creencia en el devoramiento de fuerzas anímicas asociadas con la cabeza y el corazón, pues la entidad hepática *i'iiyootl* tiene necesidad de complementarse.[239]

En mi opinión, los festines de esos *wahyis* se encuentran aludidos en las escenas de los vasos mayas (figura VII.14) mediante las escudillas o platos que portan en las manos, llenas de restos humanos. Las manos, huesos, cráneos y globos oculares que suelen aparecer en esos contenedores pudieron simbolizar el alma humana, debido tal vez a que esas partes del cuerpo eran centros de concentración de las fuerzas anímicas. A este respecto, los tzeltales de Cancuc opinan que del alma que devoran los naguales se desechan huesos,[240] los mayas yucatecos creen que los *wáay* se alimentan de cadáveres,[241] los jacaltecos piensan que los hechiceros acostumbran reunirse sobre la tumba de una de sus víctimas para ingerir su carne fresca,[242] mientras que los choles de Chiapas opinan que los demonios subterráneos *xi'bajob* salen en las noches para alimentarse de la carne de los difuntos que exhuman de las tumbas.[243] Estas referencias tal vez evoquen la metáfora de morder carne, que se usa entre los tzeltales de Pinola para aludir al canibalismo espiritual. El desgarramiento no deja marcas físicas en el cuerpo, pero se evidencia en la súbita aparición de una dolencia.[244]

[237] Quintal Avilés *et al.*, "El nagualismo maya...", *op. cit.*, p. 123, n. 65.
[238] Guiteras Holmes, *op. cit.*, p. 125.
[239] López Austin, *Cuerpo humano e...*, *op. cit.*, vol. I, p. 431.
[240] Pitarch Ramón, *Ch'ulel: una etnografía...*, *op. cit.*, pp. 64-65, n. 15.
[241] Quintal Avilés *et al.*, "El nagualismo maya...", *op. cit.*, pp. 98 y 108-109.
[242] Stratmeyer y Stratmeyer, *op. cit.*, p. 146.
[243] Moreno Zaragoza, "Transformación onírica: naturaleza...", *op. cit.*, p. 215, n. 47.
[244] Hermitte, *op. cit.*, pp. 106-107.

FIGURA VII.14. *Seres* wahyis, *naguales, coesencias en segundo grado o "espíritus auxiliares" que portan platos o escudillas con huesos, ojos, pies y cráneos humanos, según el vaso estilo códice K1080 del Museum of Fine Arts of Boston; uno de esos* wahyis *es un ave decapitada y con la cabeza semidescarnada, mientras que el otro se llama K'ahk' Ti? Suutz' o 'Murciélago Boca de Fuego'; fotografía de Justin Kerr, tomada del archivo fotográfico de Kerr. Consultado en http://research.mayavase.com/kerrmaya_hires.php?vase=1080. De acuerdo con opiniones recogidas por Perla Petrich entre los motozintlecos, los hechiceros que poseen "boca de fuego" emiten palabras calientes "que van con pasión maléfica o perturbadora" (citado por López Austin, "La cosmovisión de... Segunda parte",* op. cit., *p. 14).*

Villa Rojas recogió entre los tzeltales de Oxchuc y de Pinola un dato etnográfico que me parece de potencial importancia para comprender mejor las escenas de festines de *wahyis* pintadas en los vasos del periodo Clásico. De acuerdo con sus datos, cuando el "espíritu familiar" o auxiliar de un brujo finalmente roba el alma de un enemigo, se la lleva a una montaña solitaria, donde celebra un banquete en compañía de los naguales de otros hechiceros de la comunidad, incluyendo algunos invitados.[245] Esto tiene lugar durante la noche, mientras los hechiceros duermen en sus casas, por lo cual puede considerarse que se reúnen en sueños para festejar el triunfo de un aliado. Lo anterior me hace pensar que las escenas de los vasos, donde los espíritus *wahyis* vuelan, saltan y se contorsionan sosteniendo platos con restos humanos (figuras VII.14 y VII.15b), son en realidad representaciones de festines anímicos, y posiblemente la contraparte onírica de los banquetes cortesanos que tenían lugar en estado de vigilia (figura VII.15a).[246] Lo que tienen en común ambos tipos de festines es que servían para concertar o reforzar alianzas en con-

[245] Villa Rojas, *Etnografía tzeltal de...*, *op. cit.*, pp. 355 y 614; "El nagualismo como...", *op. cit.*, p. 541.

[246] Véase Dorie J. Reents-Budet, "Classic Maya Concepts of the Royal Court. An Analysis of Renderings on Pictorial Ceramics", en Takeshi Inomata y Stephen D. Houston (eds.), *Royal*

(**a**)

(**b**)

FIGURA VII.15. *Banquetes cortesanos donde los gobernantes mayas concertaban alianzas o reafirmaban lazos con otros nobles y señores;* (**a**) *banquete en estado de vigilia, que tenía lugar en el ecúmeno; vaso K1599; fotografía de Justin Kerr; tomada del archivo fotográfico de Kerr, consultado en http://research.mayavase.com/kerrmaya_hires.php?vase=1599;* (**b**) *banquete en estado de sueño, que tenía lugar en el anecúmeno; vaso K1376; fotografía de Justin Kerr; tomada del archivo fotográfico de Kerr, consultado en http://research.mayavase.com/kerrmaya_hires.php?vase=1376.*

tra de enemigos comunes, unas en el plano de la experiencia diurna y otras en estado de sueño.

Alianzas en el ecúmeno; alianzas en el anecúmeno

En concordancia con la idea anterior, no existe evidencia para suponer que los señores asociados con los topónimos y glifos emblemas mencionados en las vasijas K3120 (figura VII.1) y K791 (figura VII.3), que contienen fechas precisas de consagración, hayan mantenido una rivalidad política entre abril de 754 y enero de 755 d.C., periodo en que respectivamente fueron activadas ritualmente. Dichas vasijas forman parte de un conjunto de recipientes que fueron pintados por Mo...n Buluch Laj, artista que trabajó para los gobernantes Yajawte? K'inich y K'ihnich Lamaw Ek' de Motul de San José.[247] Otras vasijas de esa colección con temas de *wahyis* son las que llevan las claves K792 y K793. Reuniendo la información epigráfica de estos vasos, y tomando en cuenta sólo los glifos emblemas o topónimos de ubicación conocida, se obtiene la siguiente información: el Vaso de Altar de Sacrificios o K3120 (figura VII.1) contiene la representación de un *wahyis* de Ik'a? (Motul de San José),[248] mientras que seres *wahyis* de Motu?l (Tikal) se encuentran pintados en ese mismo recipiente,[249] así como en el vaso K792.[250] Para el año 754 d.C. no contamos con datos sobre la relación entre las entidades políticas de Motu?l (Tikal) y de Kaanu?l (Dzibanché/Calakmul). El último gobernante de la dinastía Kaanu?l que estuvo asociado con Calakmul fue Wamaw K'awiil (736 d.C.),[251] y no podemos descartar que durante el tiempo del pintor Mo...n B'uluch Laj (*ca.* 754-755 d.C.) los descendientes de esta casa dinástica hayan restablecido relaciones con sus antiguos rivales de Tikal o pasado a ser sus vasallos. Así lo sugiere la representación de un espíritu *wahyis* de Kaanu?l en el vaso K791 (figura VII.1).[252] Otros sitios identificados son Ceibal, que aparece en la glosa de un *wahyis* pintado en la vasija K791 (figura VII.3);[253] Aguacatal o Naj

Courts of the Ancient Maya. Volume One: Theory, Comparison, and Synthesis, Boulder, Westview Press, 2001, pp. 195-233.

[247] Véase Reents-Budet *et al., op. cit.,* pp. 174-177; Velásquez García, "Los vasos de...", *op. cit.,* pp. 118-119; Just, *op. cit.,* pp. 126-155.

[248] Grube y Nahm, *op. cit.,* p. 692.

[249] *Idem.*

[250] *Ibid.,* p. 694.

[251] Raphael Tunesi, "A New Monument Mentioning Wamaaw K'awiil of Calakmul", *The PARI Journal,* vol. VIII, núm. 2, otoño de 2007, p. 19; Simon Martin y Nikolai Grube, *Chronicle of the Maya Kings and Queens. Deciphering the Dynasties of the Ancient Maya,* 2ª ed., Londres, Thames and Hudson, 2008, p. 114.

[252] Grube y Nahm, *op. cit.,* pp. 708-709; Zender, "Glyphs for 'Handspan'...", *op. cit.,* pp. 6-7.

[253] Grube y Nahm, *op. cit.,* p. 690; Stuart, *Sourcebook for the..., op. cit.,* p. 162.

Tunich,[254] representado por un *wahyis* de Yokeˀ dibujado en el mismo vaso K791;[255] Ochnal, sitio posiblemente cercano a Río Azul, presente en el nombre de otro *wahyis* pintado en la vasija K791;[256] y Uhx Witzaˀ (Caracol, Belice), nuevamente aludido en la glosa de un *wahyis* del vaso K791.[257] Como bien observan Tokovinine y Zender, la época del gobernante de Yajawteˀ K'inich, en la que fueron hechos estos vasos (figuras VII.1 y VII.3), parece haber sido un efímero periodo de paz y de remanso, donde la corte real de Motul de San José gozó de buenas relaciones diplomáticas con las ciudades de la región Petexbatún (Altar de Sacrificios), con Yaxchilán y con los señoríos de Namaan (La Florida) y Hiix Witz (El Pajaral y Zapote Bobal).[258] También vale la pena mencionar que algunos seres *wahyis* de estos recipientes se asocian con locativos mitológicos, tales como Matwiil[259] y Nah Hoˀ Chan,[260] interpretados por Calvin[261] como arquetipos reproducidos dentro de los espacios sagrados de algunas ciudades mayas. En síntesis, los *wahyis* representados en las vasijas K3120 (figura VII.1) y K791 (figura VII.3) corresponden a gobernantes que en el breve periodo de abril de 754 y enero de 755 d.C. no mantenían enemistad y, por el contrario, pudieron haber establecido una efímera alianza uniéndose también en sueños.[262]

Esta interpretación concuerda con el hecho, conocido ya entre varios pueblos mayenses etnográficos, de que los brujos o hechiceros no actúan solos, sino en equipos de hechiceros[263] que pueden estar bajo la autoridad de uno de ellos, reproduciendo la organización de su sistema de gobierno y celebrando reuniones periódicas donde asistían los miembros más poderosos de la alianza.[264] Por ende, una de las funciones de las vasijas de élite durante el periodo Clásico pudo haber tenido que ver con la necesidad política de sellar pactos, que no únicamente se celebraban en las cortes mayas (figura

[254] Grube y Nahm, *op. cit.*, pp. 690-691.

[255] Cabe mencionar que Aguacatal es un sitio cercano a Motul de San José, véase Karl Herbert Mayer, "Stela 1 from Huacutal, Peten", *Mexicon. Aktuelle Informationen und Studien zu Mesoamerika. News and Studies on Mesoamerica. Noticias y contribuciones sobre Mesoamérica*, vol. XXII, núm. 6, diciembre de 2000, p. 128.

[256] Grube y Nahm, *op. cit.*, pp. 697-698; Carlos Pallán Gayol ha sugerido que Ochnal puede ser el topónimo de Edzná, véase "Secuencia dinástica, glifos-emblema y topónimos en las inscripciones jeroglíficas de Edzná, Campeche (600-900 d.C.): implicaciones históricas", tesis de maestría, México, UNAM-FFyL-Posgrado en Estudios Mesoamericanos, 2009, pp. 155-166.

[257] Grube y Nahm, *op. cit.*, p. 704.

[258] Tokovinine y Zender, *op. cit.*, p. 54.

[259] Grube y Nahm, *op. cit.*, p. 708.

[260] *Ibid.*, p. 694.

[261] Calvin, *op. cit.*, p. 872.

[262] En su tesis doctoral, Moreno Zaragoza analiza los títulos y glifos emblemas de otros vasos con tema de *wahyis*, llegando a la conclusión de que se trata de coesencias de funcionarios aliados, "Transformación onírica: naturaleza...", *op. cit.*

[263] Quintal Avilés *et al.*, "El nagualismo maya...", *op. cit.*, pp. 104 y 133.

[264] Hermitte, *op. cit.*, pp. 61 y 117; Stratmeyer y Stratmeyer, *op. cit.*, p. 145.

VII.15a), sino en las montañas solitarias donde los señores se reunían en sueños (figura VII.15b).

La vasija *ahk'ab* y la serpiente de "amarre"

Además de las piruetas o contorsiones nagualísticas (figuras VII.1 y VII.3) y de estas escenas de canibalismo anímico (figuras VII.14 y VII.15b), los personajes pintados en las vasijas con escenas oníricas contienen otros elementos constantes asociados con el envío de desgracias y enfermedades.

Por mencionar sólo un par de ellos, me gustaría concentrarme en la llamada vasija *ahk'ab* u 'olla de la noche', portada en las manos de muchos seres *wahyis* (figura VII.16), misma que H. Edwin M. Braakhuis ha interpretado como una especie de "arma biológica", pues contendría diversas alimañas mordedoras, quemadoras y destructoras, capaces de producir enfermedades, como serpientes ponzoñosas, ciempiés, abejas, avispas, abejorros, etc., interpretación que ese autor sustenta con datos etnográficos y de la época colonial, relacionados con prácticas de brujería a través de ollas llenas de insectos e infortunios.[265]

Un elemento adicional que quisiera resaltar son las ya mencionadas serpientes que envuelven el cuerpo de algunos *wahyis,* como si los estrangularan (figura VII.8). Moreno Zaragoza ha encontrado en la etnografía de los choles de Chiapas algunos relatos que ayudan a entender que estos ofidios eran concebidos como compañeros o cómplices de los antiguos seres *wahyis,* pues los ayudaban a amagar o someter a sus víctimas, como en una cruenta escena representada en el vaso K1653 (figura VII.17), donde el espíritu del nagual llamado Hiix se encuentra agrediendo ferozmente el alma de un enemigo, mientras ésta aparece inmovilizada o sometida por medio de una serpiente.[266] Hacia 1692 el padre Núñez de la Vega afirmaba que el amarre de los naguales es una "opresión de que los indios [del obispado de Chiapa] se lamentan mucho", y agrega: "y cada día os quejáis de que os han amarrado los naguales; si no los hubierais recibido, no os los amarraran [...] amarrar con los diabólicos lazos de naguales para meteros después en la formidable cárcel del Infierno".[267] Más al norte, en Yucatán, un conjuro del *Ritual de los Bacabes* tiene como fin deshacer cierta enfermedad opresiva, que era producida por el amarre de la serpiente Ix Juun Peetz' K'iin, 'La Única que Aplasta el

[265] H. Edwin M. Braakhuis, "Xbalanque's Canoe: The Origin of Poison in Q'eqchi'-Mayan Hummingbird Myth", *Anthropos,* vol. 100, núm. 1, 2005, pp. 186-188; Moreno Zaragoza, "Transformación onírica: naturaleza...", *op. cit.,* pp. 134-136, n 31.

[266] Moreno Zaragoza, "Los espíritus del...", *op. cit.,* pp. 40 y 105-107; "Transformación onírica: naturaleza...", *op. cit.,* p. 138.

[267] Núñez de la Vega, *op. cit.,* p. 758.

FIGURA VII.16. *Este* wahyis, *nagual, coesencia en segundo grado o "espíritu auxiliar" llamado Jatz' Tok[a]l Mok Chih o 'Chispa que Azota Boca de Nudo', sostiene entre las manos una vasija* ahk'ab *rodeada por avispas; detalle del vaso estilo códice K2284 de colección privada; fotografía de Justin Kerr, tomada del archivo fotográfico de Kerr. Consultado en http://research.mayavase.com/kerrmaya_hires.php?vase=2284.*

Destino', siendo *peetz'* una palabra que significa 'aplastar, apesgar, oprimir, prensa, prensar' y 'trampa'.[268]

> ¿Cómo es eso de que
> me pongo de pie
> para deshacer el amarre
> de la serpiente *ix hun pedz kin* "la mortal"?
> Cuatro veces
> fue atada.
> Cuatro veces
> fue atrapada.
> Me pongo de pie
> para atrapar el nudo
> de la serpiente *ix hun pedz kin* "la mortal".

[268] Ana Patricia Martínez Huchim, *Diccionario maya de bolsillo. Español-maya. Maya-español,* 3ª ed., Mérida, Dante, 2008, p. 214.

FIGURA VII.17. *Escena cruenta donde un* wahyis, *nagual, coesencia en segundo grado o "espíritu auxiliar" con aspecto de jaguar* (hiix) *inmoviliza el alma de una víctima por medio de un amarre de serpiente, para agredirla; vaso estilo códice K1653, de colección privada; fotografía de Justin Kerr, tomada del archivo fotográfico de Kerr. Consultado en http://research.mayavase.com/kerrmaya_hires.php?vase=1653.*

Cuatro veces
fue atrapada.
Llegaron consigo
mis rojos desenlaces.
Aquí es donde deshice
las ataduras del cielo
de *ix hun pedz kin* "la mortal".
Conmigo llegaron
los pájaros simbólicos
chac tan ek pip "ek-pip-rojo".
¿Cómo fue que aquí
se atrapó
el amarre de la serpiente
ix hun pedz kin "la mortal"?[269]

Tal como han observado Helmke y Nielsen, la imaginería maya clásica de estos *wahyis* guarda enormes analogías con los "malos vientos" mencionados en textos de la época colonial (principalmente el *Chilam Balam de Kaua* y el *Ritual de los Bacabes*) como causantes, y de hecho personificaciones de enfermedades.[270] Los síntomas de tales males se encuentran representados en la imaginería de los seres *wahyis* pintados en las vasijas mayas a través de diversos animales, cuyas picaduras o mordidas evocan y se asemejan al efecto de las dolencias, ardores y penas que conlleva cada padecimiento: aves predadoras, guacamayas y murciélagos para convulsiones y asmas,

[269] Arzápalo Marín, *El ritual de...*, *op. cit.*, pp. 92-93; véase también Roys, *op. cit.*, pp. 34-35.
[270] Helmke y Nielsen, "Hidden Identity and...", *op. cit.*

ciempiés y pecaríes con colas de fuego o vampiros con boca de lumbre para las úlceras, venados y monos para calambres y espasmos dolorosos, etc.[271] Por otro lado, el excelente estudio etimológico de los nombres jeroglíficos de esos seres, elaborado por Sheseña Hernández, revela que sus efectos dañinos son equiparados con el fuego y con la niebla.[272]

Los *wahyaw*

El especialista ritual que posee esa entidad anímica complementaria o coesencia en segundo grado recibe en las inscripciones mayas el nombre de *wahyaw* o *wahywal,* 'brujo, encantador, hechicero, mago, nagual' o, si se quiere, 'chamán' (figura VII.18). Los textos de Palenque atestiguan el uso del sustantivo *wahyaw,* 'mago' o 'hechicero'. El vocablo *wahyaw* encuentra diversos descendientes en maya yucateco *(wáay),*[273] itzá *(ajwaay),*[274] tzotzil *(wayajom)*[275] y tzeltal *(wayajom),*[276] lo que sugiere que su acepción de 'brujo' tiene una gran antigüedad.

yucateco	*(ah) way*	'[brujo, nigromántico, encantador] [...] brujo que toma figura de gato [...] brujo que toma figura de tigre [...] brujo, nagual' (Barrera Vásquez, 1980: 916)
	uaay ben	'brujo que toma figura de algún animal' (Acuña Sandoval, 1993: 155)
	uaay tan/ah uaay tan/dzu tan	'brujo' (Acuña Sandoval, 1993: 155)
	uaayben/uaaytan	'brujo, bruja o nigromántico que toma figura fantástica, por arte del demonio' (Arzápalo Marín, 1995: 746)

271 *Idem.*

272 Sheseña Hernández, "Los nombres de...", *op. cit.,* pp. 23-24.

273 Juan Ramón Bastarrachea Manzano, Ermilo Yah Pech y Fidencio Briceño Chel, *Diccionario básico español-maya-español,* 4ª ed., Mérida, Maldonado Editores, 1998, p. 129. Consultado en http://www.mayas.uady.mx/diccionario/.

274 Erik Boot (comp.), *A Short Itza Maya Vocabulary,* reporte entregado a la Foundation for the Advancement of Mesoamerican Studies, Inc. (FAMSI), 1995, p. 4. Consultado en http://www.famsi.org./spanish/mayawriting/dictionary/boot/itza_based-on_hofling1991.pdf.

275 Robert M. Laughlin y John B. Haviland, *The Great Tzotzil Dictionary of Santo Domingo Zinacantán. With Grammatical Analysis and Historical Commentary. Volume I: Tzotzil-English. Volume II: English-Tzotzil. Volume III: Spanish-Tzotzil,* Washington, Smithsonian Institution Press, 1988 (Smithsonian Contributions to Antropology, 31), p. 326.

276 *Uaiaghom (sic),* véase De Ara, *op. cit.,* p. 402.

yucateco	*uaayinabal/uayintabal*	'ser hecho brujo en figura de animal' (Arzápalo Marín, 1995: 747)
	uaayinah	'hacerse brujo o tomar figura fantástica' (Arzápalo Marín, 1995: 746)
	uaaytan/uaayben	'brujo' (Arzápalo Marín, 1995: 747)
	uay-b-en	'brujo que toma la figura de otro' (Swadesh, Álvarez Lomelí y Bastarrachea Manzano, 1991: 89)
	way	'transfigurar por encantamiento' (Barrera Vásquez, 1980: 916)
	wáay	'brujo, nigromántico, espantador, espanto, fantasma'/'adquirir la figura de algún animal por medios mágicos' (Bastarrachea Manzano, Yah Pech y Briceño Chel, 1998: 129)
itzá	*ah waay*	*'sorcerer'* (Boot, basado en Hofling, 1995: 4)
	ajwaay	'nagual' (Hofling y Tesucún, 1997: 776)
chol	*ajxibal*	'nahual' (Schumann Gálvez, 1973: 62)
tzotzil	*buayaghel*	'brujo' (Hidalgo, 189, nota 156)
	vayajel	'brujería' (Laughlin, 1988: 326)
	vayajelal k'op	'nigromancia'/'nigromántica cosa' (Laughlin, 1988: 326)
	vayajom	'brujo o bruja'/'nigromántico' (Laughlin, 1988: 326)
tzeltal	*uayaghelal*	'brujería' (Ara, 1986: 402)
	pazoghel	'nigromancia' (Ara, 1986: 402)
	uaiaghom	'brujo'/'ser brujo' (Ara, 1986: 402)
tojolabal	*wayjelan*	'hechizar' (Lenkersdorf, 1979-1: 396)

La palabra *wahyaw* se compone de dos morfemas: *wahy* y *aw*. Como Boot (†) ha argumentado, el lexema *aw* tiene los significados de 'gritar, aullar' o 'llamar'.[277] Ello sugiere que la palabra *wahyaw* puede traducirse como 'el que llama a los espíritus auxiliares' o 'el que llama a los naguales', término muy apropiado para describir la conducta de los magos, sacerdotes o gobernantes que poseían esa entidad anímica especial.

Como hemos visto, para los tzotziles las fuerzas necrológicas que envían la enfermedad se encuentran al servicio del señor del inframundo, llamado Pukuj. Pero el vocablo *pukuj* también significa 'brujo', en virtud de que los hechiceros son considerados como las contrapartes humanas de los dioses de la muerte.[278]

[277] Boot, "Loanwords, 'Foreign Words'...", *op. cit.*, p. 14.
[278] Holland, "El tonalismo y...", *op. cit.*, p. 171.

FIGURA VII.18. *Sustantivo* wahy[a]w, *'hechicero, nagualista' o 'chamán'* (**wa-WAY-wa-la**, wahywal): *Tablero de los 96 Glifos de Palenque(I2b), Chiapas; dibujo de Simon Martin, tomado de Mary E. Miller y Simon Martin,* Courtly Art of the Ancient Maya, *Washington/San Francisco, National Gallery of Art/Fine Art Museums of San Francisco/Thames and Hudson, 2004, p. 124.*

FIGURA VII.19. *Detalle del Vaso Trípode de Berlín o K6547,* ca. *400-450 d.C. Museum für Völkerkunde de Berlín, Alemania. Detrás del cuerpo amortajado del difunto se observa la Montaña Florida o Nikte' Witznal, de cuya cima ascienden el dios solar y un par de animales de apariencia natural; dibujo de Simon Martin, tomado de Stuart,* Sourcebook for the..., op. cit., *p. 177.*

Una nota final

Como hemos visto a lo largo de este capítulo, el tema del nagualismo se encuentra ampliamente documentado en las escenas y textos jeroglíficos del periodo Clásico, seguramente porque se trata de un aspecto relacionado con el ejercicio del poder y la distinción social. Pero poco o nada podemos saber sobre los componentes anímicos que creían encontrarse en el cuerpo de los seres humanos comunes u ordinarios, asunto que sería importante para determinar si ya desde el periodo Clásico existía o no el tonalismo. No obstante, puede que existan algunos indicios que son dignos de explorar con más detenimiento en el futuro. Uno de ellos se encuentra en las escenas esgrafiadas en los huesos del Entierro 116 de Tikal (figura iv.11), donde el *oʔhlis* antropomorfo del gobernante Jasaw Chan K'awiil emprende su marcha al inframundo marino en aspecto del dios del maíz (el *oʔhlis* de los humanos era el espíritu de esa planta). Ya vimos que a ese viaje no va solo. Lo acompañan cuatro animales de apariencia ordinaria o natural, muy lejanos a los sangrientos, híbridos y carniceros *wahyis* de las vasijas: una iguana, un mono araña, un papagayo y un perro. Andrew K. Scherer planteó la posibilidad de que se trate de los *wahy* del mandatario fallecido,[279] pero acaso aquí deban entenderse como *alter egos* o simples *<tonas>*. No menos enigmática es la imagen grabada en el Vaso Trípode de Berlín (figura vii.19), donde el Astro Rey renace por el oriente de la cima de la Montaña Florida, acompañado por un mono araña y un jaguar, también de aspecto natural u ordinario, pues poco tienen en común con los *wahyis* de las vasijas. Sólo cabe preguntarse si ese par de imágenes sugieren no sólo que ya existía el tonalismo, sino que el *alter ego* zoomorfo fallecía en la misma fecha que su contraparte humana, y el alma corazón *oʔhlis* del animal acompañaba al propio *oʔhlis* del gobernante, pues todas eran coesencias en primer grado de sus respectivas clases o especies. Por lo tanto, tenían que seguir el mismo camino del Sol, que desciende a la gran cavidad subterránea del inframundo y, una vez purgada de experiencia mundana, su sino es ascender al paraíso celeste de joyas y flores flotantes (figura iv.21).

Todo esto se encuentra aún en el terreno de la especulación y de la hipótesis, pues ciertamente por ahora parecen existir escasos datos del periodo Clásico que constaten la creencia en componentes anímicos con forma de animales de aspecto ordinario, común y corriente. Un tercer ejemplo quizá pudiera ser el gran venado que forma parte de la espectacular colección de 23 figurillas de terracota arregladas en patrones concéntricos, que fue excavada por Michelle Rich y su equipo en el Entierro 39 de la Estructura O14-4 de El Perú, Petén, Guatemala.[280] El contexto funerario del hallazgo y su asocia-

[279] Véase la nota 63 del capítulo "El ciclo del *oʔhlis*".

[280] Véase David Freidel, Michelle Rich y K. Kent Reilly III, "Resurrection the Maize King", *Archaeology,* vol. 63, núm. 5, 2010, pp. 42-45; Coe y Houston, *op. cit.*, pp. 128-130.

ción estrecha con al menos uno de los humanos, suscita preguntas que por ahora no tienen una respuesta clara, aunque la enorme dimensión del venado respecto al tamaño del humano que lo acompaña recuerda que los *wáay* o *wahyis* no necesariamente deben tener el aspecto de híbridos o quimeras. Basta con que sean más grandes de lo normal, que tengan ojos brillantes y que presenten un aspecto atemorizante.[281] Si ello es así, y debemos interpretar esos animales de apariencia ordinaria no como tonas, sino como *lab* o *wahyis,* nos conduce al tema no menos complejo de cómo variaba la imagen de dichos seres en la mentalidad maya clásica de región a región, e incluso de época a época, toda vez que el periodo bajo consideración tiene una duración de al menos 600 años (300-900 d.C.). Este último tema es parte de las preocupaciones de Moreno Zaragoza en su extraordinaria tesis doctoral.[282]

[281] Quintal Avilés *et al.*, "El nagualismo maya…", *op. cit.*, pp. 106 y 133.
[282] Moreno Zaragoza, "Transformación onírica: naturaleza…", *op. cit.*

VIII. LA CREACIÓN Y LA NOCHE

Entre las diversas estrategias de ornamentación literaria que los epigrafistas han podido detectar en el corpus jeroglífico maya se encuentra el **difrasismo**, un recurso que incide en el nivel semántico de la lengua y que consiste en la asociación de dos palabras a fin de denotar un tercer significado, más amplio que el de los dos términos por separado.[1]

En este penúltimo capítulo analizaré la historia de uno de esos difrasismos: *ch'ahbis-ahk'abis,* literalmente 'ayuno-noche', o 'creación-noche', que, como veremos, se refiere al poder ritual de génesis y ordenamiento del cosmos que se creía tenían en el cuerpo los gobernantes mayas. El estado ordinario o habitual en el que aparece este par de palabras consiste en estar acompañadas por pronombres posesivos: *uch'ahb-yahk'baal,* 'su ayuno-su oscuridad' (figura viii.1), pero en el *Códice de Dresde* y en el *Códice de París,* que datan del periodo Posclásico Tardío (1350-1546), se encuentra atestiguado como *ch'ahb[i]s-ahk'ab[i]s,* 'creación-noche' (figura viii.12), comportamiento gramatical que claramente indica que fue considerado como una parte íntima e inalienable del cuerpo humano.[2] Aunque ni *ch'ahb,* 'ayuno, creación' o 'penitencia',

[1] Véase la nota 211 del capítulo "Los conceptos del cuerpo humano". Desde que Ángel María Garibay Kintana identificó este recurso retórico en la literatura náhuatl (*Llave del náhuatl,* colección de trozos clásicos, con gramática y vocabulario, para utilidad de los principiantes, Otumba, s. e., 1940), diversos autores han hablado de él. Los trabajos más exhaustivos son, sin duda, las obras de Mercedes Montes de Oca Vega, *Los difrasismos en el náhuatl de los siglos xvi y xvii,* México, unam-iifl-Seminario de Lenguas Indígenas, 2013, y de Zoraida Raimúndez Ares, "Difrasismos mayas: estudio diacrónico de los textos de tierras bajas desde la época prehispánica hasta el periodo colonial", tesis doctoral, México, unam-ffyl/iifl-Posgrado en Estudios Mesoamericanos, 2021. Kerry M. Hull, "Verbal Art and Performance in Ch'orti' and Maya Hieroglyphic Writing", tesis doctoral, Austin, The University of Texas at Austin, 2003, pp. 135-142 y 410-414, y Alfonso Lacadena García-Gallo, "Apuntes para un estudio sobre literatura maya antigua", en Antje Gunsenheimer, Tsubasa Okoshi y John F. Chuchiak IV (eds.), *Texto y contexto: perspectivas intraculturales en el análisis de la literatura maya yucateca,* Bonn, Shaker Verlag Aachen, 2009 (Estudios Americanistas de la Universidad de Bonn, 47), pp. 39-40, se encuentran entre los primeros autores que identificaron el difrasismo en las inscripciones mayas.

[2] Ya hemos hablado varias veces sobre los sustantivos para partes del cuerpo que en estado no poseído portan el sufijo */-is/*, véase Marc U. Zender, "On the Morphology of Intimate Possession in Maya Languages and Classic Mayan Glyphic Nouns", en Søren Wichmann (ed.), *The Linguistics of Maya Writing,* Salt Lake City, The University of Utah Press, 2004, pp. 200-204. Los únicos contextos gramaticales donde los lexemas *ch'ahb,* 'ayuno', y *ahk'ab,* 'noche', aparecen sin pronombres posesivos *(uch'ahb-yahk'baal)* ni sufijos absolutivos de posesión inalienable *(ch'ahbis-ahk'abis)* son, hasta donde sé, aquellos donde se encuentran directamente precedidos por preposiciones *ti,* "en", como por ejemplo en *ubaah ti ch'ahb ti ahk'baal,* 'es su imagen en ayuno, en oscuridad' (Estela 35 de Yaxchilán).

ni *ahk'ab,* 'noche', son por sí mismos partes del cuerpo,[3] el difrasismo *ch'ahbis-ahk'abis* en su conjunto sugiere que se trata de un componente energía o esencia mística interior para manipular el ámbito sobrenatural[4] que, con seguridad, transita por la sangre. Como dice Nájera Coronado: la sangre "es la sustancia, la esencia del ser humano que otorga la razón y el entendimiento [...] La sangre es una sustancia que posee una fuerza vital [...] Tiene facultad de creación [...]"[5]

Es entonces el torrente sanguíneo una porción del paraíso de pimpollos y joyas flotantes del anecúmeno sagrado (figuras IV.21, V.15 y V.16), éter florido de los dioses y componentes anímicos que en maya yucateco se diría *k'uyel* y en algunas lenguas mayances de Chiapas equivale al *ch'ulel,* 'lo santo', siendo *k'uh,* 'cosa sagrada' o 'dios' en estado exento, su nombre más probable en maya clásico.[6] Mi visión sobre el poder de génesis *ch'ahbis-ahk'abis* es que probablemente se trate de una entidad anímica, dado que, como después veremos, en un pasaje del *Chilam Balam de Chumayel* tiene razonamiento, voluntad y lenguaje comunicativo. Además, también explicaré más adelante cómo en el Dintel 14 de Yaxchilán (figura VIII.2) se encuentra atestiguada una deidad que rige sobre el componente anímico *ch'ahbis-ahk'abis,* y que en la Estela 35 de la misma ciudad la señora Uh Chan Lem(?) personifica a esa misma esencia mística, lo que sugiere que ya desde el periodo Clásico no se trataba de una fuerza azarosa e impersonal, sino de un elemento regulado por la voluntad y discernimiento divinos.

No obstante, a primera vista, y con una mirada superficial, parece comportarse como un tipo especial de fuerza anímica, quizá cercana a lo que Hill II y Fisher denominan "cualidad inefable", una condición que "enlaza a los individuos, particularmente a los miembros de la élite, con las deidades, una variación local del concepto de hombre-dios mesoamericano".[7] Hill II y Fisher basan su definición en un análisis de la palabra quiché *q'oheyik,* que en el *Popol Vuh* se refiere a una cualidad exclusiva de los dioses y de los gobernantes más poderosos, como Q'uq' Kumatz y Kiq'ab. Su cognada en cakchiquel

[3] Harvey M. Bricker y Victoria R. Bricker, *Astronomy in the Maya Codices,* Filadelfia, American Philosophical Society, 2011, p. 199.

[4] Simon Martin, "Ideology and the Early Maya Polity", en Loa P. Traxler y Robert J. Sharer (eds.), *The Origins of Maya States,* Filadelfia, University of Pennsylvania Museum of Archaeology and Anthropology, 2016, pp. 529 y 534; *Ancient Maya Politics. A Political Anthropology of the Classic Period 150-900 CE,* Cambridge, Cambridge University Press, 2020, p. 146.

[5] Martha Ilia Nájera Coronado, *El don de la sangre en el equilibrio cósmico,* 1ª reimp., México, UNAM-IIFL/Centro de Estudios Mayas, 2003, p. 47.

[6] David S. Stuart, "The Gods of Heaven and Earth. Evidence of Ancient Maya Categories of Deities", en Eduardo Matos Moctezuma y María Ángela Ochoa Peralta (coords.), *Del saber ha hecho su razón de ser... Homenaje a Alfredo López Austin,* t. I, México, Secretaría de Cultura-INAH/UNAM-Coordinación de Humanidades-IIA, 2017, p. 251.

[7] Robert M. Hill II y Edward F. Fisher, "States of Heart. An Etnohistorical Approach to Kaqchikel Maya etnopsychology", *Ancient Mesoamerica,* vol. 10, núm. 2, otoño de 1999, p. 325. La traducción es mía.

es *q'ohlem,* que se puede intercambiar con el difrasismo *wäch-k'uˀx* o *<vach-ꜫux>,* 'rostro-corazón', que a su vez equivale a la naturaleza básica o condición natural y profunda que uno tiene. Hill II y Fisher[8] nos dicen que en el diccionario de cakchiquel colonial de Coto, *q'ohlem* o *<3ohlem>* equivale a 'estado, grado' o 'dignidad',[9] entendido como una característica o propiedad que, según ellos, expresa la creencia de una unidad entre la personalidad y el cosmos. Si en realidad, como sospecho, *ch'ahbis-ahk'abis* era una entidad anímica, dentro de sus componentes contiene fuerzas anímicas como la oscuridad, el dolor corporal del autosacrificio[10] y el trabajo potenciado por el ayuno y el engendramiento sexual. El uso patente y explícito de dichas facultades o potencias de acción es lo que hace que *ch'ahbis-ahk'abis* parezca más una fuerza que una entidad anímica.

El difrasismo *uch'ahb-yahk'baal* en el periodo Clásico

Uno de los difrasismos con más larga presencia en la poética maya es el que se construía mediante la asociación de los conceptos *ch'ahb,* 'crear, creación, generación, ayunar, ayuno' o 'hacer penitencia', y *ahk'ab,* 'noche'. Dicha combinación de palabras en las inscripciones mayas ya había sido notada por Victoria R. Bricker (figura VIII.1), así como el hecho de que los jeroglifos relacionados con ella (T712: **CH'AB** y T504: **AK'AB**) pueden hallarse representados en platos asociados con rituales de autosacrificio, como ocurre en la escena del Dintel 14 de Yaxchilán (figura VIII.2).[11]

Ha sido señalado que el jeroglifo T712 **CH'AB** representa una lanceta usada para el autosacrificio, aunque con ciertos rasgos formales que la vinculan con los genitales masculinos. Por su parte, el logograma T504 **AK'AB** parece tener como morfema nuclear el sustantivo *ahk',* 'crica, clítoris', o *aak',* 'lengua'.[12] Este último órgano era donde las mujeres mayas del periodo Clásico

[8] *Idem.*

[9] Fray Thomás de Coto, *[Thesavrvs verborū] Vocabulario de la lengua cakchiquel v[el] guatemalteca, nueuamente hecho y recopilado con summo estudio, trauajo y erudición,* René Acuña Sandoval (ed.), México, UNAM-IIFL, 1983 [1656], p. 444.

[10] Elizabeth Chávez Guzmán, "Un acercamiento a la función simbólica del cuerpo, el dolor y las entidades anímicas en el autosacrificio en Yaxchilán", tesis de licenciatura en arqueología, México, INAH/ENAH, 2021, p. 124, sugiere que el dolor era para los mayas una energía o fuerza anímica de carácter ritual.

[11] Victoria R. Bricker, *A Grammar of Mayan Hieroglyphs,* Nueva Orleans, Tulane University-Middle American Research Institute, 1986 (Publication, 56), p. 73.

[12] H. Ramón Arzápalo Marín, *Calepino de Motul. Diccionario maya-español,* vol. I, México, UNAM-DGAPA/IIA, 1995, p. 52: "**ak** *sus. ant.* La crica de la mujer"; "**ak** *sus. bio.* lengua de cualquier animal racional o bruto"; "**aakab** *sus. geo.* noche, la noche o de noche. De acuerdo con Roberto Martínez González, "Las entidades anímicas en el pensamiento maya", *Estudios de Cultura Maya,* vol. XXX, 2007, p. 154, uno de los centros anímicos donde los tzotziles ubican el *ch'ulel* o

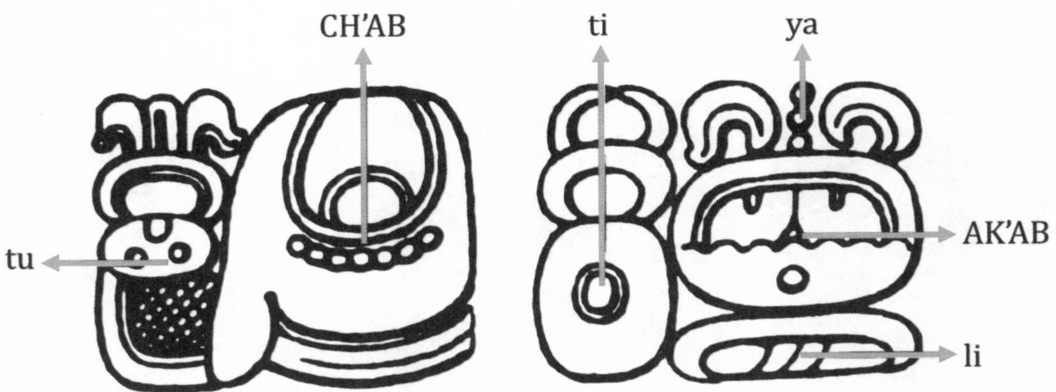

FIGURA VIII.1. *Frase* tuch'ahb ti yahk'b[aa]l, *'en su creación-en su oscuridad'; Dintel 3 (C4-D4) del Templo 1 de Tikal, Petén, Guatemala; tomado de Bricker,* op. cit., *p. 73.*

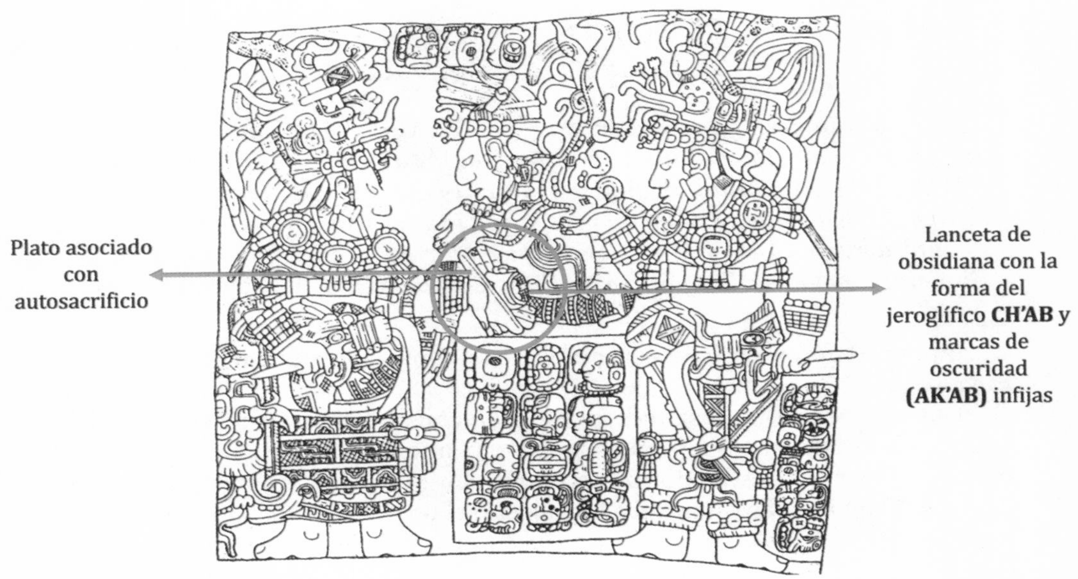

FIGURA VIII.2. *La señora Chak Joloom (izquierda) invoca a su* wahyis, *nagual, coesencia en segundo grado, "espíritu auxiliar" o "familiar" K'awiil Muwaan Chanal Chak Bay Kan. El* wahyis *aparece saliendo de las fauces de una gran serpiente descarnada. Se encuentra frente a su hermano, el* sajal *Chak Joloom (derecha). La invocación fue ejecutada a través de rituales sangrientos de autosacrificio. Dintel 14 de Yaxchilán, Chiapas, México; dibujo de Ian Graham, tomado de Graham y Von Euw,* Corpus of Maya..., op. cit., *p. 37.*

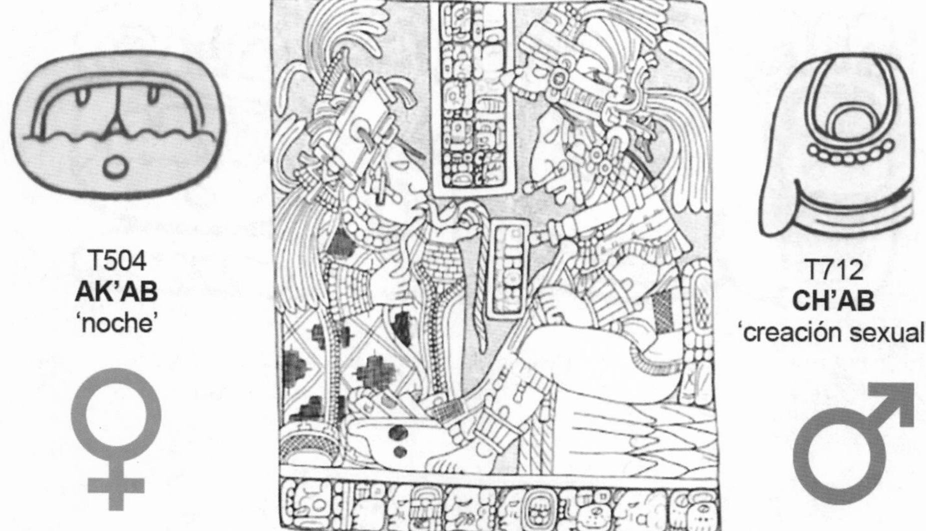

Figura viii.3. *Imagen que representa a la señora Mutuʔl Bahlam, mujer noble que procede del reino de Hiix Witz (izquierda), y a su marido, el gobernante de Yaxchilán, Yaxuun Bahlam IV (derecha) (752-768 d.C.), extrayéndose sangre de la lengua* (aak') *y del pene* (aat), *respectivamente, en un rito de autosacrificio; Dintel 17 de Yaxchilán, Chiapas, México; dibujo de Ian Graham, tomado de Graham y Von Euw,* Corpus of Maya..., op. cit., *p. 43.*

ejecutaban el autosacrificio, así como los hombres lo hacían en el pene (figura viii.2).[13]

David S. Stuart ha sostenido que *ch'ahb* constituye un rasgo esencial del estatus divino de los gobernantes mayas, mismo que empleaban particularmente en los ritos destinados a reproducir la renovación y renacimiento del cosmos.[14] La vinculación de ese vocablo con el de *ahk'ab,* 'noche', produce un

"alma-corazón" es la punta de la lengua; véase también Chávez Guzmán, "Un acercamiento a...", *op. cit.,* p. 136, nota 16.

[13] Véase Timothy W. Knowlton, *Maya Creation Myths. Words and Worlds of the Chilam Balam,* Boulder, University of Colorado, 2010. Chávez Guzmán, "Un acercamiento a...", *op. cit.,* 126, nota que en el vaso K2783, del sur de Campeche, hay una importante excepción a esta regla, dado que un hombre es el que practica el autosacrificio en la lengua.

[14] David S. Stuart, "Los antiguos mayas en guerra", *Arqueología Mexicana,* vol. XIV, núm. 84, México, Raíces, p. 45. Como Knowlton (*op. cit.,* p. 24) observa, en el folio 150r del *Calepino de Motul* se señala que la raíz <*chhab*> 'es vocablo antiguo' (véase Arzápalo Marín, *Calepino de Motul..., op. cit.,* p. 253).

concepto cosmológico asociado con la dualidad masculino-femenina y,[15] por ende, con la génesis o el poder de creación sexual.[16] A través de su poder de génesis, los mandatarios mayas parecen haber asumido de algún modo el papel creador de los dioses,[17] activando de forma periódica, a través del rito, una expresión del bien conocido mito del eterno retorno: revertir el desgaste que de forma natural sufría el universo como consecuencia del devenir, restableciendo el tiempo-espacio al estado primigenio que tenía cuando el mundo fue ordenado.[18] Es decir, renovar la creación y el orden cósmico mediante un acto que consiste en re-actualizar los tiempos de la noche primordial, cuando las potencias sexuales del Cielo y de la Tierra dieron lugar a la génesis del cosmos, de común acuerdo con una concepción erotizada de la creación del mundo, que permite recomenzar o reiniciar un nuevo ciclo de fertilidad.[19] Se trata de una forma de pensamiento o sabiduría muy antigua, que tiene como fin la arcaización del mundo, retornando a la noche primordial y volviendo a empezar, propia de agricultores precapitalistas, y que ha sido bien descrita por Florescano Mayet a través de las siguientes palabras:

> Esta obsesión por repetir en toda creación terrestre el arquetipo de la creación cosmogónica revela que en el pensamiento mexica y mesoamericano lo esencial no era el devenir humano, sino el acto fundador que al crear un orden en el uni-

[15] Knowlton, *op. cit.*, pp. 24-25.

[16] Alfonso Lacadena García-Gallo, "Naturaleza, tipología y usos del paralelismo en la literatura jeroglífica", en Aurore Monod Becquelin, Alain Breton y Mario Humberto Ruz Sosa (eds.), *Figuras mayas de la diversidad*, Mérida, UNAM-Centro Peninsular en Humanidades y Ciencias Sociales/Laboratoire D'ethnologie et de Sociologie Comparative, Laboratoire D'archeologie des Ameriques, 2010 (Monografías, 10), p. 64.

[17] Desde 1965 Ralph L. Roys, *Ritual of the Bacabs*, Norman, University of Oklahoma Press, 1965, p. XV, ya había intuido el poder creador divino de este par de palabras: *ch'áab-áak'ab* en maya yucateco, al advertir que los conjuros médicos del *Ritual de los Bacabes*, el origen de los malos espíritus, causantes de la enfermedades, es atribuido a la lujuria de la creación <*cħab*> y de la oscuridad <*akab*>.

[18] Véase Mircea Eliade, *El mito del eterno retorno*, Buenos Aires-Madrid, Alianza Editorial/Emecé, 2000.

[19] Jacques Galinier, *Una noche de espanto. Los otomíes en la oscuridad*, Mario A. Zamudio Vega (trad.), Tenango de Doria, Universidad Intercultural del Estado de Hidalgo/Universidad de París Oeste Nanterre-Société d'Ethnologie/Centro de Estudios Mexicanos y Centroamericanos, 2016. Para este autor, activar la relación sexual mítica de la noche primordial significa "reproducir una nueva humanidad, hacer germinar las plantas, dar vida a un cosmos estropeado, gastado, para reiniciar un nuevo ciclo de fertilidad" (p. 34). Este tema del retorno a los momentos primordiales de la noche para regenerar el cosmos estropeado se encuentra, al parecer, en muchas culturas antiguas, pero está especialmente acentuado entre los otomíes contemporáneos y sus hermanos mazahuas, que es el ámbito de reflexión de Galinier. Rosario Nava Román, "El color negro y el cuerpo. Usos de la imagen del africano en la sujeción política y religiosa en el siglo XVI", tesis de doctorado en historia del arte, México, UNAM-FFyL-Posgrado en Historia del Arte, 2018, pp. 100-103, ha sugerido que en tiempos cercanos a la Conquista española el retorno a la noche y cielo oscuro y primordial se expresaba entre los mixtecos y nahuas a través del ayuno y la pintura corporal negra, como después veremos.

> verso establecía una armonía en el mundo y conjuraba los peligros de la destrucción. Es decir, para tener orden, fundamento y duración, las creaciones humanas tenían que repetir el acto creador por excelencia. Toda creación es entonces una repetición del origen del cosmos, y todo lo creado se convierte en un espacio sagrado, regido por las fuerzas primordiales. La repetición de la creación cosmogónica en las fundaciones humanas es entonces un conjuro contra la inestabilidad del acontecer histórico, un llamado a la permanencia del orden primordial.[20]

Timothy W. Knowlton[21] ha analizado diferentes contextos rituales donde se usaba en las inscripciones mayas el difrasismo *ch'ahb-ahk'ab,* entre ellos autosacrificio, invocación de dioses, ritos de dedicación y sacrificio de cautivos, además de las muy significativas ceremonias de final de periodo, coyunturas calendáricas muy propicias para recuperar el tiempo-espacio primigenio del 4 *ajaw* 8 *kumk'u*? original,[22] muchas veces asociadas con el tema de la barra ceremonial bicéfala (figura VIII.4). A dichos contextos hay que añadir determinados usos sociales muy acotados relacionados con entronización y el ejercicio del poder, que sugieren un rango político elevado por parte de quienes se asociaban con estas frases.[23] En todas ellas parece tratarse de un medio efectivo o sensible de acción ritual, que a su vez siempre está vinculado con el derramamiento de sangre. De acuerdo con Knowlton, cuando el

[20] Enrique Florescano Mayet, *¿Cómo se hace un dios? Creación y recreación de los dioses en Mesoamérica,* México, Taurus, 2016, p. 124. Afirma este autor, citando una opinión de Fernand Braudel: "se trata de sociedades campesinas dotadas de una 'sapiencia particular [que las incita] a resistir desesperadamente a toda modificación de su estructura fundamental'" (p. 21). Y más adelante hace suyas las palabras de Claude Lévi-Strauss: "esas sociedades están en la temporalidad como todas las otras, y a igual título que ellas, pero, a diferencia de lo que ocurre entre nosotros, se niegan a la historia, y se esfuerzan por esterilizar en su seno todo lo que podría constituir el esbozo de un devenir histórico" (p. 21, n. 5).

[21] *Op. cit.,* pp. 22-27.

[22] Día que los mayistas conocemos como Fecha Era y que corresponde en la Cuenta Larga a 13.0.0.0.0, 8 de septiembre de 3114 a.C. en el calendario juliano, o 13 de agosto de 3114 a.C. en el gregoriano. Se trata de un punto de referencia dentro de la Gran Cuenta Larga, que corresponde al ordenamiento más reciente del universo o creación del mundo vigente. Sobre este tema, véase David Freidel, Linda Schele y Joy Parker, *Maya Cosmos. Three Thousand Years on the Shaman's Path,* Nueva York, Quill William Morrow, 1993, pp. 59-75; Carl D. Callaway, "A Catalogue of Maya Era Day Inscriptions", tesis doctoral, Bundoora, La Trobe University, 2011; David S. Stuart, *The Order of Days. Unlocking the Secrets of the Ancient Maya,* Nueva York, Three Rivers Press, 2011, pp. 162-194.

[23] Jean-Michel Hoppan y Émilie Jacquemot, "Variabilidad de un difrasismo maya: emparejamientos con *ch'ab*", en Aurore Monod Becquelin, Alain Breton y Mario Humberto Ruz Sosa (eds.), *op. cit.,* pp. 278, 289 y 291. Estos autores insisten, igual que Knowlton, en que este difrasismo está asociado con ritos de autosacrificio, pero también son muy enfáticos en señalar que la causa de éstos era la nigromancia, mientras que su finalidad era la adivinación (concretamente la necromancia o adivinación a través de los muertos), *ibid.,* pp. 285, 288, 291 y n. 19. En mi opinión no existe evidencia en los textos mayas del periodo Clásico que sugiera que las frases *uch'ahb-yahk'baal* se relacionen con adivinación, pues nunca se encuentran asociadas con augurios semejantes a los de los códices mayas.

sustantivo *ahk'ab,* 'noche', porta el sufijo derivacional /*-il*/ (figura VIII.1), su significado se transforma en *ahk'b'il,* 'oscuridad'. Aunque yo considero más factible que se trate de un **sufijo de instantación** /*-aal*/, que sirve para derivar un sustantivo abstracto a partir de uno más concreto:[24] en este caso *ahk'baal,* 'oscuridad', que proviene de *ahk'ab,* 'noche'.

Así, por ejemplo, el gobernante K'ahk' Uti' Hu'n Witz' K'awiil (628-695 d.C.) aparece en la Estela I de Copán personificando al dios conocido como GI o Dios I (figura VIII.4),[25] entidad asociada con mitos cosmogónicos, entre ellos los de la Fecha Era (13.0.0.0.0, 4 *ajaw* 8 *kumk'u'*), y sosteniendo una barra ceremonial bicéfala con forma de serpiente-ciempiés del inframundo (Sak Baak Naah Chapaht), de cuyas fauces nace el numen de la abundancia K'awiil. Esta escultura fue consagrada para conmemorar el final de periodo 9.13.0.0.0 (692 d.C.)[26] y en uno de sus costados contiene una inscripción donde se menciona la invocación del dios K'awiil (D1), así como el hecho de que se trata de 'la imagen de la creación, la oscuridad' (D5: **u-BAH u-CH'AB-ba ya-AK'AB-li**, *ubaah uch'ahb, yahk'b[aa]l*) del palo de fuego del gobernante de Copán, lo que probablemente alude a algún rito de naturaleza ígnea.

Otro contexto digno de comentar es el que aparece en el Dintel 3 del Templo I de Tikal, que conmemora la victoria militar del gobernante local Jasaw Chan K'awiil I (682-734 d.C.) sobre Yukno'm Yihch'aak K'ahk' (686-*ca.* ¿695?), señor de Calakmul, fechada en 695 d.C. Como ha sido señalado en repetidas ocasiones por varios autores, el rito elegido para representar en la escena tuvo lugar 260 años (de 360 días cada uno) luego de la muerte del legendario mandatario teotihuacano Jaatz'o'm Kuy o Búho Lanzadardos, registrada siglos antes en la Estela 31 de Tikal.[27] La imagen es un retrato idealizado del propio gobernante de Tikal, quien lleva un tocado con la efigie del dios solar, se encuentra sentado en unas andas, angarillas, litera o palanquín y parece estar protegido por una imagen colosal del jaguar bélico Nu'n Bahlam Chaahknal. De hecho, la inscripción misma menciona que se sentó en el

[24] Véase Alfonso Lacadena García-Gallo, "Gramática maya jeroglífica", material didáctico inédito elaborado con motivo de los talleres de escritura jeroglífica maya que tuvieron lugar en el marco de la "15th European Maya Conference", Madrid, Museo de América, del 30 de noviembre al 2 de diciembre de 2010, p. 4.

[25] David S. Stuart, *The Inscriptions from Temple XIX at Palenque. A Commentary,* Jorge Pérez de Lara Elías (fotografías) San Francisco, The Pre-Columbian Art Research Institute, 2005, pp. 161-170. Consultado en https://www.mesoweb.com/publications/stuart/TXIX-spreads.pdf. El nombre de GI ha sido tomado de la llamada Tríada de Palenque, véase la nota 157 del capítulo "El ciclo del *o'hlis*".

[26] Véase Claude F. Baudez, *Maya Sculpture of Copán. The Iconography,* Norman/Londres, University of Oklahoma Press, 1994, p. 66; Felix A. Kupprat, "La memoria cultural y la identidad maya en el periodo Clásico: una propuesta de método y su aplicación a los casos de Copán y Palenque en el siglo VII d.C.", tesis doctoral, México, UNAM-FFyL-Posgrado en Estudios Mesoamericanos, 2015, pp. 84-91.

[27] Simon Martin y Nikolai Grube, *Chronicle of the Maya Kings and Queens. Deciphering the Dynasties of the Ancient Maya,* 2ª ed., Londres, Thames and Hudson, 2008, p. 45.

(**a**)

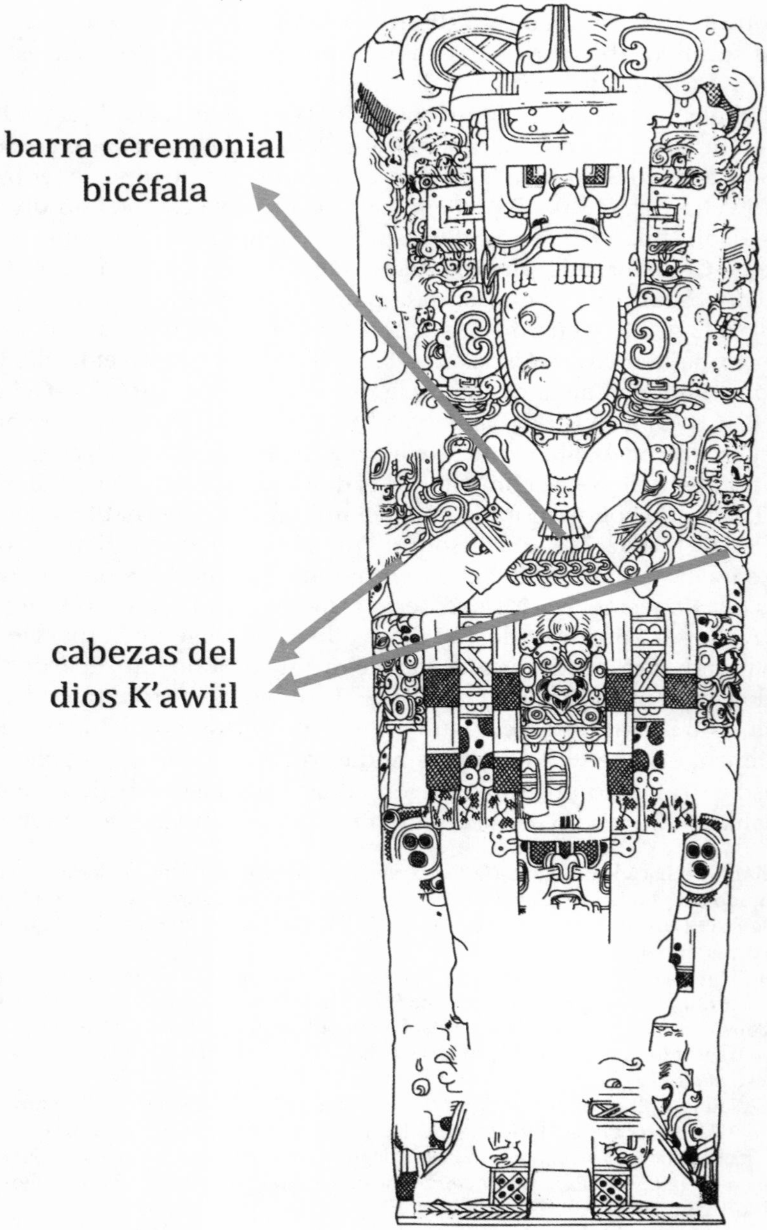

barra ceremonial bicéfala

cabezas del dios K'awiil

(b)

Figura viii.4. *Retrato del gobernante K'ahk' Uti' Hu'n Witz' K'awiil en estado de trance liminar, personificando al dios GI y sujetando la barra ceremonial bicéfala con efigie del ciempiés Sak Baak Naah Chapaht; de las fauces de la barra surgen cabezas del dios K'awiil; en el texto jeroglífico ubicado en el costado sur apreciamos una frase que dice: "es la imagen de la creación, de la oscuridad del palo de fuego del señor sagrado de Copán"; (***a***) lado poniente de la Estela I de Copán, Departamento de Copán, Honduras, dibujo de Anne Dowd, tomado de Baudez,* op. cit., *p. 67; (***b***) lado sur de la Estela I de Copán, Departamento de Copán, Honduras, dibujo de Linda Schele, tomado de* Linda Schele Drawings Collection. *Consultado en http://www.ancientamericas.org/es/collection/aa010012.*

palanquín de ese dios[28] y que en la misma fecha el mandatario 'invocó a los dioses por su creación, por su oscuridad' (C3-C4: **u-TZAK-K'UH tu-CH'AB ti-ya-AK'AB-li**, *utzak[aw] k'uh tuch'ahb, ti yahk'b[aa]l*).

Otro contexto donde aparece este difrasismo se encuentra documentado en las famosas lápidas del Escriba y el Orador de Palenque (figura VIII.6), que en realidad representan cautivos de guerra tomados de Piedras Negras en el año 725 d.C. por Chak Suutz',[29] funcionario militar que trabajaba bajo las órdenes del gobernante Ahku'l Mo' Naahb III (721-736 d.C.). En un enigmático ejemplo de **enálage o translación**,[30] los escribas que elaboraron estas obras cambiaron de tercera a segunda persona del singular cuando se dirigieron al gobernante y se referían a estos cautivos como **a-CH'AB-a-AK'AB-li**, *ach'ahb, a[w]ahk'b[aa]l*/, 'es tu creación, es tu oscuridad', aparentemente aludiendo a los retratos de los prisioneros o, con más probabilidad, a la sangre que sería derramada de ellos, considerada en este contexto como una posesión de su captor. Acaso un tipo de parentesco ritual, que consideraba a los prisioneros de guerra como sustitutos o extensiones corporales del guerrero victorioso.[31]

Otro ejemplo que confirma la proximidad semántica entre los cautivos de guerra y los atributos del *ch'ahb-ahk'ab* de sus captores se encuentra en la Estela 18 de Yaxchilán (figura VIII.7), consagrada en 9.15.0.0.0 (731 d.C.). Su escena y texto jeroglífico consignan la captura de un señor de Lacanhá por el mandatario Itzamnaah Kokaaj Bahlam II (681-742 d.C.).[32] En la inscripción se aclara que 'el cautivo está ante la creación, ante la oscuridad del varón [gobernante]...' (A9-A12: /**u-ba-ki tu-CH'AB ti-ya-AK'AB-li ch'a-ho-ma** [..., *ubaak tuch'ahb, ti yahk'b[aa]l ch'aho'm*...]). Knowlton sugiere que la relación

[28] Stuart, *The Inscriptions from...*, *op. cit.*, pp. 97-98.

[29] Nikolai Grube, Simon Martin y Marc U. Zender, "Part II. Palenque and its Neighbours", en *Notebook for the XXVIth Maya Hieroglyphic Forum at Texas*, Austin, The University of Texas at Austin, pp. II-42.

[30] Helena Beristáin Díaz, *Diccionario de retórica y poética*, 8ª ed., México, Porrúa, 1997, p. 495; véase la nota 21 del capítulo "Los alientos del éter florido".

[31] Marc U. Zender, "Diacritical Marks and Underspelling in the Classic Maya Script: implications for Deciphering", tesis de maestría, Calgary, University of Calgary, Faculty of Graduate Studies, Department of Archaeology, 1999, p. 125. Hoppan y Jacquemot, *op. cit.*, pp. 295-296, señalan determinados contextos donde el difrasismo en cuestión funciona como relacionador de parentesco (expresión que enlaza el nombre de una persona con el de algún pariente). En dichos pasajes el significado de *ch'ahb* probablemente no es 'ayuno', sino 'creación': *ubaah uch'ahb [y] ahk'ab*, 'es la imagen, la creación, la noche' de determinada madre (Estela 7 de Yaxchilán). Este caso recuerda lo que veremos más adelante, en la época colonial, donde *ch'áab*, 'creación', y *áak'ab*, 'noche', aluden al acto sexual o procreador. *Ch'ahbis-ahk'abis* alude en esos contextos de las inscripciones al poder creativo de los progenitores, véase David S. Stuart, "Ideology and Classic Maya Kingship", en Vernon L. Scarborough (ed.), *A Catalyst of Ideas: Anthropological Archaeology and the Legacy of Douglas W. Schwartz*, Santa Fe, School of American Research Press, 2005, p. 278; Helmke, Hoggarth y Awe, *op. cit.*, 37; Martin, *Ancient Maya Politics...*, *op. cit.*, p. 146.

[32] Martin y Grube, *op. cit.*, p. 123.

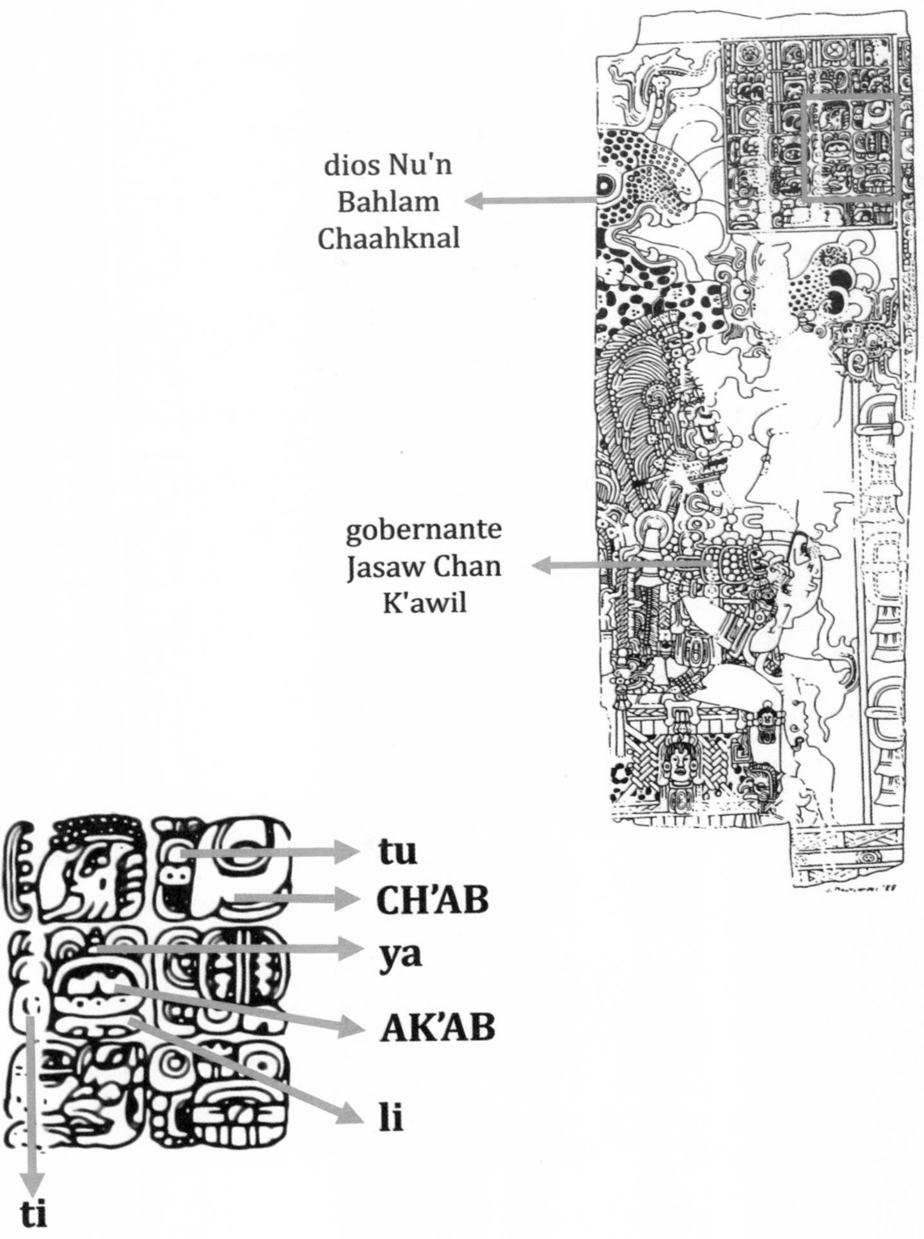

FIGURA VIII.5. *El gobernante Jasaw Chan K'awiil 'invocó a los dioses por su creación, su oscuridad'; Dintel 3 del Templo I de Tikal, Petén, Guatemala; tomado de Jones y Satterthwaite,* op. cit., *fig. 70.*

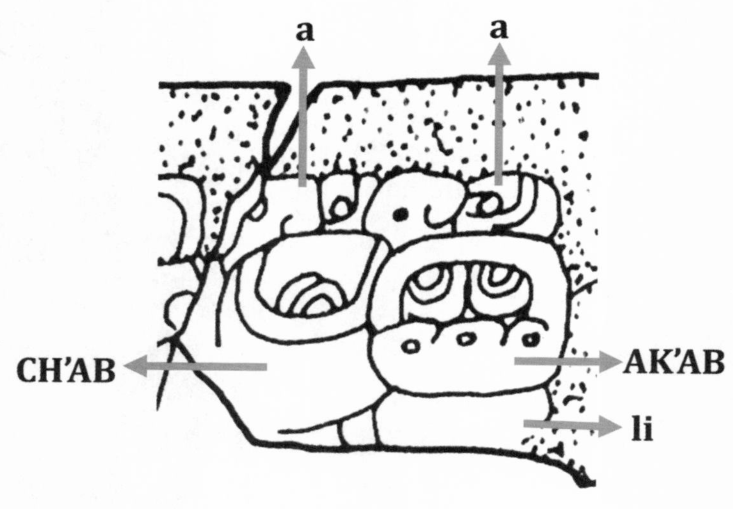

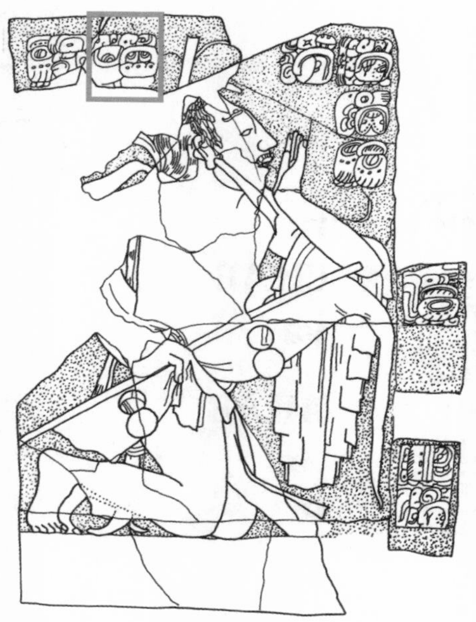

FIGURA VIII.6. *Lápida del Orador de Palenque, Chiapas, México; dibujo de Merle Greene Robertson, tomado de* The Sculpture of…, op. cit., *lám. 259.*

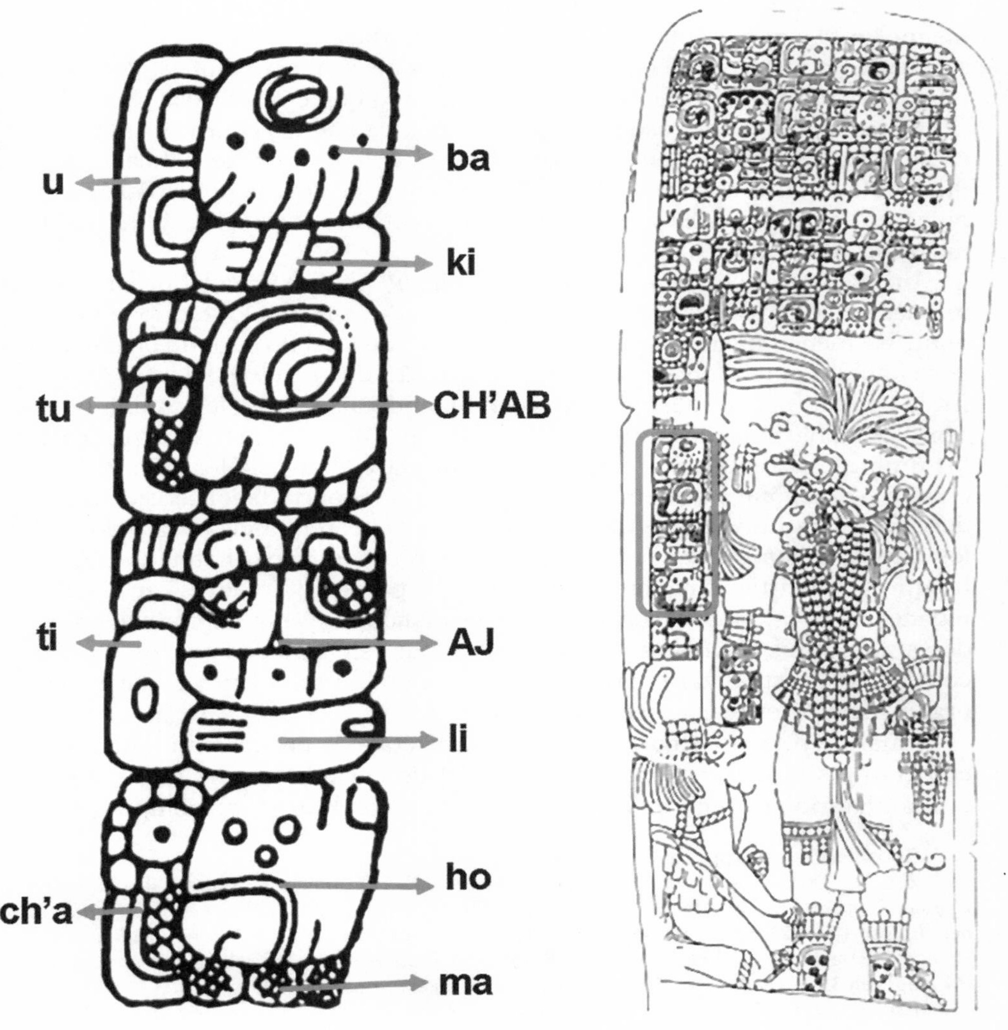

FIGURA VIII.7. *Estela 18 de Yaxchilán, Chiapas, México; lado del río; dibujo de Ian Graham; tomado de Tate,* op. cit., *p. 246.*

de estos prisioneros con el *ch'ahb-ahk'ab* de sus captores tiene que ver con el tema de su occisión ritual y los ámbitos semánticos de la sangre.[33]

No obstante, diversos autores han notado que en los cautivos de guerra mismos este componente ritual anímico se perdía o era nulificado, algo que se encuentra atestiguado en múltiples pasajes de las inscripciones. Por ejemplo, en las estelas 22 y 23 de Naranjo, lo mismo que en la Estela 18 de Yaxchilán, así como en el Vaso de Komkom, se dice que los cautivos 'no tienen creación/ ayuno, no tienen oscuridad' *(ma' ch'ahb ma' ahk'baal)*, lo que se ha interpretado en el sentido de que al convertirse en presas degradadas también perdían este poder sobrenatural, procreativo y sacrificial, adquiriendo una especie de impotencia ritual.[34]

Un ejemplo del uso del difrasismo *ch'ahb-ahk'ab* vinculado con ceremonias calendáricas se encuentra en el texto de la Estela 7 de Copán (A11), donde se menciona en asociación con los ritos de final de periodo efectuados por el gobernante K'ahk' Uti' Chan (*ca.* 578-628 d.C.) en 9.9.0.0.0 (613 d.C.). En la escena (figura VIII.8) aparece dicho mandatario sosteniendo una barra ceremonial bicéfala, de cuyas fauces surgen los Dioses Remeros, patronos de los umbrales, crepúsculos y momentos liminares,[35] asociados a su vez con el mito cosmogónico principal de la Fecha Era.[36] Stuart[37] ha observado que el derramamiento de sangre formaba parte de las ceremonias para invocar a los dioses, mismos que "nacían" en el plano del universo habitado por los hombres, convirtiendo a los gobernantes en "padres" y "madres" de las divinidades.[38] Por tal motivo, sospecho que los mandatarios mayas usaban sus poderes de génesis *ch'ahb-ahk'ab* para consumar este tipo de ritos, que tenían como meta reactualizar el orden establecido en la Fecha Era y evitar la desorganización o envejecimiento del mundo.

Final de periodo y barra ceremonial bicéfala se encuentran vinculados con el difrasismo en cuestión en el Panel 1 de Lacanhá (figura VIII.9), donde el mandatario sostiene dicho elemento entre los brazos, al tiempo que la

[33] Knowlton, *op. cit.*, pp. 26-27.

[34] Zender, "Diacritical Marks and...", *op. cit.*, pp. 125-127; David S. Stuart, "Ideology and Classic...", *op. cit.*, p. 278; Martin, "Ideology and the...", *op. cit.*, p. 529; *Ancient Maya Politics...*, *op. cit.*, pp. 146 y 212; Christophe Helmke, Julie A. Hoggarth y Jaime J. Awe, *A Reading of the Komkom Vase Discovered at Baking Pot, Pelize*, San Francisco, Precolumbian Mesoweb Press (Monograph 3), 2018, pp. 38 y 71; Raimúndez Ares, *op. cit.*, pp. 205-210.

[35] Erik Velásquez García, "Los Dioses Remeros mayas y sus posibles contrapartes nahuas", en Laura van Broekhoven, Rogelio Valencia Rivera, Benjamin Vis y Frauke Sachse (eds.), *The Maya and their Neighbours. Internal and External Contacts Through Time. Proceedings of the 10th European Maya Conference. Leiden, December 9-10, 2005*, Markt Schwaben, Verlag Anton Saurwein, 2010 (Acta Mesoamericana, 22).

[36] Véase Freidel, Schele y Parker, *op. cit.*, pp. 66-69.

[37] "Blood Symbolism in Maya Iconography", en Elizabeth P. Benson y Gillett G. Griffin (eds.), *Maya Iconography*, Nueva Jersey, Princeton University Press, 1988, pp. 192-193.

[38] Esta interpretación se basa bastante en el texto secundario de la Estela 25 de Dos Pilas, donde se establece que los Dioses Remeros nacieron *(siyaj)* por los auspicios del gobernante.

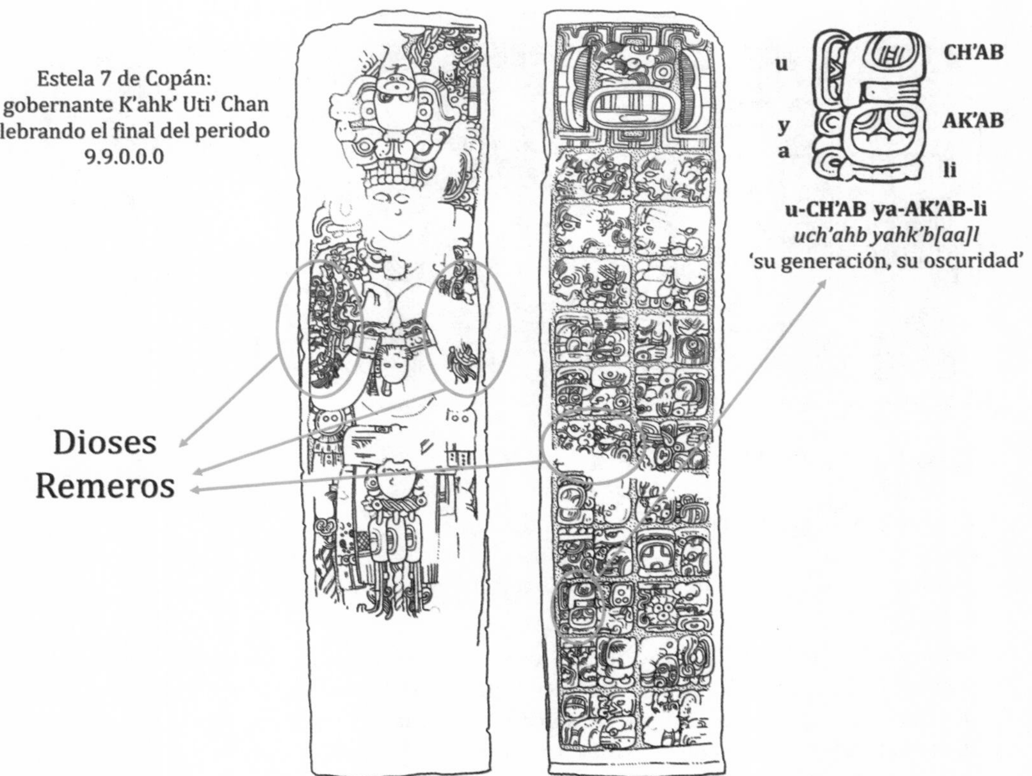

FIGURA VIII.8. *Estela 7 de Copán, Departamento de Copán, Honduras; dibujo de Linda Schele; tomado de* Linda Schele Drawings Collection. *Consultado en http://www.ancientamericas.org/es/collection/aa010031.*

inscripción explica que se trata de 'la imagen de su creación, de su oscuridad' (C6-D6: **u-ba-hi u-CH'AB-ya-AK'AB-li**, *ubaah uch'ahb, yahk'b[aa]l*), en la fecha 9.15.15.0.0 (746 d.C.).

Erik Boot (†) ha notado que *ch'ahb* es también un verbo transitivo que puede aparecer en voz activa con el significado de 'él lo creó' *(uch'ahbaw),* como ocurre en el vaso K4655.[39] Del mismo modo observó que en una estela que procede del Sitio X (figura VIII.10) se encuentra el difrasismo *usij uch'a[h]b* (B10-C1). Según Knowlton[40] en los documentos coloniales de Yucatán el verbo

[39] Erik Boot, "The Updated Preliminary Classic Maya-English, English-Classic Maya. Vocabulary of Hieroglyphic Readings", *Mesoweb Resources,* 2009, p. 57. Consultado en https://www.mesoweb.com/resources/vocabulary/index.html.

[40] Knowlton, *op. cit.,* p. 32.

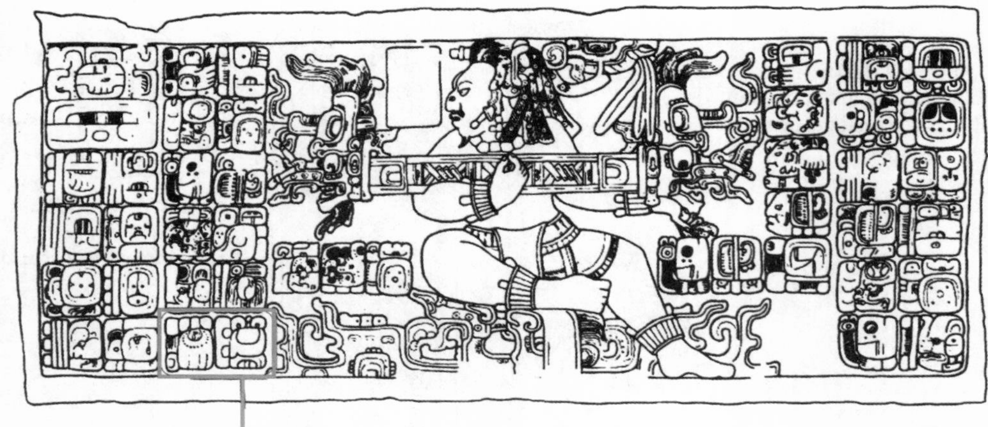

FIGURA VIII.9. *Panel 1 de Lacanhá, Chiapas, México; dibujo de David S. Stuart.*

síihaj <sihah>, 'dar a luz', opera como la contraparte femenina de *ch'áab <cħab>,* 'crear', por lo que es probable que el ejemplo del Sitio X signifique literalmente 'su nacimiento, su creación'. Esta idea de la progenie se encuentra también atestiguada en algunas expresiones de parentesco del periodo Clásico, como por ejemplo **u-BAH-hi u-CH'AB**, *ubaah uch'ahb,* 'es su imagen, es su creación' (figura II.19a y b), frase que equivale al hijo de un hombre y que podemos encontrar en las inscripciones enlazando el nombre de un individuo con el de su padre.[41]

Es preciso mencionar que en el Dintel 14 de Yaxchilán (figura VIII.2) el *sajal* Chak Joloom[42] aparece involucrado en un rito de personificación ritual *(ubaahil aʔn),* donde incorpora temporalmente dentro de su pecho un alma adicional: el espíritu de Yaʔx Chit Ch'ahb Ahk'ab, quien tal vez era el dios que de alguna manera regía sobre los poderes del ayuno/creación-noche. Si bien la expresión *uchit ch'ahb* aparece en otras inscripciones mayas de sitios como Machaquilá, Pusilhá y Tamarindito,[43] fueron Jean-Michel Hoppan y Émilie Jacquemot quienes encontraron la cláusula completa Yaʔx Chit Ch'ahb

[41] Sobre este tema véase Hoppan y Jacquemot, *op. cit.,* pp. 295-296.

[42] Agradezco a María Elena Vega Villalobos, comunicación personal, 30 de noviembre de 2019, por haber leído una versión temprana de este capítulo y haberme hecho notar la presencia del *sajal* Chak Joloom, quien era hermano o quizá padre de la señora Chak Joloom, véase Peter L. Mathews, *La escultura de Yaxchilán,* México, INAH, 1997 (Colección Científica, 368), p. 181.

[43] "The Updated Preliminary...", *op. cit.,* p. 53.

Figura viii.10. *Estela del Sitio X, Denver Art Museum; dibujo de Stephen D. Houston; tomada de* Contributions to Maya Decipherment, *vol. 1, New Haven, Yale University-Human Relations Area Files, Inc., 1983, p. 107.*

Ahk'ab en este pasaje de Yaxchilán y se dieron cuenta de que se trataba del nombre de una deidad.[44] Aunque ellos citan una idea de Helmke en el sentido de que la palabra *chit* pudiera ser cognada del maya yucateco *keet*, 'pájaro', me convence más la posibilidad de que *chit* sea un equivalente cholano del término reverencial maya yucateco *kit*, 'jefe, padre' o 'patrón', idea ya insinuada hace años por John Montgomery, quien traduce el jeroglifo *chit* como 'padre'.[45] Si ello es así, el nombre de ese dios registrado en el Dintel 14 de Yaxchilán (figura viii.2), acaso señor de los poderes de creación *ch'ahbis-ahk'abis*, puede traducirse como 'Primer Padre del Ayuno y Noche' o 'Primer Padre de la Creación y Noche'. Al observar el atuendo que porta el *sajal* Chak Joloom en el

[44] Hoppan y Jacquemot, *op. cit.*, p. 287.

[45] John Montgomery, *Dictionary of Maya Hieroglyphs*, Nueva York, Hippocrene Books, Inc., 2002, p. 62. Si bien en las inscripciones se encuentra plenamente documentado el término *kit* (escrito como **ki-ti**), 'jefe, padre' o 'patrón', esporádicamente en el corpus jeroglífico se encuentran dos cognadas en distintas lenguas mayances o que denotan diferentes estados de evolución histórica (una contemporánea a la inscripción y la otra fosilizada o arcaizante), como por ejemplo *chan*, 'serpiente' (**CHAN**) *vs. kan* (**ka-KAN**), *otoot*, 'casa' (**yo-to-ti**) *vs. otoch* (**yo-to-che**) o *chay*, 'pescado' (**cha-ya**) *vs. kay* (**ka-ya**).

Dintel 14, lo más notorio es la presencia en el tocado del gran centípedo-serpiente descarnado Sak Baak Naah Chapaht, 'Ciempiés de la Casa de Huesos Blancos', acompañado de plumas y una cola de jaguar. Dicha escolopendra o artrópodo sobrenatural simboliza la boca o entrada al inframundo, que quizá sea un símbolo del tiempo mítico oscuro y crepuscular que precedió y acaso dio origen al engendramiento del mundo. La madrugada primigenia de actividad sexual entre los dioses o fase terminal del tiempo mítico que, siglos más tarde, en el libro colonial del *Ritual de los Bacabes,* sería simbolizada mediante la fecha 1 *ajaw,* como después explicaré. No cabe sino especular que la esencia mítica designada con el difrasismo *ch'ahb-ahk'ab* o *ch'ahbis-ahk'abis* haya sido una proyección del dios Yaˀx Chit Ch'ahb Ahk'ab dentro del cuerpo de los gobernantes mayas y, por lo tanto, una entidad anímica en sentido propio.

Otra importante escena de personificación relacionada con este tema es la Estela 35 de Yaxchilán, donde la señora Uh Chan Lem(?) de Calakmul, madre del gobernante Yaxuun Bahlam IV de esa ciudad del Usumacinta, aparece retratada en ritos de autosacrificio linguales, invocando al dios K'awiil. La estela es posterior a enero de 749[46] y la inscripción habla de que ella está en un acto de personificación *(ubaajil aˀn)* en ayuno y en la oscuridad.[47] En las imágenes de esa estela ella aparece equipada con el instrumental necesario para la penitencia y evoca en el tocado complejos símbolos de origen teotihuacano relacionados con cuchillos, cráneos y otros elementos del inframundo. Para el año 749 Teotihuacan era una ciudad abandonada, pero los mayas elaboraron alrededor de ella un complejo discurso de génesis y origen, de manera que la señora Uh Chan Lem(?) parece estar usando sus poderes rituales corporales para remontarse a la noche inframundana de los tiempos.

El difrasismo *ch'ahbis-ahk'abis* en el periodo Posclásico

En vísperas de la Conquista española volvemos a encontrar al verbo *ch'ahb* en voz activa a lo largo de las páginas 30c-39c del *Códice de Dresde.*[48] El sujeto que realiza creaciones es el dios B o Chaak (figura VIII.11a), numen de la lluvia, apostado sobre diferentes especies de árboles, aguadas, montañas y otros accidentes geográficos, así como bajo cielos nublados y torrenciales, sentado bajo bandas

[46] Carolyn E. Tate, *Yaxchilan. The Design of a Maya Ceremony City,* Austin, University of Texas Press, 1992, p. 125.

[47] María Elena Vega Villalobos, *El gobernante maya. Historia documental de cuatro señores del periodo Clásico,* México, UNAM-IIH/Fideicomiso Felipe Teixidor y Monserrat Alfau de Teixidor, 2017 (Serie Culturas Mesoamericanas, 8), p. 220, y Raimúndez Ares, *op. cit.*, p. 208.

[48] Boot, "The Updated Preliminary...", *op. cit.,* p. 57.

FIGURA VIII.11. (**a**) *Dios B o Chaak haciendo penitencia o en acto de creación, apostado sobre el árbol del oriente; página 30c del* Códice de Dresde, *tomado de Velásquez García,* Parte 2. Edición…, op. cit., *p. 57;* (**b**) *Dios D o Itzamna*ˀ *realizando una penitencia o ayuno, perforándose la lengua* (aak'); *página 96b del* Códice de Madrid, *tomada de Fahsen Ortega y Matul Morales,* op. cit., *p. 176.*

celestes o los dinteles de algunas casas.[49] Una imagen más nítida del jeroglifo **CH'AB** asociado con una escena de autosacrificio o penitencia *(ch'ahb),* que implica ayuno *(ch'ahb)* y perforación de la lengua *(aak')* ha sido detectada por Lacadena García-Gallo en la página 96b del *Códice de Madrid* (figura VIII.11b). El sujeto de tal rito es Itzamnaˀ y, de acuerdo con el texto jeroglífico, su autosangrado produce un augurio o pronóstico de alimento *(oˀoch[?]).*[50]

Una de las formas literarias más típicas de Mesoamérica tiene lugar cuando el difrasismo se combina con el **paralelismo**.[51] Este último es una figura retórica "de repetición que consiste en la distribución de un mensaje lingüístico en dos constituyentes compuestos por dos elementos, los primeros en relación anafórica y los segundos en relación semántica".[52]

[49] Nikolai Grube, *Der Dresdner Maya-Kalender. Der vollständige Codex,* Friburgo de Brisgovia, Herder GmbH, 2012, pp. 186-204; Erik Velásquez García, *Códice de Dresde. Parte 2.* ed. facs., ed. especial de *Arqueología Mexicana,* núm. 72, México, Raíces, 2017, pp. 56-75.

[50] *Ibid.,* pp. 56-67.

[51] Lacadena García-Gallo, "Naturaleza, tipología y…", *op. cit.,* pp. 64-66.

[52] *Ibid.,* p. 58. Conviene aclarar que la **anáfora** es en sí misma otra figura retórica que consiste en la repetición de la misma palabra al comienzo de dos o más estructuras paralelas

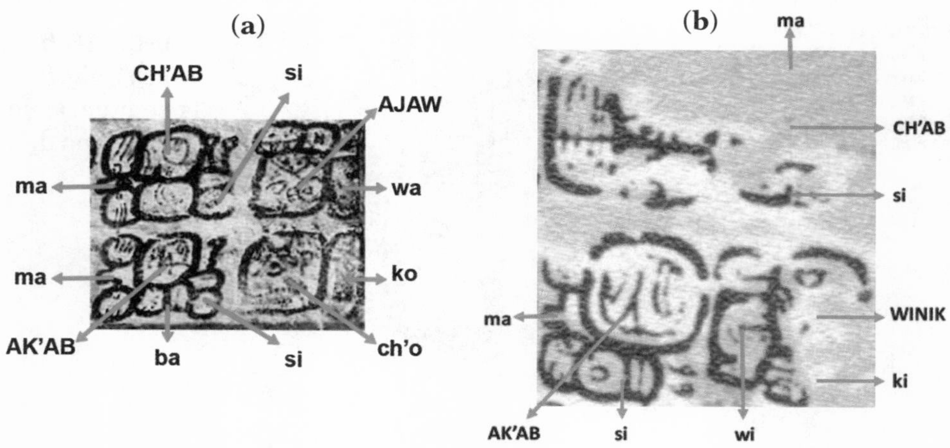

Figura viii.12. (**a**) *pasaje de la página 46c del* Códice de Dresde, *donde se encuentra un ejemplo de paralelismo con difrasismo, atestiguando que* ch'ahbis-ahk'abis *es una parte del cuerpo; tomado de Velásquez García,* Códice de Dresde..., op. cit., *p. 63;* (**b**) *pasaje de la página 4b del* Códice de París *o* Pereciano, *donde apreciamos otro ejemplo de paralelismo con difrasismo, comprobando que* ch'ahbis-ahk'abis *es una parte inalienable del cuerpo; tomado de Bruce Love,* The Paris Codex. Handbook for a Maya Priest, *introducción de George E. Stuart, Austin, University of Texas Press, 1994.*

Un revelador ejemplo del difrasismo *ch'ahb-ahk'ab,* 'creación-noche', es el que se encuentra en la página 46c del *Códice de Dresde* (figura viii.12a), insertado a su vez dentro de un paralelismo: **ma-CH'AB-ba-si AJAW-wa, ma-AK'AB-ba-si ch'o-ko**, *ma[ˀ] ch'ahb[i]s ajaw, ma[ˀ] ahk'ab[i]s ch'ok,* 'los señores sin creación, los niños sin noche',[53] mismo que podría versificarse así:

maˀ ch'ahbis ajaw,
maˀ ahk'abis ch'ok

'los señores sin creación,
los niños sin noche'

(Lacadena García-Gallo, "Apuntes para un...", *op. cit.*, p. 35). De este modo, un ejemplo de paralelismo sería *waˀiij k'intuun, waˀiij wiˀnaal,* 'será que haya sequía, será que haya hambruna', véase Lacadena García-Gallo, "Naturaleza, tipología y...", *op. cit.*, p. 59. En ese ejemplo, que se encuentra escrito en la espina 3 de la urna 26 de Comalcalco, Tabasco, la palabra *waˀiij* que se repite al inicio de ambas estructuras paralelas cumple una función anafórica, mientras que *k'intuun,* 'sequía', y *wiˀnaal,* 'hambruna', se encuentran en relación semántica.

[53] *Ibid.*, pp. 72-73; Harvey M. Bricker y Victoria R. Bricker, *Astronomy in the Maya Codices*, Filadelfia, American Philosophical Society, 2011, pp. 198-199.

Lo relevante de este ejemplo es que sugiere que las facultades del *ch'ahbis-ahk'abis,* al llevar el sufijo de posesión íntima o inalienable /*-is*/, ya muchas veces mencionado en este libro,[54] eran parte del cuerpo de los gobernantes mayas, igual que ocurre, por ejemplo, en palabras como *k'abis,* 'brazo' o 'mano' (figura I.4a), *ti'is,* 'boca' (figura I.4b), *o'hlis,* 'ánimo, corazón formal, alma esencial' o 'coesencia en primer grado' (figura III.1b y c), así como en *wahyis,* 'nagual, "familiar"' o 'coesencia en segundo grado' (figura VII.4b y c). En relación con lo que hemos visto antes, el que los gobernantes y niños hayan perdido sus facultades anímicas de "creación" y "noche" sugiere que fueron capturados en guerra. Hasta donde yo sé, durante el periodo Clásico no existen ejemplos del difrasismo *ch'ahbis-ahk'abis* que tengan el sufijo absolutivo /*-is*/ para partes del cuerpo. Pero ello no obedece a que la morfología de este tipo de palabras en la lengua cholana de prestigio usada en las inscripciones cambió del Clásico Tardío (600-900 d.C.) a los códices (1350-1541 d.C.), o a que durante el Clásico no consideraran que el binomio *ch'ahb-ahk'ab* aludía a una parte del cuerpo de los gobernantes,[55] sino a que su estado habitual es estar acompañado por pronombres posesivos, razón por la que en las inscripciones jeroglíficas de esa época casi siempre aparece como *uch'ahb-yahk'ab,* 'su ayuno-su noche', o *uch'ahbil-yahk'baal,* 'su ayuno-su oscuridad' (figuras VIII.1 y VIII.4-VIII.9). En cambio, en este ejemplo de las páginas de Venus del *Códice de Dresde* (figura VIII.12a) tenemos la suerte de que no se encuentra precedido por pronombres posesivos y, por lo tanto, adopta de forma automática el sufijo /*-is*/, lo que nos permite saber que se trataba de una parte del cuerpo, y por ello merece un capítulo en este libro.

Hoppan y Jacquemot hallaron otro ejemplo semejante en la página 4b del *Códice de París* o *Pereciano* (figura VIII.12b), mismo que dice *ma' ch'ahbis, ma' ahk'abis winik,*[56] 'las personas sin generación, sin noche'. Dicho pasaje fue abordado también un poco después por Jakub Špotak, si bien consigna una interpretación ligeramente diferente, basada en Gabrielle Vail.[57] Se trata

[54] Zender, "On the Morphology...", *op. cit.,* pp. 200-204.

[55] Hoppan y Jacquemot, *op. cit.,* p. 288, opinan que el binomio o difrasismo *ch'ahb-ahk'ab* sí sufrió cambios del Clásico al Posclásico, pero ellos se fijan en otros aspectos. Según ellos, en el primero de esos periodos *uch'ahb-yahk'baal* aludía a "nigromancia por auto-sangrado", mientras que en los códices *ch'ahbis-ahk'abis* se redujo "a sólo una metáfora de poder". A mí me parece que los datos que tenemos no nos permiten confirmar ni refutar la interpretación de esos colegas franceses, pero que indudablemente los temas abordados en los monumentos del Clásico son diferentes a los que se tratan en los códices del Posclásico, y en ello radica parte de la aparente diferencia que se aprecia en el uso social o ritual de esas expresiones.

[56] *Ibid.,* p. 289.

[57] *Ma' ch'ahbis si[h], ma' ahk'ab si[h] winik,* 'no hay génesis para los nacidos, la gente nacida', véanse Gabrielle Vail y Christine Hernández, *Re-Creating Primordial Time. Fundation Rituals and Mythology in the Postclassic Maya Codices,* Boulder, University Press of Colorado, 2013, p. 182; Jakub Špotak, "The Paris Codex. Complex Analysis of Ancient Maya Manuscript", tesis, Bratislava, Comenius University-Faculty of Arts-Department of Comparative Religion, 2015, pp. 108-109.

de la parte final de un pasaje difícil de leer, pero obviamente de carácter augural, pues se refiere al pronóstico para el aciago *k'atuun* 11 *ajaw*.

El difrasismo <*cħab-akab*> durante la época colonial

La continuidad histórica de este difrasismo puede advertirse en el *Ritual de los Bacabes,* un compendio de conjuros médicos cuyo manuscrito data de finales del siglo XVIII y actualmente pertenece a la Colección Garrett de la Biblioteca Firestone de la Universidad de Princeton. No obstante, los estudiosos opinan que se trata de la copia de un original más antiguo, que debe remontarse por lo menos a principios del siglo XVII.[58] En este documento advertimos muchos ejemplos pareados de las voces mayas yucatecas *ch'áab* <*cħab*> y *áak'ab* <*akab*>, que Ralph L. Roys[59] suele traducir respectivamente como *'creation'* y *'darkness',* mientras que H. Ramón Arzápalo Marín[60] lo hace como 'engendramiento' o 'coito' y 'tinieblas'. Ambos autores le confieren a este difrasismo una marcada connotación sexual, toda vez que ven en la palabra <*cħab*>, 'creación' o 'ayuno', un principio masculino, que entra en relación con el principio femenino <*akab*>, 'noche' u 'oscuridad'. De hecho, Roys notó que a veces el vocablo <*akab*> se puede sustituir por <*al*>, 'hijo de mujer', dando lugar a lo que él interpreta como 'la lujuria de la creación, la lujuria de la noche' *(<cħab akab>)* o 'la lujuria de la creación, la lujuria de los hijos' *(<cħab al>),* fuerzas cósmicas de un génesis al que se le atribuye la procreación u origen de los malos espíritus o dioses de las enfermedades.[61] Un ejemplo se encuentra en el folio 200, donde está la frase <*u kasul cħab u kasul akabe*>, 'semen de la creación, semen de la noche' (figura VIII.13).[62]

Otro caso es el que aparece en el folio 134, que forma parte de un conjuro para curar los piquetes de las avispas *k'an peetz' k'iin* o <*kanpeɔkin*> en la cabeza de la gente:

> 1 *ahau*
> 4 *ahau*
> [...]
> ¿Quién fue su creador *[cħabi]*?
> ¿Quién fue su oscuridad *[akabi]*?
> Es la creación del *[U cħab]*
> padre Kin,

[58] Roys, *op. cit.*, p. VII.

[59] *Idem.*

[60] *El ritual de los Bacabes,* Mérida, UNAM-Coordinación de Humanidades-Centro Peninsular en Humanidades y Ciencias Sociales/Ayuntamiento de Mérida, 2007.

[61] Véase Roys, *op. cit.*, pp. XV-XVI.

[62] Arzápalo Marín, *El ritual de..., op. cit.*, p. 163; Roys, *op. cit.*, p. 66.

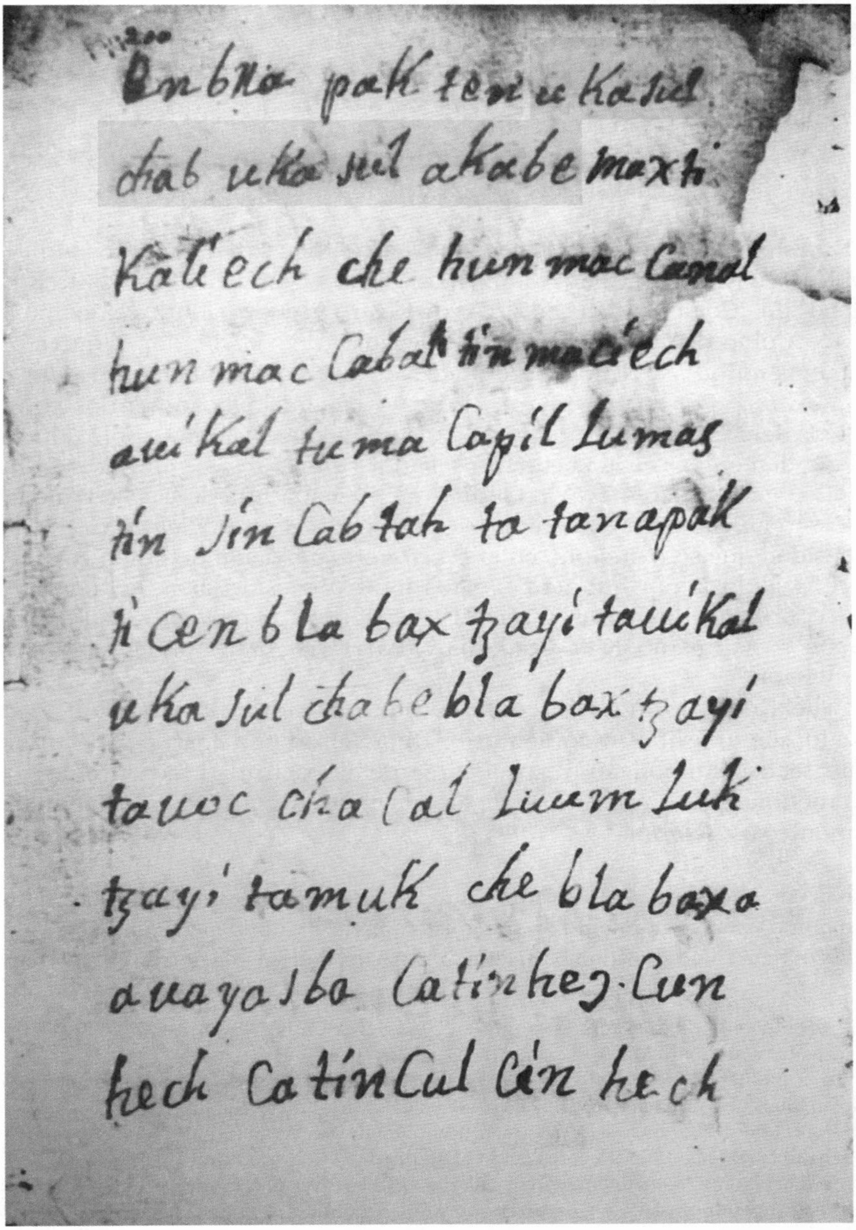

FIGURA VIII.13. *Uno de los muchos ejemplos del* Ritual de los Bacabes *donde se utiliza el difrasismo <cħab-akab>, 'creación-noche'; f. 200, tomado de H. Ramón Arzápalo Marín,* El ritual de los Bacabes, *México,* UNAM-IIFL/*Centro de Estudios Mayas, 1987 (Fuentes para el Estudio de la Cultura Maya, 5), p. 226.*

Chac Ahau,
Colop U Uich Kin
Colop U Uich Akab
que está en el centro del cielo,
que está en el centro del inframundo.[63]

En este pasaje se observa que se invoca al dios solar, llamado *yuum* K'iin Chak Ajaw <*yum* Kin Chac Ahau>, 'padre Gran Señor Sol', así como Kóolop Uwich K'iin <Colop U Uich Kin>, 'Día de Rostro Escudriñador', o Kóolop Uwich Áak'ab <Colop U Uich Akab>, 'Noche de Rostro Escudriñador',[64] quien opera como engendrador y tiene las facultades de la 'creación-noche' *(ch'áab-áak'ab <cħab-akab>)*. Por regla general, el dios solar era invocado en los conjuros médicos del *Ritual de los Bacabes,* en virtud de que se creía copuló con varias deidades femeninas en la Fecha Era 4 *ajaw* <4 *ahau*> o *juunuuk* 4 *ajaw* <*hunuc* 4 *ahau*>, 'gran único 4 *ajaw*', dando origen a cada una de las enfermedades.

Como afirma Roys,[65] Kóolop Uwich K'iin <*Colop U Uich Kin*> es la misma entidad que se menciona en el *Diccionario de Viena,* de quien se dice que era el "[y]dolo maior que tenían estos indios de esta tierra, del cual decían p[ro]ceder todas las cosas y ser [él] incorpóreo, y por esto no l[e] hacían ymagen".[66] Asimismo, K'iin Chak Ajaw <*Kin Chac Ahau*> parece ser un título del anterior.[67]

El texto citado también contiene una mención a la dualidad 1 *ajaw*-4 *ajaw,* lo que amerita un comentario. De acuerdo con J. Eric S. Thompson, dichas fechas simbolizan, respectivamente, la oscuridad terrestre crepuscular femenina, y la creación celeste, solar y masculina. Vale la pena citar textualmente sus palabras:

> hay en el pensamiento maya un drama sexual: el cielo es masculino, la tierra femenino y su ayuntamiento da vida místicamente al mundo. De modo semejante, la luz es masculino y las tinieblas, femenino. El día 4 Ahau, día del dios del sol, es crea-

[63] La traducción es mía, aunque toma en consideración las versiones anteriores de Roys, *op. cit.,* p. 46, y Arzápalo Marín, *El ritual de..., op. cit.,* p. 119.

[64] En la traducción de *kóolop <colop>* como 'escudriñador', sigo la propuesta de René Acuña Sandoval, pues el Sol era para los mayas el que sacaba "lo secreto a la luz", véase *Bocabulario de Maya Than. Codex Vindononensis n.s. 3833,* René Acuña Sandoval (ed.), México, UNAM-IIFL/Centro de Estudios Mayas, 1993 (Fuentes para el Estudio de la Cultura Maya, 10), p. 419, n. 17. En su ensayo clásico sobre los *wahy* o *wahyis,* Nikolai Grube y Werner Nahm, "A Census of Xibalba: A Complete Inventory of Way Characters on Maya Ceramics", en Justin Kerr (ed.), *The Maya Vase Book,* vol. 4, Nueva York, Kerr Associates, 1994, p. 692, sugieren que uno de ellos, apodado "venado con ojos rasgados", pudiera ser la contraparte maya clásica de la deidad-enfermedad o deidades-enfermedades que reciben el nombre de Kóolop Uwich.

[65] Roys, *op. cit.,* p. 145.

[66] Acuña Sandoval, *op. cit.,* p. 419.

[67] Roys, *op. cit.,* p. 155.

ción (en el pensamiento maya, la oscuridad precede a la creación); el día 1 Ahau, Venus en orto heliaco, saliendo del mundo inferior, representa la oscuridad.[68]

Los conjuros médicos del *Ritual de los Bacabes* se encuentran llenos de símbolos sexuales que remiten a estos poderes fecundadores, signos de la creación o poder de génesis, que constantemente apelan a la fecha mítica 1 *ajaw* (♀), día de la salida primigenia de la estrella matutina, de la oscuridad que precede a la creación, y 4 *ajaw* (♂), día de la primera salida del Sol por el oriente.[69] Ambas fechas en su conjunto simbolizan el fin de lo que López Austin llama "zona procesual preparatoria", y son al mismo tiempo el preludio o inicio de la "zona liminar".[70] La zona procesual preparatoria corresponde a un momento de duración indeterminada, correspondiente al anecúmeno, cuando el mundo que conocemos aún no existía y los dioses se encontraban en un estado de constante transformación a causa de sus aventuras míticas. Fue como una larga noche, cuyo fin fue anunciado por el orto heliacal de la estrella matutina en la fecha simbólica 1 *ajaw* (♀), una breve fase de oscuridad auroral que a su vez precedió a la primera salida del Sol en 4 *ajaw* (♂).

A la par de estos potentes símbolos cósmicos de la creación, otro elemento que acompaña o reitera la dualidad sexual del *ch'áab-áak'ab* o *<cħab-akab>* es la metáfora del semen o 'sustancia blanca' *(usakal k'aabalil)* y de la sangre menstrual o 'sustancia roja' *(uchakal k'aabalil),* ideas que aún parecen preservar los *jmeenes* o curanderos mayas yucatecos, a través de la dualidad de la carne blanca del maíz y la pasta roja de las semillas de calabaza molidas.[71]

En el *Ritual de los Bacabes* existen muchos pasajes como los anteriores, donde todos esos símbolos y otros más se entreveran con el difrasismo *<cħab-akab>,* 'creación/ayuno-noche/oscuridad', evocando los poderes sexuales

[68] J. Eric S. Thompson, *Historia y religión de los mayas,* Félix Blanco Sasueta (trad.), México, Siglo XXI Editores, 1975 (Colección Nuestra América, 7), pp. 243-244.

[69] Alfredo López Austin y Leonardo López Luján llamaron, respectivamente, a las etapas míticas que se inauguran con estas fechas "fase auroral" y "fase del orto solar", véase *Mito y realidad de Zuyuá. Serpiente Emplumada y las transformaciones mesoamericanas del Clásico al Posclásico,* México, FCE/El Colegio de México/Fideicomiso Historia de las Américas, 1999 (Sección de Obras de Historia/Serie Ensayos), pp. 51-59.

[70] Alfredo López Austin, "Ecumene Time, Anecumene Time: Proposal of a Paradigm", en Antony F. Aveni (ed.), *The Measure and Meaning of Time in Mesoamerica and the Andes,* Washington, Dumbarton Oaks Research Library and Collection, 2015, pp. 38-45; "Tiempo del ecúmeno, tiempo del anecúmeno. Propuesta de un paradigma", en Mercedes de la Garza Camino (coord.), *El tiempo de los dioses-tiempo. Concepciones de Mesoamérica,* México, UNAM-IIFL/Centro de Estudios Mayas, 2015, pp. 27-36.

[71] Javier Hirose López, *Suhuy máak. Las concepciones sobre el cuerpo y las personas entre los mayas de la región de los Chenes, Campeche,* Campeche, Secretaría de Cultura del Estado de Campeche, 2015, pp. 150, 157, 178-184 y 193, y Apéndice D; algo muy semejante encontró Galinier (*op. cit.*, p. 42) en su interesante trabajo sobre el simbolismo de la noche entre los otomíes: el esperma blanco y la sangre menstrual roja, como símbolos de la oposición complementaria sexual de la génesis del mundo, así como del día y la noche.

masculino y femenino, así como la génesis cosmogónica. Como dice Florescano Mayet, lo que está detrás de todo esto es un afán por repetir el acto creador por excelencia, para contrarrestar la inestabilidad que trae consigo el devenir histórico, restaurando el equilibrio.[72]

Para terminar este apartado, citaré tan sólo un par de ejemplos más de los muchos y ricos que contiene el *Ritual de los Bacabes,* donde puede advertirse, nuevamente, que 4 *ajaw* es una especie de fecha canónica de creación, en la que tuvo lugar el ayuntamiento sexual místico al que se refería Thompson,[73] además de que esa fecha es en sí misma el nombre de Dios Padre o deidad solar: Kan Ajaw o <Can Ahau>, 'Cuatro Señor', símbolo de la creación misma:

> Hunuc Can Ahau "Gran-cuatro-ahau",
> es el tiempo que nazcas
> en la lujuria del coito *[u col cħab],*
> en la lujuria de la noche *[u col akab]*[74]
>
> Dícese que Can Ahau copulaba
> que Can Ahau caía en la lujuria
> cuando surgió la esencia del coito *[u yol cħab]*
> la esencia de la lujuria' *[u yol akab]*[75]

Hoppan y Jacquemot hallaron lo que posiblemente es el ejemplo más tardío conocido del difrasismo *ch'áab-áak'ab.* Se encuentra en la página 59 del *Chilam Balam de Chumayel,* manuscrito maya yucateco de la época colonial, cuya copia conocida data de finales del siglo XVIII o principios del XIX:

> ¿pero quién soy yo en la palabra
> del corazón del hombre?
> ¡yo soy alguien!
> ¿quién soy yo en la palabra del
> corazón del Putún?
> no soy tu enigma,

[72] Florescano Mayet, *¿Cómo se hace..., op. cit.,* p. 124.

[73] Quizá más propiamente, la fase terminal de la noche (aurora matutina), simbolizada por la fecha venusina 1 *ajaw,* evoca el engendramiento o relación sexual de los dioses, mientras que la fecha solar 4 *ajaw* equivale al nacimiento y al amanecer. El famoso Vaso de los Siete Dioses (K2796) atestigua que los antiguos mayas creían que durante la fecha era 4 *ajaw* 8 *kumk'uh* (8 de septiembre de 3114 a.C. en el calendario juliano) imperaba aún la oscuridad de la creación, aunque en el Vaso de los Once Dioses (K7750) el fondo negro de la oscuridad ya se alterna con el rojo del amanecer. Como dicen reiteradamente los conjuros del *Ritual de los Bacabes:* "4 *ajaw* fue la creación *[ch'áab],* 4 *ajaw* fue la oscuridad *[áak'ab]*", véase Callaway, "A Catalogue of...", *op. cit.,* pp. 169-188.

[74] Arzápalo Marín, *El ritual de..., op. cit.,* pp. 115-116; Roys, *op. cit.,* p. 44.

[75] Arzápalo Marín, *El ritual de..., op. cit.,* pp. 28-29; Roys, *op. cit.,* p. 6.

(hay que) soy penitencia/
creación soy oscuro.[76]

La frase "soy penitencia/creación soy oscuro" se encuentra escrita en el original maya de ese manuscrito como <*cħaben akaben*> *(ch'áaben áak'aben)*, 'soy penitencia soy noche'. Pero resulta muy revelador que el texto claramente sugiere que *ch'áab áak'ab* tiene inteligencia y capacidad de hablar, pues se trata del protagonista de este fragmento, quien reflexiona sobre sí mismo. En mi opinión no estamos ante un mero recurso retórico por parte del escriba maya, ante una simple prosopopeya donde se le atribuye la capacidad de hablar a una fuerza impersonal o inanimada. Se trata, por el contrario, de la fuerza consciente y racional de una entidad o persona anecuménica, de un "dios" según lo entiende López Austin, o de un "agente sobrenatural" como lo entiende Prager.[77] ¿Acaso se trata del mismo Yaˀx Chit Ch'ahb Ahk'ab o deidad descarnada e inframundana del *ch'ahbis-ahk'abis,* que fue registrada en el Dintel 14 de Yaxchilán (figura VIII.2)? No lo podemos saber, porque el pasaje no lo dice y porque ambos textos escritos (el dintel de Yaxchilán y el del *Chilam Balam de Chumayel*) proceden de tiempos y regiones muy diferentes de la geografía maya. Sin embargo, es inquietante lo que *ch'aab-áak'ab* dice de sí mismo: que se encuentra "en la palabra del corazón del hombre". Sin duda un hálito sonoro de poder que surge del mismo lugar donde se concentran los componentes anímicos restantes: la esencia *oˀhlis,* que los mayas yucatecos llamaban *óol.*

Antes de abandonar el periodo colonial deseo llamar brevemente la atención hacia un fenómeno cultural ampliamente atestiguado en los códices y documentos novohispanos de la región mixteca y del centro de México: el ayuno y autosacrificio de los penitentes revestidos de pintura corporal negra. Se trata de un fenómeno que precedió y formó parte de muchos actos rituales,[78] entre ellos la entronización de los nuevos gobernantes.[79] La vinculación entre ayuno y penitencia por un lado, y pintura corporal negra, por el otro, no hace menos que recordar que el difrasismo maya *ch'ahbis-ahk'abis* equivale justamente a ayuno o penitencia *(ch'ahb)* y a noche *(ahk'ab)* u oscuridad *(ahk'baal)*. Aunque la mayoría de las fuentes del siglo XVI dicen que el color negro con el que se embijaba el cuerpo procedía del hollín producido por el humo de teas, fray Diego Durán consigna un tizne aún más sagrado y especial, llamado <*teotlacualli*> o 'comida divina', que debió haber tenido fuerza alucinógena, pues se componía de las cenizas de serpientes y artrópodos ponzoñosos quemados en los hornos de los templos y mezclados con tabaco y la

[76] Hoppan y Jacquemot, *op. cit.*, p. 279.

[77] Véase el capítulo "Los conceptos del cuerpo humano".

[78] Véase Nava Román, *op. cit.*, p. 45.

[79] Daniel Alatorre Reyes, "Estudio comparativo de los ritos de ascenso al poder de los gobernantes nahuas, k'iche'anos y mixtecos", tesis de doctorado en estudios mesoamericanos, México, UNAM-FFyL-Posgrado en Estudios Mesoamericanos, 2019, pp. 176-260.

planta <*ololiuhqui*>.[80] A través de esa pintura corporal negra, los seres humanos entraban en un estado de penitencia, recibían la energía de las deidades, podían ver y hablar con ellas, e incluso los asimilaba con los dioses creadores, permitiéndoles participar del pasado profundo al trasladarlos a los mismos mitos cosmogónicos.[81] En los códices mixtecos los dioses y gobernantes aparecen pintados de negro cuando nacen del interior de la tierra o descienden del cielo,[82] mientras que entre los nahuas de la cuenca de México el rito de ascenso al poder incluía la penitencia con pintura corporal negra, misma que se realizaba en el interior del <Tlacatecco>, edificio que en su misma etimología ('lugar donde empiezan los hombres') hacía alusión al nacimiento de la humanidad.[83] De este modo, la penitencia (abstinencia, ayuno y autosacrificio) se ejecutaba con el cuerpo pintado de negro para evocar el espacio mismo de la creación y la noche primordial de los tiempos: la oscuridad del interior terrestre y el cielo nocturno y estrellado.[84] Estos conceptos parecen ser semejantes a los que venimos analizando en los textos y en el arte maya, aunque no se expresan mediante un recurso retórico (difrasismo), sino a través de la pintura corporal.

No obstante, en las proximidades del año 800 d.C. ya aparecen claramente entre los mayas funcionarios rituales tiznados o embijados de negro. Se encuentran pintados en el mural oeste de la Estructura 10K2 del Grupo de los Sabios de Xutún, en el Petén guatemalteco.[85] Se trata de dos mozos sentados y revestidos de negro que reciben el título de Tek'at Ch'ok ('Joven de ¿Pasos?'), más otro personaje que ostenta el cargo de Saku'n Taaj ('Obsidiana Mayor'). Según el análisis de William A. Saturno y sus colaboradores, el Saku'n Taaj era el maestro de los jóvenes *ch'ok,* perpetuaba en ellos el saber ritual especializado y administraba las ceremonias públicas y el ritual performativo. El tema global de ese programa pictórico de Xultún parece ser una personificación o concurrencia ceremonial,[86] encabezada por el gobernante Yahx

[80] Fray Diego Durán, *Historia de las Indias de Nueva España e islas de tierra firme,* vol. I, preparada por Ángel María Garibay Kintana, México, Porrúa, 1967 (Biblioteca Porrúa, 36), pp. 51-52.

[81] Nava Román, *op. cit.,* p. 45; Alatorre Reyes, *op. cit.,* pp. 217, 227, 238 y 245.

[82] *Ibid.,* pp. 252-255 y 257.

[83] *Ibid.,* pp. 177-179 y 205.

[84] Nava Román, *op. cit.,* pp. 100-102.

[85] Véase William A. Saturno, Franco D. Rossi, David S. Stuart y Heather Hurst, "A Maya Curia Regis: Evidence for a Hierarchical Specialist Order at Xultun, Guatemala", *Ancient Mesoamerica,* vol. 28, 2017, pp. 1-18. La pintura corporal negra asociada con el sacrificio también se encuentra atestiguada en vasijas mayas del Clásico Tardío, véase Dmitri Beliaev y Stephen D. Houston, "A Sacrificial Sign in Maya Writing", *Decipherment Blog. Mesoweb,* 2020, figs. 6 y 7. Consultado en https://mayadecipherment.com/2020/06/20/a-sacrificial-sign-in-maya-writing/. Mientras que la relación entre ayuno *(ch'ahb)* y hollín o tizne *(sibik)* parece hallarse también en el llamado Glifo X-vii de la Serie Lunar de las inscripciones mayas, véase Nikolai Grube, "The Forms of Glyph X of the Lunar Series", *Textdatenbank und Wörterbuch des Klassischen Maya* (Research Note 9), 2018, p. 8. Consultado en https://mayawoerterbuch.de/the-forms-of-glyph-x-of-the-lunar-series/.

[86] Véase el siguiente capítulo.

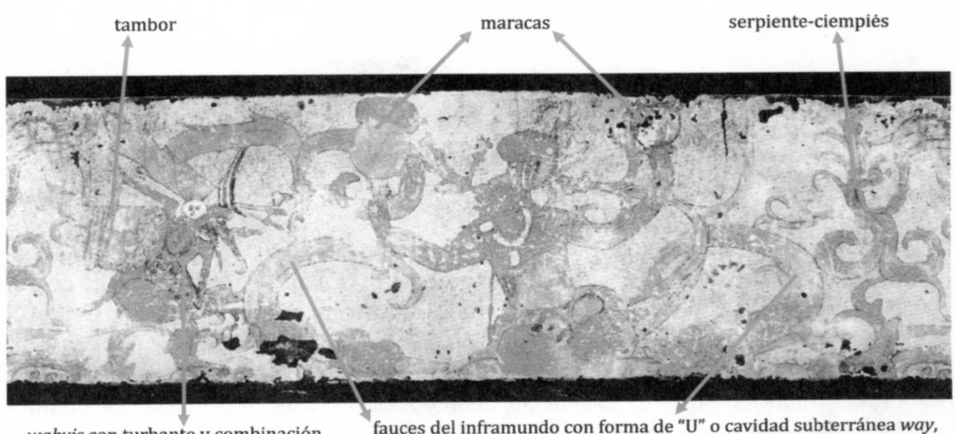

FIGURA VIII.14. *Escena del vaso estucado K1534, MS0653 o M.2010.115.21 de Los Angeles County Museum of Art. Contiene una escena del inframundo donde un par de personajes tañen instrumentos musicales (maracas hechas de calabazas huecas y un tambor). Uno de ellos es un* wahyis, *nagual, "familiar", "espíritu auxiliar" o coesencia en segundo grado que, como sabemos, es una enfermedad personificada. Fotografía de Justin Kerr; tomada del archivo fotográfico de Kerr. Consultado en http://research.mayavase.com/kerrmaya_hires.php?vase=1534.*

Weʔnel Chan K'inich en el marco de las ceremonias de la veintena *k'anjalaw* (*póop* en maya yucateco), primer mes del año, y las concomitantes prácticas de ayuno y penitencia relacionadas con el año nuevo, donde los sacerdotes, además, quemaban incienso revestidos de pintura negra hecha de hollín.[87] De hecho Saturno y sus coautores refuerzan sus interpretaciones citando lo que seis siglos después confirma fray Diego de Landa al hablar sobre "el tizne negro de que andaban untados cuando ayunaban" en las ceremonias relativas a la veintena *póop* o <*pop*>.[88] Todo ello prueba que los mayas no estuvieron exentos de expresar los símbolos del ayuno, la penitencia y la oscuridad de la creación a través de la imagen viva del cuerpo, que todos podían ver porque estaba pintado de negro. Si bien ignoramos a ciencia cierta la profundidad histórica o temporal de esas prácticas corporales entre ellos.

[87] Saturno *et al., op. cit.,* pp. 6-7.

[88] Véase fray Diego de Landa, *Relación de las cosas de Yucatán,* María del Carmen León Cázares (estudio preliminar, cronología y revisión del texto), México, Conaculta, 1994 (Cien de México), p. 167.

Silencio y calma

Algún posible vestigio de la figura retórica cholana *ch'ahbis-ahk'abis* y sus posteriores formas yucatecas en contextos curativos *ch'áab-áak'ab* acaso se preserva todavía en los cantos de sanación tzeltales, recabados por el etnólogo español Pedro Pitarch Ramón:

> [l]os cantos chamánicos de curación y prevención tzeltales se denominan *ch'abajel,* cuyo sentido es "acuerdo", "calma" entre las partes, pero cuyo significado literal es "silencio". La salud es silencio, lo opuesto del conflicto, que es ruido, el incesante estrépito de la Montaña. Los cantos chamánicos, reiteran mis informantes, están dirigidos a "apagar", "silenciar" en lo posible la fiesta en el interior de la Montaña: esencialmente son aguafiestas. En este sentido, podemos recordar que el lugar que los historiadores de los mayas precolombinos suelen llamar "inframundo", allí de donde procede la enfermedad, es comúnmente representado con música y bailes.[89]

Como afirma Pitarch Ramón, hacer callar o silenciar a las fuerzas necrológicas del inframundo es una forma de "salvaguardar así la salud en el mundo de los vivos".[90] Situación que se asemeja mucho a la de sus vecinos, los tzotziles, quienes piensan que el ruido es perjudicial para la salud del alma.[91]

¿Cómo podemos interpretar esta función de la palabra tzeltal *ch'abajel,* que obviamente se encuentra emparentada con el *ch'ahb* de las inscripciones y con el *ch'áab* de los mayas yucatecos coloniales? De entrada llama la atención que se describa el inframundo o interior de la Montaña como un lugar de donde procede la enfermedad, misma que es representada con música y con bailes, pues dos mil años atrás el espíritu germinativo del dios del maíz fue

[89] Pedro Pitarch Ramón, "La montaña sagrada: dos puntos de vista", documento inédito, s. f., p. 16. Agradezco la generosidad con la que el autor de este ensayo compartió su información conmigo.

[90] *Idem.* La relación entre todos estos símbolos del *ch'ahb-ahk'ab,* pertenecientes a distintas épocas y regiones del mundo maya: creación sexual, noche, orden y silencio, nos recuerda también algunas de las características de la fase de intrascendencia divina, según fue descrita por Alfredo López Austin, *Los mitos del Tlacuache. Caminos de la mitología mesoamericana,* 2ª ed., México, Alianza Editorial, 1992 (Alianza Estudios/Antropología), pp. 55-74), y de manera poética en el *Popol Vuh,* cuya transcripción de fray Francisco Ximénez se encuentra en la Biblioteca Newberry de Chicago: "solamente no había nada que existiera/solamente estaba en silencio/había vacío en la oscuridad/en la noche", Michela E. Craveri, (trad. y ed.), *Popol Vuh. Herramientas para una lectura crítica del texto k'iche',* México, UNAM-IIFL/Centro de Estudios Mayas, 2013 (Fuentes para el Estudio de la Cultura Maya, 21), p. 8.

[91] Miguel Hernández Díaz, "El *j-ilol* y el *j-ak' chamel* en los Altos de Chiapas", en Miguel A. Bartolomé Bistoletti y Alicia M. Barabas Reyna (coords.), *Los sueños y los días. Chamanismo y nahualismo en el México actual.* II. *Pueblos mayas,* México, INAH, 2013 (Colección Etnografía de los Pueblos Indígenas de México, Serie Ensayos), p. 236.

pintado en San Bartolo tañendo instrumentos en el Yoʔhl Ahk, 'Corazón de la Tortuga' o cavidad subterránea de las almas y semillas (figura IV.16).

Siete y ocho siglos más tarde los artistas mayas de alguna región del Petén elaboraron un extraordinario vaso de contexto arqueológico desconocido, que ahora pertenece al Los Angeles County Museum of Art (figura VIII.14). El vaso fue estucado después de la cocción, y sobre sus paredes fue plasmada una escena impactante del inframundo, elaborada con distintas gradaciones de rojo sobre un fondo verde azulado, que sin duda simboliza el agua subterránea. El personaje principal es una deidad joven (¿el dios del maíz?) que sale de las fauces centípedas del inframundo y sacude dos maracas, mientras que a la izquierda del espectador podemos apreciar un *wahyis* que tañe una especie de tambor. Como vimos en el capítulo anterior, los *wahyis,* naguales, "familiares" o coesencias en segundo grado, además de formar parte del cuerpo de los gobernantes, son dioses de las dolencias o enfermedades personificadas que, mientras no habitan en el pecho de los brujos o *wahyaw,* parecen residir en una o más cuevas del inframundo. Las fauces del inframundo tienen las misma forma de "U" o cavidad subterránea *way* que ya vimos en otras escenas semejantes (figuras IV.13, IV.17, IV.20 y IV.22), mientras que el *wahyis* que toca el tambor tiene pico de zopilote, cuerpo de insecto, glándula de rana o sapo (un círculo con tres puntos ubicado en la región auditiva), y adopta postura corporal humana, además de usar un largo turbante. Si los datos etnográficos recogidos por Pitarch Ramón entre los tzeltales pueden aplicarse también a la interpretación del pasado, la escena del vaso K1534 (figura VIII.14) podría sugerir que la música emitida por tales instrumentos equivale a enfermedades que salen del mundo subterráneo.

Mucho más cercana en el tiempo es la imagen de los dioses de la muerte que nos proporciona el *Popol Vuh* (documento del siglo XVI), cuyo poder de destrucción, enfermedad, muerte, decadencia y caos tuvo que ser vencido para ordenar el cosmos y establecer el equilibrio.[92] Más reciente o próxima aún es la reproducción del pasado primordial, del desorden y del caos, que los tzotziles de finales del siglo XX atribuían a la noche *(ahk'ab).*[93] Probablemente por eso entre sus vecinos tzeltales, *ch'abajel* allana el conflicto y restablece la salud a través del acuerdo, la calma o el silencio. Retorno y restauración del momento inicial de la creación. De manera que este conjunto cruzado de datos tzotziles y tzeltales, residuo de los tiempos antiguos, nos brindan otra pista sobre el sentido de la oposición entre el *ch'ahbis*-creación-silencio (potencia masculina) y el *ahk'abis*-noche-caos (potencia femenina), que pudo haber estado implícita en ese antiguo difrasismo maya clásico, y cuyos poderes o facultades formaban parte del cuerpo de los gobernantes.

[92] Florescano Mayet. *¿Cómo se hace..., op. cit.,* pp. 165-166.
[93] Ochiai, *op. cit.,* p. 213.

IX. CONCURRENCIA O PERSONIFICACIÓN RITUAL

En 1986 Andrea J. Stone fijó su atención en un complejo fenómeno ritual olmeca y maya al que llamó "personificación", mismo que implicaba el uso de máscaras y disfraces para asumir las identidades de los dioses. Ella consideró que la palabra maya para designar tal situación era *k'oh,* 'máscara, imagen, representante' o 'sustituto', y se percató de su paralelismo cultural con el fenómeno náhuatl de *<teixiptla>* una forma de manifestación visible de lo divino. Años después, a mediados de la década de 1990, Stephen D. Houston y David S. Stuart concentraron su atención en un sintagma jeroglífico que en las inscripciones mayas normalmente comenzaba con una frase que hoy leemos *baahil aˀn* y era seguido por el nombre de un dios, finalizando con un antropónimo (figura IX.1).[1] También observaron que este tipo de sentencias se relacionaban constantemente con imágenes de los soberanos vestidos en guisa de seres sobrenaturales involucrados en diversas actividades rituales, tanto públicas como privadas. En la Estela 9 de Tikal (figura IX.2), por ejemplo, el gobernante K'an Chitam (458-486 d.C.) se encuentra celebrando el final de periodo 9.2.0.0.0, 4 *ajaw* 13 *woˀ* (14 de mayo de 475 d.C.), vestido como la personificación de una advocación del llamado dios Jaguar del Inframundo asociado con una diadema de poder de estilo centromexicano. Al portar la partícula *aˀn,* relacionada con "existencia", y cuyo significado discutiré más adelante, las construcciones *baahil aˀn* podrían operar en estos pasajes como oraciones o sentencias completas que equiparan a una persona con alguna cosa o característica: '[él] es la personificación de tal o cual entidad o ser'. Conviene aclarar, sin embargo, que la traducción de *baahil aˀn* como 'personificación' es sólo semánticamente aproximada, puesto que como tal no ha sido encontrada en algún diccionario de lenguas mayances.

[1] Stephen D. Houston y David S. Stuart, "Of Gods and Kings: Divinity and Rulership among the Classic Maya", *Antiquity,* vol. 70, núm. 268, junio de 1996, p. 299; David S. Stuart, Stephen D. Houston y John Robertson, *The Proceedings of the Maya Hieroglyphic Workshop: Classic Mayan Language and Classic Maya Gods, March 13-14,* 1999, Phil Wanyerka (ed. y transcripción), Austin, University of Texas-Maya Workshop Foundation, 1999, pp. II-54-II-55; David S. Stuart, *The Inscriptions from Temple XIX at Palenque. A Commentary,* Jorge Pérez de Lara Elías (fotografías), San Francisco, The Pre-Columbian Art Research Institute, 2005, p. 118, consultado en http://www.mesoweb.com/publications/stuart/TXIX-spreads.pdf; Stephen D. Houston, David S. Stuart y Karl A. Taube, *The Memory of Bones. Body, Being, and Experience among the Classic Maya,* Austin, University of Texas Press, 2006, p. 270.

(a)

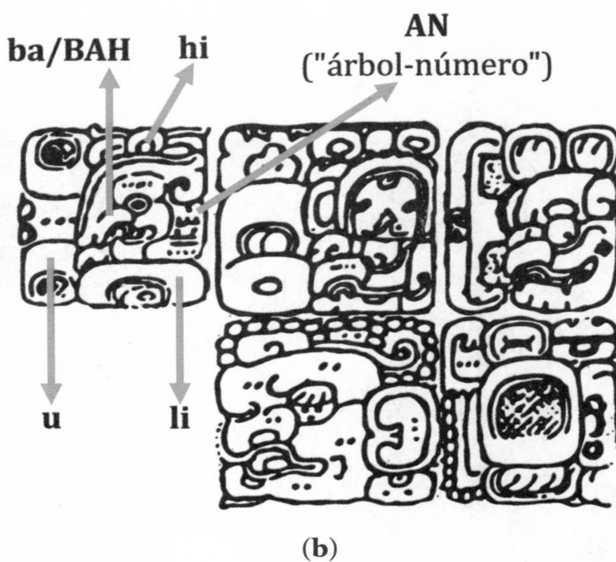

(b)

FIGURA IX.1. *Ejemplos de frases de personificación, que inician con la palabra* baahil a'n: (**a**) *Columna 5 de Xcalumkin (A1-A5), Campeche, México; tomada de Ian Graham y Eric von Euw,* Corpus of Maya Hieroglyphic Inscriptions, *vol. 4, part. 3. Uxmal, Xcalumkin, Cambridge, Harvard University-Peabody Museum of Archaeology and Ethnology, 1992, p. 177;* (**b**) *Panel 1 de Pomoná (M5-O2), Tabasco, México; dibujo de Peter L. Mathews, tomado de David S. Stuart, "Inscriptions of the River Cities: Yaxchilan, Piedras Negras and Pomona",* Sourcebook the XXXI Maya Meetings, *Austin, University of Texas at Austin-Department of Art and Art History-Mesoamerican Center, 2007, p. 63.*

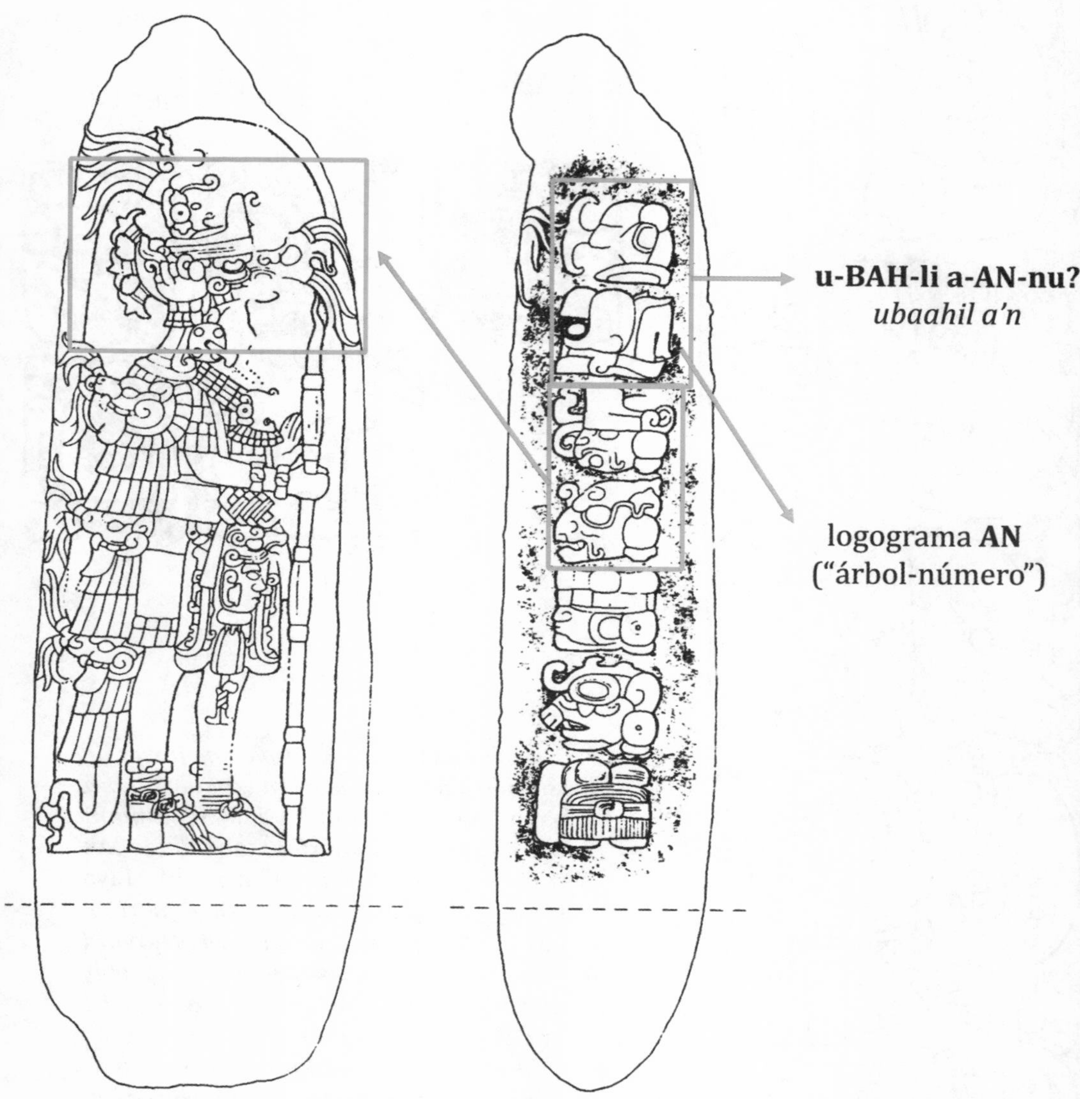

FIGURA IX.2. *Estela 9 de Tikal, Petén, Guatemala. Jones y Satterthwaite,* Tikal Report, *The University of Pennsylvania Museum, 1983, fig. 13.*

Como señalaron Houston y Stuart,[2] la frase *baahil aʔn* procede del morfema *baah,* 'cuerpo' o 'imagen', aunque no debemos olvidar que en distintas lenguas mayances tiene el significado alternativo de 'cabeza, cara, frente' o 'rostro', tal como vimos a lo largo del capítulo "Cuerpo-presencia en el periodo Clásico", cuando presenté algunas listas de entradas léxicas para *baah, bah, baʔ* y sus variantes.

La función del sufijo /*-il*/ es difícil de explicar,[3] aunque coincido con Julie Nehammer Knub, Simone Thun y Christophe Helmke, en el sentido de que se trata de un morfema abstractivizador que servía para derivar una cualidad a partir de un sustantivo concreto y generalizado,[4] tal como ocurría en el maya yucateco colonial, donde el concepto abstracto de *kukutil,* 'cosa corporal', derivaba del lexema *kukut,* 'cuerpo'.[5] Luego entonces, la palabra *baahil* podría significar una 'cosa' o 'presencia corporal' (de *baah,* 'cuerpo'), una 'cosa semejante a otra' o 'retrato'[6] (de *baah,* 'imagen'), así como un 'aspecto facial' (de *baah,* 'cara, cabeza, frente' o 'rostro').

Este sustantivo abstracto antecede normalmente a la palabra *aʔn* o al sufijo /*-aʔn*/, escrito mediante la secuencia silábica **a-nu** (figura IX.3a) o a través del logograma **AN** (figura IX.3b), conocido entre los epigrafistas como el "árbol-número",[7] a causa de que proviene de la palabra *aʔn,* 'maíz joven' o 'recién

[2] Houston y Stuart, "Of Gods, Glyphs...", *op. cit.,* p. 299.

[3] Stephen Houston y David S. Stuart, "The Ancient Maya Self: Personhood and Portraiture in the Classic Period", *Res 33. Anthropology and Aesthetics,* primavera de 1998, p. 76, n. 4; Stuart, *The Inscriptions from..., op. cit.,* p. 118. En el trabajo pionero de Houston y Stuart ("Of Gods, Glyphs...", *op. cit.,* p. 299) *ubaahil* fue traducido como *"his body or image",* sugiriendo que /*-il*/ puede tratarse de una marca posesiva, véase Stephen D. Houston, John Robertson y David S. Stuart, *Quality and Quantity in Glyphic Nouns and Adjectives (Calidad y cantidad en sustantivos y adjetivos glíficos),* Washington, Center for Maya Research, 2001 (Research Reports on Ancient Maya Writing, 47), pp. 26-32.

[4] Julie Nehammer Knub, Simone Thun y Christophe Helmke, "The Divine Rite of Kings: An Analysis of Classic Maya Impersonation Statements", en Geneviève Le Fort, Raphaël Gardiol, Sebastian Matteo y Christophe Helmke (eds.), *The Maya and their Sacred Narratives: Text and Context of Maya Mythologies. 12th European Maya Conference. Geneva, December 2007,* Markt Schwaben, Verlag Anton Saurwein, 2009 (Acta Mesoamericana, 20), p. 184.

[5] Alfredo Barrera Vásquez (dir.), *Diccionario maya Cordemex. Maya-español. Español-maya,* Juan Ramón Bastarrachea Manzano y William Brito Sansores (redactores); Refugio Vermont Salas, David Dzul Góngora y Domingo Dzul Poot (colaboradores), Mérida, Ediciones Cordemex, 1980, pp. 347-348.

[6] Knub, Thun y Helmke (*op. cit.,* p. 184) favorecen esta traducción: *"his/her portrayal".*

[7] Se trata de un elemento vegetal con numerales pintados de barras y puntos, colocados posicionalmente, véase Michael D. Coe y Justin Kerr, *The Art of the Maya Scribe,* Nueva York, Harry N. Abrams, Inc., 1997, pp. 92, 105 y 108. El origen de este signo probablemente alude a alguna especie de árbol, tal vez a aquél de donde se sustraían las cortezas para obtener papel, cuyo nombre todavía se advierte en la palabra yucateca colonial *anahteʔ* o *analteʔ,* definida como 'cortezas, pergaminos que servían a los indios para escribir o pintar sus historias con jeroglíficos' (Barrera Vásquez (dir.), *Diccionario maya Cordemex..., op. cit.,* p. 16). El logograma del "árbol-número" (**AN**), tal como lo conocemos en las inscripciones, parece servir para derivar otro concepto homófono —o casi homófono— mediante el principio de *rebus.* Søren Wichmann ha sugerido que el

(**a**)

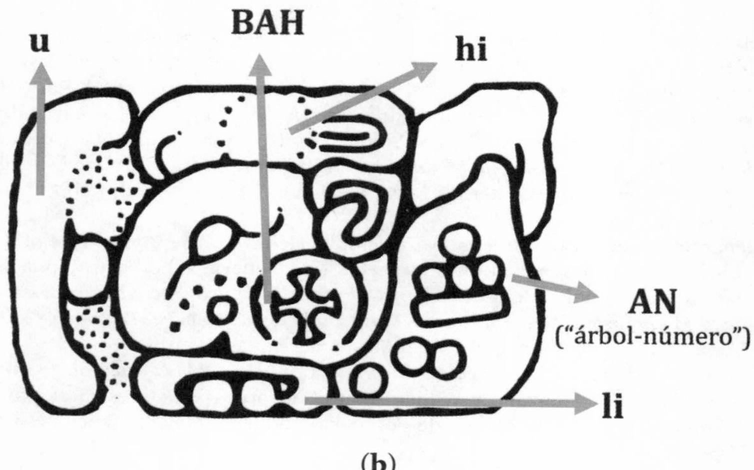

(**b**)

FIGURA IX.3. *Dos ejemplos de frases* ubaahil a'n: (**a**) *detalle del vaso K954, fotografía de Justin Kerr, tomada del archivo fotográfico de Kerr, consultado en http://research.mayavase.com/kerrmaya_hires.php?vase=954;* (**b**) *Cornisa 1 de Xcalumkin, bloque III (B), Campeche, México, tomada de Graham y Von Euw,* Corpus of Maya…, op. cit., *p. 194.*

brotado',[8] o del vocablo *analteʔ*, 'libros de cortezas de árboles',[9] y su jeroglifo tiene la apariencia de un elemento vegetal decorado con dígitos de barras y puntos.

No obstante, como logograma, **AN** representa un morfema que es oscuro y polémico todavía. Una interpretación probable es que se trata de una especie de adverbio o de sufijo de existencia, muy parecido al /*-aʔan*/ o /*-yaʔn*/ del maya yucateco o al /*-an*/ del kekchí. Quizá no muy diferente al sufijo **estativo**[10] que en lacandón, maya yucateco y kekchí se agrega a los sustantivos o adjetivos para indicar la condición de "ser".

lacandón	*-a'an*	'sufijo estativo de existencia' (Boot, basado en Bruce, 1997b: 4)
	yan	part. 'hay, es, está' (Boot, basado en Bruce, 1997b: 30)
yucateco	*-ya'n*	'elemento que indica adquirir la condición, calidad o característica como *x-lo'baya'n, x-lo'baye'n:* llegar a la condición de doncella o muchacha casadera' (Barrera Vásquez, 1980: 968)
chortí	*ani*	PAdv 'era' (Pérez Martínez *et al.*, 1996: 12)
kekchí	*-an*	'sufijo que se agrega a algunas palabras y significa: es' (Haeserijn V., 1979: 38)

Nótese que en chortí *ani* no se comporta como un sufijo, sino más bien como una partícula adverbial que traducimos al español como 'era', tal como ocurre en el siguiente ejemplo: *uwirnaʔr e Juana b'an* ***ani*** *kocha utuʔ*, 'el carácter de Juana **era** igual al de su mamá'.[11] El *ani* del chortí parece tener un cognado en el *yan* o *an* del maya yucateco, palabra que tiene el significado de 'ser, existir' o 'estar',[12] así como en el *yaʔan* del chontal yocothán o de Tabasco, que según Kathryn C. Keller y Plácido Luciano Gerónimo es el verbo 'existir, haber, estar' o 'tener'.[13] Es en parte por ello que Lacadena García-Gallo y Wichmann se inclinan por interpretar ese elemento *aʔn* de las expresiones *baahil*

jeroglifo del "árbol-número" (**AN**) representa una mazorca tierna de maíz, puesto que en chortí existen palabras como *aʔn* o *aʔan*, 'elote' (citado por Knub, Thun y Helmke, *op. cit.*, p. 181).

[8] Véase Charles Wisdom, *Chorti Dictionary*, Brian Stross (transliteración y transcripción), Austin, University of Texas at Austin, 1950, consultado en https://www.utexas.edu/courses/stross/chorti/, p. 456; Schumann Gálvez, "Vocabulario chortí-español (orden fonémico, a partir del alfabeto)", trabajo no publicado, s. f., p. 5. Alfonso Lacadena García-Gallo, comunicación personal, 26 de noviembre de 2008.

[9] Véase fray Andrés de Avendaño y Loyola, *Relación de las dos entradas que hice a la conversión de los gentiles ytzáex, y cehaches*, Verlag Anton Saurwein/Markt Schwaben, 1997 (Fuentes Mesoamericanas, 1), p. 35.

[10] Véase el glosario.

[11] Vitalino Pérez Martínez *et al.*, *Diccionario ch'orti'*, Antigua Guatemala, Proyecto Lingüístico Francisco Marroquín, 1996, p. 12.

[12] Barrera Vásquez (dir.), *Diccionario maya Cordemex...*, *op. cit.*, p. 16.

[13] Kathryn C. Keller y Plácido Luciano Gerónimo, *Diccionario chontal de Tabasco (mayense)*, Tucson, Instituto Lingüístico de Verano (Vocabularios Indígenas, 36), 1997, p. 294.

aʔn como una raíz verbal con el significado de 'ser' o 'existir',[14] idea que favorezco en este capítulo.

No obstante, también ha sido sugerida la posibilidad de que el sufijo */-aʔn/* o la palabra *aʔn* que aparece en las inscripciones en este tipo de contextos se relacione con la partícula de participio */-aʔan/*, que existe tanto en maya yucateco[15] como en mopán, lengua de Belice donde podemos citar el ejemplo de *chel,* 'tenderlo', que se convertiría en *chelaʔan,* 'tirado, extendido, está tirado' o 'está extendido'.[16]

De este modo, existen al menos tres posibilidades para interpretar los jeroglifos que intervienen en las frases de personificación en los textos jeroglíficos: **u-ba-hi-li a-AN** (figura IX.1a), **u-ba-hi-li-AN** (figura IX.1b), **u-BAH-li a-AN-nu**? (figura IX.2), **u-ba-hi-li a-nu** (figura IX.3a) o **u-BAH-hi-li-AN** (figura IX.3b). *(a)* La primera posibilidad es como *ubaahilaʔn,* siendo */-aʔn/* un sufijo estativo de existencia, idea que favorecen Knub, Thun y Helmke.[17] La traducción aproximada en ese caso sería: 'el retrato' o 'presencia corporal del [dios X] es [el humano Y]'. *(b)* La segunda opción sería como *ubaahilaʔn,* siendo */-aʔn/* un sufijo que indica participio. La traducción en este segundo caso es un poco más difícil de realizar en español, aunque podría quedar más o menos como sigue: 'el [figurante humano Y] es el [dios] personificado [X]' o 'el [figurante humano Y] es el [dios] retratado [X]', conservando en ambos casos el efecto de participio. *(c)* Finalmente, tendríamos una tercera opción, que es la que prefiero de momento: *ubaahil aʔn,* donde *aʔn* no es un sufijo, sino una palabra adverbial o verbal que equivale a 'era, estar, existir, tener' o 'haber'. Bajo tal premisa la traducción sería: *ubaahil aʔn,* 'el retrato' o 'presencia corporal del [dios X] es [el humano Y]'. El lector podrá notar que aunque la interpretación morfológica de esta tercera posibilidad es distinta que la de la primera opción, el efecto en español no es diferente, pues a veces es muy difícil expresar el matiz entre dos estructuras gramaticales diversas de idiomas tan lejanos como el castellano y el cholano clásico de las inscripciones mayas. Se trata, pues, de una situación que nos muestra los límites de la traducción, al no poder reflejar en español (lengua de llegada) la distinción morfológica que existe en el texto indígena original (lengua de salida).

Si nos decantamos por la opción de que *aʔn* es una palabra que significa 'ser, estar' o 'existir', el ejemplo del vaso K954 (figura IX.3a) podría analizarse epigráfica y gramaticalmente como sigue:

[14] Alfonso Lacadena García-Gallo y Søren Wichmann, "On the Representation of the Glottal Stop in Maya Writing", en Søren Wichmann (ed.), *The Linguistics of Maya Writing,* Salt Lake City, The University of Utah Press, 2004, pp. 110, 128 y especialmente 137, donde este par de autores exponen una lista de entradas léxicas cholanas y yucatecanas para sustentar su idea.

[15] Knub, Thun y Helmke, *op. cit.,* p. 184.

[16] Charles A. Hofling, *Mopan Maya-Spanish-English. Diccionario maya mopán-español-inglés,* Salt Lake City, The University of Utah Press, 2011, p. 150.

[17] Knub, Thun y Helmke, *op. cit.,* p. 185.

u-ba-hi-li a-nu
ubaahil aˀn
u-baah-il aˀn
3sE-cuerpo/imagen/frente-ABSTR(?) ser/estar/existir
'el retrato' o 'presencia corporal del [dios X] es [el humano Y]'

Es preciso mencionar que algunos epigrafistas se inclinan por considerar que la frase de personificación *ubaahil aˀn* (figuras IX.1-IX.3) debe leerse en realidad como *ubaahil anul*. De este modo, en el diccionario de jeroglifos mayas de Boot se considera que el logograma **AN** o la secuencia silábica **a-nu** forma parte de un sustantivo *an[ul]*, o *anu[l]*, que significa 'lo encarnado' o 'lo corpóreo'. De modo que este epigrafista prefiere interpretar las frases de personificación como sigue: *ubaahil anul*, 'la imagen encarnada' o 'el yo encarnado',[18] otra opción que me parece no puede descartarse.

IMÁGENES
DE LA PERSONIFICACIÓN RITUAL

Cuando reflexionamos en estas frases conjuntamente con las imágenes que las acompañan caemos en la cuenta de que *baahil aˀn* alude a un término ritual-representacional, donde los figurantes humanos se apropiaban de las insignias, atuendos y conductas de los dioses, tomaban su lugar, se convertían en los mismos dioses visibles y hasta podían reproducir sus episodios míticos.[19] Dentro del conjunto o pléyade de seres anecuménicos que podían representar, en ocasiones estaban sus mismas coesencias en segundo grado, *wahyis*, "familiares" o "espíritus auxiliares" (figura VII.10), aspecto exotérico y público del nagualismo que fue identificado en 2009 por Matteo y Rodríguez

[18] Boot, "The Updated Preliminary Classic Maya-English, English-Classic Maya. Vocabulary of Hieroglyphic Readings", *Mesoweb Resources*, 2009, p. 25. Consultado en http://www.mesoweb.com/ resources/vocabulary/index.html.

[19] Knub, Thun y Helmke, *op. cit.*, p. 193. Estos autores encontraron que el dios solar Huk Chapaht Tz'ikiin K'inich era la deidad más comúnmente personificada por los gobernantes mayas clásicos, seguida por la llamada Serpiente Ninfea de las Aguas Dulces (Yahx Chit Juˀn Winik Witz' Nah Kan). Otras deidades que también fueron personificadas son el dios del maíz (Juˀn Ixiim), los dioses patronos de Copán (Balun K'awiil, K'uy Nik Ajaw y Moˀ Witz Ajaw), el dios de la embriaguez (Ahkan), el dios supremo Itzamnaah, Juˀn Ajaw (uno de los llamados Dioses con Diadema), Hukteˀ Ajaw y el dios del viento (Ik' K'uh) en contextos del juego de pelota (*ibid.*, pp. 189-190). Macarena Soledad López Oliva, "Las personificaciones *(ˀub'aahil ˀaˀn)* de seres sobrenaturales entre los mayas de tierras bajas del Clásico", tesis doctoral, Madrid, Universidad Complutense de Madrid-Facultad de Geografía e Historia/Departamento de Historia de América y Medieval y Ciencias Historiográficas, 2018, p. 941, ha notado el fenómeno de ritos de personificación múltiple, donde los figurantes humanos eran poseídos en aniversarios y ceremonias de entronización por más de un solo dios a la vez, como, por ejemplo, los cuatro Chanteˀ Ajaw.

Manjavacas[20] y al que me he referido en el capítulo "La entidad anímica *wahyis*", si bien, como vimos, ya existen descripciones de este fenómeno en crónicas novohispanas, como la del capitán Martín Alonso Tovilla (1635).[21]

De acuerdo con el análisis de Knub, Thun y Helmke, el fenómeno de la personificación ritual aparece atestiguado en el arte y en las inscripciones mayas del periodo Clásico entre 406 y 864 d.C.[22] De hecho, López Oliva piensa que esta clase de ritos se establecieron en el mundo maya tras la presunta llegada de los teotihuacanos (378 d.C.), en asociación con el establecimiento de una teocracia o monarquía sacerdotal, para luego difundirse poco a poco por 30 ciudades más.[23] Según el exhaustivo estudio realizado por esta última autora, tres tipos de sujetos eran capaces de añadir a sus cuerpos entidades anímicas adicionales a través de la personificación ritual o, si se quiere ver de otro modo, de ser poseídos temporalmente por un dios: *a)* los gobernantes y otros humanos de alta jerarquía, *b)* los mandatarios o ancestros muertos y *c)* los edificios, esculturas y palanquines en cuyos cuerpos de piedra o de madera se alojaban deidades, especialmente dioses del tiempo.[24]

En el escalón X de la Escalera Jeroglífica 2 de Yaxchilán (figura IX.4), por ejemplo, K'an Tok Wayib, primer *sajal* del gobernante Yaxuun Bahlam IV, se encuentra jugando a la pelota en atuendo del dios del viento (Ik' K'uh), hecho que se corrobora por el texto que dice: *ubaahil [a^{ʔ}n] Ik' K'uh*, 'es el retrato' o 'presencia corporal de Ik' K'uh'.[25]

Una circunstancia análoga ocurrió durante la primera mitad del siglo XIII, en la plataforma jeroglífica del Templo XIX de Palenque (figura IX.5), donde K'ihnich Ahku^{ʔ}l Mo^{ʔ} Naahb III (721-736 d.C.) afirma ser 'el retrato' o 'presencia corporal del' *(ubaahil a^{ʔ}n)* dios GI de la Tríada.[26] En esta imagen, el señor de Palenque porta el tocado de cormorán o garza pescadora que caracteriza los programas iconográficos de GI en las tierras bajas mayas.[27] Ahku^{ʔ}l Mo^{ʔ} Naahb se encuentra a punto de recibir la banda de poder real, sostenida por

[20] Sebastian Matteo y Asier Rodríguez Manjavacas, "La instrumentalización del *way* según las escenas de los vasos pintados", *Península,* vol. IV, núm. 1, primavera de 2009, pp. 21-28.

[21] Martín Alonso Tovilla, *Relaciones histórico-descriptivas de la Verapaz, El Manché y Lacandón, en Guatemala,* France V. Scholes y Eleanor B. Adamas (eds.), Guatemala, Editorial Universitaria, 1960 (Ediciones del Tercer Centenario de la Introducción de la Imprenta en Centroamérica), p. 222.

[22] Knub, Thun y Helmke, *op. cit.,* p. 178.

[23] López Oliva, *op. cit.,* pp. 929-930.

[24] *Ibid.,* pp. 929 y 940.

[25] Véase Mare V. Zender, "Glyphs for 'Handspan' and 'Strike' in Classic Maya Ballgame Texts", *The PARI Journal,* vol. IV, núm. 4, primavera de 2004, p. 2; Martha Ilia Nájera Coronado, *Dioses y seres del viento entre los mayas antiguos,* México, UNAM-IIFL/Centro de Estudios Mayas, 2015, pp. 99-100. La traducción del texto completo es la siguiente: 'el retrato' o 'presencia corporal de Ik' K'uh [dios del viento] es el guardián de Kote^{ʔ} Ajaw, K'an Tok Wayib, primer *sajal*'.

[26] Sobre los dioses de la llamada Tríada de Palenque, véase la nota 158 del capítulo "El ciclo del *o^{ʔ}hlis*".

[27] Véase Stuart, *The Inscriptions from..., op. cit.,* pp. 120-121.

FIGURA IX.4. *Jugador de pelota personificando a Ik' K'uh, el dios del viento; Escalón X de la Escalera Jeroglífica 2 del Templo 33 de Yaxchilán; dibujo de Marc U. Zender; tomado de Zender, "Glyphs for 'Handspan'...",* op. cit., *p.* 2.

el funcionario Janaab Ajaw, quien porta un tocado de la Deidad Pájaro Principal (Yahx Kokaaj[?] Muut), avatar ornitológico del viejo dios Itzamnaah. Su glosa jeroglífica aclara que él es 'el retrato' o 'presencia corporal *(ubaahil a'n)* de Itzamnaah Yahx Kokaaj(?) [Muut]'.[28] Como atinadamente observó Stuart,[29] en esta escena Ahku'l Mo' Naahb y su asistente de alto rango renuevan o reactualizan el pasaje cosmogónico de la coronación de GI en el cielo, bajo los auspicios del dios supremo Itzamnaah Yahx Kokaaj(?) Muut,[30] acto político de los dioses que tuvo lugar el 10 de marzo de 3309 a.C., evidente fecha mítica.[31] En estas escenas, los tocados cumplen la misma función identificadora que las máscaras, y, en el caso específico de Palenque, los atuendos de los figurantes sólo aluden de forma discreta a las deidades.[32]

[28] Erik Boot, "At the Court of Itzamnah Yax Kokaj Mut: Preliminary Iconographic and Epigraphic Analysis of a Late Classic Vassel", *Maya Vase,* 2008, p. 12. Consultado en www.mayavase.com/God-D-Court-Vessel.pdf.

[29] "Las nuevas inscripciones del Templo XIX, Palenque", *Arqueología Mexicana,* vol. VIII, núm. 45, 2000, p. 32; *The Inscriptions from..., op. cit.,* p. 121.

[30] Boot, "At the Court...", *op. cit.,* p. 20.

[31] Véase también el comentario que sobre esa escena y, en general, sobre la plataforma entera del Templo XIX, ofrecen Mercedes de la Garza Camino, Guillermo Bernal Romero y Martha Cuevas García, *Palenque-Lakamha'. Una presencia inmortal del pasado indígena,* México, FCE/El Colegio de México/Fideicomiso Historia de las Américas, 2012 (Sección de Obras de Historia, Serie Ciudades), pp. 223-229.

[32] Stuart, *The Inscriptions from..., op. cit.,* p. 118. También es posible que en las danzas públicas o actos políticos de personificación, cada figurante asumiera un papel dentro del mito que

FIGURA IX.5. *Plataforma del Templo XIX de Palenque, Chiapas (lado sur); dibujo de David S. Stuart; tomado de Stuart, "The Palenque Mythology...",* op. cit., *pp. 176-177.*

Es probable que los mitos cosmogónicos y las hazañas de los antepasados fueran también reproducidos en danzas rituales dramatizadas,[33] tal como sabemos que ocurría en el Posclásico Tardío (1200-1542 d.C.) y aun durante la época colonial,[34] sin contar los ejemplos reportados en el siglo XIX[35] y la vasta etnografía que existe sobre danzas históricas en las fiestas mayas del siglo XX.[36]

reflejara de algún modo su jerarquía social terrenal (Houston y Stuart, "Of Gods, Glyphs...", *op. cit.*, p. 300).

[33] Véase David Freidel, Linda Schele y Joy Parker, *Maya Cosmos. Three Thousand Years on the Shaman's Path,* Nueva York, Quill William Morrow, 1993, pp. 257-292; Houston, Stuart y Taube, *The Memory of..., op. cit.*, pp. 252-276.

[34] René Acuña Sandoval, *Introducción al estudio del* Rabinal Achí, México, UNAM-IIFL/Centro de Estudios Mayas, 1975 (Cuaderno, 12); *Farsas y representaciones escénicas de los mayas antiguos,* México, UNAM-IIFL/Centro de Estudios Mayas, 1978 (Cuaderno, 15); Ruud van Akkeren, "Sacrifice at the Maize Tree. *Rab'inal Achi* in its Historical and Symbolic Context", *Ancient Mesoamerica,* vol. 10, núm. 2, 1999, pp. 281-295; Alain Breton, *Rabinal Achí. Un drama dinástico maya del siglo XV,* México/Guatemala, Centro Francés de Estudios Mexicanos y Centroamericanos, 1999; Dennis Tedlock, *Rabinal Achi. A Mayan Drama of War and Sacrifice,* Oxford, University Press, 2003.

[35] Alfredo Barrera Vásquez, *El libro de los cantares de Dzitbalché,* México, INAH, 1965 (Investigaciones, 9), p. 12.

[36] Véase Victoria R. Bricker, *El Cristo indígena, el rey nativo. El sustrato histórico de la mitología del ritual de los mayas,* 1ª reimp., México, FCE, 1993 (Sección de Obras de Antropología),

En su visita al Departamento de Petén, Guatemala, efectuada en 1895, Teobert Maler[37] fue el primer investigador que identificó la convención básica de danza en el arte maya clásico, misma que consistía en flexionar levemente la rodilla y tocar el piso con la punta del pie, tal como se apreciaba en la superficie este de la Estela 2 de Motul de San José (figura IX.6).[38] Proskouriakoff[39] encontró que la postura de danza sería frecuente en la escultura maya a partir de 9.16.0.0.0 (751 d.C.), mientras que Michael D. Coe y Elizabeth P. Benson[40] la volverían a identificar como tema principal en el Panel 2 de Dumbarton Oaks, comparando su escena con la del Pilar D de la Casa D del Palacio de Palenque. Tres años después, George Kubler[41] notó diversos ejemplos de "danzantes y personificadores de espíritus" o "deidades" en los monumentos de Palenque y Quiriguá, así como en los murales de Bonampak, interpretando su significado a la luz de la supuesta ceremonia funeraria pintada en el Vaso de Altar de Sacrificios (figura VII.1).[42]

Una vez identificado el tema de la danza en el arte maya, y relacionando los textos jeroglíficos con las imágenes acompañantes, Houston[43] encontró que la composición T516b:53 de las inscripciones (figura IX.7a) operaba como

pp. 249-503. Cabe recordar que el más famoso de estos bailes dramatizados es el *Rabinal Achí* o *Xajoj Tun*, que aún se sigue representando en el pueblo quiché-achí de Rabinal, tomando como base de los parlamentos el llamado *Manuscrito Pérez*, copia realizada a principios del siglo XX (Ruud van Akkeren, "El baile-drama *Rab'inal Achi*. Sus custodios y linajes de poder", *Mesoamérica*, vol. 21, núm. 40, 2000, p. 2).

37 Teobert Maler, *Explorations in the Department of Peten, Guatemala, and Adjacent Region. Motul de San José; Peten-Itza*, Memoirs of the Peabody Museum of American Archaeology and Ethnology, Harvard University, vol. IV, núm. 3, Cambridge, Harvard University-Peabody Museum of American Archaeology and Ethnology, 1910, pp. 133-135.

38 Tal como Tatiana A. Proskouriakoff observaría años más tarde, este monumento de Motul de San José (figura IX.6) es excepcional, pues ambos pies de los danzantes se elevan y tocan el piso con las puntas. Es una pena que esta escultura se encuentre ahora muy erosionada y fragmentada, pues la propia Proskouriakoff la calificó como probablemente "la talla más ambiciosa que conocemos de toda el área maya", *Historia Maya*, 2ª ed. en español, México, Siglo XXI Editores, 1999 (Colección América Nuestra), pp. 150-151.

39 Tatiana A. Proskouriakoff, *A Study of Classic Maya Sculpture*, Washington, Carnegie Institution of Washington, 1950 (Publication, 593), p. 142.

40 Michael D. Coe y Elizabeth P. Benson, *Three Maya Relief Panels at Dumbarton Oaks*, Washington, Harvard University-Dumbarton Oaks Trustees for Harvard University, 1966 (Studies in Pre-Columbian Art and Archaeology, 2), p. 16.

41 George Kubler, *Studies in Classic Maya Iconography*, New Haven, Connecticut Academy of Arts and Sciences, 1969 (Memoirs of the Connecticut Academy of Arts and Sciences, XVIII), pp. 13, 17 y 25.

42 Aunque los autores antes mencionados son los pioneros en identificar el tema de la danza en el arte maya clásico, se trata de un asunto que en décadas recientes ha generado una copiosa bibliografía. Aunque el trabajo más exhaustivo y sistemático es sin duda el de Matthew G. Looper, *To Be Like Gods. Dance in Ancient Maya Civilization*, Austin, University of Texas Press, 2009 (The Linda Schele Series in Maya and Pre-Columbian Studies).

43 Stephen D. Houston, "A Quetzal Feather Dance at Bonampak, Chiapas, México", *Journal de la Société des Américanistes*, t. LXX, 1984, pp. 132-134.

FIGURA IX.6. *Lado este (posterior) de la Estela 2 de Motul de San José, ubicada en la Plaza B del Grupo B de ese sitio arqueológico de Petén, Guatemala; fotografiada por Teobert Maler en 1895, tomada de Maler,* op. cit., *p. 171.*

verbo de baile, mismo que normalmente era seguido por la mención de los objetos manipulados durante el movimiento rítmico. El desciframiento completo de la expresión de danza sería alcanzado por Grube,[44] quien usando los complementos fonéticos que acompañan al logograma principal (**a**-T516b-**ta**) pudo leerla como *ahk'ot* o *ahk'ut,* 'baile' (figura IX.7b).[45] La presencia ocasional del fonograma **ja** servía para representar el sufijo verbalizador */-aj/,*[46] que convierte este sustantivo en un verbo intransitivo *ahk'taj,* 'bailar' (figura IX.7c).

Un caso interesante de la expresión *ahk'ut* aparece en el vaso K1439 (figura VII.13), donde Yajawte? K'inich baila con máscara de "rayos X"[47] sobre un jaguar contorsionista, mientras el texto explica que *ubaah ti ahk'[ut] ti t'olo[l] bahlam Uchan Ik' Bul Yajawte? K'inich,* 'es el cuerpo en danza de Uchan Ik' Bul Yajawte? K'inich con el jaguar en ringlera'.[48] Diversos elementos de esa escena apuntan a que se trataba de un baile con carácter ritual, sacrificial y

[44] Nikolai Grube, "Classic Maya Dance. Evidence from Hieroglyphs and Iconography", *Ancient Mesoamerica,* vol. 3, núm. 2, otoño de 1992, p. 204. Looper también ha escrito sobre la historia del desciframiento de los jeroglifos mayas de danza, *To Be Like..., op. cit.,* pp. 16-18.

[45] Basado en la etimología de la palabra maya yucateca *óok'ot,* tal como aparece atestiguada en las fuentes lexicográficas coloniales *<okot>,* Acuña Sandoval, *Farsas y representaciones..., op. cit.,* p. 19, concluye que su contexto semántico "parece indicar que estos bailes o ritos escénicos tenían un carácter penitencial o decididamente suplicatorio; de ahí que pueda sugerirse que su función era provocar, o bien el perdón de ciertos pecados, o bien la fertilidad, la lluvia, y aquellas cosas que constituían el bienestar y seguridad de los hombres mayas".

[46] Véase Alfonso Lacadena García-Gallo, "El sufijo verbalizador *-Vj* (*-aj ~ -iij*) en la escritura jeroglífica maya", en Antonio González Blanco, Juan Pablo Vita Barra y José Ángel Zamora López (eds.), *De la tablilla a la inteligencia artificial,* Zaragoza, Instituto de Estudios Islámicos y del Oriente Próximo, 2003.

[47] Véase Erik Velásquez García, "La máscara de 'rayos X'. Historia de un artilugio iconográfico en el arte maya", *Anales del Instituto de Investigaciones Estéticas,* núm. 90, México, UNAM-IIFL, 2007,

[48] Véase Houston, Stuart y Taube, *The Memory of..., op. cit.,* p. 64.

Figura ix.7. *Ejemplos de la expresión de 'danza':* (**a**) *sustantivo* ahk'ut, *'baile'; encabezamiento 42 del cuarto 1 del Edificio de las Pinturas (A2) de Bonampak, Chiapas, México; dibujo de Stephen D. Houston, tomado de Houston, "A Quetzal Feather…",* op. cit., *p. 130;* (**b**) *sustantivo* ahk'ut, *'baile', Dintel 2 de la Estructura 33 (G1) de Yaxchilán, Chiapas, México, tomado de Graham y Von Euw,* Corpus of Maya…, op. cit., *p. 15;* (**c**) *verbo* ahk'taj, *'bailar'; Dintel 54 de la Estructura 54 (A2) de Yaxchilán, Chiapas, México, tomado de Graham,* Corpus of Maya…, op. cit., *p. 117;* (**d**) *frase* ubaahil aʔn Huk Chapaht Tz'ikiin K'inich Yajawteʔ K'inich, *'Yajawteʔ K'inich es el retrato' o 'presencia corporal del [dios] Huk Chapaht Tz'ikiin K'inich', vaso K533, fotografía de Justin Kerr, tomada de Coe,* Lords of the…, op. cit., *pp. 133-134.*

que conduce al trance, entre ellos los trajes de jaguar,[49] las máscaras fantásticas (una de ellas de artrópodo), el feto o bebé inerte que pende del pecho de uno de los danzantes, el sacerdote arrodillado que porta una canasta con tiras de papel ensangrentado[50] y las bufandas rojas con extremos blancos que usan los felinos,[51] pero sobre todo la contorsión del *t'olo[l] bahlam,* postura que, como vimos en el capítulo "La entidad anímica *wahyis*", fue empleada entre diversos grupos amerindios para conseguir el trance.[52]

[49] Véase Mercedes de la Garza Camino, "Jaguar y nagual en el mundo maya", en *Studia Humanitatis. Homenaje a Rubén Bonifaz Nuño,* México, UNAM-IIFL, 1987; María del Carmen Valverde Valdés, *Balam. El jaguar a través de los tiempos y los espacios del universo maya,* México, UNAM-IIFL/Centro de Estudios Mayas, 2004, pp. 264-280.

[50] Véase Grube, "Classic Maya Dance...", *op. cit.,* p. 215.

[51] Coe (*Lords of the Underworld. Masterpieces of Classic Maya Ceramics,* Princeton, Princeton University, The Art Museum, 1978, p. 28) fue uno de los primeros estudiosos en asociar esta bufanda con escenas de sacrificio, principalmente por decapitación. En las representaciones modernas del *Rabinal Achí* existe un funcionario que acompaña a los ejecutantes para orar y quemar ofrendas en los santuarios y cimas de las montañas, mismo que utiliza una bufanda roja con extremos blancos (Tedlock, *op. cit.,* p. 14). Como vimos en el capítulo "La entidad anímica *wahyis*", Matteo y Rodríguez Manjavacas —y una década después Moreno Zaragoza— englobaron dentro del fenómeno del nagualismo este tipo de danzas públicas donde los mandatarios personificaban y se ataviaban con sus mismos *wahyis,* realizaban sacrificios humanos y usaban ese tipo de bufandas rojas, una expresión del nagualismo que yo llamo "exotérico", resignificando un concepto acuñado años atrás por López Austin.

[52] Véase Tomás Pérez Suárez, "Acróbatas y contorsionistas en la plástica olmeca", *Los Investigadores de la Cultura Maya* núm. 13, t. II, Campeche, Universidad Autónoma de Campeche, 2005. Existe una corriente teórica, representada por varios colegas, quienes usan el término chamanismo, de origen siberiano, véase Mircea Eliade, *El chamanismo y las técnicas arcaicas del éxtasis,* Ernestina de Champourcín (trad.), 6ª reimp., México, FCE, 1996 (Sección de Obras de Antropología), p. 22, para referirse a las prácticas rituales de los mayas que involucraban el externamiento voluntario del espíritu (trance), la personificación dancística de deidades, antepasados o espíritus "familiares", así como la transformación nagualística en animales o fuerzas naturales. De acuerdo con Valverde Valdés (*op. cit.,* p. 256), esta capacidad de transmutación es una de las características más importantes de los chamanes mesoamericanos. Entre los autores que defienden esta postura con argumentos más sistemáticos se encuentran Freidel, Schele y Parker (*op. cit.,* pp. 29-58 y ss.); Mercedes de la Garza Camino, *Sueño y éxtasis. Visión chamánica de los nahuas y los mayas,* México, FCE/UNAM-Coordinación de Humanidades/IIFL/Centro de Estudios Mayas, 2012, pp. 17-18 y ss.; Miguel A. Bartolomé Bistoletti y Alicia M. Barabas Reyna, "Introducción. Los sueños y los días. Chamanismo y nahualismo en el México actual", en Miguel A. Bartolomé Bistoletti y Alicia M. Barabas Reyna (coords.), *Los sueños y los días. Chamanismo y nahualismo en el México actual.* II. *Pueblos mayas,* México, INAH, 2013 (Colección Etnografía de los Pueblos Indígenas de México, Serie Ensayos), pp. 16-18. No obstante, esta postura ha sido criticada para los mayas clásicos desde el ámbito de la epigrafía, véase Marc U. Zender, "A Study of two Uaxactun-Style Tamale-Serving Vessels", en Justin Kerr (ed.), *The Maya Vase Book: A Corpus of Rollout Photographs of Maya Vases,* vol. 6, Nueva York, Kerr Associates, 2000, pp. 56-79, por lo que se trata de un asunto polémico. La razón que tengo para evitar la palabra "chamán" o "chamánico" en este libro no reside en que esté en contra, sino a que no es mi deseo entrar en esa polémica y creo que puedo explicar los aspectos que me interesan de la cosmovisión maya sin usar esos términos. Como reconocen los mismos Bartolomé Bistoletti y Barabas Reyna (*op. cit.,* p. 15), aunque el chamanismo siberiano y el nagualismo mesoamericano parecen compartir una

Tan interesante como la anterior es la escena del vaso K533 (figura IX.8), donde Yajawte' K'inich interviene en otra danza usando el traje del poderoso ciempiés-águila-jaguar del inframundo, que según el texto jeroglífico se llama Huk Chapaht Tz'ikiin K'inich, 'Dios Solar Siete Escolopendra Ave de Rapiña'.[53] El texto explicativo combina los conceptos de *ahk'ut* y *baahil a'n* (figura IX.7d): *ubaah ti ahk'[u]t ubaahil a'n Huk Chapaht Tz'ikiin K'inich Yajawte' K'inich...*, 'el cuerpo en danza de Yajawte' K'inich es el retrato' o 'presencia corporal de Huk Chapaht Tz'ikiin K'inich'. Un caso análogo al anterior pudo haber estado escrito en el desgastado vaso K1896,[54] que contiene otra imagen en danza del mismo soberano en guisa de jaguar sacrificial. No obstante, en estas escenas nos enfrentamos a un misterio sin resolver: el texto jeroglífico del vaso K533 afirma que el gobernante se encuentra vestido en guisa del dios solar Huk Chapaht Tz'ikiin K'inich (figuras IX.7d y IX.8), pero como han mostrado Knub, Thun y Helmke,[55] ese dios parece adoptar aspecto antropomorfo

matriz similar, no son términos equivalentes y cada uno corresponde a su propia esfera y noción cultural. Serge Gruzinski, *El poder sin límites. Cuatro respuestas indígenas a la dominación española,* traducción de Phillippe Cheron, México, INAH/Instituto Francés de América Latina, 1988 (Colección Biblioteca del INAH; Serie: Historia), p. 53, n. 6, también señaló que se trata "de un término cómodo" y no ortodoxo cuando se aplica a las culturas mesoamericanas.

[53] La naturaleza de esta danza puede ser conjeturada a la luz del baile del ciempiés *(ixtzol),* que practicaban los antiguos quichés. De acuerdo con Acuña Sandoval (*Farsas y representaciones..., op. cit.,* p. 26) esta danza era muy violenta y estrepitosa, se relacionaba con el ritual del fuego e iba acompañada de autosacrificio y mortificaciones. Los figurantes iban enmascarados y llevaban plumas de guacamaya en el tocado, animal que en la religión maya se encuentra asociado con el Sol, véase Mercedes de la Garza Camino, *Aves sagradas de los mayas,* México, UNAM-FFyL/IIFL/Centro de Estudios Mayas, 1995, pp. 50-58. Ello confirma el simbolismo solar de la escolopendra que fue señalado por Karl A. Taube, "Maws of heaven and hell: the symbolism of the centipede and serpent in classic Maya religion", en Andrés Ciudad Ruiz, Mario Humberto Ruz Sosa y María Josefa Iglesias Ponce de León (eds.), *Antropología de la eternidad: la muerte en la cultura maya,* Madrid, Universidad Complutense-Facultad de Geografía e Historia-Departamento de Historia de América II (Antropología de América)-Sociedad Española de Estudios Mayas/UNAM-IIFL/Centro de Estudios Mayas, 2003 (Publicaciones de la Sociedad Española de Estudios Mayas, 7), pp. 409-413, particularmente en la danza del periodo Clásico donde se representaba a Huk Chapat Tz'ikiin K'inich (figura IX.8), un epíteto del Astro Rey. Por otra parte, la violencia descrita en el baile quiché del ciempiés y el infanticidio ritual sugerido por el mismo vaso K533 (figura IX.8), puede obedecer a que este artrópodo carnívoro se asociaba con la guerra y la muerte, véase Martha Ilia Nájera Coronado, *Los cantares de Dzitbalché en la tradición religiosa mesoamericana,* México, UNAM-Coordinación de Humanidades/Unidad Académica de Ciencias Sociales y Humanidades/IIFL/Centro de Estudios Mayas, 2007, pp. 40-41. Taube, "Maws of heaven...", *op. cit.,* p. 413, especula que los miriápodos se vinculaban con los músicos y cantantes debido a la capacidad que tienen esas artes para conjurar y comunicarse con los muertos. Para otro ejemplo de la relación entre el nagualismo y las águilas *(tz'ikiin),* véase Mercedes de la Garza Camino, "Naguales mayas de ayer y de hoy", *Revista Española de Antropología Americana,* XVII, Madrid, Universidad Complutense-Facultad de Geografía e Historia-Departamento de Historia de América II, 1987 (Antropología de América), pp. 92-93.

[54] Véase la imagen en el archivo fotográfico de Kerr. Consultado en https://research.mayavase.com/kerrmaya_hires.php?vase=1896.

[55] Knub, Thun y Helmke, *op. cit.,* p. 189.

FIGURA IX.8. *Escena de un rito público o de carácter exotérico, donde el gobernante del reino de Ik'a? (Motul de San José) Yajawte? K'inich se involucra en una danza donde personifica o se convierte en el dios solar Huk Chapaht Tz'ikiin K'inich; tanto él como sus compañeros visten con claros símbolos iconográficos de* wahyis; *vaso K533 o MS1403 del Princeton Art Museum; fotografía de Justin Kerr, tomada del archivo fotográfico de Kerr. Consultado en http://research.mayavase.com/kerrmaya_hires.php?vase=533.*

en un vaso de procedencia desconocida (figura IX.9), mientras que los trajes de Yajawte? K'inich y de sus acompañantes en el vaso K533 tienen decididas características iconográficas de *wahyis* (figura IX.8). Este tipo de dilema ya había sido encontrado por Matteo y Rodríguez Manjavacas, al observar que en las danzas y rituales públicos los gobernantes visten como *wahyis,* pero que ningún texto jeroglífico aclara que son tales,[56] situación que sí ocurre en las escenas oníricas, privadas o esotéricas (figuras VII.1, VII.3, VII.11, VII.14, VII.15b, VII.16 y VII.17), donde todos los naguales, coesencias o "familiares" dicen ser *uwahy*... de alguien. La solución más a la mano es que Huk Chapaht Tz'ikiin K'inich se pueda manifestar de varias formas, tanto zoomorfas (figura IX.8) como antropomorfas (figura IX.9). Aunque también es posible que Huk Chapaht Tz'ikiin K'inich haya sido uno de los *wahyis* o naguales del mandatario

[56] Matteo y Rodríguez Manjavacas, *op. cit.*, p. 22.

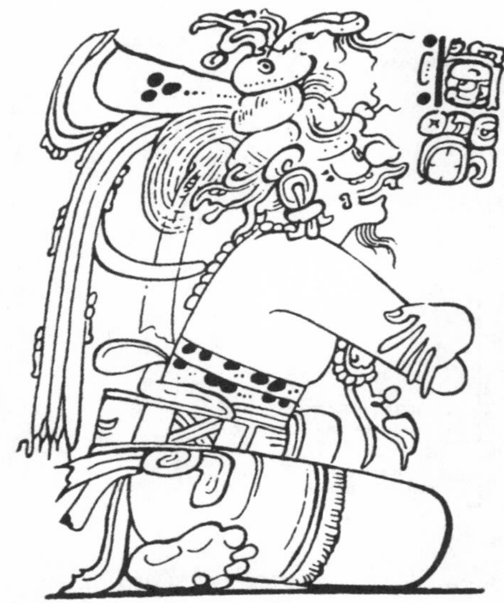

FIGURA IX.9. *Representación del dios solar antropomorfo Huk Chapaht Tz'ikiin K'in Ajaw; detalle de un vaso de procedencia arqueológica desconocida y de colección privada; dibujo de Christophe Helmke; tomado de Knub, Thun y Helmke,* op. cit., *p. 189.*

de Motul de San José. Finalmente, hay que observar que dicha entidad anecuménica adopta características iconográficas de *wahyis* cuando se llama Huk Chapaht Tz'ikiin K'inich (figura IX.8), mientras que en su aspecto antropomorfo (figura IX.9) recibe un nombre ligeramente diferente: Huk Chapaht Tz'ikiin K'in Ajaw.

Conviene aclarar que el tema de las danzas de personificación no se restringe a los vasos de cerámica, puesto que lo encontramos, por ejemplo, en la Jamba 6 de Xcalumkin (figura IX.10), donde el *sajal* Kit Pa' adopta la postura de baile, al tiempo que utiliza el yelmo bélico de la serpiente de la guerra (Waxaklaju'n Ubaah Chan): *alay uwo'jool itz'aat Kit Pa' I[h]kaatz, ubaahil a'n Waxaklaju'n Ubaah Chan,* 'son los jeroglifos del sabio Kit Pa' Ihkaatz, quien es el retrato' o 'presencia corporal de Waxaklaju'n Ubaah Chan'. La subversión del orden sintáctico en este ejemplo, al producirse una secuencia de antropónimo-*baahil a'n*-teónimo, aparentemente tiene la función de enfatizar que el dignatario es la personificación del dios.[57]

Los diccionarios de maya yucateco colonial proporcionan interesantes términos análogos al de *baahil a'n,* que pueden ayudar a comprender mejor el sentido de la personificación entre los mayas. Tal como se aprecia en diversos pasajes de la obra de fray Diego de Landa,[58] Antonio de Ciudad

[57] Este inusual orden sintáctico es semejante al que utilizaban los escribas mayas cuando usaban sus pronombres independientes o enfáticos, véase Kerry M. Hull, Michael D. Carrasco y Robert Wald, "The First-Person Singular Independent Pronoun in Classic Ch'olan", *Mexicon. Zeitschrift für Mesoamerikaforschung,* vol. XXXI, núm. 2, 2009, p. 40, n. 1. Se trata de una figura retórica u ornamental llamada **hipérbaton**, que tiene como fin enfatizar la importancia de un mensaje trastocando de forma intencional el orden sintáctico, véase Alfonso Lacadena García-Gallo, "Syntactic Inversion (Hyperbaton) as a Literary Device in Maya Hieroglyphic Texts", en Kerry M. Hull y Michael D. Carrasco (eds.), *Parallel Worlds. Genre, Discourse, and Poetics in Contemporary, Colonial, and Classic Period Maya Literature,* Boulder, University Press of Colorado, 2012.

[58] Fray Diego de Landa, *Relación de las cosas de Yucatán,* estudio preliminar, cronología y

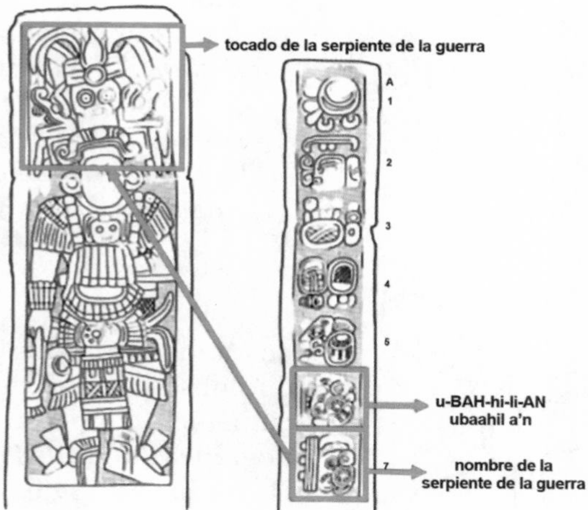

FIGURA IX.10. *Jamba 6 de Xcalumkin, Campeche, México, tomada de Graham y Von Euw,* Corpus of Maya..., op. cit., *p. 168.*

Real,[59] fray Pedro Sánchez de Aguilar[60] y otros cronistas, los antiguos hablantes de yucateco contaron con una compleja estructura ritual que les permitió desarrollar el teatro ceremonial, mismo que integraba la danza, la música y el canto.[61] Esta circunstancia se vio favorecida, además, por haber sido

revisión del texto de María del Carmen León Cázares, México, Conaculta, 1994 (Cien de México), pp. 117-118, 194 y ss.

[59] Antonio de Ciudad Real, *Tratado curioso y docto de las grandezas de la Nueva España,* Josefina García Quintana y Víctor Manuel Castillo Farreras (edición, estudio, apéndices, glosarios e índices), México, UNAM-IIH, 1993 (Serie Historiadores y Cronistas de Indias, 6), pp. 330-331.

[60] Pedro Sánchez de Aguilar, "Informe contra *los idólatras de Yucatán* escrito en 1613 por Pedro Sánchez de Aguilar", en Pilar Máynez Vidal (ed.), *Hechicerías e idolatrías del México antiguo,* México, Conaculta, 2008 (Cien de México), pp. 165-166.

[61] En su estudio sobre la literatura dramática de los nahuas, Ángel María Garibay Kintana, *Historia de la literatura náhuatl. Primera parte (etapa autónoma: de c. 1430 a 1521),* vol. I, 3ª ed., México, Porrúa, 1987 [1953] (Biblioteca Porrúa, 1), p. 341, identificó dos grandes géneros o estilos: uno grave y solemne, que servía para abordar asuntos divinos o heroicos, y otro más humano, riente y ligero, con ribetes de chocarrería y aire truhanesco. Me parece que estas mismas dos categorías pueden hallarse en el caso de los quichés y los mayas yucatecos (Acuña Sandoval, *Farsas y representaciones... op. cit.*). Entre estos últimos, el género ritual podría haberse designado mediante la palabra *óok'ot* (véase antes la nota 45 de este capítulo), mientras que *baltz'amil* se refería a las farsas con tintes de comedia. Distintas fuentes definen las palabras *baltz'am, chíik* o *<baloam> (sic)* como 'bufón, gracioso, decidor' o 'chocarrero', véase Sánchez de Aguilar, *op. cit.*, p. 166; María Cristina Álvarez Lomelí (*Diccionario etnolingüístico del idioma maya yucateco colonial,* vol. III, *Aprovechamiento de los recursos naturales,* México, UNAM-IIA, 1997, p. 634). Thomas Gage (*Nueva relación que contiene los viajes de Tomas Gage a la Nueva España, parte tercera de dicha obra que se refiere íntegramente a Guatemala,* Guatemala, Ministerio de Educación Pública/Editorial José de Pineda Ibarra (Biblioteca de Cultura Popular 20 de Octubre, 7), [1648]

el idioma mayance mejor documentado durante la época virreinal, razón por la que contamos con abundantes términos dramáticos, que en el caso de los actores rituales son los siguientes:

yucateco	*bacab*	'representante, juglar' (Arzápalo Marín, 1995: 64)/'representante, juglar' (Álvarez Lomelí, 1997: 634)
	bacab-yaah	'representante' (Álvarez Lomelí, 1997: 634)
	cucutilan	'sustituto o teniente de otro' (Arzápalo Marín, 1995: 140)
	kukutila'n	'sustituto o teniente de otro'/'sustituto'/'sustituto o selecto' (Barrera Vásquez, 1980: 348)
	kukutil'an k'oh	'sustituto de otro, como lo es el virrey del rey, el teniente del gobernador, el papa de Cristo' (Barrera Vásquez, 1980: 348)
	hol ahau	'representante, farsante' (Arzápalo Marín, 1995: 320)
	ho'l ahau	'representante' (Swadesh, Álvarez Lomelí y Bastarrachea Manzano, 1991: 54)
	ho'l-han	'representante' (Swadesh, Álvarez Lomelí y Bastarrachea Manzano, 1991: 127)
	ichilan	'delegado, presidente y teniente; que está en lugar de otro' (Arzápalo Marín, 1995: 383)
	ichilan	'delegado, presidente, teniente que está en lugar de otro'/'puesto con las veces de otro; suplente' (Barrera Vásquez, 1980: 263)
	koh	'el que está en lugar de otro, que es su teniente y representa su persona' (Arzápalo Marín, 1995: 430)
		'representante' (Swadesh, Álvarez Lomelí y Bastarrachea Manzano, 1991: 127)
	k'oh	'[representante, sustituto, el que representa la figura, imagen o persona de otro, teniente, lugarteniente de otro, vicario, virrey]; el que está en lugar de otro, que es su teniente y representa su persona'/'lugarteniente de otro'/'sustituto'/'suplente, representante' (Barrera Vásquez, 1980: 409)
	k'ohbalam	'sustituto así'/'vicario, sustituto' (Barrera Vásquez, 1980: 409)

1967, pp. 77-81) incluye en su crónica una completa descripción del teatro que ejecutaban los cakchiqueles después de la Conquista. Mientras que Looper incluye en su libro diversos datos sobre la representación dancística y dramática entre los pueblos mayenses después de la invasión española (*To Be Like…*, *op. cit.*, pp. 191-201), así como algunos casos de estudio contemporáneos tomados de las tierras altas de Guatemala (*ibid.*, pp. 201-212).

yucateco	*kohbalan/ kohbilan*	'el que representa la figura o persona de otro o está en su lugar o es su sustituto' (Arzápalo Marín, 1995: 430)
	k'ohbalan	'el que representa la figura o persona de otro, está en su lugar o es su sustituto'/'presidente que preside por otro' (Barrera Vásquez, 1980: 409)
	k'ohbaltal	'imagen, representante o lugarteniente de otro' (Barrera Vásquez, 1980: 409)
	k'ohban	'sustituto, vice o imagen' (Barrera Vásquez, 1980: 409)
	kohbezah ba	'enmascararse o disfrazarse' (Arzápalo Marín, 1995: 430)
	k'ohbilan	'el que representa la figura o persona de otro, está en su lugar o es su sustituto'/'presidente que preside por otro'/'sustituto, vicario' (Barrera Vásquez, 1980: 409)
	u k'oh balan	'teniente de otro en oficio' (Barrera Vásquez, 1980: 409)
	u k'ohbilan	'teniente de otro en oficio' (Barrera Vásquez, 1980: 409)
	yichilan	'[delegado, sustituto]'/'suplente'/'delegado' (Barrera Vásquez, 1980: 976)
	y-ich-il-a'n	'suplente' (Swadesh, Álvarez Lomelí y Bastarrachea Manzano, 1991: 56)

De esta lista vale la pena destacar aquellos que contienen el sufijo estativo de existencia */-aʔn/* o */-aʔan/*, como por ejemplo *kukutilaʔn (<cucutilan> [sic]),* que procede del sustantivo *kukutil,* 'cosa corporal' o 'piel humana', y fue traducido en el *Calepino de Motul* como 'sustituto o teniente de otro'.[62] Esta misma fuente proporciona el siguiente ejemplo: *<u cucutilan Cristo> [sic],* 'vicario de Cristo, que es el papa'. Un segundo término de interés es el de *ichilaʔn,* que procede del vocablo *ichil,* probablemente 'cosa' o 'expresión facial'. En el mismo *Calepino de Motul ichilaʔn (<ichilan> [sic])* significa 'delegado, presidente y teniente; que está en lugar de otro',[63] término que ilustra con los siguientes ejemplos: *<yichilan ahau> [sic],* 'virrey', y *<yichilan yahau caan> [sic],* 'provisor del obispo o vicario así'. Cabe decir que aunque estos términos parecen tener un uso político más que teatral, es probable que hayan tenido su origen en las danzas dramatizadas, como lo sugiere otro término atestiguado en el *Calepino de Motul: k'ojbilaʔn (<kohbilan> [sic]),* 'el que representa la figura o persona de otro o está en su lugar o es su sustituto',[64] entrada que incluye los siguientes ejemplos: *<u kohbalan ahau> [sic],* 'virrey', y *<u kohbilan obispo> [sic],* 'provisor'. El interés de este término reside en que incluye el sustantivo 'máscara', *k'oj* (figura IX.11), raíz que se encuentra distribuida en distintas lenguas mayances. Algunos ejemplos escogidos son:

[62] H. Ramón Arzápalo Marín, *Calepino de Motul. Diccionario maya-español,* vol. I, México, UNAM-DGAPA/IIA, 1995, p. 140.

[63] *Ibid.,* p. 383.

[64] *Ibid.,* p. 430.

yucateco	*koh*	'carátula o máscara' (Arzápalo Marín, 1995: 430)
	kohbox/kohob	'carátula o máscara hecha de casco de jícara o calabaza' (Arzápalo Marín, 1995: 430)
chortí	*k'oj*	'máscara' (Hull, 2005: 75)
	poch' uut [po'ch' uut]	*'a ceremonial mask'* (Wisdom, 1950: 571)
chontal yocothán	*c'ojob*	'máscara' (Keller y Luciano Gerónimo, 1997: 71)
	k'ojob	'máscara de la danza del "Bailaviejo"' (Pérez González y Cruz Rodríguez, 1998: 104)
tzeltal	*ghtancatib*	'máscaras de las q/ue/ usaban en los sacrifi/ci/os' (Ara, 1986: 296)
cakchiquel	*qoh*	'máscara o carátula de q[ue] vsan en los bailes' (Coto, 1983: 336)
keqchí	*c'oj*	'contorsión del rostro (burlesco), máscara' (Haeserijn V., 1979: 118-119, 453)

Como puede apreciarse en las entradas lexicográficas mayas yucatecas, el sustantivo *k'oj,* 'máscara', podía equivaler por sí solo a 'representante, sustituto' o 'teniente', término aplicable tanto en el ámbito político como en el dramático, algo que ya había observado Andrea J. Stone en 1986.[65] Conviene destacar, por último, el ilustrativo sintagma que recogió Alfredo Barrera Vásquez del *Diccionario de Ticul: <u kohbalan ahau virrey> [sic]:* 'el representante o sustituto del rey es el virrey'.[66] La importancia de esta frase radica en que conserva la misma estructura sintáctica que las expresiones *baahil aʔn* del periodo Clásico (figuras IX.1-IX.3): *baahil aʔn*-teónimo-antropónimo *versus k'ojbalaʔn*-rey-virrey (véase el cuadro IX.1). Baste recordar el ejemplo del vaso K533 (figuras IX.7d y IX.8): *ubaahil aʔn Huk Chapaht Tz'ikiin K'inich Yajawteʔ K'inich,* 'Yajawteʔ K'inich es la imagen' o 'presencia corporal de Huk Chapaht Tz'ikiin K'inich'. Siguiendo el espíritu de la traducción recogida en el *Diccionario de Ticul,* la misma frase podría traducirse como: 'el representante' o 'sustituto de Huk Chapaht Tz'ikiin K'inich es Yajawteʔ K'inich'. El único problema que encuentro en esta interesante traducción es que se apega estrictamente a la sintaxis maya, sin intentar convertirla a la castellana, lo que podría mejorar de la siguiente forma: 'Yajawteʔ K'inich es el representante de Huk Chapaht Tz'ikiin K'inich'. A la luz de lo anterior, es posible que la traducción de 'personificación', aplicada a la palabra *baahil aʔn,* sea demasiado libre, mientras

[65] Andrea J. Stone, "Aspects of Impersonation in Classic Maya Art", en Virginia M. Fields (ed.), *Sixth Palenque Round Table, 1986,* Norman, University of Oklahoma Press, 1991, pp. 194-202.

[66] Barrera Vásquez (dir.), *Diccionario maya Cordemex..., op. cit.,* p. 409.

FIGURA IX.11. *Sustantivo* **k'o-jo**, k'oj, *'máscara'; Dintel 2 del Sitio R; dibujo de Stefanie Teufel.*

CUADRO IX.1. *Comparación sintáctica entre los sintagmas de personificación cholano clásico y maya yucateco de la época novohispana.*

Término usado en contextos de personificación	*Entidad o ser representado*	*Antropónimo o nombre del figurante*	*Traducción del sintagma*	*Fuente*
ubaahil aʔn	*Huk Chapaht Tz'ikiin K'inich*	*Yajawteʔ K'inich*	'el representante o sustituto de Huk Chapaht Tz'ikiin K'inich es Yajawteʔ K'inich'	vaso K533 (figuras IX.7d y IX.8)
<u kohbalan	*Ahau*	*Virrey>*	'el representante o sustituto del rey es el virrey'	*Diccionario de Ticul* (citado por Barrera Vásquez, 1980: 409)
<u cucutilan	*Cristo>*		'vicario de Cristo, que es el papa'	*Calepino de Motul* (Arzápalo Marín, 1995: 140)
<yichilan	*Yahau caan>*		'provisor del obispo o vicario así'	*Calepino de Motul* (Arzápalo Marín, 1995: 383)

que la de 'es la imagen' o 'presencia corporal' sea muy literal. Pienso que la de 'teniente, representante, delegado, sustituto' o 'vicario', sugerida por las fuentes lexicográficas, es otra opción útil y viable. La acepción de 'provisor' parece menos adecuada, toda vez que se refiere a un juez nombrado por el obispo.

El uso político que tienen estas frases en el *Calepino de Motul* y en el *Diccionario de Ticul* ilustra que el tema de la personificación excede con mucho el contexto de las danzas dramatizadas. De acuerdo con Knub, Thun y Helmke,[67] 28% de las menciones sobre esta clase de ritos en el corpus documental del periodo Clásico tienen lugar en ritos de finales de *k'atuun* o periodos de 20 años de 360 días cada uno; 15% de los casos coinciden con finales de *ho'tuun* o cuartos de *k'atuun* (periodos de cinco años de 360 días cada uno); 13% están vinculadas con el fenómeno de la danza; 11% tenían lugar luego de invocar a un dios, mientras que el resto de las menciones se asocian de forma menos sistemática con ritos de entronización, bebida de chicha o pulque *(chih)*, celebración de victorias o partidos del juego de pelota.

Un estudio más reciente y exhaustivo es el de López Oliva, quien halló que entre los mayas clásicos los rituales de personificación *baahil a'n* se asociaban con ceremonias ígneas o de lumbre, como la llamada "secuencia de fuego" (documentados entre 723 y 761 d.C.),[68] la visita a tumbas o la consagración de edificios (*ochk'ahk'*, 'entrada de fuego')[69] a determinados dioses o ancestros (entre 723 y 791 d.C.), quienes se manifestaban visualmente en actos de concurrencia con los humanos. Otro contexto importante eran los finales de periodo, coyunturas calendáricas donde los gobernantes inauguraban monumentos (sobre todo estelas) y personificaban a los dioses del tiempo que habitaban en el interior de los mismos (casos documentados entre 435 y 780 d.C.). De acuerdo con la misma autora, los mandatarios mayas también personificaban a las deidades cuando las invocaban o conjuraban a través de la pierna serpentiforme del dios K'awiil; esto se encuentra documentado sobre todo en los dinteles e inscripciones de Yaxchilán y se concentra en el lapso de 681 a 768 d.C., si bien halló un posible antecedente en 652 d.C. Tanto en los contextos de consagración de monumentos como en los finales de periodo, los ritos de personificación solían estar acompañados frecuentemente por actos de asperjamiento *uchokow ch'aaj*, 'tiró gotas' o 'tiró incienso' (figuras v.15c-d y v.16), así como la mención de los poderes de génesis o creación

[67] Knub, Thun y Helmke, *op. cit.*, pp. 187-188.

[68] Véase Nikolai Grube, "Fire Rituals in the Context of Classic Maya Initial Series", en Pierre R. Colas, Kai Delvendahl, Marcus Kuhnert y Annette Schubart (eds.), *The Sacred and the Profane. Architecture and Identity in the Maya Lowlands. 3rd European Maya Conference, University of Hamburg, November 1998,* Markt Schwaben, Verlag Anton Saurwein, 2000 (Acta Mesoamericana, 10), pp. 93-109.

[69] Véase David S. Stuart, "'The Fire Enters his House': Architecture and Ritual in Classic Maya Texts", en Stephen D. Houston (ed.), *Function and Meaning in Classic Maya Architecture. A Symposium at Dumbarton Oaks: 7th and 8th October 1994,* Washington, Dumbarton Oaks Research Library and Collection, 1998, pp. 373-425. Véase además el Apéndice B.

ch'ahbis-ahk'abis, 'ayuno-noche', explicados en el capítulo anterior. López Oliva encuentra también que todos estos contextos rituales parecen obedecer a ciertas preferencias regionales. Por ejemplo, los mayas de la cuenca del río Usumacinta y de las llanuras de Tabasco se inclinaban por practicar la personificación de los dioses en ceremonias de fuego y de conjuro; los de la región Motagua en finales de periodo y dedicación de monumentos; mientras que los de la península de Yucatán le daban prelación a los contextos de inauguración o activación ritual de los edificios, monumentos y otros objetos. Si bien éstos son a grandes rasgos los contextos ceremoniales donde se insertaban esos fenómenos de posesión divina, López Oliva ha encontrado que también se pueden hallar en torno a ritos importantes de la nobleza, como el nacimiento de un heredero, entronización y lides en el juego de pelota. La meta de la concurrencia o personificación ritual (incorporación temporal de nuevos dioses o entidades anímicas dentro del pecho), nos dice López Oliva, era la reproducción y reactualización de los mitos cosmogónicos, la restauración del tiempo original.[70]

Algunas ideas sobre el sentido de la concurrencia

Como han observado Houston, Stuart y Taube,[71] el concepto maya yucateco colonial de *kukutilaʔn,* derivado de *kukutil,* 'cosa corporal' o 'piel humana', implicaba que un representante adoptaba la superficie de otro ser, permitiendo con ello la transferencia o delegación de autoridad. Ello encaja con lo que he explicado en el capítulo "Los conceptos del cuerpo humano", relacionado con la concepción de cubrir, encubrir, envolver *(pix, joy)* o amarrar *(k'al),* que se encuentra en el núcleo de la visión maya relacionada con los componentes anímicos o imperceptibles del cuerpo. Pero también cuadra de forma literal en el caso de ciertas figurillas de Jaina y Motul de San José, que parecen estar recubiertas por la piel seca y picada de víctimas de sacrificio[72] o acompañadas por rostros despellejados, así como con representaciones peninsulares de un dios desollado,[73] sin contar algunas danzas descritas en los títulos quichés,[74] donde los personificadores bailaban envueltos en las pieles de cautivos de guerra.[75] Datos como éstos podrían ayudar a explicar la finalidad

[70] López Oliva, *op. cit.,* pp. IV-V y 931-939.

[71] Houston, Stuart y Taube, *The Memory of…, op. cit.,* p. 12.

[72] Véase Christina T. Halperin, "Investigating Classic Maya Ritual Economies: Figurines from Motul de San José, Guatemala", Foundation for the Advancement of Mesoamerican Studies, Inc., 2006, pp. 20-21, fig. 7a.

[73] Martha Ilia Nájera Coronado, *El don de la sangre en el equilibrio cósmico,* 1ª reimp., México, UNAM-IIFL/Centro de Estudios Mayas, 2003, p. 214.

[74] Robert M. Carmack y James L. Mondloch, *El Título de Totonicapán,* México, UNAM-IIFL/Centro de Estudios Mayas, 1983 (Fuentes para el Estudio de la Cultura Maya, 3), p. 196.

[75] Akkeren, "Sacrifice at the…", *op. cit.,* p. 285.

de los ornamentos, pintura y/o marcas corporales con que eran investidos los prisioneros de guerra en el arte maya clásico,[76] convertidos quizá en sustitutos de algunos dioses.[77] Baste recordar que el término empleado en los textos jeroglíficos para denotar esa transformación de los cautivos era *naw*, que en choltí significaba 'afeitar, adornar' o 'hermosear alguna cosa',[78] pero que en tzeltal colonial aludía de forma directa a la piel humana, ya que tenía la acepción de 'embijarse'.[79] Ello acaso permite vislumbrar mejor el sentido de la pintura corporal que se encuentra en muchas escenas de personificación (figuras I.10, III.5, IX.8, etc.), misma que era parte de las estrategias de transmutación.[80] Si durante los ritos de personificación los hombres se "transmutanciaban" en dioses, entrando en un momento de concurrencia,[81] podría conjeturarse que la sacralidad de las deidades emanaba del cuerpo-presencia *(baahis)* de sus representantes *baahil a'n*, reconocible por todos durante el rito.

[76] Véase Claude F. Baudez y Peter L. Matthews, "Capture and Sacrifice at Palenque", en Merle Greene Robertson y Donnan Call Jeffers (eds.), *Tercera Mesa Redonda de Palenque, 1978*, Monterrey, Pre-Columbian Art Research Center, 1979, pp. 31-40.

[77] Houston, Stuart y Taube, *The Memory of*..., *op. cit.*, pp. 17 y 20. En su trabajo de 1996, Houston y Stuart, "Of Gods, Glyphs...", *op. cit.*, p. 298, señalaron que el término *baahil a'n* sólo se aplica en las inscripciones a los gobernantes y sus parientes cercanos. Ello pudo obedecer a que se trataba de una frase que solía acompañar al género de los retratos oficiales, pues buscaban enaltecer la figura de los dignatarios, enfatizando su concurrencia con el poder divino. Es posible que la personificación del dios Ju'n Ajaw, en el caso de los cautivos de guerra representados en el Monumento 33 de Toniná y en el escalón I de la Escalera Jeroglífica 3 de Yaxchilán, haya sido designada con el mismo término, cuya ausencia en las cláusulas nominales de estas víctimas pudiera obedecer a que su redacción se restringía a los retratos señoriales (véase Ian Graham y Peter L. Mathews, *Corpus of Maya Hieroglyphic Inscriptions*, vol. 6, part. 2. Toniná, Cambridge, Harvard University-Peabody Museum of Archaeology and Ethnology, 1996, p. 80; Graham *Corpus of Maya*..., *op. cit.*, p. 166).

[78] Fray Pedro Morán, *Arte y diccionario en lengua choltí, a manuscript copied from the Libro Grande of fr. Pedro Morán of about 1625, in facsímile*, William Gates, Baltimore, The Maya Society, 1935 (Publication, núm. 9), pp. 5 y 7; Alfonso Lacadena García-Gallo, comunicación personal, 26 de noviembre de 2008.

[79] Fray Domingo de Ara, *Vocabulario en lengua tzeltal según el orden de Copanabastla*, editado por Mario Humberto Ruz Sosa, México, UNAM-IIFL/Centro de Estudios Mayas, 1986 (Fuentes para el Estudio de la Cultura Maya, 4), p. 344. Baudez y Mathews (*op. cit.*, p. 36) probablemente fueron los primeros estudiosos que asociaron este verbo con cautivos de guerra y notaron su relación con el sacrificio y la conquista. Los contextos donde aparece permiten apreciar que no era privativo de temas castrenses, véase por ejemplo la Estela 3 de Piedras Negras [D2b]), y normalmente aparece en voz pasiva: **na-wa-ja**, *na[h]waj*, que los epigrafistas han traducido como 'él' o 'ella' fue adornado(a)', aunque hoy en día se ha preferido interpretar el verbo *naw* de una forma más general, menos específica, como 'desplegar' o 'presentar', véase Simon Martin, *Ancient Maya Politics. A Political Anthropology of the Classic Period 150-900 CE*, Cambridge, Cambridge University Press, 2020, p. 206, postura que no me parece contradictoria con la de 'adornar, afeitar' o 'embijar'.

[80] Véase Mercedes de la Garza Camino, *Sueño y alucinación en el mundo náhuatl y maya*, México, UNAM-IIFL/Centro de Estudios Mayas, 1990, p. 40.

[81] Houston, Stuart y Taube, *The Memory of*..., *op. cit.*, p. 275.

La traducción literal de *baahil aʔn* como 'es su retrato' o 'es su presencia corporal' implica que los dioses se materializaban de algún modo y participaban visiblemente en las ceremonias de los gobernantes. No sólo se trataba de una ilusión teatral, sino de una epifanía o manifestación física de las fuerzas sagradas,[82] tal como la que se encuentra mencionada en los textos de Copán, Palenque y Quiriguá, donde cuatro jóvenes (los *chanteʔ ch'oktaak* o *chantikil ch'oktaak*) destinados al sacrificio fungían como sustitutos del dios K'awiil, mientras que los cuatro Makoʔm *(chanteʔ Makoʔm)* eran tenientes del dios del rayo.[83] En palabras de Ángel María Garibay Kintana: "hacían de delegados suyos a los ojos de los hombres".[84]

La información colonial y etnográfica que existe sobre las danzas dramatizadas mayas podría arrojar una perspectiva aproximada sobre algunos aspectos del teatro de personificación difíciles de captar en la imaginería y la escritura del periodo Clásico.[85] Los espectáculos escénicos que se pueden apreciar en los murales de Bonampak y las vasijas mayas, así como, en menor medida, en los bajorrelieves y grafiti de los edificios, sugieren que eran auspiciados por las cortes reales,[86] ya que en ellos predominan los gobernantes, nobles y sacerdotes. Es por ello que algunos autores, como Adam Herring,[87] opinan que en los bailes pintados en las vasijas sólo intervenían los dignatarios, supuestamente una prueba de que eran danzas con finalidades diplomáticas. No obstante, esto parece contradecir la información de los cronistas del XVI, en el sentido de que tanto en el área maya como en el resto de Mesoamérica estas ceremonias escénicas eran colectivas, y los espectadores también participaban.[88] Houston[89] opina que durante el periodo Clásico el número de figurantes debió ser mucho menor. Es probable que, como parte de las convenciones pictóricas de los vasos, sólo estén representados los actores principales. La variedad y versatilidad de las danzas del periodo Clásico pudo ser otro factor en juego, como puede conjeturarse si contamos el número de

[82] Véase De la Garza Camino, *Sueño y alucinación…*, *op. cit.*, pp. 290 y 299.

[83] Véase Guillermo Bernal Romero, "Dignatarios cuatripartitas y cultos direccionales en las inscripciones de Palenque, Copán y Quiriguá", manuscrito presentado en el *Advanced Glyphs and Grammar Workshop* que tuvo lugar en el marco de los *XXXIIth Maya Meetings 2008*, Austin, University of Texas, 2008.

[84] Garibay Kintana, *Historia de la…*, *op. cit.*, vol. I, pp. 338-339.

[85] Jennifer K. Browder, "Place of the High Painted Walls: The Tepantitla Murals and the Teotihuacan Writing System", tesis doctoral, Riverside, University of California, 2005, p. 135, conjetura que en las pinturas preclásicas de San Bartolo (*ca.* 100 a.C.) pueden hallarse indicios de que ya durante esa época los mayas contaban con espacios destinados al canto y los juegos escénicos.

[86] Stephen Houston, "Cantantes y danzantes en Bonampak", *Arqueología Mexicana*, vol. X, núm. 55, mayo-junio de 2002, p. 54.

[87] Adam Herring, *Art and Writing in the Maya Cities, A.D. 600-800. A Poetics of Line*, Cambridge, Cambridge University Press, 2005, p. 164.

[88] Barrera Vásquez, *El libro de…*, *op. cit.*, p. 11; Garibay Kintana, *Historia de la…*, *op. cit.*, vol. I, pp. 332-333 y 341.

[89] Houston, "Cantantes y danzantes…", *op. cit.*, p. 55.

participantes pintados en los murales de Bonampak, aunque en otras ocasiones el reparto pudo ser tan poco numeroso como el elenco necesario para montar el *Rabinal Achí.*[90] Refiriéndonos de nuevo a la danza donde Yajawte' K'inich personifica al miriápodo solar Huk Chapaht Tz'ikiin K'inich (figura IX.8), observamos que en ella sólo aparecen cuatro ejecutantes; ello nos permite recordar que en el baile del ciempiés de los quichés *(ixtzol)* sólo intervenían dos o tres figurantes.[91]

Entre los mayas yucatecos, las danzas de personificación requerían de un director escénico, farsantes, bailarines, contorsionistas, saltarines, corcovados y músicos.[92] Por lo tanto, los ingredientes de los bailes-drama incluían parlamentos cantados con género lírico,[93] música, instrumentos, máscaras, yelmos, disfraces, objetos ceremoniales, danza, actuación y coreografía.[94] La mayoría de estos elementos no existían como un arte o actividad independiente, sino que eran parte de la fábrica ritual,[95] una forma de culto dentro de un contexto netamente religioso. Ello se confirma por el hecho de que todo montaje escénico era acompañado por alguna forma de sacrificio.[96]

Como puede desprenderse de las escenas pintadas (figura IX.12), los músicos iban de pie y se alineaban en procesión, por lo que conformaban bandas y no orquestas.[97] En el *Rabinal Achí,* por ejemplo, el acompañamiento musical se reducía a un tambor horizontal y dos trompetas largas de madera.[98] El nombre del tambor y las trompetas era *tun* (quiché), vocablo de donde procedía la voz *xajoj tun* o 'danzas del *tun*', término que designaba durante la época colonial a una pléyade de representaciones escénicas de carácter sacrificial y calendárico (figura IX.12a), que tenían lugar entre los cakchiqueles y quiché-achís.[99] El ritmo lo llevaba el tambor, que era capaz de producir

[90] Véase Breton, *Rabinal Achí. Un*..., *op. cit.*, pp. 42-49.

[91] Acuña Sandoval, *Farsas y representaciones*..., *op. cit.*, pp. 25-27.

[92] Barrera Vásquez, *El libro de*..., *op. cit.*, p. 13.

[93] La letra de las farsas eran poemas bailables, Garibay Kintana, *Historia de la*..., *op. cit.*, vol. I, p. 339, y los parlamentos se cantaban danzando, Barrera Vásquez, *El libro de*..., *op. cit.*, p. 13; Akkeren, "El baile-drama...", *op. cit.*, p. 19. Un ejemplo poco conocido de baile con parlamentos es la "Danza del Venado" o *Xajoj Kej*, que hasta el siglo XX era ejecutada todavía entre los quiché-achís, junto con el *Rabinal Achí* (*ibid.*, pp. 19 y 38).

[94] Acuña Sandoval, *Introducción al estudio*..., *op. cit.*, p. 82; Mary E. Miller, *The Murals of Bonampak*, Princeton, Princeton University Press, 1986, p. 81; Garibay Kintana, *Historia de la*..., *op. cit.*, vol. I, p. 332.

[95] Miller, *op. cit.*, p. 89.

[96] Acuña Sandoval, *Farsas y representaciones*..., *op. cit.*, p. 12.

[97] Miller, *The Murals of*..., *op. cit.*, p. 82.

[98] Acuña Sandoval, *Introducción al estudio*..., *op. cit.*, p. 83; Breton, *Rabinal Achí. Un*..., *op. cit.*, p. 15, n. 3; Tedlock, *op. cit.*, pp. 2 y 14.

[99] Acuña Sandoval, *Introducción al estudio*..., *op. cit.*, p. 160; Akkeren, "Sacrifice at the...", *op. cit.*, p. 291. Acuña Sandoval (*Farsas y representaciones*..., *op. cit.*, p. 55) supone que los *tunk'ul* o "mitotes" de los mayas yucatecos eran el equivalente peninsular de las *xajoj tun* quichés y cakchiqueles.

tres tonos diferentes: uno grave, uno medio y uno agudo,[100] capacidad que le permitía su estructura, pues constaba de un tronco hueco de hormigón cortado en su cara superior en forma de "H", provisto de un par de laminillas vibrátiles y golpeado con dos palillos de madera con una esfera de goma en el extremo. De acuerdo con Francisco Antonio de Fuentes y Guzmán,[101] las trompetas largas estaban hechas de maderas negras, lo que coincide con algunas representaciones de ellas en los vasos (figura IX.12b). Por su parte, las bandas yucatecas incluían dos clases de tambor: uno vertical, hueco, cubierto por la membrana de una piel de animal,[102] y el otro horizontal *(tunk'ul),*[103] semejante al de los quichés, además de conchas de tortuga *(bóoxel áak),* silbatos *(xóoxob),* maracas *(soˀot),* flautas *(chul),*[104] trompetas *(hóom),* cascabeles *(cheˀej ook)* y caracoles marinos *(juub).*[105] En una brillante observación, Miller[106] notó que las bandas musicales del periodo Clásico seguían un orden predecible: primero van los que tañen maracas de calabaza, después el que toca el tambor vertical, luego las conchas de tortuga y al final las trompetas. De haber flautas, éstas se intercalaban entre las maracas y el tambor (figura IX.12a). También es posible que haya existido un guardatiempo, quien tañía algún tipo de tambor portátil de cerámica.[107] Por último, observa que las trompetas pueden aparecer solas o separadas (figura IX.12b), poseyendo mayor movilidad que los otros instrumentos. El sonido de la música se podía escuchar a varios kilómetros de distancia,[108] pero su ritmo era monótono y sencillo, al grado de que diversos reportes lo describen como un son de tristeza.[109] Esta característica aparentemente era intencional pues, como veremos, estaba relacionada con su función religiosa.

[100] Acuña Sandoval, *Introducción al estudio…, op. cit.,* p. 83; Tedlock, *op. cit.,* p. 14.

[101] Francisco Antonio de Fuentes y Guzmán, *Recordación florida. Discurso historial y demostración natural, material, militar y política del reyno de Guatemala,* t. I, J. Antonio Villacorta Calderón (pról.), Guatemala, Tipografía Nacional/Sociedad de Geografía e Historia, 1932 (Biblioteca "Goathemala", VI), p. 18.

[102] Nájera Coronado, *Los Cantares de…, op. cit.,* p. 75. El nombre maya de éste es desconocido, aunque Barrera Vásquez, *El libro de…, op. cit.,* pp. 10, 13 y 71, especula que pudo ser <*zacatán*> *[sic],* sustantivo que aparece en el cantar 12 de *Los cantares de Dzitbalche,* véase Nájera Coronado, *op. cit.,* pp. 74-75. Se trata del mismo tipo de instrumento que entre los nahuas era conocido con el nombre de *weeweetl* o <*huéhuetl*>.

[103] Que los nahuas llamaban *teponaastli* o <*teponaztli*>.

[104] Duración vocálica incierta.

[105] Barrera Vásquez, *El libro de…, op. cit.,* pp. 11-12; Miller, *The Murals of…, op. cit.,* p. 82. Acuña Sandoval, *Farsas y representaciones…, op. cit.,* pp. 11 y 41, ha encontrado mención en las fuentes novohispanas de otros instrumentos menos conocidos, tales como las tubas de barro y asta de venado, así como bocinas de hueso, jícara o cuerno.

[106] Miller, *The Murals of…, op. cit.,* p. 85.

[107] *Ibid.,* p. 84.

[108] Houston, "Cantantes y danzantes…", *op. cit.,* p. 54.

[109] Acuña Sandoval, *Introducción al estudio…, op. cit.,* p. 141; Garibay Kintana, *Historia de la…, op. cit.,* vol. I, p. 340.

(**a**)

(**b**)

FIGURA IX.12. *Escenas donde aparecen músicos:* (**a**) *sacrificio por flechamiento representado en el vaso K206, del The Art Institute de Chicago; fotografía de Justin Kerr, tomada del archivo fotográfico de Justin Kerr, consultado en http://research.mayavase.com/kerrmaya_hires.php?vase=206;* (**b**) *recepción y danza cortesana representada en el vaso K6984, del Hudson Museum Orono; fotografía de Justin Kerr, tomada del archivo fotográfico de Kerr, consultado en http://research.mayavase.com/kerrmaya_hires.php?vase=6984.*

Obras como el *Rabinal Achí* poseían un formato dialogado.[110] Los discursos expresados en esos dramas pudieron haber sido entonados en canto, y es posible que ciertos papeles necesitaran imitar sonidos de pájaros y otros animales,[111] lo que justificaba las "plumas verdes y largas con que bailan" (figuras VII.10, IX.6, IX.8, IX.10, etc.),[112] como también las que usaban en las manos, con las que casi tocaban el piso.[113] Muy ilustrativo resulta el baile del *tz'unuʔun (<zonó> [sic])* o 'colibrí', que fue presenciado por fray Antonio de Ciudad Real en Kantunil, puesto que un indio daba meneos y silbaba al son del *tunk'ul,* mientras que otro agitaba con una mano un mosqueador de pluma, al tiempo que con la otra batía una maraca.[114] Houston[115] notó que en los murales de Bonampak los portadores de maracas de bule llevan el título *k'ayoʔm,* 'cantante', lo que sugiere que, al igual que entre los mayas yucatecos del siglo XVI, podían tocar sus instrumentos al tiempo que participaban en la representación. Algunas obras pudieron haber contenido discursos que se cantaban en coro, mientras que los actores danzaban en silencio.[116]

Los parlamentos eran posiblemente concebidos como la manifestación de una posesión divina, donde los figurantes podían transformar su voz y comportarse como médiums.[117] Este aspecto es crucial para comprender los fenómenos anímicos que se creía tenían lugar durante los ritos *baahil aʔn,* y volveremos al él más adelante. Tedlock[118] observa que en los dramas quichés con tema histórico los actores no tienen la intención de representar personajes humanos, sino a sus fantasmas; ello ocasiona que los danzantes hablen como si su espíritu viajara a lugares distantes, mientras que sus cuerpos permanecían entre la audiencia para servir de sede a la voz del espectro invocado. Esto recuerda las prácticas taumatúrgicas de los sacerdotes mayas yucatecos *chiilan,* 'intérpretes', quienes de acuerdo con los textos coloniales profetizaban el mensaje de los dioses en estado de conciencia alterada, acostados en el piso.[119] Ello es medular para comprender la naturaleza del teatro y otras manifestaciones de personificación entre los mayas, pues como bien ha señalado De la Garza Camino,[120] se trataba de una forma de vínculo con lo sagrado

[110] Breton, *Rabinal Achí. Un..., op. cit.,* p. 17.

[111] Sánchez de Aguilar, *op. cit.,* p. 166.

[112] En ocasiones usaban penachos de hasta 60 plumas iridiscentes de distintos colores (Acuña Sandoval, *Introducción al estudio..., op. cit.,* p. 150, n. 33).

[113] *Ibid.,* pp. 91, 146 y 150, n. 33.

[114] Ciudad Real, *op. cit.,* p. 331.

[115] "Cantantes y danzantes...", *op. cit.,* p. 55.

[116] Tedlock, *op. cit.,* p. 2.

[117] Freidel, Schele y Parker, *op. cit.,* p. 459, n. 10; Houston y Stuart, "Of Gods, Glyphs...", *op. cit.,* pp. 290 y 298.

[118] Tedlock, *op. cit.,* p. 16.

[119] Alfredo Barrera Vásquez y Silvia Rendón, *El libro de los libros de Chilam Balam,* México, FCE, 1984 (Lecturas Mexicanas, 38), p. 95; véase De la Garza Camino, *Sueño y alucinación..., op. cit.,* p. 145; Zender, "A Study of Classic...", *op. cit.,* pp. 88-90.

[120] De la Garza Camino, *Sueño y alucinación, op. cit.,* p. 114.

donde el espíritu humano se alejaba del cuerpo. Dicha circunstancia podría darse durante el sueño, la enfermedad, el orgasmo o la embriaguez, pero también de forma voluntaria: durante el trance ritual.[121] Situación, esta última, que, desde mi punto de vista, ocurre cuando la conciencia de los participantes de un ritual se encuentra suspendida en un estado liminar entre el ecúmeno y el anecúmeno, dando como resultado que al menos uno de sus componentes anímicos se externe o libere del cuerpo. En el arte maya clásico el más común de esos componentes que se externan temporalmente es aquel que era designado mediante el jeroglifo T533 o sus variantes (la posible 'pepita de calabaza[?]', *saak[?]* o 'brote vegetal, *xaak[?]*), que habitualmente sale del cuerpo a través de la coronilla (figura VII.10). Para alcanzar ese estado era fundamental la música monocorde y triste de las percusiones, la propia dinámica de las danzas orgiásticas y cantos rítmicos, así como el incienso, los ayunos, abstinencias, insomnios y meditación que precedían a estas celebraciones.[122] Las danzas de personificación eran, pues, momentos liminares donde los ejecutantes entraban en otro nivel de percepción, semejante al del sueño, donde el tiempo y el espacio parecían tan o más reales que durante el estado de vigilia.[123] Desde nuestro punto de vista occidental, los figurantes *baahil a'n* atravesaban

[121] De la Garza Camino, "Éxtasis de sueño...", *op. cit.*, pp. 247-248; "Jaguar y nagual...", *op. cit.*, pp. 198-199; "Naguales mayas de...", *op. cit.*, p. 89.

[122] De la Garza Camino ("Éxtasis de sueño...", *op. cit.*, pp. 248, 256-257, n. 1; "Jaguar y nagual...", *op. cit.*, p. 198; "Naguales mayas de...", *op. cit.*, pp. 93-94; *Sueño y alucinación...*, *op. cit.*, p. 15, n. 1, 16-17, 29, 57, 72, 136, 140, 214, 220), Nikolai Grube ("Embriaguez y éxtasis", en Nikolai Grube (ed.), *Los mayas. Una civilización milenaria*, Colonia, Könemann, 2001, p. 295), entre otros muchos investigadores. Diversos autores insisten en que el autosacrificio era otro medio para alcanzar el trance. No obstante, Jill Leslie McKeever Furst (*The Natural History of the Soul in Ancient Mexico*, Londres/New Haven, Yale University Press, 1995, p. 135) ha presentado fuertes argumentos en el sentido de que la cantidad de sangre derramada durante esos rituales no era suficiente para producir estados alterados de conciencia, que incluyan visiones o alucinaciones, véase también Claude F. Baudez, "Los cautivos mayas y su destino", en Enrique Nalda Hernández (ed.), *Los cautivos de Dzibanché*, México, INAH, 2004, pp. 67-68, n. 8. De este modo, aunque las escenas de los vasos (figuras VII.10, VII.13 y IX.12a) no dejan lugar a dudas de que las danzas de personificación eran acompañadas por sangrías ceremoniales, podemos considerar este último ingrediente como una parte del ritual, más que como una estrategia para alcanzar el trance. El nombre maya yucateco para ese género de danzas parece haber sido *e'es yaj*, 'mostrar daño' o 'dolor', frase que designaba a los juegos de encantamiento, hechicería o ilusionismo de los que representaban a los dioses (Acuña Sandoval, *Farsas y representaciones...*, *op. cit.*, pp. 23-24). Markus Eberl (*Muerte, entierro y ascensión. Ritos funerarios entre los antiguos mayas*, Mérida, UADY, 2005 (Tratados, 21), p. 49), basado en la escena del vaso K1004, sugiere que durante los trances extáticos los gobernantes mayas cruzaban momentáneamente el umbral de la muerte (**OCH-HA'-a**, *ochha'*, 'entrada al agua [del Inframundo]' [figuras IV.4 y IV.10]), aunque para él ese externamiento del espíritu dependía del autosacrificio; asimismo, y basado en un pasaje de la Estela 12 de Yaxchilán (E1-H5), homologa las experiencias oníricas (*way*, 'dormir', 'soñar') con el fallecimiento, pues la muerte para él era concebida como una forma permanente de sueño (*ibid.*, pp. 50 y 61).

[123] Véase M. Esther Hermitte, *Poder sobrenatural y control social en un pueblo maya contemporáneo*, México, Instituto Indigenista Interamericano, 1970 (Ediciones especiales, 57), p. 130.

un periodo de irracionalidad o alteración de conciencia, pero los mayas antiguos lo veían con una óptica cultural diferente. Ellos seguramente consideraban que se encontraban por encima de las limitaciones humanas y eran capaces de verlo todo *(ila[?])*, ya que gozaban de un nivel de supraconsciencia que les permitía acceder al ámbito sagrado.[124] Semejante a la vista clarividente que, según el *Popol Vuh*, tenían los cuatro primeros hombres creados, tan grande y tan perfecta que se igualaba con el poder de percepción divino, al grado que los dioses tuvieron necesidad de empañar o limitar ese tan agudo sentido de visión.[125]

A este respecto, es preciso mencionar que en las inscripciones mayas los dioses, gobernantes y sacerdotes suelen participar de unos ritos de naturaleza desconocida mencionados como *ila[?]*, 'ver' o 'presenciar' (figura IX.13). Dichos verbos se asocian normalmente con la Luna nueva (glifo D de la Serie Suplementaria), finales de periodo, ceremonias de transmisión de poder[126] y otros ritos dinásticos, así como veneración y visita a los ancestros, pues en algunas ocasiones eran ejecutados frente a tumbas.[127] Mayistas importantes han argumentado que estos ritos del periodo Clásico tenían un carácter profano y que su significado se restringía al ámbito político o notarial, donde un gobernante simplemente atestigua las acciones de sus clientes, otorgándoles validez legal o moral.[128] No obstante, existen ejemplos discutibles donde los mandatarios humanos parecen atestiguar acciones de los tiempos míticos o arcanos, probablemente aprovechando efemérides calendáricas que podrían utilizar como portales espacio-temporales,[129] lo que nos invita a pensar si en

[124] De la Garza Camino, *Sueño y alucinación…*, *op. cit.*, pp. 22, 25, 194, 196, 214 y 217.

[125] Véase Allen J. Christenson, *Popol Vuh. The Sacred Book of the Maya*, Winchester/Nueva York, Books, 2003, pp. 197-201; Adrián Recinos Ávila, *Popol Vuh. Las antiguas historias del Quiché*, 3ª ed., Rodrigo Martínez Baracs (estudio preliminar), México, FCE, 2012 (Biblioteca Americana), pp. 264-266; Michela E. Craveri (trad. y ed.), *Popol Vuh. Herramientas para una lectura crítica del texto k'iche'*, México, UNAM-IIFL/Centro de Estudios Mayas, 2013 (Fuentes para el Estudio de la Cultura Maya, 21), pp. 136-139.

[126] Eberl, *op. cit.*, p. 38.

[127] Véase Stanley P. Guenter, "A Reading of the Cancuen Looted Panel", *Mesoweb*, 2002, p. 18, consultado en www.mesoweb.com/features/cancuen/Panel.pdf, p. 18; Eberl, *op. cit.*, pp. 145-146, así como el Apéndice B.

[128] Barbara MacLeod, "A World in a Grain of Sand: Transitive Perfect Verbs in the Classic Maya Script", en Søren Wichmann (ed.), *The Linguistics of Maya Writing*, Salt Lake City, The University of Utah Press, 2004, p. 294; Stephen D. Houston, David S. Stuart y Karl A. Taube, *The Memory of Bones. Body, Being, and Experience among the Classic Maya*, Austin, University of Texas Press, 2006, p. 173; Martin, *Ancient Maya Politics…*, *op. cit.*, p. 240.

[129] Guillermo Bernal Romero, "El señorío de Palenque durante la Era de K'inich Janaahb' Pakal y K'inich Kan B'ahlam (615-702 d.C.)", tesis doctoral, México, UNAM-FFYL/IIFL-Posgrado en Estudios Mesoamericanos, 2011, pp. 100-102, 122, 300 y 404; Carl D. Callaway, "A Catalogue of Maya Era Day Inscriptions", tesis doctoral, Bundoora, La Trobe University, 2011, pp. 138-140; Sara Isabel García Juárez, "Los albores míticos e históricos del señorío maya de Yokib: textos jeroglíficos y evidencias arqueológicas", tesis de maestría, México, UNAM-Posgrado en Estudios Mesoamericanos, 2019, pp. 158 y nota 84.

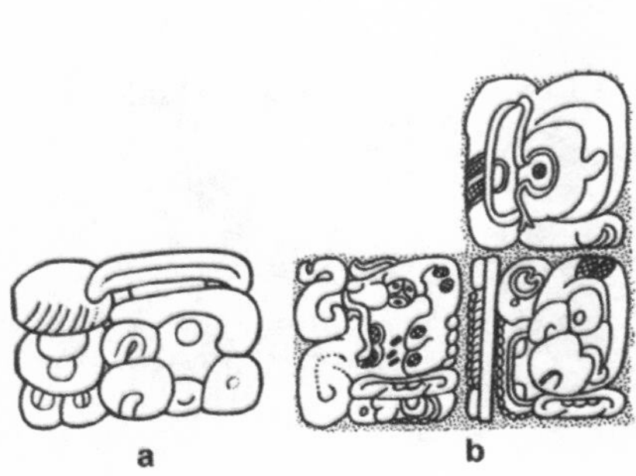

FIGURA IX.13. *Ejemplos de verbos transitivos* ila[ʔ], *'ver', en las inscripciones mayas:* (**a**) *Estela 13 de Uxul (B8), Campeche, México; dibujo de Nikolai Grube, cortesía de su autor:* **IL-la NAH-K'UH**, ila[ʔ] naah k'uh, *'el primer dios lo vio';* (**b**) *panel no numerado de La Corona (B1-B2), Petén, Guatemala; ¿dibujo de Berthold Riese?:* **yi-IL-ji K'AK'-WAY-na-a a-K'UH-na**, yil[aa]j K'ahk' Wayna[ʔ] a[j]k'uh[uʔ]n, *'el sacerdote K'ahk' Wayna' lo ha visto'.*

aquellos actos testimoniales lo político podría separarse de lo sagrado. Más allá de sus funciones pragmáticas, quizá su finalidad última haya sido penetrar en la verdadera naturaleza de las criaturas,[130] guardando analogías interesantes con la práctica tzotzil contemporánea de *il,* 'ver', basada en el fundamento mítico ya aludido, en el sentido de que los dioses nublaron la visión de los primeros hombres, pues su percepción era semejante a la divina.[131] Evon Z. Vogt[132] dice que los tzotziles creen que los primeros hombres "eran capaces de 'ver' dentro de las montañas donde viven los dioses ancestrales", pero que esa capacidad sólo está reservada ahora para los videntes *(jʔilol).* Se trata de una visión más allá de lo mundano o ecuménico, pues les permitía a los especialistas rituales alcanzar el conocimiento y la plena conciencia a través del trance, en muchas ocasiones con finalidades médicas.[133] Se trata de un tipo de percepción supraconsciente, que permite ver más allá de lo sensible.[134]

[130] Véase Valverde Valdés, *op. cit.*, p. 274.

[131] Véase antes la nota 124 de este capítulo.

[132] *Ofrendas para los dioses. Análisis simbólico de rituales zinacantecos,* México, FCE, 1979 (Sección de Obras de Antropología), p. 292; véase también William R. Holland, *Medicina maya en los Altos de Chiapas,* Daniel Cazés Menache (trad.), 2ª reimp., México, INI/Conaculta, 1989 (Colección Presencias), p. 137.

[133] De la Garza Camino, "Éxtasis de sueño...", *op. cit.*, pp. 249 y 257; "Jaguar y nagual...", *op. cit.*, pp. 197-198, 201-202 y 205-206; *Sueño y alucinación..., op. cit.*, p. 172; véase también Houston, Stuart y Taube, *The Memory of..., op. cit.*, pp. 167 y 173.

[134] Miguel Hernández Díaz, "El *j-ilol* y el *j-ak' chamel* en los Altos de Chiapas", en Miguel A. Bartolomé Bistoletti y Alicia M. Barabas Reyna (coords.), *Los sueños y los días. Chamanismo y nahualismo en el México actual.* II. *Pueblos mayas,* México, INAH, 2013 (Colección Etnografía de los Pueblos Indígenas de México, Serie Ensayos), pp. 231 y 233-234; Jacques Galinier, *Una noche de espanto. Los otomíes en la oscuridad,* Mario A. Zamudio Vega (trad.), Tenango de Doria, Universidad Intercultural del Estado de Hidalgo/Universidad de París Oeste Nanterre-Société

FIGURA IX.14. *Escena grabada en la Plataforma del Templo XXI de Palenque, Chiapas, México; dibujo de David S. Stuart; tomado de Stuart, "The Palenque Mythology…"*, op. cit., *p. 189.*

A la luz de lo anterior, es factible suponer que los personificadores *baahil a'n* contaban con este poder de clarividencia, mismo que les permitía acceder a los tiempos y espacios sagrados, penetrando al éter florido del anecúmeno (figura IV.21).

Un ejemplo elocuente de este poder de trascendencia se encuentra en la escena grabada en la Plataforma del Templo XXI de Palenque (figura IX.14).[135] La imagen ilustra una ceremonia ocurrida el 22 de julio de 736 d.C., pero el protagonista de la misma es el rey K'ihnich Janaab Pakal I (615-683 d.C.), quien ya llevaba casi 53 años de muerto. Por si fuera poco, las glosas dicen que 'el señor de cinco *k'atuunes,* señor del árbol, K'ihnich Janaab Pakal, señor

d'Ethnologie/Centro de Estudios Mexicanos y Centroamericanos, 2016, pp. 37 y 74, reporta una creencia semejante entre los otomíes.

[135] Guillermo Bernal Romero, *El trono de Ahkal Mo' Nahb' III. Un hallazgo trascendental en Palenque, Chiapas,* México, Conaculta-INAH/Nestlé México/Sedesol, 2003; David S. Stuart, "The Palenque Mythology. Materials to accompany presentations by David Stuart, Peter Mathews, Alfonso Morales, Erik Velásquez García, and Guillermo Bernal Romero", en *Sourcebook for the 30th Maya Meetings,* Austin, The University of Texas at Austin-The Mesoamerican Center-Department of Art and Art History, 2006, pp. 184-190.

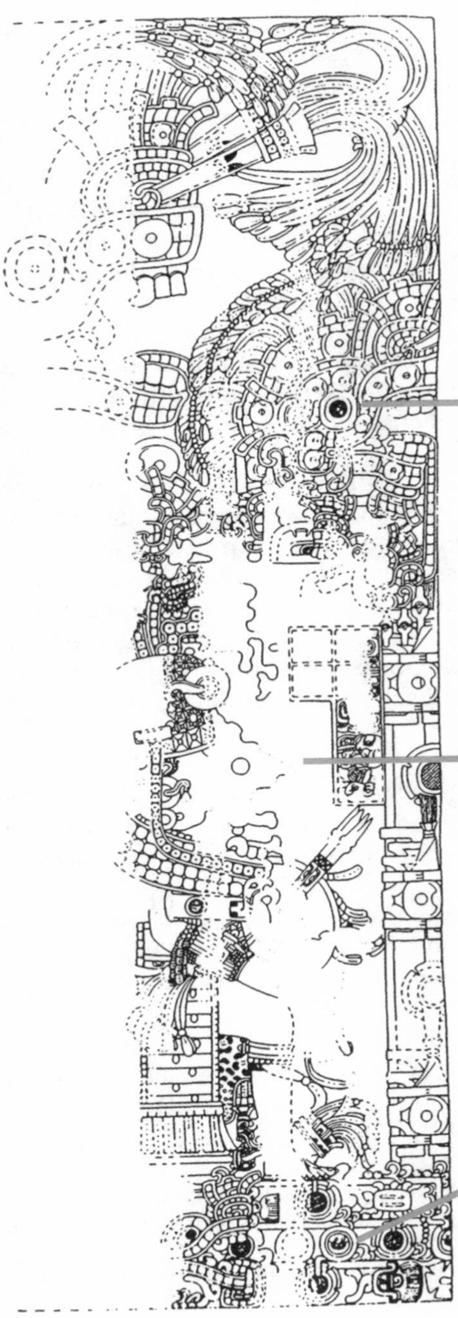

FIGURA IX.15. *Dintel 2 del Templo 1 de Tikal, Petén, Guatemala; dibujo tomado de Jones y Satterthwaite,* op. cit., *fig. 69.*

divino de Palenque, es el retrato' o 'representante *[baahil aʔn]* de Ch'a... Ukokan Kan', un ancestro legendario que supuestamente gobernó Palenque en 252 a.C. Finalmente, Janaab Pakal se hace acompañar por dos de sus descendientes en el mando: K'ihnich Ahkuʔl Moʔ Naahb III (721-736 d.C.) y el príncipe Upakal K'ihnich Janaab Pakal, que gobernaría hacia 742 d.C.

Otro ejemplo famoso podría ser el de Jasaw Chan K'awiil I (682-734 d.C.), señor de Tikal, quien usa una máscara de "rayos X" en la escena del Dintel 2 del Templo 1 de Tikal (figura IX.15), ambientando la representación con vegetación del centro de México y confundiendo su identidad con la del presunto señor teotihuacano Jaatz'oʔm Kuy (374-439 d.C.) o Búho Lanzadardos. Por otra parte, el uso de esta estrategia compositiva, apodada máscara de "rayos X", data de los vetustos tiempos preclásicos y, hasta donde sabemos, es ésta la primera vez que los gobernantes mayas del Clásico la utilizaron, revitalizando una estrategia iconográfica arcana que les permitió homologarse con los ancestros.[136]

Un aspecto fundamental que hay que comprender en el sistema de representación maya es que, a pesar de que los figurantes estaban de algún modo poseídos por los dioses y mantenían una parte de su espíritu externado (el componente T533, véase figura VII.10), asumían la responsabilidad moral de sus acciones dramáticas, mismas que, al igual que los sueños, eran concebidas como experiencias intensas y reales que tenían repercusiones afuera de la obra.[137] Basta recordar el caso de las danzas cakchiqueles que menciona Thomas Gage, donde se representaba la decapitación de san Juan Bautista o la crucifixión de san Pedro.

> La mayor parte de los indios tienen una especie de superstición y de apego a lo que hacen en este baile [donde se representaban la decapitación de San Juan Bautista y la crucifixión se San Pedro], como si hubiese allí alguna realidad o algo más que la representación de la historia.
>
> Cuando yo me hallaba entre ellos, el que había representado a San Pedro o a San Juan Bautista, tenía siempre costumbre de venir a confesarse el primero, diciendo que debían estar puros y santos como el santo que habían representado, y que se debían preparar para morir.
>
> De la misma manera, el que había representado el personaje de Herodes o de Herodías y los soldados que durante el baile habían acusado o hablado contra los santos, venían también a confesar su crimen y a pedir la absolución.[138]

[136] Véase Velásquez García, "La máscara de...", *op. cit.*, pp. 12-15; "Los vasos de la entidad política de 'Ik': una aproximación histórico-artística. Estudio sobre las entidades anímicas y el lenguaje gestual y corporal en el arte maya clásico", tesis de doctorado, México, UNAM-FFyL/IIE-Posgrado en Historia del Arte, 2009, pp. 362-364.

[137] Acuña Sandoval, *Introducción al estudio...*, *op. cit.*, pp. 124 y 147-148; De la Garza Camino, *Sueño y alucinación...*, *op. cit.*, pp. 194, 196 y 217.

[138] Gage, *op. cit.*, p. 81.

Como observa René Acuña Sandoval, las acciones que ejecutaban en estos bailes tenían para los indios un sentido tal de autenticidad, que tanto el que hacía de santo como los que hacían de sus perseguidores se creían obligados a confesarse.[139]

Esto obedece a que durante el trance los personificadores *baahil a'n* se encontraban en perfecto dominio de sus actos, pues a pesar de tener una parte de su espíritu proyectado, nunca perdían la conciencia, sólo la alteraban. Como afirman Knub, Thun y Helmke, durante las personificaciones rituales el ser humano mantiene su identidad sin ser sustituido por la deidad involucrada,[140] en lo que coindicen también con las palabras de López Oliva: "mantenían su individualidad, o sea, su conciencia, ya que su ser no era anulado por los dioses durante su posesión".[141] En otras palabras, podían controlar lo que hacía su espíritu cuando abandonaba el cuerpo.[142]

El trance de los actores se acentuaba mediante la ingestión de algunas bebidas o sustancias alucinógenas, como la que en el *Rabinal Achí* ingiere el varón de los kaweq o <cavec> antes de ser sacrificado.[143] Giraldo Díaz de Alpuche, quien en 1579 era encomendero de Dzonot, afirmaba: "y en sus danzas y ceremonias ellos dieron a todos los participantes copas pequeñas de este *[báalche']* para beber y en muy corto tiempo ellos se embriagaban".[144] June C. Nash[145] observa que entre los tzeltales de Amatenango todo baile se encuentra acompañado por oraciones e ingestión de alcohol. Durante el periodo Clásico tenemos noticia del consumo de 'tabaco' *(mahy)* fumado, inhalado o masticado, así como de *chih,* una bebida presuntamente semejante al pulque, elaborada de alguna especie de agave.[146] Looper ha contemplado la posibilidad de que en el contexto de las danzas rituales consumieran dichas u otras sustancias a través de jeringas de enema.[147] Guillermo Bernal Romero[148] ha notado que un pasaje atestiguado en el Altar U de Copán (K5-M2)[149] regis-

[139] Acuña Sandoval, *Introducción al estudio..., op. cit.,* p. 147.

[140] Knub, Thun y Helmke, *op. cit.,* p. 180.

[141] López Oliva, *op. cit.,* p. 918.

[142] De la Garza Camino, "Éxtasis de sueño...", *op. cit.,* p. 257; *Sueño y alucinación..., op. cit.,* p. 220.

[143] Breton, *Rabinal Achí. Un..., op. cit.,* pp. 265-269; Tedlock, *op. cit.,* p. 18.

[144] Giraldo Díaz de Alpuche, "Relación de Dzonot", en Mercedes de la Garza Camino (coord.), *Relaciones histórico-geográficas de la Gobernación de Yucatán,* vol. II, México, UNAM-IIFL/Centro de Estudios Mayas, 1983 (Fuentes para el Estudio de la Cultura Maya, 1), pp. 84-85; véase también Acuña Sandoval, *Introducción al estudio..., op. cit.,* p. 150, n. 34.

[145] June Nash, *Bajo la mirada de los antepasados,* México, Instituto Indigenista Interamericano, Sección de Investigaciones Antropológicas, 1975 (Ediciones especiales, 71), p. 145.

[146] Véase Grube, "Embriaguez y éxtasis", *op. cit.*

[147] Looper, *To Be Like..., op. cit.,* p. 224.

[148] Bernal Romero, "Dignatarios cuatripartitas y...", *op. cit.,* p. 20.

[149] Véase Nikolai Grube, "Akan-The God of Drinking, Disease and Death", en Daniel Graña-Behrens, Nikolai Grube, Christian M. Prager, Frauke Sachse, Stephanie Tufel y Elizabeth Wagner (eds.), *Continuity and Change: Maya Religious Practices in Temporal Perspective. 5th European Maya*

tra una ceremonia de año nuevo, donde el gobernante local toma la personificación del dios de la embriaguez (Ahkan) en ingesta de *chih:* **u-BAH-AN-nu 3-PIK AKAN-na ti-u-UCH' CHIH-hi**, *ubaah[il] aˀn Uhx Pik Ahkan ti uch' chih,* 'es el retrato' o 'presencia corporal de Uhx Pik Ahkan en ingestión de *chih*'.[150] Como el mismo Bernal Romero observa,[151] ese dato guarda fuertes analogías con un documento de 1695, donde los cuatro caciques choltís de Sac Bahlán celebraban embriagados su fiesta de año nuevo, estado que les permitía representar a su dios del rayo Makoˀm.[152] Los líquidos embriagantes estaban integrados de tal forma a las ceremonias y ritos religiosos indígenas del pasado y del presente, que se les consideraba sagrados.[153] Los datos coloniales y etnográficos sugieren que los mayas pensaban que dentro de tales sustancias residían deidades,[154] que al ser consumidas se integraban al cuerpo de los hombres, sacralizándolo y dotándolo de poderes sobrehumanos. De este modo, las experiencias del trance se interpretaban como una manifestación de los dioses de las plantas, quienes se materializaban corporalmente y hablaban por boca de los humanos.[155]

Esta circunstancia no contradice el hecho de que los danzantes podían aprender su papel a partir de un manuscrito establecido o tradición oral anti-

Conference. University of Bonn, December 2000, Markt Schwaben, Verlag Anton Saurwein, 2004 (Acta Mesoamericana, 14), pp. 62-63.

[150] Este pasaje de Copán también fue brevemente analizado por Knub, Thun y Helmke, *op. cit.*, p. 192.

[151] Bernal Romero, "Dignatarios cuatripartitas y...", *op. cit.*, pp. 18-19.

[152] Véase Jan de Vos, *No queremos ser cristianos. Historia de la resistencia de los lacandones, 1530-1695, a través de los testimonios españoles e indígenas,* México, Conaculta-DGP/INI, 1990 (Colección Presencias, 37), p. 151. El trabajo de Bernal Romero, "Dignatarios cuatripartitas y...", *op. cit.*, es rico en referencias sobre la participación de cuatro personificadores jóvenes en diversas ceremonias de año nuevo. A este respecto, es preciso observar que en el vaso K4120, Yajawteˀ K'inich se encuentra celebrando una ceremonia de año nuevo (9 *iik'* 0 *póop*), a la que asisten cuatro jóvenes con turbantes blancos, pintados en la esquina inferior izquierda de la escena. Puede verse una imagen del vaso en cuestión en la página de Justin Kerr. Consultado en http://research.mayavase.com/kerrmaya_hires.php?vase=4120.

[153] Véase Holland, *Medicina maya en...*, *op. cit.*, p. 38.

[154] Algunos frascos veneneros de estilo códice o Chocholá recibían el nombre jeroglífico de *yotoot mahy,* 'casa del tabaco de', véase Stuart, *Sourcebook for the...*, *op. cit.*, p. 132; Nikolai Grube y Maria Gaida, *Die Maya. Schrift und Kunst,* Berlín/Colonia, SMB-DuMont/Ethnologischen Museum, 2006, pp. 188-191; Erik Velásquez García, "Terminología arquitectónica en los textos jeroglíficos mayas y nahuas", en María Teresa Uriarte Castañeda (ed.), *La arquitectura precolombina en Mesoamérica,* México/Milán, Jaca Book/Conaculta-INAH, 2009 (Corpus Precolombino, Sección general), pp. 277-279. Stephen Houston ("Classic Maya Depictions of the Built Environment", en Stephen D. Houston (ed.), *Function and Meaning in Classic Maya Architecture. A Simposium at Dumbarton Oaks, 7th and 8th October 1994,* Washington, Dumbarton Oaks Research Library and Collection, 1998, p. 349) nota que este rasgo cultural es semejante al de los lacandones modernos, quienes llaman a sus recipientes rituales *nahk'uh* o 'casa del dios'.

[155] De la Garza Camino, *Sueño y alucinación...*, *op. cit.*, pp. 18, 55, 72, 100 y 105; véase Alfredo López Austin, *Cuerpo humano e ideología. Las concepciones de los antiguos nahuas,* vol. I, 3a ed., UNAM-IIA, 1989 (Serie Antropológica, 39), p. 409.

gua.[156] Prueba de ello son las variadas referencias coloniales sobre el hecho de que los discursos eran crípticos u oscuros, ya que su lenguaje era conservador y contenía una gran cantidad de arcaísmos, términos rituales o topónimos ya olvidados, que "ni aun los más inteligentes hablantes de su lengua comprenden".[157] Hacia 1690 Fuentes y Guzmán[158] afirmaba que el lenguaje de esos bailes se tornaba "confuso por el tono corrido y por el idioma primitivo de que usan en semejantes cantares". Los actores más experimentados podían añadir o sustraer frases en consistencia con el estilo y materia del discurso aprendido de memoria.[159] El aprendizaje incluía un complejo conocimiento sobre las pausas y entonación del discurso, que era proferido en líneas cortas, convirtiéndolo a poesía lírica. En el *Rabinal Achí* cada verso incluye una entonación alta seguida de una corta, finalizando de nuevo en una entonación alta, lo que se combinaba con los sistemáticos paralelismos del discurso,[160] creando

[156] Bricker, *El Cristo indígena..., op. cit.*, p. 249. Tedlock (*op. cit.*, p. 16) observa que los actores quichés memorizan sus diálogos durante los ensayos, repitiéndolos después del director escénico, quien ya se los sabe de memoria o se los lee en voz alta. Como es bien conocido, el director escénico entre los mayas yucatecos se llamaba *jo'ol póop* (Sánchez de Aguilar, *op. cit.*, p. 165-166). A su cargo estaba la preparación de los actores-bailarines, era el depositario de las tradiciones histórico-escénicas de la comunidad, arreglaba la coreografía, dirigía el canto y la música en las representaciones y custodiaba los instrumentos musicales (Acuña Sandoval, *Introducción al estudio..., op. cit.*, pp. 35-36; Mercedes de la Garza Camino, *La conciencia histórica de los antiguos mayas*, México, UNAM/Centro de Estudios Mayas, 1975 (Cuaderno, 11), pp. 75-76; Alfred M. Tozzer, *Landa's Relación de las Cosas de Yucatán. A Translation*, reimp. de la edición de 1941, Millwood, Graus Reprint Co., 1975, pp. 10, n. 44, y 62-63, n. 292).

[157] Acuña Sandoval, *Introducción al estudio...*, pp. 98 y 144; Garibay Kintana, *Historia de la...*, vol. I, p. 340; Breton, *Rabinal Achí. Un...*, p. 13; Akkeren, "El baile-drama...", p. 19; John F. Chuchiak IV, "The Indian Inquisition and the Extirpation of Idolatry: The Process of Punishment in the Provisorato de Indios in Colonial Yucatan, 1563-1821", tesis doctoral, Nueva Orleans, Tulane University, 2000, p. 86; Tedlock, *op. cit.*, p. 11.

[158] Francisco Antonio de Fuentes y Guzmán, *Recordación florida. Discurso historial y demostración natural, material, militar y política del reyno de Guatemala*, t. II, J. Antonio Villacorta Calderón (pról.), Guatemala, Tipografía Nacional/Sociedad de Geografía e Historia, 1933 (Biblioteca "Goathemala", VII), p. 388.

[159] Tedlock, *op. cit.*, p. 16.

[160] Breton, *Rabinal Achí, Un..., op. cit.*, p. 13; Tedlock, *op. cit.*, p. 8. El paralelismo es una figura literaria de naturaleza sintáctica, donde el mensaje lingüístico se compone de dos constituyentes, que a su vez constan de un par de elementos, los primeros en relación anafórica y los segundos en relación semántica, véase Kerry M. Hull, "Verbal Art and Performance in Ch'orti' and Maya Hieroglyphic Writing", tesis doctoral, Austin, The University of Texas at Austin, 2003, pp. 91 y 384-410; Alfonso Lacadena García-Gallo, "Apuntes para un estudio sobre literatura maya antigua", en Antje Gunsenheimer, Tsubasa Okoshi y John F. Chuchiak IV (eds.), *Texto y contexto: perspectivas intraculturales en el análisis de la literatura maya yucateca*, Bonn, Shaker Verlag Aachen, 2009 (Estudios Americanistas de la Universidad de Bonn, 47), pp. 37-38; "Naturaleza, tipología y usos del paralelismo en la literatura jeroglífica", en Aurore Monod Becquelin, Alain Breton y Mario Humberto Ruz Sosa (eds.), *Figuras mayas de la diversidad*, Mérida, UNAM-Centro Peninsular en Humanidades y Ciencias Sociales/Laboratoire D'ethnologie et de Sociologie Comparative, Laboratoire D'archeologie des Ameriques, 2010 (Monografías, 10), p. 59; por ejemplo, *ihk' chan, ihk' kab*, 'cielo negro, tierra negra' (el adjetivo *ihk'* está en relación anafórica, mientras que

una tensión entre recursos fónicos y figuras sintácticas, que acentuaban el formalismo de la lengua.

Además de ayudar a la transformación física de los representantes,[161] las máscaras servían para mejorar la inteligibilidad de las palabras —especialmente debido al lenguaje arcaizante de los diálogos—, pues el espacio que se forma entre el rostro y la carátula produce un efecto de resonancia.[162] La aparición conjunta de un teónimo y un antropónimo en las frases de personificación (*baahil aʔn*-dios-figurante, figuras IX.1-IX.2, IX.4-IX.5, IX.8, IX.10 y IX.14), así como la simultaneidad del rostro divino y del humano en los disfraces de "rayos X" (figuras VII.13, IX.4, IX.8 y IX.15),[163] podía implicar que la conciencia e identidad de los hombres concurría o coexistía con la de los dioses, intercambiando atributos con ellos,[164] ya que eran sus delegados, representantes, sustitutos o vicarios.

Algunos grupos mayenses de la actualidad, como los kekchís, creen que las máscaras reviven durante la danza, motivo por el cual las alimentan con cacao y otras bebidas.[165] Según parece, cada obra requería de una serie de ritos propiciatorios o purificadores, ejecutados antes de la puesta en escena, mismos que incluyen ayunos, oraciones y quema de incienso.[166] El propósito principal de tales ceremonias era evitar que los espíritus invocados durante la ejecución causen daño o produzcan la muerte de sus representantes, especialmente los que habitan en las máscaras, que al poseer al danzante eran capaces de matarlo.[167]

Fundado en documentos de archivo, John F. Chuchiak IV[168] notó que los mayas yucatecos coloniales consideraron a sus máscaras de personificación bajo la misma categoría que sus "ídolos" de arcilla o piedra. Su elaboración era un proceso ritual muy peligroso,[169] efectuado por artistas que se encontra-

los sustantivos *chan* y *kab* se encuentran en relación semántica), véase la nota 46 del capítulo "La creación y la noche".

[161] Houston y Stuart, "Of Gods, Glyphs...", *op. cit.*, p. 291.

[162] Tedlock, *op. cit.*, p. 11.

[163] Velásquez García, "La máscara de...", *op. cit.;* "Los vasos de...", *op. cit.*, pp. 353-404.

[164] Houston y Stuart, "The Ancient Maya...", *op. cit.*, pp. 81 y 93.

[165] Comunicación personal de Héctor Xol Choc, 8 de diciembre de 2007.

[166] Tedlock, *op. cit.*, p. 17.

[167] Comunicación personal de Héctor Xol Choc, 8 de diciembre de 2007. El obispo Pedro Cortés y Larraz reporta, con relación a su visita a San Antonio Suchitepéquez (1768-1770), que los bailarines ayunaban y observaban abstinencia sexual durante los días en que ensayaban (Acuña Sandoval, *Introducción al estudio...*, *op. cit.*, pp. 130 y 143). Por otra parte, los chortís contemporáneos creen que las prendas de color rojo son capaces de proteger a las personas del *hijillo,* un "aigre" malo que produce enfermedades de mal de ojo, Charles Wisdom, *Los chortís de Guatemala,* traducción de Joaquín Noval, Guatemala, Editorial del Ministerio de Educación Pública "José Pineda Ibarra", 1961 (Seminario de Integración Social Guatemalteca, pub. 10), p. 378. Ello hace sospechar que los atuendos o pintura corporal roja que se observan en muchas danzas de personificación de los vasos (figuras I.10, VII.10, VII.13 y IX.8) tienen semejante función ante el peligro que representa relacionarse con fuerzas sobrehumanas.

[168] Chuchiak IV, *op. cit.*, pp. 323-324 y 333-334.

[169] Véase Landa, *op. cit.*, pp. 181-182.

FIGURA IX.16. *Imagen de los dioses B (Chaak), D (Itzamna?) y E (Ajan[?]) tallando máscaras o rostros de deidades de madera:* **CH'AK-ka-ja TE?-e**, ch'ahkaj te?, *'la madera fue cortada'; página 97b del* Códice de Madrid, *tomada de Fahsen Ortega y Matul Morales,* op. cit., *p. 177.*

ban en estado de trance y personificaban a los dioses de la creación, ofreciendo su sangre como fuerza vital para traer a vida a los númenes. De hecho, esas máscaras se fabricaban con jícaras de calabaza o madera de cedro, que en maya yucateco recibe el nombre de *k'u?che?*, 'dios de árbol'. Su carácter divino puede apreciarse en los almanaques del *Códice de Madrid* (figura IX.16), donde los dioses tallan algunas carátulas o rostros de deidades con la efigie del logograma T1016, cuya lectura es **K'UH**, *k'uh*, 'cosa sagrada'.[170]

[170] Como ha de recordarse, en el capítulo "La entidad anímica *o?hlis*" hablé de algunas vasijas mayas del periodo Clásico donde existen escenas semejantes que en ocasiones han sido interpretadas como la manufactura de máscaras por parte de dioses (por ejemplo, K717, K1185, K1522, K5348, K5373, K5597, K6061, K7447 y K8457 [figura III.4]). No obstante, Bernal Romero (comunicación personal, 28 de octubre de 2008) y Dmitri Beliaev y Albert Davletshin, "'It Was Then That That Which Had Been Clay Turned into a Man': Reconstructing Maya Anthropogonic Myths", *Slovak Journal of the Study of Religion,* vol. 9, núm. 2, 2014, han notado que el pasaje alude en realidad a la creación de los primeros hombres, llamados 6-**YAX-LEM**(?)-**WINIK**, *wak yahx lem(?) winik,* 'las seis primeras personas brillantes(?)'. Sospecho que en las páginas del *Códice de Madrid* existen dos temas de apariencia muy semejante, que en el pasado hemos confundido. En primer lugar hay pasajes que se relacionan con el mito anterior del periodo Clásico, donde fueron formados los primeros hombres y el verbo que se utiliza es *pak'*, 'construir, formar, modelar' o 'trabajar sobre materia plástica' (páginas 65a y 99d del códice), mientras que otros almanaques se refieren a la elaboración de máscaras de madera con efigie de dioses, y en estos últimos el verbo que suele utilizarse es *ch'ak,* 'cortar con hacha' (páginas 95d, 96d y 97b-98c [figura IX.16]); tal vez el primero de estos temas tiene como fundamento mítico la creación de los hombres de maíz, mientras que el segundo tiene como arquetipo la creación de antiguas generaciones de madera, véase la nota 59 del capítulo "La entidad anímica *o?hlis*".

yucateco	*ba*	'cosa semejante a otra' (Arzápalo Marín, 1995: 61)
	cux-ul uim-bal	'/vida-de figura/'/'figura o retrato al vivo' (Álvarez Lomelí, 1980: 338)
	kuxum wimbal	'figura o retratado al vivo' (Barrera Vásquez, 1980: 357)
	kohbal/kohobal	'forma, imagen o figura de rostro y retrato de alguna persona' (Arzápalo Marín, 1995: 430)
	k'ohbal	'forma, o figura de rostro y retrato de alguna persona'/'figura o imagen' (Barrera Vásquez, 1980: 409)
	k'ohbail	'imagen' (Barrera Vásquez, 1980: 409)
	k'ohbalí	'imagen o figura' (Barrera Vásquez, 1980: 409)
	u k'ohbal u wich	'imagen, estampa, retrato'/'facha, retrato' (Barrera Vásquez, 1980: 409)
	u k'ohbal winik	'forma o imagen de hombre' (Barrera Vásquez, 1980: 409)
	uin ba	'imagen, figura y retrato en general' (Acuña Sandoval, 1993: 424)
	uinba	'imagen, figura y retrato en general' (Arzápalo Marín, 1995: 760)
	uin-ba	'imagen' (Swadesh, Álvarez Lomelí y Bastarrachea Manzano, 1991: 117)
	uay-azba	'figura o imagen' (Álvarez Lomelí, 1980: 348)
	wayasba	'figura o parábola'/'opinión, imagen que uno se tiene' (Barrera Vásquez, 1980: 917)
	winba	'imagen, figura y retrato en general' (Barrera Vásquez, 1980: 923)
	winbail	'facha, retrato'/'imagen'/'figura'/'imagen pintada, retrato, semejanza'/'efigie, imagen pintada, estampa' (Barrera Vásquez, 1980: 409, 923)
chortí	*koch*	*'portrait, image, reflection, likeness, mask'* (Wisdom, 1950: 496)
prototzeltalano	**lok'.ambah*	'imagen, retrato' (Kaufman, 1998: 108)
tzotzil	*lok'ob'-bail*	'figura con rostro'/'imagen'/'retablo' (Laughlin, 1988: 249, 709)
	slok'ob ba	'imagen' (Laughlin, 1988: 709)
cakchiquel	*vachibal*	'imagen, retrato' (Coto, 1983: 291)
quiché	*uachibal*	'imagen' (Basseta, 2005: 192)
	wächibal	*'appearance; mirror; representation; statue; picture; photo'* (Christenson, 2003a: 137)
	wächibal abäj	*'stone sculpture'* (Christenson, 2003a: 137)[a]

[a] De acuerdo con el diccionario de Allen J. Christenson ("K'iche'-English Dictionary and Guide to Pronunciation of the K'iche'-Maya Alphabet", Foundation for the Advancement of Mesoamerican Studies, Inc., 2003, consultado en https://www.famsi.org/mayawriting/dictionary/christenson/quidic_complete.pdf, p. 136), la palabra quiché *wächibal* parece derivarse del lexema *wäch,* 'máscara', por lo que sería semejante al vocablo maya yucateco *k'ojbal,* que procede del sustantivo *k'oj,* 'máscara'. No obstante, Houston, Stuart y Taube (*The Memory of…, op. cit.*, p. 58) traducen *wach* por 'rostro, imagen, cara' y 'personalidad', mismas connotaciones que tiene la palabra *baah* o *ba'*, de las tierras bajas, lo que homologaría la palabra *wächibal* con la de *winba'* o *winbail.*

Durante el virreinato, sólo los sacerdotes *ajk'iines* y sus ayudantes podían usar esas máscaras durante las ceremonias, con el fin de personificar deidades.[171]

La identificación de las caretas ceremoniales con las efigies de los dioses puede apreciarse en diversas lenguas mayances, donde la raíz de 'imagen, cabeza, cara, frente' o 'rostro' (*baah, baˀ, bal* o *wach*) se combina con vocablos para máscara (*k'oj, k'ob, k'och* o *wäch*), dando lugar al concepto de 'retrato, figura, representación, estampa' o 'escultura', tal como ocurre con el término *k'ojbaah,* usado para 'imaginería' o 'representación'.[172]

Aunque todas estas entradas están conceptualmente relacionadas, una de las más interesantes es la de *winbaˀ (uinba [sic]),* definida en el *Calepino de Motul* como 'imagen, figura y retrato en general'. Houston y Stuart[173] notaron que esta palabra se encuentra escrita en uno de los estucos caídos del Templo XVIII de Palenque (figura II.22): **u-wi-ni-BAH**, *uwinbaah,* 'es su efigie' o 'representación'. Ya vimos en el capítulo "Cuerpo-presencia en el periodo Clásico" cómo, de acuerdo con Stuart,[174] esta palabra proviene de los términos *winik,* 'hombre' o 'persona', y *baah,* 'cuerpo, rostro' o 'personalidad', aunque también existen otras hipótesis que plantean que dicho vocablo es de origen mixe-zoqueano. Los propios Houston y Stuart[175] notaron otro ejemplo en la Estela 15 de Dos Pilas (figura IX.17), que dice **na-wa-ja u-WIN**?**-BAH-li K'AWIL-CHAK**, *na[h]waj uwinbaah[i]l(?) K'awiil Chaahk,* la que traduzco como 'la efigie de K'awiil Chaahk fue embijada', lo que sugiere que las esculturas de los dioses podían ser sometidas a los mismos procesos de transformación que los personificadores vivientes *baahil aˀn.*[176] Luego entonces, las máscaras también se encontraban incluidas dentro de este fenómeno cultural, puesto que al ser consideradas bajo la misma categoría que las efigies o tallas de los dioses, son por ello 'retratos, sustitutos, tenientes' o 'representantes' *(baahil aˀn)* de los mismos. Cabe recordar que el solo sustantivo de 'máscara', *k'oj,* es definido en el *Calepino de Motul* como 'el que está en lugar de otro, que es su teniente y representa su persona',[177] lo que lo coloca en el mismo nivel semántico que *kukutilaˀn, ichilaˀn, k'ojbilaˀn* y, desde luego, *baahil aˀn.*

171 Chuchiak IV, *op. cit.,* pp. 323-324 y 395.

172 David S. Stuart, "Kings of Stone: A Consideration of Stelae in Ancient Maya Ritual and Representation", *Res. Anthropology and Aesthetics,* núms. 29-30, primavera-otoño de 1996, p. 162.

173 Houston y Stuart, "Of Gods, Glyphs...", *op. cit.,* p. 302.

174 "Kings of Stone...", *op. cit.,* p. 162.

175 "Of Gods, Glyphs...", *op. cit.,* p. 302; "The Ancient Maya...", *op. cit.,* p. 82.

176 Esto mismo es lo que López Oliva, *op. cit.,* pp. 929 y 940, halló en su magna investigación sobre los *baahil aˀn,* al comprobar que las esculturas o monumentos, edificios y palanquines podían añadir almas adicionales y personificar a esos dioses. Elizabeth Chávez Guzmán, "Un acercamiento a la función simbólica del cuerpo, el dolor y las entidades anímicas en el autosacrificio en Yaxchilán", tesis de licenciatura en arqueología, México, INAH/ENAH, 2021, p. 134, piensa que las lancetas o perforadores con efigies de deidades usadas por los mayas personifican a esos mismos dioses en el acto de beber sangre.

177 Arzápalo Marín, *Calepino de Motul..., op. cit.,* p. 430.

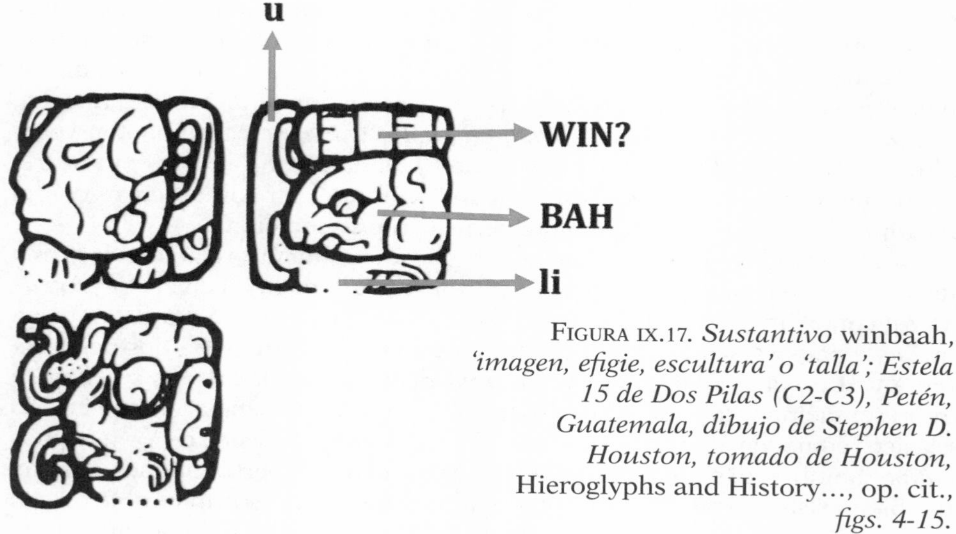

Figura ix.17. *Sustantivo* winbaah, *'imagen, efigie, escultura' o 'talla'; Estela 15 de Dos Pilas (C2-C3), Petén, Guatemala, dibujo de Stephen D. Houston, tomado de Houston,* Hieroglyphs and History..., op. cit., *figs. 4-15.*

Como Chuchiak IV[178] notó al analizar diversas fuentes y documentos de archivo, las efigies de piedra, madera o arcilla eran consideradas por los mayas como los receptáculos materiales de las fuerzas divinas. No existía para ellos separación alguna entre las deidades y sus imágenes, sino una identidad plena, por lo que los "ídolos" eran llamados *uwich k'uh* en maya yucateco, 'el rostro de dios', y a través de ellos se manifestaba el poder sagrado. Ello está de acuerdo con el análisis de Prager,[179] según el cual en el *Códice de Madrid* la palabra *k'uh* no sólo significa 'dios' o 'agente sobrenatural', sino 'ídolo de madera o arcilla', concepto que quizá también se puede documentar siglos atrás en las inscripciones del periodo Clásico, donde algunas veces *k'uh* se refiere a un objeto de la realidad física que puede ser portado en las manos: *uch'amaw k'uh,* 'él recibió el *k'uh*'. Además, según él, había estatuas o imágenes que eran poseídas por los dioses en personificaciones o figuraciones públicas. Dichas estatuas, símbolos o ídolos se llamaban *k'uhuul.*

Algunas máscaras de "rayos X" tenían aspecto antropomorfo (por ejemplo, figura vii.13), lo que hizo suponer a Houston, Stuart y Taube[180] que existía algún tipo de drama con tema histórico, donde los figurantes representaban

[178] Chuchiak IV, *op. cit.*, pp. 46-47.

[179] Christian M. Prager, "A Study of the Classic Maya *k'uh* Concept", en Harri Kettunen *et al.* (eds.), *Tiempo detenido, tiempo suficiente. Ensayos y narraciones mesoamericanistas en homenaje a Alfonso Lacadena García-Gallo,* París, European Association of Mayanist, 2018 (Wayeb Publication 1), pp. 580-588.

[180] Houston, Stuart y Taube, *The Memory of..., op. cit.,* p. 272.

antepasados.[181] No obstante, la información colonial y etnográfica que poseemos sobre danzas mayas que remiten a la memoria colectiva no permite suponer que durante el periodo Clásico este género de escenificaciones transmitiera una concepción del tiempo semejante a la de las inscripciones. En el *Rabinal Achí,* por ejemplo, los nombres de los personajes son enteramente genéricos y ahistóricos.[182] Los diálogos se desarrollan en un presente continuo, acaso anecuménico, mientras que el tiempo se mueve más lentamente que en la vida real y no hay intento de realismo.[183] Esto coincide con las danzas que analizó Bricker,[184] quien luego de darse cuenta de que los trajes y papeles mezclaban una gran cantidad de épocas, concluyó que la historia en esos bailes se transmitía mediante símbolos, agrupando una serie de momentos estructuralmente semejantes. El lenguaje connotativo de los mensajes emitidos en las danzas es posiblemente el más adecuado para transmitir las imágenes oníricas experimentadas durante la personificación, cuando se tiene el espíritu externado. Es posible que los propios acontecimientos humanos del pretérito hayan sido y sean considerados como el eco de arquetipos que tuvieron lugar durante el tiempo mítico, por lo que en las danzas sólo se evoca un momento original, donde la realidad puramente cronológica se desdibuja, pues no tiene importancia alguna.[185] En consecuencia, durante las danzas con tema "histórico" los figurantes se volvían y vuelven contemporáneos de las hazañas prefiguradas por los dioses.

Ello no contradice el hecho de que la función principal de esas danzas probablemente tenía que ver con la preservación de la identidad colectiva y la transmisión de valores morales, razón por la que expresaban puntos de vista locales y etnocéntricos.[186] Finalidades mediáticas pudieron abarcar la conmemoración de campañas militares y la exaltación de los gobernantes cuando asumían el cargo, incluyendo el flechamiento de cautivos (figura IX.12a) que, vestidos como un dios, bailaban con sus ejecutantes,[187] todo en el marco de complejas danzas que aludían a las historias de fundación.[188]

[181] "Tenían, y tienen farsantes, que representan fábulas, e historias antiguas", Sánchez de Aguilar, *op. cit.*, p. 166.

[182] Acuña Sandoval, *Introducción al estudio…, op. cit.*, p. 101.

[183] *Ibid.*, p. 99; Tedlock, *op. cit.*, pp. 16-17.

[184] Bricker, *El Cristo indígena…, op. cit.*, pp. 250-268.

[185] Véase Alfredo López Austin, *Hombre-dios. Religión y política en el mundo náhuatl,* 2ª ed., México, UNAM-IIH, 1989 (Monografías, 15), p. 100.

[186] Acuña Sandoval, *Introducción al estudio…, op. cit.*, p. 101; De la Garza Camino, *La conciencia histórica…, op. cit.*, pp. 75-77; Breton, *Rabinal Achí. Un…, op. cit.*, p. 16.

[187] Véase Nájera Coronado, *Los Cantares de…, op. cit.*, pp. 85-114. Sobre la danza como medio de legitimar el poder, véase Ana García Barrios y Rogelio Valencia Rivera, "El uso político del baile en el Clásico maya: el baile de K'awiil", *Revista Española de Antropología Americana,* vol. 37, núm. 2, 2007, pp. 23-38. Sobre la danza como medio para controlar las fuerzas naturales, véase Roberto Romero Sandoval, "El baile con serpientes entre los mayas", *Estudios de Cultura Maya,* vol. XIV, 2019, pp. 129-154.

[188] Véase Akkeren, "Sacrifice at the…", *op. cit.*, pp. 287-289 y 294; "El baile-drama…", *op. cit.*, p. 20.

Como ya señalé en el capítulo "La entidad anímica *wahyis*" al hablar del nagualismo público o exotérico, además de personificar a los espíritus de los dioses y ancestros, existen pruebas documentales de que algunos bailarines invocaban e interpretaban a sus propios *wahyis,* naguales, coesencias en segundo grado o espíritus "familiares",[189] como lo ejemplifica un pasaje de la obra del capitán Martín Alonso Tovilla citada antes,[190] muy semejante a otra que fray Francisco Ximénez escribiera varias décadas después: "y juntándose los señores se formó un baile para celebrar la presa de aquel brujo y transformándose en águilas, leones y tigres, bailaban todos arañando al pobre indio"[191] (figuras VII.10 y IX.12a). Por otra parte, entre los mayas yucatecos de Chan Kom existen testimonios de jaranas a media noche, donde los danzantes y músicos toman forma de animal o se convierten en ellos cuando rompe el alba.[192] Ello les otorgaría cierta razón a Freidel, Schele y Parker,[193] quienes vieron en las danzas de los vasos mayas rituales de transformación en espíritus compañeros *wayoˀob (sic),* siempre y cuando no entendamos estas transmutaciones en sentido estricto, sino como personificaciones rituales que conllevaban el uso de máscaras y disfraces, pues, como bien observa Zender, no hay evidencia real de que los gobernantes mayas se transformaran literalmente en sus *wahyis.*[194] Al respecto, y regresando al ejemplo del vaso K1439 (figura VII.13), es interesante recordar que la postura contorsionista del *t'olo[l] bahlam,* 'jaguar en ringlera', parece haber sido parte de una serie de actos acrobáticos que tenían por finalidad la transmutación nagualística,[195] idea que desarrollé un poco más en el capítulo "La entidad anímica *wahyis*".

La coreografía de las danzas era también un medio para reproducir los espacios del pasado, reforzando con ello los momentos liminares de concurrencia y propiciando el retorno de tiempos míticos o históricos.[196] Aunque es imposible reconstruir este aspecto a partir de las imágenes que existen sobre el teatro maya clásico, podemos obtener una pálida idea tomando como fuente indirecta la observación etnográfica.[197] Por ejemplo, Dennis Tedlock[198] afirma que en el *Rabinal Achí* la audiencia se ubica en los cuatro lados del

[189] Acuña Sandoval, *Introducción al estudio…, op. cit.,* p. 141; Akkeren, "Sacrifice at the…", *op. cit.,* pp. 282-283.

[190] Tovilla, *op. cit.,* p. 222.

[191] Fray Francisco Ximénez, *Historia de la Provincia de San Vicente de Chiapa y Guatemala de la Orden de Predicadores,* vol. I, Guatemala, Ministerio de Educación-Departamento Editorial y de Producción de Material Didáctico "José de Pineda Ibarra", 1965 (Biblioteca Guatemalteca de Cultura Popular "15 de Septiembre", 81), p. 63.

[192] Robert Redfield y Alfonso Villa Rojas, *Chan Kom. A Maya Village,* Washington, Carnegie Institution of Washington, 1934, p. 179.

[193] Freidel, Schele y Parker, *op. cit.,* p. 260.

[194] Zender, "A Study of Classic…", *op. cit.,* p. 75.

[195] Véase Valverde Valdés, *op. cit.,* pp. 271-272; Pérez Suárez, *op. cit.*

[196] Houston, Stuart y Taube, *The Memory of…, op. cit.,* p. 276.

[197] Véase Looper, *To Be Like…, op. cit.,* pp. 195-197.

[198] *Rabinal Achi. A…, op. cit.,* pp. 15-16.

escenario; los actores danzan, pasean o gesticulan mientras el coro canta y los músicos tocan. Al danzar se mueven en un perímetro cuadrado, pero mientras pasean lo hacen en círculo. La música cesa para dar lugar a los diálogos, y cada vez que éstos cambian de interlocutor, suenan las trompetas. De este modo, el espacio se construye, se actúa y se deshace en la medida en que avanzan los danzantes, cuya dinámica tiende a imitar el universo circular.[199] Cuando cambian a formación cuadrada, el escenario se torna en un cosmograma que reproduce las esquinas del mundo.[200] A propósito de esto, vale la pena recordar la famosa afirmación de Landa,[201] en el sentido de que las estructuras radiales que hoy conocemos como Plataforma de Venus y Plataforma de los Jaguares y Águilas, en Chichén Itzá, eran "teatros de cantería... en que dicen representaban las farsas y comedias para solaz del pueblo". Es bien sabido que este tipo de edificios eran cosmogramas que evocaban la creación del tiempo y el espacio,[202] semejante simbolismo que tenían las danzas con tema "histórico" y calendárico estudiadas por Ruud van Akkeren.[203]

Es preciso agregar que, a semejanza de las representaciones griegas antiguas, en el *Rabinal Achí* no existen cambios de escena ni de vestuario, pues la acción se desarrolla linealmente, en un flujo continuo.[204] Me parece que ello acentúa el carácter esencialmente comunitario, cosmológico y simbólico del arte teatral entre los mayas.

Baahil aʔn e iixiiptla

En sus trabajos pioneros sobre el fenómeno de la personificación, así como sobre las frases *baahil aʔn*, Stone, Houston y Stuart,[205] respectivamente, señalaron que la palabra náhuatl *teeiixiiptla* o *<teixiptla>* era de potencial importancia para entender las sutilezas de la representación física de los dioses en Mesoamérica, ya que se trataba de un concepto rico y complejo, estrechamente vinculado con los atuendos, máscaras, efigies y otros receptáculos de las fuerzas sagradas. Houston y Stuart fueron un poco más allá, pues sugirieron

199 Akkeren, "Sacrifice at the...", *op. cit.*, pp. 284 y 289-290; Alessandra Russo, *El realismo circular. Tierras, espacios y paisajes de la cartografía novohispana, siglos XVI y XVII*, México, UNAM-IIE, 2005, p. 79.

200 Tedlock, *op. cit.*, p. 19.

201 Landa, *op. cit.*, p. 194.

202 Linda Schele y Peter L. Mathews, *The Code of Kings. The Language of Seven Sacred Maya Temples and Tombs*, Justin Kerr y Macduff Everton (fotografías), Nueva York, Touchstone, 1998, pp. 179-182; Bernal Romero, "Dignatarios cuatripartitas y...", *op. cit.*, pp. 22-23.

203 "El baile-drama...", *op. cit.*, p. 19; véase también Nájera Coronado, *Los Cantares de...*, *op. cit.*, pp. 61-85.

204 Acuña Sandoval, *Introducción al estudio...*, *op. cit.*, p. 102.

205 Andrea J. Stone, "Aspects of Impersonation...", en *op. cit.*, p. 194; Houston y Stuart, "Of Gods, Glyphs...", *op. cit.*, pp. 297-300, 304, 306 y 308; "The Ancient Maya...", *op. cit.*, pp. 86-87.

que la categoría de *teeiixiiptla* podría proporcionar la estructura teológica obligada para la comprensión de ese tipo de cuestiones entre los mayas. En esa misma época, Stuart[206] notó que un vocablo cercano, *iixiiptla* o <*ixiptla*>,[207] era de vital interés para aclarar las relaciones indígenas entre cuerpo e imagen, tanto en el ámbito ritual como en el arte. Knub, Thun y Helmke también notaron la conexión entre el concepto de *iixiiptla* y la personificación de deidades en otras culturas precolombinas, especialmente entre los mayas clásicos.[208]

No obstante, estos últimos autores se equivocaron al atribuir a su compatriota Arild Hvidtfeldt el crédito absoluto de haber sido el primer investigador en estudiar el tema de la personificación ritual en Mesoamérica.[209] En opinión mía, Ángel María Garibay Kintana se ocupó de ese tema al menos al mismo tiempo que Hvidtfeldt, pues sugirió una etimología para *iixiiptla,* al asociarlo con la deidad Xiipee y con el verbo *xiipeewa,* 'desollar' o 'descortezar'.[210] Esta relación con la piel fue desarrollada años más tarde por Johanna Broda,[211] quien notó que durante la fiesta de *Tlaakaxiipeewalistli* o <*Tlacaxipehualiztli*> los que vestían con los cueros de las víctimas eran llamados con el nombre de un dios, lo que implica que fueron considerados como personificadores vivientes de la deidad.

Como ya dije, no fue sólo Hvidtfeldt el pionero en el estudio del concepto *iixiiptla,* aunque sin duda sí fue el primer autor en publicar un estudio pormenorizado y ambicioso sobre el tema.[212] Él interpretó la etimología de *iixiiptla* como un sustantivo poseído derivado de la raíz *xiiptla,* que supuestamente hacía referencia a una energía corporal semejante al concepto de *mana.*[213] Una de las virtudes del trabajo de Hvidtfeldt fue el haberse percatado del valor de la palabra *iixiiptla* para aclarar la relación entre los dioses, las personas y los objetos rituales; de hecho, demostró que tanto los seres humanos como las figuras de masa y las estructuras de madera con máscaras eran susceptibles de operar como *iixiiptla.*[214] Para ese autor,[215] los *iixiiptla*

[206] Stuart, "Kings of Stone...", *op. cit.*, pp. 162 y 164; "Las nuevas inscripciones...", *op. cit.*, p. 32.

[207] El morfema */tee-/*, que aparece en la palabra *teeiixiiptla,* es un prefijo que sirve para designar un objeto humano no específico, véase Frances Karttunen, *An Analytical Dictionary of Nahuatl,* Norman/Londres, University of Oklahoma Press, 1983, p. 325.

[208] Knub, Thun y Helmke, *op. cit.*, pp. 179 y 192-193.

[209] *Ibid.*, p. 179.

[210] Ángel María Garibay Kintana, *Veinte himnos sacros de los nahuas,* México, UNAM-Instituto de Historia-Seminario de Cultura Náhuatl, 1958 (Fuentes Indígenas de la Cultura Náhuatl, Informantes de Sahagún, 2), p. 77.

[211] Johanna Broda, "Tlacaxipehualiztli: A Reconstruction of an Aztec Calendar Festival from 16th Century Sources", *Revista Española de Antropología Americana,* vol. 5, 1970, pp. 243-244.

[212] Arild Hvidtfeldt, *Teotl and Ixiptlatli. Some Central Conceptions in Ancient Mexican Religion. With a General Introduction on Cult and Myth,* Copenhague, Munksgaard, 1958.

[213] *Ibid.*, p. 80.

[214] *Ibid.*, p. 98.

[215] *Ibid.*, p. 99.

eran imágenes de personificación construidas mediante atuendos, adornos y pintura corporal; su función era fungir como representantes, encarnaciones o sustitutos de los dioses.[216] También notó que el papel ritual de los cautivos de guerra *iixiiptla* era intervenir en danzas que terminaban en el sacrificio humano,[217] pero antes de la fiesta eran convertidos en dioses, adorados y entrenados en materias cortesanas; incluso los mismos reyes consideraban que esos prisioneros eran sus dioses.[218] Finalmente, señaló que en las procesiones de danza un *iixiiptla* era el cautivo que se dirigía al sacrificio, mientras el otro era un sacerdote que bailaría con la cabeza cortada del primer *iixiiptla.* Las máscaras ayudaban a caracterizar a esos *iixiiptla,* víctima y victimario.[219]

La interpretación más profunda y completa que existe sobre el concepto de *iixiiptla* se debe, sin embargo, a Alfredo López Austin,[220] quien en 1973 enfocó este concepto a la luz de la perspectiva amplia de los hombres-dioses mesoamericanos. De acuerdo con este autor, los *teeiixiiptla* eran imágenes de los númenes, capaces de interpretar la voluntad divina dialogando con los dioses, escuchando los mensajes sagrados y repitiéndolos al pueblo.[221] El vocablo *iixiiptla* serviría, entonces, para expresar la relación entre dos personas, una humana y otra divina, de la que la primera sería portavoz y representante; por ejemplo, eran *teeiixiiptla* los sacerdotes de los dioses, que serían llamados con el mismo teónimo, portarían sus atributos y adquirirían mágicamente su poder. Se trataba de una forma de posesión simpatética, pues era alcanzada mediante la semejanza física e indumentaria.[222] El dios bajo cuestión tomaría la iniciativa de elegir a su imagen terrenal, revelando su voluntad en sueños, aunque en muchas ocasiones los escogidos presentaban ciertas marcas corporales o psíquicas, además de requerir de un entrenamiento.[223] La pintura corporal, las máscaras, la mutilación dentaria y la modificación craneal eran medios artificiales para alcanzar el mimetismo con algún dios y adquirir su fuerza.[224]

Una de las aportaciones centrales del trabajo de López Austin fue el encontrar que el morfema *xiip,* 'piel, cáscara' o 'cobertura', formaba parte del vocablo *iixiiptla.* Esto lo condujo a formular la idea de que los hombres-dioses *teeiixiiptla* eran imágenes y representantes de los númenes, en virtud de que

[216] *Ibid.,* pp. 77, 81, 90, 96 y 98.

[217] *Ibid.,* pp. 82, 89, 95-96.

[218] *Ibid.,* pp. 86-87 y 89.

[219] *Ibid.,* pp. 96-97.

[220] López Austin, *Hombre-dios. Religión..., op. cit.,* pp. 115-183.

[221] *Ibid.,* pp. 115-116 y 118.

[222] López Austin, *Cuerpo humano e..., op. cit.,* vol. I, p. 409.

[223] *Ibid.,* pp. 413-414; López Austin, *Hombre-dios. Religión..., op. cit.,* pp. 118 y 132-133

[224] López Austin, *Cuerpo humano e..., op. cit.,* vol. I, p. 414; véase Ana García Barrios y Vera Tiesler, "El aspecto físico de los dioses mayas. Modelado cefálico y otras marcas corporales", *Arqueología Mexicana,* vol. XIX, núm. 112, noviembre-diciembre de 2011; Chávez Guzmán, "Un acercamiento a...", *op cit.,* p. 135.

éstos penetraban al cuerpo humano y lo hacían participar de la naturaleza sagrada. Por tal motivo, los personificadores eran pieles, cáscaras o coberturas de los dioses, pero además eran sus naguales[225] ya que, desde la perspectiva de López Austin, el sustantivo de 'mago', 'nigromántico', *naawalli* o <*nahualli*> debe traducirse como 'lo que tengo en mi superficie, en mi piel o a mi alrededor'.[226] Esta concepción se llevaba transitoriamente al terreno ecuménico o ámbito de las criaturas de materia densa durante el rito de *Tlaakaxiipeewalistli,* donde los sacerdotes se vestían con las pieles de los personificadores *iixiiptla* para danzar y ejecutar milagros,[227] aunque en otras ocasiones se ataviaban con las reliquias de los dioses.[228] Las danzas duraban todo el día y su propósito era revivir el ciclo épico en el que un dios nacía, crecía y menguaba, ligando la representación dramática con el tiempo primigenio de las deidades.[229] Algunas fuentes sugieren que las transmutaciones *iixiiptla* podían incluso alterar la apariencia o condición física de los personificadores, embelleciéndolos o fortaleciéndolos.[230] En otras ocasiones, portar la piel, cola, uñas y colmillos de un jaguar convertía a los representantes en receptáculos de la fuerza anímica de una bestia, otorgándoles una fuerza y valor sobrehumanos.[231]

Estrechamente vinculada con lo anterior se encuentra una de las interpretaciones más profundas de López Austin, a saber, que durante el proceso de personificación los dioses se alojaban en los corazones o pechos de los hom-

[225] Esta idea podría ayudar a comprender por qué el traje del dios solar Huk Chapaht Tz'ikiin K'inich (figura IX.8) y de otros personificadores rituales (figura VII.10) tiene la apariencia de un nagual o *wahyis.* Es probable que esos jaguares y aves de rapiña con cabezas fantásticas y bufandas rojas sean en realidad naguales de los dioses, por lo que los danzantes humanos se convertían en los espíritus "familiares", "auxiliares" o coesencias en segundo grado de las deidades. Al menos sabemos que otro ciempiés famoso, el Sak Baak Naah Chapaht, era *wahyis* del dios K'awiil (Stephen d. Houston y David S. Stuart, *The Way Glyph: Evidence for "Co-Essences" among the Classic Maya,* Washington, Center for Maya Research (Research Reports on Ancient Maya Writing, 30), 1989, pp. 7-9), a la vez que aparece como nagual de un señor de Palenque en el vaso K1256 (Nikolai Grube y Werner Nahm, "A Census of Xibalba: A Complete Inventory of Way Characters on Maya Ceramics", en Justin Kerr (ed.), *The Maya Vase Book,* vol. 4, Nueva York, Kerr Associates, 1994, p. 702. Véase la figura VII.5).

[226] López Austin, *Hombre-dios. Religión..., op. cit.,* pp. 118-121 y 127. Es admirable la coincidencia de todo esto con la importancia que para los mayas tenían y aún tienen los términos para 'envolver, cubrir' o 'amarrar', que expliqué en el capítulo "Los conceptos del cuerpo humano". También encaja perfectamente con el tema del nagualismo público o exotérico que abordé en el capítulo "La entidad anímica *wahyis*" y con las ideas de Matteo y Rodríguez Manjavacas (*op. cit.,* pp. 21-28) sobre "los otros" *wayob (sic),* así como con las citas ya comentadas de Tovilla (*op. cit.,* p. 222) y Ximénez (*Historia de la..., op. cit.,* p. 63), que nos hablan de danzas sacrificiales donde los oficiantes se convertían en jaguares, pumas, osos, venados, etcétera.

[227] López Austin, *Cuerpo humano e..., op. cit.,* vol. I, pp. 409 y 435.

[228] López Austin, *Hombre-dios. Religión..., op. cit.,* pp. 123, 125 y 183.

[229] López Austin, *Cuerpo humano e..., op. cit.,* vol. I, p. 434.

[230] *Ibid.,* pp. 408-409.

[231] *Ibid.,* p. 410.

bres, lugar desde donde sostenían un diálogo con la entidad anímica *teeyoolia* o *<teyolía>*, que sólo podía abandonar el cuerpo humano tras la muerte.[232] Se consideraba que la fuerza divina alojada dentro del pecho era un fuego que habitaba en el corazón,[233] mismo que permanecía encendido durante las danzas de personificación, las occisiones rituales, los actos de adivinación o la creación artística.[234] Los que poseían esa fuerza ígnea conservaban su voluntad y conciencia, pues a pesar de estar poseídos por un dios,[235] necesitaban preservar su personalidad para entablar el diálogo con el protector que se encontraban representando.[236] Cabe mencionar que este diálogo entre el dios y el *teeyoolia* sólo era posible bajo la influencia del trance alcanzado mediante la abstinencia, meditación y penitencia. En un trabajo posterior, López Austin[237] sugirió que la entidad anímica externada durante las posesiones era la 'sombra' o *toonalli,* una idea de enorme potencialidad para comprender las personificaciones *iixiiptla* y del resto de Mesoamérica.[238]

Serge Gruzinski exploró también el tema entre los grupos nahuas de la época colonial, quienes resistían los embates de la dominación española apoyados en hombres-dioses cuyo liderazgo consistía en que se convertían en *iixiiptla* de las deidades. Éstas penetraban el cuerpo de esos hombres, los poseían y los convertían en sus réplicas fieles, hasta el grado de practicar la ventriloquia y la escenificación terrenal de sus biografías míticas. A semejanza de López Austin, Gruzinski remarca el papel protagónico de la cáscara, cobertura o piel humana, que se convertía en receptáculo de la fuerza sagrada, transfigurando el continente en contenido. Esos humanos eran al mismo tiempo imágenes. Los seguidores de aquellos líderes carismáticos *iixiiptla,* como Andrés Mixcóatl (1537), Gregorio Juan (1659) y otros, confiaban ciegamente en sí mismos porque creían que mantenían una relación íntima y privilegiada con la deidad y portaban sus mensajes.[239]

Años después, al editar la obra de Cristóbal del Castillo (1599), Navarrete Linares destacaría la importancia de ese documento de finales del siglo XVI para comprender ciertas formas de relación y comunicación entre los dioses

[232] López Austin, *Hombre-dios. Religión…, op. cit.*, pp. 122, 126 y 134.

[233] *Ibid.*, pp. 134 y 167.

[234] López Austin, *Cuerpo humano e…, op. cit.*, vol. I, pp. 256 y 410.

[235] La posesión divina también podía producirse temporalmente mediante la ingestión de drogas o bebidas embriagantes, en *ibid.*, pp. 407-409.

[236] López Austin, *Hombre-dios. Religión…, op. cit.*, pp. 122 y 127.

[237] López Austin, *Cuerpo humano e…, op. cit.*, vol. I, p. 409.

[238] Conviene recordar que entre los mayas del Clásico el componente anímico más comúnmente externado era el hipotético *saak(?)*, 'semilla de calabaza(?)' *o xaak(?)*, 'brote, retoño' (jeroglifo T533), véase figura VII.10, mismo que salía por la coronilla. Aunque también existe evidencia de la salida del componente o entidad anímica calorífica *k'ihn* o *k'ihnil* (figura VI.2d). Por lo que respecta al tema de la posesión ritual, donde el figurante humano no perdía la conciencia ni el control de sí, lo que observa López Austin sobre los nahuas es perfectamente aplicable para los mayas, como ya hemos visto.

[239] Gruzinski, *op. cit.*, pp. 33-34, 53-56, 99, 114-116, 123, etcétera.

y los hombres, especialmente aquellas que se refieren a los mecanismos de personificación.[240] De acuerdo con la traducción de Navarrete Linares, en la historia de Del Castillo[241] *iixiiptla* frecuentemente tiene la acepción de 'imagen', y es empleada tanto para expresar la función de un representante —que es el reflejo de un dios— como de un envoltorio sagrado, que contiene las reliquias y fuerza anímica de un numen. Esas reliquias no eran otra cosa que los huesos de personificadores del pasado, en cuyos corazones se había albergado la deidad.[242] El "alma localizada en el corazón que controlaba la interioridad y el pensamiento" —dice Navarrete Linares— "era también el sitio en que los hombres-dioses recibían la fuerza divina".[243] Una novedad de esta edición de Del Castillo consistió en el rescate de un término poco mencionado: *okimiixiiptlati,* que de acuerdo con Navarrete Linares procede del verbo *okimasew'*,[244] 'danzar, merecer, hacer penitencia', y alude a un representante, delegado o personaje teatral.[245] De hecho, cuando analizamos las entradas lexicográficas que contienen el concepto *iixiiptla,* resulta claro que su espectro de aplicabilidad remite primero a las danzas dramatizadas, con la posibilidad de ser usado en los oficios públicos o en otros aspectos de la vida cotidiana:

náhuatl	*ixiptlati*	'asistir en lugar de otro, o representar persona en farza' (Molina, 1992: 45)
	ixiptlati	'sustituir a alguien, representar un papel, a un personaje' (Siméon, 1992: 218)
	ixiptlatia	'entregar su cargo a alguien [...] sustituir a alguien' (Siméon, 1992: 218)
	ixiptlatl	'representante, delegado' (Siméon, 1992: 218)
	ixiptlatl	*'representative'* (Karttunen, 1983: 115)
	ixiptlayoua	'representarse o satisfacerse algo' (Molina, 1992: 45)
	ixiptlayoua	'ser sustituto, hablando de un objeto' (Siméon, 1992: 218)
	ixiptlayotia	'delegar o sostituyr a otro en su lugar' (Molina, 1992: 45)
	ixiptlayotia	'delegar a alguien, hacerse remplazar' (Siméon, 1992: 218)
	teixiptla	'imagē de alguno, sustituto, o delegado' (Molina, 1992: 95)
	teixiptlatiliztli	'representación de aqueste' (Molina, 1992: 95)

[240] Cristóbal del Castillo, *Historia de la venida de los mexicanos y otros pueblos e historia de la conquista,* Federico Navarrete Linares (trad. y estudio introductorio), México, García y Valadés Editores/INAH, Asociación de Amigos del Templo Mayor, 1991 (Colección Divulgación), pp. 51, 56, 60, 100 y 103.

[241] *Ibid.*, pp. 48, 54-55, 59, 153, 155 y 157.

[242] *Ibid.*, p. 58.

[243] *Ibid.*, p. 125, n. 35.

[244] Duración vocálica incierta.

[245] *Ibid.*, p. 119, n. 24.

náhuatl	*teixiptlatiliztli*	'representación, papel de actor' (Siméon, 1992: 462)
	teixiptlatini	'representador de persona en farza' (Molina, 1992: 95)
	teixiptlatini	'comediante, personaje de teatro' (Siméon, 1992: 462)

Otro acercamiento al tema fue el de Eric R. Wolf, cuyo libro fue publicado en 2001. Wolf opina que la palabra *iixiiptla* se encuentra relacionada con dos raíces: *iixtli <ixtli>*, 'cara, ojo' o 'superficie', y *xiip <xip>*, 'despellejar, pelar' o 'rasurar', y su sentido práctico era el de ser un "representante" o "sustituto" de las deidades, que no tenía por fuerza que ser humano, pues se valía crear imágenes o réplicas de los dioses con pasta de amaranto, dientes de pepita y ojos de frijoles negros que se ingerían ceremonialmente. Wolf destaca el papel de los *iixiiptla* como líderes carismáticos, portadores y voceros de los dioses; los gobernantes se vestían como esos dioses al morir y en sus tomas de posesión (entronización); se disfrazaban adoptando temporalmente comportamientos, emblemas y ropas. Aunque acepta que el destino de algunos *iixiiptla* (gobernantes y sumos sacerdotes) no era la piedra de los sacrificios, era común ese fin en la mayoría de ellos, pues de no morir sus cuerpos envejecerían y ello conllevaría declinación o decadencia.[246]

Nuestra comprensión sobre el concepto de *iixiiptla* se ha visto mejorada con el estudio de Salvador Reyes Equiguas,[247] quien después de aceptar que este vocablo tiene el sentido general de "imagen", complementó las observaciones etimológicas de López Austin, al observar que el primer morfema de la palabra era *iixtli*, 'ojo' o 'rostro'.[248] Reyes Equiguas sostiene que, mientras que los ojos permiten conocer la realidad, el rostro faculta al individuo para enfrentarla; por ello *iixtli* es lo que define al hombre.[249] En este lugar vale la pena detenernos para formular la siguiente reflexión: puesto que el ojo o rostro *(iixtli)* es el órgano de sensación, percepción y comprensión por excelencia,[250] podríamos deducir que al estar enmascarado con la carátula de un dios, un ejecutante *iixiiptla* alcanzaba el estado de supraconciencia, ya que no mira con sus ojos, sino con los de una entidad sagrada o anecuménica. Este numen, como vimos, se alojaba en el corazón de cada figurante, lo que recuerda el conocido difrasismo *in iixtli in yoollootl*[251] que, de acuerdo con Reyes

[246] Wolf, *op. cit.*, pp. 181, 193-194 y 220-221 y n. 5.

[247] Agradezco a Diana I. Magaloni Kerpel por haber llamado mi atención hacia la valiosa investigación de Salvador Reyes Equiguas, "El *huauhtli* en la cultura náhuatl", tesis de maestría, México, UNAM-FFYL-Programa de Posgrado en Estudios Mesoamericanos, 2006.

[248] *Ibid.*, p. 88. Esta idea sobre la etimología de *iixiiptla* ya había sido sugerida en 1953 por Arthur J. O. Anderson y Charles E. Dibble en su traducción del *Códice Florentino*, véase Hvidtfeldt, p. 81.

[249] Reyes Equiguas, *op. cit.*, p. 89.

[250] López Austin, *Cuerpo humano e…*, *op. cit.*, vol. I, pp. 212-213.

[251] Véase Mercedes de la Garza Camino, *El hombre en el pensamiento religioso náhuatl y maya*, México, UNAM-IIFL/Centro de Estudios Mayas, 1978 (Cuaderno, 14), pp. 71-75. En realidad, se

Equiguas,[252] denota la idea de persona y de conocimiento.[253] Sin negar la relación de la palabra *iixiiptla* con la piel (lexema *xiip*), Reyes Equiguas sostiene que las imágenes *iixiiptla* se activaban a través de un rostro y un corazón.[254] Desde su punto de vista, un *iixiiptla* (*iix-xiip-tla,* donde ambas consonantes <*x*> se convertían en una sola por asimilación) era una cobertura que permitía conocer y enfrentarse a la realidad,[255] y esa palabra podía aplicarse a sacerdotes *(teeiixiiptla),* víctimas de sacrificio *(teeiixiiptla),* estatuas de piedra *(teeiixiiptla),* madera *(k*^{w}*awteeiixiiptla)* o figuras de masa de *tzoalli,*[256] que eran pintadas y vestidas como dioses, además de provistas de un rostro y un corazón. Las entradas lexicográficas nahuas confirman esta función de las pinturas y esculturas como *iixiiptla:*

náhuatl	*ixiptlaxima*	'hacer la estatua, el busto de alguien' (Siméon, 1992: 219)
	ixiptlayotia	'hacer algo a su imagen y semejanza' (Molina, 1992: 45)
	īxīptlayō-tl	*'image, likeness, representation'*/'imagen, retrato' (Karttunen, 1983: 115)
	teixiptla copinaloni	'molde de imagen de vaziadizo' (Molina, 1992: 95)
	teixiptlaxinqui	'estatuario' (Siméon, 1992: 463)

El argumento final de Reyes Equiguas[257] es que los seres humanos y las efigies de madera, masa y piedra fungían como representantes o sustitutos de los dioses, puesto que éstos son inaccesibles para los hombres. Es decir, es lo inefable hecho asequible. Lo imperceptible anecuménico, tornado en perceptible ecuménico.[258]

trata de un paralelismo combinado con un difrasismo *(iixtli-yoollootl),* donde el pronombre /*in-*/ se encuentra en relación anafórica, mientras que *iixtli* y *yoollootl* se vinculan de forma semántica, véase la nota 52 del capítulo "La creación y la noche" y la nota 160 del presente capítulo.

[252] Reyes Equiguas, *op. cit.,* p. 88.

[253] Este autor también sugiere que *iixtli,* 'rostro', definía la individualidad del figurante, mientras que *yoollootl,* 'corazón', aludía a su relación con la colectividad, ya que el músculo cardiaco contenía la esencia del dios patrono (*ibid.,* pp. 10 y 41). Se trata, como vimos, de la entidad anímica "corazón", esencia o coesencia en primer grado, que enlazaba de forma innata a todos los seres humanos con su creador o dios patrono, véase el capítulo "La entidad anímica *o'hlis*". Sobre el difrasismo "rostro-corazón" también he vertido algunas ideas en el capítulo "Cuerpo-presencia en el periodo Clásico".

[254] *Ibid.,* pp. 88, 92, 97, 100 y 113-114.

[255] *Ibid.,* p. 89.

[256] Duración vocálica incierta. *Ibid.,* pp. 80 y 85-101.

[257] *Ibid.,* pp. 92-101.

[258] Alfredo López Austin (comunicación personal, 23 de junio de 2017) ha llamado mi atención a otro concepto náhuatl que sin duda tiene que ver con el fenómeno que nos ocupa: *tooptli* o <*toptli*>, que se puede traducir como imagen y se refiere a "todo lo que puede ser convertido en

Emilie Carreón Blaine[259] nos ha entregado una de las reflexiones más meritorias sobre el término <*ixiptla*>, mostrando cómo se ha integrado al vocabulario de la historia del arte, la ciencia de la imagen, los estudios visuales, la antropología y la filosofía de la imagen, casi como sinónimo de "imagen sagrada". La autora nos dice que el término es posémico y que no se puede restringir al ámbito religioso, pues también se usaba en esferas profanas como "delegado, representante" o "apoderado de". En cuanto al terreno de las imágenes sagradas, nos explica que conlleva una compleja relación entre mimesis, materia, forma y proceso creativo (el cual incluye la consagración ritual), al grado de que no se puede considerar sinónimo de "representación", sino de encarnación y presencia.

En su colosal estudio sobre el tema de las personificaciones *baahil aʔn,* López Oliva propuso que los nahuas tenían cuatro modalidades de <*ixiptla*>, de las cuales solamente dos están atestiguadas entre los mayas clásicos:[260] *a)* los *iixiiptla no humanos,* donde objetos aparentemente inanimados, como por ejemplo efigies de amaranto, servían como contenedores de los dioses; esta modalidad obviamente equivale a la de los edificios, monumentos y palanquines mayas que recibían a un dios en su interior; *b)* los *iixiiptla sacerdotes y gobernantes,* lugartenientes o delegados de los dioses que se vestían con sus atuendos y reliquias y jamás morían sacrificados; equivalen a la mayoría de las personificaciones *baahil aʔn.* Dentro de la tipología de López Oliva los *iixiiptla poseídos involuntariamente* no parecen estar atestiguados en las inscripciones e imaginería maya clásicas; se trata de seres humanos poseídos de forma accidental, cuya presencia divina los trastorna mentalmente; aunque ella acepta la posibilidad de que hubieran existido en la antigua sociedad maya, hasta ahora son elusivos en el corpus documental del periodo Clásico. Finalmente, López Oliva habla de los *iixiiptla imágenes,* individuos que se convierten en receptáculos transitorios de las divinidades y que terminan en la occisión ritual. Aunque en el arte maya clásico existen diversas escenas de sacrificio humano en donde este tema podría explorarse (p. ej. figura IX.12a), la autora parece excluirlas de su análisis debido a que este tipo de imágenes no se asocian con la frase jeroglífica *baahil aʔn,* que solamente está reservada para las élites gobernantes. Conviene decir que López Oliva no parece haberse percatado de la existencia de una quinta modalidad de *iixiiptla,* que ha sido destacada por Nava Román: los *iixiiptla cadáveres,* donde el cuerpo inerte de los gobernantes amortajados en bultos o envoltorios se convierte en la efigie

sagrado por recibir en su interioridad una porción de un dios". "Ídolo o funda de cáliz tejida con hilo de maguey, o cosa de esta manera", según Karttunen, *op. cit.*, p. 247.

[259] "Un giro alrededor del *ixiptla*", en Linda Báez Rubí y Emilie Carreón Blaine (eds.), *XXXVI Coloquio Internacional de Historia del Arte. Los estatutos de la imagen, creación-manifestación-percepción,* México, UNAM-IIE, 2014, pp. 247-274.

[260] Véase López Oliva, *op. cit.*, pp. 913-929.

misma del dios patrono.[261] Una alusión a esto quizá fue intuida por Scherer, quien notó que el cadáver de Jasaw Chan K'awiil I (682-734 d.C.), señor de Tikal, fue colocado en la tumba en la misma postura de danza que ejecuta el dios del maíz en las escenas de su mito de renacimiento.[262] Y acaso las máscaras de piedra verde encontradas en Calakmul, Dzibanché y Palenque hayan sido también un intento por convertir los restos humanos en imágenes o sustitutos del dios del maíz, toda vez que el *o'hlis* (espíritu del dios mismo del maíz) ya había abandonado el cuerpo mucho antes.[263]

Al rescatar la historia del análisis del concepto *iixiiptla,* podemos encontrar muchas analogías con el mecanismo de personificación de los mayas, así como formular nuevas preguntas que guíen la investigación. En primer lugar, *baahil a'n* e *iixiiptla* son conceptos que pueden ser traducidos como 'delegado, imagen, representante' y 'sustituto',[264] términos que en principio se restringían a las danzas dramatizadas y a las funciones sacerdotales, pero que podían ser extendidos a ciertos cargos públicos o circunstancias de la vida cotidiana, específicamente a la creación artística.

La abundante información que existe entre los nahuas, en el sentido de que los dioses predeterminaban a sus delegados usando ciertas marcas físicas o psicológicas, permite preguntarnos si entre los mayas no ocurría algo semejante, especialmente en el caso de los señores y nobles de la entidad política de Ik'a', quienes usualmente se autorrepresentaban con una obesidad inusual (figuras VI.9, VII.13, IX.6, IX.8 y IX.12b).

El morfema *iix,* 'ojo' o 'rostro', que contiene la palabra *iixiiptla,* tiene equivalencias obvias con la palabra *ich,* 'ojo' o 'rostro', que aparece incluida en el término maya yucateco *ichila'n,* así como con el sustantivo *baahis,* 'cabeza, cara, frente' o 'rostro', que forma parte de la construcción cholana clásica

[261] Rosario Nava Román, "El color negro y el cuerpo. Usos de la imagen del africano en la sujeción política y religiosa en el siglo XVI", tesis de doctorado en historia del arte, México, UNAM-FFyL-Posgrado en Historia del Arte, 2018, pp. 43-44, n. 145.

[262] Andrew K. Scherer, *Mortuary Landscapes of the Classic Maya. Rituals of Body and Soul,* Austin, University of Texas Press, 2015 (The Linda Schele Series in Maya and Pre-Columbian Studies), p. 90.

[263] Véase el capítulo "El ciclo del *o'hlis*".

[264] Herring (*op. cit.,* p. 75) opina que el concepto mayance más próximo a *iixiiptla* es el sustantivo tzeltalano *k'ex,* que significa 'sustituto'. No obstante, aunque pienso que se trata de un concepto semánticamente conectado, especialmente en contextos de sacrificio (véase Evon Z. Vogt, *Zinacantan. A Maya Community in the Highlands of Chiapas,* Cambridge, The Belknap Press of Harvard University Press, 1969, pp. 372-373; Karl A. Taube, "The Birth Vase: Natal Imagery in Ancient Maya Myth and Ritual", en Justin Kerr (ed.), *The Maya Vase Book: A Corpus of Rollout Photographs of Maya Vases,* vol. 4, Nueva York, Kerr Associated, 1994, pp. 671-674), considero por todo lo expuesto en este capítulo que la relación con la palabra clásica cholana *baahil a'n* y las mayas yucatecas *ichila'n, kukutila'n* y *k'ojbila'n* es mucho más obvia y directa. Cabe agregar que, mientras que estos términos yucatecos son equivalentes al *baahil a'n* que aparece en las inscripciones, no existe en los registros jeroglíficos algún cognado identificado hasta ahora del vocablo tzeltalano *k'ex.*

baahil aʔn. Estas voces nahuas y mayas poseen implicaciones profundas que remiten a una capacidad cognitiva supraconsciente (clarividencia), así como a una realidad anecuménica superior alcanzada mediante el trance. Hay que recordar, al respecto, que mientras *baahis* también significa 'cuerpo' o 'persona', todo *iixiiptla* requiere de un rostro y corazón que conlleve la identidad personal.

En tanto que *baahil aʔn* e *iixiiptla* eran 'imagen' y 'persona', ambos conceptos ayudaban en sus respectivas sociedades a convertir en aprehensible y manejable la realidad etérea e inalcanzable de los dioses.

Por lo que se refiere al morfema *xiip,* 'piel, cáscara' o 'cobertura', presente en el concepto de *iixiiptla,* resulta admirable su semejanza con el sustantivo *kukutil,* 'piel humana', que forma parte del vocablo maya yucateco *kukutilaʔn.* Ambas expresiones manifiestan la necesidad de adoptar la superficie de otro ser, permitiendo la delegación de autoridad.

Iixiiptla también puede traducirse como 'imagen', lo mismo que la palabra maya clásica de *baahis.* Bajo esta acepción, *iixiiptla* alude con frecuencia a estatuas de madera o piedra, figuras de masa de *tzoalli* y estructuras que contienen máscaras. Semejante cosa ocurre con los sustantivos cholanos clásicos de *k'oj,* 'máscara' (figura IX.11), y *winbaah,* 'efigie, figura' o 'retrato' (figuras II.22 y IX.17), que, como vimos, pudieron haber entrado en la categoría ritual de *baahil aʔn.*

En ambas tradiciones culturales, las máscaras ayudaban a caracterizar a los personificadores (*baahil aʔn* o *iixiiptla*). Mientras que los kekchís opinan que sus máscaras están vivas, los nahuas probablemente las creyeron investidas de rostro y corazón.

Durante el proceso de personificación *iixiiptla* era importante la pintura corporal. Lo mismo pudo haber ocurrido con el fenómeno *baahil aʔn,* cuya conexión con el verbo *naw,* 'embijar', no ha sido explorada con profundidad por los epigrafistas. Las escenas pictóricas de personificadores embadurnados de rojo (figuras I.10, VII.10, VII.13 y IX.8), así como la práctica maya de embijarse el cuerpo de negro (sacerdotes)[265] o azul (víctimas del sacrificio),[266] obligan a investigar mejor esos asuntos.

En ambos casos, el fenómeno de la personificación se asocia con un género de danza ritual muy específico: las *ahk'ut* (danzas suplicatorias) y las *okimasew* (danzar o hacer penitencia), tal como respectivamente lo notaron Acuña Sandoval y Navarrete Linares. Estas danzas congelaban el tiempo histórico y convertían a sus participantes en contemporáneos y coterráneos de los mitos.

Tanto los mayas como los nahuas concebían el fenómeno de las personificaciones como una especie de posesión divina. Mientras que los represen-

[265] Landa, *op. cit.,* p. 167; Saturno *et al., op. cit.,* pp. 1-18.

[266] Sylvanus G. Morley, *La civilización maya,* Adrián Recinos Ávila (trad.), 7ª reimp., México, FCE, 1989 (Sección de Obras de Antropología), p. 224.

(a)   (b)

FIGURA IX.18. *Frase* k'ahk' [y]oʔhl [k'inich] *(***K'AK'-OL-la***) en la cláusula nominal de Unlaj Chan Yopaat K'ahk' [Y]oʔhl K'inich, señor divino de Yootz o Yomootz:* (**a**) *plato K4669; fotografía de Justin Kerr, tomada de Reents-Budet* et al., op. cit., *p. 83);* (**b**) *escudilla K7786, tomada del archivo fotográfico de Kerr. Consultado en http://research.mayavase.com/kerrmaya_hires.php?vase=7786.*

tantes mayas hablaban como médiums, los nahuas dialogaban con los dioses en su corazón y repetían sus mensajes al pueblo, practicando la ventriloquia. En ambas tradiciones los númenes sagrados se expresaban por boca de sus delegados.

Una analogía sorprendente entre ambas tradiciones reside en el hecho de que los personificadores eran plenamente conscientes y responsables de sus acciones dramáticas. Esto a pesar de que se encontraban poseídos por un dios y tenían una parte del espíritu externado. Las fuentes nahuas proporcionan una explicación interesante que podría ayudar a explicar el caso de los mayas: los delegados de los dioses necesitaban preservar su voluntad a fin de entablar un diálogo con el numen que estaban albergando. La información que poseemos sobre el concepto de *iixiiptla* sugiere que ese diálogo tenía lugar en el corazón, zona del cuerpo donde la entidad anímica *teeyoolia* —equivalente del *oʔhlis* maya clásico— coexistía con un dios.

Se decía que el hombre que atravesaba por semejante condición poseía un fuego albergado en el corazón. Este dato es importante porque, como ha mostrado Tokovinine, el atributo de tener fuego en el corazón era inherente a la esencia del dios solar (figura III.13a),[267] lo que de paso nos recuerda que el corazón era concebido como el Sol dentro del microcosmos del cuerpo humano.[268] Como dato interesante debe mencionarse que entre los tzotziles de San Juan Chamula "se afirma que el estilo poético, repetitivo en las oraciones, cánticos y fórmulas rituales, refleja el 'calor del

[267] Tokovinine, "Writing color. Words...", *op. cit.*, pp. 286 y 289.
[268] Nájera Coronado, *El don de...*, *op. cit.*, p. 145.

corazón'".[269] Por otra parte, Eberl[270] ha sugerido que bajo estado de trance, cuando los gobernantes mayas experimentaban una situación semejante al sueño y eran capaces de comunicarse con los dioses y ancestros, sus cuerpos se convertían en *wayib* o 'dormitorios', término que también era aplicado a los templos y santuarios de las deidades (figura VII.2b). Ello refuerza la idea de que en el fenómeno de la concurrencia ritual los númenes habitaban temporalmente en el interior de sus personificadores ceremoniales, ya sea humanos o escultóricos.

Finalmente, si durante las personificaciones *iixiiptla* la divinidad habitaba, concurría o coexistía con el *teeyoolia* del figurante, mientras éste tenía proyectada su sombra-*toonalli,* en el caso de los mayas clásicos el elemento más comúnmente externado era aquel que se designaba mediante el jeroglifo aún no descifrado T533, de lectura tentativa *saak(?), 'pepita de ayote'* o *xaak(?),* 'brote, retoño' (figura VII.10), aunque en un menor número de ocasiones también podía liberarse el aliento solar *k'ihn* o *k'ihnil* (figura VI.2d) con forma de serpiente de nariz cuadrada. Ambos a través de la coronilla, aunque las escenas del periodo Clásico no son tan explícitas para estar seguros si alguno de estos componentes le correspondía a la fontanela anterior y otro a la posterior, o viceversa.

[269] Gary H. Gossen, *Los chamulas en el mundo del Sol. Tiempo y espacio en una tradición oral maya,* 1ª reimp. en español, México, Conaculta-DGP/INI, 1989 (Colección Presencias, 17), pp. 60-61.

[270] Eberl, *op. cit.,* p. 61.

CONCLUSIONES

Los argumentos presentados a consideración de los lectores en este libro pueden resumirse en tres puntos principales:

I. El tema de los componentes anímicos del cuerpo humano entre los mayas presenta los mismos retos y dificultades que siempre hemos enfrentado cuando estudiamos el panteón politeísta de los pueblos mesoamericanos, toda vez que lo que ellos creían ver dentro del pecho y la sangre pertenece al éter florido o anecuménico de materia sutil, *k'uyel* o *ch'ulel* (figura IV.21), y estamos ante fragmentos de dioses que se comportan como tales: combinándose, recomponiéndose, fisionándose o fusionándose.[1] Son componentes caleidoscópicos que mutan con facilidad y ello los hace casi inasibles, difíciles de estudiar o de delimitar con precisión. Su naturaleza proteica les permite recombinar elementos iconográficos, entrando en el fenómeno que Martin llamó teosíntesis.[2] En el interior de la cáscara de materia densa y efímera (carne, huesos, piel e indumentaria) se encuentra el ámbito mítico de los dioses y del sueño. Es preciso volver a mencionar, para que no haya ninguna duda o confusión, que *k'uyel,* 'lo santo, lo sagrado', es una palabra maya yucateca, mientras que *ch'uyel,* 'lo santo, lo sagrado', es un vocablo chol, tzeltal y tzotzil. No son términos que se encuentren como tales en las inscripciones, aunque seguramente los mayas del Clásico tenían alguna palabra para lo mismo, que no se ha encontrado en los jeroglifos todavía, misma que pudo haberse derivado del sustantivo *k'uh,* 'cosa sagrada' (figuras I.5 y V.15a),[3] y que pudo haber servido para designar el conjunto de los componentes anímicos del cuerpo de las criaturas mundanas (entidades o almas y fuerzas impersonales). Es por ello que el término *k'uh* deriva de su ancestro protomaya **k'ux,* que significa *"god, sacred, to believe, soul, heart, cedar"*.[4] Este término antiquísimo, *k'u'x,* todavía significa 'alma, vida' o 'aire' en distintas lenguas

[1] Alfredo López Austin, "Nota sobre la fusión y la fisión de los dioses en el panteón mexica", *Anales de Antropología,* vol. 20, núm. 2, 1983.

[2] Simon Martin, "The Old Man of the Maya Universe: A Unitary Dimension to Ancient Maya Religion", en Charles Golden, Stephen D. Houston y Joel Skidmore (eds.), *Maya Archaeology 3,* San Francisco, Precolumbia Mesoweb Press, 2015, p. 210.

[3] David S. Stuart, "The Gods of Heaven and Earth. Evidence of Ancient Maya Categories of Deities", en Eduardo Matos Moctezuma y María Ángela Ochoa Peralta (coords.), *Del saber ha hecho su razón de ser... Homenaje a Alfredo López Austin,* t. I, México, Secretaría de Cultura-INAH/UNAM-Coordinación de Humanidades-IIA, 2017, p. 251.

[4] William M. Ringle, *Of Mice and Monkeys: The Value and Meaning of T1016, The God C Hieroglyph,* Washington, Center for Maya Research, 1988 (Research Reports of Ancient Maya Writing, 18), pp. 2-3.

mayances, lo que refuerza la idea de López Austin, que yo suscribo en este libro, en el sentido de que las entidades anímicas o almas son dioses encapsulados dentro del cuerpo,[5] mientras que *k'uh* alude a sus estados exentos del cuerpo.

II. A partir de la información que poseemos del periodo Clásico podemos descartar que palabras como *ch'ulel, pixan, puksiʔik'al, alztil* o 'sombra' estén presentes en la lengua de las inscripciones. El panorama que existe, desde mi punto de vista, es el de tres grandes componentes anímicos, que aparentemente se relacionan con los tres niveles del universo: *a)* el componente anímico *k'ihn* o *k'ihnil,* 'calor' o 'ira', que es de origen celeste y solar, mismo que comienza a fijarse después del nacimiento y se va acrecentando con la edad y los cargos públicos, se aloja principalmente en el corazón, pero circula por la sangre. Probablemente se creía que ingresaba o salía del cuerpo a través de la coronilla o alguna de las fontanelas (figura VI.2d), en ocasiones se exhala por la nariz y se encuentra también en la ropa, en el cabello, en las uñas, en algunos instrumentos de trabajo y posiblemente también en el nombre personal. A diferencia del <*tonalli*> de los nahuas, no sabemos con toda claridad o certeza si el *k'ihn* o *k'ihnil* fue considerado entre los mayas del periodo Clásico una entidad o una fuerza anímica. No obstante, existen elementos que permiten sospechar que se trataba de una entidad, entre ellos su asociación con los nombres personales, a los que suele integrarse a través del adjetivo *k'ihnich,* 'caliente, airado, bravo, colérico' o 'furioso', lo que podría indicar que durante el periodo Clásico sí era considerada el alma del dios solar, toda vez que los nombres suelen rescatar el destino o personalidad de algún ancestro y éstos pasaban o residían en el paraíso solar celeste. Scherer tuvo la intuición de interpretar la práctica de untar los cuerpos sepultados en entierros primarios o secundarios con polvo rojo de cinabrio, como un esfuerzo encaminado a fijar el calor solar en los cadáveres.[6] En mi opinión, el jeroglifo de vasija invertida con infijo solar o T182 (figuras III.17, VI.5 y VI.6c) podría ser el equivalente femenino y lunar del hálito solar y masculino *k'ihn* o *k'ihnil.* Mientras este último se expresa en la iconografía a través de la llamada serpiente *zip* o de nariz cuadrada, con su hocico en forma de greca doblada en ángulo de 90° (figura III.17), el componente de la diosa lunar o signo T182 se manifiesta iconográficamente mediante una serpiente más pequeña, con hocico ligeramente curvado hacia abajo, que se asocia con la nariz de la diosa lunar y de las mujeres seniles o que han ascendido al Paraíso Celeste florido después de su paso por el inframundo (figura III.17); su misma calidad de aliento respiratorio del dios solar hace sospechar que, en efecto, el *k'ihn* o *k'ihnil* era

[5] Idea que López Austin ha desarrollado en diversas publicaciones, por ejemplo, "El dios en el cuerpo", *Dimensión Antropológica,* año 16, núm. 46, mayo-agosto de 2009.

[6] Andrew K. Scherer, *Mortuary Landscapes of the Classic Maya. Rituals of Body and Soul,* Austin, University of Texas Press, 2015 (The Linda Schele Series in Maya and Pre-Columbian Studies), p. 78.

parte del alma de aquella deidad; *b)* la entidad anímica *o'hlis*, 'corazón formal, centro' o 'esencia', que es la semilla, alma esencial o coesencia en primer grado, componente innato, vegetal y terrestre, pues básicamente es el espíritu del dios de maíz, aunque también contiene la esencia del dios patrono del linaje *(o'hlis k'uh)*, como se aprecia, por ejemplo, en la famosa imagen de la tapa del sarcófago del Templo de las Inscripciones de Palenque (figura IV.20), donde K'ihnich Janaab Pakal I renace del inframundo y asciende al paraíso solar celeste, presentando en teosíntesis los dos dioses que conforman su *o'hlis:* Ju'n Ixiim (el dios del maíz) y Unen K'awiil (uno de los dioses patronos de Palenque). El Tablero del Palacio de Palenque (figura I.7) de hecho dice que los patronos del linaje eran *o'hlis k'uh* o 'dioses corazones'. Lejos de ser un componente monolítico, el *o'hlis* contiene al menos dos aspectos que se pueden fisionar o fusionar: el elemento T533 (figura III.16), de lectura epigráfica desconocida (tal vez regido por el dios de la abundancia K'awiil [figura V.20], aunque también se asocia con frecuencia con el llamado Dios C o K'uh [figuras V.14, V.18f y V.21d-f]),[7] y el hálito respiratorio *sak ik'aal* (figura III.15) o 'espíritu blanco' (aparentemente gobernado por el Dios H del viento y de las flores). De acuerdo con Hirose López, el *óol* de los mayas yucatecos no se circunscribe al pecho o corazón, sino que es el soplo de vida, aliento o espíritu que circula por la sangre; se obtiene a través de la respiración, entrando a los pulmones y desde allí al corazón, donde se concentra para ser bombeado a través de la sangre,[8] y el hecho de que el ánima-corazón se localice simultáneamente en el pecho y en la sangre es lo que permite determinar su presencia tomando el pulso.[9] Me parece que esos atributos del *óol* pueden explicar mucho si los extrapolamos al *o'hlis* del periodo Clásico, siempre y cuando tengamos presente que en casi todas las comunidades de los mayas yucatecos actuales ha perdido su condición de entidad, restringiéndose a una simple fuerza vital, de carácter impersonal; *c)* un tercer componente, de origen inframundano o subterráneo, es el *wahyis,* nagual, "familiar", espíritu auxiliar o coesencia en segundo grado. No se trata de un elemento innato, sino adquirido a partir o después del nacimiento, aunque no tenemos información directa del periodo Clásico que nos indique el mecanismo por medio del cual se incorporaba al cuerpo. Dado que las inscripciones jeroglíficas abordan tan

[7] En el Apéndice C presento la historia de las propuestas que han existido para descifrar el jeroglifo T533. Si bien yo tampoco puedo abogar por ninguna de ellas, en ese apéndice favorezco la hipótesis de *saak(?)*, 'semilla' o 'pepita de calabaza', formulada por Stuart, en virtud de que es la que probablemente tiene implicaciones más profundas para entender la cosmovisión maya: véase el Apéndice D. No obstante, la propuesta de *xaak(?)*, 'brote' o 'retoño', esgrimida por Davletshin, resulta también muy factible.

[8] Javier Hirose López, *Suhuy máak. Las concepciones sobre el cuerpo y la persona entre los mayas de la región de los Chenes, Campeche*, Campeche, Secretaría de Cultura del Estado de Campeche, 2015, pp. 21, 103 y 135-136.

[9] Roberto Martínez González, *El nahualismo*, México, UNAM-IIH, 2011 (Serie Antropológica, 19), p. 37.

sólo asuntos de la nobleza más encumbrada, ignoramos a ciencia cierta si todos los humanos tenían *wahyis* (situación cultural de tonalismo) o se trataba de un componente privativo de la élite (situación cultural de nagualismo). O bien, que todos los hombres y mujeres tenían *wahyis* (tonalismo), pero solamente los gobernantes y otros *wahyaw* podían controlarlo a voluntad (nagualismo). Yo favorezco tentativamente la idea de que entre los mayas del periodo Clásico aún no existía el tonalismo, sino solamente el nagualismo, en tanto marca de élite o distinción social, y que el tonalismo pudo haber derivado tardíamente (durante las épocas colonial y moderna) del nagualismo, aunque dejo abierta la posibilidad de que ciertas representaciones mayas clásicas de animales de aspecto ordinario, "normal" o mundano (figuras IV.11 y VII.19) puedan indicar que durante el Clásico ya existía el tonalismo. Pese a que hago mía la crítica tan justa que ha formulado De la Garza Camino, en el sentido de que el nagualismo era un ingrediente cultural ambivalente, que solamente fue condenado o satanizado después de la Conquista española,[10] no puedo negar que uno de los aspectos que más se enfatizan en las vasijas es el que atañe a la capacidad de hacer daño al enemigo, a través de enfermedades, desgracias y muerte. Los aspectos benevolentes del nagualismo maya clásico han pasado inadvertidos para los epigrafistas debido a la paradójica situación de que al ser tan obvios no los vemos: se trata de todos los beneficios que los gobernantes mayas proclamaban ofrecer a sus poblaciones, garantizando la continuidad del universo, protegiendo a sus comunidades y fungiendo como intermediarios entre los hombres y los dioses, toda vez que cada uno de los mandatarios era *wahyaw* o controlador de *wahyis*. Desde mi punto de vista, los *wahyis* son dioses o personificaciones de las enfermedades que viven en las cuevas u oquedades del inframundo, pertenecen a la corte de los dioses de la muerte (como se describe en el tardío relato del *Popol Vuh*) y sólo temporalmente ellos (o una porción desdoblada y proyectada de ellos) pasan a habitar dentro del pecho de algún ser humano. De acuerdo con Martínez González[11] y con Navarrete Linares,[12] sólo los humanos, dioses, muertos y algunas colectividades podrían practicar el nagualismo. Ello hace posible que, en efecto, como han aseverado repetidamente muchos epigrafistas, algunos *wahyis* pudieron ser hereditarios dentro de un mismo linaje. Basada en el concepto de "sociedad de casas" postulado por Claude Lévi-Strauss, Verónica Amellali Vázquez López[13] señaló la importancia que tienen

[10] De la Garza Camino, *Sueño y éxtasis. Visión chamánica de los nahuas y los mayas,* México, FCE/UNAM-Coordinación de Humanidades/IIFL/Centro de Estudios Mayas, 2012, pp. 169-175.

[11] *El nahualismo, op. cit.,* p. 503.

[12] "Nahualismo y poder: un viejo binomio mesoamericano", en Federico Navarrete Linares y Guilhem Olivier (coords.), *El héroe entre el mito y la historia,* México, Centre d'Études Mexicains et Centre Américains/UNAM-IIH, 2000, p. 164.

[13] Verónica Amellali Vázquez López, "Dinastías, linajes y casas: las unidades sociales mayas en el ámbito politico de los Kanu'l en el Clásico Tardío", tesis doctoral, México, UNAM-FFyL-Coordinación de Estudios de Posgrado-Posgrado en Estudios Mesoamericanos, 2015, pp. 49-50.

las riquezas tangibles e intangibles como base del parentesco entre los mayas. Entre el patrimonio intangible de las "casas" o familias que acertadamente cita esa autora, se encuentra la transmisión de nombres,[14] lo que yo considero una prueba del culto a los ancestros y un esfuerzo para evitar que mueran, pero acaso también algunos *wahyis* hayan sido considerados como parte de esos bienes intangibles. Lo que yo niego, tomando en cuenta los datos que poseo, es que hayan existido *wahyis* de lugares, sitios o ciudades, pues no existen elementos que sustenten eso en otras sociedades mesoamericanas mejor documentadas y, desde mi punto de vista, esa idea se deriva de una mala interpretación de los datos epigráficos, que señalan que tal o cual *wahyis* era del señor de tal o cual señorío o lugar, sin mencionar el nombre propio del humano que fungía como *wahyaw*. Yo sostengo que la evasión del nombre propio tiene que ver con proteger de brujería a su usuario y, al mismo tiempo, disimular o de plano ocultar el antropónimo de aquel que ejerce el nagualismo, pues la mera enunciación literal de un nombre significaba un riesgo en ese contexto cultural. Coincido plenamente con Zender, en el sentido de que no hay evidencia real de que los gobernantes mayas se transformaran literalmente en sus *wahyis*,[15] salvo a través de disfraces y máscaras, que forman parte de otro complejo fenómeno: el de la personificación ritual, mismo que, cuando se asocia con *wahyis*, he denominado "nagualismo público" o "exotérico". Debo decir que la entidad anímica *wahyis* es el componente corporal que más atención ha recibido por parte de los epigrafistas, dejando casi de lado el hecho de que no se puede entender por sí mismo, sino en virtud de que se trata tan sólo de una pieza del engranaje o sistema de los componentes anímicos, y éstos a su vez son la parte anecuménica del cuerpo humano, que casi siempre habitan dentro de la parte ecuménica.

En su conjunto, los tres grandes componentes anímicos del cuerpo, uno de origen celeste (*k'ihn* o *k'ihnil*), otro de origen vegetal (*oˀhlis*) y otro de origen subterráneo (*wahyis* o *lab*), muestran que el individuo o criatura mundana es un microcosmos o proyección del universo. Por otra parte, la creencia en que existen varias almas o componentes anímicos dentro del cuerpo tiene mucho sentido a la luz de la condición politeísta de la religión prehispánica: el *k'ihn* o *k'ihnil* como presencia del dios solar, y posiblemente, en el caso de las mujeres, de la diosa lunar; el *oˀhlis*, que era a la vez el espíritu del dios del maíz y de los dioses patronos del linaje (*oˀhlis k'uh*); el componente T533 (¿semilla de calabaza? ¿brote o retoño?), aspecto del *oˀhlis* regulado por el dios K'awiil y asociado también con el Dios C o K'uh; la respiración *sak ik'aal*, otro aspecto del *oˀhlis*, pero regido o gobernado por el Dios H del viento y de las flores; y los diversos *wahyis* o *lab*, enfermedades que tenían la capacidad de pensamiento, personalidad, poder, valores sociales y volun-

[14] *Ibid.*, pp. 51-53 y 134-151.

[15] Marc U. Zender, "A Study of Classic Maya Priesthood", tesis doctoral, Calgary, University of Calgary-Department of Archaeology, 2004, p. 75.

tad. Es decir, "dioses", según López Austin, o "agentes sobrenaturales", según Prager, cuyo sufijo */-is/* indica que no son dioses en estado exento *(k'uh)*, sino que establecen una relación temporal con el cuerpo de otro dios o criatura mundana.

III. Un tercer punto que deseo destacar es la importancia nodal que en la cosmovisión mesoamericana, y maya en particular, tiene el concepto de "cubrir, encubrir, envolver" o "tapar", a fin de contener dentro de determinados recipientes o continentes los elementos anímicos, de naturaleza sagrada. Se trata de un concepto fundamental para comprender el complejo y casi inaprensible fenómeno de los componentes del alma y el espíritu, toda vez que la idea básica es que se trata de una extensión del ámbito sagrado, sobrenatural o anecuménico que reside dentro de la cápsula mundana, mortal y ecuménica del cuerpo, perceptible a través de los sentidos en situación de conciencia ordinaria y de vigilia. De manera que el estado habitual en el que se desarrolla la vida cotidiana y la existencia terrena es el de una serie de dioses cubiertos de humanos, mientras que durante los ritos liminares de personificación o concurrencia, *baahil a'n,* los hombres se cubren de dioses a través de disfraces y máscaras, así como el conjunto espacio-temporal que conlleva la ejecución ceremonial. La situación en realidad es un poco más compleja que esto, toda vez que las personificaciones *baahil a'n* son una mezcla de dioses cubiertos de hombres (entidades sagradas que cohabitan temporalmente con otros dioses dentro del pecho de los danzantes o figurantes) y de hombres cubiertos de dioses (los ya mencionados disfraces o botargas de los mismos). Además, durante las personificaciones o concurrencias rituales, el cuerpo de los participantes agrega de forma temporal dioses o entidades anímicas adicionales.

Más allá de estos tres grandes rubros o apartados de reflexión, existe una pléyade de ideas que también se pueden derivar de la lectura de este libro. Primero que nada, debo enfatizar que mi postura a lo largo de todos los capítulos de esta obra es que no existen elementos inmateriales, sino que todo estaba hecho de materia, incluyendo los dioses. La única diferencia es que se trata de dos tipos de materia: una que es perceptible por los sentidos en estado de conciencia no alterada y de vigilia (materia pesada, densa, lábil y mortal), y otra que rara vez se aprecia mediante los sentidos ordinarios en esas circunstancias, pues lo común es percibirla a través de los "sentidos" que se despiertan en estado onírico, incluyendo los ojos clarividentes que se abren durante el trance, experiencia análoga a la del sueño. Esta segunda materia se originó antes de la creación del mundo, y es de naturaleza ligera, sutil, airosa o ventosa, pero más resistente e inmortal.

Es preciso decir que en este complejo tema de los componentes anímicos existen muchas variantes de comunidad a comunidad, de región a región, de época a época e inclusive de un individuo a otro. Por ello, aunque inevitablemente tenemos que recurrir para ilustrarnos a datos más tardíos, tomados de las fuentes lexicográficas, de los testimonios coloniales y de las etnografías modernas, es preciso siempre ponderar, pensar y volver a reflexionar una y otra vez, cuáles de todas esas variantes de creencias se acercan más o encajan mejor con la información que nos proporciona la epigrafía y la iconografía del periodo Clásico. Esta última es mi fuente primaria, mientras que los datos de la época novohispana o moderna son fuentes secundarias. El problema radica en que las inscripciones jeroglíficas y las escenas prehispánicas son testimonios mudos que nosotros, los investigadores modernos, hacemos hablar mediante preguntas y métodos académicos, y además se trata de datos acotados y finitos, que tienen límites de varias naturalezas. Uno de esos límites obedece a que se trata de testimonios oficiales y exclusivos de la élite, que nos dan poca información sobre las creencias del pueblo llano. Otro tiene que ver con lo azaroso de la destrucción, degradación y saqueo de dichos documentos, pues sólo contamos con lo poco que ha sobrevivido hasta nuestros días. Una limitante más es que existen algunos jeroglifos que todavía no podemos descifrar o leer, entre ellos el muchas veces aludido T533 (figura III.16), así como el de la vasija invertida con el infijo solar, o T182 (figuras III.17, VI.5 y VI.6C). También existe el límite de que aunque hacemos los esfuerzos filológicos y lingüísticos más serios que podemos para traducir los textos jeroglíficos al español, sólo contamos con los diccionarios o compendios léxicos elaborados después de la Conquista, que traducen imperfectamente las palabras mayas a través de conceptos "occidentales", pues no tenemos otros. Dichos conceptos obedecen algunas veces a la óptica católica de los misioneros de la época novohispana, otras veces a la óptica protestante de los modernos misioneros evangélicos o aun mormones, y en otras ocasiones a la óptica académica de los antropólogos, lingüistas, historiadores y filólogos, que es tan "occidental" como las anteriores. De manera que al tratar de comprender la mentalidad de los mayas, al mismo tiempo nos enfrentamos a la nuestra propia. Hacemos lo mejor que podemos para entender a esas culturas tan ajenas, sin podernos desprender del bagaje cultural al que estamos adscritos, lo cual no significa que todas nuestras interpretaciones son relativas y que no podamos llegar a una comprensión objetiva de la cultura maya. Simplemente significa que nuestra mirada siempre será perfectible y mejorable, en virtud de que es imperfecta e incompleta.

En el capítulo "El ciclo del *oʔhlis*", al analizar lo poco que conocemos sobre el destino y periplo del *oʔhlis* en el más allá, pudimos reflexionar sobre el concepto maya de la muerte, la cual que no es un acto puntual, sino un largo y tormentoso proceso que comienza con la enfermedad y termina cuando la entidad anímica *oʔhlis* llega a la cavidad subterránea del Monte Florido, al Yoʔhl Ahk ubicado en el piso más profundo del inframundo, quedando perfectamente depurada o purificada de toda identidad humana individual y terrena (incluyendo recuerdos, experiencias y nombres personales). El *oʔhlis* por sí mismo es inmortal, pero lo que se muere no es el *oʔhlis,* sino el ser humano del que alguna vez formó parte. De hecho, probablemente no tiene sentido llamarle *oʔhlis* después del fallecimiento (con ese sufijo /*-is*/ de partes anatómicas inalienables), pues entonces se separa del cuerpo y comienza su viaje subterráneo, para después ascender al mundo florido celeste de las almas, flores y joyas del dios solar. No obstante, conviene decir que los gobernantes y hombres poderosos probablemente tenían la esperanza de no morir, en el sentido de que su *oʔhlis* completaría el ciclo de viaje a lo más profundo del inframundo y posterior ascenso al cielo, sin perder los ingredientes identitarios humanos que habían adquirido sobre la tierra, entre ellos la memoria, el nombre personal y los títulos de cargo y rango. Ese ascenso triunfante al cielo, tras sobrevivir la dolorosa purificación del inframundo por ese camino lustral *(bih)*, es lo que se encuentra representado en la lápida de Pakal (figura IV.20) y en los medallones solares y lunares movidos por ciempiés, donde se hallan el padre y la madre del gobernante fallecido en algunas estelas de Yaxchilán (figuras III.17 y IV.26), pero también se trata del ascenso triunfante que siglos después se describe en el *Popol Vuh,* cuando Junajpuʔ y Xbalankeʔ subieron al cielo convertidos en el Sol y la Luna. Mientras que el destino que sufrieron su padre y su tío ilustra lo que le ocurre al *oʔhlis* de los hombres comunes, cuyos nombres y memoria se borran para siempre. Es probable que, después de todo, sea correcta la antigua intuición de Coe, en el sentido de que las aventuras de los Dioses con Diadema (Juʔn Ajaw y Yahx Balun), representadas en las vasijas, hayan simbolizado mediante ese par de personajes paradigmáticos las pruebas y sufrimientos del alma en el más allá, así como la victoria sobre dichas adversidades, cuyo premio es derrotar a la muerte.[16]

En otro orden de ideas, a través de los argumentos presentados en el capítulo "La entidad anímica *k'ihn* o *k'ihnil*", defiendo mi propuesta de transcribir el logograma **K'INICH** (figura VI.1) como *k'ihnich* ('bravo, caliente, airado, colérico' o 'furioso') y no como *k'inich,* cuando antecede los nombres propios, a manera de adjetivo. Mientras que cuando se encuentra al final de una cláusula nominal propongo conservar la transcripción de *K'inich* (nombre del dios solar). La razón que me mueve para ello es que en el primer caso, como adjetivo, la palabra deriva de la raíz *k'ihn,* 'calor' o 'ira', mientras que en el segundo caso simplemente procede de *k'in,* 'Sol'. En maya yucateco el reflejo de esa vocal con fricativa glotal: /*-ih*/, casi siempre es una vocal larga con tono alto: /*-íi-*/, por lo que coincido plenamente con Hirose López en que la palabra maya yucateca colonial <*kinam*> puede modernizarse como *k'íinam*[17] y no como *k'iʔinam,* detalle ortográfico que es muy importante y nos brinda información relevante, toda vez que *k'íinam* procede de la raíz

[16] Michael D. Coe, *The Maya Scribe and His World,* Nueva York, Club Grolier, 1973, pp. 11-22.
[17] Hirose López, *op. cit.,* p. 142.

k'íin, 'calor', y se encuentra sin duda vinculada con el **verbo causativo**[18] yucateco *k'íinkunt,* 'calentar' o 'recalentar'.[19]

A lo largo de este libro hemos podido apreciar también que ciertos componentes anímicos (especialmente el del jeroglifo T533) se externaban o liberaban del cuerpo —generalmente a través de la coronilla— durante ritos que involucran una experiencia de trance.[20] Como dicen Bartolomé Bistoletti y Barabas Reyna, los ritos de trance eran vividos "como un sueño en su sentido más amplio".[21] Pero también existen otro tipo de sueños. Aquéllos de los que hablé en el capítulo "La entidad anímica *wahyis*", donde el sujeto poseedor de una entidad anímica *wahyis* ejecuta determinados saltos, contorsiones o piruetas, para caer en un estado de trance y quedar profundamente dormido con la boca hacia arriba, externando a sus naguales o espíritus "familiares", a fin de ejecutar una diversidad de acciones por la noche, mismas que va controlando en sueños. El humano dormido, dentro de su casa, ve con los ojos oníricos todo lo que ve o percibe su *wahyis* o *lab* externado. Se trata de al menos dos tipos de sueño: el que se asocia con el ritual público de la personificación *baahil aˀn,* donde se externan en trance, a través de la coronilla, los componentes T533 y el aliento solar *k'ihn* o *k'ihnil* en forma de serpiente con hocico enrollado en ángulo de 90°, así como el sueño nagualístico privado, que se realiza dentro de la casa. Es el que se encuentra representado en múltiples vasijas donde los *wahyaw* sueñan con convites anecuménicos donde pactan alianzas con otros *wahyaw* (figuras VII.14 y VII.15b). Las viandas degustadas en esos convites son cráneos, globos oculares y falanges humanas, símbolos oníricos de los componentes anímicos de las víctimas.

Un concepto pocas veces atendido es el poder de génesis *ch'ahbis-ahk'abis,* 'ayuno-noche', que por estar siempre acompañado por pronombres posesivos en las inscripciones del periodo Clásico: *uch'ahb-yahk'ab* o *uch'ahb-yahk'baal,* pasa inadvertido que se trata de una parte inalienable del cuerpo. Pero esta situación sí se encuentra atestiguada en al menos un pasaje del *Códice de Dresde* (figura VIII.12a) y en otro del *Códice de París* (figura VIII.12b), donde tanto el *ch'ahb* como el *ahk'ab* cuentan con el sufijo corporal */-is/.* Luego de haber hecho un análisis de estos conceptos tanto en las inscripciones como en el libro colonial del *Ritual de los Bacabes,* puedo concluir que *ch'ahbis-ahk'abis* era casi seguramente una entidad anímica, toda vez que no

[18] Véase el glosario.

[19] Victoria R. Bricker, Eleuterio Po'ot Yah y Ofelia Dzul de Po'ot, *A Dictionary of the Maya Language as Spoken in Hocabá, Yucatán,* Salt Lake City, The University of Utah Press, 1998, p. 153.

[20] Véanse el capítulo "Los alientos del éter florido" y la figura VII.10 del capítulo "La entidad anímica *k'ihn* o *k'ihnil*".

[21] Miguel A. Bartolomé Bistoletti y Alicia M. Barabas Reyna, "Introducción. Los sueños y los días. Chamanismo y nahualismo en el México actual", en Bartolomé Bistoletti y Barabas Reyna (coords.), *Los sueños y los días. Chamanismo y nahualismo en el México actual.* II. *Pueblos mayas,* México, INAH, 2013 (Colección Etnografía de los Pueblos Indígenas de México, Serie Ensayos), p. 18.

se trata de un componente aleatorio o azaroso, sino regido por la deidad Yaˀx Chit Ch'ahb Ahk'ab, atestiguada en el Dintel 14 de Yaxchilán (figura VIII.2). En el *Ritual de los Bacabes* quizá también se encuentre regulado por los dioses que gobiernan las fechas 1 *ajaw* (oscuridad crepuscular) y 4 *ajaw* (primer amanecer solar), mientras que en la página 59 del *Chilam Balam de Chumayel* el componente *ch'áab-áak'ab* claramente se expresa con lenguaje humano y manifiesta tener inteligencia y voluntad, lo que anula la posibilidad de que se trate de una simple fuerza anímica de carácter impersonal. No obstante, tanto el ayuno como las potencias sexuales masculina y femenina son claramente fuerzas anímicas que implican acción y trabajo, lo que me conduce a pensar que *ch'ahbis-ahk'abis* es una entidad que contiene fuerzas anímicas. Debido a sus cualidades, la entidad anímica *ch'ahbis-ahk'abis* podría encajar en lo que Hill II y Fisher denominan "cualidad inefable", un tipo especial de componente que probablemente sólo tenían los dioses y los gobernantes, que circulaba por la sangre de los mandatarios y les permitía contrarrestar el desorden que traía consigo el devenir histórico, restaurando el orden y equilibrio primigenios, evocando el mito cosmogónico sexual donde participan la oscuridad terrestre crepuscular femenina y la creación celeste, solar y masculina. Por ello el poder corporal del *ch'ahbis-ahk'abis* se relacionaba con todo rito de sangre que se aplicara a ceremonias de final de periodo, consagración de templos, monumentos o edificios, sacrificio de cautivos, invocación de los dioses y ceremonias de curación, donde la meta era restaurar el orden y el silencio, el acuerdo y la calma entre las partes, lo opuesto al conflicto y al estrépito. Durante los últimos siglos del pasado precolombino, así como todavía en el siglo XVI, los poderes de creación implicados en el difrasismo 'ayuno-noche' se manifestaban ritualmente en Mesoamérica a través del autosacrificio y ayuno practicados con pintura corporal negra. Como bien intuyó Nava Román,[22] los penitentes así embijados se trasladaban a los tiempos míticos oscuros que sirvieron de preámbulo a la creación del mundo, al cielo estrellado y al interior lúgubre de la tierra.

Por último, aunque en estas conclusiones ya me he referido en repetidas ocasiones a los ritos de concurrencia, donde los humanos se convertían en delegados, sustitutos o vicarios de los entes sagrados, es preciso decir que mediante un análisis comparativo entre los conceptos maya clásico *baahil aˀn,* mayas yucatecos *ichilaˀn, kukutilaˀn* y *k'ojbilaˀn* y el náhuatl *iixiiptla,* podemos hallar similitudes tan asombrosas, que hablan con elocuencia del poder tan arraigado de la personificación en Mesoamérica. Tan arraigado que aún era muy vital durante la época novohispana (en el teatro catequético) y todavía persiste entre comunidades de Chiapas y Guatemala.

[22] "El color negro y el cuerpo. Usos de la imagen del africano en la sujeción política y religiosa en el siglo XVI", tesis de doctorado en historia del arte, México, UNAM-FFyL-Posgrado en Historia del Arte, 2018, pp. 100-102.

APÉNDICE A
EL CORAZÓN Y LA PELOTA[1]

Marc U. Zender[2] fue uno de los primeros autores que reconoció en las inscripciones el jeroglifo que designa la pelota de hule (figura A.1). Se trata de un espiral cerrado, casi un círculo, que tiene el interior achurado en señal de que se refiere a un objeto de color negro o cuando menos oscuro. Años después fue descifrado de forma independiente por Erik Boot y Alfonso Lacadena García-Gallo,[3] gracias a la presencia del complemento fonético **wo-** antes del signo de espiral en los textos jeroglíficos de Sabana Piletas, así como de **-li** luego del espiral en el caso de Ek Balam.[4] De este modo, el signo con forma de espiral debió haber tenido la lectura logográfica de **WOL**, *woohl,* 'pelota'.

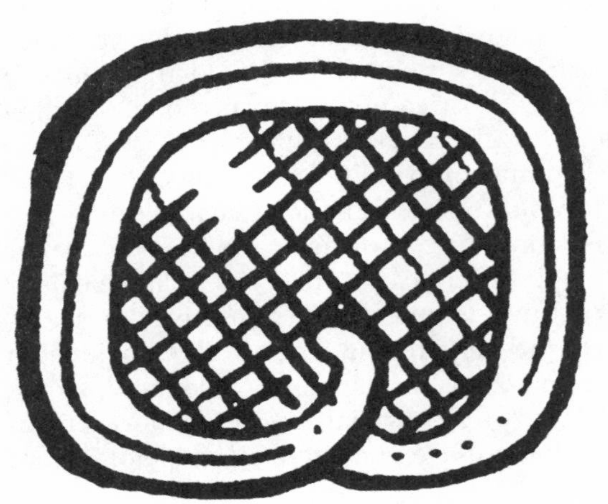

FIGURA A.1. *Jeroglifo que designa a la pelota de hule:* woohl; *Panel 2 de La Amelia: B7; dibujo de Stephen D. Houston; tomado de Zender, "Glyphs for 'Handspan'...",* op. cit., *p. 4.*

[1] Fragmento y adaptación de Erik Velásquez García, "El juego de pelota entre los mayas del periodo Clásico (250-900 d.C.). Algunas reflexiones", en María Teresa Uriarte Castañeda (ed.), *El juego de pelota mesoamericano. Temas eternos, nuevas aproximaciones,* México, UNAM-IIE-Dirección General de Publicaciones y Fomento Editorial, 2015, pp. 271-278. Agradezco a la doctora María Teresa Uriarte Castañeda el permiso que me dio para publicar el texto contenido en este apéndice.

[2] Marc U. Zender, "Glyphs for 'Handspan' and 'Strike' in Classic Maya Ballgame Texts", *The PARI Journal,* vol. IV, núm. 4, primavera de 2004, p. 4.

[3] Citado por Antonio Benavides Castillo *et al.,* "Nuevos hallazgos en la región Puuc. Sabana Piletas y su escalinata jeroglífica", *Arqueología Mexicana,* vol. XVII, núm. 97, 2009, p. 81.

[4] Alfonso Lacadena García-Gallo, comunicación personal, 9 de febrero de 2014.

FIGURA A.2. *Título* ajpitziil o'hlal, *'el de ánimo de jugador de pelota'; Tablero de los 96 Glifos de Palenque: J2; dibujo de Simon Martin, tomado de Mary E. Miller y Simon Martin,* Courtly Art of the Ancient Maya, *Washington/San Francisco, National Gallery of Art/Fine Art Museums of San Francisco/Thames and Hudson, 2004, p. 124.*

Franz Blom[5] argumentaba que los mercaderes mayas llamaban *<uollic>* al hule manufacturado en forma redonda,[6] y que cuando llevaron ese material al centro de México adoptaron la palabra náhuatl *<olóltic>*, de la cual derivó el sustantivo *<olli>*, 'hule'. Aunque Emilie Ana Carreón Blaine[7] se manifiesta escéptica sobre esto, reconoce que existe semejanza entre los vocablos nahuas *<olli>*, 'hule', y *<ollin>*, 'movimiento', y señala que "[p]osiblemente se debe a la elasticidad del material, característica que le da su rebote y lo liga al movimiento del sol y de la luna, el cósmico y el de la tierra".

Lo cierto es que parece existir alguna conexión desconocida entre el sustantivo maya clásico para 'pelota', *woohl* (o sus cognados mayances más tardíos), y el náhuatl *olotik,* 'bola', así como el verbo mexicano *ololoaa,* 'hacer algo redondo'.[8] En la palabra tzotzil *<volel> (wolel),* 'envolver',[9] parece existir una relación entre la pelota y la envoltura, lo que explica la motivación icónica del logograma **WOL** (figura A.1), que tiene forma de espiral. Conviene en este punto hacer notar que en la lengua de las inscripciones *woohl* es 'pelota', pero *o'hl* es la raíz morfémica de 'corazón',[10] semejanza que ha sido señalada por otros autores en el caso del idioma maya yucateco: *wóol,* 'pelota', pero

[5] Citado por Emilie Ana Carreón Blaine, *El* olli *en la plástica mexicana. El uso del hule en el siglo XVI,* México, UNAM-IIE, 2006, p. 101.

[6] El diccionario de maya yucateco de Juan Pío Pérez Bermón dice textualmente: "UOLLIC: redondo. La redondez o embollamiento de algo", *Diccionario de la lengua maya,* editado por Eligio Ancona, Mérida, Yucatán, Imprenta Literaria de Juan F. Molina Solís, 1877, p. 97. Consultado en https://ia600408.us.archive.org/0/items/diccionariodela00suasgoog/diccionariodela00suasgoog.pdf.

[7] Carreón Blaine, *op. cit.,* p. 102.

[8] Frances Karttunen, *An Analytical Dictionary of Nahuatl,* Norman/Londres, University of Oklahoma Press, 1983, p. 178.

[9] Colin C. Delgaty, *Vocabulario tzotzil de San Andrés, Chiapas,* México, Instituto Lingüístico de Verano/SEP-Dirección General de Asuntos Indígenas, 1964 (Vocabularios Indígenas, 10), p. 56.

[10] Véase el capítulo "La entidad anímica *o'hlis*".

también 'mi corazón'.[11] Dicha relación entre el corazón y la pelota podría estar implicada en el título *ajptziil oʔhlal* (figura A.2), que significa 'el de corazón' o 'ánimo de jugador de pelota'.

A este respecto, es preciso recordar que, de acuerdo con Alfredo López Austin,[12] una de las ideas básicas en el sistema de creencias anímicas mesoamericanas es el de la piel, cáscara, cobertura o envoltura, lo que puede explicar por qué las pelotas, hechas con tiras de hule envueltas, no sólo servían para jugar en la cancha, sino que eran quemadas en braseros.[13] Aunque la propuesta de López Austin reside en considerar al corazón como la sustancia ligera y divina que se encuentra envuelta o alojada dentro de un continente corporal de materia pesada, lábil y perecedera,[14] sospecho que en el caso de la pelota de hule enrollada los mesoamericanos elaboraron una tautología ritual, pues las tiras de látex envueltas pudieron haber simbolizado al mismo tiempo un miocardio mortal que guardaba en su interior una entidad anímica corazón, de naturaleza inmortal. Como veremos abajo, existen buenas razones para sospechar que los mayas consideraban sus pelotas como individuos vivos y conscientes.

La idea de que esas espirales de hule eran al mismo tiempo pelotas y corazones podría encontrarse en la imaginería del Monumento 21 de Bilbao (*ca.* 650-950 d.C.), donde uno de esos balones enrollados (figura A.3) se ubica en el "mundo florido" de los dioses y ancestros, lugar en el que las entidades anímicas de los muertos también se representan como aves de plumas preciosas.[15]

Imágenes de pelotas-espirales pueden encontrarse en representaciones de canchas que se encuentran en los códices, como el de la página 41a del *Códice de Dresde,* donde la pelota incluso parece incluir una versión del complemento fonético **wo-**, con trazo fluido, libre y muy suelto (figura A.4). Por lo que respecta a las ya mencionadas pelotas quemadas en braseros, en el *Códice de Dresde* son distintas a las que se usaban en el juego de pelota, pero conservan el diseño característico de espirales que rodean un núcleo de color negro (figura A.5). Desde luego, estas analogías entre los corazones y las pelotas de resina, que estaban hechas para ser incineradas ritualmente, nos recuerdan

[11] Victoria R. Bricker, Eleuterio Po'ot Yah y Ofelia Dzul de Po'ot, *A Dictionary of the Maya Language as Spoken in Hocabá, Yucatán,* Salt Lake City, The University of Utah Press, 1998, p. 307.

[12] *Hombre-dios. Religión y política en el mundo náhuatl,* 2ª ed., México, UNAM-IIH, 1989 (Monografías, 15), pp. 118-121 y 127; "El dios en el cuerpo", *Dimensión Antropológica,* año 16, núm. 46, mayo-agosto de 2009, p. 10.

[13] Véase Carreón Blaine, *op. cit.,* pp. 55-56, 58 y 158.

[14] Alfredo López Austin, comunicación personal, 27 de agosto de 2014.

[15] Agradezco a Alfredo López Austin por haber llamado mi atención sobre este ejemplo (comunicación personal, 29 de agosto de 2014), véase Oswaldo Chinchilla Mazariegos, *Cotzumalhuapa: la ciudad arqueológica. El Baúl-Bilbao-El Castillo,* Guatemala, F y G Editores, 2012 (Colección Are u Xe, 1), pp. 82 y 86.

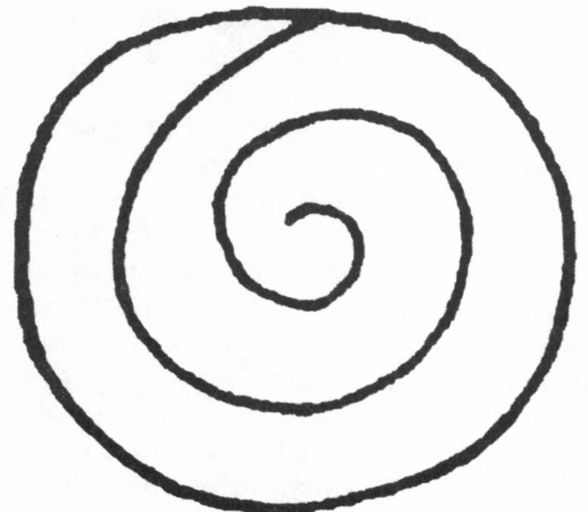

FIGURA A.3. *Jeroglifo que designa una pelota de hule; Monumento 21 de Bilbao; tomado de Chinchilla Mazariegos,* Cotzumalhuapa: la ciudad..., op. cit., *p. 86.*

FIGURA A.4. *Escena del dios de la lluvia Chaak sentado sobre una cancha que en su interior contiene la pelota de hule;* Códice de Dresde, *p. 41a; tomado de Velásquez García,* Parte 2. Edición..., op. cit., *p. 79.*

Figura a.5. *Pelota quemándose sobre un brasero;* Códice de Dresde, *p. 35a; tomado de Velásquez García,* Parte 2. Edición..., op. cit., *p. 67.*

el conocido pasaje colonial del *Popol Vuh,*[16] donde los dioses del inframundo quemaron lo que pensaban era el corazón de la doncella Ix k'ik'. Ello no es prueba de que los mitos quichés estaban presentes ya entre los mayas clásicos. Simplemente atestigua lo que pudiera ser la continuidad de un rasgo o motivo cultural mesoamericano.

Un último elemento que pudiera estar detrás de estos vocablos semejantes —mayas y nahuas— es la idea del movimiento de la pelota, pero también de los astros y de la vida misma. Como centro de origen, de dispersión y de llegada de la sangre,[17] el músculo cardiaco constituía el núcleo del microcosmos anatómico, analogía que se extendió al terreno espiritual, ya que los mayas lo consideraron como la sede del movimiento y de las motivaciones humanas, encerrando funciones cognitivas, racionales y emotivas, como también las fuerzas esenciales para mantener la vida.[18] A este respecto, conviene recordar que la etimología del término náhuatl *yoollootl,* 'alma corazón', parece haber sido 'su movimiento' o 'la razón de su movimiento'.[19] Por ello, quizá, en náhuatl *yoolli* es 'corazón', mientras que *yoollootl* es 'su corazón, su alma, su ánima',[20] semejante al maya clásico *yoʔhl* o al maya yucateco *yóol,* 'su corazón, su alma, su ánima', así como al maya clásico *woohl* o al yucateco *wóol,* 'pelota'.

[16] Adrián Recinos Ávila (trad. y ed.), *Popol Vuh. Las antiguas historias del Quiché,* 3ª ed., Rodrigo Martínez Baracs (estudio preliminar), México, fce, 2012 (Biblioteca Americana), pp. 214-216; Michela E. Craveri (trad. y ed.), *Popol Vuh. Herramientas para una lectura crítica del texto k'iche',* México, unam-iifl/Centro de Estudios Mayas, 2013 (Fuentes para el Estudio de la Cultura Maya, 21), pp. 73-74.

[17] Los tzotziles de San Pedro Chenalhó consideran que el corazón es "fuego y 'madre de la sangre'", Calixta Guiteras Holmes, *Los peligros del alma. Visión del mundo de un tzotzil,* México, fce, 1965 (Sección de Obras de Antropología), p. 246.

[18] Véase el capítulo "La entidad anímica *oʔhlis*".

[19] Jill Leslie McKeever Furst, *The Natural History of the Soul in Ancient Mexico,* Londres/New Haven, Yale University Press, 1995, pp. 17 y 469, n. 9.

[20] Karttunen, *op. cit.,* p. 342.

En tzeltal colonial se usaba el término *<chich>*, 'pelota de las que ellos usan',[21] que posiblemente sea cognado del quiché *<quic>, k'ik'*, 'sangre, resina' o 'pelota',[22] semejante al cakchiquel *<pa3ibal quiq>, paq'ibal k'ik'*, 'q[ue] es vna bola de vle'.[23] Como puede apreciarse, en este grupo de idiomas el concepto de "pelota" se homologa con el de los corazones hechos de resina o de sangre, tema que ya he explicado líneas arriba.

La prueba final de que las pelotas mayas del periodo Clásico se fabricaban mediante el proceso de envolver, se encuentra en la imaginería de los balones mismos, que contienen la palabra *nahb*, 'cuarta' o 'palmo' (figura A.6), que es la distancia que existe entre la punta del dedo pulgar y el cordial, teniendo la mano extendida (aproximadamente 21.6 centímetros).[24] Su logograma consta de una mano extendida (**NAB**) con el pulgar abierto y opuesto al resto de los dedos. Markus Eberl y Victoria R. Bricker[25] proponen que el cartucho para *nahb* que suele aparecer en el interior de las pelotas de hule representadas en el arte maya, acompañado por un numeral (figura A.7), alude a la longitud de la tira de goma utilizada para construir el balón. Esta tira se elaboraba con látex líquido que se extraía de los árboles de caucho o hule; se ponía a calentar o cocer y de este modo se hacía "como unos nervios".[26] Acto seguido, la tira se enrollaba y se amasaba con algún molde o directamente con la mano, dándole forma esférica.[27] Este conjunto de técnicas, que acaban con el enrollado de las tiras, ya existían hacia 1600 a.C. entre los olmecas,

[21] Fray Domingo de Ara, *Vocabulario en lengua tzeltal según el orden de Copanabastla*, editado por Mario Humberto Ruz Sosa, México, UNAM-IIFL/Centro de Estudios Mayas, 1986 (Fuentes para el Estudio de la Cultura Maya, 4), f. 23r.

[22] Craveri, *op. cit.*, 92, n. 1838.

[23] Fray Thomás de Coto, *[Thesavrvs verborū] Vocabulario de la lengua cakchiquel v[el] guatemalteca, nueuamente hecho y recopilado con summo estudio, trauajo y erudición*, René Acuña Sandoval (ed.), México, UNAM-IIFL, 1983 [1656], p. 283.

[24] John F. Chuchiak IV, "The Indian Inquisition and the Extirpation of Idolatry: The Process of Punishment in the Provisorato de Indios in Colonial Yucatan, 1563-1821", tesis doctoral, Nueva Orleans, Tulane University, 2000, p. 327, n. 25; Markus Eberl y Victoria R. Bricker, "Unwinding the Rubber Ball: The Glyphic Expresión nahb' as a Numeral Classifier for 'Handspan'", Washington, Center for Maya Research, 2004 (Research Reports on Ancient Maya Writing, núm. 55), p. 34; Zender, "Glyphs for 'Handspan'...", *op. cit.*, p. 3.

[25] Eberl y Bricker, *op. cit.*, pp. 36-43. En ese mismo año Zender (*op. cit.*, pp. 1-5) argumentó que el jeroglifo de *nahb* servía para designar la circunferencia del esférico, lo que sugería la existencia de balones gigantescos que oscilarían entre 61.9 y 96.2 centímetros de diámetro. En respuesta, Eberl y Bricker citan una serie de datos arqueológicos, etnohistóricos y etnográficos que muestran la inexistencia antigua y moderna de pelotas con esas dimensiones.

[26] Fray Diego Durán, *Historia de las Indias de Nueva España e islas de tierra firme*, vol. I, preparada por Garibay Kintana, México, Porrúa, 1967 (Biblioteca Porrúa, 36), p. 208.

[27] Pierre L. Colas y Alexander W. Voss, "Un juego de vida o muerte: el juego de pelota maya", en Nikolai Grube (ed.), *Los mayas: una civilización milenaria*, Colonia, Editorial Könemann, 2001, p. 188.

FIGURA A.6. *Sustantivo* nahb, *'cuarta, palmo' o 'medida'; Escalón X de la Escalera Jeroglífica 2 del Templo 33 de Yaxchilán; tomado de Zender, "Glyphs for 'Handspan'...",* op. cit., *p. 1.*

FIGURA A.7. *Pelota rodando por las gradas, que lleva en su interior la medida* lahchan nahb, *'doce palmos'; Escalón XII de la Escalera Jeroglífica 2 del Templo 33 de Yaxchilán; tomado de Ian Graham,* Corpus of Maya Hieroglyphic Inscriptions, *vol. 3, part. 3. Yaxchilán, Cambridge, Harvard University-Peabody Museum of Archaeology and Ethnology, 1982, p. 164.*

FIGURA A.8. *Inscripción que alude a los nombres y apodos de una pelota de hule; Panel 2 de La Amelia: A3-B7; dibujo de Stephen D. Houston; tomado de Zender, "Glyphs for 'Handspan'...",* op. cit., *p. 4.*

quienes parecen haber incursionado en la vulcanización del hule agregándole la savia de la planta *Ipomea alba.*[28]

Un último punto a mencionar es que los mayas del Clásico probablemente consideraban que la pelota consagrada tenía personalidad, voluntad o conciencia propia. El dato más directo que tenemos sobre ello probablemente es el que se encuentra en la inscripción del Panel 2 de La Amelia (figura A.8): *ya[h]laj Uchan Bahlamnal; uk'aaba' balun nahb, yetk'aabaal uwoohl...*, 'Uchan Bahlamnal fue arrojada; es el nombre de nueve palmos, es el apodo de la pelota y la cuerda'.[29] Es de notar que, además de la pelota, en este pasaje se menciona la existencia de una cuerda.

Entre los datos indirectos que tenemos sobre este asunto, quizá pueda mencionarse lo que dice fray Diego Durán[30] en relación a las palabras persuasivas y mágicas que los jugadores nahuas de su época le decían a la pelota, así como a los protectores y guantes de cuero, a fin de incidir en la voluntad de los mismos para que les ayudaran a ganar el juego. La creencia en la vitalidad de los instrumentos creados por

[28] Ponciano Ortiz Ceballos *et al.*, "Las ofrendas en El Manatí y su posible asociación con el juego de pelota: un yugo a destiempo", en María Teresa Uriarte Castañeda (ed.), *El juego de pelota mesoamericano. Temas eternos, nuevas aproximaciones,* México, UNAM-IIE-Dirección General de Publicaciones y Fomento Editorial, 2015, p. 80.

[29] Zender, "Glyphs for 'Handspan'...", *op. cit.,* p. 4. La lectura del logograma **CH'AJAN**, 'cuerda, lazo', es al parecer obra de Nikolai Grube (ponencia presentada el 10 de junio de 2021 en el evento "Un mar de recuerdos. Celebración a la vida y obra de Guillermo Bernal").

[30] Durán, *op. cit.,* vol. I, p. 209.

el hombre ha sido postulada entre los mayas clásicos,[31] y en muchas inscripciones esas criaturas son los sujetos principales mencionados en los textos jeroglíficos.[32] Además, es el meollo de un conocido mito del *Popol Vuh,*[33] donde los objetos se rebelan contra el hombre. Si bien para los hombres mesoamericanos todos los seres mundanos tenían alma, incluso los creados por el hombre, parece que los instrumentos usados en el juego, y en especial las pelotas, podían entablar una comunicación más viva y directa con los seres humanos.[34]

[31] Stephen D. Houston, *The Life Within. Classic Maya and the Matter of Performance,* New Heaven/Londres, Yale University Press, 2014; María Alejandra Martínez de Velasco Cortina, "Cerámica funeraria maya: las vasijas matadas", tesis de maestría, México, UNAM-FFyL-Posgrado en Estudios Mesoamericanos, 2014, pp. 39-53.

[32] David S. Stuart, "A Study of Maya Inscriptions", tesis doctoral, Nashville, Vanderbilt University, Faculty of the Graduate School, 1995, pp. 151-184.

[33] Recinos Ávila, *Popol Vuh. Las…, op. cit.,* pp. 179-181; Craveri, *op. cit.,* pp. 26-29.

[34] Alfredo López Austin, comunicación personal, 1° de septiembre de 2014.

APÉNDICE B
PRINCIPALES RITOS FUNERARIOS ATESTIGUADOS EN LAS INSCRIPCIONES MAYAS

El buen destino del *oʔhlis* en su camino al más allá depende mucho del cumplimiento cabal de las ceremonias y plegarias ejecutadas por los vivos. Éstas comenzaban obviamente con el ulterior ritual de inhumación primaria, que en las inscripciones jeroglíficas normalmente se designa mediante el verbo transitivo *muk,* 'enterrar, sepultar'. Puesto que estos complejos ritos funerarios podían durar hasta 10 días,[1] el cuerpo era preparado con pigmentos rojos y ungüentos aromáticos a fin de retardar el proceso de corrupción y atenuar los malos olores, fragancias agradables que además servirían para alimentar o nutrir el alma *(oʔhlis)* del fallecido en el más allá.[2] El cadáver era embadurnado con capas sucesivas de hematita (Fe_2O_3) o cinabrio rojo (HgS),[3] que, ahora sabemos, probablemente se mezclaba con perfumes perdurables hechos de flores maceradas y semillas trituradas. Dichas sustancias minerales desde luego son de origen telúrico y proceden del inframundo, por lo que López Austin[4] las considera indicadoras del "otro tiempo", el de los antepasados,[5] además de que podían simbolizar la sangre,[6] fluido por el que se transportan

[1] Véase Markus Eberl, *Muerte, entierro y ascensión. Ritos funerarios entre los antiguos mayas,* Mérida, UADY, 2005 (Tratados, 21), pp. 78-110, quien brinda un detallado análisis y descripción de los mismos.

[2] María Luisa Vázquez de Ágredos Pascual, Vera Tiesler y Arturo Romano Pacheco, "Perfumando al difunto. Fragancias y tratamientos póstumos entre la antigua aristocracia maya", *Arqueología Mexicana,* vol. XXIII, núm. 135, septiembre-octubre de 2015, p. 33, y María Luisa Vázquez de Ágredos Pascual, Cristina Vidal Lorenzo, Patricia Horcajada Campos y Vera Tiesler, "Body Colors and Aromatics in Maya Funerary Rites", en Élodie Dupey García y María Luisa Vázquez de Ágredos Pascual (eds.), *Painting the Skin: Pigments of Bodies and Codices in Pre-Columbian Mesoamerica,* Tucson/México, University of Arizona Press/UNAM-IIH, 2018, pp. 56-74.

[3] María Luisa Vázquez de Ágredos Pascual, "El color y lo funerario entre los mayas de ayer y hoy. Ritual, magia y cotidianidad", *Península,* vol. IV, núm. 1, 2009, p. 64; Vera Tiesler, Kadwin Pérez López y Patricia Quintana Owen, "Painting the Dead in the Northern Maya Lowland", en Dupey García y Vázquez de Ágredos Pascual (eds.), *op. cit.,* pp. 43-55.

[4] Alfredo López Austin, *Cuerpo humano e ideología. Las concepciones de los antiguos nahuas,* vol. I, 3ª ed., México, UNAM-IIA, 1989 (Serie Antropológica, 39), p. 70.

[5] Dicha pintura roja es propia de todas las vasijas del llamado estilo de El Zotz (*ca.* 550-650), donde comúnmente se representaban coesencias o naguales *wahyis* y otros seres sobrenaturales del anecúmeno, como también ocasionalmente humanos, véase Nicholas P. Carter, "Once and Future Kings: Classic Maya Geopolitics and Mythic History on the Vase of the Initial Series from Uaxactun", *The PARI Journal,* vol. XV, núm. 4, 2015, pp. 6-7.

[6] Rosemary A. Joyce, "Las raíces de la tradición funeraria maya en prácticas mesoamericanas del periodo Formativo", en Andrés Ciudad Ruiz, Mario Humberto Ruz Sosa y María

en vida del humano los componentes anímicos. Por otra parte, esos minerales en contexto mortuorio debieron ser un símbolo de distinción social, además de ser el color del mundo de los muertos[7] y seguramente también simbolizaba el Sol ascendente,[8] toda vez que el horizonte y el mismo Astro Rey se tiñen de rojo en el amanecer. Por eso el oriente estaba asociado con el color rojo en la religión maya. Hemos visto ya que Scherer[9] asocia el polvo rojo brillante de cinabrio con el componente calorífico solar *k'ihn* o *k'ihnil*, mientras que el escarlata más oscuro de la hematita pudiera simbolizar la vitalidad de la carne y de la sangre.

Es importante decir que la tumba, cualquiera que sea su condición (hoyo, cueva, cista, fosa, cámara, sarcófago, vasija, templo, habitación, etc.), era concebida como la habitación de los muertos en el tiempo-espacio anecuménico. En el caso específico de los gobernantes, era seguramente una réplica de la habitación del palacio,[10] incluso provista con nichos donde el muerto podía guardar sus objetos de valor.[11] En los registros arqueológicos mayas hallamos todo tipo de orientaciones de los cadáveres hacia los rumbos cardinales, problema que no tiene una solución clara,[12] por lo que algunos mayistas se inclinan hacia una explicación pragmática: que la orientación de los entierros simplemente obedecía a la de los edificios que los contienen.[13]

Ciertos nombres propios para edificios o cámaras funerarias se repiten con frecuencia en los textos mayas,[14] como es el caso de Balun Ajaw Naah, 'Casa de los Nueve Señores' (en Copán y Tikal), Balun Ebtej(?) Naah, 'Casa de

Josefa Iglesias Ponce de León (eds.), *Antropología de la eternidad: la muerte en la cultura maya*, Madrid, Universidad Complutense-Facultad de Geografía e Historia-Departamento de Historia de América II (Antropología de América)-Sociedad Española de Estudios Mayas/UNAM-IIFL/Centro de Estudios Mayas, 2003 (Publicaciones de la Sociedad Española de Estudios Mayas, 7), p. 28.

[7] Juan Pedro Laporte Molina, "La tradición funeraria prehispánica en la región de Petén, Guatemala: una visión desde Tikal y otras ciudades", en *ibid.*, pp. 52, 57 y 60.

[8] Daniela Maldonado Cano, "En el umbral: tanatopraxis contemporánea", en *ibid.*, p. 470.

[9] Andrew K. Scherer, *Mortuary Landscapes of the Classic Maya. Rituals of Body and Soul*, Austin, University of Texas Press, 2015 (The Linda Schele Series in Maya and Pre-Columbian Studies), pp. 77-78. Ideas complementarias a ésta pueden verse en María Luisa Vázquez de Ágredos Pascual, "Painting the Skin in Ancient Mesoamérica", en Dupey García y Vázquez de Ágredos Pascual (eds.), *op. cit.*, pp. 11-23.

[10] Michael D. Coe, "Death and the Ancient Maya", en Elizabeth P. Benson (ed.), *Death and the Afterlife in Pre-Columbian America*, Washington, Harvard University-Trustees for Harvard University-Dumbarton Oaks Research Library and Collections, 1975, p. 88; Robert J. Sharer y Loa P. Traxler, "Las tumbas reales más tempranas de Copán: muerte y renacimiento en un reino maya clásico", en Ciudad Ruiz, Ruz Sosa e Iglesias Ponce de León (eds.), *op. cit.*, p. 146.

[11] Stephen D. Houston *et al.*, "Classic Maya Death at Piedras Negras, Guatemala", en *ibid.*, pp. 124, 130 y 136.

[12] *Ibid.*, p. 121.

[13] *Ibid.*, p. 134; Ciudad Ruiz *et al.* (eds.), *op. cit.*, pp. 80, 92 y 106.

[14] David S. Stuart, "'The Fire Enters his House': Architecture and Ritual in Classic Maya Texts", en Stephen D. Houston (ed.), *Function and Meaning in Classic Maya Architecture. A*

los Nueve Trabajos?' (en Palenque),[15] Wak Muyal Chanal, 'Lugar de las Seis Nubes del Cielo' (en Río Azul), y Ho? Jan Witz, 'Montaña de las Cinco Flores de Maíz?' (en Cancuén y Piedras Negras), nombre este último de uno de los más importantes lugares del inframundo, donde fueron creados los seis primeros hombres brillantes (figura III.4). Su función como lugares de entierro se encuentra confirmada por el hecho de operar como los sitios donde se realizaban los verbos *mu[h]kaj*, 'fue sepultado', e *ilaj*, 'lo vio' o 'lo presenció' (figura IX.13), rito de carácter desconocido que en este contexto se asocia con el culto a los ancestros.[16]

Eberl se ha aventurado en los datos epigráficos, iconográficos y arqueológicos con que contamos para poder intuir de forma muy parcial y limitada algunos de los complejos ritos póstumos que recibían los cadáveres.[17] La veneración de los difuntos y la comunicación con ellos a través de santuarios eran ingredientes básicos para la vida maya,[18] en virtud de que a través de los rituales implicados se propiciaba el correcto flujo de los componentes anímicos en el cosmos y, al convertirse en seres memorables para la comunidad, los muertos se volvían ancestros.[19]

En muchas de esas ceremonias la lumbre jugaba un papel primordial, como por ejemplo en las llamadas *ochk'ahk'*, 'entradas del fuego', que con cierta frecuencia se mencionan en las inscripciones. Normalmente ese tipo de ritos se relacionan con dedicaciones o renovaciones de los edificios, pero en algunos contextos tienen que ver con tumbas. Fitzsimmons observa sagazmente que cuando ese tipo de eventos se realizan en o junto a sepulcros, parte de su propósito era darle trato de casas a las tumbas,[20] idea que entra en consonancia con lo que mencioné antes, en el sentido que debemos entenderlas como las moradas anecuménicas de los difuntos. De acuerdo con Stuart,[21] las expresiones *ochk'ahk'* tienen un sentido peculiar cuando se asocian con cámaras sepulcrales, pues parece tratarse de ritos de renovación. Utilizando

Symposium at Dumbarton Oaks: 7th and 8th October 1994, Washington, Dumbarton Oaks Research Library and Collection, 1998, p. 381, n. 4; Eberl, *op. cit.,* pp. 92-96.

[15] Se trata de la tumba del Templo de las Inscripciones de Palenque; Guillermo Bernal Romero prefiere leerlo como Bolon Yej Te? Naah, 'Casa de las Nueve Lanzas Afiladas', "Glifos enigmáticos de la escritura maya. El logograma T514, **YEJ**, 'filo'", *Arqueología Mexicana,* vol. XXIII, núm. 135, México, Raíces, septiembre-octubre de 2015, pp. 82-83.

[16] Stanley P. Guenter, "A Reading of the Cancuen Looted Panel", en *Mesoweb,* 2002, p. 18. Consultado en www.mesoweb.com/features/cancuen/Panel.pdf.

[17] Eberl, *op. cit.,* pp. 123-163.

[18] Coe, "Death and the...", *op. cit.,* p. 103.

[19] Olivier Le Guen, *Ubèel pixan:* el camino de las almas. Ancestros familiares y colectivos entre los mayas yucatecos", *Península,* vol. III, núm. 1, primavera de 2008, p. 84; Perla Petrich, "La muerte a través de la tradición oral maya actual", en Ciudad Ruiz, Ruz Sosa e Iglesias Ponce de León (eds.), *op. cit.,* p. 484.

[20] James Fitzsimmons, *Death and the Classic Maya Kings,* Austin, University of Texas Press, 2009 (The Linda Schele Series in Maya and Pre-Columbian Studies), p. 72.

[21] Stuart, "'The Fire Enters...'", *op. cit.,* pp. 396-399 y 404-409.

datos arqueológicos, epigráficos e iconográficos, argumenta que dichas ceremonias tenían lugar posiblemente durante la noche (*ti ahk'ab*, 'en la oscuridad'), consistían en desenterrar *(pas)* o remover el cráneo y los huesos del difunto, al tiempo que se encendían fuegos o braseros en el interior de la tumba y los participantes podían haber personificado al dios Jaguar del Inframundo. Un ejemplo típico es la frase *ochk'ahk' sak muk[i]l*, 'es la entrada del fuego [a la] tumba blanca' (figura B.1), que se encuentra en un monumento de Toniná, mientras que el gobernante de Ceibal, Yihch'aak Bahlam, introdujo el fuego en el sepulcro de su predecesor K'an Moˀ Bahlam: *wak kab lajun uniiw ochi k'ahk' tumuknal K'an Moˀ Bahlam, K'uh[ul] ... Ajaw*, '[en el día] 6 *kaaban* 10 *k'ank'iin* el fuego entró en la sepultura de K'an Moˀ Bahlam, Señor Divino de Ceibal' (figura B.2). Eberl[22] prefiere ver este tipo de ritos como ceremonias de dedicación o consagración, que se ejecutaban en o junto a las tumbas, cuya esencia era llenar el espacio con humo, y podían estar acompañadas por otra frase que en los textos jeroglíficos se lee *pul[uu]y utz'itil*, 'la tea ardió'. Según parece, este tipo de actos con teas podían llevarse a cabo también cuando se cumplían 260 días del deceso.[23] En la ciudad de Caracol, Belice, dichos ritos póstumos pudieron haber dejado huellas materiales en las tumbas, que consisten en residuos de sustancias quemadas y fragmentos de incensarios.[24]

Desde una perspectiva más amplia, estos ritos de fuego deben ser vistos como parte de los habituales "reingresos" a las tumbas, pues incluso varias de ellas contaban con accesos especiales para tal fin. Se trata de ritos póstumos que también incluían la deposición de objetos especiales escondidos, el quiebre de vasijas sobre los cierres de las bóvedas, e incluso probablemente sacrificios humanos.[25] El papel especial que en ellas juega la lumbre obedece sin duda a que los hombres mesoamericanos consideraban que el elemento ígneo poseía una profunda cualidad transformadora, pues la combustión permitía que la materia mudara de un estado a otro, facilitando el tránsito del ecúmeno al anecúmeno. Por lo tanto, el fuego era un importante mediador y vehículo de comunicación entre los hombres y los dioses.[26]

Sólo unas cuantas escenas de aquellos ritos póstumos de veneración han llegado hasta nosotros. Tal es el caso de la que se encuentra labrada sobre la

[22] Eberl, *op. cit.*, pp. 148-149.

[23] *Ibid.*, pp. 149 y 151. Scherer, *Mortuary Landscapes of...*, *op. cit.*, pp. 57-58, ha observado que en las inscripciones de Toniná, Chiapas, se registran otros tipos de ceremonias en las tumbas, que tuvieron lugar 260 días después del deceso que, como se sabe, es la duración del calendario ritual o adivinatorio, además de aproximarse al tiempo de la gestación humana.

[24] Diana Z. Chase y Arlen F. Chase, "Secular, sagrado y 'revisitado': la profanación, alteración y reconsagración de los antiguos entierros mayas", en Ciudad Ruiz, Ruz Sosa e Iglesias Ponce de León (eds.), *op. cit.*, p. 261.

[25] *Idem.*

[26] Silvia Limón Olvera, *El fuego sagrado. Simbolismo y ritualidad entre los nahuas*, 2ª ed., México, UNAM-Centro de Investigaciones sobre América Latina y el Caribe, 2012, pp. 39-40.

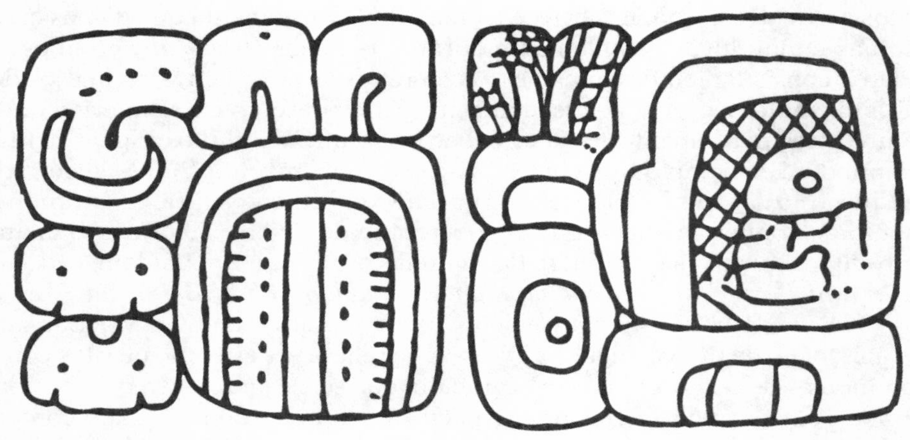

FIGURA B.1. *Fragmento de un monumento de Toniná, Chiapas, México, dibujado por David S. Stuart, "'The Fire Enters his House': Architecture and Ritual in Classic Maya Texts", en Stephen D. Houston (ed.),* Function and Meaning in Classic Maya Architecture. A Symposium at Dumbarton Oaks, 7th and 8th October 1994, *Washington, Dumbarton Oaks Research Library and Collection, 1998, p. 396.*

FIGURA B.2. *Tableta 5 de Ceibal (BB2-DD2), Petén, Guatemala, tomado de Graham,* Corpus of Maya…, op. cit., *p. 59.*

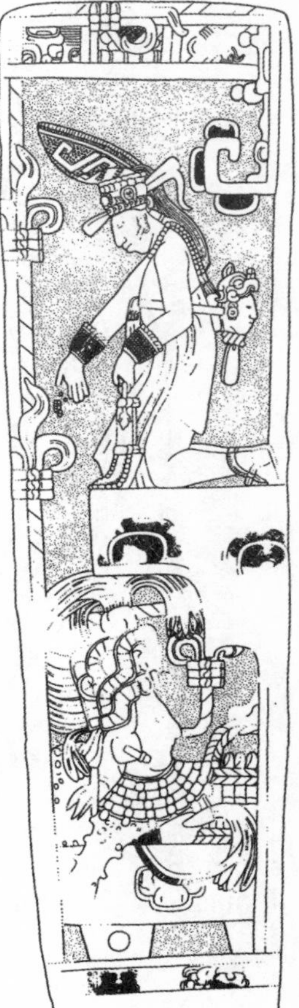

FIGURA B.3. *Estela 40 de Piedras Negras, Petén, Guatemala, dibujo de John Montgomery, tomado de Montgomery,* op. cit.

Estela 40 de Piedras Negras (figura B.3), donde el Gobernante 4, luego de abrir un respiradero en la tumba de una mujer que posiblemente es su madre, arroja gránulos de incienso a la cámara subterránea. Martin y Grube[27] sospechan que el respiradero u oquedad es en realidad un psicoducto. La difunta señora aparece amortajada en un bulto o fardo mortuorio[28] ubicado sobre una banqueta de piedra, mientras el hálito que sale de su nariz parece abandonar la tumba y ascender hasta donde se encuentra su hijo, prueba de que ciertos tipos de componentes anímicos se conservaban en la tumba. Houston y sus colaboradores creen que esta escena implica la utilización del humo y el fuego para limpiar o purificar la tumba y neutralizar la separación física del muerto, invitándole a presenciar y participar del rito.[29] De acuerdo con Eberl,[30] este rito tuvo lugar el 19 de diciembre de 745 d.C.

Uno de los ritos funerarios más famosos de la epigrafía maya, pero no por eso bien comprendido, es el que se ilustra en el Altar 5 de Tikal (figura B.4). Como han comentado diversos mayistas,[31] el texto jeroglífico circular de ese monumento comienza en los bloques 12 a 14, mencionando la muerte de la señora Tuun Kaywak de

[27] Simon Martin y Nikolai Grube, *Chronicle of the Maya Kings and Queens. Deciphering the Dynasties of the Ancient Maya,* 2ª ed., Londres, Thames and Hudson, 2008, p. 148.

[28] Houston *et al.*, "Classic Maya Death...", *op. cit.*, p. 127. Fitzsimmons, *op. cit.*, pp. 76-77, acentúa el papel de los textiles que parecen formar parte del fardo mortuorio, mientras que Scherer (*Mortuary Landscapes of..., op. cit.*, pp. 81-82) enfatiza los cánones que el artista maya pudo seguir para representar en esta escena un cadáver de la realeza.

[29] Houston *et al.*, "Classic Maya Death...", *op. cit.*, pp. 130-131.

[30] Eberl, *op. cit.*, p. 153.

[31] Entre los cuales pueden citarse como ejemplo Linda Schele y Nikolai Grube, "Part II. Tlaloc-Venus Warfare: The Peten Wars 8.17.0.0.0-9.15.13.0.0.", en *Notebook for the XIX*th *Maya Hieroglyphic Workshop at Texas,* Austin, The University of Texas Press, 1994, pp. 146 y 149; Martin y Grube, *op. cit.*, p. 46; James Fitzsimmons y William L. Fash, "*Susaj B'aak:* muerte y ceremonia mortuoria en la Plaza Mayor de Copán", en Ciudad Ruiz, Ruz Sosa e Iglesias Ponce de León (eds.), *op. cit.*, pp. 308-309; Eberl, *op. cit.*, pp. 97-100; Fitzsimmons, *op. cit.*, pp. 164-165; Scherer, *Mortuary Landscapes of..., op. cit.*, pp. 96-97.

FIGURA B.4. *Altar 5 de Tikal; tomado de Jones y Satterthwaite,* Tikal Report, No..., op. cit., *fig. 23.*

Topoxté, en 703, suceso que es seguido por un verbo que se lee *k'u[h]baj,* 'fue colocada en el piso' o 'fue consagrada', asociado probablemente con una ofrenda de pedernales, lo cual precede a su enterramiento en una tumba llamada *Balun Ajaw Naah,* 'Casa de los Nueve Señores'. Ocho años más tarde fueron desenterrados *(pa[h]saj)* el cráneo y los huesos de una mujer desconocida, cuyo nombre no coincide con el de Tuun Kaywak, lo cual ha generado todo tipo de especulaciones, desde que se trata de otra mujer, existiendo alguna conexión desconocida entre ambas, hasta que la dama Tuun Kaywak pudo haber cambiado de nombre cuando ya era residente del más allá. Lo que resulta obvio es que en la imagen se encuentra el gobernante de Tikal junto con un señor de Masu?l, personificando a un dios jaguar del inframundo llamado Mok Chih, 'Boca Anudada',[32] realizando algún rito desconocido junto al

[32] Esta deidad aparece como *wahyis,* nagual o coesencia en segundo grado de varios gobernantes en algunas vasijas mayas, véase Nikolai Grube y Werner Nahm, "A Census of Xibalba: A Complete Inventory of Way Characters on Maya Ceramics", en Justin Kerr (ed.), *The Maya*

Figura b.5. *Sustantivo compuesto* elnaah (**EL-NAH**), *'quemadura de casa'; Dintel 21 de Yaxchilán (A7b), Chiapas, México; tomado de Graham y Von Euw,* Corpus of Maya…, op. cit., *p. 49.*

Figura b.6. *Estela A de Copán (B7b-C7a), dibujo de Linda Schele.*

cráneo y los huesos largos de la mujer desenterrada, que algunos proponen no fueron exhumados en la ciudad, sino en el misterioso lugar de Masuˀl (aún no identificado arqueológicamente), desde donde se transportaron a Tikal para realizar este rito. Jasaw Chan K'awiil, el gobernante local, sostiene un gran cuchillo de pedernal, mientras que el soberano acompañante porta un cuchillo excéntrico con tres puntas. Ambos sujetan palos o bastones largos, que también han generado mucha especulación, pues algunos mayistas piensan que servían para taladrar y producir fuego, mientras que otros opinan que debieron haberlos empleado simplemente para abrir la laja que cubría el entierro. Lo que es obvio es que esos bastones, lo mismo que los cuchillos, estaban involucrados en este rito de veneración a sus huesos.

Muchos años después del fallecimiento, en ocasiones se celebraban ritos de veneración a los ancestros, que no conocemos ni pálidamente, aunque contamos con algunos atisbos. Entre ellos los llamados *elnaah* o 'quemadura de casa' (figura B.5). De acuerdo con Stuart, cuando estas ceremonias se asociaban con entierros parecen haberse ejecutado fuera de las tumbas.[33] El logograma que designa el verbo **EL**, 'quemar', fue descifrado por Stephen D. Houston en 1992 y representa un incensario,[34] lo que nos puede dar una idea sobre el carácter del rito involucrado. Una de estas ceremonias fue ejecutada por el Gobernante 7 de Piedras Negras el 24 de marzo de 782 al lado de la tumba del Gobernante 4, quien fue sepultado el 29 de noviembre de 757, es decir, casi 25 años después de su deceso.[35] Eberl[36] ha encontrado que esta clase de ritos se realizaban aproximadamente 20, 24 o 33 años luego del fallecimiento, pues su meollo consistía en sahumar los huesos libres de carne, lo que él considera probablemente un rito de purificación, consagración o renovación, que del mismo modo podía acompañarse por la expresión jeroglífica *pul[uu]y utz'itil,* 'la tea ardió'.

Un caso más extremo, pues tuvo lugar 102 años después del deceso de un gobernante, es el que se encuentra atestiguado en la Estela 10 de Copán, mismo que ha sido estudiado por diversos mayistas.[37] Aunque no todos los detalles de este críptico monumento pueden ser comprendidos, a grandes rasgos se trata de un rito efectuado en 730 d.C. por el gobernante Waxaklajuˀn Ubaah K'awiil (695-738 d.C.). Todo parece indicar que él extrajo las reliquias óseas de otro mandatario de Copán, K'ahk' Tiˀ Chan K'awiil, quien había

Vase Book, vol. 4, Nueva York, Kerr Associates, 1994, pp. 707-708; Daniel Moreno Zaragoza, "Transformación onírica: naturaleza, expresiones y funciones de los *wahyis* mayas clásicos", tesis doctoral, México, UNAM-FFyL/IIFL-Posgrado en Estudios Mesoamericanos, 2020, pp. 319-321.

[33] Stuart, "'The Fire Enters...'", *op. cit.,* pp. 389-392 y 399.

[34] La representación de incensarios consta generalmente de platos cubiertos que contienen el signo solar y de los que salen volutas de humo o fuego, *ibid.,* pp. 389-390.

[35] Houston *et al.,* "Classic Maya Death...", *op. cit.,* p. 138.

[36] Eberl, *op. cit.,* pp. 150-151.

[37] Entre ellos Martin y Grube, *op. cit.,* p. 200; Fitzsimmons y Fash, *op. cit.,* pp. 306-307; Eberl, *op. cit.,* pp. 156-158.

fallecido en 628 d.C. El desciframiento y traducción de los bloques jeroglíficos que describen las ceremonias efectuadas aún es asunto de debate, aunque existe una parte que es clara: *su[h]saj baak,* 'los huesos fueron limpiados, pelados' o 'rasurados' (figura B.6), que aunado a otro pasaje mucho más críptico, ubicado en el bloque C6a al A7a de la misma estela: *iplaj baak ch'ich' K'in,* 'enrojeció(?)/fortaleció(?) los huesos y la sangre del Sol', sugiere la necesidad de seguir venerando los huesos e infundirles la vitalidad del cinabrio, pues en ellos se seguían alojando componentes anímicos que se cree protegían a la familia dinástica o a la comunidad.[38]

[38] Véase Alfredo López Austin, "La cosmovisión de la tradición mesoamericana. Tercera parte", ed. especial de *Arqueología Mexicana,* núm. 70, México, Raíces, 2016, p. 22.

APÉNDICE C
PROPUESTAS DE DESCIFRAMIENTO PARA EL JEROGLIFO T533

El primer intento para descifrar el jeroglifo T533 (figura III.16) fue el emprendido en 1990 por Nikolai Grube y Werner Nahm,[1] quienes, además de tomar en cuenta el complemento fonético **-ki** (figura V.18a), tuvieron en consideración que el signo T533 es la misma grafía que regularmente se utiliza para escribir el logograma del vigésimo día del calendario adivinatorio: **AJAW**. Puesto que el equivalente de este día en los calendarios de varias sociedades mayas y mesoamericanas es 'flor', por ejemplo, *xoochitl,* llegaron a la conclusión de que el T533 tenía el valor logográfico de **NIK**, 'flor'. Esta propuesta de desciframiento imperó varios años entre los epigrafistas, e inclusive llegó a determinar la manera en que los mayistas entendían las expresiones jeroglíficas de muerte: *k'a'ayi usak nik,* 'la flor blanca se marchitó', lo que los condujo a comparar al hálito vital con el brote de las plantas.[2] Pero en años recientes esta lectura ha producido un desencanto entre los epigrafistas, en virtud de que no hace sentido en todos los contextos.

Ello generó nuevos intentos de desciframiento, como el de Barbara MacLeod y Luis Lopes,[3] basado en un presunto cartucho **mo**-T533 que se encuentra en la Fórmula Dedicatoria del vaso K6395 y que sugería una lectura logográfica de **MOK**, *mook,* un supuesto término mixe-zoqueano prestado a las lenguas mayances con el sentido de 'mazorca' u 'ombligo'.[4] Cabe advertir que las entradas lexicográficas vernáculas sólo producen significados como el de 'nudo' o 'anudar' (maya yucateco), 'enfermedad' (chortí), 'coito' (chol)' o 'valla' (tzotzil), ninguno de los cuales satisface los contextos donde aparece el signo T533. En 2015 Yuriy Polyukhovich ha revivido esta propuesta de

[1] Citado por David Freidel, Linda Schele y Joy Parker, *Maya Cosmos. Three Thousand Years on the Shaman's Path,* Nueva York, Quill William Morrow, 1993, p. 440, n. 16, y Harri Kettunen, *Nasal Motifs in Maya Iconography. A Methodological Approach to the Study of Ancient Maya Art,* Helsinki, Academia Scientiarum Fennicia, 2006, p. 286.

[2] Véase por ejemplo Markus Eberl, *Muerte, entierro y ascensión. Ritos funerarios entre los antiguos mayas,* Mérida, UADY, 2005 (Tratados, 21), pp. 43-47.

[3] "The Decipherment of T533", manuscrito no publicado presentado en el "Advanced Glyphs and Grammar Workshop" que tuvo lugar en el marco de los *XXX*th *Maya Meetings* de la Universidad de Texas, en Austin, 2006.

[4] Véase Carlos Pallán Gayol y Lucero Meléndez Guadarrama, "Foreing Influences on the Maya Script", en Laura van Broekhoven, Rogelio Valencia Rivera, Benjamin Vis y Frauke Sachse (eds.), *The Maya and their Neighbours. 10*th *European Maya Conference. December 2005,* Verlag, Anton Saurwein, 2010 (Acta Mesoamericana, 22), p. 14.

lectura, proporcionando el dibujo de un pasaje de la Estela 2 de Moral Reforma (F11-E12), Tabasco, donde presenta lo que él cree es una sustitución silábica completa de la secuencia jeroglífica T533-**ki**: **mo-ki**, que produciría la lectura de *mook*.[5] No obstante, en las fotografías que he podido observar de esa inscripción no puedo identificar ni confirmar la fidelidad del dibujo de Polyukhovich.[6]

Meses después de la propuesta de MacLeod y Lopes, Christian M. Prager[7] propuso la lectura logográfica de **BOK**, *book*, 'aroma, olor' o 'perfume', idea que principalmente se fundaba en una aparente colocación **bo**-T533-**ki** atestiguada en la página 36a del *Códice de Madrid*. No obstante, el pasaje aducido por Prager no deja claro que el silabograma **bo** funcione en ese contexto como complemento fonético del jeroglifo T533, razón por la que esta propuesta no ha recibido un apoyo consensuado entre los epigrafistas.

Más recientemente, Erik Boot (†) encontró un ejemplo transliterado como **ya**-T533 en un panel de la colección Maegli que se conserva en la ciudad de Guatemala; ello lo condujo a postular la lectura logográfica de **YAK**, *yaak*, 'fuerte' o 'fortaleza'.[8] No obstante, las entradas lexicográficas de diversas lenguas mayances (maya yucateco, cholti, prototzeltalano y tojolabal) claramente apuntan a que se trata de la fortaleza atribuida al olor picante del chile o del tabaco, por lo que en mi opinión este intento de desciframiento tampoco hace sentido dentro del contexto anímico de las expresiones de muerte.

La propuesta de lectura que de momento privilegio en este libro es la de David S. Stuart. Conviene remarcar que no se trata de un desciframiento, sino tan sólo de un conjunto de conjeturas que dicho epigrafista estadunidense ha desarrollado por años y que tuvo la gentileza de compartir conmigo.[9] Las ideas de Stuart pueden agruparse en tres grandes rubros: la iconografía del jeroglifo T533 claramente lo homologa con el comportamiento de una semilla, tal como se aprecia en algunas vasijas estilo códice (figuras v.9 y c.1), donde el dios del maíz surge de ese signo, que se raja o eclosiona, como si fuese un huevo o germen vegetal.[10] Un breve texto jeroglífico que se ubica en medio de

[5] Yuriy Polyukhovich, "A Possible Phonetic Substitution for T533 or 'Ajaw Face'", *Glyph Dwellers*, Report 33, octubre de 2015. Consultado en http://glyphdwellers.com/pdf/R33.pdf.

[6] Dicha percepción la comparten conmigo mis colegas Dmitri Beliaev, Albert Davletshin y Alfonso Lacadena García-Gallo (†), quienes en noviembre de 2015 observaron junto conmigo la fotografía de la inscripción y la cotejaron con el dibujo de Yuriy Polyukhovich.

[7] Christian M. Prager, "Is T533 a Logograph for **BO:K** 'Smell, Odour'?", manuscrito no publicado, distribuido el 28 de agosto de 2006.

[8] Erik Boot, "T533, Once Again… Yet another Proposal", correspondencia distribuida el 18 de julio de 2007 entre diversos epigrafistas.

[9] Correspondencia personal, 24 de julio de 2015.

[10] Según Alexandre Tokovinine, "Writing color. Words Words and images of colors in Classic Maya inscriptions", *Res: Anthropology and Aesthetics*, núms. 61-62, primavera-otoño de 2012, pp. 286-288 y 294, el signo T533 está asociado con representaciones de huevos de aves, semillas y brotes de flores.

FIGURA C.1. *El dios del maíz renaciendo del interior de las aguas subterráneas del inframundo, a partir de una semilla-cráneo que germina. Obsérvese que la semilla que eclosiona es el jeroglifo T533. El breve texto jeroglífico ubicado entre la primera y la segunda imagen del dios puede ser leído como sigue:* **a-si-ya i-chi-la**, a[j]siya[j] ichiil, *'el que nació adentro'. Vaso estilo códice K2723; fotografía de Justin Kerr, tomada del archivo fotográfico de Kerr. Consultado en http://research.mayavase.com/kerrmaya_hires.php?vase=2723.*

la escena del vaso K2723, claramente confirma que se trata de una imagen de nacimiento, puesto que menciona que el dios del maíz es *ajsiyaj ichiil,* 'el que nació dentro'. Por medio de las escenas de ese par de vasos, uno de los cuales procede de Calakmul (figura V.9), sabemos que nació dentro del agua, pasaje de su ciclo mitológico que ya conocemos gracias al trabajo de Quenon y Le Fort.[11] Regresando a las escenas de estos vasos, podemos apreciar que el T533 constituye el tocado o yelmo de un cráneo narigudo que simboliza los huesos de los muertos. Dicho cráneo narigudo es al parecer la variante animada, personificada o de cabeza del T533 (figura V.18b y c). Ya hemos visto que en la cosmovisión mesoamericana, y maya en particular, existe la idea de homologar los huesos con semillas o gérmenes de nueva vida,[12] y por ello en el arte maya existen muchas escenas donde foliación vegetal emerge de cráneos de este tipo (por ejemplo figura IV.13). Incluso también el Monstruo Cuatripartita del cual renace Janaab Pakal en la lápida de su sarcófago (figura IV.20) es un cráneo narigudo de ese tipo. Stuart observa, además, que en el gran nombre-emblema[13] del gobernante Siyaj Chan K'awiil en la Estela 31 de Tikal

[11] "Rebirth and Resurrection in Maize God Iconography", en Justin Kerr (ed.), *The Maya Vase Book: A Corpus of Rollout Photographs of Maya Vases,* vol. 5, Nueva York, Kerr Associates, 1997, pp. 884-891; Enrique Florescano Mayet, *¿Cómo se hace un dios? Creación y recreación de los dioses en Mesoamérica,* México, Taurus, pp. 176-177.

[12] Véase la nota 110 del capítulo "El ciclo del *o'hlis*".

[13] Véase la nota 221 del capítulo "Cuerpo-presencia en el periodo Clásico".

(figura II.23a), el logograma de **CHAN**, 'cielo', entra en combinación con el contorno de la "semilla" T533 y las volutas de vegetación que lo flanquean. Podemos entender mejor este concepto si nos fijamos en la etimología del nombre de ese gobernante: Siyaj Chan K'awiil significa 'K'awiil Nació del Cielo', y es por ello que el jeroglifo de "cielo" en ese ejemplo de su nombre-emblema no sólo se combina con el de "semilla", sino que se raja o parte, como si germinara, y de ahí nace el dios K'awiil.

En apoyo de este patrón o comportamiento iconográfico del T533 como semilla se encuentra el hecho, ampliamente reconocido por todos los epigrafistas, de que el jeroglifo T533 es un logograma que suele tener el complemento fonético **-ki** (figura V.18a), lo que sugiere que se trata de un elemento léxico que termina con la consonante */-k/*. La única palabra que Stuart ha podido hallar que cumple tanto con los requisitos epigráficos como con los iconográficos, es la de *saak,* raíz morfológica de *saakil,* 'semilla de calabaza' o 'pepita'.

Finalmente, existen diversos ejemplos donde el logograma del color blanco, *sak,* tiene una sospechosa yuxtaposición o función redundante con el T533, que Stuart propone se lee *saak,* como por ejemplo en las figuras IV.3, V.1c y V.4, donde la "carita" o rostro típica del T533 se encuentra en el interior del signo de *sak,* 'blanco', lo que sugiere algún tipo de "fusión conceptual" entre ambas ideas o palabras.[14] Stuart sospecha que ambos jeroglifos, el del color "blanco" *(sak)* y el de la "pepita" *(saak),* pueden tener relaciones iconográficas que no entendemos aún bien, pero que se remontan hasta las épocas del Formativo o Preclásico.

Tales son los argumentos de mi colega Stuart, que tuvo la generosidad de compartir conmigo, mismos que privilegio tentativamente en este libro, en espera de que en el futuro surjan nuevos ejemplos o argumentos que nos permitan confirmar o descartar este intento de desciframiento.

A este respecto, el epigrafista ruso Sergei Vepretskii le hizo notar a su compatriota Albert Davletshin que en el hoy famoso Vaso de Komkom, hallado en 2015 por Christophe Helmke, Julie A. Hoggarth y Jaime J. Awe[15] en el sitio de Baking Pot, Belice, hay un ejemplo atípico del jeroglifo T533, pues en vez de tener el complemento fonético del silabograma **-ki**, como es habitual (T533-**ki**), presenta un signo silábico **-ka** (T533-**ka**). Vepretskii pensó, lo mismo que Helmke, Hoggarth y Awe,[16] que, por tratarse de una vasija tardía (siglo IX), lo lógico es que esta nueva ortografía indicara que la longitud

[14] La relación gráfica entre ambos jeroglifos es tan cercana que en la inscripción del vaso de ónix K4692 (figura V.4) el signo T533 (**SAK**?, *saak[?],* 'pepita') se encuentra combinado con el logograma T58 (**SAK**, *sak,* 'blanco'), dando como resultado dos jeroglifos combinados, que en el catálogo de Thompson (1962) son considerados como uno solo: el T179.

[15] *A Reading of the Komkom Vase Discovered at Baking Pot, Belize,* San Francisco, Precolumbian Mesoweb Press (Monograph 3), 2018.

[16] *Ibid.*, p. 60.

vocálica del sustantivo *saak*, 'pepita', se acortó a sólo *sak*. No obstante, Davletshin tuvo la idea de que, toda vez que la iconografía del signo T533 representa un cogollo o semilla, el ejemplo T533-**ka** del vaso en cuestión (F7a) se relacione con el protomaya **xaaq*, 'hoja', que en choltí y en otros idiomas mayances evolucionó a *xak*, 'brote, capullo' o 'retoño'. Dicha idea de Davletshin tiene la ventaja de que no necesita explicar la presencia del sufijo */-il/*, pues la gran mayoría de las palabras para 'semilla de calabaza' en las lenguas mayas lo llevan, tal como se puede ver en la lista léxica presentada en el capítulo "Los alientos del éter florido": *sakil, siikil* o *sikil.*[17]

Una entrada léxica, sin embargo, no necesita la presencia del sufijo: *siik*, "semilla de la calabaza",[18] lo que, según yo, abre la remota posibilidad de que el ejemplo T533-**ka** del Vaso de Komkom (F7a) atestigüe el cambio de *saak* (T533-**ki**) por *siik* (T533-**ka**).

[17] Agradezco a Albert Davletshin toda esta explicación sobre su propuesta de lectura (25 de octubre de 2021), así como su autorización para citarla (27 de febrero de 2022).

[18] Alfredo Barrera Vásquez (dir.), *Diccionario maya Cordemex. Maya-español. Español-maya,* Juan Ramón Bastarrachea Manzano y William Brito Sansores (redactores); Refugio Vermont Salas, David Dzul Góngora y Domingo Dzul Poot (colaboradores), Mérida, Ediciones Cordemex, 1980, p. 728.

APÉNDICE D
EL HÁLITO DICOTILEDÓNEO

Como habrá de recordarse, el jeroglifo T533 y su variante personificada de cráneo no está cabalmente descifrado, en virtud de que los estudiosos de la escritura maya no han hallado algún ejemplo claro donde se encuentre escrito a través de silabogramas, así como si, por ejemplo, encontráramos una sustitución del número "5", escrita fonéticamente como "cinco". Desde el punto de vista epigráfico, la única pista segura es que termina en una consonante *-k,* toda vez que existen abundantes ejemplos del signo T533 con un silabograma **ki** debajo (figura v.18a-c), sirviendo de complemento fonético, así como si encontráramos un ejemplo del número "5" escrito de la siguiente manera: "5co". De este modo, todos los intentos o propuestas de lectura que han sido dados a conocer para el signo T533 cumplen con la condición de que se trate de una palabra terminada en *-k.*[1] No obstante, desde mi punto de vista las dos ideas mejor sustentadas o que tienen más posibilidades de ser correctas son las que proponen Davletshin y Stuart, que, como vimos, consisten respectivamente en leerlo **XAK**?, *xaak(?),* 'brote, retoño', o **SAK**?, *saak(?),* raíz morfológica de la palabra *saakil,* 'semilla de calabaza' o 'pepita'.

Con base en esta conjetura de Stuart, he reflexionado en una serie de implicaciones que tendría la lectura de *saak(?),* 'semilla de calabaza(?)', en caso de ser correcta. Decidí mandar esto a un apéndice, a causa de que por el momento no hay evidencia epigráfica interna suficiente en las inscripciones mayas para asegurar una lectura. Si las excavaciones arqueológicas del futuro a cercano o mediano plazo descubrieran una inscripción que contenga algún ejemplo del signo T533 escrito fonéticamente, o al menos un claro complemento fonético al principio que descarte la lectura de *saak(?),* 'pepita', o confirme la de *xaak(?),* 'brote' o 'retoño', todo lo que contiene este apéndice parecerá inútil. No obstante, de todos modos decidí darlo a conocer, no sólo porque existe la posibilidad de que la hipótesis de *saak(?),* 'pepita de ayote(?)', resulte correcta, sino porque los datos e interpretaciones contenidos aquí pueden arrojar luz sobre otros temas.

Aunado a lo que sabemos plenamente sobre la creencia mesoamericana de que el cuerpo humano está hecho de masa de maíz, Hirose López ha encontrado que en los ritos agrícolas de los *jmeenes* mayas yucatecos tiene particular relevancia la fabricación de tamales especiales, hechos de masa de maíz y rellenos de pasta de pepitas menudas de calabaza molidas. Los tama-

[1] Véase el Apéndice C.

les se confeccionan en números variables y constituyen una réplica de los primeros seres humanos que fueron creados por los dioses. La masa de maíz de que están hechos simboliza el aspecto masculino de la carne (lo blanco del maíz colado equivale al semen), mientras que la pasta de pepitas molidas significa el lado femenino, la sangre menstrual y el espíritu, ya que luego de ser tostadas y molidas adquieren un aspecto marrón-rojizo, que se acentúa después de la cocción; adicionalmente el aceite de la semilla también simboliza la sangre, que da vida.[2] Cada uno de los tamales contiene ambos principios vitales: el masculino y el femenino, pues se cree que ese par de fuerzas duales y complementarias residen en todo cuerpo humano, independientemente de su sexo. Se trata de ofrendas rituales, donde los dioses creadores reciben en reciprocidad "aquello que proveyeron en el inicio —maíz y agua transformados en carne y sangre".[3]

La creencia anterior remarca la asociación de las pepitas de calabaza con el principio vital femenino y la sangre menstrual, situación que contrasta con los datos que vimos antes sobre el jeroglifo T533 como un símbolo de las semillas y los huesos, que producen el semen. Pero en realidad se trata de la misma lógica que hace coexistir los dos principios sexuales y vitales dentro de cada criatura o componente del mundo. El principio masculino del jeroglifo T533, la pepita de calabaza (símbolo femenino por excelencia), probablemente esté indicado a través de las hojas tiernas de maíz (figura v.2b y c) y los cabellos del elote (figura v.20e y f) que a veces lo acompañan.

Martínez González observa que entre los tzeltales contemporáneos se cree que el cuerpo humano está hecho de maíz y frijol,[4] creencia que se encuentra entre otros grupos mayenses, sobre todo los huastecos.[5] Se trata de una dualidad que hace coexistir en el cuerpo un principio masculino, simbolizado mediante la semilla de maíz, de naturaleza *monocotiledónea,*[6] y su principio opuesto o complementario: el femenino, a través del frijol *dicotiledóneo,*[7] situación que podría darse también a través de las pepitas de calabaza, que tienen dos cotiledones.[8] De hecho, en las ceremonias agrícolas de los campe-

[2] Javier Hirose López, *Suhuy máak. Las concepciones sobre el cuerpo y la persona entre los mayas de la región de los Chenes, Campeche,* Campeche, Secretaría de Cultura del Estado de Campeche, 2015, pp. 150, 157, 178-184 y 193. El *Diccionario maya Cordemex* contiene la siguiente entrada: *sikil,* "semilla de calabaza; pepita menuda que se agrega a la masa de maíz para hacer los panes sagrados que se usan en las distintas ceremonias agrícolas" (Barrera Vásquez [dir.], *op. cit.,* p. 728).

[3] Hirose López, *op. cit.,* p. 184.

[4] Roberto Martínez González, *El nahualismo,* México, UNAM-IIH, 2011 (Serie Antropológica, 19), p. 31.

[5] Alfredo López Austin, comunicación personal, 27 de junio de 2015.

[6] Se refiere a plantas cuyo embrión contiene un solo cotiledón u hoja primigenia, que en ocasiones tiene nutrientes de reserva.

[7] Se refiere a plantas cuyo embrión está formado por dos cotiledones u hojas primigenias.

[8] Alfredo López Austin, comunicación personal, 27 de junio de 2015.

sinos mayas yucatecos los frijoles cocidos y majados se pueden intercambiar libremente por las pepitas de calabaza, entre las capas de tortillas gruesas que representan los estratos del cielo.[9] El simbolismo cosmológico de las semillas de ayote, cuando están asociadas con el número celeste 13, parece encontrarse en otras ceremonias mayas del ciclo de la vida.[10]

De acuerdo con López Austin, la cucurbitácea o guaje que revienta y da lugar al nacimiento de cinco bebés en la escena del mural norte de la Estructura Sub 1a del Grupo Pinturas de San Bartolo (figura D.1)[11] es un importante símbolo del Monte Sagrado y de las semillas que conserva en su interior.[12] El personaje que contempla o preside este quíntuple nacimiento, acompañado por la expulsión violenta de chorros de sangre, probablemente es el dios formador de estos individuos, un presunto precursor de la Serpiente Emplumada.[13] Por lo tanto, acaso estemos ante una versión más del mito de la creación de los primeros seres humanos, quienes nacen del interior de la tierra. Tal como indica Ángel Julián García Zambrano, el cráneo y la calabaza simbolizan en el pensamiento indígena la vida seminal, toda vez que la fecundidad proviene de los ancestros.[14]

[9] Alfred M. Tozzer, *Mayas y lacandones. Un estudio comparativo,* 1ª ed. en español, México, INI, 1982 (Clásicos de la Antropología, Colección INI, 13), p. 185.

[10] Ella F. Quintal Avilés *et al.*, "El nagualismo maya: los *wáayo'ob*", en Miguel A. Bartolomé Bistoletti y Alicia M. Barabas Reyna (coords.), *Los sueños y los días. Chamanismo y nahualismo en el México actual.* II. *Pueblos mayas,* México, INAH, 2013 (Colección Etnografía de los Pueblos Indígenas de México, Serie Ensayos), p. 104, n. 16.

[11] William A. Saturno, Karl A. Taube y David S. Stuart, *Los murales de San Bartolo, El Petén, Guatemala. Parte 1. El mural del norte,* Barnardsville, Center for Ancient American Studies, 2005 (Ancient America, 7), pp. 8-13.

[12] Alfredo López Austin, "Ligas entre el mito y el ícono en el pensamiento cosmológico mesoamericano", *Anales de Antropología,* núm. 43, 2009, pp. 40-41. Puede que existan diversas metáforas visuales en el arte mesoamericano para evocar el lugar de origen que denominamos Monte Sagrado, mismas que aún no reconocemos. El gran caracol de donde nacen K'awiil y el dios del maíz en la escena del Tablero del Templo de la Cruz Foliada de Palenque, por ejemplo, recibe el nombre de K'an Juʔb Matwiil, 'Caracol Precioso de Matwiil', sitio de naturaleza acuática semejante a <Aztlán> o <Chicomóztoc> (Stuart, "The Palenque Mythology. Materials to accompany presentations by David Stuart, Peter Mathews, Alfonso Morales, Erik Velásquez García, and Guillermo Bernal Romero", *Sourcebook for the 30th Maya Meetings,* Austin, The University of Texas at Austin-The Mesoamerican Center-Department of Art and Art History, 2006, p. 94). De acuerdo con Ángel Julián García Zambrano, el caracol de río y la cucurbitácea o guaje suelen ser metafóricamente equivalentes en el pensamiento indígena ("Calabash Trees and Cacti in the Indigenous Ritual Selection of Environments for Settlement in Colonial Mesoamerica", en John A. Grim (ed.), *Indigenous Traditions and Ecology. The Interbeing of Cosmology and Community,* Cambridge, Harvard University Press-Harvard Divinity School-Center for the Study of World Religions, 2001, p. 362).

[13] López Austin, "Ligas entre el...", *op. cit.*, p. 40; Saturno, Taube y Stuart, *op. cit.*, p. 11. Sobre el complejo problema del origen y transformación de la Serpiente Emplumada, véase Enrique Florescano Mayet, *Quetzalcóatl y los mitos fundadores de Mesoamérica,* nueva ed. revisada por el autor, México, Taurus, 2012.

[14] García Zambrano, *op. cit.*, p. 363.

Como comenté en el capítulo "El ciclo del *oʔhlis*", basado en la investigación de Salazar Lama,[15] uno de los desdoblamientos, réplicas o proyecciones del Monte Sangrado o Montaña Florida de los ancestros en el gran friso de estuco de Balamkú, Campeche, pudo haberse llamado *Saak(?) Witz* o 'Cerro de las Pepitas' (figura IV.18a). El *oʔhlis* antropomorfo del gobernante subió al paraíso solar celeste vestido como el dios del maíz, usando como vía de

FIGURA D.1. *Escena de nacimiento en el muro norte de la Estructura Sub-1a de San Bartolo, Petén, Guatemala, representación elaborada por Heather Hurst, diseño de Joel Skidmore y George E. Stuart, tomado de Saturno, Taube y Stuart,* Los murales de… Parte 1, op. cit.

[15] Daniel Salazar Lama, "Los señores mayas y la recreación de episodios míticos en los programas escultóricos integrados en la arquitectura", *Estudios de Cultura Maya,* vol. XLIX, 2017, pp. 170-174.

ascenso la Montaña de las Semillas de Calabaza. Las pepitas de calabaza bien pudieron ser un símbolo de las almas corazones de los ancestros depositadas en el interior de ese cerro. Pero esta representación del Clásico Temprano (250-600 d.C.) no es la única referencia que tenemos sobre la existencia de dicha Montaña de las Pepitas en el corpus documental maya. En la Estela 22 de Tikal (figura D.2) el mandatario Yahx Nu'n Ayiin II realizó un rito de final de periodo el 20 de enero de 771 d.C. La ceremonia que emprendió se denomina 'atadura de piedra' *(k'altuun)*, y es exactamente la misma que ejecutó el héroe cultural Ajaw Foliado o K'ihnich Yajawte' Uhx Yop Hu'n en los arcanos tiempos míticos. Casi todos los acontecimientos realizados por ese legendario antepasado tuvieron lugar en un sitio primordial llamado Chijka' o 'Metate Venado' (véase figura V.20a y b),[16] y sin duda por ello el gobernante de Tikal se menciona a sí mismo como sucesor del fundador del linaje Yahx Ehb Xook, así como el vigésimo noveno en el orden o cuenta del mítico Chijka'. Es decir, existe en esta inscripción un deseo expreso por ligarse con los ancestros. Y la razón puede ser que este rito de final de periodo fue realizado en *Saak(?) Witz*, la 'Montaña de las Pepitas', sin duda algún espacio arquitectónico dentro de Tikal donde se proyectaba ese cerro primordial. Seguro no es fortuito ni aleatorio que el gobernante de Tikal se ligó con todos estos símbolos en una fecha que corresponde al penúltimo día del mes *kumk'uh* o *bixo'hl*, cuya etimología asociada con los dioses y las almas corazones *o'hlis* ya vimos antes (véase figura I.6).

En documentos de la época colonial también existen datos importantes que nos pueden ayudar a

FIGURA D.2. *El gobernante Yahx Nu'n Ayiin II (768-794 d.C.) celebró un final de periodo en el lugar Saak(?) Witz, 'Montaña de las Pepitas'; pasaje de la Estela 22 de Tikal (A1-B6), Petén, Guatemala; tomado de Jones y Satterthwaite,* op. cit., *fig. 33.*

[16] Véase Nikolai Grube, "El origen de la dinastía Kaan", en Enrique Nalda Hernández (ed.), *Los cautivos de Dzibanché,* México, Conaculta-INAH, 2004, pp. 128-129.

comprender el concepto de las pepitas de calabaza y su relación con las almas de los ancestros. Por ejemplo, un juicio inquisitorial de 1674 dice que una piedra llamada <Tan Yol Caan Tun>, 'Piedra Preciosa del Centro del Corazón del Cielo', era el "dios de los frijoles, pepitas, algodón y otras semillas que se cuecen".[17] Como afirma Nájera Coronado,[18] el Corazón del Cielo podría identificarse con el Sol, lo que puede remitir al paraíso solar, florido y celeste a donde, según Taube, van las almas.[19]

Del mismo modo, uno de los conjuros mágicos del *Ritual de los Bacabes* afirma que las semillas de calabaza eran un símbolo de los cuatro Baˀ Kaab o <Bacabes>, dioses cuatripartitas de la lluvia y el viento que, se creía, están de pie sobre las cuatro esquinas de la tierra y sostienen los cielos.[20] El pasaje en cuestión dice:

> Las pepitas de calabaza rojas
> son su símbolo;
> a vosotros me dirijo, dioses,
> a vosotros bacabes.
> Pepitas de calabaza blancas
> a vosotras me dirijo, pepitas de calabaza
> amarillas,
> a vosotras, pepitas de calabaza negras
> a vosotros Cantul Tii Ku "Cuatro-deidad"
> a vosotros Catul Tii Bacab "Cuatro-bacab"[21]

De acuerdo con Landa, "decían también de estos *bacabes* que escaparon cuando el mundo fue destruido por el diluvio".[22] Lo anterior tiene cierta

[17] Guillermo Bernal Romero, "Uso ritual y simbolismo de algunas piedras sagradas entre los mayas de Yucatán", en Maribel Madero Kondrat *et al.* (eds.), *Memorias del Primer Congreso Internacional de Mayistas,* vol. 3, México, UNAM-IIFL/Centro de Estudios Mayas, 1994, pp. 455-458.

[18] Martha Ilia Nájera Coronado, *El don de la sangre en el equilibrio cósmico,* 1ª reimp., México, UNAM-IIFL/Centro de Estudios Mayas, 2003, p. 145.

[19] Karl A. Taube, "Flower Mountain. Concepts of life, beauty, and paradise among the Classic Maya", *Res. Antropology and Aesthetics,* núm. 45, primavera de 2004.

[20] Juan Ramón Bastarrachea Manzano, "Catálogo de deidades encontradas entre los mayas peninsulares, desde la época prehispánica hasta nuestros días", México, UNAM-Coordinación de Humanidades-Seminario para el Estudio de la Escritura Maya (mecanoescrito inédito), 1970, pp. 36-37.

[21] H. Ramón Arzápalo Marín, *El ritual de los Bacabes,* Mérida, UNAM-Coordinación de Humanidades-Centro Peninsular en Humanidades y Ciencias Sociales/Ayuntamiento de Mérida, 2007, p. 155; La versión de Ralph L. Roys, *Ritual of the Bacabs,* Norman, University of Oklahoma Press, 1965, p. 63, dice: "Este *sicil* rojo ("semilla de calabaza") es su símbolo. ¡Sin embargo dioses, sin embargo Bacabes! ¿Cómo? ¿Quién lo creó al nacer? Sin embargo cuatro Bacabes".

[22] Fray Diego de Landa, *Relación de las cosas de Yucatán,* María del Carmen León Cázares (estudio preliminar, cronología y revisión del texto), México, Conaculta, 1994 (Cien de México), p. 139.

relevancia cuando pensamos en el tema de las almas de los ancestros, puesto que una de las posibles traducciones de Baˀ Kaab en maya yucateco, o de Baah Kab en la lengua cholana de las inscripciones, no sólo es 'Primero de la Tierra' o 'Príncipe de la Tierra', sino 'Primera Abeja', posibilidad que ha sido señalada desde hace muchos años por diversos autores.[23] Tal como afirma Landa, los <Bacabes> escaparon a la destrucción del mundo que produjo el diluvio, afirmación que tiene sentido a la luz de lo que dice López Austin sobre que en los mitos mayas las almas o semillas corazones de los seres humanos eran abejas antes de la creación del mundo, protoseres humanos con forma de insectos sociales, razón por la que en el *Chilam Balam de Chumayel* los hombres son llamados "la muchedumbre de los hijos de las abejas".[24] Luego entonces, las entidades anímicas esenciales o almas corazones de los seres humanos podrían quizá identificarse desde el periodo Clásico (250-900 d.C.) con semillas de calabaza (¿jeroglifo T533?), pero también con abejas al menos desde la época colonial (1542-1821), lo que abona a favor de mi hipótesis sobre el signo T533 como un hálito vital que es un mero aspecto del *oˀhlis*.

Una línea más de indagación reside en el hecho de que en maya yucateco la palabra para semilla de calabaza no es *sakil* o *sakiil*, sino *siikil* o *sikil*, y quizá no sea una coincidencia que en esa lengua *sik* también significa 'cubrir':

yucateco	*ziic*	'cubrir la casa de guano' (Michelon, 1976: 437)
	zictah, te	'cubrir las casas de guano o paja' (Arzápalo Marín, 1995: 167)
	zicaan	'cosa que está así cubierta' (Arzápalo Marín, 1995: 167)
	çic [.t] na	'techar casa con palmas o paja' (Acuña Sandoval, 1993: 605)
	zic	'cubrir' (Swadesh, Álvarez Lomelí y Bastarrachea Manzano, 1991: 95)
	sik	'cobijo, el de las casas de guano [palma de huano]' (Barrera Vásquez [dir.], 1980: 728)
	zic, zictah	'entretejer los guanos de una casa; cobijarla' (Pérez Bermón, 1877: 418)
	zic, zicil	'el entretejido de guanos y la falda que forma la última fila' (Pérez Bermón, 1877: 418)

[23] Alfred M. Tozzer, *Landa's Relación de las Cosas de Yucatán. A Translation*, reimp. de 1ª ed. de 1941, Millwood, Graus Reprint Co., 1975, p. 135, n. 632; Bastarrachea Manzano, *op. cit.*, p. 37. Además, uno de los Baˀ Kaab, el del sur o K'anal Baˀ Kaab, recibía el nombre alternativo de Jobnil, palabra que procede del sustantivo *jobon*, 'madero hueco en el que las abejas meliponas hacen su colmena', Ana Patricia Martínez Huchim, *Diccionario maya de bolsillo. Español-maya. Maya-español*, 3ª ed., Mérida, Dante, 2008, p. 175.

[24] Alfredo López Austin, "El dios en el cuerpo", *Dimensión Antropológica*, año 16, núm. 46, mayo-agosto de 2009, pp. 33-37.

yucateco	*zicbil*	'cobijándolo, cubriéndolo con guano' (Pérez Bermón, 1877: 418)
	zicchahal	'ser cubierto con guano' (Pérez Bermón, 1877: 418)
	ziclaantah	'cubrir, cobijar á una de las casas' (Pérez Bermón, 1877: 418)
	ziclic	'cobijado, cubierto con guano' (Pérez Bermón, 1977: 418)

Cabe la pena advertir que el concepto de "cubrir" encaja muy bien con el ámbito semántico de "envolver, encubrir, tapar, envoltura, cáscara" o "cápsula" que, como vimos en el capítulo "Los conceptos del cuerpo humano", es uno de los meollos fundamentales en el tema del cuerpo humano y sus componentes anímicos. Además, es preciso observar que muchas de estas entradas léxicas se relacionan con el tema de cubrir el techo de una casa con hojas de guano o palma tropical,[25] lo que recuerda que, según Tiesler, los mayas homologaban la cabeza humana con una cima, extremo o techo de una casa.[26] De acuerdo con esta autora, "la misma asociación semántica que se puede establecer entre 'cabeza' y 'techo' ha llevado recientemente a William Duncan (2009: 187-188) a asignar al tapado y modelado artificial del cráneo un valor ideológico como techado de una casa y, metafóricamente, la puerta en función de la persona y la vida espiritual humana".[27] Desde luego, traigo a colación esta asociación con la cima de la cabeza en virtud de que el componente anímico que durante el periodo Clásico era designado mediante el jeroglifo T533 y sus variantes, parece externarse del cuerpo de los dioses y los humanos a través de una de las fontanelas o coronilla (figuras IV.8, IV.11, IV.20, IV.22, IV.24a, V.2, V.5, V.7 y V.14).[28]

[25] Gabriel Bourdin Rivero, *El cuerpo humano entre los mayas. Una aproximación lingüística,* Mérida, UADY, 2007 (Tratados, 27), p. 197, trae a colación el término <*holna*>, que literalmente significa 'cabeza de casa' (de *joʔol,* 'cabeza', y *nah,* 'casa'), para referirse al caballete superior de una de esas estructuras arquitectónicas.

[26] Vera Tiesler, *Transformarse en maya. El modelado cefálico entre los mayas prehispánicos y coloniales,* México, UNAM-IIA/UADY, 2012, p. 36.

[27] *Idem.*

[28] Según la interpretación de Hirose López, *op. cit.,* pp. 240 y 247-249, la fontanela es una proyección anatómica del ombligo profundo del cielo, representado por la constelación de las Pléyades, estrellas que a su vez simbolizan la semillas con las que el dios del maíz formó la carne humana, aunque aclara que esas semillas no eran de maíz.

GLOSARIO

Abstracción cualitativa. Se trata de sufijos que existen en todas las lenguas de la familia lingüística mayance. Sirven para producir un sustantivo abstracto, a partir de un adjetivo o de un sustantivo de significado más concreto. Dichos sufijos tienen la forma /-Vl/ (-vocal-l), siendo cualquier vocal indistintamente, aunque las más comunes son /*-il*/ y /*-al*/. Ejemplos de abstracción cualitativa son *utzil,* 'bondad', que procede de *utz,* 'bueno'; *ajawil,* 'señorío', que proviene de *ajaw,* 'señor'; o *chanal,* 'altura', que deriva de *chan,* 'cielo'.

Acrofonía. Principio que usan algunos sistemas de escritura para inventar fonogramas o signos escriturarios fonéticos, tomando los primeros sonidos de determinadas palabras. En el caso de la escritura jeroglífica maya, el signo que representa la sílaba **ba** tiene la apariencia figurativa de una tuza, en virtud de que fue inventado a través del primer sonido de la palabra *baah,* 'tuza'. El signo que representa la sílaba **ch'o** tiene el aspecto pictórico de otro roedor, pues fue inventado a través del primer sonido de la palabra *ch'oj,* 'rata' o 'ratón'.[1]

Agencia. Es la capacidad de ejercer una acción eficaz sobre algún objeto, lugar, situación o criatura.

Alma. En este libro uso el término *alma* en su acepción latina de anĭma, 'soplo, aire, brisa, viento, aliento, respiración', toda vez que al menos expresa que se trata de un elemento material. Si bien dicha definición latina es incompleta, pues no expresa las capacidades psíquicas o intelectuales del *o'hlis* y de los *wahyis,* por lo que el concepto de **entidad anímica** es más adecuado, aunque también es imperfecto. A pesar de lo limitada que es la palabra "alma" cuando tratamos de explicar las ideas de los pueblos mayenses, su utilización al final resulta necesaria, en virtud de que no tenemos mejores palabras en español y facilita la comprensión del lector común o de a pie, que no es especialista en la cosmovisión mesoamericana.

Alógrafo. Variante de un signo escrito que es completamente diferente a otro desde el punto de vista formal o visual, pero mantiene el mismo valor de lectura, como por ejemplo la /A/ y la /a/ en nuestro sistema alfabético.

[1] Véase Alfonso Lacadena García-Gallo, "Historical Implications of the Presence of non-Mayan Linguistic Features in the Maya Script", en Laura van Broekhoven, Rogelio Valencia Rivera, Benjamin Vis y Frauke Sachse (eds.), *The Maya and their Neighbours. Internal and External Contacts Through Time. Proceedings of the 10th European Maya Conference. Leiden, December 9-10, 2005,* Markt Schwaben, Verlag Anton Saurwein, 2010 (Acta Mesoamericana, 22), pp. 29-39.

Anáfora. De acuerdo con las definiciones de Helena Beristáin Díaz[2] y de José Antonio Mayoral Ramírez,[3] "consiste en la repetición intermitente de una idea, ya sea con las mismas o con otras palabras", normalmente al principio de las frases y en secuencia continua. Por ejemplo: "el varón de los quichés, el varón de Rabinal".

Anecúmeno. De acuerdo con Alfredo López Austin,[4] se trata de una parte del universo que es privativa de los seres sagrados o sobrenaturales, hechos de materia sutil, ligera o imperceptible, que en maya yucateco se llama *k'uyel,* mientras que en chol, tzeltal y tzotzil recibe el nombre de *ch'ulel.* Es el tiempo-espacio "que se encuentra más allá de la percepción humana" y, desde luego, su existencia es anterior a la creación del mundo. Los seres del anecúmeno (dioses y fuerzas cósmicas) también pueden ubicarse de forma temporal o permanente en diversos rincones del mundo, como ocurre justamente en el interior del cuerpo humano, donde habitan y circulan por la sangre.

Centro anímico. De acuerdo con la definición clásica de Alfredo López Austin,[5] es "la parte del organismo humano en la que se supone existe una concentración de fuerzas anímicas, de sustancias vitales, y en la que se generan los impulsos básicos de dirección de los procesos que dan vida y movimiento al organismo y permiten la realización de las funciones psíquicas [...] estos centros [...] pueden corresponder o no a un órgano particular, pueden ser singulares o plurales dentro de cada organismo; en este último caso, pueden estar diferenciados por funciones, y aun jerarquizados".

Coesencia. Término acuñado originalmente por M. Esther Hermitte[6] para referirse a un animal, cometa o fenómeno meteorológico que se cree comparte su alma o conciencia con un ser humano o dios que la posee. Desde un inicio, este término fue de gran utilidad para explicar los fenómenos culturales conocidos como tonalismo y nagualismo. Recientemente López Austin ha enriquecido el concepto de coesencia, al distinguir entre **coesencia en primer grado** y **coesencia en segundo grado**.

Coesencia en primer grado. De acuerdo con Alfredo López Austin (comunicación personal, 16 de diciembre de 2016), se trata de la entidad anímica principal o esencial que tiene toda criatura de forma innata, es decir, su alma-corazón, **esencia** o semilla-corazón. Es la "verdadera coesencia

[2] *Diccionario de retórica y poética,* 8ª ed., México, Porrúa, 1997, p. 40.

[3] *Figuras retóricas,* Madrid, Síntesis, 1994, p. 113.

[4] "La cosmovisión de la tradición mesoamericana. Primera parte", ed. especial de *Arqueología Mexicana,* núm. 68, México, Raíces, 2016, pp. 79-81.

[5] *Cuerpo humano e ideología. Las concepciones de los antiguos nahuas,* 3ª ed., México, UNAM-IIA, 1989 (Serie Antropológica, 39), 2 vols.

[6] *Poder sobrenatural y control social en un pueblo maya contemporáneo,* México, Instituto Indigenista Interamericano, 1970 (Ediciones especiales, 57).

entre todos los individuos de una misma especie y entre ellos y su divinidad de origen, o sea su dios patrono o, en términos actuales, su padre-madre". En el caso de los mayas clásicos se trata del *oʔhlis*.

Coesencia en segundo grado. Corresponde a lo que originalmente fue definido como **coesencia** por M. Esther Hermitte.[7] Se trata de un componente anímico no innato, sino adquirido en el nacimiento o a lo largo de la vida. En el caso de los mayas clásicos es el *wahyis,* nagual, "espíritu auxiliar" o "familiar", aunque desconocemos los mecanismos y momentos de su adquisición o incorporación al individuo. Sirve entre otras cosas para individualizar o definir la personalidad de una criatura dentro de su especie, otorgándole características importantes "que no tienen los seres que comparten alma esencial con él". De acuerdo con López Austin (comunicación personal, 16 de diciembre de 2016), es la "unión que se forma entre dos seres al compartir el alma esencial de uno de ellos [por ejemplo mapache o zorro], que pasa a ser en el otro [el humano o el dios] una de sus almas complementarias (no esenciales)". El uso de este término comprende el nagualismo en un sentido muy amplio o laxo: tanto el nagualismo en sentido estricto, como el tonalismo.

Cognado. Palabras de diferentes idiomas emparentadas lingüísticamente o que tienen el mismo origen etimológico, aunque en su evolución histórica hayan seguido distintos derroteros fonológicos o semánticos; por ejemplo, *chan,* 'cielo', en cholano del periodo Clásico, *versus kaʔan,* 'cielo', en maya yucateco; *ihk',* 'negro', en cholano clásico, *versus éek',* 'negro', en maya yucateco; *ahk,* 'tortuga', en cholano de las inscripciones jeroglíficas, *versus áak,* 'tortuga', en maya yucateco.

Cognición. Capacidad de adquirir conocimiento por medio de la percepción y del pensamiento.

Complemento fonético. Signo fonético que se adjunta a un signo logográfico para indicar el sonido correcto con el cual comienza o finaliza la lectura de ese logograma. Por ejemplo, al logograma del número 'tres' /**3**/ se le puede adjuntar un complemento fonético para indicar que se lee 'tercero' /**3o**/, 'tercera' /**3a**/ o 'treceavo' /**3vo**/. Se trata de un recurso escriturario muy habitual o común en el caso de la escritura jeroglífica maya, como, por ejemplo, cuando se adjuntan un signo fonético /**wa**-/ y uno /-**ya**/ para indicar que el signo o jeroglifo T539 se lee como un logograma **WAY**, 'dormir' o 'sueño': /**wa-WAY-ya**/.

Componente anímico. Es una forma de referirse genéricamente tanto a las entidades como a las fuerzas anímicas, sin entrar en detalles de distinción.

Composición abierta, continua o secuencial. Dícese de aquellas composiciones pictóricas ejecutadas sobre soportes cilíndricos como columnas o vasos, donde los personajes se encuentran agrupados o formados unos

[7] *Idem.*

detrás de otros, sin existir un *locus* o lugar temático principal. Al ser una representación sin inicio ni fin explícito, el espectador puede observar la escena indistintamente, siguiendo cualquier orden.

Composición cerrada. Contrario a las composiciones abiertas; dícese de aquellas escenas con extremos o límites precisos establecidos por el pintor o por el soporte mismo, donde habitualmente hay un *locus* o lugar temático principal, en el que se encuentra el meollo de la representación. Aun en el caso de soportes cilíndricos, como columnas o vasos, el artista puede acotar los límites de una escena de este tipo, eliminando la relatividad en lo que atañe al principio y al final de la imagen.

Cualidad inefable. De acuerdo con Robert M. Hill II y Edward F. Fisher,[8] se trata de una condición, propiedad o virtud que "enlaza a los individuos, particularmente a los miembros de la élite, con las deidades, una variación local del concepto de hombre-dios mesoamericano". En este libro yo interpreto el componente corporal *ch'ahbis-ahk'abis,* 'ayuno-noche' (génesis), como una cualidad de este tipo, que al parecer se trata de un portentoso componente anímico, asociado con la regeneración del cosmos.

Cuerpo-carne. De acuerdo con Pedro Pitarch Ramón,[9] "es la unión de fluidos que forman un conjunto segregable en partes, un objeto sensible, pero sin capacidad de relación social con los demás seres, y que representa una cualidad sustancialmente homogénea entre humanos y animales". Se trata de un aspecto del cuerpo perceptible de materia densa, mundana o pesada, que sólo comienza a existir a partir del nacimiento, por medio del cual circula la sangre y que no tiene sentido por sí mismo, sino en virtud de que forma parte de otro elemento más grande, razón por la cual en las inscripciones mayas se relaciona con los llamados sufijos de posesión partitiva, que sirven para señalar que determinado objeto es parte de una totalidad mayor, como la sangre *(ch'ich')* y los huesos *(baak).*

Cuerpo-presencia. De acuerdo con Pedro Pitarch Ramón,[10] es "un sujeto activo de percepción, sentimiento y cognición, comprometido en una relación intersubjetiva con cuerpos de la misma especie". Se trata de todos aquellos aspectos del cuerpo perceptible, hecho de materia densa, mundana o pesada, cuya especificidad es que sirven para que el sujeto sea reconocible socialmente, como también para que él reconozca o perciba a los demás miembros de su especie. El cuerpo-presencia comienza a existir desde la concepción, por lo cual es innato, e incluye todo lo que tenga forma, anchura, longitud, volumen y profundidad. Aunque en las inscripciones mayas existen diversos componentes del cuerpo que encajan dentro

[8] "States of Heart. An Etnohistorical Approach to Kaqchikel Maya etnopsychology", *Ancient Mesoamerica,* vol. 10, núm. 2, otoño de 1999.

[9] *La cara oculta del pliegue. Antropología indígena,* México, Artes de México/Conaculta-DGP, 2013.

[10] *Idem.*

de esta definición, incluyendo la ropa y el nombre personal, yo considero que el *baahis,* 'frente, cabeza, cuerpo' o 'imagen' (incluso 'persona' o 'personalidad'), es el ejemplo por excelencia del cuerpo-presencia.

Difrasismo. Recurso léxico que algunas veces puede ser una figura retórica; consiste en la asociación de dos palabras diferentes con el fin de denotar un tercer significado, más amplio que el de los dos términos por separado. Ejemplos de difrasismos son los binomios *teˀ-tuun,* 'palo-piedra', cuyo significado verdadero es "castigo"; *pohp-tz'am,* 'estera-trono', que significa "poder político", o *k'an-yaˀx,* 'amarillo-verde', que equivale a "riqueza" o "majestad".

Dígrafo. Signo compuesto por dos signos unidos o asociados, los cuales pierden su valor de lectura anterior para generar un nuevo valor de lectura. Junto con el principio de acrofonía, es una estrategia muy corriente o habitual en los sistemas de escritura del mundo para inventar nuevos signos que tienen como fin representar sonidos que necesitan los usuarios del sistema. Por ejemplo, como en latín no existía el sonido "eñe", los escribas hablantes de catalán fabricaron un dígrafo especial para representar ese sonido: /ny/, mientras que los escribas franceses acuñaron otro dígrafo para representar el mismo sonido: /gn/. Tampoco existía en latín el sonido "che", por lo que los escribas hablantes de castellano inventaron el dígrafo /ch/ a fin de representar ese sonido que necesitaban. Varios signos del silabario maya jeroglífico fueron construidos de esa manera.[11]

Dios (mesoamericano). Según la definición de Alfredo López Austin, que sigo en este libro, se trata de un ser invisible o imperceptible a través de los sentidos en estado de conciencia ordinaria y de vigilia, cuyo origen es anterior a la creación del ecúmeno y está hecho de materia ligera o sutil. Además, posee capacidades de pensamiento, poder y voluntad. Su personalidad es tan semejante o cercana a la de los seres humanos que puede comunicarse con los hombres, comprender sus expresiones y ser afectado por la voluntad humana. Además, puede fisionarse en otros dioses o fusionarse con otros, para dar lugar a nuevas entidades divinas. En las inscripciones jeroglíficas mayas existen diversos seres anecuménicos que pueden encajar dentro de esta definición, entre ellos los *k'uh* o 'entidades sagradas', los *winkil,* 'dueños' o 'protectores sobrenaturales', los *kohknoˀm* o 'guardianes' (patronos tutelares de los gobernantes de Copán), así como las almas o entidades anímicas, entre las que se encuentran los *oˀhlis* u *oˀhlis k'uh,* 'dioses corazones', y *los wahyis,* 'naguales, "familiares"' o '**coesencias en segundo grado**'. Las enfermedades también caen dentro de esta categoría, toda vez "que son entidades invisibles con personalidad".[12] Una misma entidad puede presentarse alguna vez como *wahyis,*

[11] Véase Lacadena García-Gallo, "Historical Implications of...", *op. cit.*

[12] Véase Alfredo López Austin, "La cosmovisión de la tradición mesoamericana. Segunda parte", ed. especial de *Arqueología Mexicana,* núm. 69, México, Raíces, 2016, p. 18.

otra como *oʔhlis k'uh,* otra como *winkil* o simplemente como *k'uh,* dependiendo de su estado, pues no se trata de categorías excluyentes ni con límites tajantes. En suma, son seres invisibles con muy variados grados de importancia, pero con pensamiento, personalidad, poder, valores sociales y voluntad (características de los *agentes sobrenaturales* según Christian M. Prager),[13] que proceden del anecúmeno, aunque pueden residir temporal o permanentemente en determinados rincones del ecúmeno, incluyendo el interior del cuerpo humano (almas).

Ecúmeno. De acuerdo con Alfredo López Austin[14] significa "casa de las criaturas". Se trata del mundo en sí mismo, aquella parte del universo o dimensión espacio-temporal que se puede percibir a través de los sentidos en estado ordinario y de vigilia, pues las criaturas que habitan en él están hechas de materia densa o pesada, si bien todos llevan dentro de sus cuerpos dioses y fuerzas hechos de materia airosa o sutil, que son sus componentes anímicos.

Enálage o translación. Figura retórica morfosintáctica que "consiste en que ciertas palabras no adoptan la forma gramatical que habitualmente concuerda con las demás de la oración",[15] utilizando de forma impropia los casos, concordancias, conjugaciones o flexiones de algunas palabras de la oración.[16] Por ejemplo: "él comió; degusta la carne", donde ambos verbos se encuentran en tiempos diferentes.

Entidad anímica. De acuerdo con la definición clásica de Alfredo López Austin,[17] se trata de "una unidad estructurada con capacidad de independencia, en ciertas condiciones, del sitio orgánico en el que se ubica". Sus características son muy variadas. Pueden ser "singulares o plurales, divisibles o indivisibles, con funciones específicas, jerarquizables, materiales o 'inmateriales', separables o inseparables del organismo humano, perecederas o inmortales, trascendentes a la vida del ser humano o finitas en la medida de éste, y aun poseedoras de una conciencia distinta e independiente del ser humano al que pertenecen".

[13] Christian M. Prager, "Übernatürliche Akteure in der Klassischen Maya-Religion", tesis doctoral, Bonn, Universidad de Bonn-Facultad de Filosofía de la Rheinische Friedrich-Wilhelms, 2013; "A Study of the Classic Maya *k'uh* Concept", en Harri Kettunen *et al.* (eds.), *Tiempo detenido, tiempo suficiente. Ensayos y narraciones mesoamericanistas en homenaje a Alfonso Lacadena García-Gallo,* París, European Association of Mayanist, 2018 (Wayeb Publication 1), pp. 587-611.

[14] "La cosmovisión de… Primera parte", *op. cit.,* pp. 79-81.

[15] Beristáin Díaz, *op. cit.,* p. 495.

[16] Alfonso Lacadena García-Gallo, "Naturaleza, tipología y usos del paralelismo en la literatura jeroglífica", en Aurore Monod Becquelin, Alain Breton y Mario Humberto Ruz Sosa (eds.), *Figuras mayas de la diversidad,* Mérida, UNAM-Centro Peninsular en Humanidades y Ciencias Sociales/Laboratoire D'ethnologie et de Sociologie Comparative, Laboratoire D'archeologie des Ameriques, 2010 (Monografías, 10), p. 62.

[17] *Cuerpo humano e…, op. cit.*

Epigrafía. Disciplina filológica que estudia las inscripciones, es decir, los textos escritos sobre un soporte duro (concha, estuco, hueso, madera, piedra o metal), hechos mediante la técnica del grabado, labrado, incisión o modelado. No obstante, en el caso del estudio de los sistemas de escritura mesoamericanos, el término "epigrafía" se ha extendido para estudiar también textos pintados (sobre vasijas, códices, pintura mural, pintura rupestre, etc.), pues se ha encontrado que, aunque cambien de técnica o de soporte, nada cambia sobre su funcionamiento o comportamiento estructural interno.

Esencia. Para los propósitos de los temas relacionados con la cosmovisión indígena, Alfredo López Austin (comunicación personal, 16 de diciembre de 2016) ha definido este término de la manera siguiente: "es el conjunto de cualidades originarias, invariables y necesarias de un ser, o sea sin las cuales pierde su naturaleza". En las tradiciones míticas mesoamericanas las esencias de clase o de especie "son aquellas que identifican a todos los individuos que la componen a partir de las generaciones, y que por lo tanto sirven para distinguirlos de los individuos de especies diferentes". Es lo mismo que **coesencia en primer grado**. En el caso de los mayas del periodo Clásico se trata del *o'hlis,* que se creía innato.

Espíritu. En este libro uso este término en su acepción latina de spirĭtus, 'soplo, aire', toda vez que expresa que se trata de un elemento material. Aunque tiendo a identificar "espíritu" con fuerza anímica y "alma" con entidad anímica, confieso que no he sido muy estricto en lo que se refiere al "espíritu"; por ejemplo, cuando uso el término de "espíritu auxiliar", acuñado por Daniel Moreno Zaragoza[18] para referirse a la entidad anímica *wahyis* o *lab.*

Estativo o predicado no verbal. Situación lingüística muy habitual en los idiomas de la familia mayance, según la cual un adjetivo o sustantivo ocupa la posición sintáctica que debe tener un verbo, produciendo que el sujeto de la oración adquiera la condición o atributo al que se refiere ese sustantivo o adjetivo. Por ejemplo, en el caso de la frase *k'ahk' tiliw chan Yopaat,* '[el dios del rayo] Yopaat es el fuego que quema el cielo', donde el sustantivo *k'ahk',* 'fuego', se encuentra en el lugar de la frase donde debe ir un verbo, produciendo el efecto de que Yopaat 'es el fuego' o que 'él es el fuego'.

Fuerzas (sagradas o anecuménicas). De acuerdo con el punto de vista de Alfredo López Austin, se trata de elementos sagrados, invisibles o imperceptibles a través de los sentidos en estado de conciencia ordinaria y de vigilia, cuyo origen es anterior a la creación del ecúmeno y están hechos de materia ligera y sutil. Pero a diferencia de los dioses, carecen de perso-

[18] "Los espíritus del sueño. *Wahyis* y enfermedad entre los mayas del periodo Clásico", tesis de licenciatura en arqueología, México, INAH/ENAH, 2011.

nalidad, poder y voluntad. Se trata de componentes energéticos y vitales, que por ello "permiten la acción y el crecimiento". Tienen su origen en el anecúmeno, pero también transitan por diversos espacios del ecúmeno, incluyendo el interior de los dioses y de las criaturas. Finalmente, pueden ser incrementadas, mermadas, transmitidas o extraídas "voluntaria o involuntariamente"[19] y se pueden potenciar por la acción del trabajo. Ejemplos concebidos por el propio López Austin son: "(a) la fuerza que emana de las imágenes de los dioses, o actualmente de las de los santos, que impregna sus ropas; las ropas ya no utilizadas por las imágenes pueden ser usadas como reliquia o pueden causar daño a quien se expone a ellas. (b) la fuerza que se potencia con el trabajo de la oración o de la danza, y que se entrega como ofrenda a los dioses; (c) otro ejemplo también es la fuerza que se potencia con el *téquitl* en los trabajos en que un vecino hace a otro como colaboración de reciprocidad en una comunidad. Otro ejemplo (d) son los efectos benéficos que se hacían con el aliento al maíz para que tuviera la fuerza suficiente para ser cocido, o (e) en la actualidad, los buenos o malos efectos (de carácter físico) que se causan a una persona con las buenas o malas palabras, por ejemplo, entre los mochós".[20]

Fuerza anímica. De acuerdo con Roberto Martínez González,[21] se trata de "aquellos elementos que, no siendo cuantificables ni individualizables, dotan de vida a la persona sin estar, por ello, directamente ligados a las funciones intelectuales [... están] vinculadas con fuentes externas que les permiten regenerarse y renovarse durante los ciclos ordinarios de la vida humana [como la respiración y el calor]". Se trata de las mismas fuerzas anecuménicas definidas en la entrada anterior, pero en su condición de morar en el interior de las criaturas.

Gramema. De acuerdo con Elizabeth Luna Trail, Alejandra Vigueras Ávila y Gloria Estela Baez Pinal,[22] se trata de un "morfema con significado gramatical que se une al lexema para indicar los accidentes gramaticales del sustantivo y del adjetivo (género y número) y del verbo (modo, tiempo, persona, número)".

Hipérbaton. Recurso retórico que consiste en la alteración "del orden sintáctico habitual de distintos elementos que componen una frase, con el propósito de crear un efecto poético".[23]

[19] "La cosmovisión de... Segunda parte", *op. cit.*, p. 13.

[20] Alfredo López Austin, comunicación personal, 10 de septiembre de 2018.

[21] "Las entidades anímicas en el pensamiento maya", *Estudios de Cultura Maya,* vol. XXX, 2007.

[22] *Diccionario básico de lingüística,* México, UNAM-IIFL-Centro de Lingüística Hispánica "Juan M. Lope Blanch", 2005, p. 689.

[23] La cita es mía, tomada de Alfonso Lacadena García-Gallo, "Syntactic Inversion (Hyperbaton) as a Literary Device in Maya Hieroglyphic Texts", en Kerry M. Hull y Michael D. Carrasco (eds.), *Parallel Worlds: Genre, Discourse, and Poetics in Contemporary, Colonial, and Classic Maya Literature,* Boulder, University Press of Colorado, 2012, p. 45.

Lexema. De acuerdo con Elizabeth Luna Trail, Alejandra Vigueras Ávila y Gloria Estela Baez Pinal,[24] es el "morfema portador del significado léxico de la palabra, que generalmente aparece ligado a gramemas de género, número, tiempo o persona".

Logograma. Signo que representa una palabra completa o, a veces, un lexema. Como por ejemplo /**4**, **°**, **#**, **∞**, **9**, **%**, **@**/, etc. A diferencia de los fonogramas, que representan sólo sonidos sin significado, por ejemplo /**a**, **b**, **c**, **ch**, **d**, **e**/, etc., los logogramas no solamente tienen sonido o pronunciación en un idioma determinado, sino significado léxico. La escritura jeroglífica maya hizo acopio de un gran número de logogramas, como por ejemplo /**AK'AB**, 'noche', **HUL**, 'llegar a', **TOLOK**, 'basilisco, **SAK**, 'blanco'/, etcétera.

Logosilábico. Se refiere a un sistema de escritura en cuyo repertorio de signos predominan los logogramas (signos que representan palabras) y los silabogramas (signos que representan sílabas). Normalmente un sistema logosilábico cuenta con algunos centenares de signos. Se trata de sistemas de escritura muy habituales y comunes a lo largo del mundo, como por ejemplo el sumerio, el acadio, el asirio, el hitita cuneiforme, el luvita jeroglífico, el japonés, el de la Isla de Pascua (rongo-rongo), el maya, el náhuatl, etc. Algunos autores usan el término **sistema jeroglífico** como sinónimo de **sistema logosilábico**, entre ellos por ejemplo Yuri V. Knorozov.[25]

Mayance. Es el término que acuñó el lingüista Leonardo Manrique Castañeda, en analogía con "romance", para referirse al conjunto de los idiomas (y sus respectivos dialectos) que forman parte de la familia lingüística derivada del protomaya o maya común (idioma hablado hacia 2200 a.C., probablemente en los Altos Cuchumatanes de Guatemala). Se utiliza como adjetivo, para decir, por ejemplo, "lenguas mayances" o "idioma mayance".

Mayense. En contraste con el anterior, este adjetivo no alude al aspecto lingüístico de las sociedades mayas, sino al nivel étnico o gentilicio. En este libro yo lo aplico, por ejemplo, en casos como "culturas mayenses, esfera cultural mayense, grupos mayenses, pueblos mayenses" o "sociedades mayenses".

Polivalencia. Fenómeno muy común en los sistemas de escritura del mundo que consiste en que un signo puede tener más de un valor de lectura, dependiendo de su contexto o de los complementos fonéticos que lo acompañen. Por ejemplo, nuestro signo /**V**/ puede tener la lectura de "[letra] ve", de "[sonido] v" y de "cinco [romano]". Un ejemplo relevante para los propósitos de este libro es el jeroglifo maya T506 del catálogo de J. Eric S.

[24] *Diccionario básico de lingüística, op. cit.*, p. 819.

[25] *La antigua escritura de los pueblos de la América Central,* México, Fondo de Cultura Popular, 1954 (Biblioteca Obrera).

Thompson,[26] que tiene las lecturas alternativas de "**OL**, *o'hl*", 'corazón formal, centro' o 'ánimo' y de "**WAJ**, *waaj*", 'tamal' o 'tortilla'.

Posesión partitiva o de parte totalidad. De acuerdo con Stephen D. Houston, John Robertson y David S. Stuart,[27] y con Lucero Meléndez Guadarrama,[28] se trata de un tipo de posesión que en la lengua de las inscripciones sirve para marcar que un elemento u objeto forma parte de algo más grande; es decir, que se trata apenas del fragmento de un todo, como lo puede ser una parte del cuerpo, o la parte de un edificio, tal como pasa con *uch'ich'el nak palawaj,* 'la sangre de aquel que puso en alto el mar' (figura I.1), y *ubaakel bahlam,* 'el hueso del jaguar' (figura I.2). No la sangre o el hueso que alguien adquirió por donación, compra o cacería, sino aquello que se encuentra en su propio cuerpo.

Rebus* o principio de *rebus. Principio que existe en muchos sistemas de escritura del mundo, según el cual un determinado logograma se utiliza no por su significado, sino aprovechando su valor de lectura, a fin de designar otras palabras homófonas o casi homófonas. En la escritura jeroglífica maya un ejemplo de esto es el signo T183 del catálogo de J. Eric S. Thompson, que representa un incensario, y por ello recibe la lectura de **EL**, 'quemar'. Mediante el principio de *rebus* el mismo jeroglifo **EL** puede adquirir el sentido secundario de 'salir, subir, ascender' o 'levantarse', pues ambas palabras son homófonas: *el,* 'quemar' y *el,* 'subir'. Ejemplos típicos en el sistema de escritura alfabética español son salu**2**, tor**P2**, **K**sadilla, etc. A lo largo de la historia el ***rebus*** también ha recibido los nombres de *escritura ikonomática, principio de charada* o *transferencia fonética.*

Signo. Se trata de la unidad básica y funcional de un sistema de escritura, por ejemplo, nuestros signos /**l**, **=**, **7**, **e**, **m**, **#**, **@**, **z**, **&**/, etc. Teóricamente debería ser sinónimo de "glifo" en lo que atañe a los sistemas de escritura mesoamericanos. No obstante, los estudiosos de las culturas prehispánicas no siempre usan la palabra "glifo" con el significado de "signo escriturario discreto", sino que hacen un uso indiscriminado y muy poco sistemático del término, como ocurre, por ejemplo, en el concepto de "glifo emblema", composición o bloque donde en realidad intervienen dos, tres o más signos (ver el ejemplo de la figura I.8, donde el llamado "glifo emblema" de Ceibal contiene cuatro signos o jeroglifos). Peor aún, exis-

[26] *A Catalog of Maya Hieroglyph,* Norman, University of Oklahoma Press, 1962 (The Civilization of the American Indian Series).

[27] *Quality and Quantity in Glyphic Nouns and Adjectives (Calidad y cantidad en sustantivos y adjetivos glíficos),* Washington, Center for Maya Research, 2001 (Research Reports on Ancient Maya Writing, 47), pp. 9 y 30-32.

[28] "La posesión lingüística en la lengua de las inscripciones mayas clásicas", tesis de maestría, México, UNAM-FFYL/IIFL-Posgrado en Estudios Mesoamericanos, [2006] 2007, pp. 68-71. Consultado en http://www.wayeb.org/download/theses/melendez_2007.pdf.

ten autores que aplican indiscriminadamente la palabra "glifo" a determinadas pinturas mesoamericanas (especialmente las de estilo o formato conceptual), sin preguntarse si se trata de signos de escritura. Razón por la que yo prefiero evitar la palabra "glifo" y en su lugar hablo de "signo" o incluso de "jeroglifo", vocablo, este último, que sí es reconocido por la gramatología o ciencia que estudia los sistemas de escritura. Mientras que "jeroglifo" es el sustantivo (*hieroglyph,* en inglés), "jeroglífico" o "jeroglífica" es el adjetivo (*hieroglyphic,* en inglés). Conviene aclarar que en este libro utilizo el término "signo" en su acepción gramatológica, no en un sentido lingüístico o semiótico. En una mesa de discusión que sostuvimos el 10 de octubre de 2017, en el Museo Nacional de las Culturas del Mundo del INAH, y en el marco del "III Encuentro Internacional de Gramatología: homenaje a Alfonso Lacadena García-Gallo", llegamos al consenso de llamar "signo" a la unidad básica y funcional de un sistema de escritura.

Silabograma. Signo que representa un sonido silábico, que puede ser de tipo abierto (terminado en vocal) o cerrado (terminado en consonante), según el sistema de escritura del mundo de que se trate. En el caso de los mayas antiguos, su sistema de escritura tan sólo tenía silabogramas abiertos, pues adoptaban una estructura consonante + vocal (CV), como por ejemplo /**hi**, **la**, **so**, **pi**, **ba**, **ˀe**, **ki**, **ch'o**/, etc. Aunque la oclusiva glotal /ˀ/ es una consonante de los idiomas mayances, en este libro preferí omitirla cuando va al comienzo de un silabograma (**ˀa**, **ˀe**, **ˀi**, **ˀo**, **ˀu**) o al inicio de una palabra (por ejemplo, *ˀajaw, ˀek'* u *ˀoˀhlis*), a fin de hacer un poco más accesible esta obra para el público, que de por sí ya es compleja.

Silabograma armónico o sinarmónico. Es un silabograma que opera como complemento fonético de un logograma, y la vocal de ese silabograma es exactamente la misma que la última vocal del logograma complementado, por ejemplo, /**K'IN-ni**, *K'in,* 'Sol', **PALAW-wa**, *palaw,* 'océano', **WITZ-tzi**, *witz,* 'cerro'/. Aunque Yuri V. Knorozov[29] descubrió este fenómeno en la década de 1950, al que denominó como "principio de armonía vocálica", fue hasta 1998 cuando Stephen D. Houston, David S. Stuart y John Robertson descubrieron que la complementación fonética armónica o sinarmónica servía como una regla ortográfica para escribir palabras con vocal corta, sencilla o simple, como justamente pasa con *K'in, palaw* y *witz.*

Silabograma disarmónico. Es lo opuesto a lo anterior; consiste en un silabograma que opera como complemento fonético de un logograma, pero la vocal del logograma no coincide con la última vocal del logograma, por ejemplo, /**TUN-ni**, *tuun,* 'piedra', **ICH'AK-ki**, *ihch'aak,* 'garra', 'uña' o **K'AWIL-la**, *K'awiil,* 'dios K'awiil'/. En 1998 Stephen D. Houston, David S. Stuart y John Robertson propusieron que se trataba de una regla

[29] *La antigua escritura…, op. cit.*

ortográfica para escribir palabras cuya última vocal es larga, como ocurre en los ejemplos anteriores: *tuun, ihch'aak* y *K'awiil.* Años más tarde Alfonso Lacadena García-Gallo y Søren Wichmann[30] propusieron que existían ejemplos de ortografía disarmónica cuyo fin no era representar palabras con vocal larga, sino rearticuladas o glotalizadas, por ejemplo / **SIJOM-ma**, *sijoʔm,* 'flor de tornamilpa', **CHAPAT-tu**, *chapaʔht,* 'ciempiés', **CH'EN-na**, *ch'eʔn,* 'cueva, pozo' o 'roca'/, modelo que sigo en este libro, si bien se trata de un debate abierto.

Sintagma. Elizabeth Luna Trail, Alejandra Vigueras Ávila y Gloria Estela Baez Pinal[31] definen este concepto de la siguiente manera: "combinación de dos o más elementos lingüísticos entre los que se establecen relaciones gramaticales basadas en el carácter lineal de la lengua".

Sobrenaturaleza. "Propongo tres notas definitorias de lo que puede entenderse por 'sobrenaturaleza', mismas que creo se ajustan específicamente al ámbito de la religión mesoamericana. La 'sobrenaturaleza' es una entidad: *a)* compuesta por una sustancia que es imperceptible para los seres humanos en condiciones normales de vigilia, *b)* que ejerce una acción eficaz sobre el mundo perceptible, y *c)* cuyo origen es anterior a la creación del mundo".[32] "No considero que [sobrenatural] sea un término adecuado, pues lleva implícita la idea de exclusión a las leyes que rigen el cosmos [...] tanto los dioses como las fuerzas provenientes del otro mundo están sujetos a las leyes que establecen el orden cósmico. Por lo tanto, prefiero designar a estos entes como imperceptibles".[33]

Sustitución fonética. Se trata de una forma de escribir determinada palabra prescindiendo de cualquier logograma y utilizando para ello solamente silabogramas, por ejemplo /**8**/ se puede sustituir fonéticamente por /ocho/; /**@**/ se puede sustituir fonéticamente por /arroba/ o /**X**/, que se puede sustituir fonéticamente por /diez/. En la escritura jeroglífica maya pasa exactamente lo mismo: /**BALAM**/ se puede sustituir silábica o fonéticamente por /**ba-la-ma**/, 'jaguar'; /**WITZ**/ se puede sustituir silábica o fonéticamente por /**wi-tzi**/, 'cerro'; /**OK**/ se puede sustituir silábica o fonéticamente por /**o-ki**/, 'pie'.

Sufijo temático para verbos intransitivos de raíz. Se trata de un sufijo que sirve para señalar que determinado verbo es un intransitivo común. El sufijo en cuestión es /*-i*/, pero no tiene implicaciones en la traducción al español, por ejemplo *chami,* 'morir', *tali,* 'llegar de', *ehmi,* 'descender' o 'bajar', *ochi,* 'entrar', *huli,* 'llegar a', etcétera.

[30] "On the Representation...", *op. cit.*

[31] *Op. cit.*, p. 209.

[32] Alfredo López Austin, "Herencia de distancias", en Alessandro Lupo y Alfredo López Austin (eds.), *La cultura plural. Reflexiones sobre diálogo y silencios en Mesoamérica (homenaje a Italo Signorini),* México, UNAM-IIA/Universitá di Roma "La Sapienza", 1998, p. 66.

[33] López Austin, "La cosmovisión de... Primera parte", *op. cit.*, pp. 82-83.

Sustantivos inalienables. Se trata de sustantivos que designan partes del cuerpo cuyo estado habitual es estar acompañados por pronombres posesivos, como por ejemplo *uk'ab,* 'su mano', *uwahy,* 'su nagual' o *yoˀhl,* 'su alma corazón'. Cuando no están acompañados por un pronombre posesivo inmediatamente adquieren el sufijo /*-is*/ en el caso de la lengua oficial de las inscripciones, como pasa con *k'abis,* 'mano', *wahyis,* 'nagual' u *oˀhlis,* 'alma corazón'. En pocomchí moderno este tipo de sustantivos incluyen no sólo ciertas partes del cuerpo, sino la ropa y las enfermedades, así como acciones y sustantivos que se relacionan con las emociones.[34]

Sustantivos neutros. Son aquellos sustantivos que no adoptan sufijo alguno ni en su forma absoluta ni cuando están acompañados por pronombres posesivos, salvo en la llamada "posesión íntima".[35] Un ejemplo es la palabra maya yucateca 'elote', que en su forma absoluta es *nal,* en su forma poseída puede ser *inal,* 'mi elote', *anal,* 'tu elote', o *unal,* 'su elote', y solamente admite un sufijo /*-il*/ en la posesión íntima, como ocurre por ejemplo con *unalil kool,* 'la mazorca de la milpa'.

Teosíntesis. De acuerdo con Simon Martin,[36] es la "convergencia [unión, combinación o insersección] pictórica de una deidad, criatura, objeto o material". Es decir, se trata de la combinación de rasgos iconográficos de distintas deidades o criaturas en la representación de una sola entidad pictórica o escultórica, situación que de hecho es muy habitual en el arte maya. Por ejemplo, en la representación del *oˀhlis* antropomorfo de K'ihnich Janaab Pakal I (*ca.* 615-683 d.C.), contraparte sutil de su cuerpo-presencia ecuménico, en la lápida del sarcófago del Templo de las Inscripciones de Palenque (figura IV.20), donde convergen los rasgos iconográficos de al menos dos deidades: el dios del maíz y Unen K'awiil.

Variante de cabeza, animada o personificada. Cada uno de los signos o jeroglifos de la escritura maya tiene versiones animadas o personificadas (en casos extremos de virtuosismo caligráfico, hasta de cuerpo completo), que simplemente son **alógrafos** (véase arriba) de sus versiones más abstractas, simplificadas o geométricas, pero conservan todos —a pesar de ser visualmente diferentes— un mismo valor de lectura.

[34] Romelia Mó Isém, "Fonología y morfología del poqomchi' occidental", tesis de licenciatura en lingüística, Guatemala, Universidad Rafael Landívar-Facultad de Humanidades-Departamento de Letras y Filosofía, 2006, pp. 71-73 y 293.

[35] Véase Alfonso Lacadena García-Gallo, "Gramática maya jeroglífica", material didáctico inédito elaborado con motivo de los talleres de escritura jeroglífica maya que tuvieron lugar en el marco de la 15th European Maya Conference, Madrid, Museo de América, del 30 de noviembre al 2 de diciembre de 2010, p. [3].

[36] "The Old Man of the Maya Universe: A Unitary Dimension to Ancient Maya Religion", en Charles Golden, Stephen D. Houston y Joel Skidmore (eds.), *Maya Archaeology 3,* San Francisco, Precolumbia Mesoweb Press, 2015, p. 210.

Variante geométrica. Son **alógrafos** (véase arriba), variantes o versiones relativamente simplificadas, geometrizadas y a veces abstractas o simétricas de los signos o jeroglifos. Por contraste con los alógrafos animados o personificados. Unos alógrafos y otros conservan su mismo valor de lectura, no importa cuán básicos o personificados sean en sus diseños.

Verbos causativos. Se refiere a verbos transitivos que en realidad provienen de verbos posicionales a los que se les añadió el sufijo */-bu/*. Por ejemplo, *hekbu,* 'colgar', que procede del verbo posicional *hek,* 'colgarse'; *patbu,* 'formar' o 'construir', que proviene del verbo posicional *pat,* 'formarse' o 'construirse'; o *tz'akbu,* 'ordenar', que deriva del verbo posicional *tz'ak,* 'ordenarse'. Un nuevo grupo de sufijos causativos en las inscripciones mayas *(-es/-se)* ha sido documentado por Marc U. Zender.[37]

Verbos de movimiento, de dirección o cambio de estado. Son una categoría de verbos intransitivos que aluden al desplazamiento o transformación de un sujeto gramatical, tales como *ehm,* 'descender', *k'a?,* 'perderse' o 'acabarse', *lok',* 'salir', *pul,* 'arder', o *t'ab,* 'subir'.

Verbos posicionales. Son una categoría de verbos intransitivos que describen la postura y forma de alguna persona u objeto, como por ejemplo *chum,* 'sentarse', *ham,* 'abrirse', *hek,* 'colgarse', *pak,* 'yacer bocabajo', *pat,* 'construirse', *tz'ak,* 'ordenarse', o *wa?,* 'estar de pie'.

Volición. Es la facultad y acto de deseo, voluntad o determinación que tiene una persona.

[37] "The Classic Mayan Causative", *The PARI Journal,* vol. XX, núm. 2, 2019, pp. 28-40.

BIBLIOGRAFÍA

Acuña, Mary Jane, "Royal Death, Tombs, and Cosmic Landscapes: Early Classic Maya Tomb Murals from Río Azul, Guatemala", en Charles Golden, Stephen D. Houston y Joel Skidmore (eds.), *Maya Archaeology 3,* San Francisco, Precolumbia Mesoweb Press, 2015, pp. 168-185.

Acuña Sandoval, René, *Introducción al estudio del* Rabinal Achí, México, UNAM-IIFL/Centro de Estudios Mayas, 1975 (Cuaderno, 12).

——, *Farsas y representaciones escénicas de los mayas antiguos,* México, UNAM-IIFL/Centro de Estudios Mayas, 1978 (Cuaderno, 15).

——, *Bocabulario de Maya Than. Codex Vindononensis n.s. 3833,* René Acuña Sandoval (ed.), México, UNAM-IIFL/Centro de Estudios Mayas, 1993 (Fuentes para el Estudio de la Cultura Maya, 10).

Adams, Richard E. W., "A Polychrome Vessel from Altar de Sacrificios, Peten, Guatemala", *Archaeology,* vol. 16, núm. 2, 1963, pp. 90-92.

——, *The Ceramics of Altar de Sacrificios,* Cambridge, Harvard University/ The Peabody Museum, 1971 (Papers of the Peabody Museum of Archaeology and Ethnology, vol. 63, núm. 1).

——, "Comments on the Glyphs Texts of the 'Altar Vase'", *Social Process in Maya Prehistory,* 1977, pp. 412-420.

Akkeren, Ruud van, "Sacrifice at the Maize Tree. *Rab'inal Achi* in its Historical and Symbolic Context", *Ancient Mesoamerica,* vol. 10, núm. 2, 1999, pp. 281-295.

——, "El baile-drama *Rab'inal Achi.* Sus custodios y linajes de poder", *Mesoamérica,* núm. 40, 2000, pp. 1-39.

Alatorre Reyes, Daniel, "Estudio comparativo de los ritos de ascenso al poder de los gobernantes nahuas, k'iche'anos y mixtecos", tesis de doctorado en estudios mesoamericanos, México, UNAM-FFyL-Posgrado en Estudios Mesoamericanos, 2019.

Álvarez Lomelí, María Cristina, *Diccionario etnolingüístico del idioma maya yucateco colonial,* vol. I, *Mundo físico,* México, UNAM-IIFL/Centro de Estudios Mayas, 1980.

——, *Diccionario etnolingüístico del idioma maya yucateco colonial,* vol. III, *Aprovechamiento de los recursos naturales,* México, UNAM-IIA, 1997.

Ara, fray Domingo de, *Vocabulario en lengua tzeltal según el orden de Copanabastla,* Mario Humberto Ruz Sosa (ed.), México, UNAM-IIFL/Centro de Estudios Mayas, 1986 (Fuentes para el Estudio de la Cultura Maya, 4).

Arzápalo Marín, H. Ramón, *El ritual de los Bacabes,* México, UNAM-IIFL/Centro de Estudios Mayas, 1987 (Fuentes para el Estudio de la Cultura Maya, 5).

Arzápalo Marín, H. Ramón, *Calepino de Motul. Diccionario maya-español,* México, UNAM-DGAPA/IIA, 1995.

——, *El ritual de los Bacabes,* Mérida, UNAM-Coordinación de Humanidades-Centro Peninsular en Humanidades y Ciencias Sociales/Ayuntamiento de Mérida, 2007.

Asensio Ramos, Pilar, "Iconografía y ritual de los *wayoob:* ideas en torno al alma, la regeneración y el poder en ceremonias del Clásico Tardío", en Andrés Ciudad Ruiz, María Josefa Iglesias Ponce de León y Miguel Sorroche Cuerva (eds.), *El ritual en el mundo maya: de lo privado a lo público,* Madrid, Universidad Complutense-Facultad de Geografía e Historia-Departamento de Historia de América II (Antropología de América)-Sociedad Española de Estudios Mayas/Grupo de Investigación Andalucía-América/Patrimonio Cultural y Relaciones Artísticas/UNAM-Centro Peninsular en Humanidades y Ciencias Sociales, 2010, pp. 263-283.

——, "El *way* en la cerámica polícroma del clásico tardío maya", tesis doctoral, Madrid, Universidad Complutense-Facultad de Geografía e Historia-Departamento de Historia de América II, 2014 (Antropología de América). Consultado en http://eprints.ucm.es/30067/.

Aulie, H. Wilbur, y Evelyn W. de Aulie, *Diccionario ch'ol,* México, Instituto Lingüístico de Verano/SEP-Dirección General de Servicios Educativos, 1978 (Vocabularios Indígenas, 21).

Avendaño y Loyola, fray Andrés, *Relación de las dos entradas que hice a la conversión de los gentiles ytzáex, y cehaches,* Verlag Anton Saurwein, Markt Schwaben, 1997 (Fuentes Mesoamericanas, 1).

Ayala Falcón, Maricela, "El origen de la escritura jeroglífica maya", en Lorenzo Ochoa Salas y Thomas A. Lee (eds.), *Antropología e historia de los mixe-zoques y mayas (homenaje a Franz Blom),* México, UNAM-IIFL/Centro de Estudios Mayas/Brigham Young University, 1983, pp. 175-221.

Barrera Vásquez, Alfredo, *El libro de los cantares de Dzitbalché,* México, INAH, 1965 (Investigaciones, 9).

——, "La ceiba-cocodrilo", *Anales del Museo Nacional de México (1974-1975),* vol. 5, núm. 53, 1976, pp. 187-208.

—— (dir.), *Diccionario maya Cordemex. Maya-español. Español-maya,* Juan Ramón Bastarrachea Manzano y William Brito Sansores (redactores), Refugio Vermont Salas, David Dzul Góngora y Domingo Dzul Poot (colaboradores), Mérida, Ediciones Cordemex, 1980.

Barrera Vásquez, Alfredo, y Silvia Rendón, *El libro de los libros de Chilam Balam,* México, FCE, 1984 (Lecturas Mexicanas, 38).

Barthel, Thomas S., "Der Morgensternkult in den Darsterllungen der Dresdener Mayahand-scrift", *Ethnos,* vol. 17, 1952, pp. 73-112.

Bartolomé Bistoletti, Miguel A., y Alicia M. Barabas Reyna, "Introducción. Los sueños y los días. Chamanismo y nahualismo en el México actual", en Miguel A. Bartolomé Bistoletti y Alicia M. Barabas Reyna (coords.),

Los sueños y los días. Chamanismo y nahualismo en el México actual. II. Pueblos mayas, México, INAH, 2013 (Colección Etnografía de los Pueblos Indígenas de México, Serie Ensayos), pp. 15-48.

Bartolomé Bistoletti, Miguel A., y Alicia M. Barabas Reyna, "Los mayas de Yucatán y Chiapas", en Miguel A. Bartolomé Bistoletti y Alicia M. Barabas Reyna (coords.), *Los sueños y los días. Chamanismo y nahualismo en el México actual. II. Pueblos mayas,* México, INAH, 2013 (Colección Etnografía de los Pueblos Indígenas de México, Serie Ensayos), pp. 49-56.

Basseta, fray Domingo, *Diccionario en lengua quiché,* René Acuña Sandoval (ed.), México, UNAM-IIFL/Centro de Estudios Mayas, 2005 (Fuentes para el Estudio de la Cultura Maya, 18).

Bastarrachea Manzano, Juan Ramón, "Catálogo de deidades encontradas entre los mayas peninsulares, desde la época prehispánica hasta nuestros días", México, UNAM-Coordinación de Humanidades-Seminario para el Estudio de la Escritura Maya, 1970 (mecanoescrito inédito).

Bastarrachea Manzano, Juan Ramón, Ermilo Yah Pech y Fidencio Briceño Chel, *Diccionario básico español-maya-español,* 4ª ed., Mérida, Maldonado Editores, 1998. Consultado en http://www.mayas.uady.mx/diccionario/.

Baudez, Claude F., *Maya Sculpture of Copán. The Iconography,* Norman/Londres, University of Oklahoma Press, 1994.

——, "Los cautivos mayas y su destino", en Enrique Nalda Hernández (ed.), *Los cautivos de Dzibanché,* México, INAH, 2004, pp. 57-77.

Baudez, Claude F., y Peter L. Matthews, "Capture and Sacrifice at Palenque", en Merle Greene Robertson y Donnan Call Jeffers (eds.), *Tercera Mesa Redonda de Palenque, 1978,* Monterrey, Pre-Columbian Art Research Center, 1979, pp. 31-40.

Becerra Sánchez, Marcos E., *Vocabulario de la lengua chol,* México, SEP/Talleres Gráficos de la Nación, 1937 (Publicaciones del Museo Nacional de México).

Beetz, Carl P., y Linton Satterthwaite, *The Monuments and Inscriptions of Caracol, Belize,* Filadelfia, University of Pennsylvania-The University Museum, 1981 (University Museum Monograph, 45).

Beliaev, Dmitri, y Albert Davletshin, "Los sujetos novelísticos y las palabras obscenas: los mitos, los cuentos y las anécdotas en los textos mayas sobre cerámica del periodo Clásico", en Rogelio Valencia Rivera y Geneviève Le Fort (eds.), *Sacred Books, Sacred Languages. Two Thousand Years of Ritual and Religious Maya Literatura. Proceedings of the 8th European Maya Conference. Madrid, November 25-30, 2003,* Markt Schwaben, Verlag Anton Saurwein, 2006 (Acta Mesoamericana, 18), pp. 21-44.

——, "'It Was Then That That Which Had Been Clay Turned into a Man': Reconstructing Maya Anthropogonic Myths", *Slovak Journal of the Study of Religion,* vol. 9, núm. 2, 2014, pp. 2-12.

Beliaev, Dimitri, y Mónica de León Antillón, "Informe final núm. 1. Temporada abril-mayo 2013. Proyecto Atlas Epigráfico de Petén, Fase I", presentado a la Dirección General de Patrimonio Cultural y Natural y al Departamento de Monumentos Prehispánicos y Coloniales, Guatemala, Centro de Estudios Mayas Yuri Knórosov, 2013.

Beliaev, Dmitri, y Stephen D. Houston, "A Sacrificial Sign in Maya Writing", *Decipherment Blog. Mesoweb*, 2020. Consultado en https://mayadecipherment.com/2020/06/20/a-sacrificial-sign-in-maya-writing/.

Beltrán de Santa Rosa María, Pedro, *Arte del idioma maya y semilexicón yucateco,* René Acuña Sandoval (ed. y notas), México, UNAM-IIFL/Centro de Estudios Mayas, [1746] 2002 (Fuentes para el Estudio de la Cultura Maya, 17).

Benavente "Motolinía", fray Toribio de, *Memoriales o libro de las cosas de la Nueva España y de los naturales de ella,* México, UNAM-IIH, 1971 (Serie Historiadores y Cronistas de Indias 2).

Benavides Castillo, Antonio, Sara Novelo Osorno, Nikolai Grube y Carlos Pallán Gayol, "Nuevos hallazgos en la región Puuc. Sabana Piletas y su escalinata jeroglífica", *Arqueología Mexicana,* vol. XVII, núm. 97, 2009, pp. 77-83.

Beristáin Díaz, Helena, *Diccionario de retórica y poética,* 8ª ed., México, Porrúa, 1997.

Berlo, Janet Catherine, "Conceptual Categories for the Study of Texts and Images in Mesoamerica", en Janet Catherine Berlo (ed.), *Text and Image in Pre-Columbian Art. Essays on the Interrelationship of the Verbal and Visual Arts*, Oxford, British Archaeological Series, 1983.

Bernal Romero, Guillermo, "Uso ritual y simbolismo de algunas piedras sagradas entre los mayas de Yucatán", en Maribel Madero Kondrat, Carlos Álvarez Asomoza, Tomás Pérez Suárez y María Elena Guerrero Gómez (eds.), *Memorias del Primer Congreso Internacional de Mayistas,* vol. 3, México, UNAM-IIFL/Centro de Estudios Mayas, 1994, pp. 445-469.

——, *El trono de Ahkal Mo' Nahb' III. Un hallazgo trascendental en Palenque, Chiapas,* México, Conaculta/INAH/Nestlé México/Sedesol, 2003.

——, "El trono de K'inich Ahkal Mo' Nahb': una inscripción glífica del Templo XXI de Palenque", tesis de maestría, México, UNAM-FFYL/Posgrado en Estudios Mesoamericanos, 2006.

——, "Dignatarios cuatripartitas y cultos direccionales en las inscripciones de Palenque, Copán y Quiriguá", manuscrito presentado en el *Advanced Glyphs and Grammar Workshop* que tuvo lugar en el marco de los "XXXIth Maya Meetings 2008", Austin, University of Texas, 2008.

——, "El señorío de Palenque durante la Era de K'inich Janaahb' Pakal y K'inich Kan B'ahlam (615-702 d.C.)", tesis doctoral, México, UNAM-FFYL/IIFL/Posgrado en Estudios Mesoamericanos, 2011.

——, "Glifos enigmáticos de la escritura maya. El logograma T514, **YEJ**, 'filo'",

Arqueología Mexicana, vol. XXIII, núm. 135, México, Raíces, septiembre-octubre de 2015, pp. 78-85.

Bernal Romero, Guillermo, "Árboles frutales y antepasados dinásticos. Visiones de ancestros en el sarcófago de K'inich Janaahb Pakal", en Mercedes de la Garza Camino (coord.), *El poder de las plantas sagradas en el universo maya,* México, UNAM-Coordinación de Humanidades/Dirección General de Divulgación de las Humanidades/IIFL, 2019.

Bernal Romero, Guillermo, y Erik Velásquez García, "El antiguo futuro del *k'atun:* imagen, texto y contexto de las profecías mayas", en Alberto Dallal Castillo (ed.), *El futuro. XXXI Coloquio Internacional de Historia del Arte,* México, UNAM-IIE, 2010, pp. 203-234.

Bill, Cassandra R., "The Roles and Relationships of God M and other Black Gods in the Codices, with Specific Reference to Pages 50-56 of the Madrid Codex", en Victoria R. Bricker y Gabrielle Vail (eds.), *Papers on the Madrid Codex,* Tulane, Tulane University-Middle American Research Institute, 1997 (Publication, 64), pp. 111-145.

Biró, Peter, Barbara MacLeod y Michael Grofe, "The Classic Period Reading of T155", *Mexicon. Zeitschrift für Mesoamerikaforschung/Journal of Mesoamerican Studies/Revista sobre Estudios Mesoamericanos,* vol. XXXVI, núm. 6, diciembre de 2014, pp. 166-177.

Boccara, Michel, "Los *aluxes:* mitología de la fabricación de los dioses", en *Los laberintos sonoros. Enciclopedia de mitología yucateca,* t. 7, París, Ductos, 2004 (Psychanalyse et Practiques Sociales), pp. 35-91.

Boot, Erik, "A Short Itza Maya Vocabulary", Foundation for the Advancement of Mesoamerican Studies, Inc., 2003a. Consultado en http://www.famsi.org/mayawriting/dictionary/boot/itza_based-on_hofling1991.pdf.

——, "Vocabulario breve de maya ch'orti'", Foundation for the Advancement of Mesoamerican Studies, Inc., 2003b. Consultado en http://www.famsi.org/mayawriting/dictionary/boot/chorti_based-on_perezmartinez1994.pdf.

——, "Vocabulario lacandón maya-español (dialecto de Naja')", Foundation for the Advancement of Mesoamerican Studies, Inc., 2003c. Consultado en http//www.famsi.org/spanish/mayawriting/dictionary/boot/lacandon-de-naja_based-on_bruce1968.pdf.

——, "Vocabulario del Sk'op Sotz'leb. El tsotsil de San Lorenzo Zinacantán", Foundation for the Advancement of Mesoamerican Studies, Inc., 2003d. Consultado en http://www.famsi.org/spanish/mayawriting/dictionary/boot/tzotzil_basedon_haviland1981.pdf.

——, *Continuity and Change in Text and Image at Chichén Itzá, Yucatán, Mexico. A Study of the Inscriptions, Iconography, and Architecture at a Late Classic to Early Postclassic Maya Site,* Leiden, CNWS Publications, 2005.

——, "Portaits of Four Kings of the Early Classic? An Inscribed Bowl Excaved at Uaxactún and Seven Vessels of Unknown Provenance", *Mesoweb,*

2005. Consultado en http://www.mesoweb.com/articles/boot/Uaxactun-Bowl.pdf.

Boot, Erik, "Loanwords, 'Foreign Words,' and Foreign Signs in Maya Writing", ponencia presentada en el simposio "The Idea of Writing III: Loanwords in Writing Systems", Leiden, Research School CNWS, Leiden University, 7 al 9 de junio de 2006.

——, "What Happened on the Date 7 Manik' 5 Woh? An Analysis of Text and Image on Kerr Nos. 0717, 7447, and 8457", *Wayeb Notes,* núm. 21, 2006. Consultado en http://www.wayeb.org/notes/wayeb_notes0021.pdf.

——, "T503 as 'Wind, Breath, Air', but *not* **IK'**", correspondencia distribuida el 20 de julio de 2007 entre diversos epigrafistas.

——, "At the Court of Itzamnah Yax Kokaj Mut: Preliminary Iconographic and Epigraphic Analysis of a Late Classic Vassel", *Maya Vase,* 2008. Consultado en www.mayavase.com/God-D-Court-Vessel.pdf.

——, "The Updated Preliminary Classic Maya-English, English-Classic Maya. Vocabulary of Hieroglyphic Readings", *Mesoweb Resources,* 2009. Consultado en http://www.mesoweb.com/resources/vocabulary/index.html.

Bourdin Rivero, Gabriel L., *El cuerpo humano entre los mayas. Una aproximación lingüística,* Mérida, UADY, 2007 (Tratados, 27).

——, *Las emociones entre los mayas. El léxico de las emociones en el maya yucateco,* México, UNAM-IIA, 2014.

Braakhuis, Alain, "The Tonsured Maize God and Chicome-Xóchitl as Maize Bringers and Culture Heroes: A Gulf Coast Perpective", *Wayeb Notes,* 32, 2009. Consultado en http://wwww.wayeb.org/notes/wayeb_notes0032.pdf.

Braakhuis, H. Edwin M., "Xbalanque's Canoe: The Origin of Poison in Q'eqchi'-Mayan Hummingbird Myth", *Anthropos,* vol. 100, núm. 1, 2005, pp. 173-191.

Breton, Alain, *Rabinal Achí. Un drama dinástico maya del siglo XV,* México-Guatemala, Centro Francés de Estudios Mexicanos y Centroamericanos, 1999.

Bricker, Harvey M., y Victoria R. Bricker, *Astronomy in the Maya Codices,* Filadelfia, American Philosophical Society, 2011.

Bricker, Victoria R., *A Grammar of Mayan Hieroglyphs,* Nueva Orleans, Tulane University-Middle American Research Institute, 1986 (Publication, 56).

——, *El Cristo indígena, el rey nativo. El sustrato histórico de la mitología del ritual de los mayas,* 1ª reimp., México, FCE, 1993 (Sección de Obras de Antropología).

Bricker, Victoria R., Eleuterio Po'ot Yah y Ofelia Dzul de Po'ot, *A Dictionary of the Maya Language as Spoken in Hocabá, Yucatán,* Salt Lake City, The University of Utah Press, 1998.

Broda, Johanna, "Tlacaxipehualiztli: A Reconstruction of an Aztec Calendar Festival from 16th Century Sources", *Revista Española de Antropología Americana,* vol. 5, 1970, pp. 197-273.

Browder, Jennifer Kathleen, "Place of the High Painted Walls: The Tepantitla Murals and the Teotihuacan Writing System", tesis doctoral, Riverside, University of California, 2005.

Calvin, Inga E., "Where the Wayob Live? A Further Examination of Classic Maya Supernaturals", en Justin Kerr (ed.), *The Maya Vase Book,* vol. 5, Nueva York, Kerr Associates, 1997, pp. 868-883.

Callaway, Carl D., "The Maya Cross at Palenque: A Reappraisal", tesis de maestría, Austin, The University of Texas at Austin-Faculty of the Graduate School, 2006.

——, "A Catalogue of Maya Era Day Inscriptions", tesis doctoral, Bundoora, La Trobe University, 2011.

Campbell, Lyle, *The Linguistics of Southeast Chiapas,* Provo, Brigham Young University-New World Archaeological Foundation, 1988 (Papers of New World Archaeological Foundation, 50).

Carmack Robert M. (ed.), "Título Nijaib' I", *Crónicas mesoamericanas II,* Guatemala, Universidad Mesoamericana-Publicaciones Mesoamericanas, 2009, pp. 97-123.

Carmack, Robert M., y James L. Mondloch, *El Título de Totonicapán,* México, UNAM-IIFL/Centro de Estudios Mayas, 1983 (Fuentes para el Estudio de la Cultura Maya, 3).

Carochi, Horacio, *Arte de la lengua mexicana: con la declaración de los adverbios della,* Miguel León-Portilla (estudio introductorio), México, UNAM-IIH, 1983 (Facsímiles de Lingüística y Fonología Nahuas, 2).

Carreón Blaine, Emilie, *El* olli *en la plástica mexicana. El uso del hule en el siglo XVI,* México, UNAM-IIE, 2006.

——, "Un giro alrededor del *ixiptla*", en Linda Báez Rubí y Emilie Carreón Blaine (eds.), *XXXVI Coloquio Internacional de Historia del Arte. Los estatutos de la imagen, creación-manifestación-percepción*, México, UNAM-IIE, 2014.

Carter, Nicholas P., "Once and Future Kings: Classic Maya Geopolitics and Mythic History on the Vase of the Initial Series from Uaxactun", *The PARI Journal,* vol. XV, núm. 4, 2015, pp. 1-15.

Casas, fray Bartolomé de las, *Apologética historia sumaria cuanto a las cualidades, disposiciones naturales, policías, repúblicas, manera de vivir e costumbres de las gentes destas Indias Occidentales y Meridionales cuyo imperio soberano pertenece a los reyes de Castilla,* Edmundo O'Gorman (ed.), México, UNAM-IIH, 1967 (Serie de Historiadores y Cronistas de Indias, 1), 2 vols.

Caso Andrade, Alfonso, *El pueblo del Sol,* 6ª reimp., México, FCE, 1993.

Castillo, Cristóbal del, *Historia de la venida de los mexicanos y otros pueblos e historia de la conquista,* Federico Navarrete Linares (trad. y estudio introductorio), México, García y Valadés Editores/INAH, Asociación de Amigos del Templo Mayor, 1991 (Colección Divulgación).

Chase, Diana Z., y Arlen F. Chase, "Secular, sagrado y 'revisitado': la profanación, alteración y reconsagración de los antiguos entierros mayas", en Andrés Ciudad Ruiz, Mario Humberto Ruz Sosa y María Josefa Iglesias Ponce de León (eds.), *Antropología de la eternidad: la muerte en la cultura maya,* Madrid, Universidad Complutense-Facultad de Geografía e Historia-Departamento de Historia de América II (Antropología de América)-Sociedad Española de Estudios Mayas/UNAM-IIFL/Centro de Estudios Mayas, 2003 (Publicaciones de la Sociedad Española de Estudios Mayas, 7), pp. 255-277.

Chávez Guzmán, Elizabeth, "Un acercamiento a la función simbólica del cuerpo, el dolor y las entidades anímicas en el autosacrificio en Yaxchilán", tesis de licenciatura en arqueología, México, INAH/ENAH, 2021.

Chávez Guzmán, Mónica, "El cuerpo humano y la enfermedad entre los mayas yucatecos", *Arqueología Mexicana,* vol. XI, núm. 65, México, Raíces, enero-febrero de 2004, pp. 28-29.

——, *Cuerpo, enfermedad y medicina en la cosmología maya del Yucatán colonial,* Mérida, UNAM-Centro Peninsular en Humanidades y Ciencias Sociales, 2013 (Monografías, 18).

——, "Modificaciones craneales como posibles medidas de cuidado y potencialización de las energías anímicas en el análisis de textos coloniales en maya yucateco", en Vera Tiesler y Carlos Serrano Sánchez (eds.), *Modificaciones cefálicas culturales en Mesoamérica. Una perspectiva continental,* t. I, México/Mérida, UNAM-IIA/UADY-Facultad de Ciencias Antropológicas, 2018, pp. 239-260.

Chinchilla Mazariegos, Oswaldo, *Imágenes de la mitología maya,* Guatemala, Universidad Francisco Marroquín/Museo Popol Vuh, 2011.

——, "Los soberanos: la apoteosis solar", en María Alejandra Martínez de Velasco Cortina y María Elena Vega Villalobos (eds.), *Los mayas: voces de piedra,* México, Ámbar Diseño, 2011, pp. 265-275.

——, *Cotzumalhuapa: la ciudad arqueológica. El Baúl-Bilbao-El Castillo,* Guatemala, F y G Editores, 2012 (Colección Are u Xe, 1).

——, "Pus, Pustules, and Ancient Maya Gods: Notes on the Names of God S and Hunahpu", *The PARI Journal,* vol. XXI, núm. 1, 2020.

Christenson, Allen J., "K'iche'-English Dictionary and Guide to Pronunciation of the K'iche'-Maya Alphabet", Foundation for the Advancement of Mesoamerican Studies, Inc., 2003. Consultado en http://www.famsi.org/mayawriting/dictionary/christenson/quidic_complete.pdf.

——, *Popol Vuh. The Sacred Book of the Maya,* Winchester/Nueva York, Books, 2003.

Chuchiak IV, John F., "The Indian Inquisition and the Extirpation of Idolatry: The Process of Punishment in the Provisorato de Indios in Colonial Yucatan, 1563-1821", tesis doctoral, Nueva Orleans, Tulane University, 2000.

Ciudad Real, Antonio de, *Tratado curioso y docto de las grandezas de la Nueva España,* Josefina García Quintana y Víctor Manuel Castillo Farreras (edición, estudio, apéndices, glosarios e índices), México, UNAM-IIH, 1993 (Serie Historiadores y Cronistas de Indias, 6), 2 vols.

Ciudad Ruiz, Andrés, "La tradición funeraria de las Tierras Altas de Guatemala durante la etapa prehispánica", en Andrés Ciudad Ruiz, Mario Humberto Ruz Sosa y María Josefa Iglesias Ponce de León (eds.), *Antropología de la eternidad: la muerte en la cultura maya,* Madrid, Universidad Complutense-Facultad de Geografía e Historia-Departamento de Historia de América II (Antropología de América)-Sociedad Española de Estudios Mayas/UNAM-IIFL/Centro de Estudios Mayas, 2003 (Publicaciones de la Sociedad Española de Estudios Mayas, 7), pp. 77-112.

Clancy, Flora S., "The Classic Maya Ceremonial Bar", *Anales del Instituto de Investigaciones Estéticas,* núm. 65, 1994, pp. 7-45.

Cobos Palma, Rafael, "Prácticas funerarias en las Tierras Bajas mayas del Norte", en Andrés Ciudad Ruiz, Mario Humberto Ruz Sosa y María Josefa Iglesias Ponce de León (eds.), *Antropología de la eternidad: la muerte en la cultura maya,* Madrid, Universidad Complutense-Facultad de Geografía e Historia-Departamento de Historia de América II (Antropología de América)-Sociedad Española de Estudios Mayas/UNAM-IIFL/Centro de Estudios Mayas, 2003 (Publicaciones de la Sociedad Española de Estudios Mayas, 7), pp. 35-48.

Coe, Michael D., *The Maya Scribe and His World,* Nueva York, Club Grolier, 1973.

——, "Death and the Ancient Maya", en Elizabeth P. Benson (ed.), *Death and the Afterlife in Pre-Columbian America,* Washington, Harvard University-Trustees for Harvard University-Dumbarton Oaks Research Library and Collections, 1975, pp. 87-104.

——, "Native Astronomy in Mesoamerica", en Anthony F. Aveni (ed.), *Archaeoastronomy in Pre-Columbian America,* Austin, University of Texas Press, 1975, pp. 3-31.

——, *Lords of the Underworld. Masterpieces of Classic Maya Ceramics,* Princeton, Princeton University, The Art Museum, 1978.

——, "The Heroe Twins: Myth and Image", en Justin Kerr (ed.), *The Maya Vase Book,* vol. 1, Nueva York, Kerr Associates, 1989, pp. 161-184.

Coe, Michael D., y Elizabeth P. Benson, *Three Maya Relief Panels at Dumbarton Oaks,* Washington, Harvard University-Dumbarton Oaks Trustees for Harvard University, 1966 (Studies in Pre-Columbian Art and Archaeology, 2).

Coe, Michael D., y Justin Kerr, *The Art of the Maya Scribe,* Nueva York, Harry N. Abrams, Inc., 1997.

Coe, Michael D., y Stephen D. Houston, *The Maya,* 9ª ed., Nueva York, Thames and Hudson, 2015.

Colas, Pierre L., y Alexander W. Voss, "Un juego de vida o muerte: el juego de pelota maya", en Nikolai Grube (ed.), *Los mayas: una civilización milenaria,* Colonia, Könemann, 2001, pp. 186-191.

Conde Pontones, Teresa del, "Melancolía. Imágenes visuales y redundancias clínicas", en Erik Velásquez García (ed.), *Estética del mal: conceptos y representaciones. XXXIII Coloquio Internacional de Historia del Arte,* México, UNAM-IIE, 2013, pp. 357-376.

Corominas i Vigneaux, Joan, *Diccionario crítico etimológico de la lengua castellana,* 3ª reimp., Madrid, Gredos, 1976 (Biblioteca Románica Hispánica V. Diccionarios, 1), 4 vols.

Correa, Gustavo, "El espíritu del mal en Guatemala", en *Nativism and Syncretism,* Nueva Orleans, Tulane University-Middle American Research Institute, 1960 (Publication, 19).

Coto, fray Thomás de, *[Thesavrvs verborū] Vocabulario de la lengua cakchiquel v[el] guatemalteca, nueuamente hecho y recopilado con summo estudio, trauajo y erudición,* René Acuña Sandoval (ed.), México, UNAM-IIFL, 1983 [1656].

Craveri, Michela E. (trad. y ed.), *Popol Vuh. Herramientas para una lectura crítica del texto k'iche',* México, UNAM-IIFL/Centro de Estudios Mayas, 2013 (Fuentes para el Estudio de la Cultura Maya, 21).

Cuevas García, Martha, "Ritos funerarios de los dioses-incensarios de Palenque", en Andrés Ciudad Ruiz, Mario Humberto Ruz Sosa y María Josefa Iglesias Ponce de León (eds.), *Antropología de la eternidad: la muerte en la cultura maya,* Madrid, Universidad Complutense-Facultad de Geografía e Historia-Departamento de Historia de América II (Antropología de América)-Sociedad Española de Estudios Mayas/UNAM-IIFL/Centro de Estudios Mayas, 2003 (Publicaciones de la Sociedad Española de Estudios Mayas, 7), pp. 317-336.

——, *Los incensarios efigie de Palenque. Deidades y rituales mayas,* México, UNAM-IIFL/Centro de Estudios Mayas/Conaculta-INAH, 2007 (Serie Testimonios y Materiales Arqueológicos para el Estudio de la Cultura Maya, 1).

Cuevas García, Martha, Sabrina García Castillo y Canek Estrada Peña, "El Trono del Templo XIX y el culto a los antepasados", en Alfonso Morales Cleveland y Martha Cuevas García (coords.), *Excavaciones en el Templo XIX de Palenque, Chiapas, México,* San Francisco, Precolumbia Mesoweb Press, 2017, pp. 181-245.

Davletshin, Albert, "La lengua de los así llamados teotihuacanos e interpretaciones protonahuas para sus glosas en las inscripciones jeroglíficas mayas", en Erik Velásquez García y María Elena Vega Villalobos (eds.), *Imágenes figurativas verbales. Aproximaciones a los sistemas de escritura de Mesoamérica,* México, UNAM-DGAPA-IIE, entregado para publicación.

Davletshin, Albert, y Erik Velásquez García, "Las lenguas de los olmecas y su sistema de escritura", en María Teresa Uriarte Castañeda (ed.), *Olmeca,* México, UNAM/Jaca Book, 2018 (Serie Corpus Precolombino).

Delgaty, Colin C., *Vocabulario tzotzil de San Andrés, Chiapas,* México, Instituto Lingüístico de Verano, SEP-Dirección General de Asuntos Indígenas, 1964 (Vocabularios Indígenas, 10).

Díaz de Alpuche, Giraldo, "Relación de Dzonot", en Mercedes de la Garza Camino (coord.), *Relaciones histórico-geográficas de la Gobernación de Yucatán,* vol. II, México, UNAM-IIFL/Centro de Estudios Mayas, 1983 (Fuentes para el Estudio de la Cultura Maya, 1), pp. 61-92.

Dienhart, John M., *The Mayan Languages a Comparative Vocabulary,* Copenhague, Odense University, 1989, 3 vols.

Doyle, James, y Stephen D. Houston, "The Universe in a Maya Plate", *Maya Decipherment. Ideas on Ancient Maya Writing and Iconography,* 4 de marzo de 2017. Consultado en https://decipherment.wordpress.com/2017/03/04/the-universe-in-a-maya-plate/.

Duncan, William M., "Sellamiento ritual, envoltura y vendaje en la modificación cefálica mesoamericana", en Vera Tiesler y Carlos Serrano Sánchez (eds.), *Modificaciones cefálicas culturales en Mesoamérica. Una perspectiva continental,* t. I, México/Mérida, UNAM-IIA/UADY-Facultad de Ciencias Antropológicas, 2018, pp. 261-282.

Dupey García, Élodie, "Making and Using Colors in the Manufacture of Nahua Codices", en Élodie Dupey García y María Luisa Vázquez de Ágredos Pascual (eds.), *Painting the Skin. Pigments on Bodies and Codices in Pre-Columbian Mesoamerica,* Tucson/México, The University of Arizona Press/UNAM-IIH, 2018.

Durán, fray Diego, *Historia de las Indias de Nueva España e islas de tierra firme,* vol. I, preparada por Ángel María Garibay Kintana, México, Porrúa, 1967 (Biblioteca Porrúa, 36).

Eberl, Markus, *Muerte, entierro y ascensión. Ritos funerarios entre los antiguos mayas,* Mérida, UADY, 2005 (Tratados, 21).

Eberl, Markus, y Victoria R. Bricker, "Unwinding the Rubber Ball: The Glyphic Expression nahb' as a Numeral Classifier for 'Handspan'", Washington, Center for Maya Research, 2004 (Research Reports on Ancient Maya Writing, núm. 55), pp. 19-56.

Edmonson, Munro S., *Quiche-English Dictionary,* Nueva Orleans, Tulane University-Middle American Research Institute, 1965 (Publication, 30).

——, *Heaven Born Merida and its Destiny: The Book of Chilam Balam of Chumayel,* Austin, University of Texas Press, 1986.

Eliade, Mircea, *El chamanismo y las técnicas arcaicas del éxtasis,* Ernestina de Champourcín (trad.), 6ª reimp., México, FCE, 1996 (Sección de Obras de Antropología).

——, *El mito del eterno retorno,* Buenos Aires-Madrid, Alianza Editorial/Emecé, 2000.

Escalante Gonzalbo, Pablo, y Erik Velásquez García, "Orígenes de la literatura mexicana. Oralidad, pictografía y escritura de los pueblos indígenas", en Enrique Florescano Mayet (coord.), *Historia ilustrada de México. Literatura,* México, Penguin Random House-Debate/Conaculta-DGP, 2014 (Historia Ilustrada de México), pp. 15-64.

Estrada-Belli, Francisco, y Alexandre Tokovinine, "A King's Apotheosis: Iconography, Text, and Politics from a Classic Maya Temple at Holmul", *Latin American Antiquity* 27 (2), 2016.

Estrada Peña, Iván Canek, "Tradiciones y novedades en torno al calendario de 260 días entre los k'iche' contemporáneos. El caso del día *Imox*", tesis de maestría, México, UNAM-FFyL/IIFL-Posgrado en Estudios Mesoamericanos, 2014.

Fahsen Ortega, Federico, y Daniel Matul Morales, *Los códices mayas. El Códice de Madrid. Codex Tro-Cortesianus. Tz'ib rech Madrid,* Guatemala, Liga Maya Guatemala/La Real Embajada de Noruega en Guatemala, 2007.

Fash, Barbara, *The Copan Sculpture Museum: Ancient Maya Artistry in Stucco and Stone,* Cambridge, Peabody Museum Press/David Rockefeller Center for Latin American Studies, Harvard University, 2011.

Fash, William L., *Scribes, Warriors and Kings. The City of Copán and the Ancient Maya* (ed. revisada), Londres, Thames and Hudson, 2001.

Fitzsimmons, James, *Death and the Classic Maya Kings,* Austin, University of Texas Press, 2009 (The Linda Schele Series in Maya and Pre-Columbian Studies).

Fitzsimmons, James, y William L. Fash, "*Susaj B'aak:* muerte y ceremonia mortuoria en la Plaza Mayor de Copán", en Andrés Ciudad Ruiz, Mario Humberto Ruz Sosa y María Josefa Iglesias Ponce de León (eds.), *Antropología de la eternidad: la muerte en la cultura maya,* Madrid, Universidad Complutense-Facultad de Geografía e Historia-Departamento de Historia de América II (Antropología de América)-Sociedad Española de Estudios Mayas/UNAM-IIFL/Centro de Estudios Mayas, 2003 (Publicaciones de la Sociedad Española de Estudios Mayas, 7), pp. 299-315.

Florescano Mayet, Enrique, *La bandera mexicana: breve historia de su formación y simbolismo,* México, FCE/Taurus, 1998.

——, *Quetzalcóatl y los mitos fundadores de Mesoamérica,* nueva ed. revisada por el autor, México, Taurus, 2012.

——, *¿Cómo se hace un dios? Creación y recreación de los dioses en Mesoamérica,* México, Taurus, 2016.

Foncerrada de Molina, Marta, y Sonia Lombardo de Ruiz, *Vasijas pintadas mayas en contexto arqueológico,* México, UNAM-IIE, 1979 (Estudios y Fuentes del Arte en México, XXXIX).

Foster, George M., "Nagualism in Mexico and Guatemala", *Acta Americana,* vol. 2, núms. 1 y 2, enero-junio, 1944, pp. 85-103.

Freidel, David, Linda Schele y Joy Parker, *Maya Cosmos. Three Thousand Years on the Shaman's Path,* Nueva York, Quill William Morrow, 1993.

Freidel, David, Michelle Rich y K. Kent Reilly III, "Resurrecting the Maize King", *Archaeology,* vol. 63, núm. 5, 2010, pp. 42-45.

Fuente, Beatriz de la, "El arte del retrato entre los mayas", *Reseña del retrato mexicano, Artes de México,* núm. 132, año XVII, 1970, pp. 7-22.

——, "Reflexiones en torno al concepto de estilo", en Verónica Hernández Díaz (ed.), *Obras.* I. *El arte, la historia y el hombre. Arte prehispánico de México: estudios y ensayos,* México, El Colegio Nacional, 2003, pp. 33-47.

——, "El cuerpo humano: gozo y transformación", en *Cuerpo y cosmos. Arte escultórico del México precolombino,* Barcelona, Lunwerg Editores, 2004, pp. 31-43.

Fuentes y Guzmán, Francisco Antonio de, *Recordación florida. Discurso historial y demostración natural, material, militar y política del reyno de Guatemala,* t. I, J. Antonio Villacorta Calderón (pról.), Guatemala, Tipografía Nacional/Sociedad de Geografía e Historia, 1932 (Biblioteca "Goathemala", VI).

——, *Recordación florida. Discurso historial y demostración natural, material, militar y política del reyno de Guatemala,* t. II, J. Antonio Villacorta Calderón (pról.), Guatemala, Tipografía Nacional/Sociedad de Geografía e Historia, 1933 (Biblioteca "Goathemala", VII).

Gage, Thomas, *Nueva relación que contiene los viajes de Tomas Gage a la Nueva España, parte tercera de dicha obra que se refiere íntegramente a Guatemala,* Guatemala, Ministerio de Educación Pública/Editorial José de Pineda Ibarra, [1648] 1967 (Biblioteca de Cultura Popular 20 de Octubre, 7).

Galinier, Jacques, *Una noche de espanto. Los otomíes en la oscuridad,* Mario A. Zamudio Vega (trad.), Tenango de Doria, Universidad Intercultural del Estado de Hidalgo/Universidad de París Oeste Nanterre-Société d'Ethnologie/Centro de Estudios Mexicanos y Centroamericanos, 2016.

García Barrios, Ana, "Chaahk, el dios de la lluvia, en el periodo clásico maya: aspectos religiosos y políticos", tesis doctoral, Madrid, Universidad Complutense-Facultad de Geografía e Historia-Departamento de Historia de América II, 2008 (Antropología de América). Consultado en http://eprints.ucm.es/8170/.

——, "El mito del diluvio en las ceremonias de entronización de los gobernantes mayas. Agentes responsables de la decapitación del saurio y nuevas fundaciones", *Estudios de Cultura Maya,* vol. XLV, primavera-verano de 2015, pp. 9-48. Consultado en http://www.iifilologicas.unam.mx/estculmaya/uploads/volumenes/xlv/pdf/3-mito-del-diluvio.pdf.

——, "Cuevas y montañas sagradas: espacios de legitimación y ritual del dios maya de la lluvia", en Roberto Romero Sandoval (ed.), *Cuevas y cenotes mayas. Una mirada multidisciplinaria,* México, UNAM-IIFL/Centro de Estudios Mayas, 2016, pp. 15-56.

——, "Dragones de la inundación en Mesoamérica: la Serpiente Emplumada y el Cocodrilo Venado Estelar maya", manuscrito en posesión de la autora, entregado para publicación en *Anales del Instituto de Investigaciones Estéticas.*

García Barrios, Ana, y Rogelio Valencia Rivera, "El uso político del baile en el Clásico maya: el baile de K'awiil", *Revista Española de Antropología Americana*, vol. 37, núm. 2, 2007.

García Barrios, Ana, y Vera Tiesler, "El aspecto físico de los dioses mayas. Modelado cefálico y otras marcas corporales", *Arqueología Mexicana,* vol. XIX, núm. 112, noviembre-diciembre de 2011, pp. 59-63.

García Juárez, Sara Isabel, "La historia de Piedras Negras a través de sus inscripciones jeroglíficas: auge y ocaso del linaje de las tortugas", tesis de licenciatura, México, UNAM-FFyL-Colegio de Historia, 2016.

——, "Los albores míticos e históricos del señorío maya de Yokib: textos jeroglíficos y evidencias arqueológicas", tesis de maestría, México, UNAM-Posgrado en Estudios Mesoamericanos, 2019.

García Zambrano, Ángel Julián, "Calabash Trees and Cacti in the Indigenous Ritual Selection of Environments for Settlement in Colonial Mesoamerica", en John A. Grim (ed.), *Indigenous Traditions and Ecology. The Interbeing of Cosmology and Community,* Cambridge, Harvard University Press-Harvard Divinity School-Center for the Study of World Religions, 2001, pp. 351-375.

Garibay Kintana, Ángel María, *Llave del náhuatl,* colección de trozos clásicos, con gramática y vocabulario para utilidad de los principiantes, Otumba, s. e., 1940.

——, *Veinte himnos sacros de los nahuas,* México, UNAM-Instituto de Historia-Seminario de Cultura Náhuatl, 1958 (Fuentes Indígenas de la Cultura Náhuatl, Informantes de Sahagún, 2).

——, *Historia de la literatura náhuatl. Primera parte (etapa autónoma: de c. 1430 a 1521),* 3ª ed., México, Porrúa, [1953] 1987 (Biblioteca Porrúa, 1).

Garza Camino, Mercedes de la, *La conciencia histórica de los antiguos mayas,* México, UNAM/Centro de Estudios Mayas, 1975 (Cuaderno, 11).

——, *El hombre en el pensamiento religioso náhuatl y maya,* México, UNAM-IIFL/Centro de Estudios Mayas, 1978 (Cuaderno, 14).

——, *El universo sagrado de la serpiente entre los mayas,* México, UNAM-IIFL/Centro de Estudios Mayas, 1984.

——, "Éxtasis de sueño y muerte en iniciaciones mayas", en *Memorias del Primer Coloquio Internacional de Mayistas,* México, UNAM-IIFL/Centro de Estudios Mayas, 1987, pp. 247-259.

——, "Jaguar y nagual en el mundo maya", en *Studia Humanitatis. Homenaje a Rubén Bonifaz Nuño,* México, UNAM-IIFL, 1987, pp. 191-207.

——, "Naguales mayas de ayer y de hoy", *Revista Española de Antropología Americana,* XVII, Madrid, Universidad Complutense-Facultad de Geografía e Historia-Departamento de Historia de América II, 1987 (Antropología de América), pp. 89-105.

Garza Camino, Mercedes de la, *Sueño y alucinación en el mundo náhuatl y maya,* México, UNAM-IIFL/ Centro de Estudios Mayas, 1990.

——, *Aves sagradas de los mayas,* México, UNAM-FFyL/IIFL/Centro de Estudios Mayas, 1995.

——, *Rostros de lo sagrado en el mundo maya,* México/Buenos Aires/Barcelona, Paidós/UNAM-FFyL, 1998.

——, "Origen, estructura y temporalidad del cosmos", en Mercedes de la Garza Camino y Martha Ilia Nájera Coronado (eds.), *Religión maya,* Madrid, Trota, 2002 (Enciclopedia Iberoamericana de Religiones, 2), pp. 53-81.

——, *Sueño y éxtasis. Visión chamánica de los nahuas y los mayas,* México, FCE/UNAM-Coordinación de Humanidades/IIFL/Centro de Estudios Mayas, 2012.

Garza Camino, Mercedes de la, Guillermo Bernal Romero y Martha Cuevas García, *Palenque-Lakamha'. Una presencia inmortal del pasado indígena,* México, FCE/El Colegio de México/Fideicomiso Historia de las Américas, 2012 (Sección de Obras de Historia, Serie Ciudades).

Gombrich, Ernest H., *La historia del arte,* 17ª ed., Barcelona, Phaidon, [1949] 2006.

Gómez Navarrete, Javier Abelardo, *Diccionario introductorio español-maya/maya-español,* Chetumal, Universidad de Quintana Roo, 2009.

Gossen, Gary H., *Los chamulas en el mundo del Sol. Tiempo y espacio en una tradición oral maya,* 1ª reimp. en español, México, Conaculta-DGP/INI, 1989 (Colección Presencias, 17).

Graham, Ian, *Archaeology Explorations in El Peten, Guatemala,* Nueva Orleans, Tulane University-Middle American Research Institute, 1967 (Publication, 33).

——, *Corpus of Maya Hieroglyphic Inscriptions,* vol. 2, part. 2. Naranjo, Chunhuitz, Xunantunich, Cambridge, Harvard University-Peabody Museum of Archaeology and Ethnology, 1978.

——, *Corpus of Maya Hieroglyphic Inscriptions,* vol. 3, part. 2. Yaxchilán, Cambridge, Harvard University-Peabody Museum of Archaeology and Ethnology, 1979.

——, *Corpus of Maya Hieroglyphic Inscriptions,* vol. 2, part. 3. Ixkun, Ucanal, Ixtutz, Naranjo, Cambridge, Harvard University-Peabody Museum of Archaeology and Ethnology, 1980.

——, *Corpus of Maya Hieroglyphic Inscriptions,* vol. 3, part. 3. Yaxchilán, Cambridge, Harvard University-Peabody Museum of Archaeology and Ethnology, 1982.

——, *Corpus of Maya Hieroglyphic Inscriptions,* vol. 7, part. 1. Seibal, Cambridge, Harvard University-Peabody Museum of Archaeology and Ethnology, 1996.

——, *Corpus of Maya Hieroglyphic Inscriptions,* vol. 2, part. 1, Naranjo, Cambridge, Harvard University-Peabody Museum of Archaeology and Ethnology, 1975.

Graham, Ian, *Corpus of Maya Hieroglyphic Inscriptions,* vol. 3, part. 1, Yaxchilán, Cambridge, Harvard University-Peabody Museum of Archaeology and Ethnology, 1977.

Graham, Ian, y Eric von Euw, *Corpus of Maya Hieroglyphic Inscriptions,* vol. 4, part. 3, Uxmal, Xcalumkin, Cambridge, Harvard University-Peabody Museum of Archaeology and Ethnology, 1992.

——, *Corpus of Maya Hieroglyphic Inscriptions,* vol. 8, part. 1, Cobá, Cambridge, Harvard University-Peabody Museum of Archaeology and Ethnology, 1997.

Graham, Ian, y Peter L. Mathews, *Corpus of Maya Hieroglyphic Inscriptions,* vol. 6, part. 2, Toniná, Cambridge, Harvard University-Peabody Museum of Archaeology and Ethnology, 1996.

Granado Baeza, Bartolomé José del, *Informe del cura de Yaxcabá, Yucatán 1813 (costumbres, hechicería, etc.),* México, Editor Vargas Rea, 1946 (Biblioteca Aportación Histórica).

Grube, Nikolai, "Classic Maya Dance. Evidence from Hieroglyphs and Iconography", *Ancient Mesoamerica,* vol. 3, núm. 2, otoño de 1992, pp. 201-218.

——, "Speaking through Stones: A Quotative Particle in Maya Hieroglyphic Inscriptions", en Sabine Dedenbach-Salazar Sáenz, Carmen Arellano Hoffmann, Eva Köning y Heiko Prümers (eds.), *50 Years of Americanist Studies at the University of Bonn,* Markt Schwaben, Verlag Anton Saurwein, 1998 (Bonner Amerikanistische Studien), pp. 543-558.

——, "Fire Rituals in the Context of Classic Maya Initial Series", en Pierre R. Colas, Kai Delvendahl, Marcus Kuhnert y Annette Schubart (eds.), *The Sacred and the Profane. Architecture and Identity in the Maya Lowlands. 3rd European Maya Conference, University of Hamburg, November 1998,* Markt Schwaben, Verlag Anton Saurwein, 2000 (Acta Mesoamericana, 10), pp. 93-109.

——, "Embriaguez y éxtasis", en Nikolai Grube (ed.), *Los mayas. Una civilización milenaria,* Colonia, Könemann, 2001, pp. 294-295.

——, "Tortillas y tamales: el alimento de los hombres de maíz y de sus dioses", en Nikolai Grube (ed.), *Los mayas. Una civilización milenaria,* Colonia, Könemann, 2001, pp. 80-83.

——, "Akan-The God of Drinking, Disease and Death", en Daniel Graña-Behrens, Nikolai Grube, Christian M. Prager, Frauke Sachse, Stephanie Tufel y Elizabeth Wagner (eds.), *Continuity and Change: Maya Religious Practices in Temporal Perspective. 5th European Maya Conference. University of Bonn, December 2000,* Markt Schwaben, Verlag Anton Saurwein, 2004 (Acta Mesoamericana, 14), pp. 59-76.

——, "El origen de la dinastía Kaan", en Enrique Nalda Hernández (ed.), *Los cautivos de Dzibanché,* México, Conaculta-INAH, 2004, pp. 117-131.

——, "La historia dinástica de Naranjo, Petén", *Beiträge zur Allgemeinenund*

Vergleichenden Archäologie, band 24, Mainz am Rhein, Verlag Philipp von Zabern, 2004, pp. 195-213.

Grube, Nikolai, "The Orthographic Distinction between Velar and Glottal Spirants in Maya Hieroglyphic Writing", en Søren Wichmann (ed.), *The Linguistics of Maya Writing,* Salt Lake City, The University of Utah Press, 2004, pp. 61-81.

——, "Monumentos esculpidos: epigrafía e iconografía", en Ivan Šprajc (ed.), *Reconocimiento arqueológico en el sureste del estado de Campeche, México: 1996-2005,* Oxford, British Archaeological Reports International Series 1724, 2008 (Paris Monograph in American Archaeology, 19), pp. 177-231.

——, *Der Dresdner Maya-Kalender. Der vollständige Codex,* Friburgo de Brisgovia, Herder GmbH, 2012.

——, "The Forms of Glyph X of the Lunar Series", *Textdatenbank und Worterbuch des Klassischen Maya* (Research Note 9), 2018. Consultado en https://mayawoerterbuch.de/the-forms-of-glyph-x-of-the-lunar-series/.

Grube, Nikolai, y Maria Gaida, *Die Maya. Schrift und Kunst,* Berlín/Colonia, SMB-DuMont/Ethnologischen Museum, 2006.

Grube, Nikolai, Alfonso Lacadena García-Gallo y Simon Martin, "Chichen Itza and Ek Balam: Terminal Classic Inscriptions from Yucatan", en *Notebook for the XXVIIth Maya Hieroglyphic Forum at Texas, March 2003,* Austin, The University of Texas at Austin, Maya Workshop Foundation, 2003, pp. II-1-II-84.

Grube, Nikolai, y Simon Martin, "Patronage, Betrayal, and Revenge: Diplomacy and Politics in the Eastern Maya Lowlands", en *Notebook for the XXVIIIth Maya Hieroglyphic Forum at Texas, March, 2004,* Austin, University of Texas-Maya Workshop Foundation, 2004, pp. II-1-II-95.

Grube, Nikolai, Simon Martin y Marc U. Zender, "Part II. Palenque and its Neighbours", en *Notebook for the XXVIth Maya Hieroglyphic Forum at Texas,* Austin, The University of Texas at Austin, pp. II-1-II-66.

Grube, Nikolai, y Werner Nahm, "A Census of Xibalba: A Complete Inventory of Way Characters on Maya Ceramics", en Justin Kerr (ed.), *The Maya Vase Book,* vol. 4, Nueva York, Kerr Associates, 1994, pp. 686-715.

Gruzinski, Serge, *El poder sin límites. Cuatro respuestas indígenas a la dominación española,* traducción de Phillippe Cheron, México, INAH/Instituto Francés de América Latina, 1988 (Colección Biblioteca del INAH; Serie: Historia).

Guenter, Stanley P., "A Reading of the Cancuen Looted Panel", *Mesoweb,* 2002, p. 18. Consultado en www.mesoweb.com/features/cancuen/Panel.pdf.

Guiteras Holmes, Calixta, *Los peligros del alma. Visión del mundo de un tzotzil,* México, FCE, 1965 (Sección de Obras de Antropología).

Guzmán, fray Pantaleón de, *Compendio de nombres en lengua cakchiquel,* René Acuña Sandoval (ed.), México, UNAM-IIFL, 1984 (Gramáticas y Diccionarios, 1).

Haeserijn V., Esteban, *Diccionario k'ekchi' español,* Guatemala, Piedra Santa, 1979.

Halperin, Christina T., "Investigating Classic Maya Ritual Economies: Figurines from Motul de San José, Guatemala", Foundation for the Advancement of Mesoamerican Studies, Inc., 2006. Consultado en http: http://www.famsi.org/cgi-bin/print_friendly.pl?file=05045.

Halperin, Christina T., "Classic Maya Textile Production: Insights from Motul de San José, Petén, Guatemala", *Ancient Mesoamerica,* vol. 19, núm. 1, 2008, pp. 111-125.

Hecht, Eleanor Franke, *Diccionario hak'xub'al-kastiya, español-jacalteko: un diccionario de hablantes,* México, Porterillos, 1998.

Helmke, Christophe, "An Analysis of the Imagery and Text of the Cuychen Vase", en Christophe Helmke (ed.), *Speleoarchaelogical Investigations in the Macal River Valley, Belize,* San Francisco, Precolumbia Mesoweb Press, 2019.

Helmke, Christophe, Jaime J. Awe, Shawn G. Morton y Giles Iannone, "The Text and Context of the Cuychen Vase, Macal Valley, Belize", en Charles Golden, Stephen D. Houston y Joel Skidmore (eds.), *Maya Archaeology 3,* San Francisco, Precolumbia Mesoweb Press, 2015, pp. 8-29.

Helmke, Christophe, Julie A. Hoggarth y Jaime J. Awe, *A Reading of the Komkom Vase Discovered at Baking Pot, Belize,* San Francisco, Precolumbian Mesoweb Press (Monograph 3), 2018.

Helmke, Christophe, Stanley P. Guenter y Phillip J. Wanyerka, "Kings of the East: Altun Ha and the Water Scroll Emblem Glyph", *Ancient Mesoamerica,* vol. 29, 2018, pp. 113-135.

Helmke, Christophe, y Jesper Nielsen, "Hidden Identity and Power in Ancient Mesoamerica: Supernatural Alter Egos as Personified Diseases", *Acta Americana: Netindis Conference: American Cosmology, Identity and Power, 8-11 November, 2008, Copenhagen University,* vol. 17, núm. 2, 2009, pp. 49-98.

——, "The Defeat of the Great Bird in Myth and Royal Pageantry: A Mesoamerican Myth in a Comparative Perspective", *Comparative Mythology,* vol. 1, núm. 1, mayo de 2015, pp. 23-60.

——, "Los orónimos en la escritura teotihuacana y su vinculación con la toponimia nahua", en María Elena Vega Villalobos y Erik Velásquez García (eds.), *Los sistemas de escritura de Mesoamérica,* México, UNAM-IIE-DGAPA, entregado a publicación.

Hermitte, M. Esther, *Poder sobrenatural y control social en un pueblo maya contemporáneo,* México, Instituto Indigenista Interamericano, 1970 (Ediciones especiales, 57).

Hernández Díaz, Miguel, "El *j-ilol* y el *j-ak' chamel* en los Altos de Chiapas", en Miguel A. Bartolomé Bistoletti y Alicia M. Barabas Reyna (coords.), *Los sueños y los días. Chamanismo y nahualismo en el México actual.* II.

Pueblos mayas, México, INAH, 2013 (Colección Etnografía de los Pueblos Indígenas de México, Serie Ensayos), pp. 229-250.

Herring, Adam, *Art and Writing in the Maya Cities, A.D. 600-800. A Poetics of Line,* Cambridge, Cambridge University Press, 2005.

Hidalgo, Manuel, "Libro en que se trata de la lengua tzotzil. Se continúa con el bocabulario breve de algunos berbos y nombres, etc., la doctrina christiana, el formulario para administrar los santos sacramentos, el confesionario y sermones en la misma lengua tzotzil", en Mario Humberto Ruz Sosa (ed.), *Las lenguas del Chiapas colonial. Manuscritos en la Biblioteca Nacional de París,* México, UNAM-IIFL/Centro de Estudios Mayas/Universidad Autónoma de Chiapas-Centro de Estudios Indígenas, 1989 (Fuentes para el Estudio de la Cultura Maya, 7), pp. 169-254.

Hill II, Robert M., y Edward F. Fisher, "States of Heart. An Etnohistorical Approach to Kaqchikel Maya Etnopsychology", *Ancient Mesoamerica,* vol. 10, núm. 2, otoño de 1999, pp. 317-332.

Hirose López, Javier, *Suhuy máak. Las concepciones sobre el cuerpo y la persona entre los mayas de la región de los Chenes, Campeche,* Campeche, Secretaría de Cultura del Estado de Campeche, 2015.

Hofling, Charles A., *Mopan Maya-Spanish-English. Diccionario maya mopán-español-inglés,* Salt Lake City, The University of Utah Press, 2011.

Hofling, Charles A., y Félix F. Tesucún, *Itzáj maya-Spanish-English/Diccionario maya itzáj-español-inglés,* Salt Lake City, The University of Utah Press, 1997.

——, *Tojt'an maya itzaj. Diccionario maya itzaj-castellano,* Guatemala, Cholsamaj, 2000.

Holland, William R., "El tonalismo y el nagualismo entre los tzotziles", *Estudios de Cultura Maya,* vol. I, 1961, pp. 167-178.

——, *Medicina maya en los Altos de Chiapas,* Daniel Cazés Menache (trad.), 2ª reimp., México, INI/Conaculta, 1989 (Colección Presencias).

Hopkins, Nicholas A., Ausencio Cruz Guzmán y Kathryn Josserand, "A Chol (Maya) Vocabulary from 1789", *International Journal of American Linguistics,* vol. 74, núm. 1, 2008, pp. 83-113.

Hoppan, Jean-Michel, y Émilie Jacquemot, "Variabilidad de un difrasismo maya: emparejamientos con *ch'ab*", en Aurore Monod Becquelin, Alain Breton y Mario Humberto Ruz Sosa (eds.), *Figuras mayas de la diversidad,* Mérida, UNAM-Centro Peninsular en Humanidades y Ciencias Sociales/Laboratoire D'ethnologie et de Sociologie Comparative, Laboratoire D'archeologie des Ameriques, 2010 (Monografías, 10), pp. 277-302.

——, *Contributions to Maya Decipherment,* vol. 1, New Haven, Yale University-Human Relations Area Flis, Inc., 1983.

——, "A Quetzal Feather Dance at Bonampak, Chiapas, México", *Journal de la Société des Américanistes,* t. LXX, 1984, pp. 127-137.

——, *Hieroglyphs and History at Dos Pilas. Dynastic Politics of the Classical Maya,* Austin, University of Texas Press, 1993.

Houston, Stephen D., "The Shifting Now: Aspect, Deixis, and Narrative in Classic Maya Texts", *American Anthropologist,* vol. 99, núm. 2, 1997, pp. 291-305.

——, "Classic Maya Depictions of the Built Environment", en Stephen D. Houston (ed.), *Function and Meaning in Classic Maya Architecture. A Simposium at Dumbarton Oaks, 7th and 8th October 1994,* Washington, Dumbarton Oaks Research Library and Collection, 1998, pp. 333-372.

——, "Cantantes y danzantes en Bonampak", *Arqueología Mexicana,* vol. X, núm. 55, México, Raíces, mayo-junio de 2002, pp. 54-55.

——, "Living waters and wondrous beast", en Daniel Finamore y Stephen D. Houston (eds.), *Fiery Pool. The Maya and the Mythic Sea,* Salem, Peabody Essex Museum, 2010, pp. 66-79.

——, "Deathly Sport", *Maya Decipherment. Ideas on Ancient Writing and Iconography,* 2014. Consultado en decipherment.wordpress.com.

——, *The Life Within. Classic Maya and the Matter of Performance,* New Heaven/Londres, Yale University Press, 2014.

Houston, Stephen D., y Andrew K. Scherer, "Maya Animalia, or Why Do Dogs Dress Up?", *Maya Decipherment. Ideas on Ancient Maya Writing and Iconography*, 7 de julio de 2020. Consultado en https://mayadecipherment.com/2020/07/07/maya-animalia-or-why-do-dogs-dress-up.

Houston, Stephen D., Claudia Brittenham, Cassandra Mesick, Alexandre Tokovinine y Christina Warinner, *Veiled Brightness. A History of Ancient Maya Color,* Austin, University of Texas Press, 2009 (The William and Bettye Nowling Series in Art, History and Culture of the Western Hemisphere).

Houston, Stephen D., Héctor Leonel Escobedo Ayala, Andrew Scherer, Mark Child y James Fitzsimmons, "Classic Maya Death at Piedras Negras, Guatemala", en Andrés Ciudad Ruiz, Mario Humberto Ruz Sosa y María Josefa Iglesias Ponce de León (eds.), *Antropología de la eternidad: la muerte en la cultura maya,* Madrid, Universidad Complutense-Facultad de Geografía e Historia-Departamento de Historia de América II (Antropología de América)-Sociedad Española de Estudios Mayas/UNAM-IIFL/Centro de Estudios Mayas, 2003 (Publicaciones de la Sociedad Española de Estudios Mayas, 7), pp. 113-143.

Houston, Stephen D., y Takeshi Inomata, *The Classic Maya,* Cambridge/Nueva York, Cambridge University Press, 2009 (Cambridge World Archaeology).

Houston, Stephen D., John Robertson y David S. Stuart, *Quality and Quantity in Glyphic Nouns and Adjectives (Calidad y cantidad en sustantivos y adjetivos glíficos),* Washington, Center for Maya Research, 2001 (Research Reports on Ancient Maya Writing, 47).

Houston, Stephen D., y David S. Stuart, *The Way Glyph: Evidence for "Co-Essences" among the Classic Maya,* Washington, Center for Maya Research, 1989 (Research Reports on Ancient Maya Writing, 30).

Houston, Stephen D., y David S. Stuart, "Of Gods, Glyphs and Kings: Divinity and Rulership among the Classic Maya", *Antiquity,* vol. 70, núm. 268, junio de 1996, pp. 289-312.

——, "The Ancient Maya Self: Personhood and Portraiture in the Classic Period", *Res 33. Anthropology and Aesthetics,* primavera de 1998, pp. 73-101.

Houston, Stephen D., David S. Stuart y John Robertson, "Disharmony in Maya Hieroglyphic Writing: Linguistic Change and Continuity in Classic Society", en Andrés Ciudad Ruiz, María Yolanda Fernández Marquínez, José Miguel García Campillo, María Josefa Iglesias Ponce de León, Alfonso Lacadena García-Gallo y Luis Tomás Sanz Castro (coords.), *Anatomía de una civilización. Aproximaciones interdisciplinarias a la cultura maya,* Madrid, Universidad Complutense-Facultad de Geografía e Historia-Departamento de Historia de América II (Antropología de América)-Sociedad Española de Estudios Mayas, 1998, pp. 275-296.

Houston, Stephen D., David S. Stuart y Karl A. Taube, "Image and Text on the 'Jauncy Vase'", en Justin Kerr (ed.), *The Maya Vase Book,* vol. 3, Nueva York, Kerr Associates, 1992, pp. 499-512.

——, *The Memory of Bones. Body, Being, and Experience among the Classic Maya,* Austin, University of Texas Press, 2006.

Hull, Kerry M., "Verbal Art and Performance in Ch'orti' and Maya Hieroglyphic Writing", tesis doctoral, Austin, The University of Texas at Austin, 2003.

——, "An Abbreviated Dictionary of Ch'orti' Maya", Foundation for the Advancement of Mesoamerican Studies, Inc., 2005. Consultado en http://www. famsi.org/reports/03031/03031.pdf.

——, "Poetic Tenacity: A Diachronic Study of Kennings in Maya Languages", en Kerry M. Hull y Michael D. Carrasco (eds.), *Parallel Worlds. Genre, Discourse, and Poetics in Contemporary, Colonial, and Classic Period Maya Literature,* Boulder, University Press of Colorado, 2012.

Hull, Kerry M., Michael D. Carrasco y Robert Wald, "The First-Person Singular Independent Pronoun in Classic Ch'olan", *Mexicon. Zeitschrift für Mesoamerikaforschung,* vol. XXXI, núm. 2, 2009, pp. 36-43.

Hurley Vda. de Delgaty, Alfa, y Agustín Ruiz Sánchez, *Diccionario tzotzil de San Andrés con variaciones dialectales,* México, Instituto Lingüístico de Verano, SEP-Dirección General de Educación a Grupos Marginados, 1978 (Vocabularios Indígenas, 22).

Hvidtfeldt, Arild, *Teotl and Ixiptlatli. Some Central Conceptions in Ancient Mexican Religion. With a General Introduction on Cult and Myth,* Copenhague, Munksgaard, 1958.

Jansen, Maarten, y Gabina Aurora Pérez Jiménez, "Paisajes sagrados: códices y arqueología de Ñuu Dzaui", *Revista Itinerarios,* núm. 8, 2008, pp. 83-112.

Jones, Christopher, y Linton Satterthwaite, *Tikal Report,* núm. 33, parte A, *The Monuments and Inscriptions of Tikal: The Carved Monument,* Filadelfia, The University of Pennsylvania Museum, 1983.

Joyce, Rosemary A., "Las raíces de la tradición funeraria maya en prácticas mesoamericanas del periodo Formativo", en Andrés Ciudad Ruiz, Humberto Ruz Sosa y María Josefa Iglesias Ponce de León (eds.), *Antropología de la eternidad: la muerte en la cultura maya,* Madrid, Universidad Complutense-Facultad de Geografía e Historia-Departamento de Historia de América II (Antropología de América)-Sociedad Española de Estudios Mayas/UNAM-IIFL/Centro de Estudios Mayas, 2003 (Publicaciones de la Sociedad Española de Estudios Mayas, 7), pp. 13-34.

Just, Bryan R., *Dancing into Dreams. Maya Vase Painting of the Ik' Kindom,* con contribuciones de Christina T. Halperin, Antonia E. Foias y Sarah Nunberg, New Haven/Londres, Yale University Press, 2012.

Karttunen, Frances, *An Analytical Dictionary of Nahuatl,* Norman/Londres, University of Oklahoma Press, 1983.

Kaufman, Terrence S., *El proto-tzeltal-tzotzil. Fonología comparada y diccionario reconstruido,* 1ª reimp., México, UNAM-IIFL/Centro de Estudios Mayas, 1998 (Cuaderno, 5).

Kaufman, Terrence S., y John S. Justeson, "A Preliminary Mayan Etymological Dictionary", Foundation for the Advancement of Mesoamerican Studies, Inc., 2003. Consultado en http://www.famsi.org/reports/01051/pmed.pdf.

Kaufman, Terrence S., y William M. Norman, "An Outline of Proto-Cholan Phonology, Morphology and Vocabulary", en John S. Justeson y Lyle Campbell (eds.), *Phoneticism in Mayan Hieroglyphic Writing,* Albany, Institute of Mesoamerican Studies, 1984 (Publication, 9), pp. 77-176.

Keller, Kathryn C., y Plácido Luciano Gerónimo, *Diccionario chontal de Tabasco (mayense),* Tucson, Instituto Lingüístico de Verano, 1997 (Serie de Vocabularios Indígenas, 36).

Kelley, David H., "A History of the Decipherment of Maya Script", *Anthropological Linguistics,* vol. 4, núm. 8, 1962, pp. 1-48.

——, *Deciphering the Maya Script,* Austin, University of Texas Press, 1976.

Kerr, Justin, "A Short History of Rollout Photography", Foundation for the Advancement of Mesoamerican Studies, Inc. *(FAMSI),* 2000. Consultado en http://www.famsi.org/research/kerr/articles/rollout/index.html.

——, *The Maya Vase Book: A Corpus of Rollout Photographs of Maya Vases,* vol. 6, Nueva York, Kerr Associates, 2000.

Kettunen, Harri, *Nasal Motifs in Maya Iconography. A Methodological Approach to the Study of Ancient Maya Art,* Helsinki, Academia Scientiarum Fennicia, 2006.

Kettunen, Harri, y Christophe Helmke, "Introducción a los Jeroglíficos Mayas", XVI Conferencia Maya Wayeb, trad. de Verónica Amellali Vázquez López y Juan Ignacio Cases Martín, Universidad de Copenhague-Departamento de Lenguas y Culturas Indígenas-Instituto para Estudios Transculturales y Regionales/Museo Nacional de Dinamarca, Copenhague, 2011. Consultado en http://www.mesoweb.com/resources/handbook/JM2011.pdf.

Kettunen, Harri, y Marc U. Zender, "The 'Month Signs' in Diego de Landa's *Relacion de las cosas de Yucatan*", *The Mayanist*, vol. 3, núm. 1, 2021.

Klein, Cecilia F., Eulogio Guzmán, Elisa C. Mandell y Maya Stanfield-Mazzi, "The Role of Shamanism in Mesoamerican Art. A Reassessment", *Current Anthropology*, vol. 43, núm. 3, 2002, pp. 383-419.

Knorozov, Yuri V., *La antigua escritura de los pueblos de la América Central*, México, Fondo de Cultura Popular, 1954 (Biblioteca Obrera).

Knowlton, Timothy W., *Maya Creation Myths. Words and Worlds of the Chilam Balam*, Boulder, University of Colorado, 2010.

Knub, Julie Nehammer, Simone Thun y Christophe Helmke, "The Divine Rite of Kings: An Analysis of Classic Maya Impersonation Statements", en Geneviève Le Fort, Raphaël Gardiol, Sebastian Matteo y Christophe Helmke (eds.), *The Maya and their Sacred Narratives: Text and Context of Maya Mythologies. 12th European Maya Conference. Geneva, December 2007*, Markt Schwaben, Verlag Anton Saurwein, 2009 (Acta Mesoamericana, 20), pp. 177-195.

Köhler, Ulrich, *Chonbilal ch'ulelal-alma vendida. Elementos fundamentales de la cosmología y religión mesoamericanas en una oración en maya-tzotzil*, México, UNAM-IIA, 1995.

Kubler, George, *Studies in Classic Maya Iconography*, New Haven, Connecticut Academy of Arts and Sciences, 1969 (Memoirs of the Connecticut Academy of Arts and Sciences, vol. XVIII).

Kupprat, Felix A., "La memoria cultural y la identidad maya en el periodo Clásico: una propuesta de método y su aplicación a los casos de Copán y Palenque en el siglo VII d.C.", tesis doctoral, México, UNAM-FFyL-Posgrado en Estudios Mesoamericanos, 2015.

Lacadena García-Gallo, Alfonso, "Nominal Syntax and the Linguistic Affiliation of Classic Mayan Texts", en Pierre R. Colas, Kai Delvendahk, Marcus Kuhnert y Annette Schubart (eds.), *The Sacred and the Profane. Architecture and Identity in the Maya Lowlands*, Markt Schwaben, Verlag Anton Saurwein, 2000 (Acta Mesoamericana, 10), pp. 111-128.

——, "Reference Book for the Maya Hieroglyphic Workshop-The European Maya Conference Series", Londres, Museo Británico, 2001.

——, "El sufijo verbalizador *-Vj (-aj ~ -iij)* en la escritura jeroglífica maya", en Antonio González Blanco, Juan Pablo Vita Barra y José Ángel Zamora López (eds.), *De la tablilla a la inteligencia artificial*, Zaragoza, Instituto de Estudios Islámicos y del Oriente Próximo, 2003, pp. 847-865.

——, "El origen prehispánico de las profecías katúnicas mayas coloniales: antecedentes clásicos de las profecías de 12 Ajaw y 10 Ajaw", en Rogelio Valencia Rivera y Geneviève Le Fort (eds.), *Sacred Books, Sacred Languages: Two Thousand Years of Ritual and Religious Maya Literature. Proceedings of the 8th European Maya Conference. Madrid, November 25-30,*

2003, Markt Schwaben, Verlag Anton Saurwein, 2006 (Acta Mesoamericana, 18), pp. 201-225.

Lacadena García-Gallo, Alfonso, "Apuntes para un estudio sobre literatura maya antigua", en Antje Gunsenheimer, Tsubasa Okoshi y John F. Chuchiak IV (eds.), *Texto y contexto: perspectivas intraculturales en el análisis de la literatura maya yucateca,* Bonn, Shaker Verlag Aachen, 2009 (Estudios Americanistas de la Universidad de Bonn, 47), pp. 31-52.

——, "Gramática maya jeroglífica", material didáctico inédito elaborado con motivo de los talleres de escritura jeroglífica maya que tuvieron lugar en el marco de la "15th European Maya Conference", Madrid, Museo de América, del 30 de noviembre al 2 de diciembre de 2010.

——, "Historical Implications of the Presence of non-Mayan Linguistic Features in the Maya Script", en Laura van Broekhoven, Rogelio Valencia Rivera, Benjamin Vis y Frauke Sachse (eds.), *The Maya and their Neighbours. Internal and External Contacts Through Time. Proceedings of the 10th European Maya Conference. Leiden, December 9-10, 2005,* Markt Schwaben, Verlag Anton Saurwein, 2010 (Acta Mesoamericana, 22), pp. 29-39.

——, "Naturaleza, tipología y usos del paralelismo en la literatura jeroglífica", en Aurore Monod Becquelin, Alain Breton y Mario Humberto Ruz Sosa (eds.), *Figuras mayas de la diversidad,* Mérida, UNAM-Centro Peninsular en Humanidades y Ciencias Sociales/ Laboratoire D'ethnologie et de Sociologie Comparative, Laboratoire D'archeologie des Ameriques, 2010 (Monografías, 10), pp. 55-85.

——, "Syntactic Inversion (Hyperbaton) as a Literary Device in Maya Hieroglyphic Texts", en Kerry M. Hull y Michael D. Carrasco (eds.), *Parallel Worlds. Genre, Discourse, and Poetics in Contemporary, Colonial, and Classic Period Maya Literature,* Boulder, University Press of Colorado, 2012, pp. 45-71.

Lacadena García-Gallo, Alfonso, y Juan Ignacio Cases Martín, "Nuevas investigaciones epigráficas en Naachtún, Petén, Guatemala", conferencia impartida el 1° de octubre de 2014 en la Coordinación de Humanidades de la UNAM.

Lacadena García-Gallo, Alfonso, y Søren Wichmann, "On the Representation of the Glottal Stop in Maya Writing", en Søren Wichmann (ed.), *The Linguistics of Maya Writing,* Salt Lake City, The University of Utah Press, 2004, pp. 103-162.

——, "The Orthographic Distinction between Velar and Glottal Spirants in Maya Hieroglyphic Writing", en Søren Wichmann (ed.), *The Linguistics of Maya Writing,* Salt Lake City, The University of Utah Press, 2004.

——, "The Dynamics of Language in the Western Lowland Maya Region", en Andrea Water-Rist, Christine Cluney, Calla McNamee y Larry Steinbrenner (eds.), *Art for Archaeological Sake. Material Culture and Style across the Disciplines. Proceedings of the 33rd Annual Chacmool Conference,* Calgary, Chacmool, The Archaeological Association of the University of Calgary, 2005, pp. 32-48.

Lacadena García-Gallo, Alfonso, y Søren Wichmann, "Introduction to Nahuatl Hieroglyphic Writing", material didáctico utilizado en los talleres de la "16th European Maya Conference Wayeb", Copenhague, del 5 al 8 de diciembre de 2011.

——, "Harmony Rules and the Suffix Domain: A Study of Maya Scribal Conventions", *Revista Española de Antropología Americana*, núm. esp. 49, 2019, pp. 183-208.

Landa, fray Diego de, *Relación de las cosas de Yucatán,* María del Carmen León Cázares (estudio preliminar, cronología y revisión del texto), México, Conaculta, 1994 (Cien de México).

Laporte Molina, Juan Pedro, "La tradición funeraria prehispánica en la región de Petén, Guatemala: una visión desde Tikal y otras ciudades", en Andrés Ciudad Ruiz, María Josefa Iglesias Ponce de León y Miguel Sorroche Cuerva (eds.), *El ritual en el mundo maya: de lo privado a lo público,* Madrid, Universidad Complutense-Facultad de Geografía e Historia-Departamento de Historia de América II (Antropología de América)-Sociedad Española de Estudios Mayas/Grupo de Investigación Andalucía-América/Patrimonio Cultural y Relaciones Artísticas/UNAM-Centro Peninsular en Humanidades y Ciencias Sociales, 2010, pp. 49-76.

Larqué-Saavedra, Alfonso, "Biotecnología prehispánica en Mesoamérica", *Revista Fitotecnia Mexicana,* vol. 39, núm. 2, abril-junio de 2016, pp. 107-115.

Laughlin, Robert M., *The Great Tzotzil Dictionary of San Lorenzo Zinacantán,* Washington, Smithsonian Institute, 1975 (Smithsonian Contributions to Anthropology, 19).

Laughlin, Robert M., y John B. Haviland, *The Great Tzotzil Dictionary of Santo Domingo Zinacantán. With Grammatical Analysis and Historical Commentary. Volume I: Tzotzil -English. Volume II: English-Tzotzil. Volume III: Spanish-Tzotzil,* Washington, Smithsonian Institution Press, 1988 (Smithsonian Contributions to Antropology, 31).

Law, Danny, y David S. Stuart, "Classic Mayan. An Overview of Language in Ancient Hiroglyphic Script", en Judith Aissen, Nora C. England y Roberto Zavala Maldonado (eds.), *The Mayan Languages,* Londres/Nueva York, Routledge Taylor and Francis Group, 2017 (Routledge Language Family Series), pp. 128-172.

Le Guen, Olivier, "*Ubèel pixan:* el camino de las almas. Ancestros familiares y colectivos entre los mayas yucatecos", *Península,* vol. III, núm. 1, primavera de 2008, pp. 83-120.

Lenkersdorf, Carlos, *B'omak'umal: Tojolab'al-kastiya = diccionario tojolabal-español: idioma mayance de los altos de Chiapas,* 2ª ed., México, Plaza y Valdés, 2004 [1979], 2 vols.

Limón Olvera, Silvia, *El fuego sagrado. Simbolismo y ritualidad entre los nahuas,* 2ª ed., México, UNAM-Centro de Investigaciones sobre América Latina y el Caribe, 2012.

Lizana, fray Bernardo de, *Devocionario de Nuestra Señora de Izamal y conquista espiritual de Yucatán,* René Acuña Sandoval (ed.), México, UNAM-IIFL/Centro de Estudios Mayas, 1995 [1633] (Fuentes para el Estudio de la Cultura Maya, 12).

Looper, Matthew G., *Lightning Warrior: Maya Art and Kingship at Quiriguá,* Austin, University of Texas Press, 2003 (The Linda Schele Series in Maya and Pre-Columbian Studies).

——, *To Be Like Gods. Dance in Ancient Maya Civilization,* Austin, University of Texas Press, 2009 (The Linda Schele Series in Maya and Pre-Columbian Studies).

López Austin, Alfredo, "Nota sobre la fusión y la fisión de los dioses en el panteón mexica", *Anales de Antropología,* vol. 20, núm. 2, 1983, pp. 75-87.

——, *Cuerpo humano e ideología. Las concepciones de los antiguos nahuas,* 3ª ed., México, UNAM-IIA, 1989 (Serie Antropológica, 39), 2 vols.

——, *Hombre-dios. Religión y política en el mundo náhuatl,* 2ª ed., México, UNAM-IIH, 1989 (Monografías, 15).

——, *Los mitos del Tlacuache. Caminos de la mitología mesoamericana,* 2ª ed., México, Alianza Editorial, 1992 (Alianza Estudios/Antropología).

——, *Tamoanchan y Tlalocan,* México, FCE, 1994 (Sección de Obras de Antropología).

——, "Los rostros de los dioses mesoamericanos", *Arqueología Mexicana,* vol. IV, núm. 20, México, Raíces, julio-agosto de 1996, pp. 6-19.

——, "De la racionalidad, de la vida y de la muerte", en Elsa Malvido Miranda, Grégory Pereira y Vera Tiesler (coords.), *El cuerpo humano y su tratamiento mortuorio,* México, Conaculta/INAH, 1997 (Colección Científica), pp. 13-16.

——, "Herencia de distancias", en Alessandro Lupo y Alfredo López Austin (eds.), *La cultura plural. Reflexiones sobre diálogo y silencios en Mesoamérica (homenaje a Italo Signorini),* México, UNAM-IIA/Universitá di Roma "La Sapienza", 1998, pp. 55-68.

——, *Textos de medicina náhuatl,* 5ª ed., México, UNAM-IIH, 2000 (Serie de Cultura Náhuatl, Monografías, 19).

——, "La composición de la persona en la tradición mesoamericana", *Arqueología Mexicana,* vol. XI, núm. 65, México, Raíces, 2004, pp. 30-35.

——, "La concepción del cuerpo en Mesoamérica", *Elogio del cuerpo mesoamericano, Artes de México,* núm. 69, enero-febrero de 2004, pp. 18-39.

——, "Modelos a distancia: antiguas concepciones nahuas", en Alfredo López Austin (coord.), *El modelo en la ciencia y la cultura,* México, UNAM/Siglo XXI Editores, 2005 (Cuadernos del Seminario de Problemas Científicos y Filosóficos de la UNAM, 1), pp. 68-93.

López Austin, Alfredo, "El dios en el cuerpo", *Dimensión Antropológica,* año 16, núm. 46, mayo-agosto de 2009, pp. 1-45.

——, "Ligas entre el mito y el ícono en el pensamiento cosmológico mesoamericano", *Anales de Antropología,* núm. 43, 2009, pp. 9-50.

——, "Los reyes subterráneos", en Nathalie Ragot, Sylvie Peperstraete y Guilhem Olivier (eds.), *La Quête du Serpent à Plumes. Arts et religions de L'amérique Précolombienne. Hommage à Michel Graulich,* París, Brepols, 2011 (Bibliothèque de L'école des Hautes Études Sciences Religieuses, 146), pp. 39-56.

——, "Ecumene Time, Anecumene Time: Proposal of a Paradigm", en Anthony F. Aveni (ed.), *The Measure and Meaning of Time in Mesoamerica and the Andes,* Washington, Dumbarton Oaks Research Library and Collection, 2015, pp. 29-52.

——, "Tiempo del ecúmeno, tiempo del anecúmeno. Propuesta de un paradigma", en Mercedes de la Garza Camino (coord.), *El tiempo de los dioses-tiempo. Concepciones de Mesoamérica,* México, UNAM-IIFL/Centro de Estudios Mayas, 2015, pp. 11-49.

——, "La cosmovisión de la tradición mesoamericana. Primera parte", ed. especial de *Arqueología Mexicana,* núm. 68, México, Raíces, 2016.

——, "La cosmovisión de la tradición mesoamericana. Segunda parte", ed. especial de *Arqueología Mexicana,* núm. 69, México, Raíces, 2016.

——, "La cosmovisión de la tradición mesoamericana. Tercera parte", ed. especial de *Arqueología Mexicana,* núm. 70, México, Raíces, 2016.

——, "La verticalidad del cosmos", *Estudios de Cultura Náhuatl,* vol. 52, julio-diciembre de 2016, p. 122, nota 6. Consultado en https://www.historicas.unam.mx/publicaciones/revistas/nahuatl/pdf/ecn52/1029.pdf.

López Austin, Alfredo, y Leonardo López Luján, *Mito y realidad de Zuyuá. Serpiente Emplumada y las transformaciones mesoamericanas del Clásico al Posclásico,* México, FCE/El Colegio de México-Fideicomiso Historia de las Américas, 1999 (Sección de Obras de Historia, Serie Ensayos).

——, *Monte Sagrado. Templo Mayor,* México, UNAM-IIA, 2009.

López Austin, Alfredo, y Erik Velásquez García, "Un concepto de dios aplicable a la tradición maya", *Arqueología Mexicana,* vol. XXVI, núm. 152, julio-agosto de 2018, pp. 20-27.

López Cogolludo, fray Diego, *Historia de Yucatán,* Barcelona, Red Ediciones, 2012 (Linkgua Historia, 206).

López García, Julián, "Presencia y significado de la muerte en la cultura maya ch'orti'", en Andrés Ciudad Ruiz, Mario Humberto Ruz Sosa y María Josefa Iglesias Ponce de León (eds.)., *Antropología de la eternidad: la muerte en la cultura maya,* Madrid, Universidad Complutense-Facultad de Geografía e Historia-Departamento de Historia de América II (Antropología de América)-Sociedad Española de Estudios Mayas/UNAM-IIFL/

Centro de Estudios Mayas, 2003 (Publicaciones de la Sociedad Española de Estudios Mayas, 7), pp. 501-517.

López K'ana, Josías, Miguel Sántiz Méndez, Bernabé Montejo López, Pablo Gómez Jiménez y Pablo González Casanova, *Diccionario multilingüe. Svunal bats'I k'opetik. Español/tseltal/tsotsil/ch'ol/tojo-ab'al de Chiapas,* México, Siglo XXI Editores, 2005.

López Oliva, Macarena Soledad, "Las personificaciones *(ˀub'aahil ˀaˀn)* de seres sobrenaturales entre los mayas de tierras bajas del Clásico", tesis doctoral, Madrid, Universidad Complutense de Madrid-Facultad de Geografía e Historia/Departamento de Historia de América y Medieval y Ciencias Historiográficas, 2018.

Love, Bruce, *The Paris Codex. Handbook for a Maya Priest,* introducción de George E. Stuart, Austin, University of Texas Press, 1994.

Luna Trail, Elizabeth, Alejandra Vigueras Ávila y Gloria Estela Baez Pinal, *Diccionario básico de lingüística,* México, UNAM-IIFL-Centro de Lingüística Hispánica "Juan M. Lope Blanch", 2005.

Máas Collí, Hilaria, *Manual de vocabulario maya-español,* Mérida, UADY-Centro de Investigaciones Regionales "Dr. Hideyo Noguchi"-Unidad de Ciencias Sociales, 2013.

MacLeod, Barbara, "A World in a Grain of Sand: Transitive Perfect Verbs in the Classic Maya Script", en Søren Wichmann (ed.), *The Linguistics of Maya Writing,* Salt Lake City, The University of Utah Press, 2004.

Macri, Martha J., y Matthew G. Looper, "Nahua in Ancient Mesoamerica", *Ancient Mesoamerica,* vol. 14, núm. 2, 2003, pp. 285-297.

——, *The New Catalog of Maya Hieroglyphs, Volume One, The Classic Period,* Norman, University of Oklahoma Press, 2003 (The Civilization of the American Indian Series).

Maldonado Andrés, Juan, Juan Ordóñez Domingo y Juan Ortiz Domingo, *Diccionario mam. San Ildefonso Ixtahuacán, Huehuetenango. Mam-español,* Guatemala, Universidad Rafael Landívar, 1986.

Maldonado Cano, Daniela, "En el umbral: tanatopráxis contemporánea", en Andrés Ciudad Ruiz, María Josefa Iglesias Ponce de León y Miguel Sorroche Cuerva (eds.), *El ritual en el mundo maya: de lo privado a lo público,* Madrid, Universidad Complutense-Facultad de Geografía e Historia-Departamento de Historia de América II (Antropología de América)-Sociedad Española de Estudios Mayas/Grupo de Investigación Andalucía-América/Patrimonio Cultural y Relaciones Artísticas/UNAM-Centro Peninsular en Humanidades y Ciencias Sociales, 2010, pp. 457-472.

Maler, Teobert, *Explorations in the Department of Peten, Guatemala, and Adjacent Region. Motul de San José; Peten-Itza,* Memoirs of the Peabody Museum of American Archaeology and Ethnology, Harvard University, vol. IV, núm. 3, Cambridge, Harvard University-Peabody Museum of American Archaeology and Ethnology, 1910.

Márquez Morfín, Lourdes, Patricia O. Hernández Espinoza y Carlos Serrano Sánchez, "La edad de Pakal en el contexto demográfico de la sociedad de Palenque durante el Clásico Tardío", en Vera Tiesler y Andrea Cucina (eds.), *Janaab' Pakal de Palenque. Vida y muerte de un gobernante maya,* México-Mérida, UNAM-Dirección General de Publicaciones y Fomento Editorial/UADY-Facultad de Ciencias Antropológicas, 2004, pp. 153-185.

Marquina Barredo, Ignacio, *Arquitectura Prehispánica,* México, SEP-INAH, 1951 (Memorias del INAH, 1).

Martin, Simon, "La gran potencia occidental: los mayas y Teotihuacán", en Nikolai Grube (ed.), *Los mayas: una civilización milenaria,* Colonia, Könemann, 2001, pp. 99-111.

——, "The Baby Jaguar: An Exploration of its Identity and Origins in Maya Art and Writing", en Vera Tiesler, Rafael Cobos Palma y Merle Greene Robertson (eds.), *La organización social entre los mayas. Memoria de la Tercera Mesa Redonda de Palenque,* vol. I, México, Conaculta-INAH/UADY, 2002, pp. 50-78.

——, "The Old Man of the Maya Universe: A Unitary Dimension to Ancient Maya Religion", en Charles Golden, Stephen D. Houston y Joel Skidmore (eds.), *Maya Archaeology 3,* San Francisco, Precolumbia Mesoweb Press, 2015, pp. 186-227.

——, "Ideology and the Early Maya Polity", en Loa P. Traxler y Robert J. Sharer (eds.), *The Origins of Maya States,* Filadelfia, University of Pennsylvania Museum of Archaeology and Anthropology, 2016, pp. 507-544.

——, *Ancient Maya Politics. A Political Anthropology of the Classic Period 150-900 CE,* Cambridge, Cambridge University Press, 2020.

Martin, Simon, y Joel Skidmore, "Exploring the 584 286 Correlation between the Maya and European Calendars", *The PARI Journal,* vol. XIII, núm. 2, otoño de 2012, pp. 3-16.

Martin, Simon, y Nikolai Grube, *Chronicle of the Maya Kings and Queens. Deciphering the Dynasties of the Ancient Maya,* 2ª ed., Londres, Thames and Hudson, 2008.

Martínez del Campo Lanz, Sofía, *Rostros de la divinidad. Los mosaicos mayas de piedra verde,* México, INAH, 2010.

Martínez González, Roberto, "El *ihíyotl,* la sombra y las almas-aliento en Mesoamérica", *Cuicuilco,* vol. 13, núm. 38, 2006, pp. 177-199.

——, "Las entidades anímicas en el pensamiento maya", *Estudios de Cultura Maya,* vol. XXX, 2007, pp. 153-174.

——, *El nahualismo,* México, UNAM-IIH, 2011 (Serie Antropológica, 19).

Martínez González, Roberto, y Luis Fernando Núñez Enríquez, "La cabeza en la imagen corporal mesoamericana: una primera aproximación a partir de algunos ejemplos", en Vera Tiesler y Carlos Serrano Sánchez (eds.), *Modificaciones cefálicas culturales en Mesoamérica. Una perspectiva continental,* t. I, México/Mérida, UNAM-IIA/UADY-Facultad de Ciencias Antropológicas, 2018, t. I, pp. 205-238.

Martínez de Velasco Cortina, María Alejandra, "Cerámica funeraria maya: las vasijas matadas", tesis de maestría, México, UNAM-FFyL-Posgrado en Estudios Mesoamericanos, 2014.

Martínez Huchim, Ana Patricia, *Diccionario maya de bolsillo. Español-maya. Maya-español,* 3ª ed., Mérida, Dante, 2008.

Mathews, Peter L., *La escultura de Yaxchilán,* México, INAH, 1997 (Colección Científica, 368).

Matos Moctezuma, Eduardo, y Leonardo López Luján, *Escultura monumental mexica,* México, FCE/Fundación Conmemoraciones, 2012 (Tezontle).

Matteo, Sebastian, y Asier Rodríguez Manjavacas, "La instrumentalización del *way* según las escenas de los vasos pintados", *Península,* vol. IV, núm. 1, primavera de 2009, pp. 17-31.

Maxwell, Judith M., "*Säq, räx, qän,* blanco, verde, amarillo: metáforas kaqchiqueles de los siglos XVI y XX", en Mercedes Montes de Oca Vega (ed.), *La metáfora en Mesoamérica,* UNAM-IIFL, 2004, pp. 33-50.

Mayer, Karl Herbert, *Maya Monuments: Sculptures of Unknown Provenance in the United States,* Ramona, Acoma Books, 1980.

——, "Stela 1 from Huacutal, Peten", *Mexicon. Aktuelle Informationen und Studien zu Mesoamerika. News and Studies on Mesoamerica. Noticias y contribuciones sobre Mesoamérica,* vol. XXII, núm. 6, diciembre de 2000, pp. 127-129.

Mayoral Ramírez, José Antonio, *Figuras retóricas,* Madrid, Síntesis, 1994.

McKeever Furst, Jill Leslie, *The Natural History of the Soul in Ancient Mexico,* Londres/New Haven, Yale University Press, 1995.

Mcanany, Patricia A., "Soul Proprietors. Durable Ontologies of Maya Deep Time", en Steve Kosiba, John W. Janusek y Thomas B. F. Cummins (eds.), *Sacred Matter: Animacy and Authority in the Americas,* Washington, Dumbarton Oaks Research Library and Collection, 2020.

Mediz Bolio, Antonio (trad.), *Libro de Chilam Balam de Chumayel,* Mercedes de la Garza Camino (pról., intr. y notas), México, SEP, 1985 (Cien de México).

Meléndez Guadarrama, Lucero, "La posesión lingüística en la lengua de las inscripciones mayas clásicas", tesis de maestría, México, UNAM-FFyL/IIFL-Posgrado en Estudios Mesoamericanos, [2006] 2007. Consultado en http:// www.wayeb.org/download/theses/melendez_2007.pdf.

Melgar Tísoc, Emiliano, y Reina Solís Ciriaco, "Objetos mayas de jadeíta en el Templo Mayor de Tenochtitlan", *Arqueología Mexicana,* núm. 140, México, Raíces, julio-agosto de 2016, pp. 81-85.

Michelon, Óscar (ed.), *Diccionario de San Francisco,* Graz, Akademische Druck-u. Verlagsanstalt, 1976 (Biblioteca Lingüística Americana, II).

Miller, Arthur G., *On the Edge of the Sea. Mural Painting at Tancah-Tulum,*

Quintana Roo, Mexico, Washington, Dumbarton Oaks Research Library and Collection, Trustees for Harvard University, 1982.

Miller, Mary E., *The Murals of Bonampak,* Princeton, Princeton University Press, 1986.

——, "The History of the Study of Maya Vase Painting", en Justin Kerr (ed.), *The Maya Vase Book: A Corpus of Rollout Photographs of Maya Vases,* vol. 1, Nueva York, Kerr Associates, 1989.

——, *Maya Art and Architecture,* Londres, Thames and Hudson, 1999.

Miller, Mary E., y David S. Stuart, "Dumbarton Oaks Relief Panel 4", *Estudios de Cultura Maya,* vol. XIII, 1981, pp. 197-204.

Miller, Mary E., y Karl A. Taube, *An Illustrated Dictionary of the Gods and Symbols of Ancient Mexico and the Maya,* 1ª ed. rústica, Londres, Thames and Hudson, 1997.

Miller, Mary E., y Simon Martin, *Courtly Art of the Ancient Maya,* Washington/San Francisco, National Gallery of Art/Fine Art Museums of San Francisco/Thames and Hudson, 2004.

Mó Isém, Romelia, "Fonología y morfología del poqomchi' occidental", tesis de licenciatura en lingüística, Guatemala, Universidad Rafael Landívar-Facultad de Humanidades-Departamento de Letras y Filosofía, 2006.

Molina, fray Alonso de, *Vocabulario en lengua castellana y mexicana y mexicana y castellana,* Miguel León-Portilla (estudio preliminar), México, Porrúa, 1992 (Biblioteca Porrúa, 44).

Mondloch James L., "K'eš: Quiche Naming", *Journal of Mayan Linguistics,* vol. 1, núm. 2, 1980, pp. 9-25.

Montes de Oca Vega, Mercedes (ed.), *La metáfora en Mesoamérica,* UNAM-IIFL, 2004.

——, *Los difrasismos en el náhuatl de los siglos XVI y XVII,* México, UNAM-IIFL-Seminario de Lenguas Indígenas, 2013.

Montgomery, John, *The Monuments of Piedras Negras, Guatemala,* Albuquerque, University of New Mexico-Department of Art and History, 1998.

——, *Dictionary of Maya Hieroglyphs,* Nueva York, Hippocrene Books, Inc., 2002.

Montolíu Villar, María, *Cuando los dioses despertaron (conceptos cosmológicos de los antiguos mayas de Yucatán estudiados en el Chilam Balam de Chumayel),* México, UNAM-IIA, 1989.

Mora-Marín, David, *The Syllabic Value of Sign T77 as* ***k'i***, Washington, Center for Maya Research, 2000 (Research Reports on Ancient Maya Writing, 46).

Morán, fray Pedro, *Arte y vocabulario de la lengua cholti, a manuscript copied from the Libro Grande of fr. Pedro Morán of about 1625, in facsímile,* William Gates (ed.), Baltimore, The Maya Society, 1935 [1625] (Publication, 9).

Morán, fray Pedro, y fray Dionisio de Zúñiga, *Arte breve y vocabularios de la lengua po3om,* René Acuña Sandoval (ed.), México, UNAM-IIFL, 1991 (Gramáticas y Diccionarios, 5).

Moreno Zaragoza, Daniel, "Los espíritus del sueño. *Wahyis* y enfermedad entre los mayas del periodo Clásico", tesis de licenciatura en arqueología, México, INAH/ENAH, 2011.

——, "Los rostros del nahualismo. Diversos modos de entender el fenómeno de la transformación a través de los tiempos y espacios mayas", ensayo inédito, 24 de enero de 2013, s/p.

——, "*Xi'bajoj y wäyob:* espíritus del mundo subterráneo. Permanencia y transformación del nahualismo en la tradición oral ch'ol de Chiapas", tesis de maestría, México, UNAM-FFyL/IIFL-Posgrado en Estudios Mesoamericanos, 2013.

——, "Transformación onírica: naturaleza, expresiones y funciones de los *wahyis* mayas clásicos", tesis doctoral, México, UNAM-FFyL/IIFL-Posgrado en Estudios Mesoamericanos, 2020.

Morley, Sylvanus G., *La civilización maya,* Adrián Recinos Ávila (trad.), 7ª reimp., México, FCE, 1989 (Sección de Obras de Antropología).

Nájera Coronado, Martha Ilia, "El temor a los eclipses entre comunidades mayas contemporáneas", en Carmen Varela Torrecilla, Juan Luis Bonor Villarejo y María Yolanda Fernández Marquínez (coords.), *Religión y sociedad en el área maya,* Madrid, Sociedad Española de Estudios Mayas, pp. 319-327.

——, *El umbral de la vida. El nacimiento entre los mayas contemporáneos,* México, UNAM-FFyL, Programa de Maestría y Doctorado en Estudios Mesoamericanos, 2000.

——, *El don de la sangre en el equilibrio cósmico. El sacrificio y el autosacrificio sangriento entre los antiguos mayas,* 1ª reimp., México, UNAM-IIFL/Centro de Estudios Mayas, 2003.

——, *Los Cantares de Dzitbalché en la tradición religiosa mesoamericana,* México, UNAM-Coordinación de Humanidades/Unidad Académica de Ciencias Sociales y Humanidades/IIFL/Centro de Estudios Mayas, 2007.

——, *Dioses y seres del viento entre los mayas antiguos,* México, UNAM-IIFL/Centro de Estudios Mayas, 2015.

——, "¿Tenían los mayas un dios del viento?", *Arqueología Mexicana,* vol. XXVI, núm. 152, julio-agosto de 2018, pp. 60-67.

Nash, June, *Bajo la mirada de los antepasados,* México, Instituto Indigenista Interamericano, Sección de Investigaciones Antropológicas, 1975 (Ediciones especiales, 71).

Nava Román, Rosario, "El color negro en la piel y su poder político-religioso en el mundo mesoamericano: del Altiplano Central a la Mixteca", tesis de maestría en historia del arte, México, UNAM-FFyL-Posgrado en Historia del Arte, 2009.

——, "El color negro y el cuerpo. Usos de la imagen del africano en la sujeción política y religiosa en el siglo XVI", tesis de doctorado en historia del arte, México, UNAM-FFyL-Posgrado en Historia del Arte, 2018.

Navarrete Linares, Federico, "Nahualismo y poder: un viejo binomio mesoamericano", en Federico Navarrete Linares y Guilhem Olivier (eds.), *El héroe entre el mito y la historia,* México, Centre d'Études Mexicains et Centre Américains/UNAM-IIH, 2000, pp. 156-179.

Newsome, Elizabeth A., *Tree of Paradise and Pillars of the World. The Serial Stela Cycle of "18-Rabbit-God K", King of Copán,* Austin, University of Texas Press, 2001 (The Linda Schele Series in Maya and Pre-Columbian Studies).

Nicholson, Henry B., "The Deity 9 Wind Ehécatl-Quetzalcóatl in the Mixteca Pictorials", *Journal of Latin America Lore,* vol. 4, núm. 1, 1978, pp. 61-92.

Núñez de la Vega, Francisco, *Constituciones Diocesanas del Obispado de Chiapa,* María del Carmen León Cázares y Mario Humberto Ruz Sosa (eds.), México, UNAM-IIFL/Centro de Estudios Mayas, 1988 [1702] (Fuentes para el Estudio de la Cultura Maya, 6).

Ochiai, Kazuyasu, "Bajo la mirada del Sol portátil. Representación social y material de la cosmología tzotzil", en Johanna Broda, Stanislaw Iwaniszewski y Lucrecia Maupomé (eds.), *Arqueoastronomía y etnoastronomía en Mesoamérica,* México, UNAM-IIH, 1991 (Serie de Historia de la Ciencia y la Tecnología, 4), pp. 203-218.

O'Neil, Megan, *Engaging Ancient Maya Sculpture at Piedras Negras, Guatemala,* Norman, University of Oklahoma Press, 2012.

Ortiz Ceballos, Ponciano, María del Carmen Rodríguez Martínez, Alfredo Delgado Calderón y María Teresa Uriarte Castañeda, "Las ofrendas en El Manatí y su posible asociación con el juego de pelota: un yugo a destiempo", en María Teresa Uriarte Castañeda (ed.), *El juego de pelota mesoamericano. Temas eternos, nuevas aproximaciones,* México, UNAM-IIE-Dirección General de Publicaciones y Fomento Editorial, 2015, pp. 67-93.

Pallán Gayol, Carlos, "Secuencia dinástica, glifos-emblema y topónimos en las inscripciones jeroglíficas de Edzná, Campeche (600-900 d.C.): implicaciones históricas", tesis de maestría, México, UNAM-FFyL-Posgrado en Estudios Mesoamericanos, 2009.

Pallán Gayol, Carlos, y Lucero Meléndez Guadarrama, "Foreing Influences on the Maya Script", en Laura van Broekhoven, Rogelio Valencia Rivera, Benjamin Vis y Frauke Sachse (eds.), *The Maya and their Neighbours. 10th European Maya Conference. December 2005,* Verlag, Anton Saurwein, 2010 (Acta Mesoamericana, 22), pp. 9-28.

Pascual Soto, Arturo, *El Tajín. Arte y poder,* México, Conaculta-INAH/UNAM-IIE, 2009.

Pérez Bermón, Juan Pío, *Diccionario de la lengua maya,* Eligio Ancona (ed.), Mérida, Yucatán, Imprenta Literaria de Juan F. Molina Solís, 1877. Consultado en https://ia600408.us.archive.org/0/items/diccionariodela00suasgoog/ diccionariodela00suasgoog.pdf.

Pérez de Heredia, Eduardo, y Peter Biró, "K'ak' Upakal K'inich K'awil and the Lords of the Fire. Chichen Itza during the Ninth Century", en Linnea

Wren, Cynthia Kristan-Graham, Travis Nygard y Kaylee Spencer (eds.), *Landscapes of the Itza. Archaeology and Art History at Chichen Itza and Neighbours Sites,* Gainesville / Tallahasse / Tampa / Boca Ratón / Pansacola / Orlando / Miami / Jacksonville / Ft. Myers / Sarasota, University Press of Florida, 2018, pp. 65-108.

Pérez González, Benjamín, *Las partes del cuerpo en chontal de Tabasco,* Taolli Ramírez Téllez (ilus.), México, INAH / Inali, 2010.

Pérez González, Benjamín, y Santiago de la Cruz Rodríguez, *Diccionario chontal. Chontal-español. Español-chontal,* México, INAH, Fondo Estatal para la Cultura y las Artes de Tabasco, 1998 (Colección Obra Diversa).

Pérez Martínez, Vitalino, Federico García, Felipe Martínez y Jeremías López, *Diccionario ch'orti',* Antigua Guatemala, Proyecto Lingüístico Francisco Marroquín, 1996.

Pérez Suárez, Tomás, "Acróbatas y contorsionistas en la plástica olmeca", *Los Investigadores de la Cultura Maya,* núm. 13, t. II, Campeche, Universidad Autónoma de Campeche, 2005, pp. 537-544.

Petrich, Perla, "La muerte a través de la tradición oral maya actual", en Andrés Ciudad Ruiz, Mario Humberto Ruz Sosa y María Josefa Iglesias Ponce de León (eds.), *Antropología de la eternidad: la muerte en la cultura maya,* Madrid, Universidad Complutense-Facultad de Geografía e Historia-Departamento de Historia de América II (Antropología de América)-Sociedad Española de Estudios Mayas / UNAM-IIFL / Centro de Estudios Mayas, 2003 (Publicaciones de la Sociedad Española de Estudios Mayas, 7), pp. 473-499.

Pitarch Ramón, Pedro, "El lenguaje de la muerte (en un texto médico tzeltal)", en Andrés Ciudad Ruiz, Mario Humberto Ruz Sosa y María Josefa Iglesias Ponce de León (eds.), *Antropología de la eternidad: la muerte en la cultura maya,* Madrid, Universidad Complutense-Facultad de Geografía e Historia-Departamento de Historia de América II (Antropología de América)-Sociedad Española de Estudios Mayas / UNAM-IIFL / Centro de Estudios Mayas, 2003 (Publicaciones de la Sociedad Española de Estudios Mayas, 7), pp. 519-529.

——, *Ch'ulel: una etnografía de las almas tzeltales,* 1ª reimp., México, FCE, 2006 (Sección de Obras de Antropología).

——, *La cara oculta del pliegue. Antropología indígena,* México, Artes de México / Conaculta-DGP, 2013.

——, "La montaña sagrada: dos puntos de vista", documento inédito, s. f.

Platón, *Diálogos,* estudio preliminar de Francisco Larroyo, 22ª ed., México, Porrúa, 1991 (Sepan Cuantos..., núm. 13).

Pohl, John M. D., *Codex Zouche-Nuttall: Notebook for the Third Mixtec Pictographic Writing Wokshop,* Austin, University of Texas at Austin-Department of Art History and the Maya Meetings at Austin, 14-19 de marzo de 1994.

Polyukhovich, Yuriy, "A Possible Phonetic Substitution for T533 or 'Ajaw Face'", *Glyph Dwellers,* Report 33, octubre de 2015. Consultado en http://glyphdwellers.com/pdf/R33.pdf.

Pope, Maurice W. M., *Detectives del pasado. Una historia del desciframiento. De los jeroglíficos egipcios a la escritura maya,* Javier Alonso García (trad.), Madrid, Oberón, 2003.

Prager, Christian M., "Is T533 a Logograph for **BO:K** 'Smell, Odour'?", manuscrito no publicado, distribuido el 28 de agosto de 2006.

——, "Übernatürliche Akteure in der Klassischen Maya-Religion", tesis doctoral, Bonn, Universidad de Bonn-Facultad de Filosofía de la Rheinische Friedrich-Wilhelms, 2013, 2 vols.

——, "A Study of the Classic Maya *k'uh* Concept", en Harri Kettunen, Verónica Amellali Vázquez López, Felix A. Kupprat, Cristina Vidal Lorenzo, Gaspar Muñoz Cosme y María Josefa Iglesias Ponce de León (eds.), *Tiempo detenido, tiempo suficiente: ensayos y narraciones mesoamericanistas en homenaje a Alfonso Lacadena García-Gallo,* París, European Association of Mayanist, 2018 (Wayeb Publication 1), pp. 547-611. Consultado en https://www.wayeb.org/wayeb-publication-series/.

Proskouriakoff, Tatiana A., *A Study of Classic Maya Sculpture,* Washington, Carnegie Institution of Washington, 1950 (Publication, 593).

——, "Historical Data in the Inscriptions of Yaxchilán, Part I", *Estudios de Cultura Maya,* vol. III, 1963, pp. 149-167.

——, "The Jog and the Jaguar Signs in Maya Writing", *American Antiquity,* vol. 33, núm. 2, 1968, pp. 247-251.

——, *Historia Maya,* 2ª ed. en español, México, Siglo XXI Editores, 1999 (Colección América Nuestra).

Quenon, Michel, y Geneviève Le Fort, "Rebirth and Resurrection in Maize God Iconography", en Justin Kerr (ed.), *The Maya Vase Book: A Corpus of Rollout Photographs of Maya Vases,* vol. 5, Nueva York, Kerr Associates, 1997, pp. 884-902.

Quezada, Sergio, y Tsubasa Okoshi, *Papeles de los Xiu de Yaxá, Yucatán: introducción, transcripción, traducción y notas,* México, UNAM-IIFL/Centro de Estudios Mayas/Plaza y Valdés Editores, 2001 (Fuentes para el Estudio de la Cultura Maya, 15).

Quintal Avilés, Ella F., Martha L. Medina Un, María J. Cen Montuy e Iván Solís Sosa, "El nagualismo maya: los *wáayo'ob*", en Miguel A. Bartolomé Bistoletti y Alicia M. Barabas Reyna (coords.), *Los sueños y los días. Chamanismo y nahualismo en el México actual.* II. *Pueblos mayas,* México, INAH, 2013 (Colección Etnografía de los Pueblos Indígenas de México, Serie Ensayos), pp. 95-141.

Quintal Avilés, Ella F., Teresa Quiñones Vega, Lourdes Rejón Patrón y Jorge Gómez Izquierdo, "El cuerpo, la sangre y el viento: persona y curación entre los mayas peninsulares", en Miguel A. Bartolomé Bistoletti y Alicia

M. Barabas Reyna (coords.), *Los sueños y los días. Chamanismo y nahualismo en el México actual. II. Pueblos mayas,* México, INAH, 2013 (Colección Etnografía de los Pueblos Indígenas de México, Serie Ensayos), pp. 57-93.

Quintana Hernández, Francisca, y Cecilio Luis Rosales, *Las partes del cuerpo en mam,* ilustraciones de Taoli Ramírez Téllez, México, INAH/Inali, 2011.

Quirarte, Jacinto, "The Representation of Underworld Processions in Maya Vase Painting: An Iconographic Study", en Norman Hammond y Gordon R. Willey (eds.), *Maya Archaeology and Ethnohistory,* Austin/Londres, University of Texas Press, 1979, pp. 116-148.

Quirós, Seberino Bernardo de, *Arte y vocabulario del idioma huasteco (1711),* Bernhard Hurch (ed.), Madrid/México, Iberoamericana/Vervuert/Bonilla Artigas Editores, [1711] 2013 (Lingüística Misionera, 3).

Raimúndez Ares, Zoraida, "Difrasismos mayas: estudio diacrónico de los textos de tierras bajas desde la época prehispánica hasta el periodo colonial", tesis doctoral, México, UNAM-FFYL/IIFL-Posgrado en Estudios Mesoamericanos, 2021, pp. 480-481.

Recinos Ávila, Adrián (trad. y ed.), *Popol Vuh. Las antiguas historias del Quiché,* 3ª ed., Rodrigo Martínez Baracs (estudio preliminar), México, FCE, 2012 (Biblioteca Americana).

——, *Memorial de Sololá. Anales de los cakchiqueles. Título de los señores de Totonicapán,* 2ª ed., México, FCE, 2013.

Redfield, Robert y Alfonso Villa Rojas, *Chan Kom. A Maya Village,* Washington, Carnegie Institution of Washington, 1934.

Reents-Budet, Dorie J., "Classic Maya Concepts of the Royal Court. An Analysis of Renderings on Pictorial Ceramics", en Takeshi Inomata y Stephen D. Houston (eds.), *Royal Courts of the Ancient Maya. Volume One: Theory, Comparison, and Synthesis,* Boulder, Westview Press, 2001, pp. 195-233.

Reents-Budet, Dorie J., Joseph W. Ball, Ronald L. Bishop, Virginia M. Fields y Barbara MacLeod, *Painting the Maya Universe: Royal Ceramics of the Classic Period,* Durham/Londres, Duke University Press, 1994.

Reyes Equiguas, Salvador, "El *huauhtli* en la cultura náhuatl", tesis de maestría, México, UNAM-FFyL-Programa de Posgrado en Estudios Mesoamericanos, 2006.

Ringle, William M., *Of Mice and Monkeys: The Value and Meaning of T1016, The God C Hieroglyph,* Washington, Center for Maya Research, 1988 (Research Reports of Ancient Maya Writing, 18).

Robertson, John, Danny Law y Robbie A. Haertel, *Colonial Ch'olti'. The Seventeenth-Century Morán Manuscript,* Norman, University of Oklahoma Press, 2010.

Robertson, John, Stephen D. Houston, Marc U. Zender y David S. Stuart, *Universals and the Logic of the Material Implication: A Case Study from*

Maya Hieroglyphic Writing, Washington, Center for Maya Research, 2007 (Research Reports on Ancient Maya Writing, 62).

Robertson, Merle Greene, *The Sculpture of Palenque,* vol. I. *The Temple of the Inscriptions,* Princeton, Princeton University Press, 1983.

——, *The Sculpture of Palenque,* vol. II. *The Early Buildings of the Palace and the Wall Paintings,* Princeton, Princeton University Press, 1985.

——, *The Sculpture of Palenque,* vol. III. *The Late Buildings of the Palacio,* Princeton, Princeton University Press, 1985.

——, *The Sculpture of Palenque,* vol. IV. *The Cross Group, the North Group, the Olvidado, and Other Pieces,* Princeton, Princeton University Press, 1991.

——, "The Celestial God of Number 13", *The PARI Journal,* vol. XII, núm. 1, verano de 2011, pp. 1-6. Consultado en http://www.precolumbia.org/pari/journal/archive/PARI1201.pdf.

Robertson, Merle Greene, y Donnan Call Jeffers (eds.), *Tercera Mesa Redonda de Palenque, 1978,* Monterrey, Pre-Columbian Art Research Center, 1979.

Robicsek, Francis, *The Smoking Gods. Tobacco in Maya Art, History, and Religion,* Norman, University of Oklahoma Press, 1978.

Rodríguez Manjavacas, Asier, "El señor sagrado: los gobernantes", en María Alejandra Martínez de Velasco Cortina y María Elena Vega Villalobos (eds.), *Los mayas. Voces de piedra,* México, Ámbar Diseño, 2011.

Romero Sandoval, Roberto, "El transcurrir del tiempo en el inframundo maya", en Mercedes de la Garza Camino (coord.), *El tiempo de los dioses tiempo. Concepciones de Mesoamérica,* México, UNAM-IIFL/Centro de Estudios Mayas, 2015, pp. 91-108.

——, *El inframundo de los antiguos mayas*, México, UNAM-IIFL/Centro de Estudios Mayas, 2017.

——, "El baile con serpientes entre los mayas", *Estudios de Cultura Maya,* vol. XIV, 2019, pp. 129-154.

Roys, Ralph L., *Ritual of the Bacabs,* Norman, University of Oklahoma Press, 1965.

Ruiz de Alarcón, Hernando, *Tratado de las supersticiones y costumbres gentilicias que hoy viven entre los indios naturales de esta Nueva Espana*, s.p.i., 2003 (Biblioteca Virtual Universal). Consultado en http://biblioteca.org.ar/libros/89972.pdf.

Ruiz Pérez, Diego, "Los tres rostros del 'Dios Bufón'. Iconografía de un símbolo de poder de los gobernantes mayas durante el periodo Clásico (250-950 d.C.)", tesis de maestría, México, UNAM-FFyL/IIFL-Posgrado en Estudios Mesoamericanos, 2018.

Ruiz Pérez, Diego, y Ricardo Torres Marzo, "Análisis iconográfico de los grafitos de la Estructura 1 del Grupo 4A1a de Pasión del Cristo, Campeche", ponencia presentada en el "XXXII Simposio de Investigaciones Arqueológicas en Guatemala", 23 al 27 de julio de 2018.

Russell, Bertrand, *Historia de la filosofía,* Julio Gómez de la Serna Puig y

Antonio Dorta Martín (trad.), Barcelona, RBA Coleccionables, 2009 (Grandes Obras de la Cultura).

Russo, Alessandra, *El realismo circular. Tierras, espacios y paisajes de la cartografía novohispana, siglos XVI y XVII,* México, UNAM-IIE, 2005.

Ruz Lhuillier, Alberto, *El Templo de las Inscripciones de Palenque,* México, INAH, 1973 (Colección Científica, 7).

——, *Costumbres funerarias de los antiguos mayas,* 1ª reimp., México, UNAM-IIFL/Centro de Estudios Mayas, 1991 [1968].

Ruz Sosa, Mario Humberto, "La cosmovisión indígena", en Mario Humberto Ruz Sosa (ed.), *Los legítimos hombres. Aproximación antropológica al grupo tojolabal,* México, UNAM-IIFL/Centro de Estudios Mayas, 1982, pp. 49-66.

——, "Aproximación a la cosmología tojolabal", en Lorenzo Ochoa Salas y Thomas A. Lee (eds.), *Antropología e historia de los mixe-zoques y mayas. Homenaje a Frans Blom,* México, UNAM-IIFL/Centro de Estudios Mayas, Brigham Young University, 1983, pp. 413-440.

——, *Copanaguastla en un espejo: un pueblo tzeltal en el virreinato,* 2ª ed., México, Conaculta-DGP/INI, 1992 (Colección Presencias, 50).

——, "'Cada uno con su costumbra'. Memoria y olvido en los cultos funerarios contemporáneos", en Andrés Ciudad Ruiz, Mario Humberto Ruz Sosa y María Josefa Iglesias Ponce de León (eds.), *Antropología de la eternidad: la muerte en la cultura maya,* Madrid, Universidad Complutense-Facultad de Geografía e Historia-Departamento de Historia de América II (Antropología de América)-Sociedad Española de Estudios Mayas/UNAM-IIFL/Centro de Estudios Mayas, 2003 (Publicaciones de la Sociedad Española de Estudios Mayas, 7), pp. 531-548.

Salazar Lama, Daniel, "Formas de sacralizar a la figura real entre los mayas", *Journal de la Société des Américanistes,* vol. 101, núms. 1 y 2, 2015, pp. 11-49.

——, "Los señores mayas y la recreación de episodios míticos en los programas escultóricos integrados en la arquitectura", *Estudios de Cultura Maya,* vol. XLIX, 2017, pp. 165-199.

San Buenaventura, Gabriel de, *Arte de la lengua maya,* René Acuña Sandoval (ed.), México, UNAM-IIFL/Centro de Estudios Mayas, 1996 [1684] (Fuentes para el Estudio de la Cultura Maya, 13).

San José Ortigosa, Elena, "La jerarquía entre los dioses mayas del periodo Clásico Tardío (600-950 d.C.)", tesis de maestría, México, UNAM-FFyL/IIFL-Posgrado en Estudios Mesoamericanos, 2018.

Sánchez Carrillo, Óscar, "Cuerpo, ch'ulel y lab elementos de la configuración de la persona tseltal en Yajalón, Chiapas", *Revista Pueblos y Fronteras. La noción de persona en México y Centroamérica,* núm. 4, diciembre de 2007-mayo de 2008, pp. 1-58. Consultado en http://www.pueblosyfronteras.unam.mx.

Sánchez de Aguilar, Pedro, "Informe contra *los idólatras de Yucatán* escrito en 1613 por Pedro Sánchez de Aguilar", en Pilar Máynez Vidal (ed.),

Hechicerías e idolatrías del México antiguo, México, Conaculta, 2008 (Cien de México), pp. 41-204.

Saturno, William A., Franco D. Rossi, David S. Stuart y Heather Hurst, "A Maya Curia Regis: Evidence for a Hierarchical Specialist Order at Xultun, Guatemala", *Ancient Mesoamerica,* vol. 28, 2017, pp. 1-18.

Schapiro, Meyer, "Style", en *Anthropology Today. An Encyclopedic Inventory,* Alfred L. Kroeber (presidente), Chicago, The University of Chicago Press, 1953, pp. 287-312.

Schele, Linda, *Maya Glyphs. The Verbs,* Austin, University of Texas Press, 1982.

——, "Balan-Ahau: A Possible Reading of the Tikal Emblem Glyph and a Title at Palenque", en Elizabeth P. Benson (ed.), *Fourth Round Table of Palenque, 1980,* vol. 6, San Francisco, Pre-Columbian Art Research Institute, 1985, pp. 59-65.

——, "The Xibalba Shuffle: A Dance after Death", en Elizabeth P. Benson y Gillett G. Griffin (eds.), *Maya Iconography,* Nueva Jersey, Princeton University Press, 1988, pp. 294-317.

Schele, Linda, y Matthew G. Looper, "Part 2. The Inscriptions of Quirigua and Copan", en *Notebook for the XXIth Maya Hieroglyphic Workshop at Texas,* Austin, The University of Texas Press, 1996.

Schele, Linda, y Mary E. Miller, *The Blood of Kings, Dynasty and Ritual in Maya Art,* Nueva York/Fort Worth, George Braziller, Inc./Kimbell Art Museum, 1986.

Schele, Linda, y Nikolai Grube, "Part II. Tlaloc-Venus Warfare: The Peten Wars 8.17.0.0.0-9.15.13.0.0.", en *Notebook for the XIXth Maya Hieroglyphic Workshop at Texas,* Austin, The University of Texas Press, 1994.

——, "Part 2. The Dresden Codex", en *Notebook for the XXIth Maya Hieroglyphic Forum at Texas,* Austin, The University of Texas at Austin, 1997, pp. 79-245.

Schele, Linda, Nikolai Grube y Federico Fahsen Ortega, "The Lunar Series in Classic Maya Inscriptions: New Observation and Interpretations", *Texas Note on Precolumbian Art, Writing, and Culture 29,* Austin, University of Texas, Center of the History and Art Department, 1992, 47 pp. https://repositories.lib.utexas.edu/handle/2152/15724.

Schele, Linda, y Peter L. Mathews, *The Bodega of Palenque, Chiapas, Mexico,* Washington, Dumbarton Oaks Research Library and Collection, Trustees for Harvard University, 1979.

——, "Part 2. The Dynastic History of Palenque", en *Notebook for the XVIIIth Maya Hieroglyphic Workshop at Texas,* Austin, The University of Texas Press, 1993, pp. 90-132.

——, *The Code of Kings. The Language of Seven Sacred Maya Temples and Tombs,* Justin Kerr y Macduff Everton (fotografías), Nueva York, Touchstone, 1998.

Schellhas, Paul, "Representation of Deities of the Maya Manuscripts", *Papers of the Peabody Museum of American Archaeology and Ethnology,* vol. 4, núm. 1, Cambridge, Harvard University-Peabody Museum of American Archaeology and Ethnology, 1904, pp. 5-47.

Scherer, Andrew K., *Mortuary Landscapes of the Classic Maya. Rituals of Body and Soul,* Austin, University of Texas Press, 2015 (The Linda Schele Series in Maya and Pre-Columbian Studies).

——, "El ser, la identidad y la cabeza entre los mayas del Clásico de los reinos del río Usumacinta", en Vera Tiesler y Carlos Serrano Sánchez (eds.), *Modificaciones cefálicas culturales en Mesoamérica. Una perspectiva continental,* t. II, México/Mérida, UNAM-IIA/UADY-Facultad de Ciencias Antropológicas, 2018, pp. 531-557.

Schmidt, Peter, David S. Stuart y Bruce Love, "Inscriptions and Iconography of Castillo Viejo, Chichen Itza", *The PARI Journal,* vol. IX, núm. 2, otoño de 2008, pp. 1-17.

Schmidt, Peter, Mercedes de la Garza Camino y Enrique Nalda Hernández, *Los mayas,* Milán, Conaculta-INAH /Américo Arte Editores, 1998.

Schumann Gálvez, Otto, *La lengua chol, de Tila (Chiapas),* México, UNAM-Coordinación de Humanidades/Centro de Estudios Mayas, 1973 (Cuaderno, 8).

——, *Introducción al maya mopán,* México, UNAM-IIA, 1997.

——, "Vocabulario chortí-español (orden fonémico, a partir del alfabeto)", trabajo no publicado, s. f.

Sedat S., Guillermo, *Nuevo diccionario de las lenguas k'ekchi' y española. En dos partes,* Chamelco, Instituto Lingüístico de Verano, 1955.

Sharer, Robert J., *Centers of Civilization. Quirigua: A Classic Maya Center and its Sculptures,* Durham, Carolina Academic Press, 1990.

Sharer, Robert J., y Loa P. Traxler, "Las tumbas reales más tempranas de Copán: muerte y renacimiento de un reino maya clásico", en Andrés Ciudad Ruiz, María Josefa Iglesias Ponce de León y Miguel Sorroche Cuerva (eds.), *El ritual en el mundo maya: de lo privado a lo público,* Madrid, Universidad Complutense-Facultad de Geografía e Historia-Departamento de Historia de América II (Antropología de América)-Sociedad Española de Estudios Mayas/Grupo de Investigación Andalucía-América/Patrimonio Cultural y Relaciones Artísticas/UNAM-Centro Peninsular en Humanidades y Ciencias Sociales, 2010, pp. 145-160.

——, *The Ancient Maya,* 6ª ed., Stanford, Stanford University Press, 2006.

Sheseña Hernández, Alejandro, "Los nombres de los naguales en la escritura jeroglífica maya: religión y lingüística a través de la onomástica", *Journal of Mesoamerican Languages and Linguistics,* vol. 2, núm. 1, 2010, pp. 1-39.

——, "Apelativos y nociones relacionados con las cuevas en las inscripciones mayas", en Roberto Romero Sandoval (ed.), *Cuevas y cenotes mayas. Una mirada multidisciplinaria,* México, UNAM-IIFL/Centro de Estudios Mayas, 2016, pp. 57-83.

Sheseña Hernández, Alejandro, "Ira, enfermedades y naguales entre los mayas clásicos", en Galina Ershova (ed.), Dmitri Beliaev (comp.), *IX Knorozovskiye chteniya. Drevniye tsivilizatsii Starogo i Novogo Sveta Sbornik trudov mezhdunarodnoy nauchnoy konferentsii*, Moscú, Rossiyskiy Gosudarstvennyy Gumanitarnyy Universitet, 2019, pp. 186-198.

Siméon, Rémi, *Diccionario de la lengua náhuatl o mexicana,* 9ª ed. en español, México, Siglo XXI Editores, 1992 (Colección América Nuestra, 1).

Sitler, Robert, "Mam Notes for Todos Santos Cuchumatán", 2002. Consultado en http://www.lrc.salemstate.edu/mam/mamdictionary.pdf.

Smailus, Ortwin, *El maya-chontal de Acalan. Análisis lingüístico de un documento de los años 1610-1612,* México, UNAM-Coordinación de Humanidades/Centro de Estudios Mayas, 1975 (Cuaderno, 9).

Solís Alcalá, Ermilo (ed. y trad.), *Códice Pérez,* Mérida, Imprenta Oriente, 1949.

Spinden, Herbert J., *A Study of Maya Art. Its Subject Matter and Historical Development,* Nueva York, Dover Publications, Inc., 1975 [1913].

Špotak, Jakub, "The Paris Codex. Complex Analysis of Ancient Maya Manuscript", tesis, Bratislava, Comenius University-Faculty of Arts-Department of Comparative Religion, 2015.

Steinbach, Penny, "Aligning the Jester God: The Implications of Horizontality and Verticality in the Iconography of a Classic Maya Emblema", en Maline D. Werness-Rude y Baylee R. Spencer (eds.), *Maya Imagery, Architecture, and Activity. Space and Spatial Analysis in Art History,* Albuquerque, University of New Mexico Press, 2015, pp. 106-139.

Stone, Andrea J., "Aspects of Impersonation in Classic Maya Art", en Merle Greene Robertson y Virginia M. Fields (eds.), *Sixth Palenque Round Table,* Norman, University of Oklahoma Press, 1986, pp. 194-202.

Stone, Andrea J., y Marc U. Zender, *Reading Maya Art. A Hieroglyphic Guide to Ancient Maya Painting and Sculpture,* Nueva York, Thames and Hudson, 2011.

Stratmeyer, Dennis, y Jean Stratmeyer, *The Jacaltec Nawal and the Soul Bearer,* Dallas, Sil Museum of Antropology, 1977 (Publication, 3).

Stresser-Péan, Guy, y Claude Stresser-Péan, "El reino de Mâmlâb, viejo dios huasteco del trueno y la vegetación", *Espaciotiempo,* año 1, núm. 12, primavera-verano de 2008, pp. 7-18.

Stuart, David S., "Blood Symbolism in Maya Iconography", en Elizabeth P. Benson y Gillett G. Griffin (eds.), *Maya Iconography,* Nueva Jersey, Princeton University Press, 1988, pp. 175-221.

——, "A Study of Maya Inscriptions", tesis doctoral, Nashville, Vanderbilt University, Faculty of the Graduate School, 1995.

——, "Kings of Stone: A Consideration of Stelae in Ancient Maya Ritual and Representation", *Res. Anthropology and Aesthetics,* núms. 29-30, primavera-otoño de 1996, pp. 148-171.

Stuart, David S., "'The Fire Enters his House': Architecture and Ritual in Classic Maya Texts", en Stephen D. Houston (ed.), *Function and Meaning in Classic Maya Architecture. A Symposium at Dumbarton Oaks: 7th and 8th October 1994,* Washington, Dumbarton Oaks Research Library and Collection, 1998, pp. 373-425.

——, "Las nuevas inscripciones del Templo XIX, Palenque", *Arqueología Mexicana,* vol. VIII, núm. 45, México, Raíces, 2000, pp. 28-33.

——, "Glyphs for 'Right' and 'Left'?, *Mesoweb,* 2002. Consultado en https://www.mesoweb.com/stuart/notes/RightLeft.pdf.

——, "Spreading Wings: A Possible Origin of the **k'i** Syllable", *Mesoweb,* 2002. Consultado en www.mesoweb.com/stuart/notes/Wings.pdf.

——, "A Cosmological Throne at Palenque", *Mesoweb,* 2003. Consultado en www.mesoweb.com/stuart/notes/Throne.pdf.

——, "La ideología del sacrificio entre los mayas", *Arqueología Mexicana,* vol. XI, núm. 63, México, Raíces, 2003, pp. 24-29.

——, "On the Paired Variants of **TZ'AK**", *Mesoweb,* 2003. Consultado en www.mesoweb.com/stuart/notes/tzak.pdf.

——, "Ideology and Classic Maya Kingship", en Vernon L. Scarborough (ed.), *A Catalyst of Ideas: Anthropological Archaeology and the Legacy of Douglas W. Schwartz,* Santa Fe, School of American Research Press, 2005.

——, *Sourcebook for the 29th Maya Hieroglyph Forum. March 11-16, 2005,* con contribuciones de Barbara MacLeod, Simon Martin y Yuriy Polyukhovich, Austin, University of Texas-The Maya Meetings, 2005.

——, *The Inscriptions from Temple XIX at Palenque. A Commentary,* fotografías de Jorge Pérez de Lara Elías, San Francisco, The Pre-Columbian Art Research Institute, 2005. Consultado en http://www.mesoweb.com/publications/stuart/TXIX-spreads.pdf.

——, "The Palenque Mythology. Materials to accompany presentations by David Stuart, Peter Mathews, Alfonso Morales, Erik Velásquez García, and Guillermo Bernal Romero", en *Sourcebook for the 30th Maya Meetings,* Austin, The University of Texas at Austin-The Mesoamerican Center-Department of Art and Art History, 2006, pp. 85-194.

——, "Inscriptions of the River Cities: Yaxchilan, Piedras Negras and Pomona", en *Sourcebook the XXXI Maya Meetings,* Austin, University of Texas at Austin-Department of Art and Art History-Mesoamerican Center, 2007, pp. 1-68.

——, "Los antiguos mayas en guerra", *Arqueología Mexicana,* vol. XIV, núm. 84, México, Raíces, 2007, pp. 41-47.

——, "Some Working Notes on the Text of Tikal Stela 31", *Mesoweb,* 2011, p. 5. Consultado en http://www.mesoweb.com/stuart/notes/Tikal.html.

——, *The Order of Days. Unlocking the Secrets of the Ancient Maya,* Nueva York, Three Rivers Press, 2011.

Stuart, David S., "The Name of Paper: The Mythology of Crowing and Royal Nomenclature on Palenque's Palace Tablet", en Charles Golden, Stephen D. Houston y Joel Skidmore (eds.), *Maya Archaeology 2,* San Francisco, Precolumbia Mesoweb Press, 2012, pp. 116-142.

——, "Tonina's Curious Ballgame", *Maya Decipherment. Ideas on Ancient Maya Writing and Iconography,* 11 de junio de 2013. Consultado en https://decipherment.wordpress.com/2013/06/11/report-toninas-curiousball-game/.

——, "A Possible Sign for Metate", *Maya Decipherment. Ideas on Ancient Maya Writing and Iconography,* 2014. Consultado en https://decipherment.wordpress.com/?s=metate.

——, "The WIN(I)KIL Sign and its Bearing on the Classification of Mayab Supernatural Beings", conferencia presentada en Düsseldorf, diciembre de 2014.

——, "Earth-caves and Sky-caves: Intersections of Landscape, Territory and Cosmology among the Ancient Maya", diciembre de 2015. Consultado en https://www.academia.edu/35070038/Earth-caves_and_Sky-caves_Intersections_of_Landscape_Territory_and_Cosmology_among_the_Ancient_Maya.

——, "Preliminary Notes on Two Recently Discovered Inscriptions from La Corona, Guatemala", *Maya Decipherment. Ideas on Ancient Maya Writing and Iconography,* 17 de julio de 2015. Consultado en https://decipherment.wordpress.com/2015/07/17/preliminary-notes-on-two-recently-discovered-inscriptions-from-la-corona-guatemala/.

——, "The Gods of Heaven and Earth. Evidence of Ancient Maya Categories of Deities", en Eduardo Matos Moctezuma y María Ángela Ochoa Peralta (coords.), *Del saber ha hecho su razón de ser… Homenaje a Alfredo López Austin,* t. I, México, Secretaría de Cultura-INAH/UNAM-Coordinación de Humanidades-IIA, 2017, t. I, pp. 247-267.

——, "A Possible New **k'o** Sign", manuscrito circulado por su autor el 23 de julio de 2017.

——, "Yesterday's Moon: A Decipherment of the Classic Mayan Adverb *ak'bi-iy",* 2020, en *Maya Decipherment. A Weblog in the Ancient Maya Script.* Consultado en https://mayadecipherment.com/2020/08/01/yesterdays-moon-a-decipherment-of-the-classic-mayan-adverb-akbiiy/.

Stuart, David S., y Stephen D. Houston, *Classic Maya Place Names,* Washington, Dumbarton Oaks Research Library and Collection, 1994 (Studies in Pre-Columbian Art and Archaeology, 33).

Stuart, David S., y George E. Stuart, *Palenque. Eternal City of the Maya,* Londres, Thames and Hudson, 2008.

Stuart, David S., Stephen D. Houston y John Robertson, *The Proceedings of the Maya Hieroglyphic Workshop: Classic Mayan Language and Classic Maya Gods, March 13-14, 1999,* Phil Wanyerka (ed. y transcripción), Austin, University of Texas-Maya Workshop Foundation, 1999.

Stuart, George E., "Riddle of the Glyphs", *National Geographic Magazine,* vol. 148, núm. 6, 1975, pp. 768-791.

——, "A Guide to the Style and Content of the *Research Reports on Ancient Maya Writing*", Washington, Center for Maya Research, 1988 (Research Reports on Ancient Maya Writing, 15), pp. 7-12.

Swadesh, Mauricio, María Cristina Álvarez Lomelí y Juan Ramón Bastarrachea Manzano, *Diccionario de elementos del maya yucateco colonial,* 1ª reimp., México, UNAM-IIFL/Centro de Estudios Mayas, 1991 (Cuaderno, 3).

Tapia Zenteno, Carlos de, *Paradigma apologético y noticia de la lengua huasteca. Con vocabulario, catecismo y administración de sacramentos,* René Acuña Sandoval (ed.), México, UNAM-IIFL, 1985 [1767] (Gramáticas y Diccionarios, 3).

Tate, Carolyn E., *Yaxchilan. The Design of a Maya Ceremony City,* Austin, University of Texas Press, 1992.

Taube, Karl A., "The Classic Maya Maize God: A Reappraisal", en Merle Greene Robertson (ed.), *Fifth Palenque Round Table, 1983,* San Francisco, Pre-Columbian Art Research Institute, 1985, pp. 171-181.

——, "The Maize Tamale in Classic Maya Diet, Epigraphy, and Art", *American Antiquity,* vol. 54, núm. 1, 1989, pp. 31-51.

——, *The Major Gods of Ancient Yucatan,* Washington, Dumbarton Oaks Research Library and Collection, 1992 (Studies in Pre-Columbian Art and Archaeology, 32).

——, "The Temple of Quetzalcoatl and the Cult of Sacred War at Teotihuacan", *Res 21. Anthropology and Aesthetics,* primavera de 1992, pp. 53-87.

——, *The Legendary Past. Aztec and Maya Myths,* Londres, British Museum Press, 1993.

——, "The Birth Vase: Natal Imagery in Ancient Maya Myth and Ritual", en Justin Kerr (ed.), *The Maya Vase Book: A Corpus of Rollout Photographs of Maya Vases,* vol. 4, Nueva York, Kerr Associated, 1994, pp. 652-685.

——, "The Turquoise Hearth: Fire, Self-Sacrifice, and the Central Mexican Cult of War", en David Carrasco, Lindsay Jones, Scott Sessions (eds.), *Mesoamerica's Classic Heritage from Teotihuacan to the Aztecs,* Niwot, University Press of Colorado, 2000, pp. 269-340.

——, "Maws of heaven and hell: the symbolism of the centipede and serpent in classic Maya religion", en Andrés Ciudad Ruiz, Mario Humberto Ruz Sosa y María Josefa Iglesias Ponce de León (eds.), *Antropología de la eternidad: la muerte en la cultura maya,* Madrid, Universidad Complutense-Facultad de Geografía e Historia-Departamento de Historia de América II (Antropología de América)-Sociedad Española de Estudios Mayas/UNAM-IIFL/Centro de Estudios Mayas, 2003 (Publicaciones de la Sociedad Española de Estudios Mayas, 7), pp. 405-442.

——, "Flower Mountain. Concepts of life, beauty, and paradise among the Classic Maya", *Res. Anthropology and Aesthetics,* núm. 45, primavera de 2004, pp. 69-98.

Taube, Karl A., "The Symbolism of Jade in Classic Maya Religion", *Ancient Mesoamerica,* vol. 16, 2005, pp. 23-50.

——, "The Womb of the World: The *Cuauhxicalli* and other Offering Bowls of Ancient and Contemporary Mesoamerica", en Charles Golden, Stephen D. Houston y Joel Skidmore (eds.), *Maya Archaeology,* núm. 1, San Francisco, Precolumbia Mesoweb Press, 2009, pp. 86-106.

——, "At Dawn's Edge: Tulum, Santa Rita, and the Floral Symbolism in the International Style of Late Postclassic Mesoamerica", en Gabrielle Vail y Christine Hernández (eds.), *Astronomers, Scribes, and Priests. Intellectual Interchange between the Northern Maya Lowlands and Higland Mexico in the Late Posclassic Period,* Washington, Dumbarton Oaks Research Library and Collection, Trustees for Harvard University, 2010 (Dumbarton Oaks Pre-Columbian Symposia and Colloquia), pp. 145-191.

——, "Los significados del jade", *Arqueología Mexicana,* vol. XXIII, núm. 133, México, Raíces, mayo-junio de 2015, pp. 48-55.

Taube, Karl A., William A. Saturno, David S. Stuart y Heather Hurst, *The Murals of San Bartolo, El Petén, Guatemala. Part 2: The West Wall,* Asheville, Boundary End Archaeology Research Center, 2010 (Ancient America, 10).

Taylor, Dicey, "Painting Ladies: Costume for Women on Tepeu Ceramics", en Justin Kerr (ed.), *The Maya Vase Book,* vol. 3, Nueva York, Kerr Associates, 1992, pp. 513-525.

Tedlock, Dennis, *Rabinal Achi. A Mayan Drama of War and Sacrifice,* Oxford, University Press, 2003.

——, *2000 Years of Mayan Literature,* Berkeley/Los Ángeles/Londres, University of California Press, 2010.

Terán Contreras, Silvia, y Christian H. Rasmussen, *Jinetes del cielo maya. Dioses y diosas de la lluvia,* Mérida, UADY, 2008.

Thompson, J. Eric S., "Maya Chronology: Glyph G of the Lunar Series", *American Anthropology,* vol. 31, 1929, pp. 223-231.

——, *Maya Epigraphy: A Cycle of 819 Days,* Cambridge, Carnegie Institution of Washington-Division of Historical Research, 1943 (Notes of Middle American Archaeology and Ethnology, núm. 22).

——, *Maya Hieroglyphic Writing. An Introduction,* Norman, University of Oklahoma Press, 1960 (The Civilization of the American Indian Series).

——, *A Catalog of Maya Hieroglyphs,* Norman, University of Oklahoma Press, 1962 (The Civilization of the American Indian Series).

——, *Historia y religión de los mayas,* Félix Blanco Sasueta (trad.), México, Siglo XXI Editores, 1975 (Colección América Nuestra, 7).

Tiesler, Vera, *Transformarse en maya. El modelado cefálico entre los mayas prehispánicos y coloniales,* México, UNAM-IIA/UADY, 2012.

——, *The Bioarchaeology of Artificial Cranial Modifications. New Approarches to Head Shaping and its Meanings in Pre-Columbian Mesoamerican and*

Beyond, Nueva York/Londres, Springer, 2014 (Interdisciplinary Contributions to Archaeology).

Tiesler, Vera, "Cara a cara con los antiguos mexicanos. Bioarqueología del cuerpo humano", *Arqueología Mexicana,* vol. XXIV, núm. 143, México, Raíces, enero-febrero de 2017, pp. 43-49.

Tiesler, Vera, y Andrea Cuccina, "Sacrificio, tratamiento y ofrenda del cuerpo humano entre los mayas del Clásico. Una mirada bioarqueológica", en Andrés Ciudad Ruiz, Mario Humberto Ruz Sosa y María Josefa Iglesias Ponce de León (eds.), *Antropología de la eternidad: la muerte en la cultura maya,* Madrid, Universidad Complutense-Facultad de Geografía e Historia-Departamento de Historia de América II (Antropología de América)-Sociedad Española de Estudios Mayas/UNAM-IIFL/Centro de Estudios Mayas, 2003 (Publicaciones de la Sociedad Española de Estudios Mayas, 7), pp. 337-354.

Tiesler, Vera, y Andrea Cuccina, "Sacrificial Death and Posthumous Body Processing in Classic Maya Society: Animic Entities and Forces in the Context of Politics", ponencia presentada en el marco del simposio de "The 2015 Maya Meetings: 'Body and Sacrifice: New Interpretations in Maya Archaeology and Religion'", Austin, Estados Unidos de América, 17 de enero de 2015.

Tiesler, Vera, y Erik Velásquez García, "Body concepts, ritualized agression, and human sacrifice among the ancient Maya", en Valentino Nizzo (ed.), *Archeologia e antropologia della morte: 1. La regola dell'eccezione, Atti del 3° Incontro Internazionale di Studi di Antropologia e Archeologia a confronto,* celebrado del 20 al 22 de mayo de 2015 en la Française de Rome-Stadio di Domiziano, Roma, E.S.S. Editorial Service System, 2018, pp. 159-174.

——, "El dolor supremo purificante: conceptos del cuerpo y violencia ritualizada entre los antiguos mayas", *Estudios de Cultura Maya,* vol. XXXIV, en prensa.

Tielser, Vera, Kadwin Pérez López y Patricia Quintana Owen, "Painting the Dead in the Northern Maya Lowland", en Élodie Dupey García y María Luisa Vázquez de Ágredos Pascual (eds.), *Painting the Skin: Pigments of Bodies and Codices in Pre-Columbian Mesoamerica,* Tucson/México, University of Arizona Press/UNAM-IIH, 2018.

Tokovinine, Alexandre, "Reporte preliminar del análisis epigráfico e iconográfico de algunas vasijas del Proyecto Atlas Arqueológico de Guatemala, Dolores, Petén", *Reporte 20, Atlas Arqueológico de Guatemala,* pp. 364-383, Guatemala, Dirección General del Patrimonio Cultural y Natural, Ministerio de Cultura y Deportes, 2006, pp. 364-383.

——, "Writing color. Words and images of colors in Classic Maya inscriptions", *Res: Anthropology and Aesthetics,* núms. 61-62, primavera-otoño de 2012, pp. 283-299.

Tokovinine, Alexandre, *Place and Identity in Classic Maya Narratives,* Washington, Dumbarton Oaks Research Library and Collections, 2013 (Studies in Pre-Columbian Art and Archaeology, 37).

——, "Gifts to the Gods: Sacred and Sacrifice at Yaxchilan", cuaderno de trabajo para los talleres de escritura jeroglífica maya, en el marco de los Maya Meetings de la Universidad de Texas celebrados en Austin del 13 al 17 de enero de 2015.

Tokovinine, Alexandre, y Marc U. Zender, "Lords of Windy Water: The Royal Court of Motul de San José in Classic Maya Inscriptions", en Antonia E. Foias y Kitty F. Emery (eds.), *Motul de San José. Politics, History, and Economy in a Classic Maya Polity,* Gainesville, University Press of Florida, 2012, pp. 30-66.

Tovilla, Martín Alonso, *Relaciones histórico-descriptivas de la Verapaz, El Manché y Lacandón, en Guatemala,* France V. Scholes y Eleanor B. Adamas (eds.), Guatemala, Editorial Universitaria (Ediciones del Tercer Centenario de la Introducción de la Imprenta en Centroamérica), 1960.

Tozzer, Alfred M., *Landa's Relación de las Cosas de Yucatán. A Translation,* reimp. de la ed. de 1941, Millwood, Graus Reprint Co., 1975.

——, *Mayas y lacandones. Un estudio comparativo,* 1ª ed. en español, México, INI, 1982 (Clásicos de la Antropología, Colección INI, 13).

Trik, Aubrey S., "The Splendid Tomb of Temple I at Tikal, Guatemala", *Expedition,* vol. 6, núm. 1, otoño de 1963, pp. 3-18.

Tunesi, Raphael, "A New Monument Mentioning Wamaaw K'awiil of Calakmul", *The PARI Journal,* vol. VIII, núm. 2, otoño de 2007, pp. 13-19.

Uriarte Castañeda, María Teresa, "De lo privado a lo público. El sacrificio en Teotihuacan y Bonampak", en Andrés Ciudad Ruiz, María Josefa Iglesias Ponce de León y Miguel Sorroche Cuerva (eds.), *El ritual en el mundo maya: de lo privado a lo público,* Madrid, Universidad Complutense-Facultad de Geografía e Historia-Departamento de Historia de América II (Antropología de América)-Sociedad Española de Estudios Mayas, Grupo de Investigación Andalucía-América, Patrimonio Cultural y Relaciones Artísticas/UNAM-Centro Peninsular en Humanidades y Ciencias Sociales, 2010 (Publicaciones de la Sociedad Española de Estudios Mayas, 9), pp. 297-312.

——, "Integración plástica en Mesoamérica", manuscrito.

Vail, Gabrielle, y Christine Hernández, *Re-Creating Primordial Time. Foundation Rituals and Mythology in the Postclassic Maya Codices,* Boulder, University Press of Colorado, 2013.

Valencia Rivera, Rogelio, "El rayo, la abundancia y la realeza. Análisis sobre la naturaleza del dios K'awiil en la cultura y la religión mayas", tesis doctoral, Madrid, Universidad Complutense-Facultad de Geografía e Historia-Departamento de Historia de América II, 2015 (Antropología de América).

Valencia Rivera, Rogelio, y Ana García Barrios, "Rituales de invocación al dios K'awii", en Andrés Ciudad Ruiz, María Josefa Iglesias Ponce de León y Miguel Sorroche Cuerva (eds.), *El ritual en el mundo maya: de lo privado a lo público,* Madrid, Universidad Complutense-Facultad de Geografía e Historia-Departamento de Historia de América II (Antropología de América)-Sociedad Española de Estudios Mayas, Grupo de Investigación Andalucía-América, Patrimonio Cultural y Relaciones Artísticas/UNAM-Centro Peninsular en Humanidades y Ciencias Sociales, 2010 (Publicaciones de la Sociedad Española de Estudios Mayas, 9), pp. 235-261.

Valverde Valdés, María del Carmen, *Balam. El jaguar a través de los tiempos y los espacios del universo maya,* México, UNAM-IIFL/Centro de Estudios Mayas, 2004.

Vázquez de Ágredos Pascual, María Luisa, "El color y lo funerario entre los mayas de ayer y hoy. Ritual, magia y cotidianidad", *Península,* vol. IV, núm. 1, 2009, pp. 61-73.

——, "Painting the Skin in Ancient Mesoamérica", en Élodie Dupey García y María Luisa Vázquez de Ágredos Pascual (eds.), *Painting the Skin: Pigments of Bodies and Codices in Pre-Columbian Mesoamerica*, Tucson/México, University of Arizona Press/UNAM-IIH, 2018, pp. 11-23.

Vázquez de Ágredos Pascual, María Luisa, Cristina Vidal Lorenzo, Patricia Horcajada Campos y Vera Tiesler, "Body Colors and Aromatics in Maya Funerary Rites", en Élodie Dupey García y María Luisa Vázquez de Ágredos Pascual (eds.), *Painting the Skin: Pigments of Bodies and Codices in Pre-Columbian Mesoamerica*, Tucson/México, University of Arizona Press/UNAM-IIH, 2018.

Vázquez de Ágredos Pascual, María Luisa, Vera Tiesler y Arturo Romano Pacheco, "Perfumando al difunto. Fragancias y tratamientos póstumos entre la antigua aristocracia maya", *Arqueología Mexicana,* vol. XXIII, núm. 135, México, Raíces, septiembre-octubre de 2015, pp. 30-35.

Vázquez López, Verónica Amellali, "Dinastías, linajes y casas: las unidades sociales mayas en el ámbito político de los Kanu'l en el Clásico Tardío", tesis doctoral, México, UNAM-FFyL-Coordinación de Estudios de Posgrado-Posgrado en Estudios Mesoamericanos, 2015.

Vega Villalobos, María Elena, *El gobernante maya. Historia documental de cuatro señores del periodo Clásico,* México, UNAM-IIH/Fideicomiso Felipe Teixidor y Monserrat Alfau de Teixidor, 2017 (Serie Culturas Mesoamericanas, 8).

——, *Los señores de Dos Pilas. El linaje Mutuˀl en la historia maya antigua,* México/Guatemala, UNAM-IIH/Universidad Francisco Marroquín/Museo Popol Vuh, 2021.

Velásquez García, Erik, "El planeta Venus entre los mayas", tesis de licenciatura en historia, México, UNAM-FFyL-Colegio de Historia, 2000.

——, "Una nueva interpretación del Monstruo Cósmico maya", en Peter Krieger (ed.), *Arte y Ciencia: XXIV Coloquio Internacional de Historia del Arte,* México, UNAM-IIE, 2002, pp. 419-457.

Velásquez García, Erik, "Los escalones jeroglíficos de Dzibanché", en Enrique Nalda Hernández (ed.), *Los cautivos de Dzibanché,* México, INAH, 2004, pp. 79-103.

——, "El pie de serpiente de K'awiil", *Arqueología Mexicana,* vol. XII, núm. 71, México, Raíces, enero-febrero de 2005, pp. 36-39.

——, "The Maya Flood Myth and the Decapitation of Cosmic Caiman", *The PARI Journal,* vol. VII, núm. 1, verano de 2006, pp. 1-10.

——, "La máscara de 'rayos X'. Historia de un artilugio iconográfico en el arte maya", *Anales del Instituto de Investigaciones Estéticas,* núm. 90, México, UNAM-IIE, 2007, pp. 7-36.

——, "En busca de Testigo Cielo: el punzón de hueso del Edificio de los Cormoranes de Dzibanché", ponencia presentada en el marco de la "Sexta Mesa Redonda de Palenque. Arqueología, imagen y texto: homenaje a Ian Graham", 16 al 21 de noviembre de 2008.

——, "Los señores de la entidad política de 'Ik''", *Estudios de Cultura Maya,* vol. XXXIV, 2009, pp. 45-89.

——, "Los vasos de la entidad política de 'Ik': una aproximación histórico-artística. Estudio sobre las entidades anímicas y el lenguaje gestual y corporal en el arte maya clásico", tesis de doctorado, México, UNAM-FFYL/IIE-Posgrado en Historia del Arte, 2009.

——, "Terminología arquitectónica en los textos jeroglíficos mayas y nahuas", en María Teresa Uriarte Castañeda (ed.), *La arquitectura precolombina en Mesoamérica,* Proyecto Román Piña Chan, Eduardo Matos Moctezuma (coord.), México/Milán, Jaca Book/Conaculta/INAH, 2009 (Corpus Precolombino, Sección general), pp. 265-288, 322-324.

——, "Los Dioses Remeros mayas y sus posibles contrapartes nahuas", en Laura van Broekhoven, Rogelio Valencia Rivera, Benjamin Vis y Frauke Sachse (eds.), *The Maya and their Neighbours. Internal and External Contacts Through Time. Proceedings of the 10th European Maya Conference. Leiden, December 9-10, 2005,* Markt Schwaben, Verlag Anton Saurwein, 2010 (Acta Mesoamericana, 22), pp. 115-131.

——, "Naturaleza y papel de las personificaciones en los rituales mayas, según las fuentes epigráficas, etnohistóricas y lexicográficas", en Andrés Ciudad Ruiz, María Josefa Iglesias Ponce de León y Miguel Sorroche Cuerva (eds.), *El ritual en el mundo maya: de lo privado a lo público,* Madrid, Universidad Complutense-Facultad de Geografía e Historia-Departamento de Historia de América II (Antropología de América)-Sociedad Española de Estudios Mayas/Grupo de Investigación Andalucía-América, Patrimonio Cultural y Relaciones Artísticas/UNAM-Centro Peninsular en Humanidades y Ciencias Sociales, 2010 (Publicaciones de la Sociedad Española de Estudios Mayas, 9), pp. 203-233.

——, "La Casa de la Raíz del Linaje y el origen sagrado de las dinastías mayas", en Peter Krieger (ed.), *La imagen sagrada y sacralizada. XXVIII*

Coloquio Internacional de Historia del Arte, vol. II, México, UNAM/IIE, 2011, vol. II, pp. 407-434.

Velásquez García, Erik, "Las entidades y las fuerzas anímicas en la cosmovisión maya clásica", en María Alejandra Martínez de Velasco Cortina y María Elena Vega Villalobos (eds.), *Los mayas: voces de piedra,* México, Ámbar Diseño, 2011, pp. 235-253.

——, "Nuevas ideas en torno a los espíritus *wahyis* pintados en las vasijas mayas: hechicería, enfermedades y banquetes oníricos en el arte prehispánico", en Erik Velásquez García (ed.), *Estética del mal: conceptos y representaciones. XXXIII Coloquio Internacional de Historia del Arte,* México, UNAM-IIE, 2013, pp. 561-585.

——, "El juego de pelota entre los mayas del periodo Clásico (250-900 d.C.). Algunas reflexiones", en María Teresa Uriarte Castañeda (ed.), *El juego de pelota mesoamericano. Temas eternos, nuevas aproximaciones,* México, UNAM-IIE-Dirección General de Publicaciones y Fomento Editorial, 2015, pp. 251-326.

——, "Las entidades y las fuerzas anímicas en la cosmovisión maya clásica", en María Alejandra Martínez de Velasco Cortina y María Elena Vega Villalobos (eds.), *Los mayas: voces de piedra,* 2ª ed., Madrid, Turner/Ámbar Diseño/UNAM-DGP, 2015, pp. 177-195.

——, *Códice de Dresde. Parte 1,* ed. facs., ed. especial de *Arqueología Mexicana,* núm. 67, México, Raíces, 2016.

——, *Códice de Dresde. Parte 2,* ed. facs., ed. especial de *Arqueología Mexicana,* núm. 72, México, Raíces, 2017.

——, "'Los Señores Brillantes del Cielo'. Venus y los eclipses en el *Códice de Dresde*", en Nikolai Grube (ed.), *Recent research on the Dresden Codex,* Bonn, Universität Bonn, entregado para publicación.

——, "Intermedialidad y retórica en los códices mayas", conferencia magistral en el marco del "VI Encuentro Internacional de Bibliología. Los códices mayas a debate: estudios sobre escritura, imagen y materialidad", Auditorio José María Vigil del IIB de la UNAM, 5 de septiembre de 2018.

——, "Los mayas en vísperas del contacto y su proceso de conquista", en Hipólito Rodríguez Herrero (coord.), *La Conquista de México y su uso en la historia,* Xalapa, Universidad Veracruzana-Dirección Editorial, 2021, pp. 135-185 (Colección Biblioteca).

——, "New Ideas about the Wahyis Spirits Painted on Maya Vessels: Sorcery, Maladies, and Dream Feast in Prehispanic Art", *The PARI Journal,* vol. XX, núm. 4, primavera de 2020, pp. 15-28.

Velásquez García, Erik, Albert Davletshin, María Elena Vega Villalobos y Florencia Scandar, "Panorama histórico del difrasismo *chan ch'e'n* y otras expresiones asociadas en los textos mayas: desde el protomaya hasta principios del siglo XIX", ponencia presentada en la *Octava Mesa Redonda Palenque 2017. Chan ch'e'en, "El cielo y el pozo": sustentabilidad de las ciudades mayas,* 6 de noviembre de 2017. Consultado en https://www.youtube.com/watch?v=74-Rm16Veok.

Velásquez García, Erik, y Vera Tiesler, "El anecúmeno dentro del ecúmeno: la cabeza como *locus* anímico en el cosmos maya del Clásico y sus insignias físicas", en Milan Kováč (ed.), *Memoirs of the 19th European Maya Conference. "Maya Cosmology: Terrestrial and Celestial Landscapes",* Bratislava, Commenius University, entregado para publicación.

——, "El anecúmeno dentro del ecúmeno: la cabeza como locus anímico en el cosmos maya del Clásico y sus insignias físicas", ponencia presentada en el marco del simposio de la "19th European Maya Conference. 'Maya Cosmology: Terrestrial and Celestial Landscapes' ", Bratislava, Eslovaquia, 21 de noviembre de 2014.

——, "El anecúmeno dentro del ecúmeno: la cabeza como *locus* anímico en el cosmos maya del Clásico y sus insignias físicas", en Milan Kováč, Harri Kettunen y Guido Krempel (eds.), *Maya Cosmology: Terrestrial and Celestial Landscapes. Proceedings of the 19th European Maya Conference, Bratislava, November 17-22, 2014,* Múnich, Verlag Anton Saurwein, 2019 (Acta Mesoamericana, 29).

Villa Rojas, Alfonso, *Etnografía tzeltal de Chiapas. Modalidades de una cosmovisión prehispánica,* México, Gobierno del Estado de Chiapas-Consejo Estatal para el Fomento a la Investigación y Difusión de la Cultura/Miguel Ángel Porrúa, 1990.

——, "El nagualismo como recurso de control social entre los grupos mayances de Chiapas", en *Estudios etnológicos. Los mayas,* México, UNAM-IIA, 1995 (Serie Antropológica, 38), pp. 535-550.

——, "Kinship and Nagualism in a Tzeltal Community Southeastern Mexico", en *Estudios etnológicos. Los mayas,* 2ª ed., México, UNAM-IIA, 1995 (Serie Antropológica, 38), pp. 523-534.

——, "La imagen del cuerpo humano según los mayas de Yucatán", en *Estudios etnológicos. Los mayas,* México, UNAM-IIA, 1995 [1980] (Serie Antropológica, 38), pp. 187-198.

Vogt, Evon Z., *Zinacantan. A Maya Community in the Highlands of Chiapas,* Cambridge, The Belknap Press of Harvard University Press, 1969.

——, *Tortillas for the Gods. A Symbolic Analysis of Zinacanteco Rituals,* Cambridge/Londres, Harvard University Press, 1976.

——, *Ofrendas para los dioses. Análisis simbólico de rituales zinacantecos,* México, FCE, 1979 (Sección de Obras de Antropología).

Vos, Jan de, *No queremos ser cristianos. Historia de la resistencia de los lacandones, 1530-1695, a través de los testimonios españoles e indígenas,* México, Conaculta-DGP/INI, 1990 (Colección Presencias, 37).

Voss, Alexander W., "El viaje al inframundo en el periodo Clásico maya: el caso de K'inich Janab Pakal de los *Bak* de Palenque, Chiapas, México", en Alejandro Sheseña Hernández (coord.), *Religión maya: rasgos y desarrollo histórico,* Tuxtla Gutiérrez, Universidad de Ciencias y Artes de Chiapas/Gobierno del Estado de Chiapas-Consejo de Ciencia y Tecnología, 2013, pp. 179-200.

Weeks, John M., Frauke Sachse y Christian M. Prager (eds.), *Maya. Three Calendars from Highland Guatemala,* Boulder, University Press of Colorado, 2009 (Mesoamerican Worlds: from the Olmecs to the Danzantes).

Weiss-Krejci, Estella, "Victims of Human Sacrifice in Multiple Tombs of the Ancient Maya: A Critical Review", en Andrés Ciudad Ruiz, Mario Humberto Ruz Sosa y María Josefa Iglesias Ponce de León (eds.), *Antropología de la eternidad: la muerte en la cultura maya,* Madrid, Universidad Complutense-Facultad de Geografía e Historia-Departamento de Historia de América II (Antropología de América)-Sociedad Española de Estudios Mayas/UNAM-IIFL/Centro de Estudios Mayas, 2003 (Publicaciones de la Sociedad Española de Estudios Mayas, 7), pp. 355-381.

Wichmann, Søren, "El concepto de camino entre los mayas a partir de las fuentes epigráficas, iconográficas y etnográficas", en Mercedes Montes de Oca Vega (ed.), *La metáfora en Mesoamérica,* México, UNAM-IIFL, 2004, pp. 13-32.

——, "The Names of Some Major Classic Maya Gods", en Daniel Graña Behrens, Nikolai Grube, Christian M. Prager, Frauke Sachse, Stephanie Teufel y Elizabeth Wagner (eds.), *Continuity and Change-Mayan Religious Practices in Temporal Perpective. 5th European Maya Conference, University of Bonn, December 2000,* Markt Schwaben, Verlag Anton Saurwein, 2004 (Acta Mesoamericana, 14), pp. 77-86.

Wisdom, Charles, *Chorti Dictionary,* Brian Stross (transliteración y transcripción), Austin, University of Texas at Austin, 1950. Consultado en http://www.utexas.edu/courses/stross/chorti/.

——, *Los chortís de Guatemala,* traducción de Joaquín Noval, Guatemala, Editorial del Ministerio de Educación Pública "José Pineda Ibarra", 1961 (Seminario de Integración Social Guatemalteca, pub. 10).

Wolf, Eric R., *Figurar el poder. Ideologías de dominación y crisis,* México, CIESAS, 2001 (Antropología).

Ximénez, fray Francisco, *Historia de la Provincia de San Vicente de Chiapa y Guatemala de la Orden de Predicadores,* vol. I, Guatemala, Ministerio de Educación-Departamento Editorial y de Producción de Material Didáctico "José de Pineda Ibarra", 1965 (Biblioteca Guatemalteca de Cultura Popular "15 de Septiembre", 81).

——, *Primera parte del tesoro de las lenguas cakchiquel, quiché y zutuhil, en que las dichas lenguas se traducen a la nuestra, española,* Carmelo Sáenz de Santa María (ed. crítica), Guatemala, Academia de Geografía e Historia de Guatemala, 1985 (Publicación Especial, 30).

Xirau Subías, Ramón, *Introducción a la historia de la filosofía,* 15ª reimp. de la 13ª ed., México, UNAM-Coordinación de Humanidades, 2010 (Textos Universitarios).

Xoj, Miguel, y José María Cowoj, *Diccionario bilingüe maya mopán y español; español y maya mopán,* Guatemala, Instituto Lingüístico de Verano, 1976.

Yasugi, Yoshiho, y Kenji Saito, "Glyph Y of the Maya Supplementary Series", Washington, Center for Maya Research, 1991 (Research Reports of Ancient Maya Writing, 34 y 35), pp. 1-12.

Zender, Marc U., "Diacritical Marks and Underspelling in the Classic Maya Script: implications for Deciphering", tesis de maestría, Calgary, University of Calgary, Faculty of Graduate Studies, Department of Archaeology, 1999.

——, "A Study of Two Uaxactun-Style Tamale-Serving Vessels", en Justin Kerr (ed.), *The Maya Vase Book: A Corpus of Rollout Photographs of Maya Vases,* vol. 6, Nueva York, Kerr Associates, 2000, pp. 1038-1055.

——, "A Study of Classic Maya Priesthood", tesis doctoral, Calgary, University of Calgary-Department of Archaeology, 2004.

——, "Glyphs for 'Handspan' and 'Strike' in Classic Maya Ballgame Texts", *The PARI Journal,* vol. IV, núm. 4, primavera de 2004, pp. 1-9.

——, "On the Morphology of Intimate Possession in Maya Languages and Classic Mayan Glyphic Nouns", en Søren Wichmann (ed.), *The Linguistics of Maya Writing,* Salt Lake City, The University of Utah Press, 2004, pp. 195-209.

——, "The Raccoon Glyph in Classic Maya Writing", *The PARI Journal,* vol. V, núm. 4, primavera de 2005, pp. 6-16.

——, "Teasing the Turtle from its Shell: AHK and MAHK in Maya Writing", *The PARI Journal,* vol. VI, núm. 3, invierno de 2006, pp. 1-14.

——, "The Classic Mayan Causative", *The PARI Journal,* vol. XX, núm. 2, 2019, pp. 28-40.

——, "Disaster, Deluge, and Destruction on the Star War Vase", *The Mayanist,* vol. 2, núm. 1, otoño de 2020, pp. 57-75.

Zender, Marc U., Dmitri Beliaev y Albert Davletshin, "The Syllabic Sign **we** and Apologia for Delayed Decipherment", *The PARI Journal,* vol. XVII, núm. 2, otoño de 2016, pp. 35-56.

ÍNDICE

Morada de dioses. Los componentes anímicos del cuerpo humano entre los mayas clásicos, de Erik Velásquez García, se terminó de imprimir y encuadernar en mayo de 2023 en Impresora y Encuadernadora Progreso, S. A. de C. V. (IEPSA), Calz. San Lorenzo, 244; 09830 Ciudad de México. En su composición, realizada en el Departamento de Integración Digital del FCE, se utilizaron tipos New Aster. La edición, al cuidado de René Isaías Acuña Sánchez, consta de 3 100 ejemplares.